METROPOLE LONDON

Macht und Glanz
einer Weltstadt

Ausstellung
Kulturstiftung Ruhr
Villa Hügel, Essen
6. 6. – 8. 11. 1992

Die Ausstellung steht unter der Schirmherrschaft
Ihrer Majestät Elizabeth II,
Königin des Vereinigten Königreichs Großbritannien und Nordirland,
und Dr. von Richard Weizsäckers,
Bundespräsident der Bundesrepublik Deutschland.

METROPOLE LONDON

Macht und Glanz einer Weltstadt
1800–1840

Kulturstiftung Ruhr Essen
Verlag Aurel Bongers Recklinghausen

Auf dem Umschlag:
J. M. W. Turner, London, 1809 (Detail). Kat.-Nr. 385
D. Roberts, Der Lord Mayor geht in Westminster an Land, 1830. Kat.-Nr. 256

Auf dem Vorsatzpapier:
G. Scharf, Die High Street in Southwark, 1830. Kat.-Nr. 151

CIP-Titelaufnahme der Deutschen Bibliothek

Metropole London: Macht und Glanz einer Weltstadt; [6. Juni - 8. November, Villa Hügel, Essen] / [Ausstellung Metropole London]. Kulturstiftung Ruhr, Essen. [Autoren der Essays: Celina Fox ... Autoren des Katalogteils: Daniel Abramson...] - Recklinghausen : Bongers 1992
ISBN 3-7647-0427-6
NE: Fox,Celina; Ausstellung Metropole London <1992,Essen>; Villa Hügel <Essen>; Kulturstiftung Ruhr

Englische Redaktion: Dr. Celina Fox
Deutsche Redaktion: Dr. Jürgen Schultze
(Die englischen Manuskripte wurden vom Atlas-Übersetzungsbüro, Bochum, übersetzt und vom Veranstalter überarbeitet)

Ausstellungs-Organisation in Essen: Dr. Jürgen Schultze

Herausgeber: Kulturstiftung Ruhr Essen

Lithographien: ReproGrafik GmbH, Recklinghausen
Druck: Graphische Kunstanstalt Bongers Recklinghausen
Bindung: Fikentscher, Darmstadt
Printed in Germany
ISBN 3-7647-0427-6

Fotonachweis:
Die Kulturstiftung Ruhr dankt den Fotografen, insbesondere der Fotoabteilung des Museum of London, für die bereitwillige Unterstützung und entscheidende Hilfestellung.

INHALT

VERANSTALTER DER AUSSTELLUNG

KULTURSTIFTUNG RUHR

AUSSTELLUNGSARCHITEKT

WERNER ZABEL

ZUM GELEIT

Im Mittelpunkt der ersten Ausstellungen der Kulturstiftung Ruhr hatten mit Dresden, Prag und St. Petersburg drei europäische Metropolen gestanden, deren Namen sich noch heute mit unvergänglichen Höhepunkten einer glanzvollen höfischen Kultur verbinden.

Unsere diesjährige Präsentation gilt einer Weltstadt von anderem Charakter und Prestige. Sie dokumentiert vier entscheidende Jahrzehnte zwischen 1800 und 1840 aus der Geschichte Londons, des ersten modernen europäischen Handels-, Finanz- und Wirtschaftszentrums. Es sollte nicht nur in dieser Funktion, sondern zugleich auch als Stätte tiefgreifender politischer Umgestaltung in der Neuverteilung von Anspruch, Gewicht und Macht zwischen Adel und selbstbewußtem Bürgertum Maßstäbe für alle kommenden europäischen Metropolen setzen. Mit der Konzentration industrieller, wirtschaftlicher und militärischer Potenz verband sich eine Blüte von Kunst und Kultur, die der imperialen, nicht auf die europäischen Grenzen beschränkten Rolle des Landes entsprechend eine neue Weltläufigkeit demonstrierte.

Einen historisch so wichtigen Zeitabschnitt, wenn auch nur andeutungsweise, nachzuzeichnen, stellt eine anspruchsvolle Aufgabe dar. Sie erhält einen zusätzlichen Akzent durch den Ausstellungsort, die Villa Hügel in Essen, das ehemalige Wohnhaus einer der großen deutschen Industriellenfamilien, deren Aufstieg im vergangenen Jahrhundert sich, wenn auch nur am Rande, mit der wirtschaftlichen Blüte Englands in jener Zeit berührte.

Die Jahrzehnte, in denen London zur ersten Industriemetropole Europas heranwuchs, markieren auch für das Ruhrgebiet die Anfänge der Industrialisierung. Im November 1811 gründete Friedrich Krupp mit zwei Teilhabern eine Fabrik in Essen „zum Zweck der Verfertigung des englischen Gußstahls und aller daraus resultierenden Fabrikate". 1838/39 reiste Alfred Krupp, der nach dem Tode seines Vaters das kleine Unternehmen führte, nach England, um vor allem sein Wissen über die Herstellung des damals in seiner Qualität unerreichten englischen Gußstahls zu erweitern. Sein Besuch in London, Birmingham, Liverpool und Manchester ist nicht ohne Folgen für die Entwicklung des späteren Weltunternehmens und dessen Standort geblieben.

Ein Vorhaben wie das unsere wäre ohne die intensive Zusammenarbeit vieler Institute und Wissenschaftler, ohne das freundliche Entgegenkommen zahlreicher privater und öffentlicher Leihgeber nicht realisierbar gewesen. Mein Dank dafür gilt den Damen und Herren des Arbeitsausschusses, die die wissenschaftliche Verantwortung zu tragen hatten und jenen einzeln nicht genannten englischen und deutschen Mitarbeitern, auf deren Hilfe wir stets rechnen konnten.

Ohne das beispielhafte Engagement unseres engsten Partners, des Museum of London, ohne eine ebenso freundschaftliche wie reibungslose Zusammenarbeit hätte sich die Ausstellung schwerlich verwirklichen lassen.
Herr Direktor Max Hebditch, seine Vertreterin, Mrs. Valerie Cumming, vor allem aber die mit der Ausstellungsvorbereitung und -organisation in London beauftragte Kuratorin Dr. Celina Fox, die die Hauptlast der Arbeit zu tragen hatte, scheuten keine Mühe, die gemeinsame Planung Wirklichkeit werden zu lassen. Dem British Council in London und Köln und seinem Direktor des Fine Arts Department, Herrn Henry Meyric Hughes gebührt Dank dafür, die Pläne der Kulturstiftung von Anfang an nachdrücklich unterstützt zu haben.

Ganz besonders fühlt sich die Kulturstiftung Ruhr den zahlreichen Leihgebern, unter ihnen der Royal Collection, den öffentlichen und privaten Museen, Instituten und Institutionen sowie den privaten Eigentümern zu Dank verpflichtet. Ihr ungewöhnliches Entgegenkommen ermöglichte das Zustandekommen einer Ausstellung, wie sie in dieser Form bisher noch nicht gezeigt wurde. Zahlreiche wertvolle Leihgaben können daher in Essen zum ersten Male öffentlich ausgestellt werden.

Mein ganz persönlicher Dank gilt Ihrer Majestät Elisabeth II., Königin des vereinigten Königreiches Großbritannien und Nordirland und Herrn Bundespräsidenten Richard von Weizsäcker, die gemeinsam die Schirmherrschaft über die Ausstellung übernahmen.

Vorstand und Beirat der Kulturstiftung Ruhr hoffen, daß auch dieses Mal die Resonanz der Öffentlichkeit die Mühen aller Beteiligten rechtfertigen wird.

Prof. Dr. h. c. Berthold Beitz

ARBEITSAUSSCHUSS

DR. CELINA FOX, (Gesamtleitung),The Museum of London

CHRIS ELLMERS, The Museum of London

RALPH HYDE, Guildhall Library

LINDSAY STAINTON, Guildhall Library, Corporation of London

CLIVE WAINWRIGHT, Victoria and Albert Museum

ANDREW WILTON, Tate Gallery

DR. JÜRGEN SCHULTZE, Kulturstiftung Ruhr, Essen

PROFFESSOR DR. PAUL VOGT, Kulturstiftung Ruhr, Essen

AUTOREN DER ESSAYS

CELINA FOX, Keeper, Paintings, Prints and Drawings, The Museum of London

MARTIN DAUNTON, Astor Professor of British History, University College London

VALERIE CUMMING, Deputy Director, The Museum of London

ANDREW SAINT, Historian, London Division, English Heritage

J. MORDAUNT CROOK, Professor of Architectural History, Bedford and Royal Holloway College, University of London

SIMON JERVIS, Director, Fitzwilliam Museum, Cambridge

CLIVE WAINWRIGHT, Research Department, Victoria and Albert Museum

IWAN MORUS, SIMON SCHAFFER AND JIM SECORD, Lecturers in the History and Philosophy of Science, University of Cambridge

IAN JENKINS, Assistant Keeper, Greek and Roman Antiquities, British Museum

PETER FUNNELL, Curator of the 19th Century Collection, National Portrait Gallery

ANDREW WILTON, Keeper of the British Collection, Tate Gallery

MARILYN BUTLER, King Edward VII Professor of English Literature, University of Cambridge

IAIN MACKINTOSH, Theatre Designer and Historian

H. T. DICKINSON, Richard Lodge Professor of British History, University of Edinburgh

AUTOREN DER KATALOGBESCHREIBUNGEN

DANIEL ABRAMSON (DA)
Department of Fine Arts, Harvard University

ANNEKE BAMBERY (AB)
Derby Museum and Art Gallery

MALCOLM BEASLEY(MB)
Natural History Museum

J. A. BENNETT (JB)
Whipple Museum of the History of Science, Cambridge University

JONATHAN BETTS (JDB)
National Maritime Museum

GAYE BLAKE ROBERTS (GBR)
Wedgwood Museum

CYPRIAN PETER BLAMIRES (CPB)
University College London

DAVID BLAYNEY BROWN (DBB)
Tate Gallery

BRIAN BOWERS (BB)
Science Museum

ROGER BRIDGMAN (RB)
Science Museum

NEIL BURTON (NB)
English Heritage

MICHAEL CHRIMES (MC)
Institution of Civil Engineers

ROBERT COPELAND (RC)
Spode Museum

MATTHEW CRASKE (MCR)
University College London

JOHN CULME (JC)
Sotheby's

VALERIE CUMMING (VC)
The Museum of London

ANN DATTA (AD)
Natural History Museum

NICK DAWTON (ND)
University College London

RICHARD DURACK (RD)
Science Museum

ANN EATWELL (AE)
Victoria and Albert Museum

RICHARD EDGCUMBE (RE)
Victoria and Albert Museum

EDWINA EHRMAN (EE)
The Museum of London

CHRIS ELLMERS (CE)
The Museum of London

WENDY EVANS (WE)
The Museum of London

JOHN FORD (JF)

JILL FORD (MF)

CELINA FOX (CF)
The Museum of London

HARRY FROST (HF)
Dyson Perrins Museum

BEN GAMMON (BG)
Science Museum

RICHARD GODFREY (RG)
Sotheby's

ROSEMARY HARDEN (RJH)
Bath Museum Service

TIMOTHY HAYES (TH)
The Museum of London

PETER HINGLEY (PH)
Royal Astronomical Society

RALPH HYDE (RH)
Guildhall Library

SALLY JEFFERY (SJ)
Corporation of London

IAN JENKINS (IJ)
British Museum

PETER KAELLGREN (PK)
Royal Ontario Museum

JOHN KEYWORTH (JK)
Bank of England

GHISLAINE LAWRENCE (GL)
Science Museum

KRISTEN LIPPINCOTT (KL)
National Maritime Museum

IAIN MACKINTOSH (IM)

PETER MANN (PM)
Science Museum

JOANNA MARSCHNER (JM)
Court Dress Collection

RICHARD MAUDE (RM)

I. C. MCILWAINE (ICM)
University College London

JAMES MOSLEY (JMM)
St. Bride Printing Library

TESSA MURDOCH (TM)
Victoria and Albert Museum

ANTHONY NORTH (AN)
Victoria and Albert Museum

M. J. ORBELL (MJO)
Baring Brothers and Co. Ltd.

MICHAEL RHODES (MR)
The Museum of London

MARGARET RICHARDSON (MAR)
Sir John Soane's Museum

HUGH ROBERTS (HR)
Royal Collection

JOHN ROBINSON (JR)
Science Museum

ANDREW SAINT (AS)
English Heritage

PHILIP SAUNDERS (PS)
Corporation of London

SIMON SCHAFFER (SS)
Department of the History and Philosophy of Science, Cambridge University

JANET SEMPLE (JES)
University College London

WENDY SHERIDAN (WS)
Science Museum

DEBORAH SKINNER (DS)
City Museum and Art Gallery, Stoke-on-Trent

LINDSAY STAINTON (LS)
British Museum

DORON SWADE (DDS)
Science Museum

DAVID THOMPSON (DRT)
British Museum

ERIC TURNER (ET)
Victoria and Albert Museum

JOHN TWITCHETT (JT)
Royal Crown Derby Museum

ROBERT UPSTONE (RU)
Tate Gallery

JONATHAN VOACK (JV)
Wellington Museum

CLIVE WAINWRIGHT (CW)
Victoria and Albert Museum

IAN WARRELL (IW)
Tate Gallery

ALEXANDRA WEDGWOOD (AW)
Palace of Westminster

ALEX WERNER (APW)
The Museum of London

JANE WESS (JW)
Science Museum

STEPHEN WILDMAN (SGW)
Birmingham Museums and Art Gallery

ROBERT WOOF (RW)
Wordsworth Trust

MICHAEL WRIGHT (MW)
Science Museum

HILARY YOUNG (HY)
Victoria and Albert Museum

LEIHGEBER

Die Kulturstiftung Ruhr fühlt sich folgenden Leihgebern der Ausstellung zu besonderem Dank verpflichtet:

Her Majesty Queen Elizabeth II

The Abbotsford Collection
Ackermann & Johnson
Dr. David Alexander
The Athenaeum
The Governor and Company of the Bank of England
Barclays Bank plc
Baring Brothers and Co. Ltd.
Mr. Bob Bates
Bath Museums Service
Birmingham Museums and Art Gallery
The Trustees of the Bowood Collection
The Royal Pavilion, Art Gallery and Museums, Brighton
Bristol City Museum and Art Gallery
British Architectural Library, Royal Institute of British Architects
The Trustees of the British Museum
The Burghley House Collection
The Institution of Civil Engineers
The Worshipful Company of Clockmakers
The Court Dress Collection
Coutts and Co.
The Crown Estate and Institute of Directors
Derby Museums and Art Gallery
The Dickens House Museum
The Diocese of London
Alfred Dunhill and Son Ltd.
The Dyson Perrins Museum Trust
Lord Egremont
The Master and Fellows of Emmanuel College, Cambridge
The Faringdon Collection Trust
The Syndics of the Fitzwilliam Museum, Cambridge
Mr. John Ford
The Garrick Club
Mr. Jonathan Gestetner
Christopher Gibbs Ltd.
Mr. Richard Godfrey
Guildhall Art Gallery, Corporation of London
Guildhall Library, Corporation of London
Gunnersbury Park Museum
Hamburger Kunsthalle
Mr. John Hardy
Jonathan Harris Works of Art
Mr. Laurence Harvey
The Principal, Fellows and Scholars of Jesus College, Oxford
Laing Art Gallery
Lloyd's of London
The Lord Mayor of London
Mr. Iain Mackintosh
Maidstone Museum and Art Gallery
The Raymond Mander and Joe Mitchenson Theatre Collection
Mr. Richard Maude
Mr. Christopher Mendez
John Murray
The Museum of London
The National Maritime Museum
The National Portrait Gallery
National Railway Museum
The National Trust
The Natural History Museum
His Grace The Duke of Northumberland and the Northumberland Estates Trustees
Philadelphia Museum of Art: McFadden Collection
The Worshipful Company of Makers of Playing Cards
Public Record Office
Mr. Robin Reilly
The Earl of Rosebery
Royal Academy of Arts
Royal Astronomical Society
The Royal Crown Derby Museum
Royal Institution of Great Britain
Royal National Theatre
Royal Ontario Museum
The Governors of the Royal Shakespeare Theatre
Sadler's Wells Trust Ltd.
The Board of Trustees of the Science Museum
The Trustees of Sir John Soane's Museum
Society of Antiquaries of London
The Spode Museum Trust Collection
Dr. Gavin Stamp
Stoke-on-Trent City Museum and Art Gallery
The President and Council of the Royal College of Surgeons of England
Board of Hunterian Trustees, the Royal College of Surgeons of England
Tate Gallery
The Marquess of Tavistock and the Trustees of the Bedford Estates
The Times
Theatre Royal, Drury Lane Archives
Thorvaldsens Museum
Library and Museum of the United Grand Lodge of England
University College, London
University of London Library
Vestry House Museum
Trustees of the Victoria and Albert Museum
Victoria University of Manchester, Tabley House Collection
The Trustees of the Wedgwood Museum
The Wellington Museum
The Dean and Chapter of Westminster
His Grace the Duke of Westminster
Palace of Westminster
Whipple Museum of the History of Science
Mr. Humphrey Whitbread
Dr. Williams's Library
The Wordsworth Trust
Yale Center for British Art
Young and Co.'s Brewery plc

und weitere nicht namentlich genannte Privatsammlungen

EINLEITUNG

FÜHRER DURCH DIE METROPOLE LONDON

Celina Fox

In seinem ersten erfolgreichen Buch, ,The Pickwick Papers' (1836–1837), läßt Charles Dickens die Figur des ,Grafen Smorltork..., des berühmten Ausländers, der Material für sein großes Werk über England sammelt', sich einem leutseligen Mr. Pickwick vorstellen:

„Sind Sie schon lange in England?"
„Lang – sehrr lange Zeit – zwei Wochen – mehr noch."
„Werden Sie lange bleiben?"
„Eine Woche noch."
„Da werden Sie viel zu tun haben", sagte Herr Pickwick lächelnd, „in dieser Zeit alles nötige Material zu sammeln."
„Ist schon gesammelt", erwiderte der Graf.
„Wirklich?" fragte Herr Pickwick.
„Material hier", fügte der Graf hinzu und tippte mit der Hand an die Stirn. „Großes Buch zu Hause – voll Notizen – Musik, Malerei, Wissenschaft, Poesie, Politik, alles."
„Das Kapitel Politik, mein Herr", bemerkte Herr Pickwick, „schließt allein schon ein Studium von unbegrenzter Bedeutung in sich."
„Ah", sagte der Graf und zog sein Notizbuch wieder heraus, „sehrr gutt, schöne Wort, ein Kapitel damit zu beginn. Siebenundvierzigstes Kapitel. Politik. Das Kapitel Politik überrascht sich selbst ..." Und Herrn Pickwicks Bemerkung wanderte in Graf Smorltorks Notizbuch, mit Variationen und Zusätzen, so, wie es die blühende Phantasie dem Grafen eingab, oder wie es seine unvollkommene Kenntnis der Sprache mit sich brachte.[1]

Unser Versuch, eine Ausstellung über das London etwa derselben Epoche zu zeigen, das Wesen seiner Komplexität in eine Folge einzelner Schauräume zerlegen zu wollen, ist heutzutage vielleicht ein ebenso tollkühnes Unterfangen wie es das des Grafen Smorltork damals war: die Gesamtheit des Gebietes auf eine Reihe von Einzelkapiteln zu reduzieren. Man trifft auf entsprechende Möglichkeiten für Mißverständnisse durch unterschiedliche Sprachen und unterschiedliche Kulturen, und auf vergleichsweise zu wenig Zeit und Raum, um dem Gegenstand gerecht werden zu können. Doch wurde die Ausstellung tatsächlich mit einem ähnlich enthusiastischen Forschergeist in Angriff genommen. Smorltork war Dickens' boshafte Parodie auf jene zahlreichen Ausländer, die zwischen 1800 und 1840 nach England und vor allem nach London kamen und sich dort inspiriert fühlten, sowohl für die Leser in ihrem Land, als in Übersetzungen sogar auch für die einheimische Bevölkerung über ihre Erlebnisse zu schreiben. Warum hielten sie das für notwendig? Was war an ihren Abenteuern so anders als sonst, so neuartig, so bemerkenswert, das sie dazu veranlaßte, die Feder aufs Papier zu setzen? Der Aufbau der Ausstellung versucht, solche Fragen dadurch zu beantworten, daß er gerade den Pfaden folgt, die der Besucher schon damals einschlug und beschrieb, und jene Ansichten wieder aufleben läßt, die den Besucher erstaunten, beeindruckten oder deprimierten. Sie gruppiert die Hervorbringungen eines Zeitalters so zusammen, daß wir, wie wir hoffen, deutlich machen können, wie sie zuerst gesehen und in Zusammenhängen verstanden wurden. Alles in allem ist dies ein Versuch, London in der Phase der stärksten Veränderungen seiner Geschichte zu erfassen, als es mit seiner Größe und seiner internationalen Orientierung Maßstäbe für alle zukünftigen Weltstädte setzte. Wir hoffen auch, daß die Ausstellung einem besseren Verständnis sowohl des damaligen als auch des heutigen London dient, denn die heutige Identität dieser Stadt wurde gerade durch die Entwicklungen in jener Zeit am nachhaltigsten geprägt.

Die behandelnden Themen ergaben sich jedoch nicht nur aus solchen direkten Quellen, sondern auch aus den darauf aufbauenden Schichten historischer Forschung. Wir gingen davon aus, daß alle Artefakte historische Phänomene – Ergebnisse menschlichen Planens – sind, und daß historisches Wissen nicht nur für ihr Verständnis und ihre Würdigung erforderlich ist, sondern auch, um sie richtig zu *sehen.* Wir wollten die ausgestellten Stücke nicht als eine Anhäufung unverbundener Produkte und als Werke einer entwurzelten Betrachtung aussetzen – bar jedes Gefühls für die Strukturen und Prozesse, die sie hervorbrachten. Sowohl die Verfasser der Essays als auch die für die Auswahl verantwortliche Arbeitsgruppe waren z. B. bestrebt, im weitesten Sinne Verbindungen zwischen Geschmack und Ökonomie, Politik und Kultur herzustellen. Wir haben auch versucht, die historische Analyse darzulegen, die unseren Urteilen zugrunde lag, und die Kriterien für die Auswahl, die Bedeutung der jeweiligen Wahl sowie die intellektuelle Rechtfertigung der von uns getroffenen Entscheidungen zu erläutern.

Dank der außergewöhnlichen Großzügigkeit der Kulturstiftung Ruhr war es möglich, die mannigfaltigen Fäden in einem noch nie dagewesenen Maße zusammenzuführen, und wir hoffen, daß die von uns gestellten Fragen und die vorgetragenen Gedanken für die Forschung in Europa und darüber hinaus für längere Zeit von Nutzen sein werden. Manch einer mag die Breite unserer Auswahl kritisieren, die die bildenden und dekorativen Künste, die gesellschaftliche Entfaltung, das Theater und die Literatur, Architektur, Technik und Wissenschaft, Wirtschaft

1 Dickens 1836–37, Kapitel 15; dt. Übersetzung: Dickens 1963, S. 202–203.

und Politik umfaßt. Doch wollten wir gerade das Zeitalter widerspiegeln, in dem die Grenzen – vor allem zwischen Kunst und Wissenschaft – noch nicht klar gezogen waren, in dem die Kultur noch nicht in ein vom übrigen Leben losgelöstes Ghetto abgeschoben worden war. Kunst bedeutete im frühen 19. Jahrhundert auch immer noch so etwas wie Technik oder Handel. Die Vorstellung, daß Literatur, die bildenden Künste und die Musik etwas gemeinsam hätten, das sie von den rein handwerklichen Berufen abhöbe, und ihre Produkte sich in gewisser Weise selbst genügten, wurde zwar von der deutschen Philosophie des 18. Jahrhunderts entwickelt, hatte aber auf das damalige London – die pragmatischste aller Hauptstädte, in der man sich in erster Linie der Jagd nach dem Geld widmete und eher danach trachtete, sich die Taschen zu füllen, als die Seele zu veredeln – kaum einen Einfluß.

Gleich am Anfang müssen wir aber einräumen, daß es gewisse Aspekte der Stadt gibt, von denen wir nicht hoffen dürfen, sie in die Ausstellung projizieren zu können, denn sie betreffen subjektive atmosphärische Eindrücke und weitgehend verschüttete Gefühle. Am stärksten waren die ausländischen Besucher zweifellos von Londons Größe beeindruckt, und von der damit verbundenen Entfremdung des einzelnen – von jener plötzlich ausbrechenden panischen Angst vor einem Identitäts-Verlust, wie er beim ersten Besuch einer großen Stadt auftritt. London war die größte Stadt, die es bis dahin je gegeben hatte. Obwohl er sich ausdrücklich vorgenommen hatte, gerade nicht beeindruckt zu sein, schrieb Heinrich Heine am 23. April 1827 an Merckel: London hat alle meine Erwartungen übertroffen in Hinsicht seiner Großartigkeit, aber ich habe mich selbst verloren.[2] Johann David Passavant schrieb über seinen London-Besuch 1831, daß London selbst ihm wie eine ungeheure Wüste aus Menschen und Häusern vorkomme, in der ein Fremder sich zutiefst einsam fühlen könne.[3]

Und fast genauso rasch bemerkten und kommentierten Besucher das grauenhafte Klima (etwas, das nachzuempfinden heute fast unmöglich ist) – den Rauch, den Schmutz, die Feuchtigkeit, den Nebel, die die Vereinzelung des einen von dem anderen noch verstärkten. Für den in Frankreich gebürtigen Amerikaner Louis Simond, der England 1810–1811 besuchte, schien „eine einheitliche Schmuddeligkeit alles zu durchdringen."[4] Der anonyme deutsche Verfasser der in den Jahren 1810–1813 geschriebenen Briefe aus England riet seinem Freund, nicht nach oben zu blicken, „denn dort werde er nichts als die nackten Ziegelfassaden der Häuser sehen, die allesamt vom Kohlenrauch geschwärzt seien."[5] Der dänische Reisende J. A. Andersen fand, daß die „düstere Feierlichkeit" der Londoner Häuser in einem „sehr unangenehmen Kontrast" zu der bunten Fröhlichkeit Kopenhagens stünden.[6] Heine äußerte sich präziser: Die „Häuser von Ziegelsteinen bekommen durch feuchte Luft und Kohlendampf gleiche Farbe, nämlich bräunliches Olivengrün."[7] Das Gefühl, im Halbdunkel zu leben, wurde von all jenen empfunden, die den Winter oder Frühling in der Hauptstadt verbrachten. Simond bemerkte, daß der Rauch „die Länge jeder Straße durch einen hartnäckigen grauen Dunst verkürzt, der beim Weitergehen zurückweicht".[8] Am 5. November 1827 berichtete Fürst von Pückler-Muskau seiner Frau: „Diesen Morgen bedeckte ein solcher Nebel die Stadt, daß ich in meiner Stube nur bei Licht frühstücken konnte."[9] Laut Richard Rush, der gerade als amerikanischer Botschafter in London angekommen war, war der Nebel am Silvester 1817 so dicht, daß die Geschäfte in der Bond Street schon mittags die Lampen anzünden mußten. Von seinem Fenster aus konnte er die Leute auf der Straße nicht erkennen: „Ich bin versucht mich zu fragen, wie die Engländer mit so wenig Tageslicht so groß werden konnten?"[10] Am 15. Mai 1835 vermerkte Professor Friedrich von Raumer: „Dicker Nebel, Regen, Alles kalt, naß, grau, widerwärtig. Als ich dies in einer Gesellschaft klagend erwähnte, behauptete ein Herr: seit zwei Monaten wäre es in London gar nicht neblig gewesen. So nenne man das Wetter nur, wenn man die Häuser gegenüber nicht erkenne und die Lampen auf den Straßen nicht brennen sehe. Ein anderer fügte hinzu: von 22 Gästen kamen vorigen Herbst nur vier zu einer Gesellschaft in Regents park: alle anderen hielten es für unmöglich des Nebels halber auszugehen, oder auch nur den Weg zu finden."[11]

Doch konnten solche Eindrücke den grundsätzlichen Charakter der Stadt als den einer Finanz- und Handelsmacht nicht lange überdecken. Für Heine war London ein Ort für Philosophen, nicht für Dichter – einer Meinung, dem, wie *Marilyn Butler* deutlich gemacht hat, die romantischen englischen Dichter zugestimmt hätten. „Schickt einen Philosophen hin und stellt ihn an eine Ecke von Cheapside (...), und wie die Menschenwogen ihn umrauschen, so wird auch ein Meer von neuen Gedanken vor ihm aufsteigen (...), er wird den Pulsschlag der Welt hörbar vernehmen und sichtbar sehen – denn wenn London die rechte Hand der Welt ist, die tätige, mächtige rechte Hand, so ist jene Straße, die von der Börse nach Downingstreet führt, als die Pulsader der Welt zu betrachten." Doch diese Erfahrung bedeutete dem Dichter nichts: „Dieser bare Ernst aller Dinge, diese kolossale Einförmigkeit, diese maschinenhafte Bewegung, diese Verdrießlichkeit der Freude selbst, dieses übertriebene London erdrückt die Phantasie und zerreißt das Herz."[12] Für von Raumer

2 Mende, Fritz (Hg.), Heine-Chronik, Daten zu Leben und Werk, München / Wien 1975, S. 55.
3 Passavant 1836, Bd. 1, S. 13.
4 Simond 1817, Bd. 1, S. 22.
5 Anon., Letters from Albion, 1814, Bd. 1, S. 79.
6 Andersen 1809, Bd. 1, S. 7.
7 Heine, English Fragments; zitiert nach Stigand 1875, Bd. 1, S. 289; Heine, Englische Fragmente, 1969, S. 540.
8 Simond 1817, Bd. 1, S. 48.
9 Pückler-Muskau 1832, Bd. 4, S. 231 [5. November 1827]; Pückler-Muskau 1986, S. 772.
10 Rush 1833, S. 29.
11 Raumer 1836, Bd. 1, S. 238–239; Raumer 1842, Bd. 1, S. 282.
12 Heine, English Fragments; zitiert nach Stigand 1875, Bd. 1, S. 287; Heine, Englische Fragmente, 1969, S. 538

G. Hunt nach M. Egerton, Ein reinrassiger November & Londoner Spezialität, 1825. British Museum Satires, Nr. 15004. The Museum of London

H. B. (John Doyle), Ein nächtliches Abenteuer, 1831. Lord Brougham und Plunker versuchen, im Nebel nach London zurückzufinden, nachdem sie in Windsor zuviel getrunken haben. British Museum Satires, Nr. 16763. The Museum of London

hatte der Lärm und das Gewühl auf den Straßen einen ganz anderen Charakter: „Ebenfalls trägt der Lärm und die Bewegung in den Straßen einen anderen Charakter: In London ist es immer der Lärm und das Geschrei der Thätigkeit, in Paris oft der sich hervordrängenden und breitmachenden Eitelkeit…“[13]

Auf einem kurzen Ausflug in das historische Windsor sann er, auf der Suche nach dem Poetischen, darüber nach: In dem reichen, treibenden thätigen London habe ich mich schon oft nach der Stille des dahin sterbenden Venedigs gesehnt, einen Anklang dichterischer Wehmut oder fantastischer Künheit gesucht; – vergebens, keine Spur, auch nicht in den geselligen Vereinen. Immer nur die scharfgezeichnete Wirklichkeit, die Mathematik des Lebens, Zählens, Erwerbens, Herrschens.“[14]

Nur auf einige wenige übte diese hartherzige und seelenlose Kapitale des Geschäfts eine unmittelbare Anziehungskraft aus. Anläßlich eines Besuchs der Börse am 10. Oktober 1826 berichtete von Pückler-Muskau, daß sie „wie die ganze City einen fast unheimlichen Anblick darbietet, der dem rast- und trostlosen Gewühle verdammter Geister nicht ganz unähnlich erscheint.“ Das vielgerühmte Lloyd's Coffee House im Obergeschoß des Gebäudes der Schiffs-Versicherung hielt er für „das schmutzigste Lokal dieser Art in London, dem man es nicht ansieht, daß hier täglich über Millionen verhandelt wird“.[15] Doch auch er konnte nicht umhin, von der Größe der West India Docks und der Lagerhäuser beeindruckt zu sein, die dazu beitrugen, daß solche Aktivitäten in Gang gehalten wurden: „… ein unermeßliches Werk, eines von denen, bei deren Anblick auch der Kaltblütigste Ehrfurcht und Staunen für Englands Größe und Macht empfinden muß.“ In den endlosen Lagerhäusern, behauptete er, „war Zucker genug vorhanden, um das nebenliegende Bassin zu versüßen, und Rum genug, um halb England trunken zu machen“. Er bewunderte die große Zahl gut konstruierter Werkzeuge und Maschinen: „Ich sah mit großem Vergnügen zu, wie Blöcke von Mahagoni- und anderen ausländischen Hölzern, manche größer als die stärksten Eichen, durch Maschinen gleich Flaumfedern aufgehoben und so behutsam wie die zerbrechlichste Ware auf die Transportwagen wieder niedergelegt wurden.“[16]

Wir lassen die Ausstellung mit jener Stadt beginnen, deren finanzieller Betrieb von *Martin Daunton* beschrieben und deren herausragende kommerzielle Bauprojekte von *Andrew Saint* erläutert werden; sie sorgten für die Grundlagen, auf denen alle anderen Vorzüge basierten.

13 Raumer 1836, Bd. 1, S. 10 [24. März 1835]; Raumer 1842, Bd. 1, S. 11.
14 Raumer 1836, Bd. 2, S. 97 [5. Juni 1835]; Raumer 1842, Bd. 1, S. 472.
15 Pückler-Muskau 1832, Bd. 3, S. 59–60 [10. Oktober 1826]; Pückler-Muskau 1986, S. 439–440.
16 Pückler-Muskau 1832, Bd. 4, S. 107–109 [28. Juli 1827]; Pückler-Muskau 1986, S. 699–700.

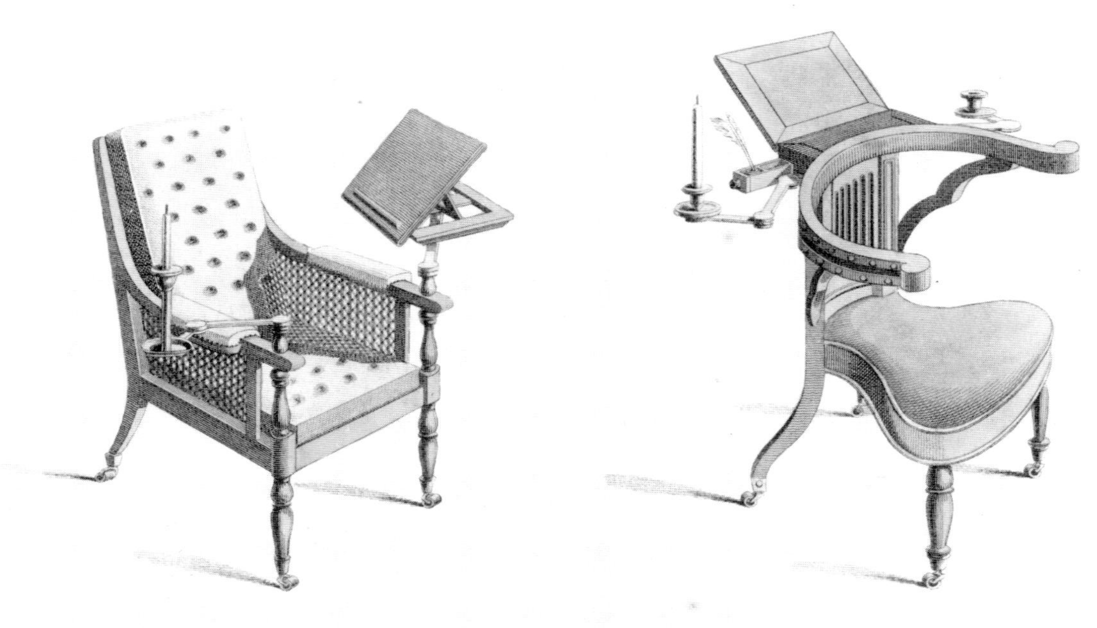

Bibliotheks-Lesestühle der Firma Morgan and Saunders; aus Ackermanns Repository of Arts, 1810

Der Handel war in London König. Und daher ist es wichtig zu betonen, daß London – im Gegensatz zu den anderen in dieser Ausstellungsreihe bisher gezeigten Städte Dresden, Prag und St. Petersburg – keine Stadt der höfischen Kultur war, und daß dort der Prunk der Staatsmacht nur selten in Erscheinung trat. Zahlreiche Besucher bemerkten zwar in den Straßen die Pracht der Staatsequipagen, vor allem an Tagen formeller Empfänge bei Hof; aber wenigstens von Raumer notierte 1835 scharfsichtig: „Nichts fällt hier einem Berliner vielleicht mehr auf, als daß er fast gar keine Orden und Uniformen zu sehen bekommt."[17] Es überrascht nicht, daß sich von Pückler-Muskau, angeregt durch den Komfort ihrer Möbel und ihren mit Teppichen ausgelegten Böden, sich über die bequemen Bräuche der Engländer äußerte: „Es ist schon eine wahre Freude, einen Engländer nur in solchem bettartigen Stuhl am Kaminfeuer sitzen oder vielmehr liegen zu sehen. Eine Vorrichtung an der Armlehne, einem Notenpulte ähnlich und mit einem Leuchter versehen, ist vor ihm so aufgeschlagen, daß er sie mit dem leisesten Druck sich beliebig näher bringen oder weiter entfernen, rechts oder links schieben kann. Außerdem nimmt eine eigene Maschine, deren stets mehrere an dem großen Kamin stehen, einen oder beide seiner Füße auf, und der Hut auf dem Kopf vollendet das reizend behagliche Bild... Die Sitte des halben Niederlegens statt Sitzens, gelegentlich auch der Länge nach auf den Teppich zu den Füßen der Damen, ein Bein über das andere so zu legen, daß man den einen Fuß in der Hand hält, die Hände im Ausschnitt der Westenärmel tragend usw., dies alles sind Dinge, die bereits in die größten Gesellschaften und ausgesuchtesten Zirkel übergegangen sind."[18]

Durch solche feinen Nuancen ihres Verhaltens bringt eine Gesellschaft ihre Mißachtung einer starren Hierarchie von Autorität und der Verhaltensformen – eher nachlässig – zum Ausdruck, die sonst traditionelle Kulturen definieren. Es ist sicher richtig, daß Georg IV., wie *Valerie Cumming* so einleuchtend zeigt, sehr weitgehend mit der Erscheinung seiner eigenen Person und mit zeremoniellem Prunk beschäftigt war; ganz besonders am Tage seiner Krönung. Aber was das anbetraf, so bewahrte er damit die Werte des *ancien régime* und nicht die des ihn umgebenden Londons, das ihn hauptsächlich durch *lèse-magesté* Karikaturen und durch die öffentlichen Kapriolen seiner betrogenen Ehefrau kannte.

Indem er aber versuchte, sich auf denselben Sockel wie die autokratischen Herrscher in St. Petersburg, Berlin und Paris zu stellen, leistete Georg IV. London einen unschätzbaren Dienst. Mit Hilfe der pompösen Ansprüche seiner Peers unterstützte er

17 Raumer 1836, Bd. 2, S. 120–121; Raumer 1842, Bd. 1, S. 498.
18 Pückler-Muskau 1832, Bd. 3, S. 105–108 [20. November 1826]; Pückler-Muskau 1986, S. 466–467.

jegliche Bemühung, es hauptstädtischer erscheinen zu lassen. Bis dahin hatte die Stadt nur wenige sichtbare Zeichen des Wohlstands aufzuweisen. Als *Richard Rush* 1817 zum erstenmal nach London kam, war er vom Anblick der Häuser ganz allgemein enttäuscht: „Ich hatte im West End der Stadt etwas Besseres erwartet; mehr Symmetrie, Gebäude, die mehr durch sich selbst wirken und erkennen lassen, daß sie die Wohnhäuser der reichsten Leute in der reichsten Stadt Europas sind." Stattdessen mischten sich Geschäfte unter die Wohnhäuser: „Dies mag vielleicht für die Versorgung einer Hauptstadt notwendig oder bequem sein, die zu groß ist, um mit einem oder einigen konzentrierten Märkten auskommen zu können."[19] Als er die Stadt 1829 jedoch nochmals besuchte, war er von den inzwischen vorgenommenen Verbesserungen beeindruckt und hob besonders Regent's Park und Carlton Terrace lobend hervor. Pückler-Muskau äußerte sich ähnlich positiv über John Nashs Aktivitäten in den zehn Jahren, zwischen seinen beiden Besuchen, durchgeführten Verbesserungen, die *J. Mordaunt Crook* in seinem Essay dokumentiert: Durch die neue Regent's Street, Portland Place und den Regent's Park hat die Stadt indes sehr gewonnen. Sie sieht nun erst in diesem Teil einer Residenz ähnlich, nicht mehr wie sonst einer bloßen unermeßlichen Hauptstadt für *shopkeepers,* nach weiland Napoleons Ausdruck. Obgleich der arme Herr Nash (...) so übel von manchen Kunstkennern mitgenommen wird, und auch nicht zu leugnen ist, daß in seinen Gebäuden alle Stile untereinandergeworfen wurden und das Gemengsel oft mehr barock als genial erscheint, so ist ihm doch meines Erachtens die Nation vielen Dank dafür schuldig, so riesenmäßige Pläne zur Verschönerung ihrer Hauptstadt gefaßt und durchgeführt zu haben. Das meiste ist übrigens noch *in petto,* wird aber bei der allgemeinen Bauwut und dem vielen Geld der Engländer gewiß schnell ins Leben treten.[20]

Nicht alle Projekte Nashs fanden Zustimmung. All Saints, Langham Place, war sogar das Ziel ausgesprochenem Gespötts, und Pückler-Muskau nannte sie eine „seltsame architektonische Mißgeburt".[21] Auch die am Buckingham Palace vorgenommenen Veränderungen wurden allenthalben abgelehnt. Passavant war der Ansicht, daß „sich wohl jedermann dem Bedauern darüber anschließen würde, daß so viel Geld dafür ausgegeben worden sei, einen schönen alten Palast in etwas zu verwandeln, das aufgrund seiner unstimmigen Proportionen und des belanglosen Äußeren dem Geschmack der englischen Nation wenig Ehre mache".[22] Von Raumer meinte, als er das Innere sah: „Ich habe niemals etwas gesehen, was man so in jeder Beziehung verunglückt und verfehlt nennen könnte."[23]

Die Wurzel des Übels waren die inkonsequenten Korrekturen und Sparmaßnahmen, auf Grund mangelnder Kontrolle durch den König und auf Grund mangelnder Bereitschaft des Parlaments, diese aus der Hand zu geben. Nach sechzigjähriger Unterstützung hatte die Regierung guten Grund, das Ausgabenbudget ihres Monarchen argwöhnisch zu beobachten. Seine Rechnungen sind in diesem Katalog geradezu wie Konfetti ausgestreut: von

H. B. (John Doyle), Ausruhen, 1829. Der Herzog von Wellington als Premierminister ruht sich von den Staatsgeschäften aus. British Museum Satires, Nr. 15833. The Museum of London

unbezahlten Schneiderrechnungen über £ 30.000 aus den neunziger Jahren des 18. Jahrhunderts bis zu den erstaunlichen £ 200.000, die er dem Kunsttischler Seddon im Jahre 1830 schuldete. Aber Georg IV. stand mit seiner Verschwendungssucht nicht allein; andere wetteiferten mit seiner privaten Großzügigkeit. Wenn London auch nach außen hin wenig zu bieten hatte, so konnte es sich doch, wie *Clive Wainwright* darlegt, seiner plutokratischen Intérieurs besonders rühmen. Passavant schrieb, im Hinblick auf York (heute Lancaster) House, die Londoner Residenz des Herzogs von Sutherland, ein wenig affektiert: „Kein Engländer sei im allgemeinen in Angelegenheiten, die die Zurschaustellung von Reichtum betreffen, mit bescheidenen Maßstäben zufrieden; zumal das Wort „reich" das höchste Lob enthalte, das er einer Sache spenden könne; daran liege es, daß das reichste auch stets das am meisten Wünschenswerte darstelle und daß man die Engländer mit ihren vergoldeten Balustraden, Kronleuchtern, Leuchterarmen usw. den Geschmack von Ludwig dem XIV. so genau nachahmen sehe, in dessen Regierungszeit dieser manierierte Schnörkelstil am stärksten in Mode war. Etwas an diesen Girlanden aus gewundenen Blättern und verschlungenen Enden ziehe vor allem, wenn es mit der vorzüglichsten Goldauflage überzogen sei, das Auge stärker auf sich als die einfachen For-

19 Rush 1833, S. 28.
20 Pückler-Muskau 1832, Bd. 3, S. 45 [5. Oktober 1826]; Pückler-Muskau 1986, S. 432.
21 Ibid.
22 Passavant 1836, Bd. 1, S. 119.
23 Raumer 1836, Bd. 2, S. 252 [20. Juni 1835]; Raumer 1842, Bd. 2, S. 87.

men von reinerem Geschmack; und sogar Möbelstücke dieser Art, mit luxuriösen Schildplatt- oder Messingeinlagen, die unter der Last zahlloser kleiner Nippesfiguren ächzen, die nicht weniger grotesk seien als das Möbelstück selbst, könne man überall in den Häusern der Reichen antreffen."[24]

Seine Ansichten wirken wie ein Echo auf die von Pückler-Muskau, der Crockfords Spielpalast verdammte, den er „in der Art der Salons in Paris, aber mit einer asiatischen Pracht erbaut hat, die selbst die königliche fast hinter sich läßt. Auch liegt in dem jetzt wieder herrschenden Geschmack der Zeit Ludwigs XIV., verziert mit allen jenen geschmacklosen Schnörkeln, Übermaß von Vergoldung, gehäufter Mischung von Stukkatur und Malerei usw., eine Wendung der Mode, die sehr konsequent ist, da der englische Adel wirklich immer mehr jenem aus Ludwigs XIV. Zeit zu gleichen anfängt".[25]

Hier begleitet noch mehr als nur ein Hauch von Philistertum das geschilderte mise-en-scène. Carl Maria von Weber wurde gebeten, am 12. März 1826 auf einer Abendgesellschaft im Hause Lord Hertfords zu spielen: Gott, welche große Gesellschaft! Herrlicher Saal, 500 bis 600 Personen da. Alles im höchsten Glanze. Fast die gesamte italienische Opern-Gesellschaft, auch Beluti ec., zwei Trompeter, ein Waldhornist (der berühmte Puzzi) und ein Contrabaß, der ebenso berühmte Dragonetti. Da wurden Finales gesungen ec., aber kein Mensch hörte zu. Das Geschwirr und Geplauder der Menschenmenge war entsetzlich. Wie ich meine Polacca in Es spielte, suchte man einige Ruhe zu stiften, und ungefähr 100 Personen sammelten sich theilnehmendst um mich; was sie aber gehört haben, weiß Gott, denn ich hörte selbst nicht viel davon. Ich dachte dabei fleißig an meine 30 Guineen und war so ganz geduldig. Gegen 2 Uhr ging man endlich zum Souper, wo ich mich aber empfahl und in mein Bett eilte."[26]

Doch wenn es um bescheidenere Unterkünfte ging, lobten die Besucher ausschließlich deren Bequemlichkeit. Der anonyme Autor der *Letters from Albion* schrieb: „... daß man selbst beim Betreten eines überaus gewöhnlich aussehenden Hauses feststellen könne, daß Teppiche auf den Treppen, in den Korridoren und Zimmern lägen, daß es überall Türpfeiler und Drehspiegel gäbe, Mahagoni-Möbel und Porzellan, und daß eine große Sauberkeit ins Auge falle und den Blick erfreue."[27]

Sogar Pückler-Muskau war beeindruckt und berichtete seiner Frau über seine Unterkunft: „Was Dich hier sehr ansprechen würde, ist die ausnehmende Reinlichkeit in allen Häusern, die große Bequemlichkeit der Möbel, die Art und Artigkeit der dienenden Klassen. Es ist wahr, man bezahlt alles, was zum Luxus gehört (...), sechsfach höher, man findet aber auch sechsfach mehr *comfort* dabei.[28]

Von Raumer fand dagegen die neuen Häuser klein und eng, wobei er annahm, die Engländer zögen das ‚vertikale Wohnen' dem einer großen Suite von Zimmern vor, bei denen man fremde Mitbewohner über und unter sich erdulden müsse. „Dagegen ist Flur und Treppe des geschlossenen Hauses viel eleganter als in Berlin, und Treppe und Fußböden fast immer mit zierlichen Decken belegt. Auch mein Zimmer und meine Treppe entbehren dieser Verschönerung nicht."[29]

Vielleicht konnte man gerade auf diesem Mittelklasse-Niveau jene in Deutschland so bewunderte ‚schöne englische Simplicität' erleben, die wie *Simon Jervis* darlegt, durch Rudolph Ackermanns Publikationen bekanntgemacht wurde.

Die Straßen boten andere wichtige Attraktionen. Selbst ein so weltmännischer Besucher wie Pückler-Muskau war von den Geschäften und Märkten beeindruckt: „Überdies macht das bequeme Gehen auf den vortrefflichen Londoner Trottoirs, die bunten, fortwährend wechselnden Bilder in den Straßen und die vielen reichen Läden, welche die meisten zieren, die Spaziergänge in der Stadt, besonders bei Abend, für den Fremden sehr angenehm."[30]

Der Autor der *Letters from Albion* schrieb: ‚daß man in London einen Reichtum und eine Pracht entdecken könne, die man anderswo vergebens suchen würde. Hier seien alle Schätze Perus und der Minen von Golconda, alles was Raffinesse und Luxus zu ersinnen imstande sei, alle Schätze der vier Himmelsrichtungen aufgehäuft; es sei unmöglich, nicht erstaunt zu sein, wenn man alle diese Reichtümer zur Schau gestellt sieht: Kostbare Schals aus Ostindien, Brokat- und Seidenstoffe aus China, Gold und Silber, Perlen und Edelsteine aus einheimischer Produktion von feinstem Geschmack, Ringe, Uhren, Ketten, Armbänder, Federbüsche, Konfektionsbekleidung, Bandwaren, Spitzen, Hüte und Früchte aus allen bewohnbaren Gegenden der Erde ziehen den Blick auf sich, führen die Augen in Versuchung, erstaunen sie und lenken sie ab. Man werde jedoch vom Menschenstrom weitergetrieben, andernfalls würde man bei jedem Schritt innehalten, um zu staunen, zu bewundern und nach etwas zu verlangen.[31]

Wie *Martin Daunton* darlegt, war London ein entscheidender Ort für den Markt von Gebrauchsartikeln, für die Verbreitung von Mode und den allgemeinen Wettbewerb. In London konzentrierte sich die Produktion Großbritanniens, wie die vielfältige Auswahl der Objekte auch in dieser Ausstellung belegt. Darüber hinaus war London mit dem industriellen Prozeß des ganzen Landes eng verbunden. Fabrikanten in der Provinz mußten in London Verkaufsräume eröffnen, um der reichsten Gesellschaftsschicht ihre Produkte vorzuführen, um Umsätze zu erzielen und um neue Aufträge zu erhalten; ihre Londoner Geschäftsführer berichteten außerdem ihren Fabriken über die neuesten Trends. Um den Londoner Markt zu bedienen, verlagerten eini-

24 Passavant 1836, Bd. 1, S. 136–140.
25 Pückler-Muskau 1832, Bd. 4, S. 338–339 [30. April 1828]; Pückler-Muskau 1986, S. 834–935.
26 Weber 1886, Brief vom 23. März 1826.
27 Anon., Letters from Albion, 1814, Bd. 1, S. 81.
28 Pückler-Muskau 1832, Bd. 3, S. 48–50 [7. Oktober 1826]; Pückler-Muskau 1986, S. 433–434.
29 Raumer 1836, Bd. 1, S. 99 [12. April 1835]; Raumer 1842, Bd. 1, S. 102.
30 Pückler-Muskau 1832, Bd. 3, S. 50 [7. Oktober 1826]; Pückler-Muskau 1986, S. 435.
31 Anon., Letters from Albion, 1814, Bd. 1, S. 79–81.

Geschäfte am *Strand*, ca. 1830.
The Museum of London

ge geschickte Großhändler sogar ihre Produktion aus der Hauptstadt in die billigere Provinz. Deshalb haben wir auch beschlossen, außerhalb Londons hergestellte Stücke in die Ausstellung einzubeziehen, vor allem Keramik aus Staffordshire, Worcester und Derby, die ohne ihre Läden in London hätten kaum weiterexistieren können. Auch für den Handel mit Möbeln wurden alle guten Stücke in London entworfen, zum größten Teil dort hergestellt und allesamt in der Hauptstadt verkauft, selbst wenn sie danach in Schottland oder auf St. Helena landen sollten.

Welche anderen Sehenswürdigkeiten gab es neben den Geschäften, welche Novitäten, welche außergewöhnlichen Seltenheiten, die die Besucher Londons bestaunten? Für die eher Nüchterneren gab es eine Reihe vornehmer wissenschaftlicher Institutionen und tatkräftig geförderter technischer Höhepunkte. Simond besuchte die Vorlesungen der Royal Institution und bemerkte, daß mehr als die Hälfte des Auditoriums aus Frauen bestand, „und sie bilden den aufmerksameren Teil. Oft beobachte ich diese hübschen Jüngerinnen der Wissenschaft, wie sie sich zaghaft und beinahe verstohlen auf kleinen Papierstücken Notizen machen; kein Mann tut das, – sie kennen die vorgetragenen Dinge schon oder interessieren sich nur wenig dafür!“[32]

Fürst Pückler-Muskau machte sich zweimal auf, um den Themse-Tunnel kurz nach seiner Überflutung zu besichtigen: „Es ist ein gigantisches Werk, nur *hier* ausführbar, wo die Leute nicht wissen, was sie mit ihrem Geld anfangen sollen.“[33]

Von Raumer besuchte Thomas Babbage und seine Rechenmaschine und „Ich bemerkte bei den Erörterungen sehr bald, daß ich nicht binnen einer Stunde und in englischer Sprache könne in einen Mathematiker verwandelt werden; doch begriff ich: die Maschine leiste so Außerordentliches und Wunderbares durch bloßes Hin- und Herdrehen, daß Herr Babbage vor Jahrhunderten ohne Zweifel als ein Schwarzkünstler verbrannt worden wäre.“[34]

Zwei Monate später hörte er an der Royal Institution eine Vorlesung Faradays über Zink, und fand sie selbst für Laien und nicht Eingeweihte höchst interessant: „Herr Faraday ist nicht bloß ein großer Chemiker und Physiker (was ganz Europa weiß und anerkennt), sondern auch ein höchst ausgezeichneter Lehrer… Er spricht frei…, klar fließend, präcis und gewandt.“[35]

32 Simond 1817, S. 41–43.
33 Pückler-Muskau 1832, Bd. 4, S. 97 [19. Juli 1827]; S. 130 [20. August 1827]; Pückler-Muskau 1986, S. 692, 711–712.
34 Raumer 1836, Bd. 1, S. 36 [31. März 1835]; Raumer 1842, Bd. 1, S. 40.
35 Raumer 1836, Bd. 2, S. 60–61 [31. Mai 1835]; Raumer 1842, Bd. 1, S. 428.

In jedermanns Kultur-Itinerar stand das British Museum an erster Stelle. Dennoch muß man zugestehen, daß es damals seinem späteren Ruf kaum entsprechen konnte. Der Verfasser der *Letters from Albion* schrieb: „... daß man ins British Museum kommen müsse, wenn man unbedingt das kunterbunte Gewand seiner tahitianischen Majestät oder die furchterregende Schildkrötenmaske eines Kriegers von den Sandwich-Inseln sehen wolle; interessanter seien allerdings die Sammlungen von Mineralien und Vögeln, obwohl letztere meistenteils schlecht erhalten seien."[36]

Als Louis Simond das Museum besuchte, und in einer Gruppe unter der Leitung eines deutschen Führers herumgeführt wurde, waren die Räume mit ausgestopften Vögeln und Tieren angefüllt, „von denen viele sich anscheinend in einem Zustand des Verfalls befanden".[37] Auf seiner etwa zwanzig Jahre später stattfindenden Reise sah Passavant dann die Antiken-Sammlungen von Hamilton, Townley und Elgin; er war jedoch von ihrer Aufstellung tief enttäuscht. Wer sich an die Räumlichkeiten erinnere, die der Skulpturensammlung zuerst zugewiesen worden waren, könne seine Empörung darüber, diese wunderbaren antiken Stücke, die einst den Parthenon schmückten und in der Sonne Griechenlands glänzten, in einem schmutzigen, dunklen Raum zusammengedrängt und mit dem entweihenden Ruß und Dreck Londons bedeckt sehen zu müssen, wahrscheinlich hinreichend verstehen und billigen. Aber er erwähnte auch, daß nach Plänen von Smirke, bereits Vorkehrungen für ein neues Museum getroffen worden seien.[38]

Auch die jährlichen Ausstellungen zeitgenössischer Malerei in der Royal Academy und der British Institution wurden nicht mit großer Begeisterung aufgenommen. Als Louis Simond 1810–1811 Somerset House besuchte, schrieb er: „Ich gebe zu, daß ich so viel Mittelmäßigkeit nicht erwartet habe ... Es wimmelt von Porträts, – und diese uninteressante Sparte der Kunst ist hier noch die Beste."[39] Passavants künstlerisch geschulter Blick wurde mehr von den Sammlungen alter Meister angezogen als von der modernen britischen Kunst. Zwar bezeichnete er Wilkies „Blinden Geiger" als eines von Wilkies besten Bildern in der National Gallery, erwähnte anerkennend die Waterloo Chambers-Porträts von Lawrence und lobte Callcotts „Blick auf die Themse" in Bowood als ein großes und schönes Bild mit einem transparenten und leuchtenden Gesamtton, meinte aber auch, daß Wilkies „Waterloobericht-Gemälde" *(Chelsea-Veteranen lesen einen Bericht über die Schlacht von Waterloo)* im Apsley House einen eher konfusen Eindruck mache, obwohl es von kräftiger Zeichnung sei.[40]

Viele besuchten das Colosseum-Panorama von London und das Diorama im Regent's Park und waren von ihnen im höchsten Maße beeindruckt. Pückler-Muskau, der vielseitigere Interessen als die meisten seiner Zeitgenossen verfolgte, ging, bevor sie gänzlich geschlossen wurde, zum Exeter Change, „wo man die fremden Tiere, gleichsam als Repräsentanten der Kolonien, zeigt (...). Den Kauflustigen locken die große Auswahl und verhältnismäßig sehr wohlfeile Preise. Der württembergische Gesandte des letzten hochselig verstorbenen Königs hatte, wie ich mich noch wohl erinnere, hier mehr zu tun als in St. James und Downing Street, ja ich weiß, daß er einmal wegen einer krepierten, seltenen, großen Schildkröte lange in großen Sorgen stand, seinen Posten zu verlieren".[41]

Als von Raumer 1835 nach London kam, war der zoologische Garten im Regent's Park bereits eröffnet worden, hatte im Vorjahr bereits über 200.000 Besucher gehabt und Gesamteinnahmen in Höhe von £ 18.458 erzielt: „Bei solchen Einnahmen war es möglich, die Ausschmückung des Gartens und den Reichthum der Thiersammlung immer mehr zu erhöhen, und z. B. für ein Rhinoceros 1050 Pfund zu bezahlen."[42]

Pückler-Muskau besuchte auch das Theater, über das er schrieb: „Was den Fremden in den hiesigen Theatern gewiß am meisten auffallen muß, ist die unerhörte Roheit und Ungezogenheit des Publikums."[43] Dennoch hielt ihn dieses gesellschaftliche Gemisch, das, wie Iain Mackintosh darlegt, für das Londoner Theaterpublikum im frühen 19. Jahrhundert charakteristisch war, nicht davon ab, das „vortreffliche Spiel" von Edmund Kean im „Othello" anzuschauen, oder, die *englischen Weihnachtsspiele* zu besuchen, „deren originelle Tollheit von so vortrefflichen Dekorationen und Maschinerien unterstützt wurde, daß man sich ohne viele Schwierigkeiten in die Zeit der Feenmärchen versetzen konnte. Solcher lieblicher Unsinn ist herrlich".[44]

Erst im nachhinein können wir die ungeheure Energie tatsächlich würdigen, die für die scheinbar disparaten Aktivitäten – Vorlesungen, Experimente, Gesellschaften, Ausstellungen, Soirées und Theater-Aufführungen – aufgebracht werden mußte, und auch die dem zugrunde liegenden Kräfte richtig einschätzen, die London zu der Stadt werden lassen, die wir noch heute kennen. Es hätte eines sehr scharfsichtigen Besuchers bedurft, um damals schon Tendenzen der Veränderungen aus jenem Wirbel ständiger Bewegung und dem stetig wachsenden Gefüge aus Backstein und Mörtel, Stuck, Eisen und Beton herauszulesen. Doch zeigt sich zweifellos in der Zeit von 1800–1840 insgesamt, daß sich die tragende Schicht der Gesellschaft verbreitert, und daß sich dabei diejenigen Probleme verdeutlichen, die zu Reformen – und zwar nicht nur zu politischen – führen.

Die facettenreichen Darstellungen der Essay-Autoren lassen gewisse allgemeine Strömungen erkennen. Dabei können wir die

36 Anon., Letters from Albion, 1814, Bd. 1, S. 116–117.
37 Simond 1817, Bd. 1, S. 106–109.
38 Passavant 1836, Bd. 1, S. 13–22.
39 Simond 1817, Bd. 1, S. 164.
40 Passavant 1836, Bd. 1, S. 54, 120–121, 200–201, 313.
41 Pückler-Muskau 1832, Bd. 3, S. 64–65 [10. Oktober 1827]; Pückler-Muskau 1986, S. 442.
42 Raumer 1836, Bd. 2, S. 134 [13. Juni 1835]; Raumer 1842, Bd. 1, S. 515.
43 Pückler-Muskau 1832, Bd. 3, S. 126–127 [23. November 1826]; Pückler-Muskau 1986, S. 478.
44 Pückler-Muskau 1832, Bd. 4, S. 284–285 [16. Januar 1828]; S. 324–325 [13. März 1828]; Pückler-Muskau 1986, S. 803, 822–825.

Entwicklung eines neuen, tiefgehenden Vertrauens und einer neuen Belebung derer entdecken, die am kulturellen Leben der Stadt beteiligt sind; eine Entwicklung, die sich auch ganz handgreiflich in neuen institutionellen Formen manifestiert. Sie basierte zu einem guten Teil auf der Überzeugung, daß dieses Land in den Napoleonischen Kriegen zum Retter Europas geworden sei. Dieser starke nationale Mythos hatte eine derart nachhaltige Wirkung, daß man, wie *Ian Jenkins* aufzeigt, als die Parthenon-Skulpturen zum Verkauf anstanden, ohne zu zögern Parallelen zog zwischen England und dem freiheitsliebenden Athen der Antike, – vom „Geist und der Energie seiner Bürger" ganz zu schweigen – und mit solchen Argumenten ihre Erwerbung zu rechtfertigen pflegte. Man baute deshalb das neue Museum vor allem, um den Skulpturen ein „ehrenvolles Asyl" zu verschaffen und weniger, um das Symbol einer den Tyrannen (Napoleon) überwältigenden ‚force majeur' zu errichten. Entworfen wurde der Bau im reinen Stil des Greek Revival, der dem hohen Status der klassischen Sammlungen angemessen sein sollte. Deren weiteres Wachsen wurde durch die Vormachtstellung britischer Diplomatie und Marine im Mittelmeer garantiert, bei der die Kartographen der Admiralität die Stätten künftiger Ausgrabungen und Erwerbungen festlegten.

Derselbe selbstsichere kulturelle Imperialismus kann innerhalb der Naturwissenschaften festgestellt werden, unterstützt vor allem von Sir Joseph Banks und der Royal Society. Er war nicht nur dem British Museum, sondern auch dem hervorragenden neuen College of Surgeons (Chirurgenkolleg), den zoologischen Gärten und Kew Gardens förderlich.

Außer der angesehenen Royal Institution und ihren Nachahmern wurde eine Unmenge von Fachgesellschaften gegründet, die sich den unterschiedlichen wissenschaftlichen Disziplinen – der Geologie, Astronomie, Statistik und Meteorologie – widmeten; und zwar nach den Grundsätzen der neuen Pall Mall Clubs, bei denen sowohl Pückler-Muskau als auch von Raumer zeitweilig Mitglieder waren. Sicher wurde zu dieser Zeit der alte Witz erfunden, daß zwei Engländer immer dann, wenn sie zusammentreffen, einen Club gründen. Doch in einer so großen, expandierenden Hauptstadt war das vermutlich die sinnvollste Methode, um sicherzustellen, daß Gleichgesinnte sich in annehmbarer Regelmäßigkeit träfen.

Auf dem Gebiet der bildenden Künste zeigt kein Zusammenhang das nationale Selbstvertrauen deutlicher, als der vom Prinzregenten an Thomas Lawrence erteilte Auftrag (samt Ritterschlag), alle verbündeten Könige und Fürsten, Staatsmänner und Befehlshaber von 1814 an in London und in den folgenden Jahren in Aachen, Wien und Rom zu malen. Ein solcher Auftrag wertete den Berufsstand auf. Zudem waren die Künstler der Generation von Lawrence und dessen jüngere Kollegen – wie *Andrew Wilton* darlegt – in den Methoden der Zeichnung und Komposition sowie im Einsatz ihrer Mittel versierter, technisch erfahrener und wagemutiger in der Behandlung der Themen als ihre Vorgänger.

Georg IV. und der König von Bayern wetteiferten um den Erwerb eines Gemäldes von David Wilkie. John Constable wurde beim Pariser Salon von 1824 von Karl X. mit einer Goldmedaille ausgezeichnet. Der Ruhm der britischen Aquarellisten war unübertroffen; britische Stecher waren in ganz Europa gefragt. Wenn die Royal Academy es auch versäumte, aus dieser Situation Nutzen zu ziehen, indem sie die nationale Schule als Teil eines europäischen Netzes von Akademien förderte, dann waren andere Institutionen bereit, in die Bresche zu springen: die von Stechern und Aquarellkünstlern gegründeten Gesellschaften, die von Connaisseuren ins Leben gerufene British Institution und die spät gegründete National Gallery.

Hinter all diesen Aktivitäten stand ein bestimmter Antrieb. Die Fenster neuer Möglichkeiten ließen Licht und Luft in die muffig verschlossenen kulturellen Vereinigungen hineinströmen, die bis dahin von den aus einer früheren Ära übriggebliebenen privilegierten Eliten bestimmt wurden. Ihre Autorität und ihr Ruf waren nun nicht mehr länger vor kritischen Überprüfungen sicher, noch blieben sie von Veränderungen ausgeschlossen. Ihren Gegnern standen viele Waffen zur Verfügung, nicht zuletzt deren institutioneller Zusammenhalt mit öffentlichen Versammlungsorten und Gesellschaften, unterstützt durch eine radikale Presse und durch die Drohung, sich an eine noch größere Öffentlichkeit zu wenden. Außerdem fand innerhalb der Kreise aller, die für Veränderungen eintraten, ein beträchtlicher Austausch untereinander statt. Dabei war der Ruf nach Reformen mehr ein Ausdruck einer allgemeinen Geisteshaltung und weniger ein eng definiertes Ziel. Wie *Ian Jenkins* zeigt, bestand das Londoner Griechische Komitee, das die Ideen der Freiheit und der Zivilisation, in Form einer politischen Bewegung zum Sturz der türkischen Herrschaft, nach Griechenland zurückexportierte, im wesentlichen aus reformfreudigen Whigs und Radikalen; von Jeremy Bentham geleitet und mit städtischem Geld bezahlt. Dieselben Zusammenhänge machten sich bei der Gründung der London University als einem „Kaufhaus für intellektuelle Waren" bemerkbar. Wie *Iwan Morus, Simon Schaffer* und *Jim Secord* so überzeugend darlegen, sollte mit ihr eine neue Generation von Fachleuten – Anwälte, Mediziner, Ingenieure, Beamte – ins Leben gerufen werden. Sie sollten sich – von vernünftigen Prinzipien der Nützlichkeit geleitet und nicht von Privilegien und verbrieftem Vorteil – um Probleme von Land und Regierung, Handel und Empire kümmern. Dementsprechend waren es auch die von industriellen und kommerziellen Interessen unterstützten Radikalen, die – obwohl schon jahrzehntelang über Vorstellungen von der Nützlichkeit der Kunst gesprochen worden war – nun für eine staatliche Intervention dafür plädierten, daß die unbezweifelte technologische Vormachtstellung des Landes mit einer dem entsprechenden Überlegenheit der Formgebung verbunden werden müsse. Sie waren auffallend stark im Sonderausschuß der Regierung vertreten, der 1835 gebildet worden war, um das Niveau von Kunst und Handwerk zu ermitteln; und es ist nicht überraschend, daß ihre Gewährsleute diese Gelegenheit nutzten, um Korruption und Vorrechte der Royal Academy anzuprangern, wie *Peter Funnell* hervorhebt.

Weit davon entfernt, sich im Elfenbeinturm zu verschanzen, waren diese Reformer dem maßgebenden Geist der Hauptstadt eng verbunden. Die Gegenwart Jeremy Benthams, dieser ‚Ein-Mann-Walhalla', ist dabei überall spürbar, wenn auch das wirkliche Ausmaß seines Einflusses umstritten ist. Sicherlich waren aber seine Schüler in den dreißiger Jahren des Jahrhunderts ins Herz von Regierung und Rechtsprechung vorgedrungen. Pückler-Muskau berichtete 1827, daß Lord Brougham eine sechsstündige Rede über die Mängel und Mißbräuche im englischen Recht hielt: „Am kolossalsten erschien darin der Umstand, daß in dem *Court of Chancery* jetzt die ungeheure Summe von 50 Millionen Pfund Sterling liegt, die noch keinen Herrn hat. Ein Prozeß in diesem Gerichtshof ist sprichwörtlich geworden, um etwas Unendliches zu bezeichnen."[45] Drei Jahre später befand sich Brougham in einer Position, die ihn befähigte, als Lordkanzler in Greys Regierung etwas gegen den kritisierten Stand der Dinge unternehmen zu können.

Brougham stand in der vordersten Reihe jener Bewegung, die die Agitationskräfte des Volkes und die politischen Ansprüche der unteren Klassen durch „nützliches Wissen", wie *H. T. Dickinson* es beschreibt, nutzbar machte. Die O. P.(Old Priee)-Unruhen und die Affäre der Königin Caroline hatten bewiesen, daß man sich noch immer auf die Londoner Massen verlassen konnte, wenn man seinen Einfluß in einem Rechtsfach geltend machen wollte; billige Publikationen und Karikaturen waren immer noch imstande, aristokratische Anmaßungen in sich zusammenfallen zu lassen. Sogar während der Napoleonischen Kriege stellte Simond fest, daß „die Freiheit der Presse in England als Hort der nationalen Freiheit gilt; andererseits ist ihr Mißbrauch zweifellos auch ihr Fluch".[46] Pückler-Muskau notierte dazu: „Eine sonderbare Sitte in England ist das stete Eingreifen der Zeitungen in das Privatleben."[47] Als von Raumer London in der Zeit nach dem Reformgesetz besuchte, wurde die Freiheit der Presse bereitwilligst gewährt. Bei seinem Besuch von Lambeth, wo er sich die zwanzig mit Dampf betriebenen Druckpressen ansehen wollte, die 200.000 Exemplare des ‚Penny Magazine' (des hauptsächlichen Organs der von Brougham gegründeten Gesellschaft zur Verbreitung Nützlichen Wissens) in zehn Stunden gedruckt werden konnten, schlußfolgerte der Professor: „Setzten sich auch alle Zensoren auf das Schwungrad der Dampfmaschine, sie würden mit herumgeschleudert; oder während sie einen Hahn in dieser oder jener Werkstatt zudrehen, öffnen sich unzählige an anderen Orten. Gäbe es aber eine Kraft, diese unendlich gesteigerte Macht der Gedankenverbreitung unbedingt zu hemmen, oder es durchzusetzen, daß sie nur in eine Richtung, für willkürlich erwählte Zwecke wirksam werden könnte, so schlösse diese Möglichkeit ja schon die Wirklichkeit einer so großen Tyrannei in sich, wie sie die Weltgeschichte noch nicht kennt."[48]

Selbst von seinem abgehobenen Standpunkt aus bemerkte Pückler-Muskau, daß gegen Ende der zwanziger Jahre mit der alten Ordnung nicht alles zum besten stand, mit einem politischen System, das auf verfallenen Orten und Wahl-Bestechungen beruhte; obwohl er sich über die möglichen Vorteile, die die Reformen mit sich bringen könnten, skeptisch äußerte: „Man muß nicht vergessen, daß menschliche Dinge sich höchstens nur dem Vollkommenen nähern, es aber nie erreichen können, daher man sich bei Reformen sehr in acht zu nehmen hat und nie ganz vergessen darf, *que le mieux est l'ennemi du bien*. Dessenungeachtet scheint nach vielen Anzeichen England einer Reform entgegenzugehen, weil es sie aus anderen Gründen fast nicht mehr vermeiden kann, ob aber zu seinem Vorteil, ist noch sehr die Frage. Vielleicht ist die Notwendigkeit derselben eben nur der Beweis, daß seine Größe sich überlebt hat und zu sinken anfängt."[49]

Das Urteil darüber müssen wir anderen überlassen, aber am Ende steht ein London, das sich von der Stadt um 1800 grundsätzlich unterscheidet; eine Stadt, die nochmals um zwei Drittel an Größe zugenommen hatte und nüchterner, solider, respektabler und bedeutender geworden war, – mit mehr Brot und weniger Spielen; mehr Erhabenheit und weniger Zerstreuung; mehr Integrität und weniger Korruption; mehr Königin und (beinahe) Familie, weniger König und Mätressen. Dieser Übergang fand in der hier behandelten Epoche statt.

45 Pückler-Muskau 1832, Bd. 4, S. 305–306 [28. Februar 1828]; Pückler-Muskau 196, S. 815.
46 Simond 1817, Bd. 1, S. 46, 78.
47 Pückler-Muskau 1832, Bd. 3, S. 123 [23. November 1826]; Pückler-Muskau 1986, S. 476.
48 Raumer 1836, Bd. 1, S. 191–193 [24. April 1835]; Raumer 1842, Bd. 1, S. 230f.
49 Pückler-Muskau 1832, Bd. 4, S. 306–307 [28. Februar 1828]; Pückler-Muskau 1986, S. 816.

LONDON UND DIE WELT

Martin Daunton

Fragment eines römischen Mosaikbodens, in 14 Fuß Tiefe unter der Französischen Protestantischen Kirche in der Threadneedle Street im April 1814 entdeckt. Aus C. Roach Smith, Illustrations of Roman London, 1859. The Museum of London

Vor einigen Jahren, als die Französische Kirche in Threadneedle Street abgerissen wurde, kam ein mosaikartiger Boden zum Vorschein, auf dem vor mindestens vierzehnhundert Jahren die Römer gegangen waren; die unmittelbare Nachbarschaft dieses Areals war vermutlich der reichste Bezirk des römischen Londons. Eine stärkere Macht als die der Römer, eine Macht, die sich die Herrscher der alten Welt nicht vorstellen konnten, entfaltet sich nun auf hervorragende Weise an eben dieser Stelle.[1]

Threadneedle Street, der Standort der Bank of England, bildete in der City von London das Zentrum der Finanzwelt: in ihrer unmittelbaren Nähe lagen die Wertpapierbörse, die Königliche Börse, die Kaffeehäuser Baltic und Lloyd's, die Büros von Wechselhändlern, Groß- und Überseehandelsbanken und Privatbanken nahe beieinander. Hier war der Mittelpunkt eines neuen Handelsimperiums, einer finanziellen und territorialen Macht, die ebenso eindrucksvoll wie Rom war. Wenn auch die Krone ihre amerikanischen Kolonien verloren hatte, spielten doch die Barings innerhalb der Wirtschaft der nun unabhängigen Vereinigten Staaten auch weiterhin eine bedeutende Rolle, und die Ostindische Kompanie beherrschte von ihren Büros in der Leadenhall Street aus ein beachtlich großes Reich. Im weltweiten Kampf mit den Franzosen, der bei Waterloo seinen triumphalen Abschluß fand, erwuchs die Macht des britischen Empire, aus der Fähigkeit der Regierung, finanzielle Mittel für den Krieg beschaffen zu können, ohne dadurch so ernsthafte politische Krisen hervorzurufen, wie sie Frankreich in die Revolution getrieben hatten.

Die Finanzen der britischen Regierung basierten auf einer „fundierten" Staatsschuld, auf der Begebung von Anleihen, die von speziellen Steuern gestützt wurden, welche die Zahlung von Dividenden sicher machte. Mit ihm wurde es möglich, dreifach höhere Steuern als in Frankreich zu erheben, und zwar vor allem deshalb, weil die Befugnis dazu in den Händen eines Parlaments lag. Damit wurden Auseinandersetzungen darüber, welche Güter zu besteuern seien, in der Öffentlichkeit ausgetragen; die Regierung mußte ihre Entscheidungen rechtfertigen und handelte damit rechtmäßig. Die Peers und die Kirche waren davon nicht ausgenommen, Ämter wurden nicht verkauft, und es gab keine privaten Steuereinzieher. Der britische Staat bediente sich also gerade nicht eines so ungeordneten und ineffektiven Systems, wie der französische: Dort wurden die Grundsteuern von unbezahlten Beauftragten eingezogen; und daneben befaßte sich eine kleine, aber effektive Bürokratie von Steuereinnehmern mit einer begrenzten Gruppe von Waren aus Betrieben mit zentraler Bedeutung, z. B. Brauereien. Obwohl der britische Staat offensichtlich komplizierter als die absolutistischen europäischen Monarchien angelegt war, gelang es ihm dennoch, einen größeren Teil des nationalen Einkommens abzuzapfen. Auf seiner komplizierten Anlage beruhte seine Rechtmäßigkeit.[2]

Mit den Steuern wurde der Verkauf von Staatsanleihen gefördert. Daraus ergaben sich die tragenden Rollen der Londoner City, der Bank of England und der Wertpapierbörse. 1694 lieh die Bank der Regierung £ 1,2 Millionen, eine Gegengabe für die königliche Konzession, die ihr ein Monopol als Aktienbank einräumte; sie hatte es inne, bis 1826 und 1836 neue Gesetze die Einrichtung von Aktienbanken auch außerhalb Londons, in einem Umkreis von 65 Meilen, zuließen. Durch die Bank of England wurden die jeweiligen Eigentümer von Staatsanleihen und die gezahlten Dividenden verzeichnet. Die Begebung von Anleihen lag in den Händen von Emissionshäusern, einer kleinen

1 Knight's Cyclopaedia 1851, S. 640.
2 Brewer 1989; Mathias und O'Brien 1976; O'Brien, Political economy 1985.

J. C. Stadler nach T. Rowlandson und A. C. Pugin, Die neue Wertpapierbörse. Aus Ackermann's *Microcosm of London*, 1809. The Museum of London

Gruppe mächtiger Financiers in der City, die einen Vertrag über die Aufnahme eines Darlehens unter Pari abschlossen, und der Regierung die Zahlung von z. B. £ 85 je Anleihe im Werte von £ 100 garantierte. Die Emissionshäuser plazierten die Anleihen sodann beim Anlagepublikum, mit dem Ziel, mehr zu erwirtschaften, als die von ihnen gezahlten £ 85. Die Staatsanleihe sicherte eine feste Dividende für unbegrenzte Zeit, und Aktieninhaber, die ihr Geld zurückhaben wollten, brauchten einen Markt, auf dem Staatsanleihen gehandelt werden konnten. Deshalb trafen sich Anleihenhändler in Jonathan's Kaffeehaus, und 1773 gründete eine Gruppe von Maklern die Wertpapierbörse, die 1802 umgebaut wurde, um das während der Revolutions-Kriege und der Kriege gegen Napoleon angewachsene Geschäft bewältigen zu können. Besteuerung und Staatsschuld waren die Stützpfeiler des britischen Staates während seiner Auseinandersetzung mit Frankreich, und damit zugleich der Finanzkraft der Stadt London.[3]

Die fundierte Staatsschuld war ein Hauptthema politischer Debatten, besonders in den Jahren um 1820. Mit ihr, so argumentierten ihre Befürworter, behauptete sich die protestantische Freiheit gegenüber der Tyrannei, ob diese nun als Katholizismus und französischer Absolutismus oder als Jacobinertum und napoleonischer Anspruch auftrat. Doch Staatsschuld und die Bank of England konnten von „ländlichen" Kritikern auch als Bedrohung angesehen werden. Die Vertreter der Landbesitzer verstanden die Bank als das Symbol einer Veränderung von der an Grundbesitz gebundenen Tugenden der Nation zur monetär bestimmten Korruption und zu kosmopolitischen Gedanken; und die Börse als eine Art Spielhölle, die den legalen Handel bedrohte. Eine Person, die über Grundbesitz verfügte, so argumentierte man weiter, hatte auch Muße und Freiheit, um sich für öffentliche Angelegenheiten einzusetzen, und war frei von engstirnigen privilegierten Interessen; Reichtum an Geld verstand man dagegen als Eigenschaften einer egoistischen, korrupten und kosmopolitischen Clique, die mit der britischen Staatsbürgerschaft nicht vereinbar war. Die finanziellen Interessen der Stadt, so wurde behauptet, führten zu einem schädlichen „Wohlleben", das die Nation korrumpiere und eine verderbliche politische Interessengruppe hervorbringe; diese begünstige ihrerseits ein blühendes System aus Protektion und Korruption. Mit Anleihen wurden auch eine aufgeblähte Marine und Armee finanziert, die den von der herrschenden Oligarchie Begünstigten gute Positionen anbot und ihnen ermöglichte, lukrative Verträge über die Lieferung von Kriegsmaterial, über Ausrüstung, Verpflegung und Transporte abzuschließen. Als Bestandteile dieser Welt der Begünstigungen und Privilegien verstand man auch das von der Regierung der Ostindischen Kompanie gewährte Monopol oder die Protektion der Plantagenbesitzer in West Indien, die sich aus dem merkantilistischen System ergab, oder den Sonderstatus der Bank of England. Die Kritiker dieser Maßnahmen behaupteten, hier auf einen circulus viciosus der Korruption zu stoßen: Politische Privilegien führten zu Reichtum, und dieser Reichtum konnte sich dann mit Hilfe des Handels mit Wahlstimmen Macht erkaufen. Die Verteidigung der protestantischen Freiheit wurde, in den Augen der Kritiker, für einen zu hohen Preis erkauft, der gerade das Verabscheute hervorzubringen drohte.[4]

Diese „ländliche" Ideologie sprach nicht nur den niederen Adel an, der sich aus dem magischen Kreis der Profite und Privilegien von Geld-Adel und Großgrundbesitzern ausgeschlossen fühlte. Sie wurde auch vom „legitimen" Handel in der Stadt akzeptiert, von den mittelständischen Kaufleuten, den kleinen Händlern und Ladenbesitzern, die, wenn auch nicht durch ihren Reichtum, so doch durch ihre große Zahl eine wichtige Rolle spielten. Sie verhielten sich kritisch gegenüber dem, das ihnen wie Raubzüge einer korrupten Oligarchie erschien. Die Finanz-

3 Dickinson 1967; Clapham 1944.
4 Hoppit 1990; Pocock 1985; Sekora 1977.

leute – so hieß es –, die über die Anleihen verfügten, und die Rentiers, die von ihren Zinsen lebten, nährten sich auf Kosten der arbeitenden Schichten. Die Steuern, die zur Finanzierung der Anleihen notwendig waren, zogen Kapital vom Grundbesitz, vom „tatsächlichen" Handel und von der Produktion ab, verringerten dadurch die Resourcen für Kredit und trieben die Kapitalkosten für nützliche Unternehmungen in die Höhe. Die steuerliche Belastung und die hohen Zinssätze, so wurde behauptet, schränkten die Beschäftigung ein, erhöhten die Kosten, hielten den Verbrauch im Lande niedrig und machten britische Waren durch ihre Preise wettbewerbsunfähig. Daraus ergaben sich, einer solchen Analyse zufolge, ökonomische Instabilität und die verzweifelte Suche nach Märkten in Übersee. Hierauf basierte in der City des frühen 19. Jahrhunderts das Aufleben radikaler Kräfte, in dessen Gefolge bei der Wahl von 1818 drei von vier städtischen Sitzen im Parlament von Radikalen besetzt wurden. Robert Waithman, ein Tuchwaren-Einzelhändler, hatte die Staatsschuld 1800 als ein Mittel „zur Bereicherung weniger durch Verelendung vieler" angegriffen. Sein Kollege, der Pharmazeut Matthew Wood, wurde 1820/21 als Fürsprecher der Königin Caroline allgemein bekannt. Die königliche Affäre war für die Kritiker des verschwenderischen Hofes und der Inhaber von Sinekuren ein willkommener Anlaß, sich zusammenzuschließen.[5]

Während der Revolutions-Kriege und der Napoleonischen Kriege waren die Goldsmids die größten Anleihenhändler. Aaron Goldsmid, ein holländischer Jude, hatte sich in der Mitte des 18. Jahrhunderts in London niedergelassen. George trat in die Firma seines Vaters ein, der mit Wechseln und Rimessen in Amsterdam, Hamburg und anderen deutschen Städten handelte; Asher wurde als Vermittlungsmakler im Edelmetallhandel bei der Bank of England und der East India Company der Geschäftspartner von Abraham de Mottos Mocatta; Benjamin und Abraham wurden Wechselmakler. Dabei bestand der große Vorteil der Goldsmids in ihren engen familiären und religiösen Bindungen nach Amsterdam, das immer noch der bedeutendste europäische Geldmarkt war. Benjamin wurde zu einer der bedeutendsten Persönlichkeiten an der Börse, Finanzberater von William Pitt und ein bedeutender Anleihenhändler. Beide Brüder begingen Selbstmord, Benjamin im Jahre 1808 und Abraham 1810. Abraham wurde durch den finanziellen Ruin zur Verzweiflung getrieben, denn er hatte zusammen mit Francis Baring, der kurz darauf starb, im Jahre 1810 eine Anleihe in Höhe von £ 14 Millionen fest gezeichnet. Es folgte eine Baisse, und Goldsmid war nicht in der Lage, die Anleiheverbindlichkeiten zu dem Preis zu verkaufen, den er der Regierung zu zahlen garantiert hatte. Das Geschäft wurde von Ashers Sohn, Isaac Lyon Goldsmid (1778–1859), einem Partner der Firma Mocatta und Goldsmid und Mitglied der Börse gerettet, der nach dem Krieg Händler in Auslandsanleihen wurde. Er gehörte zu den reichsten Männern der Stadt und beteiligte sich aktiv an den Kampagnen für die Befreiung der Sklaven und die Übertragung der bürgerlichen Rechte auf Juden; außerdem war er ein wichtiger Förderer des University College

R. Dighton, Seltsame Börsenspekulanten, ca. 1795. Guildhall Art Gallery

von London.[6] Die Baring Brüder besaßen ähnlich wie die Goldsmids einen kosmopolitischen Hintergrund aus einem dichten Geflecht von Beziehungen zwischen Europa, Großbritannien und den Vereinigten Staaten. Die Firma wurde von Francis (1736–1810), dem Enkel eines lutheranischen Geistlichen aus Bremen, gegründet, der Pastor der Deutschen Gemeinde in London wurde. Sein Vater war ein Tuchhändler im Westen Englands, der Francis nach London zu einem deutschen Kaufmann in die Lehre schickte. Er sollte „der erste Kaufmann Europas" werden, und sein Vermögen wurde auf £ 7 Millionen geschätzt. 1810 ging die Leitung der Firma auf seinen Sohn Alexander (1774–1848) über, der ein Geschäftspartner von Hope and Co., einer führenden Handelsfirma von Amsterdam, gewesen war. Der Krieg auf dem Kontinent ließ ihn nach London zurückkehren. 1798 bereiste er die Vereinigten Staaten, um seine Kenntnisse als Kaufmann

5 Prothero 1979; Dinwiddy 1973; Hoppit 1990.
6 Picciotto 1875, S. 249–256; Alexander 1808; Cope 1942; Bankers Magazine 1859, S. 375–382, ders. 1860, S. 200–204.

zu erweitern, und, was weniger vorauszusehen war, eine reiche Amerikanerin zu heiraten. Alexander wurde zu einer Schlüsselfigur Londons; er war einer der Direktoren der Bank of England, Minister im Kabinett, Verfasser von Schriften zu finanziellen Themen, Mitglied in den Vorständen des British Museum und der National Gallery und Förderer des University College.[7] Aber die plötzliche Unterbrechung in der Übernahme britischer Staatsanleihen, zu der das Ableben der Goldsmid-Brüder geführt hatte, wurde von Nathan Rothschild beendet, mit dem Baring auf mehrfache Weise verwandt war. Nathan sollte sich zum größten Finanzherrscher nach Waterloo entwickeln, zu einem Symbol der durch einen kosmopolitischen Finanzmann ausgeübten Macht, die die „ländlichen" Kritiker und die Mittelständler der Stadt so sehr aufgeschreckt hatte.[8]

Die Welt der konzessionierten Monopole und der staatlichen Begünstigungen wurde von Robert Wigram (1744–1830) verkörpert, einem ausgebildeten Arzt, der 1764 als Chirurg an Bord eines Schiffes nach Indien reiste. Als sein schlechter Gesundheitszustand ihn dazu zwang, diese Stellung aufzugeben, nutzte er seine Kenntnisse der Medizin wie die des Ostens, indem er in London mit Drogeriewaren handelte und damit den holländischen und den deutschen Markt versorgte. 1787 heiratete er die Tochter des Leiters des Flotten-Proviantamtes und wurde 1788 „Schiffsinspektor". Die Ostindische Kompanie, die ein Handelsmonopol für den Osten hatte, besaß keine eigene Flotte, sondern heuerte für verschiedene Zwecke gebaute und ausgerüstete Schiffe von privaten Eignern an. Von ihnen galt Wigram als einer der größten; er war auch Teilhaber der Blackwall Werft, die Ostindienfahrer baute, und wurde 1803 Mitglied der Gesellschaft, die die East India Docks errichten ließ. Im Jahre 1795 rüstete er vier Schiffe als Truppentransporter aus und bewirkte die Loyalitätserklärung der Kaufleute für William Pitt.[9] Zu erwähnen wäre außerdem noch William Manning (1763–1835), den Besitzer beachtlicher Sklavenplantagen in West Indien, ein führender Vertreter der westindischen Interessen im Parlament, Leiter der Schatzwechsel und einer der Direktoren der Bank of England.[10] Wigram und Manning waren typische Vertreter jener Leute aus der City, die vom Krieg profitierten und ein Vermögen erwarben durch Verträge mit der Regierung sowie durch Monopole, die von königlichen Konzessionen und der merkantilistischen Gesetzgebung gleichermaßen gestützt wurden.

Bis zu welchem Grad die „ländliche" Kritik am Luxus und an der Korruption durch das Geld gerechtfertigt war, darüber zerbrechen sich die Historiker auch weiterhin die Köpfe. Vor allem zwei Gesichtspunkte spielen dabei eine Rolle: Konnten die Staatsschuld und die Kriegsfinanzwirtschaft Investitionen für die Industrialisierung „verdrängen", und konnte das Steuersystem den Markt für industrielle Erzeugnisse so weitgehend irritieren, daß dadurch sein Wachstum behindert wurde? Die Historiker stimmen darin überein, daß Großbritannien bis in die zwanziger Jahre des Jahrhunderts eine niedrige Wachstumsrate seiner Wirtschaft aufwies, und daß während der industriellen Revolution beachtlich viele Arbeitskräfte von der Landwirtschaft zur Industrie wechselten, deren arbeitsintensive Produktionsmethoden auch weiterhin die Steigerungen der Produktivität in Grenzen hielt. Eine der möglichen Erklärungen dafür ist, daß die Darlehenshändler der City bis in die zwanziger Jahre weiterhin Kapital beanspruchten, in einer Zeit, als eine Senkung der Staatsschuld bereits Investitionen und ein schnelleres Wachstum erleichterte.[11] Dieses Argument ist nicht ganz überzeugend, denn die Staatsschuld hätte ebenso gut zu Investitionen anreizen können, indem sie anlagebereite Mittel anzog, die zur Finanzierung produktiver Unternehmen hätten beitragen können. Der erhöhte öffentliche Kreditbedarf führte zu unterschiedlichen Formen von Sicherheiten; er eröffnete Kaufleuten, Maklern, Versicherern und Bankiers vielfältigere Absatzmöglichkeiten für verfügbare finanzielle Mittel als das der Grundbesitz tat. Dieser Kreditbedarf förderte ebenfalls bereits in der Mitte des 18. Jahrhunderts die Entwicklung komplexer finanzieller Dienstleistungsstrukturen, durch welche Liquidität und Flexibilität erhöht wurden. Auf diese Weise konnte sich London zum Zentrum des englischen Kreditwesens entwickeln.

In den Debatten des späten 19. Jahrhunderts über die Rollen der Londoner City und des Bankensystems wurde ihnen ständig der Vorwurf gemacht, sie hätten – im Vergleich mit den deutschen Industriebanken, die als Begründer einer dynamischen Wirtschaft angesehen wurden – bei der Versorgung der inländischen Industrie mit Kapital versagt. Eine solche Analyse verschleiert jedoch die wahre Rolle der Londoner Bankiers während der industriellen Revolution, als die Industrie weniger Anlagekapital hatte als vielmehr beträchtliches Betriebskapital und umfangreiche Kredite benötigte. Ein wichtiges Mittel war dabei die Tratte: Ein Kaufmann oder Manufaktur-Besitzer, der beispielsweise Waren im Werte von £ 100 mit einem dreimonatigen Zahlungsziel verkaufte, übermittelte dem Käufer einen Wechsel, der in drei Monaten fällig wurde; der Käufer versah die Tratte mit dem Akzept, schickte sie an den Aussteller zurück, dem dann drei Möglichkeiten offenstanden: Er konnte sie behalten, bis sie fällig wurde; er konnte sie an einen seiner eigenen Kreditoren weiterreichen oder er konnte sie zu Bargeld machen, indem er sie bei einer Bank diskontieren ließ; er bekam dann für die Tratte vielleicht £ 95. Für die Bank war dies eine attraktive Anlage, und die Wechseldiskontierung wurde zu einem wichtigen Teil ihrer Aktivgeschäfte. Wechsel wurden in großer Zahl in Gebieten wie z. B. Lancashire ausgestellt, in denen Kapitalmangel herrschte; sie wurden an Banken in der City weitergereicht, die damit nun

7 Fox Bourne 1886, S. 447–459; Dictionary of National Biography, I, S. 1110–1112; Hidy 1949.
8 Chapman, Foundation 1977; Davis 1983, Kap. 1.
9 Green und Wigram 1881, S. 29, 45–54; Thorne, Commons 1790–1820, Bd. V, 1986, S. 554–556.
10 Purcell 1896, S. 6–7; Thorne, Commons 1790–1820, Bd. IV, 1986, S. 540–543.
11 Crafts 1985; Wrigley 1988; Williamson 1984; Black und Gilmore 1990; O'Brien, Political economy 1985.

ihrerseits Banken in ländlichen Gebieten mit Kapitalüberschuß, z. B. East Anglia, versorgten. Der Reichtum eines Ortes und einer sozialen Schicht wurde auf diese Weise an andere Orte und Schichten weitergegeben; und zwar nicht in Form einer Beteiligung am Anlagekapital, sondern durch Kreditgewährung. Die wichtige Rolle der Koordinierung wurde von den Privatbanken in der City übernommen, einer Gruppe, die sich sowohl von den Banken im West End unterschied (die die Aristokratie betreuten), als auch von den gerade neu entstehenden Handelsbanken, die für die Finanzierung des internationalen Handels zuständig waren.[12] Die Bankiers selbst kamen auf unterschiedlichen Wegen in die City: Einige kamen aus der Londoner Geschäftswelt, andere aus der Provinz; auch vertraten sie recht gegensätzliche Meinungen, die einen als Befürworter, die anderen als Kritiker von Monopolen und Privilegien. Im Jahre 1792 gründete William Curtis (1752–1829), ein Schiffszwiebackhersteller aus Wapping, das Bankhaus Robarts, Curtis and Co. und wurde für die Ostindien-Schiffahrt und für Regierungsaufträge tätig. 1801 übernahm er zusammen mit Goldsmid die erwähnte Anleihe und diente den Torys von 1798 bis 1818 und von 1820 bis 1826 als hartnäckig reaktionärer Abgeordneter der City. Er war das genaue Gegenteil von Waithman und Wood, verteidigte den Krieg, unterstützte das Monopol der Ostindischen Kompanie und widersetzte sich sowohl der parlamentarischen Reform als auch der Neuregelung der Getreidegesetze. Wood war seinerseits der Beschützer von Königin Caroline. Curtis dagegen, eine „Schnapsnase, ein *bon vivant* und unfreiwilliger Hanswurst“, eignete sich in geradezu wunderbarer Weise als Intimus von Georg IV.[13] Im Gegensatz zu dieser Bank war die Bank von Smith, Payne and Smith provinzieller Herkunft. Dort war sie als Bank von Smith and Co. aus dem Nottinghamer Strumpfwarenhandel hervorgegangen und entwickelte sich später zur führenden Bank der Midlands und der bedeutenden Hafenstadt Hull. 1758 trat Abel Smith II. aus Nottingham als Teilhaber bei John Payne in London ein, und die City-Bank Smith, Payne and Smith wurde die Londoner Filiale, nicht nur der Smiths, sondern auch weiterer Banken vom Lande. Able Smith IV. (1788–1859) war zwar Großgrundbesitzer in Sussex geworden und ein unerschütterlich konservativer Parlamentsabgeordneter, doch andere Mitglieder der Firma vertraten durchaus auch andere politische Richtungen. Sein Onkel, John Smith II., war einer der Stifter, die die Gründung des University College London betrieben, und hatte zusammen mit Isaac Lyon Goldsmid das entsprechende Baugelände gekauft. Thomas Perronet Thompson (1783–1869), ein Teilhaber dieser Bank, war zusammen mit Jeremy Bentham Mitbegründer der radikalen *Westminster Review.*[14] Ein weiterer führender Utilitarist war George Grote, der Urenkel von Andreas Grote aus Bremen, der sich 1731 in London niedergelassen hatte. Nur widerstrebend fungierte er als Teilhaber der Familienbank Prescott and Grote. Er zog es vor, sich der Forschung und der Politik zu widmen. Er war Schüler von James Mill und Jeremy Bentham, ein führender Vertreter der Radikalen unter den City-Finanziers und ein Förderer des University College.[15] Insgesamt machen diese Politiker der City deutlich, wie tief die Kluft zwischen den Befürwortern der traditionellen Werte und den Reformern war.

Die Londoner City griff auf die Reichtümer von Gegenden wie z. B. East Anglia zurück und leitete sie nach Lancashire weiter, und es zeigte sich, daß damit Kapitalanlagen „angelockt“ wurden. Industriegebiete waren eher in der Lage, die ihnen zur Verfügung stehenden Mittel für Anlageinvestitionen in Maschinen und Fabriken zu verwenden. Die Verdrängungs-Hypothese ist jedoch in der Tat brüchig, weil sie davon ausgeht, daß es einen einheitlichen Kapitalmarkt gab, auf dem sich das Kapital zwischen Staatsanleihen und Industrie frei bewegen konnte. In Wirklichkeit bestand der Kapitalmarkt aber aus unterschiedlichen Bereichen, und für einen Industriellen, der eine Firma aufbaute, waren dabei Staatspapiere nicht attraktiv. Er nutzte eher lokale Kapitalangebote, aus der Familie oder von Freunden und hielt die Gewinne innerhalb der Firma. Staatsanleihen gingen nicht unbedingt zu Lasten der Industrie, zumal ein Teil des Kapitals ohnehin vom europäischen Festland nach London geholt wurde. Leute wie der hugenottische Bankier Peter Isaac Thellusson befanden sich am rechten Ort, um – mit Hilfe seiner familiären Beziehungen, die Genf, Paris und London verbanden – Kapital von französischen Aristokraten zu übernehmen. Andere Firmen kamen, wegen der kriegerischen Auseinandersetzungen, wieder nach London zurück, darunter auch die bedeutende anglo-holländische Handelsbank von Henry Hope, der 1794 von Amsterdam nach London ging, und dem sich bald darauf seine Partner Pierre Labouchere und Alexander Baring anschlossen. Die Unterbrechung der Handelsbeziehungen mit Hamburg veranlaßte ebenfalls eine Reihe von Firmen, sich in London anzusiedeln, z. B. Schroders im Jahre 1802, E. H. Brandt 1805, Friedrich Huth 1809 und Frühling und Goschen 1814. Der Krieg gegen Frankreich wurde zum Teil mit Kapital finanziert, das der Londoner Kapitalmarkt auf dem europäischen Festland mobilisieren konnte. Napoleons Kontinentalsperre behinderte jedoch die britischen Exporte nach Europa, wodurch Geldsendungen an die Verbündeten gefährdet waren. Wenn damals die britischen Waren auch neue Märkte außerhalb Europas finden konnten, so machte doch erst das Kapital, das Kaufleute und Aristokraten vom Festland in britischen Wertpapieren der öffentlichen Hand anlegten, eine weitere Finanzierung der europäischen Armeen möglich. Die Finanzierung des Krieges ging demzufolge also nicht vollständig zu Lasten der einheimischen Investitionen. Aber als nach dem Kriege die Nachfrage nach britischen Staatsanleihen zurückging, wurden dadurch eher Gelder für ausländi-

12 Black 1989; Pressnell 1956; Ashton 1945; Hudson 1986.
13 Thorne, Commons 1790–1820, Bd. III, 1986, S. 545–548; Dictionary of National Biography, V, S. 349–350.
14 Tucker Easton 1903; Leighton-Boyce 1958; Bankers Magazine, Bd. XIX, 1859, S. 205–208, 352.
15 Grote 1873; Clarke 1962.

sche Staatsanleihen als für die britische Industrie in der Provinz frei.[16]

Wenn auch die Finanzierung des Krieges die industrielle Revolution vermutlich nicht gefährdete, so bleibt doch die Behauptung der Radikalen plausibel, daß sie den industriellen Markt verzerrt habe. Dabei erscheint nun London in neuer Sicht; weniger als Finanzzentrum, das die Industrie ihres Kapitals beraubt, denn vielmehr als Spielwiese der Aristokraten, auf der sie ihren Reichtum in Orgien aufwendigen Konsums verschleudern. Im 18. Jahrhundert war der Anteil der Grundsteuern an der Staatsfinanzierung zurückgegangen, während die Verbrauchssteuern, die auf den inländischen Konsum und die Produktion erhoben wurden, eine immer bedeutendere Rolle spielten. Um 1798 hatten sich dann die Staatsfinanzen infolge der steigenden Kriegskosten in einer Krise befunden, und Pitts Ausweg aus dieser Krise bestand darin, die Grundsteuer durch eine Einkommensteuer zu ersetzen, die alle Arten von Einkünften erfaßte. Als vorübergehende Regelung wurde diese Einkommensteuer während des Krieges zwar hingenommen, doch war das Parlament nicht bereit, sie auch in Friedenszeiten zu akzeptieren. Deshalb wurde auch 1816 der Wunsch der Regierung, sie beizubehalten, um in einem gewissen Umfang über Eigenkapital verfügen zu können, strikt abgelehnt. Trotzdem wurde die Grundsteuer nicht wieder eingeführt, was zur Folge hatte, daß sich die Steuereinnahmen rückläufig entwickelten. Den Reichen wurden Steuererleichterungen gewährt, während Industrieprodukte und damit der Konsum der Arbeiter mit ständig höheren Verbrauchsteuern belastet wurden.[17]

Am Ende des Krieges übten die Radikalen, so scharfsichtig, wie berechtigt, Kritik an den Folgen dieses Besteuerungssystems. Die Einnahmen flossen an die Reichen zurück, die eher zu sparen imstande waren als die Armen. Und obwohl eine höhere Sparquote theoretisch zu einem höheren Wachstum hätte führen können, da durch sie der Kapitalmangel, als ein Hindernis für Investitionen in der Industrie, vermindert werden könnte, ließ die Zersplitterung des Kapitalmarkts eine solche Entwicklung nicht zu. Statt dessen war in den frühen zwanziger Jahren des Jahrhunderts eher davon auszugehen, daß diese Ersparnisse dazu verwendet wurden, Spekulationsgeschäfte mit Auslandsanleihen zu betreiben, von denen viele höchst dubios waren. Ein viel schwerwiegenderes Hemmnis für das Wirtschaftswachstum war aber das Niveau der Nachfrage. Hier hatte die Verteilung der Einkommen schwerwiegende Folgen, denn die Inlandsnachfrage sank, und die Produzenten waren infolgedessen gezwungen, nach ausländischen Märkten Ausschau zu halten, die jedoch viel unsicherer waren. Das Wachstum zielte also auf einen begrenzten Export von Massenwaren und nicht auf eine vielfältige inländische Wirtschaft. Krieg und Nachkriegspolitik bewirkten, zusammen mit der in die Höhe schießenden Einkünfte der Grundbesitzer, daß besonders die Nachfrage nach Luxusgütern und anspruchsvollem Konsum stieg. Auch hierfür war London ein Zentrum. So entstand die Basis für das London der Regency Zeit: Die aristokratischen Grundbesitzer hatten vom Krieg profitiert und stellten nun selbstsicher und anmaßend ihren Reichtum zur Schau.[18]

Mieten und Pachten aus Grundbesitz in der Provinz flossen, für den Konsum bestimmt, in das West End, wo sich die grundbesitzenden Aristokraten und der niedere Adel während der Saison zwischen April und August aufhielten. Die Privatbanken spezialisierten sich im West End auf die Konto-Führung von Gutsbesitzerfamilien, transferierten Einkommen aus dem Grundbesitz nach London und liehen Grundbesitzern Geld gegen die Sicherheit ihrer Ländereien, die damit teure Bauprojekte finanzierten oder Kapital für Aussteuern freigaben. Zu ihnen gehörte Thomas Coutts (1735–1822), der Bankier der Königlichen Familie und vieler führender Familien von Grundbesitzern war. Privatbankiers konnten sich selbst in die Elite der Grundbesitzer einreihen, und zwar entweder durch Landerwerb oder durch Heirat.[19]

Wie Valerie Cumming gezeigt hat, ließ der Prinzregent bei seiner Gestaltung des West End und bei seiner prunkvollen Krönung als Georg IV. die „Verschwendungssucht eines Renaissance-Papstes" walten. Er stand damit nicht allein. Die reichsten Grundbesitzerfamilien besaßen „Privatpaläste", die ihren Landsitzen an Reichtum gleichkamen oder sie sogar noch übertrafen. Devonshire House am Piccadilly war das städtische Gegenstück zu Chatsworth, und als beide 1798 zum Verkauf standen, wurden sie auf £ 29.286 bzw. £ 22.322 taxiert. In Spencer House am Green Park, oder Norfolk House am St. James's Square, traf sich die große Gesellschaft bei glänzenden Bällen und Empfängen. Nicht alle Häuser waren so prachtvoll, aber sogar der bescheidenste Landedelmann konnte es sich leisten, ein Haus in der Stadt zu mieten. Während der Revolutions-Kriege und den Kriegen Napoleons wurden die britischen Aristokraten ebenso reich, wie ihre Pendants auf dem Festland zunehmend in die Krise gerieten, wie Clive Wainwright darlegt. Diese Tatsache bot Händlern Gelegenheit, einen aufnahmebereiten britischen Markt mit Kunstwerken aus europäischen Familien zu beliefern, die in Not geraten waren. Außerdem setzte wiederum eine Flut von Neubauten ein, „deren Verschwendungssucht alles frühere in den Schatten stellte". Der Prinzregent bestimmte mit seinem prächtigen Umbau von Carlton House den Maßstab. Ihm folgten 1808 der Earl of Grosvenor und 1811 der sechste Herzog von Devonshire nach. Die Kosten waren schwindelerregend. Der dritte Herzog von Northumberland soll um 1820 £ 160.000 für die Renovierung seines Stadthauses ausgegeben haben. Er zahlte den Polsterern Morrell und Hughes in den Jahren 1821–1823

16 Heim und Mirowski 1987; Hudson 1986; Neal 1990; Chapman, International houses 1977; Cope 1983; Thorne, Commons 1790–1820, Bd. V, 1986, S. 362–364.
17 O'Brien, Political economy 1985; Hilton 1977; Prothero 1979.
18 O'Brien, Political economy 1985; Beckett und Turner 1990; Prothero 1979.
19 Davidoff 1973; Robinson 1929; Cassis 1984, Kap. VI.

Wedgwoods Ausstellungsraum, York Street, St. James's. Aus Ackermann's *Repository of Arts*, Bd. 1, 1809

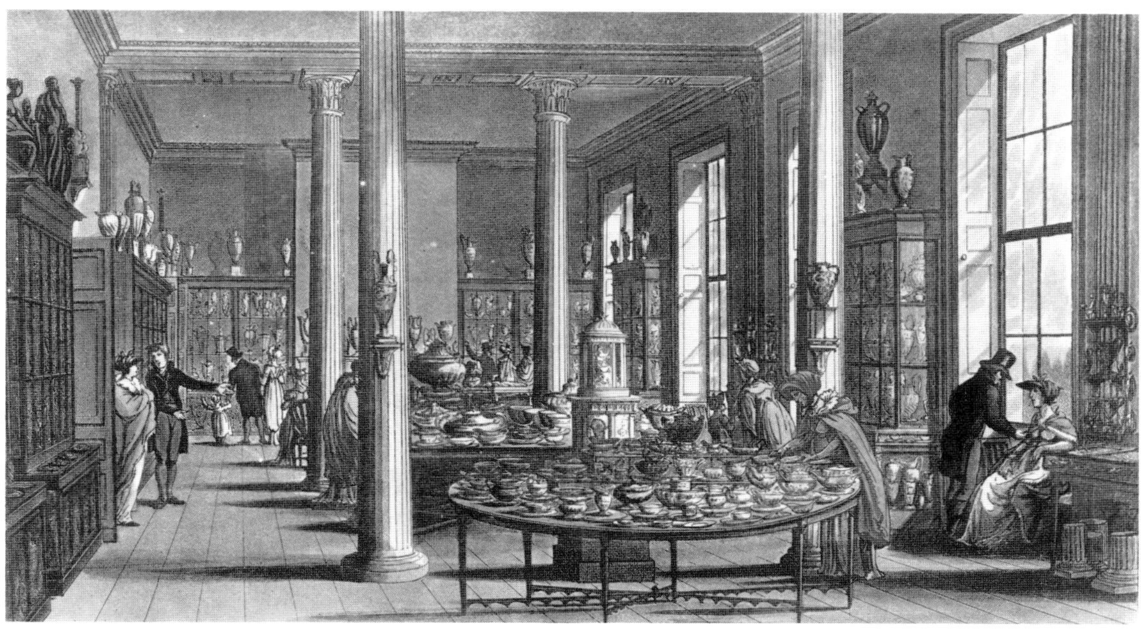

£ 34.000. 1823 lieferte der Emailleur und Fabrikant William Collins vom Strand für £ 2.700 „vier exquisite Kronleuchter aus Bronze in griechischem Stil" und für £ 2.000 zwei große Kandelaber. Dieser Handel mit Luxusgegenständen bildete einen wichtigen Teil der gewerblichen Wirtschaft Londons, indem er die Nachfrage nach gut ausgebildeten Handwerkern, nach Kunsttischlern, Putzmachern, Vergoldern, Wagenbauern, Schneidern oder Juwelieren belebte. Deshalb waren solche Tätigkeiten allerdings auch im hohen Maße von der Saison abhängig, denn die Schneider arbeiteten z. B., um prächtige Roben für Bälle und große Empfänge herzustellen, und befanden sich in einer Absatzflaute, sobald die Aristokratie aufs Land abgereist war.[20]

Trotzdem sollte man solche Beschränkungen des Marktes nicht überbewerten. In London gab es ja nicht nur die privaten Paläste, sondern auch die Stadthäuser von Kaufleuten, Händlern und anderer Berufssparten. Der Londoner Markt war größer als der irgendeiner anderen europäischen Hauptstadt, und die Produktion war weniger als anderswo durch Vorschriften der Zünfte oder durch Privilegien für „Hoflieferanten" beschränkt. Kluge Unternehmer aus der Provinz nutzten den Markt der Luxusartikel, um auch niedrigere Schichten zu erreichen. Matthew Boulton, vor allem als Partner von James Watt bei der Herstellung von Dampfmaschinen bekannt, machte, dessen ungeachtet, sein tatsächliches Geschäft als Hersteller von Bronze-Beschlägen und allen erdenklichen Spielsachen aus Metall aus seinen Werkstätten in Birmingham. Er eröffnete einen eigenen Ausstellungsraum in London und versuchte dort, einen möglichst breiten Bedarf des Marktes zu bedienen. Als sich sein Londoner Agent allein auf die exklusiveren Geschäfte konzentrieren wollte, kritisierte er ihn mit den Worten: „Wir denken, daß es sich folgenreicher auswirken wird, wenn wir das Volk, und nicht ausschließlich den Adel beliefern; und obwohl Sie verächtlich von Straßenhändlern, Hausierern und den Lieferanten von *Kramläden* sprechen, müssen wir doch gestehen, daß sie – unserer Meinung nach – für den Betrieb einer großen Manufaktur wichtiger sein werden, als alle Lords der Nation zusammen." Boulton war ein so ausgesprochen erfinderischer Kapitalist, daß er 1797 sogar, während der Zeit drastischen Geldmangels, mit der Königlichen Münze einen Vertrag über die Lieferung von Kupfergeld abschloß. Der Töpfer Josiah Wedgwood aus Staffordshire verfolgte dagegen eine andere Strategie und umgab sich mit einer Atmosphäre der Exklusivität. Er senkte nicht – wie seine Konkurrenten – die Preise, sondern versuchte, sein Angebot gerade dadurch von anderen zu unterscheiden, daß er die elegante Welt eroberte. Sobald er sich der Unterstützung des Hofes und des Adels versichert hatte, nutzte er dies für seine Werbung, in seinen Ausstellungen und Verkaufsräumen und beim Einsatz seiner Handlungsreisenden. War London doch ein entscheidender Ort, um Märkte für Gebrauchsgegenstände zu schaffen, um Moden zu verbreiten und für deren Nachahmung zu sorgen. Aber nicht nur Hersteller aus der Provinz eröffneten in London solche Verkaufsräume; auch Großhändler aus der Hauptstadt kamen hinzu, um den modisch orientierten Markt zu beliefern, wie etwa Miles Mason, ein Londoner Porzellan- und Glaswarenhändler, der später einer der größten Tonwarenhändler in Staffordshire wurde.[21]

20 Sheppard 1971, S. xviii; Sykes 1985, S. 103, 228, 238; Summerson 1945; Smout 1969, Kap. XII und XIV; Borsay 1977.

21 Sturmer 1979; Kellet 1957–8; McKendrick, Brewer, Plumb 1982; Crouzet 1985; Eatwell und Werner 1991.

Firma Harding, Howell & Co., 89 Pall Mall. Aus Ackermann's *Repository of Arts*, Bd. 1, 1809

Die Londoner City war eben mehr als nur ein Ort der Banken. In der Umgebung der Wood Street gab es zahlreiche Textillager. Londoner Händler importierten Baumwollstoffe aus Indien, und außerdem war die Metropole ein bedeutendes Zentrum der Seidenweberei (in Spitalfields) und des Stoffdrucks. Auch als sich der Stoffdruck in den Norden verlagerte, bestanden weiterhin enge Verbindungen zu den Londoner Kaufleuten, die sich auf dem Markt auskannten.[22] Auch in einer Strumpffabrik, wie in der der Wards in Derbyshire, wußte man, daß eine Verbindung mit London sehr wichtig sei, und so wurden die Wards 1803 Geschäftspartner von George Brettle in London. Die Produktion wurde seitdem erfolgreich von ihrer Filiale in der Wood Street aus geleitet, und die Umsätze in London waren viel höher als ursprünglich im Stammhaus. Dies war – vor allem im Hinblick auf die für den Erfolg des Unternehmens so lebenswichtigen Handelskredite – von höchster Bedeutung.[23]

James Morrison (1789–1857), der fast ebenso reich wie die Rothschilds war, verdiente sein Geld in diesem Londoner Textilbezirk. Er war der Sohn eines Gastwirts, der im Jahre 1809 nach London gezogen war, um dort für Todd and Co., eine Einzel- und Großhandelsfirma der Kurzwarenbranche in Cheapside, zu arbeiten, die nur Straßenhändler und kleine Geschäfte belieferte. 1814 wurde Morrison Todds Partner und bald darauf auch sein Schwiegersohn. Er war der „Napoleon der Krämer", der durch den umfangreichen Absatz billiger Baumwollprodukte aus Manchester ein riesiges Geschäftsimperium aufbaute. Bereits in den frühen zwanziger Jahren des Jahrhunderts war er ein reicher Mann, gehörte zu dem Kreis um Bentham, der seinerseits mit Radikalen wie Waithman in Verbindung stand, und wurde als Kandidat der Radikalen für das Parlament aufgestellt. Auch er war ein Förderer des University College. In den dreißiger Jahren wechselte er ins Bankgeschäft, zunächst um dem Adel Hypotheken zu verschaffen. 1836 gründete er eine Handelsbank mit besonderen Geschäftsverbindungen zu den Vereinigten Staaten. Doch erwies sich dieser Schritt als Fehlschlag, und seine Familie beschränkte sich seitdem auf die eher passive Rolle der Rentiers, die von ihrem Grundbesitz und ihren Kapitalanlagen lebten.[24]

Diese Funktion Londons bei der Vermarktung von Industriegütern aus der Provinz und bei der Beschaffung von Handelskrediten durch das Bankensystem sowie durch die Textilwarenhäuser korrigiert die Vorstellung von der Metropole als Parasiten, der den Reichtum der Produzenten durch Steuern, Anleihen und Pachten verzehrt. War im 18. Jahrhundert die wachsende Staatsverschuldung bereits einer der Gründe für die finanzielle Revolution gewesen, so führten die Krisen während der Revolution und der Napoleonischen Kriege zur Verlagerung der Finanzmacht nach London. Amsterdam, Hamburg und Frankfurt waren als Finanzzentren ausgefallen, weshalb sich das

22 Unwin 1924; Edwards 1967, Kap. 8; Chapman 1974 und 1979; Fitton 1969.
23 Harte 1977.
24 Gatty 1976; Rubinstein 1981, S. 44–45.

T. H. Shepherd, East India House, Leadenhall Street, 1817. The Museum of London

europäische Kapital veranlaßt sah, sich nach London zu verlagern. Doch war die Tatsache, daß sich europäische Kaufleute in London niederließen, Teil eines umfassenderen Prozesses, der auch von anderen Faktoren als nur von Fragen der Staatsfinanzierung und dem Krieg in Gang gesetzt wurde. Gerade der Aufstieg der britischen Textilindustrie zu ihrer Vormachtstellung trug auch zur überragenden Position Londons bei. Und deshalb war 1798 Nathan Rothschilds Ankunft in England nicht nur das Ergebnis einer Flucht vor den Zerstörungen auf dem europäischen Festland oder lediglich des Wunsches, an einem lukrativen Handel mit Anleihen teilzuhaben. Mayer, sein Vater, war ganz sicherlich schon in Frankfurt an den Finanzierungsgeschäften des Königshauses und an ebensolchen mit Staatsanleihen beteiligt. Doch schickte er Nathan offensichtlich wegen seines Importgeschäftes mit Kattunstoffen nach England, die in Lancashire gewebt und in London bedruckt wurden. Außerdem stand Rothschild mit jüdischen Familien in Amsterdam in Verbindung, die sich sowohl im Finanzgeschäft als auch im Bereich des Textildrucks betätigten, und London war in beiden Geschäftsbereichen soeben zum größten Rivalen Amsterdams aufgestiegen. Deswegen ließ sich 1763 auch Levi Barent Cohen (1740–1808), der Sohn eines Amsterdamer Leinenkaufmanns, in London nieder. Nathan sammelte dort bei ihm seine Erfahrungen, bevor er nach Manchester ging, um Stoffe für den europäischen Markt einzukaufen, und um dort dafür zu sorgen, daß sie dem europäischen Geschmack entsprechend gefärbt und bedruckt wurden. Zugleich sicherte er sich dafür in London Kredite. Er befand sich also nicht so sehr auf der Flucht vor Napoleons Armeen als vielmehr auf der Suche nach den Stoffen von Lancashire. 1806 heiratete er Cohens Tochter und verband sich dadurch mit einem Geflecht verwickelter familiärer Beziehungen, zu dem u. a. auch die Goldsmids gehörten. 1808 ging er wieder nach London, hatte gegen 1811 das Textilgeschäft in Schwung gebracht und wechselte ins Anleihegeschäft über.

Die jüdischen Kaufleute und Finanziers gehörten, wie etwa auch die Hugenotten vor ihnen, zu einer in sich eng verbundenen Minderheit, deren Familien vor allem in Städten wie Frankfurt oder Amsterdam zu Hause waren. Darüber, was sich im Handel tat, erhielten sie durch diese Verbindungen bessere Informationen als andere, und in einer Zeit, in der das Geschäft so stark auf Vertrauen beruhte, verschaffte ihnen das eine größere Sicherheit.[25]

Textilien waren die eine tragende Komponente internationalen Handels, für die man eine Niederlassung in Großbritannien brauchte. Die andere war der wachsende Kolonialhandel mit den britischen Besitztümern in Nordamerika, Ost- und Westindien. Die Erfolge der britischen Armee und der Marine sowie die

25 Chapman, Foundation 1977, International houses 1977.

J. C. Stadler nach T. Rowlandson und A. C. Pugin, Im Auktionsraum des East India House. Aus Ackermann's *Microcosm of London*, 1808. The Museum of London

Macht des Empire hatten nicht nur eine feste Börse für Staatsanleihen zur Folge, sondern auch einen Importhandel aus den Gebieten des Empire, der eine Niederlassung in London erforderlich machte. Die Mitglieder der Ostindischen Kompanie kamen in dem 1796 bis 1799 umgebauten East India House in der Leadenhall Street zusammen, um von dort aus ihr expandierendes Handels-Imperium und den wachsenden Grundbesitz zu verwalten; um dort Waren zu versteigern, die aus dem Orient importiert wurden und in den festungsartigen Lagerhäusern an der Cutler Street aufbewahrt wurden. Aus ganz Europa wurden Käufer angelockt. In den Straßen in der Nähe der Mincing Lane hatten Makler und Kaufleute ihre Büros, spezialisiert auf Kolonialwaren, wie Zucker, Kaffee, Tee, Gewürze und Farbstoffe.[26] Der Kolonialhandel spielte auch im Rahmen des „merkantilistischen" Systems eine Rolle, mit dem man den Kolonialhandel auf Schiffe zu beschränken suchte, die in Großbritannien gebaut worden waren und zugleich Briten gehörten. Und mit dessen Hilfe Waren – unabhängig von ihrem endgültigen Bestimmungsort – zunächst stets nach Großbritannien gebracht werden sollten. Durch das Warenlagergesetz von 1803 wurde durch Pitt das Geschäft mit der Transitlagerung während der Napoleonischen Kriege besonders gefördert. Bis dahin mußten Zölle gezahlt werden, sobald die eingeführte Ware an Land kam. Die Kaufleute konnten später eine „Zollrückvergütung" beanspruchen, wenn sie die Waren wieder ausführten. Das Gesetz von 1803 gestattete es jedoch, Waren fünfzehn Monate lang zollfrei in einem Lager unterzubringen. Der Zoll wurde erst dann fällig, wenn sie auf den inländischen Markt kamen, jedoch nicht, wenn sie wieder ausgeführt wurden. Der Besitzer des Warenlagers zahlte davon eine Kaution als Sicherheit dafür, daß der Zoll später auch entrichtet werde.

Ziel dieser Maßnahmen war es, als Reaktion gegen Napoleons Kontinentalsperre große Lagerbestände zu schaffen, verbunden mit der Absicht, Londons Funktion bei der Transitlagerung zu verstärken. Der Außenhandelsausschuß war im Jahre 1820 davon überzeugt, daß der Aufstieg Londons zum Warenlager der Welt „reinen Gewinn" bringen werde: Lagerhaus-Besitzer mußten Pachten bezahlen, Kaufleute erhielten Provisionen, und beides kam der Handelsbilanz zugute. Allerdings ergab sich hier auch ein potentieller Interessenkonflikt. Thomas Wallace, der Vorsitzende des Ausschusses, erklärte 1821, daß „er wünschte, dem Handel der ausländischen Nationen einen möglichst freien Zugang für die Ausfuhr aus England zu gewähren. Kurzum, er wünschte, aus dem Land ein allgemeines Warenlager, ein großes Handelszentrum der Welt zu machen." Doch die Politik des offe-

26 Beckett und Turner 1990.

J. C. Stadler nach A. C. Pugin und T. Rowlandson, Der Raum zur Aktienzeichnung bei Lloyd's. Aus Ackermann's *Microcosm of London*, 1809. The Museum of London

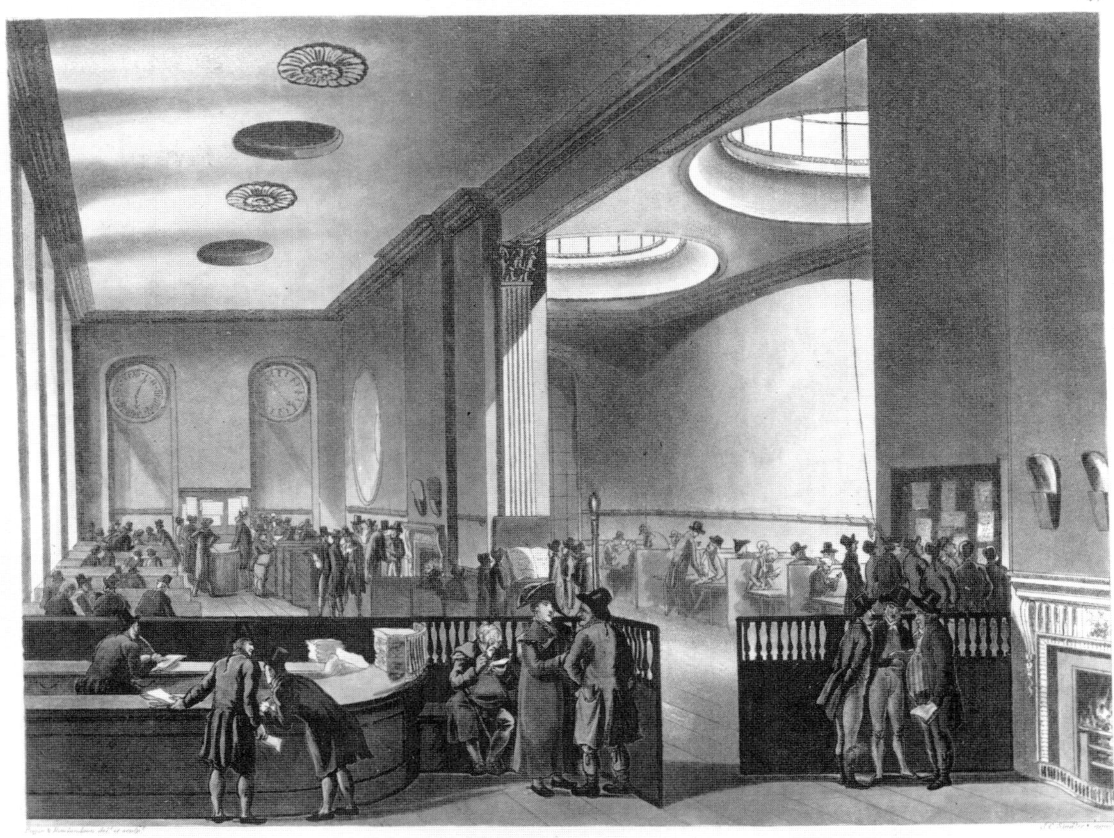

nen Zugangs mochte für die britischen Schiffseigner eine Gefahr bedeuten, die ihre gesetzlich geschützte Position im Bereich der Langstrecken-Transporte gefährden konnte. Der Interessenkonflikt führte zu einem komplizierten Streit im Parlament, innerhalb dessen die 1822 erlassenen Gesetze lediglich einen zaghaften Kompromiß darstellten.[27]

Der Ausbau der Handelsmarine, der vom merkantilistischen System protegiert wurde, eröffnete – besonders auch wegen der vielen Unwägbarkeiten, die der Schiffahrt während des Krieges begegneten – in London einen neuen Markt für Schiffsversicherungen. Er entwickelte sich als Konkurrenz zu dem in Amsterdam und übertraf ihn sogar bald. Er befand sich in den Händen privater Versicherer, die sich in Lloyd's Kaffeehaus trafen, das dieser Kreis 1771 als Ort für ihren speziellen Markt übernommen hatte. Die Anzahl der Versicherer stieg von 79 im Jahre 1771 auf etwa 1500 im Jahre 1810 an. Ironischerweise waren die bei Lloyd's versammelten Versicherer unwissentlich die Nutznießer des Systems der Firmen-Monopole, das im 18. Jahrhundert vorherrschte. Ein Gesetz aus dem Jahre 1720 beschränkte das Recht, Seetransportversicherungen für Firmen abzuschließen, auf zwei Versicherer, nämlich auf die London Assurance und die Royal Exchange Assurance, und verbot zudem auch partnerschaftliche Versicherungen. Das Ergebnis davon war eine Stärkung der privaten Versicherer. Dieser Status quo wurde 1824 jedoch in Frage gestellt, als Nathan Rothschild und Moses Montefiore, mit Unterstützung der Barings und anderer, die Alliance British and Foreign Fire and Life Insurance Co. gründeten. Der Widerstand von Lloyds und anderen priviligierten Gesellschaften, den derartige Herausforderungen bereits früher, 1806 und 1810, hervorgerufen hatte, wurde nun gebrochen. Trotzdem war Lloyds imstande, seine Position zu bewahren, weil es flexibler war als die vorsichtigen Versicherungsgesellschaften, die sich auf Feuer- und Lebensversicherungen konzentrierten.[28]

Die Entwicklung des Kolonialhandels führte in London zum Bau von geschlossenen Docks. Trotz des Krieges mit Frankreich, der sowohl zu einem Wettstreit um das Kapital als auch zur Inflation geführt hatte, konzentrierte sich die Investitionsbereitschaft der Londoner Kaufmannschaft umgehend auf die neuen Dock-

27 Hilton 1977, Kap. 6; Palmer 1990, Kap. 5; Jackson 1983, S. 58–59.
28 Supple 1970, Kap. 9; Martin 1876, Kap. XV und XVI.

gesellschaften. Die West-Indian-Dock-Gesellschaft verfügte über ein Gründungskapital von £ 500.000 und die London-Dock-Gesellschaft über £ 1.200.000. Im Hinblick auf das Bauwesen und den Unternehmergeist blieben diese Beispiele unerreicht; und die ungeheuren Investitionen in diese Docks – wie auch in die East India Docks – wurden durch ein Monopol abgesichert, das die Regierung für die Dauer von 21 Jahren auf die Lagerbehandlung zollpflichtiger Waren aus den unterschiedlichsten Gebieten des Erdballs gewährt hatte. Das Warenlagergesetz von 1803 verschaffte diesen neuen Dockgesellschaften weiteren Auftrieb. Die geplante Ausdehnung dieser Monopole wurde 1820 von Thomas Tooke heftig attackiert. Sein Kampf hatte Erfolg, und 1823 erreichte die St. Katharine's Dock Co. mit Tooke als Vorsitzendem die Verabschiedung eines Parlamentsgesetzes, das den Bau neuer Docks neben dem Tower of London genehmigte, welche „nach dem Grundsatz des freien Wettbewerbs im Handel und ohne exklusive Vorrechte und Steuerbefreiungen errichtet werden". Dies war ein weiterer Mosaikstein bei der Abschaffung von Sonderrechten in der City, einem Prozeß, der voller Ironien war und ebenso sehr auf besonderen Fürsprachen als auch auf der ideologischen Bindung an den freien Markt beruhte.

Tookes Kritik an den Monopolen beschränkte sich nicht allein auf die Dockgesellschaften; 1820 verfaßte er eine Petition für den Freihandel. London, so könnte es scheinen, war in zwei Lager geteilt, in die Befürworter und die Gegner des Merkantilismus und der Monopole. Die Grenzen verliefen keineswegs einfach und eindeutig.

Sicher gab es 1820 noch keine Mehrheit für den Freihandel, und die Petition der Londoner Kaufleute war tatsächlich Teil einer Kampagne einer mit traditionellen Privilegien ausgestatteten Gruppe gegen die andere. Nordeuropäische Kaufleute, die mit baltischen Hölzern handelten, opponierten gegen die Bevorzugung kolonialer Hölzer aus Kanada; die Ostindische Kompanie forderte den Freihandel für Zucker, um einen Schlag gegen Westindien zu führen, während sie ihr eigenes Monopol für Tee aus China verteidigte.[29] Hinter der Kampagne für den Freihandel stand nicht in erster Linie die Londoner City, sondern der industrialisierte Norden. Gewiß hatte der Abbau merkantilistischer Prinzipien für einige führende Persönlichkeiten der City katastrophale Folgen; z. B. für William Manning, der 1831 in den Bankrott getrieben wurde, oder für die Wigrams, die nicht in der Lage waren, weiterhin ihre führende Rolle für den Seetransport nach Osten zu spielen. Der Umschwung in der Wirtschaftspolitik führte hinsichtlich der maßgebenden Persönlichkeiten und der Interessen der City zu tiefgreifenden Veränderungen.

Die Finanziers, deren Reichtum sich auf Kriegsanleihen gründete, wurden jetzt mit der Notwendigkeit konfrontiert, sich gegen Ende des Krieges an eine neue Situation zu gewöhnen. Kürzungen beeinträchtigten den Anleihenmarkt, denn die Regierung war bestrebt, sich von den Fesseln des Londoner Geldmarkts zu befreien. Die Regierung Lord Liverpools akzeptierte einen Teil der Kritik „vom Lande" an der Macht der Finanz-Oligarchie und unterschied dabei zwischen „realem" und „künstlichem" Handel und Kredit. Dahinter stand die Absicht, das gesellschaftliche Gleichgewicht in jener Phase der Normalisierung am Ende des Krieges zu stabilisieren; das war auch ein Grund für die Verabschiedung der Getreidegesetze von 1815, die eine Übergangsphase garantieren sollten, während derer sich die Landwirtschaft an die niedrigeren Nachkriegspreise anpassen konnte. Die Regierung mußte sich auch mit der Frage einer Wiedereinführung der Goldwährung auseinandersetzen, die 1797 außer Kraft gesetzt worden war. Die Bank of England hatte seitdem Banknoten ohne Gold-Deckung ausgegeben, wobei diese Zeit sechs Monate nach dem Krieg beendet werden sollte. Die Folge davon war eine straffere Geldpolitik und eine Deflation, die aber Schuldnern, die sich darum bemühten, ihre Darlehen trotz sinkender Einkünfte zurückzuzahlen, große Schwierigkeiten bereiten konnten; auch den Bauern, die während des Krieges gerade noch rentable Böden bearbeitet hatten – ein Zustand, der durch hohe Preise aufrechtzuerhalten war. So beschloß Liverpool, die Wiedereinführung der Gold-Deckung zu verschieben, um dadurch für eine allmähliche Anpassung an niedrigere Preise eine Übergangsphase zu schaffen. 1819 wurde die Wiedereinführung beschlossen, um 1821 in Kraft zu treten. Doch lösten diese politischen Maßnahmen erbitterte Debatten aus, bei denen die Grenzen zwischen den unterschiedlichen Meinungen sehr kompliziert verliefen. In den Augen mancher Grundbesitzer war die wiedereingeführte Gold-Deckung die Folge eines Komplotts gegen ihre Position; denn Inhaber von Staatspapieren würden auch weiterhin feste Dividenden erhalten und sich ihnen gegenüber besser stehen, während die Steuern, aus denen sich die Zahlung dieser Dividenden ergab, immer stärker den Produzenten belasteten.

Einleuchtender war dagegen die Meinung einiger Industrieller, die besagte, daß sie höhere Steuern zahlen müßten, um die Inhaber von Staatspapieren zu stützen, die ihrerseits mit den durch die Protektion der Landwirtschaft entstehenden Belastungen zu kämpfen hätten, unter sinkenden Preisen litten und von der Erhöhung der realen Schuldenlast bedroht würden. Deshalb kann die Wiedereinführung als eine politische Maßnahme interpretiert werden, die die unproduktiven Finanziers und Gläubiger der City gegenüber den Interessen der Landbesitzer und der Industrie begünstigen sollte.

Die Realität sah aber komplizierter aus. Während viele, ja vielleicht sogar die meisten Grundbesitzer die Wiedereinführung der Gold-Deckung verteidigten, machte sich in der City ein beträchtlicher Widerstand dagegen bemerkbar. Der Grund für diese offensichtlich paradoxe Haltung war, daß man annahm, leicht erreichbare Kredite und Papiergeld würden zu Spekulationen anregen und mühelose Profite ermöglichen, die wiederum die soziale Ordnung umstürzen könnten. Papiergeld, so hieß es, führe zu sozialem Verfall, zu einer Klasse neureicher Abenteurer,

29 Hilton 1977, S. 173–176.

denen es erlaubt war, zu spekulieren. Dagegen würde sich eine gesunde Geldpolitik auf der Basis des Goldes wie ein Filter auswirken, würde die ungesunden Spekulationen von den ehrbaren Geschäften trennen und den fiktiven von realem Handel und Kredit sowie „leichtsinnige und unbillige Spekulationen“ ausschalten. Deshalb erschien die Wiedereinsetzung auch der Regierung als ein geeignetes Mittel, um sich von der Bank of England und von Finanziers wie Rothschild zu befreien. In einer Zeit, als die automatischen Regulierungen durch das Gold nicht stattfanden, wuchs deren Macht, denn sie mußten damals die Währung ordnen und entsprachen außerdem dem Bedarf nach umfangreichen Darlehen. Es bestand jedoch die Gefahr, daß die Politik der „harten“ Währung gerade denjenigen Schaden zufügen würde, die von ihr profitieren sollten, denn sie bedrohte gerade die produktive Schicht, die Geld aufgenommen hatte. Daraus ergab sich laut Alexander Baring eine Verlagerung des Einkommens von nützlichen zu weniger nützlichen Mitgliedern der Gesellschaft, so daß „die Fleißigen gezwungen waren, unter großen Schwierigkeiten zu arbeiten, damit die Faulen in um so größerem Überfluß leben konnten“. Dabei blieb es umstritten, ob eine straffe Geldpolitik tatsächlich „reales“ von „fiktivem“ Kapital und Kredit trennen könne. Gewerbetreibende, Kaufleute und das Bankensystem waren in hohem Maße von Wechseln und Warenkrediten abhängig, und ihre Sorge um Liquidität führte dazu, daß 400 Kaufleute und Bankiers aus der City gegen die Wiedereinführung der Gold-Deckung protestierten.

Die Überzeugung der Regierung, daß man „reale“ Wechsel für den gesetzmäßigen Handel eindeutig erkennen könne, war ein Irrtum, der die Politik während der finanziellen Krisen 1825/26 bestimmte. Die Regierung lehnte eine Intervention mit der Begründung ab, daß konjunkturbedingte Fehlschläge von den jeweils Betroffenen zu verantworten wären, die auch die Konsequenzen ihrer eigenen Handlungen zu tragen hätten. Eine Unterstützung durch die Regierung, so argumentierte William Huskisson 1826, würde die Dinge nur schlimmer machen, denn sie „könne in dem selben Maße Spekulationen anheizen, wie die Armengesetze darauf zielten, die Landstreicherei zu fördern und das ehrbare Handwerk zu entmutigten“. Deshalb wurde auch die Krise von 1825/26 von der Regierung als ein Korrektiv begrüßt, das die Anmaßungen der Neureichen und die Überspekulation traf. Die danach eingeschlagene Politik versuchte dann tatsächlich auch die restriktive Geldpolitik zu stützen und die Menge des Papiergeldes wieder enger an die Goldreserven binden. Obwohl der Goldstandard im späten 19. Jahrhundert geradezu ein Kennwort der City geworden war, wurde er, ebenso wie der Freihandel, gegen die Interessen zahlreicher ihrer Repräsentanten eingeführt.[30]

Die Reduktion der Anleihen-Begebung durch die britische Regierung bewirkte am Ende des Krieges, daß sich die City-Finanziers in anderen Richtungen orientierten. Besatzung und der Wiederaufbau in Europa boten gute Möglichkeiten, um Gewinne zu erzielen, die von London aus besser als von Amsterdam zu nutzen waren. Bereits 1817 ließen die Barings die erste einer danach folgenden Reihe von Anleihen auflegen, mit deren Hilfe französische Reparationen und Kosten der Besatzungsarmee finanziert werden sollten. 1818 nahm Nathan Rothschild eine Anleihe für Preußen auf, der bald auch solche für Österreich, Rußland und Spanien folgten. Übernehmer von Anleihen der britischen Regierung übernahmen jetzt Anleihen anderer Regierungen; eine Entwicklung, die 1822 durch die Senkung des Zinssatzes für Schuldverschreibungen des britischen Staates noch beschleunigt wurde. Denn die Investoren waren nun äußerst bemüht, andere Angebote mit höheren Zinssätzen zu finden, wofür sich die seit kurzem unabhängigen Staaten Lateinamerikas als eine geeignete Lösung anboten.

Doch das unsolide Geschäft mit lateinamerikanischen Anleihen war eine Mischung aus Idealismus und Spekulation, Altruismus und Habsucht, Verschlagenheit und Ignoranz, die oft nicht leicht auseinander zu halten waren. General Sir Gregor MacGregor war der berüchtigste Schwindler, ein Soldat, der am Halbinselkrieg Napoleons gegen die von England unterstützten Spanier teilgenommen hatte, bevor er sich Simon Bolivar und dessen Kampf für die Unabhängigkeit Lateinamerikas anschloß. Stümperhaftes Verhalten führte zu seiner unehrenhaften Entlassung, doch 1820 überließ der „König“ der Mosquito-Indianer von Honduras ihm ein Areal von 8 Millionen Acres. Danach nannte er sich Gregor I., Cazique von Poyais, und nahm 1822 eine Anleihe in Höhe von £ 200.000 auf, um sein imaginäres Königreich zu finanzieren. Bei Betrügern wie MacGregor, die in der Lage waren, Geldgeber zu finden, überrascht es nicht, daß die südamerikanischen Staaten mit bemerkenswerter Leichtigkeit Anleihen auflegen konnten. Normalerweise kam dann ein Emissär nach London und nahm Verbindung mit einer Bank oder einem großen Außenhandelsunternehmen in der City auf, denen eine Provision angeboten wurde, und die sich bereit erklärten, Anleihen unter pari zu übernehmen. Diese Anleihen wurden dann an das Publikum verkauft, und häufig versuchten Insider, den Anschein eines aktiven und aufstrebenden Marktes zu erwecken, indem sie diese Anleihen untereinander so lange kauften und wieder verkauften, bis sie das Publikum dazu gebracht hatten, das Angebot wahrzunehmen. Dann machten sie sich aus dem Staub und hatten ihren Gewinn erzielt. Die Papiere für die kolumbianische Anleihe von 1822 wurden von Ackermann gedruckt, und auch er war von der Vision eines blühenden, unabhängigen Lateinamerikas äußerst angetan. Er übersetzte *Ivanhoe* ins Spanische und gab eine Zeitschrift für den neuen Markt heraus; außerdem erwarb er mexikanische, kolumbianische und brasilianische Anleihen sowie Anteilsscheine an der chilenischen Bergwerksgesellschaft und der Tlapuxahua-Bergwerksgesellschaft. Aber auch diese Minen taugten in der Regel nicht mehr als die Staatsanleihen dieser Länder.

30 Hilton 1977, Kap. II und VII; Checkland 1948 und 1954; Fetter 1965; Horsefield 1949.

D. Havell nach T. H. Shepherd, Ansicht der *Royal Exchange* (Londoner Börse), Cornhill. Hrsg. von R. Ackermann, 1815. The Museum of London

Zwischen 1822 und 1825 legten sieben lateinamerikanische Länder Anleihen für über £ 20 Millionen auf und mehr als £ 19 Millionen befanden sich 1829 im Verzug. Vielleicht hatte Huskisson recht gehabt, und die Spekulanten mußten tatsächlich einen Dämpfer erhalten.[31]

Aber nicht alle, die sich in den frühen zwanziger Jahren des Jahrhunderts am Anleihengeschäft beteiligt haben, waren solche Schurken wie MacGregor. Und obwohl es Fehlschläge gab, hatten andere wiederum auch Glück. So legte Barings eine Anleihe für die Provinz Buenos Aires auf und konnte seine Handelsbank als eine der großen des 19. Jahrhunderts im Geschäft halten. Er lieh auch Argentinien weiterhin Geld und spielte ebenfalls im Handel mit den Vereinigten Staaten eine bedeutende Rolle.[32] Es gab sogar Kaufleute, die aus dem Handel mit Lateinamerika Gewinne erzielten, wie etwa die Firma Antony Gibbs and Son, die ihren Schwerpunkt von Spanien aus in dessen frühere Kolonie verlagerte.[33] Merkantile Unternehmungen, wie die der Barings und der Gibbs, verwandelten dann im zweiten Viertel des Jahrhunderts ihre direkte Tätigkeit im Handel in eine solche als Handelsbank. Sie gaben also den direkten Handel auf eigene Rechnung auf und kümmerten sich nun statt dessen um Handelskredite, machten Devisen-Geschäfte und ergriffen auch jede andere Möglichkeit, die sich durch ausländische Anleihen bot.

1820 war aber die funktionale Trennung von Handel- und Finanzwesen noch nicht vollständig vollzogen, und die Londoner City bestand in mancherlei Hinsicht aus einem Gemisch von Praktiken aus dem 18. Jahrhundert und solchen der neuen Ordnung, die im späteren 19. Jahrhundert vorherrschen sollten. Kaufleute, die mit China, Indien und Australien Handel trieben, versammelten sich im Jerusalem-Kaffeehaus; diejenigen aus dem Talg-, Hanf- und Ölgeschäft im Baltic-Kaffeehaus. Der Brauch, daß sich aus diesen Kaffeehäusern spezialisierte Börsen mit speziellen Regeln entwickeln sollten, begann in den siebziger Jahren des 18. Jahrhunderts mit der Wertpapierbörse und mit Lloyd's, befand sich aber damals noch in seinen Anfängen. 1823 beriefen die regelmäßigen Besucher des Baltic eine Versammlung ein, um sich dabei gegen Spekulanten im Talghandel abzusetzen. Dies sollte dadurch erreicht werden, daß sie ihre Anzahl auf dreißig beschränkten, von denen nur sechs Personen Mitglieder der Börse sein durften. Sie trafen sich auch weiterhin in einem Privatzimmer des Kaffeehauses, und erst 1857 kauften sie ein eige-

31 Dawson 1990; Gilbart 1834, S. 59.
32 Hidy 1949.
33 Matthew 1981.

nes Gebäude. Die bauliche Erneuerung der City, der Rückgang ihrer aus Händlern und Handwerkern bestehenden Wohnbevölkerung waren noch nicht weit fortgeschritten; spezielle Bürohäuser hatten die Kontors noch nicht ersetzt.[34]

Metaphorisch gesprochen, verstanden die Kritiker „vom Lande" London als Vernichter der Bevölkerung, als Zentrum eines anspruchsvollen Konsums seitens einer aufgeblähten Aristokratie und ebenfalls als Zentrum für das Glücksspiel zweifelhafter Spekulanten. Dieser Standpunkt war zweifellos übertrieben, doch hatten sie in einem Punkt ausgesprochen recht: Im 18. Jahrhundert starben in London noch mehr Menschen, als geboren wurden, einem Jahresdurchschnitt von 20.800 Begräbnissen standen um die Mitte des 18. Jahrhunderts 14.800 Taufen gegenüber. Im 19. Jahrhundert vernichtete London seine Bewohner aber schon nicht mehr, und die jährliche Durchschnittsrate der Todesfälle und Geburten bewegte sich in den zwanziger Jahren bei 20.700 bzw. 27.700. London, so sagte Samuel Leigh 1818, war von „den ungesunden Zuständen und der Anfälligkeit für Epidemien und andere Krankheiten, die üblicherweise unter einer beengt lebenden Bevölkerung vorherrschen", befreit worden. Die Erklärung dafür liegt möglicherweise darin, daß gesellschaftliche Trennung und verbesserte Wohnverhältnisse die Möglichkeiten begrenzt hatten, durch die Infektionskrankheiten sich ausbreiten konnten. Eine solche Trennung war gegen Ende des 18. Jahrhunderts durch die neuen Ansiedlungen im West End erfolgt, und 1801 wurde bereits festgestellt, daß für Kaufleute „zum angenehmen Leben gehörte, in anderen Stadtteilen zu leben als in denen, in denen sie arbeiten". Aber es gab in der Metropole keine übergreifende politische Autorität, und neben der gut organisierten Stadtverwaltung wirkten gegen 200 Gemeindevertretungen. Daraus ergaben sich zwar zahlreiche Mängel, doch das Fehlen einer übergreifenden Instanz war bis zum Ausbruch der Cholera in den dreißiger Jahren keine Katastrophe. In der Stadt wurden trotzdem Verbesserungen eingeführt. Die Pflasterung einiger Straßen und deren Beleuchtung markierten den Abschied von einem bis dahin noch mittelalterlichen Aufsichts-System und brachten die Ernennung von Inspektoren mit sich, die für die Pflasterung und Instandhaltung der Straßen verantwortlich waren.[35]

Der Aufbau des Georgianischen Londons erfolgte, wie Andrew Saint gezeigt hat, in mehreren heftigen Schüben; das führte zu einer überzogenen spekulativen Bautätigkeit und diese zog wiederum zahlreiche Bankrotte mit sich, bis die Nachfrage das Überangebot eingeholt hatte, und der Vorgang sich wiederholen konnte. Dabei wurde der Wachstum Londons nicht von Stadtmauern behindert; im Gegenteil, die meisten Grundbesitzer waren bestrebt, an dieser Entwicklung teilzuhaben, und stellten, häufig über den Bedarf hinaus, Spekulanten und Unternehmern Bauplätze zur Verfügung. Und auch kleinere Unternehmer waren bestrebt, ihre Chance durch einige Neubauten zu nutzen, wobei sie auf reichlich fließende Kredite zurückgreifen konnten. Ein wachsender bescheidener Wohlstand ermöglichte den Londoner Ladenbesitzern und Handwerkern den Erwerb von Häusern als Geldanlage und Sicherheit. Die Entwicklung der Stadt beruhte also eher auf dem Profitstreben von Grundbesitzern und Bauspekulanten als auf einer Ausbreitung von Krone und Staat. Dabei gab es in ihr zwar weniger Alleen und große Boulevards als Paris; sie hatte aber statt dessen eine geringere Sterberate und bessere Wohnbedingungen aufzuweisen.[36]

Aber Londons Wachstum wurde nicht nur deshalb möglich, weil hier der Fluch der hohen Sterblichkeit, der über allen großen Städten hing, gebannt werden konnte. Er beruhte auch auf einer hinreichenden Versorgung mit Lebensmitteln und Brennstoffen, von der die Größe jeder Stadt ganz wesentlich abhängt. Eine große Stadtbevölkerung konnte die wirtschaftliche Entwicklung vorantreiben, der durch sie gebildete große Markt konnte seinerseits die Spezialisierung der Landwirtschaft fördern und einen damit folgenreichen Wachstumskreislauf in Gang setzen, da die Handel treibenden Bauern wiederum städtische Güter und Dienstleistungen kauften. Das Vieh, das nach Smithsfield hineingetrieben, oder die Gerste, die zu den riesigen Brauereien von Truman und Whitbread transportiert wurde, machen das deutlich. Doch es bestand auch die Gefahr, daß dieser Kreislauf zu einem Teufelskreis wurde. Denn der Rückgang der Grenzerträge in der Landwirtschaft konnte zu Preiserhöhungen führen, die wiederum die Grundbesitzer dazu bringen konnten, höhere Pachten zu fordern und gleichzeitig die Löhne auf das Existenzminimum absinken zu lassen, um noch Profite herauspressen zu können. Schon Adam Smith war sich dieser Gefahr bewußt, aber erst David Ricardo, der Börsenmakler und Anleihenhändler, der sich später zum Volkswirtschaftler entwickelt hatte, rückte sie im frühen 19. Jahrhundert in den Mittelpunkt seiner Analyse. Er wies darauf hin, daß das Wachstum durch hohe Pachtbelastung in einem „stationären Zustand" zum Stillstand kommen könne.[37] Für diese Ansicht gab es gute Gründe, denn bereits nach der Veröffentlichung von Smiths Schrift *The Wealth of Nations* war die landwirtschaftliche Produktivität in eine kritische Lage geraten und eine Umverteilung des Einkommens zugunsten der Grundbesitzer eingetreten.

Beschränktes Wachstum in der Natur kann eine Wirtschaft stark einschränken, die sich hauptsächlich auf organische Energiequellen wie Lebensmittel für Menschen, Futter für Pferde oder Holz für Heizung und Bau stützt. Für London war es deshalb besonders wichtig, daß solche Beschränkungen ausgeglichen werden konnten; sowohl durch die Kohle, die per Schiff aus dem Nordosten Englands kam, als auch durch inländische oder importierte Nahrungsmittel. Auf diese Weise setzte London

34 Montefiore 1803, „Royal Exchange"; Evans 1852, Kap. 6–8; Lillywhite 1963; Findlay 1927, S. 14–6; Barty-King 1977, S. 62–128.
35 Landers 1987; Olsen 1986, S. 23, ders. 1964, Teil III; Schwarz 1982, S. 172, 179; George 1930, S. 96, 99–100.
36 Summerson 1945; Olsen 1964 und 1986.
37 Wrigley 1987, Kap. 2, ders. 1988.

Firma Pellatt and Green, St. Paul's Church Yard. Aus Ackermann's *Repository of Arts*, Bd. 1, 1809. The Museum of London

ununterbrochen seinen Wachstumskreislauf fort, dessen Umschlagen von positiven in negative Auswirkungen vermieden werden konnte. Das gelang in den Hauptstädten auf dem Kontinent, wie z. B. in Madrid oder sogar Paris nicht. Dort führte der Bedarf an Lebensmitteln zu ernsten Problemen und zwang die Regierung zu Interventionen, um Unruhen zu verhindern. In London, einer größeren Stadt in einem kleineren Land, wurden solche Schwierigkeiten vermieden.[38]

Alles bisher Gesagte verweist auf die eindeutige Tatsache, daß die Metropole vor, während und nach der industriellen Revolution das größte Zentrum der Industrie-Produktion in Großbritannien und Europa war. London war zudem das Zentrum des Handels mit Luxusartikeln für die Wohlhabenden. Die Anwälte, Ärzte, Bankiers und Kaufleute, die für die City und für die Regierung ihre Dienste taten, eiferten den sozial besser Gestellten nach und vergrößerten damit die gesellschaftliche Basis für die Nachfrage nach den Erzeugnissen der Putzmacher, Schneider und Sattler des West Ends, nach denen der Stellmacher in Long Acre, der Tischler von der Tottenham Court Road, der Juweliere und Uhrmacher in Clerkenwell. Sie wollten aber nicht nur sich als Personen schmücken und ihre Wohnungen dekorieren. Vielmehr kauften etwa die Ärzte auch spezielle chirurgische Instrumente, Schiffskapitäne brauchten Chronometer und Teleskope, Wissenschaftler gaben bei Londoner Händlern Instrumente in Auftrag. Das Rechtswesen, der Handel und das Parlament entwickelten einen unstillbaren Appetit auf Schreibwaren und Druckerzeugnisse, und Londoner Zeitungen und Verlage bedienten ein literarisch gebildetes Publikum, das Informationen und Unterhaltung brauchte. Dadurch war die Stadt mehr als eine einfache Spielwiese der Reichen, denn die erwähnten Bedürfnisse ließen eine spezialisierte Maschinenbauindustrie entstehen, die in der Lage war, qualitätsvolle Erzeugnisse, wie Druckerpressen, Werkzeugmaschinen und Dampfmaschinen herzustellen. Die beachtliche Größe Londons führte auch dazu, daß es sich zum größten Einzelhandels-Markt für Waren des Grundbedarfs entwickelte, der die Herstellung von Schuhen, Kleidung, Möbeln, Bier und anderen für das Leben notwendigen Dingen förderte. Londons Brauereien gehörten zu den kapitalkräftigsten Konzernen des Landes. Das auf die Märkte von Smithfield getriebene Vieh lieferte Häute für die Gerber in Bermondsey, die daraus Leder herstellten, das für Schuhe, Sättel, Kutschen und Bucheinbände verwendet wurde. Knochen wurden benutzt, um Klebstoffe und Lacke für die Möbelindustrie herzustellen. Auch der Hafen brachte viele Industriebetriebe hervor. In den Königlichen Docks bei Deptford und Woolwich wurden Schiffe für die Marine gebaut, und in zahlreichen privaten Werften entstanden die besten Handelsschiffe. In London wurden Schiffe repariert und überholt und dadurch entstand ein großer Bedarf an Eisen und Kupfer, nach Kabeln, Pumpen, Masten, Spanten, Tauen, Segeln und Ankern.

38 Wrigley 1987 und 1990.

J. C. Nattes, Knochensieder in Willow Walk, Chelsea, 1811. The British Museum

Auch importierte Waren wurden dort weiterverarbeitet: Zucker aus Westindien wurde raffiniert, Talg aus Rußland zu Seife und Kerzen verarbeitet. Faßbinder bemühten sich um die Herstellung von Fässern, die solche und andere Waren aufnehmen konnten. Schließlich beflügelte der Aufbau der Stadt selbst die Nachfrage nach Industriegütern, wie etwa Backsteine, Dachziegel, Bleirohre oder gußeiserne Kochherde. London war das Zentrum für das Transportwesen zu Wasser und zu Land. Jede Nacht verließen Eilpostkutschen – die in großen Fabriken in Millbank gebaut und ausgestattet wurden – St. Martin's le Grand, um ihre Ziele in der Provinz zu erreichen. Die Kohle, die an der Küste entlang transportiert wurde, ließ Öfen und Kessel an den Ufern der Themse in unzähligen Fabriken mit riesigen Schornsteinen dampfen. Was die Anzahl seiner großen Industrieunternehmen betraf, so konnte es London mit jeder der Städte im Norden aufnehmen, wo die Baumwollspinnereien lediglich mehr auffielen. „Unter den dicht gedrängten Gebäudemassen, die die östlichen Bezirke der Hauptstadt zu beiden Seiten des Flusses ausmachen", kommentierte George Dodds 1841/42, „finden sich einzelne Betriebe, die, obwohl sie schon für sich allein wie kleine Städte erscheinen würden, dem Fußgänger in den überfüllten Straßen kaum ins Auge fallen." Die Industrie Londons war, im Gegensatz zu der der Provinzzentren, hoch spezialisiert. Dadurch entwickelte sie sich zu einem dynamischen Produktionsort für immer neue Erzeugnisse, an dem fortwährend neue Firmen entstanden.

Die Fachkenntnisse der Londoner Wirtschaft waren im frühen 19. Jahrhundert vielfältiger ausgebildet, als das spätere Klischee von den sweetshops („Fabriken mit sehr schlechten Arbeitsbedingungen") und von der Gelegenheitsarbeit wahrhaben will. Brauereien und Destillerien waren ausgezeichnet ausgestattete Unternehmen. Ihre Belegschaften bestanden aus verhältnismäßig gut bezahlten Arbeitern mit dementsprechend regelmäßiger Beschäftigung, die der Kontrolle gut ausgebildeter Vorarbeiter unterstanden. Diejenigen, die in den Spezialwerkstätten arbeiteten, waren gut ausgebildete Handwerker. Sie fanden eher eine durchgehende Beschäftigung als ihre Kollegen in den Schiffswerften und Maschinenfabriken des Nordens, die für Konjunkturschwankungen auf den Exportmärkten sehr viel anfälliger waren. Andererseits waren Gewerbezweige, die von den Bedürfnissen der großen Gesellschaft oder von saisonbedingten Veränderungen im Hafen abhingen, in hohem Maße von Unsicherheit bedroht. Viele Londoner Handwerksbetriebe – vor allem Uhrmacher, Büchsenmacher und Messerschmiede – unterhielten mit Herstellern in der Provinz, von deren Halbfabrikaten sie abhängig waren, symbiotische Beziehungen. Aber auch diese waren, wie schon viele andere Londoner Handwerksbetriebe, der zunehmenden Konkurrenz von in der Provinz oder in Europa hergestellten Fertigwaren ausgesetzt, wo die Arbeitslöhne niedriger waren als in London. Wie H. T. Dickinson zeigt, reagierten Londoner Hersteller darauf häufig mit dem Versuch, durch eine verstärkte Arbeitsteilung und das Abschaffen der siebenjährigen

Lehrzeit wettbewerbsfähiger zu werden. Was letzteres betrifft, so kam es 1813 zur Krise, als eine Gruppe führender Londoner Ingenieure, die im Interesse der Wahrung ihres Besitzstandes die Macht der organisierten Facharbeiterschaft brechen wollte, mit den Verfechtern des bestehenden Lehrzeitsystems aneinandergeriet, die von der Gesellschaft der Uhrmacher vertreten wurden.[39] Die Ingenieure blieben siegreich, und das bedeutete, daß restriktive Eingriffe in Zukunft dem Verhalten einzelner Handwerkergruppen anheim gestellt waren. Die Radikalen unter den Handwerkern versuchten, das ehrbare Handwerk vor den Gefahren der Wettbewerbsmarktwirtschaft und vor kapitalistischen Verhältnissen zu schützen. 1820/21 scharten sie sich um Königin Caroline, eine Symbolfigur für den Kampf gegen die Kräfte der Korruption, die von Georg IV. repräsentiert wurden. Es gelang ihnen, ein Bündnis mit den von Matthew Wood und Robert Waithman angeführten radikalen Ladenbesitzern zu schließen. Die Kritiker der „alten Korruption" waren sich darin einig, daß sie die „Futterkrippenpolitiker", die Anleihenhändler und Monopolisten stürzen wollten; sie waren aber unterschiedlicher Meinung darüber, was an ihre Stelle treten sollte. John Gast, der Führer der Schiffbauer und Sprecher der radikalen Handwerker, verfolgte das Ziel, zu einer Nation des „ehrbaren" Handwerks zurückzukehren, die einem ungehemmten freien Markt und politische Privilegien ablehnte. Andererseits erhoffte sich Francis Place eine Lösung der Probleme in der Anerkennung der Lehren der politischen Ökonomie und des freien Wettbewerbs. Sie sollten eine Welt erschaffen, deren Ehrbarkeit aus aufstrebender Tätigkeit auf der Grundlage kapitalistischen Unternehmertums erwüchse. Dem entsprach auch die Ideologie eines Thomas Tooke oder eines Nathan Rothschild, die für ihre Angriffe auf die Monopole der Docks und der Versicherungsgesellschaften Begriffe des freien Wettbewerbs benutzten, die den Handwerkern wiederum verhaßt waren. Vielleicht hatte Gast mehr mit Männern wie Wigram und Manning gemeinsam, als ihm selbst bewußt war; diese meinten, nur verlieren zu können, wenn sie Merkantilismus und freien Wettbewerb ablehnten.[40]

Über solche unterschiedlichen Vorstellungen in London wurde so gegen 1820 heftig diskutiert. Dabei nutzte man die Zwangslage der Königin Caroline, um den trockenen technischen Vorgängen in der Geldpolitik eine konkrete Gestalt zu verleihen und sich damit in die Auseinandersetzungen zwischen privilegierten Dock- und Versicherungsgesellschaften einerseits und deren Gegnern andererseits einzumischen. Man war davon überzeugt, daß damals in der Ökonomie, in der Gesellschaft und der Politik Londons große Veränderungen vor sich gingen. Die Welt des Handwerkers wurde von solchen Herausforderungen wie die der Konkurrenz in der Provinz und der Arbeitsteilung erschüttert. Die Verschwendungssucht der Londoner Gesellschaft und die Ausschweifungen am Hofe Georgs IV. schienen neuen Formen von Anstand zu weichen. Die Patrizier besuchten nicht länger die öffentlichen Vergnügungs-Gärten in Vauxhall und Raneleagh, und zogen sich in ihre Privatwelt zurück, die durch die jeweiligen Gastgeberinnen und das Zeremoniell höfischer Auftritte äußerst streng geregelt war. Wanderprediger hatten ihr tiefes Unbehagen über die öffentliche Moral bereits seit dem Ende des 18. Jahrhunderts kundgetan, die Notwendigkeit der Selbstzucht betont und über die moralische Verderbtheit in den öffentlichen Vergnügungsstätten gesprochen. 1821 bewirkte die Krönung Georgs IV. noch einmal ein letztes Aufblühen opulenter Formen, bevor strengere gesellschaftliche Konventionen eingeführt wurden. Der Konsum befriedigte nun weniger die in die Öffentlichkeit gerichete Geltungssucht, sondern mehr private Bedürfnisse.[41] Die Privilegien der konzessionierten Gesellschaften und ebenso der Merkantilismus räumten nach und nach ihren Platz für eine Welt mit mehr Wettbewerb. Sparmaßnahmen im eigenen Land veranlaßten die City, sich wiederum ausländischen Anleihen zuzuwenden, die für die Einfältigen einerseits gefährlich werden konnten, die aber andererseits Erfahrungen möglich machten, durch die London bis zum Ersten Weltkrieg der wichtigste Markt der Welt blieb. Die City hatte im 18. Jahrhundert ihre Vormachtstellung mit Staatsanleihen zur Finanzierung des Militärs und der Marine ausbauen können; der Ausbau eines mächtigen Empires brachte wertvolle Waren nach London. Teilweise war die Macht der City die Folge staatlicher Politik, teilweise das Ergebnis des Kampfes gegen die Holländer um die Sicherung seiner kommerziellen Vormachtstellung und für eine strategische Festsetzung der Franzosen. Sie ergab sich aber auch aus den Bemühungen von Kaufleuten, die vom Kontinent gekommen waren, von Männern wie Nathan Rothschild oder Alexander Baring, die in der Lage waren, Verbindungen zu den weit gespannten Verknüpfungen des europäischen Handels und seines Finanzwesens zustande zu bringen. Im Jahre 1820 wurde London von seiner Rolle als Angelpunkt zwischen Europa und dem Empire getragen, eine Lage, die sich in dem folgenden Vierteljahrhundert ändern sollte. Die unsicheren lateinamerikanischen Anleihen gaben den Anstoß zu einem weitgreifenden Engagement im internationalen Finanzwesen. Großbritanniens Exporte betrafen nicht mehr Europa, sondern die neuen Märkte in Lateinamerika und Asien. Damit hatte ein exemplarischer Fall von Wachstum seinen Höhepunkt erreicht; ein anderer war gerade im Entstehen begriffen.

39 Prothero 1979, S. 51–61
40 Prothero 1979; Behagg 1990.
41 Olsen 1986; Davidoff 1973; Malcolmson 1973.

PANTOMIME UND PRUNKVOLLER GLANZ – DIE KRÖNUNG VON GEORG IV.

(Georg, Prinz von Wales, geboren 1762 – Prinzregent 1811 – König 1820 – gestorben 1830.)

Valerie Cumming

Am 1. Dezember 1826 wohnte König Georg IV. der Eröffnung des Parlaments im Oberhaus, dem House of Lords in Westminster, bei und wurde dabei von einem deutschen Besucher, dem Fürsten von Pückler-Muskau, beobachtet. Derartige öffentliche Auftritte des Monarchen waren in den späten zwanziger Jahren selten, da er fast wie ein Einsiedler lebte, der auf feindselige Kommentare über seine plumpe Erscheinung und unbeholfenen Bewegungen überaus empfindlich reagierte. Der Fürst bemerkte: „Er sah blaß und geschwollen aus und mußte lange auf seinem Throne sitzen, ehe er genug zu Atem kommen konnte, um seine Rede abzulesen." Und er fährt fort: „Doch erregte es auch ein lebhaftes Gefühl des Komischen in mir, zu sehen, wie hier der mächtigste Monarch der Erde als Hauptakteur vor einem in seiner Meinung so tief unter ihm stehenden Publikum auftreten mußte. In der Tat erinnerte die ganze Szene des Ein- und Ausgangs wie das Kostüm des Königs frappant an die Art, wie hier die historischen Theaterstücke aufgeführt zu werden pflegen, und es fehlte bloß der obligate flourish (Tusch der Trompeten), der das Kommen und Gehen eines Shakespearschen Königs stets begleitet, um die Täuschung vollkommen zu machen."[1] Es lag eine traurige Ironie darin, daß ein König, der sich im Laufe seines Lebens, zumindest nach seiner Kindheit, viel mehr als jeder andere vor oder nach ihm, um persönliche Eleganz, zeremonielle Pracht und die gute Meinung der anderen bemüht hatte, im Alter zu einer Witzfigur reduziert wurde.

Später, in seinen 1828 geschriebenen Briefen, versuchte von Pückler-Muskau, die soziale Schichtung der englischen Gesellschaft dieser Epoche zu analysieren. Aufgrund seiner eigenen Erfahrungen in Großbritannien war er der Annahme, daß ‚die Mode' wichtiger als ‚Geld', ‚vornehme Abkunft' oder Können war. Er gebrauchte den Begriff in seinem weitesten Sinne und bemerkte: „So ist es beinahe lächerlich, zu sagen, aber doch wahr, daß z. B. der jetzige König, Georg IV., höchst fashionable ist, der vorige es nicht im geringsten war und keiner der Brüder des jetzigen es ist, was übrigens zu ihrem größten Lobe dient, da ein wahrhaft ausgezeichneter Mann nie frivol genug sein wird, um in dieser Kategorie sich auf die Länge behaupten zu können noch zu mögen." Er verglich diese modischen Engländer mit den ausschweifenden Roués am Hofe Ludwigs XV. von Frankreich, deren „Selbstsucht, Leichtsinn, unbegrenzte Eitelkeit" und „gänzlichen Mangel an Herz" er verurteilte.[2] Derart scharfe kritische Bemerkungen sorgten dafür, daß der Fürst nach der Veröffentlichung seiner Briefe im Jahre 1832 in Großbritannien unbeliebt war, doch seine speziellen und allgemeinen Beschreibungen der englischen Gesellschaft erfaßten manches vom Charakter und dem Tun von Georg IV., ohne allerdings den Charme und die Güte des Königs zu erkennen, über die an anderer Stelle berichtet wird.

Georg IV. wurde im Jahre 1762 als Sohn von König Georg III. und Königin Charlotte (einer Prinzessin von Mecklenburg-Strelitz) geboren. Er war das älteste von 15 Kindern, von denen 13 ein reiferes Alter erreichten, und der Liebling seiner Mutter. Die Beziehung zu seinem Vater war weniger einfach; denn alle Hannoverschen Monarchen hatten die unglückliche Neigung, ihren Thronfolgern zu mißtrauen. Als er eine Woche alt war, wurde er zum Prinzen von Wales erhoben und kurz darauf in der Wiege den bewundernden Blicken der Höflinge vorgeführt.[3] Rasch gewöhnte er sich an öffentliche Auftritte, manchmal in exotischen oder zeremoniellen Gewändern. Der Maler Johan Zoffany malte 1764/5 ein Porträt der Königin Charlotte, auf dem der Prinz und sein jüngerer Bruder als Telemachus und als Türke gekleidet sind. An seinem vierten Geburtstag „tanzte er einen *hornpipe* in Matrosenkleidung"; mit acht Jahren wurde er von Zoffany in einem Gruppenbild der Königlichen Familie mit einem ‚Vandyck'-Gewand gemalt, und im folgenden Jahr 1771 entstand das erste Gemälde von ihm in der Garter-Robe, der Kleidung des ersten Wappenherolds von England.[4]

Als er 1780 volljährig wurde, hatte er sich daran gewöhnt, öffentlich bewundert zu werden und hatte sich zu einem charmanten, aber frühreif kultivierten jungen Mann entwickelt, dessen frühe Romanze mit der Schauspielerin Mary Robinson zu Kritik und Karikaturen Anlaß gegeben hatte, die die beiden mit Prinz Florizel und Perdita aus Shakespeares „Wintermärchen" verglichen. Zahlreiche weitere Karikaturen sollten sich sein Leben lang mit ihm beschäftigen; zunehmend kritisch und feindselig, attackierten sie alles, angefangen bei seiner Erscheinung bis hin zu seiner ausschweifenden Lebensweise. Vielleicht hatte der Vater des Prinzen Empfänglichkeit für Schmeicheleien und Umgarnungen der feinen Gesellschaft erkannt, denn er verfaßte detaillierte Anweisungen zu Lebensweise und Betragen, denen der Prinz folgen sollte, als ihm sein eigener Haushalt gewährt

Ich bin besonders Joanna Marschner von The Court Dress Collection, Kensington Palace, zu Dank verpflichtet, die mir die uneingeschränkte Nutzung ihrer unveröffentlichten Untersuchung über die anläßlich der Krönung von Georg IV. getragene Kleidung gestattete.

1 Hermann Fürst von Pückler-Muskau, Briefe eines Verstorbenen, neu herausgegeben von Heinz Ohff, Berlin 1986, S. 491.
2 Ibid., S. 854–855.
3 J. Brooke, George III, (Constable) 1972, S. 264.
4 Ibid.; R. Walker, Regency Portraits, Vol. I, (National Portrait Gallery) 1985, S. 206–213.

worden war. Zu den zahlreichen Hinweisen gehörte auch die ernste Warnung, daß „ich den Besuch von Bällen oder Gesellschaften in Privathäusern nicht erlauben werde ... Was Maskeraden angeht, so weißt du schon, daß ich sie in diesem Land mißbillige, und ich kann unter gar keinen Umständen einverstanden sein, daß meine Kinder an ihnen teilnehmen".[5] Der Prinz von Wales ignorierte die Ermahnungen seines Vaters und stürzte sich rasch in alle Vergnügungen, in Maskenbälle und private Gesellschaften, in die Laster der feinen Gesellschaft.

Seine Freundin Georgiana, die Herzogin von Devonshire, verfaßte 1782 eine kurze Skizze seines Charakters. Selbst darin erschien er als ein widersprüchlicher Mensch: ausschweifend, Wein, Weib und Glücksspiel allzusehr zugetan, stets geneigt, sich in die Politik der Oppositionspartei einzumischen, zu vergnügungssüchtig, aber auch gutmütig, seinen engsten Freunden gegenüber zuverlässig, von „ungezwungenem und anständigem Benehmen", was in seiner Familie ungewöhnlich war. Sie beschrieb ihn als „eher groß" und mit „einer Figur, die zwar eindrucksvoll, aber nicht vollkommen ist. Er neigt dazu, zu dick zu sein, und sieht zu sehr wie eine Frau in Männerkleidern aus, aber sein elegantes Benehmen und seine Körpergröße machen ihn sicherlich zu einer angenehmen Erscheinung. Sein Gesicht ist hübsch, und er begeistert sich für Kleider, putzt sich sogar bis zur Geschmacklosigkeit heraus, was sich aber, da er noch jung ist, bald legen wird. Seine Persönlichkeit, seine Kleidung und die Bewunderung der Frauen, die ihm zuteil wird, und die er sich noch größer vorstellt, als sie ihm entgegengebracht wird, bestimmen hauptsächlich seine Gedanken".[6] Die Herzogin irrte sich nur in ihrer Annahme, daß der Prinz von Wales mit zunehmendem Alter Kleider langweilig finden würde. Auch als er erwachsen war, blieben sie sein stetiges Interesse, trotz seines lebenslangen Kampfes gegen Korpulenz; als Teenager hatte er selbst „eine eher zu starke Neigung, dick zu werden" festgestellt, war aber nie willensstark, fastete verbissen, aber zu kurz, bevor er wieder den Verlockungen von gutem Essen und Wein erlag.[7]

Heutzutage erinnert man sich seiner als eines der kenntnisreichsten königlichen Kenner und Förderer von Kunst und Kunsthandwerk seit Charles I., der seine Energie auf die Verherrlichung und die Verschönerung der königlichen Residenzen und Sammlungen konzentrierte; zu seinen Lebzeiten verspottete man ihn als ‚The Prince of Whales' (den ‚Prinzen der Wale'), wobei man seine tatsächlichen und bekannt gewordenen Exzesse als Inbegriff einer Gesellschaft im London des späten 18. und frühen 19. Jahrhunderts verstand, die man sich aufregend vorstellte. Ein kurzer Essay wie dieser kann jedoch die Kompliziertheit des Charakters und der Interessen Georges IV. nur andeuten. Er soll aber auf seine Faszination an den äußerlichen Belangen beim Auftritt seiner Person hinweisen, im Privatleben und in der Öffentlichkeit, in aller Form geplant und für die Nachwelt aufgezeichnet (z. B. in Porträts, offiziellen Publikationen und am auffallendsten bei seiner Krönung) oder aber von Karikaturisten trivialisiert und verunglimpft.

Sein Vater, Georg III., mochte London nicht, er verabscheute die feine Gesellschaft und ihre Interessen und zog das Land vor; Georg IV. hingegen war ein durch und durch großstädtischer Prinz und Monarch. Die Zeit, als er erwachsen wurde, war zugleich die Zeit internationaler Anerkennung der hohen Qualität Londoner Herrenbekleidung. Man akzeptierte bewundernd die schlichten, aber gut geschnittenen Fräcke aus feinsten Stoffen, die so vorteilhaft aussahen, wenn man dazu weiße Leinenhemden, exakt gebundene Krawatten und engsitzende Kniehosen oder Pantalons (ab etwa 1800) und ab etwa 1825 lange Hosen trug. Der Prince of Wales und sein Freund George ‚Beau' Brummell wetteiferten um die Jahrhundertwende miteinander, als elegantester Herr Europas anerkannt zu werden. Brummell war in seiner Besessenheit für Kleider vielleicht zielstrebiger als der Prinz, doch beide verkörperten einen Stil, der sich kostspielig zurückhaltend gab und exakt kopiert wurde.

Schneider wie Schweitzer und Davidson in der Cork Street, Joseph Weston in der Old Bond Street und John Meyer in der Conduit Street, W1, konzentrierten sich im Burlington Estate im West End, in der Nähe der heutigen Savile Row. Meyer begann seine Karriere als Militärschneider in Deutschland. Seine Fertigkeit, Uniformen aus Wollstoffen zuzuschneiden, war offenbar auch auf die eleganten Stoffe der Herrenkleidung des späten 18. und frühen 19. Jahrhunderts zu übertragen, als ein Wechsel von Seide zu Tuch stattfand.[8] Der Prince of Wales förderte auch diese Firmen, und Anfang der neunziger Jahre lagen ihm unbezahlte Schneiderrechnungen von mehr als £ 30.000 vor.[9] Er war ein wunderbarer Kunde und über die Details der Herrenbekleidung bestens unterrichtet. Seine Frau, Prinzessin Caroline von Braunschweig, mit der er kurze Zeit zusammenlebte, bevor sie sich Ende der neunziger Jahre trennten, kritisierte seine Fehler und meinte, daß sie besser miteinander hätten umgehen können, wenn sie der Mann gewesen wäre und der Prinz „die Frau, die die Unterröcke trägt ... Er weiß, wie ein Schuh gemacht oder ein Mantel geschnitten werden muß ... und wäre ein exzellenter Schneider, Schuhmacher oder Friseur, aber sonst nichts."[10] Seit Beginn ihrer kurzlebigen Verbindung erwies sich die Prinzessin als sehr geschickt, die Eitelkeit ihres Ehemanns zu verletzen. Als sie ihn zum erstenmal sah, sagte sie in der ihr eigenen Taktlosigkeit: „Meiner Meinung nach ist er sehr dick und nicht im geringsten so hübsch wie sein Porträt."[11] Sein Körpergewicht schwankte, aber er war selten schwächer als beleibt, häufig feist. Um sich

5 C. Hibbert, George IV 1762–1811, (Longman) 1972, S. 20–21. Dies ist die bei weitem vollständigste und ausgewogenste Biographie von Georg IV. Sie stellt für jeden, der über einen beliebigen Aspekt der Interessen Georgs IV. arbeitet, eine grundlegende Quelle dar.
6 Earl of Bessborough (Hg.), Extracts from the Correspondence of Georgiana, Duchess of Devonshire, (John Murray) 1955, S. 289.
7 Ibid.
8 R. Walker, The Savile Row Story, (Prion) 1988, S. 21–22; Hibbert, op. cit., S. 174–77.
9 Hibbert, ibid.
10 Ibid., S. 218.
11 Ibid., S. 242.

Numerierte Eintrittskarte für die Krönungsfeier in der Westminster Abbey mit der Unterschrift des Großzeremonienmeisters Lord Howard of Effingham. The Museum of London

unter Kontrolle zu haben, trug er ein Korsett oder ‚Leibgürtel', wie man ihn euphemistisch nannte. Ein erhaltenes Exemplar eines solchen Korsetts, das 1824 für ihn angefertigt wurde und einen Taillenumfang von 50 Zoll (127 cm) hat, wird in der Ausstellung gezeigt.[12]

Die Porträts des Prinzen überliefern ihn in eleganter Kleidung, Militäruniform oder zeremonieller Robe. In der ersten Gruppe ist die hohe Qualität seiner Schneider und anderer Lieferanten augenfällig; der Honourable George Keppel erinnerte sich, daß „ihm seine Kleidung wie ein Handschuh paßte; sein Mantel war einreihig und bis zum Kinn durchgeknöpft ... um seinen Hals trug er ein riesiges, dicht gefaltetes Halstuch, aus dem sich sein Kinn fortwährend herauszukämpfen schien". [13] Doch Porträtmalerei kann schmeicheln, und so wurde er häufig im Profil oder als Halbfigur, dem Betrachter zugewandt, dargestellt, um eine heroischere, weniger korpulente Figur vorzugeben.

Die heroischen Eigenschaften werden besonders deutlich, wenn er in Uniform porträtiert wurde. Von seinem Vater und seinem Urgroßvater (Georg II.) hatte er die Faszination für Militäruniformen geerbt, und hatte, wie sie, persönliches Interesse daran, neue Uniformen zu entwerfen. Seine Tochter, Prinzessin Charlotte von Wales, zu der er eine komplizierte Beziehung unterhielt, fand ihn am geistreichsten, wenn er über Uniformen sprach. 1816, kurz nach ihrer Hochzeit mit Prinz Leopold von Sachsen-Coburg-Gotha, besuchte der Prinzregent seine Tochter, und sie beschrieb damals ein Gespräch, „das sich ausschließlich um die Erläuterung der Vorzüge und die Kritik der Nachteile dieser oder jener Uniform drehte, den Schnitt eines Mantels, eines Umhangs, eines Ärmels, von Kniehosen usw. Kurzum, über zwei Stunden und mehr, glaube ich, führten wir eine überaus gelehrte Disputation über jedes Regiment unter der Sonne, was ein *großartiges Zeichen* für *höchst vollkommene gute Laune ist*".[14] Im selben Jahr wurde, vermutlich zur Unterstützung

12 Museum of London, A27042; Schenkung von A. T. Barber, 1924.
13 Hibbert, op. cit., S. 242.
14 A. Aspinall (Hg.), The Letters of Princess Charlotte 1811–1817, (Home & Van Thal) 1949, S. 242.

der britischen Textil-Manufakturen, in seinem Namen ein Dekret erlassen, in dem „alle Staats- und Hofbeamten aufgefordert wurden, kostbare Kleidung aus einheimischer Fabrikation zu tragen ... die entsprechend den jeweiligen Dienstgraden dieser Beamten aus drei Arten von Uniformen bestehen soll".[15] Bis in die zwanziger Jahre hinein war dies bei den Betroffenen unpopulär, aber später akzeptierte man die Einstufung öffentlicher Beamter in uniformierte Dienstgrade, so daß in den dreißiger Jahren vier Ränge und in den Vierzigern fünf erforderlich wurden. Die Uniformierung ist natürlich ein Verfahren, um Gruppen der Gesellschaft zu ordnen und kenntlich zu machen. Sie unterdrückte die Individualität, stärkte aber die Vorstellung von einer strukturierten und kohärenten Gesellschaft, in der die äußere Erscheinung den jeweiligen sozialen Status mitteilt.

Als Georg IV. am 29. Januar 1820 König von Großbritannien und Hannover wurde, war er 57 Jahre alt und bei schlechter Gesundheit. Die 18 Monate zwischen seiner Thronbesteigung und der Krönung am 19. Juli 1821 stellten eine harte Prüfung für sein körperliches und geistiges Wohlbefinden dar. Die ursprünglich für den 1. August 1820 geplante Krönung war verschoben worden, und wurde durch den Auftritt ersetzt, den seine abtrünnige Frau, Königin Caroline, am 5. Juni, nach ihrer Rückkehr aus Italien veranstaltete, als sie vor einem Untersuchungsausschuß des Oberhauses erschien. Dies war die erste Etappe, die im Parlament zur Verabschiedung eines Gesetzes führte, das die Ehescheidung von König und Königin, wegen ihrer ehebrecherischen Beziehungen, bewirken sollte. Die Sympathien Londons und des ganzen Landes waren ungleich verteilt, aber das Volk stand eher auf Seiten der Königin. Zahlreiche Satiriker, Karikaturisten und Künstler unterstützten die Königin, und eine nie dagewesene Welle von kritischen Druckschriften und Flugblättern verunglimpften den König.[16] Seitdem er erwachsen war, war Georg IV. sehr häufig die Zielscheibe von Karikaturen, aber seine Empfindlichkeit ihnen gegenüber nahm nicht ab. Zeitlebens, und das heißt während des goldenen Zeitalters der englischen Porträtmalerei, hatte er die besten Künstler ausgewählt, um ein elegantes und heroisches Bild von sich abzugeben. Gainsborough, Stubbs, Beechey, Hoppner, Lawrence und Wilkie trugen allesamt zu dieser sichtbaren Ikonographie bei, doch die Mehrheit seiner Untertanen kannte ihn zweifellos besser aus den Karikaturen von Rowlandson, Gillray, Cruikshank und anderen. Ihr Bild von ihm als das eines fettleibigen, zügellosen, verschwenderischen Menschen sorgte dafür, daß seine Fehler in der Öffentlichkeit bekannter waren als seine zweifellos vorhandenen, aber weniger bekannten positiven Seiten.

Glücklicherweise sahen die Pläne für die Krönungsfeiern jene Art von Unterhaltung vor, die ihm zusagte. Das Interesse an Details und das Streben nach Vollkommenheit, die seine großen Bauten sowie die Innenarchitektur von Carlton House und Brighton Pavilion kennzeichnen, kamen auch bei den Vorkehrungen für die Krönung zum Tragen. Die Krönung seiner Eltern hatte am 22. September 1761 stattgefunden, und Einzelheiten über die damals inszenierten Zeremonien waren leicht verfügbar. Doch der neue König konsultierte ebenfalls Francis Sandfords *Coronation of James II*, einen großzügig illustrierten und detailliert verfaßten Band, der 1687 erschienen war. Obwohl von dem Scheidungsgesetz im November 1820 Abstand genommen wurde, beabsichtigte Georg IV. nicht, die Krönung zusammen mit seiner ihm fremd gewordenen Frau zu begehen, und so ordnete er an, daß ihr unter keinen Umständen, weder als Teilnehmerin noch als Zuschauerin, Einlaß in Westminster Abbey gewährt werden sollte. Zweifellos verstand der König die Krönung als eine Gelegenheit, einerseits seine Popularität in der Öffentlichkeit teilweise wiederherzustellen, andererseits bei ausländischen Botschaftern und Würdenträgern den Eindruck zu erwecken, daß Großbritannien – verkörpert im britischen Monarchen – seit Napoleons Niederlage von 1815 bei Waterloo das mächtigste Land Europas war. Das alles kostete natürlich eine Menge Geld, und die veröffentlichte Abrechnung des Schatzamtes von 1823 gab für die Krönungsfeierlichkeiten Gesamtkosten in Höhe von 238.238 Pfund 0 Schilling und 2 Pence an. Bezeichnenderweise wurde diese Summe auf zwei Fonds verteilt. Das Parlament bewilligte in der Sitzungsperiode von 1820 £ 100.000, doch der größere Teil von 138.138 Pfund 0 Schilling und 2 Pence wurde „mit Geldern bezahlt, die man gemäß dem Vertrag von 1815 als finanzielle Entschädigung erhalten hatte".[17] Die französische Nation hatte also direkt und indirekt zwei der großzügigsten Krönungsfeierlichkeiten bezahlt, die im Zeitraum zwischen 1800 und 1840 begangen worden waren: die von Kaiser Napoleon I. am 2. Dezember 1804 und die von König Georg IV. Napoleon starb am 5. Mai 1821 im Exil auf St. Helena; zweifellos hatte der spektakuläre Charakter seiner Krönung Georg IV. dazu inspiriert, eine noch größere Pracht zu entfalten.

Die großen zeremoniellen Ereignisse im Rahmen der Krönung waren gut geplant. Zunächst fand in der Westminster Hall eine Versammlung derer statt, die an der Krönungsprozession teilnahmen und von Zuschauern, die auch später in der Abtei zugegen sein würden; darauf folgte der feierliche Gang von Westminster Hall zur Westminster Abbey. Danach wurde die Krönung des Königs in ihrer genau festgelegten Folge der Handlungen in Szene gesetzt. Dem festlichen Gang nach Westminster Hall folgte das Krönungsbankett, bei dem eine Reihe feudaler Geschenke und Zeremonien vorgeführt wurden, deren dramatischste der Auftritt des königlichen Kämpen zu Pferde war. Das alles bedurfte einer umfassenden Planung und Organisation, für die der Oberzeremonienmeister von England verantwortlich war (nominell der Herzog von Norfolk, doch seine Pflichten wurden von seinem Stellvertreter, Lord Howard of Effingham, wahrgenommen).

15 The Annual Register, 1817, S. 100.
16 C. Hibbert, George IV 1811–1830, (Allen Lane) 1973, S. 157.
17 L. E. Tanner, The History of the Coronation, (Pitkin) 1952, S. 67.

Glücklicherweise ermöglichte die Verschiebung der Krönung von August 1820 auf Juli 1821, zusätzliche Zeit für die Vorbereitungen zu nutzen. Die Kostenabrechnung des Schatzamtes führte 15 Posten auf, deren kleinster den Betrag von 118 Pfund 18 Schilling und 6 Pence auswies, die an den Stallmeister für die Beschaffung „des Rosses für den königlichen Champion" gezahlt wurden; vom Zirkus Astley war zu diesem Zweck ein trainiertes, zahmes Tier gemietet worden, das an Menschenmengen gewöhnt war. Vier Posten der gesamten Aufstellung beliefen sich allerdings auf eine Summe von 211.428 Pfund 17 Schilling und 5 Pence, von der der größte Teil für die kurzlebige Schau ausgegeben wurde; damit war diese Krönung die kostspieligste in der englischen Geschichte. Diese Posten sind in der Reihenfolge der Abrechnung die folgenden:

„Lord Steward.... Ausgaben für das Bankett	£ 25.184, 9 s, 8 d
Lord Chamberlain.... für Möblierung und Dekoration von Westminster Abbey und Westminster Hall; für Herbeischaffung der königlichen Insignien; für Bekleidung usw. der anwesenden und diverse Dienste verrichtenden Personen	£ 111.172, 9 s, 10 d
Der Kämmerer ... für die Roben usw. seiner Majestät	£ 24.704, 8 s, 10 d
Der Generalinspektor der öffentlichen Arbeiten ... für die Ausstattung von Westminster Abbey und Westminster Hall, Tribünen usw.	£ 50.367, 9 s, 1d."[18]

M. Dubourg nach C. Wild, Detail der Prozession des Dechanten und der Präbendare von Westminster, die die Regalia nach Westminster Hall tragen. Aus Naylers *Coronation of George IV*, 1821. The Museum of London

Laut dem Jahres-Register von 1821 hatte die Erklärung vom 6. Mai 1820, durch die der 1. August 1820 als ursprüngliches Datum der Krönung festgelegt worden war, zum Baubeginn an Westminster Abbey, Westminster Hall und Umgebung geführt. Diese wurden eingestellt, als Königin Caroline nach England zurückgekehrt war und sich wieder in London niedergelassen hatte. Die Arbeiten wurden im Mai 1821 wieder aufgenommen, und in einer Proklamation wurde mitgeteilt, daß die Krönung am Donnerstag, dem 19. Juli 1820 stattfinden würde. Tatsächlich hatten der Generalinspektor, Oberst Stephenson, und seine beiden leitenden Architekten bereits im März 1820 damit begonnen, „eine Vielzahl alter Autoritäten" zu konsultieren, wobei sie sich im wesentlichen von Sandfords *Coronation of James II* leiten ließen, aber auch sonst solche „Verbesserungen übernahmen, die ratsam erschienen".[19] Die Arbeiten waren umfänglich, da Westminster Hall sowohl für die Versammlung vor der Krönung als auch für das Bankett nach der Krönung hergerichtet werden mußte. Ein erhöhter Holzfußboden wurde eingebaut, auf jeder Seite Galerien mit Sitzreihen, die nach oben und vorn auskragten; Logen für die Königliche Familie und andere Würdenträger wurden errichtet, Anrichten, Speisetafeln, Podien, ein Triumphbogen und ein Stall für das Roß des Champions wurden vorbereitet. Viele karmesinrote und scharlachrote Stoffe, Abgrenzungs- und Schmuckseile wurden verbraucht, und der gesamte Entwurf; tendierte stark zur Gotik. Imitierte gotische Täfelung, gotische Bögen, gotische Vergitterung, gotische Pfeiler und Stühle im gotischen Stil müssen, im Einklang mit der Entstehungszeit des Bauwerks, ein pseudo-mittelalterliches Prunkschauspiel suggeriert haben. Außerdem wurden provisorische Konstruktionen in der Abtei ausgeführt, um der Orgel „eine neue gotische Fassade" zu geben. Feinste Stoffe wurden für die Abtei verwendet: blauer und goldener Brokat für den Altar, hosenbandblauer und goldener Wilton-Teppich auf den Altarstufen und dem Boden des Altarplatzes, karmesinroter Samt und Sarsenett (dichter Baumwollstoff) für die königliche Loge und große Mengen karmesinroten Tuches für die Logen und Bänke im Inneren des Chores. Dieser Bereich war vom Dechanten und dem Domkapitel „für eine große Summe einer Person namens Glanville" überlassen

18 Ibid.
19 The Annual Register, 1821, Appendix to Chronicle, S. 324–325, 328.

G. Humphrey, Detail des Krönungsaufzugs: Unter dem Baldachin der König, der zu beiden Seiten von der *Honourable Band of Gentlemen Pensioners* bewacht wird, 1821. The Museum of London

worden, ein für beide Parteien profitables Unternehmen. Der Zugang wurde auf allen Wegen, die zur Abtei und zu Westminster Hall führten, sorgfältig geregelt, und am Mittwoch abend wurde die 1500 Fuß lange Plattform fertiggestellt, die drei Fuß über dem Boden lag und beide Gebäude miteinander verband. Etwas früher am Tag hatte eine Probe „aller von den Staatsbeamten zu erfüllenden Pflichten" gemäß einem gedruckten und jedem einzelnen ausgehändigten Programm stattgefunden. Bei allen Vorbereitungen für Beamte und Militärs in den Gebäuden und auf den Straßen dachte man auch an die Bedürfnisse der Journalisten, und sie erhielten Sitzplätze, von denen aus „sie über einen vorzüglichen Blick auf alle Zeremonien verfügten".[20]

Derart umfassende bauliche und dekorative Leistungen schlugen beim Gerneralinspektor als Kosten in Höhe von mehr als £ 50.000 zu Buche und machten außerdem einen guten Teil der £ 111.000 des Haushofmeisters aus, die er für die Möblierung und die Ausschmückung beider Bauwerke ausgab. Wenn man die Liste der beim Bankett konsumierten Speisen und Weine untersucht, kann man ebenfalls gut verstehen, wie leicht £ 25.000 vom Großhofmeister auszugeben waren. 23 von Jean Baptiste Watier beaufsichtigte Küchen produzierten 160 Terrinen Suppe, eine ähnliche Anzahl von Fischplatten, Gebratenes von Wildbret, Rind, Hammel und Kalb, Gemüse und passende Saucen usw., die in 480 Saucièren aufgetragen wurden. Kalte Platten, mit insgesamt 3271 Stück Schinken, Pasteten, Meeresfrüchten und Sülzen. All das wurde mit 9840 Flaschen verschiedener Weine und 100 Gallonen eisgekühltem Punch hinuntergespült.[21]

Eine solche Großzügigkeit mußte die Krönung ohne jeden Zweifel zu einem denkwürdigen Beispiel königlicher Verschwendung werden lassen. Es gab jedoch zusätzlich noch etwas, das sie in der Geschichte der englischen Krönungsfeierlichkeiten als vollends außergewöhnlich erscheinen ließ: Es wurde sichtbar, als Teilnehmer des festlichen Aufzugs einzutreffen begannen, die „herrliche und in manchen Fällen seltsame Kleider trugen ... Die letzte Bezeichnung bezieht sich auf die Kleidung der Unterherolde, Leibgardisten, des Gefolges der geistlichen Mitglieder des Oberhauses und vieler anderer, die nach Modellen aus längst vergangenen Zeiten gestaltet waren."[22] Georgs IV. Freude am Ungewöhnlichen und Exotischen, sein Interesse für optische Zusammenhänge, die von Uniformen bestimmt werden, und sein Vergnügen an Maskeraden und Phantasie-Kostümen hätten vielleicht die Welt einen uüberraschenden Schnitt der Krönungsgewänder erwarten lassen. In früheren Jahrhunderten trugen

20 Ibid., S. 328–338, 344.
21 Tanner, op. cit., S. 67; Annual Register, op. cit., S. 111–112, 381.
22 Annual Register, op. cit., S. 346.

Peers und königliche Beamte förmliche Varianten modischer Kleidung unter den Roben, doch das barg für den optischen Gesamteindruck die unberechenbare Gefahr der Beeinträchtigung. In der Widmung Sir George Naylors, des ersten Wappenherolds Englands an George IV., wird in dem Band, in dem er die Krönungsfeierlichkeiten genauso schildert, wie Sandford die von James II., für den ungewöhnlichen Zuschnitt der Kleidung eine Begründung gegeben. Nayler schrieb von „der prächtigen Festkleidung, die Eurer Majestät eingedenk des Wohlstandes Eures Volkes sowie des Glanzes Eures Thrones, vorzuschreiben gefiel, zu diesem Anlaß getragen zu werden, um damit Tausenden Eurer fleißigen und loyalen Untertanen Arbeit zu geben und die feierliche Zeremonie zur prachtvollsten werden zu lassen, die dieses Land je erblickt hat". Das sind die Worte eines typischen und ehrgeizigen Höflings, der „für die Publikation der Fest-Abrechnung" £ 300 erhalten hatte, für ein Werk, das in mehreren Teilen erschienen ist, jedoch in seinem Todesjahr 1831 noch unvollendet war.[23]

Die Inspiration zu den ‚phantastischen Gewändern' kam aus verschiedenen Quellen. Vor allem handelte es sich damals um eine Zeit, die an einem romantischen Verständnis des 16. und 17. Jahrhunderts beachtlich interessiert war. Als junger Mann war Georg IV. mehrfach in ‚Vandyck-Kleidern' gemalt worden, also in dem von den Aristokraten des 18. Jahrhunderts durchgängig bevorzugten Typus der Phantasie-Kleidung. Sie bezog sich in etwa auf den Kleiderstil, der in den 1630er Jahren am Hofe Charles I. getragen wurde. Außerdem war er mehrmals in der Kleidung des ersten Wappenherolds von England gemalt worden, zu der als wichtiger Bestandteil eine aus einem silbernen Wams und einer dazu passenden Pluderhose bestehende Unterkleidung gehörte; diese quasi-historischen Kleidungsstücke vereinigten die Mode des 16. Jahrhunderts und die der sechziger Jahre des 17. Jahrhunderts zu einem stilvollen Ganzen. 1818 war eines seiner gelungensten Porträts in der Kleidung des ersten Wappenherolds von Sir Thomas Lawrence gemalt worden. Obwohl es schmeichelhaft war, wurde es von der britischen Presse im allgemeinen gut aufgenommen und als ‚würdevoll und elegant' oder ‚sehr prächtig' bezeichnet.[24] Auch im Krönungsgewand malte Lawrence George IV., und die Ähnlichkeiten, die beide Darstellungen verbinden, sind offenkundig, nicht nur im Hinblick auf die Pose, sondern auch auf die phantasievollen Details der Kleidung. Georg zollte ebenfalls dem französischen König Henri IV., „den ich geradezu bis zur Extravaganz verehre" seinen Respekt.[25] Henri wurde 1610 ermordet und seine förmlichen Porträts zeigen die Mode des frühen 17. Jahrhunderts, die – in gemischter Form – für die Kleidung des ersten Wappenherolds benutzt wurde und auch weiterhin die Grundlage für bestimmte Theaterkostüme blieb (vgl. Katalogeintrag zu Edmund Keans Kostüm für Richard III.). Auch für die Kleidung nachrevolutionärer französischer Beamter konnte ihr Einfluß festgestellt werden, veröffentlicht 1795 in Jacques Grosset de Saint-Sauveurs *Costumes des Représentans du Peuple Français*.

Georg IV. war kein Monarch, dessen Interesse oder Bewunderung den Errungenschaften der revolutionären Herrscher Frankreichs oder deren Nachfolger, Kaiser Napoleon I., gegolten hatte. Trotzdem kann man nicht bezweifeln, daß die Experimente mit quasiklassischen und historischen Formen offizieller Amtskleider in den neunziger Jahren des 18. Jahrhunderts, – deren Höhepunkt das „am besten ausgearbeitete und praktizierte System von höfischen und offiziellen Amtskleidern" unter Napoleon war –, einen weitreichenden und anhaltenden Einfluß auf ganz Europa hatten.[26] Aufgrund seiner für Henri IV. ausgedrückten Bewunderung und seines gleichzeitigen Rückgriffs auf die englische Mode des 17. Jahrhunderts, kann man annehmen, daß Georg IV. und seine Berater sich von einem Frankreich vor 1815 distanzieren wollten. Andererseits ist es jedoch unmöglich, die Krönung von 1821 zu verstehen, wenn man nicht wenigstens kurz den prunkvollen Auftritt der Krönungsfeierlichkeiten von 1804 für Napoleon I. in Betracht zieht. Denn sie setzten Normen für organisatorische Einzelheiten und optischen Glanz und waren so genau dokumentiert, daß ihr Einfluß noch lange nach dem Ereignis spürbar war.

Das Krönungsgewand Napoleons I., das ein Beobachter provozierend als ‚einer wandelnden Portion Eiskrem' ähnelnd bezeichnete, bestand aus einem *grand costume* und einem *petit costume*. Beide waren von Jean-Baptiste Isabey entworfen worden, der gemeinsam mit seinem Künstlerkollegen Jacques Louis David für den gesamten prunkvollen Auftritt sowie für die Kleidung der Teilnehmer verantwortlich war. Der Unterschied zwischen dem *grand costume* – dem Kaisermantel aus karminrotem Samt und Hermelinpelz, der über einer knöchellangen weißen Satin-Tunika getragen wurde, beide ausgiebig mit goldenen Emblemen bestickt – und dem *petit costume* – einem knielangen karmesinroten Samtumhang mit dazu passendem Mantel, weißen bestickten Kniehosen und Strümpfen – bestand darin, daß erstgenanntes beim Krönungsgottesdienst getragen wurde. Das *petit costume* wurde hingegen vorher und nachher sowie bei späteren Zeremonien getragen. Es ähnelte dem Kleidertypus für die Beamten und Höflinge, die den Kaiser während der Krönung begleiteten. Ihre Kleidung war durch die Auswahl der Farben und das Ausmaß der Verzierungen in sich unterschiedlich gestaltet und wurde später Vorbild für die gesamte Amtskleidung des ersten französischen Kaiserreichs. Die Kosten für sie waren

23 Sir George Nayler, The Coronation of His Most Sacred Majesty King George IV ... etc., (H. G. Bohn) 1837, Widmung, Anmerkung des Herausgebers; Tanner, op. cit., S. 67.

24 M. Levey, Sir Thomas Lawrence, (National Portrait Gallery) 1979, S. 67.

25 Z. Halls, Coronation Costume and Accessories 1685–1953, (HMSO) 1973, S. 12.

26 A. Ribeiro, Fashion in the French Revolution, (B. T. Batsford) 1988, S. 104–105, 140. Dr. Ribeiros Untersuchung über die Entwicklung amtlicher und höfischer Uniformen stellt für jeden an diesem Thema Interessierten eine Pflichtlektüre dar. Siehe auch M. Delpierre, Bulletin du Musée Carnavalet, Nr. 2, 1958 und Nr. 1, 1972, diverse Artikel zur Kleidung der napoleonischen und der Revolutionszeit.

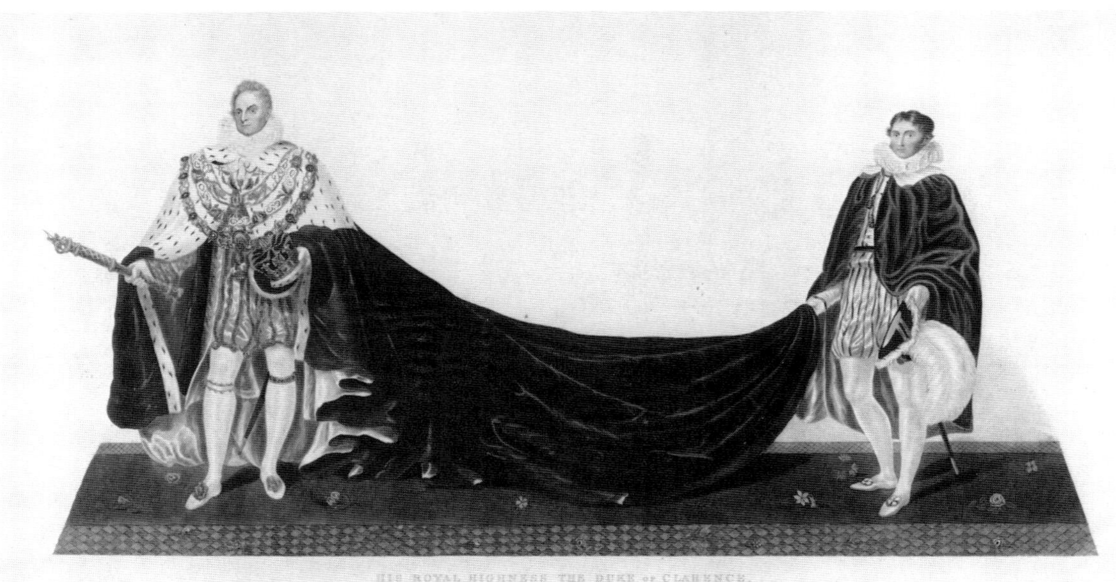

Der Herzog von Clarence, Bruder und Thronerbe Georgs IV., in der feierlichen Prozession zur Westminster Abbey. Wegen des übertriebenen Prunks bei dieser Krönung wählte der Herzog für seine eigene Krönung als William IV. ein schlichtes Zeremoniell. Aus Whittakers *Coronation of George IV*, 1823.
The Museum of London

erstaunlich; allein die Goldstickereien auf dem Gewand des Kaisers kosteten mehr als 29 000 Franc. Der Gesamteindruck war großartig, wie aus Davids Bild von der Krönung hervorgeht; buchstäblich war jeder Teilnehmer an der Zeremonie dafür bestimmt, Teil eines farbenprächtigen, strahlenden Meisterwerks der Entfaltung staatlichen Glanzes zu sein.[27]

Als Kenner der Malerei, der Innenarchitektur und der Kleidung sowie außerdem durch seine Vorliebe für das Gotische und das Phantastisch-Historische geprägt, mußte Georg IV. natürlich den Wunsch hegen, daß die Teilnehmer an seiner Krönungsfeier möglichst optisch einheitlich und eindrucksvoll erschienen. Dies wurde durch sorgfältig ausgearbeitete Kostümentwürfe für diejenigen erreicht, die an dem festlichen Aufzug teilnahmen. Die Entwürfe wurden beim College of Arms in the City of London angefertigt oder ihrem jeweiligen Träger angepaßt. Am 17. Juni 1820 veröffentlichte das College einen Aufruf, der die *Peers of the realm* aufforderte, sich in ‚Habit und Kleidung', die bei der Krönung getragen werden sollten, auf einer Anprobe vorzustellen. Die Verschiebung der Krönung bewirkte, daß ein zweiter Aufruf zur Musterung der Kostüme, die von den Festteilnehmern unterhalb der Ränge der Peers, Pagen, Schleppenträger usw. getragen wurden, erst am 22. Juni 1821 veröffentlicht wurde, also weniger als einen Monat vor dem Festtag.[28] Auf Grund der großen Teilnehmerzahl ist aber anzunehmen, daß die Arbeit an den zahlreichen Kostümen wohl während der Zeit des Aufschubs ausgeführt worden ist. Lord Chamberlain's Amt stützte sich bei den Vorbereitungen auf eine Vielzahl von Lieferanten, darunter zwei Seidenhändler, sechs Goldlitzenmacher, ein Silberlitzenmacher, drei Sticker, ein Robenmacher, achtundzwanzig Schneider, ein Knopfmacher, ein Mützenmacher, zwei Hutmacher, ein ‚Plumasoier' (Lieferanten für Federn), zwei Waffenschmiede, ein Wappenmaler und zwei Goldschmiede, die alle angesehenen Werkstätten oder Handlungen vorstanden.[29] Als ein Beispiel für deren Arbeit soll der Robenmacher William Webb dienen. Er erhielt £ 2044, 4 s, 0 d für Umhänge und andere Kleidungsstücke, die von den Mitgliedern und Offizieren der Ritterorden, Wappenkönigen, Herolden und anderen getragen wurden: Mehr als 150 Personen hat er ausgestattet. Seine Rechnung für eine komplette Garnitur von Kleidern, die Lord Braybrook bestellt hatte, Handschuhe, Schuhe und eine mottensichere Truhe aus Zedernholz inbegriffen, belief sich auf £ 250. Am Krönungstag beschäftigte Webb zwanzig Leute, um den Peers beim An- und Auskleiden zu helfen; seine Rechnung für diesen Dienst sowie ‚Kosten für Verpflegung und Boote von und nach Westminster' belief sich auf £ 43, 10 s, 6 d.[30]

All diese komplizierten Vorbereitungen trugen am Abend des 18. Juli 1821 Früchte, als Georg IV. eintraf, um die Nacht vor seiner Krönung in der Residenz des Unterhaus-Präsidenten in Westminster zu verbringen. Es kann keine friedvolle Nacht gewesen sein, da der Lärm der ununterbrochenen Vorbereitungen und das

27 K. le Bourhis (Hg.), The Age of Napoleon, Costume from Revolution to Empire 1789–1815, (Metropolitan Museum of Art / Harry N. Abrams Inc.) New York 1989, S. 86–89, 93, 205, 209–211.
28 Nayler, op. cit., S. 59, 97.
29 Public Record Office, LC2/50.
30 U. Campbell, Robes of the Realm, 300 Years of Ceremonial Dress, (Michael O'Hara Books Ltd.) 1989, S. 19, 36–37.

E. Scriven nach J. P. Stephanoff, Der König mit den acht ältesten Söhnen der Peers, die die Schleppe seines Purpurmantels auf dem Weg zur Westminster Abbey halten. Aus Whittakers *Coronation of George IV*, 1823. The Museum of London

Geschrei der Massen hereindrangen. Um die Spannung zu erhöhen, fuhr Königin Caroline am Morgen des Krönungstages zur Westminster Abbey, verlangte eingelassen zu werden und zog dadurch höchste Aufmerksamkeit auf sich. Das *Annual Register* vermerkt, daß eine Anzahl Neugieriger sich bereits für den kommenden Tag zurecht gemacht hatte: „Als sie an den Fenstern der Tagungsräume vom Unterhaus erschienen, machte ihre groteske Kleidung einen höchst sonderbaren Eindruck." Als sich dann die Festgäste und die Schaulustigen versammelten, ‚riefen Glanz und Seltsamkeit der Gewänder bei den Damen große Belustigung hervor‘.[31] Um zehn Uhr traf dann der König ‚höchst prachtvoll gekleidet‘ in der Westminster Hall ein, und die feierlichen Zeremonien begannen mit der Übergabe der Regalien. Um 10.25 Uhr begann der Festzug seinen gewundenen Weg zur Abtei, vorbei an einer mit blauem Tuch bedeckten Tribüne und – zwischen Pfiffen und Applaus – von unterschiedlichsten Reaktionen der Zuschauermenge begleitet. Der König, der mit einem silbernen Wams und Pluderhosen, einem Überwurf aus karmesinrotem Samt und einem langen und schweren karmesinrotem Mantel mit Fellfutter und einem mit Federn geschmückten Hut bekleidet war, ging unter einem Baldachin aus golddurchwirktem Tuch, der von sechzehn Baronen der *Cinque Ports* (Fünfhäfen) getragen wurde. Sein Festgewand war so schwer, daß acht statt der üblichen sechs ältesten Söhne der Peers sie tragen mußten. Das Gewand ähnelte dem der Könige Frankreichs, war ausgiebig mit Goldfäden bestickt, und als er sich in Bewegung setzte, forderte er seine Pagen auf, ‚es weiter zu halten‘.[32] In der Abtei, schien er erschöpft, fast einer Ohnmacht nahe zu sein‘, was teils an der Hitze, teils am Gewicht der Staatsrobe lag, die ‚einen Mann von bester körperlicher Gesundheit überwältigt hätte‘, und teils an seiner Eitelkeit: Er hatte sich in ein viel engeres Korsett als üblich gezwängt.[33] Dann begann der Krönungsgottesdienst, der mehrere Stunden dauerte; der Festzug kehrte erst um 4 Uhr zum Bankett in Westminster Hall zurück; der König war nun mit purpurrotem Samt bekleidet.

Ohne Zweifel war es Georg IV. gelungen, seine Absicht zu verwirklichen, einen spektakulären und denkwürdigen Tag als prunkvollen Auftritt zu gestalten. Auch die melodramatische Entgleisung, die durch Königin Carolines Versuche, an dem Fest teilzunehmen, hervorgerufen wurde, erhöhte noch die allgemeine Begeisterung. Die Skeptiker machten sich über die Absurditäten lustig, doch die Mehrheit war beeindruckt von der Würde und Erhabenheit des Anlasses. Ein Schüler aus Westminster glaubte, der König „sähe zu groß aus, in der Tat eher wie ein Elefant als wie ein Mensch", doch nach Walter Scott war er „jeder Zoll ein König".[34] Sowohl der Earl of Denbigh, der als Teilnehmer direkt involviert war, als auch Benjamin Haydon, ein Zuschauer, vertraten übereinstimmend die Meinung, dies sei ein persönlicher Triumph des Königs und ein Tag fast magischen Zaubers gewesen. Haydon besaß eine Eintrittskarte für Westminster Hall, nicht aber für die Abtei und erlebte also die Ereignisse vor der Krönung und das Bankett nachher. Am Morgen

31 Annual Register, S. 348, 352.
32 Ibid., S. 353–63; Halls, op. cit., S. 48; Hibbert (1811–1830), op. cit., S. 192.
33 Annual Register, op. cit., S. 365.
34 Tanner, op. cit., S. 64.

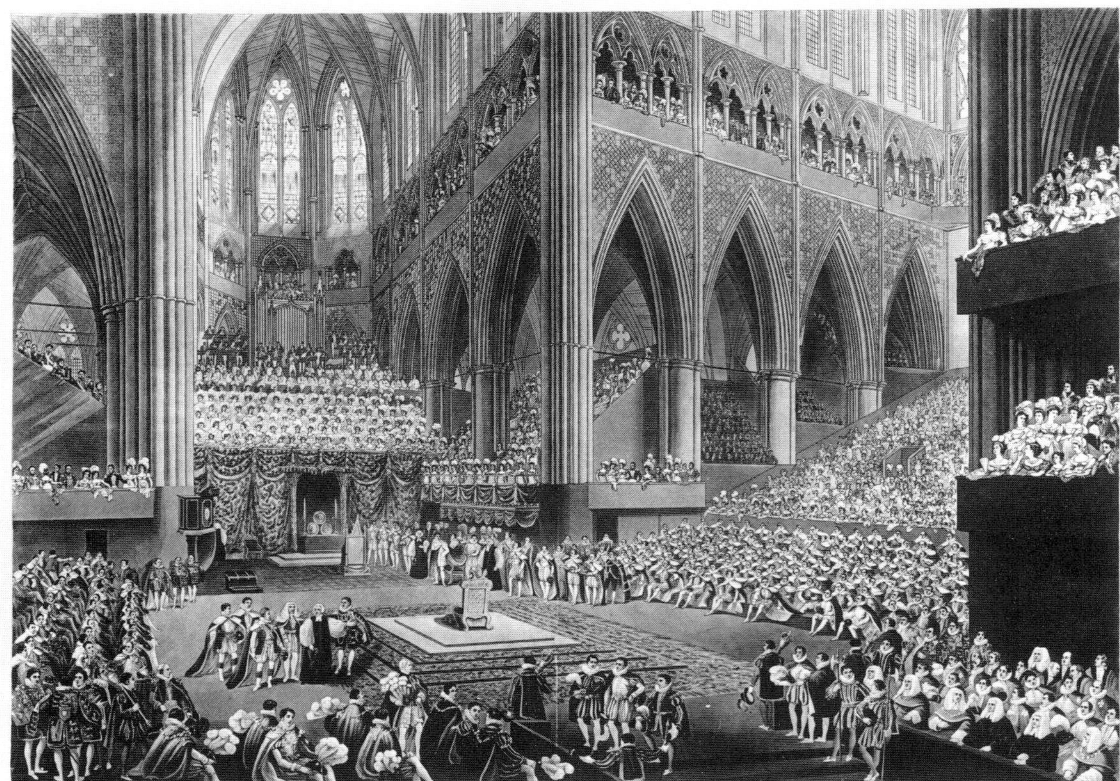

M. Dubourg nach J. P. Stephanoff, Die Krönungszeremonie in der Westminster Abbey. Hrsg. R. Bowyer, 1822. The Museum of London

hatte die Ankunft Georgs IV. die Zuschauer veranlaßt, sich „gewissermaßen mit einem gefiederten und seidenen Donner!" von ihren Plätzen zu erheben. „Federn wogen, Augen funkeln, Operngläser sind zur Hand, Münder lächeln. Die Art des Königs, sich zu verneigen, war wahrhaftig monarchisch! Als er in Richtung der Damen der Peers und der ausländischen Botschafter blickte, sah er wie ein prächtiger Vogel des Ostens aus".[35] In der Abtei glaubte Scott, daß „die Wirkung der Szene ... über alle Maßen großartig war", obwohl er Vorbehalte gegenüber der ungewöhnlichen Art der Kleidung hatte: „Als Einzelstücke so heiter, machten sie als Bekleidung älterer oder kranker Menschen einen befremdlichen Eindruck".[36] Der König, der einer dieser älteren Menschen war, sah nach den Worten von Lady Cowper „eher wie das Opfer als wie der Held dieser Feierlichkeit aus", aber nachdem er Zuflucht zu Hirschhornsalz genommen hatte, lebte er wieder auf.[37] Triumphierend kehrte er zum Bankett nach Westminster Hall zurück, und Lord Denbigh vertraute seiner Mutter an: „Es ist mir unmöglich, Dir gegenüber auch nur den *geringsten* Eindruck vom Glanz des gesamten Schauspiel wiederzugeben. Es ging über jede Vorstellungskraft und jedes Begriffsvermögen hinaus." Er beschrieb die Teilnehmer, die „höchst prachtvollen Gewänder" und das „Funkeln der Diamanten" des Prinzen Esterhazy, „von dem gesagt wurde, er trüge Juwelen an sich mit einem geschätzten Wert von *achtzigtausend* Pfund."[38] Hayden war sehr eingenommen von dem königlichen Champion, „einem Mann in dunkel schattierter Rüstung", der neben dem Herzog von Wellington und Lord Howard „sicherlich der schönste Anblick des Tages war. Der Herold verlas die Herausforderung; der Handschuh wurde zu Boden geworfen; dann schritten sie alle dem Thron zu. Meine Phantasie war so berauscht, daß ich mit großer Verachtung für den Pöbel ... ins Freie trat." Mit der Zusammenfassung seiner Eindrücke dieses Tages hätte er sich beim König sicherlich beliebt gemacht: „Er verband all den prächtigen Glanz des alten Rittertums mit dem mächtigen heroischen Anliegen der modernen Zeit; – alles, was entweder durch Schönheit, Heldentum, Genius, Anmut, Eleganz oder Geschmack beeindrucken oder erregen konnte, all das, was farbenfroh und großartig in der Wirkung, anrührend in der Erinnerung, englisch in seiner Art oder asiatisch in der Pracht war, war

35 J. Joliffe, Neglected Genius, The Diaries of Benjamin Haydon 1808–1846, (Hutchinson) 1990, S. 78.
36 Zitiert nach The Sun, Zeitungsbeilage anläßlich der Krönung, 28. Juni 1838, S. 4.
37 Hibbert (1811–1830), op. cit., S. 192.
38 Ibid., S. 193; vgl. The Sun, op. cit., S. 4.

G. Scharf, Die Prozession zur Westminster Hall nach der Krönungszeremonie.
Hrsg. G. Humphrey, 1821.
The Museum of London

in dieser goldenen, verzauberten Halle versammelt!"[39] Diese Sicht bestimmte sehr bald den populären Mythos, denn schon im Jahre 1838, dem Jahr der Krönung Königin Victorias, erinnerte man sich an die Krönung von Georg IV. als „die prachtvollste, die je in England gefeiert wurde".[40]

Weitere Erfolge schlossen sich an, bevor der König sich quasi einem Leben widmete, das dem eines Einsiedlers glich. Er besuchte 1821 Irland, unternahm in demselben Jahr, auf dem Wege nach Hannover, eine Reise nach Frankreich und Belgien und besuchte 1822 Schottland. Dies verschaffte ihm die Gelegenheit, seiner Garderobe eine Reihe schottischer Stoffe hinzuzufügen, darunter ein königlicher Tartan aus Satin, Samt und Kaschmir. Als Schotte sah er nicht besonders überzeugend aus, er wurde aber von David Wilkie doch mit Kilt, Schottenkaro-Plaid und Barett gemalt. Er erschien dabei wie ein Schauspieler in einer Rolle; ein Aspekt seines öffentlichen Auftretens, den Fürst von Pückler-Muskau 1826 festgehalten hat. Aber selbst gegen Ende seines Lebens verlor er nicht das Interesse für Kleider, in dem sich – wie in allen seinen ernsthafteren und anhaltenderen Interessen oder Beschäftigungen – ein ausgeprägter visueller Sinn, Neugier und Vergnügungssucht verbanden. Im wesentlichen war er eine Figur des *ancien régime*, die mit den Veränderungen der Zeit nach 1800 nicht Schritt gehalten hatte; Talleyrand wies nach dem Tode des Königs darauf hin, daß „König Georg IV. einer der vornehmen Herren auf dem Königsthron war. Von ihnen ist keiner mehr übrig".[41]

Sein Vermächtnis ist in seiner engagierten Förderung von Künstlern, Handwerkern und Architekten zu finden. Von seinen persönlichen Taten wirkt kaum etwas nach. Bei seinem Tode war er hoch verschuldet, ein Opfer des „verdammt teuren Geschmacks", wie sein Bruder William IV. es prägnant formulierte. Seine Kleidungsstücke und andere persönliche Gegenstände wurden im Dezember 1830 an drei Tagen versteigert und beliefen sich auf 438 Lots. Die Spannweite dieser Objekte war enorm, wie der Katalog der „teuren Garderobe, Militärjacken und hervorragenden Seiden- und Samtroben, der Federn und

39 Haydon, op. cit., S. 77–78. Haydons Vergleiche mit orientalischem Pomp spiegeln möglicherweise das Interesse des Königs für indische und chinesische Dekorationen wider, das sich besonders in den Arbeiten am Brighton Pavilion niederschlug. Lord Byrons 1821 veröffentlichtes Versdrama Sardanapalus (dt.: Sardanapal) spielt auf Analogien zwischen Georg IV. und dem Assyrer-König an, wie der Essay von Frau Professor Marilyn Butler in diesem Ausstellungskatalog belegt.
40 The Sun, op. cit., S. 4.
41 Hibbert (1811–1839), op. cit., S. 345

diverser anderer Gegenstände" belegte.[42] Ein weiterer Verkauf fand im Juni 1831 statt. Das Annual Register hielt die einzelnen Gegenstände fest, die mit der Krönung zusammenhingen, vor allem die Spitzenhalskrause, den karmesinroten Krönungsmantel, den entsprechenden Wappenrock, das Wams und die Pluderhose aus ‚Silbergewebe' und den purpurnen Samtmantel, die er aus diesem Anlaß getragen hatte; der Verkauf erbrachte £ 133, 7 s, 0 d.[43] Es ist ein Glück, daß die Familien derer, die an der Krönung teilgenommen hatten und von deren Vorfahren Gewänder in dieser Ausstellung gezeigt werden, mehr an das Interesse der Nachwelt für dieses außerordentliche Ereignis dachten als die Brüder Georgs IV.. Vielleicht ist es aber auch angemessen, ihn in dieser Ausstellung so zu zeigen, wie er von Lawrence porträtiert wurde: im ursprünglichen Zauberglanz seines glitzernden Ensembles. Es hätte dem „ersten Herrn Europas" nicht gefallen, wenn man seiner mit Hilfe abgetragener und ausgebesserter Relikte jener Kleidungsstücke gedacht hätte, die er anläßlich der größten Prunkentfaltung dieser Zeit getragen hatte.[44]

Detail der Abbildung von S. 49 mit dem König, der jetzt die Krone trägt.

42 Die Auktion wurde von Herrn Phillips am 15., 16. und 17. Dezember 1830 in seinen Verkaufsräumen in der Bond Street durchgeführt; die beschriebenen Gegenstände sind dem Verzeichnis für den 2. und 3. Tag entnommen, MoL 38.294/1.

43 Annual Register, Chronicle 1831, S. 81–82. Diese Kleidungsstücke wurden von Madame Tussauds Wachsfigurenkabinett erworben und öffentlich ausgestellt. Robert Elliston, Schauspieler-Direktor und Pächter des Theatre Royal in der Drury Lane, hatte im Juli 1821 versucht, sie zur Verwendung auf der Bühne auszuleihen. Er hatte keinen Erfolg, siehe D. de Marly, Costume on the Stage 1600–1940, (B. T. Batsford) 1982, S. 35.

44 Der Krönungsmantel von Georg IV. befindet sich noch in der Tussaudschen Sammlung, ist aber sehr brüchig. Der Wappenrock, der Silbertuchwams und die Pluderhose usw., die einst mit ihm in Verbindung gebracht wurden und sich im Besitz des Earl of Ancaster befinden (siehe Halls, op. cit., S. 48), sind vielleicht für Georg IV. angefertigte, von ihm aber nicht getragene zeitgenössische Kopien. Diese Information verdanke ich Joanna Marschner.

DIE BAUKUNST IN DER ERSTEN INDUSTRIE-METROPOLE

Andrew Saint

„London ist gleichzeitig die Metropole des Empire, das Zentrum von Englands Binnenhandel und auch das seines Außenhandels. Das Zusammentreffen dieser drei Faktoren läßt London zur reichsten, größten und bevölkerungsreichsten Stadt der alten Welt werden."[1] Der Verfasser dieser Worte gehört zu jener neuen Art von Besuchern, die in den Jahren nach Waterloo nach London kamen. Charles Dupin (1784–1873) war ein junger patriotischer französischer Ingenieur der angesehenen ‚École Polytechnique'. Während der Zeit des Napoleonischen Schauspiels war er am Aufbau der Flotte beteiligt, die 1804 in Boulogne zum Angriff auf England zusammengezogen worden war, der nie stattfinden sollte; und am Wiederaufbau der Flotte seines Landes nach der vernichtenden Niederlage von Trafalgar. Als der Frieden geschlossen war, beschäftigte Dupin eine Frage besonders: Warum hatte das weniger bevölkerte, schlecht ausgebildete und unzureichend verwaltete Britannien es fertigbringen können, das allmächtige Frankreich zu überlisten und zu überdauern? Was waren die tatsächlichen Schlüssel zur britischen Macht?

Um darauf Antworten zu finden, unternahm Dupin zwischen 1816 und 1819 längere Reisen nach England, vor allem nach London, und veröffentlichte eine Folge von Schriften in der Hoffnung, Frankreich möge von seinen Analysen profitieren. Sie unterscheiden sich deutlich von den unterhaltsamen Reiseberichten früherer England-Besucher. Dupin ist von der Technik und Infrastruktur besessen: von Maschinen, Docks, Waffenfabriken, Brücken, Werken, Schiffen und dem Handel. Das war für London bezeichnender als seine öffentlichen und privaten Bauten und hatte Britannien für den kurzen Zeitraum von zwanzig Jahren, während der Revolution und der Napoleonischen Kriege, zur Vormacht werden lassen.

Ähnliche Absichten verfolgten 1828 der preußische Bürokrat Peter Beuth und der Architekt Karl Friedrich Schinkel mit ihrem England-Besuch. Beuth war schon früher einmal in England gewesen, und zwar im Rahmen seiner Bestrebungen, in Preußen Handel und Manufakturen zu stärken. Er wußte, was er seinem Freund zeigen sollte: nämlich wiederum Docks, Fabriken, Kaufhäuser und Brücken. Verglichen damit, machten die üblichen großen öffentlichen Bauten der besseren Londoner Architekten wenig Eindruck auf Schinkel, der sie aber trotzdem nicht ignorierte. Und wenn wir verstehen wollen, was zwischen 1800 und 1835 an London so besonders war, dann müssen wir mit der Infrastruktur, den Manufakturen und dem Handel beginnen, und vor allem mit den Docks.

Die Docks

London verdankt seine Existenz der Themse. Seine Lage, nahe dem Meer und zugleich durch den Abstand eines problemlos schiffbaren Flusses geschützt, ließ es, nahezu seit dem Zeitpunkt seiner Gründung durch die Römer, zu einem Hafen mit weltweiter Bedeutung werden. Für Londons Stadtväter ging Handel immer vor Schönheit. Deshalb scheiterten auch die vorbildlichen Pläne Wrens und anderer für den Wiederaufbau der Stadt nach dem großen Feuer von 1666. Und deshalb betrieb London auch die Uferbefestigung und Ausschmückung seiner am Fluß liegenden Fronten langsamer als Städte wie Paris, für deren Gedeihen ein ungehinderter Zugang von den Kais zu den Schiffen weniger wichtig war.

Jahrhundertelang benutzte fast die gesamte internationale Schiffahrt noch Kais im Herzen der Stadt London, stromabwärts hinter der alten vielbögigen London Bridge. Doch um 1800 war das System an die Grenzen seiner Möglichkeiten gestoßen. Über London liefen zu jener Zeit etwa 70 % der britischen Importe und 56 % der Exporte; in den zurückliegenden dreißig Jahren hatte sich der Wert seines internationalen Handels verdreifacht.[2] All dies wurde entweder an den ‚Legal Quays' abgewickelt, einem nur 446 Meter langen offenen Flußufer zwischen Tower Bridge und London Bridge, beaufsichtigt durch das Custom House (Zollamt); oder mit Hilfe einer Reihe zusätzlicher ‚geduldeter Anlegeplätze', die nach und nach hinzugekommen waren. Die gesamte verfügbare Kaifläche war nicht größer als die des viel kleineren Hafens von Bristol, und war zudem noch unsicher. Diebstähle waren an der Tagesordnung, Verspätungen chronisch und der Arbeitsablauf war chaotisch.

Die Einschränkung und die Umstrukturierung zu einem soliden System von stromabwärts gelegenen, geschlossenen Hafenbecken konnten zur Lösung solcher Probleme führen – eine Idee, die zum ersten Mal 1793 der Versicherungsmakler William Vaughan entwickelt hatte. Drei Jahrhunderte lang war der Hafen von London langsam in östlicher Richtung gewandert. Die von Heinrich VIII. in Deptford und Woolwich gegründeten großen Schiffswerften waren während der Napoleonischen Kriege noch voll in Betrieb. Aber im Vergleich mit denen in Chatham, Portsmouth und Plymouth verloren sie an Bedeutung, da moderne ‚Linienschiffe' einen größeren Tiefgang benötigten als die Themse ihn bieten konnte.[3] Der Bau von Handelsschiffen, bis 1900 einer der größten Londoner Industriezweige, war in Blackwall auf der Halbinsel Isle of Dogs konzentriert, von wo die Gründer Virginias 1606 in See gestochen waren. Zwei Becken bestanden bereits neben dem Fluß, doch waren diese für Schiffbau, Reparaturen oder ‚Parken' und nicht für das Be- und Entladen bestimmt.

1 Dupin, Voyages, Bd. 6, 1824, S. 2–3. Siehe auch Bradley und Perrin, 1991, S. 47–68.
2 Bird 1957, S. 28–51.
3 Morriss1983, S. 39–45.

Marinewerft Woolwich in der Darstellung von N. Pocock, 1795. Obwohl sie während der Napoleonischen Kriege von den Werften in Chatham, Portsmouth und Plymouth an Bedeutung überholt wurde, bestanden die Werft in Woolwich und stromaufwärts in Deptford als bedeutende Marineeinrichtungen weiter und waren wichtige Arbeitgeber. National Maritime Museum

London und die Themse im Jahre 1830, mit Angaben der Brücken, Docks, Kanäle und militärisch-industriellen Anlagen

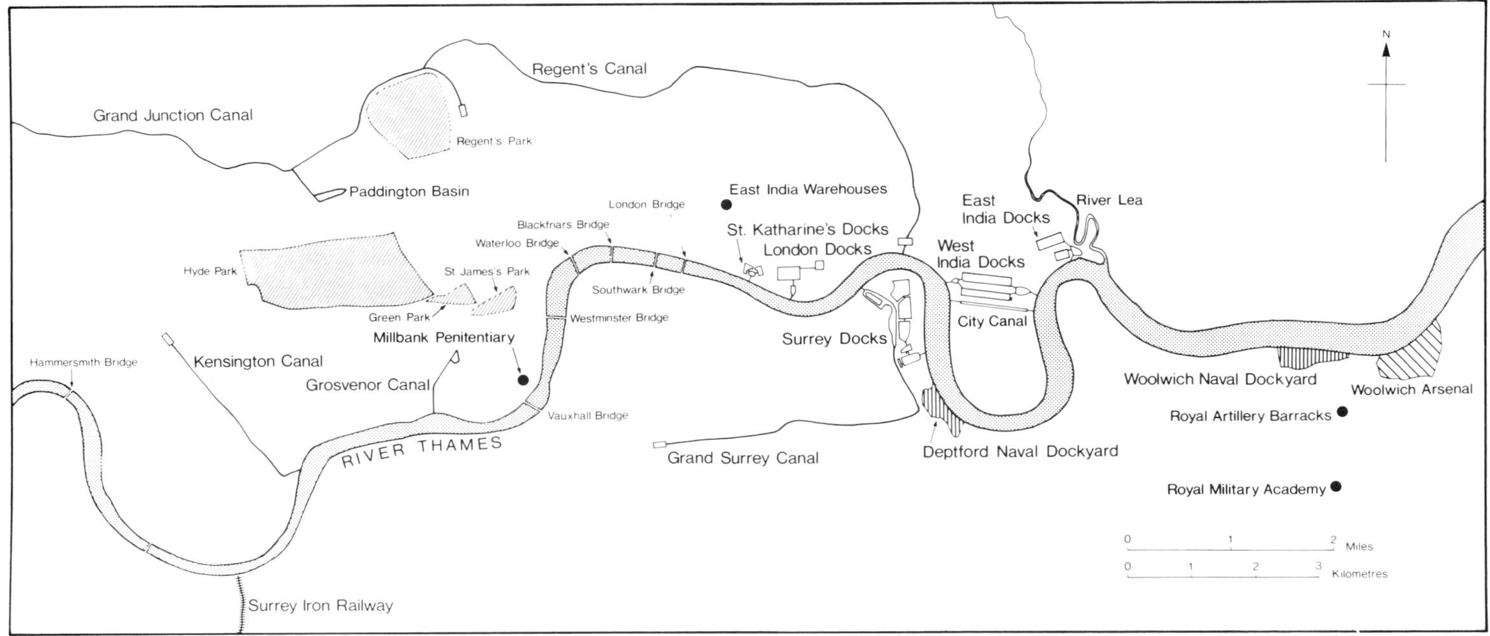

Ebenso entscheidend wie bessere Hafenbecken war eine sichere Aufbewahrung in Lagerhäusern neben dem Fluß. In diesem Punkt trennte sich die mächtige East India Company, die sich infolge der britischen Eroberungen in Indien rapide entwickelt hatte, als erste vom Chaos der legalen Anlegeplätze (Legal Quays). 1792–99 ließen ihre Direktoren riesige backsteinerne Lagerhäuser nahe ihrer Hauptgeschäftsstelle in der Stadt errichten – die frühesten eines Systems großer Londoner Zollspeicher, von denen heute noch Überreste zu sehen sind.[4] Die kostbaren Ladungen der Gesellschaft wurden unter Bewachung vom Fluß hierhergebracht und unter Zollverschluß gelagert, dessen Gebühren bei ihrem Verkauf zu zahlen waren. Die Wirkungskraft dieser Einrichtung zwang andere zum Nachdenken. Die Kaufleute der rivalisierenden West India Company, die mit sperrigeren Gütern wie Rum, Zucker und Mahagoni handelten und seit langem bessere Hafeneinrichtungen forderten, waren gegenüber untergebracht. Vaughans Vorschlag war der erste Schritt zur Errichtung sicherer, geschlossener Hafenbecken, die sowohl bessere Möglichkeiten für die Beförderung der Ladung als auch ihre Lagerung in Zollspeichern an den Kais bieten konnten. Einige andere Häfen, besonders Liverpool und Le Havre, hatten sich bereits in diesem Sinne verändert. Aber Londons Hafenbecken sollten von einer nie zuvor ins Auge gefaßten Größe sein und wurden unter dem Druck des Krieges mit Frankreich mit einer erstaunlichen Geschwindigkeit gebaut.

Aus den zahlreichen vorgelegten Entwürfen für Hafenanlagen aus den neunziger Jahren des 18. Jahrhunderts ragten zwei Pläne wegen ihrer geradezu imperial römischen Größe heraus. Das eine war die Anlage der West India Company, die zwischen 1800 und 1806 für den nördlichen Teil der Isle of Dogs von den Ingenieuren William Jessop und Ralph Walker entworfen wurde. Sie rühmte sich zweier langer Becken und einer einen Kilometer langen Lagerhaus-Zeile, die den Hafen für den Warenimport säumte. Weniger als ein Drittel dieser strengen Reihe von ‚Scheunen' hat sich bis heute erhalten. Südlich der Becken verlief Jessops kurzlebiger City Canal, der als Nebenweg gedacht war, um die Isle of Dogs nicht in einer Schleife umfahren zu müssen. In Wapping baute eine andere Gruppe von Kaufleuten die London Docks (1800–05), die ebenfalls über getrennte Becken für Export und Import verfügten. Ihr Ingenieur war John Rennie, der Architekt Daniel Alexander. Die Lagerbauten des letzteren, die harmonischer und architektonischer gegliedert waren als die West India Docks, wurden mit Ausnahme des Tabaklagers, einem nachträglichen Anbau von 1811, allesamt mutwillig zerstört.[5]

Die West India und die London Docks wurden bald durch andere ersetzt. Die East India Company hielt es für vorteilhaft, die Schiffe weiterhin flußabwärts zu entladen, und übernahm 1803–06 eins der alten Schiffbau-Becken in Blackwall. Sie schufen keine Lagerplätze, weil sie ihre Ladungen über Land bis in ihre Lager in der Stadt brachten. Auf der Südseite der Themse bei Surrey entstand ein weiteres Docksystem (1807–11), das durch einen Kanal mit dem Hinterland verbunden war und vom Kohlen-, Holz- und Baugewerbe häufig benutzt wurde. Später wurden die St. Katherine's Docks in der Nähe des Tower gebaut (1825–29), das einzige Londoner Bauwerk des bedeutenden Ingenieurs Thomas Telford. Dieser Komplex rühmte sich, über die ersten Magazinanlagen zu verfügen, die ein direktes Entladen vom Schiff ins Lager ermöglichten, ohne die Ladungen auf dem Kai absetzen zu müssen.

Tabak-Lager, London Dock, verzweigter Eisenträger. Daniel Alexander, Architekt, 1811. Beispiel für den massiven Einsatz von Eisen beim Bau der Londoner Lagerhäuser gegen Ende der Napoleonischen Kriege. Greater London Record Office

Alle diese Docks im East End mit Englands vielbefahrenem Kanalsystem zu verbinden, war der Zweck des Regent's Canal (1812–20). Dieser schöne Kanal windet sich immer noch von Westen aus um die nördlichen Ausläufer Londons und erreicht die Themse an einer verkehrstechnisch wichtigen Stelle zwischen den London Docks und den West India Docks. Mit Hilfe der

4 Hunting 1984, S. 58–68.
5 Hadfield und Skempton 1979, S. 184–221; Dockland 1986, S. 21–39, 196–212; Cruickshank 1989, S. 56–61.

dort in regelmäßigen Abständen vorhandenen Hafenbecken zum Entladen schossen an seiner gesamten Länge Industriebetriebe in die Höhe und trugen dazu bei, das Wachstum des Londoner Nordens zu fördern. Dieses Vorbild erzeugte auch kleinere Nachahmungen, wie den Grosvenor Canal (1824–26) und den Kensington Canal (1824–28), gefördert von Grundbesitzern, die ihren Besitz für eine weitergehende Erschließung öffnen wollten.[6] Ähnlichem Zweck diente mit anderen Mitteln die von Pferden gezogene Surrey Eisenbahn (1801–03), die von einem kleinen Dock bei Wandsworth, abseits der Themse gelegen, bis nach Croydon führte. Obwohl sie auf einer Technik beruhte, die wir von privaten Zechenbahnen kennen, wurde sie aber doch von einer Aktiengesellschaft betrieben und gilt deshalb als ‚die erste unabhängige öffentliche Eisenbahn der Welt'. William Jessop, ihr Ingenieur, zog sie einem Kanal vor, weil dieser den Fabriken am Nebenfluß Wandle das Wasser entzogen hätte, „deren Arbeit vielleicht wertvoller war als das aller anderen in einem vergleichbaren Gebiet des Königreichs".[7] Doch nur wenige dieser kleineren Transportunternehmen kamen in den Genuß des finanziellen Erfolgs der großen Dockgesellschaften.

Flußüberquerungen

Mit den Docks und den Kanälen sind die Themse-Überquerungen untrennbar verbunden. Wegen der Breite des Flusses war London bis ins späte 18. Jahrhundert nie wirklich eine Stadt mit zwei Ufern gewesen. Dann begannen aber die neuen Brücken in Westminster (1750) und Blackfriars (1769) sowie die Verbreiterung der London Bridge (1758–62), für Wachstum außerhalb des Stadtkerns von Southwark und der Randzonen des Flusses zu sorgen.

Eine Zeitlang kam es kaum zu mehr als einer Reihe von Bauten längs der Zubringerstraßen zu den neuen Brücken. Aber um 1810 nahm die dringende Forderung nach neuen Überquerungen unaufhaltsam zu. Das begann mit der Debatte der neunziger Jahre des 18. Jahrhunderts um den Hafen von London. Ein schließlich doch nicht realisierter Vorschlag bestand damals darin, die London Bridge so umzubauen, daß die Themse weiter stromaufwärts von Überseeschiffen befahren werden könne. Daran dachte auch Telford, als er sein atemberaubendes Projekt einer gußeisernen Brücke entwarf, die mit nur einem Bogen von 180 m den Fluß überspannt. Wie viele andere wurde auch dieser Entwurf abgelehnt. Doch die Gründe für einen Umbau der London Bridge blieben bestehen. 1823–31 fand er schließlich statt. Der Hauptgrund für die Verzögerung waren die – damals wie heute – ungeheuren Preise für Grundstücke in der City und die damit verbundenen Kosten für neue Zufahrtstraßen.[8]

In der Zwischenzeit waren im zweiten Jahrzehnt des Jahrhunderts nicht weniger als drei weitere ansehnliche Zollbrücken gebaut worden, allesamt Höhepunkte der Ingenieurskunst: Southwark Bridge, Waterloo Bridge und weiter stromauf die Vauxhall Bridge. Und etwas noch Bemerkenswerteres war im Entstehen: der erste große Unterwassertunnel der Welt. Als Doppelbohrung und 360 Meter lang wurde 1805 der Themse-Tunnel von Rotherhithe nach Wapping mit großem Optimismus begonnen. Es kam zu mehreren Rückschlägen, und einmal wurde der Bau sogar mehrere Jahre lang stillgelegt. Als Schinkel 1826 den Tunnel sah (er war einer der wenigen Baustellen, die er zweimal besuchte),[9] waren die Arbeiten unter der Leitung von Marc Isaac Brunel wieder in vollem Gange; dabei wurde ein Tunnelvortriebschild verwendet, den er sich patentieren lassen hatte. Aufgrund weiterer Pannen verzögerte sich die Fertigstellung bis 1843.

Schließlich ermöglichten die neuen Wege über den Fluß dem Süden Londons doch eine über die Bebauung der Hauptstraßen hinausgehende Entwicklung. Der Bezirk St George's Field, wo Straßen von der Blackfriars-, Waterloo- und Westminster-Brücke zusammentrafen, begann mit einem Gemisch aus Wohnhäusern und öffentlichen Einrichtungen Gestalt anzunehmen, darunter vor allem das ‚Bedlam', das umgebaute Bethlehem Hospital (1812–15). Wohlhabende Pendler richteten ihr Augenmerk zunehmend auf außerhalb gelegene Dörfer im Süden, um dort zu wohnen. Eine Kette von Fabriken verwandelte South Bank in der nach-napoleonischen Zeit zum Kraftwerk Londons. Hier waren die meisten fortschrittlichen Londoner Ingenieure (Maudslay, Bramah, Rennie), Brauer (Barclays und Perkins Anchor Brewery, Godings Lion Brewery) und Drucker (Clowes) angesiedelt. Hier befand sich auch die im Rahmen des Londoner Baugeschehens wichtigste Ansammlung von Werften, Lagern und Fabriken wie z. B. Coades Lambeth Pottery, die einen gegossenen keramischen ‚Stein' von sagenhafter Festigkeit produzierte, der für Bauornamente sehr gefragt war. Dies waren die größten Londoner Arbeitgeber jener Zeit, die die handwerklichen Hersteller auf dem Nordufer in ihren engen Läden, Hinterhöfen und Gäßchen nachhaltig irritierten. In Größe, Struktur und Aussehen ähnelten ihre Geschäftsräume zunehmend den Warenlagern der Docks, aber mit angeschlossener Dampfkraft. Auf South Bank trat tatsächlich der Prototyp der mehrgeschossigen Londoner Fabriken oder Lagerhäuser zum ersten Mal auf, in Gestalt von Samuel Wyatts' massiver Albion Mill, die 1783–86 am südlichen Ende von Blackfriars Bridge als Getreidemahlanlage errichtet worden war.[10] Sie hatte nicht lange Bestand, denn 1791 fiel sie einem Feuer zum Opfer. Aber ihr Einfluß wirkte sich unmittelbar aus.

Wenn man nach einem Helden sucht, der die Umgestaltung der kommerziellen Infrastruktur Londons bewirkte, so muß die Wahl auf John Rennie (1761–1821) fallen. Dieser pragmatische

6 Survey of London, Bd. 42, 1986, S. 322–324.
7 Hadfield und Skempton 1979, S. 175–181.
8 Rennie 1875, S. 183–195.
9 Riemann 1986, S. 119, 274.
10 Skempton 1971, S. 53–73.

Thomas Telfords Entwurf für eine Londoner Ein-Bogen-Brücke aus Gußeisen, 1800. Einer von mehreren Vorschlägen für die Überquerung der Themse und den Bau neuer Kais und Lagerhäuser stromaufwärts der London Bridge anstelle der East End Docks. Guildhall Library

Freudentanz der Müller auf der Blackfriars Bridge anläßlich des Brandes der Albion Mills, 1791. Diese erste große Spezialfabrik Londons war bei ihren Konkurrenten höchst unbeliebt. British Museum

Ingenieur schottischer Abstammung hatte seine Hand in fast jedem größeren Uferprojekt dieser Jahre. Mühlenbauer von Beruf, kam Rennie erstmals 1785–86 nach London, um die von der großen Birminghamer Firma Boulton and Watt für die Albion-Mühle zu liefernden Maschinen zu entwerfen und zu installieren. Nachdem sie niedergebrannt war, gründete er in ihrer Nähe seine eigene Werkstatt und sein Büro. Er blieb weiterhin der Londoner Vertreter von Boulton and Watt, entwickelte deren Präzisionsmaschinen für die neue Königliche Münze in Tower Hill (1805–14) und für die Grand Junction Waterworks Company (1812).[11] Seine dampfbetriebene Schmiede für die Werft in Woolwich beschreibt Samuel Smiles als „das seinerzeit prächtigste Exemplar einer Maschine".[12] Aber Rennies mechanische Arbeiten werden noch von seinen Kunststücken übertroffen, die er als Erbauer von Kanälen, Docks, Häfen und Brücken schuf. Durch die umfangreichen Arbeiten zum Aufbau der London Docks und die späteren Bauphasen der West India Docks noch nicht zufriedengestellt, baute er die alten Legal Quays dem Zollhaus gegenüber um und entwarf Pläne zur Neugestaltung der Flottenstützpunkte an der Themse.[13] Als Ingenieur der Grand Junction Canal Company plante er den ursprünglichen Verlauf des Regent's Canal.[14] Auch versuchte er, durch den Highgate Hill einen Tunnel für die Great North Road als Ausfallstraße Londons

11 History of the King's Works,1973, S. 453–456; Dickinson 1954, S. 98–99.
12 Smiles 1861, Bd. 2, S. 265.
13 Ibid., S. 93–284; Morriss 1983, S. 53–57.
14 Spencer 1976, S. 16–19.

zu bohren – einer seiner wenigen Fehlschläge. Charles Dupin hielt ihn für den überragenden britischen Ingenieur seines Zeitalters: großzügig, über die Entwicklungen im Ausland informiert (er besuchte 1816 und 1819 französische Docks und Häfen) und „freundlich und allen ausländischen Ingenieuren gegenüber aufgeschlossen, die England besuchten, um sein Werk zu studieren und von seinem Genie zu profitieren".[15]

Rennies Meisterwerke waren seine Themse-Brücken: Es waren zwei, wenn man nur die zu seinen Lebzeiten gebauten berücksichtigt, nämlich Waterloo und Southwark Bridge, aber vier, wenn man seine Arbeit an Vauxhall Bridge, bevor sie in andere Hände überging, und an London Bridge mit einbezieht, bevor er starb und seine Söhne die Ausführung übernahmen. Mit ihren gemauerten beziehungsweise eisernen Bögen repräsentieren Waterloo und Southwark die Summe des städtischen Brückenbaus der Zeit.[16] Beide wurden nicht von der Regierung finanziert, sondern von privaten Aktiengesellschaften. Diese Tatsache setzte ausländische Berichterstatter immer wieder in Erstaunen; sie wären sicher weniger stark beeindruckt gewesen, hätten sie gewußt, daß beide schließlich schwere Verluste machten, und daß die Southwark Bridge den Bankrott der Eisenlieferanten auslöste. Beide Brücken wurden von Jolliffe and Banks, der ersten großen Londoner Ingenieurbaufirma, in halsbrecherischem Tempo erbaut.

Canova soll (zweifellos ironisch) geäußert haben, daß sich ein Besuch in England bereits dann lohnen würde, wenn man nur Waterloo Bridge (1811–17) sehen wollte. Die Harmonie ihrer mit Bossenwerk verzierten Granitbögen mit ihrem flachen Profil und dorischen Doppelsäulen vor den Pfeilern verlieh ihr eine augusteische Würde, die keine andere Themse-Brücke besaß. Ihr Verlust in den dreißiger Jahren unseres Jahrhunderts wird immer noch bedauert. Sie war die größte damals gebaute Brücke mit mehrfachen Bögen, mit langen Zufahrten und ohne die lästige Steigung zur Mitte hin. Außerdem wurde mit ihr der Granit in die Londoner Architektur eingeführt. Die Blackfriars- und die Westminster-Brücke waren aus Portlandstein erbaut, dem 1666 bis 1815 für bedeutendere Londoner Bauwerke üblichen Baumaterial. Zu dieser Zeit verfielen diese Bauwerke zusehends. Rennie votierte deshalb wegen seiner Widerstandsfähigkeit und monumentalen Wirkung für den bis dahin in London noch nicht erprobten Granit. Diese Neuerung zeitigte eine sofortige Wirkung. Die Böden öffentlicher und anderer Gebäude wurden in London jetzt in Granit ausgeführt, wenn eine starke Belastung durch Karren oder genagelte Stiefel zu erwarten war; auch die Größe der Steinblöcke nahm zum Vorteil monumentaler Architektur zu. Für den Oberbau von Gebäuden mit Natursteinfassaden schrieben die Architekten auch weiterhin Portlandstein oder orangebraunen Bathstein vor – den modischen Stein der zwanziger Jahre des Jahrhunderts, der jetzt über das Kanalsystem verfügbar war.

Southwark Bridge (1814–19) war Londons am besten sichtbares frühes Symbol der sogenannten ‚eisernen Revolution'. Sie stand stromaufwärts von London Bridge, allerdings in einem noch stark von Schiffen befahrenen Bereich. Rennie errichtete deswegen drei große ungleiche, auf Widerlagern aus riesigen Granitblöcken ruhende Eisenbögen, die zu ihrem Scheitelpunkt sanft anstiegen. Obwohl weniger elegant als Telfords gleichzeitig errichtete Hängebrücken aus Eisen (Londons erste Hängebrücke aus den Jahren 1824–27 befand sich ein gutes Stück stromaufwärts in der Vorstadt Hammersmith), wurde sie fast so sehr wie Waterloo Bridge bewundert.

Die Technik und ihre Pannen

Der Einsatz von Eisen war ein Merkmal britischer Architektur und Ingenieurarbeit, wie Besucher ausdrücklich erwähnten. Aber abgesehen von einigen wenigen Bautypen wie Treibhäusern oder Gewächshäusern, wurde das Eisen in den Londoner Bauwerken vor den 30er Jahren des Jahrhunderts meist anderen Baustoffen untergeordnet. Holz und Mauerwerk herrschen bei den nach den Albion-Mühlen entstandenen Fabriken und Lagerhäusern vor. Die Fabriken und Lagerhäuser von 1790 bis 1805 haben Stützen, Böden und Dächer aus Holz. Eine Wendung zu Eisenpfeilern, am spektakulärsten bei Daniel Alexanders Tabak-Dock, geschieht erst im Jahrzehnt von 1805–15. Es ist absolut klar, wer dafür verantwortlich war: Napoleon. Bauholz war lange Zeit in Britannien teurer als im kontinentalen Europa, obwohl London als Zentrum des Holzhandels noch etwas besser dran war. Wegen des Krieges von 1801–04 stiegen die Preise für Bauholz gewaltig. Dann kam es zur französischen Besetzung Deutschlands, und der Vertrag von Tilsit (1807) sowie die ‚Kontinentalsperre' sollten Britannien das Holz der Ostseeländer für seine Marine entziehen.[17] Die Auswirkungen waren im Bauwesen umgehend spürbar. Just zu dieser Zeit verloren die Londoner Reihenhäuser ihre hohen, ‚M-förmigen' Dächer zugunsten niedrigerer, weniger sichtbarer Dachkonstruktionen, die halfen, große Mengen Holz einzusparen und hinter Brüstungen versteckt werden konnten. Im kommerziellen und industriellen Bereich sprangen Eisengießer ein. Und als dann der Frieden kam, hatte sich der Gebrauch von Eisen für Stützen, Träger und einstöckige Dächer durchgesetzt, während die Firmen für Londons Wasserversorgung gußeiserne (oder für kurze Zeit steinerne) statt hölzerner Leitungsrohre benutzten.[18]

Aber auch damit waren die traditionellen Baumaterialien noch nicht verdrängt. Für die schönen Märkte von Hungerford und Covent Garden aus den dreißiger Jahren verwendete Charles

15 Dupin 1821, S. 6.
16 Ruddock 1979, S. 166–169, 178–183.
17 Albion 1926, S. 316–413; Morriss 1983, S. 73 ff.
18 Dickinson 1954, S. 100, 118–119.

Die Kings´s Library, British Museum, mit dem Querschnitt eines der gußeisernen Träger, die den Raum überspannten. Robert Smirke, Architekt, John Raistrick, Ingenieur, 1823–26. Robert Thorne

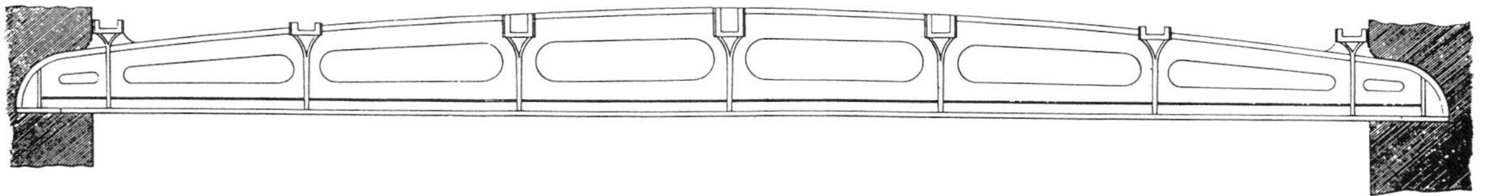

Fowler, ein kühner, aber solider Konstrukteur, z. B. Granit, Portlandstein und Ziegel in Verbindung mit verborgenem Eisen.[19] Lediglich ein einstöckiger Anbau zum Schutz der Fischhändler auf dem Markt von Hungerford bestand aus einer nackten Eisenkonstruktion, die die Form der Bahnsteig-Überdachungen vorwegnahm. Was das Verkleiden der Eisenteile angeht, so folgte Fowler dem Verfahren von zwei prominenten Architekten, John Nash und Robert Smirke, die während des Baubooms der zwanziger Jahre Eisen einbezogen, um größere Spannweiten erzielen zu können. Das berühmteste Beispiel ist Smirkes King's Library im British Museum, bei der nach griechischem Formideal vergipste Eisenträger eine breite Balkendecke tragen. Schinkel äußerte sich darüber recht zurückhaltend, als er 1826 sah, wie sie errichtet wurde („Die Constructionen sind nicht zu loben").[20] Nashs vorurteilsloser Umgang mit kaschiertem Eisen wurde dann auch im Falle des Buckingham Palace ganz unverhohlen angegriffen. Doch indem sie der Errichtung und der Planung von Bauwerken international mehr Freiheit verschafften, leisteten die Eisenkonstruktionen dieser Bauwerke einen ebenso großen Beitrag zur Entwicklung der Architektur, wie er bei den Lagerhäusern, Treibhäusern und Brücken zu verzeichnen war.

Wenn London erst langsam eine deutlich sichtbare Eisenarchitektur entwickelte, so beruhte das zum Teil auch darauf, daß es von den Gießereien der Midlands und des Nordens recht weit entfernt lag. Dagegen entwickelte es sich durch seine Nähe zu den septarischen Ablagerungen in den Mündungen von Themse und Medway zum Zentrum eines anderen entscheidenden Wandels architektonischer Methoden, nämlich der Zement- und Beton-Revolution.[21] Diese trat zuerst an den Außenwänden Londoner Bauwerke zutage. Stuck bzw. Zement, der häufig ‚Gips-

19 Stamp 1986.
20 Riemann 1986, S. 158, 274.
21 Francis 1977, S. 19–75; Preston 1977, S. 68–71.

Die neue Blackheath-Privatschule in Lee. George Ledwell Taylor, Architekt, 1836. Nach dem Vorbild der Propyläen in Athen, jedoch aus Betonblöcken errichtet. Lewisham Library Services

putz' genannt und seit langem als Ersatz für Steinmetzarbeiten an Fundamenten oder runden Fenstern üblich war, begann in der Zeit der Adams und Wyatts (1775–1810), die Fassaden der Londoner Häuser zu erobern, zum Teil, um gegen die schmuddelige Langeweile der Ziegelmauern anzugehen. Das Material war jedoch nicht zuverlässig, bevor nicht ‚Parker's Roman Cement', eine Verbindung auf der Basis von Wasser, im Jahre 1796 patentiert wurde. Als Parkers Patent 1810 verfiel, resultierte daraus eine wahre Stuckexplosion. Gänzlich stuckierte Fassaden waren in Londons Stadtbild zwischen 1820 und 1840 gang und gäbe. In der Regel grauweiß getönt, hatten sie durch vertiefte Fugen das Aussehen von Mauerwerk erhalten und wurden regelmäßig gestrichen, um den abgelagerten Schmutz aus den Schornsteinen (und dann aus den Gaslampen) zu beseitigen. Diese Auftrittsform beherrschte viele, jedoch nicht alle neuen Vororte: im Regent's Park und seinem Ausleger St John's Wood, in Belgravia, Pimlico und auf den scheinbar unendlichen Feldern von Kensington, wo Stuckfassaden erst in den sechziger Jahren des 19. Jahrhunderts aus der Mode kamen. Außerdem wurde in den Vororten auch die stuckierte Villa ein sentimentales Klischee. Aber nicht jeder liebte Stuck. „Diese geschmacklose Neuerung in der Baukunst wird die alte Kunst des Mauerns vollkommen verdrängen, die wir in unseren alten Wohngebieten so sehr bewundern", lamentierte Thomas Faulkner, der Geschichtsschreiber Kensingtons.[22]

Mit dem Stuck kam es, wie mit dem Eisen, zu einer unspektakulären aber durchgängigen historischen Entfaltung: die der frühen Betonkonstruktionen. Seit etwa 1750 war hier und da an französischen und britischen Hafen- und Brückenbauten, so auch in den Londoner Docks, mit primitiven ‚Beton'-Fundamenten experimentiert worden, für die man Kies, Bruchsteine und Kalk mischte. Der erste systematische Einsatz von Betonfundamenten scheint 1816 stattgefunden zu haben. In diesem Jahr wurde Robert Smirke gerufen, um die versinkenden Mauern des zur Hälfte errichteten Millbank Penitentiary zu retten – eines riesigen Gefängnisses an der Themse, das von Jeremy Bentham als Modell für andere Anstalten geplant, seit Beginn der Bauarbeiten aber zu einer Quelle endlosen Ärgers geworden war. Auf Rennies Vorschlag retteten Smirke und sein Schwager Samuel Baker das Gefängnis, indem sie es mit einem tiefen Betonfundament abstützten. Ähnlich gingen sie 1825–26 beim Zollhaus vor, als ein Teil von David Laings schönem, aber nachlässig gebautem *Palazzo* am Ufer – eine Art administrativer Schlußstein der neuen Docks – schmählich eingestürzt war.[23] Um 1830 konnte Portlandzement, die Grundlage für guten Beton, aus den Mündungen von Themse und Medway gewonnen werden, und im darauffolgenden Jahrzehnt machte dieser Baustoff bescheidene Fortschritte. Die Brunels bauten im Zusammenhang mit dem Themse-Tunnel versuchsweise Betonbögen.[24] Mehrere Verfahren

22 Survey of London, Bd. 42, 1986, S. 112.
23 Crook 1965–66, S. 5–22.
24 Francis 1977, S. 47–49.

einer Betonblock-Bauweise wurden patentiert und erfreuten sich kurzer Verbreitung. Vielleicht war eine kleine, von George Ledwell Taylor (1836) im Vorort Lee aus solchen Blöcken erbaute Schule das erste britische Bauwerk von architektonischer Bedeutung, das vollständig aus Beton war.[25] Allem Anschein nach sah es aus wie die Propyläen in Athen.

Berufe im Baugewerbe

Veränderungen der Bautechnik gehen stets mit Fehlschlägen Hand in Hand. In der viktorianischen Zeit verunglimpfte man das Überkommene als Pfuscherei des Londoner Regency. Nash handelte sich den Ruf eines tollkühnen Baumeisters ein. James Burton, der erste wagemutige Bauunternehmer der Zeit zwischen 1800 und 1825 und in Bloomsbury, beim Regent's Park und der neuen Regent Street engagiert, war in fragwürdige Bauvorhaben verwickelt. Sein Zeitgenosse Charles Mayor, der Nashs Park Crescent zu bauen begonnen hatte, dann aber sensationell pleite ging, war in keiner Weise zuverlässiger. David Ricardo zog 1812 in eine teure, von Mayor gebaute Stadtwohnung ein. „Ich vernehme die seltsame Botschaft, daß Ihr Haus in der Brook Street Ihnen über dem Kopf zusammenfällt," schrieb ihm ein Freund kurze Zeit später. In seiner Antwort darauf fauchte der bedeutende Wirtschaftswissenschaftler zurück: „... daß Mayor, von dem ich das Haus gekauft habe, ein großer Schurke ist; und nach den Löchern in den Kaminen und den Verbindungen zwischen ihnen und den Balken zu urteilen, beabsichtigte er vielleicht, es durch Feuer zerstören zu lassen, so daß niemand je herausfinden können würde, daß die das Haus tragenden Materialien völlig unzulänglich sind."[26]

Fälle wie diese sollen weniger Schuld oder Unfähigkeit von Einzelpersonen belegen, als vielmehr die Unsicherheit des gesamten Londoner Bauwesens zwischen 1800 und 1830 deutlich machen. Wenn sich die Rollen der dort Tätigen ständig verändern, wird die jeweilige Verantwortlichkeit unklar. Ingenieure, Architekten, ausführende Architekten, ‚Baumeister' (ein stets schwer zu definierender Begriff) und Handwerker bemühten sich mit allen nur erdenklichen Mitteln um ihre Position auf einem Markt, auf dem sich Umfang und Art der Bauarbeiten dauernd bis zur Unkenntlichkeit veränderten. Spezialisierende und fragmentierende Prozesse trafen mit Versuchen zusammen, jeden Bau und jede Erschließung eines Grundstücks unter einheitlicher Leitung zu koordinieren. Kein Wunder, daß Konfusion, Hast, Waghalsigkeit und gelegentliche Katastrophen nicht ausbleiben konnten.

Das Haus von David Ricardo, Upper Brook Street, Mayfair. S. P. Cockerell, Architekt, Charles Mayor, Baumeister, 1811–12. Aufriß und Plan von John Sambrook, aus *The Survey of London*, Band 40

25 Taylor 1870, Bd. 1, S. 171.
26 Survey of London, Bd. 39, 1977, S. 126; Bd. 40, 1980, S. 221.

Denkmal für den Bauunternehmer Sir Edward Banks (1769–1835), Chipstead Church, Surrey, mit Reliefs der Waterloo-, Southwark- und London-Brücken, die alle von seiner Firma gebaut wurden. National Buildings Record

Über die Beziehungen, die die Berufe des Baugewerbes im damaligen London zueinander hatten, ist viel geschrieben worden, insbesondere über den Aufstieg des Ingenieurs und des ‚allgemeinen Bauunternehmers' zum Nachteil des Architekten und Handwerkers.[27] Dies spielte gewiß eine bedeutende Rolle. Die Ingenieure hatten früher als die Architekten einen effektiven Berufsverband gebildet: 1818 anstatt 1834 im zweiten Fall. Dem unternehmenden Geist der Zeit eng verbunden, hatten sie am Ende unserer Periode die technische Kontrolle über die Bauarbeiten übernommen, die Londons Infrastruktur betrafen: Straßen, Eisenbahnen, Kanäle, Brücken und Docks. Auch die Baumeister gewannen nach und nach eine respektable und einflußreiche berufliche Identität. Die herausragende Gestalt des Londoner Bauwesens war zwischen 1820 und 1840 Thomas Cubitt, der vom Zimmermann zum Leiter der bei weitem größten und zuverlässigsten Baufirma aufgestiegen war, die London je gesehen hatte.[28] Obwohl sie vor allem eine spekulative Bautätigkeit und ein spekulatives Management betrieb, bot Cubitts Firma auch einen kompletten Service vom Entwurf bis zur Bauausführung an. Königin Victoria und Prinz Albert scheuten sich nicht, ihn zu fördern.

Der Erfolg solcher Leute wie Cubitt beruhte zum Teil darauf, daß an die Stelle des ‚Auftrags nach einzelnen Angeboten', bei dem jede Berufsgruppe dem Architekten oder verantwortlichen Baugutachter eine Aufstellung seiner Preise aushändigte, der ‚Brutto-Auftrag' trat, bei dem die Bauunternehmer einen Gesamtbetrag für alle Arbeiten veranschlagten und sich einverstanden erklärten, die unterschiedlichen Berufsgruppen selbst zu beauftragen und zu überwachen. Der Auftrag nach einzelnen Angeboten hatte solidere Bauwerke zur Folge, der Brutto-Auftrag führte zu einer schnelleren Fertigstellung. Das neue System machte sich zuerst in der Kriegszeit bemerkbar, als in den Jahren 1803–04 die Furcht vor einer Invasion die Regierung dazu brachte, in aller Eile nicht weniger als 47 Kasernen bauen zu lassen.[29] Doch kann man die Neuartigkeit von Bauunternehmen, wie das von Cubitt, oder die Auswirkungen der Brutto-Ausschreibung auch übertreiben. Denn große ‚Konstruktions- und Baufirmen' gab es bereits im 18. Jahrhundert. Die berühmten Gebrüder Adam leiteten eine solche (die weiterhin bestand und die Speicher am West India Dock baute), und ihre Konkurrenten, die Hollands, ebenfalls. Einige große Bauunternehmungen wurden in der Zeit der englischen Kanalbau-Manie in den 90er Jahren des 18. Jahrhunderts gegründet. Jolliffe and Banks, die Erbauer der von Rennie entworfenen Brücken, entstand zum Beispiel aus der Verbindung zwischen Edward Banks, dem für Jessops Surrey Iron Railway zuständigen Unternehmer und erfahrenen Kanalbauer, sowie dem Oberst Hylton Jolliffe und dem Geistlichen William Jolliffe, Landbesitzer an der Eisenbahntrasse.[30] In dieser Konstellation war der eine Partner der Hauptinvestor und Risikoträger, während der andere die technischen Fertigkeiten einbrachte.

Die dynamische Bautätigkeit entfaltete sich nach 1800 in London jedoch gerade, weil es zwischen den entsprechenden Berufsgruppen keine deutliche Abgrenzung gab. Wenn einzelne Personen geschäftstüchtig waren und das Vertrauen ihrer Kunden

27 Cooney 1955; Port 1967; Hobhouse 1971, S. 7–18.
28 Hobhouse 1971.
29 Dupin, Military Force, Bd. 1, 1822, S. 221.
30 Dickinson 1933, S. 1–8.

C. R. Cockerell, Entwurf für die Royal Exchange (Londoner Börse), 1839. Der Bau wurde nicht ausgeführt. British Architectural Library

besaßen, konnten sie die Grenzen ihrer speziellen beruflichen Fähigkeiten überschreiten und komplette Projekte übernehmen, ohne daß es eine Rolle spielte, ob sie selbst Architekten waren (Nash, Smirke) bzw. ausführende Architekten (Burton, Banks), Ingenieure (Rennie) oder Handwerker (Cubitt). Niemand entrüstete sich über Architekten, die riskante Geschäfte machten, Baumeister, die ihre eigenen technischen Zeichner beschäftigten, oder über Anwälte, die ohne mit der Wimper zu zucken Bauverträge abschlossen. Das alles führte natürlich nicht zu ordentlichen oder klaren Verhältnissen. Untersuchungen, die man 1828–29 im Bauamt durchführte, versandeten bald im Chaos der Londoner Bauwirtschaft. In Zeiten der Hochkonjunktur mochte ein solches System funktionieren, aber in heftigen Krisen hatte man schwer damit zu kämpfen.

Die Architekten, die am deutlichsten umrissene Berufsgruppe, beklagten häufig ihr Los. Ganz oben saßen der alte Sir John Soane und der junge Augustus Welby Northmore Pugin und glaubten beide, daß der Wettbewerb und der Mangel an klar definierten Verantwortlichkeiten das Künstlerische in der Architektur zerstörten, obwohl sie sicherlich in der Frage uneins gewesen wären, worin das Künstlerische wohl bestand. Weiter unten auf der Leiter gab es eine Menge verarmter junger Architekten. Nur wenige Selbständige konnten in London allein von ihren Entwürfen leben; so waren Nebentätigkeiten gefragt, unter denen die Stelle eines Baugutachters in einer Siedlung oder bei einer Behörde am beliebtesten war, auch wenn es sich häufig um irgendwelche Kleinigkeiten handelte. Ein typischer Vertreter eines mittelrangigen Architekten mit akzeptablem Erfolg war J. B. Papworth. Sein gut dokumentiertes Lebenswerk wirkt wie eine Litanei in die Tat umgesetzter Lappalien und fernliegender Unwahrscheinlichkeiten und umfaßt Ladenfassaden für Kaufleute in der Stadt, kleine Anbauten an ihre Vorstadtvillen, ein *Essay über die Ursachen von Trockenfäule in Bauholz*, ein Sorbet-Service für den Pascha von Ägypten, eine Galionsfigur und Dekorationen für den Themse-Raddampfer ‚Londoner Ingenieur', einen nicht ausgeführten Palast in Cannstatt für Wilhelm I. von Württemberg (der eine kurze Zeit von der Laune befallen war, „einige der königlichen Ländereien zu anglisieren"), und eine utopische Stadt namens Hygeia an den Ufern des Ohio.[31]

In George Wightwicks Erinnerungen wird beschrieben, wie er in London als Architekten-Neuling den vergeblichen Versuch unternahm, von seinem abgelegenen Einraumbüro aus Kunden zu werben. Er gab ein Buch mit Reiseskizzen heraus, fertigte so viele mustergültige Entwürfe an, wie er konnte („eine ‚Akademie der Künste', ein ‚Haus der Wissenschaft', ein ‚Theater' und einen ‚Tempel für Shakespeare und die Dramatiker der Antike und des Mittelalters'"), und nahm an jedem nur erdenklichen architektonischen Wettbewerb teil.[32] Die Wettbewerbe nahmen in London der 20er und 30er Jahre gespenstische Formen an. Sie wurden vom Unternehmungsgeist und der Unzufriedenheit mit den staatlichen ‚Pöstcheninhabern', vor allem im Bauamt, getragen. Regierungsbeamte begannen, sie als einen Weg zur Preissenkung bei öffentlichen Bauten zu verstehen. Sie konnten in vielerlei Formen – beschränkt oder offen – auftreten. Selten waren sie gut organisiert und hatten fast immer Spott, Verbitterung und Enttäuschung – und dürftige architektonische Leistungen – zur Folge. Grund der meisten Auseinandersetzungen waren Geldprobleme: entweder weil der Entwurf des Gewinners zu überspannt

31 Colvin 1978, S. 615–619.
32 Wightwick 1853, S. 541–548.

oder zu einfallslos war oder weil die Vergütung für die Wettbewerbs-Teilnehmer ausblieben. Und nur höchst selten kam dabei einmal ein Meisterwerk heraus, wie bei dem größten Wettbewerb überhaupt, nämlich demjenigen von 1835 für den Palast von Westminster. Durch ihn erschien das System gerechtfertigt und wurde beibehalten. Doch nur in den allerseltensten Fällen brachte ein Wettbewerb einem der Wightwicks der Londoner Bauwirtschaft Ruhm und Reichtum ein.

Bauvorschriften

Charles James Mathews, einem anderen angehenden Architekten, riet ein Freund, einen Anlauf für eine Karriere zu nehmen und Bezirksbaugutachter zu werden, der als Beamter dafür verantwortlich war, daß die Londoner Baugesetze beachtet wurden:

„Das Amt eines Baugutachters!", rief ich aus. „Was heißt das? Schornsteintöpfe ausmessen oder Abflußgruben reinigen? Was hat ein Architekt damit zu schaffen?". „Alles," sagte er. „Du mußt die Gesetze studieren, die Errichtung der Wohnhäuser im Bezirk überwachen, sämtliche Brandmauern und Essen in Ordnung bringen und dich als Meister sowohl der praktischen als auch der dekorativen Seiten der Wissenschaft erweisen. Die Stellen in Bow und Bethnal Green sind beide nicht besetzt. Fange sofort an." „Bow und Bethnal Green! Hier zeigt sich die Trivialität: von Rom und Venedig nach Bow und Bethnal Green. Doch es mußte getan werden, und so nahm ich es in Angriff ... Ich hatte Erfolg, und sah mich bald selbst unter der Last der Ehre schwanken, als Baugutachter von Bow öffentlich anerkannt zu sein. Und so fuhr ich oben auf dem Omnibus mit dem Baugesetz in der Hand einher, um mein neues Königreich in Besitz zu nehmen. Eine bezaubernde Aufgabe, wie sich herausstellte; drei Jahre immer auf demselben Omnibus und mit demselben Baugesetz in der Hand, dessen letzte Geheimnisse ich nie begreifen konnte –, um die angenehmen Pflichten zu erfüllen, die mir auferlegt waren".[33]

Das ‚Baugesetz', das Mathews nicht zu verstehen vorgab (er wurde später Komödiant und nicht Architekt), ist der Schlüssel zum Verständnis urbaner Disziplin, die London damals prägte. Sie beruhte nicht auf irgendwelchen deutlichen Anweisungen des Königs, des Parlaments oder der Stadtverwaltung zur Stadtplanung, sondern auf den passiven Maßgaben der Londoner Bauvorschriften. Solche Maßgaben waren vermutlich in einer handeltreibenden, eigentumsbewußten, proto-demokratischen Stadt die einzig möglichen. Außerdem hatten sie zahlreiche Vorteile. Sie machten London trotz seiner gewaltigen Größe zu einer, nach den damaligen Normen, strukturell gesunden Stadt, verhinderten die Ausbreitung von Bränden, waren auf alle Arten von Bauwerken anwendbar und führten in den Straßen zu jener charakteristischen Sprache der Architektur bei geringer ästhetischer Gleichförmigkeit; ausländische Besucher waren davon fasziniert.

Die Londoner Baugesetze waren unter dem Trauma des großen Brandes von 1666 entstanden. Sie forcierten Ziegelkonstruktionen, verhinderten außenliegendes Holzwerk und forderten hohe, durchgängige Brandmauern. Die Stadtplanung des frühen 19. Jahrhundert stützte sich auf ein penibel abgefaßtes grundlegendes Gesetz von 1774.[34] Darin hatte es zwei wesentliche Neuerungen gegeben, die beide auf Einheitlichkeit zielten. Die eine brachte die Unterscheidung von vier ‚Klassen', in die die gebräuchlichen Reihenhäuser entsprechend ihrer Größe und ihrem Wert eingeteilt wurden, und beschrieb, wie jede Klasse zu bauen war. Die zweite bestand darin, daß solche Regelungen nach 1774 von Bezirksbaugutachtern durchgesetzt werden sollten, an die die Bauunternehmer bei Baubeginn Gebühren zahlen mußten. Und so war also der Posten, wie ihn Charles James Mathews erhielt, in guten Wohngegenden lukrativ und in schlechten lästig.

Es sprach für die Verfasser des Gesetzes von 1774, Sir Robert Taylor und George Dance den Älteren, daß trotz des technologischen Aufschwungs und der Baukonjunktur zwischen 1805 und 1825 offenbar nie der Ruf nach einem neuen Gesetz laut geworden ist. Die Lagerhäuser der Docks und die öffentlichen Bauten dieser Epoche wurden nach Verordnungen errichtet, die für viel kleinere Bauwerke gedacht waren. In bezug auf Wohnsiedlungen war ihr Einfluß auf die Architektur so groß, daß das Regency-London sein Aussehen mehr ihnen als irgendeinem Architekten oder Baustil zu verdanken hat. Die trockenen Texte des Londoner Baugesetzes verkörpern eine Vorstellung von der Planung und von der Stadt ganz allgemein, die genauso real und prägend war wie ein visionärer Plan zur Verschönerung der Hauptstadt es hätte sein können.

Öffentliche Gebäude

Gegenüber dem erzieherischen Erfolg der Londoner Bauordnung muß der Mangel jeglicher kreativer Vision von Urbanität gesehen werden. Als reichste Stadt der Welt hätte das London Georges IV. öffentliche Gebäude von unerreichter Pracht hervorbringen können. Sicherlich fehlte es in dieser Zeit nicht an metropolitanem Anspruch. Der Buckingham Palace, die Residenz des Herrschers, wurde weitgehend umgebaut. Soane, der originellste europäische Architekt der Generation vor Schinkel, erweiterte den Palast von Westminster um den mit Oberlichtern versehenen Justizpalast und baute Büroräume für die Handelskammer in Whitehall. Eine neue Königliche Münze und ein neues Zollhaus wurden errichtet – letzteres ästhetisch ein Meisterwerk, aber technisch eine Katastrophe.[35] Ein mächtiges Gefängnis für

33 Dickens 1879, Bd. 2, S. 58–60.
34 Summerson 1978, S. 125–129.
35 History of the King's Works, 1973, S. 423–430.

Der ursprüngliche *Long Room* im Zollhaus, 1813–17 nach Plänen von David Laing errichtet. Nach dem Einsturz eines Teils des Zollhauses wurde der Rest von Smirke 1825–27 umgestaltet. Guildhall Library.

„Straftäter, die wegen Verworfenheit zweiten Ranges" verurteilt waren, entstand in Millbank;[36] weiter entfernt davon, am Grand Junction Canal bei Hanwell, ließen die Grafschaftsrichter von Middlesex 1827 ein Asyl für die vielen bettelarmen Geisteskranken Londons bauen. In Woolwich beanspruchten die Artillerie-Kasernen Fassaden von zaristischen Ausmaßen, James Wyatt baute dort eine gotische Militärakademie; Werft und Arsenal wurden auf den neuesten Stand gebracht, um der napoleonischen Herausforderung zu begegnen. In den Bereich der Kunst gehören Smirkes gut fundiertes British Museum und Wilkins' unselige National Library, die aus der Regierungszeit Williams IV. stammt, als die Verwalter der Staatskasse sich bereits geizig zeigten. Für Spaziergänge, Zerstreuung und Paraden wurde in dieser Zeit der Regent's Park angelegt, während der St James's Park und der Hyde Park von Grund auf umgestaltet wurden.

Bei all dem handelt es sich um eine Auswahl öffentlicher Bauten im engeren Sinne. Wenn man jedoch die halb-öffentlichen Bauwerke hinzurechnet, d. h. solche, die mehr oder weniger zum öffentlichen Eigentum gehörten, aber nicht mit Staatsgeldern oder Steuereinnahmen finanziert wurden, wird die Liste noch eindrucksvoller: die großen geschlossenen Docks, Rennies drei Brücken, der Regent's Canal, Soanes Neugestaltung der Bank of England, das University College und das King's College, der Wiederaufbau des Covent Garden Theatre und des Theatre Royal durch Smirke bzw. Benjamin Wyatt, die Clubs an der Pall Mall und vor allem die von Nash auf einer Länge von fünf Kilometern genial ausgeführten Maßnahmen. Am Ende dieser Epoche verkündet schließlich Philip Hardwicks gewaltiger Euston Arch von 1838 für die London and Birmingham Railway die Monumentalität des Eisenbahnzeitalters.

Allerdings schwebt über all diesen Unternehmungen ein Fragezeichen. Fast alle sind von Sparsamkeit oder stadtplanerischer Inkohärenz entstellt. Die besten öffentlichen Bauwerke Londons aus dieser Zeit, zum Beispiel die Bank of England oder das British Museum, gehören auch zu den schönsten in Europa. Doch müssen sie als in sich geschlossene und abgetrennte Einheiten angesehen werden. Ihre Verbindung zu dem sie umgebenden Stadt- und Straßenbild ist im großen und ganzen zufällig. Als man z. B. den Trafalgar Square als einen öffentlichen Raum von mächtiger Größe plante, verhinderten Geldmangel und unstete Gesinnung, daß in London ein formales Ensemble entstand, auf das man in anderen Ländern und Städten stolz ist. Erschließungen in den Randgebieten geben den Architekten die Möglichkeit, größere Zusammenhänge zu schaffen. Aber auch die subtilste Harmonie von Straßen und Plätzen wird dort selten von etwas größerem als von einer Pfarrkirche oder einem privaten Herrenhaus gekrönt. Auch können die Schöpfer solcher Neubaugebiete nicht davon überzeugt werden, daß sie Ziegel- oder Stuckfassaden hinter sich lassen sollen oder Häuser bauen, die mehr als drei Generationen überdauern.

Solche Mängel sind, wie Professor Crook in seinem Artikel über Nashs *Improvements* aufzeigt, darin begründet, daß Macht

36 Elmes 1827–29, Bd. 2, S. 150.

Portalbogen an der Euston Station. Philip Hardwick, Architekt, 1838. Das erste maßgebende Bauwerk des Eisenbahnzeitalters; 1958 (mutwillig) abgerissen. National Buildings Record

und Verwaltung in London so labil ausbalanciert waren, daß alles andere als ein ganz pragmatischer Planungsansatz zum Scheitern verurteilt war. Visionen eines schöneren London wurden ständig von unterbeschäftigten Architekten, Malern, Erzroyalisten oder Utopisten vorgetragen. Doch das ausschlaggebende Forum war das Parlament. Dort setzte sich Oberst F. W. Trench unablässig für großartige Pläne ein: für eine Siegespyramide auf dem zukünftigen Trafalgar Square, einen neuen Palast im Hyde Park, einen Themsekai an der Waterloo Bridge.[37] Doch das Parlament sah seine Aufgabe in Baufragen darin, die Verschwendungssucht des Königs und anderer zu regulieren, und nicht darin, gute Projekte zu erleichtern; sie, so glaubte man allgemein, sollten privaten Personen und Institutionen überlassen bleiben.

Eine Tory-Verwaltung sollte großzügiger sein als eine Verwaltung von Whig-Liberalen, sie war es aber selten. Lange Debatten über ein Denkmal für den Sieg von 1815 erzielten allein das Ergebnis, daß Rennies große Brücke, für die Lord Liverpools Regierung keinen Penny bezahlt hatte, vom Prinzregenten eröffnet und von Strand Bridge in Waterloo Bridge umgetauft wurde. William Wilkins behauptete später, daß der Herzog von Wellington „einen weniger förderlichen Einfluß auf Künste und Wissenschaften ausübte als irgendeiner seiner Vorgänger".[38] Aber die Wende zur Herrschaft der Whig-Liberalen der 30er Jahre half ihm auch nichts. Seinem Projekt der National Gallery wurde nun entgegengehalten, daß das Parlament „nicht behelligt werden sollte, um Ausstellungs-Paläste für Werke der bildenden Kunst zu bauen, wenn eine hungernde Bevölkerung nach Brot schrie".[39]

Das Debakel mit dem Buckingham Palace macht die Schwierigkeiten deutlich, in die große Londoner Projekte durch die britische Neigung zum Gleichgewicht der Kräfte und zum ‚Durchwursteln' gebracht wurden. Die durch Nashs Palast-Umbau ausgelösten Schwierigkeiten werden gewöhnlich auf königliche Extravaganzen und Pfuscherei des Architekten zurückgeführt.[40] Parlamentarische Untersuchungen belegen das. Doch das Parlament war *parti pris*. Daß sich George IV., der Souverän des mächtigsten Staates der Welt, bei seiner Thronbesteigung einen schöneren Palast gewünscht hat als das unharmonische Carlton House, war zu tolerieren; und er verzichtete ja in der Tat sogar auf ein völlig neues Bauwerk. Die Schwierigkeit bestand aber darin, daß seit 1690 kein englischer König in diesem Ausmaß gebaut hatte. Niemand hatte den Mut, die Frage anzupacken, was denn ein moderner britischer Palast zu sein habe – ob er ein Ort sein solle, von dem aus regiert wird, oder lediglich ein besonders großes Wohnhaus. Um solches zu tun, hätte es deutlicherer konstitutioneller Vereinbarungen zwischen dem König und dem Par-

37 Barker und Hyde 1982, S. 57–59, 82–89.
38 Liscombe 1980, S. 186.
39 Ibid., S. 183.
40 History of the King's Works, 1973, S. 263–277.

lament bedurft, als damals existierten. Dieser Mangel an Klarheit führte bald zu Korrekturen, Mehrausgaben, zu ästhetischen Fehlern, Ärger über die Höhe der Kosten und schließlich zu dem Wunsch des Parlaments, sich an George IV. und seinem Lieblingsarchitekten zu rächen. Nash wurde bautechnische Inkompetenz vorgeworfen, aber niemals nachgewiesen. Was die Qualität seiner Arbeit angeht, so war die Fassade – im wesentlichen wegen mehrfacher Überarbeitungen – anerkanntermaßen ein Fehlschlag; Nashs federnde extemporierende Klarheit ließ sich nicht auf die Dimensionen des Palastes übertragen. Die Rückseite, die erhalten blieb, ist eine achtbare Lösung.

Kirchen

In einem Bereich förderte und subventionierte die Regierung der Regency-Zeit die städtebauliche Entwicklung aktiv – beim Bau anglikanischer Kirchen. Die zwei Jahrzehnte nach Waterloo waren das silberne Zeitalter der Londoner Kirchenarchitektur, die den Weg bereitete für die verschwenderische und leidenschaftliche ‚Ekklesiologie' der viktorianischen Kirchenbauer.

Damals wie heute war der Anglikanismus in England offizieller Glaube. Die schwerfällige Verwaltung der Church of England war eng mit der des Staates verknüpft. Doch um die Mitte der georgianischen Jahre waren ihre von Politikern ernannten Bischöfe lethargisch geworden. Das Fassungsvermögen der Kirchen fiel hinter das rapide Wachstum der englischen Stadtbevölkerung zurück, während Verschiebungen innerhalb der Bevölkerung und die Industrialisierung die Strukturen des Gemeindelebens unterhöhlten. Die schlimmsten Auswirkungen davon waren in London zu spüren. Nonkonformisten und Katholiken gab es viele (wenn sie auch in keinem Teil Londons dominierten) und wurden *faute de mieux* toleriert; in aufgeklärten Kreisen gewann der Radikalismus und sogar der Atheismus an Boden. Wie heute gingen viele Menschen nur bei rituellen und offiziellen Anlässen zur Kirche: wenn sie geboren wurden, heirateten, Kinder taufen ließen und starben. Gebühren für solche Gottesdienste und für Sitzplätze schreckten die Armen ab. Dennoch hatte der Einfluß von John Wesley und anderen um 1800 sehr dazu beigetragen, die Apathie zu zerstreuen und die Idee einer persönlichen Religion zu erneuern. Auch die Ereignisse im Frankreich der Jahre 1789–94 schockierten die Konservativen allerorten, besonders in England und Österreich, und führten zur Wiederbelebung der nationalen Vereinbarungen zwischen Kirche und Staat. Der Kirchenbau war ein Mittel, dieses Ziel zu erreichen.

Die Kirchen waren mehr als nur Symbole der religiösen und moralischen Autorität. Sie waren auch der Fokus jeder größeren Stadt-Erweiterung. Gerissene Grundbesitzer stellten, wenn sie ihr Land zu erschließen begannen, in London für eine Kirche oder eine billigere ‚Filialkirche' einen guten Bauplatz zur Verfügung, weil sie wußten, daß sich dadurch das Ansehen der Gemeinde und der Wert ihrer Grundstücke erhöhen würde. Zudem blieb der Pfarrbezirk bis in die 30er Jahre des 19. Jahrhunderts die der englischen Kommunalverwaltung zugrunde liegende Einheit, in der lokale weltliche und religiöse Angelegenheiten zusammengewürfelt waren. Ursprünglich tagte die ‚Vestry' (Gemeindeversammlung), die nach unterschiedlichen Verfahren gewählt werden konnte, in der Pfarrkirche. In den größeren Londoner Pfarrbezirken war der Aufgabenkreis der weltlichen Kommunalregierung ausgesprochen gewachsen. Aber ihre Bindungen an die Kirche dauerten wohl bis zum Aufstieg der Radikalen in der post-napoleonischen Zeit. Dann löste eine Serie von bahnbrechenden Reformen, an deren Anfang die Emanzipation der Katholiken von 1827 stand, das System auf und entstaatlichte die Kirche von England zum Teil. Danach wurden kirchliche Angelegenheiten und der Kirchenbau mehr oder weniger auf freiwilliger Basis betrieben und bezahlt. Die Pfarrkirche war nicht mehr das örtliche ‚Rathaus' oder der Sitz der Verwaltung.

Innenraum der neuen Synagoge, *Great St. Helen's.* John Davies, Architekt, 1837–38. Ein Beispiel für anspruchsvollere Gotteshäuser, die nach 1830 von Nicht-Angehörigen der anglikanischen Kirche gebaut wurden. English Heritage

Während des alten Systems hatten einige Gemeinden Kirchen als Symbole ihres Lokalstolzes und ihrer Unabhängigkeit – die in der Geschichte Londons stets eine große Bedeutung hatten – erbaut oder umgestaltet. Sie wurden jedoch häufig von Zwietracht und den knirschenden institutionellen Mechanismen der Kirche von England behindert. St Marylebone, die reichste der Vorstädte im West End, stellt einen solchen Fall dar. Seine alte Dorfkirche platzte bereits 1770 wegen der Anwohner der neuen Straßen aus allen Nähten. Es gab damals nicht weniger als acht anglikanische private ‚Filialkirchen' im Pfarrbezirk, die gebaut worden waren, um verschiedene Grundstückserschließungen anzukurbeln. Dennoch bedurfte es mehr als vierzig Jahre dauernder Anstrengungen, der Verabschiedung von vier Gesetzen und etlicher Veränderungen der Lage und Pläne, bevor die alte Kirche 1813–17 durch den Neubau Thomas Hardwicks ersetzt werden konnte. Das Resultat war ein schönes Bauwerk mit Portikus und einem dem ehrgeizigen Pfarrbezirk würdigen Versammlungsraum für die Bürger. Doch wegen der ungeheuren Kosten von mehr als £ 60.000 sparten die ortsansässigen Steuerzahler die Gemeindeversammlung nicht mit Beschimpfungen.[41]

Der rivalisierende Pfarrbezirk St Pancras gab unerhörte £ 80.000 aus, um den *dernier cri* griechischer Wiederbelebung zu erbauen. Die neue St Pancras-Kirche (1819–22) wurde von William und Henry Inwood entworfen, dem Sohn und dem Enkel des Dieners von Lord Mansfield, des ‚höchsten Tieres' im Pfarrbezirk. Von Mansfield auf dessen Kosten nach Athen geschickt, kehrte Henry Inwood mit Zeichnungen des Erechtheums und des ‚Turms der Winde' heim. Das Ergebnis war ein protziges Griechisch. Von den übernommenen Details wirken Rossis Terrakotta-Karyatiden besonders schamlos, die die Eingänge zu den Grabgewölben flankieren. Sie gehörten zu den letzten derartigen Gewölben, die in Londoner Kirchen gebaut wurden. Denn nachdem sich die Friedhofs-Bewegung, die in England im Vergleich mit Frankreich, Deutschland und den Vereinigten Staaten nur langsam Anklang fand, auszubreiten begann, wurden auch die Londoner Kirchen ohne Begräbnisstätten gebaut. Das Melodrama der Grabmalskunst verlagerte sich damals von den überbelegten städtischen Kirchhöfen zu den als Landschaftsgärten angelegten, von Firmen verwalteten vorstädtischen Friedhöfen. Kensal Green von 1831–3, das dem Pariser Friedhof Père Lachaise nachempfunden ist, jedoch einen grüneren und ruhigeren Grundriß hat, ist der erste nicht konfessionelle, als ‚Aktiengesellschaft' betriebene Londoner Friedhof. Weitere folgten in Highgate, Brompton und Norwood.[42]

Die ungewöhnlich hohen Beträge, über die der Gemeinderat von St Marylebone und St Pancras verfügen konnten, spiegeln Status und Funktion dieser ‚Rathäuser' wider. Doch, was London am meisten brauchte, waren Pfarrkirchen innerhalb der bestehenden kirchlichen Verwaltungsbezirke, um damit der steigenden Bevölkerungszahl zu entsprechen. An diesem Punkt intervenierte die Regierung nach einer werbenden Kampagne einer Clique einflußreicher Londoner Kirchenmänner.

Die anglikanische Erneuerung im frühen 19. Jahrhundert verdankt ihre Kraft großenteils zwei Interessengruppen, die sich aus reichen Bewohnern der maßgebenden Londoner Vorstädte zusammensetzten: der sogenannten Clapham-Sekte und der Hackney-Phalanx. Kein Zufall, daß die Pfarrkirchen dieser beiden früher ehemaligen Dörfer umgebaut wurden, 1774–76 die von Clapham und 1792–97 die von Hackney, wobei eine schöne Kirche des Architekten James Spiller entstand. Die Clapham-Sekte gehörte dem protestantischen Flügel der Kirche von England an. Ihre Führer, wie Henry Thornton und William Wilberforce, legten Wert auf die persönliche Erlösung, den Glauben und die Freiheit. Für die Verwaltung der Kirche von England interessierten sie sich nicht so ausgesprochen. Doch begrüßten sie den Bau von Kirchen in Gebieten, in denen es vorher noch keine gab. Wilberforce, ein Kämpfer gegen Sklaverei, unterstützte 1800 sogar ein verfehltes Gesetze des Parlaments zur Errichtung weiterer Kirchen.[43]

Anders die Hackney-Phalanx. Sie bestand aus hohen Kirchenleuten und Konservativen, die die Verbindung zwischen Kirche und Staat für heilig hielten. Sie verstanden die Kirche mehr als einen sozialen Organismus und weniger als Weg zur Erlösung des Einzelnen. Die institutionalisierte Religion war für sie eine nationale, moralische und öffentliche Aufgabe und ein Mittel, um Nonkonformismus und Radikalismus zu bekämpfen. Joshua Watson (1771–1855), ihr inoffizieller Führer, zog sich 1814 aus dem Geschäftsleben zurück, um sein Leben der Arbeit in den Ausschüssen und der Reform der kirchlichen Verwaltungsstruktur zu widmen.[44]

Das erste Ziel der Phalanx war Erziehung. 1811 gründeten Watson und seine Freunde die National Society, die danach strebte (mit Hilfe von Zuwendungen der Regierung), anglikanische Gemeindeschulen zu finanzieren, um mit der Fülle der neuen Privat-Schulen und den revolutionär veränderten Unterrichtsmethoden für arme Kinder Schritt zu halten, die von Joseph Lancaster, Samuel Wilderspin und anderen freikirchlich Gesinnten, Utilitaristen und Radikalen in London eingeführt worden waren.[45] 1815 besuchten bereits 100.000 Kinder staatliche Schulen.[46] Die Pfarrschulen auf dem Land oder in den Vorstädten waren gewöhnlich klein und bescheiden, aber in London selbst konnten sie recht groß sein (Clerkenwell Schools, in Tudor-Gotik, von W. C. Mylne, 1828; St Martin's-in-the-Fields School mit klassischer Fassade von Nash, etwa 1830). Die Phalanx und ihre Freunde nahmen sich außerdem der Hochschulausbildung an, die sich in London in einem beklagenswerten Zustand befand. Um dem ‚gottlosen', griechisch aussehenden University College, das 1827–28 nach dem Vorbild der umgestalteten Uni-

41 Sheppard 1958, S. 245–274.
42 Brooks 1989, S. 8–11.
43 Webster 1954, S. 60–61.
44 Ibid., S. 58–77.
45 Seaborne 1971, S. 131–197.
46 Webster 1954, S. 36.

St Martin's-in-the-Fields National School. John Nash, Architekt, vermutlich mit Unterstützung von George Ledwell Taylor, ca. 1829. Mit einem neuen Gemeindesaal und Pfarrhaus im Rahmen von Nashs *Improvements* am West Strand gebaut. English Heritage

versität von Bonn erstellt worden war, etwas entgegenzusetzen, etablierten sie King's College (1829–31), nach anglikanischen Prinzipien geführt und von Robert Smirke in einem taktvollen Erweiterungsbau von Somerset House am Strand untergebracht. Diese beiden – ehedem einander bekämpfenden – Colleges waren der Ursprung der heutigen University of London.

Doch die wirklich große Sache war der Kirchenbau. Auf diesem Gebiet trugen die Beziehungen der Hackney-Phalanx mit Lord Liverpool Früchte, dem Tory-Premierminister zwischen 1812 und 1827. Watson und seine Verbündeten begannen unmittelbar nach Waterloo die Regierung zu beeinflussen. Gesetze, die sich 1818 und 1819 daraus ergaben, kraft derer eine Kommission eingesetzt und mehr als eine Million Pfund für neue Kirchen bewilligt wurde, sollten vor allem helfen, die Armen auf kostenlosen Sitzplätzen unterzubringen. Parallel dazu vergab ein ‚Incorporated Church-Building Society' genanntes Gremium Zuschüsse für die Restaurierung oder Erweiterung bestehender Kirchen, vorausgesetzt, daß ein Teil der Sitzplätze gratis waren. Dies waren landesweite Maßnahmen, die für die Industriestädte im Norden ebenso galten wie für London. Doch ging es den Förderern in erster Linie um London. Die Hauptstadt sicherte sich 35 von den insgesamt 214 bis 1829 neu erbauten Kirchen; danach wurde die Subventionierung durch die Regierung reduziert.[47]

Architektonisch gesehen bildeten die ‚Commissioners'-Kirchen (die auch unter dem Namen ‚Waterloo'-Kirchen bekannt sind) ein buntes Gemisch. Vor allem wollte man so viele Sitzplätze wie möglich hineinpferchen – kein Mittel für einen bemerkenswerten Entwurf. £ 20.000, der höchste Förderungsbetrag für jeweils eine Kirche, reichte natürlich nicht an die Mittel heran, die St Marylebone und St Pancras für ihre bürgerlichen Symbolbauwerke so großzügig ausgeben konnten. Soane, Nash und Smirke, die als offizielle Regierungs-Architekten konsultiert wurden, waren allesamt nicht sehr an Kirchenbauten interessiert. Aber sie halfen doch, die grundlegenden Regeln für neue Kirchen aufzustellen (quadratische oder rechteckige Grundrisse mit einer tiefen Nische für den Altar, Galerien auf Pfeilern aus Eisen oder Stein, Türme und Fassaden aus Ziegeln oder Stein – aber nicht aus Stuck).[48] Jeder von ihnen baute auch zwei Kirchen in London: eine Pfarrkirche im angesehenen und dicht besiedelten Marylebone und drei in anderen Vorstädten. Soanes Holy Trinity in der Marylebone Road und St Peter's in Walworth gehören zu seinen schwächeren Werken. Nashs All Souls, Langham Place, ist eines der für ihn typischen eleganten Beispiele für die urbane Szenerie. Smirke, der beharrlicher war als seine beiden älteren Kollegen, baute zwei solide, einander ähnelnde Kirchen: St Anne's, Wandsworth und St Mary's, Wyndham Place.

Alle diese Kirchen wurden im klassischen Stil erbaut, der, entgegen einer überwältigenden landesweiten Tendenz zum gotischen Stil bei den ‚Commissioners'-Kirchen, bei den meisten Londoner Kirchen aus den zwanziger Jahren vorherrschte. Zu jener Zeit gotisch zu bauen, galt zum Teil immer noch als antiurban. Edward Blores Erweiterung des Lambeth Palace, des Lon-

47 Port 1961; Carr 1979.
48 Port 1961, S. 38–40.

Edward Blore, *Lambeth Palace*, mit der Darstellung des neuen Wohnflügels für Erzbischof Howley, 1829–30. Lambeth Palace Library

doner Sitzes der Erzbischöfe von Canterbury (1829–30), in gelehrter Tudor-Gotik trug sehr dazu bei, die offizielle Konversion der Kirche von England zum *Gothic Revival* zu bestärken. Auch Armenhäuser, die gerade zu dieser Zeit als Teil einer neu belebten bürgerlichen und religiösen Verantwortung ins Blickfeld traten, wurden in der Regel im gotischen Tudorstil errichtet. Aber erst der Wettbewerb von 1835 für den Palast von Westminster sanktionierte den gotischen Baustil endgültig auch für größere Londoner Bauwerke. In diesem Fall einigte man sich nach langen Diskussionen aus historischen und milieubedingten Gründen darauf, nur Einsendungen im gotischen oder im Tudorstil zuzulassen.

St Peter's, Eaton Square (von Henry Hakewill), und St Luke's, Chelsea (von James Savage). vertreten den architektonischen Tenor der besseren der ‚Commissioners'-Kirchen recht gut. Daß sie qualitativ über dem Durchschnitt liegen, ist darauf zurückzuführen, daß ihre Budgets weniger schwach als üblich waren. Wie viele Londoner Kirchen rekapituliert St Peter's, Eaton Square, in griechischem Gewand das Klischee des klassischen Portikus mit spitzem Turm auf dem dahinter liegenden Dach, wie es ein Jahrhundert früher erstmals durch St Martin-in-the-Fields eingeführt worden war. Vorausweisender ist St Luke's in Chelsea, in England die am meisten ausgeprägte gotische Kirche der zwanziger Jahre. Mit authentisch wirkendem steinernem Gewölbe, dicken steinernen Mauern und wohldurchgeformtem Maßwerk, beflügelt hier Savage die Entwicklung einer durch Forschung fundierten Wiederbelebung der Gotik. Nur der schmale Innenraum, bedingt durch die seitlichen Emporen, auf denen die ‚Commissioners' bestanden, um die Armen hineinpferchen zu können, hätten bei der ständig wachsenden Schar mittelalterlicher Puristen Anstoß erregen können. St Luke's kommt den Idealen Pugins und der viktorianischen Ekklesiologie nahe. Doch keines dieser Gebäude konnte es mit der europäischen Kultiviertheit der typischsten ‚Commissioners'-Kirche aufnehmen; mit C. R. Cockerell's doppeltürmiger Hanover Chapel, damals ein Ereignis verdichteter Subtilität und damit ein Angriff auf den klassizistischen Theaterdonner der Regent Street. Bereits 1896 verschwand sie dort.[49]

49 Watkin 1974, S. 136–145.

J. H. Hakewill, *St Peter's Church*, Eaton Square. Perspektivische Darstellung nach dem Entwurf seines Vaters Henry Hakewill, kurz vor der Fertigstellung, 1827. Typisches Beispiel einer Commissioners-Kirche. Fischer Fine Art Ltd.

Die Häuser – und wie man in ihnen wohnte, machen den Stolz und zugleich die Eigenart der englischen Architektur aus. Im frühen 19. Jahrhundert war jeder Besucher Londons überrascht von der nahezu unbegrenzten Ausdehnung der Reihenhäuser; getrennt durch schmale Brandmauern, waren sie aus Ziegeln und Holz leicht erbaut, außen schmucklos, innen kastenartig und beengt, aber immer noch gefällig, bequem und das Private respektierend. Alle Klassen der Gesellschaft schienen sich in solchen Häusern wohlzufühlen. Wenn man es den richtigen Leuten überließ, konnten ihre Innenräume – wie zum Beispiel die von Thomas Hope in der Duchess Street oder von John Soane in Lincoln's Inn Fields – von Fall zu Fall den höchsten Grad von Eleganz oder Genialität erreichen. Jede Art von Betätigung konnte in diesen Räumen stattfinden. Gewerbebetriebe, Lager, Geschäfte, Museen, Schulen, Wirtshäuser, Kaffeestuben, schicke Hotels, stinkende Pensionen, Bordelle, Banken und Büros, das alles fand in demselben Schema von nach vorn oder hinten liegenden Räumen auf verschiedenen Ebenen statt, über eine einfache Treppe zu erreichen. Das Londoner Reihenhaus wurde meist für Familien der Mittelklasse gebaut. Im Laufe der Jahrhunderte war es zu einem Instrument von unbegrenzter Flexibilität verfeinert worden. Es ließ sich in der Größe variieren von den aufgeblähten Dimensionen am Belgrave Square bis hinunter zu winzigen Lückenfüllern in Hinterhöfen oder Gassen mit einer nur drei Meter breiten Fassade. Als Ganzes gesehen bestand London um 1800 aus kaum etwas anderem. Die Ausbildung spezifischer urbaner Bautypen, die wir heute für selbstverständlich ansehen, ist das Ergebnis der letzten beiden Jahrhunderte.

Europäische Besucher mischten ihren Respekt für die einfache Bequemlichkeit der Londoner Reihenhäuser mit Sarkasmus in Anbetracht ihrer Enge und Anspruchslosigkeit. Graf Pecchio, der Freund und Biograph des Dichters Ugo Foscolo, kommentiert dies in den zwanziger Jahren besonders lebendig:

„Die Häuser sind eng und brüchig. In der ersten Nacht, die ich in einer Pension verbrachte, war mir, als befände ich mich immer noch an Bord eines Schiffes: die Wände waren ebenso dünn und zumeist aus Holz, die Räume genauso klein und die Treppe wie eine Kajütentreppe; die Wände sind normalerweise so dünn, daß sie Geräusche ungehindert durchlassen. Die Bewohner können einander sprechen hören, es sei denn, sie hätten sich daran gewöhnt, leise zu sprechen ... Ich konnte die zusammenhanglosen Wörter ‚Sehr schönes Wetter, – wirklich – sehr schön – Komfort – komfortabel – großer Komfort' verstehen, die in ihren Gesprächen so häufig vorkommen wie Punkte und Kommata in einem Buch ... In einem dreigeschossigen Haus gibt es drei Schlafzimmer, eins über dem anderen, und drei ebenso angeordnete Wohnzimmer, so daß die Leute wie Waren in einem Lager in Schichten übereinandergestapelt sind – etwa wie der Käse in den Lagerhäusern von Lodi und Codogno. Die Engländer haben diese Schiffs-Architektur (wie ich sie zu nennen wage) nicht ohne Absicht gewählt. Denn das Leben in kleinen Häusern von geringer Lebensdauer bietet ihnen folgende Vorteile: Im allgemeinen wird ein Haus nur für eine Dauer von 99 Jahren gebaut; überlebt es diese Zeit, gehört es dem Besitzer des Grundes, auf dem es steht. Daher passiert es selten, daß sie von besonderer Langlebigkeit sind; sie brechen im Gegenteil manchmal schon vor Ablauf ihrer natürlichen Lebensdauer zusammen. Die Engländer, die bessere Rechner als Architekten sind, haben herausgefunden, daß sie weniger Kapital verschwenden, wenn sie in dieser unzuverlässigen Art bauen, und daß folglich der Jahreszins und der jährliche Kapitalverlust entsprechend geringer sind. Es gibt einen weiteren Vorteil: Bei dieser Art zu verfahren, wird die Nachwelt nicht durch Vorhandenes festgelegt oder tyrannisch beherrscht. Jede Generation kann ihre eigenen Häuser, je nach ihren Launen und Bedürfnissen, auswählen und bauen; und obwohl sie zu einem großen Teil aus Holz bestehen, sind alle Häuser gewissermaßen unverbrennbar, dank der Versicherungsgesellschaften, die den Wert des Hauses, der Möblierung und aller anderen Dinge garantieren ... Für einen Engländer ist sein Haus sein Gibraltar; er will nicht nur unverletzlich sein, sondern auch völlig frei von Streitereien und Aufregungen. Wie die Auster bevorzugt er das Leben in einer Muschel vor dem in einem Palast mit all dem Ärger auf der Hühnerstange. Unabhängigkeit braucht der Engländer als Luft zum Atmen. Also verläßt der Sohn, sobald er verheiratet ist, sein Zuhause und entwickelt an anderer Stelle eine neue Familie, so wie die Polypen, die, in Stücke zerschnitten, zahlreiche weitere Polypen hervorbringen ...“[50]

Offenbar wohnte der Graf in einem der älteren Londoner Stadtteile. Seinen Bemerkungen über die Enge und Instabilität der Großstadthäuser hätte ein Bewohner der neuen palastgroßen Häuserreihen (Terraces) aus den 20er Jahren widersprochen. Sie würden aber gut der modernen Entwicklung der Mittelklasse entsprechen. Auf der Jagd nach einer Wohnung kam der schottische Essayist und Gelehrte Thomas Carlyle 1834 zu einer Siedlung am Edwardes Square in Kensington, einem damals erst zwanzig Jahre alten vorstädtischen Bau „mit einer schönen Rasenfläche in der Mitte; Häuser die klein, aber ordentlich waren“. Das Ergebnis eingeholter Erkundigungen war ernüchternd:

„Die Miete £ 35 [pro Jahr] einschließlich Möblierung; vier Stockwerke mit den geringsten Abmessungen (die ich inzwischen festgestellt habe); zwei Küchen, sechs Fuß drei Inch (!) hoch; Eßzimmer mit Falttüren ... vielleicht 14 mal 22 Fuß (insgesamt), Empfangszimmer oben, 17 mal elf Fuß; Hinterzimmer (von diesem durch eine Wand getrennt), wo möglicherweise unser großes Bett stehen könnte, denn es ist 9 Fuß 7' Inch hoch; Obergeschoß 8 Fuß 1 Inch hoch, was hier die erbärmliche Einheitshöhe solcher Häuser zu sein scheint ... Schließlich gibt es vor dem Haus dann noch einen Garten (ach Gott!) von vielleicht 12 Fuß Breite mit

50 Pecchio 1833, S. 29–32.

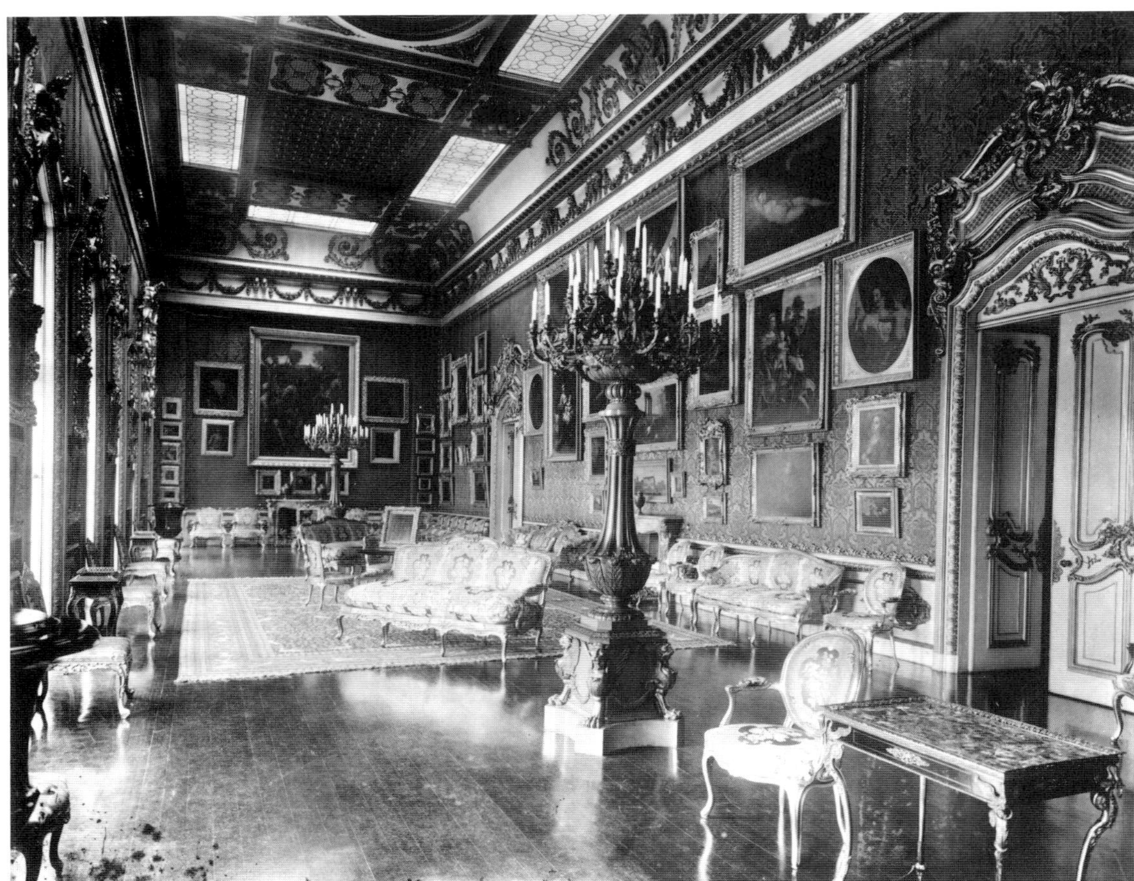

Die *Waterloo Gallery*, Apsley House. Von Benjamin Wyatt 1828–29 für den Herzog von Wellington eingerichtet. Die Oberlichter sind frühe Beispiele einer speziellen Galerie-Beleuchtung. National Buildings Record

einem Eisenzaun und einer Ziegelmauer ... in einer Länge von 21 Yard."[51]

Angesichts dieser ‚kläglichen Aussichten' dachten die Carlyles nicht länger an den Edwardes Square und nahmen eine – auch nicht größere – Wohnung in der Cheyne Row in Chelsea.

Die Armseligkeit dieser Häuser war, wie Pecchio bemerkte, eine Folge des Wohnungsbaus auf Mietbasis. Sehr wenige Wohnungsinhaber Londons lebten auf eigenem Grund und Boden, und nicht viel mehr bewohnten Häuser, die sie oder ihre Familien in Auftrag gegeben oder gebaut hatten. Es gab eine kleine Ausnahme von dieser Regel: eine Reihe aristokratischer Stadthäuser, nie mehr als zwei Dutzend, die an Strand und Piccadilly verstreut lagen sowie in Mayfair und St James's in der Nähe der königlichen Parks, dem Zentrum eleganten Promenierens. Die Häuser waren meist mit Naturstein verkleidet, hatten weitläufige Vorhöfe und waren diejenigen Häuser Londons, die dem aristokratischen Pariser *hôtel* oder dem italienischen *palazzo* noch am nächsten kamen, wenn sie deren Größe auch kaum je erreichten. Einige davon waren in den ungestümen Jahren nach Waterloo unter konservativer Herrschaft gebaut worden. Ein hervorragendes Beispiel, das bis heute erhalten ist, ist das Apsley House des Duke of Wellington an Hyde Park Corner, ursprünglich ein Ziegelbau, jedoch 1828–29 für den Eisernen Herzog von Benjamin Wyatt in Bath-Stein vergrößert.

Alle anderen, einschließlich der Peers, rechneten damit, in kurzfristig kündbaren Mietwohnungen oder auch für längere Zeiten zur Miete zu wohnen, und das konnte einen Zeitraum von wenigen Monaten bis zu 99 Jahren bedeuten. Bei allen Mängeln, die es hatte, förderte dieses System die Mobilität und die ökonomische Lebendigkeit. Fast der gesamte Wohnungsbau in London und seiner unmittelbaren Umgebung, also etwa 90% der gesamten Bautätigkeit, fand auf der Basis spekulativer Vermietung statt, das ein kompliziertes Beziehungsgeflecht zwischen Grundbesitzern, ihren Vertretern, Grundstückserschließern, Architekten, Bauunternehmern, Handwerkern, Anwälten, Hypothekengläubigern, Grundstücksmaklern, Pächtern und Mietern mit sich brachte.

Im London jener Jahre nahm die Wohnung stärker als in irgendeiner anderen Stadt der Welt den Status einer reinen Ware an. Die Struktur, Instandhaltung und sogar der Stil der Häuser hingen stärker von der Art ab, in der sie erbaut, gekauft und ver-

51 Survey of London, Bd. 42, 1986, S. 257.

kauft wurden, als von den Bedürfnissen oder den Lebensgewohnheiten der Mieter. Reihenhäuser mögen unvergleichlich viele gebaut worden sein, die mit Stuck und anderen stilistischen Neuerungen herausgeputzt und geschickt gruppiert wurden. Im Grunde aber blieben sie in Anlage und Ausstattung konservativ; trotz der dynamischen Entwicklung Londons und der Innovationen bei anderen Bautypen der Zeit. Aus diesem Grunde reagierte der spekulative Wohnungsbau, wie er es auch heute noch tut, überaus sensibel auf auch nur marginale ökonomische Veränderungen. Die Häuser Londons wurden überwiegend von Kleinunternehmern mit bescheidenem Kapital errichtet. Es gab keine probaten wirtschaftlichen Anreize, strukturelle oder technische Verbesserungen einzuführen – zum Beispiel bei Wohnungen mit einer Zentralheizung zu experimentieren oder mit einer besseren Bauweise.

Natürlich kam es zwischen 1800 und 1838 bei den Londoner Häusern zu Änderungen in der Bauweise. Bei umfangreicheren Grundstücken begannen große Erschließungs- und Bauunternehmen wie James Burton (Bloomsbury und Regent's Park) oder Thomas Cubitt (Bloomsbury, Belgravia und Pimlico), die kleinen Einheiten aus Meister und Handwerkern auszustechen, die zwei oder drei Häuser gleichzeitig errichteten. Das führte dazu, daß der Wohnungsbau in solchen Distrikten ein für alle Beteiligten geringeres Risiko brachte. Es bedeutete auch, daß der Architekt eines Grundbesitzers dazu übergehen konnte, Häuser in einheitlicher Bauart in Reihen oder zu einer Platzanlage anzuordnen und dabei erwarten konnte, daß sein Plan genau ausgeführt wurde. Vor 1800 war dies kaum erreichbar gewesen. Das erste erfolgreiche Beispiel für eine ganzheitliche Platzgestaltung ist der bis heute erhaltene Bedford Square aus den siebziger Jahren des 18. Jahrhunderts.[52] Der Fitzroy Square, das letzte Londoner Projekt der Adams-Brüder, ist allerdings noch typischer: Er wurde zwar 1792 begonnen, doch zwei Seiten des Platzes stammen aus den zwanziger Jahren des 19. Jahrhunderts und wirken entsprechend schwach. Während des Londoner Bau-Booms der zwanziger Jahre entstanden – so zahlreich wie nie zuvor – in fast jedem Vorstadtviertel viereckige Plätze (Squares), halbkreisförmige Häuserreihen (Crescents) und harmonisch gestaltete gerade Häuserreihen (Terraces) – in Belgravia, Kensington, Bayswater, St Marylebone, Bloomsbury, Clerkenwell, Islington, Hackney, Mile End, Greenwich, Walworth und Camberwell gleichermaßen. Dem lag mehr zugrunde als nur ein verbesserter stadtplanerischer Geschmack: Vielmehr waren die Ideale der Symmetrie und der Einheitlichkeit nun endlich in die Tat umzusetzen. Sehr oft fand das aber zunächst nicht statt, weil die meisten Bauunternehmungen immer noch klein waren und das Risiko einer Pleite weiterhin hoch blieb. Aber die Möglichkeit bestand.

Wenn man das spekulative Londoner Bauwesen mit den Zyklen wirtschaftlicher Entwicklung in Verbindung bringt, mag

52 Byrne 1990.

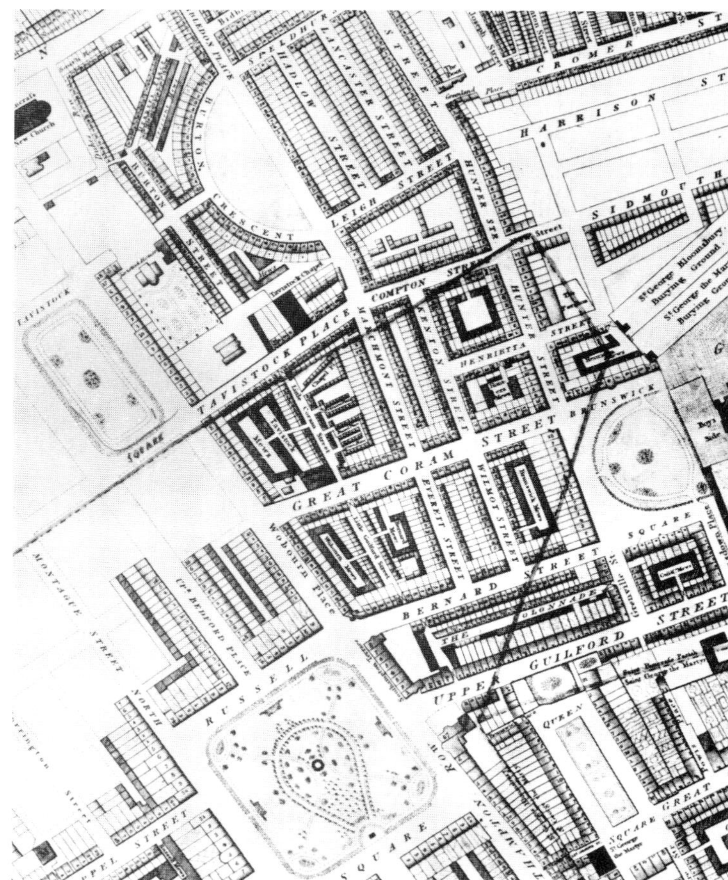

Teil von Bloomsbury mit den unterschiedlich gestalteten Straßen und Plätzen. Im Bereich des Bedford Estate ist der Russell Square fast fertiggestellt, der Tavistock Square kaum begonnen. Im Osten und Norden der neue dreiseitige Brunswick Square und der Bogen von James Burtons Crescent (heute Cartwright Gardens). Nach Horwoods Plan von London, Ausgabe 1816–19. Greater London Record Office.

Der Lloyd Square in Clerkenwell, 1937. J. und W. J. Booth, Architekten, ca. 1825–30. Greater London Record Office

das akademisch anmuten. Für Grundstückserschließer und Bauunternehmer aber war das eine brutale Realität. Bei fast jedem größeren Londoner Projekt läßt sich der gleiche Ablauf feststellen. Trotz (oder vielleicht auch wegen) des Krieges mit Frankreich machte die Bauwirtschaft in London nach 1800 rasche Fortschritte. Im Bezirk Somers Town in St Pancras „wurde jeder, der die Mittel dazu bekommen konnte, Bauunternehmer; Zimmerleute, ehemalige Gastwirte, Leute aus der Lederverarbeitung, Landarbeiter und sogar Verwalter von privaten Häusern zur Aufnahme von Geisteskranken waren allesamt bestrebt, ihre eigenen Häuser zu bauen, und dementsprechend wurde jede Straße immer länger".[53] 1811–12, als die Intensität und die Kosten des Krieges zunahmen, die Regierung mehr Kredite aufnahm und die Zinsen stiegen, kam es dann zu einem schweren Zusammenbruch. Viele Bauunternehmen brachen zusammen, darunter auch jenes, das ursprünglich für Carlyles Edwardes Square verantwortlich war. Das Schicksal des Regent's Park mit Nashs eindrucksvoller, aber erst halb fertiggestellter kreisförmiger Häuserreihe (Circus), dem heutigen Park Crescent, hing jahrelang in der Schwebe und sollte nie vollendet werden.

Nach Waterloo trat eine allmähliche Erholung ein. Diese Entwicklung vollzog sich dann in den frühen zwanziger Jahren und erreichte ihren Höhepunkt in dem annus mirabilis von 1825, während dessen in Middlesex mehr als 10.000 Grundbesitzurkunden registriert wurden.[54] Im Herbst dieses Jahres führte eine Krise im Kreditwesen zu einer vernichtenden Welle von Konkursen und einer Reduktion der Bautätigkeit in ganz London. Kurz darauf wurde der Ausbau des Regent's Park abrupt gestoppt. Spuren dieser Unterbrechung sind noch heute überall in London bei einigen großen Vorstadt-Häuserreihen oder -Villen von 1825 festzustellen, denen man viel später andere Häuser hinzufügte, als sich der Appetit auf Spekulationsgeschäfte wieder eingestellt hatte. Die dreißiger Jahre waren, was die Bautätigkeit anbetraf, eine ruhige Zeit, die erst nach der Thronbesteigung Königin Viktorias wieder in Schwung kam.

Das Wachstum der Vorstädte

Einen überraschenden Charakterzug der Geschichte Londons verrät die Vorliebe seiner Bewohner, weit von ihrem Arbeitsplatz entfernt zu wohnen, um dadurch ein ruhigeres und besseres Heim zu finden. Kommunale Wirtschaftsleute erläutern dieses Verhältnis in dem Sinne, daß man lieber mehr für die ‚Beförderung' und weniger für die ‚Miete' bezahlt – eine nützliche Formulierung, da sie auf den Zusammenhang zwischen vorstädtischem Verkehr und vorstädtischem Wohnen hinweist.

Wann und warum das Pendeln in London üblicher als in anderen Städten wurde, ist schwer zu beurteilen. Die unselige Aufeinanderfolge von Pest und Feuer in den Jahren 1665 und 1666 hat damit zu tun. In den hundert darauffolgenden Jahren verloren die City von London einen großen Teil seiner Bevölkerung und der Hof viele seiner ökonomischen Funktionen. Angesichts dessen war es für diejenigen, die keine festen gesellschaftlichen Pflichten hatten (in der Hauptsache die Kaufmannschaft), nur ein kleiner Schritt, sich weiter vom Stadtzentrum entfernt niederzulassen.

Haß auf die Stadt war ein Element der Frühromantik und des Radikalismus. Schon in den zwanziger Jahren hatte der radikale Journalist William Cobbett zur ‚Auflösung der Geschwulst' aufgerufen als der einzigen Möglichkeit, „die Angelegenheiten der Nation zu ordnen und sie wieder in einen glücklichen Zustand zu versetzen".[55] Cobbett selbst entschied sich für ein Leben auf einem kleinen eigenen Grundstück am Rande Londons. Doch die Hauptmotive für die Flucht aus der Stadt waren grundsätzlicherer Natur: Lärm und Schmutz, die durch Londons unaufhaltsames Wachstum und durch seine Industrialisierung immer schlimmer wurden. Am schlimmsten war der Rauch der unreinen Kohle aus Newcastle, Londons Universalbrennstoff. Graf Rumford, der Reformator des Kamins, machte 1796 das dringende Problem deutlich:

„Die enorme Brennstoffvergeudung vermag man an der riesigen dunklen Wolke zu erkennen, die ständig über dieser großen Metropole schwebt und häufig, nah und fern, das ganze Land überschattet; denn diese dichte Wolke besteht mit Sicherheit fast ausschließlich aus unverbrannter Kohle, die durch die unzähligen Feuerstellen der großen Stadt beflügelt ... aus den Schornsteinen entwichen ist und so lange weiter in der Luft herumsegelt, bis sie ihre Flüchtigkeit verloren hat und als trockener Schauer aus sehr feinem schwarzem Staub zu Boden fällt; im Herabsinken verdüstert er die Atmosphäre und verwandelt oft den strahlendsten Tag in eine mehr als schauerliche Finsternis."[56]

Mit der Einführung der Gasbeleuchtung wurden die Verhältnisse noch schlechter. Erst im Zeitalter der Elektrizität verbesserten sie sich.

Angesichts solcher Empfindungen entschieden sich diejenigen, die es sich leisten konnten, dafür, so weit außerhalb der Stadt wie nur möglich zu wohnen. John Thompson, ‚ein hervorragender Sachverständiger im Brauereigewerbe', begründete den Bau seines exzentrischen neugotischen Hauses in Hampstead wie folgt:

„Für jedermann, der durch seine berufliche Tätigkeit zu Tageszeiten, die gewöhnlich dem Geschäft gewidmet sind, an Orte voller Tumult und Lärm geführt wird, muß die Erleichterung, die er bei der Rückkehr in sein zurückgezogenes und ungestörtes Heim erfährt, einen hohen Wert darstellen."[57]

53 Sheppard, Belcher und Cotterell, 1979, S. 193.
54 Ibid., S. 188, 193–195.
55 Cobbett 1912, Bd. 1, S. 43.
56 Brown 1979, S. 167.
57 Thompson 1974, S. 121.

Die Entwicklung der Wohnsituation des unbedeutenden Architekten George Ledwell Taylor ist ein typisches Beispiel. Als junger Mann lebte Taylor mit seiner Mutter in der gut erreichbaren Earl's Terrace in Kensington, von der aus er volle fünf Kilometer zu seiner um neun Uhr beginnenden Arbeit lief, und wohin er „entlang der langweiligen Mauer von Knightsbridge nach Kensington" zum Abendessen wieder zurückkehrte. 1820 heiratete er und mietete eine Stadtwohnung am Bedford Square, deren rückwärtigen Räume er als Büros nutzte. Er mochte aber die Umgebung „wegen der großen Rauchwolke aus der benachbarten Brauerei" und der hohen Steuern nicht. Um 1830 hatte Taylor genug Geld, um etwa vier Hektar Land in Lee, etwa 12 Kilometer südöstlich von London, zu kaufen. Hier erbaute er an der höchstgelegenen Stelle des Grundstücks seine eigene Villa mit Gemüsegärten, Kieswegen und einem Teich unterhalb des Hauses.[58]

Dies ist ein für die höheren Berufsstände bzw. die ‚Kutschenleute', wie sie damals treffender genannt wurden, bezeichnendes Beispiel. Konnte man sich erst einmal ein Transportmittel leisten und einen Platz, um es an beiden Enden der Wegstrecke abzustellen, dann konnte man auch erheblich weiter vom Arbeitsplatz entfernt wohnen, wenn man als Maßstab den Aufwand an Zeit und Energie zugrunde legte, der erforderlich war, um seinen Arbeitsplatz von einer Stadtwohnung aus zu Fuß zu erreichen. Diese weitere Verbreitung der Areale für Wohnsitze setzte allerdings besser verwaltete und besser gepflasterte Hauptstraßen voraus. Der Bankier und Philanthrop Henry Thornton, der in den Jahren der Napoleonischen Kriege die kurze Entfernung von Clapham nach London zurücklegte, fand es „schrecklich, nur mit einem Zweiergespann in die Stadt zu fahren", wenn die Straßen aufgeweicht waren, und benutzte in diesem Fall ein Vierergespann.[59] Vor 1820 wurden die Straßen zum Teil von den Pfarrbezirken, zum Teil von ‚Mautstraßengesellschaften' verwaltet. Die Gebühren wurden an zahlreichen Schlagbäumen erhoben, und das ‚ständige Anhalten' führte dort zu mehr Ärger als Verdienst. Die Vereinheitlichung der Verwaltung und die Verlagerung der Kosten für den Straßenbau von der Mautgebühr zur kommunalen Steuer brachte die Lösung des Problems.1826 wurden alle mautpflichtigen Straßen nördlich der Themse einer einzigen Verwaltungskommission unterstellt. Damit verschwanden 27 Schlagbäume an einem Tag, und man zog den tüchtigen schottischen Straßenmeister James McAdam heran, um ein Sechs-Jahres-Programm der ‚macadamization' (Entwässerung und Erneuerung der Straßendecke mit einer Schicht aus fest planierten Granitsplittern) zu leiten. Viele der gepflegteren Straßen Londons wurden ebenfalls um 1830 ‚macadamisiert'.[60]

Vorstadtvillen, wie die von Taylor, oder Landhäuser, wie man sie oft anspruchsvoll nannte, breiteten sich nach 1800 überall aus.

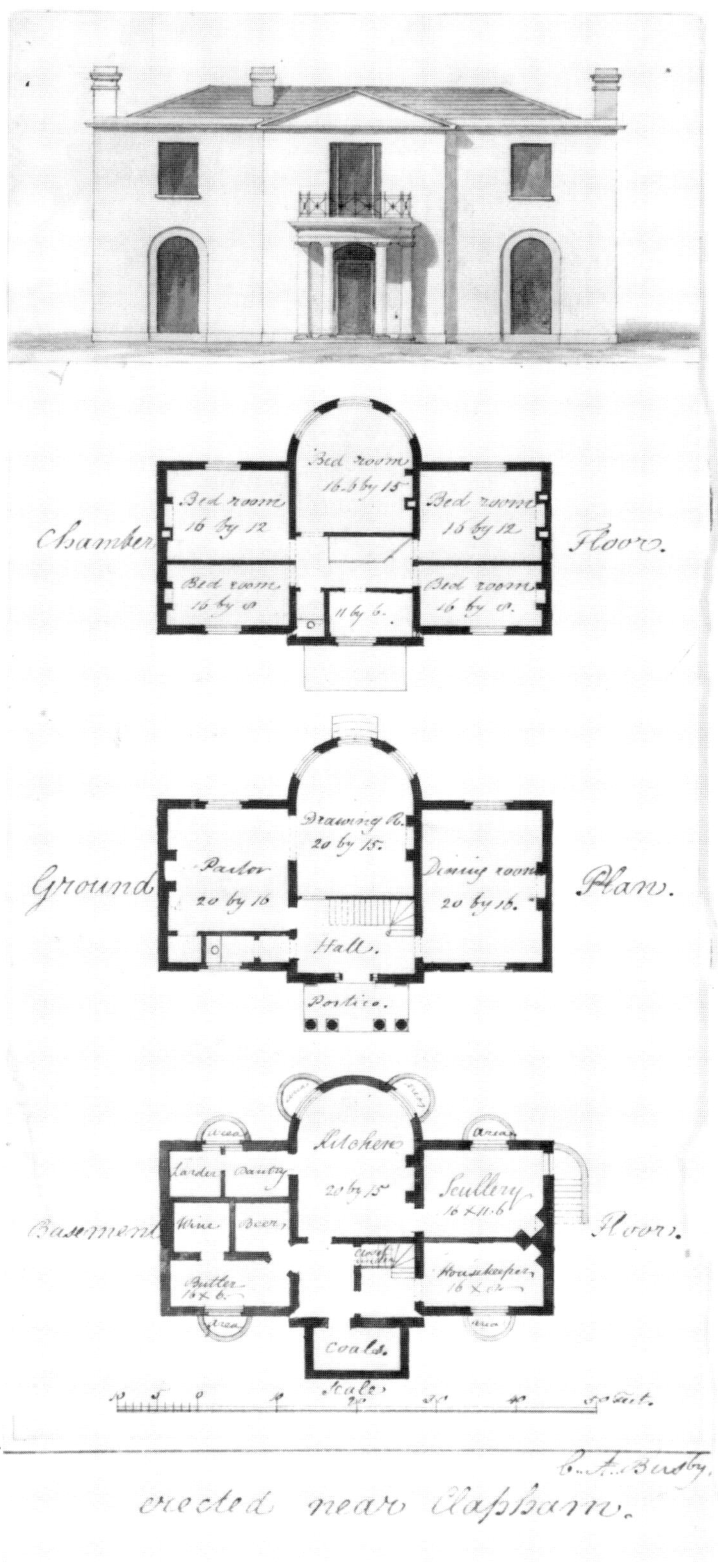

Clapham Common, Südseite, Pläne und Aufriß einer kleinen Vorstadt-Villa von Charles Busby, ca. 1808. British Architectural Library

58 Taylor 1870, Bd. 1, S. 162.
59 Forster 1956, S. 34.
60 Reader 1980, S. 165–171.

Clapham Common, Südseite, Busbys Villa im Jahre 1971. Greater London Record Office

Von Medizinern aus gesundheitlichen Gründen empfohlen, aber auch durch die wachsende Manie für Gärten und die Gartenbaukunst begünstigt, wurden sie auch von den jüngeren Architekten in verführerisch illustrierten Musterbüchern angepriesen. Charles Busby war mit seinem *A Series of Designs for Villas and Country Houses adapted with Economy to the Comforts and Elegances of Modern Life* (1807) einer der ersten auf diesem Feld. „Die wahren Eindrücke von Heiterkeit, Eleganz und Raffinement sind in unseren modernen Wohnungen so gut erfaßt und vereinigen sich dort so glücklich," teilte Busby seinen Lesern mit, „und ich zögere nicht zu sagen, daß wir uns rasch dem Zustand der Vollkommenheit nähern." Busby baute drei Villen in Clapham, so daß seine Entwürfe nicht alle rein imaginär blieben; und das ist mehr, als über manche seiner Autoren-Kollegen gesagt werden kann. Eine dieser Villen, Nottingham Cottage, ein schmuckloser anderthalbgeschossiger Kasten, zeigt, daß solche Häuser ebenso klein sein konnten wie die Reihenhäuser, denen sie vorgezogen wurden. Die Antwort des Architekten lautete: „Ich darf die Tatsache anführen, daß die zahlreichen Annehmlichkeiten dieses Hauses die meisten Leute während der Besichtigung überraschten, die es zunächst nur nach dem äußeren Eindruck beurteilt hatten." Der vertrauenswürdige Busby machte 1814 Bankrott.[61]

Um London entfliehen zu können, mußten die meisten Angehörigen der Mittelklasse jedoch auf einen funktionierenden öffentlichen Transport warten. Bis etwa 1810 waren ‚Kurzstrecken'-Kutschen, die nach London hinein kamen, selten, teuer, klein und überfüllt. Nach und nach verkehrten sie häufiger. Doch ein ordentlicher Omnibusbetrieb – der sogenannte ‚box on wheels' (‚Räderkasten') – erhielt erst 1829 seine Lizenz, gerade sieben Jahre vor der Eröffnung des ersten Abschnitts der wegbereitenden Eisenbahnverbindung von London nach Greenwich.[62] Folglich ist es nicht ganz abwegig zu denken, daß der öffentliche Pendelverkehr in London mit dem Eisenbahnzeitalter zusammenhängt, auch wenn zunächst mehr Menschen den Pferde-Omnibus als die Eisenbahn benutzten. Als das Pendeln erst einmal zur Gewohnheit geworden war und die Fahrpreise zu sinken begannen, büßten die von Leuten wie Thompson, Taylor und Busby gestalteten Stätten vorstädtischer Seligkeit an Exklusivität ein.

Abgesehen von denjenigen, die in der Lage waren, sich ihren eigenen kleinen Landsitz mit Villa zu schaffen, pflegten die ursprünglichen Bewohner der äußeren Vorstädte in Reihenhauszeilen zusammen zu ziehen, mit Gärten, die sich bis zu den Hauptstraßen erstreckten, oder an Squares am Rande bereits bestehender Dörfer wie Camberwell, Greenwich oder Kensington. Viele solcher Gemeinden wurden dadurch neu belebt. Kentish Town, vormals ein armseliger Weiler an der Straße nach Highgate, war bis zur Unkenntlichkeit von Landhäusern und kurzen Häuserreihen längs oder in der Umgebung der Hauptstraße aufgebläht worden. Zur Entlastung der bereits vorhandenen Filialkirche erhielt der Ort zwischen 1807 und 1821 noch zwei freikirchliche Kapellen, eine Apotheke, eine staatliche Schule, eine Wache für Winternächte und mehrere freiwillige Vereinigungen, die sich der ‚Verschönerung' der Umgebung widmeten.[63]

Es brauchte Zeit, bis sich eine angemessene und zusammenhängende Art vorstädtischer Entwicklung ergeben hatte. Als das dann aber geschah, wurde sie zu einer der großen Phasen architektonischer Erneuerung in England. Die experimentellen Entwürfe für Vorstädte, die jeweils durch die unbebauten Flächen am Ort inspiriert wurden, mußten auf die Entfaltung des *picturesque movement* warten. Im Londoner Süden waren einige Bauprojekte von Michael Searles ihre Vorboten. Vor allem diesem wenig bekannten Architekten und Bauunternehmer verdanken wir das alleinstehende Doppelhaus – ein spezifisch englischer Kompromiß zwischen ländlicher Ungebundenheit und städtischer Gemeinschaft, der seine Anziehungskraft noch nicht eingebüßt hat.[64] Bei der vorzüglichen halbkreisförmigen Häuserreihe The Paragon in Blackheath (1794–1805), Searles künstlerisch vollendetem Versuch in diesem Genre, sind die einzelnen Häuserpaare zum offenen Land hin ausgerichtet, sind aber, sich ihrer selbst versichernd, durch kurze Kolonnaden miteinander verbunden. Frei- und alleinstehende Doppelhäuser („abgetrennte Doppelhäuser" in der Terminologie des malerischen Architekten und Journalisten J. C. Loudon, der für sich und seine Mutter in Bays-

61 Bingham 1991, S. 30–32.
62 Barker und Robbins 1975, S. 3–21.
63 Tindall 1977, S. 117–120.
64 Bonwitt 1987.

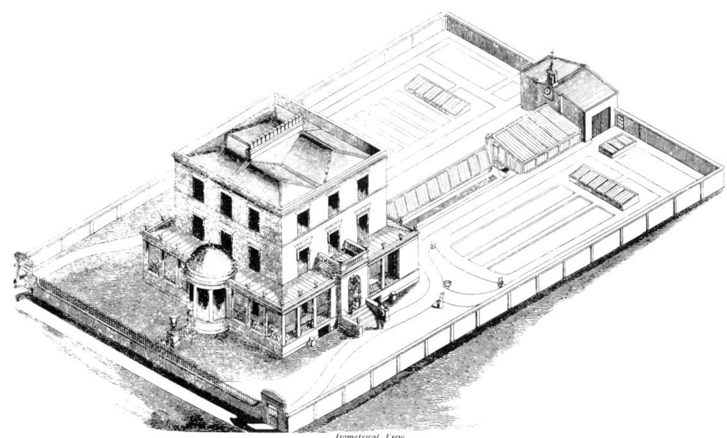

Axonometrische Ansicht der Doppelhaus-Villa für John Claudius Loudon und seine Mutter, Porchester Terrace, Bayswater, 1823-24. Aus Loudons *The Suburban Gardener*. Guildhall Library

Plan der Häuser und des Gartens von Loudons Villa in Bayswater. Guildhall Library

water[65] ein in der Öffentlichkeit stark beachtetes Doppelhaus baute; manchmal wurden sie auch als „zwei Häuser, die wie eins aussehen" bezeichnet)[66] dringen bald darauf in alle Vorstädte ein. Auch die mit Stuck verzierte Villa schrumpft zusammen, um sich dem Geldbeutel des Kurzstrecken-Pendlers anzupassen. Um 1820 beginnen diese Bautypen, die je nach Geschmack einen leicht gotischen oder griechischen Beiklang haben, sich an den Straßen der weitläufigeren Vorstädte abzuwechseln: in St John's Wood, Clapham Park und Blackheath Park. Doch erst Nash tat mit seinen Miniaturdörfern am Rande des Regent's Park (1824–28) den kreativen Sprung, die scheinbar unabhängigen Beziehungen zwischen kleinen Vorstadthäusern durch ein System gewundener Straßen, durch asymmetrische Positionen und mit Hilfe der Landschaft hervorzuheben. Damit „wandte sich Nash, der Landhaus-Architekt, wieder seiner Lieblingsbeschäftigung zu und hinterließ – nachlässig, in Eile wie immer und doch mit feinem Humor – ein Modell für die Vorstadt der Zukunft", um es mit den Worten von Sir John Summerson auszudrücken.[67]

Ihre Befürworter mögen die Londoner Vorstädte mit Begriffen der Idylle vorstellen, doch waren sie im Ganzen keinesfalls attraktiv. Cobbett schauderte beim Anblick ‚der cockneyartigen Erscheinung' der ländlichen Umgebung Londons mit ihren „Häusern, Gärten, Rasenplätzen und anderen Dingen zur Einquartierung der Juden und Schieber, der Mätressen und Bastarde, die dort ausgehalten werden."[68] Die nördlichen und westlichen Stadtviertel rühmten sich ihrer Obst- und Gemüsegärten, die im Osten und Süden aber waren weniger fruchtbar und oft ungepflegt. Die wenigen Bauwerke, die keine Wohnhäuser waren, konnten eine Zierde ihrer Umgebung sein, wie Soanes außergewöhnliche Dulwich College Picture Gallery. Sie konnten aber ebenso gut Überreste grausamerer Seiten des Lebens in der Metropole sein, wie das Irrenhaus Middlesex County Lunatic Asylum in Hanwell oder die verborgene Seidenweberei. Sie wurde von Stephen Wilson in den frühen zwanziger Jahren in dem abgelegenen Dorf Streatham errichtet und als erste in England mit Jacquardwebstühlen ausgerüstet, um das hohe Niveau der Löhne und die restriktiven Praktiken der Weber von Spitalfields zu brechen. Wilsons Experiment – einer der seltenen Versuche, das Fabrikwesen Mittel- und Nordenglands auf London zu

65 Loudon 1838.
66 Thompson 1974, S. 87.
67 Summerson 1980, S. 129.
68 Cobbett 1912, Bd. 1, S. 213, 256.

übertragen – schlug fehl. Selbst an der Peripherie Londons war jenes Ausmaß der Arbeitskraft-Überwachung einfach unmöglich, das von den Industriellen in kleineren Gemeinden praktiziert wurde. Eine von Wilson erbaute Mühle, die kürzlich wiederentdeckt wurde, ist heute ein Supermarkt.[69]

Ein weiterer Fluch der Vorstädte waren die kleinen Ziegeleien, zu den Zeiten der Hochkonjunktur im Bauwesen überall anzutreffen, da die Londoner Ziegel bis in die dreißiger Jahre des vorigen Jahrhunderts immer noch aus Londoner Lehm hergestellt wurden, der so nah an der Baustelle wie möglich gewonnen wurde. Louis Simond, ein französisch-amerikanischer Besucher, beschreibt 1811 eine Fahrt durch die Umgebung der Stadt:

„London streckt seine langen Polypenarme weit in das umgebende Land hinaus. Diese Erscheinung bedeutet nicht, daß sich die Bevölkerung im gleichen Maße vermehrt hätte, sondern sie hat sich lediglich vom Zentrum zu den äußersten Grenzen hin verlagert ... In den Randgebieten der Stadt leben die Leute in besserer Luft, größeren Wohnungen und zahlen eine geringere Miete; Omnibuskutschen, die jede halbe Stunde verkehren, erleichtern die Verbindung. Gewisse Gegenden am Stadtrand sind schwerwiegenden Belästigungen ausgesetzt; die Luft ist so sehr von den nach Aas stinkenden Ausdünstungen der Ziegeleien vergiftet, daß sie Brechreiz und starke Ekelgefühle hervorruft, bis man die Ursache des Gestanks in Erfahrung bringt ... Sobald wir außer Sicht- und Riechweite der Ziegel gelangt waren, erschien das Land auf sehr vorteilhafte Weise."[70]

Kurzum, die Umweltverschmutzung war nicht nur auf das Stadtzentrum beschränkt. Häufig stellte sich der Drang, London zu entfliehen, als ein vergebliches Unterfangen heraus.

Ein eindringliches Bild der Widersprüche zwischen dem neuen Atem der Vorstädte und der Realität im London Georges IV. liefert ein weiterer Ausländer, der exilierte italienische Dichter Ugo Foscolo. Mittellos, aber einfallsreich plante Foscolo in den 20er Jahren, eine Stuckvilla am Ufer des Regent's Canal bauen zu lassen, die er „Digamma Cottage" taufte, um an den Triumph in einer mit Flugschriften geführten Diskussion über einen archaischen Buchstaben des griechischen Alphabets zu erinnern. Von zwei Dienerinnen in griechischer Tracht bedient, genoß Foscolo die Aussicht auf das Ufer. Aber den großen Romantiker schmerzte es, die schmutzigen Kohlenfrachter und die jenseits seines Gartens arbeitenden Kahnführer beobachten zu müssen statt der antiken Schiffe in seiner Phantasie. Allerdings konnte er sich seines Digamma Cottages nur eine kurze Zeit lang erfreuen, bevor seine Gläubiger ihn zu fassen bekamen.[71]

69 Harwood und Saint 1991, S. 223–224.
70 Simond 1817, Bd. 1, S. 260.
71 Franzero 1977, S. 79–83.

DIE ERNEUERUNG DER HAUPTSTADT – JOHN NASH UND DAS „MALERISCHE“

J. Mordaunt Crook

„Einmal, nur ein einziges Mal, wurde ein großartiger Plan für London entworfen und ausgeführt, der die Entwicklung der Hauptstadt in ihrer Gesamtheit betraf. Es war der Plan, der die Erneuerung der Hauptstadt (*metropolitan improvements*) im Regency in Kraft setzte, der Plan, der die Gestaltung des Regent's Park im Norden, des St. James's Park im Süden und der sie beide verbindenden Verkehrsader der Regent Street umfaßte, die Anlage des Trafalgar Square, die Errichtung des West End von The Strand, das Gebiet der Suffolk Street sowie die Anlage des Regent's Canal mit seinem Stichkanal und dem Becken für den Regent's Park. Dieser immense Plan, der Londons unfertigem West End ein ‚Rückgrat‘ gab und sich folgenreich auf die spätere Ausdehnung in nördlicher und südlicher Richtung auswirkte, wurde unter der genialen Leitung von John Nash ausgeführt."

(Sir John Summerson, *Georgian London*, 1962, S. 177)

Jede Untersuchung über die Regency-Architektur muß mit Summersons Bild von John Nash als Londons Meisterplaner beginnen.[1] Aber je eingehender wir die Geschichte dieser Erneuerung (*metropolitan improvements*) untersuchen, desto weniger kohärent erscheinen sie. Episodisch, langwierig, unterbrochen, nicht überzeugend, wie sie war, kann die Geburt des Regency-London mit den Begriffen einer konsequenten Städteplanung nicht angemessen beschrieben werden. Sie beruhte vielmehr auf Instinkt und Glück: ein klassischer Fall des ‚Durchwurstelns‘.

Das Durcheinander beruhte auf gesetzmäßiger Ordnung. Die *metropolitan improvements* des frühen 19. Jahrhunderts ergaben sich aus einer Verbindung zwischen der öffentlichen und der privaten Hand: der öffentlichen in Gestalt von drei Dienststellen der Regierung und privat in Form verschiedener Bauunternehmer. Das Bindeglied zwischen beiden aber war John Nash. Er trat jedoch erst spät in Erscheinung, und man begann mit den entsprechenden Maßnahmen zunächst bei jenen drei Dienststellen: dem Bauamt (Office of Works), der Staatsdomänenverwaltung (Land Revenue Office) und dem Amt für Wälder und Forsten (Office of Woods and Forests).

Das Bauamt war 1782 neu und professionell geordnet worden. Es befaßte sich mit königlichen Palästen und öffentlichen Gebäuden, soweit sie den Steuerzahler belasteten. Sein Einfluß auf Londons Gesicht in der Regency-Zeit war beträchtlich: das British Museum, das Hauptpostamt, die Münze, das Zollhaus, Somerset House, die National Gallery, Buckingham Place – sie alle waren in unterschiedlicher Weise Projekte des Bauamts. Dessen Anteil an den *metropolitan improvements*, d. h. an dem Entwicklungsprogramm für die Bereiche von Regent's Park, Regent Street, Trafalgar Square und St. James's Park war jedoch allenfalls oberflächlich. Wie stand es um die beiden anderen Behörden? Die Staatsdomänenverwaltung befaßte sich mit der Verpachtung, dem Verkauf und der Sanierung von königlichem Eigentum, und die Pflichten des Amtes für Wälder, Forsten, Parks und Jagden gehen aus seinem aufschlußreichen Namen selbst hervor. Durch die Vereinigung dieser beiden Ämter im Jahre 1810 konzentrierte die Regierung in einer Behörde Verantwortlichkeiten, die heute auf mindestens fünf verteilt sind: Stadtsanierung (Department of the Environment), Straßenbau (Ministry of Transport), Aufforstung (Ministry of Agriculture), Einrichtungen von Militär und Marine (Ministry of Defence) und die Verwaltung des königlichen Besitzes (Crown Estates Commissioners). 1815 wurde dann ein Bereich dieser vielfältigen Aufgaben, nämlich die Bautätigkeit in den königlichen Parks, dem neueingerichteten Bauamt übertragen. Aber 1832 wurden alle drei Behörden unter dem übergreifenden Namen „Woods, Forests, Land Revenues, Works and Buildings" vereinigt. Zwanzig Jahre später hatte sich dann allerdings herausgestellt, daß die Arbeit dieser dreiteiligen Behörde ebenso beschwerlich wie seine Bezeichnung war, und die Verwaltung der öffentlichen Bauten wurde im Jahre der ersten Weltausstellung erneut von der der königlichen Ländereien abgetrennt.

Der Gedanke, Krongüter neu zu erschließen, erwuchs aus der Notwendigkeit, die Einnahmen zu Zeiten königlicher Verschwendungssucht und unvergleichlich hoher Kriegskosten zu maximieren.[2] 1786 setzte William Pitt deshalb eine Reihe per Gesetz verordneter Untersuchungen in Gang, für die 17 Berichte zwischen 1786 und 1793[3] verfaßt wurden, vier zwischen 1797 und 1809[4] und weitere sieben zwischen 1812 und 1830.[5] Die Helden dieser aufklärenden und reformerischen Aktivitäten waren zwei eifrige schottische Staatsbeamte, John Fordyce[6] und Sylvester Douglas, Baron Glenbervie.[7] Gemeinsam verwandelten

1 Summerson 1935; Summerson 1980.
2 Pugh 1960.
3 Commons Journals, Bde. xlii, S. 310; xliii, S. 145, 559; xliv, S. 126, 552; xlv, S. 120; xlvi, S. 97; xlvii, S. 141, 883, 1031; xlviii, S. 267. Binney 1959.
4 1797, 1802, 1806, 1809: Wiederabdruck in: Parliamentary Papers, 1812, S. XII.
5 Dreijahresberichte (Triennial Reports), in: Parliamentary Papers, 1812, S. XII; 1816, S. XV; 1819, S. XIX; 1823, S. XI; 1826, S. XIV; 1829, S. XIV; 1830, S. XVI.
6 Fordyce – ein Farmer aus Ayrshire – war einer von mehreren schottischen Verwaltern, die von Viscount Melville, dem „Kaledonischen Herkules", gefördert wurden (PRO, WORK 16/40/3, 158: 27. Juni1796; Gentleman's Magazine, 1809, S. ii, 658, 780).
7 Siehe PRO, CRES 8/1 (1803), 8/2 (1805–6), 8/5 (1810), 8/7 (1812) zu Glenbervies Reform der Ministerien. Zu seinem Leben in höfischen Kreisen siehe Glenbervie Journals, hg. v. W. Sichel (1910) und Diaries of Sylvester Douglas, Lord Glenbervie, hg. v. F. Bickley (1928). John Thornborrow, der Hauptbuchhalter bei Robinson und Glenbervie, ist ein gutes Beispiel für den neuen unpolitischen und mit £ 700 jährlich besoldeten Staatsbeamten (Royal Kalendar, 1814).

sie die Staatsdomänenverwaltung in eine Art modernes Ministerium.[8] Und jeder von ihnen trat an die Stelle eines herausragenden Beispiels hannoverscher Korruption: Fordyce wurde 1782 Nachfolger von George Augustus Selwyn, dem witzigen Lebemann, Spieler und Inhaber zahlreicher einträglicher Ehrenämter,[9] und 1783 wurde Glenbervie Nachfolger von ‚Rattenfänger' Robinson, dem Anführer der ‚King's Friends'.[10] Diese beiden Veränderungen, und mehr noch das Auftreten William Huskissons, der seit 1815 Glenbervie nachfolgte, belegen auch recht gut die Wandlung vom georgianischen zum viktorianischen Verhaltenskodex im öffentlichen Leben: Als die *metropolitan improvements* nach einem halben Jahrhundert endlich in Angriff genommen wurden, geschah dies wenigstens auf rechtschaffene Weise.

Rechtschaffen eher als effizient und konsequent. Zwischen Fordyces erster Formulierung der eindrucksvollen Strategie der Domänenverwaltung im Jahre 1793 und dem vierzig Jahre später erfolgten Abbruch der Arbeiten unter skandalösen Umständen kam es zu unzähligen Planänderungen, die sich fast immer eher zufällig ergaben, als daß sie durchdacht waren.

Der erste Zufall war der Tod von William Pitt im Januar 1806. Dies hatte die Koalition des ‚Ministry of All the Talents' zur Folge. Ihr Kandidat als ‚Oberhaupt' (*chief woodman*) war ein Spieler und alter Busenfreund von Charles James Fox, Lord Robert Spencer, genannt der ‚komische Bob'.[11] Spencer brachte zwei Persönlichkeiten mit, die in der Geschichte des *Malerischen (Picturesque)* Schlüsselpositionen einnehmen sollten: John Nash und Uvedale Price. Nash wurde berufen, um die Inkompetenz von John Harvey, des derzeitigen Architekten im Amt für Wälder und Forsten, zu untersuchen.[12] Diese Aufgabe erledigte er so gründlich, daß er dafür umgehend mit Harveys Amt belohnt wurde.[13] Die Umstände, die zur Ernennung von Price führten, sind eher noch obskurer. In seiner offiziellen Funktion war er der erste und letzte Aufsichtsbeamte beim Stellvertretenden Inspektor für Wälder in Dean.[14] Aber es ist ganz klar, daß sich Spencer einfach um seine Whig-Freunde kümmerte. Und diese Freunde waren nun zufällig Anhänger des *Malerischen*. Price war der erste, der Nash die Prinzipien dieser Philosophie erklärte: Während der Planung seines dreieckigen Schlosses in Aberystwyth hatte er 1795 die optischen Vorteile der Verbindung von Architektur und Landschaft erläutert. Nash hatte offenbar „nie zuvor auch nur in Ansätzen an so etwas gedacht".[15] Nun, zehn Jahre später, befanden sich Nash und Price in derselben Dienststelle und sprachen zweifellos auch weiterhin die Sprache des *Malerischen*.

Der zweite Zufall bestand in einem ziemlich außergewöhnlichen Zusammentreffen verschiedener Ereignisse. Im April 1811 liefen die Pachtverträge für den Marylebone Park aus und fielen wieder an die Krone zurück. Zwei Monate zuvor, war Georg III. im Februar 1811 endgültig für geisteskrank erklärt worden, und damit begann offiziell das Regency. Innerhalb einiger Wochen, im März 1811, war Nashs erster Plan für den Regent's Park fertig, und schon kurz darauf prahlte der Prinzregent, er würde „Napoleon völlig in den Schatten stellen".[16]

Der dritte Zufall war der plötzliche Tod von James Wyatt nach einem Verkehrsunfall im September 1813. Wyatt war Generalinspektor im Bauamt gewesen -- und zwar ein überaus nachlässiger. Bei seinem Tode wurden die Zuständigkeitsbereiche dieses Amtes daher aufgeteilt. Nash erhielt die königlichen Paläste, Soane Whitehall und Westminster und Smirke das British Museum, das Postamt, die Königliche Münze und das Londoner Gefängnis. „Ich bin der König", sagte Nash zu Soane, „Sie sind das Oberhaus und *Ihr* Freund Smirke ist das Unterhaus".[17] Im Hinblick auf die *metropolitan improvements* ergab sich daraus folgendes: Ab Oktober 1813 – offiziell erst ab April 1815 – hatte Nash drei Zuständigkeitsbereiche: beim Amt für Wälder, Forsten und bei der Staatsdomänenverwaltung befaßte er sich mit der Erschließung des königlichen Besitzes; beim Bauamt mit den königlichen Palästen, die aus der öffentlichen Kasse bezahlt wurden; für die, die aus der Privatschatulle des Königs unterhalten wurden (z. B. Brighton Pavilion u. a.) war er bereits als persönlicher Architekt des Regenten verantwortlich. Als es um den Buckingham Palace ging, kollidierten alle drei Aspekte seiner Aufgaben miteinander,

8 Trotz protokollarischer Inhaber von Sinekuren; der erbliche Lord-Aufsichtsbeamte bzw. Forstbeamte von Whichwood Forest z. B. war der Herzog von Marlborough, der von Whittlewood Forest war der Herzog von Grafton und der von Selsey Forest Lord Ipswich (PRO, CRES 8/2, S. 142, 146). Im Windsor Forest war der Herzog von Gloucester Oberaufseher von Bagshot Walk, Prinzessin Sophia von Gloucester Oberaufseherin von New Lodge Walk und der Earl of Albemarle derjenige von Swinley Walk (PRO, CRES 8/2, S. 421).

9 Pitt hatte Selwyn 1783 als Entschädigung für den Verlust seines lukrativen Zahlmeisteramtes in dem noch nicht reformierten Bauamt mit dem Amt des Oberinspektors der Staatsdomänenverwaltung beschenkt (Gentleman's Magazine, 1791, i, S. 94).

10 Robinson wurde 1787 Nachfolger von John Pitt als Oberinspektor beim Amt für Wälder und Forsten und gewann den Farmer George für sich, weil er 20.000 Eichen und Millionen von Eicheln in Windsor ausgepflanzt hatte (Dictionary of National Biography). Zu seiner Ausdauer in bezug auf Richmond Park siehe z. B. PRO, WORK 16/211: 22. Juli 1793.

11 History of Parliament: the House of Commons, 1790–1820, hg. v. R. G. Thorne, Bd. 5 (1986), S. 241–243.

12 Dies war ein Amt, das in der Geschichte von Unfähigkeit gekennzeichnet war. Die Inspektoren der Staatsdomänenverwaltung – John Marquand, Thomas Leverton, Thomas Chawner, Henry Rhodes – wurden vom Ministerium ernannt und befaßten sich nur mit banalen Pflichten wie der Bewertung von Häusern, Messungen und Kartographie; doch die Architekten beim Amt für Wälder – Charles Cole, John Soane, James Wyatt, John Nash, James Morgan – wurden vom Schatzamt ernannt; sie unterlagen somit Schwankungen im Hinblick auf politische Protektion und waren für umstrittene Arbeiten in den königlichen Parks verantwortlich. Soane trat zurück, Cole und Wyatt wurden entlassen und Nash und Morgan fielen der Reorganisation im Jahre 1815 zum Opfer.

13 Nash stellte Untersuchungen zur Ausbesserung einer Brücke am Ende der Serpentine etwa in der Mitte der Rotten Row an (PRO, CRES 8/2, S. 505; 8/3, S. 11, 18, 35). Nash und Morgan wurden am 23. Oktober 1806 (PRO, CRES 8/2, S. 515) vorläufig ernannt und am 23. März 1807 in ihren Ämtern bestätigt (PRO, CRES 8/3, S. 147). Siehe auch Parliamentary Papers 1813, Bd. V, S. 499, 501.

14 Seine Aufgabe bestand in der Unterstützung des stellvertretenden Forstinspektors in der Beseitigung des Mißbrauchs von Waldland durch Pächter und Bergarbeiter sowie im verstärkten Anbau von Nutzhölzern (PRO, CRES 8/2, S. 386, 400, 405). Prices Gehalt betrug (1806–9) £ 400 pro Jahr. Im Zuge der Reorganisation von 1810 wurde sein Amt gestrichen (PRO, CRES 8/5, S. 19).

15 Price am 18. März 1798 an Sir George Beaumont, zitiert nach Summerson 1980, S. 21. Zu Castle House siehe Mansbridge 1991, Nr. 38.

16 Thomas Moore an James Corry, 24. Oktober 1811 (Memoirs ... of Thomas Moore, hg. v. J. Russell 1856, viii, S. 97).

17 Bolton 1927, S. 352.

und das führte in finanzieller und verwaltungstechnischer Hinsicht zu fatalen Ergebnissen.[18]

Wie gesagt, trat Nash im Rahmen der *metropolitan improvements* erst spät in Erscheinung, und zwar aufgrund einer Reihe von Zufällen. Er fand eine Finanzstrategie für die Nutzung staatlichen Grundbesitzes vor, in der ein großangelegtes Programm der Stadtsanierung und des Straßenbaus enthalten war. Seine Aufgabe war es nun, der Strategie und dem Programm architektonische Form zu verleihen. Als er 1811 seine Arbeit aufnahm, gab es bereits seit dreißig Jahren grundlegende Gedanken zu diesem Thema. Zum Beispiel hatte 1795 der Earl of Lonsdale dem Prinzen von Wales einen neuen Weg zur Liquidierung alter Schulden vorgeschlagen: einfach die Peripherie des Hyde Park neuzugestalten.[19] Aus diesem sonderbaren Vorschlag wurde damals nichts. Doch als der Prinz Prinzregent wurde und „Napoleon in den Schatten zu stellen" beschloß, erinnerte man sich zweifellos an Lonsdales Rat.

Daß der Prinzregent und sein Architekt schließlich in Pariser Kategorien dachten, war ganz verständlich. Denn damit ergab sich die Gelegenheit, sowohl dauerhafte Siegessymbole als auch städtische Promenaden zu errichten, die es mit der Rue de Rivoli aufnehmen konnten. Nash war kein gelernter Architekt. Ob er tatsächlich Ledoux' großen Folioband von 1804 mit den Plänen zu einer utopischen *ville sociale* durchgesehen hatte, ist nicht zu beweisen.[20] Wir wissen jedoch, daß Nash 1814 in Frankreich war und den architektonischen Glanzstücken von Paris zur Feier des Friedens einen Besuch abgestattet hatte.[21] Und im November 1815 reiste er noch einmal dorthin.[22] Als er dann 1825 den Buckingham Palace neu plante, dachte er dabei unter anderem auch an die Tuilerien; Marble Arch hat dem Arc du Carrousel sicher einiges zu verdanken. Und als er in demselben Jahr endlich in der Lage war, die Chester Terrace, eines der bemerkenswertesten Monumente im Regent's Park, fertigzustellen, bemerkte er mit Genugtuumg, daß sie tatsächlich „fast so lang wie die Tuilerien war".[23] Was Carlton House betrifft, so beabsichtigte er 1827, daß es gegenüber Gabriels Bauten an der Place de la Concorde eine wesentliche Verbesserung darstellen sollte.[24]

Es gab jedoch noch eine weitere Überlieferung. In einer eindrucksvollen Passage seiner dreizehnten Akademie-Rede hatte Sir Joshua Reynolds darauf hingewiesen, daß

„die Formen und der Verlauf der Straßen Londons und anderer alter Städte zufällig entstanden sind, ohne einen zugrundeliegenden Plan oder Entwurf; doch sind sie deswegen für den Spaziergänger oder Betrachter nicht weniger angenehm. Im Gegenteil, wenn die Stadt nach dem regelmäßigen Plan von Sir Christopher Wren erbaut worden wäre, dann wäre ihre Wirkung, wie wir das von einigen neuen Teilen der Stadt kennen, ziemlich unerfreulich: die Gleichförmigkeit könnte Langeweile und leichten Widerwillen hervorrufen".[25]

Als die Regent Street entworfen wurde, sollte sich die High Street in Oxford als nützlicheres Vorbild als der Palais Royal erweisen.[26]

Da es keine offizielle Autorität für die Stadtplanung gab, wurden *faute de mieux* die Verwalter der Staatsdomänen zu Koordinatoren der Planung und damit zu Vorläufern des Amtes für öffentliche Arbeiten (Metropolitan Board of Works), des Londoner Grafschaftsrats (London County Council) und des Rates von Groß-London (Greater London Council). Der bedeutendste Sanierungsplan in der Geschichte der Stadt fiel also in die Hände einer zunächst nicht dafür ausgewählten Gruppe von Staatsbeamten, deren einzige offizielle Aufgabe es war, die Einnahmen aus den Staatsdomänen zu steigern.[27] Daß sie das taten, ohne zumindest das Wohlbefinden der Öffentlichkeit zu vernachlässigen, verrät uns – unabhängig von ihrem ästhetischen Empfinden – einiges über den Sinn jener Politiker-Generation für bürgerliche Tugenden. Wie dem auch sei, in Fordyces Berichten an das Schatzamt – in erster Linie in denen von 1793[28] und 1809[29] –, wurden die Maßstäbe skizziert, nach denen Nash sich eines Tages richten sollte: ein umgestalteter Marylebone Park mit Häusern, Kanalisation, Beleuchtung, Dienstleistungen und Beförderungsmitteln; Straßen, Kanälen, Märkten, Wirtshäusern, Kirchen, Geschäften und Denkmälern, vielleicht sogar mit einer *Walhalla*; auf alle Fälle ein urbaner Bezirk im Norden Londons, mit Mayfair, Charing Cross, Whitehall, Westminster, den Zentren der Macht und der Mode, durch ein kühnes Netz neuer Verkehrsadern verbunden.

Fordyce entwarf natürlich keine Pläne, doch er förderte die Landvermessung[30] und ebenfalls einen fehlgeschlagenen Wettbewerb.[31] Durch ihn kam es zur ersten der *metropolitan improve-*

18 Das Schatzamt setzte fest, daß der Buckingham Palace „als ... völlig vom Aufgabenbereich des Bauamts losgelöst angesehen werden sollte, sowohl was die Besoldung als auch die Leitung neuer Arbeiten angeht" (PRO, WORK 1/17, S. 129: 1. Juni 1828). Finanziell war es unmöglich, die Trennung beizubehalten, und so wurde Nash aufgrund einer Anweisung des Schatzamtes vom 2. Oktober 1830 aus dem Bauamt entlassen (PRO, WORK 1/18, S. 332), obwohl er tatsächlich schon seit 1826 auf das Gehalt für seine Tätigkeit als dem Amt angeschlossener Architekt verzichtet hatte (ibid.; Noble 1836, S. 33–35).

19 A. Aspinall (Hg.), Correspondence of George, Prince of Wales, 1770–1812, iii (1965), S. 120; Nr. 1055: 1795.

20 Dieser Gedanke wird von Summerson 1960, S. 14, vorgetragen.

21 Siehe Architectural History, Bd. 11 (1968), S. 46 Anm. 20.

22 PRO, CRES 8/10, S. 358: 23. Mai 1816.

23 PRO, CRES 2/1737.

24 Siehe unten S. 90–91

25 J. Reynolds, Discourses on Art, hg. v. R. R. Wark (San Marino, 1959), S. 243.

26 Parliamentary Papers 1812, Bd. XII, Anhang 12B: 1. Bericht.

27 Nash sagte, daß „die Hauptaufgabe der Krone, wie ich sie auffasse, ist die Erneuerung ihres Grundbesitzes, ihn zu mehren und nicht zu mindern und keinen Teil davon zu verkaufen; eine prächtige öffentliche Straße wäre das Ergebnis, nicht die Ursache" (Parliamentary Papers 1816, Bd. XV, S. 122–124: 31. März 1813).

28 Parliamentary Papers 1812, Bd. XII, S. 517, 530–531: 1. Bericht, Oberinspektor für Einnahmen aus staatlichem Grundbesitz, Anhang 3A, 27. Juni 1793. 29) Parliamentary Papers 1812, Bd. XII, S. 718, 763–764: 4. Bericht ... 6. April 1809.

30 Von George Richardson (1794): PRO, MR 324 [LRRO 1/479]; MR 1103 (2) [LRRO 1/1042 (2)].

31 Eine Vergütung von £ 1.000, die „jedem Londoner Architekten von Rang" zugänglich ist (Parliamentary Papers 1812, Bd. XII, S. 517, 530–531: 27. Juni 1793). Nur John White reichte Pläne ein (ibid., S. 355–356).

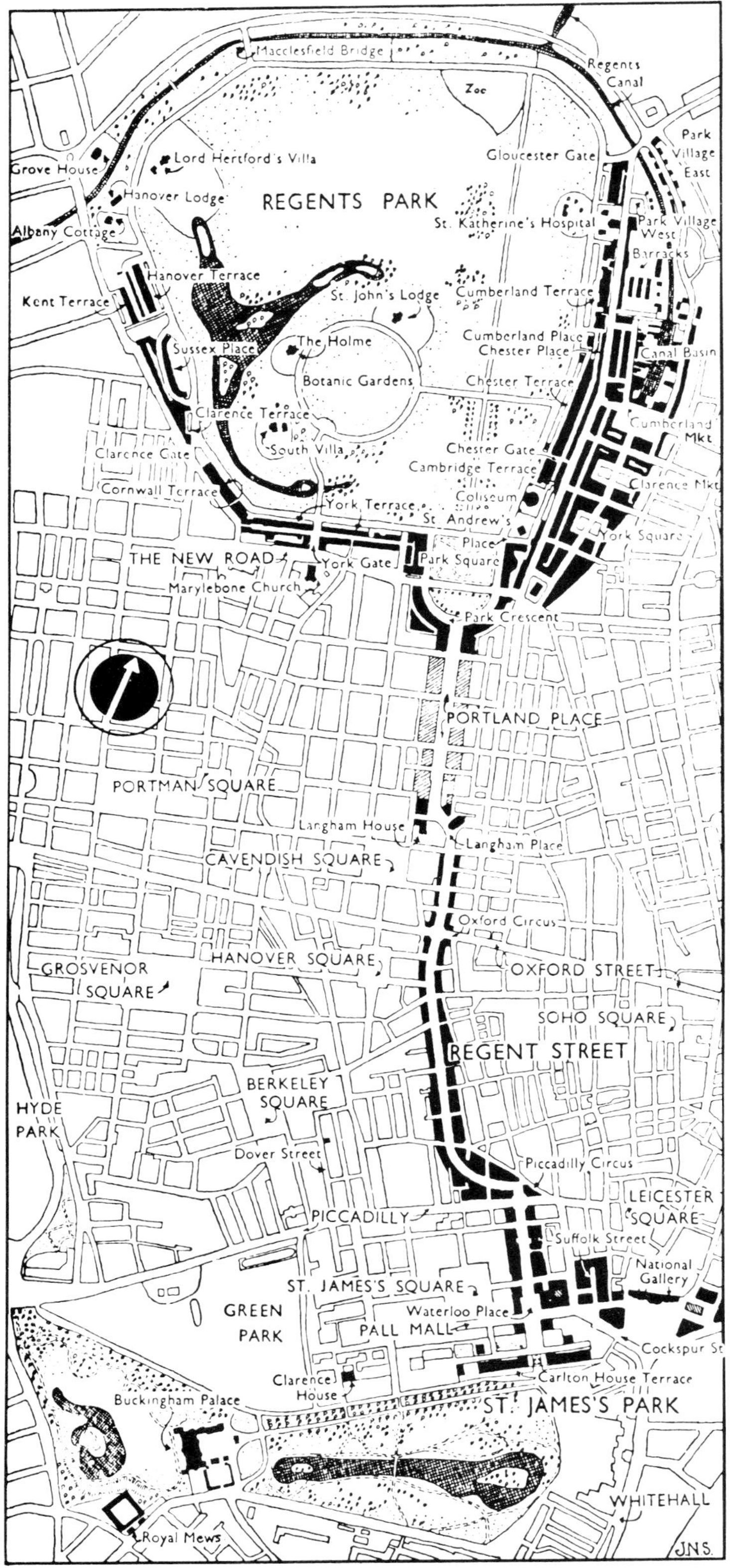

Plan mit Nashs *Improvements.* Sir John Summerson

ments: John Whites Vorschlag von 1809.[32] In Whites Plan gab es einige Merkmale, die in veränderter Form in den nachfolgenden Plänen wiederkehren: eine halbkreisförmige Häuserreihe (Crescent) am oberen Ende des Portland Place mit einer großen Kirche in der Mitte; ein nach *malerischen* Prinzipien angelegtes ‚Ziergewässer', das den Formationen der Landschaft entspricht; und ein Kranz von Villen um den Park, die von einer umgebenden, begrenzenden Hauptstraße – der Grenze des gesamten Bereichs – erreichbar waren. Fordyces Gedanken spielten dabei immer noch deutlich eine Rolle. Auch 1810, wenige Monate nach Fordyces Tod, bildeten sie die Grundlage für den Entwurf einer Gruppe von Anweisungen, die die frisch vereinigten Regierungsstellen (s. o.) verfaßt hatten. Diese Richtlinien wurde an die jeweiligen Behördenarchitekten weitergeleitet: an Thomas Leverton und Thomas Chawner (Land Revenue Office), an Nash und James Morgan (Office of Woods and Forests). Beide Gruppen wurden angewiesen, Edinburgh und Bath als mögliche Vorbilder zu studieren, weswegen auch beide Entwürfe vorlegten, die nur Andeutungen *malerischen* Planens enthielten.

Leverton und Chawner begannen mit jenem netzförmigen Layout, das uns durch Londons georgianische Bezirke bekannt ist – Bedford, Portland, Southampton, Portman – und kombinierten es mit der jetzt umgekehrten halbkreisförmigen Häuserreihe und der bereits von White vorgesehenen äußeren Hauptstraße.[33] Fordyces Hauptachse folgend, schlugen auch sie vor, Marylebone durch eine – zuerst 1808 geplante – Straße mit Westminster zu verbinden, die etwas östlich von der späteren Regent Street lag.[34] Es war ein guter Plan, wie für ein neues Bloomsbury. Aber ihm mangelte es an zwei Eigenschaften, die Fordyce und seinen Nachfolgern ganz offenkundig am Herzen lagen: an bürgerlicher Würde und öffentlicher Annehmlichkeit.

Nashs erster Plan vom März 1811 für den Regent's Park[35] erwies sich – was die Dichte der Bebauung anbetraf – als fast ebenso urban; ein Annex der Großstadt, auf der Grundlage geometrischer Linien angeordnet und von einem länglichen Platz sowie einem doppelt so großen Platz beherrscht; mit Häuserblöcken, Alleen und halbkreisförmig angeordneten Häuserreihen, dazu ein gewundener See und vereinzelte Villen zwischen den Windungen: gerade genug, um die Illusion der Ländlichkeit zu erwecken. All dies wurde auf zwei riesigen Panoramabildern gefällig dargestellt, offenbar von A. C. Pugin und George Repton, um den *malerischen* Aspekt der Szene zu betonen.[36]

32 PRO, MPE 918 (1)–(3) [LRRO 1/1062 (1)–(3)]; veröffentlicht in White Jnr. 1813. White war Anlieger, sein eigenes Haus steht in der Mitte des Halbkreises, und Aufseher des Portland-Grundbesitzes.
33 PRO, MR 1108 (1) [LRRO 1/1042 (1)]. Veröffentlicht in Parliamentary Papers 1812, Bd. XII, S. 429: 1. Bericht.
34 Parliamentary Papers 1812, Bd. XII, S. 429: 1. Bericht.
35 PRO, MPEE 58 [LRRO 1/1000]. Siehe Summerson 1977, S. 56–62 und 1980, Tafel 22.
36 „Perspektivische Zeichnungen ... Blick auf die Parkanlagen von der Haupt-Ringstraße sowie auf den inneren Teil des Parks von der Ringstraße um die doppelte kreisförmige Häuserreihe" (Parliamentary Papers 1812, Bd. XII, S. 435: 1. Bericht).

Doch das Schatzamt ließ sich nicht täuschen. Spencer Perceval, der Schatzkanzler, lud Nash in die Downing Street vor und forderte ihn auf, die Dichte der Bebauung drastisch zu reduzieren: Anmut sei ebenso wichtig wie Profit.[37] Denn hier handelte es sich um einen Punkt, an dem sich die Tory-Regierung leicht verwundbar fühlen konnte. Noch nachdem man sich für eine bessere Zugänglichkeit entschieden hatte, konnte Lord Brougham vehement gegen die von der Krone geplante Abriegelung des Marylebone Parks protestieren: ein Bauprogramm wie dieses beschränke den Lebensraum der Armen zugunsten der Bequemlichkeit der Reichen.[38] Diese Episode, nämlich die Änderung des Plans für das Londoner West End, konnte trotz alledem als ein Versuch der sozialen Manipulation ausgelegt werden. Perceval wollte solcher Kritik den Wind aus den Segeln nehmen, indem er den Anteil des zugänglichen Parkgeländes erhöhte. Daraus resultierte Nashs zweiter Plan, der im Herbst 1811 ausgearbeitet und 1812 veröffentlicht wurde.[39]

In diesem zweiten Plan schloß Nash sich mit einiger Verspätung den Prinzipien der „malerischen Schönheit" an.[40] War der Plan von Leverton und Chawner „urbaner und baumeisterlicher", wie James Elmes darlegte[41], so war Nashs erster Entwurf ein Kompromiß zwischen Urbanität und Ländlichkeit. Sein zweiter „schloß", laut Elmes, „jene Schönheiten der Landschaftsgärtnerei ein, die sein Freund Humphry Repton so erfolgreich eingeführt hatte".[42] Nach diesem Plan gibt es nun weniger Villen, wohl weniger als fünfzig; auch weniger Häuserreihen (Terraces), und alle sind an der Peripherie verborgen. Die Plätze sind noch vorhanden und auf ihnen die monumentalen Bauwerke – eine Kirche und eine Walhalla; ebenso der königliche Pavillon oder die *guinguette* (Ausflugslokal) mit seinem konventionellen Wassergarten; und ebenso die halbkreisförmigen Häuserzeilen, obwohl sie nun zur nördlichen Begrenzung hin verschoben sind. Aber die Arme des schmückenden Gewässers wurden erweitert, und die ehemals dichten Anpflanzungen machten zwanglos verteilten Pflanzen- und Strauchgruppen Platz. Dies ist sicherlich malerisch, aber malerisch in einem urbanen Sinn. „Das Hauptziel ist", erläuterte Nash, „das Ganze von außen als eine geschlossene Parkanlage mit einheitlichem Charakter erscheinen zu lassen und nicht als eine Ansammlung von Villen und Sträuchern wie in Hampstead, Highgate, Clapham Common und anderen Außenbezirken der Stadt ... [Vor allem jedoch] sollten die Gebäude und selbst die Villen als Stadtwohnungen und nicht als Landhäuser angesehen werden".[43] Ihre Häuserzeilen können von einflußreichen Persönlichkeiten der Stadt und Berufsgruppen des Mittelstandes bewohnt werden; doch *aussehen* müssen sie wie Großstadtpaläste.

Eine weitere Änderung bestand darin, daß der Regent's Canal nun in die nordwestliche Ecke des Parks verlegt wurde. Nash stand Kanälen nicht völlig ablehnend gegenüber: „Viele Menschen", stellte er fest, „würden Boote und Flußschiffe, die auf dem Kanal entlangtreiben, als Belebung der Szenerie ansehen, vorausgesetzt die Schiffer würden daran gehindert, in den Parkanlagen an Land zu gehen ..., indem auf der einen Seite der Treidelpfad abgezäunt und auf der anderen Pfähle im Wasser angebracht würden".[44] Das *Malerische* konnte natürlich nicht allzuviel Realität vertragen.

Hier lag also nun ein Plan vor, der geeignet war, die Staatseinnahmen zu erhöhen, indem „die Schönheit und die Lebensqualität der Hauptstadt gesteigert wurden".[45] „Offenen Räumen unter freiem Himmel und einer natürlichen Landschaft", erläuterte Nash, wird „der wohlhabende Teil der Öffentlichkeit" nicht widerstehen können.[46] Und Reptons Prinzip der „scheinbaren Weite" garantiert eine Illusion von Raum: „Von keiner Villa aus sollte eine andere Villa zu sehen sein", erklärt Nash, „jede sollte so erscheinen, als gehöre der gesamte Park zu ihr"; und von den „in Straßen angeordneten Häusern aus, die den Park überblicken, sollten die Villen ebensowenig zu sehen sein wie die Häuser einer anderen Straße".[47] Indem er auf den größten Teil seiner „Straßen, Plätze und Villen" verzichtete, hatte er unabsichtlich „eine größere Vielfalt schöner Landschaften" und zugleich einen höheren Pachtwert erzielt.[48] Und durch die Anbindung dieses neuen Parks an eine elegante neue Straße würde sich der Wert all dieser Grundstücke noch vervielfachen.

Nash hatte damit die Herren im Ministerium zufriedengestellt.[49] Nun mußte er noch den Markt zufriedenstellen. In der Nachkriegszeit machte der Preissturz für Grundstücke den Wohnungsbau unrentabel. „Die Bereitschaft zu bauen," erläuterte er, „wurde ganz plötzlich gelähmt" durch „die plötzliche ... Sperrung des Kredits".[50] Um 1819 waren nur noch drei Villengruppen

37 „Mr. Nash wurde nach einem Gespräch mit dem Kanzler ... angewiesen, die Angelegenheit zu überdenken und seinen Entwurf unter Erwägung einer geringeren Anzahl von Häusern und von einem größeren Umfang an offenem Gelände zu ändern, ... [da das Schatzamt] nicht einverstanden sein kann, so viel Land für die Bebauung bereitzustellen" (Parliamentary Papers 1812, Bd. XII, S. 357, 463, 467: 1. Bericht).

38 Parliamentary Debates, Bd. xxiii (1812), S. 72: „Das Volk in seiner Gesamtheit [würde] nur über ein Zehntel des Bodens [verfügen können], auf dem es sich zu erholen pflegte."

39 PRO, MPE 902 (6) [LRRO 1/1047 (6)]; Parliamentary Papers 1812, Bd. XII, S. 465: 1. Bericht.

40 Parliamentary Papers 1812, Bd. XII, S. 417: 1. Bericht.

41 Elmes 1827, S. 11.

42 ibid.

43 PRO, CRES 2/742.

44 Parliamentary Papers 1812, Bd. XII, S. 435: 1. Bericht.

45 ibid., S. 463.

46 ibid., S. 433.

47 ibid., S. 434.

48 ibid., S. 463.

49 Glenbervie erzählte Oberst McMahan: „ Mr. Nash ... schätzte, daß der Wert des Marylebone Park auf einen Betrag von mindestens £ 15.000 jährlich gesteigert wird, wenn die [neue] Straße gebaut wird. Ich glaube, er würde noch höher sein, aber da er seine Schätzung beschwören muß, tut er recht daran, im Rahmen zu bleiben" (Royal Archives, Windsor Castle 19999–20000: 31. August 1812).

50 „In den letzten fünf Jahren haben die hohen Zinsen, die von staatlichen Fonds geboten wurden, das früher im Bereich der Bauspekulation eingesetzte Kapital abgeleitet; [aber] da diese Fonds teurer werden, wird das Umlaufvermögen dieses Landes in andere Kanäle fließen, und sollten die Baufonds nicht blockiert werden, wird ein Teil des besagten Kapitals sicherlich seinen Weg zum Mary-le-Bone-Park finden" (Parliamentary Papers 1816, Bd. XV, S. 113–114: 4. Februar 1816, 2. Bericht).

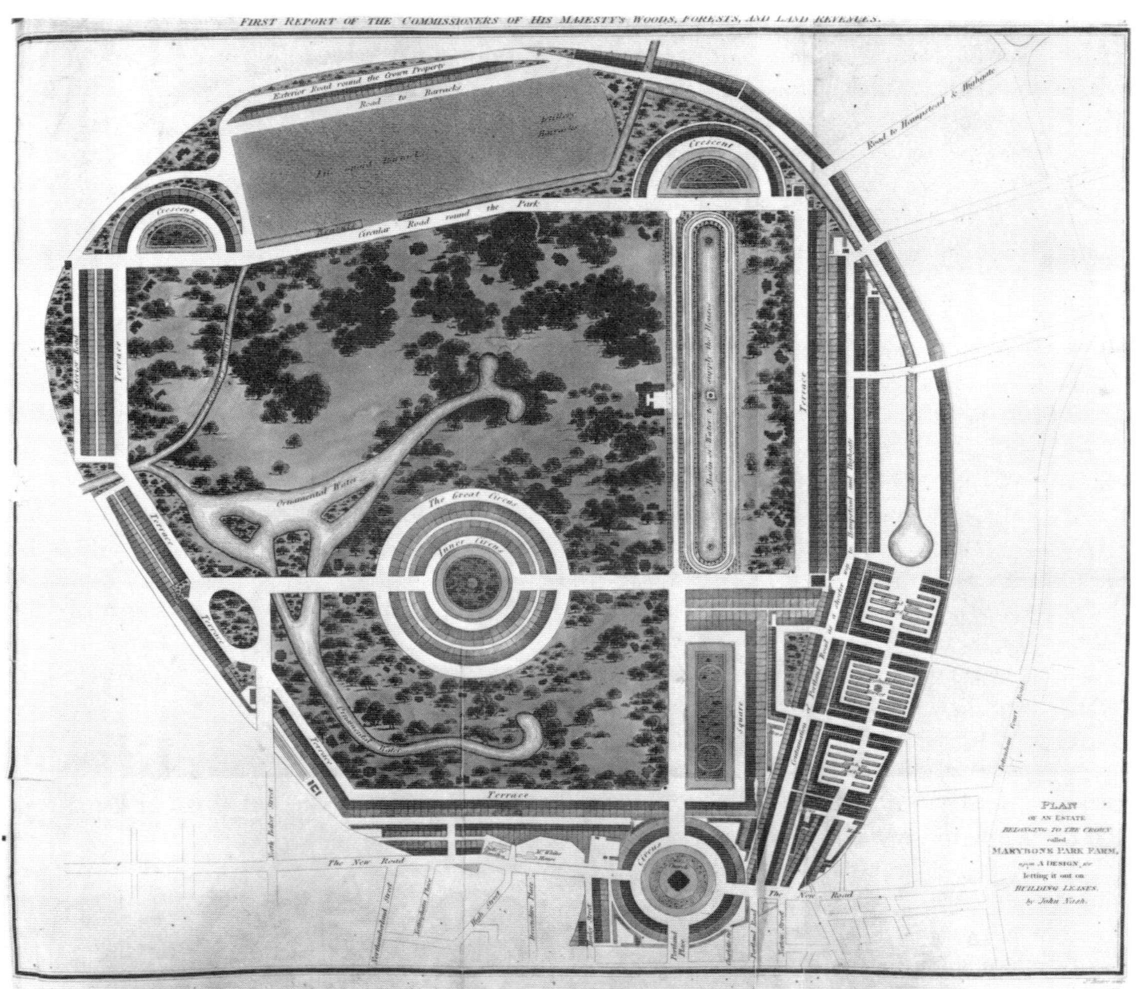

Plan eines Kronguts namens *Marybone Park Farm.* Entwurf von John Nash für die Vermietung durch Baupachtverträge. Aus dem ersten Bericht der Inspektoren des Amtes für Wälder, Forsten und Staatsdomänen, 1812. The Museum of London

übriggeblieben. Um 1823 war die geplante Anzahl der Villen auf sechsundzwanzig reduziert worden.[51] Um 1826 schrumpften auch diese nochmals auf nur acht zusammen.[52] Die *Walhalla* war stillschweigend fallengelassen worden. Und auch die Anzahl der Terrassen war verringert worden. St. Andrew's Terrace und Kent Terrace erschienen nicht mehr in der ursprünglichen Form. Carrick Terrace und Munster Terrace gelangten nicht einmal mehr auf das Reißbrett: Sie wurden ebenso wie die geplanten Kasernen auf der Nordseite durch eine neue Lustbarkeit ersetzt: die zoologischen Gärten (Decimus Burton, 1826–41).[53] Die Kasernen wurden an den östlichen Rand verlegt. Aus dem Platz am oberen Ende des Portland Place wurden Park Crescent (1812–22) und Park Square (1823–25), nachdem der ursprüngliche Auftragnehmer Charles Mayor 1815 bankrott gemacht hatte.[54] Der Plan einer Kirche als Fokus wurde fallengelassen.[55] Und aus dem zentralen doppelten Platz – dem Mittelstück von Nashs Plan – wurde zunächst ein einfacher Platz, und beinahe wäre an seiner Stelle das King's College von London errichtet worden;[56] schließlich entstand hier ein volkstümlicher botanischer Garten (Decimus Burton, 1840–59).[57] Inzwischen war der Plan einer Allee, einer mit Bäumen bepflanzten Straße, zunächst fallengelassen, als Zugang zur königlichen *Guignette* dann aber wieder aufgenommen worden.[58] Doch auch dieses Projekt wurde nicht realisiert.

51 Parliamentary Papers 1823, Bd. XI, S. 127, Anhang 24, Plan: 7. März 1823, 4. Bericht.
52 Parliamentary Papers 1826, Bd. XIV, S. 11: 5. Bericht; Crook 1968.
53 Auf beiden Seiten des Äußeren Rings mit einem unterirdischen Tunnel verbunden; größere Bauwerke sollten auf der Nordseite der Straße entstehen, da das Gelände innerhalb der Begrenzungslinie des Parks „einem hochdekorativen Garten mit Vogelhäusern, Hütten, Sitzbänken und Gehegen vorbehalten bleibt" (Werbeschrift der Zoologischen Gesellschaft, 15. Juni 1827). Burtons Plan: PRO, MPE 906.
54 Parliamentary Papers 1816, Bd. XV, S. 17–18, 114: 2. Bericht; 1819, Bd. XIX, S. 10: 3. Bericht.
55 Soane legte 1821 einen Entwurf für „eine zum Bau im Regent's Park vorgeschlagene Kirche" vor (RA, 1821, Nr. 950, 964, 978).
56 PRO, MPE 912; Summerson 1980, Tafel 33B.
57 Burtons Bericht: Gardener's Magazine, Bd. xvi (1840), S. 514–516.
58 Parliamentary Papers 1826, Bd. XIV, S. 137: 5. Bericht, Plan; Summerson 1980, Tafel 33A.

Wie gesagt: Nash hatte zunächst nicht beabsichtigt, einen öffentlichen Park zu entwerfen; das wurde ihm möglicherweise erst durch den Wirklichkeitssinn seiner politischen Dienstherren aufgezwungen, und außerdem durch den Druck des Marktes. Von Anfang an hatte der profitable urbane Außenbezirk, den er vorsah, viele Merkmale einer Vorstadt: wirtschaftliche Unabhängigkeit, gute Verbindungswege und die Illusion der Ländlichkeit. Erst allmählich nahm er die Charakteristika eines volkstümlichen Erholungsgebietes an.

Natürlich war die Illusion ein Hauptbestandteil in jenem Gemenge von Gedanken und Positionen, die als *malerisch* galten. Eine der Vergnügungen im Regent's Park – nämlich auf dem Park Square East – war das sogenannte Diorama, ein entfernter Verwandter des modernen Kinos.[59] Es bestand aus einer Serie von malerischen Bildern, opak oder transparent, die wie bei einem Kaleidoskop zur Unterhaltung der in einem dunklen, sich drehenden Vorführungsraum sitzenden Zuschauer verschoben wurden. Dabei handelt es sich, wie James Elmes erläutert, um „die Vorführung architektonischer und landschaftlicher Kulissen, die so angeordnet sind, daß der Wechsel von Licht und Schatten und eine Vielzahl von Naturphänomenen in wirklich wunderbarer Weise gezeigt werden kann." „Die Täuschung," fügt er hinzu, „ist perfekt und fast unglaublich".[60] Dasselbe gilt für den Regent's Park. Die Schöpfer des Dioramas – seine ‚Bilderzauberer' – waren keine Architekten, sondern Kulissenmaler: die Herren Bouton und Daguerre. Im Regent's Park jedoch betätigte sich Nash sowohl als Architekt als auch als Schöpfer von Kulissen. Wie das Diorama bestanden auch die von ihm verwandelten Marylebone-Fields aus einer Komposition „eindringlicher bildhafter Illusionen";[61] und er hatte damit in der Tat ein Zauberkunststück vollbracht.

Das war mit Sicherheit auch Nashs Absicht. Als die Zeichnungen von den Baumeistern James Burton, W. M. Nurse, Richard Mott, George Thompson, J. M. Aitken und den Architekten Decimus Burton, James Thomson, J. T. Scoles, Ambrose Poynter eingereicht wurden, fügte er Änderungen ein, um eine größere malerische Wirkung zu erzielen. Decimus Burtons erster Entwurf der Cornwall Terrace (1820–21) wurde als ganz und gar monoton fallengelassen, da er wie „ein Krankenhaus, ein Altersheim, ein Armenhaus oder ähnliche Bauwerke aussehe." Nash vermochte den jungen Architekten nicht davon zu überzeugen, die Fassade in mehrere deutlich akzentuierte Einheiten zu unterteilen, „von denen jede die Charakteristika der Villa eines Edelmanns aufweisen sollte"; aber er erzielte eine sehr viel stärker gebrochene Silhouette mit kühn vorspringendem Portikus.[62] Und als Chester Terrace gebaut wurde, akzeptierte er keine Halbheiten: Nashs persönlichem Insistieren auf malerische Werte verdanken wir diese quergestellten Triumphbögen, die den theatralischen Eindruck der Häuserreihe steigern.[63] Eben diese Qualitä-

59 Altick 1978, S. 163 f. Das Bauwerk wurde von A. C. Pugin und James Morgan entworfen. In der Regent Street gab es ein ähnliches Kosmorama.
60 Elmes 1827, S. 23.
61 Ibid.
62 PRO, CRES 2/767.
63 PRO, CRES 2/1737.

The Crescent, Portland Place. Aus Ackermann's Repository of Arts, 1822. The Museum of London

H. Melvelle nach T. H. Shepherd, *Chester Terrace, Regent's Park.* Aus J. Elmes, Metropolitan Improvements, 1827. The Museum of London

W. R. Smith nach T. H. Shepherd, *Sussex Place, Regent's Park.* Aus J. Elmes, Metropolitan Improvements, 1827. The Museum of London

J. Tingle nach T. H. Shepherd, *Cumberland Terrace, Regent's Park.* Aus J. Elmes, Metropolitan Improvements, 1827. The Museum of London

J. Henshall nach T. H. Shepherd, *The Holme, Regent's Park.* Aus J. Elmes, Metropolitan Improvements, 1827. The Museum of London

H. Wallis nach T. H. Shepherd, *York Gate, Regent's Park & Mary-le-bone Church.* Aus J. Elmes, Metropolitan Improvements, 1827. The Museum of London

ten machten seine eigenen Entwürfe – insbesondere der Sussex Place (1822–23) und der Cumberland Terrace (1826 von James Thomas ausgeführt) – zu virtuosen perspektivischen Darstellungen. Gegen Ende seines Lebens betrachtete er alle diese Entwürfe als Einzelkompositionen; visuell autonom, wie „ebenso viele selbständige Bilder".[64]

Nashs Vision des Malerischen fand ihren perfekten Interpreten in der Person von James Elmes, dem wortreichen Autor der *Metropolitan Improvements* (1827). Das Konzept des Architekten, erklärt Elmes, geht im wesentlichen auf Repton zurück.[65] Die erlesensten Ansichten von The Holme (1816–18) – für ihn von James Burton ausgewählt und von dessen Sohn Decimus entworfen – werden von Bäumen eingerahmt und „von der klaren Fläche des silbernen Sees reflektiert", wie Studien aus den „magischen Zeichenstiften von Ruysdael und Claude".[66] South Villa (1818–19), Albany Cottage (ca. 1822), Hanover Lodge (1827), Grove House (1822–24), die zumeist unter Nashs Leitung von Burton errichtet wurden, fungieren jeweils als Fokus einer ‚malerischen Gruppe'; jedes ist für den wandernden Betrachter Teil einer Folge von „lebenden Bildern".[67] Sogar die St. Marylebone Church (Thomas Hardwick, 1813–17) wird von Nash in ein Theaterstück verwandelt – eine wahrhaft ‚stereotomische Szene' –, indem er sie zwischen die die York Gate flankierenden Häuserreihen (1822) stellt; mit Hilfe des von Osten, Westen und Norden einfallenden Lichtes, so erläutert Elmes, entsteht eine „dreiteilige architektonische malerische Symphonie".[68] Ringstraßen, gewundene Pfade, labyrinthartige Wege, schattenreiche Teiche: „Schau! die funkelnde, ondulierende Linie der Schönheit".[69] Gesims und Pilaster, Bogen und Giebel; die mächtigen Kolonnaden von Cumberland Terrace, von Sonnenstrahlen beschienen und in wechselndem Licht umschattet: „Schau ..., wie sie im Sonnenglanz spielen".[70]

Jede Häuserreihe scheint ein Palast zu sein; jede Villa ein Landsitz. Der Betrachter schreitet auf einem Pfad ununterbrochener Illusionen vorwärts. Keine städtischen Schandflecken verderben die Waldszene: Die Gärten von Park Crescent und Park Square sind sogar durch einen Tunnel unter der verkehrsreichen Marylebone Road miteinander verbunden. Diese Innengärten, bemerkt Elmes, sind nach Ansicht der ‚Gilpin-Schule' nicht malerisch. Immerhin weisen sie aber die Kunstmittel Reptons auf: „verschlungene Pfade", „ambrosische Sträucher", „samtige Rasen", „bunte Blumen" und natürlich „sich windende Wege".[71]

„Wenn man [auf den See] hinausgerudert ist, [seufzte Charles Olliver 1823], ist die Vielzahl der Ausblicke ... wunderbar;

64 PRO, CRES 2/742: 1832; Parliamentary Papers 1829, Bd. XIV, S. 74: 6. Bericht.
65 Elmes 1827, S. 11.
66 Ibid., S. 28–29.
67 Ibid., S. 30, 46–47, 50.
68 Ibid., S. 29, 36–37.
69 Ibid., S. 29.
70 Ibid., S. 44.
71 Ibid., S. 88.

W. Radcliff nach T. H. Shepherd, *Park Village East, Regent's Park*. Aus J. Elmes, Metropolitan Improvements, 1827. The Museum of London

manchmal befindet man sich auf einem schmalen Fluß mit tief herabhängenden Zweigen; dann kommt man auf eine weite Wasserfläche, die einem See gleicht, mit Schwänen, die sich darauf sonnen; langsam gleitet Dein Boot am Rande eines weichen Rasens an einer der Villen vorbei; und dann wieder öffnet sich Dir der Ausblick auf eine Reihe prächtiger Bauwerke an der Peripherie, deren Aufriß so beschaffen ist, daß sich der Eindruck eines Palastes ergibt ... [In der Tat gibt es] nichts dergleichen in Europa ... [Im Innern des Parks] scheint der Bewohner einer jeden Villa aus seiner eigenen Sicht der alleinige Herr der umgebenden Szenerie zu sein. In der Mitte des Parks gibt es eine ringförmige Bepflanzung von ungeheurem Umfang, und in ihrer Mitte befindest Du Dich in einem vollkommenen Arkadien".[72]

In gewissem Sinne wurde Nashs malerische Vision vollständig nur en miniature und am Ende seiner beruflichen Laufbahn in der Hauptstadt realisiert: in Park Village East und West. Eine der Nebenstraßen hatte sogar den Namen ‚Serpentine Road' erhalten. Der erste Entwurf für diesen Bauplatz am Kanal geht auf das Jahr 1823 zurück.[73] In den Probeskizzen wurde ein Bauerndorf mit *cottages ornés* entworfen, ähnlich dem strohgedeckten Arkadien von Blaise Hamlet (1810–11). Als es jedoch 1824–28 unter der Leitung von James Pennethorne gebaut wurde,[74] waren seine stuckierten Miniaturen – Gotik, Tudorstil, toskanisch, italianisierend – weder für Bauern noch Handwerker vorgesehen, ja nicht einmal für Kurtisanen.[75] Sie waren eindeutig bürgerlich. In Park Village West Nr. 12 – bei dem der Anklang an Cronkhill, Shropshire, deutlich feststellbar ist – lebte zum Beispiel Dr. James Johnson, der Arzt des Herzogs von Clarence und von John Nash selbst. Ein späterer Bewohner war der Maler W. P. Frith. In den vierziger Jahren des 19. Jahrhunderts war ein besonders respektabler Nachbar der Rev. Benjamin Webb, der Herausgeber des *Ecclesiologist*. Von Park Village Ost ist bis zum heutigen Tage nur wenig stehengeblieben.[76] Aber Park Village West ist zu einem Lehrbuch-Klassiker geworden. Beide Dörfer scheinen auf Grund ihrer verschiedenartigen Stile, ihres unregelmäßigen Grundrisses und ihres bescheidenen Charakters als Inbegriff der Theorie des *Malerischen*. Doch mit ihrer Wirkung, durch ihre Lage und sogar durch ihre Bewohner erwiesen sie sich als Prototypen einer universellen Vorstadt.

Ohne Regent Street jedoch wäre Regent's Park ein ziemlich unzugängliches Arkadien geblieben. Wie beim Park, so trat Nash auch bei der Straße erst spät in Erscheinung. Fordyce hatte von ihr geträumt; James Wyatt hatte sie vorgeschlagen; Leverton und Chawner hatten sie geplant.[77] Und Nashs 1812 veröffentlichter

72 C. Ollier 1823.
73 PRO, CRES 911 [LRRO 1/1059]. 74) PRO, CRES 2/778; Survey of London, Bd. xxi (1949), S. 653–658, Tafeln 87–99.
75 Obwohl einige der Häuser in den achtziger Jahren des 19. Jahrhunderts Bordelle geworden waren (Camden History Review). Siehe Architect and Building News, 14. April 1950, S. 387–395 bezüglich ihrer Restaurierung nach der Beschädigung durch Bomben.
76 Plan von Philip Hardwick, 1829 (PRO, MPE 907 [LRRO 1/1055]).
77 Summerson 1980, S. 76.

J. Tingle nach T. H. Shepherd, *All-Souls Church, Langham Place.* Aus J. Elmes, Metropolitan Improvements, 1827. The Museum of London

Originalplan einer neuen Straße[78] – die bis 1819 keinen Namen hatte[79] – unterschied sich stark von der Regent Street, wie sie schließlich gebaut wurde. In erster Linie war sie für Aufzüge von Carlton House zum königlichen Sommerpavillon im Park vorgesehen. Leider wurde Carlton House abgerissen und der Pavillon nie gebaut. In zweiter Linie sollte Nashs New Street, eine Durchgangsstraße im gestreckten Winkel, ein von Plätzen unterbrochener Boulevard mit Arkaden sein. Parallele Kolonnaden zu beiden Seiten dieser Prachtstraße sollten auf der gesamten Strecke von Pall Mall bis zum Portland Place verlaufen, an drei Punkten in der Richtung gedreht – dem Piccadilly Circus, Oxford Circus und Regent's Circus – mit einer Piazza und einem größeren ‚öffentlichen Bauwerk', das den Richtungswechsel verschleiern sollte, der mit dem einzigen wirklich erbauten Teil der Kolonnaden vorgenommen wurde – mit Nashs berühmtem Quadrant. Schließlich sollten an jedem wichtigen Punkt bürgerliche Denkmäler errichtet werden.[80] Die parallaktische Wirkung wäre verblüffend gewesen, aber nicht malerisch. Während der ersten, 1813 vorgenommenen Änderung, der das Schatzamt den Vorzug gab, wurde – nach den Worten des Ministers – der Platz und das öffentliche Gebäude durch „eine gekrümmte Straße ersetzt, die in dieser Hinsicht der High Street in Oxford ähnelte".[81] Es gab noch weitere Änderungen, vor allem die Einfügung von All Souls, Langham Place, einer Kirche des Commissioner, die Nash 1822–24 genau an der Stelle einfügte, an der eine Richtungsänderung zur Verbindung von Portland Place und Regent Street erforderlich war. Spätere Änderungen, die mehr die Disposition der Gebäude als die der Straße selbst betrafen, geschahen pragmatisch, gemäß den Geboten der Mietshausfinanzierung. Als dann Bauwerk neben Bauwerk entstand, erwies sich, daß die Straße doch weniger konventionell als malerisch ausgefallen war.

In jeder Hinsicht war Nash den Aufsichtsbeamten für Wälder und Forsten sowie den Finanzministern im Parlament verantwortlich. Das war eine ungeheure Aufgabe: Die Ausgaben beliefen sich bei der Fertigstellung 1826 auf mehr als 1,5 Millionen Pfund.[82] Das war das Doppelte der Schätzung von 1819[83] und das Vierfache der ursprünglichen Schätzung von 1813; doch danach wurde – wie der Aufsichtsbeamte der Wald- und Forstbehörde 1828 zugab – „der gesamte Plan vollständig umgestaltet"; und es waren in der Tat „zahllose Änderungen" vorgenommen worden.[84]

Nash hatte nie die vollständige Kontrolle über die Umstände dieses Geschäfts; das gilt auch für die Beaufsichtigung der tatsächlich errichteten Bauwerke. Er erklärte seine Arbeitsweise als Architekt und Erschließer von Bauland folgendermaßen:

„Anfangs verhandle ich über den Kauf des Grundstücks, über seine Verpachtung und zeichne dann den Aufriß; ich bestimme genau das Baugrundstück, arbeite die Baubedingungen aus, überwache die Bauausführung im allgemeinen; ich entwerfe die Pläne für die Vermietung; für all das erhalte ich eine Vergütung in Höhe einer halbjährigen Grundstückspacht; und wenn ich also eine Parzelle für ein Haus zu, sagen wir, zwanzig Guineas pro Jahr verpachte, erhalte ich dafür zehn ... [Für] das Opernhaus und das Haymarket Theatre fertigte ich die Pläne an und machte alles,

78 Parliamentary Papers 1812, Bd. XII, S. 447: 1. Bericht.
79 Der „New Street Act" (Gesetz über neue Straßen) nimmt lediglich auf „eine bequemere Verbindung zwischen Marylebone Park ... und Charing Cross" Bezug.
80 Summerson 1980, S. 79.
81 Parliamentary Papers 1812, Bd. XII, Anhang 12B: 1. Bericht.
82 Parliamentary Papers 1826, Bd. XIV, S. 12: 5. Bericht.
83 Parliamentary Papers 1819, Bd. XIX, S. 13: 3. Bericht.
84 Parliamentary Papers 1828, Bd. IV, S. 418–419, 421: Bericht 1828. Zu Abbildungen einzelner Bauwerke siehe Elmes 1827 und Tallis 1838–40 sowie auch Mansbridge 1991, Nr. 102.

J. Tingle nach T. H. Shepherd, *St. George's Chapel, Regent Street (Hanover Chapel).* Aus J. Elmes, Metropolitan Improvements, 1827. The Museum of London

was Architekten normalerweise tun ... [Aber] den Quadrant errichtete ich selbst ... Da es ein besonderes Bauwerk war, konnte es nicht – wie hier sonst – dem Häuserverband eingegliedert werden, es mußte freistehend errichtet werden, und dieses Unternehmen war für eine Person zu groß. Daher stieg ich ein und übernahm das Grundstück zu dem Preis, zu dem es anderen angeboten worden war. Ich lieferte dann den Entwurf und überließ ihn einer Gruppe von Bauunternehmern, denen ich eine große Geldsumme vorschoß, damit sie mit dem Bau beginnen konnten, nämlich die übertrieben hohe Summe von 64.000 Pfund. Ich glaube nicht, daß der Quadrant je in einer anderen Weise hätte ausgeführt werden können".[85]

Nashs überwachende Funktion als Planer, sowohl im Hinblick auf die Bauunternehmer als auch auf beratende Architekten, wird am besten wieder mit seinen eigenen Worten erläutert:

„Die neuen Entwürfe werden, soweit es die Fassaden betrifft, von mir selbst übernommen und vom Amt für Wälder genehmigt. Dann waren die Bauunternehmer, die den Bau ausführten, verpflichtet, sich an diesen Aufriß zu halten; leider muß ich sagen, daß sie das nicht in jeder Einzelheit taten ... Im Allgemeinen habe ich zwar die Fassade entworfen, doch alle Baupläne und Detailzeichnungen werden von den Bauunternehmern angefertigt, die kaum Skrupel haben, von ihren Entwürfen abzuweichen ... [Nebenbei bemerkt,] wenn jemand einen Entwurf für die Vorderansicht eines Bauwerks vorlegt und ich keinen erheblichen Fehler entdecken kann, wäre es boshaft von mir, daran einen Makel zu finden; ich reiche ihn als von mir genehmigt zurück. Herr Soane machte einen Entwurf, gegen den ich nichts einwenden konnte ..., Herr Smirke machte Entwürfe; gegen diese konnte ich nichts einwenden, und auch andere fertigten Entwürfe an".[86]

Als George Dance eines Tages die Lower Regent Street entlangbummelte, blieb er stehen, um das von dem jungen Robert Smirke neu errichtete Gebäude des Junior United Service Club zu bewundern. „Und was glauben Sie, wofür das Gebäude vorgesehen ist?", fragte Nash spöttisch. Dance erwiderte, es „erschiene ihm gut gebaut und das Werk eines empfindsamen Mannes zu sein! ... Das gegenüberliegende Gebäude", erzählte Dance Farington – nämlich Warren's Hotel – „wurde von Nash entworfen als Nachahmung eines römischen Bauwerks, aber bei weitem nicht mit demselben guten Geschmack".[87] Selbstverständlich gab es in einer malerischen Straße auch Unstimmigkeiten. Der Geschmack der einzelnen Architekten – Robert Smirke, C. R. Cockerell, George Repton, Decimus Burton, Robert Abraham, John Soane – und der Geschäftsgeist der einzelnen Bauunterneh-

85 Parliamentary Papers 1828, Bd. IV, S. 387: Bericht 1828.
86 Ibid. Zum Ablauf dieses Verfahrens im Regent's Park und in der Regent Street sowie Einzelheiten über Nashs Gehalt als ‚des Architekten für die Verschönerung der Staatsdomäne Marybone Park' siehe PRO, CRES 24/7, S. 328: 18. März 1813 f.; CRES 26/1–5 (Quadrant).
87 Farington, 30. Dezember 1817, Typoskript, S. 7294.

H. Wallis nach T. H. Shepherd, Ansicht der Ostseite der Regent Street. Aus J. Elmes, Metropolitan Improvements, 1827. The Museum of London

mer und Geschäftsinhaber wirkten und reagierten aufeinander unter der Obhut der Domänenverwaltung und ihres metropolitanen Faktotums, John Nash. In Nashs pragmatischer Ästhetik fanden sowohl Soanes Nüchternheit als auch Smirkes Geradlinigkeit Platz; für Robert Abrahams Feuerwache (1819) – eine neo-klassische Variation eines Themas von Inigo Jones – ebenso wie für C. R. Cockerells Hanover Chapel (1821–25), einen Versuch in kühlstem französisch-griechischen Stil mit malerischen – tatsächlich an Claude erinnernden – Anklängen.[88]

Aber es war Nash, dem die endgültige Festlegung des Straßenverlaufs als Verdienst anzurechnen ist, ein brillanter Geistesblitz, durch den Regent Street genau als Grenze zwischen erstklassigen und drittklassigen Grundstücken, zwischen Mayfair und Soho, geplant wurde. Durch die Wahl dieser Route konnte Nash Gewinne garantieren: Er war in der Lage, billig zu kaufen und teuer zu verkaufen."

„Hätte man eine gerade Linie", erläuterte er, „von Regent's Park zum Carlton House gezogen, dann wäre sie durch St. Giles verlaufen und hätte alle schlechten Straßen zwischen der neuen und den ansehnlichen im Westen der Stadt umgangen, durch die die Bewohner der besseren Gegenden sowie Parlamentarier auf dem Weg zum Unter- oder Oberhaus, passieren müssen, bevor sie die neue Straße überhaupt nutzen können. Als ich sie zu planen begann, war es mein Ziel gewesen, daß sie den östlichen Zugang zu den von den oberen Schichten bewohnten Straßen kreuze und die schlechten nach Osten hin ausspare, um dann – wie der Seemann sagt – hart an jenen Avenuen zu segeln, die zu den guten Straßen führen . . . [das heißt] also am Verlauf der neuen Straße. [Doch das war kein leichtes Navigieren]. Die Grundbesitzer im Osten des [Cavendish] Square drängten mich nach Westen ab, obwohl ich beabsichtigt hatte, Portland Place, auf direktem Wege von der Oxford Street aus, zu entern."[89]

Sicherlich war der gewundene Verlauf der Regent Street nicht Hogarths Linie der Schönheit, sondern die Linie des maximalen Profits für den Bauunternehmer.

Als Straße und Park sich im Bau befanden, griff wieder einmal der Zufall ein. Der Tod von Georg III. im Jahre 1820 bedeutete, daß der Prinzregent endlich König wurde. Carlton House war nicht mehr groß genug.[90] Nash hatte bereits alternative Pläne für den Umbau angefertigt: Der erste sah in der Lower Regent Street einen Säulenwald an einem großen Platz vor; der andere eine gotische Phantasie im Tudor-Stil, mit Zacken bekrönten Türmen, die auf den St. James's Park hinausblickten.[91] Soane versuchte, den König durch neo-klassische Paläste im Hyde Park

88 Watkin 1974, S. 136–143. Zu späteren Plänen hinsichtlich dieser Kapelle siehe LRRO 1/2305 und 2522.
89 Parliamentary Papers 1828, Bd. IV, S. 388: Bericht 1828.
90 Farington, 27. Oktober 1821, Typoskript, S. 8074.
91 Windsor Castle, ohne Datum, möglicherweise aber 1814, als Philip Hardwick „Einen Königspalast" vorstellte, der „auf der Südseite der Pall Mall geplant ist und dessen rechten Flügel Carlton House bilden könnte' (R. A. 1814, Nr. 746).

und Green Park, sowie auch durch einen Triumphbogen an der Hyde Park Corner in Versuchung zu führen.[92] Aus alledem wurde nichts: Mit dem neuen Torweg nach London wurde der junge Decimus Burton beauftragt, der von Charles Arbuthnot vom Amt für Wälder und Forsten persönlich ausgewählt wurde.[93] Um 1825 entwickelte Philip Wyatt eine Idee für einen Palast im Hyde Park.[94] Auch daraus wurde nichts. Der König sagte, er sei zu alt, um einen Palast zu bauen, er „brauche jedoch ein *pied à terre*" – vorzugsweise Buckingham House.[95] Ab 1825 beschäftigte Nash sich also damit, Buckingham House zu einem Palast umzubauen. Dieses Projekt sollte sein Waterloo werden.

Zunächst war der Entwurf nicht zufriedenstellend: Die Flügel hätten abgerissen und wiederaufgebaut werden müssen. Dann stellten sich die Kosten als unerträglich hoch heraus. Und zudem erwies sich die Konstruktion selbst – die den kunstvollen Einsatz gußeiserner Träger vorsah – als unsicher. Nashs erste Schätzung belief sich auf eine viertel Million Pfund; um 1829 hatte sich dieser Betrag fast verdoppelt,[96] zu einer Zeit, als – wie ein Kritiker es formulierte – „sich Truppen aus allen Teilen des Königreichs zusammenzogen, um ein hungerndes Volk niederzuhalten".[97] Um 1830 gerieten die Kosten eindeutig außer Kontrolle. Nash – der Architekt des Königs – wurde aus seiner Stellung im Bauamt entlassen,[98] und der Buckingham Palace wurde von Edward Blore vollendet. Aber Nash behielt seinen Posten im Amt für Wälder, Forsten und Staatsdomänen. Während die parlamentarischen Untersuchungen fortgesetzt wurden, fuhr er fort, als Impresario von Londons *metropolitan improvements* zu agieren. Auf seinen Ruhm waren nun Schatten gefallen. Seine Stellung als Staatsbeamter stand und fiel tatsächlich stets mit der seines königlichen Schutzherrn: die Regentschaft 1811, die Thronbesteigung von Georg IV. 1820, der Tod des Königs 1829 waren Wendepunkte in seiner Karriere. Buckingham Palace gefiel niemandem außer seinem königlichen Bewohner. 1832 versuchten es die Politiker noch einmal: Das Amt für Wälder und Forsten und das Bauamt wurden erneut zu einer einzigen Dienststelle verschmolzen. Diesem Prozeß fiel Nashs Position zum Opfer. Seine Laufbahn in der Hauptstadt war beendet.

Was war unterdessen aus der neuen Straße nach Westminster geworden? Um die Mitte der zwanziger Jahre war Regent Street endlich eine prächtige Durchgangsstraße. Sie besaß aber keinen abschließenden Fokus: Sie war eine Straße ohne Anfang und Ende. Aber im Hinblick auf Gewinn begann sie nun sinnvoll zu erscheinen; recht wenig sinnvoll im Hinblick auf Vorstellungen von urbaner Größe. Die Lower Regent Street brauchte, ebenso wie der Portland Place, ein charakteristisches Merkmal.

Natürlich hatte Nash noch 1812 für die wichtigen Punkte dieses Weges für feierliche Aufzüge Denkmäler vorgesehen. Eine erste Gelegenheit ergab sich 1816 dafür. 1799[99] und nochmals 1807[100] hatte es Wettbewerbsentwürfe für Armee- und Marine-Denkmäler gegeben. 1815 hatte das Parlament ein großes nationales Denkmal im St. James's Park zur Erinnerung an Waterloo gebilligt. Aus diesen Projekten wurde nichts. Doch der Wettbe-

W. Wilkins und J. M. Gandy, Großes Nationaldenkmal zur Erinnerung an Waterloo. Victoria and Albert Museum

92 Soane Museum, Inv.-Nr. 93 (1821), 1827 vorgelegt als Entwürfe ‚für eine Königliche Residenz' (R. A. 1827, Nr. 911, 954). Er hatte bereits einen hypothetischen Palast im Hyde Park entworfen (Soane Museum, Inv.-Nr. 123, 1817; Ausst. 1821, Nr. 949); 1828 ließ er den Entwurf für einen Palast im Hyde Park folgen, der Caprarola und dem Pantheon nachempfunden war (R. A. 1828, Nr. 1028, 1035). 1796 legte er auch einen ‚Entwurf für einen Eingang zum Hyde und zum Green Park' vor (R. A. 1796, Nr. 731); 1826 ‚einen nationalen Eingang in die Metropole' (R. A. 1826, Nr. 879) und unterschiedliche ‚Eingänge in die beiden königlichen Parks' (R. A. 1826, Nr. 870, 889).

93 Parliamentary Papers 1828, Bd. IV, S. 437, 444 f.: Bericht 1828. Burton legte 1827, Hyde Park Corner mit den Eingängen in die Parks usw.' vor (R. A. 1827, Nr. 917). 1828 veröffentlichte R. G. Whetton vergeblich einen Entwurf für einen monumentalen Waterloo-Bogen an der Hyde Park Corner (Barker und Hyde 1982, Tafel 53).

94 Trench 1827, Tafel xvi.

95 Parliamentary Papers 1831, S. 271: Bericht 1831.

96 Parliamentary Debates NS. xxi (1829), Sp. 1578 f.: 25. Mai 1829.

97 John Wood: ibid., Sp. 1583.

98 Parliamentary Papers 1831, Bd. IV, S. 187–192: Bericht 1831.

99 Soane stellte ein ‚nationales Mausoleum' vor (R. A. 1799, Nr. 942). Flaxman entwarf eine gigantische Britannia für Greenwich (Barker und Hyde 1982, Tafel 57; Farington, Typoskript, S. 1618: 12. August 1799; S. 1665–67: 10. November 1799; S. 1703: 25. Dezember 1799); Smirke entwarf eine Gedächtnissäule (ibid., S. 1697: 17. Dezember 1799).

100 Westmacott entwarf ein Denkmal für Pitt; Flaxman und West entwarfen Nelson-Denkmäler (ibid., S. 3623: 16. März 1807; Painting in England, 1700–1850, hg. v. B. Taylor (R. A., 1964–65, S. 68–69).

John Flaxman, Entwurf des Triumphbogens, mit Britannia und dem Löwen, ca. 1820. The Art Museum, Princeton University, Princeton, New Jersey

werb von 1816 sollte von besserem Erfolg gekrönt werden. Die üblichen Joker waren angetreten: J. B. Papworth entwarf ein Trophäum,[101] Philip und Matthew Cotes Wyatt eine Pyramide für eine Million Pfund.[102] Die Entwürfe der beiden Gewinner waren jedoch mit Sicherheit ausführbar: Smirke hatte einen Entwurf für einen riesigen Obelisken eingereicht;[103] Wilkins und Gandy einen mit vielen Säulen versehenen Turm.[104] Smirkes Trafalgar-Obelisk war für Greenwich projektiert. Aber der dem Sybillentempel in Tivoli nachgebildete Turm von Wilkins und Gandy war für die nördliche Ende des Portland Place gedacht. Dort hätte er mit seinen drei Säulenordnungen, die sich als eine kreisförmig angeordnete Kolonnade erhoben, mit Sicherheit einen kräftigen Akzent für Nashs neue Straße abgegeben. Und interessanterweise schien unter den abgelehnten Entwürfen auch einer von Nash selbst gewesen zu sein: eine Waterloo-Säule für den Waterloo Place.[105] Leider blieben alle diese Entwürfe Träume, die aus Kostengründen verworfen wurden.[106] „Die Zeiten", bemerkte Wilkins sarkastisch, „waren lediglich für den Bau neuer und den *Umbau* alter Paläste günstig ... Die Dankbarkeit der Nation [ihren Helden gegenüber] war abgekühlt."[107]

Heute endet der Portland Place mit dem Gegenteil eines städtebaulichen Höhepunktes: mit Gahagans winziger Statue des Herzogs von Kent, des jüngeren Bruders des Prinzregenten. John Martins Vorstellung – ein triumphaler Bogen über der Marylebone Road – hätte zumindest einen Fokus ergeben, der groß genug war.[108] Auch auf der anderen Seite der Stadt waren die Projekte gescheitert. Die Hyde Park Corner war zu keiner Zeit eine Ouvertüre zum Buckingham Palace und noch weniger ein zeremonielles Tor nach London. Flaxmans Regenbogenskulptur

101 W. Papworth, J. B. Papworth (1879), S. 116.
102 R. Ackermann, Repository of Arts, Bd. ii (1816), S. 8.
103 Skizzen, R.I.B.A., J11/19–22, o.D. (Wasserzeichen 1813–16).
104 Perspektive, V&A Drucke und Zeichnungen, D 1075–1887. A.112. Gandy teilte Farington mit, „er habe Wilkins den Entwurf unterbreitet" (Farington, S. 7162: 23. Mai 1817). Payne Knight war vielleicht bei dieser Entscheidung behilflich.
105 Unterschiedliche Perspektiven, Sammlg. J. Harris und Soane Museum, Schubfach 17, Serie 8, Posten 3; Mansbridge 1991, Nr. 166.
106 Gentleman's Magazine 1817, T. i, S. 501; 1818, T. i, S. 624.
107 W. Wilkins 1831.
108 Barker und Hyde 1982, Tafel 52 (falsch beschrieben).

blieb ein *jeu d'esprit*.[109] Decimus Burtons Triumphbogen mußte kurz nach seiner Errichtung abgetragen werden: Früher führte er – städtebaulich gesprochen – in eine Sackgasse;[110] jetzt, als Mittelpunkt eines Kreisverkehrs, nirgendwohin. Nashs Marmorbogen mußte 1850 aus dem Vorhof des Buckingham Palace entfernt werden[111]: Blores neuer Eingang machte ihn überflüssig; er hatte sich sowieso für die berittenen Begleiter der Königskutsche als zu eng erwiesen. Heute schmückt er eine Verkehrsinsel auf der Park Lane. Das Projekt eines Londoner Denkmals für die Helden von Waterloo wurde schließlich nur als Brücke über die Themse realisiert. Der Waterloo Place muß sich heutzutage mit Florence Nightingale begnügen. Und merkwürdigerweise kam weder die National Gallery noch die Royal Academy an die Stelle von Carlton House – beide Möglichkeiten hatten 1825 noch bestanden[112] – sondern ein Denkmal für den ‚großen alten Herzog von York'.

Das nach dem Abbruch von Carlton House entstandene freie Gelände stellte ein urbanes Vakuum dar. Nash beschloß, es für eine Erweiterung des Waterloo Place zu nutzen, mit dem Athenäum auf der einen und dem United Service Club auf der anderen Seite. Der Prince Regent's Garden gegenüber dem St. James's Park wurde als Carlton Gardens und Carlton House Terrace ausgestaltet. Carlton House Terrace East und West (1827–33) bestand aus einem Paar Häuserreihen, die ungeheuer breit waren und geräumige Büros beherbergten und die auf die Mall blickten; das Ganze erhob sich auf gußeisernen dorischen Säulen. Dies war ursprünglich nur ein Teil eines viel größeren Projekts, das eine dritte Häuserreihe an der Stelle des Gartens von Marlborough House vorsah, mit einer halbkreisförmigen und weiteren Häuserreihen an der Stelle, an der heute die Wellington Barracks liegen.[113] Carlton House Gardens (1827–30) bestand aus einer Gruppe kleinerer Häuser, deren Errichtung von Nash zum Teil delegiert wurde, diesmal an Smirke und Decimus Burton.[114] Die beiden Hauptblöcke – Carlton House Terrace East und West – wiesen deutliche Anklänge an Gabriels Place Louis XIV. (heute Place de la Concorde) in Paris auf. Aber ihre Komposition war in sich ungeschickt aufeinander bezogen: In den Augen von Fachleuten blieb ihre Dualität ungelöst.[115] Um sie zu lösen, kam Nash auf den Gedanken, sie durch eine erhöhte Piazza zu verbinden. Im Zentrum plante er einen aus acht Säulen von Carlton House errichteten Peristyl-Brunnen mit einer Kuppel und Fontänen, die eine Höhe von 35 Fuß erreichen sollten.[116] „Ich glaube", erläuterte Nash, „daß jeder, der die [Regent] Street herunterkommt, den alten Portikus von Carlton House vermissen muß ... der Brunnen ist ein notwendiger Ersatz." „Wenn man als Maler spricht", fügte er hinzu – und das heißt in Übereinstimmung mit den Prinzipien des *Malerischen* – „wird das die Aussicht verbessern ... zwischen den Säulen hindurch wird man einen höchst malerischen Ausblick auf den [St. James's] Park haben ... Ich glaube, er wird durch das Licht, das auf ihn fällt, erglänzen; sehr viel Sonnenlicht wird auf ihn fallen ... Das war nicht mein ursprünglicher Vorschlag, [aber] ich stimme ihm ganz und gar zu".[117] Nashs ministerielle Arbeitgeber dachten anders. Erst 1831–34 wurde die Lücke geschlossen, und zwar mit dem Denkmal des Herzogs von York. Sein Architekt sollte nicht Nash, sondern Benjamin Dean Wyatt sein.[118] Nashs Beitrag zur malerischen Ausgestaltung des St. James's Park bestand lediglich in der Anlage des schlangenförmig gewundenen Teiches (1827).

Inzwischen wurden auch die Gebäude des Athenäums und des United Service Club von der Unschlüssigkeit bedroht. Zunächst bestand Nash auf Einheitlichkeit. Doch im Hinblick auf die unterschiedlichen Bauplätze der beiden Clubs verzichtete man bald darauf. Der Architekt des Athenäums zeigte sich in jedem Fall abgeneigt, Nashs Plan für das Bauwerk des United Service zu kopieren. Schließlich beschränkte sich Nash nicht nur auf die Einheitlichkeit der Volumen, sondern er war sogar „von der schlechten Wirkung des Versuchs überzeugt, eine perfekte Gleichförmigkeit zu erzielen".[119] Mit anderen Worten: 1829 hatte er den größten Vorzug einer Planung nach malerischen Grundsätzen erkannt: Sie erhob den Pragmatismus zum Prinzip. Und diese positive Wertung des Opportunismus war ihm in gleicher Weise als Architektur-Planer wie als Gartengestalter dienlich: einerlei, ob es um die Übernahme von Capability Browns Plan für den St. James's Park ging[120] oder darum, ein Konzept für die Übernahme von Henry Hollands Treppenhaus des Carlton House in das Gebäude des United Service Club auszuarbeiten.[121]

109 Zeichnung von Flaxman, Art Museum, Princeton University, X, 1948–1681.
110 „... ein schönes Tor. Aber wohin führte es? Nirgendwo hin" (Parliamentary Debates NS. xxi, 1829, Sp. 1579: 25. Mai 1829. Es war als Eingang zum Buckingham-Palast geplant; schließlich wurde es ein Fokus des Constitution Hill.
111 King's Works, Bd. vi, S. 297.
112 (Parliamentary Debates NS. xiii, 1825, Sp. 1120–21: 9. Juni 1825).
113 Georg IV. übergab 1826 das Gelände von Carlton House den Aufsichtsbeamten des Amtes für Wälder, Forsten und Staatsdomänen zur Sanierung; das Schatzamt ermächtigte Nash im Januar 1827, die Arbeit aufzunehmen; die Pläne waren im Juni 1829 fertiggestellt. „Mit diesem Plan," so versichert man der Öffentlichkeit, „wird der gesamte Raum des St. James's Parks, der jetzt als Rasen angelegt und von dem die Öffentlichkeit ausgeschlossen ist, ... Fußgängern zur Nutzung geöffnet werden" (Parliamentary Papers 1829, Bd. XIV: 6. Bericht, Anhang Nr. 16: Plan, 5. Juni 1829). Smirke entwarf ein Häuserpaar für Carlton Gardens, Decimus Burton ein weiteres, beide arbeiteten unter Nashs Leitung (PRO, LRRO 60, 118/533, einschließlich des Plans von Nash in Umrissen und der abweichenden Entwürfe von Smirke, 1827–28).
114 ibid.
115 Parliamentary Papers 1828, Bd. IV, S. 381: Bericht 1828. „Diese beiden Häuserzeilen", schlußfolgerte Nash, „bedürfen wegen ihrer Gleichförmigkeit eines Zentrums" (ibid., S. 384). Nash delegierte einige Einzelhäuser innerhalb dieser Häuserzeilen an J. P. Gandy-Deering und Decimus Burton (PRO, MPE 43; CRES 2/533). Andere entwarf er selbst. Siehe auch PRO, MPE 891.
116 PRO, MPE 891, Nr. 16; Mansbridge 1991, Nr. 166.
117 Parliamentary Papers 1828, Bd. IV, S. 380–381, 385: Bericht 1828. Die geschätzten Kosten betrugen £ 8.000 einschließlich der Säulen von Carlton House.
118 Soane hatte 1831 ohne Erfolg einen 1828 vorbereiteten Entwurf „für einen Monopteros als Schrein für eine Kolossalstatue des ... Herzogs von York" eingereicht (R. A. 1831, Nr. 990).
119 The Atlas, 18. Oktober 1829, S. 685: Abb.; Parliamentary Papers 1828, Bd. IV, S. 447–448: Bericht 1828; Survey of London, Bd. xxix (1960), S. 386 f.
120 Stroud 1975, Tafel 54a.
121 Eine von Summerson 1980, S. 169, vorgetragene Hypothese.

W. Railton, Zweiter Entwurf für das Nelson Monument, ca. 1838. The Museum of London

All dies gehörte auf Geheiß Georgs IV. und mit Zustimmung des Schatzamtes – zum Amt für Wälder und Forsten. „Der Ausschuß für öffentliche Arbeiten hatte", wie Nash es formulierte, „nichts damit zu tun ... Ich erhielt meine Anweisungen von ... meinem Gönner und Schutzherrn".[122] Mehr oder weniger galt das auch für die abschließende Phase von Nashs Beteiligung an den *metropolitan improvements*, die in mancherlei Hinsicht der Höhepunkt seiner Karriere bedeutete: die Umgestaltung des Bereichs, der heute als Trafalgar Square bekannt ist.

Seit dem Vorschlag von Fordyce von 1793 waren stets Whitehall und Westminster die Ziele der großen Nord-Süd-Durchgangsstraße gewesen. Durch die Ausdehnung der Pall Mall in Richtung von St. Martin-in-the-Fields und die Anbindung von Strand an Charing Cross sowie von Charing Cross an Cockspur Street schuf Nash den größten urbanen Raum Londons. Doch wenn je ein städtischer Bereich vom Zufall geprägt wurde, dann trifft das sicherlich auf Trafalgar Square zu. Sogar der Name wurde dem widerstrebenden William IV. später von einem der ausführenden Architekten Nashs aufgezwungen: von George Ledwall Taylor.[123]

Nach Nashs Konzeption sollte dieser wichtige öffentliche Raum der Knotenpunkt von einer Reihe radialer Hauptstraßen werden: im Süden nach Whitehall, im Norden zum British Museum, im Westen zur Regent Street und im Osten zum Strand und zur Charing Cross.[124] Im Zentrum sollte nicht die Nelsonsäule stehen, sondern ein der Royal Academy gewidmeter dorischer Tempel mit Reiterstandbildern von Georg III. und Georg IV. zu beiden Seiten. Eine Seite des Platzes sollte vom Union Club und vom Royal College of Physicians, die gegenüberliegende Seite vom Athenäum und sein oberes Ende von der National Gallery eingenommen werden. Wenig davon ging in Erfüllung. Smirkes Union Club and Physicians' College entstand tatsächlich: In diesem Gebäude befindet sich heute das Canada House. Aber die für das Athenäum vorgesehene Stelle nahm zunächst das Morley's Hotel und dann das Südafrikahaus ein. Der Hauptsitz der Royal Academy im klassisch-griechischen Stil kam nie über das Reißbrettstadium hinaus. Die diagonale Durchgangsstraße, die Trafalgar Square mit Bloomsbury verbinden sollte, wurde noch vor dem Stadium der Vorplanung fallengelassen. Und Smirkes British Museum wurde dazu verdammt, in einer Nebenstraße verborgen zu bleiben.[125]

Den Plänen für die Peripherie des neuen Platzes erging es jedoch besser. Nash vollendete die lange hinausgezögerte Neugestaltung der Fassade des Royal Opera House an der Ecke von Haymarket und Pall Mall.[126] Von 1820 bis 1824 führte er die Sanierung der Gegend von Haymarket Theatre und der Suffolk Street durch.[127] Doch während er ‚die schönste Stadtansicht Europas' säuberte und sanierte, mußte er sich den Gegebenheiten anpassen. Noch 1813 hatte er an ein symmetrisches Straßennetz auf dem Gelände der Crown's Lower Mews (des unteren Marstalls) gedacht. Etwa 1819 plante er einen freien Raum gegenüber den Upper Mews (nämlich William Kents Great Stable). Aber nach der Thronbesteigung von Georg IV. ist der Platz 1820 dann so, wie wir ihn kennen, gestaltet worden. Durch die Verlegung des königlichen Marstalls nach Pimlico, in der Nähe des wieder prachtvoll hergerichteten Buckingham Palace, war Nash in der

122 Parliamentary Papers 1828, Bd. IV, S. 385: Bericht 1828.
123 Taylor 1870–72, S. 177–178 (1830): TRAFALGAR SQUARE; DIESER PLATZ VERDANKT SEINEN NAMEN MIR". 1832 schlug Taylor auch „King's Square" als Namen vor (PRO, CRES 26/75).
124 Parliamentary Papers 1826, Bd. XIV, S. 12: 5. Bericht; PRO LRRO 1/216 (Wasserzeichen 1825), o.D., jedoch zusammen mit Nashs Bericht vom 10. Mai 1830 zusammen an das Bauamt übersandt. Die Erneuerungsmaßnahmen für den benachbarten West Strand wurden 1825 vom Schatzamt genehmigt (Parliamentary Papers 1828, Bd. IV, S. 428: Bericht 1828).
125 Nashs Plan für eine neue Straße vom Leicester Square durch Holborn in die Innenstadt wurde ebenfalls aufgegeben. Zu dem erfolglosen Versuch, die Gegend um St. George's in Bloomsbury als Teil der Piazza für eine neue britische Bibliothek zu erschließen, siehe Crook 1972 [British Museum].
126 Survey of London, Bd. xxix (1960), S. 237, 241.
127 PRO, CRES 26/5, S. 222; Britton und Pugin 1828, Bd. I, S. 262–272; Mansbridge 1991, Nr. 198–199.

Lage, eine tabula rasa nach seinen Vorstellungen zu schaffen.[128] Um 1825 war das Gelände noch unbebaut, und Nash begann, einen Plan zu erarbeiten, demzufolge sich der Platz in östlicher Richtung bis zum Strand hin ausdehnen sollte. 1826 wurden seine Vollmachten gemäß dem New Street Act auch formal auf „Charing Cross, den Strand und die dazugehörigen Plätze erweitert".[129] Und 1835 erhielt der neue Platz endlich einen Namen.

Noch 1831 spielten die Inspektoren der Krone mit dem Gedanken an eine Häuserreihe auf der Nordseite des Trafalgar Square.[130] Im folgenden Jahr jedoch entschied das Schatzamt, diesen Raum der National Gallery und damit der Royal Academy vorzubehalten.[131] Nashs Parthenon wurde nie benötigt. Der zentrale Bereich des Platzes wurde daher zurückgestellt für „ein nationales Denkmal, das dem Patriotismus und dem Geschmack des Landes zur Ehre gereichen würde".[132] Während die Regierung einen Wettbewerb ausschrieb, wandte Nash sich dem Projekt einer Reihe dreieckiger Grundstücke zu, die als West Strand Improvements bekannt sind.[133] Diese delegierte er in den Jahren 1831–34 an zwei Architekten und Bauunternehmer, W. M. Nurse (Chandos Street und William Street)[134] und William Herbert (das ‚Pfeffertopf'-Dreieck und Lowther Arcade)[135] sowie an drei ausführende Architekten, nämlich G. L. Taylor (Morley's Hotel), William Tite (Golden Cross Hotel) und Decimus Burton (Charing Cross Hospital). Smirke wirkte an der Exeter Change bzw. den Maßnahmen zur Verschönerung des East Strand von 1832 mit.[136] Nash selbst entwarf ein Pfarrhaus für St. Martin-in-the-Fields (1828–30).[137] So wurde ein aus kleinen Gassen – mit Namen wie Bermudas und Porridge Island – bestehendes Labyrinth, das bis 1829 das Hinterland der Kirche St. Martin darstellte,[138] durch ein Netz von Straßen mit wohlgeformten Stuckfassaden ersetzt. Die Entwürfe für all diese neuen Bauwerke waren jeweils demselben Genehmigungsverfahren unterworfen. Sie mußten zunächst den Inspektoren für die neue Straße vorgelegt werden – die im Namen der Aufsichtsbeamten des Amtes für Wälder und Forsten handelten – und daraufhin John Nash, dem Architekten des Inspektors.

‚England erwartet von jedem Architekten, daß er seine Pflicht tut.' Das war das Motto, unter dem der Wettbewerb für ein nationales Trafalgar-Denkmal 1832 in Gang gesetzt wurde.[139] Innerhalb dessen wurden Pläne für Obelisken, Urnen, Pyramiden, Kugeln, Bögen und Statuen eingereicht. William Railtons Nelsonsäule erhielt den ersten Preis. Doch auch die unterlegenen Mitbewerber ernteten einen Teil des Ruhms.[140] John Goldicutt zum Beispiel schlug eine riesige Kugel vor, die durch skulpierte Sockel in unstabilem Gleichgewicht gehalten wurde; John Britton ein gotisches Nelson-Kenotaph nach dem Vorbild des Kapitelhauses von Westminster Abbey. Ein Mitbewerber vom Festland, Alexis de Chateauneuf, wollte den Trafalgar Square in einen Gedenkhain mit von Bäumen beschatteten Brunnen und Skulpturen verwandeln, in eine grüne Oase inmitten einer Steinwüste. Das Problem war – und ist –, daß das ungeheure Ausmaß des Platzes jedes Denkmal konventioneller Größe lächerlich erscheinen läßt; und jedes hinreichend riesenhafte Denkmal würde andererseits den Ausblick von Whitehall zur National Gallery zerstören. Schließlich stimmten die Juroren für eine riesige Säule und sahen sich dann aber mit der Schwierigkeit konfrontiert, wie man den Rest des Platzes nutzen sollte. 1840 wurde Charles Barry zu Hilfe gerufen. Er versuchte, eine Art optischer Ordnung, mit Hilfe eines architektonischen Rasters aus Balustraden, Stufen und Brunnen anzulegen. Schließlich wurde Railtons Säule tatsächlich errichtet, in der Höhe jedoch beträchtlich reduziert. Sir Robert Peel erklärte vor dem Unterhaus feierlich: „Es wäre höchst unvorteilhaft, wenn das Denkmal in diesen stark bevölkerten Teil der Hauptstadt hinabstürzte".[141]

Es überrascht nicht, daß es auch Befürworter eines anderen Planungssystems gab, eines, das weniger *ad-hoc*, mehr *dirigistisch*, mehr *pariserisch* sein sollte. 1842 setzte Peel, auf Geheiß der Gesellschaft für die Erneuerung der Hauptstadt, eine Improvement Commission ein.[142] „Jede Sitzung", so schrieb er an Sir Robert Smirke, „führt zu einem neuen Antrag an einen besonderen Untersuchungsausschuß für irgendwelche Projekte zur Erneuerung der Hauptstadt ... ohne Rücksichtnahme auf allgemeine und umfassende Prinzipien ... und ist (was noch schlimmer ist) – manchmal das Ergebnis von Spekulationen im eigenen Interesse, zur Wertsteigerung von privatem Besitz ... [Das] wird mich tatsächlich dazu bringen, mich Amtsmißbräuchen und ineffektiven Kommissionen des Unterhauses zu widersetzen".[143] Aus diesem früh-viktorianischen Optimismus heraus entstand

128 King's Works, Bd. vi (1973), S. 303; PRO, MPE 1255–56: „Plan für Bauwerke in Mews, den der König zugunsten der Neuen Straße aufgab."
129 Gentleman's Magazine 1831, Teil 1, S. 201.
130 PRO, CRES 26/15, S. 438.
131 King's Works, Bd. vi (1973), S. 463.
132 Gentleman's Magazine 1831, Teil 1, S. 201.
133 Survey of London, Bd. xx (1940), S. 56–57, Tafeln 34–38; Mansbridge 1991, Nr. 245.
134 PRO, MPE 786.
135 PRO, MPE 778: 1830; Gentleman's Magazine, Bd. ci (1831), S. 204–206; C. H. Reilly, Country Life, 15. Juli 1922: Abb. Witherden Young war möglicherweise auch am Entwurf für die Lowther Arcade beteiligt (E. Beresford Chancellor, Annals of Fleet Street, 1913, S. 40); sie wurde 1902 von Macvicar Anderson zur Coutts' Bank umgebaut (H. Clunn, London Rebuilt, 1924, S. 83); und in den siebziger Jahren dieses Jahrhunderts nach den Entwürfen von Sir Frederick Gibberd erneut umgestaltet.
136 PRO, WORK 5/178/1 und 5/179/1: 1831–32; PRO, MR 1046; Parliamentary Papers 1826, Bd. XIV: 5. Bericht. Die Baumeister waren Samuel und George Baker.
137 PRO, WORK 1/16, S. 408–409: 11. Juli 1828; 1/17, S. 130: 1. Juni 1828 und 458: 25. August 1829; CRES 26/32, S. 59, 268.
138 British Almanac and Companion 1830, S. 238.
139 Civil Engineer and Architect's Journal, Bd. i (1838), S. 204. Zu Einzelheiten siehe Mace 1976.
140 Madsen 1965; Barker und Hyde 1982, Tafeln 45 (falsch zugeordnet), S. 46–49.
141 The Builder, Bd. ii (1844), S. 369.
142 Zu Einzelheiten siehe The Athenaeum 1842, S. 114, 712, 790, 1042; Civil Engineer and Architect's Journal, Bd. vi (1843), S. 26. Eine ihrer ersten Aufgaben betraf die Ufereindämmung der Themse (Athenaeum 1843, S. 164). Zu ihrer früheren Arbeit siehe Illustrated London News, Bd. ii (1843), S. 420 und Bd. vii (1845), S. 55, 150.
143 BL, Add. MS. 40518, f. 258: 10. November 1842.

1856 das Metropolitan Board of Works.[144] Doch Peels Vertrauen wurde von dem Berufsstand der Architekten nicht vollkommen geteilt: „Schiebung und Amtsmißbrauch", prophezeite eine Zeitschrift, „werden an der Tagesordnung sein ... Wir werden die Sitzungen mißtrauisch beobachten".[145] Zweifellos hätte man John Nash aus seinem Grab murmeln hören können: *plus ça change* ...

Wie also ist Nashs Ruhm heute einzuschätzen? Er starb in öffentlicher Ungnade, angeprangert wegen „unentschuldbarer Unregelmäßigkeiten" und „grober Fahrlässigkeit";[146] „ein Schieber",[147] oder zumindest „ein großer Spekulant, ... ein höchst verdächtiger Charakter".[148] Für seine Ankläger hatte Nash eine einfache und vornehme Antwort bereit: „Ich bin kein amtlich bestellter Buchprüfer".[149] Seine Trumpfkarte war eine Art pragmatischer Vision, die über die Nebensächlichkeiten der Finanzierung triumphierte. Ein zeitgenössisches Parlamentsmitglied formulierte es so: „Wenn Herr Nash nicht ebensosehr Spekulant wie Aufsichtsbeamter gewesen wäre, wäre die Regent Street niemals vollendet worden ... Voller Risiko und Gefahr brachte [er] jenes vornehme Projekt zur vollendeten Ausführung".[150] 1835 zollte T. L. Donaldson, der ‚Vater des Architektenberufs', seinem Vorgänger großmütigen Tribut: „Herr Nash hat viel getan ... für die Architektur der Hauptstadt ... [er hat] sie von den dunklen, wuchtigen, schwerfälligen und unförmigen Backstein-Kästen errettet, die sie bis zu seiner Zeit verunstalteten ... [Und obwohl] das Auge hier und da von Details beleidigt sein muß, die, verglichen mit den reineren Vorbildern der griechischen und römischen Kunst, eine Versündigung darstellen, ... blieb er im allgemeinen Arrangement, in der großzügigen Konzeption der geplanten Massen und in der Verteilung ornamentaler Grundflächen ohne Konkurrenz".[151]

Als neo-klassischer Architekt war Nash weder Archäologe noch Rationalist. Tatsächlich hatte er sich selbst als Eklektiker bezeichnet. Ein Kritiker nannte ihn 1820 „nicht so sehr einen Planer als einen Sammler von Plänen, ... er übernahm sie von allen Schulen, und zwar mehr wegen ihrer Vielfalt als wegen ihrer Schönheit".[152] „Eine ionische Ordnung ist eine ionische Ordnung", hatte er einmal zu James Elmes gesagt, und er „kümmerte sich nicht darum, welche Ordnung seine Konstruktionszeichner verwendeten". Als ein Assistent die Genauigkeit der Zeichnungen für einige Details im Regent's Park beanstandete, erwiderte er: „Machen Sie sich nichts daraus, bei der Ausführung wird darauf keinerlei Rücksicht genommen werden".[153] Eine solch ungezwungene Einstellung zu Details gehörte ganz wesentlich zur ‚malerischen' Mentalität . Und diese Unterordnung des Neo-Klassizismus unter das Malerische war es, die einen reinrassigen Klassizisten, wie C. R. Cockerell, vor allem provozierte. Die Regent Street verurteilte er wegen ihrer Oberflächlichkeit: „Alles ... wurde hastig gemacht, ... hastig durchdacht, hastig ausgeführt". Über die Kirche All Souls, Langham Place, dachte er, sie sei nur „sehr gut in den Augen derjenigen, die nichts davon verstehen".[154]

Nashs Häuserreihen am Regent's Park verkörpern sicherlich das unstabile Gleichgewicht zwischen archäologischer Neoklassik und *malerischer* Theorie.[155] In den Details sind sie rudimentär griechisch; ihre Komposition steht in der Nachfolge Palladios; und ihre dramatische Wirkung ist in großem Maße von szenischen Zaubertricks abhängig. Cockerell durchschaute die Illusion: „Die Architektur des Regent's Park", stellte er 1825 fest, „kann mit der Poesie eines *Stegreifdichters* verglichen werden: Man ist überrascht und auf den ersten Blick bezaubert von der Fülle herrlicher Bilder, der Verschiedenartigkeit der Szenerie und der vielseitigen Erfindungsgabe. Doch wenn ebenso viele Menschen in den griechischen Regeln dieser Wissenschaft so versiert wären, wie sie es in denen von Homer und Vergil sind, dann wäre dieser Plunder weniger populär." Trotzdem lebte Cockerell im hohen Alter recht glücklich in Chester Terrace. „Nash", gestand er widerwillig ein, „hat immer originelle Ideen".[156]

Unvollendet, verfallen, wiederaufgebaut; zerstört, zerbombt, saniert – was von Nashs London stehen blieb, sind nur Fragmente dessen, was erbaut worden war, und nur ein Schatten von dem, was hätte sein können. Dennoch ist das Prägende seiner Vision unverkennbar. Der breite Trafalgar Square, die schwungvolle Kurve der Regent Street, Oxford Circus als zentraler Blickpunkt, das prächtige Panorama des Regent's Park; sie alle sind Zeugnisse eines meisterlichen Pragmatikers, eines Virtuosen der szenographischen Kunst. Trotz der Schwankungen und Verirrungen seines Geschmacks, muß Nash zusammen mit Wren auch weiterhin zu den Baumeistern des modernen London gezählt werden, auch wenn sein Genius im wesentlichen auf handfestem Opportunismus beruhte.

144 Amt für öffentliche Arbeiten von Groß-London.
145 Architect, Engineer and Surveyor 1843, S. 23.
146 Parliamentary Papers 1831, Bd. IV, S. 10: Bericht 1831.
147 Alexander Baring: Parliamentary Debates NS. Bd. xxi (1829), Sp. 1585: 25. Mai 1829.
148 Sir Joseph Yorke: ibid., Sp. 1582, 1825–26.
149 Parliamentary Papers 1828, Bd. IV, S. 386: Bericht 1828. Als der königliche Befehl erging, ließ er keine andere Wahl als „unbedingten Gehorsam"; beim Buckingham Palace war er „völlig unabhängig vom Bauamt", außer in bezug auf „Vermessungen, Finanzierung und Ausstellen von Rechnungen" (Parliamentary Papers 1831, Bd. IV, S. 194, 204: Bericht 1831).
150 John Calcraft: Parliamentary Debates NS. Bd. xxii (1830), Sp. 1164: 2. März 1830. 1829 nahm Nash öffentlich Stellung, um seine Taten zu rechtfertigen und den Unterschied zwischen „einem ernsthaften Bedürfnis nach Vollendung in Ausführung befindlicher Pläne ... und dem habgierigen Verlangen nach unrechtmäßigen Einkünften" zu erklären (Summerson 1991).
151 R.I.B.A. MS. SP. 4/1.
152 Gentleman's Magazine 1820, Teil 1, S. 34. Nash gab zu, daß sein Marble Arch „ein Plagiat des Konstantinsbogens" gewesen sei (King's Works, Bd. vi, S. 294 Anm.).
153 Crook 1972 [Greek Revival], S. 121.
154 Tagebücher von Cockerell, zitiert nach Watkin 1974, S. 68.
155 Crook 1972 [Greek Revival], passim.
156 Tagebücher von Cockerell, zitiert nach Watkin 1974, S. 69.

RUDOLPH ACKERMANN

Simon Jervis

„Eine permanente Ausstellung von all dem, was es in Natur und Kunst an Merkwürdigkeiten gibt, seien es solche, die sich durch ihre handwerkliche Qualität, oder solche, die sich durch ihre äußere Form auszeichnen; und die Auslage verändert sich fortwährend, da der Erfindungsgeist des Handwerks und der Unsinn der Mode stets etwas Neues hervorbringen." So beschrieb Robert Southey, in der Rolle eines spanischen Reisenden, Londons Geschäfte in seinen *Letters from London* von 1807.[1] Genauso hätte er auch *The Repository of Arts, Literature, Commerce, Manufacturers, Fashions and Politics* charakterisieren können, eine neue Zeitschrift, deren erste Ausgabe im Januar 1809 erschien. In ihr gab es – mit dessen Erlaubnis – eine Widmung an den Prince of Wales, verfaßt von Rudolph Ackermann,[2] ihrem Eigentümer, der 1764 in Sachsen geboren war.

Manchmal übersieht man leicht, wie sehr die englische Kultur schon im 18. Jahrhundert Teil eines europäischen Kontinuums gewesen ist, und daß dieses auch Deutschland einbeschloß. Die Inschrift ‚ALGAROTTI OVIDII AEMULO. NEWTONIS DISCIPULO. FRIDERICUS MAGNUS', die Friedrich der Große seinem Freund, dem Venezianer Francesco Graf Algarotti (1712–1764) widmete, einer wissenschaftlichen und künstlerischen Autorität, der Lord Burlington als einen Erneuerer der Architektur bewunderte, spiegelt die angesehene Stellung wider, die Newton und mit ihm England in der Hagiographie der internationalen Aufklärung einnahm.[3] Die englische Präsenz wird aber auch in kleineren Dingen spürbar: 1760 entwarf Johann Wilhelm Meil, der die Berliner Ausgaben des Werks von Algarotti illustrierte, ein Titelblatt für Popes frühe Gedichte,[4] und etwa zur selben Zeit kamen Illustrationen zu der 1750 in London erschienenen französischen Übersetzung von Fieldings *Tom Jones* in die Sammlung von druckgraphischen Arbeiten, die die Berliner Porzellanfabrik als Vorlagen-Blätter zusammentrug.[5] Ihre Entwürfe stammten von Gravelot, einem in London ansässigen Franzosen. Chodowiecki, der hervorragende Berliner Kleinmeister des späten 18. Jahrhunderts, illustrierte nicht nur Shakespeare, sondern auch Goldsmith, Lady Mary Wortley Montague, Sterne, Richardson und Smollett sowie auch weniger berühmte englische Schriftsteller.[6] Zahlreiche Illustrationen Chodowieckis entstanden seit 1777 für den *Königl. Grossbrit. Churf. Braunschw. Genealogischen KALENDER*[7], ein Hinweis auf die dynastische Stellung der Kurfürsten von Hannover, die seit 1714 Könige von England waren. Und 1777 radierte Chodowiecki zwölf Platten über den Fortschritt von Laster und Tugend für den *Goettinger Taschen CALENDER*[8]. Sie erschienen mit Texten des bedeutenden Hogarth-Interpreten Lichtenberg, der Herausgeber des Kalenders war und Chodowiecki anbot, ihm druckgraphische Seiten von Hogarth als Vorlagen zu leihen. Zu den späteren Beispielen der bemerkenswerten Verbreitung englischer Drucke gehört die 1797 von Albert von Sachsen-Teschen getroffene Entscheidung, die Arbeiten Bartolozzis, eines in London ansässigen Florentiners,[9] komplett zu erwerben, sowie auch Philipp Otto Runges bewegte Antwort an seinen Vater, als er im Jahre 1800 Flaxmans Illustrationen zur Ilias und zu Aischylos erhielt: Die Flaxmanschen Umrisse … – dafür danke ich Dir mit Tränen. Mein Gott, so etwas habe ich doch in meinem Leben nicht gesehen; die Umrisse nach den hetrurischen Vasen fallen doch dagegen ganz weg."[10]

Ende der dreißiger Jahre des 18. Jahrhunderts arbeitete Abraham Roentgen für den Londoner Kunsttischler William Gomm. Er konnte sich folglich ‚englischer Kabinettmacher' nennen, ein Titel, den auch sein Sohn David Roentgen, der bedeutendste Kunsttischler der Zeit, beanspruchte. Abraham und David Roentgen imitierten beide englische Vorbilder,[11] wobei letzterer in mehreren Fällen direkt nach Entwürfen aus Chippendales *Director* arbeitete.[12] Chippendales Einfluß ist außerdem bei Stühlen erkennbar, die etwa seit 1770 in Altona hergestellt wurden.[13] Spätere Altonaer Stühle waren von Hepplewhite[14] beeinflußt, und 1794 erschien in Leipzig eine Sheraton-Ausgabe unter dem Titel *Modell- und Zeichnungsbuch für Ebenisten, Tischler, Tapezierer und Stuhlmacher.*[15] Im Jahr darauf veröffentlichte der Leipziger Kunsttischler Friedrich Gottlob Hoffmann einen Katalog seiner Artikel unter dem Namen *Neues Verzeichnis und Muster-Charte des Meubles-Magazin,* der viele direkte Entlehnungen von Hepplewhite enthält.[16] Diesen deutschen Beispielen für Londoner Einflüsse sollte man noch das des Marquis de Marigny hinzufügen, der seit Ende der sechziger Jahre bis 1780 große beachtliche Mengen von Mahagoni-Möbeln in London kaufte.[17]

Auf dem Grabstein von Friedrich Wilhelm von Erdmannsdorff in Dessau wird daran erinnert, daß er dreimal nach Großbritannien und viermal nach Italien gereist war.[18] Bei Erdmanns-

1 Southey 1951, S. 78.
2 *Repository* 1809, Titelseite; Tedder 1885, S. 58.
3 Miracco 1978, Abb. S. 22.
4 Wirth 1970, S. 11, 18.
5 Baer 1986, S. 308.
6 Wormsbächer 1988, S. 45, 31, 82, 99, 114, 116, 49, 89.
7 Wormsbächer 1988, S. 38.
8 Wormsbächer 1988, S. 39; Märker 1978, S. 106.
9 Sandner 1968, S. 41.
10 Betthausen 1983, S. 46.
11 Austen 1986, S. 349; Thornton 1966, S. 137–147.
12 Gilbert 1978, S. 65.
13 Kratz 1988, S. 274–275.
13 Kratz 1988, S. 276–277.
15 Himmelheber 1974, S. 51, Abb. 3.
16 Hoffmann 1981, Tafeln 2, 3; White 1990, S. 86–87, 105.
17 Gordon 1989, S. 86–108.
18 Speler 1986, S. 27.

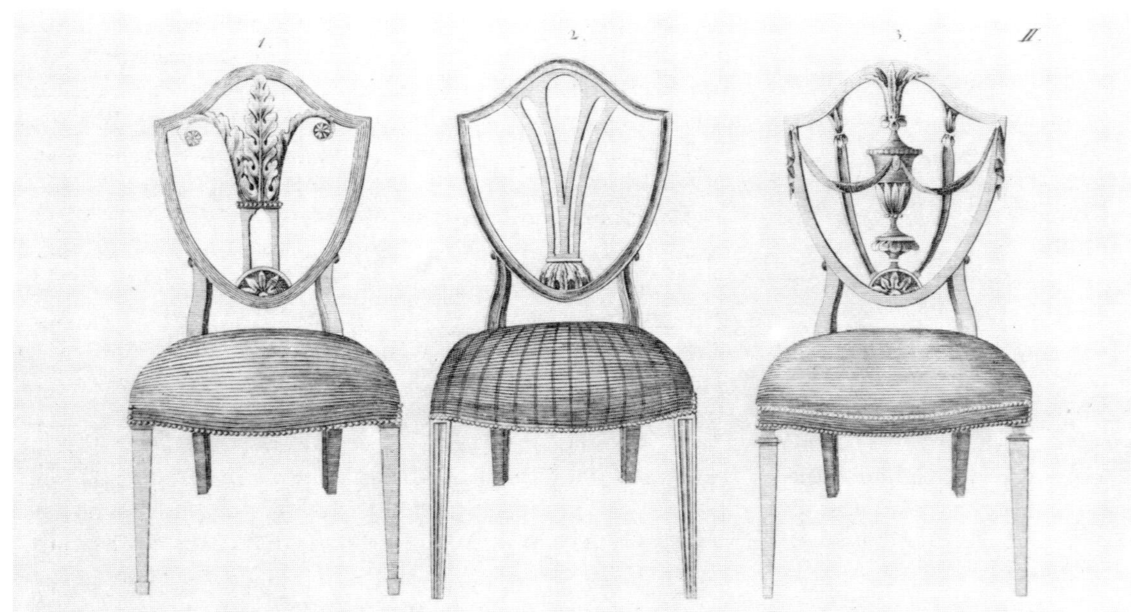

F. G. Hoffmann, Stuhlentwürfe nach Hepplewhite. Aus Neues Verzeichnis und Muster-Charte des Meubles-Magazin, 1795

dorffs vielfältigen Bauten für seinen großen Förderer und Freund, den Fürsten Franz von Anhalt-Dessau, zeigen sich überall englischer Einfluß und Verbindungen mit England. Das pikanteste Beispiel dafür ist vielleicht die Miniatur-Kopie der Eisenbrücke bei Coalbrookdale von 1778, die 1791 im Garten von Schloß Wörlitz gebaut wurde.[19] Das Schloß selbst ist mit von Erdmannsdorff entworfenen und von Johann Andreas Wimmer hergestellten Stühlen im Chippendale-Stil möbliert sowie mit Wedgwood-Vasen und -Reliefs geschmückt; im Ankleidezimmer des Fürsten im ersten Stock sind Wandgemälde, die West Wycombe und Windsor darstellen.[20] Während eines Besuchs in London im Jahre 1775 begegneten der Fürst und sein Gefolge Reinold und Georg Forster, die Captain Cooks zweite Reise als Botaniker mitgemacht hatten; die Forsters beschenkten den Fürsten mit einer Sammlung von gesammelten Objekten aus Tahiti und der Südsee, über die danach Georg bei einem Besuch in Wörlitz im Jahre 1779 einen Katalog verfaßte.[21] Der tahitianische Geschmack, der sich im Laternenzimmer von Schloß Wörlitz und in einem Kabinett des auf kuriose Weise „gotisch" gestalteten Bauwerks auf der Pfaueninsel in Berlin aus dem Jahre 1790 zeigt, kam also über London dorthin.[22]

Fürst Franz und Erdmannsdorff hatten zahlreiche Pläne zur Förderung der Bildung und der Künste in Dessau. Dazu gehörte zwischen 1796 und 1803 die ‚Chalcographische Gesellschaft zu Dessau', eine Einrichtung zur Förderung des Kupferstichs, gegründet, um sich vom englischen Graphik-Monopol zu befreien und das Niveau des deutschen Geschmacks anzuheben.[23] Ihre Geschäfte führte Friedrich Justin Bertuch, der als Übersetzer, Journalist, Geschäftsmann und Privatsekretär von Herzog Carl August von Weimar überall die Hand im Spiel hatte.[24] Sein erstes selbständiges journalistisches Unternehmen, die täglich erscheinende *Allgemeine Literatur-Zeitung,* erschien 1785 zum ersten Mal.[25] Darauf folgte 1786 das *Journal des Luxus und der Moden,* bei dem er, neben seinem Freund Georg Melchior Kraus, Goethes Zeichenlehrer in Frankfurt,[26] Herausgeber war. 1791 wurde das *Journal* von Bertuchs neugegründetem *Landes-Industrie Comptoir* übernommen, „eine gemeinnützige öffentliche oder Privat-Anstalt, die sichs zum einzigen Zweck macht, teils die Natur-Reichthümer ihrer Provinz aufzusuchen und ihre Cultur zu befördern, teils den Kunstfleiss ihrer Einwohner zu beleben, zu leiten und zu vervollkommnen".[27] Das Comptoir produzierte künstliche Blumen und Früchte (in Wörlitz blieb eine Sammlung von Bertuchs Wachsfrüchten erhalten), Spiele und Lehrmittel, Druckgraphik und Spielkarten, Kacheln, Öfen und künstlerisch gestaltete Töpferwaren sowie optische und physikalische Geräte.[28] Dann trat die editorische Tätigkeit in den Vordergrund, und 1825 beschäftigte Bertuch 280 Arbeiter, besaß sechs Druckpressen sowie eigene Werkstätten für den Kupferstich und die Lithographie.[29]

19 Boettiger 1982, S. 87.
20 Alex 1986, S. 90, 79–81; Speler 1986, S. 36.
21 Alex 1988, S. 119.
22 Börsch-Supan 1977, Abb. 10.
23 Hirsch 1986, S. 22–24.
24 Kaiser 1980, S. 10.
25 Kaiser 1980, S. 21.
26 Kaiser 1980, S. 21–24, 51.
27 Kaiser 1980, S. 23, 34–35.
28 Kaiser 1980, S. 35, 38; Alex 1988, S. 135.
29 Kaiser 1980, S. 460.

Als eine der von Bertuch herausgegebenen Zeitschriften erschien ab 1798 *London und Paris*. Sich wandelnde politische Realitäten und die zunehmende Bedeutung Wiens spiegeln sich in den späteren Veränderungen des Titels zu *Paris, Wien und London* (1811), *Paris und Wien* (1812) und schließlich *London, Paris und Wien* (1815). Warum London und Paris im Titel genannt werden, ist im 1786 erschienenen ersten Band des *Journals der Moden (Luxus* wurde dem Titel 1787 hinzugefügt) erläutert: Frankreich verdanke der Förderung des Handels mit Luxusgütern zwar seine wirtschaftliche Überlegenheit, aber England sei ein gefährlicher Mitbewerber geworden; Möbel sind dabei ein Testfall für den modernen industriellen Fortschritt: „Das englische Ammeublement hat fast durchaus den Charakter, dass es solid und zweckmässig ist; das französische ist leichter von Gehalt, mehr komponiert und in die Augen fallender. In der That kamen die Engländer durch das gründliche Studium der Kunstwerke der Alten und die geschmackvolle Anwendung, die sie davon in allen Zweigen des Bildens und Bauens zu machen wussten, zuerst dahin, das Ammeublement durchaus zu verbessern, und es theils schöner, theils zweckmässiger zu machen. Wie höchst wichtig und einträglich dies schon seit geraumer Zeit für ihre Fabriken und Künstler war und noch ist, weiss jedermann. Frankreich und Teutschland, Holland, Schweden und Dänemark haben indessen von England gelernt, geschickte Arbeiter gezogen und ihren Geschmack im Ammeublement merklich verbessert, aber England wird doch sicher noch lange Zeit Gesetzgeber des Geschmacks in diesem Fache für ganz Europa bleiben, weil es theils alle seine Fabriken, die einander zuarbeiten und sich unterstützen müssen, schon in einem hohen Schwunge und in der besten Einrichtung hat, theils seine Materialien dazu in bester Qualität, leicht und um wohlfeile Preisse haben kann, und endlich auch seine Arbeiter ohne Vergleich besser bezahlt."[30] Dieser Vergleich zwischen London und Paris bzw. England und Frankreich war damals ein durchgängiges Thema. Es ist interessant, Thomas Hopes Bemerkungen im Vorwort zu seinem *Household Furniture* (1807) über die Überlegenheit des ausländischen Geschmacks, und besonders dem seines Freundes Percier mit der Hochachtung zu vergleichen, die Charles Moreau im Vorwort zu seinem *Fragments et Ornements d'Architecture* (1800) Hamiltons *Vases* zollt, einer Publikation, die er als eine Belebung der englischen Industrie zum Schaden Frankreichs betrachtete.[31] Das *Journal des Luxus und der Moden* beschrieb 1787 den Unterschied konkreter: England hatte „Fusstapeten in Zimmern und auf den Treppen, zierliche Sachen mancherley Art von Mahagony-Holz geschnitzt, vortreffliche Stahl-Arbeit, ostindische Zeuge, kostbare Camine, Vasen, Büsten und Medaillons" und Frankreich „getäfelte Fussböden, prächtige Lambris, Lackirungen, Vergoldungen usw."[32] Die Erwähnung von Vasen und Medaillons als typische englische Produkte mag ein Echo auf einen im *Journal* von 1787 erschienenen Artikel über den „Coade-Stein" sein, dem eine vollständige Preisliste der Firma angefügt war.[33] Andere englische Produkte, die im *Journal* genannt werden, sind in der Tat

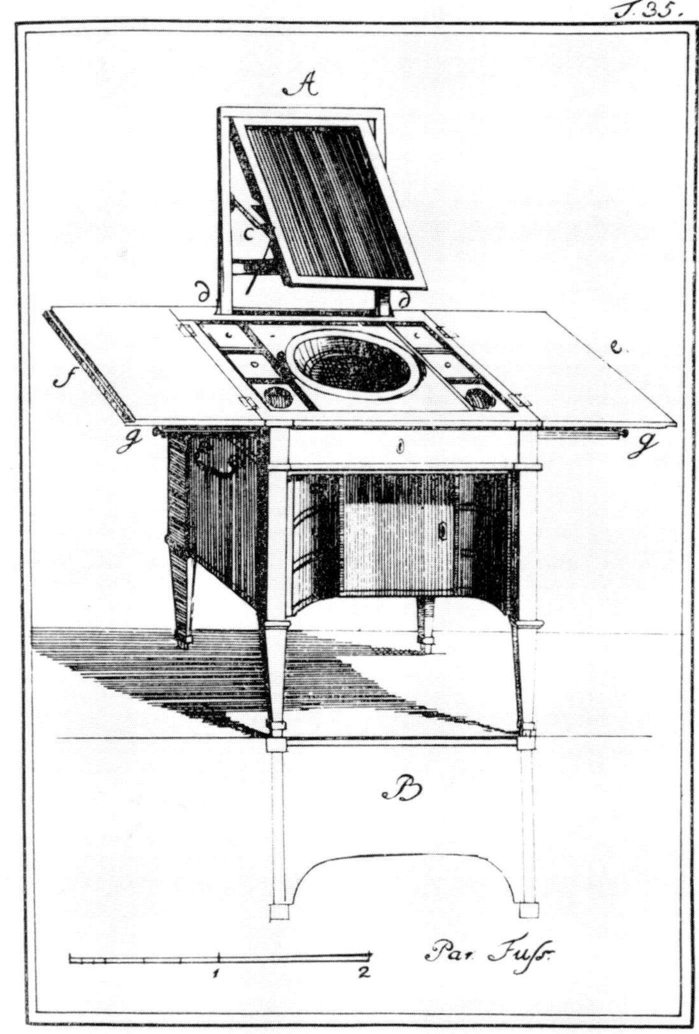

F. J. Bertuch, Entwurf für einen englischen Rasiertisch nach Chippendale. Aus Journal des Luxus und der Moden, 1788

unterschiedlichster Art: Pianos und Kamingeräte (1786), eine Waschmaschine (1791) und ein Gurkenschneider (1800), ein direkt aus Chippendales *Director*[34] übernommener Rasiertisch (1788) sowie eine von Flaxmans Umrißillustrationen zur *Ilias* (1802). Als verbindende Begriffe konnten dabei die Funktionalität der Sachen dienen und die 1789 so genannte „schöne englische Simplicität".[35]

30 Journal der Moden 1786, S. 28–29.
31 Jervis 1987, S. 6.
32 Journal des Luxus und der Moden 1787, S. 135.
33 Journal des Luxus und der Moden 1787, S. 171–173; Intelligenz-Blatt 1788, S. lxix, lxxxvi, xcvii, cxiii und cxxviii.
34 Kaiser 1980, S. 25; White 1990, S. 256.
35 Journal des Luxus und der Moden 1789, S. 361.

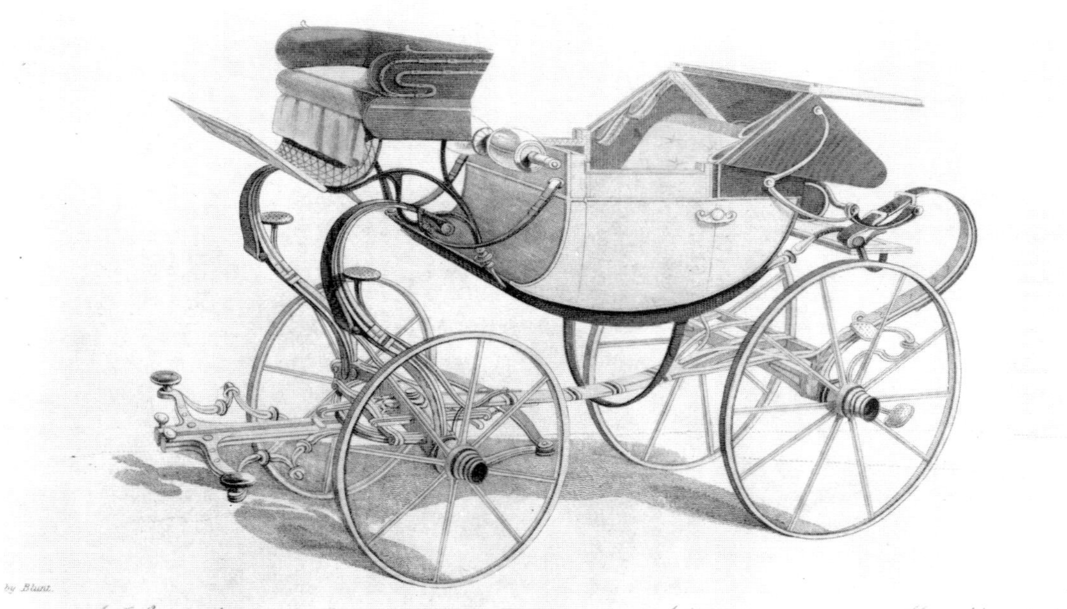

S. Mitan nach Blunt, Ein Landaulet mit Birchs patentiertem Dach und Ackermanns patentierten beweglichen Achsen; gebaut von Mr. Birch aus der Great Queen Street, Lincoln's Inn Fields. Aus Ackermann's Repository of Arts, 1819. The Museum of London

Das *Journal des Luxus und der Moden,* das bis 1827 bestand, befaßte sich mit Mode, Formgebung und Herstellern, mit Handel und Literatur, Kunst und Stilarten, mit Gartenbau und Musik. Dabei erschien es nicht ohne Konkurrenz: So wurde zum Beispiel zwischen 1792 und 1810 in Leipzig ein *Journal für Fabrik, Manufaktur und Handlung* herausgegeben, dessen Titel später *Kunst und Mode* hinzugefügt wurde; ihr folgten weitere in Leipzig publizierte Titel: *Magazin der neuesten englischen und deutschen Moden* (1793), *Magazin für Freunde des guten Geschmacks* (1794), *Taschenbuch für Gartenfreunde* (1795), *Ideenmagazin für Liebhaber von Gärten, englischen Anlagen und für Besitzer von Landgütern* (1796), *Allgemeines Journal für Handlung, Schiffahrt, Manufaktur* (1800), *Zeitung für die elegante Welt* (1801), *Miscellen für Gartenfreunde, Botaniker und Gärtner* (1802), *Magazin aller neuen Erfindungen, Entdeckungen und Verbesserungen* (1802). Diese Magazine waren Teil einer explosionsartigen Entwicklung auf dem Zeitschriftenmarkt, die seit dem späten 18. Jahrhundert in Leipzig und anderen deutschen Städten, wie Dresden und Weimar, stattfand; mit ihnen sollten die Deutschen dazu angeregt werden, dem Beispiel nachzueifern, das England für Handel, Produktion und Geschmack, besonders aber für den Gartenbau, gab.

Rudolph Ackermann, wurde – wie bereits gesagt – 1764 in Stolberg im Harz geboren, das etwa im Mittelpunkt eines zwischen Hannover, Leipzig und Weimar gebildeten Dreiecks liegt.[36] Sein Vater, ein erfolgreicher Sattler, zog 1775 nach Schneeberg (Erzgebirge), einem Ort südlich von Leipzig, der von Weimar im Westen und Dresden im Osten gleich weit entfernt war.[37] Ackermann sollte das Geschäft des Vaters übernehmen, doch da er zeichnerisches Talent gezeigt hatte, wurde er zum Entwurfszeichner von Kutschen ausgebildet. Kurzen Stationen in Dresden und Leipzig folgte eine dreijährige Lehre in der Nähe von Basel, und von dort ging Ackermann nach Paris, um für Antoine Cavassi, einen der führenden Kutschenbauer, zu arbeiten.[38] Irgendwann zwischen Mitte und Ende der achtziger Jahre ging Ackermann von Paris nach London, wo seine Talente bald Anerkennung fanden; 1790 entwarf er eine Kutsche für den Vizekönig von Irland und 1791 eine weitere für den Oberbürgermeister von Dublin. Im letztgenannten Jahr veröffentlichte J. C. Stadler Ackermanns *Imitations of Drawings of Fashionable Carriages,* das erste einer langen Reihe von Werken, deren letztes, das *Thirteenth Book,* am ersten August 1819 publiziert wurde.[39] Seit dem dritten Buch, erschienen 1794, wurden sie von Ackermann selbst verlegt.[40] Sein fortgesetztes Interesse, Kutschen zu entwerfen, spiegelt sich in seiner Verantwortlichkeit für Nelsons Leichenwagen (und Sarg), und darin, daß er sich eine von Max Lankensperger, dem Kutschenbauer Ludwigs I. von Bayern, erfundene bewegliche Achse patentieren ließ.[41] Um diese Erfindung bekanntzumachen, veröffentlichte Ackermann die *Observations on Ackermann's Patent Moveable Axles* (1819); seine Verbindungen nach München werden außerdem dadurch belegt, daß er den ersten, 1818 erschiene-

36 Tedder 1885, S. 58.
37 Tedder 1885, S. 58.
38 Ford 1983, S. 15.
39 Ford 1983, S. 15–16; Berlin 1986, Nr. 1437.
40 Ford 1983, S. 16.
41 Ford 1983, S. 23, 30–31, 65–66.

Ackermann's Repository of Arts, Strand Nr. 101. Aus Ackermann's Repository of Arts, 1813. The Museum of London

nen Band der großen Geschichte des Kutschenbaus von Johann Christian Ginzrot in mehreren Fortsetzungen veröffentlichte, dem königlichen Entwerfer von Kutschen, der von Maximilian I. von Straßburg nach Bayern gerufen worden war.[42] Die Kutsche selbst erforderte zwar spezielle technische Aspekte, aber Kutschen-Design war kein selbständiger Bereich: Die Crace-Dynastie der Interieur-Spezialisten begann als Kutschenentwerfer und -maler,[43] und 1760 legte John Linnell, der begabteste und vielseitigste englische Maler im Stil des Rokoko, einen Entwurf für eine köngliche Staatskarosse vor; daran mitgearbeitet hatte sein Onkel, der Kutschenbauer Samuel Butler, der seinerseits später den gelungenen Entwurf von Sir William Chambers ausführte.[44]

1794 heiratete Ackermann Martha Massey aus Cambridge, und im Jahr darauf erwarb er Geschäftsräume im Strand 96, in dem er sein Geschäft als ‚Graphikhändler und Konstruktionszeichner' betrieb, und außerdem eine Zeichenschule einrichtete; eine Unternehmung, die sich in seinen *Lessons for Beginners in the Fine Arts* (1796) spiegelt und dort theoretisch bedacht wird.[45] Expansion führte 1797 zum Umzug nach Strand 101. Die Schule, die auf achtzig Schüler angewachsen war, wurde 1806 geschlossen, weil der Platz für die Vergrößerung des Geschäfts benötigt wurde, das Ackermann 1798 ‚The Repository of Arts' getauft hatte.[46] Es beinhaltete unter anderem eine Galerie alter und moderner Malerei und Zeichnung.[47] Obwohl Ackermann seine Schule aufgab, blieb er auch weiterhin ein produktiver Verleger von Zeichen-Handbüchern. Als Handbücher für die Landschaftsdarstellung erschien unter anderem *Ackermann's New Drawing Book of Light and Shadow, in Imitation of Indian Ink* (1809–1812) mit Stichen von David Cox; es erschienen zahlreiche Werke von Samuel Prout, als erstes seine *Rudiments of Landscape: In Progressive Studies* (1813), George Harleys *The First Principles of Landscape Drawings* (1829) und mehrere Werke von George Pyne, darunter *Groups of Figures for Decorating Landscapes* (1798). Aber Ackermann verlegte auch Handbücher zur Blumenmalerei wie J. Sillett's undatierte *Grammar of Flower Painting* oder B. Hunter's *Six Progressive Lessons for Flower Painting* (1810); zur Miniaturmalerei: Leon Mansioris *Letters upon the Art of Miniature Painting* (1822); zur Anatomie: Minasis undatierte *Fifteen Academical Studies in Chalk*; und mit Le Bruns Evergreen *A Series of Studies of the Passions* auch ein Handbuch zur Darstellung der Affekte. Richard Browns *Principles of Practical Perspective* (1815) richtete sich an den Architekten und war Sir John Soane gewidmet, während *An Essay on Mechanical Drawing* von Charles Blunt, der für einige der späteren Kutschenentwürfe Ackermanns verantwortlich gewesen zu sein scheint, für den Mechaniker gedacht war.[48]

Ackermann publizierte und verkaufte nicht nur Handbücher zum Zeichnen, sondern veröffentlichte auch *A Treatise on Ackermann's Superfine Watercolours* (1801), und der Titel von Harleys *First Principles* zeigt an, daß darin „Kolorierte Beispiele von R. Ackermanns Farben" enthalten sind.[49] 1810 erwähnt Acker-

42 Ackermann 1818, S. 242; Pelzet und Wackernagel 1967, S. 10.
43 Snodin 1990, S. 33 ff.
44 Hayward und Kirkham 1980, S. 58–59.
45 Ford 1983, S. 11, 16, 21.
46 Ford 1983, S. 17, 31, 18.
47 Ford 1983, S. 17.
48 Ford 1983, S. 220–230; Bicknell und Munro 1987; Berlin 1986, Nr. 1437; Jervis 1984, S. 86.
49 Bicknell und Munro, S. 48.

Die Bibliothek in Ackermanns *Repository of Arts.* Aus Ackermann's Repository of Arts, 1813. The Museum of London

mann, daß seine Farben „von sämtlichen Buch-, Graphik- und Schreibwarenhändlern in Großbritannien" verkauft werden.[50] Als weiteren Künstler-Bedarf bot er spezielle Papiersorten an, um sie im Zusammenhang mit Pynes *On Rustic Figures* (1813) benutzen zu können; und dazu Modelle solcher Figuren „als weitere Hilfe beim Zeichnen"; außerdem richtete Ackermann eine Leihbibliothek graphischer Blätter und Zeichnungen ein, als Vorlagen, nach denen gezeichnet werden konnte; und 1815 bot er sogar Aquarelle der hervorragendsten Maler der Zeit zum Verkauf an, darunter Turner, Girtin, De Wint, Cox, Cristall und die Varleys.[51]

Den übrigen Bestand des ‚Repository of the Arts' bildeten Drucke, Transparent-Bilder, Medaillons, Borten, Tunbridge Ware (Mosaikarbeiten aus Holz), Gipsabgüsse, Stickmuster, Spiele, Schreibgeräte und sehr viel Krimskrams.[52] Den Charakter eines solchen Sortiments mögen die werbenden Verse aus S. und J. Fullers' ‚The Temple of Fancy', einem Konkurrenz-Unternehmen am Rathbone Place, illustrieren:

„Dort werden die Damen schöne *Nähtische* finden,
mit Medaillons geschmückt oder mit Borten verziert
und auftragsgemäß lackiert und poliert;
Schreibtische, Filet-Kästchen, Tunbridge-Caddies
für die Stutzer; hübsche *Nähkästen* und *Wandschirme* für die Ladies."[53]

Ackermanns Bericht von der Herstellung solcher Gegenstände verdient es, zitiert zu werden:

„Zu der Zeit, als die französischen Emigranten in diesem Land so zahlreich waren, gehörte Mr. A. zu den ersten, die eine liberale und einfache Methode entwickelten, um sie zu beschäftigen. Selten arbeiteten bei ihm weniger als fünfzig Adlige, Priester und vornehme Damen an Wandschirmen, Kartenständern, Blumenständern und anderem schmückenden Zierwerk. Seit dem Erlaß, der den Emigranten die Rückkehr nach Frankreich erlaubt, wird diese Fabrikation von inländischen Kunsthandwerkern fortgesetzt, die die Arbeit in hervorragender Qualität ausführen."[54]

Ackermanns verlegerische Aktivitäten waren äußerst vielfältig und reichten von Lithographien nach Dürer, Géricault und James Ward bis zu Accums Werken über *Gaslicht* (1815) und *Kochkunst* (1821). Häufig gehörte Ausländisches oder Exotisches zu den Schwerpunkten seines Programms, wie etwa die *Views of Switzerland* (1822), die undatierten *Five Views of the Great Falls of Niagara,* M. Titsinghs *Illustration of Japan* (1822), Captain

50 Ford 1983, S. 25.
51 Ford 1983, S. 25–26, 28; Bicknell und Munro, S. 102.
52 Ford 1983, S. 45–46.
53 Bicknell und Munro, S. 101.
54 Repository 1809, S. 54.

T. Rowlandson, Der Tod und Bonaparte.
Aus Ackermann's Repository of Arts, 1814.
The Museum of London

Smiths *Asiatic Costumes* (1828), Emeric Essex Vidals *Picturesque Illustrations of Buenos Ayres and Monte Video* (1820) und George Ramus Forrests *A Picturesque Tour along the River Ganges and Jumna in India* (1824). Themen aus Sport und Naturgeschichte tauchen auf, z. B. in Peter Hendersons *Pomona* (1808–1809), Sarah Bowdichs *The Fresh-Water Fishes of Great Britain* (1828), William Somervilles *The Rural Sports* (1813) oder T. Hughes' *The Sportsman's Companion.* Ackermanns beliebteste Bücher waren die drei Bände der *Tours of Dr Syntax*, in denen humoristische Zeichnungen Rowlandsons von Versen William Combes begleitet wurden. Die erste Tour *auf der Suche nach dem Malerischen* (1812) basierte auf Rowlandsons ursprünglich im *Poetical Magazine* (1809–1810) erschienenen Zeichnungen, das zu den weniger erfolgreichen Unternehmungen Ackermanns zählte. Die zweite Tour *auf der Suche nach einer Ehefrau* (1820–1821) wurde herausgegeben, um die Popularität des ersten Bandes zu steigern. Rowlandson und Combe arbeiteten auch für *The English Dance of Death* (1816) zusammen. Ein ernsthafterer Ton wurde dagegen mit Rowlandson brillant-bissigen Transparentbild zur Feier der Niederlage Napoleons bei Leipzig angeschlagen; 1813 wurde es in den Räumen des ‚Repository of Arts' ausgestellt und 1814 in einer Aquatinta-Arbeit festgehalten.[55]

Ackermann verdankt jedoch seinen größten Ruhm als Verleger einer Reihe vorzüglicher topographischer Bücher, die mit Aquantinten illustriert sind. Das erste, *The Microcosm of London* (1808–1810), enthielt 104 Tafeln mit architektonischen Zeichnungen von Augustus Charles Pugin, der um 1792 als junger Emigrant nach London gekommen war, und dazu lebendigen Figuren von Rowlandson. Ihm folgten *The History of the Abbey Church of St. Peter's Westminster* (1811–1812), *A History of the University of Oxford* (1813–1814), *A History of the University of Cambridge* (1814–1815) und *The History of the Colleges of Winchester, Eton and Westminster* (1816). Für diese Reihe mußten nicht weniger als 372.000 Aquatinta-Blätter gedruckt werden.[56]

Noch während dieses erstaunliche Unternehmen im Gang war, brachte Ackermann eine neue Zeitschrift mit dem Titel *The Repository of Arts, Literature, Commerce, Manufacturers, Fashions and Politics* auf den Markt, eine Publikation, auf die bereits am Anfang dieses Essays hingewiesen wurde. Das *Repository* erschien monatlich bis Dezember 1828; und bis dahin waren dort 1491 meist farbige Tafeln veröffentlicht worden. Jede Ausgabe enthielt in der Regel sechs Tafeln: zwei zur Mode, eine zu wechselnden Themen, eine Darstellung von Manufakturen, eine Ansicht sowie schließlich ein ‚allegorischer Holzschnitt' mit drei bis vier

55 Ford 1983, S. 220–230, 52–60.
56 Ford 1983, S. 36.

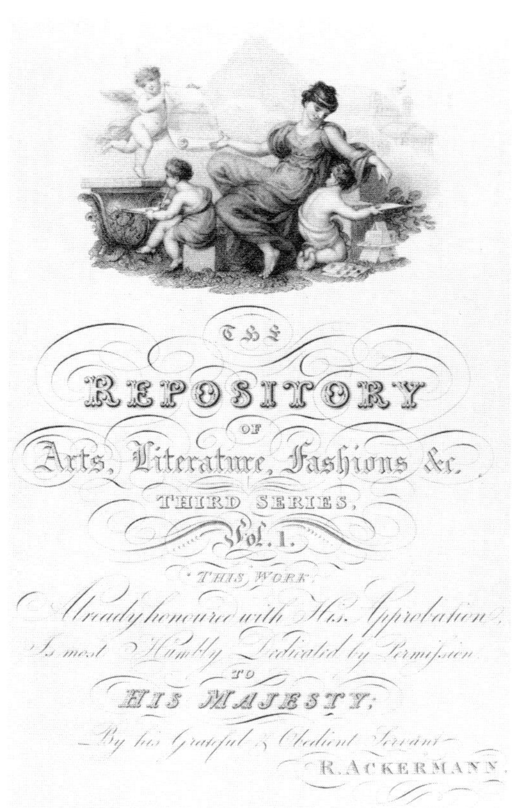

THE

REPOSITORY

OF

Arts, Literature, Fashions &c.

THIRD SERIES,

Vol. I.

THIS WORK

Already honoured with His Approbation,

Is most Humbly Dedicated by Permission

TO

HIS MAJESTY;

By his Grateful & Obedient Servant

R. ACKERMANN.

November, 1809.—Vol. 2.

The Repository

Of Arts, Literature, Commerce, Manufactures, Fashions, and Politics.

MANUFACTURERS, Factors, and Wholesale Dealers in Fancy Goods, that come within the scope of this Plan, are requested to send Patterns of such new Articles, as they come out; and if the requisites of Novelty, Fashion, and Elegance, are united, the quantity necessary for this Magazine will be ordered.

R. Ackermann, 101, Strand, London.

links:
Ackermann's *Repository of Arts*, Frontispiz, 1823. The Museum of London

rechts:
Allegorischer Holzschnitt mit Stoffmustern aus englischer Fabrikation. Aus Ackermann's Repository of Arts, 1809. The Museum of London

Ballkleid und Ausgehkleider. Aus Ackermann's Repository of Arts, 1810. The Museum of London angehefteten Stoffmustern, die allerdings in den späteren Heften durch gedruckte Schraffuren oder Musselin-Muster ersetzt wurden. Im Text fand man stets Erläuterungen der Tafeln, doch er enthielt vor allem auch zahlreiche andere Themen – Politik, Landwirtschaft, Medizin, Erfindungen, Anekdoten, Sport, Poesie, Musik, Ausstellungen, Theater, Bücher, Naturgeschichte und Wetter. Etwa seit 1816 richtete sich das Magazin immer ausschließlicher an weibliche Leser, und dabei traten leichte Romane und Kunst-Beiträge an die Stelle der ernsteren Themen. 1815 traf man Vorkehrungen für den Export des *Repository* nach New York, Halifax, Quebec, den Westindischen Inseln, Hamburg, Lissabon, Cadiz, Gibraltar, Malta und in alle Mittelmeergebiete, zum Kap der Guten Hoffnung und nach Ostindien.[57]

Viele, aber bei weitem nicht alle der im *Repository* erschienenen Tafeln wurden gesammelt und in einer Buchreihe wiederveröffentlicht. Zu ihr gehörten *Select Views of London* (1816) mit 76 Tafeln, die bis auf eine zwischen 1809 bis 1816 im *Repository* erschienen waren; *Rural Residences consisting of a series of designs for cottages, decorated cottages, smal villas, and other ornamental buildings* mit 27 zwischen 1816 und 1817 veröffentlichten Tafeln (die Tafeln beider Bände werden J. B. Papworth zugeschrieben); *The Upholsterer's and Cabinet Maker's Repository* (1816) mit 76 zwischen 1809 und 1815 veröffentlichten Tafeln; *Engravings of Fashionable Furniture* (1823) mit 44 Tafeln aus den Jahren 1816 bis 1822; *Gothic Furniture* (1829) mit 27 Tafeln von A. C. Pugin aus den Jahren 1825 bis 1827 und *Views of Country Seats* (1830) mit 146 Tafeln von 1823 bis 1828.

Der erste Band des *Repository* enthielt fünf nicht wiederabgedruckte Darstellungen prominenter Londoner Ausstellungsräume.[58] Die erste stellte natürlich Ackermanns eigenes Geschäft im Strand 101 dar; darauf folgten der Ausstellungsraum von Wedgwood & Byerley in der York Street am St. James's Square; dann das ‚Grand Fashionable Magazine' von Harding, Howell & Co. in der Pall Mall 89, in dem Pelze, Fächer, Kurzwaren, Schmuck, *Ormulu*, französische Uhren, Parfümeriewaren, Putzwaren und Kleidung verkauft wurden; so Messrs Lackington Allen & Co's ‚Temple of the Mases' am Finsbury Square, eine Buchhandlung mit einem umfangreichen Sortiment, die 1794 von James Lackington ins Leben gerufen worden war, und die Ackermann zu seinem eigenen ‚Repository' inspiriert haben könnte; und schließlich noch der Ausstellungsraum der Messrs Pellatt and Green, königliche Glasmacher am St. Paul's Churchyard. Eine weitere, Ende 1809 veröffentlichte Tafel stellte den im Obergeschoß gelegenen Verkaufsraum von Morgan & Sanders[59] dar, deren Möbel auf nicht weniger als 19 Tafeln zwischen 1809 und 1815 im *Repository* abgebildet worden waren. Sie verkörperten meist eine besondere Vorliebe für Neuheiten und Erfindungsgeist, mit Stücken wie etwa Pitt's *Cabinet Globe Writing Table* (1810), dem veränderbaren Bibliotheksstuhl (1811) und Merlins mechanischen Stuhl (1811).[60] Ackermann veröffentlichte auch zwei Tafeln mit dem von William Bullock errichteten Museum, dem ‚Ägyptischen Saal', in Piccadilly und von 1816 an, als ein

Gotische Möbel, entworfen von A. C. Pugin. Aus Ackermann's Repository of Arts, 1827. The Museum of London

Kaminsims aus Mona-Marmor abgebildet wurde, folgten zahlreiche Tafeln mit Möbeln und Einrichtungsgegenständen, die sein ebenfalls unternehmerischer Bruder George Bullock entworfen hatte.[61] Ackermann unterhielt auch Kontakte mit der Provinz: 1819 und 1820 veröffentlichte er zwölf Tafeln mit Fenster-Dra-

57 Repository 1815, Titelseite.
58 Repository 1809, Tafeln 3, 8, 16, 22, 28. Die Nummern der Tafeln aus Repository sind der umfassenden Auflistung in Life in England in Aquatint and Lithography, 1770–1860, from the Library of J. R. Abbey, London 1953, S. 155–186, entnommen.
59 Repository 1809, Tafel 53.
60 Repository 1810, Tafel 90; 1811, Tafeln 206, 223.
61 Repository 1810, Tafel 118; 1815, Tafel 522; 1816, Tafel 551.

Verkaufsraum von Morgan and Sanders, Catherine Street, Strand. Aus Ackermann's Repository of Arts, 1809. The Museum of London

Vorhang und Vitrine für den Salon, entworfen von G. Bullock. Aus Ackermann's Repository of Arts, 1816. The Museum of London

Merlins mechanischer Stuhl. Aus Ackermann's Repository of Arts, 1811. The Museum of London

‚Gotische Möbel'. Aus Ackermann's Repository of Arts, 1819. The Museum of London

perien, die *Interior Decorations;* sie entstammten einem unbekannten Musterbuch von etwa 1815, das John Stafford, ein Dekorateur aus Bath, verfaßt hatte.[62]

Das *Repository* war keineswegs der einzige Schwerpunkt von Ackermanns Aktivitäten. In viel früheren Jahren, nämlich 1801, beteiligte er sich an einem Patent für die Imprägnierung von Stoffen und Papieren; in Chelsea wurde bald eine Fabrik errichtet, doch scheint das Projekt im Sande verlaufen zu sein. 1807 erprobte er mit Erfolg eine Methode, um anti-napoleonische Propaganda aus Ballons zu verstreuen. Und seit etwa 1823 bis 1828 beschäftigte Ackermann sich intensiv mit Publikationen und Investitionen in dem durch die Befreiung Südamerikas neu sich öffnenden Markt; dieses Unternehmen erwies sich als eine Katastrophe und verursachte enorme Verluste. Erfolgreicher war dagegen 1822 die Herausgabe eines illustrierten Jahrbuchs, des auf deutschen Vorbildern beruhenden *Forget-Me-Not;* es erschien bis 1857 und wurde zeitweise in bis zu 20.000 Exemplaren pro Jahr verkauft. Seit 1825 verwendete man für die Illustrationen im *Forget-Me-Not* den Stahlstich. Ackermann hatte sich außerdem schon früh für Alois Senefelders lithographisches Verfahren interessiert und 1816 seine eigene Steindruckerei eingerichtet. 1819 veröffentlichte er Senefelders *A Complete Course of Lithography* und 1824 *The Art of Drawing on Stone* von Charles Hullmandel, dessen Druckerpresse Ackermann Ende 1823 benutzte. Eine 1828 aufgenommene Verbindung mit Nicéphore Niépce, dem Pionier der Photographie, trug leider keine Früchte.[63]

Obwohl Ackermann 1809 als britischer Staatsangehöriger eingebürgert worden war, scheint er sich doch stets als Sachse gefühlt zu haben. Zum Herausgeber des *Repository* und später auch des *Forget-Me-Not* ernannte er den Mähren Frederick Schoberl, der, wie Abraham und David Roentgen, deutscher Abstammung war.[64] Und im *Repository* erschien 1819 eine Illustration mit dem irreführenden Titel ‚Gotische Möbel', die direkt der zwischen 1796 und 1799 in Leipzig erschienenen, hervorragenden *Geschichte und Darstellung des Geschmacks* von Joseph Friedrich von Racknitz entnommen war, einem Buch also, das in England kaum verbreitet gewesen sein konnte, wenn auch erstaunlicher-

62 Repository 1819, Tafeln 782, 795, 812, 819, 825, 838; 1820, Tafeln 848, 856, 868, 874, 880, 892; Jervis 1984, S. 459.
63 Ford 1983, S. 20, 31–32, 84–88, 64–65, 92.
64 Boase 1897, S. 147.

weise Sir John Soane zwei Exemplare davon besaß.[65] Es gibt im *Repository* zahlreiche weitere Hinweise auf deutsche Belange, doch Ackermanns aktivste und positivste Leistung für sein Geburtsland war sein heimlicher Einsatz, um die durch Napoleons Siege bei Jena und Auerstedt 1806 entstandenen Leiden zu lindern; sowie sein öffentlicher Einsatz, als zweiter Geschäftsführer der Westminster Association £ 100.000 zu sammeln, eine Summe, die die Regierung noch verdoppelte, um den Opfern der 1814 stattgefundenen Schlacht bei Leipzig zu helfen.[66] Als Anerkennung für sein außerordentliches Engagement erhielt Ackermann von Sachsens König den bürgerlichen Verdienstorden und Meißner Porzellan als Geschenk. Interessanterweise gehörte dem kleinen Komitee, das gebildet worden war, um Geld aus London in Weimar zu verteilen, Friedrich Justus Bertuch an, der Gründer des *Journal des Luxus und der Moden.*[67]

Es ist kaum zu bezweifeln, daß das *Journal des Luxus und der Moden,* 1816 in *The Repository* gelegentlich erwähnt, dessen unmittelbares Vorbild war. Bevor das *Repository* 1809 auftauchte, gab es in London bereits einige Modemagazine, die ihrerseits von europäischen Vorbildern beeinflußt waren, wie *Le Beau Monde, or Literary and Fashionable Magazine, Heideloff's Gallery of Fashion,* und *La Belle Assemblée;* einige von ihnen brachten in ihren Texten eine Vielfalt zufälliger Informationen: *Records of Fashion* (1808) veröffentlichte sogar die farbige Illustration eines gotischen Pianos, daß Mr. Jones vom Golden Square für den Prinzen von Wales gebaut hatte.[68] Doch keines dieser Blätter kommt dem Typ des *Repository* so nahe wie das *Journal des Luxus und der Moden.* Ackermann muß es gut gekannt haben. Er stellte auf der Leipziger Buchmesse aus und unterhielt einen regen Briefwechsel mit Karl August Böttiger, der das *Journal* von 1795 bis 1803 herausgab.[69] Böttiger, den Goethe ‚Magister Ubique' nannte, war damals Direktor des Gymnasiums in Weimar.[70] 1814 wurde er Direktor der Dresdner Altertümersammlung und war ein überaus fruchtbarer Schriftsteller und Verleger. Im *Artistischen Notizenblatt,* einer Beilage zur *Dresdner Abend-Zeitung,* die er zwischen 1822 und 1835 herausgab, empfahl Böttiger Ackermanns Waren.[71] Dafür zeigte sich das *Repository* erkenntlich, indem es Retzsch, einen Protégé Böttigers, in den Himmel hob; Ackermann veröffentlichte Ausgaben von Umriß-Zeichnungen von Retzsch* zu Shakespeare und Faust.[72] Dieser Beweis stützt sich zwar auf Bagatellen, ist aber doch überzeugend. Außerdem kann man wohl annehmen, daß Bertuchs 1791 gegründetes *Landes Industrie Comptoir* das Vorbild für Ackermanns 1798 so benanntes Repository of Arts war. Sicherlich bot London sehr viel größere und weiterreichende kommerzielle Möglichkeiten als Weimar, doch die Idee eines Unternehmens mit erzieherischer Tendenz, auf der Grundlage von Malerei und modischen Artikeln basierend, ist bemerkenswert ähnlich. Es mag sogar sein, daß die Nachricht von der Gründung der *Chalcographischen Gesellschaft zu Dessau* im Jahre 1796 bis zu Ackermann durchsickerte und die Weiterentwicklung seiner Ideen beeinflußte: Böttiger besuchte 1797 Wörlitz und kannte die dortigen Entwicklungen gut.[73]

Von 1825 bis 1830 wurden die Einbände für Ackermanns *Forget-Me-Not* von John Buonarotti Papworth entworfen. 1812 entwarf Papworth eine neue Bibliothek für *The Repository of Arts* am Strand 101, und etwa zu selben Zeit plante er eine Bildergalerie als Anbau an Ackermanns Haus in Camberwell. 1827, als Ackermann schließlich wieder in die umgebauten Geschäftsräume am Strand 96 einzog, war Papworth auch sein Architekt.[74] Auf Papworths außerordentliche Bedeutung für *The Repository of Arts* und die daraus hervorgegangenen Bücher wurde bereits hingewiesen. 1823 veröffentlichte *The Repository* eine Ansicht des Ausstellungsraums, den Papworth, dessen vielseitige Begabung auch die Bereiche Möbel, Silber, farbiges Glas, Lampen, Leuchter und Textilien betraf, für den Glasmacher James Blades entworfen hatte, der einen ebenfalls von Papworth entworfenen gläsernen Thron für den Schah von Persien gefertigt hatte; ebenfalls für Ackermann entwarf Papworth ein Transparentbild zum Gedenken an den Frieden von 1814.[75] Zwischen 1817 und 1820 entwarf Papworth Pläne für ein Schloß König Wilhelms I. von Württemberg. Zwar wurden davon nur einige Entwürfe für den Garten ausgeführt, aber trotzdem erhielt Papworth dort den Titel eines ‚königlichen Architekten'.[76] Vielleicht war das Zustandekommen dieser Verbindung zum Teil Ackermann zu verdanken. Und Papworth und er müssen vieles gemeinsam gehabt haben. Deshalb erscheint es plausibel, daß Papworths Illustrationen zu Peter Coxes Gedicht *The Social Day,* 1823 von Ackermann veröffentlicht, – sowohl im Zeichnerischen als auch in der Vorstellung von häuslichem Glück – gemeinsamen Vorlieben entspringen. Bequemlichkeit, Ungezwungenheit, Solidität und ein sanfter Klassizismus scheinen hier ein englisches Gegenstück zum Biedermeier zu bilden und dabei jene vom *Journal des Luxus und der Moden* 1789 so sehr gepriesene ‚schöne englische Simplicität' widerzuspiegeln.[35]

Die unter Ackermann Ägide geschaffenen Bilder aus dem London und England des frühen 19. Jahrhunderts haben die Vorstellung der Nachwelt unauslöschlich geprägt. Als ein Produkt der deutschen Aufklärung und als Erbe ihrer verlegerischen Traditionen – besonders der didaktischen illustrierten Zeitschriften, die ihrerseits Englands Errungenschaften verbreiteten, war Ackermann viel mehr als nur ein unparteiischer Spiegel. Sein *Repository* hatte, nachdem 1828 sein Erscheinen eingestellt wurde, keine Nachfolger. *Das Journal of Design and Manufactu-*

65 Repository 1819, Tafel 789; Jervis 1984, S. 401–402.
66 Ford 1983, S. 48–50; Webster 1954, S. 49–57.
67 Kaiser 1980, S. 70.
68 Records of Fashion 1808, S. 103.
69 Vaughan 1979, S. 24–25.
70 Boettiger 1982, S. 3, 72.
71 Vaughan 1979, S. 24.
72 Vaughan 1979, S. 24–25; Ford 1983, S. 228.
73 Boettiger 1982, S. 71.
74 Colvin 1978, S. 616, 619; Ford 1983, S. 61.
75 Repository 1823, Tafel 1082; Jervis 1984, S. 369–370; Ford 1983, S. 50.
76 Colvin 1978, S. 616.

J. Gendall, Mr. Blades' oberer Ausstellungsraum für dekorative Glaswaren, Ludgate-Hill. Aus Ackermann's Repository of Arts, 1823. The Museum of London

res, das die reformerischen Ansichten von Henry Cole und seinem Kreis in den Jahren 1849 bis 1852 veröffentlichte, war lediglich eine seriösere Version jener Passagen des *Repository*, die sich mit der Formgebung befaßt hatten: Es schloß auch Stoffmuster ein und ließ ebenfalls einen starken deutschen Einfluß erkennen. Die in den dreißiger Jahren des Jahrhunderts entstandene Lücke wurde zumindest teilweise von den recht unterschiedlichen aber äußerst wichtigen Publikationen des in London ansässigen Schotten John Claudius Loudon gefüllt. Doch während der von ihm mit dem *Forget-Me-Not* gegründete Gewerbezweig der Musenalmanache florierte, erwiesen sich die von Ackermann in seiner Werbeschrift für *The Repository* formulierten Ziele nach 1828 für ein Magazin als zu treuherzig: „…nützliche Informationen in einer gefälligen und volkstümlichen Form weiterzugeben, um die Laien dazu zu verführen, mit den Künsten und Wissenschaften Bekanntschaft zu schließen, und vielleicht auch einmal dem Literaten beim Erwecken einer Vorliebe für beide behilflich zu sein".[77]

In Ackermanns kurzem Testament sind verschiedene Geschenke der Könige von Sachsen und Preußen sowie von ‚Seiner königlichen Hoheit Johann Erzherzog von Österreich' verzeichnet, darunter auch ein Papagei in Emailmalerei von Joseph Nigg aus Wien.[78] Obwohl er also ein freiwillig Ausgewanderter und naturalisierter britischer Bürger war, müssen diese Zeichen der Hochachtung aus seinem Geburtsland Sachsen, aus Preußen und Österreich für ihn besonders wertvoll gewesen sein. Doch in der Erinnerung der Öffentlichkeit lebt Ackermann durch die großartige Serie von Aquatinta-Blättern weiter, die unter seiner Ägide veröffentlicht wurde. Sie überliefert ein dauerhaftes Bild vom London und England seiner Zeit. In ihr gipfelt eine unternehmerische und fördernde Aktivität, die ihresgleichen sucht.

77 Ford 1983, S. 79.
78 Ford 1983, S. 97

Sir John Soane's Museum. Aus Sir John Soanes Beschreibung des Hauses, 1835

MÄZENATENTUM UND GEBRAUCHSKUNST IM LONDON DES FRÜHEN NEUNZEHNTEN JAHRHUNDERTS

Clive Wainwright

In den ersten Jahrzehnten des neunzehnten Jahrhunderts erlebte London ein Wachstum wie nie zuvor, das an anderem Ort in diesem Katalog anschaulich beschrieben ist. Während es sich in diesem Zusammenhang bei vielen der neu gebauten oder einer modernen Nutzung angepaßten Gebäude um Banken, Geschäfte, Lagerhäuser, Fabriken und Kirchen handelte, so gab es doch auch zahlreiche Privathäuser. Dieser Essay beschäftigt sich ausschließlich mit solchen Häusern und ganz speziell mit ihren Interieurs: wie sie möbliert und dekoriert waren; es geht außerdem um den Markt für alte und neue Objekte, die ihre Erbauer und Besitzer zur Einrichtung ihrer Häuser kauften. Daher kann die Erörterung nicht auf Gebäude beschränkt werden, die nur in der Zeit gebaut wurden, die diese Ausstellung behandelt, denn es ist für die Häuser in London typisch – und ebenso für die in anderen europäischen Städten –, daß, während das Äußere unverändert blieb, das Innere ständig umgebaut und umarrangiert wurde.

Hierbei stößt man sofort auf zwei Probleme, denn so vielfältig und unterschiedlich die Interieurs der Zeit waren, so bruchstückhaft sind sie dokumentiert; es kann hier also nur eine repräsentative Minderheit betrachtet werden. Einige der Häuser sind gut bekannt, was oft nur daran liegt, daß für sie eine umfassende Dokumentation durch Abbildungen, Rechnungen, Inventare und mitunter durch ein noch heute vorhandenes Einrichtungs-Ensemble überliefert ist. Andere, obwohl zu ihrer Zeit berühmt, sind heute schwer zu behandeln, weil es für sie eine solche Dokumentation einfach nicht gibt. Deshalb ist eine objektive Einschätzung der gesamten Spannweite von Typen und Stilen der Interieurs – von den einfachen bis zu den am reichsten entwickelten – nicht möglich. Wie zu erwarten, hält die Überlieferung – durch historische Unfälle auf Grund von Ignoranz, von Bränden oder Überschwemmungen teilweise beschränkt – vor allem herrschaftliche Beispiele bereit. Ihnen entsprechende Beschreibungen oder Illustrationen von Inneneinrichtungen der Mittelschicht sind rar, und sie finden sich umso seltener, je weiter man die soziale Leiter hinuntersteigt. Leider hat die auf dem europäischen Festland, besonders für das Biedermeier in Deutschland und Österreich gewichtige Tradition, das häusliche Leben in Gemälden und Aquarellen darzustellen, in England keine Entsprechung gefunden. Jeder Blick in irgendeine gut illustrierte Publikation zur Geschichte der Interieurs mag dies bereits anschaulich machen. Doch Peter Thorntons jüngste ergebnisreiche Arbeit zu diesem Thema zeigt mit seinen internationalen Bezügen sehr klar, wie wenig Material es dafür in England gibt.[1]

Im Fall der Manufakturen und Lieferanten sieht es noch schlimmer aus, da sich nur selten die Unterlagen auch der bedeutendsten Kunsttischler, Teppich- und Tapetenfabrikanten, oder auch der Läden, die Silber- oder Keramikwaren verkauften, erhalten haben. Verglichen mit diesen wichtigen Sparten, ist das Archivmaterial derer, die mit alten Möbeln, Rüstungen, Keramiken oder Gemälden alter Meister handelten, sogar noch spärlicher überliefert. Bestenfalls waren sie genauso verschwiegen wie unsere modernen Antiquitätenhändler, schlimmstenfalls haben sie niemals Aufzeichnungen über ihre Geschäfte gemacht. Manchmal sind bei den Familienpapieren in den Archiven der Landhäuser noch Rechnungen und Korrespondenzen erhalten, die sich auf die Ausstattung und die Dekoration der Häuser in London beziehen; ist dann erst einmal der Name eines Händlers für farbiges Glas oder eines Silberschmiedes aufgetaucht, und finden sich für sie Dokumente, dann können diese Zeugnisse häufig stückweise zur Biographie einer solchen Person zusammengesetzt werden.

„Landhaus"-Archive werfen ein weiteres Problem auf. Die meisten adligen, und zahlreiche andere Familien, die einen Landsitz besaßen, hatten im achtzehnten und neunzehnten Jahrhundert auch ein Haus in London. Solche Häuser – besonders die des Adels – waren im frühen neunzehnten Jahrhundert stärker als zuvor für das gesellschaftliche und kulturelle Leben in London prägend. Seit den 20er Jahren des zwanzigsten Jahrhunderts jedoch wurden die größeren oder kleineren Stadthäuser aufgegeben oder abgerissen. Man begann damit sogar schon im späten neunzehnten Jahrhundert, als der Herzog von Northumberland das *Northumberland House* am Trafalgar Square auf Abbruch verkaufte, um für die Northumberland Avenue Platz zu schaffen. Er zog sich auf seinen großen, von Robert Adam erbauten Landsitz in Syon, im Westen Londons, zurück. Beinahe zur gleichen Zeit veräußerte der Herzog von Devonshire das *Burlington House* am Picadilly an die Königliche Akademie und übersiedelte ins *Chiswick House* in der Nähe von Syon. In den 30er Jahren unseres Jahrhunderts, als der Herzog von Norfolk das *Norfolk House* am St. James' Square – in den 20er und 30er Jahren des vorhergehenden Jahrhunderts Brennpunkt der römisch-katholischen Gesellschaft –, einem Abbruchunternehmen verkaufte und in Sussex im *Arundel Castle* einzog, verschwanden mit ihren Bewohnern auch alle großen Londoner Häuser. Einige wurden abgerissen, wie das *Grosvenor House* des Herzogs von Westminster, und an ihrer Stelle wurden Hotels mit gleichem Namen errichtet. Andere wie z. B. das *Bridgewater House* und das *Lancaster House* wurden verkauft, wiederum andere wurden, wie das *Spencer House*, an Geschäftsleute vermietet.

1 Thornton 1984.

Der *Monk's Parlour* im Sir John Soane's Museum. Aus Sir John Soanes Beschreibung des Hauses, 1835

Diese Veränderungen bei den sehr wohlhabenden und einflußreichen Familien hatte zur Folge, daß die Landhäuser erhalten blieben; sie sind bis heute ein charakteristisches Zeugnis unserer nationalen Kultur. Viele von ihnen wurden durch die Überführung der ursprünglich für die Londoner Häuser speziell angefertigten oder zusammengetragenen Möbel und Kunstwerke durchaus aufgewertet. Oft hatten die Familien natürlich ihre besten Gemälde alter Meister zur Freude ihrer Gäste in ihren Londoner Wohnsitzen aufbewahrt. Schließlich war es schon immer Brauch gewesen, in der Kapitale stets etwas herrschaftlicher und prächtiger hauszuhalten, als man das weiter draußen im Lande tat. Die Archive der Landhäuser bergen die dokumentarischen Belege dafür, zu welcher Zeit bestimmte kostbare Gegenstände dorthin überführt wurden, ebenso wie sie die einzelnen Etappen des Hausbaus und der Einrichtung bezeugen. Wenn die Familie ihr Londoner Haus verließ, wurden also auch das Silber, die Möbel, Skulpturen und Gemälde in die bereits auf dem Landsitz bestehende Sammlung eingegliedert. Würde ich also, anstatt über die Interieurs Londoner Häuser, über die der Landhäuser schreiben, könnte ich zahlreiche noch vorhandene Beispiele aller Arten von Interieurs des frühen neunzehnten Jahrhunderts behandeln und illustrieren; so aber bleibt mir nur, auf das Soane Museum (Abb. S. 110, 112, 113) und das Apsley House zurückzugreifen, die als einzige intakte Stadthäuser großen Zuschnitts aus dieser Zeit in London überlebt haben.

Um einen Eindruck von der Pracht der großen Häuser zu vermitteln, bietet es sich vielleicht an, einige von ihnen zu beschreiben. Das größte von allen war das *Carlton House*, das zwischen 1783 und 1820 vom Prinzen von Wales zu dem umgewandelt wurde, was, trotz seines Namens, ein königlicher Palast war. Die gesamte Geschichte dieses faszinierenden Gebäudes und der glanzvollen Sammlung in ihm wird derzeit mit einer Ausstellung in der Queen's Gallery im Buckingham Palace vorgeführt. Der wissenschaftliche Katalog zu dieser Ausstellung enthält mehr Informationen als jemals zuvor zu diesem Thema zusammengetragen wurden.[2] Einige Objekte aus diesem Haus sind ebenfalls in der Ausstellung in der Villa Hügel zu sehen und deuten dort an, wie prunkvoll diese Interieurs gewesen sein müssen. Das Haus stand zwischen der Pall Mall und der Mall und blickte auf den St. James' Park. Die Eingangsfront lag nach Norden hin und war von Pall Mall aus durch eine Mauer abgetrennt, während der Blick von den Haupträumen nach Süden über die Gärten und den Park ging. Die im Gebäude und auf den Rechnungen für das Mobiliar auftauchenden Namen lesen sich wie eine Zusammenstellung von den Namen der berühmtesten Meister ihres Fachs aus England und Frankreich. Die Architekten waren Sir William Chambers, James Wyatt, Henry Holland, Thomas Hopper und John Nash. Unter den Londoner Kunsttischlern finden sich Morel & Hughes, Marsh & Tatham, Thomas Parker, Edward Bailey und François Hervé. Lieferanten für Silber, Juwelen und Eisenwaren waren Rundell Bridge & Rundell, Paul Storr und die Vulliamys. Aber sie alle wurden auf fast allen Gebieten von ihren Pariser Kollegen übertroffen: dem *marchand-merciers* Dominique Daguerre und Martin Lignereux, den *ébénistes* Etienne Levasseur und Adam Weisweiller, den *cisefeur-doreurs* Pierre Gouthière und Pierre Delafontaine, sowie dem *fondeur-ciseleur* P. P. Thomire.

Wenngleich diese modernen Produkte das Beste darstellten, was man damals, mit nahezu unbegrenzten Geldreserven, kaufen konnte, so wurden sie trotzdem nicht selten von den enormen königlichen Erwerbungen französischer Möbel aus dem achtzehnten Jahrhundert, sowie von Bronzen und Sèvres-Porzellan dieser Zeit in den Schatten gestellt. Ein kenntnisreicher Besucher des *Carlton House* hätte also seinen Blick von den modernen Objekten ab- und den vorrevolutionären Möbeln von A. C. Boulle, J. P. Latz und Bernhard van Risamburgh zugewendet; vielleicht auch zu den superben Bronzefiguren des ‚Prometheus

2 *Carlton House, the Past Glories of George IV's Palace,* 1991.

Apsley House heute

in Ketten' von F. Dumont und der Skulptur Louis XV. von J. B. Lemoyne. Die beachtliche, über alle Räume des Palastes verteilte Sammlung von Sèvres-Porzellan, war damals wohl einer der Schwerpunkte dieses Schatzhauses. Vor allem hätten jedoch die Gemälde der alten Meister die Aufmerksamkeit auf sich gezogen. Einige von ihnen, wie das Selbstportrait von Rubens, waren Erbstücke aus der Sammlung von Charles I., wogegen andere, wie das berühmte Gemälde Rembrandts, ‚Der Schiffsbauer und seine Frau', damals Neuerwerbungen waren.

Durch die kurz vor 1820 entstandenen Aquarelle, die das Innere von *Carlton House* zeigen, wird deutlich, daß man bei der Einrichtung den neuen Vorstellungen des *Regency* folgte, was den Eindruck des Innenraums beträchtlich verändert hat. Beispielsweise stellte man kleine Möbel vor die Wände, anstatt sie, wie im achtzehnten Jahrhundert, mit großen Möbelstücken auszustatten. Die Abdeckungen bestanden oft aus Marmor, wodurch sie besonders geeignet waren, um darauf kleine Bronzen, Marmorbüsten, Porzellanfiguren oder andere kleine *objets d'art* aufzustellen.

Im *Carlton House* finden wir alle stilistischen Richtungen der Zeit in prächtigster und hoch entwickelter Form. Sein Äußeres war streng neoklassisch gehalten und hielt sich dabei eng an französische Vorbilder des späten 18. Jahrhunderts, einen Stil, der auch die Interieurs weitgehend bestimmte. Doch gab es dort auch ganz exotische Räume: Bereits 1790 wurde ein chinesischer Salon geschaffen, für den Weisweiller einen kunstvollen Konsol-Tisch im entsprechenden Stil importierte, und für den weitere dazu passende Möbel in England angefertigt wurden. Den orientalischen Charakter anderer Interieurs erfaßte Lady Elizabeth Fielding 1813 folgendermaßen: ‚Ich fürchte, daß all meine Fähigkeiten, Dinge zu beschreiben, versagen würden, wenn ich Ihnen eine Vorstellung von dem orientalischen Gefunkel der Pailletten und des Zierrats, der textilen Dekoration und des Mobiliars geben wollte ...'[3] Natürlich nutzte Georg solche Erfahrungen, als er sich, nahe dem Meer in Brighton, die orientalische Extravaganz seines „Pavilion" leistete.

Weitaus signifikanter waren die Interieurs im Stil des *Gothic Revival*, denn um 1800 entwickelte sich diese Bewegung schnell zu einem äußerst gefragten Stil der Zeit, der gegen 1840 besondere Bedeutung erlangen sollte. 1807 und 1809 wurde der von Thomas Hopper entworfene aufsehenerregende Wintergarten fertiggestellt. Dessen Fächergewölbe, von der Kapelle Edwards VII. in Westminster Abbey inspiriert, war aus Eisen. Doch Hopper füllte die Flächen zwischen den Rippen – mit seinem wunderbaren Sinn für das Theatralische – mit farbigem Glas. Dieses Glas, die farbigen Glasfenster und die vom Gewölbe herabhängenden Laternen aus farbigem Glas bewirkten, daß der Innenraum Tag und Nacht in farbiges Licht getaucht war. Nachts gab es zudem noch eine konventionelle Beleuchtung durch Öllampen auf *Coadestone*-Kandelabern, die mit einschlägigen gotischen Fledermäusen und Drachen dekoriert waren. 1814 wurde der von Nash entworfene Gotische Speisesaal für die immense Summe von £ 8.866 4 s 9 d fertiggestellt. Weitere gotische Räume im Haus waren eine Bibliothek und möglicherweise ein Schlafzimmer; aber wo eigentlich das hier ausgestellte, amüsante gotische

3 Ibid., S. 40.

Die Waterloo Gallery im Apsley House mit Festtafel, Mitte 19. Jahrhundert

Klavier ursprünglich gestanden hat, weiß man nicht. Der hier gezeigte Sessel dürfte wohl für einen dieser Räume entworfen worden sein.

Kaum daß Georg IV. 1820 zum König gekrönt worden war, begann er, sein Interesse am *Carlton House* zu verlieren; 1826 wurde es aufgegeben und ein Jahr später abgerissen. Davor war es eines der Wunderwerke Londons gewesen und hatte in ganz England weniger bedeutende Bauten und deren Interieurs beeinflußt. Auch war das Haus einst ein Ort spektakulärer Bankette, der Festlichkeiten und der Feuerwerke, so zum Beispiel im Dezember 1813, anläßlich des Sieges der Verbündeten bei Leipzig, oder im Juni 1814, anläßlich des Besuches des Russischen Kaisers und des Königs von Preußen.

Bei seiner Thronbesteigung erbte Georg sämtliche königlichen Residenzen, einschließlich des *Buckingham Palace* und des *Windsor Castle*, und machte sich augenblicklich an ihre Umgestaltung. Bereits Georg III. hatte in Windsor einige Räume im Sinne des *Gothic Revival* ausstatten lassen, und zwar nach den Plänen von James Wyatt, damals der wichtigste Architekt dieser Richtung. Wyatt kam jedoch 1813 bei einem Unfall ums Leben, so daß die Arbeiten in Windsor von seinem Partner Jeffry Wyatville weitergeführt wurden.

1827 engagierte der König den fünfzehnjährigen A. W. N. Pugin, damit dieser ein komplettes Ensemble von Gothic-Revival-Möbeln für Räume in Wyatvilles Stil entwerfe.[4] Während die meisten Stücke davon aus hochglanzpoliertem, teilvergoldetem Holz, lediglich typische Beispiele für den unhistorischen Ansatz vieler damaliger Entwerfer sind, gibt es daneben einige, die tatsächlich mittelalterlich aussehen. Das gesamte Mobiliar wurde von der berühmten Londoner Firma Morel & Seddon angefertigt, die schon für das *Carlton House* tätig gewesen war. 1829, kurz vor dem Tod des Königs, eröffnete Pugin in einem Speicher in Covent Garden seine eigene Firma, in der historisch korrektere gotische Möbel und andere Objekte aus Holz und Stein hergestellt wurden.[5] Von da an verbreitete sich sein Ruhm immer mehr, bis er in den 40er Jahren des Jahrhunderts der in Britannien bekannteste Architekt und Gestalter des *Gothic Revival* war – auch in Deutschland wurde sein Einfluß bemerkbar. Sein wissenschaftlicher Zugriff, verbunden mit seiner brillanten Begabung als Entwerfer, ließen nicht nur bemerkenswertes Kunsthandwerk und ebensolche Gebäude entstehen, sondern schlugen sich auch in den von ihm veröffentlichten und verfaßten polemischen Abhandlungen über das Wesen der Architektur und der Gestaltung nieder.

4 De Bellaigue und Kirkham 1972, S. 1–34.
5 Wainwright 1976, S. 3–11.

Praktisch wurden alle Objekte höchster Qualität in London *entworfen,* viele auch in der Hauptstadt hergestellt, und beinahe alle auch dort verkauft. Anschließend wurden sie im ganzen Land und im Empire verschickt oder nach Europa und Amerika exportiert. Viele dieser Stücke entwarfen – und das war ein selbstverständlicher Teil ihrer Arbeit – in den Londoner Büros die Architekten, die jeweils auch die dazugehörigen Häuser bauten. London und seine Umgebung waren zentrale Orte für Manufakturen, so daß die meisten erforderlichen Anlagen zur Herstellung aller möglichen Gegenstände in greifbarer Nähe lagen. Um effizient zu arbeiten, mußte schließlich der Entwerfer in ständigem Austausch mit demjenigen stehen, der den Gegenstand letztlich anfertigte, so daß gegebenenfalls noch kleine Änderungen vorgenommen werden konnten. Vor allem bedurften die uns hier interessierenden Handwerks-Zweige keiner besonders umfangreicher industrieller Voraussetzungen: Ein Silberschmied konnte genausogut in der Dean Street, wie in Soho oder anderswo arbeiten. Für einige spezielle Fälle, wie die Wedgwood-Manufaktur in Staffordshire, war die Herstellung außerhalb Londons angesiedelt, obwohl viele ihrer neuen Entwürfe von dort kamen, und einige historistische Stücke griechischen Vasen im Britischen Museum unmittelbar nachgebildet worden sind. Für die Herstellung von Textilien und Töpferei-Erzeugnissen waren zwar die Midlands ein wichtiges Zentrum, aber trotzdem wurde eine beträchtliche Anzahl von Textilien in London gewebt, besonders die Seiden aus Spitalfields.

Die Waterloo Gallery im Apsley House heute

Wie große gewerbliche Unternehmen jahrelang mitten in London arbeiten konnten (und das auch taten), macht am besten das Beispiel der Firma der berühmten Kunsttischler Seddon deutlich. 1753 bis 1830 hatten sie ihre Werkstatt in einem Haus in der Aldersgate Street, mitten in der Londoner City, sie zogen dann jedoch auf ein größeres, außerhalb gelegenes Gelände in der Nähe von King's Cross. Schon 1783 beschäftigten sie dreihundert Arbeiter, gingen1827 aber darüber hinaus eine zeitweilige Partnerschaft mit Nicholas Morel ein, um das Mobiliar für *Windsor Castle* herstellen zu können. Der Umfang dieses Auftrags, der neben anderen Kommissionen ausgeführt wurde, läßt sich an der Schuld von £ 200.000 ablesen, die ihnen 1830 beim Tode Georgs IV. zustand. Zwei Jahre später zahlte ihnen das Schatzamt schließlich £ 179.300 18 s 6 d; d. h. das Geschäft endete für die Firma mit erheblichem Verlust.

Eine weitere wichtige Werkstatt der Zeit wurde 1814 von George Bullock (1782–1818) im West End Londons eingerichtet, einem Bildhauer, der Möbeltischler geworden war. Lange Zeit blieb er ziemlich unbekannt. Aber kürzlich zusammengetragene Informationen über seinen Werdegang lassen ihn jetzt als einen der bedeutendsten und fortschrittlichsten Entwerfer und Handwerker seiner Zeit erscheinen.[6] Jetzt wissen wir glücklicherweise mehr über seine Arbeit, sowie über seine Werkstatt und wie sie funktionierte, als das bei vielen seiner Zeitgenossen der Fall ist, und zwar vor allem Dank Martin Levys Entdeckung des Kataloges, in dem das Inventar der Werkstatt Bullocks nach seinem vorzeitigen Tode von 1818 für den Verkauf aufgeführt ist.[7] Sein Werdegang ist für das Interieur des *Regency* insgesamt aufschlußreich.

Bevor er sich in Liverpool, wo sein Bruder William ein Museum eingerichtet hatte, als Kunsttischler niederließ, war George Bullock zunächst Bildhauer. Bereits 1809 ging William dann als erster der beiden nach London und richtete dort seine berühmte *Egyptian Hall* ein. Wenn George in seiner Werkstatt nicht nur Möbel herstellte, sondern die meisten von ihnen auch selbst entwarf, so war das, gegenüber anderen Werkstätten, etwas Besonderes. Zugleich beschäftigte er andere Gestalter, wie z. B. den talentierten Richard Bridgens. Die meisten Kunsttischler der Zeit

6 *George Bullock Cabinet-Maker*, Einleitung von Clive Wainwright, 1988. Dies ist der Katalog zu der ersten Ausstellung, die seinem Werk gewidmet wurde und 1988 stattfand.

7 Ibid., S. 48–50. Dieser Katalog wurde später von Martin Levy vollständig herausgegeben: ‚George Bullock's Partnership with Charles Fraser 1813–1818 and the Stock-in-Trade Sale, 1819', in: *The Journal of the Furniture History Society*, 1989, S. 145–213.

Der Vorraum im Carlton House, 1818

führten jedoch, wie vorher, lediglich die Entwürfe von Architekten aus. Dabei wurde Bullocks Firma, wie viele andere Kunsttischler-Werkstätten auch, als Ausstatter für das gesamte Haus tätig und lieferte außer den Möbeln auch Teppiche, Lampen und Leuchter, Tapeten und Keramik. Für all diese Gattungen legte George Bullock Entwürfe vor, vermutlich auch für Silber-Objekte.

Seine Tätigkeit muß jedoch noch einen weiteren Bereich umfaßt haben; denn als er sich in London niederließ, firmierte er als ‚Bildhauer, 4, Tenterden Street, Hanover Square, Mona Marmorarbeiten & Einrichtungen, Oxford Street'. Er bezog ein großes, klassizistisches Haus in der Umgebung des eleganten Hanover Square, zwischen Regent Street und Oxford Street, und stattete es mit den besten Möbeln und anderen Stücken aus seinen eigenen Werkstätten aus. Leider ist nur noch eine Darstellung seiner Innenräume erhalten[8], die ein großzügiges, prunkvoll mit Waffen und Rüstungen ausstaffiertes Treppenhaus und dort den lustlos am Geländer lehnenden Bullock zeigt. Weiter oben wurden moderne Gemälde gezeigt, 1817 solche von Benjamin Robert Haydon: ‚Macbeth, Das Urteil Salomos, und Der Tod des Denatus – alles Werke desselben Historienmalers – sind wieder in London versammelt und hängen in dem prächtigen Treppenhaus von Mr. G. Bullock in der Tenterden Street, der äußerst großzügig Kennern und anderen erlaubt, sie zu betrachten.'[9]

Offensichtlich empfing Bullock in seinem Haus sowohl Freunde als auch potentielle Kunden. Andere Möbeltischler genossen nicht genügend gesellschaftliches Ansehen oder besaßen kein hinreichendes Selbstbewußtsein, um in dieser Weise auftreten zu können, doch Bullock hat offenbar jeden, den er traf, für sich eingenommen. Aber gleichzeitig wirkte stets sein kluger, wirtschaftlicher Sinn; schließlich befanden sich am Ende seines Gartens an der Oxford Street seine Werkstätten. So konnten mutmaßliche Kunden, die in seinem Hause Unterhaltung fanden, leicht in diese Werkstätten geführt werden, um zu erleben, wie neue Stücke entstanden. Dabei waren die Marmorwerkstätten, in denen Platten für Kommoden und Tische, aber auch Kamine angefertigt wurden, ebenso wichtig wie die Werkstätten für Möbel. Auch hier erkennt man wieder den Unternehmer Bullock, der z. B. auch, bevor er nach London kam, auf der Insel Anglesea (Mona) in Nordwales einen Marmorsteinbruch gepachtet hatte. Da es während der Napoleonischen Kriege unmöglich war, Marmor aus Italien zu importieren, warb Bullock mit patriotischen Gründen für seinen ‚britischen' Marmor und nannte ihn,

8 Ibid., S. 25.
9 *Annals of the Fine Arts* I, 1819, S. 106 f.

Möbelentwürfe von
A. W. N. Pugin, 1830

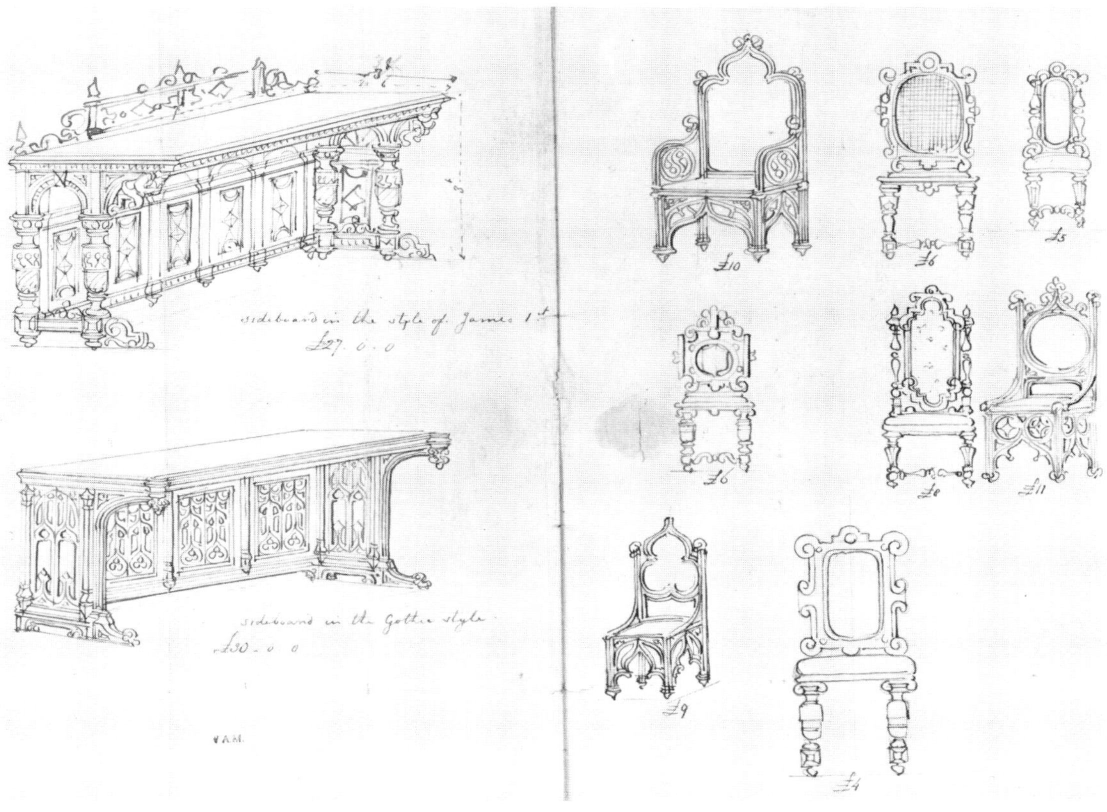

nach der alten englischen Bezeichnung für Anglesea, ‚Mona'-Marmor.

Diesen patriotischen Tenor behielt er auch weiterhin bei, als er für die Verwendung britischer statt exotischer Hölzer – wie das allgemein beliebte Mahagoni – bei der Herstellung von Möbeln plädierte. Später machte er sich die aus Frankreich stammende Mode der Metall-Intarsien zunutze, die durch die neu erwachte Vorliebe von Sammlern für Möbel von A. C. Boulle aus dem frühen achtzehnten Jahrhundert hervorgerufen worden war. Er entwarf und baute Möbelstücke mit kunstvollen Intarsien, für die er Holz und Metall kombinierte. Auch dabei plädierte er dafür, ausländische Pflanzenornamente gänzlich durch britische Pflanzen zu ersetzen. Bei dem hier gezeigten neoklassischen Tisch ist der aus Messing gearbeitete römische Thyrsus-Stab am Sockel nicht von den üblichen Weinreben, sondern von Hopfen-Pflanzen umwunden. Wie dieser Tisch für Sir Walter Scott zeigen noch viele andere dieser Möbel Platten aus britischem Mona-Marmor.

1816 erhielt Bullock den Auftrag, New Longwood, das von der britischen Regierung vorgefertigte und nach St. Helena verschiffte Haus, auszustatten, in dem Napoleon im Exil leben sollte. Er lieferte sämtliche Möbel und Einrichtungsgegenstände, aber, anstatt sie Napoleon in dem von ihm so geliebten Mahagoni zu liefern, benutzte er ausschließlich allerbeste britische Eiche, wobei einige Stücke mit Platten aus Mona-Marmor ausgestattet waren. Er entwarf außerdem für Napoleon noch klassizistische Keramik, die jedoch leider nie ausgeliefert wurde, da der Kriegsminister dagegen Einspruch erhob. Der Politiker war der Ansicht, daß auf diesen Gegenständen der ‚Siegeslorbeer' zu beherrschend aufträte, als daß sie von jemandem täglich hätten benutzt werden können, den wir bezwungen hatten. Vermutlich war aber der Auftrag für St. Helena nicht gerade ein typisches Beispiel für Londons Rolle als ein Ort, von dem aus auch Randbezirke des Empire beliefert wurden.

George Bullock arbeitete auch im gotischen und elizabethanischen Stil und entwarf und lieferte in diesem Zusammenhang z. B. für Napoleon eine qualitätvolle vergoldete Messinglaterne im gotischen Stil. Folgten die britischen Entwerfer bei ihren neoklassischen Arbeiten den Kollegen auf dem Kontinent, so fanden umgekehrt viele französische und deutsche Gestalter für ihre neogotischen Werke Anregungen bei den Engländern. Ein faszinierendes Beispiel dafür ist die zweite hier gezeigte Laterne, die der für Napoleon gearbeiteten sehr ähnlich ist, und die vermutlich in den 20er Jahren des vorigen Jahrhunderts von England nach Deutschland kam. Sie gehörte dort zu der Ausstattung der von Schinkel restaurierten mittelalterlichen Burg Rheinstein. Wenngleich Bullock bereits nicht mehr lebte, als Schinkel 1826 nach England kam, wurde auch weiterhin nach vielen seiner Entwürfe

Zwerg-Schränkchen mit Intarsien aus verschiedenen Hölzern. Entworfen und hergestellt von George Bullock, um 1817

Keramiken, 1816. Entwurf von George Bullock für Napoleons New Longwood House auf St. Helena.

noch produziert. Kaufte Schinkel also die Laterne in London? Sicherlich hat er sich während seines Besuches die zeitgenössischen Gebäude des *Gothic Revival* genau angesehen. Außerdem wird die Tatsache, daß Bullock große Teile der Ausstattung für Sir Walter Scotts Haus Abbotsford lieferte, das Vorbild so vieler neogotischer Gebäude auf dem europäischen Kontinent, nicht nur Schinkel, sondern auch seinem belesenen Auftraggeber aufgefallen sein. Ich habe hier nicht nur deshalb etwas länger über Bullock gehandelt, weil er ein bedeutender Entwerfer und Unternehmer war, sondern weil die Beschäftigung mit ihm auch eine klarere Vorstellung davon vermittelt, wie in London der Handel mit Luxusgütern funktionierte.

Lassen Sie uns aber jetzt das radikalste neo-griechische Interieur Londons behandeln, das jedoch einmal nicht in einem königlichen oder gar aristokratischen Haus zu finden ist, sondern in dem des Bankiers Thomas Hope (1769–1831). Die Familie Hope stammte ursprünglich aus Schottland, eröffnete jedoch im achtzehnten Jahrhundert eine äußerst erfolgreiche Bank in Amsterdam; 1794 ging sie, in Folge der Revolutionskriege, nach London. Nach einer außergewöhnlich langen *Grand Tour*, die ihn, außer in die üblicherweise bereisten Länder, auch nach Ägypten, in die Türkei, nach Syrien, Griechenland, Preußen und Spanien führte, kaufte Hope 1799 ein Haus in der Duchess Street in der Nähe des Oxford Circus. Bald begann er, dessen Innenräume nach seinen eigenen beachtlichen Vorstellungen zu verändern. Dabei handelte es sich ursprünglich um ein großes, aber langweiliges Haus, das Robert Adam in den frühen 70er Jahren des 18. Jahrhunderts entworfen hatte; dessen Äußeres blieb unverändert, wie der deutsche Kunsthistoriker und Maler Passavant bemerkte, als er es 1833, kurz nach dem Tod Hopes, besuchte. Ausgestattet mit der entsprechenden Eintrittskarte, wollte er dessen berühmte Galerie besichtigen. Erstaunt notierte er zunächst, wie schwerfällig ihm dieses Gebäude entgegentrete, beinahe fensterlos und von Ruß geschwärzt. Im Ganzen entspräche es von außen mehr der Vorstellung von einer Brauerei, als der von einem opulenten Stadthaus eines Bankiers. Das Innere erwiese sich jedoch seinem ehemaligen Besitzer würdig: mit zahlreichen kleinen Räumen, die mit der damals verbreiteten, wenn auch oft falsch verstandenen Vorliebe für die Antike ausgestattet seien. Besonders beeindruckt sei der Besucher aber von der Sammlung alter etruskischer Vasen.[10]

Auf welche Weise Passavant eine Eintrittskarte erhalten hatte, sagt er zwar nicht, doch wurde damals der von Thomas Hope selbst begonnene Brauch beibehalten, Eintrittskarten nach Erhalt ‚einer von einigen Personen bekannten Wesens und Geschmacks unterzeichneten Bewerbung'[11] auszugeben.

Zwei Jahre später besuchte Gustav Waagen, der scharfsichtige Beobachter des britischen Kunstlebens, die Sammlung:

„Ich stoße auf immer neue Dinge, die mich über die Fülle an Kunstwerken in diesem Land in Erstaunen versetzen; so habe ich mich letztens mit einem wirklichen Museum im Hause von Herrn Henry Thomas Hope vertraut gemacht. Abwechselnd ist

George Bullock, Entwurf eines Eßzimmerstuhls für Abbotsford

man hier von alten und neuen Marmorstatuen umgeben, von griechischen Vasen, italienischen und holländischen Bildern … Die Gemälde aus der italienischen Schule, die zusammen mit einigen historischen Bildern der flämischen Schule in einer weiten, von oben beleuchteten Galerie hängen, …“[12]

Beide beschreiben die Gemälde und die klassischen Antiquitäten ausführlich, erwähnen jedoch weder das bemerkenswerte moderne Mobiliar, noch die kunstvoll gearbeiteten Interieurs insgesamt.

1826 äußerte sich ein anderer deutscher Besucher, Fürst Pückler-Muskau, abfällig über die Einrichtung, obwohl er von dem Hausherrn selbst, den er als den Autor des exotisch-orientalen Romans *Anastasius* aufrichtig verehrte, ganz offensichtlich beeindruckt war:

10 Passavant, Bd. 1, 1836, S. 223 f.
11 Watkin 1968, S. 100.
12 Waagen 1838, Bd. II, S. 324 f.

„So machte ich heute die Bekanntschaft des Herrn Morier, des geistreichen und höchst liebenswürdigen Verfassers des *Hajji Babas*, so wie auch die des Herrn Hope, angeblichen Autors des noch weit genialeren *Anastasius*. Dieses letztere Buch wäre Byrons würdig. Viele behaupten, Herr Hope, der im Äußeren mehr Zurückhaltung als Genialität zeigt, könne es unmöglich geschrieben haben. Dieser Zweifel gründet sich vorzüglich darauf, daß Herr Hope unter seinem Namen früher ein Werk über Ameublement herausgab, dessen Stil und Inhalt allerdings ungemein mit dem glühenden, von Reichtum der Gefühle und Gedanken überströmenden ‚Anastasius' kontrastiert. Einer meiner Bekannten sagte daher: ‚Eines oder das andere. Entweder *Anastasius* ist nicht von ihm, oder das *Möbelwerk*.' Aber so verschiedener Stoff bringt wohl auch ebenso verschiedene Behandlung mit sich, und wie ich Herrn Hope, vielleicht mit unwillkürlicher Vorliebe, beobachtet habe, schien er mir durchaus kein gewöhnlicher Mensch. Er ist sehr reich, und sein Haus voller Kunstschätze und Luxus, worauf ich wohl noch einmal zurückkomme. Seine Möbel-Theorie, die dem Antiken nachgebildet ist, kann ich aber in der Ausführung nicht loben, da die Stühle nicht zu regieren sind, andere trophäenartige Aufstellungen lächerlich erscheinen und die Sofas kleinen Gebäuden gleichen, mit überall hervorspringenden, so scharfen Ecken, daß bei nachlässigem Niederlassen darauf eine gefährliche Verwundung nicht unmöglich wäre."[13]

Man hat den Eindruck, daß sich Pückler-Muskaus eigener Geschmack eher an Formen der Renaissance als an griechischen Vorbildern orientierte. 1822 beauftragte er den englischen Architekten John Adey Repton, seinen Familiensitz in Muskau, Schlesien, umzugestalten.[14] Nach Beginn der Arbeiten wurde Repton bald durch Schinkel ersetzt, dessen Entwurf jedoch ebenfalls niemals ausgeführt wurde.

Man muß einräumen, daß, während einige Stücke des Hope-Mobiliars höchst elegant und sehr fein gearbeitet sind, andere eben nur die Qualität des Letzteren aufweisen. Sein Buch *Household Furniture and Interior Decoration* von 1807 muß vielen so, wie Pückler-Muskau, wenig anregend erschienen sein, unabhängig von der Tatsache, daß es für den neo-griechischen Stil als Vorbild der Gebrauchskunst plädierte. Denn: Anstatt die Objekte so, wie das in zahlreichen zeitgenössischen Musterbüchern üblich war, perspektivisch oder vielleicht sogar farbig abzubilden, suchte er dem von Flaxman propagierten trockenen linearen Stil nachzueifern, der auch für die 1801 in Paris veröffentlichte Publikation *Recueil des Décorations Intérieures* von Percier & Fontaine benutzt worden war. Selbst wenn Hope Architekt gewesen wäre, wären seine Entwürfe bemerkenswert gewesen, war er doch, ohne regelrechte Ausbildung, in der Lage, die besten Formen des französischen Klassizismus mit seinen Vorstellungen von klassischen Antiquitäten zu kombinieren, die er von seiner *Grand Tour* her kannte. Er bestimmte damit die Entwicklung der britischen Möbelkunst und die Gestaltung der Innenräume so weitgehend, daß z. B. ein rein auf den Verkauf abziehendes Musterbuch, wie die 1808 erschienene Publikation *A Collection of Designs for Household Furniture und Interieur Decoration* von George Smith, bis hin zum Titel, Hopes Werk weitgehend plagiierte.

Vom Kontinent hatte Hope seine Neigung für die so hoch entwickelte Phase des europäischen Klassizismus mitgebracht, und er hatte auch tatsächlich einige Möbel für die Duchess Street in Paris gekauft.[15] Nachdem er später vergeblich versucht hatte, entsprechende Objekte in London zu bekommen, war er gezwungen, sie selbst zu entwerfen und in Auftrag zu geben. Er schreibt dazu: „Unter der allgemeinen Bezeichnung ‚Haushaltsmöbel' wird eine unendliche Vielfalt unterschiedlicher Erzeugnisse der gewerbetreibenden Menschheit zusammengefaßt: Sie bestehen aus Holz, Stein oder Metall, in unterschiedlichen Zusammensetzungen; aus Seide, Wolle oder Baumwolle ... Fast jeder dieser verschiedenartigen Artikel war noch bis vor kurzem in diesem Land vom Geschmack des jeweiligen Handwerkers abhängig, dem auch die allgemeinsten Prinzipien sichtbarer Schönheit vollständig unbekannt waren, und der lediglich über rudimentäre Kenntnisse vom Zeichnen verfügte ..."[16] Stützen des Handwerks waren die Polsterer oder die Kunsttischler und George Smith nannte sich selbst auf dem Titelblatt seines Buchs eine ‚Außerordentliche Stütze Seiner Königlichen Hoheit, des Prinzen von Wales'.

Hope wünschte sich sehnlichst, daß andere die Umwälzungen, die er in Gang gesetzt hatte, weiterführen würden, anstatt lediglich seine Entwürfe zu kopieren. Er forderte ‚den jungen Künstler' eindringlich auf, daß dieser das Buch, ... eher im Hinblick darauf betrachten soll, daß es eine vage Vorstellung davon gibt, was bis dato mit unvollkommenen Mitteln, in beschränktem Ausmaß und hastig in neuen Formen des Geschmacks und der Herstellung produziert worden ist, als mit dem Ziel, spezifische Modelle dessen anzubieten, was künftig nach eingehenderem Studium und längerer Praxis in dieser neuen Richtung intensiver und dauerhaft erarbeitet werden wird; und doch hätte ich ihn ernsthaft davor warnen sollen, seine Bemühungen lediglich darauf zu beschränken, den Inhalt dieses Buches zu kopieren'.[17] Dabei sollte man sich vor Augen halten, daß alle abgebildeten Gegenstände tatsächlich nach Hopes Entwürfen ausgeführt worden sind und in der Duchess Street von allen Besuchern betrachtet werden konnten. Dies war ein wichtiger Grund für die durchschlagende Wirkung des Buches auf andere Entwerfer; denn im Gegensatz zu Hopes Erfindungen, wurden viele der in solchen Musterbüchern für angewandte Kunst (wie dem von Smith) abgebildeten Objekte schließlich doch nicht hergestellt.

Die Haupträume des Hauses in der Duchess Street waren ebenfalls abgebildet und in allen Einzelheiten beschrieben. Für

13 Pückler-Muskau 1940, S. 60.
14 Maddison 1991, S. 110 Abb. 39.
15 Thornton und Watkin 1987, S. 168.
16 Hope 1807, S. 1.
17 Ibid., S. 17.

die ägyptischen Antiquitäten gab es einen separaten Raum, in dem zwei geradezu dramatische ägyptische Sofas mit Sphingen als Armlehnen sowie vier Sessel in demselben Stil standen. Dieser Raum war in den Farben Blaßgelb, Blaugrün, Gold und Schwarz gehalten. Die Umriß-Radierungen können keine Vorstellung von diesem brillanten Farb-Charakter des Interieurs vermitteln. Im Aurora-Raum stand Flaxmans Marmor-Skulptur der Aurora, die Cephalus auf dem Berge Ida besucht. Die die Wände fast vollständig bedeckenden Vorhänge waren – der Aurora angemessen – aus gelb-orangenem Satin und so gerafft, daß die dahinterliegenden Spiegel sichtbar wurden, und – passend zum schwarzen Kamin – mit schwarzem Samt abgesetzt. Die Decke war himmelblau, der Fries polychrom, und die meisten Möbel waren vergoldet. Obwohl das Haus nicht so groß wie andere Londoner Adelssitze war, setzte es zweifellos Maßstäbe für die Verwendung von griechischen und ägyptischen Formen im Interieur; sie waren von nachhaltiger Dauer.

Das bekannteste Adelshaus der 30er Jahre und ein Zentrum des gesellschaftlichen Lebens, war das später Stafford House genannte und heute als *Lancaster House* bekannte York House; entworfen von Benjamin Dean Wyatt, von dem auch die Pläne des *Apsley House* stammen. 1833 besuchte Passavant natürlich auch dieses Haus, um sich dort die bemerkenswerte Sammlung alter Meister anzuschauen. Aber ebenso, wie er dieser einige Seiten widmete, notierte er Beobachtungen über die Eigenart der sie umgebenden Interieurs. Dabei erwähnt er besonders die prächtige Halle und das Treppenhaus, deren Wände mit verschiedenen Arten feinsten Marmors verkleidet waren. Dann spricht er über die kostbare Ausstattung mit allen Arten von Stühlen, kleinen Sofas und Tischen sowie von den unzähligen zerbrechlichen Ziergegenständen, die das Durchqueren der Räume zu einer gefährlichen Aufgabe werden ließen. Im Hinblick auf vergoldete Balustraden, Leuchter oder Konsolen bemerkt er, daß sie den Stil Ludwigs XIV. imitierten.[18]

Wyatt war tatsächlich in den 20er Jahren des vorigen Jahrhunderts ein Anhänger dessen, das recht ungenau als Louis XIV-Stil bezeichnet wurde, denn es verband eigentlich Formen aus den Epochen von Louis XIV., XV. und XVI. Das York House erscheint als ein frühes Beispiel für diese Stilrichtung, die – wie Passavant beschrieb – bei Möbeln und anderen Einrichtungsgegenständen zu solch übertriebenen Formen führte, die man sonst mit Interieurs aus der mittleren viktorianischen Epoche in Verbindung bringt. Hier zeigte sich also ein deutlicher Gegensatz zu dem reinen griechischen Charakter der Duchess Street. Tatsächlich griff auch Hope selbst diesen Stil in seinem letzten, 1835 posthum veröffentlichten Buch an:

„Schließlich sind einige, wie in höchster Verzweiflung, wieder der Bewunderung des alten Schnörkelwerks verfallen – des alten französischen Stils –, dessen sich die Franzosen schließlich schämten; zuerst ablehnend, hatten sie ihn gierig aufgekauft. Nicht zufrieden damit, bei jedem Pfandleiher in London und Paris nach alten Boulle-Stücken, alten Platten, alten Gobelins

Das Aurorazimmer in der Duchess Street. Aus *Hopes Haushaltsmöbel*

und alten Rahmen zu stöbern, versuchten sie sogar, möglichst alle Hersteller wieder für diesen kläglichen Stil zu gewinnen und korrumpierten durch dessen Wiederbelebung den Geschmack jedes modernen Künstlers.“[19]

Trotz solcher Angriffe wurde diese Richtung im Laufe der 20er und 30er Jahre sehr beliebt. In den Händen talentierter Entwerfer wie Wyatt konten seine Formen durchaus elegant und raffiniert ausfallen; besonders dann, wenn, wie Hope es beschreibt, in moderne Gestaltungen authentische Objekte des 18. Jahrhunderts, wie Sèvres-Porzellan, Gobelins, Boulle-Möbel oder die wertvollen Gemälde alter Meister einbezogen wurden. Diese Stilform zeigt am besten die immer noch unverändert erhaltene Waterloo Gallery in dem von Wyatt 1823 für den Herzog von Wellington entworfene *Apsley House.* Wie beim York House verrät auch hier das streng neo-klassische Äußere nichts über sein kunstvolles Louis XIV-Interieur. Für dessen Ausstattung war es wichtig, daß – wie Hope, anläßlich seiner Erörterung von Herstellern bemerkte – man das vergoldete Schnörkelwerk preiswert

18 Passavant, a. a. O., S. 136–140.
19 Hope 1835, S. 560 f.

und leicht aus Papiermaché herstellen oder aus Messing stanzen und danach ohne weiteres auf minderwertigere Einrichtungsgegenstände und dekorative Elemente aufbringen konnte.

Zur Anleitung solcher Gelegenheits-Kascheure und deren Kunden, die zu geizig oder phantasielos waren, um einen Architekten zu engagieren, gab es Musterbücher. Das von George Smith haben wir bereits erwähnt. Für die Ausstattung der Haupträume riet er: „In den Salons, Boudoirs, Antechambres und anderen ausgestatteten Räumen, dürfen ost- oder westindische Satin-Hölzer, Rosenholz, Tulpenbaumholz und andere Sorten aus dem fernen Osten verwendet werden. Bei der Verwendung von Satin-Holz und leicht getönten Hölzern sollten die dekorativen Elemente aus Eben- oder Rosenholz sein, bei Rosenholz *or-molu* (vergoldet), die Intarsien aus Messing."[20] Eines der am häufigsten benutzten Musterbücher war das von Thomas Sheraton, der sich besonders mit den Salons beschäftigte und darauf Wert legte, daß alle Einrichtungsgegenstände voneinander getrennt aufgestellt werden sollten, um auf diese Weise eine gesellige Atmosphäre zu schaffen:

„Im Salon soll sich die Eleganz des gesamten Hauses versammeln und der größte Reichtum an Mobiliar vorgeführt werden. Er sollte für offizielle Besuche höchster Persönlichkeiten geeignet sein und keine Dinge beinhalten, die irgendetwas Wissenschaftliches vermuten lassen könnten, und die damit jemandes Aufmerksamkeit von der bei solchen Anlässen üblichen allgemeinen Konversation ablenken könnten. Deshalb sollten an den Wänden keine Bilder hängen, die Tische nicht unter Bücherbergen begraben oder die Ecken des Raums mit Globen bestückt sein; denn solche Zusammenkünfte sind nicht dafür da, daß sich jeder Besucher seinem Lieblingsgebiet zuwendet, sondern daß er statt dessen zum Amusement der ganzen Gesellschaft beiträgt."[21]

Im Gegensatz dazu durften solche hier verdammten geselligen Einrichtungen in anderen Räumen vorkommen: „Das Tee- oder Frühstückszimmer darf voller Büfetts, bemalter Stühle, Blumenpodeste, Bücherregale oder beweglichen Buchstellagen sein, und an den Wänden dürfen Landschaften, Zeichnungen usw. hängen; kurz, all die kleinen Dinge, die uns erfreuen, dürfen hier vorkommen ..."[22]

Eine besondere Gruppe von Interieurs, die nicht privat, sondern mehr offizieller Natur sind, findet sich in den Londoner Clubs. Waagen bemerkt hierzu:

„Zu den stattlichsten Gebäuden im Westen der Stadt zählen die Clubhäuser. Ein jedes von ihnen verfügt über die feinsten Salons für Lesezimmer, eine Bibliothek, und auch eine vollständige Kücheneinrichtung. Das gesamte Arrangement ist derart elegant, und es sind so angenehme Orte der Erholung, daß die Ladies Recht haben, wenn sie vehement gegen diese Etablissements wettern und meinen, sie würden die Männer von ihrem Familienkreis fernhalten. Diese großartigen Gesellschaften wären ohne den erstaunlichen Reichtum Englands nicht denkbar, da jedes Mitglied, beispielsweise im *Athenaeum*, zwanzig Guineen Aufnahmegebühr und jährlich weitere sechs Guineen Beitrag zahlt. Und doch höre ich von vielen, die Mitglied in dreien oder vieren solcher Clubs sind."[23]

Eine Reihe berühmter Clubs, wie z. B. *Boodles und Brook's*, gab es schon seit dem achtzehnten Jahrhundert. Das *Athenaeum* wurde jedoch erst 1824 gegründet. Zu seinen Gründern zählten der Bildhauer Francis Chantrey, der Maler Thomas Lawrence, der Architekt Robert Smirke und der Wissenschaftler Humphrey Davy. 1830 bezog man ein großes, klassizistisches Clubhaus, das nach den Entwürfen von Decimus Burton auf dem Gelände des kurz zuvor abgerissenen *Carlton House* in Pall Mall errichtet worden war. Glücklicherweise blieben alle originalen Möbel und Einrichtungsgegenstände *in situ:* Sie wurden von der Firma Taprell & Holland geliefert und sehr gut dokumentiert.[24] Das *Athenaeum* hatte damit eine gute Wahl getroffen, denn bald firmierte das Unternehmen als Holland & Sons und entwickelte sich in den 40er Jahren zum größten und bedeutendsten Kunsttischler, den es jemals in Britannien gab. In den späten 40er Jahren statteten die Firma für Königin Victoria das *Osbourne House* aus und, nach Pugins Entwürfen, den neuen Palast von Westminster. Bis zum Jahrhundertende beherrschten Holland & Sons in London den Bereich der Kunsttischlerei.

Das Mobiliar des *Athenaeums* – in Mahagoni und Rosenholz ausgeführt – hat einen streng griechischen und maskulinen Charakter, wie das für Clubeinrichtungen üblich ist. 1841, kurz nachdem Waagen den Club zum ersten Mal besucht hatte, wurde das Mobiliar folgendermaßen beschrieben: „... eine überzeugend zurückhaltende, massive und von edler Schlichtheit bestimmte Form, die Einheitlichkeit und die Harmonie der Gestaltung prägen hier das Äußere und den Charakter ..."[25] Damals wurden neben dem *Athenaeum* auch der von Charles Barry im Renaissance-Stil gehaltene *Travellers' Club* und der *Reform Club* erbaut, die beide so ähnlich wie das *Athenaeum* ausgestattet wurden. Als bedeutender Kurator und Gelehrter fand Waagen die Bibliotheken der Clubs durchaus erwähnenswert; und tatsächlich verfügen die drei von mir genannten Clubs über elegante und gut bestückte Bibliotheken. Leider haben sich die wenigsten Mitglieder ihrer bedient, wie der eingeschworene Clubmann und Roman-Schriftsteller Thackery in seiner Clubbibliothek beobachtet hat:

„Welch eine stille und angenehme Abgeschiedenheit die Bibliotheken nach all dem Lärm und all der Geschäftigkeit des Zeitungs-Zimmers bietet! Hier ist nie jemand anzutreffen. Der englische Gentleman nimmt in seiner Jugend ein derart gewaltiges Quantum an Wissen auf, daß er das Lesen aufgibt, sobald er sich zu rasieren beginnt – oder daß er seitdem zumindest nichts anderes als Zeitung liest. Angenehm dieser Raum, nicht wahr?

20 Smith 1808, S. xiv.
21 Sheraton 1803, Bd. II, S. 218.
22 Ibid., S. 219.
23 Waagen, a. a. O., Bd. I, S. 22.
24 Jervis 1970, S. 43–61.
25 Ibid., S. 50.

Mit seinen nüchternen Draperien und langen, stillen Reihen friedlicher Bücher – nichts, das die Ruhe stören könnte – nur die Melodie von Horners Nase, wenn er auf einem der Sofas eingeschlafen ist.“[26]

Ich habe mich vor allem auf die mit modernen Gegenständen ausgestatteten Interieurs beschränkt, obwohl doch in der Duchess Street gerade die antiken Stücke eine tragende Rolle in der Gesamtheit der Ausstattung spielten. Gab es doch überhaupt um 1800 in England eine Gattung Interieurs, deren Charakter sehr weitgehend durch die in sie aufgenommenen Sammlungen antiker Gegenstände bestimmt wurde. Man kann sie als „romantische Interieurs“[27] bezeichnen, deren einziges erhaltenes Beispiel das *Sir John Soane's Museum* ist. Obwohl dort die meisten Interieurs von klassischen Antiquitäten bestimmt werden, die mit klassizistischen Objekten vermischt sind, befindet sich im Erdgeschoß doch auch das sogenannte „Parlatorium der Mönche“ im gotischen Stil. Tatsächlich entwarf der üblicherweise als klassizistisch eingestufte Architekt Soane auch einige neo-gotische Gebäude, vor allem den Erweiterungsbau des Westminster Palastes. Für die gotische Bibliothek in Stowe, einem Landhaus in Buckinghamshire, entwarf er einen kunstvollen gotischen Tisch. Interessanterweise bestand das Mobiliar seines eigenen Hauses weitestgehend aus langweiligen, klassizistischen Stücken, die er in verschiedenen Londoner Möbelgeschäften gekauft hatte. 1816 bestellte er beispielsweise bei John Robins in der Warwick Street in Soho „sechs Stühle mit Lehnen in Form einer Lyra, mit sauber lackierten Bambusrohr-Sitzen, zu 14 s das Stück“.[28] Aber die von Soane gesammelten alten Möbel bestimmten diese Räume weitaus mehr als die funktionellen, modernen Stücke: zum Beispiel der schwarz lackierte William Kent-Tisch im „Monk's Parlour“ sowie die Stühle und der Tisch aus Elfenbein, die bei der Schlacht von Seringapatam aus dem Zelt des Sultans Tippu erbeutet worden waren. Gerade solche Interieurs sind in einem so weitgehenden Maße persönliche Schöpfungen ihrer jeweiligen Besitzer, daß ihre Untersuchung viel schwieriger ist, als z. B. die klassizistischer Räume. Durch die von ihren Bewohnern oft ein Leben lang gesammelten Schätze wurde ihnen ein intensiver und äußerst vielfältiger Charakter verliehen, und zwar in Arrangements, die ihre Logik schließlich nur in sich selbst finden. Waagen hatte Schwierigkeiten, die Bedeutung von Soanes Haus zu erkennen, obwohl er doch die lobenswerte Absicht seines Besitzers bewunderte, es dem englischen Volk zu hinterlassen. Seiner Meinung nach

„... hat der Hauptteil das Aussehen einer Mine mit vielen Adern, in denen statt metallischer Erze Kunstwerke sich finden. So fällt in viele Räumlichkeiten von oben ein gebrochener Lichtschein herein, der das Gefühl des Unterirdischen, Mystischen verstärkt ... das Ganze hat, ungeachtet des pittoresken, phantastischen Charmes, der sich nicht leugnen läßt, als Folge dieser willkürlichen Vermischung heterogener Objekte, etwas von unangenehmen Nachwirkungen eines Fiebertraums. Als glänzendes Beispiel englischer Schrulligkeit, die sich nur in der Verbindung des kolossalen englischen Reichtums und der englischen Denkungsart verwirklichen läßt, ist es äußerst bemerkenswert ...“[29]

Im frühen neunzehnten Jahrhundert gab es solche Interieurs nicht nur in London, sondern im ganzen Land. Wie auch bei den anderen Innenausstattungen des frühen 19. Jahrhunderts, über die ich gesprochen habe, gibt es davon auf dem Lande mehr erhaltene, als in der Stadt. Eines der wichtigsten davon war *Abbotsford*, das Haus Sir Walter Scotts, das glücklicherweise komplett erhalten ist.[30] Bis 1842 stand auch noch an der Themse in Twickenham, keine fünfzehn Meilen vom Soane Museum entfernt, das vollständig erhaltene *Strawberry Hill*, das berühmteste frühe Beispiel dieser speziellen Art des Interieurs. Horace Walpole begann bereits 1742, Stücke für dessen Einrichtung zusammenzutragen und starb erst 1797. Den Ruhm seiner Sammlung verbreitete er, indem er Besuchern Eintrittskarten für das Haus verkaufte, für das er sogar einen Führer geschrieben hatte. Von London aus war es ein kurzer Tagesausflug, so daß Besucher aus ganz Europa kamen, um *Strawberry Hill* zu Lebzeiten Walpoles, aber auch noch danach, in den ersten Jahrzehnten des neunzehnten Jahrhunderts, zu besuchen.

Strawberry Hill war ein neo-gotisches Gebäude, das von seinem Erbauer ausdrücklich im Hinblick auf die große Sammlung von Objekten des Mittelalters und der Früh-Renaissance errichtet worden war. In London waren solche Häuser in der Regel – wie etwa Hopes Besitz in Duchess Street – äußerlich langweilig und anonym, nur im Inneren offenbarte sich der Charakter der jeweiligen Sammlung. Dabei waren die herausragenden Beispiele wie das *Apsley House* oder das *York House* sicher absichtlich im klassischen Stil erbaut worden, denn antike Skulpturen und Gemälde alter Meister spielten in ihnen eine weitaus größere Rolle als mittelalterliche Rüstungen, farbige Glasfenster oder Tudor-Möbel wie in den „Romantischen Interieurs“. Im London des frühen neunzehnten Jahrhunderts gab es kein bedeutendes neo-gotisches Haus. Selbst das gotische Interieur des *Carlton House* war von außen nicht zu vermuten. Trotzdem dilettierten adlige Sammler auch in diesem Stil. Der Herzog von Westminster baute in Cheshire seine riesige, gotische *Eaton Hall*, lebte in London aber in seinem klassizistischen *Grosvenor House*. Der Herzog von Buckingham hatte um 1810 zwar seine gotische Bibliothek in Stowe gebaut, benutzte diesen Stil aber nicht in London. Der Herzog von Northumberland besaß in Northumberland sein riesiges, mittelalterliches *Alnwick Castle* mit einem eleganten, neugotischen Interieur von Robert Adam, doch ließ er sein aus dem frühen 17. Jahrhundert stammendes *Northumberland House* in London im Stil Louis XIV. ausstatten. In der Stadt lebte der Her-

26 Thackeray 1989, S. 32. Thackeray veröffentlichte diese Essays zwischen 1844 und 1850 zunächst als Artikelserie.
27 Wainwright 1989.
28 Bolton 1924, S. 135.
29 Waagen, a. a. O., S. 180 f.
30 *The Romantic Interior*, a. a. O., Kap. 6 und 7.

Ritterrüstung aus der Meyrick-Sammlung

zog von Norfolk am St. James Square im *Norfolk House* mit seinen kunstvollen Räumen, in authentischen Formen des Rokoko. Auf dem Land, in Sussex, war er dagegen bis 1815 damit beschäftigt, sein nun tatsächlich mittelalterliches *Arundel Castle* zu gotisieren.

Hinter den faden, anonymen, rußverkrusteten Fassaden vieler Londoner Reihenhäuser waren zahlreiche faszinierende Suiten von „Romantischen Interieurs" verborgen, mit mittelalterlichen Gemälden, Handschriften, Emaille-Arbeiten, farbigen Glasfenstern, Rüstungen und alten Möbeln. In solch einem langweilig aussehenden Haus am Upper Cadogan Place in Chelsea, zeigte Sir Samuel Rush Meyrick (1783–1848) seine Kollektion von Rüstungen und mittelalterlichen Kunstwerken. Mitte der 20er Jahre verfügte er über „... eine sehr große Sammlung von Rüstungen, die nicht nur die Dachstuben, das Treppenhaus und den hinteren Teil des Salons ausfüllten, sondern auch in den Schlafzimmern Einzug gehalten hatten".[31] Meyrick war nicht nur ein passionierter Sammler, sondern auch Europas erster moderner Kenner von Rüstungen, der zahlreiche Abhandlungen zu diesem Thema veröffentlichte. 1834 verfaßte er einen Einführungs-Essay zu dem ersten in englischer Sprache erschienenen Buch über alte Möbel. Er ermutigte alle Käufer des Buches, alte Möbel zu sammeln. „Tatsächlich sind moderne Möbel zu dürftig ... Mittlerweile hat sich ein Sinn für den dekorativen Stil vergangener Zeiten entwickelt, den das vorliegende Werk hoffentlich wesentlich unterstützen kann; denn wie schön auch die elegante Einfachheit griechischer Formen sein mag, genügt dies doch nicht, um einem englischen Wohnsitz den ihm gemäßen Charakter zu verleihen."[32]

Meyrick regte seine Besucher – unter ihnen zahlreiche führende Künstler der romantischen Bewegung – dazu an, Skizzen nach historisch belegten Rüstungen für die mittelalterlichen Themen ihrer Gemälde zu benutzen. Im Juli 1825 kamen Eugène Delacroix und sein Freund Richard Bonington aus Paris und skizzierten in Meyricks Haus nach Details seiner Rüstungen. Beide bildeten später Rüstungen von Meyrick in ihren von Walter Scotts *Quentin Durward* inspirierten Gemälden ab. Delacroix bemerkte später auch kenntnisreich, daß „Meyrick über die beste Sammlung von Rüstungen verfügte, die es je gegeben hat". In den späten 20er Jahren sah sich Meyrick durch den Umfang der Sammlung genötigt, es den adligen Sammlern gleichzutun und baute sich an der walisischen Grenze sein herrliches gotisches *Goodrich Castle* am Wye. Leider sind uns nur Abbildungen seiner Innenräume[33] überliefert, aber keine aus dem Londoner Haus.

In der Gower Street in Bloomsbury lebte in einem nicht näher zu bestimmenden, spät-georgischen Reihenhaus ein enger Freund Meyricks: der „allesverschlingende" Sammler Francis Douce (1757–1834). Eine zeitlang war er für die Manuskripte im Britischen Museum zuständig und kannte jedermann, einschließlich Flaxman, der ein unmittelbarer Nachbar war. Als er starb, befanden sich in seinem Haus 13.000 Bücher, 400 Handschriften und viele bemerkenswerte graphische Blätter und Zeichnungen, aber auch mittelalterliche farbige Fenster, Emaille-, Elfenbein- sowie Metallarbeiten. Douce vererbte seine Bücher, Handschriften und seine Druckgraphik der Bodleian Bibliothek in Oxford, und vermachte die übrige Sammlung Meyrick, der sie in seine Räume auf Schloß Goodrich mit einbezog. Und wiederum gibt es weder Abbildungen zu der Douce-Sammlung *in situ,* noch irgendwelche zuverlässige Beschreibungen der Zeit.

Obwohl damals in London also eine Anzahl ähnlicher Sammlungen von Objekten aus dem Mittelalter und der Renaissance in Suiten mit „romantischen Interieurs" anzutreffen waren, gibt es kaum Abbildungen, die über sie Auskunft gäben. Glücklicherweise konnte ich vor kurzem eine Aquarell-Darstellung einer von ihnen zuordnen. Sie war bis dahin lediglich durch wenige Radie-

31 *The Gentleman's Magazine* CLXXXIV, 1848, S. 92.
32 Shaw 1836, S. 26.
33 *The Romantic Interior*, a. a. O., Tafel 216, 221–223. Kap. 9 ist der Sammlung Meyrick gewidmet.

William Lake Price,
Innenansicht von Pryor's Bank,
Fulham, 1837

rungen und einige handschriftliche und gedruckte Quellen belegt. Bei diesem Haus handelte es sich um die *Pryor's Bank* in Fulham im Westen Londons, deren Bedeutung vor einigen Jahren von Simon Jervis neu erkannt wurde.[34] Häufig ist leider nur der Katalog für die Versteigerung einer Sammlung überliefert.

So, wie die Kunsttischler, die Silberschmiede, Weber oder Keramiker die Voraussetzungen für die Ausstattung moderner Interieurs schufen, taten das die Antiquitätenhändler für die „romantischen Interieurs". Selbst für die modernen französischen Innenräume im *York House* brauchte man Händler für alte Meister, um die Wände mit jenen Bildern behängen zu können, denen Waagen und Passavant in ihren Abhandlungen mehrere Seiten gewidmet haben. Eine wahre Flut von Gegenständen, die während der Napoleonischen Kriege auf dem Kontinent aus Kirchen, Klöstern und Burgen „befreit" worden waren, ließ London zum Zentrum eines weltweiten Handels mit Kunst und Antiquitäten werden. Einige der Objekte kamen durch Aufträge an einzelne Händler ins Land, das meiste jedoch durch öffentliche Versteigerungen dorthin. Im Juni 1808 verkaufte Christie's eine *Einzigartige Sammlung alter farbiger Glasfenster für Kirchen, Kollegs und Gotische Landsitze.* Christie's und andere Auktionshäuser veranstalteten solche Versteigerungen auch mit einer breiteren Auswahl von Objekten, von denen einige – wie Rüstungen, Gobelins und Möbel – frei aufgestellt werden konnten, während die farbigen Fenster, die Kamine aus fein behauenem Stein oder geschnitzte Wandverkleidungen in Häusern eingebaut wurden. Im November 1825 bot Christie's einen Verkauf *Antiker und äußerst rarer Holzschnitzereien, von denen viele als für Privatkapellen geeignet, viele zum Mobiliar gotischer Paläste passend angesehen werden könnten … ein Großteil davon wurde erst kürzlich vom Kontinent importiert.*

Dieser gesamte Bereich des Handels mit Antiquitäten ist so komplex wie schwach dokumentiert. Das betrifft besonders die Aktivitäten der Händler, die sich um 1820 in der Gegend der Wardour Street in Soho niederzulassen begannen.[35] Ich kann hier

34 Jervis 1974, S. 87–99.
35 Ibid. Kapitel 3 und 4 befassen sich mit dem Antiquitätenhandel in dieser Zeit.

Deckelpokal aus Elfenbein, Deutschland, spätes 17. Jahrhundert; in einer Londoner Werkstatt gefaßt.

nichts anderes tun, als ihre wichtige Rolle in diesem vielfältigen Gemisch aus einzelnen Personen und Firmen zu betonen, die den Handel mit Luxusgütern in dieser Zeit in London bestimmten. Sie gingen weit größere Risiken ein als normale Handwerker, wobei jedoch ihr Gewinn möglicherweise höher ausfiel; Waagen bemerkt hierzu etwas übertrieben: „... selten wurde ein Land so von den Franzosen überrannt, wo gleichzeitig in den Künsten unterwiesene Engländer mit ihren Guineen zur Hand waren.“[36] Entsprechend dem Handel mit moderner angewandter Kunst, wurden Häuser in ganz Britannien auch von den Antiquitäten-Händlern beliefert. Und tatsächlich erhielten zahlreiche englische Kirchen vom Kontinent bessere mittelalterliche Farbfenster oder geschnitztes Eichengestühl, als sie jemals – auch zur Zeit ihrer Erbauung im Mittelalter – besessen hatten.

Ein Gegenstand, an dem man die bedeutende Rolle des Londoner Antiquitätenhandels ablesen kann, ist der kunstvoll gearbeitete Deckelpokal aus Elfenbein, der sich heute in der Königlichen Sammlung befindet.[37] Das geschnitzte Elfenbein sowie Teile der Montierung stammen vermutlich aus Deutschland und sind im späten siebzehnten Jahrhundert entstanden. Bis zu seiner Erwerbung durch William Beckford[38] ist über seine Herkunft nichts bekannt. Beckford gehört ebenfalls zu der bereits beschriebenen Kategorie von Sammlern, die auf dem Land „romantische Interieurs“ errichteten, sich aber in der Stadt „klassizistisch“ verhielten. Als er den Pokal 1813 erwarb, war sein Londoner Haus in der Upper Harley Street 6 – nicht weit entfernt von Thomas Hopes Wohnsitz – ein langweiliger Bau des 18. Jahrhunderts. Doch tief im Inneren des Landes hatte er sich seit 1796 in Wiltshire mit der Errichtung von *Fonthill Abbey* beschäftigt, seinem großartigen neo-gotischen Haus.

Beckford stattete Fonthill mit einer der größten Sammlungen von historischen Werken der bildenden Kunst und der angewandten Künste aus, die jemals in England zusammengetragen worden ist. Obwohl er im großen Stil seine Erwerbungen auf dem Kontinent tätigte, gingen viele Stücke seiner Sammlung durch die Hände Londoner Händler. Alle zeitgenössischen Einrichtungsgegenstände, auch die kunstvoll gearbeiteten historistischen Metallarbeiten, waren in London entstanden. Beispielsweise war die von Beckford besonders geschätzte, eher traditionell klassizistische, von Delphinen aus vergoldetem Silber getragene Tazza aus rotem Jaspis in London von Paul Storr angefertigt worden.

Beckford erwarb das Gefäß von R. Davies, einem Goldschmied und Juwelier aus der York Street am Portman Square und nahm an, daß es von „Magnus Berg, dem Medailleur des Kaisers von Deutschland“ angefertigt worden sei. Und wenn

36 Waagen, a. a. O., Bd. I, S. 50.
37 *Carlton House*, a. a. O., S. 186.
38 Verf. ist sehr an weiteren Einzelheiten über die frühe Geschichte und die Herkunft dieses Gegenstands interessiert und wäre für derartige Hinweise dankbar.

Objekte aus der Sammlung William Beckfords, darunter eine von Paul Storr gefaßte Heliotrop-Tazza.

Die *King Edward's Gallery* in der *Fonthill Abbey*, 1823

auch die Zuschreibung an Berg angezweifelt worden ist, vermutet man immer noch, daß das Objekt aus Deutschland stammt. Als es nach Fonthill kam, erhielt es in der König Edward-Galerie einen Ehrenplatz. Das Objekt stand dort auf einem großen italienischen Pietradura-Tisch der Renaissance, der von Napoleon in Italien erbeutet und von Beckford in Paris gekauft worden war.

Beckford verdankte seinen immensen Reichtum dem Rum und Zucker, den seine Sklaven auf seinen westindischen Plantagen erzeugten. Doch als diese keinen Gewinn mehr erbrachten, sah er sich gezwungen, Fonthill zu verkaufen. 1823 wurde der Inhalt des Besitzes versteigert. Dort erwarb ein Händler im Namen König Georgs IV. für 90 Guineen die Schale und brachte sie nach London ins *Carlton House*. Trotz der bereits vorhandenen Montierung aus vergoldetem Silber, schickte sie der König zu dem Goldschmied John Bridge, damit sie dort zusätzlich mit einem juwelenbesetzten Fuß, und einem Rand ebenfalls aus vergoldetem Silber versehen werde; und zwar für £ 148 10 s, also für eine Summe, die über der lag, die für die Schale selbst bezahlt worden war. So hatten also sowohl die Londoner Händler, als auch die dortigen Kunsthandwerker zweimal innerhalb eines Jahrzehnts mit diesem Objekt für zwei der berühmtesten Sammler des *Regency* zu tun.

Ein weiteres Beispiel für einen lebendigen Handel ist ein kunstvoll gearbeiteter Schrank aus Ebenholz in Boulle- und Pietradura-Technik aus der Königlichen Sammlung. Einer von Beckfords Nachbarn in Wiltshire war das Parlamentsmitglied George Watson Taylor, dessen beachtlicher Reichtum, ebenso wie der Beckfords, von den Westindischen Inseln gespeist und ebenso von dem enormen Sturz der Zucker- und Rumpreise in den 20er Jahren betroffen wurde. Taylors geräumiges Landhaus, *Erlestoke Mansion*, mit seiner hervorragenden Sammlung – einige ihrer Stücke waren bei der Fonthill-Auktion erworben worden – wurde 1832 ebenfalls versteigert. Schon vorher hatte Taylor im Mai 1825 versucht, zu Geld zu kommen und dabei den größten Teil der Einrichtung seines Londoner Hauses am Cavendish Square bei Christie's versteigern lassen. Bei dem Verkauf in Soho erwarb der Händler Robert Fogg für Georg IV. mehrere beachtliche Schränke, darunter auch das oben genannte Exemplar. Bevor es nach Windsor gebracht wurde, kam es bei Morel & Seddon zur Restaurierung. Die Montierungen wurden neu vergoldet und seine Spiegel neu versilbert.[39]

Taylor war von Beckfords Geschmack beeinflußt worden, wenngleich dieser ihn verachtete, und er ahmte wiederum Beckford nach, als er für seine beiden Häuser mehrere Möbel mit italienischen Pietradura-Platten erwarb, wie dies Beckford für Fonthill bereits getan hatte. Wahrscheinlich engagierte Taylor für diese Stücke sogar Robert Hume aus der Berners Street. Hume arbeitete damals fast ausschließlich als Kunsttischler und Händler für Beckford. Und um eine weitere Beziehung innerhalb dieser komplexen Verbindungen zwischen Handel und Sammler aufzudecken: Beckford kaufte seinerseits häufig bei Fogg. So schrieb er z. B. im Juli 1814: „Heute morgen bin ich Fogg in die Falle gegangen. Ach, ich wurde von einer kleinen sächsischen Tazza verführt, von gewissem seegrünen Glas, auf unglaubliche Weise mit Bronze dekoriert, als wäre es im Höllenfeuer vergoldet – so hell und kräftig sind seine Farben".[40] So haben wir in einer Gruppierung, in deren Mittelpunkt sich der Schrank befindet, Taylor, George IV., Beckford, Hume, Fogg, Christie's und Morel & Seddon; und obwohl er seit 1825 – bis zu seinem Besuch in Essen – Windsor nicht mehr verlassen hat, ist seine Geschichte eine Londoner Geschichte.

Ich habe in diesem Essay versucht, einen Eindruck von der zentralen Rolle zu vermitteln, die London im frühen neunzehnten Jahrhundert für den Entwurf und die Herstellung moderner angewandter Kunst in England gespielt hat, und dabei die wichtige Funktion des Londoner Kunst- und Antiquitätenhandels zu behandeln. In der Zeit von 1790 bis 1820 befanden sich dort mehr bedeutende Objekte, als jemals zuvor oder danach. Zu dieser einzigartigen Situation haben die hellsichtigen Sammler Wesentliches beigetragen, die ihre Londoner Häuser mit den entsprechenden Objekten ausstatteten. Das war eine reiche, komplexe und rasch sich verändernde Zeit, über die zwar schon viel geschrieben wurde, zu der jedoch trotzdem noch einige Fragen zu beantworten sind. Die Qualität ihrer künstlerischen Erzeugnisse mögen Sie selbst in der Ausstellung beurteilen.

39 Ich danke Hugh Roberts dafür, daß er mir die Geschichte dieses Schranks zugänglich gemacht hat und mir beim Auffinden der Berichte von Morel und Seddon behilflich war.

40 Alexander 1957, S. 152.

DAS LONDON DER WISSENSCHAFT

Iwan Morus, Simon Schaffer und Jim Secord

J. Stow nach E. F. Burney, Walkers Ausstellung des *Eidouranion* im Englischen Opernhaus, 1817. Aus Wilkinson's Theatrum Illustrata, 1825. The Museum of London

Einleitung: Die Zeichen der Zeit

Im frühen neunzehnten Jahrhundert wurde London Zeuge einer wissenschaftlichen Revolution. Zahlreiche mit der modernen Wissenschaft verbundene Einrichtungen, wie Lehrlaboratorien und nationale Wissenschaftszirkel, aber auch neue Disziplinen, wie Geologie und Biologie, Elektromagnetismus und Stellar-Astronomie entstanden damals. Der faszinierten Öffentlichkeit wurde eine noch nie dagewesene Anzahl neuartiger wissenschaftlicher Objekte und Erfindungen angeboten: leistungsstarke Hydro-Oxygen-Mikroskope und monströse Spiegelteleskope, galvanische Batterien, Elektromagneten und Telegraphen, exotische Tiere und ausgestorbene Reptilien. Auch der Terminus „Wissenschaftler" wurde 1833 geprägt. London spielte hierbei eine entscheidende Rolle. Der enorme Reichtum der Stadt, ihre Bevölkerung und deren technische Fertigkeiten zogen ehrgeizige Wissenschaftler geradezu magnetisch an. Als Charles Darwin von seiner Weltreise zurückkehrte, verbrachte er einige Monate im gravitätischen Cambridge, bevor er sich Anfang 1837 in Londons konfortabler Great Marlborough Street eine Wohnung nahm. „Es ist eine traurige, doch, wie ich fürchte, nur allzu gewisse Wahrheit", äußerte er sich nachdenklich, „daß kein Ort einem bei naturhistorischen Forschungen so hilfreich ist, wie diese abscheulich schmutzige, verqualmte Stadt, wo man nicht einmal auch nur einen flüchtigen Eindruck von dem erhält, das die Natur an Sehenswertem bietet".[1] Die Londoner mochten zwar nicht in der Lage sein, durch ihren Gaslicht-Smog hindurch auf Ansichten einer bukolischen Natur zu stoßen, aber sie halfen dabei, das Wissen um die Natur zu erarbeiten. Darwin erkannte, daß London nicht nur deshalb von Bedeutung war, weil hier die Kenntnis der Natur in Vorlesungen, Clubs, Museen und Theatern konsumiert werden konnte, sondern auch, weil dort in dem äußerst artifiziellen Milieu der Kellerlabors und Hinterzimmer-Werkstätten, in Debatten zwischen Gentlemen, aber auch in unappetitlichen chirurgischen Stationen Wissenschaft produziert wurde.

Neue wissenschaftliche Bereiche prägten die soziale Geographie der Hauptstadt. Durch städtische Düsternis vom sternenhellen Himmel – und, wie viele meinten, von zukünftiger himmlischer Erlösung – ausgeschlossen, wurden die Londoner dennoch z. B. mit einer bemerkenswerten Palette miteinander rivalisierender, astronomischer Lehren bekanntgemacht. Am Rande der Stadt standen in Greenwich das Königliche Observatorium, Sitz des staatlich geförderten Seemeßwesens, sowie finanzkräftige vorstädtische Privat-Observatorien, wie etwa die hervorragenden Refraktoren von James Smith auf dem Hügel über dem Holland House. Gegenüber stand, flußaufwärts, in Slough das gigantische, über 13 m große Linsenteleskop von William Herschel, das leistungsstärkste Instrument der Welt, von dem aus unvorstellbar entfernte – und uralte – Sternennebel und Sterne von einigen bevorzugten Personen betrachtet wurden. Sein Teleskop zierte das Siegel der neuen Gesellschaft für Astronomie, die, von gemieteten Räumen in Lincoln's Inn Fields aus, von Herschels Sohn John und dem energischen Makler Francis Baily geleitet wurde; es war ein Kampf um wissenschaftliche Autonomie, um Resourcen und gesellschaftliche Reputation. Nebenan, in der Fleet Street, entwarfen Instrumentenbauer der Welt-Klasse, unter der Leitung von Edward Troughton, des Mitbegründers der Gesellschaft für Astronomie, erstaunlich genaue Meßinstrumente und Meridian-Kreise. Ein weniger spezialisiertes Publikum konnte von Herschels Entdeckungen im Englischen Opernhaus (Strand) einen Eindruck erhalten, wo William und Deane Walker, die Erben einer berühmten Professorenfamilie, ihr Eidouranion, ein sich bewegendes Planetarium mit Musik – mit einer Höhe von 6,6 m und einem Durchmesser von 6 m –,

1 Darwin 1986, S. 11.

vorführten: „Jeder Planet und Satellit scheint ohne jegliche Stütze im Raum zu schweben und zeigt seinen jährlichen und täglichen Kreislauf ohne irgendeinen sichtbaren Anlaß." Der junge Michael Faraday, damals Buchbinderlehrling in der Blandford Street, war der Ansicht, daß Walkers Vorträge die besten in London waren.[2] Doch gab es zahlreiche Konkurrenten, unter anderem den sehr populären John Wallis, der mit astronomischen Vorführungen im Londoner Institut für Mechanik in Flinsbury gute Einnahmen erzielte. Erfolgreiche Abendvorstellungen mußten auf Wunsch des Publikums wiederholt werden. Andere Veranstalter beschäftigten sich viel mehr, als Walker es tat, mit den Ursachen der Erscheinungen. In der Passionswoche leiteten Vortragende im Italienischen Opernhaus und dem King's Theatre passende Bibelstellen von Sternen, Finsternissen und anderen himmlischen Erscheinungen ab. Seit 1830 donnerte Robert Taylor, der „Kaplan des Teufels", in der Rotunde in Blackfriars, Richard Carliles Hauptquartier und Sitz der Nationalen Gewerkschaft der Arbeitenden Klassen, eine materialistisch-universalistische Kosmologie von einer mit den Zeichen eines sozialistischen Tierkreises geschmückten Kanzel herunter.[3]

Die Londoner waren durchaus keine passiven Nutznießer der wissenschaftlichen Erkenntnisse anderer. Die Stadt selbst trug dazu bei, daß hochwertige Maschinen, Techniken und naturphilosophische Lehren in ihr entstanden. Zugleich trugen Auseinandersetzungen über Inhalt und Anwendung des Wissens dazu bei, zu definieren, was Wissenschaft überhaupt bedeutete. Und durch die Definition einer spezifischen Position der Wissenschaft im öffentlichen kulturellen Zusammenhang sowie geeigneter Orte, an denen diesen Wissenschaften nachgegangen werden sollte, wurde die politische Geographie der Hauptstadt zu einem lebenswichtigen Faktor innerhalb der intellektuellen Geographie der gelehrten Welt. Um die sehr unterschiedlichen wissenschaftlichen Welten der Londoner Gentlemen, Reformer, Handwerker und Radikalen zu ergründen, müssen diejenigen Orte, an denen sie arbeiteten und kämpften, auf der Karte festgehalten werden.

Das imperiale Zentrum

Einer der besten Wege, sich dem wissenschaftlichen London zu nähern, führt entlang der Themse, denn die wichtigsten mit dem Wissen um die Natur befaßten Gesellschaften waren hinter der imposanten klassischen Fassade des Somerset House (Strand) versammelt. Die Lage entsprach den engen Bindungen zwischen der organisierten Wissenschaft und dem politischen, sozialen und religiösen Establishment. Die bekannteste und traditionsreichste Gesellschaft war die Königliche, die auch als „Old Lady" bekannt war. Während der gesamten Regency-Zeit beherrschte die in der Hauptstadt geführte Auseinandersetzung über Bedeutung und Ziele der Wissenschaft auch ganz allgemein deren Entwicklung. Ein älterer Zirkel bevorzugte Naturgeschichte, landwirtschaftliche Erneuerungen und das Studium des Altertums: das „gelehrte Empire" des Sir Joseph Banks, der bis 1820 dort Präsident war. Er koordinierte landwirtschaftliche, ökonomische und imperiale Institutionen wie das *Board of Longitude*[4]; das *Board of Agriculture* und die Gärten von Kew, ein Reservoir unschätzbar wertvoller Samen- und Pflanzenarten, die auf der ganzen Welt von britischen Expeditionen gesammelt wurden; der *Linnaean Society*, an deren Gründung am Soho Square Banks 1788 beteiligt war; und die *Horticultura Society*, die sich seit 1804 alle zwei Wochen in der Regent Street traf. Robert Brown, ein Fürst unter den Botanikern, verwaltete Banks' eigene Sammlungen als Bibliothekar und Geschäftsführer am Soho Square. In seinem Testament sicherte Banks Brown auch weiterhin die Nutzung seiner umfangreichen Sammlungen zu und legte fest, daß sie später dem Britischen Museum übergeben werden sollten, um dort im Montagu House, von einem Gremium unter der Schirmherrschaft des Erzbischofs von Canterbury und dem Präsidenten des Unterhauses, für die Gentry betreut zu werden.[5]

Unter der Schirmherrschaft Banks rief die Gesellschaft zur Verbesserung der Lebens-Umstände der Armen – eine Gruppe konservativer Grundbesitzer – 1799 die *Royal Institution* in ihren Räumen ins Leben. Als die Mieten und Lebensmittelpreise in der Kriegszeit stiegen, machten sie es sich zum Ziel, die landwirtschaftlichen Erneuerungen durch eine vernünftige Chemie zu unterstützen und die Kenntnis von nützlichen Fertigkeiten überall in der Gesellschaft auszustreuen. Während der folgenden zwei Jahrzehnte überstand die im noblen Maifair ansässige *Royal Institution* starke finanzielle Stürme und wurde im London des Regency zur ersten Adresse für die Hervorbringung und die Verbreitung von Wissenschaft.[6] In ihren Räumen in der Albemarle Street hielten Humphry Davy, ein forscher Chemiker aus Cornwall, und später auch sein ehemaliger Assistent Michael Faraday, vor einem großen und wohlhabenden Publikum Vorträge über Naturphilosophie. Dabei konnten sie auf die Mittel und die Unterstützung der Mitarbeiter (zu dem auch ein hauseigener Apparatebauer gehörte) der geschätzten Institution zurückgreifen, um ein auf die Anforderungen der vornehmen Londoner Gesellschaft zugeschnittenes Wissen zu erarbeiten. Anfangs war das Institut als ein Ort geschaffen worden, an dem Angehörige der oberen wie der unteren Schichten Belehrung erfahren konnten. Deswegen zeigten die originalen Pläne eine Treppe direkt von der Straße, über die Mechaniker das Auditorium direkt betreten konnten, ohne die sensiblen Gemüter der in der Lobby versammelten Herren von Rang zu kränken. Architektur und

2 Dreyer und Turner 1923, S. 1–36; King und Millburn 1978, S. 312–317; Faraday 1971, S. 56.
3 Hays 1983, S. 99; Prothero 1979, S. 277; Thompson 1968, S. 843–844, 892.
4 Vereinigung, die sich mit dem Studium der geographischen Vermessung der Erde beschäftigte.
5 Miller 1981.
6 Berman 1978.

R. B. Schnebbelie, Hörsaal der *London Institution*, 1820 (Rückseite der auf S. 132 abgebildeten Mitteilung). Guildhall Library

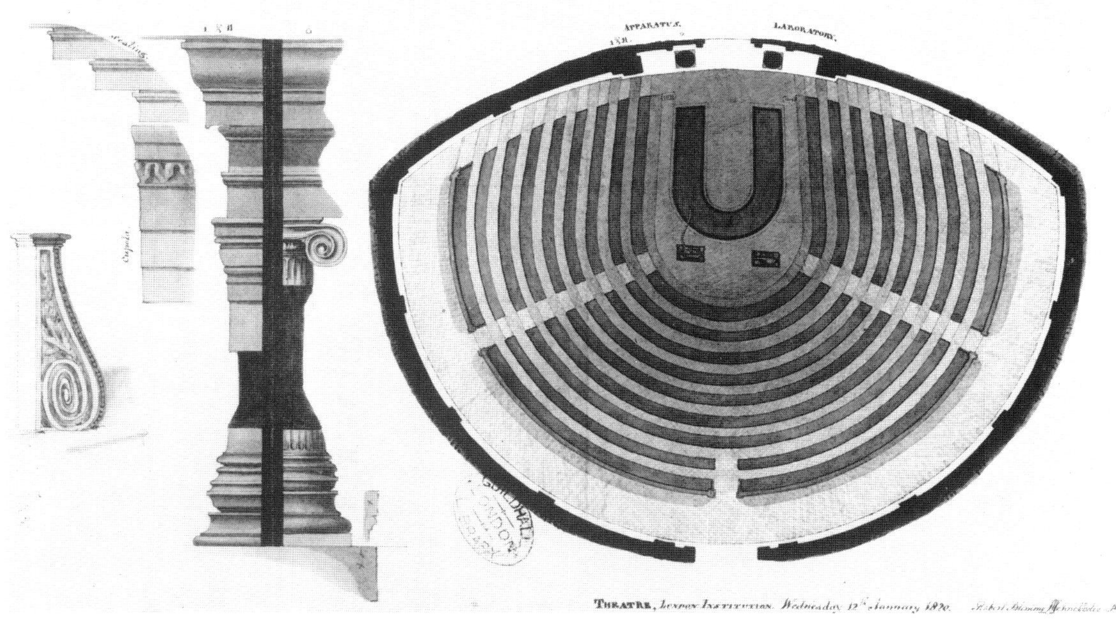

Lage des Königlichen Instituts waren so angelegt, daß sie dessen exklusiven Charakter hervorheben sollten. Die 1825 von Faraday eingeführten und jeweils freitags stattfindenden Abend-Vorträgen des Instituts waren für dessen Aktivitäten bezeichnend. Dabei versammelte sich die gesellschaftliche und geistige Elite Londons, um Vorträge von Faraday oder einem Gastredner zu hören. Geologische oder naturhistorische Beispiele, elektrische Experimente oder neue mechanische Erfindungen wurden den Anwesenden hier, in sicherer und keimfreier Umgebung, vorgeführt.

Finanzieller Druck und politische Ansprüche führten zu fortschreitender Spezialisierung der jeweiligen Vortragsthemen und einer Abgrenzung der Wissenschaften untereinander. Die erfolgreiche *Royal Institution* wurde bald (1805) von der *London Institution* imitiert, die 1819 nach Moorfields umzog und dort ein mehrere Tausend Pfund teures Laboratorium besaß, das der Chemiker William Pepys entworfen hatte; ebenfalls vom *Surrey Institution* (gegründet 1810) an der Blackfriars Bridge, das aufstrebende Experimentatoren „mit einer exzellenten Bibliothek und einem noch nobleren Laboratorium" versahen; und ebenso vom *Russell Institution* (gegründet 1808) in Bloomsbury. Kleinere Gruppierungen, wie die *City Philosophical Society* in der Dorset Street (gegründet 1809), unterstützten naturphilosophische Diskussionen und Vorträge ihrer Mitglieder. Zirkel wie diese hatten es schwer, sich in der rasch anwachsenden Welt einer populären Verbreitung der Wissenschaft in London zu behaupten. Nachdem Professor Faraday – damals, kurz nach 1810, noch als Buchbinderlehrling – viel von seinen Freunden in der Städtischen Philosophischen Gesellschaft und dem Surrey Institut gelernt hatte, begann auch er, seine Konkurrenten auf der anderen Seite der Stadt mit gewisser Verachtung zu betrachten: „Für die Welt ist eine Stunde Existenz unseres Instituts genauso viel wert, wie die eines Jahres des London-Instituts", rief er 1826 aus. Der Wettstreit um die knappen Mittel zwang die Organisatoren der Vorträge dazu, die Kurse zu kürzen, um dadurch höhere Einnahmen zu erzielen. Programme von bis zu 100 Vorträgen, wie sie von den ersten Rednern des Königlichen Instituts, z. B. von Thomas Young, angeboten worden waren, wurden seit den zwanziger Jahren von kurzen Überschauen über konzentrierte Themen ersetzt: eher Entomologie, Galvanismus oder Mineralogie als die traditionellen Bereiche von Naturphilosophie und Naturgeschichte.[7]

In den dreißiger Jahren des 19. Jahrhunderts war das Gebiet naturwissenschaftlicher Kenntnisse neu und entscheidend aufgeteilt. Wissenschaftliche Gesellschaften schossen wie Pilze aus dem Boden, angefangen bei der Geologischen (gegründet 1807) und der Astronomischen (gegründet 1820), bis hin zur Statistischen (gegründet 1834) und der Meteorologischen (gegründet 1839).[8] Diese Vereinigungen wurden von einem elitären Kreis beherrscht und nicht nur durch ihr spezielles Wissen und ihren Glauben an die Berufung zur wissenschaftlichen Forschung, sondern auch durch den Geist einer Klasse und eines Geschlechts deutlich bestimmt. Sie waren tatsächlich Herren-Clubs, Weiterführungen der behaglichen Welt des „Athenaeum-", des „Reform-Clubs" und anderer Zufluchtsorte wohlhabender Männer. Frauen waren nicht zugelassen – obgleich in der Königlichen

7 Inkster 1977; Faraday 1971, S. 71, 165; Hays 1983, S. 96–105
8 Morrell 1976, S. 132–137.

STUDIO FALLENTE LABOREM.

London Institution

1820.

NOTICE

OF

A SERIES OF LECTURES

TO BE DELIVERED IN

The Theatre of the London Institution.

COURSE I.—On NATURAL PHILOSOPHY, *viz.* ASTRONOMY, OPTICS, HYDROSTATICS, and MECHANICS; to be illustrated by Experiments. By GEORGE BIRKBECK, M.D. &c. (Late Professor of Natural Philosophy to the Anderson Institution of Glasgow) to commence on WEDNESDAY the 19th of January, at *One* o'Clock in the Afternoon; and to be continued each succeeding WEDNESDAY until the Course shall be compleated. (*The Proprietors and Subscribers are informed that Dr. Birkbeck has very handsomely undertaken to deliver this Course of Lectures gratuitously.*)

COURSE II.—On EXPERIMEMTAL PHILOSOPHY; or the useful Application of Natural Philosophy to Society, by HYDRAULICS, MECHANICS, OPTICS, and the use of STEAM ENGINES and other Machines. By JOHN MILLINGTON, Esq. to commence on THURSDAY the 20th of January, at *Seven* o'Clock in the Evening; and to be continued each succeeding THURSDAY until the Course shall be compleated.

COURSE III.—On the ELEMENTS of CHEMISTRY, and its Connection with the ARTS and MANUFACTURES. By RICHARD PHILLIPS, Esq. F.L.S. to commence on MONDAY the 24th of January, at *Seven* o'Clock in the Evening; and to be continued each succeeding MONDAY until the Course be compleated.

COURSE IV.—On BOTANY. By Sir JAMES EDWARD SMITH, P.L.S., F.R.S., HONORARY MEMBER OF THE LONDON INSTITUTION, &c. &c. &c.; who has obligingly offered to give two Lectures on a novel subject connected with this science, in the month of JUNE next.

ROBERT STEVENS,
Secretary.

Mitteilung einer Vortragsreihe im Hörsaal der *London Institution*, 1820. Guildhall Library

Gesellschaft schließlich doch eine Büste von Mary Somerville, der gefeierten Übersetzerin von Laplace, aufgestellt wurde.[9]

London war ein entscheidendes Werkzeug, um neue spezielle Disziplinen zu schmieden. Denn es war, mit wenigen Ausnahmen, nur in der Metropole möglich, eine ausreichende Mischung von Gentlemen mit dem notwendigen Interesse und dem entsprechenden Verpflichtungsgefühl zusammenzubringen, um bei den in der Saison wöchentlich stattfindenden wissenschaftlichen Treffen, bei Dinnerpartys und den *conversazioni* einen bindenden Konsens über den rechten Weg zur Ermittlung von Wissen herbeizuführen. Im Gegensatz dazu mußte man den Eliten in der Provinz, die das kulturelle Leben Großbritanniens in den letzten Jahrzehnten des achtzehnten Jahrhunderts beherrscht hatten, sorgfältig umschriebene Rollen zuweisen, häufig lediglich die Rolle anspruchsloser Sammler von Geldern für eine vom Zentrum gesteuerte Unternehmung. Sonst hätte immer die Gefahr bestanden, daß andere Annäherungsformen, wie etwa biblische Auslegungen von geologischen Fragen wissenschaftlich sanktioniert worden wären.[10]

Im dritten Jahrzehnt des Jahrhunderts hatte sich London auch zu einem Zentrum der wissenschaftlichen medizinischen Ausbildung entwickelt und nahm in Europa nur noch Paris gegenüber den zweiten Platz ein. Den angehenden Studenten standen außergewöhnlich zahlreiche Ausbildungs-Stätten zur Verfügung: Innerhalb eines Gebietes von wenigen Hundert Yards vertraten Dozenten äußerst gegensätzliche Auffassungen von der Rolle der Medizin, der medizinischen Praxis und der Rolle des Staates. Die Lehrer an älteren Institutionen, besonders am Königlich Chirurgischen Kolleg in Lincoln's Inn Fields, konzentrierten sich vor allem auf die klinische Praxis, die auf Kenntnissen der Krankenpflege und klassischen Lehrmethoden für eine aristokratische Klientel basierte. Durch Protektionen eng an Kirche und Staat gebunden, war dies genau jene Art von Medizin, wie sie sich die Wohlhabenden vorstellten. Dagegen forderten im Jahre 1826 die Gründer der nicht kirchlich gebundenen Londoner Universität, daß diese traditionellen Kenntnisse durch Wissenschaft ersetzt werden sollten. Ihr Ziel war, Anwälte und professionelle Ärzte, Ingenieure und Beamte in fundierten Vorlesungen nützlich und praktisch auszubilden. 1828 forderte man Faraday auf, daß er auch Kenntnisse über die maßgeblichen chemischen Verfahren vermitteln solle, etwa über die Arbeit mit Säuren, die Braukunst und die Metallurgie. Wobei immer dann Probleme entstanden, wenn es um das liebe Geld ging: Die Professoren wurden einerseits dazu angehalten, profitable Vorlesungen zu halten, andererseits lag die Anzahl der Studenten weit unter dem gesetzten Ziel. Außerdem spalteten interne ideologische Gegensätze das Professorenkollegium. In diesem Zusammenhang wirkte das 1828 auf dem Strand gegründete, von der Tory-Partei bestimmte, anglikanische *King's College* als eine recht traditionelle Reaktion auf die Herausforderung der Gower Street.[11]

Das Studium wissenschaftlicher Fachrichtungen, und hier besonders der aus Paris übernommenen vergleichenden Anatomie, wurde zum bezeichnenden Merkmal einer neuen professionellen Elite aus der Mittelschicht. Der Edinburgher Anatom (und nach London berufene Universitätsprofessor) Robert Grant betonte, daß die Anatomie des Menschen „philosophisch"

9 Benjamin 1991.
10 Morrell und Thackray 1981; Rudwick 1985.
11 Desmond 1989, S. 33–41. 94–99; Faraday 1971, S. 172.

W. Deeble nach T. H. Shepherd, *The London Institution, Finsbury Circus.* Aus Elmes' Metropolitan Improvements, 1827. The Museum of London

erforscht werden müsse, im Vergleich mit anderen Lebewesen. Denn die Gestalt des Tieres ließ sich morphologisch auf geordnete und berechenbare Gesetzmäßigkeiten zurückführen. Wobei diese neuartigen Praktiken weit über alles hinausgingen, das die Zirkel im Somerset House generell für bedenkenswert hielten. Der Sachverstand Fachkundiger vertrieb die quacksalbernden Aristokraten aus den Bastionen ihrer Zunft und hielten jetzt den oberflächlichen Theoretiker, die Hebammen und alle möglichen „Aufschneider" in Schach. Das Schlüsselorgan der medizinischen Reformer war damals das preiswerte Wochenblatt *Lancet,* das, 1823 gegründet, von Thomas Wakley, einem radikalen Parlaments-Abgeordneten von Finsbury, herausgegeben wurde. Wakley war ein brillanter Streiter, der unermüdlich die vorrangige Position der Medizin erläuterte und in deren Namen Handlungsfreiheit für eine neue Gruppe wissenschaftlich ausgebildeter Fachleute forderte. Innerhalb seiner Strategie nahm London, als Gegenpol zu Oxford und Cambridge, eine Schlüsselstellung ein.[12]

Die Kampagne für das Prinzip der Nützlichkeit griff auch auf andere Wissenschaften über, unter anderem auf die Geologie und Botanik. Henry De la Beche, ein selbständiger und wohlhabender Geologe, in dessen Sklavengütern auf Jamaica es nicht zum besten stand, benutzte seine Position als Geologe am *Ordnance Survey* als Basis für seine Studie der Erdschichten in England. Seine Stellung erlaubte es ihm, geologisches Wissen auch für die Stadtplanung einzusetzen, z. B. als er Ende 1838 Faraday wegen der Gesteinsart konsultierte, die für Charles Barrys neues Parlamentsgebäude verwendet werden sollte. Wie Wakley und Grant versuchte auch De la Beche, die entsprechenden Londoner Institutionen nach Pariser Vorbild einzurichten. Das Geologische Institut (seit 1835), das Museum für Wirtschaftsgeologie (seit 1839), und die Königliche Bergbauschule (seit 1851) imitierten weitgehend ihre Pariser Pendants. Dabei dienten die kartographischen Darstellungen der Erdschichten, der Gezeiten oder des Magnetismus auch als Mittel der zentralen Verwaltung und der gesellschaftlichen Kontrolle.[13] Und auf diese Weise wurden im Zusammenhang mit dem Reformgesetz – von 1832 – die Reformbestrebungen in der Geologie, der Zoologie und der Medizin zu Bestandteilen jener Whig-Initiativen, zu denen auch die großen Untersuchungen des Gesundheitswesens, das Anatomie-Gesetz und allgemeine Auseinandersetzungen über Formen der Erziehung gehörten.

Zur Zeit des Reformgesetzes gab es in der Hauptstadt siebzehn private medizinische Fakultäten, die alle bestrebt waren, auch einer weniger exklusiven Klientel medizinisches Wissen zugänglich zu machen. Ihre Leiter, Männer wie George Dermott, John Epps und Richard Grainger, waren in der Regel Söhne von Vätern aus der Mittelschicht, die im Handel oder als praktizierende Mediziner tätig waren. Joshua Brookes, dessen anatomisches Privatmuseum in der Blenheim Street mit dem des Königlichen Chirurgenkollegs rivalisierte, „war kein Gentleman, und sehr schmutzig".[14] Solche vulgären Mittler medizinischen Wissens wie er plädierten für eine der Entwicklungstheorie verpflich-

12 Desmond 1989.
13 Secord 1986, S. 223–234, 246–47; Faraday 1971, S. 321.
14 Desmond 1989, S. 161.

G. Scharf, Der Neubau des Königlichen Chirurgenkollegs, Lincoln's Inn Fields, 1834. The Royal College of Surgeons of England

tete, materialistische Anatomie, die sich auf die klassischen Publikationen der französischen Aufklärung stützte. Dabei wurden die einzelnen Lebewesen in eine kontinuierliche, sich vom Einzeller aufwärts entwickelnde Reihe eingeordnet; eine Methode, die den besonderen Status des Menschen bedrohen konnte. Doch viele glaubten – schon lange vor Charles Darwins *Origin of Species* (Über den Ursprung der Arten) – an die Evolution. In den dreißiger Jahren galt dies als gefährliche Lehre, denn es unterminierte eine soziale Ordnung, die sich auf eine statische Hierarchie von Rang und Stellung gründete. Dagegen drohte London, mit seinen schmutzigen Sezierräumen und seinen Versuchungen für den Unbedachten, das Land in Unglauben zu stürzen.

Das Königliche Chirurgenkolleg reagierte darauf sehr wirkungsvoll, indem es 1836 den brillanten jungen Anatom Richard Owen als Professor an den Hunterschen Lehrstuhl berief. Owen hatte zwar in Edinburgh studiert, machte sich jedoch – wie die meisten Vertreter der neuen Generation – erst in London einen Namen. Er katalogisierte die Sammlungen im Hunterian Museum und machte deutlich, daß die Wissenschaft, wie in Berlin oder Paris, höchstes Niveau erreichen könne, ohne utilitaristische oder materialistische Ziele zu verfolgen. In seinen ersten Vorlesungen im Jahr 1837 verarbeitete er das entwicklungsgeschichtliche Werk des Preußen Karl Ernst von Baer zu einer zweckdienlichen idealistischen Betrachtungsweise des tierischen Organismus, wozu er von radikalen Anatomen angeregt worden war. Ein Jahr später eröffnete das Königliche Kolleg einen prachtvollen Bibliotheks- und Museums-Bau, in dem so spektakuläre anatomische Objekte ausgestellt wurden, wie etwa der irische Riese und die Fossilien, die Darwin aus Südamerika mitgebracht hatte.[15]

In dieser Zeit wurden allgemein die Grundlagen für London als tonangebende Stadt der Wissenschaft geschaffen. Kennzeichen für seinen Status als Knotenpunkt eines neuen wissenschaftlichen Empire waren Institutionen wie das Museum für Wirtschaftsgeologie, die Zoologischen Gärten, das Königliche Chirurgenkolleg, Kew Gardens und das British Museum. Frühzeitig waren in den dreißiger Jahren des Jahrhunderts die Naturwissenschaften in die vorderste Front imperialer Expansion getreten. So konnte Charles Knight, der Herausgeber von Groschen-

15 Desmond 1989, S. 236–275.

G. Scharf, Das neue Königliche Chirurgenkolleg im Bau, 1834. The Royal College of Surgeons of England

romanen, über das Museum des Königlichen Chirurgenkollegs sagen: „Die ganze Welt ist geplündert worden, um seine Depots zu füllen".[16] Elegante Besucher bestaunten die exotischen Tiere, die man (seit 1831) in die Zoologischen Gärten im Regent's Park gebracht hatte. Aber solche kostspieligen – der breiten Masse damals nicht zugänglichen – Schau-Objekte stießen auf die Kritik der Reformer, nach deren Meinung den Interessen des Imperiums, des Handels und der Mittelschicht der Bevölkerung mit der Errichtung von Spezialmuseen und der Förderung der Forschungstätigkeit besser gedient sei. Sie behaupteten, daß eine solche spektakuläre „Zurschaustellung von Raritäten" den volkstümlichen Vergnügungsstätten, wie dem Exeter Change oder William Bullocks Egyptian Hall, zu nahe stünden.[17] Für einige, vom Schicksal begünstigte Forscher war der Zoo jedoch ein offensichtlich unerschöpflicher Lieferant exotischer Kadaver von Rhinozerossen, Babygiraffen und seltenen Menschenaffen, bis hin zu Wombats, Schnabeltieren und ungewöhnlichen Beuteltieren. Was sich daraus ergab, erschien in den kostspieligen quartformatigen Sitzungsberichten der Zoologischen Gesellschaft; illustriert von George Scharf, der sich damit einen guten Teil seines Einkommens verdiente. Das Sezieren dieser bizarren Tiere, mit denen Richard Owen sowohl sein Ansehen stärkte als auch seine spezielle Art konservativer Anatomie stützte, verschaffte ihm in der europäischen Wissenschaft unangefochtene Autorität.[18]

Auf ähnliche Weise führte der konservative Geograph Roderick Murchison eine Aktion zur kartographischen Aufnahme der alten Erdschichten der Welt durch. Von seiner ansehnlichen Villa am Belgravia Square aus, koordinierte er seine eigenen Feldforschungen mit Dutzenden von Korrespondenten. Sein Freund George Greenough beriet Reisende in der Grove Lodge, seiner Villa im Regent's Park, die er eigens für naturhistorische Forschung gebaut hatte. In seinem späteren Leben fertigte Greenough geologische Karten von Indien an, ohne jemals die Metropole London verlassen zu haben.[19] Die dort konzentrierten und von einzelnen sorgfältig manipulierten Kräfte des Empire vermochten es, Entdeckungen im naturwissenschaftlichen Bereich geradezu als Heldentaten erscheinen zu lassen. Männer wie Owen, Murchison und Greenough wurden in der Presse als „dolle Kerle" oder „Spitzenkoryphäen" bezeichnet; sie waren Berühmtheiten, deren Meinungen über Wahrheiten der Natur entschied. Künstler malten ihre Portraits und stachen sie in Kupfer, um ihr Bild weiter zu verbreiten; Verleger ließen ihre Reden ausführlich in der Presse abdrucken; Männer von Stand baten sie um ihre Meinung.

16 Desmond 1989, S. 251.
17 Desmond 1989, S. 134–39.
18 Desmond 1985.
19 Secord 1982; Stafford 1989; Golden 1981.

Um die Institutionen einer neuen, imperialen Hauptstadt der Wissenschaften zu schaffen, war es erforderlich, die Beziehungen zwischen den Wissenschaftlern und dem Staat zu ordnen. Dort, wo die Anhänger von Sir Joseph Banks die Zusammenhänge zwischen „feinsinniger Förderung und damit verbundener Verpflichtung" ausnutzten, waren die Londoner Reformer aus den Rechtsschulen am Lincoln's Inn und aus den Militärakademien in Woolwich und Addiscombe nun bestrebt, das politische Verständnis von Wissenschaft zu ändern und, falls erforderlich, neu zu formulieren, was man unter dem Begriff „wissenschaftlich" verstand. Angeregt wurden sie dabei durch die Arbeit des hellsichtigen Anwalts Jeremy Bentham aus Westminster, dessen utopisches „Panoptikum"-Projekt, ein „Laboratorium für die Menschheit" und dessen Entwurf für eine staatlich verwaltete Wissenschaft, nach drei Jahrzehnten kämpferischen Einsatzes schließlich doch 1812 scheiterten. Bentham benutzte das ihm vom Staat als Entschädigung gezahlte Geld, um eine kämpferische *Westminster Review* ins Leben zu rufen, mit der er seine Angriffe auf das Bankssche Authoritätsmodell verbreitete. Den Übeln der Macht, des Überflusses und des Ruhms stellte er die Tugenden der Wissenschaft entgegen: „In der Hierarchie der Glaubwürdigkeit erscheint jene Autorität ganz oben, die auf wissenschaftlichen oder fachlichen Kenntnissen beruht. Dadurch, daß der Fachmann von Voraussetzungen ausgeht, die zu korrekten Informationen führen, verfügt er auch über die entsprechenden Methoden." Experten, die den Militäretat verwalteten, die Hauptstadt sauber hielten und gegen plebejische Proteste ankämpften, sollten die Kenntnis der Naturgesetze über Materie und Geist sowie sorgfältig zusammengetragene statistische Daten nutzen, anstatt sich mit der Naturgeschichte von Käfern und Farnen zu beschäftigen und der Suche nach adligen Gönnern zu widmen.[20]

Das reformerische London war eine Heimstatt für Ingenieure, Beamte und Statistiker, die alle darauf warteten, die Politik nach ihren Vorstellungen verändern zu können. Sie betrachteten die Stadt als eine Art von potentiellem, umfassendem Rechenzentrum, von dem aus Handel und Technik weltweite Netze britischer Macht knüpfen würden. So wurde die neue Londoner Universität als „Markt für intellektuelle Güter" der „Königin aller Städte – der Kaiserin der Handelswelt" angekündigt. Die aufstrebende Kapitale des Empire beherbergte auch noch weitere Zentren wissenschaftlicher Kenntnisse, wie z. B. solche, die sich mit den für das Militär wichtigen Disziplinen der Nautik, des Ingenieurwesens und der Landvermessung beschäftigten. Die Ostindische Kompanie, deren Interessen durch James Mill, einen Anhänger Benthams, und durch dessen Verbündete im Präsidium der Londoner Universität nachdrücklich vertreten wurden, unterstützte unter anderem auch größere wissenschaftliche Vermessungen und gab dafür bei den Londoner Handwerkern wichtige neue Instrumentensätze in Auftrag. Die Themse stromab stand in Greenwich das Königliche Observatorium, das sich unter den einander folgenden Astronomen Royal Nevil Maskelyne, John Pond und, seit 1835, unter dem Cambridge-Mathematiker George Airy, zu einem Zentrum der Präzisionsmessung und der nautischen Astronomie von Weltniveau entwickelte. Dort befand sich ebenfalls die Königliche Militärakademie, an der der Mathematikprofessor Charles Hutton Generationen von Lehrern und Feldmessern ausbildete, nachdem er 1784 durch Banks' Clique seines Postens als Sekretär der Royal Society enthoben worden war.[21]

Am *Board of Longitade*, deren Geschäfte mit Londoner Uhrmachern vielen als skandalös erschienen, stießen mathematische Fachleute auch mit Vertretern der Royal Society zusammen. Die von der Admiralität geförderten Reisen trugen dazu bei, die Leistungsfähigkeit gegensätzlicher Theorien über geographische Längen in der Praxis bewerten zu können; die Resultate wurden in den jeweiligen Instituten unter Aufsicht der Anhänger von Banks ausgewertet.[22] Ein Opfer war der Uhrmacher Thomas Earnshaw aus High Holborn, dessen Uhren 1791 auf die Pazifikreise nach Vancouver gingen, und der sich die Unterstützung von Maskelyne sichern konnte. Zwischen 1791 und 1805 sprach Banks Earnshaws Uhren jegliche positiven Eigenschaften ab, um John Arnold, seinen eigenen Kandidaten, zu begünstigen. Earnshaw behauptete nun, daß Arnold plagiiere, worauf Banks 1804 mit einem Pamphlet zurückschlug. Mit all diesen Konflikten hatte in irgendeiner Weise die Royal Society zu tun. 1812 wurde Banks sogar angeklagt, die *Philosophical Transaetions* (Philosophischen Sitzungsberichte) der Gesellschaft benutzt zu haben, um den Ruf von William Mudge, dem Direktor der Ordnance Survey und einst Huttons hochgeschätztem Schüler, zu schädigen. Bis 1818 hatte Banks jedoch den gesamten Verwaltungsrat unter die direkte Kontrolle der Royal Society gebracht. Doch Mudge erhielt eloquente Rückendeckung von Olinthus Gregory, Huttons Kollegen aus Woolwich, der 1820 anläßlich des Todes von Banks eine skurrile Spott-Lobrede veröffentlichte. Dagegen bedauerten konservative Geistliche, wie z. B. der Bischof von Carlisle den Abschied von den noch „ruhigen wissenschaftlichen Mahlzeiten", zu denen Banks über eine so lange Zeit hin geladen hatte.[23]

Die Interessengruppe der Mathematiker fand in den jungen graduierten Mathematikern aus Cambridge getreue Verbündete; z. B. in John Herschel, Augustus de Morgan und Charles Babbage, der kurz nach Beendigung der Napoleonischen Kriege nach London kam. Im Lebensstil Babbages verbanden sich dort Sauftouren durch Pubs mit Veranstaltungen in technischen Werkstätten und Besuchen in eleganten Salons. Banks und John Croker, der mächtige, für die Admiralität zuständige Minister, hielten ihn

20 Bentham 1962, S. 19–20; Halevy 1972; Finer 1972.
21 Desmond 1989, S. 36; Forbes 1975, S. 131–156.
22 Mackay 1985, S. 3–27.
23 Miller 1983, S. 10–12, 26.

von dem Board of Longitude fern. Babbage tat sich mit Herschel und den ungeliebten Fachleuten, wie Gregory und Troughton, zusammen, um 1820 in der Freemasons' Tavern in der Great Queen Street die Gesellschaft für Astronomie zu gründen. Banks, dessen Nachfolger als Präsident im selben Jahr Davy werden sollte, verdammte die neue Vereinigung als eine Bedrohung der Royal Society.[24] Doch die neue Führung des Somerset House machte den Reformern gewisse Zugeständnisse, indem sie die neue Gesellschaft in die Politik der Stadt mit einbezog. Dies geschah durch die Gründung einer Reihe von gewichtigen Komitees, die die Admiralität beim Schiffbau beraten sollten; sie sollten auch die Londoner Verwaltungsbeamten bei der Wahl der Steine für den Bau der neuen London Bridge und für die Einrichtung hauptstädtischer Gaswerke beraten sowie bei den Plänen, das British Museum zu einer spezialisierteren Institution umzuformen. Doch Davys Projekt paßte den Bentham-Anhängern und den Mathematikern nicht.[25] 1827 trat er zurück, sorgte dafür, daß das zuverlässige konservative Parlamentsmitglied Davies Gilbert an seiner Stelle gewählt wurde, und setzte sich ohne Skrupel über die reformerischen Empfehlungen eines Komitees hinweg, dem unter anderem Babbage, Herschel und deren Freund, der Astronom James South, angehörten. De Morgan, ein tatkräftiger Förderer von Henry Broughams *Society for the Diffusion of Useful Knowledge* und Autor von mehr als 800 Artikeln für die beliebte *Penny Cyclopedia*, erinnerte daran, daß „die große Epidemie, die sowohl zur Französischen Revolution und zu all dem geführt hatte, das als Vorlage für die Englische Reform dient, sich auch auf die Welt der Wissenschaft auswirkte".[26]

Babbage machte mit dieser „Epidemie" Karriere. Dabei bediente er sich der *Astronomical Society*, um seinen Plan, „mit Dampf zu kalkulieren", die berühmte Differenzmaschine, in die Tat umzusetzen. Die technischen Voraussetzungen stammten von den besten Londoner Feinmechanikern, besonders von Joseph Clement, einem ehemaligen Angestellten von Henry Maudslay, des Meisters aller Präzisionstechniker. Dessen Mikrometer wurde „Lord Chancellor" genannt, weil es den Maßstab für die Präzision einer Maschine prinzipiell bestimmte; dessen Publikation über Dampfmaschinen für Schiffe veränderte außerdem die Transportmöglichkeiten auf der Themse und in den Kolonien entscheidend. Maudslay und Clement waren außerdem noch eng mit einem anderen technischen Kollegen von Babbage, Marc Brunel, verbunden. Gemeinsam begannen sie 1825 ihre Arbeit am Themsetunnel, die wegen finanzieller und baulicher Probleme unterbrochen, aber ein Jahrzehnt später wieder aufgenommen wurde. In den dreißiger Jahren des Jahrhunderts war Babbage Berater der *Great Western* Eisenbahngesellschaft und nutzte dort das Team, das für seine analytische Maschine tätig gewesen war, um ein bemerkenswertes Aufzeichnungsgerät zu entwickeln, mit dem das Stabilitätsverhalten von Waggons getestet werden konnte. 1839, bei einer recht stürmisch verlaufenden Zusammenkunft in der London Tavern bestand er auf Breitspurschienen und verteidigte sie gegenüber Dionysius Lardner, einem auf Fragen der Technik spezialisierten technischen Journalisten und Professor für Naturphilosophie am University College, mit Erfolg. Er bediente sich sowohl der Hinweise Faradays zur Schmiertechnik bei Eisenbahnen als auch der Entwürfe, die der berühmte Uhrmacher Edward Dent für dort zu verwendende Uhren gemacht hatte. Besonders der Einsatz von Maschinen förderte die Entwicklung neuer Präzisionswerkzeuge und führte überhaupt bei der hauptstädtischen Industrie zu weitgreifenden Veränderungen. Außerdem trugen neue Formen der Kalkulation dazu bei, Londons immenses Potential an Facharbeitern zu einer beachtlichen treibenden Kraft des politischen Wandels werden zu lassen.[27]

Während der politischen Krisen, die durch Maschinenversagen und Reformen in den späten zwanziger und frühen dreißiger Jahren ausgelöst worden waren, begannen Wissenschaftler, ihr Fachwissen mit dem institutionellen Wandel zu verknüpfen. „Wieviel besser ist es heute in England, ein Bastard zu sein, als ein Philosoph", äußerte Babbage polemisch. „Doch es steht uns ein tiefgreifender Wandel bevor!" 1830 versuchten er und South, Herschels erfolglose Bemühungen um die Präsidentschaft der Royal Society zu unterstützen und verfaßten zu diesem Zweck aufrührerische Pamphlete gegen die korrupten alten Strukturen der Wissenschaft. Deshalb meinte das *Athenaeum*, die Reformer in dieser Vereinigung debattierten darüber, „was Wissenschaft sei und was nicht".[28] Im Sommer 1832 brachte Babbage bei Charles Knight, für Brougham eine Hauptquelle nützlichen Wissens, seinen Bestseller *Economy of machinery and manufactures* heraus und stellte einige Exemplare davon dem *London Mechanic's Institute* zur Verfügung. Das Ziel der Veröffentlichung war es, den führenden Persönlichkeiten der Metropole die Ursachen für die industrielle Stärke Großbritanniens deutlich zu machen. Im darauffolgenden Herbst wurde dieser Versuch im *Mechanics' Magazine* des Patentanwalts J. C. Robertson nachdrücklich unterstützt; in einer Zeit also, als Babbage, zusammen mit Wakley, in Finsbury erfolglos für das Parlament kandidierte und in der Canonbury Tavern mit dem Sozialisten Thomas Hodgskin, einem Anhänger Ricardos, über Wissenschaft und politische Ökonomie debattierte.[29] Auf diese Weise versuchte er, Fragen nach den Auswirkungen einer maschinellen Produktion und der rationellen Planung zu Themen des Londoner Wahl-Kampfs zu machen.

Nach dem Reformgesetz begann man in London – gestützt auf die Interessen der Reformer und Anhänger Benthams – mit der Gründung von Zentren für eine nach wissenschaftlich ermittelten Kenntnissen arbeitende Verwaltung und Datenerfassung.

24 Gilbert 1955; Dreyer und Turner 1923, S. 1–10.
25 Miller 1983, S. 33–34; Desmond 1989, S. 145–151.
26 Siegfried 1980, S. 195; Macleod 1983, S. 62; De Morgan 1882, S. 4.
27 Hyman 1982, S. 47–58, 146–49, 156–163; Babbage 1864, S. 68–96, 313–336.
28 Hyman 1982, S. 76, 82, 88–99, 130; Hoskin 1989, S. 177–178.
29 Hyman 1982, S. 82–87, 103–122; Babbage 1864, S. 259–292.

R. Seymour, „Haben Sie den Leitartikel in diesem Blatt gelesen, Mr. Brisket?" „Nein, ich rühre keine Zeitung an, sie sind alle so sehr korrupt und ohne Gefühl." Illustration der miteinander wetteifernden Ansprüche von Wissenschaft, Politik und Literatur, wie sie sich einem Tischler und einem Kohlenmann darstellten, ca. 1830

Zu den bedeutendsten gehörten: das seit 1832 von George Porter geleitete *Statistical Department* der Handelskammer; die London *Statistical Society*, an deren Gründung im Jahre 1834 in der Horticultural Hall Babbage – zusammen mit Medizinern, wie William Farr, einem Absolventen des University College – beteiligt war; das *General Register Office*, das zwei Jahre später eröffnet wurde und auf dessen Daten Farrs medizinisch-statistische Arbeiten basierten. In diesem Zusammenhang gehören auch spezielle Ausbildungs-Stätten, wie die Brougham's *Society zur Verbreitung Nützlichen Wissens* und Thomas Wyses *Central Education Society*. Sie alle verfolgten – nach Porters Formulierung von 1836 – das Ziel, gemeinsam mit reformorientierten und radikalen Politikern, wie den Londoner Parlamentariern Joseph Hume, Thomas Wakley und George Grote, „den Fortschritt des gesamten gesellschaftlichen Systems in all seinen verschiedenen Untergliederungen und Auswirkungen auf dessen unterschiedliche Belange verständlich zu machen."[30]

Die Reformer nutzten diese „Wissenschaft des Fortschritts", um ihr politisch und parteilich geprägtes Wissen gerade möglichst unpolitisch und universell erscheinen zu lassen. Die neuen Londoner wissenschaftlichen Institute sollten diese Art von Fachwissen beispielhaft liefern und es von der Hauptstadt aus über das ganze Land und das Empire verbreiten. Für die mit Geldknappheit behafteten Reform-Institutionen und die ideologisch belastete Gesellschaft der Hauptstadt war das aber schwer zu bewältigen. Unter dem politischen Druck der in London stattfindenden Auseinandersetzungen machten sich zunächst nur intellektuelle Differenzen nun auch in der Öffentlichkeit gravierend bemerkbar. 1826 setzte Brougham seine Kampagne des Nützlichen Wissens mit dem Ziel in Gang, den als gefährlich angesehenen Schichten die Wahrheiten einer von Gott geschaffenen Natur zu lehren. Zusammen mit seinem Verbündeten, dem Edinburgher Mediziner George Birkbeck, unterstützte er die Ansiedlung eines guten Dutzends neuer Technischer Institute in der Umgebung Londons, die dieses Credo propagieren sollten. Birkbeck wurde 1824 Gründungs-Präsident des London Mechanics' Institute in der Chancery Lane, das als Ergebnis einer groß angelegten Kampagne von Hodgskin, Robertson und dem reformorientierten Autodidakten Francis Place für die Ausbildung von Handwerkern gegründet wurde. Plebejische Radikale hielten solche Kenntnisse jedoch für nutzlos, Konservative für aufwieglerisch. Robertson wandte sich in seinem Mechanics' Magazine gegen die moralisierenden Vorlesungen in der Chancery Lane. Möglicherweise bemühten sich diese Institutionen mehr um die gebildete Bourgeoisie, als um die untere Schicht, um die es Brougham und seinem Verleger Knight ging. Aber Hodgskin verlor während seines Kampfes um eine sozialistische Wirtschaft in den Instituten Hörer an Brougham. Richard Carlile, der versuchte, das Londoner Institut zu einer Heimstatt radikaler Wissenschaft auszubauen, hatte „die Idee, daß jeder Schulmeister ein Mann der Wissenschaft sein sollte – und kein Gemeindepfarrer, so wie Mr. Brougham es gern hätte".[31]

Die Anhänger Benthams hatten mit ihren statistischen und erzieherischen Aktionen in den dreißiger Jahren wenig Erfolg. Sie waren daran auch wenig interessiert und handelten ohne größeren wissenschaftlichen Ehrgeiz, obwohl sie aufwendige Veranstaltungen durchführten, um die Botschaften des Materialismus und der Naturgesetze in die Köpfe ihrer Zuhörer zu hämmern. Aus utilitaristischer Wissenschaft wurde Theater. So sezierte Benthams Arzt, der Unitarier und Reformer Southwood Smith, während seines Feldzuges für ein Anatomiegesetz, öffentlich dessen Leichnam, verkündete dabei die entsprechenden utilitaristischen Lehren, und ließ anschließend den einbalsamierten Körper feierlich in den Sitzungssaal der Londoner Universität bringen. Für weitere anatomische Demonstrationen in der Öffentlichkeit war der Nachschub gesichert. Er kam aus den neuen Arbeitshäu-

30 Hilts 1978; Johnson 1977.
31 Shapin und Barnes 1977; Hays 1964; Prothero 1979, S. 191–203; Berg 1980, S. 145–173; Carlile 1822, S. 96.

sern, deren Gründung auf dem von den Liberalen 1834 durchgesetzten Armenrecht beruhte. Die eindringlichen Überlegungen der Reformer zu der Frage, „was Wissenschaft ist, und was nicht", vermehrten die politischen Belastungen, die alle praktischen Erfahrungen betrafen, und steigerten ihrerseits den Wunsch nach einleuchtenden, einheitlichen und gesicherten Kenntnissen von der Natur.[32] Deshalb waren ganz unterschiedliche Vertreter der Reformbewegung daran beteiligt, die kulturelle Position der Wissenschaft zu ermitteln. Dabei suchten einige der Öffentlichkeit deutlich zu machen, daß das wissenschaftliche Ideal über politische Belange gestellt werden sollte. 1830 vertrat Herschel diese These sehr wirkungsvoll in einem *Discourse,* der als Vorwort in Lardners Bestseller-Folge *Cabinet Cyclopedia* erschien. Und als Herschel 1838 von seinen Studien des südlichen Himmels am Kap der guten Hoffnung zurückgekehrt war, nahmen sogar die Königin, Lord Melbourne und zahlreiche angesehene Vertreter der Wissenschaft an dem Dinner teil, das zu seinen Ehren in der Freemasons' Tavern gegeben wurde. Das *Athenaeum* berichtete über die These vom wissenschaftlichen Konsens und verglich sie mit dem Sektierertum in Londons politischem Leben: „Das in Literatur und Wissenschaft entwickelte Bestreben glich dem, das im politischen Bereich – anläßlich der Grey-und-Peel-Festivals Begeisterung erweckte – nur daß sich dabei tatsächlich alle Interessen verbanden und von den besten Wünschen aller Parteien begleitet wurden."[33]

Doch bedeutete das nicht, daß die Wissenschaft der Reformer politisch irrelevant war. 1838 erklärte Charles Lyell, ein führender Geologe und Professor am King's College, dem ebenfalls erst kürzlich von einer langen Reise zurückgekehrten Darwin, daß Großbritannien ein Land sei, in dem „der Fähigkeit, stehend zu denken, eine übertriebene Bedeutung beigemessen wird, und wo dies geschieht – wie Dan O'Connel sehr wohl weiß –, ist nichts durch Gunst, durch Einflußnahme oder sogar durch einen fairen Anteil an der Macht zu gewinnen, sondern durch Agitation". Und tatsächlich trug die wissenschaftliche Reform auch dazu bei, die Bedeutung politischer Agitation und hauptstädtischer Zentren der Veränderung zu verdeutlichen[34]. Herschel bestand in seinem *Discourse* darauf, daß im Zuge des wissenschaftlichen Fortschritts „Gesetzgebung und Politik fortschreitend als experimentelle Wissenschaften angesehen werden" könnten. Auch Babbage versuchte sich an diesem Balanceakt: Bei ihm rangierten nun die quantitative Analyse und die Präzisionstechnik vor der Politik und erlangten ihrerseits politische Kraft. Um seine Lehren in Szene zu setzen, benutzte er die Hauptstadt als Bühne. Lyell berichtete Darwin: „So bieten Babbages Partys dafür die besten Gelegenheiten, was die Repräsentanten des Literaten in London angeht, außerdem trifft man dort eine gute Mischung schöner Frauen". Babbages Haus wurde nicht nur zum Schauplatz für Londoner Maschinen sondern auch zum Treffpunkt Londoner Lobbyisten. 1834 kaufte er in Weekes Mechanikausstellung in der Cockspur Street einen bemerkenswerten Tanzautomaten und zeigte ihn in seinem Hause neben dem Raum, in dem sein Rechenautomat stand. Von zwei Besuchern aus Übersee abgesehen, zogen alle seine Gäste den mechanischen Tänzer der Rechenmaschine vor. „In jenem Raum – England. Und schauen Sie noch einmal in diesen – zwei Fremde." Damit diagnostizierte Babbage verärgert die endemische Hauptstadt-Krankheit von Feindseligkeit und Ignoranz gegenüber den Maschinen und ihren Konstrukteuren, auf denen seiner Ansicht nach ihr Reichtum beruhte.[35]

Handwerker und Gerätebauer

Das soziale Bewußtsein der hauptstädtischen Instrumentenbauer hatte mit solchen selbstgefälligen Ambitionen und den entsprechenden Vorstellungen von einer gefälligen Reform nichts zu tun. Während des achtzehnten Jahrhunderts standen sie in der gesamten Welt an erster Stelle. Familiäre Verbindungen und die damit zusammenhängende Vererbung der Werkstätten waren die hauptsächlichen Voraussetzungen für die Entwicklung von handwerklichen Fertigkeiten und Werkzeugen gewesen. Firmen, wie die des Uhrmachers Benjamin Vulliamy am Pall Mall, oder die von John Addison, des besten Globenherstellers in London, verkauften geschmackvolle Geräte, die sehr teuer waren. Vulliamys Regulatoren, Zeitmesser für astronomische Observatorien, wie das in Greenwich oder die Privatstation des Königs in Kew, hatten dazu beigetragen, das sich London zu einem der Zentren der Astronomie entwickelte. Die Globen Addisons kosteten bis zu 60 Guineen das Paar. Seine Planetarien, die auf Entwürfen beruhten, die er von dem renommierten William Jones geerbt hatte, empfahlen die Arbeit ihres Meisters auch bei Hofe. Überhaupt war der Berufsstand eines Gerätebauers damals sehr angesehen, und er eröffnete vielen seiner Vertreter die Möglichkeit einer Zusammenarbeit mit der Royal Society. Seine Techniker wurden als zuverlässige Ermittler von Kenntnissen und zuverlässige Hersteller von mechanischen Artefakten betrachtet. John Russell, ein Mitglied der Königlichen Akademie, verarbeitete akkurate, mikrometergenaue Mondbeobachtungen in seiner „Selenographia", der genialen, 1796 patentierten, Konstruktion eines Tischgeräts, mit dem sich die drei verschiedenen Verdunklungsphasen des Mondes während seines Umlaufs um die Erde darstellen ließen. Walker setzte eine großformatige Ausführung von Russells Gerät bei seinen Vorstellungen in London ein.[36] Nur wenige erreichten jedoch den Status eines Edward Troughton, eines Mitglieds der Royal Society, der, so damals das *Philosophical Magazi-*

32 Richardson 1987, Desmond 1989, S. 132, 200–203.
33 Schweber 1985, S. 15–20, 33.
34 Darwin 1986, S. 101; Morrell und Thackray 1981.
35 Schweber 1985, S. 21; Darwin 1986, S. 8; Babbage 1864, S. 365, 427.
36 King und Millburn 1978, S. 314; Bennett 1985.

ne „bei den Herstellern astronomischer Geräte eine solche Position einnimmt und immer einnehmen wird, wie sie Sir Isaac Newton bei den Philosophen behauptet". Troughton stattete einen Großteil der Forschungs-Expeditionen mit Geräten seiner Zeit aus. In seinem Geschäft in „The Orrery" (Planetarium) in der Fleet Street wirkten sich die fachlichen Erfahrungen eines Jahrhunderts aus. Troughtons Instrumente verkörperten in sich den Maßstab für astronomische Genauigkeit – und das erklärt das lebhafte Interesse, mit dem die Londoner Öffentlichkeit seinen 1834 bis 1839 ausgetragenen, so lächerlichen wie heftigen Streit mit Babbage und South verfolgte, der in Souths Vernichtung und einer öffentlichen Versteigerung des Äquatorials gipfelte, das Troughton im Campden Hill Observatorium installiert hatte.[37]

Souths Kritik an Troughton richtete sich jedoch gegen dessen Inkompetenz, auf Grund derer er eine außergewöhnliche, über £ 1.000 teure Cauchoix-Refraktorlinse aus Paris zerstört hätte. Auf einem Plakat, das 1842 für den Verkauf des Metalls warb, das von Troughtons Gerät dabei noch übriggeblieben war, machte sich South lustig über dieses „souvenir piquant an die Situation des astronomischen Gerätebaus im England des neunzehnten Jahrhunderts". Gegenüber der Konkurrenz aus Frankreich und Deutschland verloren die Londoner Hersteller an Boden. Und auch der intellektuelle Status des handwerklichen Mechanikers und Instrumentenbauers veränderte sich, als sich die Umgebung wandelte, in der sie ihrem Gewerbe nachgingen. Jetzt führte sie ihr Handwerk nicht mehr ohne weiteres in die renommierten Kreise der Royal Society. Ihre Arbeiten wurden nicht im August-Blatt der dort herausgegebenen *Philosophical Transactions* erwähnt, und sie gehörten eben nicht mehr zur gut betuchten Klientel des Königlichen Instituts, obwohl ihre Erzeugnisse dort immer noch ausgestellt wurden: Die Freitagabend-Diskussionen drehten sich um die Dampfpresse und die besten neuen Mikroskope, den Telegraphen und um Babbages Maschinen. Einige – wie der Uhrmacher Edward Dent – hielten gut besuchte Vorträge in den Mechanics' Institutes.[38] Ihre Geschäfte und Werkstätten befanden sich am westlichen Strand, am Haymarket und in der Regent Street, wo John Newman, der Instrumentenbauer der Royal Institution, im Haus Nummer 122 arbeitete. Edward Clarke, als Instrumentenbauer ein Philosoph und Spezialist für elektromagnetische Apparaturen, hatte sein „Laboratorium der Wissenschaft" in der Lowther Arcade zwischen dem Strand und der Adelaide Street. William Cary, der hervorragende mathematische Instrumente entwarf und durch sein Hydro-Oxygen-Mikroskop berühmt geworden war, arbeitete am Strand im Haus Nr. 272. Sein Mikroskop wurde von allen Gelehrten Londons benutzt; vor allem seit 1833 an Joseph Kahns Anatomiemuseum. Carys Neffen George und John führten seit den zwanziger Jahren des Jahrhunderts sein Geschäft weiter und konstruierten in der St. James's Street 86 hochwertige Globen.[39]

Die von den verschiedenen Mechanikern angefertigten Instrumente waren in ihrer Art sehr unterschiedlich. So baute beispielsweise John Newman spezielle Geräte im Auftrag Faradays, aber auch Geräte ohne Auftrag, die ihm den größten Teil seiner Einnahmen verschafften. Dabei wurden Erzeugnisse, wie etwa voltaische Batterien, elektrische und elektromagnetische Maschinen, Teleskope und Globen in den Katalogen ihrer Hersteller und in populären Zeitungen ausführlich angeboten. Watkins und Hill – Charing Cross Nr. 5 – verkauften elektrische Maschinen mit Zubehör für £ 6 16 s 6 d. Die Batterien kosteten zwischen sechs und sechzehn Shilling. Für den weniger spezialisierten Markt wurde für zwei Shilling eine „künstliche Spinne" angeboten, die sich, durch elektrische Anziehung und Abstoßung angetrieben, fortbewegte. Elektrische Entladungen in Vakuum-Gläsern sorgten für ansprechende und lukrative Beleuchtung.

Für Professoren, wie Faraday oder John Frederic Daniell, den Lehrstuhlinhaber für Chemie am King's College, schufen die Instrumentenbauer lebenswichtige, wenn auch meist unbemerkte Voraussetzungen. Die Handwerker verfügten über die technischen Fertigkeiten und die erforderlichen Erfahrungen, die garantierten, daß die öffentlichen Lehrdemonstrationen, auf denen sich der wissenschaftliche Ruf vieler gründete, ungehindert von statten gingen. Als sich die Königliche Militärakademie 1829 erfolgreich darum bemühte, Faraday als Chemie-Dozenten für den wissenschaftlichen Unterricht ihrer Kadetten zu gewinnen, betonte er die Notwendigkeit, „ein perfektes Laboratorium mit einem dort ständig beschäftigten Assistenten zu haben, und außerdem über einen Instrumentenbauer und dessen Leute verfügen zu können." Als Entschädigung dafür, daß solche Voraussetzungen in Woolwich fehlten, verlangte und bekam er für die Lehrveranstaltung schließlich £ 200, ein Einkommen, das sein mageres regelmäßiges Gehalt am Königlichen Institut und die zusätzlichen £ 8 15 s, die er dort für jeden erfolgreich veranstalteten Vortrag erhielt, ergänzte. Als die Militärakademie ihre Zustimmung dafür gegeben hatte, den Instrumentenbauer James Marsh zur Unterstützung Faradays in ihre Dienste zu nehmen, schätzte dieser, auf Grund seiner Erfahrung, daß Marsh je Vortrag maximal zwei Tage zur Vorbereitung der experimentellen Demonstrationen benötigen würde. Marsh erhielt dreißig Shilling pro Woche – trotz seiner Forderung, ihm ein jährliches Gehalt und keinen Wochenlohn zuzubilligen.[40] Die als Labor- oder Vortragsassistenten beschäftigten Instrumentenbauer galten aber als Lohnarbeiter, und nicht als fest angestellte Fachleute.

In den dreißiger Jahren wurden jedoch Gelegenheiten geschaffen, um Instrumentenbauern den öffentlichen Auftritt als Männer der Wissenschaft zu ermöglichen. Als im Juni 1832 die *National Gallery of Practical Science* in der Adelaide Street eröffnet wurde, lobte die Presse diese Institution als eine bedeutende fortschrittliche Tat für die Fertigkeiten der Mechanik. Ihr Ziel

37 Hoskin 1989.
38 Bennett 1985; Hoskin 1989, S. 199; Hays 1983, S. 109.
39 Taylor 1966, S. 400, 306, 385; Hays 1983, S. 106.
40 Faraday 1971, S. 176; Faraday 1991; S. 502.

war es, ein zahlendes Publikum durch Ausstellungen über die neuesten Entwicklungen beim Bau von Maschinen und wissenschaftlichen Instrumenten zu unterrichten.[41] Ihr Prunkstück war Perkins' Dampfgeschütz, das – laut der entsprechenden Werbung – in vier Sekunden siebzig Salven abfeuern konnte. Als weitere Attraktion zeigte man die elektromagnetische Maschine, von dem in London lebenden Amerikaner Joseph Saxton entwickelt. Die Galerie in der Adelaide Street veranstaltete ebenfalls wissenschaftliche Vorträge, von William Maugham über Chemie und von William Sturgeon über Elektrizität. Sturgeon war bis 1820 gemeiner Soldat in der königlichen Artillerie gewesen, danach Schuhmacher in Woolwich. 1824 wurde er wissenschaftlicher Dozent an der Königlichen Militärakademie der Ostindischen Kompanie. Im Jahr darauf erregte er als Instrumentenbauer öffentliches Interesse, nachdem er mit seinem elektromagnetischen Apparat die Silbermedaille der *Society of Arts* und dreißig Guineen gewonnen hatte. Sturgeon verdiente seitdem sein Brot mit der Anfertigung von Instrumenten und mit öffentlichen Vorträgen. Außerdem betätigte er sich in Clarkes „*Laboratory of Science*", das sich gleich um die Ecke bei der Lowther Arcade befand. In den späten dreißiger Jahren des Jahrhunderts trat die in der Regent Street gelegene *Royal Polytecnic Institution* als Konkurrent der Adelaide Street auf. Sie war durch ihre Tauchglocke berühmt geworden. Georg Bachoffner hielt dort Vorlesungen über Chemie und Naturphilosophie. Außerdem eröffnete das *Coliseum* im Regent's Park eine Abteilung für Naturmagie und zeigte Londons größte elektrische Maschine; unter der Leitung von William Leithead, einem ehemaligen Chemiker aus der Compton Street, weitab von der Brunswick Street.

Solche Orte förderten die allgemeine Beschäftigung mit der Elektrizität, die schon 1837 durch die Gründung der Londoner *Electrical Society* institutionalisiert werden sollte. Die aktiven Mitglieder der Gesellschaften bestanden aus Handwerkern, Fabrikanten und Dozenten wie Sturgeon, Leithead, Henry Noad und Charles Vincent Walker. Weitere herausragende Vertreter der Londoner Wissenschaft, wie z. B. Faraday oder Daniell, folgten ihnen jedoch nicht.[42] Die von den Mitgliedern dieser Gesellschaft verbreitete Naturphilosophie unterschied sich deutlich von der der Royal Institution. Bei ihnen blieb das Experiment den ausgebildeten Mechanikern vorbehalten. Deren Kenntnisse von der Funktionsweise der Maschinen gab ihnen auch die Möglichkeit, die Zusammenhänge des Universums zu überblicken. In ihm stellte die Elektrizität eine alles umfassende Kraft dar, die den gesamten Kosmos erfüllte. Nach der Meinung eines Mitglieds von Somerset House, des Gentleman Andrew Crosse – eines Experten für die Herstellung von Insekten aus elektrifiziertem Vesuvgestein – war Elektrizität „der rechte Arm Gottes".

Ihre hauptsächliche erzieherische Aufgabe sah die Electrical Society darin, daß sie ihrem Publikum ein detailliertes Verständnis für die Funktionsweise ihrer Apparaturen vermittelte, wobei die spektakulären Vorführungen von elektrisch erzeugten Funken und Schocks zu mehr als lediglich der Unterhaltung dienten. Als deshalb Sturgeon der Society of Arts seinen elektromagnetischen Apparat vorstellte, verwies er dabei auf dessen Vorzug, dem Publikum genau zu zeigen, was in dem Gerät vor sich ging und wie es funktionierte. Beim Königlichen Institut hingegen wurde ein experimenteller Apparat lediglich als ein Mittel zum Zweck angesehen. Faraday sah deswegen auch seine Aufgaben nicht darin, daß er seinen Zuhörern Kenntnisse über die Apparaturen vermittele. Sein Auditorium war bestrebt, ein dem Gentleman angemessenes, und gerade nicht mechanisch fundiertes Verständnis vom Ursprung der Natur-Phänomene zu erlangen.

Doch die Zeit der Kultivierung mechanischer Kenntnisse war nur von kurzer Dauer. Bereits 1845 war die Galerie in der Adelaide Street in ein Casino umgewandelt worden. Die London Electrical Society hatte sich aufgelöst. Als der Amerikaner Joseph Henry 1837 London und Paris besuchte, um dort mechanische Instrumente zu kaufen, waren die meisten Erwerbungen französischer Machart.[43] Die Vorherrschaft der Londoner Hersteller war vorüber. Andererseits wurde 1837 der erste elektromagnetische Telegraph von Carles Wheatstone, eines Professors am King's College, und seinem streitsüchtigen Partner, William Fothergill Cooke, patentiert. Die Grundlagen für dieses Projekt ergaben sich aus der Zusammenarbeit der Ingenieure der Paddington-Eisenbahngesellschaft und der Instrumentenbauer aus dem Stadtteil Clerkenwell. Zahlreiche technische Voraussetzungen und Geräte, die ihrerseits den Telegraphen erst möglich machten, waren von Londoner Herstellern und von experimentierenden Handwerkern geschaffen worden. Zu ihnen gehörten wiederum Sturgeon, der Erfinder des ersten Elektromagneten, und Clarke, der als einer der ersten Cookes Plan enthusiastisch befürwortete. Als der Protest der Mitglieder der Chartisten-Bewegung zunahm, warb Cooke mit dem Hinweis für sein Gerät, daß es sich dabei um ein Mittel handele, mit dem der Staat seine Anweisungen übermitteln könne: „Die gesamten gefährlichen Erregungen der Öffentlichkeit könnten hierdurch vermieden werden". Aus dem kurzlebigen Brauch handwerklicher Experimente und Vorführungen hatte sich im Britischen Empire eines der wirkungsvollsten Instrumente für eine sich auf weite Entfernungen auswirkende Kontrolle entwickelt.[44]

41 Altick 1978, S. 377–389.
42 Morus 1992.
43 Gee 1990.
44 Hubbard 1965, S. 31–36; Morus 1991.

Angesichts von Protest und Unruhe waren Kontrolle und Autorität schwer aufrechtzuerhalten. Politisch geprägte Vorstellungen wirkten sich auch auf die meisten fachlichen Dispute aus. Und gerade weil sich in London die Kontroversen entzündeten, wurde es zum Zentrum für die Wissenschaft. Auch in dem kühlen Ton, der in den Quartausgaben der wissenschaftlichen Protokolle vorherrschte (durch angesehene Verleger, wie William Nicol und John Murray, mitbestimmt), schwang die Furcht vor der Konkurrenz mit, die sich bei ihren Forschungen anderer Quellen und anderer Publikationsorgane bedienen könnte. Näherte man sich einer Endzeit, wie der feurige Prediger Edward Irving behauptete, und sollten sich physikalische Wahrheiten wortwörtlich aus der Bibel ableiten lassen? Sollte die Wissenschaft ein Instrument staatlicher Macht sein und dabei unter der Kontrolle ausgebildeter Fachleute stehen? Oder sollte sie – wie die den Armen nahestehende Presse forderte – als Mittel allgemeiner Emanzipation und demokratischer Reformen eingesetzt werden? Als Folge der Französischen Revolution und einer ständig anwachsenden Schar von Lesern, wurden die Grenzen des Wissens, in permanenten Auseinandersetzungen über die Grenzen der „Wissenschaft", neu gezogen. Wer sollte die Erarbeitung von naturwissenschaftlichen Kenntnissen kontrollieren und welchen Zwecken sollte sie dienen?

Wer damals London besuchte, konnte dort eine Antwort darauf finden, wenn er Davy in der Royal Institution zuhörte. Er betrachtete das Betreiben von Chemie und Naturphilosophie als eine angemessene Aufgabe für die „Söhne des Genies"; also der Intellektuellen, die sich aus der Masse der Hörer heraushoben. Eine solche Beschäftigung führe zum wahren Glauben und befreie von der Politik. Auf diese Weise, schrieb Davy, tritt der „Wissenschaftler, der das Wirken einer perfekten Intelligenz in allen Phänomenen des Universums wahrnimmt, den Turbulenzen und Leidenschaften hastiger Innovationen entgegen und erscheint als Freund der Gelassenheit und Ordnung". Die Vorteile der Wissenschaft waren vor allem in der Metropole äußerst deutlich erkennbar: Die Chemie konnte den „in den großen Städten versammelten Menschen" einen Ausweg aus der komplexen Künstlichkeit städtischen Lebens bieten. Und wenigstens eine der damaligen aufmerksamen Leserinnen Davys – Mary Shelley – zog eine Lehre aus seinen Erörterungen und erfand darauf 1818 für ihre meistverkaufte phantastische Geschichte die einsame Gestalt Victor Frankensteins. *Frankenstein* verkörperte zugleich den Preis für die Isolation und für wissenschaftliche Macht, deren Vorzüge Davy pries. Das Laboratorium war der Ort des Rückzugs und der Einsamkeit, in der man sich zwar noch in der Stadt befand, aber nicht zu ihr gehörte.[45]

Eine ganz andere Ansicht vertrat Richard Carlile, der in vorderster Front für die Pressefreiheit kämpfte. Er mußte eine sechsjährige Haftstrafe verbüßen, weil er Werke verkauft hatte, in denen die Naturphilosophie der Aufklärung dazu mißbraucht wurde, die „priesterliche Macht" und die „königliche Macht" anzugreifen.[46] 1821 verfaßte er im Gefängnis von Dorchester sein Manifest *Eine Botschaft an die Männer der Wissenschaft*: „Kommt, ihr Männer der Wissenschaft. Man möchte euch zwar den Todesstoß versetzen, oder den letzten Streich, der euch ins Reich des Aberglaubens und des Götzendienstes treibt. Doch jetzt kommt eure Stunde – sogar vor zeitweiliger Verfolgung seid ihr sicher, wenn ihr zahlreich und mutig auftretet. Ihr werdet ein Volk, ein allmächtiges Volk hinter euch haben; ein Umstand, mit dem ein Philosoph ehedem nie rechnen konnte. Ihr habt nichts zu fürchten, und nichts zu verlieren, aber alles zu gewinnen, selbst das, was euch das Teuerste ist: die Anerkennung eurer Institute, die Übernahme eurer auf Wahrheit und die Natur der Dinge gegründeten Prinzipien."[47]

Carlile hatte wohl Davy vor Augen, als er im Gefängnis sein Traktat verfaßte, wenngleich (wen überrascht es?) der „revolutionäre" Chemiker es ignorierte. Seine Definition von „Wissenschaft" fand Carlile in Anknüpfung an materialistische Kosmologien des vorangegangenen Jahrhunderts, so an Baron d'Holbachs *Le Système de la Nature* oder an Thomas Paines *Age of Reason* und Elihu Palmers *Principles of Nature*. Originäre Entdeckungen, um die sich bei Davy alles drehte, fanden dagegen innerhalb seiner radikalen Vorstellungen vom Nutzen der Wissenschaft kaum Platz. Tatsächlich war Carlile nie bei einem Experiment zugegen gewesen und hatte vermutlich auch nie einen Fuß in ein Laboratorium gesetzt. 1823 war er jedoch vom Gefängnis aus in der Lage, Raubdruck und Vertrieb einer Ausgabe der materialistischen *Lectures on Comparative Anatomy* zu organisieren, verfaßt von William Lawrence, einem Chirurgen am Londoner Krankenhaus. Mit dieser Veröffentlichung ermöglichte er Carlile, daß die zunächst nur für Eingeweihte bestimmten kontroversen Gespräche am Chirurgenkolleg als politisch subversive Texte verbreitet werden konnten. Seine Förderung der Rotunda-Vorlesungen im Jahre 1830 war ein weiteres Beispiel seines Einsatzes für die Verbreitung radikaler Wissenschaft. Sollte das Laboratorium der Royal Institution überhaupt irgendeinem Zweck dienen, dann, seiner Meinung nach, dem eines Zentrums für politische Aktivitäten. Seine Botschaft verurteilte diejenigen auf das schärfste, die glaubten, daß „der Wissenschaftler seinen Studien und Experimenten besser in der Stille und für sich allein nachgehen solle".[48] Das Laboratorium sollte – ähnlich wie die Buchhandlung mit ihren Presse-Erzeugnissen und Pamphleten – der Kommunikation und dem Volk als Ort revolutionärer Mobilmachung dienen. Wissenschaft war Politik und gehörte in die Stadt.

45 Davy 1802, S. 25–28; Lawrence 1990; Golinski 1990; Mellor 1987.
46 Hollis 1972.
47 Carlile 1972, S. 108.
48 Carlile 1972, S. 95, 111; Desmond 1987; Goodfield 1969, S. 307–308.

H. W. und W. Inwood, St Pancras Church in London, Karyatiden-Portal, 1819–1822

„ATHENS WIEDERGEBURT IN DER NÄHE DES POLS" – LONDON, ATHEN UND DIE IDEE DER FREIHEIT

Ian Jenkins

Um 1820 erreichte die Wiedergeburt Griechenlands in der Kunst und der Architektur ihren Höhepunkt. Die großen Mengen griechischen Mauerwerks, die allein in St. Pancras und Bloomsbury hochgezogen wurden, lassen keinen Zweifel daran, daß der vorherrschende Stil jener Zeit griechisch war: H. W. Inwoods bemerkenswertes Pasticcio des Erechtheion entstand zwischen 1819 und 1822; Robert Smirkes neues British Museum wurde 1823 begonnen, und das University College wurde nach Plänen von William Wilkins und J. P. Gandy-Deering um 1827–28 gebaut.[1] Darüber hinaus könnten wir auch Decimus Burtons Tor an der Hyde Park Corner (1825) und seinen Athenaeum Club (1827–30) nennen, die beide dem des Parthenon nachempfundene Friese des Bildhauers und Modelleurs John Henning tragen.[2] Das neu installierte British Museum hatte gerade eine so umfangreiche Sammlung griechischer Original-Skulpturen zusammengetragen, wie sie seit dem Fall Konstantinopels nicht mehr gesehen worden war. Die Parthenon-Skulpturen, lange Zeit von Reisenden nur aus größerer Entfernung bewundert, die sie damals noch am ursprünglichen Bauwerk sahen, wurden von Lord Elgins Beauftragten zu Beginn des 19. Jahrhunderts heruntergenommen und 1816 für das Museum erworben.[3] Sie wurden dort in einer zunächst noch provisorischen Abteilung, zusammen mit anderen wichtigen griechischen Skulpturen ausgestellt, nämlich mit dem Fries des Tempels des Apollo Epikurios in Bassae, der, Pausanias zufolge, von Iktinos, einem der Parthenon-Architekten, entworfen worden sein soll. Dieser Fries war von einigen Reisenden ausgegraben worden, unter ihnen der britische Architekt Charles Cockerell, der auch die Giebelfeldskulptur des spätarchaischen Tempels von Aphaia auf der Insel Ägina wiederentdeckt hatte. Infolge höchst ungeschickter britischer Verkaufsverhandlungen gelangten die Marmorstatuen nach Bayern, wo sie zum Kernstück von Ludwigs Glyptothek in München werden sollten, die von Leo Klenze entworfen und im Jahre 1830 vollendet wurde. Es war wohl besser so, wollte nicht England infolge seiner *Hybris* die Rache eben jener Götter heraufbeschwören, deren Schutz es nun als geistige Kraft sei-

1 Crook, S. 98.
2 Malden, passim.
3 Rothenberg, passim.

nes Bestrebens suchte, um Arkadien in Albion zu errichten.[4] Schon der Dichter Byron hatte den Fluch der Minerva auf die Häupter von Elgins Gefolge beschworen.

Die Ankunft der *Elgin Marbles* in England und die entsprechende Werbung für sie sorgten für Aufregung. Ab 1807 wurde die Sammlung in einem behelfsmäßigen Museum in der Park Lane ausgestellt. Hier, mitten im Herzen Londons, wurde nun für alle die lebendige Verbindung zu der verlorengegangenen Kunst der Griechen sichtbar. Antike Zeugnisse hatten die meisten bekannten Werke aus dem Bauprogramm des Perikles der Leitung des Phidias unterstellt, und auch diese Skulpturen stammten, wenn schon nicht von seiner Hand, so doch aus seiner Werkstatt. Was all jene, die die Parthenon-Skulpturen zum ersten Mal sahen, sofort überraschte, war ihre Nähe zur Natur. Der Maler Benjamin Robert Haydon nahm dies zum Anlaß, das *false beau-ideal* der traditionellen Kunsttheorie zu verwerfen, das auf dem Repertoire griechisch-römischer Vorbilder beruhte, wie etwa auf der Laokoon-Gruppe, der mediceischen Venus und dem Apollo von Belvedere. Er pries die *Elgin Marbles* als Zeichen des Beginns einer wahren Kunst, die von den eng verwandten Vorbildern der Parthenon-Skulpturen einerseits und der Natur andererseits inspiriert wurde. Damit setzte er sich in offenen Widerspruch zu der akademischen Tradition eines Joshua Reynolds und der Akademie, die das Ideale über die Formen der Wirklichkeit stellten. Ein anderer Kritiker, der hier eine Gelegenheit sah, für die proklamierte Schönheit des Typischen als Gegenteil zum Natürlichen im allgemeinen zu plädieren, war William Hazlitt, ein Essayist und Biograph Bonapartes, der die *Elgin Marbles* „die beste Antwort auf die Akademie-Reden Sir Joshua Reynolds'" nannte.[5]

Weit davon entfernt, von den *Elgin Marbles* überwältigt zu werden, wie Haydon gehofft hatte, wurde das Establishment durch ihr Erscheinen nur animiert und sicherte sich, mit einiger notwendiger Anpassung, sein eigenes Überleben, indem es sich diesen neuen Göttern verschrieb. Die offizielle Anerkennung des überlegenen Ranges der *Elgin Marbles* blieb jedoch im großen und ganzen eine akademische Angelegenheit; denn innerhalb der praktischen Ausbildung bestanden die Akademie-Professoren auch weiterhin darauf, daß junge Künstler nach Gipsabgüssen der Werke des alten Kanons oder nach den griechisch-römischen Townley-Statuen im Museum zeichneten.[6] Haydon hatte zwar in seinem Bekenntnis zu einer Revolution des Geschmacks seine Rolle maßlos überschätzt, aber trotzdem stellen seine Zeichnungen eine von nur zwei tatsächlich inspirierten künstlerischen Reaktionen auf die Skulpturen dar; die andere ist die poetische *Ode on a Grecian Urn* von Keats, die in so bewegender Weise die zeitlose Melancholie des Parthenon-Frieses einfängt.[7]

Elgin war mitnichten der erste, der „das alte Griechenland nach England gebracht hatte"; das war, laut Henry Peacham, bereits im 17. Jahrhundert Lord Arundels Absicht gewesen, als er Sir Thomas Roe, einen Amtsvorgänger Elgins bei der *Hohen Pforte*, beauftragte, für ihn an der Küste Kleinasiens Antiquitäten zu erwerben.[8] Die posthume Auflösung der Sammlungen Arundels und anderer aus dem 17. Jahrhundert hatte zur Folge, daß solches Bestreben zeitweilig erlahmte. Im 18. Jahrhundert wurden private Antiquitätensammlungen vor allem in Rom zusammengetragen, und, obwohl das Interesse an Griechenland seit etwa 1750 wieder auflebte, bot sich doch erst zu Beginn des 19. Jahrhunderts die Gelegenheit zu umfangreichen Käufen. Die Napoleonischen Kriege unterstützten diese Möglichkeit, während die Überlegenheit der britischen Diplomatie, zusammen mit der starken Mittelmeerflotte die Vergrößerung der Sammlungen des British Museum ermöglichte. Napoleons Invasion in Ägypten war ein Angriff auf die Stabilität des Osmanischen Reiches, und Lord Elgins Gesandtschaft in Konstantinopel fand statt, als England die militärische Rolle eines Retters der nordafrikanischen Herrschaftsgebiete des Sultans übernahm. Der *Ferman*, der den Abbau der Skulpturen von der Akropolis in Athen genehmigte, erreichte Elgin nur wenige Wochen nach der Kapitulation der französischen Streitkräfte in Ägypten.[9]

Obwohl das British Museum bereits 1753 gegründet worden war, war die Antiquitätensammlung am Ende des Jahrhunderts weder umfangreich noch sehr bedeutend. Der Erwerb von Sir William Hamiltons erster Sammlung von Vasen und anderen Antiquitäten hatte dem Museum zweifellos einigen Glanz verliehen, doch besaß es zu einer Zeit, als klassische Skulpturen über alles geschätzt wurden, noch sehr wenige solcher Stücke. Die ersten Früchte des Sieges über die Franzosen waren nicht griechische, sondern antike ägyptische Altertümer, nämlich die Beute von Napoleons fehlgeschlagenem Ägypten-Feldzug. Diese – unter ihnen auch der heute berühmte Rosetta-Stein – erreichten England im Jahre 1802. Ihre Erwerbung veranlaßte das Museum, den lange gehegten Wunsch fallenzulassen, im alten Herrensitz Montague House unterzukommen, das damals die National-Sammlung beherbergte. Infolgedessen wurde der Architekt George Saunders angewiesen, Pläne für eine neue Galerie auszuarbeiten, die an das alte Gebäude angefügt werden und im Erdgeschoß genug Raum für die ägyptischen Skulpturen und in der oberen Etage für Hamiltons Vasen bieten sollte. Doch schon bald wurde eine rasche Überarbeitung dieser Pläne notwendig, als sich, nach dem Tode des gefeierten Antiquars Charles Townley, die Gelegenheit ergab, seine Sammlung römischer Skulpturen zu kaufen. Diese waren größtenteils in der zweiten Hälfte des 18. Jahrhunderts aus Rom importiert worden. Das Gebäude wurde schließlich 1808 für das Publikum eröffnet und unter dem Namen Townley Gallery bekannt; später wurde es abgerissen, um für Robert Smirkes neues Museum Platz zu machen.[10]

4 Stoneman, 1987, S. 179 ff.; Potts, S. 258–283.
5 Liscombe, S. 34–39; Cummings, S. 367–380; ders., 1964, S. 323–328; Rothenberg, S. 230–253; Postle, S. 23–24.
6 Jenkins, 1992, Kapitel Zwei: „The Museum as a Drawing School".
7 Ashmole, S. 44.
8 Michaelis, S. 6–27; Howarth, passim; Stoneman, 1987, S. 42–50.
9 St Clair, 1983, S. 88.
10 Cook, passim.

G. Scharf, Die Townley Gallery (links) und der teilweise fertiggestellte Westflügel (rechts) von Robert Smirkes neuem Museum, 1828. British Museum, Department of Prints and Drawings

Townleys Museum im eigenen Hause in der Park Street, Westminster, war eines von vielen, die um 1800 in London entstanden. Seine Skulpturensammlung kam der des Marquis von Lansdowne gleich, die in Italien gekauft worden war, um das neuerbaute Haus des Marquis am Berkeley Square zu schmücken.[11] Ein anderes Privatmuseum im eigenen Hause war das Phantasiegebilde des Architekten Sir John Soane bei den Lincoln's Inn Fields, wo Besucher, wie im Hause Townley, nach Vereinbarung eingelassen wurden. Das Sir John Soane Museum ist glücklicherweise bis auf den heutigen Tag erhalten geblieben, da Soanes letzter Wille es so verfügt hatte (er starb 1833).[12] Der Finanzmann Thomas Hope gab Anfang 1804 Eintrittskarten für sein Herrenhaus in der Duchess Street aus.[13] Seine Sammlung war mit ihren ägyptischen und orientalischen Stücken nicht weniger eklektisch als die von Soane, doch bleibt sie als Spiegel jener griechischen Wiedergeburt in der Erinnerung, an der er so sehr hing. Zu seinen Nachahmern zählte der Bankier und Dichter Samuel Rogers, der sein den Green Park überragendes Haus auf dem St. James Place im Stile von Thomas Hope errichtete.[14]

T. Hope, Skizze des ersten „Vasen-Saals" in Hopes Herrenhaus in der Duchess Street um 1800, 1807

Ein hervorstechendes Merkmal dieser Sammlungen waren griechische Vasen; Byron beschreibt Hope als ein „trauriges Opfer des Vasensammel-Spleens". Sir William Hamilton hatte viel für die Verbreitung getan und dafür, daß man ihren griechischen Ursprung anerkannte: Da sie in großen Mengen in Italien gefunden worden waren, hatte man sie für etruskisch gehalten.[15] Die Vorliebe für Vasen erreichte in den ersten beiden Jahrzehnten des 19. Jahrhunderts ihren Höhepunkt, als zahlreiche private Sammlungen aufgebaut wurden und in hektischen Verkäufen in London wiederum die Besitzer wechselten. 1801 kaufte Thomas

11 Michaelis, S. 435 ff.
12 Feinberg Millenson, passim.
13 Watkin, S. 96.
14 Clayden, S. 448–449.
15 Vickers, passim.

A. Buck, Selbstporträt mit Familie, 1813. Yale Center for British Art, New Haven

Hope Hamiltons zweite Sammlung und verkaufte oder verschenkte die Stücke, die er nicht behalten wollte. Einige wurden von dem Maler Henry Tresham erworben, der seinerseits einiges an Samuel Rogers weiterverkaufte. Auch Tresham hatte in Italien Vasen gekauft, als er sich in Gesellschaft von John Campbell, dem späteren ersten Baron Cawdor, in Rom aufgehalten hatte. Und so brachte auch er Vasen nach England, darunter die sogenannte Cawdor-Vase. Dieser schöne süditalienische Volutenkrater wurde beim Verkauf der Cawdor-Sammlung von John Soane erworben.[16]

Wie Hope stellte auch Soane seine Vasen in bogenförmig geschlossenen Nischen oder in einer Art von Kolumbarien auf, womit auf die ursprüngliche Umgebung solcher Gefäße hingewiesen werden sollte, denn, da man sie in Gräbern gefunden hatte, glaubte man, daß sie Grabbeigaben wären und religiöse Bedeutung hätten. Es gibt kein Dokument, das mehr über die eschatologische und heilige, ja sogar mystische Funktion aussagt, die den griechischen Vasen beigemessen wurde, als Adam Bucks bemerkenswertes Porträt seiner selbst und seiner Familie.[17] 1813 ausgeführt, zeigt es eine modische Regency-Gruppe, als Fries vor einem Hintergrund angeordnet, der aus mit Vasen besetzten Kolumbarien-Nischen besteht. Wenn wir jeweils das Thema der bemalten Vasen analysieren, finden wir von links nach rechts: den

16 Jenkins, S. 452–455.
17 Ebda., S. 448–451.

im Paradiesgarten der Hesperiden ruhenden Herakles; die Erlösung des Orestes von der Rache der Furien; eine Szene eines bacchischen Gelages; die Apotheose des Homer und schließlich Triptolemos, dem zu seinen Lebzeiten der lebensspendende Samen der Demeter anvertraut wird und der nach seinem Tode Richter über die Toten wird. „Vasen", schrieb Thomas Hope, „beziehen sich hauptsächlich auf bacchantische Riten ... in Verbindung mit mystischen Darstellungen von Tod und Wiedergeburt".[18] In Bucks Familienporträt findet sich eine subtile Symbolik, deren Bedeutung sich aus der abschließenden Figur des verstorbenen Kindes erschließen läßt, die die lebendige Vordergrundszene mit dem düsteren Hintergrund verbindet. Außerdem kann man feststellen, daß der gebürtige katholische Ire die Mutter-und-Kind-Gruppe und tatsächlich auch Zeile von der Gesamtkomposition von Poussins Heiliger Familie übernommen hat.

Die Vasenmode erreichte ihren Höhepunkt zu einer Zeit, als britische Sammler durch Napoleons Besetzung von Europa daran gehindert wurden, in Italien zu sammeln; deshalb war die Konkurrenz in den einheimischen Handlungen nur umso intensiver. Auch das Anwachsen der klassischen Sammlungen im British Museum war mit den Ereignissen im Ausland nicht unverbunden. 1802 sorgte der Friede von Amiens für eine kurze Ruhepause innerhalb der anglo-französischen Feindseligkeiten, und mehrere britische Besucher nutzten diese Gelegenheit, um den Kanal zu überqueren und die großen Werke der klassischen Bildhauerkunst anzusehen, die Napoleon aus Italien geraubt und die man nun im Louvre ausgestellt hatte.[19] In der Galérie des Antiquités standen der Laokoon, die mediceische Venus und der Apollo von Belvedere. Townleys Marmorstatuen waren nicht von derselben Qualität wie diese, doch ihre Erwerbung für das British Museum im Jahre 1805 bedeutete einen entscheidenden Schritt innerhalb der Bemühungen, einem offenkundigen Mangel abzuhelfen. Die Franzosen sollten außerdem ihrer Trophäen schon bald wieder beraubt werden: Als Napoleon in der Schlacht von Waterloo endgültig besiegt worden war, wurde Lord Elgins früherer Sekretär W. R. Hamilton damit beauftragt, beim Ausräumen des Louvre und der Rückgabe der Kunstwerke mitzuarbeiten.[20]

1816 erreichten die italienischen Skulpturen Rom, und in demselben Jahr empfahl eine parlamentarische Untersuchungskommission die Erwerbung von Lord Elgins Skulpturen für England. Unter seinem tyrannischen Eroberer hatte sich das napoleonische Frankreich als das neue Rom definiert; mit den *Elgin Marbles* in London verband sich nun England – der Retter Europas – mit dem freiheitsliebenden Athen der Zeit nach den Perserkriegen. Diese Parallele wurde durch eine bemerkenswerte Passage in den veröffentlichten Berichten des Untersuchungsausschusses deutlich herausgestellt, der tagte, um über das Schicksal der Parthenon-Statuen zu entscheiden.[21]

„Bedenkt man die Bedeutung und die Größe, zu der sich eine so kleine Republik wie Athen aufgrund des Geistes und der Energie seiner Bürger erheben konnte ..., dann ist es unmöglich zu

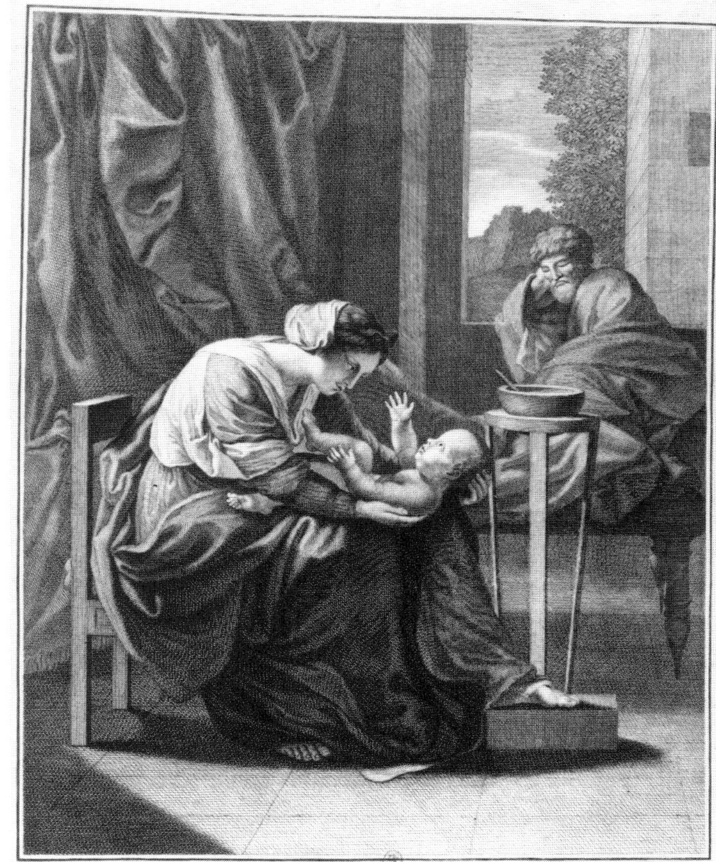

C. Faucci nach N. Poussin, Die Heilige Familie. Bibliothèque Nationale, Paris

übersehen, wie vergänglich der Ruhm großer Reiche, mächtiger Eroberer und die Erinnerung an sie im Vergleich zu denjenigen sind, die unbedeutende Staaten berühmt machten und die ihre eigenen Namen durch solches Bestreben unsterblich werden ließen. Wenn aber wahr ist, was wir aus der Geschichte und der Erfahrung lernen, daß nämlich freie Regierungen einen höchst fruchtbaren Boden für die Entfaltung der spezifischen Begabungen des Landes bereiten ..., dann kann kein Land besser als das unsere geeignet sein, diesen Monumenten aus der Schule des Phidias ein ehrwürdiges Asyl zu bieten ..."

Die *Elgin Marbles* waren nicht die Trophäen einer Eroberung, sondern, wie es ein Autor des populären *Gentleman's Magazine*

18 Hope, S. 23.
19 Larrabee, S. 257 ff.
20 Smith, S. 331–332; Haskell/Penny, S. 115.
21 Report from the Select Committee of the House of Commons on the Earl of Elgin's Collection usw., S. 26–27.

B. Pistrucci, Waterloo-Medaille, 1819 – 1849. British Museum, Coins and Medals

beschrieb, der „Triumph der Vortrefflichkeit".[22] Auf welche Weise die Parthenon-Skulpturen als Erinnerung an die Schlacht von Waterloo angesehen wurden, macht ein Vergleich zweier von Benedetto Pistrucci entworfenen Medaillen deutlich, von denen die eine zwischen 1817 und 1820 und die andere um 1819 hergestellt wurde.[23] Waterloo war Englands Marathon-Schlacht, und so, wie das antike Athen, benötigte London ein Programm für eine künstlerische und architektonische Erneuerung nach perikleischem Vorbild, um den Sieg und das neue Zeitalter der Größe zu feiern, das es, wie man annahm, eingeläutet hatte. Der Dichter William Wordsworth hält in seiner *Thanksgiving Ode* den zeitgenössischen Ereignissen von 1816 einen griechischen Spiegel vor:

> Siegreiches England! Bemüh' dich um die stille Kunst
> Spiegle wider in glühenden Farben, die nicht
> verblassen werden,
> Jene edlen Taten, genau wie es
> Mit zweitem Leben die Heldentat von Marathon
> Auf der Athener Mauern erfüllte;
> So mag es sich mühen um deine Festhallen;
> Und der beschützende Raum sein
> Für geheiligte Plätze,
> Edel geschmückt durch des Bildhauers geduldige Mühe;
> Und unvergängliche Säulen sich erheben lassen,
> Fest gegründet in den Tiefen dieser tapferen Erde;
> Mächtige Zeichen eines ruhmvollen Bestrebens,
> Und fähig, einen göttlichen Funken zu senden
> In das stumpfe Herz des täglichen Lebens.

Dies sind nicht die besten Verse des Dichters, aber sie unterstreichen die Vorstellung, die dem hellenistischen Empfinden zugrunde lag, daß Freiheit und Künste miteinander gedeihen und verderben. Winckelmann, der bei weitem einflußreichste Hellenist des späten 18. Jahrhunderts, hatte die Größe griechischer Kunst der Freiheit des griechischen Volkes zugeordnet, wobei er vor allem an die Demokratie liebenden Athener dachte.[24] Etwas früher hatte Alexander Pope die Hoffnung ausgedrückt, Britannien möge vom antiken Athen die Aufgabe übernehmen, die Freiheit und die Künste zu schützen:[25]

> Wenn Athen durch ungerechte Geschicke untergeht,
> Wenn wüste Barbaren ihren Fuß in seinen Staub setzen;
> Wird vielleicht sogar Britianniens ferne Küste
> sich nicht mehr röten von der Fremden Blut,
> Und seine wilden Söhne Künste beherrschen seh'n,
> Und Athen wiederauferstehn in der Nähe des Pols!

Pope verleiht zwei miteinander zusammenhängenden Themen Ausdruck: Das eine, bereits angesprochen, nämlich der Vorstellung von England, und letzten Endes von London, als des neuen Athens; das andere betrifft die Misere Athens und des griechischen Volkes nach der Eroberung durch die Osmanen. Zu Popes Zeiten war der Philhellenismus, die Liebe zum *modernen* Griechenland und seinem Volk – im Unterschied zum Hellenismus als der Verehrung des *antiken* Griechenlands – noch kaum entwickelt. Im London um 1820 wurde jedoch die Idee von der Unabhängigkeit eines modernen griechischen Staates zu einem

22 The Gentleman's Magazine 86 (Januar–Juni 1816), S. 39.
23 Pirzio Biroli Stefanelli, Bd. 1, S. 92–100, Kat.-Nr. 30–41, Tafeln 17–18, Bd. 2, Tafeln 30–39; Vermeule, S. 150–152, Tafeln 126–127.
24 Podro, S. 8; Howard, S. 172–173.
25 Alexander Pope, Two Choruses to the Tragedy of Brutus: Chorus of the Athenians, Strophe 2.

B. Pistrucci, Modell einer Elgin Marbles-Medaille, 1817 – 1820. Museo delle Zere, Rom

der großen Themen der Zeit. Die radikale Bewegung des Philhellenismus hatte ihre Wurzeln in der vorhergehenden Tradition des aufgeklärten Hellenismus.

Auf dem Höhepunkt der italienischen Renaissance, als die Gelehrten die klassische Tradition wiederbelebten, durch die Westeuropa erneut mit dem Genius des antiken Griechenlands in Berührung kam, ließ man zu, daß das zeitgenössische bzw. „moderne" Griechenland in asiatische Vergessenheit fiel. Als ein Überrest des alten Byzantinischen Reiches wurde es seit langem nicht mehr mit dem klassischen Land identifiziert; wenn antiquarische Geister überhaupt einen Gedanken an diese Sache verschwendeten, dann, um dieses Ereignis zur unvermeidlichen Rache der Türken für den Verlust von Troja an die alten Griechen zu erklären; innerhalb solcher Gedanken galten die *Türken* als Nachfahren der alten Trojaner oder *Teucri*, wie die lateinischen Dichter sie nannten [26]. Nebenbei bemerkt, konzentrierte sich die italienische Renaissance natürlich auf die Kultur ihrer römischen Vorfahren: Ovid und Vergil waren offenkundig klassischere Quellen als Homer und Aeschylos. Aufgrund der Überlieferung lateinischer Autoren, wie etwa Plinius und Cicero, waren sich die Gelehrten sicherlich der römischen Bewunderung für die griechische Kunst bewußt; die direkte Quelle der Inspiration für den Klassizismus der Renaissance war jedoch nicht das antike Griechenland, sondern das alte Rom.

Latein war die Sprache der römischen Kirche, während das Griechische die fremdartige Liturgie der östlichen Orthodoxie repräsentierte. Die alte byzantinische Häresie ließ die Sympathien Westeuropas für das zeitgenössische Griechenland noch weiter abflauen. Tatsächlich war der Begriff ‚griechisch' zur Zeit Shakespeares ein Synonym für liederlich, leichtfertig, betrunken und hinterlistig.[27] Es gab jedoch einige wenige, die in ihrer Bewunderung für das antike Griechenland so etwas wie philhellenische Gefühle zum Ausdruck brachten. Fynes Moryson reiste in den Jahren 1591–97 mit Hilfe eines Stipendiums des Peterhouse College durch Europa, und sein Tagebuch sät eine frühe Saat griechenlandfreundlicher Gefühle:[28]

„Das seit ältesten Zeiten berühmte Kaiser- und Königreich der Griechen (das mächtig blieb, bis die Türken nach Europa einfielen und Konstantinopel nahmen) wurde seit jener Zeit aufs äußerste zerstört, und das Volk wurde mit Füßen getreten. Einige von ihnen leben im Exil (in Neapel, Apulien, Kalabrien, Rom und in der Stadt Venedig) und besitzen weder eigenes Land noch eigene Mittel."

Moryson setzt die zeitgenössischen, im Exil lebenden Griechen mit den antiken Einwohnern Griechenlands gleich und löscht dabei kurzerhand das byzantinische Intervall aus. Dies war auch typisch für den späten Hellenismus, der das christliche Zeitalter in der Geschichte Griechenlands widerwärtig fand.

Athenozentrismus sollte ein weiteres Merkmal des hellenistischen Schrifttums werden. Der Ruhm Athens war durch das Zeugnis römischer Autoren überliefert worden. Die Leidenschaft Roms für Griechenland wird in der Dichtung des Properz als eine Liebesgeschichte behandelt, deren Schmerz erst abklingen wird, wenn die Sehnsucht gestillt ist:[29]

Eine gewaltige Reise zum weisen Athen muß ich machen,
Daß mir die Länge des Wegs Qualen der Liebe vertreibt;

26 Spencer, S. 9–12.
27 Ebda., S. 40.
28 Ebda., S. 61.
29 Propertius III.21, engl. Übersetzung von McCulloch, zitiert nach Stoneman, 1984, S. 124; (dt. Übersetzung von Helm, Rudolf: Properz, Gedichte, Berlin (DDR), ″1978, S. 187.).

Das antike Athen war für die Römer das, was Rom im 18. Jahrhundert für die kultivierte Elite auf der Grand Tour durch Europa wurde. Die Söhne vornehmer Römer wurden, wie vor ihnen die griechischen Prinzen, auf die Universität von Athen geschickt. Ein Kaiser nach dem anderen huldigte der Stadt und stiftete ihr Denkmäler, während Cicero seine Beredsamkeit zum Lobe der berühmten Spazierwege vor den Stadtmauern einsetzte. Ein unmißverständliches Echo darauf hören wir in einer der größten aller Lobeshymnen auf das antike Athen, einer vielzitierten Passage aus Miltons *Paradise Regained:*[30]

Schau, eh wir diesen Aussichtsberg verlassen,
Dort gen Südwesten am Ägäischen Meer
Die Stadt von wunderherrlich edlem Bau
In reiner Luft, auf lichtbeglänzter Flur:
Athen, das Auge Griechenlands, die Mutter
Der Künste, der Beredsamkeit, die Wiege
Sowie das Heim berühmter Denker, Ort
Des Studiums unter schatt'gem Laubengang.

Milton war ein weiterer Proto-Hellenist, dessen Ehrerbietung für das antike Griechenland, zusammen mit seinen eigenen republikanischen Sympathien, ihn dazu bewegte, für die Freiheit seiner zeitgenössischen Einwohner einzutreten. Zu seiner Zeit trugen britische Händler, die ihren Einfluß mit Hilfe der Levant Trading Company verstärkten, zu einer beachtlichen Vermehrung der Berichte über griechische Sitten und Bräuche bei. Zuhause wurde die Neugier größer und ließ allmählich ein sympathisches Bild des zeitgenössischen Griechenlands als einer pittoresken arkadischen Landschaft entstehen, bewohnt von exotischen Menschen in dekorativen Trachten, die zwischen den Ruinen ihrer Vorfahren hausten. Wirkliche oder imaginäre Ruinen kamen in Mode: Antiquitäten und die britische Liebe zu ihnen sollten vor allem der Förderung hellenistischer Gefühle dienen.

Das sind also Aspekte des Auftakts zur großartigen Wiedergeburt Griechenlands, die ab etwa 1750 in Europa einsetzte und etwa 1820 ihren Höhepunkt erreichte. In dieser Zeit konzentrierte sich die Aufmerksamkeit des kultivierten Europas zunehmend auf die Schönheit der modernen griechischen Landschaft; wie aber stand es um das Volk? Als sich die Reverenz an die ruhmvolle Vergangenheit verstärkte, erschienen zahlreichen Hellenisten die zeitgenössischen Griechen im Vergleich zur edlen Rasse ihrer Vorfahren umso degenerierter. Als *pars pro toto* wollen wir Edward Gibbons Resümee über das moderne Athen aus dem zweiundvierzigsten Kapitel seines *Decline and Fall of the Roman Empire* (Geschichte des Verfalls und Untergangs des Römischen Reiches) zitieren.[31]

„Die Athener zeichnen sich immer noch durch Subtilität und Scharfsinn des Intellekts aus; doch diese Eigenschaften werden, wenn sie nicht durch Freiheit geadelt und durch Bildung geschärft werden, zu niedriger und egoistischer Verschlagenheit degenerieren ... Die Athener gehen mit unwürdiger Gleichgültigkeit zwischen den ruhmvollen Ruinen der Antike einher; und die Verderbtheit ihres Charakters hat einen solchen Grad erreicht, daß sie unfähig sind, das Genie ihrer Vorfahren zu bewundern."

Trotz solcher bestürzender Schmähung der zeitgenössischen Griechen findet sich in diesem Zitat eine praktische Botschaft der Hoffnung, die weitreichende Konsequenzen haben sollte. Winckelmann hatte die Demokratie liebenden Athener im Sinn und ordnete die Größe des antiken Griechenlands seiner politischen Freiheit zu. Durch sie unterschieden sie sich von anderen antiken Völkern, die unter der Herrschaft von Tyrannen gelebt hatten. Freiheit war also eine notwendige Vorbedingung für die Entfaltung des griechischen Geistes: Man beseitige das türkische Joch, und die tatsächliche Intelligenz der modernen Griechen würde zu einem menschlichen Status erblühen, der dem ihrer Vorfahren würdig wäre. Während der stürmischen Jahre nach der Französischen Revolution gewann diese den antiken Griechen zugeschriebene Vorstellung von Freiheit in den Köpfen der Förderer politischer und sozialer Reformen eine neue Präsenz. Dieses Ereignis hatte mit seinem Ruf nach *Liberté* und der denkwürdigen Erklärung der Menschenrechte die Vorstellung von politischer Freiheit überall in einem nie dagewesenen Ausmaß vorangetrieben. Ursachen für radikale Änderungen gab es in den ersten Jahrzehnten des 19. Jahrhunderts im Überfluß, und die Kampagne für die griechische Unabhängigkeit wurde für progressive Hellenisten zu einer *cause célèbre.*[32] Napoleons Besetzung Europas hatte britische Reisende davon abgehalten, die traditionellen Orte der Grand Tour zu besuchen; die Entschlossenen gingen stattdessen nach Griechenland, woraufhin sich die Berichte über die Chancen für ein freies Griechenland vermehrten. Die Spekulation über die Ähnlichkeit oder Unähnlichkeit der zeitgenössischen mit den antiken Griechen, und Urteile über ihre Eignung zur Selbstbestimmung wurden in der Reiseliteratur jener Zeit zu Allgemeinplätzen. F. S. N. Douglas bereiste zwischen 1810 und 1812 zwei Jahre lang Griechenland und veröffentlichte 1813 *An Essay on certain points of resemblance between the ancient and modern Greeks.*[33]

Darin kam er zu dem Schluß, daß es – obwohl die zeitgenössischen Griechen insgesamt nur ein enttäuschendes Überbleibsel der antiken seien – dennoch Spuren des alten griechischen Charakters gebe. Kurz gesagt so, wie die Ruinen in der griechischen Landschaft, wurde auch das Volk als ein zerbrochenes und mißgestaltetes Monument behandelt, das aber immer noch an die frühere Größe erinnerte. Douglas hielt die Griechen zur Freiheit noch nicht fähig, setzte sich aber dafür ein, sie durch Erziehung auf dem Pfad der Aufklärung weiterzuführen.

30 John Milton, Paradise Regained, Buch IV. 237–243; (dt. Übersetzung von Bernhard Schuhmann: John Milton, Das verlorene Paradies, Das wiedergewonnene Paradies, München 1966, S. 360).
31 Gibbon, Kapitel 62, S. 486.
32 Woodhouse, passim.
33 Spencer, S. 242–246.

Douglas' Vetter Frederic North war weniger mißtrauisch. Er war der dritte Sohn des zweiten Earl von Guilford und sollte später den Titel eines Baronet annehmen. Im Alter von 21 Jahren kam er 1788 auf den Ionischen Inseln an und wurde von ganzem Herzen ein Einheimischer.[34] Er lernte Neugriechisch, trug alte griechische Kleidung und ließ sich nach orthodoxem Ritus taufen. Noch wichtiger war, daß er die Bedeutung einer Bildungs-Förderung für Griechenland erkannte und begann, Geld für eine Schule in Preveza, auf dem Festland Korfu gegenüber, bereitzustellen. Seine Familie machte sich Sorgen und rief ihn nach Hause zurück. Guilford ging danach jedoch wieder nach Korfu, als 1815 die Ionischen Inseln nach dem Ende der Napoleonischen Kriege britisches Schutzgebiet wurden und Korfu Sitz des neuernannten Hochkommissars Sir Thomas Maitland wurde. Dieser widersetzte sich heftig jeder Bestrebung nach griechischer Unabhängigkeit, doch Guilford gelang es, – trotz offizieller Kritik – mit eigenen Mitteln eine Universität auf Korfu zu gründen und zu finanzieren. Heute denkt man an ihn als einen der aufopferndsten Philhellenen; doch niemand übertrifft den Ruhm des berühmtesten unter ihnen.

Lord Byron brach am 2. Juli 1809 von Falmouth aus zu seinem griechischen Abenteuer auf. Er hatte sich bereits den notorischen Ruf erworben – nach den Worten von Lady Caroline Lamb –, „verrückt, schlecht und ein gefährlicher Bekannter" zu sein. Sozial gesehen war er ein Außenseiter, politisch ein Radikaler. Seine politischen Freunde waren Reformer und Schüler von Jeremy Bentham. Er scheint nur drei Reden im Oberhaus gehalten zu haben, alle zur Unterstützung des Liberalismus. Byrons Reisegefährte war ein weiterer aufrichtiger Radikaler, John Cam Hobhouse. Nach Zwischenaufenthalten in Lissabon, Cadiz, Gibraltar und Malta gingen die beiden Freunde schließlich in Preveza an Land. Von dort aus reisten sie nach Patras und dann weiter nach Athen. Byron, der Elgins „Phidianische Monstren" verachtete, teilte nicht die Begeisterung seines Gefährten für Ruinen; sein ungezügeltes Temperament fand in der Schönheit des berühmten Mädchens von Athen eine anders geartete Zerstreuung. Wie Frederic North nahm er die Mühe auf sich, Neugriechisch zu lernen und übersetzte moderne griechische Dichter ins Englische, um seinen Landsleuten zu beweisen, daß die Musen Griechenland nicht vergessen hatten. Byron opferte sein Leben für den griechischen Kampf um Unabhängigkeit, als er Ostern 1824 in Misolonghi an der Küste Westgriechenlands am Fieber starb. Noch wichtiger war, daß er durch den Geist seiner Dichtung das Ansehen der zeitgenössischen Griechen in den Augen der Westeuropäer verbessert hatte, und sein folgenreiches Geschenk an Griechenland war der Einsatz seiner Eloquenz, um den Ruf nach Unabhängigkeit zu unterstützen. *Childe Harold*, Byrons halbautobiographischer Reisebericht, erlebte zwischen 1812 und 1821 mindestens zwölf Auflagen und wurde in mehreren europäischen Sprachen gelesen. Byron war ein wahrhaftiger Philhellene, zutiefst begeistert vom lebendigen Griechenland, der die Sache der griechischen Unabhängigkeit bekannter machte, als sie je zuvor gewesen war. Da war etwas an dem Land und an seinen Bewohnern, das seinen poetischen Instinkt ansprach, und so wurde es seine geistige Heimat. Byrons Ruf nach Freiheit für das moderne Griechenland wurde für andere Philhellenen, die zu den Waffen greifen und gegen die Türken kämpfen sollten, zu einem sie verbindenden Appell.

Percy Bysshe Shelley, der 1822 starb, besaß keine Griechenland-Erfahrungen aus erster Hand, war aber der Meinung, daß der Streitfall jener revolutionären Politik dienlich wäre, die er 1819 als einen Strom von Vitriol in *The Mask of Anarchy* ausgoß. Darauf folgte 1820, ein Jahr vor dem Ausbruch des griechischen Aufstandes gegen die Türken, die *Ode to Liberty*:

> Athen göttlicher noch
> Strahlte mit seiner Säulenkrone, dem Menschenwillen
> Aufgesetzt wie auf eine Diamantenfassung;
> Denn du [Freiheit], und deine Schöpferkraft wart
> Von Menschen ersehnt, von Gestalten,
> die der Ewigkeit des Todes spotten,
> In marmorner Unsterblichkeit, auf jenem Hügel,
> Der dein früh'ster Thron war und dein letztes Orakel.

Im Herbst 1821 schrieb Shelley *Hellas*, seine große Hymne auf die griechische Unabhängigkeit, die er „als einen Teil des Kampfs um Zivilisation und sozialen Fortschritt" ansah. Athens antiker Ruhm wird erneut besungen, und der Chor drückt die Hoffnung auf eine nicht mehr ferne Erneuerung aus:

> Es werde Licht! die Freiheit sprach;
> und wie aus dem Meer der junge Tag
> erstieg Athen! ...
>
> (Dt. Übersetzung von Julius Seybt: Percy Bysshe Shelleys poetische Werke in einem Bande. Leipzig 1844, S. 151.)

Andere Stimmen, die sich in dem immer stärker werdenden Ruf nach griechischer Unabhängigkeit Gehör verschafften, waren solche von gebildeten und häufig reichen Griechen, die außerhalb Griechenlands lebten. Sie waren es, die als erste eine nationalistische Bewegung ins Leben riefen, um einen griechischen Staat in Europa zu gründen. 1814 bildete eine Gruppe von ihnen, von der die meisten Mitglieder in Rußland lebten, eine Geheimgesellschaft mit dem Ziel, eine Revolution im Osmanischen Reich auszulösen.[35] Ihre Gesellschaft wurde Teil einer allgemeinen Verschwörung, die sich über Europa ausbreitete. Die ausgewanderten Griechen machten sich westliche Begriffe von Hellas zu eigen und förderten die Archaisierung ihrer Kultur. Sie drangen auf Reinigung des Neugriechischen und auf die Rückkehr zur klassischen Sprache. Sie sandten Geld und Bücher nach Grie-

34 Woodhouse, S. 19.
35 Finlay, S. 96–99.

chenland, um jene Bildung voranzubringen, die sie für die Möchtegern-Söhne der antiken Helden für angemessen hielten. Es wurde üblich, den Jungen, statt der üblichen Namen der Heiligen, Namen berühmter alter Griechen zu geben.[36] Der Aufstand selbst war dann, als er sich ereignete, eine verworrene und zum Teil unerquickliche Angelegenheit, doch der Katalog der Greueltaten und der Vergeltungsmaßnahmen soll uns hier nicht aufhalten. Auch können wir hier nicht den etwas bedrückenden Gang der Ereignisse wiederholen, innerhalb deren sich Griechenland – oft mehr zufällig als planmäßig – auf dem Weg in die Unabhängigkeit vorantastete. Für unser Thema ist der Einfluß wichtiger, den diese Ereignisse auf die hellenistischen Sympathien in England hatten.

Im März 1823 gab eine Gruppe, die sich das „London Greek Committee" nannte, eine von John Bowring unterzeichnete Verlautbarung heraus, die die Namen von sechsundzwanzig Gründungsmitgliedern aufführte, deren Zahl bis zum Jahresende auf fünfundachtzig anwuchs. Unter ihnen befanden sich fast vierzig Parlamentsmitglieder, meist Whigs und Radikale, die zusammen mit einer Gruppe von „Anwälten und Parlamentariern, Dichtern und Antiquaren, Kaufleuten und Reformern, Schotten, Iren und anderen ‚Pseudo'-Nationalisten"[37] beigetreten waren. Sie sorgten mit einem von Bowring in London aufgenommenen Darlehen für eine finanzielle Unterstützung der griechischen Sache. Dies war eine der größeren Dummheiten der Hellenomanie, denn das, was den Investoren als Darlehen angetragen worden war, war in Wirklichkeit ein Geschenk; und das veranlaßte George Finley, den philhellenischen Geschichtsschreiber des modernen Griechenlands zu einer boshaften Betrachtung darüber, wie „Homer, Plato und Co. Gläubiger eines großen Kapitals und einer enormen Ansammlung von rückständigen Zinsen wurden".[38] Für die meisten Mitglieder des Komitees war jedoch das Motiv ihres Handelns nicht geschäftlich, sondern politisch. Im Zeitalter fortschreitender Reformen wurde der Kampf um die griechische Unabhängigkeit als eine von vielen Streitfragen in einem sich ständig erweiternden Katalog ähnlicher Bestrebungen angesehen, der auch die Pressefreiheit, die Kampagne gegen die Ausbeutung von Kindern, den Widerstand gegen den Sklavenhandel und die Emanzipation der Katholiken umfaßte. Das Londoner Komitee bestand nicht aus wirklichen Philhellenen; auch sahen sie ihre Rolle nicht in einer leidenschaftlichen und selbstaufopfernden Verpflichtung gegenüber der griechischen Frage; sie hatten vielmehr unterschrieben, weil sich hier eine von vielen Möglichkeiten bot, das Tory-Establishment zu unterminieren, dessen offizielle Politik die Türkei unterstützte, um der Gefahr russischen Vordringens auf dem Balkan zu begegnen. Kein anderer als Jeremy Bentham, der geniale Vorsitzende des Komitees, könnte besser als Beispiel für diese Art von abstraktem Liberalismus dienen. Wenn er nicht gerade Erklärungen zur Freiheit der Griechen abgab, die er als „Meine lieben Kinder" anredete, dann schrieb er gönnerhafte Briefe an Mehmet Ali Pasha in Ägypten, dessen Truppen in den Kampf gegen die griechischen Rebellen verwickelt waren, um ihn in seinem eigenen Unabhängigkeitskampf gegen den Sultan in Konstantinopel anzuspornen.[39]

Auffällig ist, daß ein Sympathisant Benthams, der vom Großstadtbankier zum Historiker gewandelte George Grote, nicht im Mitgliederverzeichnis des Komitees erscheint. Dieser progressive Hellenist hielt sich aus der Frage des modernen Griechenlands heraus und richtete seine Angriffe direkt gegen die britische Verfassung. Er engagierte sich stark in der Kampagne für eine Parlamentsreform, wurde 1833 Mitglied des gerade reformierten Parlaments und Führer der „philosophischen Radikalen", bevor er sich, von der Reformpolitik enttäuscht, ins Privatleben zurückzog. Er wandte sich nun der Vollendung einer neuen Geschichte Griechenlands zu, an der er schon einige Jahre zuvor zu arbeiten begonnen hatte.[40] In seiner Verzweiflung über das moderne Zeitalter machte Grote sich daran, die antike athenische Verfassung zur idealen Regierungsform zu erheben, die es wert sei, rechtschaffenen Engländern als Vorbild zu dienen. Bei F. M. Turner heißt es dazu, daß „die Engländer nach dem Erscheinen von Grotes *History of Greece* auf die Athener blickten und in ihnen weitgehend das Spiegelbild ihres eigenen besseren Selbst sahen".[41] Grotes Geschichte erschien in zwölf Bänden zwischen 1846 und 1856, doch bereits in den zwanziger Jahren hatte er Notizen für sie zusammengetragen und 1826 eine Besprechung von William Mitfords *History of Greece* veröffentlicht. Diese in zehn Bänden zwischen 1784 und 1810 erschienene Geschichte galt in jener Zeit als Standardwerk; darüber hinaus stand sie dem, was Mitford am Beispiel Griechenlands als das Übel der republikanischen Demokratie exemplifizierte, überaus feindselig gegenüber. Wir könnten also kaum zwei bessere Beispiele als Belege für die These finden, daß Geschichte als Reaktion auf das eigene Zeitalter geschrieben wird, als Mitfords Darstellung, geschrieben vor dem Hintergrund der Französischen Revolution, und Grotes Darstellung, die den Jahren der Reform angehört.

Das Resultat der Erhebung Griechenlands zeigte sich im Oktober 1827, als eine türkisch-ägyptische Flotte in der Schlacht von Navarino von Admiral Sir Edward Codrington und seinen französischen und russischen Verbündeten zerstört wurde. In ihrer offiziellen Reaktion darauf bezeichnete die britische Regierung dieses Ereignis als „ungünstig", und erst weitere fünf Jahre später erkannten die europäischen Großmächte Griechenlands Freiheit an. Französische, englische und deutsche philhellenische Freiwillige hatten für die Angelegenheit auf griechischen Boden gekämpft, und das militärische Oberkommando hatte in den Händen ihrer Landsleute gelegen. Und dennoch verhielten sich die Regierungen dieser Länder reserviert und weigerten sich, derartige Aktivitäten offiziell zu billigen. Die griechische Unabhän-

36 St Clair, 1972, S. 20.
37 Woodhouse, S. 80–81; St Clair, 1972, S. 145–149.
38 Finlay, S. 328; St Clair, 1972, S. 223.
39 Woodhouse, S. 90–91.
40 Momigliano, passim.
41 Turner, S. 213.

gigkeit war eine radikale Angelegenheit, die von Extremisten verfochten wurde, von denen viele als Freiheitskämpfer aus ihren eigenen Ländern geflohen waren. Griechenland war nicht das einzige Land, in dem es in jener Zeit zum Aufstand kam; 1820 war in Spanien eine Revolution für eine verfassungsmäßige Regierung ausgerufen worden; kurz danach fand eine ähnliche Erhebung in Portugal statt. Im Juli 1820 rebellierte das Königreich Neapel, und diesem Aufstand folgten Revolutionen in Piemont und Sizilien. „Auf der Suche nach Freiheit bin ich alt geworden", soll ein Veteran der napoleonischen Armeen zu seinem philhellenischen Kameraden gesagt haben, als sie sich der griechischen Revolution anschlossen.[42]

Viele von denen, die dem Appell, sich zusammenzuschließen, als erste gefolgt waren, wurden schnell durch Hunger und Krankheiten desillusioniert; einige wurden sogar von eben den Griechen ermordet, zu deren Verteidigung sie aufgebrochen waren. Wie in anderen Kriegen auch, hatten die zuhause Gebliebenen kaum eine Ahnung vom Leiden derer, die kämpften. Als sich schließlich der über der Revolution aufgewirbelte Staub niederzusetzen begann und als klar wurde, daß sich das freie Griechenland in einem Bürgerkrieg selbst zerfleischen würde, wenn man es sich selbst überließe, erhob ein bayerischer Prinz Ansprüche auf den Thron, während die anderen beteiligten Mächte Europas einen Intrigenkrieg führten. In der britischen Politik nahm sich die radikale Bewegung mittlerweile anderer Themen an und überließ den traditionellen Hellenismus der utopischen Idylle eines zeitlosen Arkadiens, für das man sich auch schon vor dem Zeitalter der Reformen begeistert hatte, bevor Byron und seine Gefolgschaft dort einen Mißklang hineingebracht hatten. Einige Philhellenen, wie der General Sir Richard Church und George Finlay, ließen sich in Athen nieder, und Finlay begann eine Geschichte des antiken und des modernen Griechenlands zu schreiben. Obwohl er die Griechen häufig kritisierte, blieb er doch sein Leben lang der griechischen Sache treu. Wie Byron mißtraute er den Hellenisten und setzte die Kritik des Dichters an Elgin fort, indem er eine der ersten griechischen Forderungen nach Rückgabe der *Elgin Marbles* mit unterzeichnete.[43] Die Ankunft der Skulpturen in London war jedoch der Höhepunkt einer hellenistischen Tradition, die bis ins 17. Jahrhundert zurückreichte und die – wie wir gesehen haben – ein notwendiger Ausgangspunkt für das Wiederaufleben eines modernen griechischen Staates war. Die Weigerung des Philhellenentums, die Bedeutung des aufgeklärten Hellenismus für eine neu erwachende europäische Kenntnis von Griechenland anzuerkennen, kam der Verleugnung der Eltern durch das Kind gleich.

42 Elster, S. 319, zitiert nach St Clair, 1972, S. 32.
43 Jenkins, 1990, S. 106.

T. H. Shepherd, Somerset House vom *Strand* aus, 1818. The Museum of London

DIE LONDONER KUNSTWELT UND IHRE INSTITUTIONEN

Peter Funnell

Fürst Hoare, der Sekretär für auswärtige Verbindungen an der *Royal Academy*, versprach sich, hinsichtlich der Position Großbritanniens innerhalb der internationalen Kunstwelt, vom neuen Jahrhundert viel. Der 1799 ernannte Hoare hatte sich, um dem Titel seines neuen Amtes zu entsprechen, unverzüglich an die Arbeit gemacht. „Ich versandte mehrere Briefe", schrieb er 1802 würdevoll, „von welchen zweien die Ehre widerfuhr, durch die Botschafter seiner Majestät den Präsidenten der jeweiligen Akademien, Lord Minto in Wien und Lord St. Helens in St. Petersburg, vorgelegt zu werden."[1] Die Antworten, die er von der Wiener und der russischen Akademie erhielt – sie enthielten Details über ihren jeweiligen Aufbau, die Geschichte der bildenden Künste in Österreich und Listen der in St. Petersburg tätigen Künstler – wurden 1802 von Hoare im ersten von insgesamt vier schlanken Bänden veröffentlicht. In den folgenden Jahren erwiesen sich Wien und St. Petersburg als die Hauptstützen seines Vorhabens einer, wie er es formulierte, „regelmäßigen Kommunikation zwischen verschiedenen Akademien zum Thema Kunst".[2] Weitere Briefe und Informationen von ihnen erschienen 1803 im nächsten Band, zusammen mit Berichten Hoares über Ereignisse im Bereich der Kunst in London. In einem oder zwei Jahren, so prophezeit Hoare, werde es ihm möglich sein, ausreichend Material zusammenzutragen, um nicht weniger als „einen authentischen Bericht über die Situation der Kunst in fast allen Ländern Europas" zusammenstellen zu können.[3] Natürlich hat er 1805 für den dritten Band die Akademien von Mailand und Madrid mit einbezogen, und es werden uns nun Berichte über deren institutionelle Tätigkeiten sowie weitere Nachrichten aus Österreich und Rußland präsentiert. Doch geriet Hoares Unternehmen bald ganz deutlich ins Stocken. Erst vier Jahre später erscheint sein letzter Band, mit der vorangestellten Mitteilung, daß, obwohl „keine Mühen gescheut wurden" und „immer wieder Briefe versandt wurden", „. . . diese Briefe entweder nie an ihren Bestimmungsort gelangten oder . . . in der allgemeinen Masse des unerlaubten Briefwechsels vernichtet wurden."[4] Der Band von 1809 ist deshalb ausschließlich Ereignissen in der Kunstwelt Londons gewidmet.

Obwohl es mißlungen ist, erscheint die Absicht von Hoares Projekt löblich. Er hatte während der napoleonischen Ära versucht, einen Überblick über die internationale Kunstszene zu gewinnen; einen Überblick, der von Hoare in London veröffentlicht und gedruckt, und der als eine international gültige Zusammenfassung, in dem von ihm aufgebauten System von Verbindungen verbreitet werden sollte. Seine Tätigkeit, so schien Hoare ernsthaft anzunehmen, konnte vielleicht nach dem Krieg fortgesetzt werden und „in einer Zeit der Feindseligkeit Gemeinsamkeiten schaffen".[5] Mit dieser ganz offensichtlich pazifistischen Intention verband sich aber auch ein starker Hang zum Patriotismus. Wie sich fortschreitend zeigte, wollte er nicht Informationen aus dem Ausland zusammentragen, sondern auch die Kenntnis von britischen Errungenschaften verbreiten. Er versuchte also sozusagen, eine Landkarte der internationalen Kunst-Welt zu entwerfen und gleichzeitig, London darin von seiner peripheren auf eine zentrale Position zu schieben. Hoares Bemühungen zeigen, wie damals in einer Zeitschrift zu lesen war, daß Großbritannien „bestrebt ist, nicht nur als Ort angesehen zu werden, von dem aus sich die Wohltaten des Handwerks und des Handels über die ganze Welt verbreiten, sondern auch als zentraler Ort für Informationen über Bereiche des intellektuellen Lebens".[6] Daher erschienen Hoare und anderen Autoren der Zeit die notwendigen Voraussetzungen günstig für eine Entwicklung Londons zum kulturellen Zentrum Europas. Genau so, wie er davon überzeugt war, daß Großbritannien, aufgrund seiner Verfassung, seiner Überlegenheit als Handelsmacht und seines vermeintlichen sozialen Zusammenhalts schließlich triumphierend aus dem Krieg hervorgehen werde, so war er davon überzeugt, daß es auch in den schönen Künsten eine führende Stellung einnehmen könne. An anderen Stellen in seinen Schriften dieser Zeit findet Hoare Ermutigung für seine Ziele, nämlich ein ungewöhnliches Maß an Patriotismus und sozialer Einheit, hervorgerufen durch den Krieg gegen Frankreich. Daher spricht er auch von einem Volk, das in „dem gegenwärtig hoch interessanten Zeitpunkt unserer politischen Entwicklung so offensichtlich edle Gesinnung gezeigt hat".[7]

So sehr Hoare auch der Meinung war, daß die Zeit von Großbritanniens Vorherrschaft unmittelbar bevorstehe, war er doch – trotz dieser günstigen Umstände – davon überzeugt, daß die Organisation der Londoner Kunstszene grundsätzlich reformiert werden müsse. Wie er 1802 schrieb, war ein weiteres Ziel seines Einsatzes für die Zusammenarbeit der Akademien, daß dadurch im Inland der Sinn für „Konkurrenz" und „Wettbewerb" geweckt werde. Und ich denke, daß die beiden Institutionen, die in Hoares schließlich abgebrochener Übersicht am meisten beachtet wurden – die Akademien von Wien und St. Petersburg – nicht zufällig zu den größten und als Institutionen zu den konsequentesten ihrer Zeit gehörten. Die Wiener Akademie verfügte über

1 Hoare 1802, S. VI.
2 Ibid., S. V.
3 Hoare 1804, S. V.
4 Hoare 1804, S. VI.
5 Siehe Hoare 1804, S. VI.
6 *The Cabinet or Monthly Report of Polite Literature*, Juli 1807, S. 294.
7 Hoare 1806, S. 56.

besonders ausgedehnte Räumlichkeiten, während in St. Petersburg zur Größe ein hohes Maß an staatlichem Engagement hinzukam. Ihre durchdachten Strukturen und die wohl einzigartige Kombination von „Höherer Schule, Handelsschule und Kunstakademie“[8], um Pevsner zu zitieren, erweckten bei Hoare größte Begeisterung. Als er sein Material vorstellte und darüber handelte, war er bemüht, dabei Beispiele öffentlicher Projekte hervorzuheben, die von den jeweiligen Regierungen angeregt oder in deren Namen ausgeführt worden waren. Diese erstreckten sich von einer öffentlichen Galerie in St. Petersburg bis hin zu dem vor allem technischen Problem des Gusses eines monumentalen Reiterstandbildes Josephs II. in Wien.

Wie das damals bei den meisten Autoren für bildende Kunst üblich war, fußte auch Hoares Tätigkeit auf dem festen Vertrauen in jene theoretischen Prinzipien, die in London vor allem durch die *Royal Academy* vermittelt wurden. Mit seinen *Discourses* hatte ihr Gründungspräsident Sir Joshua Reynolds ein kunsttheoretisches System entwickelt, in das orthodoxe Vorstellungen vom Kontinent einbezogen wurden; Vorstellungen, innerhalb derer die Historienmalerei die höchste Form der Kunst darstellte, innerhalb derer eine strenge Hierarchie der Genres bestand. Gemälde mit historischen Sujets, also Werke, die durch Kenntnisse und durch eine geschulte Intelligenz sowie durch anregende Themen zur moralischen Belehrung geprägt waren, galten als Höhepunkte künstlerischer Bemühungen und positive Ergebnisse schlechthin. Wenn dieser Essay auch auf solche theoretischen Fragen nicht ausführlicher eingehen kann, so muß man sich doch über deren Einfluß auf die künstlerischen Auseinandersetzungen Anfang des 19. Jahrhunderts in Großbritannien im klaren sein. Denn die Bemühungen um historische Themen bestimmte, ja zerstörte damals häufig die Laufbahn vieler Künstler und war zugleich die treibende Kraft für unzählige Maßnahmen verschiedener Institutionen in der Londoner Kunstwelt. Doch so konsequent man auch dieses Prinzip verfolgte, und so sehr man von der Stichhaltigkeit seiner Theorien überzeugt war, so deutlich wurde es dabei auch, daß Britannien in diesem Genre nichts wirklich Bedeutendes hervorgebracht hatte. Versuche in diese Richtung waren gewöhnlich zum Scheitern verdammt gewesen. So starb 1806 James Barry, dessen großer und anspruchsvoller Gemälde-Zyklus die *Society of Arts* im Adelphi schmückte, in einem Zustand erbärmlicher Armut, und war damit nur der erste eines langen und wohlbekannten Registers enttäuschter Genies. Das einzige Beispiel für den Erfolg auf diesem Gebiet – Benjamin West, Reynolds Nachfolger im Amt des Akademie-Präsidenten – war vor allem der Förderung durch den König zu verdanken. Diejenigen, auf die sich dieses Privileg nicht erstreckte, waren realistisch gesehen, nicht dazu in der Lage, ihre Laufbahn allein mit Historien zu bestreiten. Das in den jährlichen Ausstellungen der Akademie vorherrschende Genre blieb das Portrait. Das erste Jahrzehnt dieser Entwicklung wurde noch von der Forderung beherrscht, Mittel zu finden, die diese Situation ändern könnten, wobei, wie wir sehen werden, der Ruf nach staatlicher Finanzierung und Ermutigung am häufigsten zu hören war. Schließlich äußerte die Regierung ein bescheidenes Interesse für bildende Kunst, indem sie über ein *„Committee of Taste“* genanntes Gremium monumentale Standbilder in Auftrag gab. Aber, so argumentierten Hoare und einige andere Zeitgenossen, um einer britischen Schule der Historienmalerei zum Erfolg zu verhelfen, wären umfassendere Interventionen erforderlich: diese wahrhaft öffentliche Kunst verdiene auch nur die Unterstützung durch öffentliche finanzielle Mittel.

Wenn wir uns noch einmal kurz zu seiner Tätigkeit als Sekretär für auswärtige Verbindungen zuwenden, stellen wir fest, wie breit die Kluft war zwischen dem Kunstbetrieb im Ausland, der vom Staat finanziert und reguliert wurde, und der vor allem institutionell bestimmten Struktur der Londoner Kunstwelt. In dieser Hinsicht verkörperte sich die Kunst in London zu Beginn des 19. Jahrhunderts in der Institution der Akademie. Ihre Ausstellungen boten den Künstlern die einzigen Möglichkeiten, um regelmäßig ihre Werke öffentlich auszustellen. Zugleich offerierte sie, geleitet von einem älteren Mitglied, eine rudimentäre Ausbildung nach der Antike und nach Modellen. Angesichts seiner theoretischen Position und seiner Begeisterung für institutionelle Regelungen überrascht es nicht, daß Hoare die Gründung der Akademie im Jahre 1768 als eine Tat von geradezu heroischer Bedeutung ansah. So zitierte Hoare in einem außergewöhnlichen Anflug von Phantasie aus dem siebten Buch von Vergils *Aeneis* und vergleicht Reynolds und seine Kollegen mit Aeneas und dessen verfolgten Anhängern, als „sie gerade die Ufer erreichten, die zum Ort ihrer künftigen Größe führen sollten“.[9] Doch der 1768 eingerichteten *Royal Academy* fehlte gerade die institutionelle strenge Ordnung, die Hoare bei seinen Vorbildern auf dem Kontinent so attraktiv fand, und die er als eine notwendige Voraussetzung dafür verstand, daß das Institut seine theoretische Aufgabe erfüllen könne. Unter dem Patronat des Königs, aber effektiv von vierzig selbsternannten hauptamtlichen Akademikern geleitet, bewahrte sie sich noch viele Eigenschaften der Künstler-Verbände von der Mitte des 18. Jahrhunderts, an deren Stelle sie gerade getreten war. Sie war tatsächlich, wie Hoare beobachtete, kaum etwas anderes als „eine freundliche Gesellschaft von Fachleuten“, „privat“ und „in keiner Weise mit den großen bürgerlichen Institutionen Englands verbunden“.[10] Und obgleich Hoare niemals den Glauben an eine zentrale Stellung der Akademie in Londons Kunstleben verlor und auch seine geradezu olympischen Vorstellungen von deren Möglichkeiten nur teilweise aufgab, weiß man andererseits genau, daß die Projekte, die er als Sekretär verfolgte, von den Akademie-Mitgliedern deutlich untergraben wurden. Erörterungen seiner Vorhaben führten bestenfalls zu interessenloser Toleranz und im weiteren Verlauf zu

8 Pevsner 1940, S. 182.
9 Hoare 1806, S. 115.
10 Ibid., S. 123 f.

deutlichem Widerstand gegen seine grundsätzlichen Ziele. Besonders beunruhigend wirkte z. B. Hoares Vorschlag, Protokolle ihrer Verhandlungen zu veröffentlichen; was bedeutete, daß man die Akademie tatsächlich in einem größeren Maße öffentlich zur Verantwortung gezogen hätte.

Angesichts ihrer Situation in den frühen Jahren des 19. Jahrhunderts überrascht das kaum. Denn genau in der Zeit, als Hoare solche Pläne verfolgte, wurde die Akademie von einem bisher noch nie dagewesenen Maß von innerer Zwietracht und innerem Zerfall bedroht. Wie im *Diary* Joseph Faringtons, eines ihrer einflußreichsten Mitglieder, lebhaft geschildert wird, benahmen sich die Akademiker zwischen 1803 und 1805 in einer Art, die den heroischen Vorstellungen Hoares von der Institution und ihrer Arbeit kaum entsprach. Dabei fällt auf, daß Hoare, obwohl er stets an den akademischen Zusammenkünften teilzunehmen suchte, ihren tatsächlichen Zustand damals nicht erkannte, und offenbar auch nicht sah, daß sie, wie Farington befürchtete, vollständig auseinanderzubrechen drohte. So berichtete Farington mit einigem Erstaunen, daß Hoare, nach einer besonders stürmischen Sitzung am 24. Dezember 1803, bemerkt habe, er habe „nie eine öffentliche Gesellschaft besucht, deren Programm mit so guten Umgangsformen durchgeführt worden sei". Aber, fährt er fort, „im geschlossenen Kreis ist das Gegenteil der Fall gewesen". War er doch am Abend Zeuge einer heftigen Auseinandersetzung zwischen Turner und dessen Kollegen Sir Francis Bourgeois gewesen, die damit geendet hatte, daß Bourgeois Turner *„ein Reptil"* nannte, „worauf der andere antwortete, indem er ihn als *großes Reptil* mit *schlechten Umgangsformen* bezeichnete".[11] Obgleich etwas extrem, so erläutert dieser Vorfall doch das damalige Ausmaß an Gegensätzlichkeit und die sehr persönliche Form der Diskussionen über die Regeln und Verfahren der Akademie.

Generell betrachtet, folgten sie alle einem Schema, auf das man hier kurz eingehen sollte. Das Jahr 1803 wurde vor allem von langatmigen Auseinandersetzungen über die jeweiligen Befugnisse des Exekutivausschusses, des Rates und der Generalversammlung aller Akademie-Mitglieder beherrscht; Auseinandersetzungen, die eine zeitweilige Suspendierung von fünf Mitgliedern zur Folge hatte. Erschwerend hinzu kamen in demselben Jahr wiederholte Vorwürfe, der Präsident, Benjamin West habe gegen die Regeln verstoßen, indem er wiederum sein Bild ‚Hagar und Ishmael' auszustellen versuchte, das er schon einmal 1776 gezeigt habe. 1804 erwachten wiederum parteiische Antipathien gegen West, als bei den jährlichen Wahlen am 10. Dezember eine Gruppe – einschließlich einiger Mitglieder, die im Vorjahr ausgeschlossen worden waren – versuchte, ihn seines Amtes zu entheben und statt dessen den Architekten James Wyatt als Präsidenten zu wählen. West überlebte zwar diesen Versuch, ihn loszuwerden, aber im folgenden Jahr veranlaßte man ihn, kurz vor den Wahlen zurückzutreten, und – mindestens für ein Jahr – Wyatt seinen Platz zu überlassen. 1805 erwies sich wiederum als ein besonders streitsüchtiges Jahr, wobei sich die Auseinandersetzung der Parteien dieses Mal um die Entscheidung drehte, ob ein Portrait des gefeierten jugendlichen Darstellers Master Betty von James Northcote noch nach Ablauf der Anmeldefrist zur Ausstellung zugelassen werden dürfte oder nicht. Der Streit innerhalb der Akademie war damals schon so heftig entbrannt, daß dieser so offensichtlich triviale Bruch der Regeln zu einer weiteren fundamentalen Krise führte und Forderungen nach Reformen durch jüngere Mitglieder, wie den in Irland geborenen Maler Martin Archer Shee, aufkommen ließ.

Die Bedeutung des Akademie-Streites sollte nicht unterschätzt werden, denn er gibt uns über deren institutionelle Struktur sehr weitgehend Auskunft und hatte damals zugleich gravierende Folgen. Solche Auseinandersetzungen beruhten auf fachlicher Eifersucht und konnten vielleicht nur in einer Körperschaft auftreten, die so klein war und sich in einem so starken Maße selbst verwaltete, wie das in der Akademie der Fall war. Wie zu erwarten, waren ihre Protokolle in diesem Jahre – auch abgesehen von der sonderbaren Passage, die getilgt wurde – so diskret verfaßt, wie es offizielle Protokolle in der Regel nun einmal sind. Aber obwohl diese Kämpfe in der hitzigen Atmosphäre des *Somerset House* im geschlossenen Kreis ausgefochten wurden, machte die Presse sie doch öffentlich bekannt. Anonyme Artikel sorgten dort dafür, daß auch andere Gruppen ihren Teil zu diesen Streitigkeiten beitragen konnten. Der *Herald* meinte am 3. Mai 1803 dazu: „Diejenigen, die kein *Bild malen* können, können zumindest einen *Artikel schreiben.*"[12] Und Farington selbst wurde 1805 mehrere Monate lang heftig angegriffen, und zwar auf Grund eines solchen in der *Morning Post* erschienenen ‚Artikels', der seine Rolle in der Affaire um Northcotes *Master Betty* betraf. Darüber hinaus schwächten solche lang andauernden, in die Öffentlichkeit getragenen Fehden die Position der Akademie erheblich bei den Verhandlungen, die eine der bedeutendsten Entwicklungen der Zeit in Gang setzten und zur Gründung der *British Institution for Promoting the Fine Arts* führten.

Schon während der ersten fünf Jahre des Jahrhunderts hatte man versucht, alternative Ausstellungsräume außerhalb der Akademie zu schaffen. Künstler, die sich solcher Techniken bedienten, denen von der Akademie nur ein niedriger Status zugebilligt wurde – Radierern und Aquarellmalern – schlossen sich 1802 und 1805 zu Ausstellungsgesellschaften zusammen. Sie setzten sich bald als lebensfähige Organisationen durch, in dem sie ganz bestimmte Bereiche des Faches repräsentierten und dabei in vielerlei Hinsicht die Tätigkeit der Akademie ergänzten. Dagegen war die *British School*, eine andere Gruppierung, die anspruchsvollere Ziele verfolgte, bereits 1802, nach ihrer ersten Ausstellung, in ihren Räumen in der Berners Street gescheitert. Doch handelte es sich bei der *British Institution* um einen anderen Fall. Die Grundlagen ihres Erfolges wurden in der Zeit zwischen März

11 Farington 1978–1984, Bd. VI, S. 2202.
12 Royal Academy, Band mit Presseausschnitten und Briefen, hauptsächlich in bezug auf die Dispute von 1803, RAA F 3, 30.

und Mai 1805 geschaffen, als sich im Kunstleben auf eindrucksvolle Weise neue Aktivitäten regten. Wiederum lieferte Farington, der daran stark beteiligt war, einen detaillierten Bericht über die Ereignisse. Die Gründung der *British Institution* basierte auf den Ideen des Philanthropen Thomas Bernard. Am 18. März fand in Wests Haus ein Treffen statt, bei dem Bernard West seine Absichten, Farington und den Connaisseuren Sir George Beaumont, Richard Payne Knight und William Smith erläuterte. Während der folgenden Wochen traf man sich fast täglich, wurde Bernards Vorhaben überarbeitet und neu formuliert. Während dessen wuchs die ursprüngliche Gruppe weiterhin an. Dies geschah aufgrund persönlicher Verbindungen, die auf mündlichem oder schriftlichem Wege zustande kamen, bis schließlich am 14. Mai eine Liste mit beinahe dreißig Namen zusammengestellt werden konnte, unter denen sich die der führenden Kunstsammler und -kenner Londons und einer respektablen Anzahl Adeliger befand. Um aber tatsächlich erfolgreich zu sein, und um die Zahl der Mitglieder, und damit der Beiträge, noch weiter zu steigern, war es notwendig, sich der Schirmherrschaft des Königs zu versichern. Deshalb wurden ihm das vorgeschlagene Konzept und eine Liste derer, die es unterstützten, durch Lord Dartmouth, vermittelt; dieser konnte am 27. Mai 1805 an Beaumont schreiben, daß der König seine Zustimmung gegeben habe. Jedoch unter einer entscheidenden Bedingung, die die Beziehungen zwischen Künstlern und Kunstkennern ändern und in den folgenden Jahren einen Schatten auf den Erfolg der *British Institution* werfen sollte. Während der Vorbereitungen machte sich Farington darüber Gedanken, ob der König etwa an eine Beteiligung der Akademie an der neuen Vereinigung dachte, und über die damit verbundenen Gefahren der „Verdrießlichkeiten und der Eifersüchteleien der Künstler“[13], die dem Vorhaben schaden könnten. Tatsächlich entwickelte sich aber alles weiterhin gut, jedoch mit der Auflage des Königs „daß die Künstler nichts mit der Leitung der British Institution zu tun haben sollten“.[14]

Ich werde gleich auf die Frage zurückkommen, auf welche Weise die *British Institution* dazu beitrug, die Künstler von den Kunstkennern zu entfernen. Aber werfen wir zunächst erst einmal einen Blick auf ihren schnellen Erfolg, und fragen wir in diesem Zusammenhang danach, welche Männer bei ihrem Aufbau und danach innerhalb ihres Betriebes eine führende Rolle spielten. Wie der im Stile Hoares verfaßte, von patriotischer Rhetorik geprägte Text eines ihrer Prospekte besagte, war es das vorrangige Ziel der *British Institution*, die Historienmalerei zu fördern und deren Vernachlässigung wieder rückgängig zu machen. Durch Beiträge ihrer Mitglieder finanziert, hatte sie schon vor Beendigung des Jahres 1805 durch Einnahmen von nicht weniger als £ 7.100 eine gesunde finanzielle Basis erhalten.[15] Im Dezember erwarb man eine Folge von Räumen in der Pall Mall Nr. 52, und im Februar wurde dort die erste Ausstellung der *British Institution* eröffnet. Sie erwies sich als eine ausgesprochene Publikumsattraktion – mehr als zehntausend Eintrittskarten wurden verkauft – und damit hatte die *British Institution* ihre wichtigste Aufgabe zur Förderung zeitgenössischer Kunst gefunden. Tatsächlich bot sie damit Künstlern eine zweite Chance, ihre Werke nach der Ausstellung in der Akademie noch einmal zu zeigen und zum Verkauf anzubieten. Eine weitere Methode, mit der die *British Institution* die Kunst und besonders die Historienmalerei zu fördern suchte, war die jährliche Verleihung von Preisen und ‚Prämien‘ für vielversprechende Arbeiten. Außerdem erfüllte die Einrichtung eine, wenn auch bescheidene ausbildende Funktion, für die einige ihrer führenden Mitglieder Gemälde alter Meister aus ihren Sammlungen verliehen, damit Studenten danach kopieren könnten. Innerhalb weniger Jahre entwickelte sich das Institut zu einer dauernden Einrichtung und blieb seitdem in der Geographie der Londoner Kunstwelt eine wichtige Institution.

Diejenigen Conaisseure, die bei ihr die Führung übernahmen und sich selbst zum Direktoren-Gremium zusammenschlossen, bildeten eine auf interessante Weise heterogene Gruppe. Und tatsächlich erscheint es wahrscheinlich, daß das Institut seinen anfänglichen Erfolg bei der Mitglieder-Werbung teilweise der Tatsache zu verdanken hat, daß seine Organisatoren einen Querschnitt durch die vermögende Londoner Gesellschaft darstellten; eine gute Voraussetzung, um Leute zu etwas aufzufordern oder sie zu beeinflussen. Innerhalb derer, die von Anfang an dabei waren, vertraten Bernard und Smith eine philantropische und protestantische Position, ein Faktum, das, wie ich vermute, bei der Entstehung der vielen provinziellen Institute, die schon bald die Londoner Organisation imitierten, eine wichtige Rolle spielte. Smith fühlte sich Wilberforces Kampf gegen die Sklaverei eng verbunden, und Bernard widmete sich, nach seiner Pensionierung als städtischer Anwalt, einem Leben fortgesetzter Philanthropie. Er hatte bei der Errichtung der *Royal Institution* eine führende Rolle gespielt und war, wie jemand errechnete, Mitglied in siebenundvierzig Gesellschaften, Präsident von einer und Vizepräsident von zweiundzwanzig, in den Ausschüssen von vier und Governor von sechs.[16] Weitere Direktoren sorgten für ein anderes Profil, eine besonders prominente Position nahmen daher alte vermögende Tories wie Beaumont und Lord Mulgrave ein, aber auch der Whig Foxite und der Connaisseur Richard Payne Knight, der bei den Streitigkeiten, die in der *British Institution* schon bald ausgefochten wurden, die aggressivste Haltung einnehmen sollte. Eine ganz andere Komponente fügten Vertreter der City hinzu, ganz besonders John Julius Angerstein, einer der wohlhabendsten Sammler der Zeit. Wie Bernard war auch Angerstein in zahlreichen Wohltätigkeits-Ausschüssen tätig und spielte bezeichnenderweise eine führende Rolle bei den *Patriotic Funds* (fundierte Staatspapier-Fonds), die während der Napoleonischen Kriege gegründet worden waren. Aber Faringtons Charakterisierung Angersteins, die dessen soziale Bestrebungen

13 Farington 1978–1984, Bd. VII, S. 2559.
14 Ibid., S. 2564.
15 Zu weiteren Einzelheiten siehe Fullerton 1982, S. 63.
16 Siehe Brown 1961, S. 356.

P. C. Wonder, Mäzene und Liebhaber der Kunst, 1830. Diskutierende Sammler in einer imaginären Galerie mit Bildern aus berühmten englischen Sammlungen. Privatsammlung (Foto: National Portrait Gallery)

offenlegt, läßt klar erkennen, daß der so Geschilderte in bestimmten Kreisen als Außenseiter angesehen werden mußte. „Angerstein", so schrieb er 1803, „ist wegen seines guten Herzens und seiner guten Absichten hoch angesehen, aber man betrachtet ihn als Mann mit unzureichender Bildung, und er wird immer dann sehr verlegen, wenn man ihn bittet, sich zu äußern . . . mag er auch *in der City* äußerst populär sein, hat er sich doch dafür entschieden, sich hauptsächlich im Westen der Stadt zu engagieren".[17]

Wie sich bei ihrem Einsatz für das Institut deutlich zeigte – und dies erhöhte die Intensität der folgenden Auseinandersetzungen erheblich –, konnten die Verbindungen zwischen Künstlern und Connaisseuren durchaus eng sein und zumindest ein gewisses Maß gesellschaftlicher Parität herstellen. Ältere Mitglieder der Akademie konnten sich mit einem dementsprechenden Wohlbehagen in den Salons der Großen und Reichen bewegen, und dabei spielte wiederum die Akademie eine wichtige Rolle, um den gesellschaftlichen Status der Künstler anzuheben. Sowohl ihre theoretischen Lehren, die der Malerei einen „liberalen" Akzent verleihen sollten, als auch die zeremonielle Form ihres Auftretens, dienten dazu, das Prestige ihres Standes zu erhöhen. In diesem Sinne hatten die jährlich stattfindenden Diners vor den Ausstellungen, zu denen die Akademie die damaligen Spitzen der Gesellschaft einlud, beträchtliche symbolische Bedeutung. Faringtons aufwendige Vorbereitungen dieser Ereignisse, seine Sorgfalt bezüglich der Frage, wer einzuladen und wer wo zu plazieren sei – Vorbereitungen, die zunächst in einem absurden Maße gewissenhaft erscheinen können – zeugen ganz offenkundig von der Bedeutung, die der Angelegenheit beigemessen wurde. Aber man darf nicht annehmen, daß die Beziehungen zwischen den häufig aus bescheidenem Milieu stammenden Künstlern und ihren Gönnern frei von aller gesellschaftlich bedingten Zweideutigkeit gewesen wären; und das besonders bei jungen Malern. Dies läßt sich kurz am Beispiel der Förderung deutlich machen, die Mulgrave und Beaumont drei jungen Künstlern zuteil werden ließen, die 1804–1805 Londons Kunstszene betraten: John Jackson, David Wilkie und Benjamin Robert Haydon.[18] Diese Maler profitierten ganz offensichtlich von Mulgraves und Beaumonts Förderung, in dem sie sowohl direkte Aufträge als über sie auch die Möglichkeit zu weiterer Einflußnahme erhielten. Aber die Geschichte dieser Verbindung verlief nicht immer glücklich. Mulgraves Förderung von Jackson erfolgte ziemlich unverblümt: Jackson, der Sohn eines Schneiders

17 Farington 1978–1984, Bd. VI, S. 2059.
18 Eine vollständige Darstellung findet sich bei Owen und Brown 1988, S. 156 ff.

P. C. Wonder, Sir Robert Peel, David Wilkie und der 3. Earl von Egremont, ca. 1830. Studie für *Mäzene und Liebhaber der Kunst.* National Portrait Gallery

aus Yorkshire, wurde meist als ein ausgehaltenes Mitglied von Mulgraves Gefolge behandelt; einer Behandlung, die auch die wiederholten Klagen über seinen Müßiggang einschloß. Aber diese Vorstellung von Klientel und zugleich streng aufrecht erhaltener gesellschaftlicher Trennung verblaßt, wenn man sich den Umgang Beaumonts mit Wilkie und Haydon vor Augen hält. Beide erschienen oft an seiner Tafel; beide hielten sich zeitweilig in seinem Landhaus in Coleorton auf, und beide wurden von ihm, der selbst Amateurkünstler war, väterlich beraten. Aber es zeigten sich dabei auch soziale Unterschiede, wie aus einer Episode deutlich hervorgeht, die Farington von Beaumont erzählt wurde: Wilkie war zum Dinner in Mulgraves Haus in Putney geladen. „Es war das erste Mal, daß Wilkie sich in besserer Gesellschaft befand", schrieb Farington, „aber Sir George sagte, daß seine aufmerksame Beobachtung dessen, was andere bei Tisch taten, so intensiv gewesen sei, daß er am Ende des Dinners ein ebenso wohlgenährter Mann, wie jeder andere in England auch, gewesen sei."[19] Wilkie verfügte über genügend geistiges Niveau, um dem Druck, den diese Art von Beziehung mit sich brachte, widerstehen zu können. Aber Mißverständnisse zwischen Maler und Mäzen, die innerhalb der freundschaftlichen Versuche von Beaumont und dem lebhaften jungen Historienmaler Haydon aufkamen, führten dort zu ernsthaften Differenzen. Ihr länger anhaltender Streit über die anzustrebende Größe eines Gemäldes aus *Macbeth* – Beaumont bevorzugte ein „hübsches, zum Mobiliar passendes Bild"[20] im Gegensatz zu dem grandiosen Meisterwerk, das Haydons gesteigerten Ambitionen entsprach – machte Haydon in gewissem Sinne mißtrauisch und führte bei ihm zu anhaltender Verbitterung.

Um zur *British Institution* zurückzukommen: wir können beobachten, wie Spannungen zwischen Künstlern und Kennern in den ersten Jahren des 19. Jahrhunderts durch die erfolgreiche Entwicklung des Instituts nur noch erhöht wurden. Von Kennern beherrscht, entwickelte sie sich offenbar zu einer Basis ihrer Macht, von der aus sie ihre Interessen durchsetzen und ihre Vorurteile verbreiten konnten. Nach Meinung der Akademie-Mitglieder, die sich ihres schwer erkämpften Status' sehr wohl bewußt waren, führte die Rolle, die die Direktoren spielten, indem sie die jährlichen Ausstellungen veranstalteten, für die notwendigen Voraussetzungen für das Kopieren sorgten und durch Preisverleihungen über die Qualität von Kunstwerken entschieden, zum Ausbruch offener Rivalitäten. So folgte Thomas Lawrence einer weitverbreiteten Meinung, als er sich über die „arrogante Anmaßung"[21] der Direktoren beklagte, und darüber, daß sie sich „zu Präzeptoren der Künstler" erhöben „und dadurch in direkter Rivalität oder Opposition zur Akademie als Bildungsanstalt handeln" würden.[22] Indem sie es sich außerdem selbst zur Aufgabe machten, eine britische Schule für Historienmalerei aufzubauen, zogen die Direktoren auch deshalb noch die ganze Unzufriedenheit und Frustration auf sich, die diese Frage auslöste. Nach Haydons Ansicht hatte das Institut ganz offensichtlich dazu beigetragen, daß der Einfluß von Männern wie Beaumont und Knight in einem Maße angewachsen war, daß dies für seine Bestrebungen ein unüberwindliches Hindernis darstellte. „Payne Knight und Sir George Beaumont, die beiden großen Widersacher, gegen die ich mich wende, sind ohne jeden Zweifel Männer mit Vermögen und Geschmack", notierte er 1812 in seinem *Diary,* aber „sie sind die Männer, in die der Adel sein Vertrauen – mit einer ausgesprochenen Verachtung für große Werke setzt . . . sie sind die Männer, die Menschen zu Künstlern bestimmen und danach als deren Gönner wirken; doch wenn die Gönner wirken, was bedeutet das für das Historienbild?"[23] „Große Werke, und große Werke allein"[24], schrieb er im selben Jahr in einem Brief an den *Examiner,* würden der britischen Malerei den Rang verschaffen, der ihr zustünde. Dabei war Haydon lediglich der stimmkräftigste innerhalb einer Anzahl von jungen Künstlern, die ähn-

19 Farington 1978–1984, Bd. VII, S. 2716.
20 Haydon 1960–1963, Bd. I, S. 138.
21 Royal Academy, Unterlagen Lawrence, LAW/2/19, Lawrence an Farington, 12. Juni 1812.
22 Farington 1978–1984, Bd. XIV, S. 4921.
23 Haydon 1960–1963, Bd. I, S. 266.
24 Wiederabdruck in: *Annals of the Fine Arts,* Bd. I, Nr. II, S. 170.

liche Ziele verfolgten. Da sie dabei auf Widerstand stießen, waren sie entschlossen, an die Kenner der *British Institution* zu appellieren, um von dort gefördert zu werden.

„Die Herren Künstler", so beklagte sich ein Korrespondent der kurzlebigen *Review of Publications of Art,* verhielten sich eher wie „Straßenräuber".[25] Und die Gönner verwahrten sich ihrerseits gegen diese hartnäckigen Forderungen. Die schreckliche Lady Beaumont, zum Beispiel, die sich auf ein langatmiges Gedicht von Shee über die Notwendigkeit verstärkter Förderung bezog, „sprach mit Entrüstung über das Gedicht und die darin geäußerten Bemerkungen Shees; und meinte, daß die Öffentlichkeit nicht zur Förderung der Kunst gezwungen werden sollte".[26] Aber am unverblümtesten äußerte sich der Kunstkenner Knight zu diesem Schwall von Forderungen. Mit zwei energischen Artikeln versuchte er im *Edinburgh Review* nicht nur die theoretische Basis der Historienmalerei zu untergraben, sondern auch den Kopf derer zu fordern, die wie Haydon versuchten, diese Theorie in die Praxis umzusetzen. „Lassen Sie uns nicht mehr auf dieses Geschrei mißgeleiteter und enttäuschter Eitelkeit hören", schimpfte er 1810. „In den letzten vierzig Jahren", behauptete er, „wurden nicht nur mehr Geld, sondern geradezu Reichtümer von Privatleuten für zeitgenössische Künstler ausgegeben, als je in einem Land in einem vergleichbaren Zeitraum sonst; und wenn Männer mit Geschmack und Begabung ihr Talent nicht überschätzen, noch ihre Erwartungen künftigen Ruhms nach der Größe anstatt nach der Qualität ihrer Werke bemessen, werden sie auf pflichtgemäße Förderungen verzichten."[27]

Die Spannungen zwischen Künstlern und Kennern erreichte 1815 ihren Höhepunkt, als die *British Institution* eine Ausstellungs-Reihe mit Gemälden alter Meister begann. Im Rückblick kann dies als weitere durch die Direktoren eingeführte Neuerung erscheinen, aber für die Künstler galt es damals als Beweis dafür, daß sie ihre vornehmste Pflicht, die Förderung zeitgenössischer britischer Kunst, vernachlässigten. In diesem Vorwurf kulminierte einer der heftigsten und meistdiskutierten Angriffe auf die Kunstkenner der Zeit, ein persiflierender *Catalogue Raisonnée* (sic) der Ausstellung; er erschien anonym und attackierte die *British Institution* auf das heftigste. Der *Catalogue Raisonnée* bestand vor allem aus Parodien auf die in der Ausstellung gezeigten Bilder und auf den Geschmack und die Kenntnisse der Direktoren, besonders Beaumonts und Knights. Doch auf den letzten Seiten erreichten die Beschimpfungen einen solchen Höhepunkt, daß Beaumont meinte, sowohl Druckerei als auch Autor müßten sich vor Gericht verantworten. Aber es wird keine Druckerei erwähnt, und die Frage der Autorenschaft bleibt offen. So blieb Beaumont und Knight auch weiterhin nichts anderes übrig, als dort etwas über ihre „stolze Überheblichkeit" zu lesen, über die „Niederträchtigkeit, in die diese sie führt", über ihre „schäbigen Gefühle" und über ihre „Befangenheit in Arroganz und Einbildung"; und, ganz allgemein darüber, wie sie, Straßenräubern gleich, die *British Institution* bis zur Zerstörung der zeitgenössischen britischen Kunst ausgeplündert hätten.[28]

Die Veröffentlichung des *Catalogue Raisonnée* bedeutete innerhalb dieser Streitigkeiten zwischen Künstlern und Kunstliebhabern, in der Frühzeit der hier behandelten Periode, einen Wendepunkt. Dabei handelte es sich, wie gesagt, um Auseinandersetzungen um die unterschiedlichen Vorstellungen des Künstlers von seiner gesellschaftlichen Position und dabei vor allem um die Frage, welche Kräfte in der Welt der Kunst die Zukunft der britischen Malerei bestimmen sollten. Nüchterner waren die Zweifel, die andere gegenüber der Ausstrahlung der *British Institution* hegten; sie erwuchsen aus der Tätigkeit des Instituts und seinen Rangordnungen, und sie ließen die Forderung nach einer Beteiligung des Staates aufkommen, der sich Hoare, wie wir gesehen haben, schon in den ersten Jahren des Jahrhunderts zugewandt hatte. In einer Veröffentlichung von 1813 stellte Hoare ganz offen in Frage, daß „tausend Galerien und Schulen"[29] wirklich den Effekt haben könnten, die Historienmalerei zu fördern, und brachte dabei wiederum seine Überzeugung vor, daß eine Unterstützung von seiten des Staates erforderlich sei. „Vom Staat", schrieb er, „und nur vom Staat kann solches erwartet werden".[30] Wie bereits erwähnt, waren Hoares Forderungen nach staatlicher Intervention damals nichts Ungewöhnliches, sondern Argumentationen, wie man sie ebenso in unzähligen Büchern, Pamphleten, Briefen und in Zeitschriften-Artikeln wiederfindet. So verweist Haydon zeit seines Lebens auf die Notwendigkeit „öffentlicher Unterstützung", und fordert ein „Parlament, in dem man Gemälde wie auch Standbilder für Helden oder die Gesetzgeber des Landes wählen kann".[31] Dieselbe Ansicht vertrat wiederholt in seinen Pamphleten, die er auf seine eigenen Kosten drucken ließ, William Paulet Carey, eine Persönlichkeit, die eher am Rande der Londoner Kunstszene tätig war. Wie er 1825 schrieb, „ist allein der Staat als Ganzes zugleich Quell und Förderer des *öffentlichen* oder *historischen Stils*".[32] Jener tatkräftige Reformer Martin Archer Shee, der bereits erwähnt wurde, und der am Ende dieses Essays nochmals in ganz anderer Gestalt auftauchen wird, bestand ebenfalls darauf, „daß eine liberale Protektion durch die Regierung jetzt der einzig wirksame Ansporn für die Hüter des Geschmackes in diesem Land sein könne".[33] Nach Meinung dieser Autoren war die Förderung einzelner, oder als solche – wie im Falle der *British Institution* – kollektiv gruppierter Einzelpersonen nicht ausreichend. Das hieße nur, die existierenden Formen der privaten Förderung auszuweiten und eröffnet bestenfalls durch das Angebot verkäuflicher Werke einen weiteren Zugang zum Markt. Es sei, so schrieb Shee, falsch anzuneh-

25 *Review of Publications of Art*, Bd. I, 1808, S. 15.
26 Farington 1978–1984, Bd. VII, S. 2556.
27 Knight 1810, S. 310.
28 *Catalogue Raisonee*, unterschiedlich zitiert, S. 67 ff.
29 Hoare 1813, S. 281.
30 Ibid., S. 279.
31 Haydon 1960–1963, Bd. I, S. 265.
32 Carey 1825, S. 7.
33 Shee 1809, S. 17.

men, daß es möglich sei, „die Kräfte des Genies durch die Grundsätze des Handels regeln zu wollen, und die Künste zu betreiben wie eine gewöhnliche Manufaktur".[34] Dies war ein Gesichtspunkt, der auch von dem politischen Philosophen und Kolonialbeamten Sir James Mackintosh, einem Leser von Shees frühem Werk *Rhymes on Art*, aufgegriffen wurde. Es sei unbegreiflich, schreibt Mackintosh 1808 in einem Brief, „daß es Menschen gibt, die dumm genug sind, die der englischen Kunst zuteil werdende öffentliche Entmutigung mit den Grundsätzen der Handelsfreiheit zu rechtfertigen", und auch er fuhr fort, nachdrücklich auf die Notwendigkeit umfassender Intervention der Regierung hinzuweisen.[35]

Solche Rufe nach staatlicher Unterstützung – vernünftig im Ton, an patriotische Gefühle appellierend und mit Betonung der wechselseitigen Vorteile, auch der für die Regierung – gewannen an Boden und zirkulierten außerhalb der engen Grenzen der Londoner Künstlerkreise. Doch erst am Ende unseres Zeitabschnittes begann das Parlament ernsthaft, für die Angelegenheiten der Kunstwelt Interesse zu zeigen, und dies in einer Form, die sich erheblich von den Vorstellungen der zitierten früheren Autoren unterschied. In den ersten Jahrzehnten des Jahrhunderts trafen Appelle auf taube Ohren. Selbst ein so sorgfältig ausgearbeitetes Konzept, wie es Shee 1809 vorbrachte – mit einem ausgefeilten System von Preisen, in dem die *British Institution* als eine staatlich mit £ 5.000 finanzierte Vermittlungsstelle figurierte –, führte ins Nichts. Auch hier spielte Bernard eine Rolle; er entwarf einen Brief, in dem er die patriotischen Vorteile von Shees Projekt unterstrich. Und er betonte darüber hinaus die kommerziellen Vorteile, die eine Vorrangstellung der schönen Künste nach sich zöge. Denn wie durch einen Filter erreiche die qualitative Steigerung auch die angewandten Künste. Farington berichtet am 26. Juni 1810, daß der von Lord Dartmouth, dem Premierminister und Schatzkanzler Spencer Perceval überreichte Antrag abgelehnt wurde.[36] Bis ins Jahr 1840 wurde diese direkte Annäherung an die Regierung immer wieder als versäumte Gelegenheit zitiert.[37] Bei diesem Vorfall ist erneut zu spüren, daß es denen, auf die es ankam, am Gefühl der Verpflichtung mangelte. Die älteren Akademie-Mitglieder waren eindeutig in Sorge wegen der Einbeziehung der *British Institution,* und im privaten Bereich brachten die Direktorenkollegen Bernards, wie etwa Beaumont, ihre Skepsis zum Ausdruck. Ganz allgemein entspricht diese Zurückweisung einer vergleichsweise bescheidenen Eingabe einem durchgängigen regierungsamtlichen Mangel an Selbstvertrauen im Hinblick auf eine Unterstützung der Künste. Die Gründe dafür waren vielschichtig. Als ein Faktor[38] wurden die administrativen Beschränkungen der Regierung Anfang des 19. Jahrhunderts angeführt, und natürlich auch ganz einfach die Knappheit finanzieller Mittel, besonders während der Zeit der Kriege gegen Napoleon. Doch wurde die patriotische Bedeutung und der tatsächlich propagandistische Wert großangelegter Werke herausgestellt. Angesichts ihrer relativ bescheidenen Ausmaße an Aufwand und Kosten ergab sich dabei ein Vorteil für beide Seiten. Wie Linda Colley jedoch vermutet, mag genau dies die Regierung noch mehr abgeschreckt haben.[39] Sie war nämlich auf der Hut vor solch patriotischen Gefühlsregungen und den möglichen Konsequenzen eines wachsenden Nationalbewußtseins; und es kann sein, daß sie dies ganz direkt davon abhielt, bei den Künsten die so oft geforderte stützende Rolle zu übernehmen. Patriotische Leidenschaft blieb freiwilligen Organisationen wie den *Patriotic Funds* überlassen, für die sich Angerstein so engagierte. Dasselbe galt für die Verantwortung zur Förderung der schönen Künste. Wie erwähnt, wurde die *British Institution* ein Vorbild für ähnliche Organisationen in vielen der großen Provinzzentren; diese übernahmen deren Struktur – die auf Beiträgen beruhende finanzielle Basis, die Ziele und das Protokoll. „Es gibt kaum eine Stadt", bemerkte Lawrence 1829, „in der die Freisinnigkeit von einzelnen" sich nicht zu Ausstellungs-Gesellschaften und zu Vereinigungen zur Förderung der Kunst entwickelte.[40] So fanden diese Organisationen auch ihre institutionelle Entsprechung in der Fülle der freiwilligen und wohltätigen Organisationen dieser Zeit – Organisationen, die den etwa von Bernard bevorzugten sehr ähnlich waren. Institutioneller Ehrgeiz jedoch fehlte ihnen in erheblichem Maße, und es mangelte ihnen auch an Grundvoraussetzungen für eine von Hoare, Shee, Carey und anderen vorangetriebene Beteiligung des Staates. Diese Kunstgesellschaften waren private Einrichtungen, von einzelnen geschaffen. Sie glichen jener „freundlichen, professionellen Gesellschaft", wie sie Hoare als institutionellen Gegenpart der Akademie genannt hatte.

Die zwischen Künstlern und Kennern am Jahrhundertbeginn ausgefochtenen Streitigkeiten haben ihre Bedeutung, weil sie der Londoner Kunstszene ihren besonderen Charakter gaben, und weil an ihrem Beispiel erläutert werden kann, daß die Beziehungen zwischen Maler und Mäzen weit davon entfernt waren, eine simple Transaktion zwischen Hersteller und Verbraucher zu sein. Es gab jedoch auch Mittel und Wege, mit denen Künstler versuchten, Öffentlichkeit direkt und ohne Vermittlung der Akademie oder der *British Institution* zu erreichen. Eine große Zahl von Malern stellte damals ihre Arbeiten in eigener Regie aus, entweder in eigenen Häusern oder in einmaligen Ausstellungen. Deren Kosten waren jedoch so hoch, daß sie den Nutzen öffentlicher und kritischer Aufmerksamkeit leicht überstiegen. So übernahm sich zum Beispiel Richard Westall, der angesehene Maler historischer Bilder, gewaltig; und er ruinierte seine finanzielle Situation vollends, als er im Sommer 1814 Räume neben der *British Institution* anmietete. Für eine Figur wie Haydon allerdings, wurden freie Ausstellungen zur wichtigsten Möglichkeit, seinen so hart-

34 Ibid., S. 8.
35 Mackintosh, Bd. I, S. 372, Mackintosh an John Hoppner, 19. Februar 1808.
36 Siehe Farington 1978–1984, Bd. X, S. 3676.
37 Siehe Edwards 1840, S. 191 ff.
38 Siehe Minihan 1977, S. 28.
39 Siehe Colley 1986
40 Royal Academy, Unterlagen Lawrence, LAW/6, Adress, V, S. 9.

näckig eingeschlagenen Weg der Historien-Malerei weiter zu verfolgen. Ihm war das Institut nicht geheuer, und nach 1809 entfremdete er sich immer mehr von der Akademie. Haydons Ausstellung seiner gigantischen Leinwand *Christi Einzug in Jerusalem* in der *Egyptian Hall*, wurde 1820 zu einem beträchtlichen Erfolg bei Kritik und Publikum. Die durch Eintritt und Kataloge erzielten Einnahmen beliefen sich auf £ 1.760[41], sie wogen jedoch des Künstlers Schulden aus den vorangegangenen sechs Jahren nicht auf, in denen er an dem Werk gearbeitet hatte. 1823, als er wieder in der *Egyptian Hall* ausstellte, wuchs Haydon dieser Schuldenberg über den Kopf; es kam zum ersten Bankrott, und er wurde ins Gefängnis gebracht – was auch die Auflösung von Haydons höchst innovativer ‚Schule' für junge Künstler nach sich zog. Diese Schule eiferte den Werkstatt-Lehrmethoden der italienischen Hoch-Renaissance nach und wollte die Studenten zu den höchsten Prinzipien der Kunst führen – bis hinunter zu der Empfehlung, die Frisur in der Manier Raphaels zu tragen. Haydons Schule war ein weiterer Versuch, außerhalb der in London etablierten Kunsteinrichtungen zu wirken.[42]

Das Ausmaß öffentlichen Interesses an Ausstellungen wie denen Haydons und die Zahl derer, die gewillt waren, ihren Shilling für den Eintritt zu entrichten, läßt Rückschlüsse auf die Rolle der Malerei in den 20er Jahren und vor allem auf ihr nun konkret zahlenmäßig erfaßbares Publikum zu. Die bedeutsamste Entwicklung innerhalb der Institutionen war in dieser Zeit die Gründung der *Society of British Artists* von 1823; sie war in vielerlei Hinsicht eine Reaktion auf dieses Phänomen. Die Gesellschaft erwarb elegante, von John Nash entworfene Räume in der Suffolk Street, Pall Mall und eröffnete dort im April 1824 ihre erste Ausstellung. Trotz anfänglicher finanzieller Schwierigkeiten, die auf bauliche Probleme mit dem Dach des Nash-Gebäudes zurückzuführen waren, wurden die Ausstellungen in der Suffolk Street – wie die in der *Akademie* und der *British Institution* – zu einem festen Bestandteil der Londoner Saison. Auch diese Gesellschaft stützte sich auf ihre Beiträge; je nach deren Abstufung zwischen einer und hundert Guineen, besaßen die Mitglieder unterschiedliche Privilegien. Bei einem pompösen Dinner unter dem Vorsitz des Herzogs von Sussex wurden zur Feier der ersten Ausstellung adlige Wohltäter um Unterstützung gebeten. Die Gesellschaft war indes im wesentlichen eine Sache der Künstler; ihre Mitglieder nahmen selbst die finanziellen Geschäfte und die Organisation in die Hand. Wie Haydon, der bei der ersten Ausstellung vertreten war, waren die die Gesellschaft prägenden Künstler überzeugt von der Notwendigkeit, eine professionelle Alternative zur *Akademie* und zur *British Institution* zu schaffen. Und obgleich sie unablässig davon sprachen, daß sie an einer Konkurrenz-Situation nicht interessiert seien, wurde doch bewußt Wert darauf gelegt, daß die Gesellschaft nach „liberalen Prinzipien" geführt wurde; auch erschien es wesentlich[43], daß die Ausstellungen für jedermann offen und „ohne exklusive Privilegien oder Unterschiede" veranstaltet wurden.[44] In besonderer Weise unterschieden sich auch die Ziele der Gesellschaft von denen der Akademie ebenso wie in diesem Fall von denen Haydons. Denn der wies darauf hin, daß sie vor allem von „modernen Landschaftsmalern" und deren Bedürfnissen entsprechend[45] geleitet würde. In die Ausstellungen wurden auch historische Gemälde aufgenommen; doch vor allem bestanden sie aus Landschaftsmalerei oder Genreszenen. Kurz gesagt, wurde das Projekt nicht von jenen theoretischen Neigungen genährt, die der *Akademie* am Herzen lagen, die Haydons Karriere vorantrieben, und die zur Gründung der *British Institution* geführt hatten. Die Ausstellungen in der Suffolk Street waren eher einfach eine Möglichkeit, das zahlende Publikum zu erreichen: ein Verkaufsladen also. Als solcher wurde die Gesellschaft auch im *European Magazine* umgehend gemaßregelt; „sie besitze ‚keine anregende Leitlinie' und ‚strebe' nicht nach edleren Zielen als denen, eine Gruppe engstirniger, ihre Ware präsentierender Geldscheffler zu lenken, die sich nur zu eigennützigen und kurzlebigen Zwecken zusammengefunden" hätten.[46] Doch anderswo wirkten die Ausstellungen der Gesellschaft als ein Angebot von erfrischender Offenheit; so erschienen sie nicht nur Künstlern, sondern auch dem kunstinteressierten Publikum. Der *Literary Chronicle* berichtete nicht von ungefähr, daß bei der ersten Ausstellung die Bilder weder „von den höheren und glänzenden Ständen" noch „von einer Horde Bilderhändler" gekauft seien, sondern „von den mittleren, respektablen Schichten einer großen und gebildeten britischen Öffentlichkeit".[47]

Wahrscheinlich sollte man das Ausmaß, in dem während der späteren Jahre der hier behandelten Zeit der Kauf von Bildern innerhalb der „Mittelschicht" Brauch wurde, nicht überschätzen. Doch ganz allgemein war – wie Edward Bulwer-Lytton bereits 1833 bemerkte – der Wunsch, Bilder zu besitzen, wenn auch nicht von solch erlesener Art, wie sie Haydon gefordert hätte, recht ausgeprägt und verbreitet. „Bei uns gehören sie als notwendige Stücke zum Mobiliar", schreibt er und erzählt die Geschichte eines „Maklers, der gestern einen meiner Freunde zu einem Londoner Haus mitnahm und dieses über alle Maßen lobte", und am Ende sagte: „‚Und wenn, Sir, das Eßzimmer vollständig eingerichtet ist – nette rote Vorhänge, Sir, und zwölf gut ‚möblierende Bilder' – wird es einfach unvergleichlich sein'. Selbstverständlich waren die Bilder genauso notwendig wie die roten Vorhänge."[48] In den 30er Jahren führte das Bewußtsein eines breiteren und gesellschaftlich vielfältigeren Kunst-Publikum und einer fortschreitend anwachsenden Gruppe von Künstlern dazu, daß Fragen darüber gestellt wurden, wie denn die Kunstwelt organisiert sei, und ob die Struktur ihrer Institutionen den

41 Siehe George 1848, S. 133.
42 Bezüglich Haydon's Schule siehe Cummings 1963.
43 *The Exhibition of the Society of British Artists* 1824, S. 3
44 Whitley 1933, S. 24, zitiert Einladungsschreiben an die Künstler von W. Linton.
45 Zitiert ibid., S. 37.
46 *European Magazine*, April 1824, S. 371.
47 *The Literary Chronicle*, 21. August 1824, zitiert von Hubbard 1937.
48 Lytton 1833, S. 380.

F. Mackenzie, *The Principal Room* in der *National Gallery,* No. 100 Pall Mall. The Victoria and Albert Museum

Anforderungen entspräche (was ja auch das Hauptthema dieses Essays ist). Diese Themen wurden auch in diesem Jahrzehnt auf höchster Ebene diskutiert und die Situation der Kunstwelt wurde auch für das Parlament ein mehrfach behandeltes Thema. Auf der Ebene des Unterhauses bot es Stoff für Debatten und wurde für den Sonderausschuß für Künste und Manufakturen zum Gegenstand einer intensiven Untersuchung, bei der 1835 und 1836, zwei Sitzungsperioden lang, das Für und Wider abgewogen wurde. All das macht den Eindruck, als ob nun endlich der Situation der Kunst die politische Bedeutung zugebilligt werde, die man in den Jahrzehnten zuvor immer wieder gefordert hatte. Und tatsächlich klingt vieles von dem, was in diesen Jahren vorgebracht wurde, sehr vertraut. Aber wir werden auch noch sehen, daß sich die politische Stimmung der 30er Jahre bald im Streit verbrauchte und sich die Forderungen derjenigen, die für Reformen plädierten, schließlich auf vielfache Weise von denen früherer Kommentatoren (die ich bereits behandelt habe) unterschieden.

Die Akademie blieb auch weiterhin das Ziel allgemeinen Interesses und erlebte damals in den 30er Jahren die schärfsten gegnerischen Angriffe in ihrer Geschichte. Unmittelbare Ursache dafür war der Plan, den Sitz der Akademie vom *Somerset House* in Räume des neuen Gebäudes der Nationalgalerie am Trafalgar Square zu verlegen, wofür das Parlament 1832 bereits Gelder bewilligt hatte. Als sich dann der Sonderausschuß im Juni 1836 eingehend mit der Akademie beschäftigte, stand der Umzug bereits unmittelbar bevor und war zur Ausstellung im folgenden Jahr mehr oder weniger vollständig durchgeführt. Doch der Umzug provozierte erneut Fragen nach der Rolle, die die Akademie in der Kunstwelt spielte und forderte wiederum die alten Vorwürfe derer heraus, die, wie Haydon, von diesen Vorgängen ausgeschlossen waren. Unter dem Vorsitz von William Ewart, einem reformorientierten Parlamentarier aus Liverpool, hörte der Sonderausschuß 1836 einen Monat lang Zeugen um Zeugen an, die die schwersten Anschuldigungen gegen den krebsartigen Einfluß der Akademie in der Londoner Kunstwelt und gegen deren Funktion als Bastion der Bestechung und Bevorzugung erhoben. Man erinnerte sich zurückliegender Kränkungen, und Künstler sprachen wieder von Vorfällen, die bereits viele Jahre zurücklagen, als ihre Bilder auf der Ausstellung schlecht gehängt waren oder als ihnen, als Nicht-Mitgliedern, versagt wurde, ihre Arbeiten für die öffentliche Präsentation zu firnissen oder angemessen vorzubereiten. Dies war, so wurde es Ewart erläutert, ein allein den Mitgliedern der Akademie gewährtes Vorrecht, auf das die Außenseiter besonders „empfindlich" reagierten.[49] Doch dies bil-

49 *Report from the Select Committee (of the House of Commons) on Arts and Manufactures* 1836, S. 59.

R. Sands nach T. Allom, Die *National Gallery*, 1836. The Museum of London

dete nur ein Teil jener Gründe, mit Hilfe derer man den vierzig Akademikern nachzuweisen suchte, daß sie die Institution allein zu ihrem beruflichen Vorteil mißbrauchten. Gerade die Vorwürfe der Bevorzugung und der Exklusivität waren am häufigsten zu hören: „Macht in die Hände von vierzig Männern legen", wie Haydon sagte, „und sie damit ‚royal' werden zu lassen."[50] Die Akademie-Ausstellung, so hieß es, bliebe zwar der wichtigste Ort, an dem Künstler ihre Werke ausstellen könnten. Die Bilder würden aber von einer kleinen Gruppe ihrer Mitglieder gehängt und alle Gewinne aus der Ausstellung wanderten in die großen Schatztruhen der Akademie. Ebenso wurden die dort veranstalteten Dinner als Veranstaltungen angeprangert, mit denen die Vierzig jeweils ihre führende Stellung in ihrem Fach zu festigen suchten, während „die anderen, strikt davon ausgeschlossenen Künstler keine dementsprechende Gelegenheit erhalten, als Person oder für ihre Werke die gleichen Vorteile in Anspruch nehmen zu können".[51] Darüber hinaus vermerkte mit Protest Frederick Hurlstone, Präsident der Gesellschaft Britischer Künstler, daß die Akademie „ein Kanal" sei, „in den alle Ehren des Fachs fließen", ihre Mitglieder den Titel *Esquire* führten und ihr Präsident in den Ritterstand erhoben werde.[52]

Die von Hurlstone und seinem Kollegen in der genannten Gesellschaft, Thomas Christopher Hofland, vorgebrachten Beweise für ihre Behauptungen gehören wohl zu den schwersten Verurteilungen der Akademie, und erschüttern die Vorstellungen der Gesellschaft, die zumindest um diese Zeit zur Akademie harmonische Beziehungen unterhielt. Und doch enthüllen die Untersuchungen des Ausschusses mehr als die Äußerungen zwar einflußreicher aber ‚außenstehendere' Künstler. Ermittelte Beweise führten wiederum zu neuen Fragen danach (denen von Fürst Hoare vor dreißig Jahren sehr ähnlich), ob die Akademie nun als private oder als öffentliche Einrichtung zu betrachten sei. Darauf kam auch der Bildhauer George Rennie immer wieder zurück, dessen Aussage vom 21. Juni einen totalen Angriff auf die Akademie in Gang setzte. „Meiner Ansicht nach", sagte er, „sollte die Akademie entweder über Vorschriften und Regeln verfügen, die so verfaßt sind, daß sie zu einer öffentlichen Einrichtung passen, oder sie sollte vollständig privatisiert werden; derzeit betrachte ich sie als eine rechte Anomalie." Die Akademie „befindet sich in einer undeutlichen Situation", versicherte Rennie. „Ihre Räume werden ihr von der Öffentlichkeit zur Verfügung gestellt, ihre Mitglieder stehen unter dem Schutz königlichen Patronats und königlicher Erlasse, doch ihre innere Struktur ist so beschaffen, als ob es sich um eine gänzlich private Einrichtung handeln würde."[53] Außerdem konnte die Übersiedlung der Akademie in ein von der Regierung errichtetes Gebäude darauf schließen lassen, daß ihr – fast schon ein Versäumnis – öffentlicher Rang verliehen war. Wie Hurlstone meinte, war dies „in gewisser Weise eine positive Bewertung ihrer selbst als nationale Einrichtung".[54]

Auf die Verantwortung des Parlaments für den quasi öffentlichen Status der Akademie verwies in den letzten Jahren des Jahrzehnts energisch das radikale Parlamentsmitglied Joseph Hume. Unterstützt von seinen radikalen Mitstreitern, verfolgte Hume

50 Ibid., S. 96.
51 Ibid., S. 60.
52 Ibid., S. 69.
53 Ibid., S. 57.
54 Ibid., S. 65.

die Angelegenheit im Haus, um sie dort am 24. Juli 1839 im großen Stil zur Debatte zu stellen. Humes dabei besonders herausgestelltes Argument besagt, daß die Akademie, wenn sie tatsächlich eine öffentliche Körperschaft wäre, ihre Einnahmen doch dem Parlament überweisen solle. Hume siegte bei der Abstimmung nicht, doch war diese Debatte nur der letzte Akt einer Kampagne, die darauf abzielte, die Position der Akademie möglichst tiefgreifend zu erschüttern. Damit war sie auch Teil eines großangelegten Schlachtplans, in der die Radikalen, mit Hume an der Spitze, auf jedem Gebiet von nationaler Bedeutung Horte institutionalisierter Privilegien und Korruption aufspürten und bekämpften. Außerhalb des Unterhauses kämpfte Hume für seine Sache in Form einer Papierschlacht gegen den Künstler, der inzwischen zu der Position und den Ehren der Akademie-Präsidentschaft aufgestiegen war: Sir Martin Archer Shee. Humes Forderung nach Reformen, seine Argumente dafür, daß zu der Ausstellung der Akademie Besucher aller Gesellschaftsschichten kostenlos Zutritt haben sollten, trieb Shee in eine zunehmend konservative Position. Und obwohl Hume 1839 schließlich doch unterlag, gönnte er sich dennoch das pikante Vergnügen, seinen Kollegen im Parlament äußerst reformistische, aus frühen Veröffentlichungen Shees stammende Passagen vorzulesen.

Die Attacken auf die *Akademie* waren, wie bereits angedeutet, in den 1830er Jahren von dem Gefühl getragen, daß der Beruf des Künstlers den existierenden Institutionen entwachsen war, was auch die Ansicht eines breiteren Kunstpublikums wiederspiegelt. Haydon schätzte in seiner Aussage vor dem Sonderausschuß, daß es 1836 in London zweitausend professionelle Künstler gab[55], viel zu viele, um die Vormachtstellung der vierzig Akademiemitglieder zu rechtfertigen. Und zu der Frage, für welche Menschen Kunst geschaffen werde, äußerte sich der gesamte, auf kommerziellen Vorteil bedachte Ausschuß dahingehend, daß die bildende Kunst allen Schichten der Gesellschaft zugänglich gemacht werden solle. Wie Hume betonten die Zeugen fortgesetzt die Notwendigkeit, Ausstellungen der breiten Masse des Publikums zu öffnen. Doch wiederum stellte sich die Frage, welche Rolle der Staat dabei, im Hinblick auf direkte finanzielle Unterstützung, spielen solle. Jedenfalls hatten die Untersuchungen des Ausschusses wenigstens eine positive, vom Staat finanzierte Initiative zur Folge, nämlich die Einrichtung einer Zeichen-Schule in den alten Räumen der Akademie im *Somerset House*. Es dauerte jedoch nicht lange, bis dies als ‚Angelegenheit' der Akademie betrachtet wurde; die staatliche Unterstützung historischer Malerei wurde erst im folgenden Jahrzehnt realisiert. Dann jedoch waren die Ansichten der Befürworter von Reformen in den 1830er Jahren der politischen Intervention kaum noch dienlich – einmal abgesehen von Analysen und Berichten über die Situation der Kunst. Ewart hatte seine Position deutlich gemacht, als er sich 1835 für seinen Ausschuß einsetzte. Wie er zugab, sei er sich nicht darüber im klaren, wie man am besten die Kenntnis von der Kunst pflege; er vertrete jedoch „die Ansicht, daß die Künste, wie der Handel, im wesentlichen frei sein sollten".[56] Von Ewart ermutigt, schlossen sich viele der vor dem Ausschuß aussagenden Künstler dieser Meinung an – wobei Haydon die einzig erkennbare Ausnahme bildete – und einigten sich auf der rhetorischen Formel vom freien Handel. So stimmte Rennie eifrig zu, als Ewart darlegte, daß „dort ein falscher Anreiz erzeugt würde, wo der Staat zu sehr mit Hilfe akademischer Einrichtungen in den Fortschritt der Kunst eingreift"[57], und daß – „wenn der Staat sich überhaupt in Angelegenheiten der Kunst einschaltet, er dies nach dem Grundsatz des freien Wettbewerbs tun" solle.[58] Hofland, der die *Society of Artists* vertrat, erklärte, als Gegenpol zu staatlichen Interventionen würde auch er „einen freien Handel in der Kunst" vorziehen, und er stimmte Ewarts Behauptung zu, daß ein „freier Wettbewerb" jenes Prinzip darstelle, „das in einer Zeit regierte, als die italienische Renaissance-Kunst zu ihrer größten Berühmtheit gelangte".[59] Zumindest für diesen Moment lag die Initiative bei denen, die meinten, daß der von ihrer institutionellen Verderbtheit befreite Welt der Kunst am besten gedient wäre, wenn weniger Reglementierungen bestünden, und daß die Künstler auf ihrem Weg zum Publikum nicht behindert werden sollten.

55 Ibid., S. 93.
56 *Parliamentary Debates* (Commons), 3. Reihe, 14. Juli 1835, S. 554.
57 *Report from the Select Committee (of the House of Commons) on Arts and Manufactures* 1836, S. 56.
58 Ibid., S. 62.
59 Ibid., S. 107.

DIE MALEREI IM LONDON DES FRÜHEN NEUNZEHNTEN JAHRHUNDERTS

Andrew Wilton

Die *Royal Academy of Arts* in London bestand zu Anfang des neunzehnten Jahrhunderts bereits seit mehr als dreißig Jahren. Auf dem Schauplatz der dort regelmäßig stattfindenden Frühjahrsausstellungen hatten bereits zwei Generationen von Malern ihre Fähigkeiten unter Beweis gestellt. Das Ansehen dieser Akademie übte eine magnetische Anziehungskraft auf Künstler aus ganz Großbritannien aus, die ohnehin in die Metropole als dem eigentlichen Zentrum jeden Mäzenatentums strebten. Zudem war die Akademie dank der ihr angeschlossenen Schulen die einzige Institution Englands, die eine systematische handwerkliche und theoretische Ausbildung anbot. Ihr erster Präsident, Sir Joshua Reynolds, hatte in einer Reihe von Diskursen zur alljährlichen Preisverleihung Gesetze der Kunst aufgestellt, die von fast allen Malern der Zeit als unveränderliche Wahrheiten aufgenommen wurden.[1]

Diesen Gesetzen lag eine Verbindung von praktischer Anwendbarkeit und Idealismus zugrunde, die alle Diskussionen über die bildenden Künste fortan bestimmen sollte. Reynolds erkannte, daß „unsere Grundlagen sich in der ungestalteten gewöhnlichen Natur" fänden – „exakt dem, was wir vor Augen haben"; doch er fügte hinzu: „Wenn wir eine höhere Ebene erreichen, halten wir diese Macht der Imitation – obwohl sie die erste Stufe des Verstehens darstellt –, keineswegs mehr für den Gipfel der Vollkommenheit." Reynolds verglich „eine Ansicht der Natur, die diese mit der ganzen Wahrheit der *camera obscura* widerspiegelt, mit dem Bild derselben Landschaft, die von einem großen Künstler geschildert wird" und urteilte darüber sehr entschieden: „Wie unbedeutend und armselig wird das eine im Vergleich mit dem anderen ausfallen." Die Hauptaufgabe des Künstlers – des „großen Künstlers" – war es, die „gewöhnliche Natur" auf eine höhere Ebene von Bedeutung zu erheben.[2]

Reynolds strebte nach einer vereinfachten, typisierten Darstellung. Deshalb propagierte er heroische Bildthemen aus der Geschichte oder der Mythologie sowie einen kühnen Stil des Bildentwurfs, verbunden mit einem intellektuell bestimmten System der Farbgebung, das sich vom florentinischen Ideal des *disegno* herleitete. Er selbst war in seiner Kunst eher der sinnlicheren Malerei der Venezianer verbunden; deren üppige Farbigkeit gab für seine eigene angesehene und weniger akademische Tätigkeit – die Porträtmalerei – ein ebenso wichtiges Vorbild ab wie gelehrte Erörterungen. Diese kluge Verbindung von Intellekt und Instinkt ließ Reynolds zu einem bedeutenden Porträtmaler werden; bis weit in das nächste Jahrhundert hinein galt er als ein den antiken Künstlern ebenbürtiger Meister. Der Earl von Aberdeen sagte 1813, daß Reynolds Werke, obwohl sie „anders aussehen können" als die Werke der Griechen und Italiener, „mit ihnen auf eine Stufe zu stellen sind, da ihr Ziel im wesentlichen dasselbe sei – nämlich *die Aneignung der Natur durch Einfachheit und Wahrheit.*"[3] Doch möglicherweise verstanden einige von Aberdeens Zuhörern diese beiden wichtigen Begriffe – Natur und Wahrheit – nicht in dem von ihm beabsichtigten Sinne.

Reynolds Lehre entsprang einer aristokratischen Sicht der Kunst, wie sie seinem eigenen Metier als erstem Porträtisten des hohen und niederen Adels angemessen war. Er äußerte sich, allgemeiner gesagt, für eine Zeit, die den formalen Vorgaben vergangener Epochen ein ungeheures Gewicht zumaß. Als Henry Howard 1833 eine Professur für Malerei an der *Royal Academy* erhielt, begann er seine Vorlesungsreihe mit einem Verweis auf die von seinen Vorgängern verkündete „Fülle begründeter Lehrmeinungen", die es „kaum zuließ, noch irgendetwas Neues oder Wichtiges hinzuzufügen".[4] Dennoch traten große Veränderungen ein; jemand wie Howard, der im konventionellen Rahmen der Historienmalerei arbeitete, nahm sie möglicherweise kaum wahr.

Zu einem sehr viel späteren Zeitpunkt des 19. Jahrhunderts konnte sich Tom Taylor an dessen erstes Jahrzehnt als an eine Epoche erinnern, in der „in der Kunst gerade das Klassische Mode war. ‚Das Antike', ‚der Akt', ‚die Hohe Kunst' und ‚Michelangelo' wurden dem Studenten eingehämmert". So ein Student glaubte blind an die „Berechtigung solcher Lehren"; Taylor konnte ihnen aus der Sicht von 1860 die Überzeugung entgegenhalten, daß „Stil und Sujet eines Malers von dessen eigener Neigung und Fähigkeit bestimmt sein müßten".[5] Zu dieser Zeit konnte man längst gelassen auf die orthodoxen akademischen Vorstellungen zurückblicken.

Doch auch die viktorianischen Maler hatten sich nicht völlig von theoretischen Einengungen losgelöst. Eine neue Authorität war an Reynolds' Stelle getreten: John Ruskin. Ruskin, dessen enzyklopädisches Werk *Modern Painters* von 1843 an erschien, lehrte, daß Begriffe wie „das Antike" und „die Hohe Kunst" von geringerer Bedeutung waren als die exakte Beobachtung der Natur in ihren individuellen Erscheinungsformen und die sorgfältige Wiedergabe des Beobachteten. Deswegen vermutete man, daß er die Bedeutung der Beschreibung unterordnen wolle – was eine völlige Umkehrung des Reynold'schen Prinzips gewesen wäre. Dem ist nicht so; was Ruskin von Reynolds tatsächlich unterscheidet, ist seine Bereitschaft, höheren Sinn in einer Verkettung von Details zu erkennen, was Reynolds banal und allzu

1 Siehe Hutchison 1968, Kap. IV, V.
2 Malone 1801, Bd. II, S. 122–123 (13. Diskurs, 1786).
3 Leslie 1951, S. 41.
4 Holland 1848, S. 1.
5 Leslie 1860, Bd. II, S. 18.

gewöhnlich erschienen wäre. Ruskin konnte daher ein frühes, erfolgreiches Bild von Edwin Landseer, *The Old Shepherd's Chief Mourner* (1837), als eine Ansammlung von Einzelheiten beschreiben, die aufgrund ihrer Reihung eine intellektuelle Struktur bilden: sie „sind ganz Gedanke – ihr gedanklicher Gehalt unterscheidet das Gemälde, was die Malerei betrifft, auf den ersten Blick von Hunderten vergleichbarer Bilder"; darum besitze es den Rang eines Werkes der hohen Kunst, das seinen Urheber nicht als einen geschickten Nachahmer von Hautbeschaffenheiten oder eines Faltenwurfs, sondern als einen Mann von Verstand ausweise.[6]

Ruskins ‚mit Verstand begabter Mensch' wird in der Mitte des 19. Jahrhunderts zum Nachfolger von Reynolds ‚großem Künstler'. Die zahllosen Details auf Landseers Gemälde wären Reynolds sicher viel zu irdisch erschienen und die gesamte Stimmung des Werks, mit dem Leiden eines Hundes als zentraler Aussage, als eines Genies unwürdig. Das Klassische war damals nicht einfach über Bord gegangen; die hochgestimmte Einfachheit war nicht bloß durch ein fast obsessives Interesse an heimatlichen und kleinteilig alltäglichen Themen ersetzt worden; vielmehr wurde künstlerische Ernsthaftigkeit offenkundig neu definiert. In den ersten Jahrzehnten des 19. Jahrhunderts verlor Reynolds' hehrer Idealismus nach und nach an Boden, und eine offenbar viel banalere, mit den Alltagserfahrungen stärker verknüpfte Kunst trat an ihre Stelle. Wir dürfen uns zu Recht fragen, welche gesellschaftlichen und ethischen Kräfte sich auswirkten, um einen derart radikalen Bedeutungswandel hervorzurufen.

Die Verschiebung vom Klassischen, Einfachen und Großartigen zum Informellen, Privaten und Natürlichen verläuft parallel zu einer anderen Entwicklung: Die Zahl der Mäzene unter den Kaufleuten und anderen Angehörigen freier Berufe nimmt zu. Daraus läßt sich sehr wohl schließen, daß die bildende Kunst in den Jahren vor Viktorias Thronbesteigung 1837 „bürgerlicher" wurde; die Abwertung von Idealismus und Erhabenheit und die Aufwertung des Gewöhnlichen in der Kunst können als Zeichen für Veränderungen innerhalb des sozialen Gefüges dienen. Das heißt jedoch nicht, daß Aristokratie und Landadel nicht mehr als Mäzene auftraten; vielmehr erweiterte sich die soziale Basis des Kunstmarkts, und alle Klassen waren in diesem Zeitraum einem grundlegenden Wandel des Geschmacks unterworfen.

Was aber bedeutet es, wenn wir die Kunst „bürgerlich" nennen? Reynolds und Ruskin hatten etwas gemeinsam: Beide waren eindeutig Angehörige der höheren Berufsstände. Ihre gesellschaftlichen Bindungen waren jedoch unterschiedlich. Während Reynolds als ein Porträtmaler der Oberschicht galt, war Ruskin der Sohn eines Sherry-Importeurs, der als ein an der Botanik, Geologie und Architektur interessierter Amateur gern zeichnete.[7] Diese Art von Enthusiasmus entsprach durchaus den Forschungsmethoden und Erkundigungen der aristokratischen *Society of Dilettanti* aus Reynolds' Tagen; doch ein Großteil ihrer Motivation beruhte eher auf dem calvinistischen Protestantismus der Eltern Ruskins – es war ein religiöser Impuls, der Reynolds und seinem Kreis unbekannt gewesen war. Die Wunder von Gottes Erde, bis hinunter zum Wachstum der Blätter einer Esche oder die Formationen von Felsen und Wolken, erschienen nun als wunderbare Zeichen seiner schöpferischen Weisheit; sie waren Experimenten, Beschreibungen und Analysen zugänglich. Dieser Wunsch, alles klarer zu sehen, um Gottes Absichten besser erfassen zu können, beschränkte sich nicht nur auf Ruskin und seine Familie: Er gehörte ganz und gar zum Bewußtsein der Mittelschicht, in einer Zeit, als der 1819 geborene John Ruskin jung war. Deshalb stellen seine Schriften die Summe und den Höhepunkt einer neuen Haltung zum Erlebnis des Sehens dar, und genau dies ließ sie zur philosophischen Grundlage der Kunst der nachfolgenden Generation – der Prä-Raphaeliten – werden.

Veränderungen der religiösen Anschauungen sind also für den zu beobachtenden ästhetischen Wandel im frühen 19. Jahrhundert ebenso ausschlaggebend wie wirtschaftlicher Fortschritt; sie bringen auch nicht minder bedeutsame Entwicklungen mit sich, die die wissenschaftliche Darstellung des Universums betreffen. Solche Veränderungen erklären zum Teil, warum Pläne für öffentliche Bauvorhaben von Malern in der Zeit kurz vor 1800 – zum Beispiel Benjamin Wests Entwürfe für das Audienzzimmer in *Windsor Castle*[8] – sich von den Entwürfen unterscheiden, die bei der Ausschreibung für die Gestaltung der neuen Parlamentsgebäude in den vierziger Jahren des 19. Jahrhunderts eingereicht wurden. Diese gehen zwar direkt auf West zurück, sind aber von einem viel präziseren Sinn für die wechselseitigen Beziehungen zwischen Geschichte, Religion und öffentlichem Leben geprägt. Dieses Verständnis drückte sich in einem neuen Gefühl für die mittelalterliche Kunst aus; Pugins Verehrung der Gotik als des „wahrhaftigen" christlichen Stils ist ein Beispiel dafür.[9] Der Geschmackswandel läßt sich am Beispiel des Gegensatzes zwischen Soanes klassischer *Bank of England* (1795 begonnen) und den gotisierenden *Houses of Parlament* prägnant deutlich machen, die Charles Barry und A. W. N. Pugin in den vierziger Jahren des 19. Jahrhunderts erbauten. Wir werden darauf noch zurückkommen.

Indem die Fresken von Westminster unübersehbar von gemeinsamer nationaler Erfahrung sprachen, folgten sie dem Modell der Historienmalerei des 18. Jahrhunderts. James Barrys Gemälde von 1777–1784 für den Großen Saal der *Society of Arts* priesen dagegen den Fortschritt der Zivilisation im antiken Griechenland und suggerierten, daß London – und die *Society* im besonderen – die moderne Wiedergeburt jener Entwicklung darstellten. Die 1786 gegründete *Shakespeare Gallery* des Beigeordneten John Boydell wollte sowohl die nationale Schule der Maler, die bis damals in der Akademie wohletabliert und institutionali-

6 Ruskin 1888, Bd. 1, S. 8 (Teil I, Abt. I, Kap. iii).
7 Ruskin berichtete 1885 selbst über seine Familie und seine Jugend in Praeterita. Obwohl seine Eltern streng evangelisch waren, erwog er einmal, die heiligen Weihen der Kirche von England zu empfangen.
8 Siehe Erffa und Staley 1986, S. 192 ff.
9 Siehe A. W. N. Pugin, im Katalogteil

J. Bluck nach A. C. Pugin und T. Rowlandson, Gesellschaft zur Förderung der Künste; Barrys Bilderzyklus im Großen Saal. Aus Ackermann's Microcosm of London, 1809. The Museum of London

siert war, als auch Englands größten Dichter ehren. Beide Institutionen sollten von einem breiten Publikum besucht werden und diesem mit moralisch erbauenden Lehren dienen.[10] Doch beides waren privat finanzierte Projekte, die niemals allgemeine Aufmerksamkeit erregten (die *Shakespeare Gallery* war sogar eine finanzielle Katastrophe), wogegen der Wiederaufbau des Parlaments eine staatliche Unternehmung war, die Verkörperung neu formulierter Demokratie nach der Verabschiedung des Reformgesetes von 1832. Dies war der entscheidende Augenblick in einem Prozeß politischen Wandels; er hatte sich lange hingezogen und betraf auch die weit weniger auffälligen Veränderungen auf dem Felde der Ästhetik, die während der Regierungszeiten von Georg IV. und William IV. in der englischen Gesellschaft stattfanden.

Als erste Phase des Prozesses wurden die großen Vereinfachungen aus Reynolds' Zeit gewissermaßen für den eher volkstümlichen Bedarf abgeschwächt; obwohl es vielleicht paradox erscheint, war dies die Phase des ausgereiften Klassizismus. Der Geschmack für das „Klassische", von dem Tom Taylor sprach, hatte im letzten Jahrzehnt des 18. Jahrhunderts bedeutsame Veränderungen erfahren. Man kann sie als einen Wandel von der Vorliebe für das unechte in eine Neigung zum authentischen griechischen Altertum umschreiben. Dies war ganz einfach die Folge erweiterter Bildung. Reynolds' Klassizismus war noch im wesentlichen der des 17. Jahrhunderts: er galt den wohlbekannten Beispielen griechischer Bildhauerkunst, die sich vor allem in den päpstlichen Sammlungen des Vatikans fanden, etwa Werke wie die Mediceische Venus, der Apoll von Belvedere und die Laokoon-Gruppe. Die Forschungsreisen nach Griechenland und Kleinasien in den fünfziger und sechziger Jahren des 18. Jahrhunderts und die kontinuierlichen Publikationen über die Funde schärften das Verständnis für wahre griechische Kunst. Die *Antiquities of Athens* von James Stuart, „dem Athener", erschienen von 1762 an und machten London erstmals mit den Werken des perikleischen Griechenlands vertraut.[11] Die Parthenon-Statuen wurden erst 1788 veröffentlicht, und Kenntnisse aus erster Hand konnten erst ab 1803 verbreitet werden, als Lord Elgin wichtige Fragmente davon nach London brachte. Diese Erfahrung steigerte die Sensibilität dafür noch weiter. Obwohl die ältere Generation der Kunstkenner, etwa Richard Payne Knight, nicht in der Lage war, den hohen künstlerischen Rang der Athe-

10 Siehe Pressly 1981, Kap. IV, und Boydell Shakespeare Prints 1968, Einleitung von A. E. Santanello.
11 Pevsner 1940, Kap. V; Irwin 1966.

J. M. W. Turner, Der See, Petworth: Sonnenuntergang, kämpfende Hirsche, 1827-28. The National Trust, Petworth House

ner Statuen zu erkennen, so stimulierten sie doch die nächste Künstlergeneration, z. B. Benjamin Robert Haydon; sie wandte sich, wie Barry, dem Thema mit großer Ernsthaftigkeit zu.[12]

Eine weitere wichtige Publikation war d'Hancarvilles prachtvoller Katalog der griechischen („etruskischen") Vasen in der Sammlung von Sir William Hamilton; sein erster Teil erschien 1766–1767.[13] Mehr noch als die Kunstwerke, die er in Rom gesehen hatte, brachten diese authentischen griechischen Vasen Flaxman dazu, den Begriff des „Griechischen" neu zu definieren. Dies tat er nicht nur als Bildhauer, sondern mit noch größerer Wirkung bei seinen Konturzeichnungen zu Homer, Aeschylos und Dante, die in den neunziger Jahren des 18. Jahrhunderts erschienen und schnell in ganz Europa verbreitet wurden.[14] Die Bedeutung dieser Konturzeichnungen kann gar nicht hoch genug eingeschätzt werden. Denn sie begründeten international den bedeutsamen neoklassischen Grundsatz des reinen, ausdrucksstarken Konturs – eines Konturs, der sich, so George Cumberland, in unendlicher Variation bei jeder Statue ergibt, wenn man sie vor sich dreht.[15] Dies war sowohl eine logische Fortsetzung von Reynolds' Lehre klassischer Einfachheit als auch der Bestätigung seines Glaubens an das *disegno* als eines lebenswichtigen Bestandteils jeder großen Kunst. Mit ihrer archäologischen Präzision und verfeinerten Zeichentechnik stießen sich Flaxmans Zeichnungen von Reynolds Vorbild ab. Sowohl der verkleinerte Maßstab, zu dem Flaxman vielleicht von d'Hancarvilles Vasen-Darstellungen ermutigt wurde, als auch ihre literarischen Effekte sind für die Entwicklung der Ästhetik im 19. Jahrhundert von zentraler Bedeutung.

Diese Entwicklung fand im Bereich des Aquarells eine unvorhergesehene Parallele. Die Landschaftsmaler des 18. Jahrhunderts, vor allem diejenigen, die sich auf das Aquarell spezialisiert hatten, neigten dazu, sich auf topographische Ansichten zu konzentrieren; doch erkannten alle die theoretische Überlegenheit jenes idealisierten Stils der Landschaftsmalerei an, der von Claude Lorrain im 17. Jahrhundert entwickelt worden war und – wie viele glaubten – von Richard Wilson im 18. Jahrhundert perfektioniert wurde. Wilson, so glaubte man, erreichte eine besondere Universalität, und er verzichtete in einem Maße auf unwesentliche Details, wie es selbst Claude vermieden hatte.[16] Eine solche Sichtweise war der Darstellung spezieller, vor allem ihrer Architektur wegen interessanter Orte, zunächst einmal nicht angemessen. Aber Wilsons Stil der Landschaftsmalerei besaß einen Rang, der dem Reynolds in der Porträtkunst gleichkam; er war überdies gleichermaßen auf die Mythologie wie auf realistische Schilderungen anwendbar. In den Händen von Aquarellisten wie John Robert Cozens und Thomas Girtin, die ihr Fach bei Wilson gelernt hatten, fand die Topographie ihre Vollendung als reine, die Natur vereinfachende Kunstform, wie sie damals angestrebt wurde. Girtins außergewöhnlich kühne und prächtig kolorierte Lavierungen waren innerhalb einer Tonleiter tiefer grüner, grauer und brauner Farbtöne orchestriert; sie zeigten, was das nun befreite Medium leisten konnte. 1804, zwei Jahre vor dem frühen Tod des Malers, wurde eine Aquarellisten-Gesellschaft, die *Society of Painters in Water-Colour,* gegründet; sie trat in Konkurrenz zur Akademie auf.[17]

Kaum hatte Girtin seinen Stil der „erhabenen Topographie", wie wir es nennen können, ausgeprägt, als schon ein anderer Meister, John Sell Cotman, begann, die ihr innewohnende Einfach-

12 Siehe z. B. Blunden 1927, S. 85.
13 D'Hancarville 1766–67.
14 Siehe Irwin 1979, bes. Kap. III, V, und Bindman 1979.
15 Cumberland 1794, S. 9, 33: „Eine Statue besteht nur aus Konturen ... Es gibt auf der Welt Statuen, die, wenn man sie sich auf einem Zapfen vor einer Lampe drehen läßt, Hunderte schöner Konturen auf eine Wand werfen würden."
16 Siehe z. B. *Works of the Late Edward Dayes,* 1805, S. 357–358.
17 Roget 1891, Bd. I, Buch I, Kap. VI; Buch II, Kap. I, II, III. Siehe auch Sloan 1986 sowie Girtin und Loshak 1954.

heit der Struktur zu analysieren und weiterzuentwickeln. Man könnte Cotman als Flaxman der Landschaft bezeichnen; für seine Kompositionen war der reine, ausdrucksstarke Kontur maßgeblich, und er konstruierte seine subtilen Harmonien aus gedämpften Farben auf einer fein entwickelten Struktur konturierter Formen. Zu einem späteren Zeitpunkt seiner Laufbahn hellte sich diese Farbskala auf; tatsächlich scheint die Verwendung des Konturs als eigenständiges Kompositionsmittel ihn notwendigerweise dazu geführt haben, die Farbe zu befreien und sie mit einer Eigenexistenz, mit einer in diesem Medium nie dagewesenen satten Kraft auszustatten.[18] Während der in dieser Ausstellung behandelten Jahrzehnte stellt diese funktionelle Verwandtschaft zwischen Linie und Farbe eines der wichtigsten Themen dar; Cotmans Entwicklung als Aquarellist kann daher als Musterbeispiel für den ästhetischen Fortschritt der gesamten Epoche dienen. Die Verbindung von Linie und Farbe war jedoch nicht nur theoretisch. Ihre praktische Beziehung ist von wirtschaftlichen Faktoren in der Kunst des frühen 19. Jahrhunderts abzuleiten. Die Tätigkeit des Malens, in welchem Medium auch immer, ist mit den Reproduktionsverfahren der Stecherkunst eng verbunden. Während des 18. Jahrhunderts hatten die Künstler zunehmend enge und profitable Beziehungen mit Druckern gepflegt; Reynolds steuerte eine ganze Schule von Schabkünstlern, die seine Werke kopierten und vertrieben; und auch der Linienstich erlebte neue Höhepunkte, was die Feinheit und die Präzision der Darstellung betraf.[19]

Die in den siebziger Jahren des 18. Jahrhunderts eingeführte Aquatinta-Radierung war ein geeignetes Mittel, um den Vorlagen überraschend ähnliche Drucke nach lavierten Federzeichnungen und Aquarellen des traditionellen topographischen Typs zu erzielen; die Schabkunst und der Linienstich jedoch erwiesen sich als geeigneter für die Reproduktion der komplexen Bilder, die die Aquarellisten nach dem Vorbild von Girtin zu schaffen begannen; diese Techniken wurden nun während der ganzen ersten Hälfte des 19. Jahrhunderts von Künstlern und Graphikverlegern angewandt.

Eines der Ziele der neugegründeten *Water-Colour-Society* war es, zu demonstrieren, daß die von ihr gewählte Technik ebenso Kunstwerke hervorbringen konnte wie die Ölmalerei. Girtin war von Reynold's und Wilsons Ideen beeinflußt worden; sein Kollege und Zeitgenosse J. M. W. Turner, der ihn um fünfzig Jahre überlebte, hatte diese beiden Meister sein Leben lang verehrt, und er setzte die Vorstellungen seiner Zeit in die Praxis um, indem er in seinem eigenen Schaffen der Malerei mit Öl ebenso viel Gewicht zumaß wie dem Aquarell.[20] Bereits sehr früh ließ sein Werk dies deutlich erkennen, und dessen Erfolg ermutigte die Aquarellisten, sich in einer eigenen Akademie zusammenzuschließen. Ihr Werk entstand nun direkt, um öffentlich präsentiert zu werden und war nicht länger nur für Privatsammlungen geschaffen oder als Entwürfe druckgraphischer Illustrationen von Reisen zu den Altertümern konzipiert; es wuchs an Umfang proportional zu seiner wachsenden Bedeutung und wurde häufig in ebenso kostbaren Goldrahmen präsentiert, wie sie für Ölgemälde verwendet wurden. Statt nahezu ausschließlich Landschaften darzustellen oder eher beiläufigen Bereichen wie der Karikatur zu dienen, erwartete man nun von der Aquarell-Kunst, daß sie sich auch weitgehend mit der menschlichen Gestalt, innerhalb historischer und mythologischer Themen oder im häuslichen und ländlichen Genre befaßte. In der Landschaftsmalerei sollte das Aquarell ebenso ein Medium für Erprobungen des „erhabenen" Stils von Claude Lorrain oder Poussin sein, wie es auch schlichte topographische Ansichten hervorbringen konnte.[21]

Sein traditionelles Anliegen, das Unmittelbare, das Formlose und Flüchtige festzuhalten, hatte das Aquarell nicht aufgegeben. Es blieb das Medium *par excellence* für Studien der Naturphänomene im Freien und für die rasch niedergelegte Beobachtung vergänglicher Eindrücke. Mit dem neuen experimentellen Eifer, der sich unter dem Eindruck von Girtins Fortschritten in dieser Technik und dem aktuellen Beispiel des fruchtbaren Turner einstellte, begannen viele junge Künstler gewohnheitsmäßig Eindrücke der sie umgebenden Welt in Farbe zu skizzieren, die sie zuvor ganz formelhaft behandelt hatten. Ihre hochgemuten Ambitionen verlangten von den Mitgliedern der *Water Colour Society* ein ausgefeiltes akademisches Training bei der Sammlung sorgfältiger Studien nach dem Leben. Dementsprechend gelangten breitere Vorstellungen in ihr Werk. Und im selben Maße, wie das Aquarell allmählich den „großen Stil" in sich aufnahm, erweiterte die Ölmalerei ihre Grenzen, um sich einem vertrauten Umgang mit der Natur zuzuwenden, der zuvor die Domäne von Zeichnern und Aquarellisten gewesen war. Die Möglichkeit, im Freien informell mit Öl zu skizzieren, war gelegentlich auch in der Vergangenheit von Künstlern genutzt worden, besonders von denen auf Studienreisen in Italien. So hatte der Amateurmaler Thomas Jones aus Wales während der achtziger Jahren des 18. Jahrhunderts in Neapel mit Ölstudien von Mauerstücken und flüchtigen Eindrücken von Kuppeln gegen den blauen Himmel experimentiert. In seiner Heimat setzte er dieses Verfahren fort; damit ist er ein Vorläufer der ausgeprägteren künstlerischen Anstrengungen der nächsten Generation. John Constable, der ihr angehörte, entwickelte aus dieser Arbeitsweise ein regelrechtes System des Naturstudiums. In den ersten Jahren des Jahrhunderts machte er es sich zur Gewohnheit, kleine Leinwände oder Papiere mit nach draußen zu nehmen, um schnell und bemerkenswert frei mit Ölfarben die Wirkungen von Licht, Wolken, voluminösem Blattwerk, von tiefen Schatten und Reflexionen hinzuwerfen, wie er sie am Himmel, auf den Wegen und in den Tälern des heimatlichen Suffolk beobachtete. Andere, wie John

18 Siehe Kitson 1937 und Rajnai 1982.
19 Siehe Alexander und Godfrey 1980.
20 Siehe z. B. Wilton 1979, Kap. 2, und Gage 1987.
21 Siehe Roget, a. a. O. Eine neuere Untersuchung zu diesem Thema legt Bayard 1981 vor.

Linnell und William Mulready, lebten in London und machten alte Bauwerke oder Kiesgruben oder Partien an der Themse zum Thema ihrer Studien; sie benutzten dabei je nach Stimmung oder Temperament Öl- oder Aquarellfarbe.[22]

Das gestiegene Ansehen der Aquarell-Technik hatte außerdem zur Folge, daß die Künstler ganz selbstverständlich lernten, ihre Methoden und Versuche in die Sprache der Ölfarbe zu übersetzen; sie dachten also flexibler über die Möglichkeiten des Mediums nach. Dank dieser neuen Stellung des Aquarells entwickelt sich im frühen 19. Jahrhundert in England eine Strömung – die zuweilen zur deutlich erkennbaren Bewegung wurde –, hin zur freien, großzügigen Übersetzung unmittelbar beobachteter Erscheinungen der sichtbaren Welt; dieses Phänomen könnten wir heute Impressionismus nennen. Es äußert sich vor allem im Werk jener Gruppe von Künstlern, die Girtin folgte, besonders in dem von David Cox und Peter de Wint (die beide sowohl in Öl malten als auch aquarellierten); ihre Arbeiten gingen ebenso aus der Tradition Reynold'scher Fülle und „Vereinfachung" hervor wie aus dem gegen Reynolds gerichteten Interesse am *Plein-air*-Naturalismus.[23]

Zu dieser Zeit jedoch entwickelte sich das „Ausstellungs"-Aquarell zunehmend formal und akademisch. Die Möglichkeit einer Wechselwirkung der beiden erwähnten Entwicklungsstränge entspringt vor allem der neuen Unabhängigkeit des Künstlers, seiner Freiheit, dem Gefühl einer persönlichen und einzigartigen Verbindung mit der natürlichen Welt Ausdruck zu verleihen (und auch das ist ein relativ neues Phänomen), sowie seinem Anspruch, diese subjektive Empfindung öffentlich als Kunst vorzulegen. Die Epoche der Romantik wird häufig als das erste Zeitalter bezeichnet, in dem Künstler mit individueller und persönlicher Stimme sprachen und nicht als Sprachrohr religiös oder politisch Herrschender fungierten. Dies war auch in sozialer Hinsicht wichtig: Menschen, die zuvor bloße Mechaniker oder Kunsthandwerker gewesen waren, traten nun in die deutlich abgegrenzten höheren Berufsstände ein. Die Akademie verlieh ihren Mitgliedern einen besonderen Status (ihre Präsidenten wurden sogar zu Rittern geschlagen) und verschaffte dem Berufsstand insgesamt ein hohes Ansehen. Es war so unvermeidlich, daß die Kunst die Ideale und Hoffnungen dieser neu hinzugekommenen Schichten kanalisierte.

Gleichzeitig brachten die Künstler ihren beruflichen Standpunkt deutlicher an die Öffentlichkeit. Es entwickelte sich daraus die klare Vorstellung eines Publikums, auf das Ausstellungen wie eine Art Kunst-Propaganda wirkten, und für das notwendigerweise eine öffentliche *National Gallery* für Malerei, die die Britische Schule einschloß, gegründet werden mußte. 1805 gab der Porträtmaler Martin Archer Shee *Rhymes on Arts* mit dem Untertitel *The Remonstrance of a Painter* (Reime zur Kunst, der Einspruch eines Malers) heraus, in denen er diese Gedanken aussprach; er dachte auch über die Beziehung der Akademie zu ihrem Publikum nach und vor allem darüber, wie diese Beziehung von den Kritikern definiert wurde:

Wenn die Dummköpfe aus den Rängen der nützlichen Dienste verjagt sind,
werden sie von den unordentlichen Haufen des Geschmacks für tauglich erachtet;
lernen bald, andere mit den Hieben des Kritikers anzutreiben und befeuern
mit ihren Kinderschießgewehren das Genie des Tages.[24]

Akademikern war es allerdings geraten, Kritik ernstzunehmen und aus ihr zu lernen. 1825 schrieb C. M. Westmacott, ein Bildhauer und Journalist, der einer großen Künstlerfamilie angehörte, den in Versen abgefaßten Bericht über ein imaginäres Treffen des Akademierats, bei dem der „Hof"-Präsident Thomas Lawrence forderte:

Meine Herren, der große Feind aller Königlichen Akademien
ist das stumpfsinnige Gehabe des blinden Lobes …
Der Schreiber dient uns am besten – wer immer er sein mag,
der zu Recht lobt und offen tadelt –
von keinem Interesse geleitet, von keinen Titeln umgarnt,
der Lob erteilt, das auf Nachdenken beruht –
…
Wenn der Tadel gerecht ist, mag alle Welt zustimmen, und ist er ungerecht: Haben sie denn keine Augen, um zu sehen?[25]

Ein solcher Meinungsaustausch setzt entsprechende Entwicklungen in der Haltung des betrachtenden und sammelnden Publikums voraus, das nun mehr Möglichkeiten hatte, die zeitgenössische Kunst zu studieren. Die *British Institution,* vor allem in der Absicht gegründet, die nationale Schule öffentlich bekanntzumachen, widmete jedes Jahr den von lebenden Künstlern eingereichten Arbeiten eine große Ausstellung. Einige Privatleute machten sich diese Idee zu eigen. Zu Anfang des Jahrhunderts eröffnete Sir John Fleming Leicester sein Londoner Haus für Besucher; sie waren eingeladen, eine vorzügliche Auswahl britischer Werke aus der Zeit Reynolds bis hin zur Gegenwart anzuschauen. Der dritte Earl von Egremont unterstützte zeitgenössische Maler und Bildhauer ebenfalls; er erbaute eine Galerie, um neben alten Meistern und antiken Skulpturen seine neuen Erwerbungen vorzustellen. Der im Ruhestand lebende Wagenbauer Benjamin Godfrey Windus war einer von mehreren erfolgreichen Geschäftsleuten, die zu dieser Zeit Aquarell-Sammlungen aufbauten; einmal in der Woche öffnete er einem breiteren Publikum seine Vorstadtvilla; dort war die mit Turner-Bildern vollgehängte Bibliothek eine besondere Attraktion. Robert

22 Siehe Gage 1969; Blayney Brown 1991.
23 Zu Cox siehe Wildman 1983, und Wilcox 1984; zu de Wint siehe Scrase 1979.
24 Shee 1805, S. 99. Siehe Venning und Shee 1982, Bd. 1, S. 36–46, und Bd. 2, Nr. 2, S. 40–49. Siehe auch Wilton 1990, S. 23–28.
25 Westmacott 1826, S. 279–300.

J. M. W. Turner, *Die North Gallery* in Petworth House bei Nacht, 1827. In der Bildmitte Flaxmans Statue „Der Heilige Michael überwindet Satan", 1822, die vom 3. Earl von Egremont in Auftrag gegeben wurde. Tate Gallery

Vernon, ein Pferdehändler, trug eine umfassende Auswahl britischer Kunst bis zum Jahre 1840 zusammen; 1847 vermachte er sie dem Staat. Diese Leute repräsentierten den stattfindenden Wandel des Geschmacks; die soziale Stellung von Leicester und Egremont einerseits und die von Windus und Vernon andererseits zeigt, daß die Tradition des Kunstsammelns unter den Aristokraten zu dieser Zeit Bestand hatte, und daß sich daneben eine Kunst-Förderung der Mittelschicht entwickelte. Auch wenn offensichtlich war, daß die Größe eines Kunstobjekts manchmal die Wahl eines Sammlers bestimmte, konnten Klassenunterschiede die Vorliebe für spezielle Bildgattungen nicht mehr lenken.[26]

Die Diskussion darüber, ob eine Nationalgalerie wünschenswert sei, zu der Shee den erwähnten Beitrag geleistet hatte, nahm immer eindringlichere Formen an, und 1824 wurde die Keimzelle für eine solche Galerie angelegt: damals genehmigte das Parlament den Ankauf einer bedeutenden Gruppe von Gemälden aus dem Besitz des Finanziers John Julius Angerstein; noch im selben Jahrzehnt wurden mehrere Werke aus der Sammlung von Sir George Beaumont angekauft sowie drei Meisterwerke von Tizian, Poussin und Annibale Carracci, die dem Goldschmied Thomas Hamlet gehörten.[27] Diese neuen Möglichkeiten, die es zuließen, Werke der größten alten und modernen Meister aus nächster Nähe zu studieren, schufen zusammen mit der von den Kursen der Akademie angebotenen Ausbildung eine anregende Umgebung, wie es sie nie zuvor gegeben hatte; so konnte sich die jüngere Generation von Malern weiterentwickeln. Technische Fertigkeiten im Entwerfen, Zeichnen und Kolorieren wurden weitaus selbstverständlicher, als sie es im 18. Jahrhundert gewesen waren. Reynolds war für seinen Mangel an zeichnerischer Begabung berüchtigt gewesen (seine „Vereinfachung" konnte unfreundlich auch als Rationalisierung dieses seines Unvermögens interpretiert werden). Thomas Lawrence, der 1820 Akademiepräsident wurde, war ebenso eindrucksvoll, wenn er einen Bleistift oder Kreide handhabte, wie wenn er den Pinsel führte; in allen Fächern war er ein Virtuose. Dasselbe gilt für viele seiner Zeitgenossen. Dazu gehören der Schotte David Wilkie, die Iren Mulready und Maclise sowie William Etty aus Yorkshire; sie fühlten sich alle unvermeidlich von London angezogen und wurden Mitglieder der Akademie.

Die technische Meisterschaft der in der Akademie ausgebildeten Künstler-Generation hatte ihre Auswirkungen auf die natio-

26 Siehe Whittingham, in: *Turner Studies* Bd. 6, Nr. 2, S. 24–36 (Diese Ausgabe enthält auch Artikel über weitere Sammler dieser Zeit); Butlin, Luther und Warrell 1989 enthält Informationen über Egremont als Sammler zeitgenössischer Kunst; zu Vernon siehe Hamlyn (erscheint 1993).

27 Siehe Whitley 1930, S. 65–76, 103.

J. Ward, Kämpfende Bullen, mit Blick auf St. Donatt's Castle, Glamorgan, 1804. The Victoria and Albert Museum

nale Kunst und erhöhten deren Selbstvertrauen enorm. Bereits in der zweiten Hälfte des 18. Jahrhunderts war offenkundig geworden, daß es nicht der Glanz der großen Italiener war, den das britische Publikum sich von den Künstlern seines Landes am meisten erhoffte. Die Londoner bevorzugten vielmehr eine prosaischere Kunst – eine Malerei, die ihren besonderen Vorlieben diente und eine wiedererkennbare Welt darbot. Man kann sagen, daß nun zwischen der Akademie und dem Publikum stillschweigend ein Pakt geschlossen wurde: Auf dem Wege des steten Gebens und Nehmens bei den jährlichen Ausstellungen und der dadurch erwachsenen Kritik wurde ein *modus vivendi* für beide Seiten geschaffen. Er förderte eine Generation von Malern, die mehr als ihre Vorgänger auf ihr Recht vertrauten, eher zu unterhalten als zu belehren. Unter ihnen ragten jene Künstler heraus, die Großartigkeit und Ernst suggerierten und dabei doch optische Reize so wirkungsvoll vermitteln konnten, wie man zuvor nie zu träumen gewagt hätte. Lawrence, der in der immer noch wirtschaftlich erfolgreichsten Sparte des Berufstandes, dem Porträt, arbeitete, erzielte mit seinen gewinnenden, bravourösen Abbildern von Angehörigen der großen Welt nicht nur in England überragende Erfolge, sondern auch in ganz Europa. Tatsächlich war er unenglisch mit seiner Neigung, seine Modelle ebenso zauberisch schön wie würdevoll darzustellen. Zudem war Lawrence vielleicht, dank seiner technischen und psychologischen Meisterschaft, der vollendetste Nachfolger Van Dycks unter den britischen Porträtmalern. Doch es ist auch etwas unnachahmlich Englisches in seiner kompromißbereiten Hinwendung zu Reynolds,.wenn er die Porträts des Schauspielers John Philip Kemble als Hamlet, Coriolanus oder Addisons Cato „halbhistorisch“ nannte.[28]

Lawrences Fähigkeit, gleichsam mühelos die Errungenschaften der Vergangenheit zu evozieren und in höchst persönlicher und origineller Weise weiterzuführen, ist ein Beispiel für den Wandel, der in den zwanziger Jahren des 19. Jahrhunderts Reynolds einstige Vorstellung erfaßt hatte, Ideen der alten Meister zu nutzen. Statt sich auf die akademische Verwendung von Motiven der Renaissance und des Barock in entsprechenden Bildern

28 Siehe Garlick 1989; West 1991, S. 226–49.

J. M. W. Turner, Dort oder Dordrecht: Das Dordrechter Postschiff von Rotterdam in stillem Wasser, 1818. Yale Center for British Art, Slg. Paul Mellon

beschränken zu lassen, wurde Vergangenheit bei den besten Künstlern dieser Zeit nun zum lebendigen Impuls. Künstler des frühen Barock waren im 18. Jahrhundert ziemlich in Vergessenheit geraten – Velázquez zum Beispiel, auf den Reynolds sich nicht bezieht (Spanien war im übrigen in die *klassische Grand Tour* nicht einbezogen; es wurde jedoch nach den Napoleonischen Kriegen zu einem beliebten Reiseziel). Diese barocken Künstler begannen nun, die damalige Gegenwart zu beeinflussen, vor allem Wilkies Werk. Etty, der als Aktmaler bekannt und für seine virtuose Handhabung sinnlicher Farbe berühmt wurde, zeigt, daß Venedigs Glanz zur Zeit der Renaissance im modernen London wiedererstehen und daß die menschliche Gestalt zum Thema ernsthafter Gedanken gemacht werden konnte, ohne dabei ihrer Sinnlichkeit beraubt zu werden. Etty verschaffte den von den Klassizisten nüchtern und kalt wiedergegebenen Motiven eine neue Geltung, wenn nicht gar eine neue Anziehungskraft. Natürlich wurde er für seine Ungenauigkeit gerügt; aber seine erfolgreichen Beschwörungen Tizians und Rubens' – sowie der Lehren von Reynolds – sicherten ihm die Wände der Akademie. Etty gilt als Ausnahme unter den protestantischen englischen Künstlern, weil er sich auf die Nacktheit konzentrierte. Seine Nähe zur Bildhauerei (und zum Klassizismus) sind offenkundig: Während der gesamten Epoche war es völlig selbstverständlich, den menschlichen Körper nackt, in Stein gehauen, darzustellen.[29]

Das gleiche Prinzip galt sogar für die Landschaftsmalerei. James Ward war als Tiermaler überragend, zu einer Zeit, da die Nachfrage nach Jagdstücken eine Reihe vorzüglicher Repräsentanten dieses Fachs hervorbrachte. Er übertrug seine große Bewunderung für Rubens auf viele im großen Stil konzipierte Landschaften, die alle von dessen *Landschaft mit Schloß Steen*

29 Siehe Farr 1958.

inspiriert waren. Dieses enorm einflußreiche Bild war 1803 von Sir George Beaumont erworben worden; als Teil seiner Schenkung gelangte es 1828 in die National Gallery. Auch Wards Tier-Stücke entstanden unter dem Einfluß Rubens'scher Malerei. Seine heroischen Pferdeporträts gehören zu den großartigen Bilderfindungen der Romantik; er übertrug sie in eine Litographien-Folge, deren unter den Drucken jener Zeit herausragende Qualität Aufmerksamkeit verdient.[30] Ein weiterer Verehrer von Rubens und des „taufeuchten Lichts und der Frische" seiner Panorama-Landschaften war Constable; ihm gelang es, diese Eigenschaften auf sein eigenes Werk zu übertragen und sie zum Leitmotiv seiner Kunst zu machen.[31] Obwohl er Rubens einiges schuldete, war Constables Natursicht so intensiv persönlich, seine Farbgebung so radikal und innovativ, daß er lange brauchte, um wohlwollend betrachtet zu werden. Obwohl Beaumont ihn vom Anfang seiner Laufbahn an gefördert hatte, wurde er erst gegen Ende seines Lebens Mitglied der Akademie.

Anders als Constable gelangte Turner zu schnellem Ruhm; er konnte sein Ansehen als führender Landschaftsmaler seiner Zeit über seine lange Laufbahn hinweg aufrecht erhalten, obwohl er die Kritiker mit dem ergiebigsten Material für Satiren versorgte, dessen sie sich je hatten erfreuen können. Seinen Erfolg hat er vielleicht der Tatsache zu verdanken, daß er in so vielen Bereichen tätig war. Seine höchst theatralischen historischen Landschaften, die ausdrücklich belegen sollten, daß eine ernsthafte Landschaftsmalerei möglich war, wurden bei der Akademie zustimmend aufgenommen; seine topographischen Aquarelle dagegen, die an vielen Stellen gestochen und veröffentlicht wurden, sicherten ihm ein reiches Einkommen.[32] Turner experimentierte auf der Basis einer hoch akademischen und eigentlich rückwärtsgerichteten Kunstanschauung – von allen großen Malern seiner Zeit vertraute er am meisten dem Beispiel der alten Meister. Wenn Lawrence seine Inspiration von Van Dyck bezog, Etty die seine von Tizian und Ward von Rubens, dann war Turner nicht nur bereit, sich einer Verpflichtung bewußt zu sein; er malte sogar ausgefeilte Pasticci, nachempfundene Werke nach Cuyp, Rembrandt, Watteau oder Canaletto. Diese Pasticci bringen die Beschäftigung mit der Kunstgeschichte auf den Punkt, auch wenn sie weit mehr als bloße Imitationen sind und tatsächlich eine ganz und gar persönliche Sicht darstellen. Als kunsthistorische Huldigung gehen sie jedoch sehr viel weiter als die von Turners Zeitgenossen. Angeregt wurde er dazu dauernd, durch das Beispiel moderner Meister, eines Kollegen oder Rivalen. So ist sein bedeutendster Versuch im Stile Cuyps, *Dordrecht* aus dem Jahre 1818, von dem zwei Jahre früher entstandenen Gemälde *Pool of London* von Augustus Callcott beeinflußt worden; während der zwanziger Jahre imitierte er, einem Beispiel von Stothard folgend, Watteau, und dank seines Freundes George Jones folgte er Rembrandt.[33] Turners frühe Zuneigung zu Wilson steigerte sich zu einer leidenschaftlichen Bewunderung für Claude Lorrain; er ergab sich dessen Werk sein ganzes Leben lang in fast obsessiver Weise. Claude stand am Anfang zahlloser Kompositionen, darunter auch der letzten, die Turner je ausstellte. Es ist eine der pikantesten Ironien der Kunstgeschichte, daß Beaumont, der Erz-Traditionalist in Fragen der Kunstauffassung, Constable stets förderte und Turner von Herzen verabscheute.[34]

Die Lehren aus Beaumonts wunderlicher Einschätzung bestehen in der Erkenntnis, daß der Kunstkenner keine absolute Urteilskraft besitzt, und daß Originalität unerwartete Formen annehmen kann. Es war Beaumont, der empfahl, daß eine Landschaft den braunen Farbton einer Cremona-Geige haben sollte – was Constable seine berühmtgewordene Reaktion entlockte: Er legte seine Violine auf den Rasen vor Beaumonts Haus. Auch Constable bewunderte Claude und kopierte dessen Werk, obwohl er ihn in seinem eigentlichen Werk nie wie Turner imitierte. Der Claude Lorrain, den er kopierte, war derjenige, „der wärmt und erfreut, aber der nicht erregt oder irritiert".[35] Turners Akademismus war wie ein Treibhaus, in dem eine große Menge innovativer Ideen gedieh – sowohl in technischer als auch in ästhetischer Hinsicht –, und sie müssen daher umso schockierender gewirkt haben. Die Akademie war – wie alle Akademien – bereits dabei, die Richtlinien (oder Hausordnungen) aufzustellen, die wirkliche Innovationen zunehmend schwieriger machten. Ölmalerei und Aquarellmalerei waren nun institutionalisiert; Neuland zu erschließen, dürfte dem Praktiker beider Medien schwer gefallen sein. Doch dank des ständigen Austauschs zwischen den beiden Disziplinen waren Weiterentwicklungen möglich, und es gab sie auch. Turners Werk verdankt seine außergewöhnliche Originalität sicher auch der Tatsache, daß er Öl- und Aquarellmalerei gleichermaßen kompetent nutzte.

Benjamin Robert Haydon, ein Künstler, der sich selbst als Originalgenie betrachtete, haderte während seiner gesamten Laufbahn mit der Akademie. Haydon, wie Turner ein Bewunderer des gleichermaßen scheuen wie exzentrischen James Barry, verehrte die alten Meister, und seine bedeutendsten Werke lehnen sich deutlich an ihr Vorbild an. Er bedauerte, daß die Popularisierung der Kunst unvermeidlich mit ihrer Entwürdigung einhergehen müsse. Seine großformatigen historischen Themen waren gewissenhaft durchgearbeitet und sorgfältig behandelt; sie schilderten erhabendste menschliche Dramen – Das Urteil Salomos, Christus reitet nach Jerusalem ein, Macbeth kurz vor der Ermordung Duncans –, doch sie erlitten dasselbe Schicksal wie Barrys vergleichsweise ambitionierten Werke. Haydon zögerte nicht zu folgern, daß die Engländer – was Kunst betraf – zu höhe-

30 Siehe Ward 1960; Fussell 1974; Nygren 1982.
31 Leslie, *Memoirs*, S. 315.
32 Zu Turners Leben und Laufbahn im allgemeinen siehe Finberg 1939, durchges. Aufl. 1961. Zu jüngeren Diskussionen über Druckgraphiken nach seinen Werken siehe Lyles und Perkins 1989, sowie Herrmann 1990.
33 Zu Callcott siehe Blayney Brown 1981. Brown behandelt darin die Beziehung zwischen Callcott und Turner sehr ausführlich.
34 Siehe Leslie, *Memoirs*, und Owen und Blayney Brown 1988, S. 87 und Kap. XI.
35 Leslie, *Memoirs*, S. 114, 109.

ren Gefühlen unfähig waren.[36] Mit seinen kleinen Szenen aus dem zeitgenössischen Leben, zu denen er sich herabließ, um sich mit den Genremalern zu verbünden, hatte er größeren Erfolg.

Den Maßgaben des 18. Jahrhunderts entsprechend, war dies tatsächlich eine Herablassung. Reynolds malte wohl gelegentlich eine Landschaft – und in seinen jüngeren Jahren sogar Karikaturen; doch das häusliche Genre galt damals kaum als zulässig. Dennoch bewunderte er die großartigen sozialen Satiren von Hogarth (der 1764 gestorben war).[37] Doch auf diese folgten Werke, deren satirische Schärfe sich in der dominierend sentimentalen Strömung der achtziger und neunziger Jahre des 18. Jahrhunderts verlor. Die ländlichen Szenen von Francis Wheatley spiegelten den Einfluß von Greuze wider und sind eher reizend als bissig; die um Stall- oder Wirtshaustüren gruppierten Bauern Georges Morlands sind in einem Gusto gemalt, der die besten dieser Gemälde mit einem überzeugend bukolischen Leben erfüllt. Sein Werk ist, wie die vielen ihm folgenden Druckgraphiken, und wie der Künstler selbst, unbekümmert; es stellte geringe Ansprüche und forderte lediglich, als elegante Malerei von schlichter Thematik anerkannt zu werden. Ein großer Teil dieser Arbeiten ist sogar frei von jener Art des sentimentalen Moralisierens, wie sie damals üblich war.[38]

Nur ein oder zwei Jahre nach Morlands vorzeitigem Tod verwandelte sich der Bereich des „Genre" grundlegend. Er wurde neu interpretiert und verändert, und ähnlich wie in der Frage des Klassizismus bei Flaxman und des Aquarells bei Girtin geschehen war, griff man auf Reynold's Position zurück, entwickelte sie weiter oder lehnte sie ab. So wie Turner die topographische Landschaftsmalerei weiterführte, indem er sie in der Verkleidung eines Idylls im Sinne Claudes oder eines Dramas nach Poussin präsentierte, so betonte der junge Wilkie die kunsthistorischen Empfehlungen zur Bauernmalerei, indem er seine Szenen aus dem zeitgenössischen Unterschichts-Leben mit Vorbedacht an Ostade, Steen und die holländischen Meister des 17. Jahrhunderts erinnern ließ. Dies war ein selbstbewußter und irreführend intellektueller Ansatz. Zur selben Zeit charakterisiert Wilkie seine Figuren mit virtuoser Klarheit und beobachtet ihre Umgebung mit dem Bewußtsein eines Erzählers. Seine Themen können eine Autorität besitzen und einen Sinn für die Wirklichkeit erkennen lassen, die mehr bedeuten als Satire und Sentiment. Sie mögen humorvoll wirken, sind es aber nicht ausschließlich; manche sind es ganz und gar nicht. Wilkies erstes, in London erfolgreiches Gemälde, *Village Politicians* (Dorfpolitiker) von 1805, war als Komödie konzipiert und hatte deutliche Anklänge an Hogarth; *The Blind Fiddler* von 1806 (Der blinde Fiedler), verwendet holländische Prototypen, ist differenzierter und fortschrittlicher. Die späteren Gemälde erscheinen persönlicher und selbstsicherer; sie sind sensibel organisiert und stellen ihr Programm gewissermaßen objektiv dar, wobei Komisches oder Scharfes eher beiläufig auftritt. *The Penny Wedding* (1818, Penny-Hochzeit) und *Reading the Will* (1820, Die Testamentseröffnung), fördern weder ländliche Einfachheit noch lassen sie sich zu ihr herab, und

C. R. Leslie, Mein Onkel Toby und die Witwe Wadman, aus Sternes *Tristram Shandy*, ca. 1831

Distraining for Rent (Die Pfändung) von 1815, eine häusliche Tragödie aus der Zeit der Wirtschaftskrise, die die Napoleonischen Kriege begleitete, analysiert die Situation mit Scharfblick und Gefühl.[39]

Dieser neue, intelligentere Typ des Genres übte einen enormen Einfluß aus. Er war ebenso einflußreich wie Flaxmans Umrißzeichnungen es für die Ausformung der europäischen Ästhetik im frühen 19. Jahrhundert waren. *Reading the Will* war

36 Haydons Ansichten gehen aus seiner *Autobiography* (s. o. Anm. 12) und seinem *Diary*, 1960, deutlich hervor.
37 Malone, a. a. O., Bd. III, S. 163.
38 Morland wird in Barrells maßgeblichem Werk *The Dark Side of the Landscape*, 1980, einer modernen Analyse unterzogen; es ist jedoch schwierig, anhand der Bilder selbst einen erhärtenden Beweis für die dort entwickelten, durchdachten sozio-politischen Thesen vorzubringen.
39 Eine neuere, hochinteressante Interpretation des Bildthemas von Wilkie findet sich bei Errington 1985.

in der Tat für Ludwig I. von Bayern gemalt worden. Wilkie führte einen neuen Kunst„zweig" in den Kanon allgemeiner Achtbarkeit ein, während er gleichzeitig die Grenzen zwischen anderen Sparten verwischte, was einen höchst subversiven Einfluß auf die alte Hierarchie der Gattungen nahm. Die neue Genre-Malerei bezog mehrere, oft auch viele Figuren in eine psychologische Interaktion ein. Dies geschah aber auf kleinem Raum, so daß sich viel von der kreativen Herausforderung der Historienmalerei erhielt, wenn auch in einer für die Käufer angenehmeren Weise (besonders für Bewohner bescheiden dimensionierter Häuser); und außerdem mit Hilfe von weniger schwerverständlichen Verweisen.

So blühte also die Darstellung moderner Sitten ebenso auf wie die anekdotenhafte Historienmalerei: Sie waren Zwillingssprosse derselben Sparte der Kunst. Die unheroischen Augenblicke, die Intimitäten berühmter Persönlichkeiten oder die Nebensächlichkeiten des alltäglichen Lebens ferner Epochen – sie tauchten nun immer häufiger in den Katalogen der Akademie auf, und die prunkvollen Hervorbringungen von Haydon und Howard begannen, altmodisch zu erscheinen. Die Shakespeare-Themen, von Boydell verbreitet, wurden wieder betrachtet, und die komödiantischen Werke mit einem neuen Vergnügen an den Möglichkeiten angenommen, die sie der Darstellung zeitgenössischer Kleidung, der psychologischen Analyse und des Humors boten. Der Amerikaner C. R. Leslie hatte sich von *Timon of Athens* und *Macbeth* aus den Jahren 1812 und 1813 zu einer nie ausgestellten Szene aus *The Merry Wives of Windsor* (Die lustigen Weiber von Windsor) von 1818 fortentwickelt. 1819 legte er *Sir Roger de Coverley going to Church accompanied by the Spectator* vor – einer weiteren Ermunterung für die Entwicklung des Genres.[40] Es war nun möglich, alle populären Klassiker der letzten zweihundert Jahre um ihrer Themen willen zu plündern, und Addisons *Spectator*, auf dem die Figur des Sir Roger erschien, schlossen sich bald *Tristram Shandy, Gil Blas, The Vicar of Wakefield* (Der Landpfarrer von Wakefield), *The Deserted Village* (Das verödete Dorf) und unzählige weitere an. Viele dieser literarischen Werke waren Klassiker des Zeitalters der Empfindsamkeit gewesen, und viele Genrebilder des frühen 19. Jahrhunderts greifen nostalgisch auf die Atmosphäre des achtzehnten Jahrhunderts zurück. Doch der emotionale und dramatische Gehalt ist im Vergleich mit dem von Wheatley und dessen Zeitgenossen wesentlich gesteigert, und der Rang sorgfältiger historischer Rekonstruktion bemerkenswert, wenn wir berücksichtigen, daß dieses Phänomen noch zwanzig Jahre vor Ruskin und fast dreißig Jahre vor den Prä-Raphaeliten festzustellen ist.

Was geschehen war, läßt sich vielleicht mit Hilfe eines Vergleichs von Entwicklungen im späten 20. Jahrhundert erklären. So wie die großartigen und manchmal vergeistigten Abstraktionen der New Yorker Schule der harten Unmittelbarkeit der Pop-art und des Fotorealismus Platz machten, so erfolgte auf die Vereinfachungen durch Reynolds „Großen Stil" eine Reaktion zugunsten stärker örtlich gebundener und speziellerer Themen und einer realistischeren Behandlung. Die Nationale Britische Schule begann, ihre eigene Dialektik auszuprägen, und es war nur natürlich, den Blick zurück auf die großen einheimischen Vorläufer zu richten. Hogarth wurde nicht nur als einer der Gründungsväter der Britischen Schule beschworen, sondern auch als Vorfahre einer Kunstrichtung, die wieder als besonders schöpferisch erkannt wurde. 1831 konnte Henry Crabb Robinson behaupten: „Würden Reynolds Werke durch ein Wunder aus der Welt genommen, man würde sie nicht vermissen; aber der Verlust von Hogarth hinterließe eine Kluft – wenn schon nicht in den bildenden Künsten im engeren Sinn, so doch im Gebiet bildnerischer Weisheit. Er war der größte Moralist unter den Malern, der je gelebt hat."[41]

Die Genremalerei wurde also im Rahmen einer moralischen Tradition gesehen, die einiges von der intellektuellen Verpflichtung der Historienmalerei übernehmen konnte. Sie drang sogar in das Gebiet der Porträtmalerei ein. In den zwanziger Jahren des 19. Jahrhunderts entwickelte sich die Mode, einzelne Figuren als „historische" Porträts zu malen – meist Heldinnen von Shakespeare oder Byron–, die eine Position zwischen Genre und Porträt einnehmen. Diese oft äußerst dekorativen Werke nutzen die Popularität ihrer der seriösen oder empfindsamen Dichtung entnommenen Themen; sie setzen zugleich die (von Reynolds praktizierte) Tradition des Phantasiebildes im 18. Jahrhundert fort, das häufig auch eine erotische Ausstrahlung besaß. Dieser Typus wurde auch von Hochgesinnten nicht gemieden: Charles Lock Eastlake, einer der Ernsthaftesten seiner Generation, stellte Werke dieser Art in der Akademie aus und gestattete, daß sie für die Veröffentlichung in den *Annuals* gestochen wurden.

Die *Annuals* waren Geschenkbände, die alljährlich unter Titeln wie *The Gem* (Die Gemme), *The Keepsake* (Das Jahrbuch oder Der Musenalmanach) und *Friendship's Offering* (Die Freundschaftsgabe) erschienen und in den zwanziger und dreißiger Jahren sehr beliebt waren. Diese Anthologien, die literarische Bruchstücke mit Stichen nach zeitgenössischen Kunstwerken vereinigten, sollten leicht, gefällig und unterhaltsam sein. Doch auch die seriösen Künstler verschmähten es nicht, in diesen Ausgaben zu erscheinen, deren Themen sich auf der ganzen Skala zwischen dem Erhabenen und dem Lächerlichen bewegten. Der Illustrator Thomas Stothard war in ihnen mit seinen eleganten Variationen über Themen nach Watteau offensichtlich zuhause; George Jones trug ein historisches Sujet oder eine seiner Stadtansichten vom Kontinent bei; den gelehrten Eastlake und den Komödianten Robert Smirke konnte man darin auch antreffen. Etliche von Turners Aquarell-Ansichten wurden für die *Annuals* gestochen, und von seinem merkwürdigen Gemälde *Jessica*, das vorgab, eine Szene aus dem *Kaufmann von Venedig* zu illustrieren, und das 1830 ausgestellt wurde (die *Times* nannte es „eine

40 Taylor, a. a. O., S. 72–74.
41 Crabb Robinson, *Diary*, 4. Dezember 1831.

J. M. W. Turner, Musik in der Weißen Bibliothek, Petworth House, 1827. Tate Gallery

unglaubliche Schmiererei"), läßt sich fast sicher behaupten, daß es im Gedanken an eine Publikation dieser Art konzipiert worden sei.[42] Die Kunst des Stechens war ein natürliches Ventil für Ideen, und im Laufe seiner Karriere hatte Turner sehr gut gelernt, seine Aquarell-Blätter mit vollendeter Kunstfertigkeit reproduzieren zu lassen. Auch auf diesem Gebiet war er ein Erbe von Reynolds.

Betrachtet man den überwiegend literarischen und anekdotischen Charakter der *Annuals,* so erscheint Richard Parkes Bonington als Mitarbeiter unerwartet. Seine kleinformatigen Landschaften und Intérieurs waren 1826 zum ersten Mal in London, bei der *British Institution,* zu sehen. Bonington, erst vierundzwanzig Jahre alt, sollte drei Jahre später bereits sterben; er hatte als junger Mann in Frankreich gelebt und war in dieser Zeit zum Inbegriff englisch-französischer Verbindungen geworden. Seine bescheidenen Szenen aus dem Familienleben der Könige von Valois und seine kleinen Aquarell-Imitationen holländischer Intérieurs mit Figuren erläutern auf ungewöhnlich nüchterne Weise den allgemeinen Hang zur Anekdote. Figuren, Stoffe und Objekte, Licht und Schatten werden zu reichen Kompositionen zusammengefügt, die von jeder Moral und jedem erzählerischen Vorsatz nahezu befreit sind – ganz offenkundig sind sie um des Malens willen gemalt worden.[43] Die Tradition des Großen Stils und der sentimentale historische Gehalt der französischen Troubadour-Malerei werden gleichermaßen umgestoßen. Selbst kleinste, in der niederländischen Kunst übliche narrative Ausflüchte sind vergessen. Daß diese Arbeiten unter all den entschieden anekdotischen Bildern existieren, die im London des 19. Jahrhunderts wucherten, erscheint wie eine Anomalie. Sie wurden ganz einfach ihrer technischen Qualitäten wegen bewundert, und es ist klar, daß moralischer Gehalt damals als Bestandteil der Malerei keineswegs notwendiger war als hundert Jahre zuvor. Der ästhetische Wert des Objekts wurde als ein Wert an sich betrachtet.

Zu der Zeit, als Bonigton zum erstenmal einen tieferen Eindruck in London hinterließ, scheinen einige einheimische Künstler sich in eine ähnliche Richtung zu entwickeln. Turners Farbe z. B. war seit seinem Italienbesuch 1819 viel heller und leuchtender geworden, und von den zwanziger Jahren an arbeitete er in Öl fast stets auf einer weißen Grundierung und nutzte leuchtende, neue Pigmente wie Chromgelb und das kürzlich entwickelte Smaragdgrün. Diese Fortschritte verdankte er offenkundig seinen Kenntnissen der Aquarell-Technik. Bei den kleinen Gouache-Entwürfen, die er in den dreißiger Jahren malte, um häusliche Szenen in Petworth darzustellen, scheint er besonders

42 Wilton, in: *Turner Studies* Bd. 9, Nr. 2, S. 14–33.
43 Siehe Noon 1991.

J. M. W. Turner, Die Billardspieler, Petworth House, 1827. Tate Gallery

Bonington vor Augen gehabt zu haben; seine malerisch erläuternden Ausflüge zu europäischen Flüssen setzen eine Skala satter Farbtöne ein, die vor dem 20. Jahrhundert nicht ihresgleichen findet; sie weisen auch einen ähnlichen Mangel an Interesse für eine naturalistische Betrachtungsweise auf wie das 20. Jahrhundert.[44] Obwohl sie viel durchgearbeiteter sind, haben auch die aus verschlungenen Details komponierten Aquarelle von John Frederick Lewis viel mit Boningtons juwelenhafter Welt gemein: Sie bedienen sich beiläufig eines wenig bedeutsamen figürlichen Motivs, und sie besitzen den chromatischen Glanz eines türkischen Teppichs. Tatsächlich war ein großer Teil von Lewis' Werk inspiriert von den Mustern maurischer Intérieurs. Cotmans spätere Aquarelle setzen eine noch leuchtendere Palette ein, und dadurch erreichen sie im Verein mit seinen streng linearen Kompositionen eine Klarheit und Schönheit, wie sie die neuen Ansätze in der Malerei der dreißiger Jahre des 19. Jahrhunderts auszeichnet.[45]

Wenn Bonington Landschaften oder Marinestücke malte, neigte er jedoch zu einer sehr kühlen Palette und ersetzte die warme diffuse Unordnung seiner Intérieurs durch die leeren Weiten reiner Atmosphäre, die jene von Whistler vorwegnehmen. Diese Freude am malerischen Mittel um seiner selbst willen, ist die Voraussetzung für vieles, was im Bereich des Aquarells erreicht wurde – in einem Medium, in dem auch Bonington Hervorragendes leistete. So unbekannt er dem breiten Londoner Publikum damals auch war, so wurde er doch als der Maler von Bildern anerkannt, „die den vornehmsten Namen in der Landschaftsmalerei Ehre erweisen würden. Sonnenschein, Perspektive, Kraft; ein feines Gespür für die Schönheit bei der Anwendung der Farben, auf großen Flächen oder nur in kleinen Flecken ... Wenige Bilder haben die Eigenschaften des offenen, sonnigen Tageslichts gekonnter ausgedrückt ... und selten sahen wir einen Künstler aus dem einfachen Material des Themas mehr entwickeln".[46] Diese Auflistung abstrakter Wahrnehmungen erscheint wie eine Anerkennung der Tatsache, daß die moderne Landschaftsmalerei sich ebenso legitim mit den immateriellen Effekten von Licht und Luft befassen konnte wie mit topographischen Gegebenheiten.

Es handelte sich selbstverständlich um eine Entwicklung, die von der Behandlung von Licht und Atmosphäre in der traditionellen Aquarell-Topographie ausging; sie war die Quelle noch weit radikalerer Innovationen, als man ihr zugetraut hatte.

44 Siehe Powell 1991.
45 Zu Lewis siehe Green 1971. Cotmans Spätwerk wurde vernachlässigt; siehe jedoch Anm. 18 oben.
46 The *Literary Gazette*, zitiert nach Whitley 1930, S. 99–100.

J. Constable, Der Heuwagen, 1823. National Gallery

Boningtons Lehrer in Frankreich, F. L. D. Francia, hatte bei Girtin studiert. Doch hatte Bonington die Handhabung der Farbe in einzigartiger Weise für sich vervollkommnet. Sein Werk beeindruckte seine französischen Kollegen zu eben derselben Zeit, als Constables revolutionärer, des eigenständigen Pinselstrichs bewußter Landschaftsstil auf dem Pariser Salon am Beispiel von Gemälden wie *The Hay Wain* (Der Heuwagen) zu sehen war; dafür gewann er 1824 in Paris eine Medaille. Auch Constable hatte sich, wie wir erwähnten, damit befaßt, die äußeren Merkmale der englischen Landschaft mit flüchtigen atmosphärischen Eindrücken zu verbinden; er machte dies in seiner Publikation *Various Subjects of Landscape, characteristic of English Scenery* deutlich, die zwischen 1830 und 1832 in mehreren Teilen erschien.[47] Dieses Werk bestand aus einer Reihe von Mezzotinto-Tafeln von David Lucas nach Kompositionen – überwiegend Ölstudien –, die Constable ausgewählt hatte, um den Umfang und die Hauptthemen seines Werks vorzuführen. Die Konzeption des Bandes war in mancherlei Hinsicht Turners ambitionierterem Überblick über sein eigenes Werk, dem *Liber Studiorum,* verpflichtet, das ebenfalls in Mezzotinto-Manier ausgeführt und in Fortsetzungen zwischen 1807 und 1819 herausgegeben worden war.[48] In einem Text Constables für das Buch *English Landscape,* verfaßte er eine Art Manifest über seine Ziele als Landschaftsmaler, deren wichtigstes der Wunsch war, „das Phänomen des *Chiaroscuro* (Helldunkel) in der Natur zum Ausdruck zu bringen", wie es der Untertitel zur zweiten Ausgabe von 1833 formulierte. Dies war eine Vorstellung, die Turner von Beginn an verfolgt hatte. Aber seine Ziele unterschieden sich doch sehr von denen Constables. Turner behielt eine von Haydon überkommene Beachtung des bedeutsamen Inhalts bei und malte lebenslang

47 Parris und Fleming-Williams 1991, S. 319–357.
48 Siehe Finberg 1924.

J. M. W. Turner, Der Brand des Parlaments, 1835. The Cleveland Museum of Art, Nachlaß John L. Severance

historische Themen. Daß er sie in einer lebhaft geschilderten Atmosphäre von Sonnenlicht oder Nebel badete, stattete sie nur mit noch mehr Erhabenheit aus: Für Turner diente der romantische Naturalismus der traditionellen Großen Manier. So konnte einer der größten Anhänger Reynolds' auch das Idol John Ruskins werden.

Turners thematisch überladene historische Landschaften sind also ein Angelpunkt des ständigen Aufs und Abs in der Ästhetik der von uns behandelten Zeit. Sie geben Reynolds großen literarischen Ideen ebenso eine Form wie der Freiheit und eingehenden Beobachtung der fortschrittlichen Aquarellisten. Turner konnte sich zudem moderne Sujets zu eigen machen. Seine beiden Ölbilder mit dem Titel *The Burning of the Houses of Lords and Commons* (Der Brand des Parlaments, 1835) stellen ein zeitgenössisches Jüngstes Gericht dar, eine Bühne, mit Tausenden gewöhnlicher Londoner Bürger besetzt. Diese Bilder vereinen Journalismus, Topographie und große Oper.

Turner war jedoch nicht der einzige, der in diesem Bereich arbeitete. Die beiden Extreme von Erhabenheit und Unmittelbarkeit sind im Werk von Francis Danby deutlicher voneinander getrennt; hier wechseln sich apokalyptisch-dramatische Szenen mit Schilderungen des vertrauten ländlichen Lebens ab. Als Berichterstatter trefflich beobachteter Szenen aus dem Leben der erholungssuchenden Mittelschicht in den Wäldern der *Avon Gorge* in der Nähe von Bristol, gehörte er zu den Landschaftsmalern wie Cotman, William Havell und Joshua Cristall, die mehr im Aquarell als in Öl arbeiteten; in ihren Werken ließen sie erkennen, wieweit die neoklassische Ästhetik selbst die Naturalisten ihrer Generation beeinflussen konnte. In ihren Szenen mit den dicht belaubten Baumgruppen und den sanft gewundenen Flüs-

F. Danby, Der Upas oder Giftbaum auf der Insel Java, 1819. The Victoria and Albert Museum

sen liegt eine einfache Würde, ein Sinn für Maß, der auf Poussin zurückgeht. Diese Stimmung spielte für die Definition eines gemeinsamen Stils bei der alten *Old Water-Colour Society* nach ihrer Gründung eine bedeutsame Rolle; sie blieb während der ganzen Zeit für die Aquarelle von Malern wie William Turner of Oxford und George Fennel Robson dominant.[49]

Die der wahren klassischen Landschaftskunst innewohnenden moralischen Töne von Verfall und Niedergang können sich manchmal steigern und eine Welt schaffen, die am Rande der Gewalttätigkeit wankt. Diese Gewalt wird in Danbys Werk im allgemeinen unterdrückt, obwohl sie bei gewissen denkwürdigen Gelegenheiten zum beherrschenden Bildgegenstand wird. Seine Ansichten vom Avon stehen mit ihrer fast biedermeierlichen Genauigkeit der strengen Großartigkeit visionärer Sujets sehr fern, wie er sie nicht für die örtlichen Mäzene, sondern für die Ausstellung der Londoner, der Akademie, malte. Das erste stammt aus dem Jahre 1820: *The Upas Tree* (Der Upas oder Giftbaum der Insel Java) ist eines der freudlosesten der gesamten Epoche, ein Blick, wie ein Alptraum vom einsamen und erbärmlichen Tod, auf eine unerträgliche Mondlandschaft, die von dem giftigen Baum zerstört wird. Häufiger bezogen sich Danbys Visionen auf das allgemeine Schicksal von Gruppen; *The Crossing of the Red Sea* (Auszug aus Ägypten) und *The Opening of the Sixth Seal* (Die Eröffnung des sechsten Siegels) behandeln das Schicksal der gesamten Menschheit.[50] Sie schließen die in diesen Jahren weit verbreiteten apokalyptischen Vorstellungen ein, die zu einigen neuen Bewegungen in den nonkonformistischen Freikirchen führten. Die Vorahnung eines nahenden Weltuntergangs war allgemein verbreitet; der Chiliasmus war unter den Arbeitern in

49 Siehe Roget, a. a. O., und Taylor 1973; s. auch den Ausstellungskatalog *William Turner of Oxford (1789–1862)*, 1984–85.

50 Siehe Greenacre, *Francis Danby.*

London und anderswo ein populärer Glaube; von radikalen selbsternannten Propheten wie Richard Brothers wurde nach einer Kunst gerufen, die ihn mit Bildern versehen sollte. Ihre Vorstellungen waren gegen das Establishment gerichtet, und ein großer Teil der sie illustrierenden Bilder besitzt eine provinzielle, antiakademische Qualität, die ihnen eine erstaunliche Kraft verleiht. Der Wortführer dieser Händler in Sachen der Apokalypse war John Martin aus Northumberland; seine Werke waren regelmäßig in der Akademie und der *British Institution* ausgestellt und weit verbreitet in Gestalt von Mezzotinto-Blättern, die er selbst herstellte. Sie gehören zu den ausdrucksstärksten der romantischen Druckgraphik. Martins Visionen vom Ende der Welt, von der Sintflut und der Hölle sind genau festgelegte Bilder, ebenso aufsehenerregend wie Hollywood-Epen, ebenso niederschmetternd, spannend und absurd.[51] Tatsächlich gehört John Martin eher in den Bereich der Unterhaltung als in den der Kunst im engeren Sinne. Seine alles umfassende Effekthascherei ist der Wirkung von Panoramen ähnlich, die damals ihre große Blüte erlebten, denen es aber nach dem einleuchtenden Urteil von Kunstkennern an Seriosität mangelte. Es ist immerhin interessant, daß diese sich dazu berufen fühlten, in ihrem Urteil darüber den Normen der akademischen Kunst zu folgen. Aber tatsächlich bestand ein kultureller Zusammenhang zwischen den heiligen Mauern der Akademie und den unbedeutenden und beiläufigen Straßenausstellungen der Metropole; für die wechselseitige Beziehung von Malerei und Publikum zu dieser Zeit ist dies charakteristisch.[52] Leslie erinnert sich, daß „Sir George Beaumont der Meinung war, und das vielleicht mit gutem Grund, daß die Wirkung der Panoramenmalerei sich auf den Geschmack der Landschaftsmalerei nachteilig auswirke, und zwar sowohl auf den der Künstler als auch den des Publikums." Nach Constables Meinung bewies eine solche Malerei weit mehr Phantasie als die Natur und befand sich somit im Irrtum: Er nannte Martins Werk eine „Pantomime" und, auf Danby und Martin bezogen, sagte er: „Die Kunst wird nun mit *Phantasmagorien* erfüllt."[53]

Der wahre, wenn auch nicht anerkannte Führer der nonkonformistischen Enthusiasten war William Blake. Wie Turner war er in London geboren und aufgewachsen, und wie Turner wurde sein Geist mit einer Kost aus sehr gemischter und häufig obskurer Lektüre genährt. Anders als Turner jedoch, nutzte er die Kunst als Mittel, um eine unglaublich komplexe Philosophie auszudrücken, die ohne Verweise auf seine zahlreichen Schriften kaum verständlich ist. Das heißt, Hinweise auf seine prophetischen Bücher, das Produkt seiner zahlreichen Visionen, von denen er behauptete, daß sie alle seine Werke und seine launische, charakteristische Kritik inspiriert hätten. Die Verse seiner *Songs of Innocence and Experience* (Lieder der Unschuld – Lieder der Erfahrung) sind die bei weitem am leichtesten zugänglichen Teile seiner Dichtung, und die dekorativen Zeichnungen, die die Lieder auf kleinen, eigentümlich eingebundenen Seiten begleiten, gedruckt mit Hilfe eines Verfahrens, für das Blake ebenfalls einen visionären Ursprung reklamiert, gehören zu seinen schönsten Bildern. Sie zeigen ein frühes Bewußtsein von der Bedeutung mittelalterlicher Buch- oder Miniaturmalerei, das das lebenslange Schwanken zwischen Klassischen und Gotischen in Blakes Kunst vorweg nimmt. Gegen Ende seiner Laufbahn zollte er dem Mittelalter ausführlichsten Tribut mit einer nie vollendeten Folge von Aquarell-Zeichnungen, die Dantes *Hölle, Fegefeuer,* und *Paradies* illustrieren, und in denen sich seine tiefgründigsten Gedanken über die Verwendung von Aquarellfarbe als eine reine Technik verkörpern. Von den Blättern seiner Zeitgenossen unterscheiden sich diese Arbeiten in fast jeder Hinsicht. In ihnen verbindet sich die Frische der Methoden des 18. Jahrhunderts mit der exzessiven Nutzung aller Möglichkeiten, um eine flimmernde und irisierende Lichtfülle zu evozieren, die die Blätter mit ihrer überirdischen, man könnte sagen visionären Atmosphäre durchdringt.[54]

Auf einer niedrigeren Ebene sind die Holzschnitte anzusiedeln, die Blake auch im Alter herstellte, um einen von einem Dr. Robert Thornton herausgegebenen Gedichtband für Schulen zu illustrieren. Sie enthalten kurzgefaßte Darstellungen des Landlebens, der Begegnungen von Schäfern in einem Arkadien, das unaufhörlich von einem kühlen, doch tröstlichen Mond erleuchtet wird. Für eine Gruppe junger Künstler waren diese Blätter eine Offenbarung; sie hielten Blakes visionäre Miniaturlandschaften für geistesverwandt mit ihren eigenen leidenschaftlichen Gefühlen, die sie einer schöpferischen natürlichen Welt entgegenbrachten. Diese Welt, so meinten sie, werde inspiriert von einem gütigen, ihr innewohnenden Gott und von Menschen liebevoll kultiviert. Von diesen Künstlern war John Linnel schon dank geduldiger Studien von Landschaftsdetails gefestigt. Ein jüngerer Freund, Samuel Palmer, versuchte mit seinem Werk, die persönlichere und mystischere Darstellung einer seiner Meinung nach in der Natur vorhandenen Geistigkeit zu liefern. Dies war eine ausgeprägt religiöse Version jener geordneten neoklassischen Landschaften der *Water-Colour Society*; jedoch ein Beispiel, in dem ein sehr andersartiges religiöses Gefühl zum Ausdruck kam als bei den Chiliasten.[55]

Die religiöse Tendenz, die man an so vielen Kunstwerken der zwanziger und dreißiger Jahre des 19. Jahrhunderts wahrnehmen kann, steht in einem starken Kontrast zu der formalisierten und weitgehend nur nominellen religiösen Kunst der Epoche von Reynolds. Diese Tendenz ist von persönlicher Überzeugung geprägt, nicht von intellektueller Konvention. Während Pugin seine Vorstellungen von einer ernsthaft religiösen Architektur entwickelte, begannen die Sammler die Gemälde der frühen Italiener zu entdecken, die goldgrundierten Altartafeln eines Duc-

51 Siehe Feaver 1975.
52 Siehe Hyde 1988.
53 Leslie, Memoirs, S. 17, Anm., 79, 178.
54 Siehe Gilchrist 1863; Blake (Hg. Keynes) 1966, und Bindman 1977. Eine neuere Bibliographie findet sich bei Butlin 1981.
55 Siehe Grigson 1947; Palmer (Hg. Lister) 1974.

cio, Giotto oder Fra Angelico, die Reynolds noch für roh und primitiv gehalten hatte. Schon zu Beginn des 19. Jahrhunderts ahmten Maler auf dem europäischen Kontinent die hellen Farben und einfachen Zeichnungen der Kunstwerke aus der Zeit vor der Hoch-Renaissance nach, und sie taten dies mit einem andächtigen Eifer, den sie für einen Widerschein mittelalterlichen Glaubens hielten. Vor allem die deutschen Nazarener übernahmen einen reinen Stil des *Quattrocento*, der zum Inbegriff für diese Bewegung wurde.[56] In ihrer ästhetischen Reinheit war er im Grunde genommen eher eine Spielart des Klassizismus denn eine gotische Wiedergeburt, und die religiösen Skulpturen von Flaxman hatten mit ihm vieles gemeinsam. Ohne den Einfluß Flaxman'scher Konturen wäre diese Bewegung undenkbar gewesen. Tatsächlich hatte Flaxman gotische Skulpturen kopiert und in seinen Vorlesungen als Professor für Bildhauerei an der Akademie diskutiert. Die Kunst der Nazarener übernahm ihrerseits seine Konturen und übersetzte sie aus dem Klassischen ins Gotische. Der Wechselwirkung zwischen den beiden, scheinbar einander widersprechenden ästhetischen Richtungen, liegt viel von der Energie des romantischen Zeitalters zugrunde.

Einer der ersten Londoner Sammler von Kunst aus der Zeit vor der Renaissance war der deutsche Kaufmann Charles Aders (1780–1846). Aders war mit der Tochter eines Künstlers, des Pastellmalers und Schabkünstlers John Raphael Smith, verheiratet. Sie selbst war ebenfalls Malerin. Das Paar war mit einigen der führenden Literaten jener Zeit befreundet, darunter auch Coleridge und Wordsworth; und dem Tagebuchschreiber Henry Crabb Robinson, der sich für deutsche Kunst wie für das Werk von Blake gleichermaßen interessierte, standen die Aders sehr nahe. Sie besaßen selbst Zeichnungen von Blake und hatten ihn häufig zu Gast. Die Wände ihres Hauses am *Euston Square* waren mit frühen italienischen Gemälden und einigen wichtigen Gruppe-Werken von oder nach Van Eyck, Memling und Matsys „dicht bedeckt". Crabb Robinson berichtete, Blake habe gesagt: „Als ich jung war, habe ich stets diese Art von Gemälden studiert." Für die Zeit der siebziger Jahre des 18. Jahrhunderts, als Blake lernender junger Künstler war, erscheint dies als ein außerordentlich fortschrittlicher Geschmack.

Aders kannte auch eine Reihe zeitgenössischer deutscher Künstler, von denen mindestens einer, Gotzenberger, Blake in Aders' Haus traf.[57] Auch mit dem Kustos des *Print Room* im *British Museum,* William Young Ottley, stand Aders in Verbindung; dessen eigene kraftvolle Federzeichnungen nach frühen italienischen Bildern und Skulpturen stellen eine Art Zwischenstufe zwischen Flaxmans klassisch-griechischer Kontur und den gotisierenden deutschen Zeichnungen von Julius Schnorr von Carolsfeld (1794–1872) und von Friedrich August Moritz Retzsch (1779–1857) dar. Ottleys Tätigkeit war der Förderung eines neuen Verständnisses der Stiche und Holzschnitte von Dürer sehr dienlich, und seine gestochenen Wiedergaben von Werken des italienischen *Quattrocento* wurden zu einem Wendepunkt in der Entwicklung der prä-raphaelitischen Sicht.[58]

Es wäre also falsch, das Wiederaufleben der Gotik schlicht der wachsenden Intensität religiöser Gefühle im England dieser Jahrzehnte zuzuschreiben. Der Puritanismus eines Ruskin oder der Anglikanismus eines Samuel Palmer blühten zur gleichen Zeit auf, als Kunstkenner und Künstler die mittelalterliche Kunst als eine Erweiterung ihrer Antiken-Begeisterung für sich entdeckten. Dies wiederum weist auf eine allgemeine Ausweitung des Verständnisses hin. Der gemeinsame Nenner war jedoch die Beschäftigung mit der Linie als einem Ausdrucksmittel. Wie wir bei Cotman gesehen haben, ging das erneuerte Gespür für die Bedeutung der Linie Hand in Hand mit einer völlig neuen Einstellung zur Farbe. Die Nazarener hatten die Möglichkeit gezeigt, helle, satte Farben ohne *Chiaroscuro* zu verwenden, so wie man sie in den Fresken des *Quattrocento* findet, und diese Farben waren augenscheinlich eine Quelle der Inspiration, als Pläne für die dekorative Gestaltung der neuen Parlamentsgebäude entwickelt wurden; bezeichnenderweise sollte sie in Form von Fresken ausgeführt werden. Charles Lock Eastlake, der in Rom viele Nazarener kennengelernt, aber selbst in den zwanziger Jahren in einem hochgemuten neoklassischen Stil gearbeitet hatte, wurde mit dem Projekt beauftragt. Er regte eine landesweite Ausschreibung an, zu der fast jeder ambitionierte Maler einen Entwurf einreichte.[59]

Ein bedeutender Teil der erfolgreichen Entwürfe stammte von dem Schotten William Dyce, dessen Werk vom Stil wie vom Anliegen her mit dem der Deutschen eng verbunden ist. Auch Dyce hatte als junger Mann einige Nazarener in Rom kennengelernt, und seine gesamte Produktion spiegelt diese Erfahrung wider. Wenn er auch den direkten Einfluß der Nazarener auf seine Arbeit in Westminster abstritt, verraten die dem Mittelalter verpflichteten Themen und ihre einfache, rhythmische Ausführung, daß ihn mit den deutschen Künstlern verwandte Interessen verbanden. Bei seiner Arbeit in Westminster schloß sich ihm Maclise an, der ebenfalls viele der neuen Strömungen in sein Werk einfließen ließ. Seine damals außerordentlich erfolgreiche Malerei ist kraftvoller, sinnlicher, in einem Wort volkstümlicher als die von Dyce; sein Stil zeichnet sich durch glänzende Oberflächen, kräftige, leuchtende Farben und eine Überfülle klar wiedergegebener Details aus. Er ist theatralisch und ungestüm, wo Dyce ausgewogen und intellektuell ist. Aber sowohl Dyce als auch Maclise unterscheiden sich von West und dessen Zeitgenossen dadurch, daß sie der sorgfältig festgelegten Form – dem Umriß als der Begrenzung heller, reiner Farbe – die primäre Bedeutung zumaßen. Beide Künstler repräsentieren sehr gut die Situation der Malerei in London, nachdem 1840 Prinz Albert aus Deutschland gekommen war.

56 Siehe Vaughan 1979.
57 Siehe Vaughan, a. a. O., S. 20 ff., und Gilchrist, a. a. O., S. 333.
58 Vaughan, a.a.O., S. 22, 29.
59 Zu Eastlake siehe seine von Lady Eastlake abgefaßten Memoiren, in: Eastlake 1870. Eine knappe, aber informative Übersicht über die für den Palace of Westminster erteilten Malaufträge findet sich bei Boase 1976, Kap. XII (5).

Der Hinweis erübrigt sich, daß Haydon mit der Entwicklung der Kunst nicht einverstanden war. Er betrachtete die britischen Leistungen in der Kunst seit dem Ende der Napoleonischen Kriege und stellte eine Abwärtsbewegung fest, die England seiner Meinung nach verletzbar für alle möglichen dubiosen Einflüsse aus dem Ausland machte. „Wir entkamen der Seuche von Davids Backsteinstaub … die Fresken sind lediglich ein Abkömmling derselben giftigen Wurzel, die auf Albrecht Dürers Strenge, Cimabues Gotizismen und die goldgrundierten Trivialitäten des Mittelalters aufgepfropft worden waren. All der umfassende Reichtum von Velázquez, Rubens und Tizian wird nun fallengelassen, und wir sollten nicht dort weitermachen, wo sie aufhörten, sondern da anfangen, wo ihre Vorgänger begannen.“[60] Armer Haydon, er versuchte in den Schoß der Geschichte zu fliehen. Am 22. Juni 1846 richtete er sich selbst und schoß sich in den Kopf. Dies war der traurige Abschluß eines heroischen, wenn auch irregeleiteten Versuchs, mit der Anwendung der alten Prinzipien der Malerei in einer Welt fortzufahren, die sich für immer verwandelt hatte.

Der teutonische Beigeschmack englischer Malerei in den vierziger Jahren des 19. Jahrhunderts ist unverkennbar. Schon bald konnte man die Anwesenheit des Prinzgemahls, Prinz Albert von Sachsen-Coburg-Gotha, spüren – einer neuen Persönlichkeit, die in die Welt der Kunst eingetreten war. Von ihm war bekannt, daß er sich aktiv für ästhetische Fragen interessierte – mehr noch als Viktoria und weit mehr als ihr Vorgänger William. Es war zu erwarten, daß die Künstler ihre Produktion der veränderten Stimmung anpassen würden. Die deutsche Schärfe und Reinheit des letzten Schliffs wurden nun die Norm; es überrascht kaum, daß Turners späte Meisterwerke, die immer noch auf die Erhabenheit Burkeans und die einfache Größe von Reynolds zurückgingen, altmodisch und „verschwommen“ aussahen.[61] Er war ein alter Mann, und wie Haydon in seiner Art durch und durch altmodisch.

Helle Farben, glatte Oberflächen, zahllose Details: dies sind die vorherrschenden Eigenschaften der neuen Kunst, der Malerei im Zeitalter nach dem Reformgesetz. Es bedurfte eines Ruskin, um sie im Verhältnis zur älteren Ordnung zu bewerten, und es entbehrt nicht der Ironie, daß er als Maßstab und Prüfstein ausgerechnet das Werk von Turner heranzog, der von allen Romantikern am meisten und mit ganzem Herzen in der Reynoldsschen Welt des Klassisch-Erhabenen lebte. Und es überrascht auch nicht, daß Ruskin der Meinung war, daß die neue Kunst viel zu wünschen übrig ließ. Denn sie entsprang nicht einer frommen Philosophie der Ästhetik wie die Bilder der unmittelbaren Nachfolger von Reynolds, sondern der Reaktion auf ein lebendiges neues Publikum. Diese Kunstfreunde betätigten sich weitaus intensiver als im 18. Jahrhundert als Sammler von Original-Werken und druckgraphischen Umsetzungen, als Besucher von Ausstellungen und als Kritiker. Es ging ohne Zweifel um eine Kunst, die eine volkstümlichere Welterfahrung darstellt als Reynolds oder Barry dies taten, eine Kunst, die insgesamt den demokratischen Vorstellungen des 20. Jahrhunderts nahekommt und dem, was eine Kultur des Visuellen sein könnte.

60 Leslie, *Autobiographical Recollections*, Bd. I, S. 228.
61 Zu der berühmten Geschichte der Selbstbezichtigung Turners, er sei im Hinblick auf seinen *Staffa* ‚verschwommen‘, siehe Holcomb 1972, S. 557–558.

Die größte Buchhandlung in London: Lackingtons Tempel der Musen, Finsbury Square. Aus Ackermann's Repository, 1809. The Museum of London

DIE VERSCHWIEGENE HAUPTSTADT – LONDON IN DER SENTIMENTALEN UND ROMANTISCHEN LITERATUR

Marilyn Butler

Metropolis. 1535. (μητρο-Mutter + πολις-Stadt)
1. Der Sitz eines Erzbischofs.
2. Die Hauptstadt eines Landes, 1590.
3. Das Mutterland einer Kolonie, 1806.

Um 1800 war London immer noch das, was es bereits seit dem frühen Mittelalter gewesen war: die literarische Hauptstadt Englands. 1694 führte die Aufhebung der staatlichen Vorschriften und der Zensur des Druckereigewerbes für Bücher und Zeitschriften zu einer Hochkonjunktur. Dasselbe Gesetz legalisierte den Buchdruck in den englischen Provinz- und Kleinstädten. Im Laufe des 18. Jahrhunderts entstanden nun auch in der Provinz viele Zeitungen, und in Edinburgh und Dublin, den Hauptstädten Schottlands und Irlands, erschienen zahlreiche Bücher – von der Theologie über die Topographie bis hin zu polemischen Traktaten oder zur Lyrik. Trotzdem beherrschte London auf dem Gebiet der Unterhaltungsliteratur eindeutig den Markt; wegen der großen Anzahl, des Reichtums und der unternehmerischen Kraft seiner Verleger und seiner umfangreichen Leserschaft wegen. Reisen, Memoiren, Geschichte, Romane, Theaterstücke und Gedichte ergossen sich in immer größerer Zahl über die Leser, und dazu kamen noch die allgemeinen Zeitschriften und die speziellen literarischen Magazine (ausnahmslos im Besitz von Verlagen). Diese Situation erweckte und nährte auch weiterhin im eigenen Land und in Übersee Wellen neuer Bücher in englischer Sprache.

Britische Autoren wurden weniger kontrolliert als ihre Kollegen im vorrevolutionären Frankreich oder in den absolutistischen deutschen Staaten. Obwohl abhängig von kommerziellen Verlegern und dem Markt, waren sie seit etwa der Mitte des 18. Jahrhunderts vom aristokratischen Mäzen faktisch frei. Der Schrift-

I. R. und G. Cruikshank, Eine Einführung. – Lustige Augenblicke von Logic, Jerry, Tom und Corinthian Kate. Aus Pierce Egans *Life in London*, 1821. The Museum of London

steller etablierte sich als Angehöriger eines Berufes, der nun auf Grund von Talent und weniger auf Grund von familiären Protektionen oder Vermögen ausgeübt wurde; dies unterschied ihn von Berufen bei der Kirche, beim Militär und, in geringerem Ausmaß, auch von denen im Bereich der Medizin und des Rechts. So wie die Zeitschriften um die Jahrhundertmitte eine Kampagne starteten, um das Lesen populär zu machen, so begannen auch die Schriftsteller, für das Schreiben selbst zu werben. Samuel Johnson und seine Freunde Goldsmith, Garrick, Boswell und Burke, der Verleger John Nichols, Isaac Disraeli, die romantischen Gelehrten Hazlitt, Lamb, Hunt, Moore und De Quincey pflegten die Kunst des Klatsches auch untereinander und machten so auf sich aufmerksam, wie sie das auch bei Staatsmännern, Kriegshelden und Mitgliedern des Königshauses taten.[1] Obwohl ein hoher Prozentsatz der erfolgreichen britischen Autoren und Verleger dieser Zeit ihre Karriere in der Provinz begannen, war die faktische Bedingung ihres Aufstiegs, daß sie Londoner wurden, und wenn sie Glück hatten, gehörten sie auch bald zu den berühmten Persönlichkeiten jenes Kreises, der als ‚literarisches London' bekannt war.

Es erscheint zunächst verwunderlich, daß London selbst als Milieu, Gesellschaft oder Idee, zu einer Zeit, in der Literatur eine so geringe Beachtung fand, da sich die Londoner Druckereien und diejenigen, die von ihr lebten, erfolgreich hervortaten. Eine Frage von ähnlicher Bedeutung ist die, warum die Hauptstadt 1820, nach so langer Zeit der Phantasielosigkeit, als neu erfundenes Thema wieder hervortritt. In dem wirren und von Skandalen erschütterten ersten Regierungsjahr Georges IV. veränderten Zeitschriften und Journalisten Inhalt und Stil der literarischen Kultur. Das *London Magazine* wurde ins Leben gerufen. Aufregend, leicht lesbar, kosmopolitisch und großstädtisch, wie es war, stellte es eine bewußte Herausforderung für die angesehene (1802 gegründete) *Edinburgh Review* und deren Ableger dar, die (1809 gegründete) *Quarterly Review,* die sich beide auf lange, semi-akademische Rezensionen spezialisiert hatten; aber auch für das (1817 gegründete) *Blackwood's Edinburgh Magazine,* das – abgestimmt auf eine schottische Mittelklassen-Leserschaft – in einem kräftigen, simplen Idiom verfaßt war. Thomas De Quinceys *Confessions of an English Opium Eater* (Bekenntnisse eines englischen Opiumessers), zuerst 1820 im *London Magazine* in Fortsetzungen erschienen, Hazlitts *Table Talk* (Tischgespräch), im *New Monthly Magazine* von 1821, und Lambs *Essays of Elia* (Essays von Elia), im *London Magazine* von 1821, waren die literarischen Sensationen in den ersten Regierungsjahren Georges IV. Es waren

1 Zu den grundlegenden literarischen Biographien zählen: S. Johnson, *Lives of the Poets* (1779–1781); Boswell, *Life of Johnson* (1791); Isaac Disraeli, *Curiosities of Literature* (1791) and *Calamities of Authors* (1812–1813); J. Nichols, *Literary Anecdotes of the Eighteenth Century* (1812–1815; Hazlitt, ‚On my first acquaintance with poets' (1823) und *The Spirit of the Age* (1825); Moore, *Letters and Journals of Lord Byron, with notices of his life,* 2 Bde. (1830); De Quincey, *Reminiscences of the Lake Poets* (1837).

I. R. und G. Cruikshank, „Das Leben der untersten Schichten in London". Tom, Jerry und Logic unter den einfachen Söhnen und Töchtern der Natur im „All Max" im Osten. Aus Pierce Egans *Life in London*, 1821. The Museum of London

kurze, unkonventionelle Prosastücke, die in der Gegenwart oder in einer Vergangenheit, an die man sich noch erinnern konnte, und meist in London spielten. Als wolle er auf diesem literarischen Strom mitschwimmen, führt Byron seinen Helden im (1822–1823 geschriebenen) letzten Teil des *Don Juan* (Cantos X-XVI) aus dem Mittelmeerraum, dem Osmanischen Reich und dem Rußland von Katharina der Großen heraus nach London.

Ein weiteres, für diese Jahre symptomatisches Werk erfreute sich einer ungeheuren Popularität. Das von dem in Irland geborenen Londoner Verleger und Sportjournalisten Pierce Egan verfaßte und im Stile Hogarths von den Brüdern Robert und George Cruikshank illustrierte *Life in London; or The Day and Night Scenes of Jerry Hawthorn Esq and his elegant friend Corinthian Tom, in their Rambles and Sprees through the Metropolis* (Londoner Leben; oder Die Tages- und Nachtszenen des Herrn Jerry Hawthorn und seines eleganten Freundes Corinthian Tom bei ihren Streifzügen und Vergnügungsbummeln durch die Hauptstadt) läßt sich in literarische Kategorien kaum einordnen. Es ist sowohl ein Reiseführer als auch ein Roman, eine Folge von Karikaturen, eine Sammlung witziger Lieder und manchmal auch ein Bühnenstück und ein musikalisches Lustspiel. Es erschien zunächst ab September 1820 in monatlichen Folgen (eine billige Art des Verkaufs, die davor für Belletristik nicht üblich war); als Buch kam es erst im Juli 1821 auf den Markt. Als Touristen und Voyeure, angehende Anthropologen und Mundart-Forscher wurden Tom und Jerry, die Helden von guter Herkunft, zu familiären Begriffen und machten das Publikum mit der Hauptstadt als einer Welt aus vielen subkulturellen Bereichen bekannt. Obwohl sie im West End zu Hause sind, den vielbesuchten Hyde Park, Almack's exklusiven Salon und Tattersall's Verkaufsraum für Rennpferde genau kennen, haben sie viel mehr Vergnügen an Szenen aus dem Leben der unteren Schichten bei Hunde- und Hahnenkämpfen, in den Ginkneipen und Kaschemmen der Slums, wo sie Huren, Taschendiebe, Betrüger und andere Außenseiter der Gesellschaft treffen.

Wenn wir die zwischen 1800 und 1840 veröffentlichte Literatur zusammenstellen, ergibt sich ein widersprüchliches Bild. Ab 1820 wird die Hauptstadt selbst – das topographische London, das elegante London, das literarische London, das London der Slums – zum Gegenstand des Interesses und der Bewunderung. Den Essayisten der mittleren zwanziger Jahre folgte eine Gruppe von Romanautoren der vornehmen Welt, bekannt als die ‚Silver Fork school', mit Edward Bulwer Lytton und Benjamin Disraeli, der viel später Königin Viktorias bevorzugter Premierminister wurde. In den dreißiger Jahren schilderte dagegen der Journalist Charles Dickens in *Sketches of Boz* (Skizzen von Boz; Dezember 1833; Beginn der Veröffentlichung im *Monthly Magazine)*, in *Oliver Twist* (1838) und in *Nicholas Nickleby* (1838–1839) das Leben der Londoner Unterschichten mit einer Vertrautheit, die an Egan erinnerte; doch Dickens schrieb eine weitaus bessere Prosa.[2]

2 J. C. Reid, *Bucks and Bruisers* (London: Routledge, 1971), S. 197–220, hebt Egans kulturelle Bedeutung hervor, insbesondere seinen Einfluß auf Dickens.

Die Jahrzehnte von 1820 bis 1840 werden oft als mittelmäßige Übergangsphase zum hoch-viktorianischen Zeitalter von Tennyson, Browning und den großen Romanciers des 19. Jahrhunderts angesehen. Die Prosa-Autoren, Journalisten und Verseschmiede dieser Zeit, von denen viele das Niveau ihrer Arbeit einfach auf die Bedürfnisse einer schnell anwachsenden, schlecht ausgebildeten Leserschaft herabsenkten, befinden sich ebenso im scharfen Gegensatz zu der durch sie abgelösten englischen ‚Hochromantik'. Sechs bedeutende Dichter (mindestens) veröffentlichten ihre Werke in London zwischen 1789 und 1824, eine Zeit reicher Prosa-Literatur und Belletristik. Insbesondere bei der Lyrik gehört ein unverhältnismäßig großer Anteil des von uns heutzutage aus den Jahren 1800 bis 1840 am meisten geschätzten, in die beiden ersten Jahrzehnte und zeigt London gegenüber zweideutige oder feindselige Haltungen.

Die sechs führenden englischen Dichter der Romantik verteilen sich angenehmerweise auf zwei Generationen; die drei, die die meisten ihrer bedeutenden lyrischen Werke vor 1810 vollendeten, und jene, deren berufliche Laufbahn nach 1810 begann. Blake (1757–1827), Wordsworth (1770–1850) und Coleridge (1775–1834) sind die langlebigen ‚älteren Romantiker' (zusammen mit ihren Freunden oder Bekannten, Southey, Lamb und Hazlitt; auch George Crabbe, Maria Edgeworth, Walter Scott und Jane Austen gehören zu dieser Generation). Blakes innovativste und fruchtbarste Schaffensperiode liegt zwischen 1789 und 1795, in der nach seinen *Songs of Innocence* (1789; Lieder der Unschuld) die illuminierten und prophetischen Bücher in schneller Folge erschienen, darunter *America* (1793; Amerika: Eine Prophezeiung), *Europe* (1794; Europa: Eine Prophezeiung), *The Marriage of Heaven and Hell* (1794; Die Hochzeit von Himmel und Hölle), *The Songs of Experience* (1794; Lieder der Erfahrung) und *The First Book of Urizen* (1794; Das erste Buch Urizen). Als Lyriker gehören auch Wordsworth und Coleridge dem ‚großen Jahrzehnt' von 1797–1807 an, während dessen die meisten ihrer heute unvergessenen Gedichte verfaßt wurden. Seit 1807 und bis in die dreißiger Jahre prägten sie und ihre literarischen Zirkel, als Vertreter ausgesprochen konservativer Anschauungen, beachtlich und fortschreitend die Ansichten der Mittelklasse.

Die sogenannten ‚jüngeren Romantiker', vor allem Byron (geb. 1788), Shelley (geb. 1792) und Keats (geb. 1795) lebten und arbeiteten über einen viel kürzeren Zeitraum. Alle drei begannen in London. Byron wurde bereits durch die beiden ersten Bücher von *Childe Harold* (1812; Junker Harolds Ritterfahrt) berühmt, Shelleys Name erschien erstmals 1816 auf einem Gedichtband und der von Keats 1818. In der Hauptstadt bewegten diese Dichter sich in unterschiedlichen sozialen Schichten, hatten aber gemeinsame, in der Literatur einflußreiche Bekannte, wie die tonangebenden Journalisten Hazlitt und Leigh Hunt sowie den Philosophen und Romanautor William Godwin. Seit 1816 lebte Byron hauptsächlich in Italien, seit 1818 auch sein Freund Shelley; und alle drei starben im Ausland: Keats im Februar 1822 an Tuberkulose in Rom, Shelley im Mai 1822 durch Ertrinken im Golf von La Spezia und Byron im April 1824 am Fieber im griechischen Missolonghi.

Gibt es Übereinstimmungen zwischen den beiden Generationen englischer romantischer Dichter oder zwischen ihnen und ihren Zeitgenossen auf dem Kontinent? Die geographische und die soziale Herkunft der beiden Generationen von Schriftstellern sind unterschiedlich, in zahlreichen wesentlichen ideologischen und künstlerischen Fragen stimmten sie nicht überein, und jeder Versuch, darin eine einheitliche Bewegung in Gang zu setzen, die den Standpunkt aller sechs umfassen könnte, schlug fehl. Aber in einem Punkt – London – gingen die sechs Dichter von einer gemeinsamen Voraussetzung aus; von der Notwendigkeit, Distanz zu wahren. So, wie die besten Werke der jüngeren Romantiker einen starken mediterranen Einfluß aufweisen, der sich klassischen Vorbildern und denen der italienischen Renaissance verpflichtet fühlt, so ist die ältere Generation der Romantiker in den Provinzen Englands verwurzelt – in der Umgebung von Bristol (Southey, Coleridge), dem Seengebiet in Nordwestengland (Wordsworth, Coleridge, Southey), an den Grenzen Schottlands (Scott) und im ländlichen Ostengland (Crabbe). Mit der Ausnahme von zwei wichtigen Werken des eingefleischten Londoners Blake, nämlich *The Marriage of Heaven and Hell* und *Jerusalem* (1820), ließ keiner dieser Dichter eines seiner bedeutenderen Gedichte hauptsächlich im zeitgenössischen London spielen.

Die lang anhaltende Verbannung Londons aus qualitätvollen Romanen und Gedichten wurde damals überraschend selten kommentiert; lediglich von Charles Lamb (1775–1834), einem enthusiastischen Londoner. Lamb steuerte eine Reihe von Essays über London zu Leigh Hunts literarischer Zeitschrift *The Reflector* (1810) bei, doch wurden diese Arbeiten weitaus weniger beachtet als seine *Essays of Elia* (1821), für die die Zeit reif war. Dennoch beruht Lambs später Erfolg auf dem Paradox, daß er das öffentliche London nur selten behandelt: Seine liebenswürdigen, humorvollen Skizzen sind ebenso oft in kleinstädtischen Intérieurs oder außerhalb gelegenen Vorstädten angesiedelt und mit realen oder frei erfundenen Exzentrikern bevölkert, die Lambs Vorliebe für Essen und Trinken teilen, auch die für das Porzellansammeln und das Whist-Spiel, und die dabei die Schwächen der anderen tolerieren.

Lamb ist ein später Sentimentaler, der Sterne und Goldsmith tief verbunden ist, die beide zur Generation seines Großvaters gehörten; und seine literarische Genealogie sollte ihn den Künstlern des Landlebens zuordnen. Denn Sterne (*Tristram Shandy*, 1760–1767, *A Sentimental Journey* 1768; Eine empfindsame Reise), Goldsmith (*The Vicar of Wakefield,* 1766; Der Landpfarrer von Wakefield; ‚The Deserted Village', 1773; Das verödete Dorf) und Henry Mackenzie (*The Man of Feeling,* 1771; Der Mann von Gefühl; *The Man of the World,* 1773; Der Mann von Welt; *Julia de Roubigné,* 1777) sind allesamt überzeugte Provinzialisten; eine idealisierte Ländlichkeit verwenden sie als Kontrast zu einer anti-städtischen Rhetorik. In empfindsamen Geschichten haben ursprüngliche, unschuldige Charaktere unter alten, in der City von London angesiedelten Institutionen zu leiden: unter dem Gesetz, der Kirche oder der Aristokratie, dem Merkantilismus oder der Häufung des Kapitals. Plutokraten, Bischöfe und Menschen von Welt (aus London) führen selten Gutes im Schilde; Händler, Landjunker und Schäfer treten mit einer alternativen Ideologie auf: mit Wohlwollen für die Mittelklasse oder mit solidarischen Gefühlen für die Menschheit im allgemeinen. Die ergreifendsten Beispiele von Tugend und die besten Parabeln handeln von demütigen Kreaturen, zu denen man durch Umkehrung der gewohnten gesellschaftlichen Hierarchie gelangt – verführte Bauernmädchen, die vielleicht in den Wahnsinn getrieben wurden, weil ihre Liebhaber sie verließen, verstümmelte Matrosen und Soldaten, kleine, verletzbare Geschöpfe wie Sternes Esel und Spatz in *Sentimental Journey* und die Fliege in *Tristram Shandy*.

Das gesteigerte Pathos kann leicht lächerlich erscheinen, und uns dann von seinem eigentlichen Zweck ablenken. Als Pope 1744 starb, war die Haltung der englischen Schriftsteller deutlich kommerziell geworden, da sie mit Tantiemen und Vorschüssen zunehmend von kommerziellen Verlagen abhingen. Im späten 18. Jahrhundert konnte man beobachten, wie sich der tatsächliche Reichtum des Landes von Jahrzehnt zu Jahrzehnt von der südöstlichen oder Londoner Region zu dem westlichen Industrie-Korridor von Bristol über Birmingham bis nach Liverpool verlagerte; die Zeitschriften versammeln mit ihren Getreide-, Waren- und Preistabellen unter anderem, was eine solche Änderung für den Kultur-Konsumenten bedeutete. Soweit wohlhabende Provinzler Interessengruppen bildeten, vertraten sie oft proto-nationalistische oder ‚patriotische' Meinungen und forderten von der Regierung aktive Unterstützung ihres Kampfes um Märkte in Übersee gegen französische und spanische Konkurrenten (gegen die ‚Fremden', mit denen zu sympathisieren die kosmopolitische Oberklasse in Verdacht stand). Doch in den Künsten, die danach streben, einer gebildeten Leserschaft im allgemeinen zu gefallen, scheint die Humanität als ein freundlicheres Programm für die Mittelklasse für diesen Zeitraum bezeichnender zu sein. Adam Smiths *Theory of Moral Sentiments* (1754; Theorie der Gefühle) plädiert für eine Ideologie des gemeinsamen Interesses und der guten Absicht, die die Mittelklasse an die Armen und Bedürftigen bindet. Damit verdrängt sie die überkommene Verantwortung einer väterlichen Aristokratie, für die Armen zu sorgen. In Smiths *Wealth of Nations* (1776; Eine Untersuchung über Natur und Ursachen des Volkswohlstandes) werden die ‚Interessen des Grundbesitzes und des Kapitals' als ausgesprochen selbstsüchtig bezeichnet: die Großgrundbesitzer, die faktisch die Macht in Westminster allein für sich in Anspruch nehmen, und die Händler und Bankiers, die die Stadt London prägen, seien zwar selbst reich, stünden aber dem Wohlstand der Nation im Wege. Der idealisierte Geschäftsmann aus der Provinz in Thomas Amorys *Life of John Buncle* (1756–1766; John Buncles

Robert Hancock, William Wordsworth, 1798. National Portrait Gallery

Leben) oder Henry Brookes *The Fool of Quality* (1766–1770; Der Narr von Rang) oder Robert Bages *Mount Henneth* (1781) sind alternative Helden, die für die alternative und utopische Soziologie des sentimentalen Romans und für sein Gruppenbild einer *ohne London* im Ganzen gesunden und glücklichen Nation eintreten. Als eine vom höfischen Einfluß unabhängige Kultur führten die Abhandlungen der englischen Zeitschriften und Belletristik bei der Mittelklasse zu einer stark idealisierten und tendenziösen Gruppenidentifikation, die der Sache einer konstitutionellen Erneuerung und der praktischen Machtverteilung in den Jahren vor 1832 förderte.

Die Französische Revolution aber führte dazu, daß die Vertreter dieses Gefühlskultes einer miteinander verbindenden Einfachheit und wechselseitigen Güte die gesamte besitzende Klasse kritisch betrachtete, was schließlich eine Gegen-Revolution sowohl des Geschmacks als auch der Politik mit sich brachte. In den späten neunziger Jahren des 18. Jahrhunderts entfernen sich Wordsworth und Coleridge von den unmittelbar politischen Themen, die sie beide noch 1793–1796 behandelt haben; sie ‚kehren zur Natur zurück' (als wären Schriftsteller der siebziger und achtziger Jahre nicht bereits eng mit dem Naturalismus verbunden) und merzen entschieden aus, was in der sentimentalen Behandlung (beispielsweise) der Armen und ihrer Wohltäter tendenziös und implizit feindselig sein könnte. Wenn Wordsworth auch weiterhin Bettler in seinen Gedichten auftreten läßt, so erscheinen sie doch nicht mehr als Figuren einer sozialen Konfrontation, die sie in *Salisbury Plain* noch eindeutig sind – einem 1794 geschriebenen politischen Gedicht, dessen Erscheinen bis 1834 verhindert wurde. Der alte Bettler aus Cumberland (,The Old Cumberland Beggar') ist in dem gleichnamigen Gedicht von 1798 eine gütige Figur, die zur sozialen Harmonie beiträgt, indem sie ihre bescheidenen Nachbarn zu freundlichem und wohltätigem Handeln veranlaßt. An anderen Stellen setzt in Wordsworths Lyrik die Sympathie mit einer Klasse oder zwischen den Klassen vollkommen aus: Harry Gill scheitert in seinem Vorhaben, Goody Blake (*Lyrical Ballads,* 1798) zu helfen; in ,We Are Seven' versucht der gebildete Erwachsene uneinsichtig die Argumentation des Bauernkindes zu korrigieren (ebenda); der Dichter kann als Spaziergänger das Lied des einsamen Hochland-Schnitters nicht verstehen (*Poems in Two Volumes,* 1807), und in der berühmten Ode mit dem Titel ,Resolution and Independence' mißlingt es ihm seltsamerweise, den alten Sammler von Blutegeln zuzuhören, den er im Hochmoor befragt (ebenda).

Tatsächlich untersuchen Wordsworths kürzere Gedichte aus den Jahren 1797 bis 1807 erneut jene erfolgreichen Beziehungen zwischen den Klassen, deren sich das sentimentale Lager bereits gerühmt hatte, und legen dar, daß sie zu geheimnisvoll seien, als daß sie der Möchtegern-Philosoph ,Rational Man' begreifen könne. Obwohl Wordsworths berühmtes Vorwort (1802) zu den *Lyrical Ballads* von seinen Gegnern als Manifest für eine Dichtkunst in der Sprache der einfachen Leute verstanden wurde, zeigt seine Praxis als Autor *lyrischer* Balladen, daß ihm die Eigenschaften einer Volkskunst sehr fern liegen. Indem er den Standpunkt des intellektuellen Betrachters in den Vordergrund rückt, verkehrt er die in den demokratisierenden Schriften der späten Aufklärung verschlüsselt enthaltene soziale Botschaft und verfaßt stattdessen Gedichte, die eher individualistisch als allgemein verbindlich, eher kontemplativ als aktiv sind. Wordsworth gilt (wiederum unter seinen Widersachern) zunehmend als ,Egozentriker': Diese Kritiker bemerken nicht so sehr, daß er sich in seinen Gedichten nicht der *Armen* annimmt (was nichts Neues wäre), sondern daß er sich selbst von jener Mittelklassen-Ideologie der sozialen Harmonie gelöst hat, zu der der Stil einer scheinbaren Einfachheit gehört.

Coleridge, der Moralist und Sohn eines Geistlichen, tritt als Dichter und Journalist energisch für soziale Verbundenheit und humanitäre Fragen ein, doch in seinen besten Arbeiten, z. B. in ,The Ancient Mariner' (1798; Die Weise vom alten Seefahrer) und ,Dejection: an Ode' (1802) schreibt er herzzerreißend über die Einsamkeit. Als 1797–1798 Napoleons Siege und hohe Preise im Inland für Unruhe und Destabilisierung in Großbritannien sorgten, suchte er Themen, die Sicherheit suggerierten, und fand sie typischerweise, indem er verborgene Orte erfand, die er von ganz nah und beinahe wie ein Kurzsichtiger beobachtete. In ,This Lime-tree bower my prison' hält er sich allein versteckt und erfindet aber einen dunklen Ort voller Farnkraut, zu dem einst seine Freunde gegangen sind; in ,Fears in Solitude' (1798; Ängste in der Einsamkeit), wo die besagten Ängste durch eine französische Invasion hervorgerufen werden, hat er offenbar auf einem Feld Schutz gesucht:

> das Tal
> vom Nebel gebadet, ist frisch und köstlich,
> wie ein Kornfeld im Frühling oder der unreife Flachs,
> wenn am Abend durch seine halb durchsichtigen Halme
> die flachen Sonnenstrahlen in grünem Licht schimmern.
>
> (Zeile 7–11; dt. Übersetzung von Mertner, Edgar: Samuel Taylor Coleridge, Gedichte, Stuttgart [2]1989, S. 155.*)

Die öffentliche Führer-Rolle, die Coleridge sowohl in seiner Dichtung als auch in seinen journalistischen Arbeiten zu spielen sucht, verrät er durch seine Sprache; stattdessen zeugt eine geradezu besessen genaue Beobachtung von seiner Ruhelosigkeit, seiner Angst und seinem ganz ausgesprochenem Wunsch, sich öffentlicher Erklärungen, öffentlicher Kritik und Entscheidungen zu enthalten.

Als die Mode der Einfachheit in den Jahren 1797–1800 ideologisch überfrachtet wurde, wich die nach französischen Vorbildern von La Fontaine, Voltaire und Marmontel verfaßte kurze philosophische Erzählung dem langen, abschweifenden, gerade nicht didaktischen Roman mit heimatlichem oder gotischem Akzent. Gedichte in Balladen-Art waren bald weniger beliebt als lange Versromane, für die die Dichter der italienischen Renaissance Ariost, Pulci und Tasso sowie ihr englischer Anhänger Spenser als Vorbilder dienten. Das Erzählerische steht im 19. Jahrhundert im Vordergrund, und ist auf den ersten Blick, dementsprechend neutral, umgänglich und nicht penetrant demokratisch. Historisch gesehen, datiert man damit die französische Vorherrschaft und die bekannteste höfische Kultur des Ancien Régime zurück: Ludwig XIV. in Versailles; damals suchen Engländer und Deutsche gerade nach nichtfranzösischen Stilformen. Einige lange Gedichte von Rogers, Campbell und Landor hatten in den neunziger Jahren des 18. Jahrhunderts Erfolg, doch am einflußreichsten war Robert Southeys Arabien-Romanze *Thalaba the Destroyer* (1801; Thalaba, der Zerstörer). Als eklektische Abenteuer-Geschichte nach nahöstlichen und europäischen Quellen der Volksliteratur zusammengestellt, ist Thalaba – wie die *Aeneis* und zahlreiche Renaissance-Epen – in zwölf Bücher unterteilt, jedoch in einem experimentell lockeren Versmaß und Form von Stanzen geschrieben, die Robert Sayers 1791 erschienenem Gedichtband mit Übersetzungen aus dem Altnorwegischen entlehnt sind.

Southeys längere Gedichte wurden im 20. Jahrhundert nicht in der von ihnen gebührenden Weise wieder abgedruckt und bis heute noch nicht ausführlich kritisch bearbeitet. Doch seine

Henry Edridge, Robert Southey, 1804. National Portrait Gallery

Romane, von denen er einige selbst mit gelehrten Anmerkungen versah, bilden eindeutig die Grundlage für die langen erzählenden Gedichte von Scott, Byron, Shelley, Moore und Keats – für eine ununterbrochene Kette also, die sich über die beiden ersten Jahrzehnte des Jahrhunderts erstreckt, und die der Dichtkunst erstmals eine große Menge von Lesern verschaffte. Southey ließ auf *Thalaba Madoc* (1805) folgen, das im 12. Jahrhundert in Wales und Mexiko spielt, und *The Curse of Kehama* (1810; Porzellankünstler), das zu einer nicht näher bestimmten Zeit in einem von einem Hindu-Raja beherrschten Delhi spielt. Während Friedrich Schlegel und Friedrich Meyer in Deutschland Indien als eine paradiesische Heimat vorführen, als den ursprünglichen Ort einer Synthese aus Mythologie und Religion, stellen die prägenden englischen romantischen Darstellungen die heidnische Welt (die damals an Indien exemplifiziert wurde) als eine verderbte politische Ordnung dar, die von bösartigen religiösen Institutionen beherrscht wird. Die drei Epen Southeys sind politische Gedichte, die von Auseinandersetzungen zwischen individuellen Bürgern oder Siedlern und grausamen Tyrannen im Bunde mit Priestern handeln. Die Arbeit an *Madoc* begann 1794, also in dem Jahr, in dem er und Coleridge nach Pennsylvanien auswandern wollten, um dort ein utopisches Gemeinwesen zu gründen – und die Utopie bleibt der Schlüssel zur Eigenart seiner Romanzen.

Wie seine Freunde Wordsworth und Coleridge, war auch Southey gegen Ende der napoleonischen Kriege ein konservativer Polemiker, doch bis 1810 plädierten seine Romanzen eine Revolution, der jede Ähnlichkeit mit der Französischen Revolution genommen worden war. In den mexikanischen Szenen von *Madoc* und in *The Curse of Kehama* scheint er für eine moralische Revolution oder für die Reform einer degenerierten Religion einzutreten. Seine Briefe bestätigen, daß er Napoleon Bonaparte als einen militärischen Opportunisten und Tyrannen, als den Erneuerer der Sklaverei und den Feind der Revolution verachtete; doch hegte er im Stillen immer noch die Hoffnung, daß in Österreich und Frankreich interne Revolutionen ausbrechen könnten. Southey glaubte, daß sich selbst regierende Kolonien in der Neuen Welt (wie die Vereinigten Staaten und Brasilien) die Alte Welt retten könnten; seine Romane werben nie für ein vom Mutterland Großbritannien aus regiertes Reich, geschweige denn, daß sie solches vorstellen. Sehr bezeichnend ist, daß Southey in seinen orientalischen Epen den Begriff ‚Metropolis' in seiner dritten Bedeutung vermeidet, der sonst gerade in Mode war, um das Mutterland eines Weltreichs zu bezeichnen.

Als schottischer Patriot entwickelt Scott in seinen Gedichten und Romanen einen spezifisch englisch-schottischen Dialog, der die wahren Verhältnisse der Macht im 19. Jahrhundert verschleiert, aufgrund derer Großbritannien und andere europäische Mächte den Großteil der nicht europäischen Welt in Besitz nahmen. Doch Byrons orientalische Gedichte haben ein aufschlußreicheres Problem zum Inhalt. Zeitgenössische Kritiker spürten bald, daß sie moderne politische Anspielungen enthielten, die jedoch schwer im einzelnen auszumachen waren. Die türkischen Gedicht-Erzählungen von 1812–1816 enthielten ihr Quantum an dokumentarischen Details über den östlichen Mittelmeerraum, der verhindert, daß sie einfach als eine Allegorie auf das britische Reich oder Imperium im allgemeinen verstanden werden konnten. Dabei zog Byron es sogar in diesem Fall vor, Konstantinopel, den Sitz der Macht, zu verschleiern oder an einen anderen Schauplatz zu versetzen. Er liebt es, einen Harem als Metapher für Sklaverei, für Ausbeutung und Verweichlichung unter der türkischen Herrschaft zu verwenden. Seine brillantesten Haremsszenen zeigen im VI. Gesang des *Don Juan*, wie sich die Leidenschaft des Byronschen Stils mit einem geradezu unwiderstehlichen Interesse an seinem autobiographischen Hintergrund verbinden, um unsere Aufmerksamkeit vom Geopolitischen auf das Persönliche zu lenken – der Harem als Phantasieland führt uns dazu, männliche Sexualität zu bedenken und dabei vor allem die Byrons selbst.

Unter den anderen führenden Verfassern von orientalischen Romanen versucht Shelley in *Laon and Cythna* (das 1818 mit einigen vorsichtigen Streichungen unter dem Titel *The Revolt of*

Islam [Der Aufstand des Islam], herausgegeben wurde) mit einigem Erfolg, das Problem von Revolution und Reich zu verallgemeinern, doch wiederum kann er sich den Briten selbst gegenüber nicht überzeugend verdeutlichen. Das am direktesten politisch angelegte und am härtesten treffende unter diesen langen erzählenden Gedichten ist vermutlich Moores unterbewertetes *Lalla Rookh* (1817), das aus vier Vers-Novellen besteht, die in einen von Chaucers *Canterbury Tales* entliehenen Rahmen eingebunden sind. Eine Gesandtschaft des Moghulen-Kaisers von Delhi geleitet dessen Tochter Lalla Rookh nach Kaschmir, wo sie ihren zukünftigen Ehemann, den König von Bukhara, treffen soll. Doch der König macht ihr, als umherwandernder Dichter verkleidet, an jedem Abend der Reise den Hof, indem er ihr romantische und freiheitsliebende Geschichten erzählt, die von Fadladin, einem ultra-konservativen Wesir wütend kritisiert werden. Auf amüsante Weise verleiht Moore Fadladin einige der negativen englischen Charakterzüge, die er selbst schon in seinen nationalistischen *Irish Melodies* (1807) beschrieben hatte. Da Delhi 1807 von den Briten erobert wurde, ist sein Wesir ein geeigneter Fürsprecher für den durch ihn vorgetragenen Strom britischer Orthodoxien. In der Tat machen Moores ungewöhnlich deutliche Hinweise auf die politische und religiöse Unterdrückung in Irland sowie auf den vergleichbaren Fall des indischen Subkontinents politisch sichtbar, was sonst verborgen bleibt. *Lalla Rookh* wurde auch weiterhin als ein Gedicht gelesen, das die Unabhängigkeit kleiner Nationen von Kolonialregierungen unterstützte. Einige Szenen daraus wurden, während des amerikanischen Bürgerkriegs, in Richmond, Virginia, der Hauptstadt der Konföderierten, aufgeführt.

Die vom ‚Volkstümlichen' angeregten Gedichte des späten 18. Jahrhunderts und die aufpolierten archaischen Romane des frühen 19. Jahrhunderts verbindet gleichermaßen ihr gemeinsamer Widerwille, das Mutterland darzustellen und ihre gemeinsamen Vorbehalte ihm gegenüber. Mit Krieg und Despotismus direkt befaßt und durch ihre exotische, Szenerie einer ‚anderen Welt' in die freizügige Lage versetzt, das verbotene Thema der Sexualität zu behandeln, waren die orientalischen (Abenteuer-)Romane in einer offenbar riskanten Weise politisch und unorthodox angelegt. Doch paradoxerweise scheinen sie die öffentliche Meinung sehr viel weniger als die sentimentale Bewegung von 1760 bis 1790 beeinflußt zu haben, während der vor allem Zeitschriften und Romane nicht nur sehr liberal humanitäre Fragen behandelten, sondern darüber hinaus auch die Mittelklasse mit dem schmeichelhaften Gefühl einer Gruppenidentität ausstatteten. Aber zu Beginn des 19. Jahrhunderts veränderte sich innerhalb der Bewegung selbst die von unterschiedlichen Gefühlen bestimmte und potentiell gegnerische Beziehung zu London als Regierungssitz so weitgehend, daß sie nicht mehr wiederzuerkennen war. Das Musterbeispiel des englischen romantischen Gedichts, für viele moderne Kritiker Wordsworths *The Prelude* (Präludium oder Das Reifen eines Dichtergeistes), verleiht dem Stadt-Land-Thema dadurch eine ganz andere Bedeutung, daß es die Stadt als Heimat des gemeinen Volks, der monströsen Masse, behandelt.

Im Jahre 1802 besuchte Wordsworth in Begleitung seines Freundes Lamb, der ja ein enthusiastischer Londoner war, die St. Bartholomew's Fair, den größten Londoner Jahrmarkt, der damals Anfang September stattfand. Zwei Jahre später fügte er eine abgeschlossene Beschreibung des Jahrmarkts in sein großes Projekt einer Vers-Autobiographie ein, die er 1805 in einer aus 13 Büchern bestehenden Fassung vollendete, und die aber schließlich 1850 in einer 14bändigen überarbeiteten Ausgabe nach seinem Tode veröffentlicht wurde. *The Prelude* bezieht sich auf interessante – spöttische und häufig negative – Weise auf Rousseaus brillante und zugleich verräterische autobiographische Schriften, die *Confessions* und die *Rêveries*, die in England den Gipfel ihres Ruhms und Einflusses in den frühen neunziger Jahren des 18. Jahrhunderts erreichten. Dagegen haben moderne amerikanische Wordsworthianer, wie M. H. Abrams und Geoffrey Hartman, eine tiefergehende Verwandtschaft mit den Bekenntnissen des Augustinus, jener klassischen Bekehrungsgeschichte, erkennen wollen.[3] Sicherlich formt Wordsworth sein Leben zu einer Erzählung, die der des Augustinus nicht unähnlich ist – eine unbekümmerte, wenn auch relativ unschuldige Jugend, die Weltlichkeit des jungen Erwachsenen (durch den Glauben an die Französische Revolution belegt, die er 1790 und 1792 selbst erlebte), gefolgt vom geistlichen Erwachen und dem Rückzug in Abgeschiedenheit von der Welt.

Im *Prelude* von 1805 sind noch andere Beziehungen zu erkennen. 1803 wurde Southey Wordsworths Nachbar in Lakeland, und es ist wahrscheinlich, daß der Umfang von zwölf Büchern bei *Thalaba the Destroyer* (1801), von der klassischen und Renaissance-Epik abgeleitet, Wordsworth beeinflußte, als er in den folgenden Jahren damit begann, ein in Blank-Versen abgefaßtes autobiographisches Gedicht in zwei Büchern (1799) über seine Jugend im Lake District zu erweitern. In *Thalaba* gelangt der Held in ein falsches Paradies, von einem bösen Zauberer geschaffen und beherrscht (Buch VI und VII); er zerstört es, und in Buch VIII erhält er Besuch von einem Höllenvampir, der ihn in Versuchung führt, indem er sich als seine Ehefrau verkleidet. In *The Prelude* legt Wordsworth die Erzählung über seinen Besuch Frankreichs im Jahre 1790 als eine Serie von betrogenen Verheißungen an; ein falsches Paradies (Buch VI); und für den Besuch des Jahrmarkts (Buch VII) bedient er sich Formen der Beschreibung, die seit langem für die Hölle benutzt wurden.

3 Siehe z. B. G. H. Hartmann, *Wordsworth's Poetry,* 1787–1814 (New Haven: Yale U. P., 1964); M. H. Abrams, Natural Supernaturalism: *Tradition and Revolution in Romantic Literature* (N. Y.: Norton, 1971).

O welch ein Ansturm auf das Aug' und Ohr!
Was für ein Lärmen und anarchisches
Getöse – höllisch und barbarisch – ein
Phantasma, ungeheuerlich durchaus,
An Farbe, Form, Bewegung, Laut und Anblick!
Der offne Raum zu unsern Füßen gärt,
Und jeder Winkel in der Runde wimmelt
Von Köpfen; grelle Bilder und enorme
Spruchbänder (stumme Werbung für die Wunder),
. . .
Der eine dreht den Leierkasten, schabt
Schrill auf der Fiedel, klappert mit der Rassel
Und pufft die Kesselpauke mit dem Fuß;
Der andre, mit Trompete, bläst die Backen auf;
Ein Mohr im Silberkragen schlägt die Zimbel.
Kunstreiter, Akrobaten, Weiber, Mädchen
Und Buben, blaubehost, mit rosa Weste
Und manchmal einer hochgetürmten Feder. –
Was jedes Land an Seltsamkeiten hat,
Ist da: Albinos, Zwerge und bemalte
Indianer; auf den Bühnen tummeln sich
Das kluge Pferd und das gelehrte Schwein,
Der Feuerschlucker und der Steinefresser,
Bauchredner, Riesen, unsichtbare Damen;
Die Büste, die dem Frager Antwort gibt
Und mit den starren Augen rollt beim Reden;
Wachsbilder, Glockenspiele, Zauberkünste
Moderner Magier, Raubzeug, Marionetten –
Abseitiges, Gesuchtes, übertriebener Unfug,
Mißbildung alles, wider die Natur,
Willkürlich ausgedacht vom Hirn des Menschen
In prometheischer Gedankenzeugung;
Sein blöder Stumpfsinn, sein verrücktes Wähnen
Und was daraus als Heldentat hervorging –
All dies ist hier vermengt, vermantscht und bildet
Ein Parlament von Monstren.

(VII. 658–66, 672–91; dt. Übersetzung von Fischer, Hermann: William Wordsworth, Präludium oder Das Reifen eines Dichtergeistes. Ein autobiographisches Gedicht. Stuttgart 1974, S. 194 f., VII. 920–28, 938–63.)

Ungeachtet der spezifisch zeitgenössischen Details mit ihren Anspielungen auf solche Episoden wie die Bauchredner und das gelehrte Schwein, werden belesene Leser die literarischen Bezüge bemerken: z. B. die Erinnerung an flämische Gemälde der Hölle und an Miltons *Paradise Lost* (Das verlorene Paradies) mit seinen großartigen Abschnitten verlorener Welten, so ‚mit Köpfen belebt', wie von Läusen befallen. Wordsworths Jahrmarkt liest sich außerdem wie eine spätmittelalterliche Szene oder eine solche aus der Renaissance über Torheit oder Völlerei, wie sie durch Ben Jonsons Stück *Bartholomew Fair* (1614; Bartholomäusmarkt) besonders bekannt geworden ist: eine Darstellung des Karnevals, die die Versuche der beiden puritanischen Moralisten, Zeal-of-the-Land Busy und Adam Overdo, solche Vergnügen abzuschaffen, mit einem Achselzucken abtut. Im Herzen selbst ein Puritaner, erwähnt Wordsworth voller Abscheu, daß der Jahrmarkt ‚dort abgehalten wird, wo Märtyrer vergangener Zeiten Qualen erlitten' (VII. 650), in Smithfield nämlich, wo die katholische Königin Mary I., die Frau Philips II. von Spanien, 1555–1558 zahlreiche protestantische Untertanen verbrennen ließ.

Wordsworths selbstbewußt plazierte und großartig formulierte Absage an die Hauptstadt ist nicht nur jeweils der springende Punkt in seinen bedeutendsten Gedichten, sondern stellt, einigen Kommentatoren des 20. Jahrhunderts zufolge, auch insofern eine exemplarische Textstelle dar, als in ihr die Romantik und eine moderne Kultur mit ihrem Ziel des materiellen Fortschritts die Aufklärung verdrängt.[4] Der Ausdruck ‚Parlament der Monster' ist ein eindrucksvolles Echo auf Burkes Vorstellungen in seinen *Reflections on the Revolution in France* (1790). Außerdem nutzt Wordsworth seine Londoner Erfahrungen mit der Masse als eine Etappe seiner geistigen Odyssee, wobei er die tatsächliche Chronology ignoriert, und beschreibt dementsprechend in den Büchern IX–XI Paris während der Schreckensherrschaft als weiteren städtischen Alptraum.

Lange bevor das Publikum Gelegenheit bekam, Wordsworths poetisches Selbstporträt zu lesen, hatten andere Werke von Mitgliedern seines literarischen Zirkels (von denen einige *The Prelude* gelesen hatten), den Typus der romantischen Autobiographie in England geschaffen: Coleridges eigensinnige, gedrängte, jedoch intellektuell gehaltvolle *Biographia Literaria* (1817), Lambs humorvolle *Essays of Elia* und Thomas De Quinceys extravagante *Confessions of an English Opium Eater*. Diese Bücher drängen wechselseitig aufeinander ein: De Quinceys *Confessions,* die anfangs unter den Prostituierten und Ausgestoßenen der Londoner Oxford Street spielen, können zum Beispiel als eine Unterschicht-Version von Coleridges unablässig akademischer *Biographia* und Wordsworths idealisiertem ‚Porträt des Künstlers' interpretiert werden. Teilweise als Nachahmung De Quinceys und andererseits als Korrektiv gegenüber dem Idealismus von Wordsworth und Coleridge, veröffentlichte Hazlitt 1823 seine eigene fiktive Autobiographie, das *Liber Amoris* (Das Buch der Liebe), das auf Liebesbriefen beruht, die der 44jährige Hazlitt der 19 Jahre alten Tochter seines Londoner Hauswirts geschrieben hatte.

Lamb, Hazlitt und De Quincey, die ihre allgemeine Haltung und die in der Regel benutzte Alltagssprache der neuen Literaturzeitschriften vereinten, bemühten sich offenbar nicht um eine Führungsrolle in der Gesellschaft, um politischen Einfluß oder moralischen Höhenflug, wie es Zeitschriften und Autoren mehr als ein halbes Jahrhundert lang im Interesse der mittleren Klassen oder ihrem eigenen getan hatten. Die neuen Stilformen waren

4 Siehe Abrams, Anm. 3; H. Bloom, *The Visionary Company* (Ithaca: Cornell U. P., 1961) und *Romanticism and Consciousness* (N. Y.: Norton, 1970); N. Frye, *A Study of English Romanticism* (N. Y.: Random House, 1968).

wandlungsfähig, überraschend, appetitanregend: Sie sollten den kommerziellen Markt stimulieren und nicht das breite Publikum ermahnen. Unter Umgehung vieler Gebiete und Theorien erwecken die Essayisten ein wiedererkennbares Alltags-London mit einer Prosa zum Leben, die kraftvoller und reichhaltiger ist, als alles bis zu diesem Zeitpunkt Geschriebene. De Quincey ist der Prosa-Autor dieser Zeit, ein Bewunderer der langen Sentenzen des frühen 17. Jahrhunderts, die er, um der orchestralen Wirkung willen, in seinen Beschreibungen ‚der Qualen des Opiums' benutzt. Teils wegen seines Stils, teils wegen seiner kühnen bildkräftigen Verwendung des Opiums als Metapher für die Phantasie, aber auch wegen seiner Topographie des Unbewußten beziehen sich auf ihn zahlreiche Nachkommen, darunter Charlotte Brontë, Poe, Dickens und Baudelaire. – Der spannungsvolle, sich selbst zerfleischende Hazlitt war ein guter Theaterkritiker und politischer Polemiker gewesen; nach 1820 schreibt er seine besten Texte, kraftvolle, spontan scheinende Gelegenheits-Essays (‚On Going a Walk', ‚The Fight', ‚The Indian Jugglers') und sein Buch mit Skizzen nach führende Zeitgenossen, *The Spirit of the Age* (1825; Der Geist des Jahrhunderts), war eines der meist zitierten Bücher jener Zeit.

Schoben die unternehmenden Zeitschriften und eine Handvoll genialer Journalisten mittleren Alters die Dichter noch vor deren Tod aus dem Weg? Die englische ‚Hochromantik' erreichte eindrucksvoll viele Leser, und dabei übertraf vermutlich Byron insgesamt noch Tom Paine.[5] Aber gerade ihr Erfolg, eine ‚halbgebildete' (oder: nicht klassisch gebildete) Leserschaft anzusprechen, eine Tendenz, die sich feindselig gegen komplizierte Sprache und Gedankenführung wendete, gegen politische Herausforderungen, gebildete Anspielungen und gesellschaftliche Exklusivität. Der überaus erfolgreiche ‚hochviktorianische' Dichter Tennyson (1809–1892), der einzige Brite, der wegen seiner Dichtung in den höheren Adelsstand erhoben wurde, brauchte 15 Jahre nach der Veröffentlichung seines ersten Buches, bevor ihn der Erfolg von *Poems (*1842) in die Lage versetzte, das Publikum erneut für erhabene und ernste Dichtung zurückzugewinnen. Zwischen den späten dreißiger und den späten vierziger Jahren wurden die romantischen Dichter Wordsworth, Coleridge, Scott, Byron, Shelley und Keats ebenfalls zu englischen Klassikern erhoben und neben Chaucer, Shakespeare und Milton verehrt. Trotz der tatsächlichen Spannungen und Unstimmigkeiten innerhalb der nationalen Gemeinschaft, die sie in ihren Werken aufzeigten, werden sie Bestandteil der offiziellen literarischen Kultur, die üblicherweise dafür gepriesen wird, daß sie die Kontinuität und den Zusammenhalt der Nation gewährleistet.

Häufig bringt der Zusammenprall zweier Tendenzen – in diesem Fall Hochsprache und volkstümliche Sprache – sehr interessante Werke hervor. Zwei der besten romantischen Gedichte, erschienen 1820 und 1821, sind Darstellungen Londons im erhabenen Stil, obwohl sie, und das ist typisch für dieses Thema, auf den ersten Blick einen anderen Gegenstand zu behandeln scheinen. *Jerusalem* (1820), Blakes längste, schwierigste und ambitionierteste Prophezeiung, klingt so, als handelte es sich wieder um ein nahöstliches Gedicht mit orientalischem Thema. Byrons Versdrama *Sardanapalus* (1821) ist in ähnlicher Weise zeitlich und örtlich verschoben, nämlich in die Epoche von Ninives Fall während der Herrschaft des letzten Assyrerkönigs, der von Nimrod abstammte. Doch beide Bücher porträtieren London ironisch als moderne Hauptstadt.

Byrons Ninive ist eine phantasievoll erfundene andere Welt und gleichzeitig die auf den Kopf gestellte vertraute moderne westliche Welt. In der ersten Szene tritt der wie eine Frau gekleidete und mit Blumen geschmückte König Sardanapal auf. Er schlägt die Warnungen seines Schwagers, des Soldaten Salamenes, in den Wind, der ihm mitteilt, daß sich wegen seiner Lebensweise eine mächtige Opposition formiert habe. Sardanapal verwirft auch einen Eroberungskrieg in Indien, die Lieblingslösung seiner Vorfahren, um innere Probleme zu lösen. Sein Hof ist ein Ort ununterbrochener Feste, eine Welt, die sich um Frauen und Sklaven dreht. Eine von ihnen ist Myrrha, eine griechische Patriotin, die Geliebte des Königs. Obwohl Byron abstritt, daß das Stück politisch gelesen werden sollte,[6] mußten die Eheprobleme des assyrischen Königs, seine außerehelichen Affären und die verschwenderischen orientalischen Vergnügungs-Pavillons jeden britischen Leser des Jahres 1821 an den neuen König George IV. erinnern. Der König auf der Bühne ist übertrieben verweichlicht; und Georges Untertanen verwendeten dieses Wort, um sich über seine Vorliebe für die Kunst und für die Gesellschaft von Frauen zu beklagen. Das durch den Sieg in den napoleonischen Kriegen erzeugte Selbstvertrauen hatte kurz zuvor die Briten von ihrer historischen Bestimmung überzeugt, andere Völker zu beherrschen; und diese Überzeugung war schwerlich mit dem skandalösen Privatleben des Königs zu vereinbaren, auch nicht mit dem seiner Brüder und eines Großteils der Aristokratie, Byron eingeschlossen.

Byrons Stücke wurden im 19. Jahrhundert aufgeführt, im 20. Jahrhundert jedoch allgemein vernachlässigt. Man unterscheidet zwei Typen: ziemlich konventionelle neoklassische Tragödien nach dem Vorbild Alfieris mit aristokratisch-republikanischen Helden; und weniger naturalistische, mehr experimentierfreudige, wie *Manfred* (1817), *Cain* (1821), *Heaven and Earth* (1823; Himmel und Erde) und *The Deformed Transformed*

5 Die Größe der Leserschaft von Paines *Rights of Man* (dt.: Menschenrechte), Teile I und II (1791–1792), ist ein vieldiskutiertes Problem, die heutigen Forscher stimmen jedoch darin überein, daß sie alles in allem über 100.000 betragen haben muß. W. St. Clair schätzt die Zahl der verkauften Exemplare der Gesamtausgabe oder von Teileditionen von Byrons *Don Juan* allein auf mindestens 150.000 in genehmigten Ausgaben und Raubdrucken. ‚The Impact of Byron's Writings: an Evidential Approach', hg. von A. Rutherford, *Byron: Augustan and Romantic* (London: Macmillan, 1990, S. 1–25).

6 Vgl. Byrons Brief an John Murray, 14. Juli 1821: Ich hoffe zuversichtlich, daß *Sardanapalus* nicht als ein *politisches* Stück mißverstanden wird . . . Ich habe an nichts anderes gedacht als an asiatische Geschichte . . . in dieser Zeit kann man weder von Königen noch Königinnen sprechen, ohne in den Verdacht zu geraten, auf die Politik oder Persönlichkeiten anzuspielen. *'Byron's Letters and Journals,* hg. von L. Marchand, VIII. 152.

(1824; Der umgestaltete Mißgestalte). *Sardanapal* gelingt es, beiden Kategorien anzugehören; daß es auch der zweiten Gruppe angehört, erklärt, warum Byron es Goethe widmete. Es hat einen normalen Aufbau in fünf Akten, hält die drei Einheiten ein und präsentiert den Helden als einen republikanischen Herrn des 18. Jahrhunderts: ausschweifend, aber tolerant und progressiv, als einen Mann, der sein Leben nach der Stimme seines menschlichen Gewissens in einer nachreligiösen Welt führt. Doch die Sprache des Stücks und seine zahlreichen Anspielungen auf primitive Religionen lassen eine Welt am Anfang der historischen Zeit entstehen, die sich soeben aus dem Mythos erhebt. Der König betet offiziell die Sonne an, bringt aber Trinksprüche auf Bacchus, den griechischen Gott des Weines aus; er wird mit Herkules verglichen und noch eindringlicher mit Luzifer, dem ‚Sohn des Morgens'; einem Bibelspruch entsprechend, der laut Shelley dafür spricht, daß sich der Luzifer-Mythos auf dem Untergang eines historischen assyrischen Königs bezieht.[7] Andere Begriffe, die üblicherweise zu seiner Beschreibung verwendet werden, wie ‚Prinz der Blumen' und ‚Friedenskönig', müssen die Erinnerung an Jesus wachrufen. Aber das Stück gehört nicht zu Byrons *Tragödien*, denn diese weitreichenden Anklänge kennzeichnen es als eine intellektuelle Komödie, die Ethik und Idealismus sowohl der antiken als auch der modernen Welt satirisch betrachten. Das alte Ninive wird nach dem Vorbild Londons von 1821, Assyrien nach dem von Großbritannien entworfen. Als Metropolen eines orientalischen Reiches sind beide, infolge ihrer geistigen und moralischen Widersprüche, zerrissene Welten; Welten, die von der öffentlichen Ethik der ‚Männlichkeit' getragen werden, nämlich vom Krieg, von Wachstum und Herrschaft, während ihre privaten Vergnügungen ‚verweichlicht' sind und sich die echtesten Hoffnungen ihrer Bürger auf Frieden und Liebe richten.

Thomas Phillips, William Blake, 1807. National Portrait Gallery

Blakes großartiges Gedicht *Jerusalem,* eine mythologisierende Geschichte des britischen Volkes, war auch eine Herausforderung an das schmeichelhafte Selbstverständnis des zeitgenössischen Großbritanniens. Dabei ist Blakes wichtigstes Vorbild die Bibel, die er (in der aufklärerischen Art von Lowth, Michaelis und Herder) unter anderem als die historische Nationalchronik des jüdischen Volkes interpretiert. Die ‚Handlung' erzählt, wie der Riese Albion von der Krankheit der Uneinigkeit befallen wird und danach in einen langen Schlaf versinkt, aus dem er schließlich im apokalyptischen Triumpf erwacht. Dieser Fortgang wird heutzutage in der Regel subjektiv als Allegorie der spirituellen Erfahrungen eines beispielhaften Individuums interpretiert – oder vielleicht als die Allegorie der Menschheit im Laufe der Zeiten. Doch in der Literatur des 18. Jahrhunderts hat häufig auch der Gebrauch des poetischen Begriffs ‚Albion' vor allem für England oder Großbritannien als Bezeichnung der Nation besondere Bedeutung. Er hat seinen Ursprung in der römischen Zeit, das heißt er datiert den Auftritt der Engländer vor und erinnert an die keltische Urbevölkerung. Doch tausend Jahre später litten die Waliser und Iren immer noch unter dem Schicksal der vollkommen besiegten Völker: Die Engländer verstanden weder die einen noch die anderen als Nation, sondern als eine Bevölkerungsgruppe niederen Ranges. Nach der Union zwischen Schottland und England (1707) bevorzugten Dichter wie Thomas Gray und der Schotte James Thomson, die für solche sozialen Differenzierungen empfänglich waren, die Bezeichnungen Britannien oder Albion. Unterdessen setzte sich der englische Brauch, auch weiterhin das vertraute ‚England' zu verwenden, über fast die Hälfte der vereinigten Nation hinweg, die durch die parlamentarische Union von Britannien und Irland 1800 geschaffen worden war.

Als Blake 1804 die Arbeit an seinem gewaltigen Werk *Jerusalem* begann (das in der endgültigen Fassung auf hundert Platten graviert wurde), war er, wie Southey und Coleridge, lebhaft daran interessiert, ein gewichtiges neues Werk zu schaffen, eine Anthologie der gesamten, bis ins 12. Jahrhundert überlieferten walisischen Literatur.[8] Sein Interesse an der frühen walisischen Kunst

7 Siehe P. B. Shelley, ‚On the Devil and Devils' (geschrieben 1819–1820), hg. von D. L. Clark, *Shelley's Prose* (Durham, N. C.: Duke U. P., 1972), S. 274.
8 W. Owen Pughe und E. Williams, *Myvyrian Archaiology,* 3 Bde. (London, 1801–1807).

und Geschichte, das eine Zeitlang anhielt, ist eine Tatsache, aber die meisten modernen Erörterungen seiner Grundlagen sind unbefriedigend: Obwohl er keinesfalls ein walisischer Nationalist war (wie seine gelehrten walisischen Mentoren), geht er ausgesprochen einfallsreich auf die alte Tradition dieser Kultur ein und erkennt, daß ihr Schicksal, so lange begraben zu sein, dem Selbstbewußtsein des größten Teils der Bevölkerung entspricht. Er beschreibt die Briten als ein patriarchalisches Volk, das noch älter als die Juden ist: ‚Alles beginnt und endet an Albions alter felsiger Druidenküste.' (Tafel 27) *Jerusalem* ist also zum Teil ein Gedicht über die nationalen Ursprünge und folgt damit einer in der Zeit nach der Französischen Revolution nicht ungewöhnlichen Praxis; es preist das Konzept einer britischen Nation, aber noch wichtiger ist, daß es dieses Konzept demokratisiert und mit anderen Gedanken vermischt, nachdem es die Rhetorik in der Kriegszeit zu einfach auf den bestehenden Staat und damit auf London beschränkt hatte. Die Gestalt Albion verkörpert nicht allein das gesamte Volk der britischen Inseln, sondern auch deren Topographie. Die Beschäftigung des Gedichts mit den Namen bestimmter Orte führt zu wahren Litaneien, die Gipfel an den westlichen keltischen Grenzen beschwören: Mam Tor in Devon oder Penmaenmawr in Wales. Erin, der gällische Name für Irland, tritt als Protagonist auf. Albions Erwachen aus dem Schlaf ist das Signal für den Zusammenschluß der geteilten Völker:

Was sehe ich? Die Briten, Sachsen, Römer, Normannen miteinander verschmelzen
In meinem Schmelzofen zu einer Nation, der englischen; und Zuflucht nehmen
zu Albions Lenden …
Die sündige Nation, die aus unseren Lenden & Schmelzöfen hervorging, ist Albion!

(Tafel 92, 1–3, 6)

London ist allgegenwärtig, ‚denn Städte/Sind Menschen, die Väter der Massen' (Tafel 38.46–7). Der Titel *Jerusalem* ist listig und zugleich ironisch; es ist genauso ein Gedicht über London, wie Joyces *Ulysses* ein Roman über Dublin ist. Doch London erscheint meist mit Straßen und Vororten, hauptsächlich der nördlichen Viertel (Paddington, Marylebone, St. Pancras und Islington), an die die aristokratischen Erneuerungen von West End und Regent's Park herangerückt waren und sie bereits zu verschlingen begannen. Blakes erstaunliche Phantasie verklärt sie zu unverdorbenen ländlichen Spielplätzen seiner Jugenderinnerungen, die mit dem kommenden tausendjährigen Reich Christi der Vollendung verschmelzen:

Die Felder von Islington bis Marybone,
Vom Primrose-Hügel und Saint John's Wald:
Wurden mit Säulen aus Gold überbaut,
Und dort standen auch Jerusalems Säulen …

Pancrass & Kentish town ruhen
Zwischen ihren hohen gold'nen Säulen,
Zwischen ihren gold'nen Bögen, die
Vor dem gestirnten Himmel erglänzen.

Das Jüdische Harfenhaus & der Grüne Mann;
Die Teiche, in denen Knaben wonnevoll baden;
Die Kuhweiden nahe der William's Farm:
Erstrahlen in Jerusalems freundlichem Anblick.

(Tafel 27, 1–4, 9–16)

Blake vermeidet es, das königliche und politische London zu erwähnen: den Hof in St. James's, die Verwaltungsbüros in und um Whitehall und das Parlament am Ende der Straße nach Westminster. Er übergeht auch das östlich gelegene Bankenviertel Londons. Wie häufig schon in der Literatur des 18. Jahrhunderts, haben England und London kein Zentrum. Hier wird es symbolisch und in überaus düsterer Weise durch den Tyburn-Baum ersetzt, den Galgen der Hauptstadt am westlichen Ende des Tyburn Way (der modernen Oxford Street). Tyburn wird häufig auch durch sein historisches Gegenstück, den Stein für Menschenopfer im alten Stonehenge, vertreten. Blakes erneute Beschwörung Londons ohne sein Zentrum ist ein Teil seiner hartnäckigen Weigerung, das Leben der Nation hierarchisch zu ordnen oder Könige, Helden und Führer unter seine handelnden Personen aufzunehmen. Die Briten werden bei ihm statt dessen zu einer Masse, zu einem Amalgan aus Stämmen und Rassen, unter denen keine hervorragt, und kein Name oder Ort die anderen überragt. Albion selbst ist nicht nur Jedermann, sondern auch jedes Ding, bis hinunter zu den Flüssen und Felsen. Er und sein alter ego, der Blakesche Künstler namens Los, sind stets im Begriff, sich – zwischen Höhlen und unterirdischen Röhrengängen – in ihre Elemente aufzulösen, die im Text verwoben sind.

Blake wurde für eine kleine Gruppe religiöser Künstler zu einer Kultfigur; sein Name war bei Sammlern und literarischen Enthusiasten ein Begriff. Dennoch scheint er nur sechs Exemplare seines lange erwarteten *Jerusalem* verkauft zu haben, und in einigen Fällen reduzierte er sogar noch den Preis für die vier Kapitel auf den für drei. Das ‚Buch über London', das im Jahre der Krönung von George IV. allmählich Anklang fand, war weder radikal noch verklärend, aber es konnte für sich in Anspruch nehmen, demokratisch zu sein – genau wie Egans *Life in London,* die billige Einführung in Form einer Comic-Strip-Serie in die Vergnügungen der Hauptstadt.

DER VERGÄNGLICHE GLANZ DES BRITISCHEN THEATERS – SONNENUNTERGÄNGE ÜBER EINER NEOKLASSISCHEN LANDSCHAFT[1]

Iain Mackintosh

„Ich habe in Mr. Garricks Schauspielkunst die Verhaltensweisen der ganzen Menschheit studiert, und ich habe mehr Entdeckungen über das menschliche Herz gemacht, als wenn ich durch ganz Europa gereist wäre“, schrieb Suzanne Necker, die Ehefrau des Finanzministers Ludwigs XIV., nachdem sie die Abschiedssaison von David Garrick im Sommer 1776 miterlebt hatte. Garrick (1717–1779) war seit 1747 Schauspieler und Direktor am Theatre Royal in der Drury Lane gewesen und seitdem nie mehr außerhalb Londons, geschweige denn außerhalb Großbritanniens, aufgetreten; und dennoch wurde er, als er 1763/64 die Grand Tour machte, von Paris bis Rom gefeiert.

Der Name Garricks war für die Gebildeten Europas in der zweiten Hälfte des 18. Jahrhunderts ein Synonym für Shakespeare.[2] In Großbritannien wirft er einen noch längeren Schatten voraus: Alle großen Schauspieler des folgenden Jahrhunderts mußten sich an Garrick messen lassen – John Philip Kemble (1757–1823), Edmund Kean (1790–1833), William Charles Macready (1793–1873) und sogar Henry Irving (1838–1905). Das war nicht nur eine Frage des Genies dieses Schauspielers selbst, sondern der Tatsache, daß das britische Theater am Ende des 18. Jahrhunderts großenteils Garricks Schöpfung war. In seiner Lobrede wies der Staatsmann Edmund Burke (1729–1797) darauf hin, daß Garrick seinen Beruf in „den Rang einer der freien Künste erhob, nicht nur durch sein Talent, sondern durch die Stetigkeit und Rechtschaffenheit seines Lebens und der Eleganz seiner Umgangsformen.“ Garrick verschaffte dem Theater Achtung und einen Platz inmitten der Gesellschaft, eine Stellung, die es vorher schon einmal für kurze Zeit im London Elizabeths I. und Jakobs I. innegehabt hatte, die es aber auch nach Garrick bis in die dreißiger Jahre des 19. Jahrhunderts behalten sollte. Außerdem machte er das Theater populär.

Diese Popularität ist meßbar. 1709 gab es in ganz Großbritannien nur eine einzige professionelle Schauspielertruppe. Im ersten Jahrzehnt des 19. Jahrhunderts stellte James Winston, einst Direktor des Theaters in der Drury Lane und ‚Theatertourist‘, fest, daß es auf den britischen Inseln mehr als 300 Theater gab. Diese Popularität war nicht nur sozial, sondern auch geographisch weit verbreitet. In dem Jahrhundert, das der Restauration der Stuart-Monarchie von 1660 folgte, interessierte sich – so wie in den meisten Städten Europas – nur eine Minderheit für das Theater, doch 1771 schrieb ein Kommentator: „Wie einst in Athen, ist das Schauspielhaus in London für alle Klassen der Nation da. Der Peer des Reiches, der Gentleman, der Kaufmann, der Bürger, der Geistliche, der Händler und ihre Ehefrauen besuchen es häufig, um hier Platz zu nehmen, und die Besucherschar ist groß.“[3] Diese Worte hätten zwischen 1760 und 1830 zu jeder Zeit geschrieben werden können.

Es war ein goldenes Zeitalter, nicht etwa wegen eines besonderen Reichtums an dramatischer Literatur – im Gegenteil, nur wenige Stücke dieser Zeit sind bis heute für die Bühne brauchbar geblieben –, sondern wegen der Attraktivität des georgianischen Schauspielhauses. Alle Schichten der Gesellschaft besuchten das Theatre Royal in der Drury Lane oder bei Covent Garden, und obwohl sie unterschiedliche Plätze einnahmen, nämlich entweder in der Loge zu vier Schilling oder auf der Galerie zu sechs Pence, so atmeten sie doch dieselbe Luft und beim Eintritt rieben sich der Peer mit der Prostituierten und der Buchhalter mit dem Dichter die Schultern. Im georgianischen London war dies ebenso selbstverständlich, wie es im viktorianischen Zeitalter undenkbar war.

Zu dieser Konzentration hatte die Tatsache beigetragen, daß es bis zur Eröffnung ‚kleinerer Theater‘ wie des Royal Coburg (the Old Vic) 1818 in London nur drei Theater gegeben hatte, die eine Lizenz zur Aufführung gesprochener Dramen hatten. Das waren das Theatre Royal, Drury Lane, das zum ersten Mal 1663 eröffnet worden war und mit einem Königlichen ‚Privileg‘ arbeitete, das König Karl II. 1662 Thomas Killigrew erteilt hatte; das Theatre Royal, Covent Garden von 1732, das mit dem ebenfalls 1662 Sir William Davenant erteilten Königlichen ‚Privileg‘ arbeitete, und das Theatre Royal in Haymarket, ein viel kleineres und weniger wichtiges Theater, das an der Stelle des heutigen Theaters Ihrer Majestät stand, ein eigenes ‚Privileg‘ für Opern hatte und nicht mit dem gegenüberliegenden Opernhaus zu verwechseln ist. Dem Theatre Royal, Haymarket, wurde sein nur für den Sommer gültiges ‚Privileg‘ erst 1766 erteilt, und zwar als Wiedergutmachung an seinem Direktor, dem Lustspieldichter Samuel Foote (1720–1722), der durch Amputation ein Bein verlor, nachdem ein widerspenstiges Pferd ihn abgeworfen hatte, auf das er von ‚Freunden‘, darunter dem Herzog von York, zum Spaß gesetzt worden war.

Das System der königlichen ‚Privilegien‘ verschleiert die Tatsache, daß die britische königliche Familie – und damit war sie fast als einzige unter den gekrönten Häuptern Europas – das Theater in keiner Weise finanziell förderte. Trotz der Bezeich-

1 Hannah More beschrieb Garrick, als er seine Abschiedsvorstellungen gab, ineinem Brief an den Reverend James Stanhouse, einen Freund beider, als „eine jener Sommersonnen, die bei ihrem Untergang am hellsten scheinen“. William Roberts, Memoirs of Mrs. Hannah More, Bd. 1, S. 73–75.

2 Die Inschrift auf dem Denkmal für Garrick an der Poet's Corner in der Westminster Abbey schließt mit den Worten:
„Shakespeare und Garrick werden wie Zwillingsgestirne strahlen, Eine Erde wird erleuchten ein göttlicher Strahl.“

3 Sir Robert Talbot, The Oxford Magazine 1771.

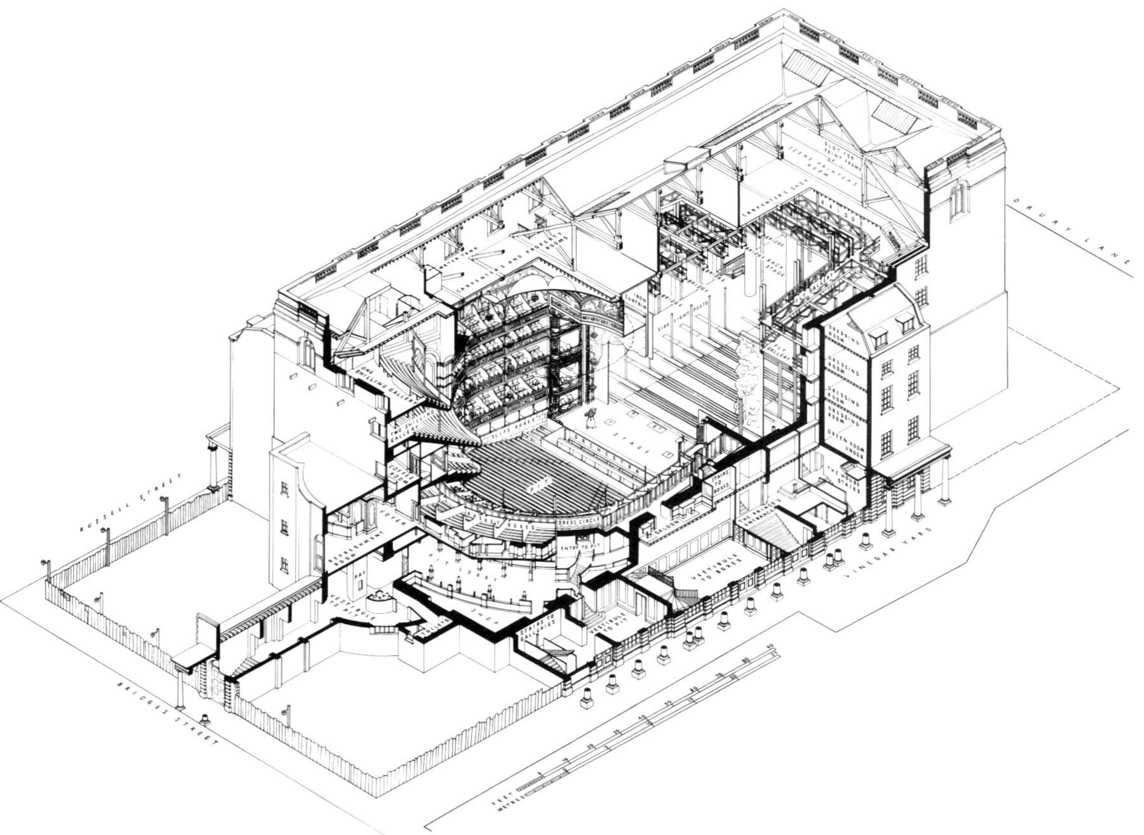

Das *Theatre Royal*, entworfen von Henry Holland, eröffnet 1794. Rekonstruktions-Zeichnung von Richard Leacroft, 1973

nung „Theatre Royal“ ließ sie keine Schauspiel- oder Opernhäuser bauen, und bezahlte keine Schauspieler, Sänger oder Musiker – mit Ausnahme der kurzlebigen königlichen Academy of Music, die unter Händels Leitung zwischen 1720 und 1726 jährliche Opernspielzeiten im King's Theatre (dem Opernhaus am Haymarket) veranstaltete. Auch der Adel stellte keine Mäzene von Schauspielertruppen, wie er es noch im elisabethanischen England getan hatte; im Gegensatz zu ganz Europa, war das Theater im goldenen georgianischen Zeitalter eine vollständig kommerzielle Einrichtung, von Schauspielern und Direktoren zum eigenen Nutzen betrieben oder manchmal auch dem von Investoren und Anteilseignern, die häufig – wie sonst auch – ihr Geld verloren. Dagegen konzentrierte sich das königliche Engagement auf die nützliche Devise der Wettbewerbsbeschränkung, indem die Zahl der durch Königliches Privileg zugelassenen Theater niedrig gehalten wurde, so etwa in der Art, wie heutzutage die Anzahl kommerzieller Fernsehsender durch die Erteilung von Konzessionen reguliert wird.

Das exklusive ‚Privilegien‘-System wurde 1843 durch ein Gesetz des Parlaments abgeschafft. Es übertrug die Konzessionierung von Schauspielhäusern den lokalen Behörden in London, eine Befugnis, die lokale Ämter außerhalb Londons schon seit 1788 ausübten. Doch das Gesetz von 1843 legitimierte nur, was, nach den Erfolgen der ‚kleineren Bühnen‘ wie Sadler's Wells oder auch des Royal Coburg, bereits üblich geworden war.

Londons Expansion am Ende des 18. Jahrhunderts wird in dem vorliegenden Katalog an anderer Stelle gewürdigt. Bis zu dem Zeitpunkt, als der Bedarf an Theater durch die Eröffnung neuer Häuser rechtmäßig befriedigt werden konnte – oder mit den frühen „Kleinen Theatern“ teilweise vorweggenommen wurde –, gab es nur eine Möglichkeit, hier Abhilfe zu schaffen. Die alten kleinen Häuser in der Drury Lane und bei Covent Garden wurden abgerissen und durch wesentlich größere Gebäude ersetzt. Dies geschah mit beiden Theatre Royal gleich zweimal in einem Zeitraum von nur zwanzig Jahren.

1792 wurde Henry Holland (1754–1806) vom Theater-Direktor Thomas Harris beauftragt, John Inigo Richards bescheidenen Zuschauerraum von 1782 durch einen wesentlich größeren zu ersetzen. Außen änderte sich nichts; das Theater war sowohl vom Platz als auch von der Bow Street aus immer noch kaum zu sehen, was zur Folge hatte, daß diese wichtige Erweiterung von Covent Garden in zahlreichen historischen Darstellungen unerwähnt bleibt. Hollands Covent Garden brannte am 20. September 1808 ab und wurde durch ein prächtiges neues Theater ersetzt, das Sir Robert Smirke (1780–1867) entworfen hatte. Smirkes Theater war ein freistehender Bau auf einer Fläche von

T. Luny, Der Brand des *Drury Lane Theatre* von der Westminster-Brücke aus gesehen, 1809. The Museum of London

66 mal 50 m, die es bis dahin mit älteren Häusern und Gaststätten geteilt hatte, die ebenfalls abgebrannt waren. Damals war es eines der größten und schönsten Theater Europas. Es faßte 2.800 Zuschauer und einige private Logen im dritten Rang, die, mit Trennwänden in voller Höhe, als eine unsoziale Einrichtung hier zum ersten Mal vom Festland eingeführt worden waren. Es kostete auch viel Geld: £ 150.000, was das Dreifache von dem war, das die Eigentümer nur ein Jahr zuvor aufzubringen beschlossen hatten. Den Direktoren, Thomas Harris und dem Schauspieler John Philip Kemble, blieb nur übrig, die Eintrittspreise zu erhöhen. Das neue Theater wurde am 18. September 1809 eröffnet, und die darauffolgenden Krawalle – die OP (Old Price) riots – setzten sich bis Dezember fort, als Kemble nachgab, die one shilling gallery wieder einführte und auch sonst die Preise herabsetzte. Das Theater mochte zu einem kommerziellen Betrieb gezwungen sein, aber dazu bedurfte es der Zustimmung der Massen ebenso sehr wie der des ‚Privilegs'.

Smirkes Theater blieb mit nur kleinen, wenn auch eingreifenden Veränderungen, wie der Entfernung der rundbogigen Türen im Proszenium im Jahre 1819, bis 1846 erhalten, als der neo-klassische Innenraum herausgenommen und durch ein hufeisenförmiges Opernhaus-Auditorium mit geschlossenen Logen auf sechs Rängen ersetzt wurde; entworfen von dem italienischen Ingenieur Benedetto Albano. Seitdem ist Covent Garden kein Schauspielhaus mehr, sondern vor allem ein Opernhaus.

In der Zwischenzeit vollzog sich in der Drury Lane eine ähnliche Abfolge von Umbau, Feuer und zweitem neuen Theater. Der Bühnenautor und Politiker Richard Brinsley Sheridan (1751–1816) hatte 1776 von David Garrick – der einen Prolog schreiben und 1772 dabei helfen sollte, Sheridans *The School for Scandal* (Die Lästerschule) aufzuführen –, die Mehrheitsbeteiligung am Theatre Royal, Drury Lane, erworben. 1791 engagierte er Henry Holland, um das Theater umzubauen und ließ später im selben Jahr das gesamte Theater abreißen, das noch einen großen Teil von Christopher Wrens ursprünglichem Bau aus dem Jahre 1674 bewahrt hatte. Der Architekt Holland wurde also im Herbst 1791 mit der Neugestaltung der beiden großen ‚Privilegien'-Theater beauftragt, und war zur selben Zeit auch mit dem Umbau von Carlton House für den Prinzregenten beschäftigt. Bei den Plänen war er für das Theater an der Drury Lane besonders anspruchsvoll. Sheridan hatte eine neue Straße nach Süden geplant, die dem neuen Theater zu einer Insellage verholfen hätte.

Erst im März 1794 wurde Hollands Drury Lane eröffnet, und selbst dann fehlten noch die umgebenden Gaststätten, Kaffeehäuser und Geschäfte, die hinter einer klassischen Kolonnade, nach dem Vorbild von Victor Louis' Grand Théâtre in Bordeaux aus dem Jahre 1780, vorgesehen waren. Trotzdem war das neue Theater ein gewaltiges Bauwerk, und als es in der Nacht des 24. Februar 1809, kaum fünf Monate nach dem Brand von

Covent Garden, bis auf die Grundmauern niederbrannte, konnte man den Schein des Feuers von der Terrasse des Unterhauses in Westminster aus sehen. Hollands Drury-Lane-Theater war im übrigen das erste säkulare Bauwerk, das Londons einheitliche viergeschossige Traufhöhe durchbrach.[4]

Der Wiederaufbau in der Drury Lane dauerte wiederum dreimal so lange wie der von Covent Garden. Im Mai 1811 fand schließlich ein architektonischer Wettbewerb statt. Im Oktober machte man den Preisträger, Benjamin Dean Wyatt (1775–1849) bekannt, der seinen Bruder George Wyatt besiegt hatte, sowie William Wilkins, den Architekten der National Gallery und vieler Theater der Umgebung von Norwich, darunter auch dem bis heute erhaltene in Bury St. Edmunds.

Allein schon die Größe der beiden prächtig erweiterten Bauten an der Drury Lane hatte weitreichende Auswirkungen auf die Theaterkunst selbst. So verglich der Dramatiker Richard Cumberland (1732–1811) das neue Drury Lane von Henry Holland mit Garricks Theater: „Seitdem die Bühnen in Drury Lane und Covent Garden so sehr vergrößert worden sind, daß sie nun eher Theater für Zuschauer als Häuser für Zuhörer waren, ist es kaum verwunderlich, wenn ihre Leiter und Direktoren Darbietungen fördern, für die sich ihr Bau am besten eignet. Der Glanz der Bühne, die Geschicklichkeit des Maschinisten und das prächtige Schauspiel der Kleider drängen nun, unterstützt von dem bezaubernden Reiz der Musik, die Arbeit des Dichters weitgehend in den Hintergrund. Es ist nicht sehr erfreulich, die Lippenbewegungen eines Schauspielers zu beobachten, wenn wir die von ihnen ausgehenden Worte nicht hören können, doch wenn der aufmunternde Marsch einsetzt und sich die Hinterbühne zu einer Tiefe von hundert Fuß für den sich nun ereignenden Aufzug öffnet, kann selbst der am weitesten entfernt sitzende Zuschauer den Gegenwert für seinen Schilling als Schauspiel genießen … Von der Bühne des Alten Drury aus hatten zu Garricks Zeiten die Bewegung der Augenbraue und das stechende Auge des großartigen Schauspielers direkt auf den Zuschauer gewirkt. Wenn sich die Gemütsbewegungen änderten und sich ihrerseits in dem expressiven Mienenspiel wiederspiegelten, ging nichts verloren; bei der Größe des modernen Drury müßten viele der feinsten Regungen seiner Darstellung notwendigerweise zu kurz kommen. Das entfernt sitzende Publikum mag vielleicht das Glück haben, den Text zu verstehen, doch dessen Deutung könnte es nicht sehen."

Bei Hollands ‚neuem Drury' mußten 1797 die Vorderbühne verengt und die alten Proszeniumsbögen wieder eingesetzt werden. Auch Wyatts Drury Lane-Theater von 1812 gelang es in seiner ursprünglichen Form nicht, die Zuschauer mit den Schauspielern zu verbinden. Und schon 1814 wurden auch hier die Proszeniumsbögen und Proszeniumslogen wieder eingeführt. 1822 wurde der Zuschauerraum ausgekernt und durch einen überaus gelungenen Zuschauerraum von Samuel Beazley (1786–1851) ersetzt, von dem auch die gußeiserne Kolonnade in der Russell Street stammt. Der heutige Zuschauerraum des Drury Lane, der aus dem Jahre 1922 stammt, hat keinerlei Ähnlichkeit mit dem von Wyatt oder Beazley, obwohl er gut zu dem originalen und noch vorhandenen Großen Salon, zur Rotunde und Haupttreppe von 1812 paßt.

Der Bericht über die Entfernung, die Wiedereinführung und die endgültige Beseitigung des Proszeniums und seiner Bogenstellung in den beiden großen ‚Privilegien'-Theatern zwischen 1794 und 1822, führt zum zweiten großen Wandel der Theaterarchitektur am Beginn des 19. Jahrhunderts, der nicht nur in der reinen Vergrößerung besteht. Bis dahin hatte der englische Schauspieler auf einer Spielfläche agiert, die sich nicht nur vor dem Bühnenbild, sondern auch vor dem Proszeniumsbogen befand. Die Zuschauer saßen an drei Seiten, wobei die seitlichen Proszeniumslogen im Zeitalter der Petroleum- und Kerzenbeleuchtung nicht nur deswegen hoch geschätzt wurden, weil man von anderen, weniger vornehmen Theaterbesuchern gesehen werden konnte (das kam später), sondern weil man von dort aus das Spiel viel besser im Blick hatte. Die meisten Schauspieler traten durch die Proszeniumsbögen neben und unter den von Zuschauern besetzten Logen neben der Vorbühne auf. Und architektonisch gesehen gehörten sie zum Zuschauerraum.

Außerdem wurden viele Dramen, sowohl Tragödien als auch Komödien, in ‚moderner Kleidung' aufgeführt oder in Nachahmungen eines „tudorbethanischen Allerleis", die ferne Vergangenheit suggerierte. Es gab wenig szenische Illusion, die Zuschauer waren sich stets bewußt, daß der Schauspieler ein Mitmensch war, der eine Bühnen-Rolle darstellte[5] und nicht ein überlebensgroßes Wesen aus einer anderen Welt, das der Zuschauer durch den Bilderrahmen der Illusion heimlich zusah, wie es ab der Mitte des 19. bis zur Mitte des 20. Jahrhunderts üblicherweise der Fall war.

Doch die Pioniertaten Kembles brachten den Zuschauern neue Formen der Kostümierung und – in Zusammenarbeit mit William Capon (1757–1827) – neue Vorschläge für historische Bühnenbilder, wie zum Beispiel *The Tower of London, restored to its earlier state, for the play of King Richard III.* Absolute Genauig-

4 Sheridan kam eilig aus dem House of Commons, wo er an einer Debatte teilgenommen hatte, aber nichts ausrichten konnte. In einer nahegelegenen Gaststätte sitzend, wischte er Gefühle des „Mitleids mit den Worten weg: „Kann denn ein Mann nicht ein Glas Wein in seinem eigenen Hause trinken?".

5 Als Tyrone Guthrie die Spielfläche der Assembly Hall, Edinburgh, für eine Aufführung von The Three Estates 1948 wieder so einrichtete, daß sich die Zuschauer auf drei Seiten der Bühne befanden, schrieb er über sie: „Auf drei Seiten um die Bühne plaziert, waren sie auf die Schauspieler auf der hell erleuchteten Spielfläche ausgerichtet, doch der Hintergrund bestand aus den schwach erleuchteten Zuschauerreihen, die in ähnlicher Weise auf die Schauspieler ausgerichtet waren. Wenn auch undeutlich und hypothetisch, wurde so doch stets jeder Zuschauer unaufhörlich daran erinnert, daß er sich nicht in einer Illusion verlor …, sondern wirklich Teil eines großen Publikums war, das an einer Aufführung mitwirkte, „assistierte", wie die Franzosen es korrekt ausdrücken, - Teilnehmer an einem Ritual." Tyrone Guthrie, A Life in the Theatre, S. 277.
Der Anfang des 19. Jahrhunderts angetretene Rückzug hinter den Rahmen der Guckkastenbühne der Illusion ist das genaue Spiegelbild des Durchbrechens der Grenzen des Bühnenrahmens in den vergangenen fünfzig Jahren.

keit war, nach Kembles Ansicht, dabei nicht erforderlich, und auf den Vorschlag, er solle sich bei der Aufführung von Shakespeares römischen Stücken der korrekten republikanischen Kostüme bedienen (er bevorzugte die prächtigeren imperialen Kostüme), antwortete er entsetzt: „Warum denn? Wenn ich das täte, mein Herr, würde man mich als Antiquar bezeichnen." Erst als Charles Kemple, der jüngere Bruder des großen Tragöden, in den zwanziger Jahren Covent Garden leitete, griff er die allmählich aufkommenden antiquarisch geprägten Vorstellungen von einem historisch genauen Bühnenbild auf. Sein getreuer ‚Antiquar' war James Robinson Planché (1796–1880), der, auf der Grundlage historischer Forschung, Kostüme für Stücke wie *Leben und Tod König Johanns* (1823) und *die Geschichte Heinrichs IV.* (1824) entwarf und deren Anfertigung beaufsichtigte. Die Schauspieler waren zwar zunächst mißtrauisch, doch die Zuschauer applaudierten dieser Neuerung.

Planché ist in der Theatergeschichte dieser Epoche mehr als nur eine interessante Fußnote. Als praktischen, tatkräftigen und vielseitigen Menschen zog ihn das Theater von Jugend auf an. Er entwickelte sich vom Laien-Schauspieler zum Verfasser von Burlesken und Pantomimen, war musikalischer Leiter der Vauxhall Gardens (1826–27) und Berater von Madame Vestris und Charles Mathews, als diese in den dreißiger Jahren das Lyzeum Theater leiteten. Er entwarf Kostüme, schrieb Opernlibretti, betrieb die Reform des Urheberrechts und wurde zugleich zu einem der ersten wichtigen britischen Kostümhistoriker, Gelehrten und ‚Somerset Herold'. Seine Erneuerungen stützten sich auf das neu erwachte Interesse für das Antiquarische, wobei es sich um mehr als nur um eine Mode der zwanziger Jahre handelte, denn in der zweiten Hälfte des Jahrhunderts erlebte diese Bewegung erst ihren Höhepunkt.

Doch mit dem Beginn des romantischen Zeitalters änderten sich auch die Vorlieben, und dabei marschierten die Theoretiker an der Spitze. 1790 veröffentlichte George Saunders seinen *Treatise on Theatres*, in dem er ‚vorbildliche' Theaterentwürfe entwarf, die Wyatt stark beeinflussen sollten. Zustimmend zitierte Saunders die Äußerungen Graf Algarottis, dessen englische Ausgabe seines Werkes An *Essay on Opera* 1767 William Pitt gewidmet worden war: „Wenn manche Bühnenflächen sehr weitgehend bis in die Mitte des Theaters vorspringen, ist das einfach zu absurd, um, wie ich meine, jemals wieder in Betracht gezogen zu werden. Vor allem ist eine Trennung zwischen Theater und Bühne in der Weise erforderlich, daß sie die Vorstellung von der Existenz zweier getrennter und deutlich unterschiedener Teile unterstützt." Proszeniumsbögen waren, architektonisch gesehen, unsauber und beschmutzten die neuen Vereinbarungen des romantischen Theaters bildlicher Illusion.

Als sie schließlich aus den großen Londoner Theatern verschwanden (in den kleineren und provinziellen Theatern hielten sie sich noch eine Generation lang), gratulierte die Sunday Times dem Architekten Samuel Beazley am 20. Oktober 1822 mit den Versen:

„Und tadle ihn auch nicht, weil er von seinen Dielen
Die alten Übel entfernte, die zwei Bühnentüren,
Türen, deren Blätter so häufig poliert wurden,
mit goldenen Türklopfern, die in einem Holz erglänzten …
Das für Palast wie Hütte, Straße oder Saal auch diente,
Für jeden Platz verwendet, und doch ganz fehl am Platze …
Wo's so sehr ums Sehen geht; was danach kommt,
Ist hauptsächlich der Text des Schauspielers …"

König und Königin der Schauspielkunst waren im frühen 19. Jahrhundert zweifellos John Philip Kemble (1757–1823) und seine Schwester Sarah Siddons (1755–1831). Er wurde ‚der letzte aller Römer' genannt, und sie bezeichneten, zumindest vom Maler Sir Joshua Reynolds (1723–1792), der sie als tragische Muse malte, und vom Kritiker William Hazlitt (1778–1830) „die personifizierte Tragödie. Sie war die vornehmste Zierde der Seele des Volkes".

Kemble und Siddons bewegten sich in einer erhabeneren Sphäre als die gewöhnlichen Sterblichen, die Garrick darzustellen bestrebt war. Der Schriftsteller Henry Fielding (1704–1754) ließ Mr. Partridge, einen einfachen Landmann, Garricks Hamlet mit dem Schauspieler vergleichen, der in derselben Aufführung den Claudius gab: „Er der beste Schauspieler? Ich selbst könnte ja genauso gut spielen wie er! Hätte ich einen Geist gesehen, dann hätte ich sicher in genau derselben Weise geschaut und genau das getan, was er tat … Der König spricht für mein Geld alles deutlich aus, noch dazu halb so laut wie der andere. Jeder kann sehen, daß er ein Schauspieler ist."

Fielding verglich 1749 den schwerfälligen Stil eines Quin oder Betterton mit dem naturalistischen von Garrick. Doch beim Theater kehren Stile stets regelmäßig wieder, und zu Beginn des 19. Jahrhunderts rückte der Geschmack des neuen romantischen Zeitalters in Verbindung mit den gewaltigen Ausmaßen der neuen bildkräftigen Theater eben jene Eigenschaften wieder in den Vordergrund, über die man sich ein halbes Jahrhundert früher lustig gemacht hatte.

Im Londoner Theaterleben leitete von 1788 bis 1819 vor allem Kemble nacheinander die Theater in der Drury Lane und in Covent Garden als amtierender Direktor, wenn nicht als Inhaber der Aktienmehrheit, wobei er die meiste Zeit von seiner Schwester unterstützt wurde.

Die neue klassische Landschaft, vor der der Schauspieler im georgianischen London spielen mußte, und der Beginn des romantischen Zeitalters waren in Großbritannien nicht so beherrschend wie im Kaiserlichen Frankreich. Dennoch pflegen sowohl die schmeichelnden als auch die kritischen Autoren in ihren Äußerungen über Kemble klassische Sprachbilder zu benutzen. Hazlitt äußerte sich zweideutig: „Mr. Kemble wird mit der Ruine eines herrlichen Tempels verglichen, in dem die Gottheit immer noch wohnt. Dies ist nicht der Fall. Der Tempel ist zwar unbeschädigt; aber die Gottheit ist manchmal außer Hauses."

T. Lawrence, J. P. Kemble als Hamlet, 1801. Tate Gallery

T. Lawrence, J. P. Kemble als Cato, 1810. The Garrich Club

Die Rolle des Coriolanus, die Kemble erstmals 1789 spielte und in der er 1798 von Sir Thomas Lawrence (1769–1830) gemalt wurde, war damals, als Großbritannien gegenüber den Bedrohungen vom Festland fast gänzlich auf sich allein gestellt war, sehr zeitgemäß. Coriolans Worte im dritten Akt, Szene eins, hatten für ein Publikum, das Nachrichten von revolutionären Exzessen sowohl in Amerika als auch in Frankreich über sich ergehen lassen mußte, eine besondere Bedeutung:

„Wir ziehn, sie hätschelnd, gegen den Senat
Unkraut der Rebellion, Frechheit, Empörung,
Wofür wir selbst gepflügt, den Samen streuten,
Da wir mit uns, der edlern Zahl, sie mengten."

(Deutsche Übersetzung von A. W. von Schlegel und L. Tieck: Shakespeares dramatische Werke, hg. u. revidiert von Hans Matter, Bd. 3, Basel 1943, S. 258.)

Ironischerweise war es dasselbe Publikum, das sich freute, als die Aristokraten den Schauspieler Kemble mit ihrer Verachtung verfolgten, die ausbrach, als der Theaterdirektor Kemble die Preise erhöhen mußte, um 1809 die Kosten für das neue Covent Garden aufbringen zu können.

Der Nachwelt wurde Kembles Größe in den Ergebnissen jenes konzertierten Experiments in „semihistorischer" Malerei überliefert, das Sir Thomas Lawrence zwischen 1798 und 1812[6] unternommen hatte. Garrick hatte das Vorbild für das Theater-Porträt geliefert. Stück und Szene wurden von Auftraggeber und Schauspieler gemeinsam ausgesucht – wobei Garrick stets wachsam

6 Siehe Shearer West, Thomas Lawrence's ‚Half History Portraits and the Politics of Theatre', in: Art History, Band 14, Nr. 2, Juni 1991.

das, was wir heute die ‚Vervielfältigungsrechte' nennen würden, im Auge behielt – und daraus ergab sich die Veröffentlichung limitierter Auflagen von Stichen und Mezzotinto-Blättern. Diese wurden im allgemeinen öffentlich angekündigt, nachdem das Bild bei der Jahresausstellung der Society of Artists, oder, seit 1768 der Royal Academy gezeigt worden war. Außerdem malten Künstler wie Johann Joseph Zoffany (1734–1810) mehr als eine Version einer Szene, und eine von diesen sollte Garrick jeweils in seiner Villa aufhängen.

Kemble und seine Schwester Sarah Siddons waren nicht darum bemüht, führende Künstler zu engagieren, um dadurch deren Karrieren zu fördern; die Künstler kamen zu ihnen. 1797 hatte Lawrence *Satan summonin the Angels* in der Royal Academy ausgestellt. Die Rezeption dieses Bildes ermutigte Lawrence, sich auf eine Serie von „semihistorischen" Bildern von Kemble einzulassen, um dort erfolgreich zu sein, wo Reynolds gescheitert zu sein glaubte[7] und wo die Maler von Josiah Boydells unseliger Shakespeare Gallery von 1789 bis 1805 zweifellos gescheitert waren. Einige Mezzotinto-Blätter der vier Gemälde von John Philip Kemble verkauften sich gut, aber die Gemälde selbst waren unverkäuflich und blieben bis zu dessen Tode in Lawrences Haus und Atelier, obwohl der Herzog von Wellington den Versuch gemacht hatte, Kembles Porträt als ein zentrales Objekt für die wiederbezogene britische Botschaft nach Paris zu schicken.

Die vier Bilder von Kemble und die Daten ihrer Ausstellung in der Royal Academy sind: als Coriolanus, 1798; als Rolla in *Pizarro,* 1800; als Hamlet, 1801, und als Cato, 1810. Kemble spielte bereitwillig mit und ging sogar so weit zuzulassen, daß sein Körper als Rolla nach dem eines Berufsboxers namens Jackson dargestellt wurde. Der *Pizarro* war eine merkwürdige Bearbeitung eines originalen Textes des deutschen Dramatikers August Friedrich Ferdinand Kotzebue (1761–1819), der von Sheridan für Kemble neugefaßt wurde und in der die von Lawrence dargestellte Szene als eine Art von vereinigendem Ruf einer im Kriege befindlichen Nation eingefügt worden war. Das Londoner Publikum konnte die Spanier ohne Schwierigkeiten mit dem mächtigen Napoleon und die unterdrückten, jedoch stolzen Peruaner mit dem tapferen England gleichsetzen.

Kemble setzte sich 1817 zur Ruhe, Sarah Siddons tat dies bereits fünf Jahre vorher. Sie kehrte aber 1816 kurz auf die Bühne zurück, um in einer Royal Command-Vorstellung noch einmal ihre berühmteste Rolle als Lady Macbeth zu spielen, in der sie von George Henry Harlow (1789–1819) gemalt wurde. Sie hatte sie für ihre erste Abschiedsvorstellung gewählt, bei der die Zuschauer nicht zugelassen hatten, das Stück nach der Schlafwandlerszene fortzusetzen. Dies überraschte kaum, denn Siddons hatte an dieser Stelle einen in der dritten Person gehaltenen Epilog eingefügt, der mit den Worten endete:

> „Sie selbst besiegt, verzichtet auf den zarten Zauber
> Und haucht mit überschwenglichem Herzen ihren langen, letzten Abschiedsgruß."

G. Clint, E. Kean als Sir Giles Overreach in *‚A New Way to Pay Old Debts'* (Ein neuer Weg, alte Schulden zu bezahlen), ca. 1820. Victoria and Albert Museum

Hazlitt sprach für die ganze Nation, als er schrieb: „Sie war nicht nur das Idol des Volkes, sie ließ nicht nur den Lärm im Parkett in gespannter Erwartung verstummen und ließ das Feuer der sie umgebenden Schönheit in stillen Tränen verlöschen, sondern auch für den zurückgezogenen und einsamen Beobachter schien ihr Gesicht über lange Jahre der Einsamkeit hinweg, als sei ein Auge des Himmels erschienen … Frau Siddons gesehen zu haben, war im Leben eines jeden ein besonderes Ereignis."

Als die Sterne von Kemble und Siddons niedergingen, suchten die Theaterbesucher ein neues Idol. Die Wahl fiel auf Edmund Kean (1787–1833), „das strahlende Kind der Sonne", der das Gegenteil Kembles war. Kemble setzte sich mit den Aufgaben eines Schauspieler-Direktor ernsthaft auseinander, sein Privatleben war über jeden Tadel erhaben, und er widmete all seine Ener-

7 1790 soll Sir Joshua Reynolds, als er das Bildnis von Mrs. Farren von Lawrence direkt neben seinem Bild Mrs. Billington as St. Cecilia hängen sah, zu dem jüngeren Maler gesagt haben: „In Sie, mein Herr, wird die Welt die Erwartung setzen, das vollendet zu sehen, was zu erreichen mir mißlungen ist." Diese Anekdote wird von Geoffrey Ashton in dem Katalog zur Royal Opera House Retrospective 1732–1982 nacherzählt, die 1982–83 in der Royal Academy stattfand.

D. Maclise, Macready als Werner, 1849–50. Victoria and Albert Museum

gien der edlen Kunst des Theaters. Kean hingegen war ein Trinker und Verführer; 1825 mußte er sogar nach Amerika fliehen, als jede Zeitung Berichte über seine Beziehungen brachte. Auf der Bühne aber war Kean unvergleichlich, der großartigste Schurke der Theatergeschichte. Kean erreichte nicht den Rang eines David Garrick oder Laurence Olivier (1907–1990), doch wenige konnten mit seinem Macbeth oder seinem Sir Giles Overreach mithalten; als er 1816 in dieser Rolle am ersten Abend einer Neuinszenierung von *A New Way to Pay Old Debts* in der Drury Lane auftrat, löste er dort hysterische Anfälle aus. Byron fiel dabei in Ohnmacht. Und niemand entsprach seinem Richard of Gloucester in *Richard III.*, für jeden englischen Schauspieler der Gipfel der Unmoral.

Als Kean 1833 starb, ging eine Ära zu Ende. In der Nachfolge von Garrick, Kemble und Kean erstrahlte zwar bald ein neuer Stern: William Charles Macready (1793–1873); doch obwohl sich dessen Karriere (1816–1851) mit der von Kean zum Teil überschnitt, war er wiederum ein anderer Charakter. Sein Stolz, seine penible Berufsauffassung, seine Verachtung gegenüber Schauspielern und dem sozialen Aspekt des Theaters kennzeichneten ihn als den ersten viktorianischen Schauspieler-Direktor. Während die Qualität abglitt, das Publikum auseinander fiel und überall der Ausverkauf des Schauspiels um sich griff, wirkte allein Macready als Wächter des theatralischen Gewissens und er hielt es solange wach, bis Henry Irving 1878 die Leitung übernahm und eine Wiederbelebung des englischen Theaters begann, das seit den dreißiger Jahren intellektuell und emotional verarmt war.

Neben den untergehenden Sonnen von Kemble und Kean erglänzten im Londoner Theater zwischen 1800 und 1840 kleinere Sterne. Daß wir sie und viele noch unbedeutendere Schauspieler kennen, verdanken wir in großem Maße Samuel de Wilde (ca. 1751–1832), dessen günstig gelegenes Atelier sich nur wenige hundert Meter von Covent Garden und Drury Lane entfernt, in der Tavistock Street befand. Fast 400 Porträts sind erhalten geblieben; rasch aquarelliert, kosteten sie £ 2, 12 s, 6 d, oder in Öl gemalt £ 12, 12 s, wie seine Geschäftsbücher belegen.

Weder Thomas Collins (1775–1806) noch Charles Farley (1771–1859) waren bedeutende Schauspieler, aber sie sind in de Wildes Gemälden lebendig überliefert; der eine in der Manier Watteaus als Slender, der andere als ein früher Versuch in Gotik. Farley war als Regisseur der Pantomimen in Covent Garden von größerer Bedeutung, bis er sich 1834 zur Ruhe setzte; einer seiner frühen Erfolge war *Harlequin and Mother Goose,* in dem Joseph Grimaldi (1778–1837) 1806 im Covent Garden debütierte. Soweit überliefert, machten sich andere Schauspieler, darunter auch der Kinderstar Master Betty (1791–1874) zunächst außerhalb Londons einen Namen. Grimaldi war, obwohl er aus Genua stammte, ein waschechter Londoner, der hinter der Bühne in Drury Lane aufgewachsen und schon in frühen Jahren als Zwerg oder Elfe angelernt worden war. Seine nächste Etappe spielte sich in einem ‚kleinen Theater' ab, im Sadler's Wells, bevor er zum berühmtesten Clown wurde, der je auf den Bühnen der beiden großen Theater gespielt hat.

Sadler's Wells war, wie der Name sagt, einen vom Wasser herrührenden Ruf, vor allem als ein von Wellen durchspielter ländlicher Zufluchtsort, den die Londoner an Sommerabenden aufsuchten, und außerdem als das Aquatic Theatre (Wasser-Theater), seit 1804 von Charles Dibdin dem Älteren (1745–1814) geleitet. Die Herren Augustus Charles Pugin (1762–1832) und Thomas Rowlandson hielten 1809 den Zuschauerraum des Sadler's Wells mit einem Wasser-Bühnenschauspiel auf einer Kupferplatte fest; ein Auftrag für den *Microcosm of London* des Verlegers Rudolph Ackermann. Dazu ist ein

A. C. Pugin, Sadler's Wells Theatre, 1809. The Art Institute of Chicago

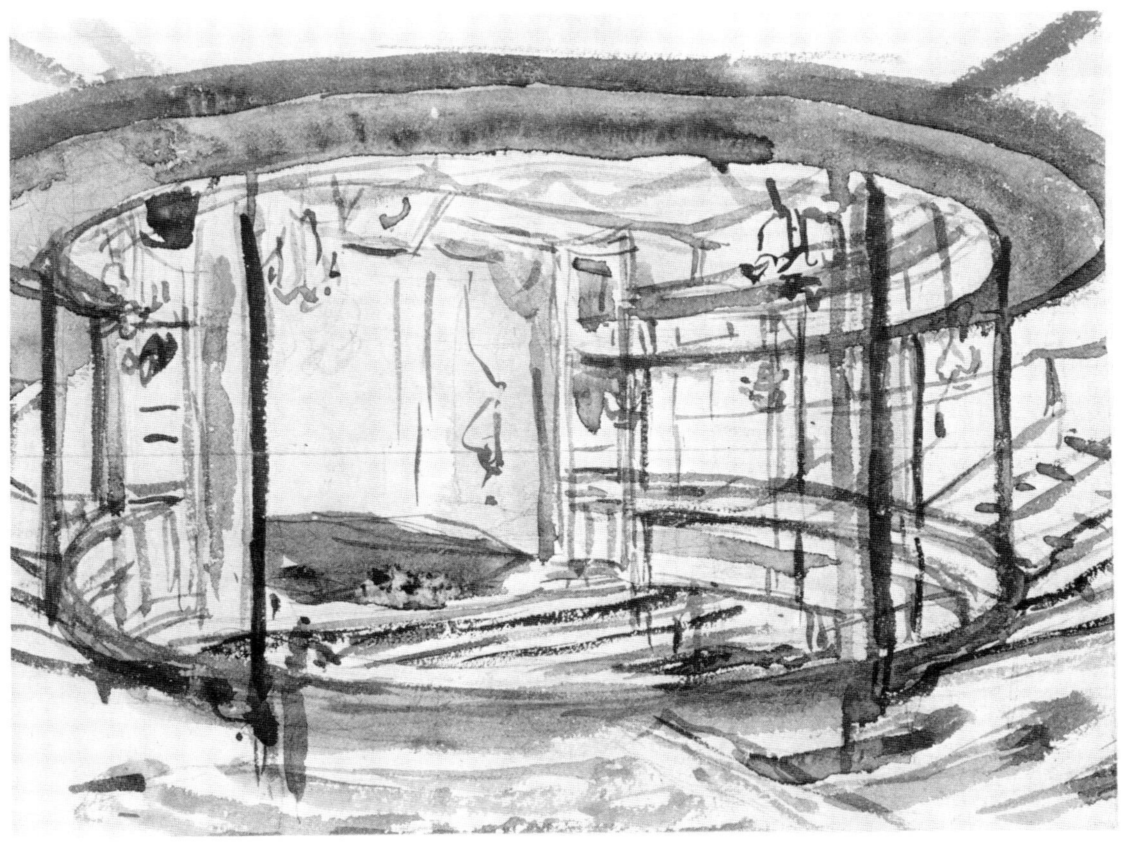

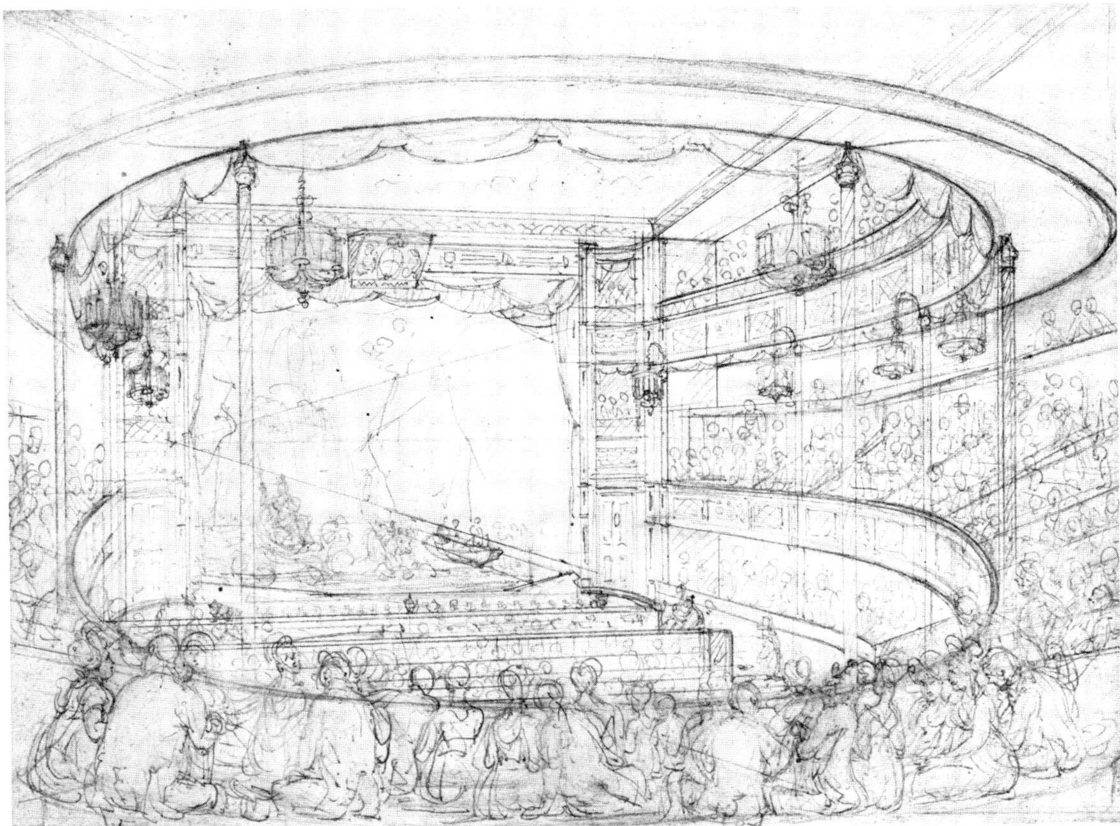

A. C. Pugin und T. Rowlandson, Sadler's Wells Theatre, ca. 1809. The Art Institute of Chicago

Aquarell von Pugin erhalten, vermutlich angefertigt, um dem Stecher das atmosphärische Kolorit zu vermitteln. Im Art Institute of Chicago befinden sich zwei frühere Phasen der Darstellung, eine Aquarellskizze von Pugin und eine Bleistiftzeichnung, in der die Architektur von Pugin ist und die Figuren von Rowlandson stammen. Diese vier Blätter geben ein so vollständiges Bild wie das alle Abbildungen Ackermanns tun.

Es ist bezeichnend, daß von den 100 verschiedenartigen Ansichten im *Microcosm of London* neun Abbildungen Theater darstellen: Hollands Drury Lane; das Covent Garden, sowohl von Holland als auch von Smirke; das King's Theatre bzw. Opera House in Haymarket; Sadler's Wells; Richardsons Wandertheater und die beiden populären Reiter-Theater, Astley's und den Royal Circus (den späteren Royal Surrey), die beide südlich der Themse lagen. Die ausgewogene Zusammenstellung von Wasser- und Reiter-Vorstellungen, Drama, Oper, Tanz und in einem Fall sogar geistliches Oratorium, geben auch einen guten Überblick darüber, was im London des ersten Jahrzehnts des 19. Jahrhunderts geboten wurde. Das einzige, das wirklich fehlt, ist das Theatre Royal in Haymarket, wo 1825 der Komödiant John Liston (1776–1846) sein berühmtes Debüt als Paul Pry mit dem Stichwort „Ich dränge mich hoffentlich nicht auf" gab.

1809 mag noch dasselbe Publikum all diese Theater geschätzt haben. Doch in den dreißiger Jahren gab es nicht mehr diese ‚großartige Mischung' der Zeiten von Garrick bis Kean. Das maßgebliche Publikum, einschließlich der jungen Prinzessin Viktoria, wollte viel lieber Macreadys Covent Garden, oder später Charles Keans angesehenes Princess Theatre, besuchen, das mit Viktorias Erlaubnis so genannt wurde.

Symphonische und vokale Konzerte sind immer selbstverständlich. Doch gab es bis 1847 in London keine Konzertsäle, die größer gewesen wären als Hanover Square und der im King's Theatre, die beide, trotz der damals üblichen dicht angeordneten Sitzreihen, weniger als 1.000 Besucher fassen konnten. Für Konzerte gab es nur wenige Alternativen: die kurzlebigen Argyll Concert Rooms (1819–1830) in der Regent Street; die akustisch ungeeigneten, aber sehr populären Treffpunkte in und bei Vauxhall und den Ranelagh Gardens oder die beiden königlichen Theater von Covent Garden und Drury Lane. Während der Fastenzeit wurden sie in der Regel für die Aufführung von Oratorien benutzt. Auch 1807 wurde Händels Orgel im Covent Garden, kurz vor dem Ausbruch des Feuers, immer noch auf die Mittelbühne gerollt.

Die großen Theater, deren Fassungsvermögen aus wirtschaftlichen Gründen vergrößert worden war, kämpften während der hier behandelten Zeit aus finanziellen Gründen um ihr Überleben; wie stets waren bei den größeren Theatern die Verluste um so größer. Was dagegen im London der zwanziger und dreißiger Jahre aufzublühen begann, waren die ‚kleinen Theater'. Sie waren sowohl gesellschaftliche Zentren als auch Schauspielhäuser und unterschieden sich kaum von den kleineren Häusern auf dem Lande außerhalb Londons. Die Zuschauer, die George Cruikshank (1792–1878) 1836 in *Pit, Boxes and Gallery* darstellte, waren möglicherweise dieselben, denen sich Charles Dickens' Nicholas Nickleby in einem der ‚kleinen Theater' zugesellte, als „die Provinzgröße Mr. Vincent Crummles wirklich zum letzten Male auftrat!!!".[8] Welche Probleme es auch immer gab; das Theater im westlichen Bezirk, das auf der sozialen Stufenleiter weiter unten angesiedelt war – zwar mit geringen künstlerischen Qualitäten – war überaus lebendig.

Das britische Theater florierte stets in Kriegszeiten. Das Ende der Napoleonischen Kriege und die daraus resultierende soziale und wirtschaftliche Erschütterung schwächten die Bedeutung der sich nun aufspaltenden Welt des Theaters. Bis 1792 war der britische Theater-Raum klein gewesen und hatte – im Gegensatz zum Kontinent, wo Theater- und Opernhäuser in der Regel für den optischen Auftritt konzipiert waren – den Schauspieler in den Mittelpunkt gestellt. Nach 1792 war das Theater das Opfer seines eigenen Erfolges. Es wurde zu groß, verminderte die Funktion des Schauspielers und förderte einen neuen großzügeren Stil für die neuen breiten Bühnen, für deren Dekorierung kein fürstlicher oder bürgerlicher Mäzen – wie in Europa – sorgte.

Um 1840 war London schon nicht mehr das Zentrum des europäischen Theaters. Das romantische Zeitalter sollte in der romantischen Oper kulminieren, während das Theater für ein halbes Jahrhundert immer schwächer wurde, bis Irving es wiederbelebte und sein Selbstbewußtsein wiederherstellte. Doch schon vor dieser Phase des Niedergangs sahen die Jahre 1800 bis 1830 den Untergang vieler Sommersonnen, die gerade bei ihrem Untergang am strahlendsten scheinen. Wie glücklich können sie sich und wir uns schätzen, daß sie und ihre Theater von Künstlern wie Lawrence, de Wilde, Harlow, Drummond, Andrews, Pugin, Rowlandson, Cruikshank und Schnebbelie so lebendig festgehalten wurden.

8 Charles Dickens, Nicholas Nickleby, zuerst 1838 in Fortsetzungen veröffentlicht, 48. Kapitel; zitiert nach der deutschen Übersetzung von Carl Kolb und Paul Th. Hoffmann, Hamburg 1963, S. 612. Die Möglichkeit, diese Stelle auf eins der beschriebenen Theater zu beziehen, wird durch eine Passage aus dem 24. Kapitel bestärkt, die von den Inhabern einer Familienloge erzählt: „Also sechs; Papa und Mama acht, Tante neun, Gouvernante zehn, Großvater und Großmutter zwölf. Dann ist noch der Diener da, der mit einem Korb Orangen und einem Krug Wasser außen steht und durch eine kleine Glasscheibe in der Logentür umsonst zusieht." Deutsche Übersetzung, ibid., S. 303.

DIE KULTUR DER RADIKALEN

A. T. Dickinson

Vom späten 18. Jahrhundert an wirkten in Großbritannien bedeutende soziale und wirtschaftliche Entwicklungen zusammen, und in ihrem Gefolge bildete sich eine Gruppe der Gesellschaft, die der Macht und der Politik jener Elite des Landadels zunehmend kritisch gegenüberstand, die damals die offiziellen, politischen Institutionen des Landes beherrschte. Anfangs hatten diese Veränderungen ihren größten Einfluß auf das politische Bewußtsein der Mittelschicht, besonders auf die Einwohner in den Einzugsgebieten der größeren Städte. Doch wirtschaftliche Krisen und eine allgemeine soziale Entwurzelung, bedingt durch Bevölkerungswachstum, durch Industrialisierung, Urbanisierung und eine lange Kriegszeit, brachten von den neunziger Jahren des 18. Jahrhunderts an mit sich, daß viele Facharbeiter und Handwerker sich der weitreichenden Kampagne für eine radikale politische Reform anschlossen. Von den turbulenten Wilkes-Demonstrationen der späten sechziger Jahre des 18. Jahrhunderts bis zu der erstaunlichen öffentlichen Reaktion auf die Querelen um Königin Caroline 1820–1821, bestimmte London das Tempo und die Tonart der weitreichenden allgemeinen Erregung und der radikalen Forderungen, die die Reform des Parlaments und vieler anderer Institutionen in Großbritannien anstrebten. In der Metropole wurden die Direktiven formuliert – für die Entwicklung von Plänen, die öffentliche Mißstände beseitigen und einen radikalen Wandel intellektuell rechtfertigen sollten. London unterstützte auch viele der wichtigsten radikalen Organisationen und Aktivitäten, darunter auch politische Clubs und Vereinigungen, die populäre Presse und große öffentliche Versammlungen – alles, was dazu beitrug, die radikalen Forderungen stets im Mittelpunkt des öffentlichen Interesses zu halten. Der politische Anspruch, den London der Sache der Radikalen zugestand, kulminierte während der Affäre um die Königin Caroline in den Jahren 1820–1821. Danach jedoch kamen die politischen Impulse für die radikale Bewegung in Großbritannien insgesamt nicht länger aus London. Aus verschiedenen Gründen verlagerte sich das Zentrum radikaler Erschütterung in die Industriestädte des Nordens und der Midlands.

1. Ursprünge und Einflüsse

Es gibt eine Vielzahl von Gründen, warum gerade London das führende Zentrum eines weit verbreiteten Radikalismus im frühen 19. Jahrhundert war. Das Gebiet der Metropole war der bei weitem größte städtische Ballungsraum in Großbritannien, ja sogar in Europa. Um 1800 hatte die Bevölkerung bereits die Zahl von einer Million überschritten, und 1821 hatte sich diese auf etwa 1.600.000 erhöht. Die City war das Zentrum der Hochfinanz und des finanziellen Lebens der ganzen Nation. Der Hafen war sicherlich das größte Handelszentrum des Landes und Europas. Darüber hinaus war London natürlich auch die politische Hauptstadt der Nation und der Sitz des Hofes, des Parlaments und der Regierung. Seine Einwohner waren politisch bewußter als sonst im Land; zum Teil deswegen, weil London ebenfalls das wichtigste Zentrum einer aktiven politischen Presse war. Verglichen mit den anderen Städten des Landes gab es hier auch die wenigsten Analphabeten und zugleich existierten hunderte von Café- und Wirtshäusern, in denen sich Menschen aller gesellschaftlichen Schichten treffen und über die politischen Probleme des Tages etwas lesen und darüber frei diskutieren konnten.

Die Stadt war einer der größten Wahlbezirke des Landes; sie stellte vier Parlamentsabgeordnete. Westminster und Southwark wählten jeweils zwei weitere Abgeordnete, wobei die Stimmberechtigten der Metropole auch einen beträchtlichen Einfluß auf die von den Grafschaften Middlesex und Surrey entsandten Parlamentsmitglieder hatte. Die City verfügte sicher über die offensten und lebendigsten städtischen Einrichtungen im Land, und diese wachten sorgfältig über die Rechte und Privilegien ihrer Bürger. Sie bildeten insgesamt die größte, intellektuell fortschrittlichste, in ihrer Formation ausgeprägteste und aktivste Stadtgemeinde Großbritanniens. Die durchdachte Infrastruktur aus 26 Stadtbezirken und 242 Polizeibezirken sowie die zahlreichen großen und einflußreichen Gilden bewirkten, daß viele Bürger ihre Erfahrungen mit einer partiellen Selbstverwaltung gesammelt hatten und an Aufgaben des Gemeinwesens mitarbeiteten. Etwa 15.000 ortsansässige wahlberechtigte Steuerzahler wählten jährlich die 236 Mitglieder des *Common Council* des Rates der *City of London* und die auf Lebenszeit bestellten 26 Ratsherren. Die meisten Mitglieder des *Common Council* waren kleine Händler, Ladeninhaber und Handwerksmeister, die sich mit den Interessen ihrer Wähler stark identifizierten. Außerdem versammelten sich ungefähr 8.000 Mitglieder von Zünften in der *Common Hall*, um vier Parlamentsmitglieder zu wählen sowie den Kämmerer und die obersten Verwaltungsbeamten des *County* (Sheriffs); sie benannten auch die beiden Kandidaten, von denen die Ratsherren jeweils einen zum Oberbürgermeister bestimmten. Sogar die „einfachen" Einwohner der Stadt, denen kein allgemeines Wahlrecht verliehen war, die aber Steuern zahlten, konnten die kleinen Beamten ihrer jeweiligen Stadtbezirke und Wahlbezirke wählen. Und selbst niedrig gestellte Einwohner wurden an den Aktivitäten der Gemeindevertretungen beteiligt, die mit dem Armenrecht und anderen lokalen Erleichterungen befaßt waren.[1]

1 Rudé 1971, S. 118–123.

Etwa neunzig Prozent der Bevölkerung der Metropole lebte außerhalb der eigentlichen City und konnte deshalb innerhalb dieser städtischen Funktionen keine wirkliche Rolle spielen. Denn es gab keine administrative Autorität, die für die Verwaltung der Metropole als ein Ganzes zuständig gewesen wäre. Aber bei den weit über einhundert Gemeindevertretungen konnten auch die außerhalb der City Wohnenden wenigstens mitwirken. Sie standen ihnen deshalb noch „offen", weil dort alle, die am Ort ihre Steuern zahlten, die Gemeinde-Beamten wählen konnten. Westminster, das nicht wie London über einen gewählten Rat verfügte, war jedoch hinsichtlich seiner Praxis bei den Parlamentswahlen der liberalste Wahlbezirk des Landes. Fast 18.000 Einwohner waren wahlberechtigt, und deshalb gehörten die Parlamentswahlen in Westminster wohl zu den aufregendsten und turbulentesten.[2]

Obwohl London innerhalb der neuen industriellen und technologischen Entwicklung, die die britische Wirtschaft im frühen 19. Jahrhundert so stark veränderte, zunächst keine führende Stellung einnahm, war es doch das bei weitem größte Produktionszentrum im Land, von dem die meisten Waren und Dienstleistungen für die gesamte Nation kamen. Dabei war es vor allem der wichtigste Ort des hochentwickelten, aber nicht mechanisierten Handwerks, das eine Vielzahl qualitätvoller Produkte herstellte. 1815 wurden hier über 150 verschiedene Sparten in mehr als 30.000 kleinen Betrieben praktiziert, die von selbständigen Meistern geführt wurden. Die wichtigsten handwerklichen Berufe damals waren die Schneider, Schuhmacher, Hutmacher, Seidenweber, Wagenbauer, Möbeltischler, Böttcher, Zimmerleute, Ingenieure, Schiffbauer, Metall- und Lederbearbeiter, Drucker, Buchbinder, Maurer, Schmiede, Baumeister, Stukkateure und Bierbrauer; hinzu kamen die in der Zucker-, Tabak-, Kaffeeverarbeitung und unterschiedlichen Bereichen der Lebensmittel-Branche Beschäftigten. In diesen Handwerksbetrieben arbeiteten jeweils zahlreiche Menschen; nur wenige dieser Unternehmen entwickelten sich zu größeren Firmen. Bei diesen handelte es sich meist um Böttcher, Schiffbauer, Drucker und Ingenieur-Betriebe. Die meisten Aufträge im Baugeschäft jedoch wurden an kleine Unternehmen vergeben, und Kleidung wurde meist von Heimarbeitern genäht. Die meisten wirklich qualifizierten Handwerker arbeiteten in kleinen Werkstätten mit einer Handvoll anderer Kollegen zusammen. Sehr wenige dieser Betriebe beschäftigten mehr als fünfzig Leute. Und es gab in London überhaupt keine Fabriken, die Hunderte oder Tausende ungelernter oder angelernter Arbeiter beschäftigten, wie das in den Industriestädten des Nordens und der Midlands der Fall war.[3]

Die wirtschaftliche und die soziale Struktur der Stadt bot die Voraussetzung dafür, daß London im frühen 19. Jahrhundert zum Zentrum einer radikalen Bewegung wurde. Denn es handelte sich hier um eine heterogenere und sozial komplexere Gesellschaft als sie in den anderen großen Städten des Landes anzutreffen war. Etwa fünfzehn bis zwanzig Prozent ihrer erwachsenen männlichen Bewohner waren kleine Händler, Ladenbesitzer, Handwerker und Freiberufler. Von den etwa fünfundsiebzig Prozent der erwachsenen Männer, die nicht selbständig arbeiteten, waren ungefähr ein Drittel qualifizierte Handwerker und Händler, während der Rest ungelernte oder angelernte Arbeiter waren.[4] Viele Mittelständler waren stolz auf ihre Unabhängigkeit und ihre angesehene Stellung und fühlten sich bewußt als freie Menschen. Sie konnten relativ leicht für politische Aktionen gewonnen werden, wenn es darum ging, ihre Rechte und Privilegien zu schützen und den Machtmißbrauch der herrschenden Klasse in seine Schranken zu weisen. Die meisten gelernten Handwerker teilten eher die Wertvorstellungen, Ansichten und Ansprüche der aus kleinen Ladeninhabern und Unternehmern bestehenden unteren Mittelklasse als die der abhängig arbeitenden Masse der armen Arbeitnehmer. Natürlich hofften sie, selbst Inhaber kleiner Meisterbetriebe oder Hauseigentümer zu werden. Diese Handwerker, die hauptsächlich in kleinen Werkstätten arbeiteten und sich daher traditioneller Techniken bedienten, hatten dabei eine bemerkenswerte Selbständigkeit erlangt, kannten sich untereinander persönlich und standen auch außerhalb der Arbeitszeit untereinander in Kontakt. Meist verfügten sie über eigenes Werkzeug, konnten ihre Arbeitszeiten und -bedingungen weitgehend selbst bestimmen und standen sich in der Regel mit ihren Meistern gut. Sie waren stolz auf ihre Fähigkeiten und darauf, daß sie ihre Erzeugnisse und nicht nur ihre Arbeitskraft verkaufen konnten. Sie wurden auch in der Regel besser bezahlt und hatten sicherere Arbeitsplätze als weniger qualifizierte Arbeiter. Es überrascht nicht, daß sie bestrebt waren, diese Vorteile für sich zu bewahren. In der Furcht vor zunehmenden Differenzen zwischen ihnen und ihren Arbeitgebern und in der Absicht, sich auch weiterhin durch ihre „Achtbarkeit" von den Armen unterscheiden zu können, verteidigten sie sowohl ihre relative Unabhängigkeit als auch ihre handwerklichen Kenntnisse als ihre „Rechte" und ihren „Besitz". Sie waren die am wenigsten autoritätsgläubigen und am besten organisierten Arbeiter. Deshalb waren sie auch, unter dem Druck widriger Umstände, im Stande, sich zu gemeinschaftlichem Handeln zusammenzuschließen, sei es in Gewerkschaften, Genossenschaften sowie auch in edukativen Einrichtungen, oder im Rahmen radikaler politischer Bewegungen – stets mit dem klaren Ziel vor Augen, ihren Status zu sichern.[5]

Im frühen 19. Jahrhundert waren viele kleine Meister-Betriebe und qualifizierte Handwerker Londons in ernsthafte soziale und wirtschaftliche Bedrängnis geraten. Während der langen Kriege mit Frankreich litten sie unter hohen Steuern, der Inflation, finanzieller Instabilität und einer Wirtschaft, die von den Erfordernissen der Kriegszeit stark angegriffen und von ökonomischen Auseinandersetzungen erschüttert wurde. Kurz nach

2 Sheppard 1971, S. 22–23.
3 Prothero 1979, S. 22–25.
4 Schwarz 1979, S. 25–59.
5 Prothero 1979, S. 26–40.

Kriegsende erlebte die Wirtschaft 1815 eine Rezession, die bis in die frühen zwanziger Jahre andauerte. Das Land mußte die Last einer enormen staatlichen Verschuldung ertragen. Der Arbeitsmarkt wurde von 300.000 Männern überflutet, die von der Armee und der Marine entlassen worden waren, und gleichzeitig vergab die Regierung nicht länger Aufträge für umfangreiche militärische Ausrüstungen. Durch die Zollschranken, die einige Länder errichteten, um ihre heimische Industrie vor der britischen Konkurrenz zu schützen, brach der britische Warenexport nach 1815 rasch zusammen. Doch die meisten dieser Probleme lagen außerhalb des Einflußbereichs der Regierung, der man sogar zugute halten kann, daß sie damals unnötige Extravaganzen vermied und zahlreiche Sinekuren und nutzlose Ämter abschaffte. Aber man kann ihr die zu dieser Zeit verabschiedeten Getreidegesetze zur Last legen, die den Import billigen Getreides verhinderten und die Lebensmittelpreise unnötig ansteigen ließen. Die Regierung war außerdem so unklug, die Einkommensteuer – eine direkte Besteuerung der Reichen, die während des Krieges stattgefunden hatte abzuschaffen. Stattdessen stützte sie sich auf eine Reihe indirekter Steuern, die die mittleren und unteren Schichten stärker belasteten. Die Steuerlast wurde zwar insgesamt reduziert, doch diente dies lediglich dazu, die Wirtschaft noch weiterhin zu schwächen. Die ökonomische Depression der Jahre 1816–1821 war zweifellos eine wichtige Voraussetzung für die damals einsetzenden sozialen Unruhen und für die politischen Forderungen nach radikalen, in London und andernorts erhobenen Reformen.[6]

Die Londoner Handwerker wurden aber nicht nur von diesen ungünstigen wirtschaftlichen Umständen, sondern auch von Gefährdungen ihres privilegierten Status bedroht, die viele von ihnen zu radikalen politischen Aktivitäten trieb. Ganz allgemein fürchteten sie das Wachstum des Kapitalismus und das freie Spiel des Marktes. Im einzelnen waren sie aber auch darüber verärgert, daß man die Anforderungen an ihre Ausbildungsordnung herabsetzte und das Privileg ihrer Kenntnisse durch Einschleusung angelernter Anfänger und auch durch die Einführung neuer Maschinen in Frage stellte. In einigen Handwerksberufen, wie z. B. bei den Schneidern, Schuhmachern, Zimmerleuten und Möbeltischlern stieg zwar die Zahl der Beschäftigten beträchtlich an, doch in anderen, wie z. B. bei den Schiffbauern, waren sie der ernsthaften Konkurrenz der Maschinen und der Arbeiter in anderen Ländern ausgesetzt. Wiederum andere, vor allem die Tuchmacher, hatten in mehrfacher Hinsicht mit Schwierigkeiten zu kämpfen.

Die am besten ausgebildeten und deshalb am wenigsten bedrohten Handwerker, wie z. B. die Drucker, Buchbinder, Böttcher oder Hutmacher, verteidigten ihre Stellung, indem sie wirksame Zünfte und Handwerkerschaften einrichteten. Die fachlich weniger Geschulten, wie z. B. die Schneider, die einfachen Weber, die Schuhmacher, Stukkateure oder Zimmerleute, mußten erleben, wie ihre fachlichen Qualitäten immer weniger geschätzt wurden. Sie tendierten deshalb auch eher zu politischen Aktionen, um damit möglichst ihre Unabhängigkeit und ihren Status zu erhalten. Die am wenigsten gesicherten Londoner Handwerker wurden am ehesten vom Radikalismus angezogen.[7]

2. Ziele und Ideologien

Alle, die von solchen Umständen besonders ernsthaft betroffen waren und deshalb auch der Regierung am meisten Versagen im Kampf gegen die Mißstände vorwarfen, erstrebten ganz unterschiedliche Reformen und stützten sich dabei auf ebenso unterschiedliche Ideologien. Sie ergriffen dabei verschiedene Maßnahmen zur Selbsthilfe und nahmen an moralischen Kreuzzügen teil. Doch ihr populärstes Ziel war eine radikale Parlamentsreform, die ihren Einfluß auf die Zusammensetzung und die Entscheidungen des Unterhauses vergrößern sollte.

Die hochqualifizierten Handwerker hatten schon seit langem Vereinigungen und Handwerkerschaften gebildet, um sich gegen Schwierigkeiten abzusichern, die sich aus Unfällen, Krankheit, vorzeitigem Tod oder dem Alter ergeben konnten. Da sie an solche Vereine regelmäßig niedrige Beiträge zahlten, konnten sie in Notzeiten Entschädigungsleistungen in Anspruch nehmen. Diese Vereinigungen dienten oft auch als Tarnung für gewerkschaftliche Aktivitäten, die bis 1824 tatsächlich verboten waren. Durch ihr einheitliches Auftreten, ihre Solidarität und gemeinsames Handeln gelang es einigen Gruppen gelernter Handwerker, kleinere Arbeitskämpfe auszutragen und Streiks zu organisieren, um Löhne und Arbeitsbedingungen zu verteidigen. Doch konnten sie es weder verhindern, daß das Parlament 1814 die traditionelle Regelung ihrer Ausbildung aufhob, noch wirklich spürbare Verbesserungen ihrer Lage bewirken.

Einige radikale Vertreter beteiligten sich in London an moralischen und religiösen Aktionen; sie sollten den Armen dazu verhelfen, als freie Menschen leben zu können, oder solchen Gruppen der Gesellschaft größere Freiheiten verschaffen, die die Herrschenden nicht als vollwertige Bürger anerkannten. Francis Place, Thomas Evans, John Richter und andere Radikale kämpften nachhaltig dafür, daß die Kinder der Armen eine Schulbildung erhalten sollten, und daß ein *London Mechanics' Institute* eingerichtet werde, um dort die Werktätigen zu unterrichten.[8] Zahlreiche Radikale engagierten sich auch bei der wiederauflebenden Kampagne für die Abschaffung der Sklaverei im Britischen Empire. Dabei beteiligten sie sich an der Organisation langanhaltender und schließlich erfolgreicher Aktionen, die zwischen 1823 und

6 Gash 1979, S. 145–157.
7 Prothero 1979, S. 51–70.
8 Prochaska 1977, S. 102–116.

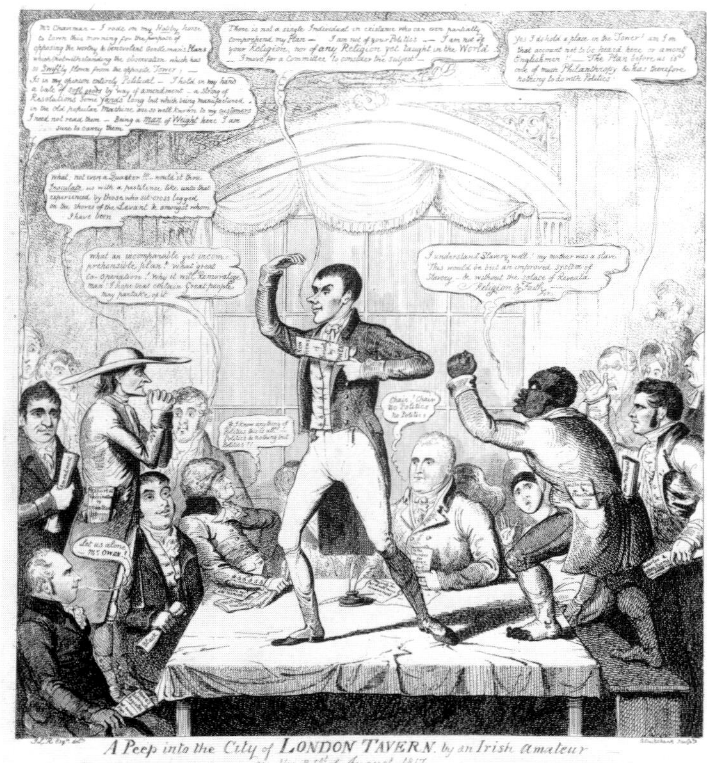

G. Cruikshank, Blick in das Wirtshaus *London Tavern*, 1817. Robert Owen spricht vor einer Versammlung über seine Genossenschaftspläne. British Museum Satires, Nr. 12891

1833 vor allem in London durchgeführt wurden. Andere unterstützen die Kampagnen für eine stärkere Gleichberechtigung der Religionen; solche Unternehmungen führten 1828 zur Aufhebung der *„Test and Corporation Acts"* (Prüfungs- und Körperschaftsgesetze) und 1829 zur römisch-katholischen Emanzipation. Einige Forderungen gingen noch weiter; sie bekämpften die Kirchensteuern, den „Zehnten", und die privilegierte Stellung der Kirche von England überhaupt. Der Antiklerikalismus war in den Kreisen der Reformer weit verbreitet, und unter den Ultra-Radikalen gab es eine große Zahl von Deisten, Freidenkern und Atheisten. Einige der führenden Londoner Radikalen, wie Richard Carlile, Thomas Evans, William Hone und George Cannon, plädierten dafür, daß alle religiös begründeten Beschränkungen beseitigt werden müßten, damit das Volk eine vollkommene politische und persönliche Freiheit genießen könne. Besonders in den Jahren 1818–1819 wurden in London zahlreiche agnostische kirchliche Vereinigungen und freidenkerische Gesellschaften gegründet. Denn die Religion – so war die von Jeremy Bentham und einigen seiner Schüler lancierte Devise – stützte autoritäre Regierungen, lähmte die Gedankenfreiheit und schied den Gehorsam von der Vernunft.[9]

Einige Radikale waren der Meinung, daß der Fortschritt von Kapitalismus, Industrialisierung und Urbanisierung so bedrohlich sei, daß dadurch eine völlig neue soziale und wirtschaftliche Ordnung erforderlich werde. Bereits 1817 schlug Robert Owen deshalb vor, kleine, sich selbst versorgende Gemeinschaften zu bilden, in denen Produktionsmittel und Tausch kollektiv verwaltet werden sollten. 1821 wurde dann auch in *Spa Fields* eine solche genossenschaftlich geführte Gemeinschaft gebildet, die drei Jahre lang bestand. Daneben kam es in den zwanziger Jahren zu einer Reihe weiterer genossenschaftlicher Vereinigungen, genossenschaftlicher Warenlager und Arbeitsvermittlungen.[10] Die radikalen Schüler von Thomas Spence (gestorben 1814) propagierten in den Jahren nach 1815 in der *„London Society of Spencean Philantropists"* ein noch extremeres soziales Programm. Sie bestritten überhaupt das Recht auf privates Eigentum und strebten an, daß Grund und Boden sowie die Bodenschätze jedes Gemeindebezirks von deren Verwaltung übernommen werde, die aus allen Männern, Frauen und Kindern der Gemeinde gebildet werden solle. Land und Bodenschätze sollten dann jeweils an den Meistbietenden verpachtet, und die daraus erzielten Einnahmen für eine Reihe öffentlicher Einrichtungen verwendet werden. Der verbleibende Rest sollte alle vier Monate unter sämtliche Einwohner der Gemeinde verteilt werden.[11]

Die meisten Radikalen suchten allerdings ganz allgemein nach einer politischen Lösung ihrer sozialen und wirtschaftlichen Probleme, weil sie deren Ursachen einer politischen Diagnose unterzogen hatten. Sie waren davon überzeugt, daß politische Macht Reichtum hervorbringe und, nicht umgekehrt, der Reichtum die Macht. Sie kritisierten die herrschende Elite, weil sie überzeugt waren, daß diese Leute ihre Macht benutzten, um ihre eigenen ökonomischen Interessen zu vertreten, wobei sie den Rest der Bevölkerung ausbeuteten. Diese Überzeugung führte sie zu dem Schluß, daß eine Parlamentsreform nicht nur deswegen erforderlich sei, weil alle Menschen ein Recht auf politische Freiheit und auf aktive Beteiligung an den Entscheidungsprozessen des Staates hätten; sondern weil eine solche Reform auch einen ersten Schritt darstelle, um die Armen in die Lage zu versetzen, sich aus ihrer sozialen und ökonomischen Notlage zu befreien. Wäre das Volk als Ganzes im Parlament angemessen vertreten, dann würden sich daraus eine Beschränkung der Regierungsmacht, niedrigere Steuern, ein verbessertes Armenrecht, und eine zweckmäßige Regelung der Beziehungen zwischen Arbeitgebern und Arbeitnehmern ergeben; ja sogar höhere Löhne und vielerlei Reformen der allgemeinen Wohlfahrt. Während einige Reformer sich lediglich

9 McCalman 1988, S. 73–94, 128–151; Hole 1989, S. 202–208.
10 Sheppard 1971, S. 311–312.
11 Dickinson (Hg.) 1982, S. vii-xvii.

„Ein frei geborener Engländer! – Der Stolz der Welt! Und der Neid der benachbarten Nationen!!!", 1813. John Bull durch repressive Gesetzgebung und Besteuerung obdachlos. British Museum Satires, Nr. 12037

G. Cruikshank, „Allgemeines Wahlrecht, oder – der Abschaum ganz oben – !!!!!", 1819. British Museum Satires, Nr. 13248

für eine gemäßigte Parlamentsreform aussprachen, die nur der städtischen Mittelschicht das Wahlrecht einräumen sollte, plädierten die Radikalen unter ihnen für sehr viel weiterreichende Lösungen. Vor allem ging es ihnen um ein generelles Wahlrecht für Männer, gleichgroße Wahlbezirke und jährliche allgemeine Wahlen mit geheimer Abstimmung. Ihrer Überzeugung nach war das Wahlrecht an die Person und nicht an das Eigentum eines Menschen gebunden. Jemandem das Wahlrecht vorzuenthalten, so hieß es, bedeute seine moralische Diskriminierung; und damit werde betont, daß eine solche Person nicht als ein vollwertiger Mensch angesehen werde. Reichtum sei kein Nachweis für moralische Werte oder für bürgerliche Tugenden, so wenig wie Armut ein Nachweis für deren Mangel sei.

Nur wenige Radikale der Zeit stützten sich bei ihren Forderungen auf die Lehre von einem allgemeinen, unveräußerlichen und gleichen Natur-Recht, zu deren Verbreitung Thomas Paine in den neunziger Jahren des 18. Jahrhunderts so intensiv beigetragen hatte. Indem er in Betracht zog, daß historische Zeugnisse die konservative Behauptung stützten, es habe immer Vorrechte der Besitzenden gegeben, forderte Paine statt dessen politische Rechte, die allen Menschen aufgrund ihrer naturgegebenen Gleichheit und ihrer gemeinsamen Menschlichkeit zustehen müßten. In seiner Schrift *Rights of Man* (1791–1792) hatte Paine für eine demokratische Republik plädiert, in der allen Menschen die gleichen bürgerlichen Freiheiten und sämtliche politischen Rechte zuständen. Solche radikalen Ansichten waren aber in Großbritannien sehr unpopulär geworden, weil man sie mit den Gewalttätigkeiten und den Unsicherheiten der Französischen Revolution in Verbindung brachte. Deshalb vertraten auch nur wenige Londoner Radikale des frühen 19. Jahrhunderts solche Anschauungen. Einer von ihnen war Richard Carlile, der 1817–1818 Paines Werke wieder veröffentlichte und in der Zeit-

C. Williams, Der britische Atlas trägt das Friedensheer, 1816. John Bull am Ende der Napoleonischen Kriege. British Museum Satires, Nr. 12786

schrift *The Republican* darlegte, daß er sich für das Natur-Recht und für eine republikanische Demokratie einsetze.[12]

Doch viel verbreiteter als dies war die Forderung nach der Wiederherstellung des historischen englischen Rechts. In diesem Zusammenhang erinnerten zahlreiche führende Radikale – unter ihnen John Cartwright, John Horne Tooke, Francis Burdett, William Cobbett und Henry Hunt – an Englands alte Verfassung und behaupteten, daß die Angelsachsen bereits ein grundsätzlich demokratisches Regierungs-System gehabt hätten. Deswegen beharrten sie darauf, daß sie keine Erneuerung, sondern die Wiederbelegung der alten Verfassung anstrebten. Sie wollten diese Verfassung in ihrer ursprünglichen Form wieder in Kraft setzen – und damit auch die verlorengegangenen Rechte der Engländer. Wobei sie nicht beabsichtigten, die Monarchie oder das Oberhaus abzuschaffen, sondern das Unterhaus zum Repräsentanten des gesamten Volkes werden zu lassen.[13]

Doch noch bedeutender als die hier geforderte Wiederbelebung der alten Englischen Verfassung war die der alten „Country"-Ideologie, die sich gegen die zunehmende Tyrannei der Exekutive und die anwachsenden Protektionen seitens der Regierung wandte. Argumente gegen solche Mißstände wurden zwar schon seit mehr als einem Jahrhundert vorgebracht, doch die Folgen der erst kürzlich beendeten anhaltenden Kriege mit Frankreich hatten erneut die Aufmerksamkeit für die Art und Weise geweckt, in der die Exekutive ihre großzügig verteilten Begünstigungen nutzte, um mit ihnen die Unabhängigkeit des Parlaments und die Freiheit der Untertanen zu unterminieren. Die wachsende Furcht vor einer gegen die Freiheit gerichteten Verschwörung der Regierung bestärkte wiederum die Forderung nach einer Reform der Wirtschaft und des Parlaments. Man forderte immer wieder dringend, die aufwendigen Maßnahmen zu ergreifen, um die Steuern, die Staatsverschuldung, den Umfang der behördlichen und militärischen Einrichtungen und die Anzahl der von der Regierung eingerichteten Sinekuren zu reduzieren; ebenso die der Inhaber lukrativer Posten und der im Parlament sitzenden Pensionäre. Nur per Gesetz – so hieß es – könnte der Brauch der Regierung eingeschränkt werden, sich ihren politischen Anhängern innerhalb und außerhalb des Parlaments erkenntlich zu zeigen. Und nur durch Reformen, die die Verantwortlichkeit des Unterhauses für das gesamte Volk erweiterten, könnten die alten harmonischen Beziehungen zwischen König, den Lords und den Bürgern wiederhergestellt werden.[14]

Der aktivste Kritiker der „alten Korruption" war William Cobbett, der fruchtbarste, einflußreichste und am meisten gelesene Journalist des frühen 19. Jahrhunderts. Cobbett glaubte an frühere bessere Zeiten, die von dem korrupten Adel, durch Reichtum und durch eine fortschreitende Industrialisierung verdorben worden waren. In seiner Wochenzeitschrift *Political Register* verurteilte er regelmäßig heftig die verbreitete Protektion der Exekutive mit all ihren ständig zunehmenden Ämtern, Ehrentiteln, Aufträgen, Beförderungen, Pensionen und Bestechungsgeldern. Er äußerte scharfe Urteile gegenüber den Ministern als Repräsentanten eines Systems, das Politiker, Finanziers, Unternehmer, Beamte, Offiziere der Armee und sogar die Geistlichen in der Kirche von England bestach. Vom Umfang der Staatsverschuldung und der Steuerbelastung vor allem der Armen alarmiert, hielt Cobbett daran fest, daß dieses System der „alten Korruption" eine Minderheit bereichere und dafür die Mehrheit verarmen ließ. Wenn dieser Prozeß nicht abgebrochen werde, würde

12 Thompson 1968, S. 838–843.
13 Dickinson 1985, S. 69 f.
14 Ibid., S. 70.

er schließlich die Verfassung zerstören und die Rechte der Untertanen untergraben.[15]

Der Widerstand gegen die „alte Korruption" war damals vermutlich die stärkste Kraft innerhalb der Gruppe der Londoner Radikalen. Er ließ aber die unbequeme Tatsache außer acht, daß die Regierung bereits seit 1815 manche Vergünstigungen abgeschafft hatte, und er fußte überhaupt auf einer eher schwachen und defensiven Analyse der das britische Volk betreffenden Probleme.

Leider waren nur verhältnismäßig wenige Radikale in der Lage, sich die neue utilitaristische Begründung für Parlamentsreformen zu eigen zu machen, oder auch fähig, eine schlüssige Arbeitswert-Theorie zu entwickeln, die einer angemesseneren Entlohnung der Arbeiter hätte zugrundegelegt werden können. Die utilitaristische Begründung für Parlamentsreformen hatte bereits 1809 Jeremy Bentham formuliert; doch wurden seine Ideen erst 1817 mit dem Erscheinen seines Werkes *Plan for Parliamentary Reform,* allgemein zugänglich. Bentham bestritt die Lehre vom Natur-Recht nachdrücklich und berief sich auch nicht auf Vorstellungen von einer guten alten Verfassung. Statt dessen besagte seine utilitaristische Philosophie, daß jeder Mensch seinen eigenen Vorteil über den anderer stelle, und daß jeder auch am besten beurteilen könne, was ihm von Nutzen sei. Wenn aber jedes Individuum am besten wisse, was ihm Freude oder Schmerz bereite, könnten auch alle gemeinsam am besten beurteilen, was die meisten anderen Menschen am glücklichsten machen könne. Leider bedeute das aber auch, daß sämtliche Regierungen es vorzögen, den Interessen der Herrschenden und nicht denen der Beherrschten zu dienen. Um solchen Machtmißbrauch zu verhindern, müßten die Herrschenden zur Rechenschaft dem Volk gegenüber verpflichtet werden. Um den eigenen Interessen gerecht werden zu können, müsse das Volk eine aktive politische Rolle in der Gesellschaft spielen. Diese Ziele seien am besten in einem repräsentativen demokratischen System zu erreichen.[16]

Benthams komplexen Argumente und seine ausgefeilte und verschlungene Schreibweise verhinderten, daß seine Vorstellungen ein breites Publikum erreichten, doch wurden sie bald von mehreren seiner Schüler popularisiert. So formulierte James Mill in seinem Essay zum Stichwort „Regierung", der 1820 in der fünften Auflage der *Encyclopaedia Britannica* veröffentlicht wurde, ein grundsätzlich utilitaristisches Plädoyer für die repräsentative Demokratie. Nach Mills Ansicht war die Selbstsucht des Menschen unheilbar. Doch wenn alle Menschen Stimmrecht besäßen, und wenn die mittleren Schichten der Gesellschaft dem gemeinen Volk ein klares moralisches Beispiel gäben, dann würde ein reformiertes politisches System einer Harmonisierung der Interessen so nahe wie kein anderes kommen – Interessen von Geschöpfen, die von Natur aus nur ihren eigenen Nutzen zu steigern suchen. Aber nur wenige der populären Radikalen fühlten sich von den nüchternen, in sich logischen Gedankengängen Benthams angezogen. Einen gewissen Einfluß übten seine Ansichten jedoch auf Francis Place und Francis Burdett aus, und

Bildnis William Cobbet, ca. 1831. National Portrait Gallery

außerdem tauchten einige seiner Gedanken 1818–1819 in T. J. Woolers *Black Dwarf* und in John Wades *The Gorgon* auf.[17]

Einige Radikale gelangten allmählich zu der Überzeugung, daß die althergebrachte aristokratische Unterdrückung der Bürgerlichen durch die Aristokraten nun von der wachsenden kapitalistischen Ausbeutung der Arbeiter ersetzt werde. Thomas Paine und Thomas Spence hatten im späten 18. Jahrhundert zwar festgestellt, daß die Armen um ihre Ansprüche auf Landbesitz betrogen worden seien; doch hatten sie diesen Anspruch mit dem Natur-Recht begründet. Paine meinte, man solle sie für ihren Verlust finanziell entschädigen, während Spence ihnen das Land zurückgeben lassen wollte. Doch keiner von beiden entwickelte dabei eine praktikable Arbeitswert-Theorie. Im frühen 19. Jahr-

15 Ibid., S. 70 f.; Thompson 1968, S. 820–827; Spater 1982, S. 347–349.
16 Dickinson 1985, S. 72.
17 Dinwiddy 1986, S. 15, 31 f.

J. Gillray, „Die wahre Parlamentsreform, d. h. Patrioten entfachen im New Palace Yard ein revolutionäres Freudenfeuer", 1809. Sir Francis Burdett hetzt den Pöbel gegen Parlament und Verfassung auf. British Museum Satires, Nr. 11338

hundert begann eine Gruppe von Utopisten oder Proto-Sozialisten in London darüber nachzudenken, wie man dem wirtschaftlichen Druck und der drastischen Ungerechtigkeit begegnen solle, die die rasche Industrialisierung und ein ungehemmt fortschreitender Kapitalismus hervorgebracht hatten.[18] Nach der Meinung von Leuten wie Charles Hall, William Thompson, Thomas Hodgskin und John Gray hatten innerhalb der neuen industriellen Gesellschaft diejenigen die größten Einnahmen, die Eigentum besaßen und über Kapital verfügten, während die arbeitenden Massen, deren Arbeit am meisten zum Reichtum beitrug, nur erbärmlich geringe Löhne erhielten. Diese ungerechte und ungleiche Gesellschaft sei verschwenderisch, führe zu unsinniger Konkurrenz und zur Unterdrückung. Politische Reformen allein würden nicht ausreichen, um das Leben der arbeitenden Massen zu verbessern. Die Wirtschaft müsse kontrolliert und die Arbeit organisiert werden, damit die Industrialisierung den Arbeitern größere Vorteile verschaffen könne. Dabei müsse die Arbeit von der bedrückenden Kontrolle durch das Kapital befreit werden, und von einer ungerechten Regierung, die gerade dafür sorge, daß das Privateigentum, die Ausbeutung und die Ungleichheit bewahrt werde. Obwohl sich diese Autoren bemühten, die Ausbeutung der Arbeitskraft in einer Industriegesellschaft zu erkennen, brachten sie ebenfalls keine sehr durchdachte Theorie des Arbeitswertes zustande. Ihre Vorstellungen interessierten gerade die Handwerker, die für die radikale Bewegung so bestimmend waren, nur in begrenztem Maße.[19]

3. *Methoden und Aktivitäten*

Gab es bei der unteren Mittelschicht und unter den Handwerkern im London des frühen 19. Jahrhunderts viele Anzeichen für eine politische Ernüchterung, so verhinderten die stabile konservative Haltung der besitzenden Elite und die Spaltungen im Lager der Radikalen, daß man sich auf eine wirkungsvolle Strategie einigte, um politisch erfolgreich zu handeln. Wie wir sehen werden, begnügten sich einige Reformer damit, mit den üblichen traditionellen Mitteln, wie Wahlen, Petitionen und gedruckter Propaganda Veränderungen herbeiführen zu wollen. Andere erkannten die Notwendigkeit außerparlamentarischer Organisa-

18 Thompson 1984, S. 47–51.
19 Dickinson 1987, S. 84–87; Beales 1933.

tionen und Strategien, die zeigen sollten, in welchem Maße die radikalen Reformen von der Bevölkerung unterstützt wurden. Man gründete zahlreiche politische Klubs, veranstaltete öffentliche Versammlungen unter freiem Himmel und organisierte Umzüge und Massendemonstrationen auf der Straße. Eine Minderheit von Ultra-Radikalen war sogar darauf vorbereitet, noch weiter zu gehen, Unruhen zu provozieren und Rebellion anzuzetteln. Obwohl diese Strategien von ganz unterschiedlichen radikalen Gruppen verfolgt wurden, gab es aber keine klare Trennung zwischen jenen, die ein verfassungsgemäßes Vorgehen bevorzugten und moralische Kräfte zu nutzen suchten, und jenen, die ein nicht verfassungsmäßiges Vorgehen ins Auge faßten und bereit waren, physische Gewalt anzuwenden. Und doch gab es sicher Unterscheidungen zwischen gemäßigten Reformern, volksnahen Radikalen und Ultra-Radikalen. Nur in sehr seltenen Fällen, wie etwa 1820–1821, während der Affäre um Königin Caroline, vereinigten sich tatsächlich alle Kräfte der Reformbewegung und wendeten fast alle politischen Strategien gleichzeitig an.

Vor 1830 unterstützte die liberale Opposition der Whigs im Parlament die Forderungen nach einer Parlamentsreform meist recht ängstlich und zurückhaltend – trotz ihrer lautstarken Klagen über die Tyrannei der Exekutive und den allgemeinen Protektionismus. Obwohl sie sich der repressiven Gesetzgebung der Jahre 1817 und 1819 widersetzte – und gelegentlich ihre Unterstützung für sehr gemäßigte Maßnahmen innerhalb einer Parlamentsreform zum Ausdruck brachte –, verurteilten sie die Radikalen häufig als schädliche, fehlgeleitete und sogar gefährliche Männer, die soziales Chaos entfachen würden, wenn man sie nicht in ihre Schranken verwiese. Trotzdem mußten die Whigs die kleine Gruppe radikaler oder fortschrittlicher Abgeordneter bemerkt haben, die eine Parlamentsreform mit ausgesprochener Überzeugung unterstützten. Diese Gruppe bestand aus etwa einem Dutzend Abgeordneter; die bekanntesten unter ihnen, wie Francis Burdett, Samuel Rommilly, Lord Cochrane, Robert Waithman und John Cam Hobhouse, vertraten Wahlkreise der Hauptstadt. Sie kandidierten auch für aufgeschlossene Wahlkreise auf dem Lande und verdankten ihre Sitze ihrem Einsatz für die Parlamentsreform. Dabei hing ihr Wahlerfolg von den Bemühungen radikaler Aktivisten ab, die für sie Wahlpropaganda machten.[20]

1807 gründete eine Gruppe von etwa 20 Radikalen – unter ihnen Francis Place, John Richter, Paul Lemaitre und William Adams – das *Westminster Committee*, um die Wahl von Francis Burdett als unabhängigen Kandidaten sicherzustellen. Burdett, der schon einmal bei einem erfolglosen Versuch, einen Sitz für Middlesex zu erlangen, große Ausgaben gehabt hatte, willigte ein, für den Sitz von Westminster zu kandidieren; jedoch unter der Bedingung, daß er kein eigenes Geld zu investieren habe. Auch warb er nicht selbst um Stimmen und trat nicht als Wahlkampfredner auf. Als wohlhabender Patrizier wollte Burdett sich nicht mit den einfachen Landenbesitzern und Handwerksmeistern zusammentun, die seinen Wahlkampf bestreiten wollten. Mit etwa 18.000 wahlberechtigten Steuerzahlern war der Bezirk von Westminster zu groß, um bestochen und damit unter zuverlässigen aristokratischen Einfluß gebracht zu werden. Doch die Mitglieder des Westminster-Komitees beabsichtigten – wenn auch nicht regelrecht organisiert –, mit Hilfe von Bürgern bescheidenen Wohlstands, einen erfolgreichen Kampf gegen die Besitzenden zu führen. Verärgert über die sozialen und ökonomischen Barrieren zwischen der Aristokratie von Westminster einerseits und andererseits den Ladenbesitzern und Händlern, die sie versorgten, versuchten sie die Wähler zu bewegen, ihre Unabhängigkeit von den angeblich Höhergestellten zu demonstrieren. Das Westminster-Komitee warb beharrlich für Burdett. Trotz begrenzter Mittel für den Wahlkampf gelang es ihnen, durch unermüdliche Energie und beeindruckende Effizienz, einen hohen Prozentsatz der Wählerstimmen für sich zu gewinnen. Mit Hilfe von Cobbets *Political Register* verbreiteten sie im Wahlbezirk ihre radikalen Ansichten. All das führte zu einem bemerkenswerten Wahlerfolg, wobei Burdett siegte und ein anderer Radikaler, Lord Cochrane, den zweiten Sitz gewann. Dies war ein bedeutender Durchbruch, und das Westminster-Komitee blieb bei erfolgreichen Wahlen aktiv und behielt Burdett als seinen Haupt-Kandidaten bei, während für den zweiten Sitz von Westminster andere Reformer aufgestellt wurden. Das Komitee veranstaltete außerdem jährliche Festessen und trug auch damit dazu bei, in Westminster die öffentliche Meinung bei einer Reihe von Themen für den Standpunkt der Radikalen zu gewinnen.[21]

Sie nutzten auch andere offizielle und traditionelle Kanäle für ihren Kampf um eine Parlamentsreform. Der Stadtrat der City of London protestierte zum Beispiel 1808–1809 gegen mehrere Regierungsskandale, verabschiedete 1812 und 1816 Resolutionen für eine Parlamentsreform und wandte sich gegen die repressiven Gesetze von 1817 und 1819. Vor allem durch die Aktivitäten von John Cartwright, gaben die Radikalen außerdem der Nation ein gutes Beispiel für wiederholte Petitionen zugunsten einer Parlamentsreform. 1812 bis 1816 veranstaltete Cartwright mehrere ausgedehnte Werbefeldzüge durch das Land und hinterließ dabei überall für die Sympathisanten der Radikalen gedruckte Unterschriftslisten, die er, sobald sie unterschrieben waren, wieder einsammelte, um sie im Parlament vorzulegen. 1813 hatte er, nach eigenen Angaben, 130.000 Unterschriften gesammelt, und 1817 führte er eine Kampagne durch, an deren Ende über 700 Petitionen vorlagen, die von über 1.500.000 Menschen in mehr als 350 Städten unterschrieben worden waren und anschließend dem Parlament vorgelegt wurden. 1818 erreichte er noch mehr Petitionen, allerdings mit erheblich weniger Unterschriften.[22]

20 Dinwiddy 1986, S. 1–10.
21 Dickinson 1985, S. 74–75; Main 1966, S. 186–204.
22 Miller 1968, S. 705–728.

THE

MAN IN THE MOON

&c. &c. &c.

" If Cæsar can hide the Sun with a blanket, or put the Moon in his pocket, we will pay him tribute for light."—*Cymbeline.*

WITH FIFTEEN CUTS.

REFORM

LONDON:
PRINTED BY AND FOR WILLIAM HONE,
45, LUDGATE HILL.

1820.

ONE SHILLING.

G. Cruikshank, „Der Mann im Mond", Titelseite der Verssatire von William Hone, 1820. Der Prinzregent versucht, die Sonne – das Symbol der freien Presse – auszulöschen. British Museum Satires, Nr. 13508

Die erfolgreichste Methode, radikale Ansichten und Forderungen zu verbreiten, waren solche Petitionen jedoch nicht, es waren vielmehr die Bemühungen der Londoner Presse, eine Leserschaft von einem bis dahin unvorstellbaren Umfang zu erreichen. Der Jahresgesamtumsatz von Zeitungen stieg damals von 16 Millionen im Jahre 1801 auf 30 Millionen im Jahr 1832 an. Der größte Teil dieser Auflage kam in London heraus, und die Provinzpresse wurde in ihrem Inhalt und in ihrer Form von den Londoner Zeitungen stark beeinflußt. Darüber hinaus erschienen in der Stadt zahlreiche Magazine und Zeitschriften, unzählige politische Broschüren und Mengen kühner polemischer Karikaturen und anderer druckgrafischer Blätter. Besonders nach 1815 erging sich die Londoner Presse ausgiebig in politischer Propaganda. Seit 1806 erschienen in William Cobbetts Wochenzeitung *Political Register* höchst kritische Kommentare zum herrschenden politischen System. Doch wegen ihres verhältnismäßig hohen Preises gehörten ihre Leser vorwiegend dem Mittelstand an. Im November 1816 begann Cobbett, den politischen Leitartikel jeder Ausgabe des *Political Register* ebenfalls als Faltblatt zu veröffentlichen. So konnte er die auf Zeitungen erhobene Stempelsteuer umgehen und den Text für nur 2 Pence verkaufen. Diese neue Form der Publikation war sofort ein erstaunlicher Erfolg. Cobbetts Stil sprach den durchschnittlichen Leser an. Außerdem baute er ein außergewöhnlich erfolgreiches Vertriebssystem auf und streute damit seine Exemplare im ganzen Land. Binnen kurzem verkaufte er 44.000 Exemplare pro Woche, von einigen Ausgaben sogar 60.000–70.000 Exemplare. Erst 1817, als Cobbett in die USA geflohen war, um einer Strafverfolgung zu entgehen, gingen die Verkaufszahlen wieder zurück.

Cobbetts Erfolg ermutigte zunächst eine Reihe radikaler Londoner Journalisten, seinem Beispiel zu folgen. T. J. Wooler gründete am 29. Januar 1817 den *Black Dwarf*, der für 4 Pence verkauft wurde. Konsequenter als Cobbett spezialisierte er sich auf beißenden Sarkasmus und boshafte persönliche Angriffe. Gegen 1819 nannte er bereits Verkaufszahlen von über 12.000 Exemplaren. Im April 1819 begann Richard Carlile mit der Herausgabe von *The Republican,* einer ebenfalls sehr radikalen Zeitschrift, die die Ideen von Paine propagierte und 1819 wöchentlich in 15.000 Exemplaren verkauft wurde. 1818 und 1819 schoß außerdem noch eine Reihe ultra-radikaler, jedoch kurzlebiger Zeitungen aus dem Londoner Boden; unter anderem Blätter, wie *The Medusa, Cap of Liberty,* oder *White Hat.*[23]

Einzelne politische Bücher erreichten sogar noch mehr Leser als diese Zeitungen. William Hone und George Cruikshank taten sich zusammen und gaben mehrere äußerst erfolgreiche Bücher heraus; unter anderen *The Political House that Jack Built, The Queen's Matrimonial Ladder* und *The Divine Right to Govern Wrong.* 1820 erklärte Cobbett, von Hones *Peek at the Peers* seien 100.000 Exemplare verkauft worden. Das Buch enthüllte die Korruption des Adels und war Königin Caroline gewidmet. Aber von *Answer to the King,* dem Buch der Königin, wurden in London allein im Jahr 1820 zwei Millionen Exemplare abgesetzt und andernorts druckte man den Band in großem Umfang nach.[24] In Jahren starker politischer Erregung, wie z. B. 1819–1821 oder 1830–1832, wurden außerdem mehrere hundert satirische graphische Blätter in London herausgebracht, von denen die meisten wiederum in mehreren hundert Exemplaren verkauft wurden.

23 Cranfield 1978, S. 92–119.
24 Stevenson 1977, S. 129; Lacqueur 1982, S. 429.

S. de Wilde, *The Robbing [„Raubende"] Hood Society,* 1809. Eine konservative Satire auf die Londoner Debattierklubs der Radikalen. British Museum Satires, Nr. 11211

Obwohl in den Jahren von 1817 bis 1820 vor allem die radikale Presse die breite Öffentlichkeit Londons informierte und oft auch amüsierte, boten der kleinen Zahl radikaler Aktivisten die politischen Klubs und Gesellschaften am meisten; sie brauchten den Ansporn systematischer Diskussion und waren davon überzeugt, daß nur Institutionen dieser Art dem Volk Richtlinien für seinen Kampf um politische Freiheit vermitteln könnten. Politische Klubs und Gesellschaften hatten bereits im London des späten 18. Jahrhunderts eine Blütezeit erlebt. Doch ihre Aktivitäten hatten im Verlauf der 90er Jahre, unter dem Druck der Regierung und einer mächtigen konservativen Reaktion, nachgelassen. Erst 1811–1812 gründeten einige Radikale in der Hauptstadt wieder neue politische Gesellschaften. 1811 plädierte Thomas Northmore für die Gründung des *Hampden-Club,* der sich ausschließlich für eine gemäßigte Parlamentsreform einsetzen sollte. Northmore verwies dabei auf die Notwendigkeit, wohlhabende Männer als Mitglieder zu gewinnen. John Cartwright hingegen stellte weniger exklusive Kriterien auf, forderte dafür aber ein radikaleres Reformprogramm. Erst 1814 konnte Cartwright den Klub für seine Vorstellungen gewinnen, jedoch nur, indem er eine gravierende Reduktion seiner Mitglieder in Kauf nahm. In der Zwischenzeit hatte sich Cartwright jedoch um die Gründung einer weiteren radikalen Gesellschaft in London bemüht. Im Juni 1812 rief er die *Union for Parliamentary Reform according to the Constituion* – kurz *Union Society* genannt – ins Leben. Diese Gesellschaft verfolgte ein radikaleres Programm als der *Hampden-Club,* vertrat jedoch noch nicht die Forderung nach dem allgemeinen Wahlrecht für Männer. Ihr jährlicher Mitgliedsbeitrag von drei Guinees schloß die unteren Schichten von einer Mitgliedschaft aus. Doch obwohl William Cobbett und Henry Hunt als Mitglieder gewonnen werden konnten, siechte die *Union Society* bald dahin. Statt dessen hatte Cartwright während seiner Werbefeldzüge von 1812 und 1813 bei der Bildung radikaler Gesellschaften in der Provinz mehr Erfolg. Doch erst als London die Notlage des Jahres 1816 erlebte, gelang es Cartwright mit der Hilfe von Thomas Cleary, den *Hampden Club* und die *Union Society*[25] wiederzubeleben. Cartwright gelang es auch, am 22. Januar etwa 70 radikale Delegierte aus den Provinzen in der *Crown and Anchor Tavern* in London zu versammeln. Auf dieser Veranstaltung wurde die landesweite Petitionskampagne von 1817 beschlossen und, auf Anregung von Henry Hunt, die Forderung nach einem allgemeinen Männerwahlrecht angenommen.[26]

Der Londoner *Hampden Club* hat immer wieder die Aufmerksamkeit der Historiker auf sich gezogen, die sich mit der radikalen Bewegung beschäftigt haben. Doch in den letzten Jahren stellte sich heraus, daß die lebendigsten und interessantesten radikalen Vereinigungen damals die weniger offiziellen Debattierklubs und die „frei und leicht" zugänglichen Gesellschaften waren, die sich wöchentlich in Londoner Wirtshäusern trafen. Sie zogen die Londoner Handwerker und jene ultra-radikalen Protagonisten an, die die herrschenden Autoritäten der Zeit so erschreckten. John Gale Jones eröffnete seinen Debattierklub, das *British Forum,* schon 1806, aber in seiner ursprünglichen Form überlebte er nicht lange. Erst 1815, als er sich fünfmal pro Woche Lesungen, Diskussionen, Zusammenkünfte mit Gesang und Fei-

25 Miller 1974, S. 615–619.
26 Hone 1982, S. 268 f.

C. Williams, Das *Smithfield Parliament,* 1819. Der eselsköpfige Henry Hunt vor einer Zuhörerschaft aus Kühen, Schweinen, Schafen und Pferden auf dem Londoner Hauptviehmarkt. British Museum Satires, Nr. 13252

ern öffnete, wurde er zu einem einflußreichen Ort. Inzwischen waren aber außerdem noch andere Dabattierklubs in London entstanden, unter anderem das *Athenian Lyceum,* die neue *Robin Hood Debating Society,* das *London Institute,* die *Socratic Society* oder der *Polemic Club.* Die ultra-radikalen Schüler von Thomas Spence, *Spencean Philanthropists,* gründeten eine Vereinigung von vier bis sechs Gesellschaften, die sich in den Londoner Wirtshäusern – z. B. im *George* in der East Harding Street und im *Mulberry Tree* in Moorfields – trafen. Ihr Ziel war es, über die Spence'sche Bodenreform zu dabattieren, die politische Reform zu diskutieren und ihre Mitglieder mit politischen Liedern und Persiflagen über die herrschende Elite zu erheitern. 1817 hielten Thomas Evans und der Mulatte Robert Wedderburn gemeinsam die Genehmigung, die Kapelle für die Sekte der „Christlichen Philanthropen" in einem Keller in der Archer Street einzurichten. Sie war nicht ausschließlich religiös orientiert, und bei ihren Versammlungen wurde eine politische Botschaft verkündet. Um 1819 unterhielt Wedderburn eine weitere Kapelle für eine Sekte in der Hopkins Street, wo er die Bibel dazu benutzte, seine extremen politischen Forderungen zu rechtfertigen. Die Ultra-Radikalen in diesen Londoner Tavernen und Kapellen verbanden dort ernsthafte politische Diskussion mit Geselligkeit, Unterhaltung, Zeremoniell, Gesang und Zechgelagen. Sie waren dabei bestrebt, die Rollen, Rangstufen und Zeremonien der herrschenden Elite zu untergraben oder zu verspotten und behandelten dies weniger in Diskussionen über die Herstellung gedruckter Pamphlete, sondern direkt, in Liedern, obszönen Parodien, Zoten, Trinksprüchen oder blasphemischen Schwüren. Wenn sie politische Themen in ernsthafter Weise diskutierten, zeigten sie sich kampfbereit, theatralisch, polemisch und manchmal auch recht derb. Die Männer, die sie führten, waren häufig angelernte Handwerker, oder Leute, denen es nicht gelungen war, mittelständische Berufe zu ergreifen. Da sie oft nicht in der Lage waren, selbst für einen gesicherten Lebensunterhalt zu sorgen, lebten sie nicht selten von der Wohlfahrt, aber auch von Prostitution, der Bettelei, vom Verbrechen oder sogar von der Denunziation radikaler Mitstreiter.[27]

Radikale Klubs und Gesellschaften hatten nur wenige aktive Mitglieder. Doch ließen sich viele Londoner Bürger zu den Aufmärschen und Demonstrationen auf die Straße locken oder auch zu riesigen öffentlichen Versammlungen unter freiem Himmel, wo charismatische Redner wie Henry Hunt sie instruieren, anregen und unterhalten konnten. Nach seinem berühmt-berüchtigten Zusammenstoß mit den Behörden beim „Peterloo" in Man-

27 McCalman 1987, S. 309–333; McCalman 1988, S. 89–90, 113–127.

G. Cruikshank, „Armer John Bull – Der frei geborene Engländer – Durch die sechs neuen Gesetze seiner sieben Sinne beraubt“, 1819. Angriff auf die „Six Acts“, die Redefreiheit und öffentliche Versammlungen unterdrückten. British Museum Satires, Nr. 13504

chester, zog Hunt im September 1819 im Triumph in London ein; hier sollte die Affäre um Königin Caroline in den Jahren 1820–1821 zahlreiche große Straßen-Umzüge auslösen. Wichtiger noch waren die öffentlichen Massenversammlungen; vielfach trat hier Henry Hunt als Redner auf. Bei den Zusammenkünften in *Spa Fields* am 15. November, 2. Dezember 1816 und am 10. Februar 1817 sowie bei den politischen Versammlungen in *Palace Yard* am 7. September 1818 und in *Smithfield* am 21. Juli 1819 war Hunt der Hauptredner. Er nahm diese Gelegenheiten zwar wahr, um sich gegen Gewalt und nicht verfassungsmäßige Proteste zu wenden; doch er hoffte, daß das Auftreten so ungeheurer Menschenmengen im Zentrum Londons die Popularität der Forderung nach einer Parlamentsreform beweisen und die herrschende Elite einschüchtern würde. Bei derlei Massenveranstaltungen schlug er einen eigenständigen, kompromißlosen und entschieden demokratischen Ton an. Als Meister darin, rhetorische Fragen zu stellen und die Zuhörer in seine Reden direkt einzubeziehen, war er ein animierender Redner mit Sinn für dramatische Wirkungen. Er denunzierte die Kleinmütigeren unter den Radikalen und riet seinen Zuhörern, als eine Strategie der Konfrontation, keine Steuern mehr zu zahlen.[28]

Einige der Londoner Ultra-Radikalen, von denen viele unter dem intellektuellen Einfluß Spences standen, versuchten, Hunts Wirkung auf große Massen zu nutzen; sie wollten das Volk aufhetzen, sich mit Gewalt gegen die Behörden zu stellen, und sogar zum bewaffneten Kampf aufrufen. Als Demonstranten zur Zeit der Versammlung in *Spa Fields* am 15. November 1816 unter Hunts Führung mit einer Petition zugunsten von Reformen zum *Carlton House,* der Residenz des Prinzregenten, marschierten, begannen etliche in der Menge zu randalieren und schlugen die Fensterscheiben von Lebensmittelgeschäften ein. Bei der Versammlung vom 2. Dezember 1816 sprach Dr. James Watson in *Spa Fields* über das Landreformprojekt von Spence, noch bevor Hunt eingetroffen war; worauf sich Watsons Sohn und Thomas Preston an die Spitze einer Splittergruppe setzten, die stundenlang für Aufruhr sorgte und um ein Haar den Tower angegriffen hätte. Um solche Aktionen zu unterdrücken, legte die Regierung dem Parlament 1817 neue Gesetzentwürfe vor. Kurz vorher

28 Belchem 1985, S. 42–70.

waren am 28. Januar 1817 als Folge der sogenannten *„pop-gun"* (Knallbüchsen-)Verschwörung des Prinzregenten Kutschenfenster eingeschlagen worden. Im September 1817 planten die Anhänger von Spence einen Aufstand; der kam jedoch nicht zustande, und im Mai 1818 wurde einer der Aufrührer, Arthur Thistlewood, für ein Jahr inhaftiert, weil er den Innenminister Lord Sidmouth zu einem Duell herausgefordert hatte. Im September 1819 riefen die Londoner Ultra-Radikalen zu Aufständen in ganz Großbritannien auf. Einige kleine Gruppen in der Stadt bewaffneten sich tatsächlich; doch kamen nur ein paar hundert Aufständische zu einer von Dr. Watson am 1. November 1819 auf dem Marktplatz von Finsbury einberufenen bewaffneten Versammlung. Unter dem Druck der repressiven *„Six Laws"* von 1819 brach die Organisation der gewalttätigen Radikalen auseinander; aber dieser Kollaps hinderte Arthur Thistlewood und eine kleine Bande von Extremisten nicht daran, die Ermordung des gesamten Kabinetts zu planen. Bald schleusten sich Regierungsspitzel in diese Verschwörergruppe ein; deren Rädelsführer wurden im Februar 1820 in der *Cato Street* verhaftet, Thistlewood und einige andere später hingerichtet.[29]

Die *Cato-Street*-Verschwörung war eine Katastrophe für die Ziele der Radikalen, und eben diese Episode wird oft als das Ende der heroischen Zeit Londoner Nachkriegs-Radikaler betrachtet. Doch die stärksten Äußerungen radikaler Aktivitäten ereigneten sich in den Jahren 1820 und 1821. Der schon erwähnte, damals überraschende Anlaß massiver Demonstrationen war der Versuch des seinem Vater 1820 auf den Thron gefolgten Georgs IV., sich von seiner Frau scheiden zu lassen. Obwohl Königin Caroline kaum Hochachtung oder besondere Sympathie verdiente, machte man sie zum Mittelpunkt einer populären Protestbewegung von so eindrucksvollem Ausmaß, daß es die alte und tiefverwurzelte Tory-Regierung an den Rand des Rücktritts bzw. der Entlassung brachte. Auch wenn die ganze Affäre sich von der Hauptströmung radikaler Aktivitäten zu entfernen scheint, ermöglicht sie doch einige interessante Einblicke in allgemeine Entwicklungen und ihre metropolitanen Auswirkungen. Denn sie löste eine öffentliche Empörung aus, wie es sie so massiv seit den Tagen von John Wilkes in den späten Sechzigern des 18. Jahrhunderts nicht mehr gegeben hatte: damit erreichte die politische Agitation der Nachkriegszeit ihren Höhepunkt.

Der Hintergrund der Affäre ist folgender:

1820 war der neue König Georg IV. entschlossen, sich scheiden zu lassen und die Königin mit zu erniedrigen, daß er eine gemeinsame Krönung verhinderte. Obwohl das Paar seit langem getrennt gelebt und die Königin sich seit 1814 im Ausland aufgehalten hatte, sah die öffentliche Meinung in ihr eine betrogene und beleidigte Frau. Ihre Situation wurde mit der breiter Schichten der Bevölkerung gleichgesetzt, die unter einem schwachen unmoralischen und tyrannischen Monarchen litten. Als Caroline, begleitet von dem radikalen Beigeordneten Matthew Wood nach England zurückkehrte und am 6. Juni 1820 in die Hauptstadt einzog, löste ihr Erscheinen nicht nur Sensation aus; es führte auch zu monatelanger, sich auf ihre Person berufender Agitation und zu harschen Beleidigungen des Königs und seiner Tory-Minister. Während Georg IV. und seine Berater auf rechtsgültige gesetzliche Mittel zurückgreifen wollten, um die königliche Ehescheidung sicherzustellen, schlossen sich die Parlamentarier der Whig-Partei, die Behörde der Londoner City, die Radikalen der Hauptstadt und Zehntausende einfacher Bürger der Sache der Königin an und ermunterten die gesamte Nation, ihrem Beispiel zu folgen. William Cobbett bemühte sich servil um die Königin, und die gesamte radikale Presse feuerte sie an, sogar Woolers *Black Dwarf*, der die ganze Affäre völlig zurecht als eine Ablenkung von schwerwiegenderen Problemen betrachtete. Das Ausmaß der durch die Presse verbreiteten Propaganda war in der Tat überwältigend. Mehrere Monate lang berichteten die Zeitungen über kaum etwas anderes, und Hunderte von Pamphleten und bestens verkauften satirischen Graphiken, erschienen zur Unterstützung der Königin. Nie zuvor war ein regierender Monarch in öffentlichen Druckerzeugnissen so wüst und rüde angegriffen worden. Darüber hinaus wurden der Königin 800 Petitionen und Eingaben von Gilden, gewerkschaftlichen Gruppen, politischen Klubs und den „verheirateten Damen der Metropole" vorgelegt. Zahlreiche Volksfeste, öffentliche Aufmärsche, Massendemonstrationen und Abordnungen brachten der Königin die Loyalität vieler Untertanen zum Ausdruck. Die Metropole schwelgte in einer Woge von Festzügen; viele Aktivitäten wurden von Musikgruppen, Spruchbändern, Slogans und Symbolen begleitet, und Gebäude, Straßen, sogar Schiffe auf der Themse wurden eigens illuminiert. Die Radikalen waren so imstande, sich mit den Whigs und den gemäßigten Reformern wirkungsvoller denn je zu einem breiten liberalen Bündnis zusammenzuschließen. Das Prestige der Monarchie und die Stabilität der Tory-Regierung waren schwer erschüttert, und die Radikalen konnten – obwohl geschwächt von den repressiven Gesetzen aus dem Jahre 1819 und der Reaktion auf die *Cato-Street*-Verschwörung – nun während dieser Krise die Freiheit offener politischer Agitation wiederherstellen.

Als die Regierung im Oktober 1820 ihre Kampagne gegen die Königin einstellte, fanden große Volksfeste statt. Doch nachdem Caroline Versorgungsbezüge in Höhe von £ 50.000 jährlich akzeptiert hatte und ihr die Krönung erfolgreich verweigert worden war, begann das liberale Bündnis bald zu zerbröckeln. Die Whig-Parlamentarier und die City-Führer verließen die Radikalen. Nach ihrem Tode im August 1821 stand die Königin noch einmal im Mittelpunkt des Interesses. Die Regierung stimmte ihrem Wunsch zu, in ihrem Geburtsort Braunschweig beerdigt zu werden; sie ordnete aber in der berechtigten Furcht vor einer letzten Sympathiekundgebung des Volkes an, daß der Leichenzug seinen Weg über die Außenbezirke Londons nach Harwich neh-

29 McCalman 1988, S. 99–131; Parssinen 1972, S. 266–282.

men solle. Die Verteidiger der Königin in der Metropole lehnten einen solchermaßen unterdrückten Abschied von ihr ab. Menschenmassen blockierten am 14. August die vorgesehene Strecke und zwangen den Trauerzug, das Londoner Zentrum zu passieren, wo die riesige Menge ihr die letzte Ehre erweisen konnte. Bei einem Zusammenstoß mit dem Militär wurden zwei Menschen getötet, und dieser Zwischenfall bot den Radikalen die Möglichkeit, beim Begräbnis dieser beiden „Märtyrer" am 26. August 1821 zu einer letzten großen Kundgebung aufzurufen. Etwa 70.000 bis 80.000 Menschen kamen zu ihrem Begräbnis. So endete eine der erstaunlichsten, bemerkenswertesten und langdauernsten Volksbewegungen, die London je gesehen hatte. Bis zum Ende des Jahrzehnts war sie die letzte bedeutende Demonstration der Radikalen in der Hauptstadt.[30]

4. Der Niedergang des Londoner Radikalismus?

Von den Wilkes-Demonstrationen der späten sechziger Jahre des 18. Jahrhunderts bis zu der Affäre um Königin Caroline 1820–1821 hatte London der Nation mit der Forderung nach radikaler politischer Reform und der Organisation von Volksprotesten ein Beispiel gegeben. Die massive Agitation von 1820–1821 war jedoch für die Metropole die letzte Gelegenheit, sich politisch an die Spitze eines allgemeinen britischen Radikalismus zu stellen. Dessen Proteste übten in London noch höchste Anziehungskraft aus, während die Bewegung bereits in steilem Niedergang begriffen war. Als der Radikalismus in den dreißiger und vierziger Jahren des 19. Jahrhunderts in Großbritannien wieder kräftig auflebte, machte er sich zweifellos auch in London wieder bemerkbar; doch die Hauptstadt spielte nun nicht mehr die führende und alles beherrschende Rolle im politischen Bewußtsein des Volkes, die sie so lange innegehabt hatte.

Während der zwanziger Jahre erlebten die Radikalen aus verschiedenen Gründen in London und im gesamten Land ihren Niedergang. Zum einen hatte die herrschende Elite nie die Kontrolle über die Lage verloren; die von ihr ergriffenen repressiven Maßnahmen bestanden darin, daß die meisten der führenden radikalen Journalisten und Wortführer festgenommen, ins Gefängnis geworfen und schikaniert wurden. Hinrichtungen gab es zwar nur wenige, weil die Behörden in der Regel verfassungsgemäß vorgingen. Doch waren zum anderen die politischen Aktivitäten der radikalen Führer tief gespalten. Darüber hinaus war es schwierig, ohne ein augenfälliges Thema und ohne eine Gallionsfigur, ein wirkungsvolles liberales Bündnis zustandezubringen und die Unterstützung der Massen zu gewinnen. Doch ist sattsam bekannt, daß wirtschaftliches Elend der Sache der Radikalen stets gedient hatte. Und so schwächte der allgemeine wirtschaftliche Aufschwung während der zwanziger Jahre folgerichtig das Interesse weiter Teile der Bevölkerung an reformerischen Forderungen der radikalen Politiker. Diese hatten aber auch selbst manche Schwächen erkennen lassen und manche Fehler gemacht. Zu viele ihrer Vorkämpfer hatten sich unbesonnen emotional und in dramatischer Selbstdarstellung geäußert. Zu siegesgewiß waren sie gewesen und undiszipliniert, zu stark an ihrer eigenen Karriere interessiert und nur bereit, die Not des Volkes ihren persönlichen Heilsvorstellungen unterzuordnen. Sie hatten sich allzu sehr auf die Anziehungskraft öffentlicher Reden und des gedruckten Worts verlassen. Es fehlte ihnen ständig an finanziellen Mitteln; sie hatten es versäumt, geordnete Organisationen zu schaffen, die auf Dauer ein gemeinsames Vorgehen möglich gemacht hätten, und sie hatten nie eine schlüssige Ideologie entwickelt, die sie in die Lage versetzt hätte, eine große Zahl von Menschen an sich zu ziehen und zu einigen.

Als der volkstümliche Radikalismus 1830–1832 während der Krise um das Reformgesetz und in den Jahren des Chartisten-Protests zwischen 1838 und 1848 wiederauflebte, standen vor allem die Industriestädte des Nordens und der Midlands an der Spitze der Bewegung. Zwar war auch London in diesen Jahren noch ein wichtiges Zentrum radikaler Aktivitäten, doch besaß die Hauptstadt nie mehr ihre frühere Führungsrolle. Sie blieb weiterhin ein Zentrum radikaler Publikationen; doch viele der wichtigsten Zeitungen und Zeitschriften der Bewegung erschienen nun auch in den Provinzstädten. Erneut wurden in London politische Vereine und Debattierklubs gegründet; ihre Mitgliederzahlen sowie ihre Bedeutung für die Radikalen hielten einem Vergleich mit denen von Industriezentren wie Birmingham, Manchester und Leeds nicht stand. Radikale Petitionen, Protestmärsche und Demonstrationen wurden wieder organisiert, aber nicht in demselben Ausmaß wie in den genannten anderen Städten. Angesichts der Tatsache, daß London die bei weitem größte Stadt des Landes war, muß man erklären, warum die Hauptstadt für den volkstümlichen Radikalismus immer weniger bedeutete: Ein Grund war ganz einfach ihre Größe. Als die Metropole sich insgesamt immer stärker ausdehnte, wurde die City selbst, relativ gesehen, zu einem kleineren Teil des Ganzen, obwohl sie über die effektivsten städtischen Einrichtungen verfügte. Groß-London, durch die Themse in zwei Teile zerschnitten, bestand aus einer Reihe unterschiedlicher städtischer Gemeinden, von denen jede ihre eigenen sozialen und wirtschaftlichen Besonderheiten hatte. Allein die Beförderung quer durch die Metropole war schwierig. Dem gesamten städtischen Ballungsraum fehlte es an Zusammenhalt wie man ihn in homogenen Gemeinden, kleineren Provinzstädten antrifft. London war zu groß und zu unpersönlich, sozial und wirtschaftlich zu unterschiedlich, um eng zusammengewachsene Gemeinden zu besitzen oder auch besondere lokale

30 Stevenson 1977, S. 117–145; 3 Prothero 1979, S. 132–155; Lacqueur 1982, S. 417–466.

Mißstände aufzuweisen. Die Hauptstadt war vom Wandel des industriellen Zeitalters nur wenig betroffen; es gab hier nur sehr wenige große Fabriken und keine großen Gruppen notleidender Arbeiter, die mit sinkenden Löhnen oder verbreiteter Arbeitslosigkeit zu kämpfen hatten. Dafür lebten hier immer noch zahlreiche Facharbeiter, deren Löhne und Beschäftigungsaussichten oft viel besser waren als anderswo die der Industriearbeiter. Sogar in Zeiten wirtschaftlicher Not war hier nur ein geringerer Teil der Arbeitskräfte in einer wirklich schwierigen Lage, wenn man sie mit der der Arbeiter in den Industriestädten vergleicht. London war nie, wie Birmingham, Manchester oder Leeds, eine Stadt mit nur wenigen Massen-Industrien und einer sich eng zusammenschließenden Arbeiterschaft gewesen. Es war ein neuer, mehr klassenbewußter Radikalismus, der in den dreißiger und vierziger Jahren in den erwähnten (und weiteren) Industriestädten auftreten sollte.[31]

31 Thompson 1968, S. 665–90; Rowe 1968, S. 472–487; Rowe 1977, S. 149–176.

KATALOG DER AUSGESTELLTEN WERKE

WELTSTADT LONDON

Nach der ersten Volkszählung von 1801 hatte London 959.310 Einwohner – fast doppelt so viele wie Paris. 1841 waren es 1.949.277: London, die größte Stadt der Welt, war auch dank ihrer international führenden Wirtschaft die reichste aller Städte. Ihre Handelsmacht stellte sich im Bau der neuen Dockanlagen dar. Ihre Finanzkraft basierte auf einem hochentwickelten Banken- und Versicherungswesen. Nach der Schlacht von Waterloo war Englands militärische Stärke offenkundig. 1821 bot die Krönung Georgs IV. Anlaß für ein geradezu überschwenglich dargebotenes prunkvolles Schauspiel. Die von des Königs Baumeister John Nash betriebenen Projekte zur Erneuerung der Hauptstadt sowie der unaufhaltsame Fortschritt von ‚Ziegeln und Mörtel' hinterließen London ein dauerndes Erbe.

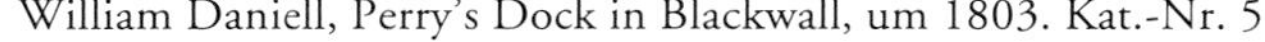

William Daniell, Perry's Dock in Blackwall, um 1803. Kat.-Nr. 5

Robert Havell Junior
1793–1878

1
Aeronautische Ansicht Londons, 1831

Herausgeber R. Havell, 88 Oxford Street (gegenüber dem Pantheon)
Vergrößerung einer kolorierten Darstellung in Aquatinta-Technik, 27,4 x 99 cm
Literatur: Hyde 1981; Hyde 1988, S. 76 f.

Havells Ansicht zeigt die weitgestreckte Metropole aus 402 Fuß Höhe über der Themse, zwischen Bermondsey auf der linken und dem kurz zuvor erbauten *St. Katharine's Dock* auf der rechten Seite. Am Horizont erscheint ganz klein *Windsor Castle.* Rennies neue *London Bridge,* die am 1. August 1831 eröffnet werden sollte, ist zu sehen. Die Bezeichnung des Panoramas wurde wahrscheinlich gewählt, um aus dem damals enormen Interesse an der Ballonfahrt Kapital zu schlagen. Robert Havell Junior veröffentlichte, obwohl vor allem Stecher und Verleger ornithologischer Blätter besonders von J. J. Audubon, mehrere Stadt-Panoramen. Die ‚aeronautische Ansicht Londons' war dabei wohl sein Hauptwerk. Es erscheint auf einer seiner Visitenkarten als Miniaturfassung. Wie die Kunden diesen Druck betrachten sollten, macht eine Annonce deutlich, die Havell am 14. Mai 1931 in die ‚Literary Gazette' einrücken ließ: „Interessante Neuheit, gerade veröffentlicht. Eine aeronautische Ansicht Londons und seiner Umgebung, in einem neuartigen und interessanten Stil arrangiert. Jede Einzelheit der britischen Metropole ist zu erkennen, in Form einer Rotunde angeordnet, und, betrachtet man sie durch ein Vergrößerungsglas, erlaubt dies einen Anblick der Natur, der bis dato nur in großen Panoramen vermittelt werden konnte. Preis des Druckes im Rund plus Vergrößerungsglas und Portfolio: £ 1, 15 s. Der Druck mit Schlüssel: 15 s." RH

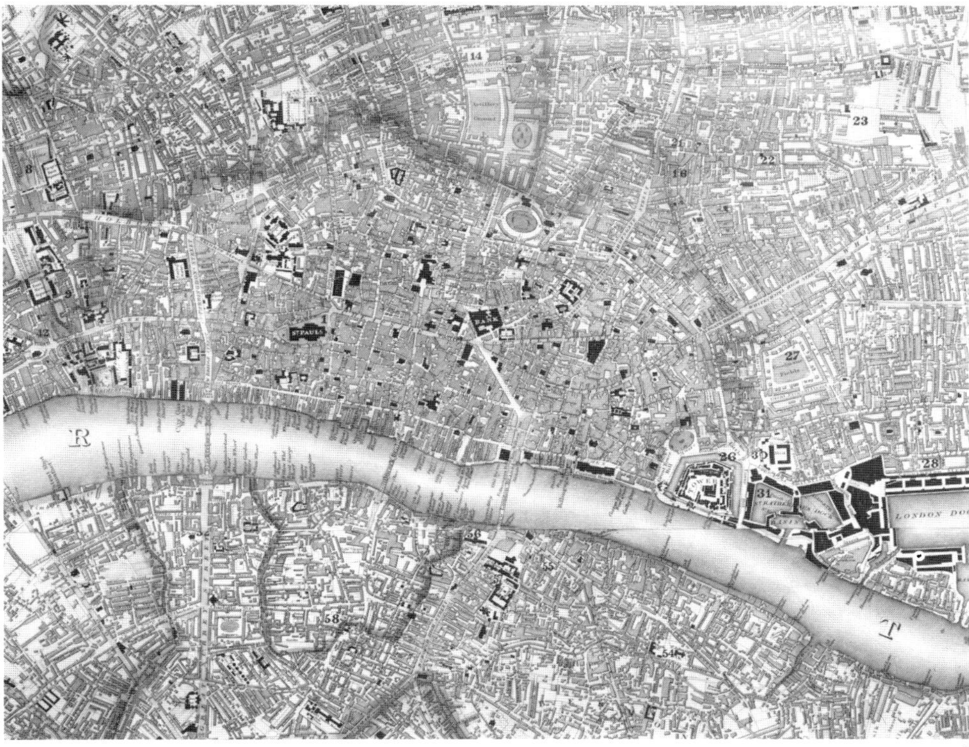

2

Christopher Greenwood
Gisburn, Yorkshire, 1786–1855, London
John Greenwood
Gisburn, Yorkshire, 1791–1876, London

2
Plan von London mit den verschiedenen Improvements, 1835

Herausgeber E. Ruff & Co., Hind Court, Fleet Street
Linienstich, 122,5 x 182,5 cm
London, Guildhall Library, Corporation of London
Literatur: Harley 1962; Howgego 1978, Nr. 309 (3)

Greenwoods sechs Blätter umfassender Plan von London ist ein typisches Beispiel für die Kartentechnik der Zeit. Sie zeigt die sich ausdehnende Metropole mit den neuen, teils schon erbauten, teils noch im Bau befindlichen Docks am East End; neue Straßen, neue Brücken, wie die 1831 eröffnete *New London Bridge;* den Verlauf des Themse-Tunnels; den *New Cattle Market* von Islington; und Londons erste Eisenbahnen: die *London & Greenwich Railway,* 1832 eingeführt, und die *London & Birmingham Railway* von 1837. Dazu ehrgeizige neue Wohnprojekte, wie *Bayswater* und *Portland Town.* Christopher Greenwood, ein Landvermesser aus Yorkshire, begann 1817 mit der kartographischen Aufnahme seiner Grafschaft in großem Maßstab. 1818 gab er eine große Karte von der benachbarten Grafschaft Lancashire heraus. Von Juli 1821 bis März 1822 arbeitete Greenwood mit seinem jüngeren Bruder John zusammen. Neben der Veröffentlichung weiterer Landkarten in großem Maßstab – Greenwood publizierte insgesamt achtunddreißig – begann er mit einer neuen kartographischen Aufnahme Londons im Maßstab von 8 Inch zu 1 Meile (20,32 cm : 1,609 km). Die außerordentlich schöne, Georg IV. gewidmete Karte, erschien 1827 in zwei Auflagen. Offenbar wurde, für die Zeit ungewöhnlich, für die große neue Karte weder ein Werbeprospekt veröffentlicht noch eine Liste mit adeligen und namhaften Subskribenten zusammengestellt, um das geschäftliche Risiko möglichst gering zu halten. Es gab eine nicht weiter erklärte Verzögerung beim Druck. Für die Ausgabe von 1830 wurde die Karte erweitert, völlig neu gezeichnet und gestochen. Die Kupferplatten für die zweite Auflage wurden an die Buchbinderfirma Edward Ruff & Co. verkauft, die eine auf den 1. Januar 1835 datierte Auflage herausbrachte sowie die hier ausgestellte, auf den 2. März 1835 datierte und weitere in den Jahren 1838 bis 1854. Die letzte Auflage von Greenwoods Karte wurde – sparsam überarbeitet – 1856 von Charles Smith & Sons, Strand 172 publiziert. RH

Robert Havell Junior
1793–1878

3
Panorama von London, 1822

Herausgeber Rodwell & Martin, 46 New Bond Street
Kolorierte Aquatinta, 7,6 x 419 cm
London, Museum of London
Inv.-Nr.: A23741
Literatur: Hyde 1985, S. 135, Nr. 62

Havells langgestreckte Ansicht der Themse beginnt an der erst sechs Jahre zuvor eröffneten,

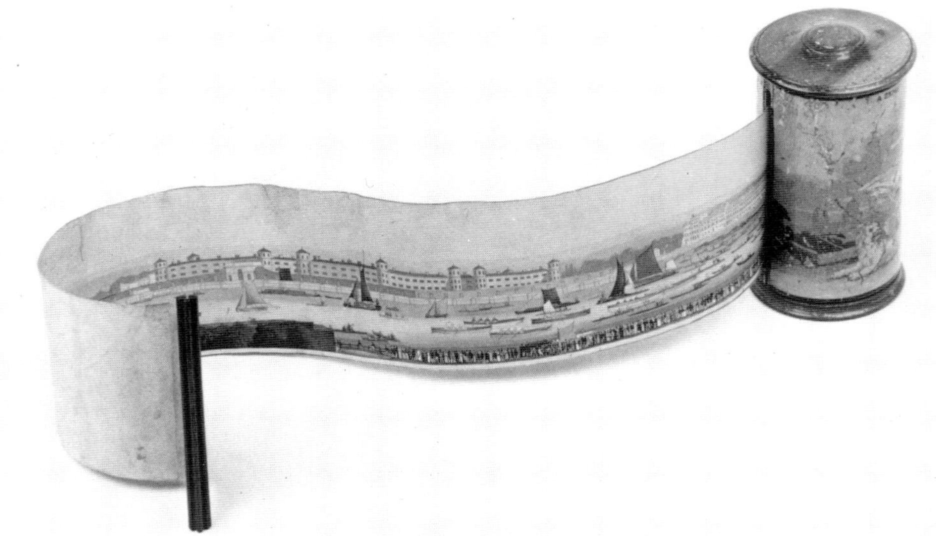

3

von James Walter entworfenen *Vauxhall Bridge,* der ersten Eisenbrücke über die Themse. Etwas weiter nach Osten sieht man das *Millbank Penitentiary,* Londons neuestes und modernstes Gefängnis, das 1821 fertiggestellt wurde. Weiter passiert man zwei andere neue Brücken: die von John Rennie entworfenen und 1817 bzw. 1819 eröffnete *Waterloo Bridge* sowie die *Southwark Bridge.* Der Rundblick endet bei der Kirche *St. John's* in Wapping, East End. Der Schiffsverkehr auf dem Fluß wird sehr ausgiebig gezeigt. Zu erkennen ist unter anderem die Dampfjacht *Margate,* die persönliche Jacht von Alderman Sir William Curtis (M. P.), des Keksbäckers und Segelfreundes von Georg IV. Es zeigt auch einen Konvoi städtischer Festbarkassen, sechs ‚vierrudrige Vergnügungsboote', bei einer Regatta, mehrere Kohlen-Schiffe, Heu-Kähne und Fischerboote. Das Panorama ist in einer lackierten, in Brighton hergestellten Buchsbaumtrommel untergebracht. Mit Hilfe eines einfachen Rollmechanismus konnte der Betrachter die Darstellung wieder zurückspulen. RH

4

Galionsfigur der H. M. S. London, 1840

Bemaltes Holz (Eiche?)
London, National Maritime Museum
Inv.-Nr.: FH 12/1936
Literatur: Fraser 1908, S. 418–431; Banbury, S. 73–107; MacDougall 1982, S. 123–150; Morriss 1983, S. 53–61

4

1840 wurde die *HMS London* auf der Königlichen Marinewerft in Chatham gebaut. Sie gehörte zu einer Reihe von Kriegsschiffen dieses Namens und war das letzte, das aus Holz gebaut wurde. Die Galionsfigur des Schiffs stellt angeblich die junge Königin Victoria dar; ihre Krone entspricht dem White Tower, dem Herzstück des Towers of London. Sir William Symonds entwarf das mit 90 Kanonen bestückte Segelschiff, das £ 90.000 kostete und eine Besatzung von 850 Personen faßte. 1854 während des Krimkrieges im Schwarzen Meer eingesetzt, war es an der Beschießung von Sebastopol beteiligt. Nachdem das Schiff kurz darauf auf Dampfkraft umgestellt worden war, diente es während seiner letzten Jahre in Sansibar jenen Seestreitkräften als Vorratsschiff und Hauptquartier, die dort den Sklavenhandel an der ostafrikanischen Küste unterbinden sollten. 1884 wurde es zum Abwracken verkauft. 1822 wurde in Deptford als erster hölzerne Raddampfer der „Comet" gebaut; 1823 folgte der „Lightning". Von 1838 an konnten in speziellen Anlagen in Woolwich Schiffskessel und Maschinen repariert und überholt werden. 1869 wurden beide Werften geschlossen. APW

William Daniell
Chertsey 1769–1837 London

5 (Farbtafel S. 226)

Perry's Dock in Blackwall, um 1803

Öl auf Leinwand, 56 x 106,5 cm
London, National Maritime Museum
Inv.-Nr.: BHC 1867
Herkunft: Vermächtnis Edward William Green, 1951
Literatur: Anon. 1799, S. 46–47; Skempton 1978–1979, S. 89–90; Concise Catalogue of the National Maritime Museum 1988, S. 146, Abbildung; Werner and Lane 1991, S. 24–25

Daniells Stich von diesem Gemälde hatte einen ausführlichen Titel, der die wiedergegebene Szene erklärte: „Das *Brunswick Dock* an der Themse in Blackwall. Dieses vortreffliche Becken wurde nach dem Entwurf und auf persönliche Rechnung von John Perry Esqu. ausgeführt und war in erster Linie für die Unterbringung und als Schutz der Schiffe der Ehrenwerten Ostindiengesellschaft vorgesehen. Die gesamte Anlage, die etwa acht Acres umfaßt, ist in zwei Teile unterteilt (wobei jeder eine eigene Einfahrt hat). Einer von beiden kann dreißig der größten Ostindien-Schiffe aufnehmen, der andere dieselbe Anzahl kleinerer Schiffe. Dieser großartige und nützliche Bau wurde am 2. März 1789 begonnen, und am 20. November 1790 für den Schiffsverkehr geöffnet." John Perry war der Enkel von Philip Perry, der in Blackwell Sir Henry Johnsons Dock-Verwalter gewesen war. Das Gemälde wurde vermutlich von ihm in Auftrag gegeben. Das neue Dock wurde auf einem Grundstück östlich der berühmten Werft angelegt, die über Helgen,

Trockendocks und einen alten Dockhafen verfügte. Die Aktivitäten der East India Company verschafften London ein Monopol im gesamten Bereich des britischen Ost-Handels. Dies bezog sich auch auf den Bau aller von der *East India Company* gecharterten Schiffe. Eine mächtige Gruppe, die sich *„City and Shipping Interest"* nannte – u. a. Ostindien-Reeder, Schiffsagenten und Kapitäne –, sorgte dafür, Londons zentrale Funktion für diesen Handel aufrechtzuerhalten und zu festigen. Die Schiffe, die in den benachbarten Werften gebaut oder repariert worden waren, wurden in *Perry's Dock* für ihre Reisen ausgerüstet. Die Blackwall-Werft, schon vor ihrer Erweiterung die größte und am besten ausgerüstete im Königreich, galt mit der Eröffnung von *Perry's Dock* als weltweit beste private Werft für Schiffbau und Reparaturen. APW

6

Serie von kolorierten Aquatinten mit Ansichten von Londoner Docks, 1802–1813

Herausgegeben von William Daniell, 9 Cleveland Street, Fitzroy Square
Jedes Blatt 48 x 85 cm
Literatur: Sutton 1954, S. 112–113 und 162, Stewart 1955, S. 79–82

William Daniell sammelte authentische Erfahrungen über das Leben an Bord, als er 1785, zusammen mit seinem Onkel Thomas Daniell (1749–1840), nach Ostindien segelte. 1794, nach ihrer Rückkehr nach London, begannen sie, die in Indien und China entstandenen Aquarelle und Skizzen auszuarbeiten. Sie setzten sie in druckgraphische Arbeiten um; diese „kolorierten Aquatinten" sind Radierungen, die in der Feinheit ihrer Schattierung und Kolorierung Aquarellen ähneln. Daraus entstand das bedeutende topographische Werk der ‚Oriental Scenery', das 1795 bis 1808 in sechs großen Folio-Bänden erschien. Einer der wichtigsten Förderer der Künstler war Charles Hampden Turner (1772–1856), der über dreißig ihrer Ölgemälde besaß. Er war u. a. einer der Direktoren der Ostindischen Kompanie. Es ist wahrscheinlich, daß Turner William Daniell dazu anregte, diese Aquatinta-Blätter zu schaffen. Die Serie bestand aus sechs großen, kolorierten Blättern (Bildgröße: etwa 40 x 77,5 cm), die als einzelne Arbeiten entstanden und in einem Preis von je £ 2 12 Schilling und 6 Pence angeboten wurden. Sie wurden in folgender Reihenfolge veröffentlicht: *West India Dock,* 1802; *London Dock,* 1803; *Brunswick Dock,* 1803; *East India Dock,* 1808; *London Dock,* 1808; *Commercial Dock,* 1813. Sie blieben die einzigen zeitgenössischen Darstellungen, denen es gelang, einen Eindruck von den riesigen Ausmaßen der Londoner Dock-Anlagen des frühen 19. Jahrhunderts zu vermitteln. Der Stich mit Dances Konzept zur Verbesserung des Londoner Hafens wurde dieser Serie hinzugefügt. APW

a) Blick auf die Neuen Docks und Speicher auf der Isle of Dogs, 1802

London, Guildhall Library, Corporation of London
Literatur: Stern 1952; Sutton 1954, S. 112, 162; Hatfield & Skempton 1979, S. 184–197

Wie die Beischrift vermerkt, zeigt das Blatt: „in großen Zügen jenen großartigen und wirklich nationalen Bau nach seiner Fertigstellung … der in der kurzen Zeit von wenig mehr als zwei Jahren seit Beginn der Arbeiten im Februar 1800 fertiggestellt wurde, so daß man am 27. August 1802 die Themse in das größere Becken strömen lassen konnte, das 2600 Fuß (792,5 m) lang ist und eine Fläche von 30 Acres bedeckt; und die beiden Schiffe, *Henry Haddington* und *Echo,* die ersten Schiffe, die einfahren durften, wurden durch den Beifall einer überwältigenden Zuschauermenge begrüßt, die sich versammelt hatte, um jener Szene beizuwohnen, die für jeden, der diesem Land Wohlstand und Ruhm wünscht, so sehr sehenswert ist. Der Kanal zur Linken, der parallel zu den Docks verläuft, wird von der Londoner Stadtbehörde gebaut, um die Schiffahrt auf dem Fluß zu erleichtern, indem den Schiffen eine Möglichkeit gegeben wird, den oft gefährlichen Umweg um die *Isle of Dogs* zu vermeiden: Ein Bauvorhaben, das, gemeinsam mit dem anderen, demselben großen Ziel dient, welches darin besteht, den Handelsverkehr der Hauptstadt gleichzeitig zu aktivieren und zu sichern." Während der späten 90er Jahre des 18. Jahrhunderts gab es in London zwei konkurrierende Pläne für den Bau solcher Hafenanlagen. Robert Milligan, ein Kaufmann im Westindien-Handel, befürwortete den Bau von Docks auf der *Isle of Dogs.* Er vertrat die Meinung, Westindien-Schiffe seien zu groß, um sicher durch die Fahrrinne des Flusses bis hinauf nach Wapping gesteuert zu werden, wo die Docks nach den Vorstellungen des zweiten Entwurfs gebaut werden sollten. Der *Pool of London,* ein Abschnitt der Themse zwischen *London Bridge* und *Limehouse,* war bekanntermaßen der Ort, wo es auf den Westindien-Schiffen häufig zum Raub von Zucker und Rum kam. Doch wurde die Lage der Docks auf der *Isle of Dogs* zunächst als Nachteil betrachtet, denn die Insel lag sowohl vom traditionellen Frachtumschlagsbereich des Hafens als auch von den Londoner Zuckerraffinerien relativ weit entfernt. Eine solch isolierte Lage böte jedoch, so argumentierte man, einen besseren Schutz vor Diebstahl; eine Qualität, die sich sowohl für den Kaufmann als auch für die Steuereinnahmen vorteilhaft auswirken würde. 1797 legte die City of London gemeinsam mit den Westindien-Kaufleuten dem Parlament einen Gesetzentwurf vor, der den Bau von Docks und eines Kanals jenseits der *Isle of Dogs* vorsah. 1799 wurde das *West India Dock Company-Gesetz* nach einigen Verzögerungen schließlich verabschiedet, und die City of London begann, den für die Anlage nötigen Grund und Boden zu erwerben. Die Ausschachtungsarbeiten begannen 1800. Daniells Darstellung der neuen Docks und des Kanals lehnte sich wohl an die 1802 veröffentlichte Skizze von John Fairburn an. Die Speicher, die man rund um das Export-Dock sieht, und die Häuser entlang des südlichen Abschnitts des Kanals wurden nie gebaut. Daniell widmete das druckgraphische Blatt dem Vorsitzenden und den Direktoren der *West India Dock Company.* APW

6a

6b

b) Blick auf die Neuen Docks in Wapping, 1803

London, Guildhall Library, Corporation of London
Literatur: Vaughan 1839; Sutton 1954, S. 112, 162; Skempton 1978–1979, S. 95–97

Wie die Beischrift u. a. vermerkt, „stellt diese Ansicht den ersten Teil des Bauvorhabens dar, so wie es nach seiner Fertigstellung aussehen wird, das gerade in Wapping nahe des Towers durch den patriotischen Einsatz der *London Dock Company* zur Verbesserung des Londoner Hafens durchgeführt wird. Das hier wiedergegebene Becken ist 1260 Fuß (384 m) lang und 690 Fuß (210 m) breit und umfaßt eine Fläche von 20 Acres. Sein Ziel ist die Aufnahme von Schiffen aus allen Handelszweigen, für die beachtliche Reihen entsprechende Speicher vorbereitet werden, und zwar in einem Umfang, der der Würde der Nation und den bedeutenden Interessen ihres Handels dienen soll ..." William Vaughan (1752–1850) war einer der energischsten Londoner Kaufleute und Makler, die Verbesserungsmaßnahmen im Londoner Hafen und den Bau von Docks unterstützten. Nach einer Reihe von Verzögerungen erließ das Parlament 1800 ein Gesetz über den Bau von Docks in Wapping. 1801 wurde John Rennie als Ingenieur dafür berufen. Zum erstenmal wurde hier eine dampfgetriebene Ramme von Boulton & Watt benutzt, um Fangdamm-Pfähle einzurammen. Rennie entwarf die erste eiserne Drehbrücke mit zwei Flügeln über der Einfahrt von Wapping. Daniells Darstellung, die dem Vorsitzenden und den Direktoren der *London Dock Company* gewidmet ist, basierte auf Vermessungen und Architekturzeichnungen von Daniel Alexander und der Karte von John Fairburn aus dem Jahre 1802. Er gab das angestrebte Gesamtbild des Londoner Docks präzise wieder. APW

6d

c) Ansicht der East India Docks, 1808

London, Guildhall Library, Corporation of London
Literatur: Sutton 1954, S. 112, 162; Pudney, 1975, S. 48–52, Skempton, 1978–1979, S. 98–100

Wie die Beischrift vermerkt, „sind die *East India Docks* allein für die Aufnahme von Schiffen gedacht, die von der *English East India Company* eingesetzt werden. Sie bestehen aus zwei geräumigen Becken; am Kai des größeren von beiden werden alle durch die Gesellschaft importierten Produkte aus dem Osten, am anderen Schiffe mit auswärtigem Bestimmungsort beladen. Die Maße des ersten Beckens sind 1410 Fuß (430 m) in der Länge und 560 Fuß (171 m) in der Breite, und es bietet Platz für 84 Schiffe von je 800 Tonnen. Das zweite Becken ist 780 Fuß (238 m) lang und 520 Fuß (158 m) breit. Beide sind 26 Fuß (79 m) tief. Die Wasserfläche macht insgesamt… 30,5 Acres aus… . Man möge sich vorstellen, daß die *East India Docks* am östlichen Rand der City of London liegen. Eine Reihe miteinander verbundener Straßen erstreckt sich schon bis zum Dorf Blackwall, in dessen Nähe sich diese großen Seehandels-Lager befinden… ." Die *East India Dock Company* wurde 1803 mit der Unterstützung von Ostindien-Kaufleuten und solcher Personen gegründet, die mit Ostindienschiffen, Schiffbau oder der Reparatur von Schiffen zu tun hatten. Sie brachten genügend Mittel auf, um *Perry's Dock* von der Familie Wells zu erwerben. John Rennie und Ralph Walker wurden als verantwortliche Ingenieure berufen. Die Umbauarbeiten zu einem Export-Dock kamen sehr schnell voran, wofür ein vollkommen neues Import-Dock nördlich vom alten angelegt wurde. Beide wurden durch ein Vorbecken und eine neue Dockeinfahrt miteinander verbunden. Die *East India Docks (*26 Acres/8,2 Hektar) waren sehr ökonomisch erbaut worden. Die Schleuseneinfahrt war damals die größte der Welt (210 Fuß [64 m] lang, 48 Fuß [15 m] breit, und die Schwellen lagen 25 Fuß [7,6 m] tiefer als der Hochwasserstand der Themse). Das Dock wurde 1806 eröffnet, und besaß ein 21jähriges Monopol auf den Umschlag aller Ostindienerzeugnisse. Zunächst waren am Kai keine Speicher vorgesehen. Stattdessen wurden dort „geschlossene, vierrädrige Kutschen oder leichte Wagen" eingesetzt, „die je 50 Kisten Tee befördern konnten", um die Ladung von den Docks zu den Speichern der Company in der City zu transportieren. Ihre Direktoren erwarben 20 Exemplare von Daniells Graphik für eigene Zwecke. APW

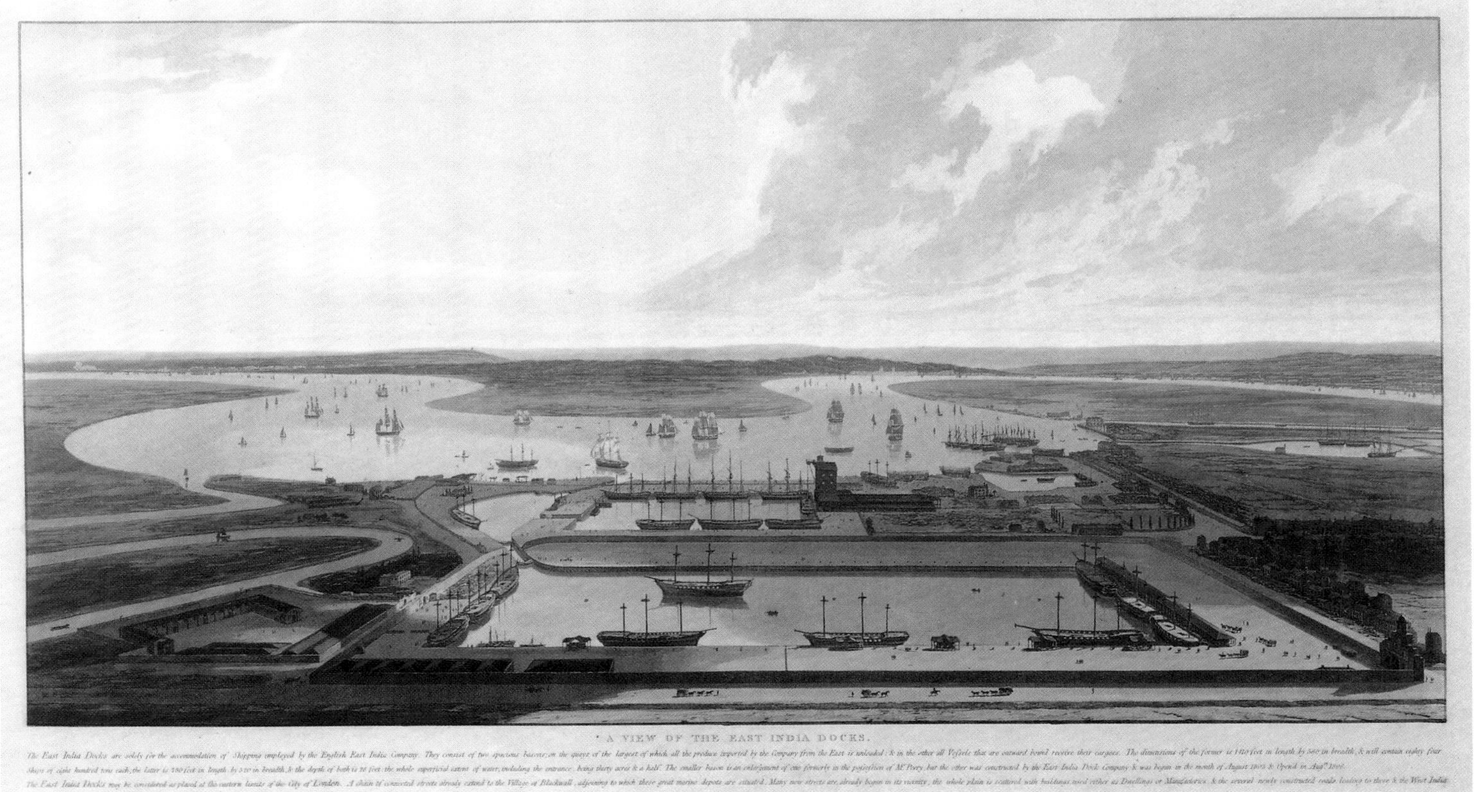

6c

d) Ansicht der Commercial Docks in Rotherhithe, 1813

40,6 x 77,8 cm
London, Port of London Authority
Literatur: Gould 1841; Griffin 1877; Sutton 1954, S. 112, 162; Skempton, 1981–1982, S. 73–77

Wie die Beischrift vermerkt, „sollen diese Docks vor allem die Schiffe aufnehmen, die für den Handel mit Amerika und Nordeuropa eingesetzt werden, und ihre Fracht – Nutzholz, Erzeugnisse aus Holz, Hanf, Getreide, Eisen usw. – zu löschen und zu verstauen. Außerdem soll mit ihrer Hilfe das Zollverschlußsystem auf diese Waren angewendet werden können, indem man Platz für viele Schiffe schafft, um so die Sicherheit für die Finanzverwaltung und die Importeure verstärkt zu gewährleisten. – Es gibt fünf Docks. In einem von ihnen werden die Ölschiffe aus Grönland untergebracht. Ihre Fracht wird unverzüglich gesotten und von der Dockgesellschaft in ausgezeichneten Kellern gelagert... – Die Wasserfläche der Docks nimmt 40 Acres in Anspruch, und der Rest wird von geräumigen Speichern, Zoll-Lagern, Kais usw. eingenommen.“ Bereits während des 17. und 18. Jahrhunderts wurden in London private Docks gebaut. Das größte unter ihnen war das *Howland Great Dock* (1696–1699), später *Greenland Dock* genannt, in Rotherhithe. Man benutzte es, um dort Schiffe auszustatten und liegen zu lassen. Außerdem gab es dort Einrichtungen für die Ölgewinnung aus Walfischspeck. 1807 kaufte die *Commercial Dock Company* das alte *Greenland Dock* und begann, es in ein Dock umzuwandeln, das hauptsächlich als Umschlagplatz, als Zoll- und Holzlager genutzt werden sollte. Es wurde 1809 wieder eröffnet, nachdem die Schleuseneinfahrt erweitert und vertieft worden war. Um 1811 entstanden zwei weitere Docks sowie ein geräumiger Speicher mit eisernen Säulen. 1801 wurde per Gesetz der Bau eines Kanals zwischen Rotherhithe und Epsom sowie der Plan, ihn nach Portsmouth und Southampton weiterzuführen, genehmigt. In Rotherhithe war ein 10 Acres großes Becken entstanden, indem man eine 600 m lange Strecke des neuen Kanals erweitert und vertieft hatte. Auch dies wurde als Dock genutzt, wie man im Mittelgrund von Daniells Aquatinta sehen kann. Südlich des alten *Greenland Dock* war 1811 das *East Country Dock* eröffnet worden (ein Teil davon ist eben noch in der unteren linken Ecke der Darstellung zu erkennen). Mit einer Wasserfläche von nur 4 Acres war es das kleinste Frachtumschlags-Dock im Londoner Hafen. Es hatte sich wie die anderen beiden auf der Südseite des Flusses auf den Handel mit dem Baltikum spezialisiert. APW

James Walker
1781–1862

7

Plan der neuesten Improvements im Londoner Hafen, 1804

kolorierter Stich, 43 x 142 cm (Darstellung); 47 x 143,5 cm (Blatt)
Herausgeber Robert Wilkinson, No. 58 Cornhill, London
London, The Museum of London, P. L. A. Collection

Bevor die Docks gebaut wurden, waren schmale und schlecht unterhaltene Straßen die einzigen benutzbaren Verkehrswege, um Waren in die City und aus ihr heraus zu transportieren. Das meiste Frachtgut wurde auf dem Fluß transportiert. Dabei bestand jedoch die Gefahr, daß es Flußpiraten zum Opfer fiel. Außerdem wurde es beim Be- und Entladen der Lastkähne häufig beschädigt. Im Jahre 1802 übertrug ein vom Parlament verabschiedetes Gesetz dem *Commercial Road Trust* die Aufgabe, eine neue gebührenpflichtige Straße zwischen Aldgate und Limehouse zu bauen. Sie veränderte das Gesicht von Ost-London von Grund auf. Der Name dieser Straße – *Commercial Road* – war angemessen, denn

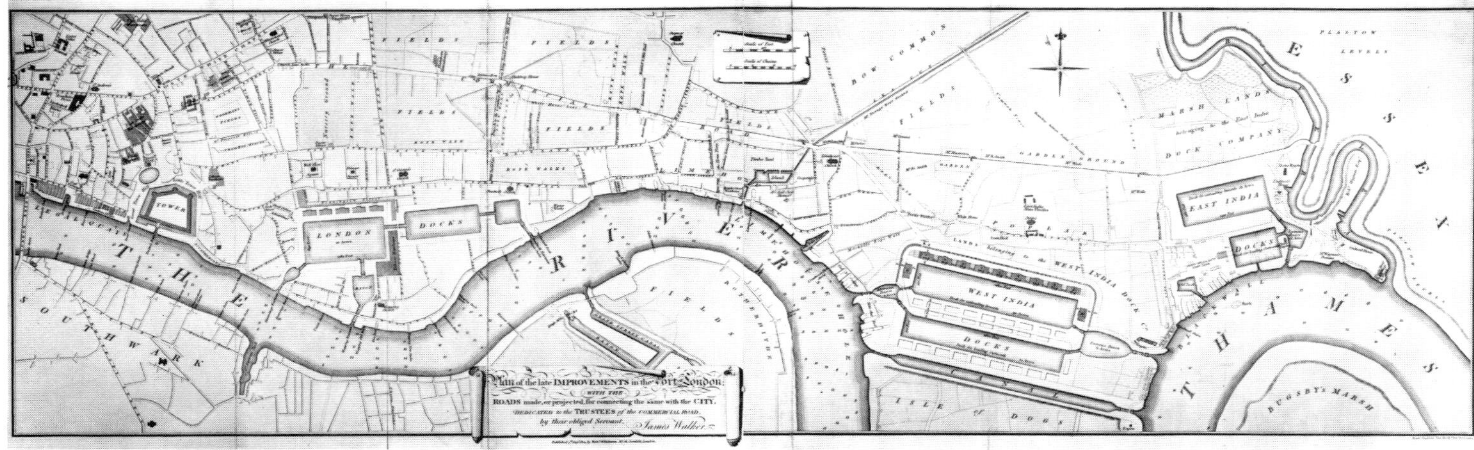

7

‚Handel' war um die Mitte der 90er Jahre im Zusammenhang mit den Vorschlägen und Plänen für den Dockbau in Wapping und auf der Isle of Dogs zu einem Schlagwort geworden. James Walker, der Neffe von Ralph Walker, wurde als Ingenieur mit der Konstruktion der neuen Straße beauftragt. Zwei östliche Abzweigungen wurden von Limehouse angelegt – die *West India Dock Road* und die *East India Dock Road* –, die sich direkt bis zu den Haupteinfahrten der Docks erstreckten. Die finanziellen Mittel für diese neuen Straßen wurden zum größten Teil von Kaufleuten im West- und Ostindienhandel aufgebracht. Entlang der mit Granit gedeckten Straßen zeigten Meilensteine an, daß das *West India Dock* nur 3 Meilen von der Londoner Börse entfernt war. Es dauerte aber nicht lange, bis auch hier Häuser gebaut wurden. APW

Daniel Asher Alexander

London1768–1846 Exeter

8
London Docks, Speicher am südlichen Kai. Schnitt von Ost nach West, ca. 1810

Feder, Tinte und Aquarell, 45,8 x 92,8 cm
London, Port of London Authority Collection, The Museum of London
Inv.-Nr.: 4620116
Literatur: Elmes 1838, S. 49; Crouzet 1953; Cruickshank 1989, S. 61 (Abbildung)

Die Londoner Docks hatten ausgedehnte Lagerungsmöglichkeiten für Wein und Branntwein. Unter den Speichern befanden sich Kellergewölbe, die speziell für die Aufnahme dieser kostbaren Güter angelegt wurden. Als erstes Schiff fuhr am 30. Januar 1805 die Brigg *The London Packet* in die London Docks ein, die Wein aus Porto geladen hatte. Der Handel mit Weinen aus Spanien und Portugal nahm während des Krieges mit Frankreich solche Ausmaße an, daß die Kellergewölbe bald vollständig gefüllt waren. 1809 wurden dort und in Schuppen 44.000 Faß Wein und Branntwein gelagert, 12.000 Fässer im Freien, entlang der Kais und auf dem Gelände des Eichamtes, und weitere 22.000 befanden sich noch an Bord von Schiffen im Dock. Dieser unzureichenden Lösung entsprachen etwa die Probleme, mit denen der Westindienhandel in den 90er Jahren des 18. Jahrhunderts konfrontiert war, bevor das *West India Dock* gebaut wurde. Damals gab es im Londoner Hafen nur eine Lagerkapazität für 30.000 Faß Zucker, obwohl z. B. 1793 in einem Zeitraum von nur 2 Sommermonaten 100.000 Fässer eintrafen. Daniel Alexander entwarf Schuppen mit Kellergewölben und Lagerhäuser entlang des südlichen Kais sowie hinter den großen Speichern des nördlichen Kais. Ein Besuch in den Weinkellern der Docks gehörte zu den besonderen Vergnügen eines Londonbesuchs. Carlsund schrieb, daß die Gewölbe „den berühmten römischen Katakomben" ähnelten; wobei er die der London Docks vorziehe, beherbergten sie doch „die Voraussetzungen zu Glück und den Annehmlichkeiten des Daseins." APW

9
Gußformen für die Bedachung des Tabakspeichers in den London Docks

Feder und Aquarell mit Beischriften in Tinte, 56,2 x 75 cm
Bezeichnet unten links: Gebäudeunterhaltungsbehörde, Londoner Docks, 4. Januar 1811
London, The Museum of London, P. L. A. Collection
Inv.-Nr.: 4620492
Literatur: Skempton 1981–1982, S. 77; Thorne 1986, S. 29–38

8

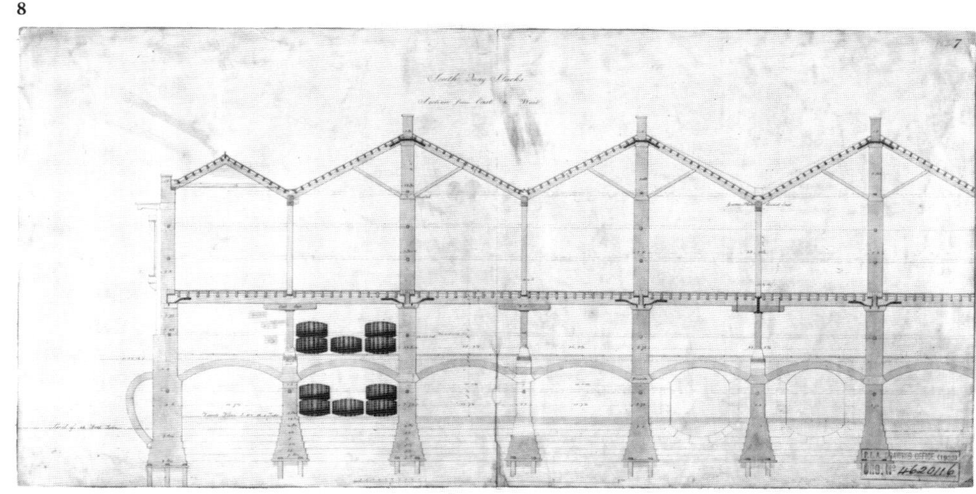

Das für 21 Jahre gültige Monopol der *London Dock Company* betraf den gesamten Umschlag von Tabak, Reis, Wein und Branntwein; mit Ausnahme dessen, was auf Schiffen von den West- und Ostindischen Inseln transportiert wurde. 1805, als das Dock seinen Betrieb aufnahm, wurde dort ein besonderer Zollspeicher für die Lagerung von Tabak bereitgestellt, der sich auf dem südöstlichen Kai des Westdocks befand. Daniel Asher Alexander, 1796 bis 1833 der Architekt der Gesellschaft, hatte den Bau ebenso wie den aller anderen wichtigen Speicher und Schuppen der Anlage geplant und überwacht. Für Alexanders neuen Tabakspeicher wurden gußeiserne Pfeiler verwendet, um die 16,4 m umfassende Spannweite des doppelten Hängewerks abzustützen – eine völlig neue Methode der Dachabstützung. Jeder Pfeiler gabelte sich, um einen Sattelholzbalken abzustützen, auf dem die Enden der Dachbalken ruhten. Weitere zwei Streben in Y-Form zweigten direkt unterhalb jeder Abzweigung seitlich ab, um ihre Gegenverstrebungen an runden Kopfstücken zu stützen. Für das Gefüge wurden weder Schrauben noch Nieten verwendet; vielmehr waren die Verbindungen an Pfeilern und Kopfstücken einfach ineinander gefügt. APW

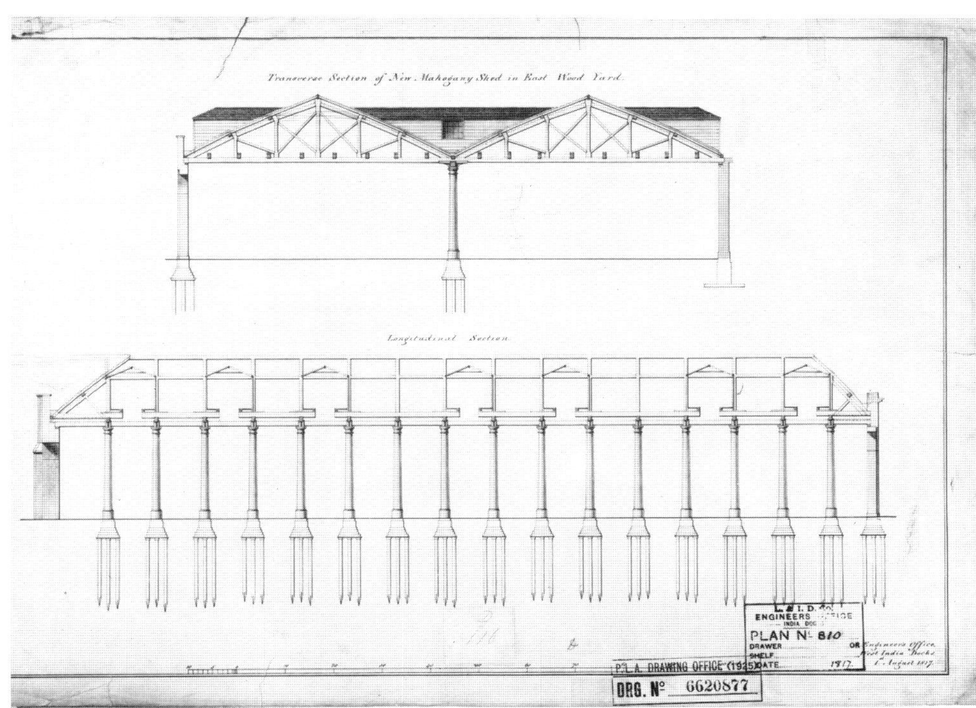

10

John Rennie

Phantassie, Haddingtonshire 1761–1821 London

10

Quer- und Längsschnitt des Neuen Mahagoni-Schuppens in East Wood Yard, 1817

Feder und Aquarell, 47 x 63 cm
Bezeichnet unten rechts: Engineers Office, West India Docks, 1. August 1817
London, The Museum of London, P. L. A. Collection
Inv.-Nr.: 6620877
Literatur: Dupin 1824, S. 59–60; Sargent 1991, S. 134; Thorne (Hrsg.) 1990, S. 9

Die architektonischen und technischen Eigenschaften der neuen Londoner Docks erregten die Aufmerksamkeit ausländischer Besucher, wie Schinkel, Dupin oder Carlsund, und wurden von ihnen in Skizzen festgehalten. Bei den *West India Docks* bewunderten sie John Rennies Transit-Schuppen am Nordkai des Importdocks oder die Rumkai-Schuppen und die dort installierten Maschinen, wie das auf einer Erfindung Bramahs basierende hydraulische Gerät zum Transport der Rumfässer vom Kai in die Kellergewölbe. Der hohe Holzpreis führte dazu, daß Dock-Ingenieure und Architekten für die Konstruktionen von Lagerhäusern und Schuppen mit Gußeisen zu experimentieren begannen. Sie fanden dabei anspruchsvolle, manchmal revolutionäre Lösungen, wobei sie jeweils nach der preiswertesten Möglichkeit für die Behandlung oder Lagerung der verschiedenen Ladungen suchten. Mahagoni, ein wichtiges Frachtgut aus Westindien, wurde zunächst am Südkai des Import-Docks im Freien gelagert. 1817 entwarf jedoch John Rennie ein besonderes Gebäude für den Umschlag dieses Hartholzes, einen Schuppen am Ende des Kais. Er war mit hohen gußeisernen Pfeilern ausgestattet, die von der Horseley Eisenhütten-Gesellschaft geliefert wurden und ein fortschrittliches Dach-Hängewerk trugen. Am Dach befanden sich Laufschienen für Kranwagen, die sich durch das Gebäude bewegen konnten. Sie wurden von Bryan Donkin und Co. nach Rennies Angaben hergestellt. Die fünf Tonnen schweren Mahagonistämme wurden auf Eisenbahnwagen in den Schuppen gefahren und (mit den Greifern der Kranwagen an der Decke) gestapelt. Vermutlich handelt es sich hier um den ersten Einsatz eines Laufkrans. APW

Sir John Rennie

London 1794–1874 Bengeo, Hertfordshire

11

a) Aufriß der geplanten Nordfront der Lagerhäuser Nr. 1 und 9. West India Docks, 1827

Feder und Tusche, 72 x 129 cm

b) Schnitt durch die Lagerhäuser Nr. 1 und 9, die die geplante Errichtung neuer Bauten auf alten Fundamenten zeigen. West India Dock, 1827

Tusche und farbige Lavierung, 65 x 123,5 cm
London, The Museum of London, P. L. A. Collection
Inv.-Nr.: 6620689 und 6620679
Literatur: Sargent 1991, S. 138; Cruikshank 1989, S. 55–61

Zwischen 1800 und 1804 entwarf und leitete George Gwilt mit seinem ältesten Sohn den Bau einer Reihe von Lagerhäusern an den Nordkais des *West India Docks*. Sechs sechsstöckige Lagerhäuser, 223 Fuß (70 m) lang, wurden in drei Abschnitten gebaut. Jedes von ihnen war in der Lage, 8.000 *Hogsheads* (Flüssigkeitsmaß: 238 oder 245 l) in seinen vier Hauptstockwerken zu lagern, außerdem 2.000 *Hogsheads* Kaffee im Dachgeschoß und 2.000 Fässer Rum im Kellergewölbe. Da das Kapital der West India Dock-Gesellschaft durch andere Unternehmungen fast

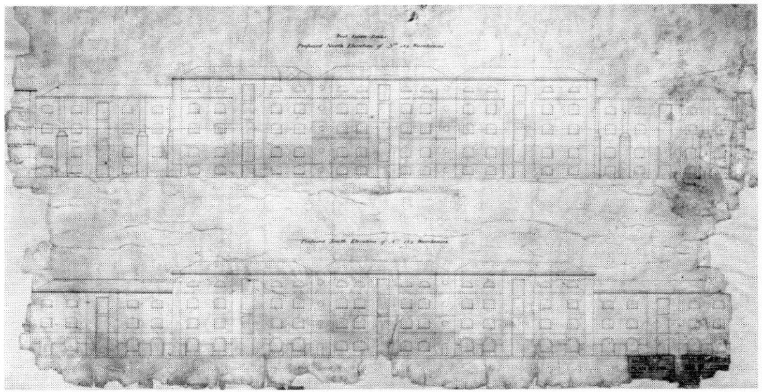

11a

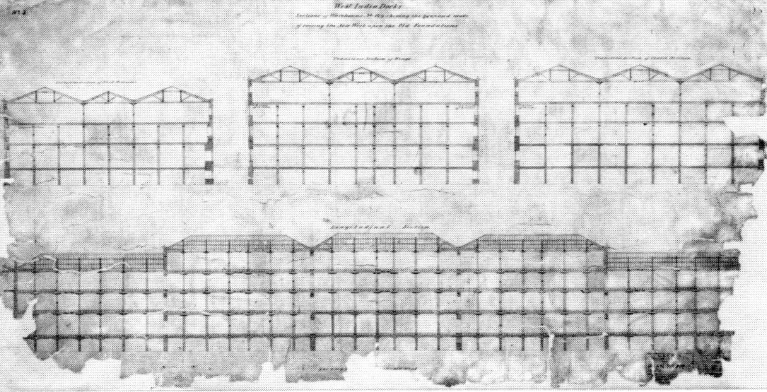

11b

Gesellschaft durch andere Unternehmungen fast verbraucht war, wurden im Zentrum der Anlage und an ihren beiden Enden niedrigere Lagerhäuser gebaut; starke Fundamente und Mauern sollten ein späteres Aufstocken erlauben. 1802–1823, als die West India Dock-Gesellschaft für die Erzeugnisse aus Westindien im Hafen von London das Monopol innehatte, waren diese Lagerhäuser fast immer vollständig gefüllt. Zwischen 175.000 und 250.000 *Hogsheads,* dazu Kisten voll Zucker kamen jedes Jahr hier an, jede mit einem Gewicht von ungefähr einer 2/3 Tonne (650 kg). Im Hinblick auf die kommende Beendigung des Monopols der East India Dock-Gesellschaft, entschlossen sich die Direktoren der West India Dock-Gesellschaft zusätzliche Lagerkapazitäten für den Indienhandel zu schaffen. Sir John Rennie, Nachfolger seines Vaters als erster Ingenieur der Dock-Gesellschaft, entwarf Pläne zur Aufstockung der niedrigen Lagerhäuser. Er bemühte sich, seine Pläne den Bauten in der Höhe denen Gwilts anzupassen, um damit die Wirkung einer durchgängigen Reihe von Lagerhäusern zu erzielen. Die Vielfalt indischer Erzeugnisse erforderte jedoch eine andere Deckenhöhe, als die nur 7 Fuß (2 Meter) in den Räumen, die der Lagerung von Zucker dienten. Die neuen Häuser wurden also nur fünf Stockwerke hoch. – Die meisten dieser Gebäude wurden durch die Bombardierung und nachfolgende Brände im September 1940 zerstört. APW

12

W. Ranwell

12
St. Katharine's Docks im Bau, 1828

Aquarell, 76 x 91,5 cm
London, Port of London Authority
Inv.-Nr.: 59
Literatur: Stewart 1955, S. 44; Skempton 1981–1982, S. 82–87

Die Tatsache, daß die Zeit der einundzwanzigjährigen Monopolstellung der drei größten Dock-Gesellschaften – besonders die der East India Dock-Gesellschaft – bald beendet sein sollte, veranlaßte eine Gruppe von Kauf- und Finanzleuten der City, die *St. Katharine Dock Company* zu gründen. Sie wählten einen Standort nahe der City, zwischen dem Tower und den London Docks. Gegen diese Pläne erhob sich starker Widerstand von Seiten der alteingesessenen Dockgesellschaften; besonders der *London Dock Company* und der Besitzer der Sufferance-Werft in der Nachbarschaft. Dennoch wurde der St. Katharine Dock-Gesellschaft am 10. Juni 1825 durch ein Parlamentsgesetz gestattet, ‚bestimmte Dockhäfen, Lagerhäuser und andere Einrichtungen anzulegen und zu errichten'. Fast 1250 Gebäude wurden abgerissen, um Bauplatz für das Dock zu schaffen, auch das Royal Hospital und die Stiftskirche von *St. Katharine-by-the-Tower,* die das große Feuer von London überstanden hatten. Da es sich bei dem Gelände um ein dicht besiedeltes Gebiet handelte, verloren über 11.000 Anwohner ihre Wohnungen. Thomas Telford und Philip Hardwicke entwickelten einen intelligenten Plan, um den begrenzten verfügbaren Raum (23 1/2 Acre) möglichst intensiv zu nutzen. Im Mai 1826 wurde mit dem Ausschachten begonnen; 18 Monate später waren die Arbeiten beendet. Beide Docks waren mit einem Wasserbecken verbunden, das sich mit nur einer Schleuse zum Fluß öffnete. Die Lagerhäuser, auf tiefen Fundamenten – einige mit zwei Kellergeschossen – errichtet, standen direkt am Rande des Kais. APW

13

William John Huggins

1781–1845 London

13

Eröffnung des St. Katharine Docks am 25. Oktober 1828

Öl auf Leinwand, 30,5 x 50,8 cm
London, Port of London Authority
Inv.-Nr.: 305
Herkunft: G. G. Hallam, 1928
Ausstellungen: London, The Museum of London, 1989
Literatur: Stewart 1955, Farbtafel S. 35

Eröffnungen von Docks oder Stapelläufe an der Themse zogen in London stets Menschenmengen an. Das erste Schiff, das am *St. Katharine Dock* anlegte, war die *Elizabeth,* ein Ostindien-Freihandelsschiff. Das nächste Schiff, die *Mary,* hatte u. a. fünfzig Trafalgar-Veteranen an Bord. Die Eröffnungs-Feier lockte zahlreiche kleine Schiffe auf den Fluß; und über zehntausend Besucher kamen an diesem Tag in die Dock-Anlagen. Diese Eröffnung der *St. Katharine Dock Company* im Oktober 1828 markierte das Ende der zweiten Periode größerer Dockprojekte und steht am Anfang eines heftigen Wettkampfes zwischen den konkurrierenden Unternehmen. Während der 30er und 40er Jahre sanken ganz allgemein die Dockgebühren, was sich auch auf die Dividenden der Dock-Gesellschaften negativ auswirkte. Der *St. Katharine Dock Company* gelang es jedoch dank der fähigen Geschäftsführung ihres Sekretärs John Hall (später Sir John), Schiffseigner und Kaufleute für ihre neuen Anlagen zu gewinnen. Einer der wesentlichsten Vorteile war deren Nähe zur City. Wertvolle Ladungen konnten in ausgedehnten Lagerhäusern bequem gelagert und präsentiert werden. APW

Thomas Telford

Glendinning Dumfriesshire 1757–1834 London

14

a) Schnitt durch die Kammer der Vorschleuse um 1827

Feder, Tinte und Aquarell, 48,2 x 64 cm
London, The Museum of London, P. L. A. Collection
Inv.-Nr.: 4760077
Literatur: Rolt 1958, S. 142–144; Skempton 1981–1982, S. 82–87

b) Ankerring mit Befestigung in der Dockmauer um 1827

Feder, Tinte und Aquarell, 47,7 x 73,3 cm
London, The Museum of London, P. L. A. Collection
Inv.-Nr.: 4700011
Literatur: Telford 1838, S. 157

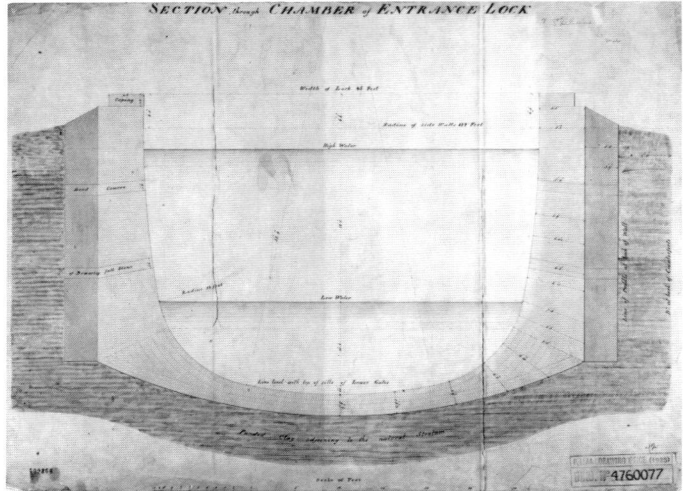

14a

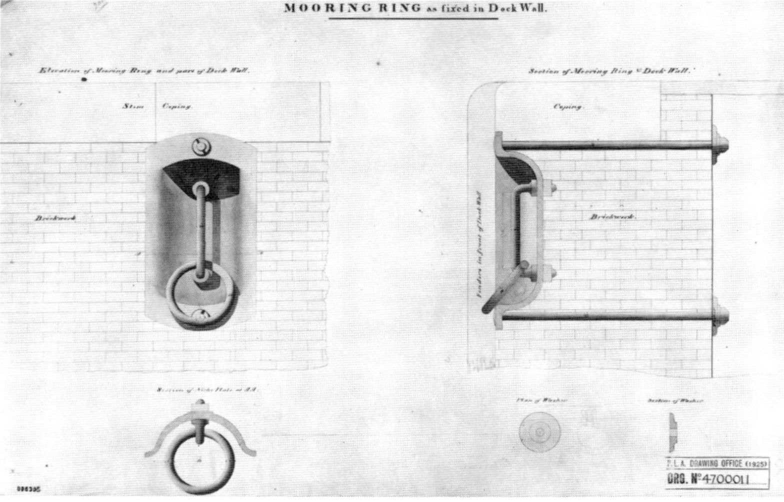

14b

1824 beauftragten die Direktoren der *St. Katharine Dock Company* Thomas Telford mit den Entwürfen für das neue Dock. Telford hatte zuvor zwar an vielen Tiefbauprojekten, wie z. B. Brücken, Kanälen, Straßen und Häfen in Großbritannien gearbeitet, aber nie einen größeren Auftrag in London ausgeführt. Hier brachten nun die ungünstige Lage des Grundstückes wie auch das forcierte Arbeitstempo gewisse Komplikationen: „… meiner Erfahrung nach", schrieb Telford, „ist selten, ja eigentlich niemals, ein Bauvorhaben dieser Größe auf so beengtem Raum in so kurzer Zeit vollendet worden; es hätte auch nirgendwo anders als in London durchgeführt werden können, wo Materialien und Arbeitskräfte jederzeit in jeglichem Umfang beschafft werden können und wo außerdem intelligente Direktoren über das Kapital verfügen, die an geschäftliche Unternehmungen großen Ausmaßes gewöhnt sind." Telfords Entwürfe waren von höchster Perfektion in Planung und Ausführung. Als „neu und … der Beachtung wert", nennt er z. B. die Ankerringe in den Becken und Docks, mit deren Hilfe Veränderungen des Wasserspiegels aufgefangen wurden. In der Schleuseneinfahrt wurde für die grauen Ziegel Lias-Mörtel verwendet, und für Plattformen und Mauerkronen feinster Bramley-Fell-Stein aus Yorkshire benutzt. Die Firma Bramah's in Pimlico lieferte die Docktore, und Boulton & Watt installierte die beiden 80 PS starken Dampfmaschinen, drei Dampfkessel und sechs doppeltwirkende Pumpen. Die Schwellen der Schleusen wurden etwa 85 m tiefer als der Hochwasserstand der Themse gelegt und waren damals die tiefsten im Londoner Hafen. Das gab Schiffen bis zu 600 Tonnen die Möglichkeit, drei Stunden vor Hochwasser in das Dock einzufahren oder es zu verlassen. Als man 1957 die St. Katharine-Schleuse wieder rekonstruierte, fand man sie bemerkenswert gut erhalten vor, als ein sprechendes Zeugnis für den damaligen hohen Stand von Technik und Handwerk. APW

15
Handzettel wegen Hunden in den St. Katharine Docks, 1831

21 x 28 cm
Gedruckt von Marchant, Ingham-Court
London, The Museum of London, P. L. A. Collection

Die *St. Katharine Dock Company* wurde von ihrem Geschäftsführer John (später Sir John) Hall sehr erfolgreich geleitet. Er erließ eine Reihe sehr detaillierter Vorschriften, die die Arbeit bis ins kleinste Detail regeln sollten, ließ sie drucken und unter der Belegschaft verteilen. Daneben gab es solche Vorschriften für Reeder, Lotsen, Kapitäne und andere, die die Docks benutzten oder besuchten. Die ständige Belegschaft war in zwei Abteilungen unterteilt, und zwar in die innere und die äußere. Die Leute der inneren Abteilung wurden gut bezahlt und erhielten Zuschläge und Ruhestandsgelder als Belohnung für treue, langjährige Dienste. Dagegen hielt sich die äußere Abteilung an ihren eigenen ‚Vorschriften-Kodex'. Den permanent angestellten Arbeitern, Vorarbeitern und Spezialkräften wurde um 12 Uhr mittags eine Viertelstunde Mittagspause zugestanden. Die Pförtner hatten die Austeilung von „Bier, Brot und Käse, kaltem Fleisch und heißen Kartoffeln" an sie zu überwachen. Es war festgelegt, daß „jedem Mann nur eine Pinte Bier pro Tag zu gestatten" war. Besonnenheit und Ehrlichkeit galten als unverzichtbare Voraussetzungen für Dockarbeiter. Die älteren permanent angestellten Arbeiter wurden bei „Krankheit oder nach langer Dienstzeit" in Abteilungen eingesetzt, wo keine größere körperliche Anstrengung nötig war. APW

15

NOTICE.

Considerable Injury having at times been done to Goods, particularly those for Export, deposited upon the Quays, by DOGS *belonging to Ships lying in these Docks;* the Captain and Mates of such Vessels are requested to cause DOGS belonging thereto to be tied up on board.

The Constables and Watchmen are instructed to lock or tie up all DOGS found straying about the Quays, and remove them from the Docks, upon the termination of Business, daily.

The Gate-Keepers will prevent the admission of DOGS, unless the Owners shall have them fastened by a Cord or Handkerchief.

St. Katharine Docks, Sept. 23, 1831. MARCHANT, PRINTER, INGRAM-COURT.

E. Duncan nach William John Huggins
1781–1845 London

16
Der Stapellauf der „Edingburgh", 9. November 1825

Herausgeber W. J. Huggins, Marinemaler, Leadenhall Street No. 105, 10. August 1826
Aquatinta, 37,2 x 56,7 cm
London, The Museum of London
Inv.-Nr.: A14385
Literatur: Green and Wigram 1881, S. 57, Abbildung; Lubbock 1922, S. 44–48; Prothero 1979, S. 47

Das Blatt, mit dem Stapellauf der *„Edinburgh"* und mit deren, sich noch im Bau befindenden Schwesterschiff *„Abercrombie Robinson"*, verweist auf die Schiffbauaktivitäten in Blackwall. Beide waren Ostindienfahrer von 1325 Tonnen und stammten aus der Werft von Wigrams and Green, den beiden Familien, die Blackwalls

Geschichte im 19. Jahrhundert bestimmten. Sir Robert Wigram (1744–1833) war einer der führenden Agenten für Ostindienschiffe, der im Drogenhandel, im Brauereiwesen, bei der Seilfabrikation und außerdem seit 1812 an der Blackwall-Werft beteiligt war. Daneben wurde er Vorsitzender der *East India Company.* Die Blackwall-Werft war die größte private Werft im Lande, beschäftigte 600 Mann und war während des Krieges an der Ausstattung und Reparatur von Marine-Schiffen wesentlich beteiligt. Wilgramm war ein exemplarisches Beispiel für die Verbindung von Kapital und Staat, denn er hatte einen Sitz im Parlament und führte den Titel eines Baronet. 1819 verkaufte er zweien seiner Söhne die Hälfte seiner Beteiligung an der Blackwall-Werft und die andere Hälfte an George Green. Die „*Edinburgh*" war wie ein Kriegsschiff mit 20 Kanonen bestückt und faßte 130 Mann.
CF

16

Franz Thaller
Wien 1759–1817 Wien
und Matthias Ranson

17
Konteradmiral Horatio Nelson, 1801

Bezeichnet: FRANZ THALLER/ET/ MATTHIAS RANSON/VIENNA AUSTR/MDCCCI
Marmor, 71 x 43 cm
London, National Maritime Museum
Inv.-Nr.: 48-720/179
Herkunft: Geschenk Lady Hamiltons an Alderman Smith; Thomas Pettigrew, Nelsons Biograph, erwarb sie von dessen Witwe; Herbert Agar erwarb sie von Miss Pettigrew, dessen Tochter; Geschenk an den 3. Graf Nelson (Inventar von Trafalgar House); 1948 vom Museum, zusammen mit anderen Hinterlassenschaften Nelsons, aus Trafalgar House erworben
Ausstellung: Guelph 1891, Nr. 1614
Literatur: Walker 1980, S. 324–325; Walker 1985, Bd. 1, S. 362

Kein Sieg wirkte damals so überwältigend, wie Nelsons fast totale Vernichtung der französischen Flotte in der Bucht von Abukir am 1. August 1798. Er kehrte nach Neapel zurück, wo ihn die Königin empfing und der König ihm den Titel eines Herzogs von Bronte in Sizilien verlieh; gleichzeitig begann auch seine Liebesaffäre mit Lady Hamilton, der Frau des britischen Botschafters. In England wurde ihm, als Baron Nelson of the Nile and Burnham-Thorpe (sein Geburtsort in Norfolk) die Peers-Würde verliehen; das Parlament gewährte ihm eine Pension von £ 2.000 pro Jahr, und die *East India Company* die Zahlung von £ 10.000. Sein Ruhm verbreitete sich in ganz Europa, und im August und September 1800 wurde er in Wien gefeiert. Er saß dort Friedrich Heinrich Füger für ein Ölgemälde Modell und Thaller für diese Büste, die wahrscheinlich auf einer dabei angefertigten Maske basiert. Nelson trägt seine Paradeuniform als Konteradmiral mit den Ordensbändern, Medaillen und Ordenssternen. Sein rechter leerer Ärmel (sein Arm war amputiert, nachdem sein Ellbogen 1797 von einer Kartätsche zertrümmert worden war) ist so befestigt, daß die beiden goldenen Knöpfe auf dem Aufschlag der Marine-Uniform zu sehen sind. Sonst zeigt dieses kraftvolle, aber idealisierte Bildnis, keine anderen Verletzungen. (1794 verlor er während der Blockade von Korsika sein rechtes Auge und wurde in der Schlacht von Abukir an der Stirn getroffen.) Die Büste kam vermutlich 1801 nach England und wurde im Salon in Merton, Surrey, aufgestellt, wo Nelson mit Lady Hamilton lebte. Da sich Nelsons Ruhm als Nationalheld, nach der Beschießung von Kopenhagen (1801) und besonders nach seinem Tod in der Schlacht von Trafalgar (1805) fortschreitend ausbreitete, entstanden zahlreiche Kopien nach dieser Büste, ohne daß man auf die Urheberschaft von Thaller und Ranson verwiesen hätte.
CF

17

18

18
Ehrendegen, 1798

Goldener Griff, emailliert und mit Diamanten besetzt
Länge: 101,5 cm
London, The Museum of London
Inv.-Nr.: 11952
Herkunft: Durch Erbschaft von Lord Nelsons Schwester Catherine an George Henry Feyre-Matcham, der es dem Museum of the Royal United Service Institution in Whitehall als Leihgabe überließ; 1928 erworben durch Lord Wakefield und dem Guildhall Museum als Geschenk übergeben
Ausstellung: London, The Museum of London, 1991, S. 454, Tafel 3
Literatur: London's Roll 1884, S. 81–83; Roe 1928, S. 355–356; Blair 1972, S. 13; Southwick 1983, S. 32–35, Tafel 3

Dieses Schwert wurde Lord Nelson im Jahre 1800, anläßlich der Verleihung des Ehrenbürgerrechts der City von London von der Londoner Stadtbehörde, in Anerkennung des 1798 errungenen Sieges am Nil (Abukir) verliehen. Die gravierte Inschrift auf der Innenseite des Korbes lautet: „Bürgermeister Anderson/Eine allgemeine Ratsversammlung, abgehalten im Rathaus der City of London am Dienstag, den 16. Oktober 1798/faßte einstimmig den Beschluß, daß ein Schwert im Wert von zweihundert Guinees überreicht werden soll/dem Konteradmiral Lord Nelson/of the Nile/von diesem Rat als ein Zeugnis der großen Anerkennung/für seine der Öffentlichkeit geleisteten Dienste/und für den außerordentlichen Nutzen, den er seinem Land verschafft hat/Rix." (William Rix war Stadtsyndikus im Jahre 1799). Auf der Scheide die Signatur des Händlers „Makepeace, London", die Beschau-Marke der Londoner Goldschmiedeinnung, sowie die Meister-Marke ‚IM' für James Morisset. Das Stichblatt trägt den Datumsbuchstaben für 1798. Nach der Rechnungslegung der City für das Jahr 1799 (292), erhielt Robert Makepeace £ 210 „ungekürzt für seine Rechnung über ein reich ziseliertes Schwert mit gemalten, emaillierten Medaillons und verziert mit Brillanten . . ." TM

19
Säbel des Patriotic Fund, 1805–1806

gearbeitet von Richard Teed, 3 Lancaster Court, Strand
In einem Mahagonikasten mit grünem Stoff ausgeschlagen und mit einem Messingschild mit Widmungsinschrift
Heft: vergoldete Bronze und Elfenbein, 12,4 cm

Klinge: Stahl mit Girlanden, patriotischen und mythologischen Symbolen (Vorderseite: Britischer Löwe, Britannia und Herkules, königliches Monogramm GR und sitzende Victoria. Rückseite: 2 Seejungfrauen mit Flaggen „Victory" und „Trafalgar", Initialen RG ‚Richard Grindall' in einem 20strahligen Stern). Widmungsinschrift: „Vom Patriotic Fund an Richard Grindall Esqu., Hauptmann auf der H.M.S. Price, für seinen anerkennenswerten Dienst, durch den er einen Beitrag zu dem entscheidenden Sieg über die vereinigte Flotte von Frankreich und Spanien bei Cape Trafalgar am 1. Oktober 1805 leistete". 83,8 x 3,4 cm
Scheide: Leder und vergoldete Bronze, in einem Stück gegossen; darauf symbolische und mythologische Darstellungen mit Inschriften „Prince" und „Nelson Trafalgar 21. Oktober 1805"
85 x 5 cm, bezeichnet (Gravierung rund um die Scheidenöffnung): R. Teed, Sword-Cutler, Lancaster-Court-Strand
London, Lloyd's of London
Herkunft: Messrs. Spink & Son, 1909, Williamson Lamplough; Schenkung von E. S. Lamplough an Lloyd's 1931
Literatur: Dawson 1932, S. 17–19, 400; Southwick 1988, S. 223–284, 291–311;
Tafel LXXXII

Der vom leitenden Ausschuß des *Patriotic Fund* landesweit ausgeschriebene Wettbewerb für Ehrenzeichen betraf nur eine Vase und eine Medaille (gewonnen von Edward Edwards), aber nicht den üblichen Ehrensäbel. Stattdessen gab man den Empfängern Geld, damit sie Schwerter nach ihrer eigenen Wahl erwürben. Doch am 17. Januar 1804 wurde dieser Beschluß rückgängig gemacht, denn nun sollten auch Schwerter vom *Patriotic Fund* in Auftrag gegeben werden. Richard Teed, Juwelier und Goldschmied und einer der führenden Londoner Lieferanten von Schwertern, bekam den Auftrag. Bis gegen 1809 wurden etwa 180 Schwerter drei verschiedener Kategorien offiziell verliehen. Die Ausführung für £ 100 erhielten hauptsächlich Fregatten- und Flottenkapitäne; die für £ 50 bekamen Kapitänleutnants, Offiziere der Königlichen Marine und Kapitäne von Ostindienschiffen; die für £ 30 erhielten Leutnants zur See, Leutnants der Marine und Steuerleute. 29 spezielle Trafalgar- oder Ferrol-Säbel für £ 100 wurden all denjenigen Fregattenkapitänen überreicht, die 1805 an diesen beiden Aktionen der Marine beteiligt waren. Das vorliegende Exemplar wurde dem Kapitän Richard Grindall (1750–1820) der HMS *Prince* am 3. Dezember 1805 verliehen und von ihm am 1. September 1806 „mit bestem Dank" in Empfang genommen. Ein Schwert wie dieses war für englische Begriffe in Form und Dekoration ungewöhnlich. Der Säbel mit eckigem Heft und gebogener Klinge war türkischen Ursprungs und fand bei besonderen Husarenregimentern auf dem Kontinent Verwendung. Erst im späten 18. Jahrhundert war er von der britischen Armee übernommen worden. Die Zierformen in Goldbron-

19

ze mit ihrem überschwänglichen Einsatz von mythologischen und patriotischen Motiven entsprechen weitgehend französischen Ehrenschwertern. Daß Teed offenbar auf seine Arbeit besonders stolz war, läßt sein Angebot vom 4. Dezember 1804 vermuten, die Marinesäbel gratis mit einer blau-goldenen Kordel zu versehen, „damit kein Teil der Gestaltung des Griffes verloren geht"; ein Angebot, das angenommen wurde, wie an diesem Beispiel zu sehen ist. CF

20

20

Vase des Patriotic Fund, 1807

Silber, vergoldet, 71 x 28 cm
Bezeichnungen: Londoner Feingehaltsstempel für 1807; Meistermarke Benjamin Smith
Bezeichnet auf dem Rand: Rundell, Bridge et Rundell, Aurifices Regis et Principis Walliae, Londini Fecerunt
London, National Maritime Museum
Inv.-Nr.: 48/720
Herkunft: 1. Graf Nelson; durch Erbschaft an den 5. Graf Nelson; 1948 vom Museum erworben
Literatur: de Rougement 1914; St. Quentin 1923, S. 50; Wright and Fayle 1928; Berkowitz 1981, S. 104–105; Southwick 1990, S. 27–48

Nach dem für England ungünstigen Frieden von Amiens (1802) beschlossen im Jahr darauf Kaufleute, Versicherer und Aktionäre von Lloyd's, eine nationale patriotische Stiftung ins Leben zu rufen, um mit ihrer Hilfe Verwundeten oder Angehörigen der in diesem Kampf Gefallenen zu helfen und um „finanzielle Belohnungen oder Ehrenzeichen für besondere Tapferkeit und Verdienste" verleihen zu können. Den landesweiten, vom Vorstand ausgeschriebenen Wettbewerb für den Entwurf einer als Geschenk vorgesehenen Vase gewann John Shaw. Um ihn ausführen zu lassen, wandte man sich an Rundell's aus Ludgate Hill, die führenden Goldschmiede und Juweliere des Landes, die ihrerseits John Flaxman hinzuzogen, um einige Änderungen an dem preisgekrönten Entwurf vornehmen zu lassen. Aufgrund von Empfehlungen der Admiralität und des Kriegsministeriums wurden zwischen 1803 und 1809 insgesamt 73 solcher Vasen verliehen; die Mehrzahl an Marineoffiziere vom Rang eines Hauptmannes und darüber und fünfzehn an Hauptleute von Trafalgar. Zwei besonders kostbar gearbeitete Vasen im Wert von £ 500 wurden am 17. Dezember 1805 Graf Nelson, dem Bruder des verstorbenen Admirals, und Lady Nelson, seiner Witwe, zugesprochen. Die Form der Vase entspricht einem griechischen Volutenkrater, die den entwerfenden Künstlern von Beispielen der Hamilton-Sammlung im British Museum bekannt war. Sie wurde aber noch um angemessen patriotische Schmuckformen bereichert. Der Deckel wird von einem britischen Löwen bekrönt, wie er im anti-napoleonischen Bilderschatz häufig vorkommt. Auf dem Hals beider Nelson gewidmeter Vasen liegt ein Kranz aus Eicheln und Eichenlaub (bei den anderen Exemplaren Lorbeer). Der Bauch zeigt auf der einen Seite die Wappen von Lord Nelson und auf der anderen eine ausführliche Widmung in lateinischer Sprache; auf Lady Nelsons Exemplar wohlbedacht ins Englische übersetzt. (Der Bauch der anderen Exemplare trug auf der einen Seite eine sitzende Britannia – manchmal mit der Beischrift *Britannia triumphant* – und auf der anderen Seite einen griechischen Krieger, der mit einer dreiköpfigen Schlange kämpft; dazu die Beischrift *Britons strike home).* Die Basis des achteckigen Sockels ist mit vier Triton-Figuren verziert. Auf den vier Seiten des Sockels zwischen ihnen stehen vier gravierte lateinische Inschriften, die Nelsons wichtigste Siege bei *Cape St. Vincent, Canopus, Kopenhagen* und *Trafalgar* nennen. Die Vase für Graf Nelson wurde ihm im Mai 1810 übergeben und kostete jetzt bereits £ 649 10 Schilling 6 Pence. Inzwischen hatte jedoch der Stiftungs-Ausschuß beschlossen (24. August 1809), auf die Ehrengaben zu verzichten und die Mittel ausschließlich für die Unterstützung von Angehörigen der im Krieg Gefallenen zu nutzen, sowie von Verwundeten, von alten und kranken britischen Kriegsgefangenen, Krankenhäusern und Schulen in verschiedenen Lagern in Frankreich. CF

Clarkson Stanfield

Sunderland 1793–1867 London

21

Die Schlacht bei Trafalgar, 1833–1836

Öl auf Leinwand, 254 x 457 cm
London, Crown Estate, on loan to the Institute of Directors
Herkunft: Auftrag des United Services Club, London 1833
Ausstellung: Königliche Akademie, 1836, Nr. 290
Literatur: Van der Merwe 1979, S. 110 f., Nr. 173

Auch in den 30er Jahren blieb der Sieg über Napoleon ein patriotisches Thema. Der gefallene Nelson war wie Wellington ein Nationalheld. Seit 1905 wurde sein großer Sieg bei Trafalgar gefeiert. 1830 wurde der kurz vorher an der Nordseite von Whitehall angelegte Platz ‚Trafalgar Square' genannt, und seit 1839 beschäftigte man sich mit der Errichtung einer Nelson-Säule. 1833 bildete der *United Services Club* ein Komitee, um zwei Gemälde – durch seine Mitglieder finanziert – in Auftrag zu geben: Erinnerungen an Trafalgar und Waterloo. Damit wurde C. Stanfield beauftragt, ein kenntnisreicher Marinemaler. Stanfield zeigt Nelsons Flaggschiff *Victory* mitten in der Schlacht westlich des Cape Trafalgar. Er war dabei um höchste Genauigkeit bemüht und zog wiederholt damalige Teilnehmer an der Schlacht zu Rate, Offiziere, von denen viele für das Gemälde gespendet hatten. Man sieht die Schlacht um circa 14.30 Uhr, eineinhalb Stunden nach Nelsons Tod durch einen Scharfschützen. Die *Victory* rechts von der Bildmitte. Mit Trafalgar – der letzten Seeschlacht zwischen europäischen Mächten – übernahm Britannien für den Rest des Krieges die Kontrolle auf See und machte eine französische Invasion unmöglich. Stanfield war 1812 gezwungenermaßen zur Marine gegangen. Danach wurde er Kulissenmaler am *East London Theatre*, für das *Theatre Royal* in der Drury Lane und an anderen Orten. Außerdem schuf er Panoramas. 1835 wurde er Mitglied der Königlichen Akademie. RU

22
Terrine

Silber, teilweise vergoldet, H. 30,5 cm, Durchmesser des Fußes 30,5 cm
Marken: Stadtmarke für 1806–1807; Meistermarke John Edwards III.
Deckel mit Ordensband des *Order of the Bath* auf beiden Seiten; Schüssel mit Wappen von Wellesley; auf dem Fuß: „Geschenk an den Generalmajor, den Ehrenwerten Sir Arthur Wellesley KB in Erinnerung an das Unternehmen von 1803 von den Offizieren der Armeedivision, die unter seinem Kommando bei Deccan diente"
London, Apsley House, Wellington Museum, Trustees of the Victoria and Albert Museum
Inv.-Nr.: W.M. 748 & A & B - 1948
Herkunft: der Erste Herzog von Wellington; durch Erbschaft an den Siebten Herzog von Wellington; Geschenk an den Staat unter den Bestimmungen des Gesetzes des Wellington Museums von 1947
Ausstellung: Sydney, 1964, Kat.-Nr. 62
Literatur: Oman 1973, S. 41

1803 begann in Indien der zweite Mahratta-Krieg, ein Zusammenstoß der Truppen Arthur Wellesleys (des späteren Ersten Herzogs von Wellington) mit einer von Frankreich unterstützten Koalition indischer Herrscher. Bereits im selben Jahr kam es im September zum entscheidenden Sieg bei Assaye, den Wellington selbst als seinen größten militärischen Erfolg ansah. Als Zeichen ihrer Hochachtung schenkten ihm seine Offiziere das sogenannte Deccan-Service aus 125 Teilen. Der Order of the Bath (dessen Kette auf jedem Stück des Services vorkommt), wurde Wellesley 1804 von Georg III. verliehen. Die Gestaltung des Ensembles – besonders das Elefanten-Motiv – spiegelt den Stil der Zeit, als Adams nicht mehr tonangebend war, und das britische Engagement in Indien auch den Goldschmieden zu neuen Anregungen verhalf. Die mit dem Service beauftragte Firma ist nicht bekannt, die vier Londoner Hersteller dabei beschäftigt hat: John Edwards, William Fountain, Joseph Preedy und John Moore. JV

21

23
Kurzdegen

Griff aus Gold mit zwei Email-Schmuckplatten (Wappen der City of London und Wappen Hills). Auf dem Stichblattzapfen: Feingehaltsstempel der Londoner Innung für 18 Karat Gold, Datumsbuchstabe für 1813–1814 und Meistermarken John Ray und James Montague
Inschrift auf dem Handschutz:
Überreicht / durch die / Stadtbehörde der City of London /gemäß einem Beschluß des Gemeinderates / vom 12. Juli 1813 /(und durch den) Sehr Ehrenwerten Bürgermeister George/ Scholey / dem Generalleutnant Sir Rowland Hill, Ritter des / Bathordnes, / als Zeichen der hohen Meinung, die der Rat von den / bedeutenden öffentlichen Diensten hegt, / die im Geschick, der Tapferkeit und den Anstrengungen /liegen, / die er in so hohem Maße am 21. Tag des letzten Juni / zeigte, / als die französische Armee vollständig besiegt wurde / bei Vittoria / von den alliierten Streitkräften unter dem Kommando von / Feldmarschall Marquis von Wellington /
Länge der Klinge: 83 cm
Länge des Heftes: 18,5 cm
London, Trustees of the Victoria and Albert Museum, Inv.-Nr.: M. 50-1963
Herkunft: Royal United Services Museum, Whitehall; 1963 Victoria and Albert Museum
Ausstellung: Shrewsbury 1898
Literatur: Blair 1972, S. 21; North 1982, Nr. 81

General Rowland (1772–1842) befehligte am 21. Juni 1813 den rechten Flügel der Armee während der Schlacht von Vittoria, als die französischen Armeen unter Jourdan und Joseph Bonaparte vernichtend geschlagen wurden. AN

22

In rotes Saffian gebundenes Exemplar des Prinzregenten; mit dessen auf dem vorderen und hinteren Buchdeckel punziertem Wappen (Königs-Wappen mit Hosenbandorden und der Krone des Prinzregenten); Doublüren aus königsblauer Moire-Seide mit gerolltem goldenen Ornament auf den Randstreifen (Streif und Kreuz); in den Ecken goldene Akanthusblätter, 38 x 27,5 x 2,1 cm
Windsor Castle, Royal Library, H. M. Queen Elizabeth II.
Inv.-Nr.: RCIN 1005093

Reicher Einband von Charles Hering senior oder dessen Bruder John, Newman Street (vgl. Marke auf dem Verso des inneren Vorsatzblattes). CF

24

Luke Clennell

Ulgham, near Morpeth 1781–1840 Newcastle-on-Tyne

24

Bankett der Corporation of London für den Prinzregenten, den Kaiser von Rußland und den König von Preußen, um 1814

Öl auf Leinwand, 127 x 177,8 cm
London, Guildhall Art Gallery
Inv.-Nr.: 1026
Herkunft: Col. Brownlow, Ashridge Park, Hampshire; von dessen Trustees durch Sir William H. Dunn gekauft und der Guildhall Art Gallery 1923 geschenkt
Ausstellungen: London, Victoria and Albert Museum, 1967, Kat.-Nr. 107; Edingburgh, 1969, Kat.-Nr. 129

Nach dem Friedensschluß mit Frankreich wurden 1814 die Herrscher der verbündeten Nationen, die mit Britannien gegen Napoleon gekämpft hatten, als Gäste der Krone zu einem Besuch nach London eingeladen. Der Kaiser von Rußland, Alexander I, und König Friedrich Wilhelm von Preußen trafen am 7. Juni des Jahres in der Hauptstadt ein und verbrachten dort die folgenden drei Wochen. Am 18. Juni veranstaltete die Corporation of London für sie und den Prinzregenten ein luxuriöses Bankett in der mittelalterlichen Guildhall in der City, bei dem auf goldenen und silbernen Platten serviert wurde. Während eines vor dem Bankett veranstalteten Festaktes verlieh der Prinzregent dem Lord Mayor von London den Rang eines Baronets. Die aus einundzwanzig Mitgliedern verschiedener königlicher Familien bestehende Gesellschaft, saß bei Tisch auf einem Podium unter einem eigens für diesen Anlaß konstruierten Baldachin. Außer ihnen waren noch zahlreiche andere Würdenträger anwesend, darunter der Herzog von Wellington, der Befehlshaber der britischen Truppen, der in Clints Darstellung als die zweite Person von links zu sehen ist. Das Protokoll der Veranstaltung erwies sich jedoch als problematisch: Der Prinzregent durfte das Bankett um 23.30 Uhr verlassen, doch niedriger gestellte Personen, die warten mußten, bis höhergestellte gegangen waren, waren noch bis 3.00 Uhr am nächsten Morgen zugegen. Außerdem erwiesen sich die Friedensfeierlichkeiten als voreilige Veranstaltungen, da Napoleons Rückkehr nach Frankreich den Krieg neu aufleben ließ. RU

25

Bericht über den Besuch des Prinzregenten, des Kaisers von Rußland und des Königs von Preußen bei der Corporation of London, 1814

London: Im Auftrag von und für die Corporation of London der City of London, durch Nichols, Son und Bentley, Red Lion Passage, Fleet Street

26

(Abb. S. 148)

Medaille auf die Schlacht von Waterloo, 1849

Galvano, 13,5 cm
modelliert von B. Pistrucci
Vorderseite: lorbeerbekränzte Büsten der vier Alliierten: des Prinzregenten, Franz II. von Österreich, Alexanders I. von Rußland und Friedrich Wilhelms III. von Preußen; umgeben von allegorischen und mythologischen Anspielungen auf den Friedensvertrag nach der Schlacht
Rückseite: 2 antike Reiterfiguren mit den Zügen von Wellington und Blücher, geführt von Victoria; umgeben von Figuren aus der Schlacht der Giganten, niedergestreckt von Jupiters Donner
London, Trustees of the British Museum
Inv.-Nr.: 1945. 1-1-40
Literatur: Brown 1980, S. 202–212, Nr. 870; Eimer 1987, S. 133, Nr. 1067, Tafel 29

Unmittelbar nach der Schlacht von Waterloo sollte eine in Gold geprägte Medaille für die alliierten Monarchen, ihre Generäle und Minister herausgegeben werden. Pistruccis Entwurf wurde angenommen. 1819 genehmigte das Schatzamt die Herstellung der Modelle. Doch der qualitätvolle Entwurf war kompliziert und erforderte eine geschickte Gravur. Außerdem bereitete die außergewöhnliche Größe der Medaille technische Probleme. Die Arbeiten kamen nur langsam voran, verzögert auch durch Pistruccis Unzufriedenheit über Stellung und Gehalt in der Münzanstalt. Erst dreißig Jahre später, 1849, als alle Monarchen verstorben waren, waren die Prägestempel fertig. Doch obwohl Pistrucci in der Lage gewesen war, Stempel dieser Größe herzustellen, beschränkte man sich auf weiche Drucke in Guttapercha und Galvanos. Letztere wurden für 2 Guinees angeboten, Vorder- und Rückseite getrennt, in ein Kästchen oder einen Rahmen montiert. EE

George Jones

London 1786–1869 London

27

Die Schlacht bei Waterloo. Höhepunkt der Schlacht, 18. Juni 1815

Öl auf Leinwand, 208,3 x 447 cm
London, Crown Estate on loan to the Institute of Directors
Herkunft: Auftrag des United Services Club
Literatur: Hichberger, 1983; Hichberger 1988

Nach dem Sieg bei Waterloo von 1815 stießen Bemühungen der British Institution um eine Wettbewerbs-Ausstellung mit Preis für das beste Bild, „das unsere jüngsten Erfolge veranschaulicht", auf wenig Gegenliebe. Nur 15 Künstler nahmen daran teil, und viele Kritiker meinten, daß Schlachtenmalerei mit dem für Briten charakteristischen Antimilitarismus nicht zu vereinbaren sei. George Jones, einer der 15 Ausstellungs-Teilnehmer, lieferte zwei Skizzen für ein Waterloo-Gemälde, auf dessen ‚Augenzeugen'-Genauigkeit er im Katalog hinwies. Wie James Ward, gewann er einen der Preise von tausend Guinees und wurde mit einem großen Gemälde des Themas für das königliche Militärhospital in Chelsea beauftragt. Nach vier Jahren vollendet, kam es 1820 nach Chelsea. Danach reichte Jones regelmäßig der Royal Academy oder der British Institution Schlachtenszenen oder Sujets von Waterloo ein. Außerdem wurde er mit Kopien des Bildes beauftragt, z. B. vom Grafen von Egremont oder dem United Services Club selbst. Liebhaber dieser Bildgattung schätzten Authenzität ebenso hoch wie ästhetische Vollendung. Als Hauptmann der Besatzungsarmee von Paris nach 1815 war er deshalb für viele eine selbstverständliche Wahl. 1817 erwies er sich durch die Schrift „Die Schlacht von Waterloo und die von Ligny und Quatre, nach Augenzeugen und einer Reihe mit amtlicher Genehmigung veröffentlichter Berichte" erneut als Experte. Damals war das Schlachtfeld ein beliebtes Ziel für Besichtigungen geworden. Bei mancher Schwäche im Detail, gelingt es dem Künstler doch, die Massen zu gliedern und dramatisch einzusetzen; und zwar durch eine neuartige Synthese aus barocker Vogelperspektive und einer mehr panoramaartigen Sicht. Krönung seines Erfolgs war die Gönnerschaft Georgs IV., der zwei Schlachten-Darstellungen (Waterloo und Vittoria) für seine Schlachten-Serie im St. James Palace in Auftrag gab. IW

27

28

Ein Paar Kandelaber

vergoldetes Silber, H. 113 cm
Am Fuß: Londoner Feingehaltsstempel 1816–1817; auf den Ölpfannen, Londoner Feingehaltsstempel 1824–1825; Meistermarke Benjamin Smith; auf dem Fuß: ‚Green, Ward & Green, Londini, Fecerunt'
London, Apsley House, Wellington Museum, Trustees of the Victoria and Albert Museum
Inv.-Nr.: W.M. 804 & 805-1948
Herkunft: Geschenk der Kaufleute und Bankiers der Londoner City an den Ersten Herzog von Wellington; vererbt an den Siebten Herzog von Wellington; Schenkung an den Staat gemäß dem Wellington-Museum-Gesetz von 1947
Literatur: Oman 1973, S. 45–46; Waldron und Culme 1992, S. 32–36

„. . . Auf der Anrichte befand sich eine mannigfaltige Sammlung von Tafelgold . . ., die von herrlichen Kandelabern beleuchtet wurden, die die Bürger Londons ihm zum Geschenk gemacht hatten" (Morning Chronicle, 20. Juni 1848). Seit 1830 erwähnen alle Berichte über die Waterloo-Banketts den Wellington-Schild neben den zwei monumentalen Kandelabern. Wahrscheinlich waren sie nicht von vornherein für diesen Platz, sondern für die Tafel vorgesehen. Die Schenkung sollte Wellingtons Taten in Indien, auf der Iberischen Halbinsel und bei Waterloo huldigen und vor allem dem Herzog gegenüber Ergebenheit bekunden. Viktoria mit einem Lorbeerkranz und einem Palmzweig bekrönt den einen, Fama mit einem Lorbeerkranz und einer Trompete den anderen. Auf den beiden dreieckigen, mit Trophäen geschmückten Füßen, jeweils drei Figuren: ein englischer, ein irischer und ein schottischer Infanterist bei dem einen; ein Sepoy, ein portugiesischer Soldat und ein spanischer Guerilla-Kämpfer bei dem anderen. Die Geschäftsräume des Herstellers befanden sich östlich des Old Bailey in der Ludgate Street Nr. 1, wo Thomas Abbott Green und John Ward 1789 ihr Geschäft gegründet hatten. Als John Green 1804 als Gesellschafter in die Firma eintrat, nannte sie sich Green, Ward & Green. Ursprünglich für Kerzen gedacht, wurden die Kandelaber 1825–1826 für Öl umgerüstet. Der Entwurf für die Öl-Pfannen stammt von dem Architekten Lewis Vulliamy (1790–1871). JV

28

29
Der Wellington-Schild

Entworfen von Thomas Stothard
vergoldetes Silber, Ø 103 cm
Marken: Londoner Feingehaltsstempel 1821–1822; Meistermarke Benjamin Smith; außerdem eingraviert der Name der Goldschmiede-Handlung ‚Green, Ward & Green Lond : Fect'
Geschenk der Kaufleute und Bankiers der Londoner City an den Ersten Herzog von Wellington
London, Apsley House, Wellington Museum, Trustees of the Victoria and Albert Museum
Inv.-Nr.: W.M. 806-1948
Herkunft: Erster Herzog von Wellington; vererbt an den Siebten Herzog von Wellington; Schenkung an den Staat gemäß dem Wellington-Museum-Gesetz von 1947
Literatur: Bray 1851, S. 150–161; Oman 1973, S. 46–47; Yorke 1988, S. 214–215; Waldron und Culme 1992, S. 32–36

Im Jahre 1814 bildeten Londoner Kaufleute und Bankiers ein Komitee einer Spendensammlung für ein Schild, der Wellington zum Geschenk gemacht werden sollte. Napoleon hatte am 6. April 1814 abgedankt. Wellington wurde zum Herzog ernannt und kehrte im Triumph nach England zurück. Die Sammlung erbrachte über £ 7.000. Ein Wettbewerb wurde ausgeschrieben, den Stothard (1755–1834) gewann. Unter den zahlreichen sich anbietenden Herstellern, entschloß er sich für die damals sehr beliebte Firma Green, Ward & Green in der Ludgate Street. Gefordert waren Themen aus Wellingtons Leben; und die Zeit war knapp (drei Wochen). Nach einer Verlängerung um drei Wochen beschloß Stothard, seinen Entwurf zu ändern und die allegorischen Figuren der Anarchie, der Zwietracht und der Tyrannei einzufügen, die unter den Füßen des Siegers zertreten wurden. Der Herzog, von Viktoria gekrönt, erscheint im Kreise seiner Waffenbrüder. Der Entwurf wurde einstimmig angenommen, aber nur mit £ 150 honoriert, während der abgelehnte von Richard Westall, einem Akademie-Mitglied, £ 500 erbrachte. Vorbild war der Achilles-Schild von John Flaxman. Die dem entsprechenden Bildfelder zeigen hier: die Schlacht von Assaye 1803, die Schlacht von Vimeiro 1808, die Überfahrt über den Douro und die Befreiung Portos 1809, die Linien bei Torres Vedras 1811, die Einnahme von Badajóz 1812, die Schlacht von Salamanca 1812, die Schlacht von Vittoria 1813, die Schlacht in den Pyrenäen und die Übergabe von Bordeaux 1814, der Einzug in Toulouse 1814 und die Verleihung der Herzogswürde an Wellington durch den Prinzregenten im Jahre 1814. Am 1. September 1820 erschien eine limitierte Auflage von Radierungen Stothards nach den Entwurfszeichnungen. Die Firma Benjamin Smith in Camberwell übernahm Guß und Zieselierung, die der Künstler überwachte. Trotzdem kritisierte er später die schlechte Qualität der Arbeit, die er gern in Bronze ausgeführt hätte. Wellington selbst verfolgte die Arbeit interessiert. Doch leider blieb Stothard die verdiente Anerkennung versagt. In den Kritiken wurde sein Name kaum erwähnt und viele schrieben sogar den Entwurf John Flaxman zu. Der Schild nahm allerdings in *Apsley House* bei den jährlichen Waterloo-Bankette des Herzogs für die damaligen Offiziere einen Ehrenplatz ein. Im westlichen Teil der Gallery stand er auf einer Anrichte, flankiert von einem Paar großer Tischkandelaber, Geschenken der Kaufleute und Bankiers der Londoner City. JV

30
Waterloo-Vase

Entwurf von Thomas Stothard
vergoldetes Silber, H. 65,4 cm, Plinthenbreite 25,7 cm, Schalenbreite 45,7 cm
Bezeichnet: Vase, Londoner Feingehaltsstempel 1824–1825; Meistermarke Benjamin Smith III; Plinthe, Londoner Feingehaltsstempel 1825–1826; Meistermarke Robert Garrard
Auf der Vase graviert: „Für Arthur Herzog von Wellington. Die Edelleute und Ehrenmänner, deren Namen auf dem Fuß eingraviert sind, überreichen *diese Vase* nicht in der anmaßenden Hoffnung, den Ruhm eines Namens, der unvergänglich ist, noch zu erhöhen. Sondern um ihrer Bewunderung für seine letzte und größte Heldentat, *die Schlacht von Waterloo* 1815, Ausdruck zu verleihen.
London, Apsley House, Wellington Museum, Trustees of the Victoria and Albert Museum
Inv.-Nr.: W.M. 800-1948
Herkunft: Erster Herzog von Wellington; vererbt an den Siebten Herzog von Wellington; Geschenk an den Staat gemäß dem Wellington-Museum-Gesetz von 1947
Literatur: Bray 1851, S. 162; Oman 1973, S. 46–47; Waldron und Culme 1992, S. 32–46

Der Mode folgend, Nationalhelden mit monumentalem Tafelgold zu beschenken, veranstalteten eine Gruppe von Adligen und Leuten von Stand eine Spendensammlung zugunsten der Waterloo-Vase; ihre Namen sind auf der Plinthe eingeschrieben: Vierundneunzig Namen, von

30

denen Seiner Königlichen Hoheit, des Prinzen Leopold von Sachsen-Coburg, und des Bischofs von London bis zu denen der königlichen Dragonergarden und der Coutts Bank. Diese Art der öffentlichen Spendensammlung unterscheidet den Auftrag der Waterloo-Vase von denen des Wellington-Schildes und der Tischkandelaber, Geschenken der Kaufleute und Bankiers der Londoner City. Green, Ward, Green & Ward erhielten den Auftrag und engagierten Benjamin Smith (1793–1850), um die Vase nach Entwürfen des Malers Thomas Stothard (1755–1834), Mitglied der Royal Academy, anzufertigen. Benjamin Smiths Werkstatt befand sich in der Duke Street Nr. 12 in Lincoln's Inn Fields. Thomas Stothard versah die Vase mit Griffen in Gestalt der Viktoria und der Fama; eine gegossene und ziselierte Schmuckplatte auf einer Seite stellt Wellington dar, inmitten einer Infanteriegefechtsanordnung im Karree, die von französischer Kavallerie angegriffen wird. Die Platte wurde von dem Medailleur Alfred Joseph Stothard (1793–1864), dem Sohn des Entwerfers, modelliert. Die Plinthe trägt den Stempel von Robert Garrard jun. (1793–1881), einem der Erben einer bedeutenden Juweliers- und Silberschmiedefirma mit Manufaktur und Ladengeschäft. Die Firma hatte ihre Geschäftsräume in der Panton Street, Haymarket. Die Vase hat ein Fassungsvermögen von vier Gallonen (18,2 l); doch war ihr praktischer Nutzen seiner symbolischen Bedeutung untergeordnet. Das Objekt wurde in repräsentativem Rahmen zur Schau gestellt: anläßlich der von Wellington in seinem Londoner Wohnsitz *Apsley House* für die zuvor bei Waterloo unter ihm dienenden Offiziere veranstalteten „Waterloo"-Bankette. JV

Sir Francis Chantrey R. A.

Norton bei Sheffield 1781–1841 London

31

Arthur Wellesley, First Duke of Wellington, 1823

Marmor, H. 78,7 cm
Bezeichnet auf der Rückseite: Chantrey SC. 1823
London, Apsley House, Wellington Museum, Trustees of the Victoria and Albert Museum
Inv.-Nr.: WM 1444-1948
Herkunft: vom Ersten Herzog von Wellington vom Künstler erworben; durch Vererbung an den Siebten Herzog von Wellington; Geschenk an den Staat gemäß dem Wellington-Museum-Gesetz von 1947
Literatur: Gunnis 1953, S. 91–96; Potts 1981, Kat.-Nr. 7; Webb, Index

31

Im September 1824 kam zum *Apsley House*, dem Wohnsitz des Ersten Herzogs von Wellington an *Hyde Park Corner*, eine ‚stabile Packkiste' mit der Replik der hier gezeigten Marmorbüste des Herzogs; ein Auftrag des Premierministers, des Zweiten Earl von Liverpool, vom September 1821. Chantrey war ein so bekannter Bildhauer, daß er nur die interessantesten und wichtigsten Aufträge anzunehmen brauchte. Zunehmender Ruhm führte auch zu erhöhtem Honorar, nicht zuletzt aus Prestigegründen seinen Kunden gegenüber. Der Preis dieser Büste betrug 150 Pfund für die erste Version und noch einmal dieselbe Summe für jede von drei bekannten Repliken (Apsley House, Windsor Castle und Petworth House). Chantrey arbeitete mit einer *Camera Lucida*, mit der ein Bild des Modells auf eine Platte projiziert wurde, das leicht nachgezeichnet werden konnte. Gehilfen formten danach ein Tonmodell, das vom Meister vollendet wurde (einige der Zeichnungen in der *National Portrait Gallery* in London). Sein lebensgroßes Reiterstandbild aus Bronze wurde 1844 vor der Londoner Börse, der Bank of England gegenüber, aufgestellt. 1811 wurde er mit seiner Büste des Radikalenführers Horne Tooke bekannt, die im selben Jahr in der *Royal Academy* ausgestellt wurde. Seit 1810 hatte er ein Atelier in Pimlico und errichtete später eine eigene Gießerei am Eccleston Place. Wellington kam in Schwierigkeiten, als die Sitzungen für Künstler mehr Zeit als seine öffentlichen Pflichten in Anspruch nahmen. „Ich empfing die Künstler in meinen Häusern auf dem Lande, entweder in *Stratfield Saye* oder in *Walmer Castle*, und ließ sie die Sitzungen anberaumen, wann es ihnen paßte. Wilkie, Chantrey . . . und andere, die hervorragendsten Künstler, kamen und brachten drei bis vier Stunden in meinem Hause zu." JV

32

Aus der Schaufenster-Auslage eines Print Shop

Die Schaufenster der *print shops* waren für viele die einzige Begegnung mit Kunst. Die dort gezeigten Drucke reichten von Porträts über Satiren und Karikaturen bis hin zu lokalen Ereignissen, wie hier in einer Auswahl gezeigt.

M. Merigot nach A. C. Pugin

Frankreich 1762–1832 London

a) Der aufgebahrte Nelson, feierlich im Painted Chamber des Greenwich Hospital, 1806
Aquatinta, 32 x 44 cm

I. Hill nach A. C. Pugin

b) Nelsons Leichenzug von Greenwich nach Whitehall, 8. Januar 1806
Aquatinta, 31,6 x 43,7 cm

Plakat

c) Nelsons Leichenwagen für den Leichenzug vom Marineministerium nach St. Paul's, 9. Januar 1806
Herausgeber N. Heideloff, 12 Norfolk Street
Lithographie, 36 x 24 cm

Anonym

d) Letztes Geleit für Nelson, 9. Januar 1806
Herausgeber John Wallis Junior, 72 Fleet Street
Stich, 42 x 34 cm

M. Merigot nach A. C. Pugin

e) Leichenzug Nelsons, 9. Januar 1806
Aquatinta, 34,1 x 44,4 cm

32a

32c

32b

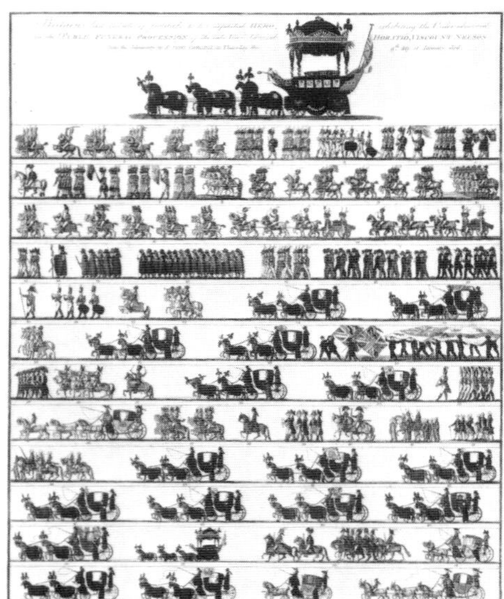

32d

F. C. Lewis nach A. C. Pugin

f) Beisetzung Nelsons in St. Paul's, 9. Januar 1806

Aquatinta, 31,6 x 43,2 cm

London, The Museum of London
Inv.-Nr.: A18861, Z6660, Z18867, A18863, A18862, A18872
Literatur: Warner 1958, S. 358–359; Pocock 1987, S. 334–343

Nelsons Begräbnis in London war eines der großen feierlichen Ereignisse des frühen 19. Jahrhunderts. Nach der Schlacht von Trafalgar am 21. Oktober 1805 wurde Nelsons Leiche in einem Sarg nach England überführt. Der Weg

Zuschauern ein. Der Sarg blieb über Nacht im Marineministerium und wurde am folgenden Tag nach St. Paul's geleitet, in einer Prozession, der sich Vertreter des Königshauses, hohe Staatsbeamte und Angehörige beider Truppengattungen sowie die Matrosen der *Victory* anschlossen. Für diesen letzten Abschnitt wurde der Sarg auf das „Achterdeck" eines kunstvoll mit schwarzem Samt dekorierten Wagens gestellt, den Rudolph Ackermann als Erinnerung an den Rumpf der *Victory* entworfen hatte. Am Ende der vierstündigen Totenmesse in der Kathedrale wurde der Sarg in einen schwarzen Marmorsarkophag gesetzt, den Benedetto da Rovezzano im 16. Jahrhundert für Kardinal Wolsey entworfen hatte. CF

32e

32f

ging am 23. Dezember die Themse hinauf nach Greenwich, und nachdem der tote Held in einen aus dem Hauptmast der *L'Orient* gefertigten Sarg umgebettet worden war (die *L'Orient* war das französische, in der Schlacht bei Abukir 1798 gesprengte Flaggschiff), wurde er zur Aufbahrung ins *Royal Hospital* gebracht. Eskortiert von 500 Marineveteranen, gelangte der Sarg am 8. Januar 1806 stromaufwärts nach Whitehall. Trotz eines Süd-Weststurmes fanden sich Tausende von

Anonym

33a

Nationalfeiertag im St. James's Park, Hyde Park und Green Park am Montag, den 1. August 1814

Stich und Text, 35 x 44 cm
Herausgeber John Fairburn Jun. Fountain Court, Minories

R. W. Smart und I. Jeakes nach J. Pain

33b

Der Tempel der Eintracht, 1814

Kolorierte Aquatinta, 37 x 46,3 cm
Herausgeber T. Greenwood, Featherstone Buildings 9, Holborn und G. Latilla, Charlotte Street 70, Fitzroy Square

Anonym

33c

Die chinesische Pagode und Brücke

Kolorierter Stich, 29,2 x 44 cm
Herausgeber James Whittle und Richard Holmes Laurie, Fleet Street 53, London
London, The Museum of London
Inv.-Nr.: 60.46, A21025 und Z6656

Ausgedehnte Feste feierten den Frieden von 1814. So wurde für den 1. August eine große nationale Jubelfeier angesetzt, die in den drei

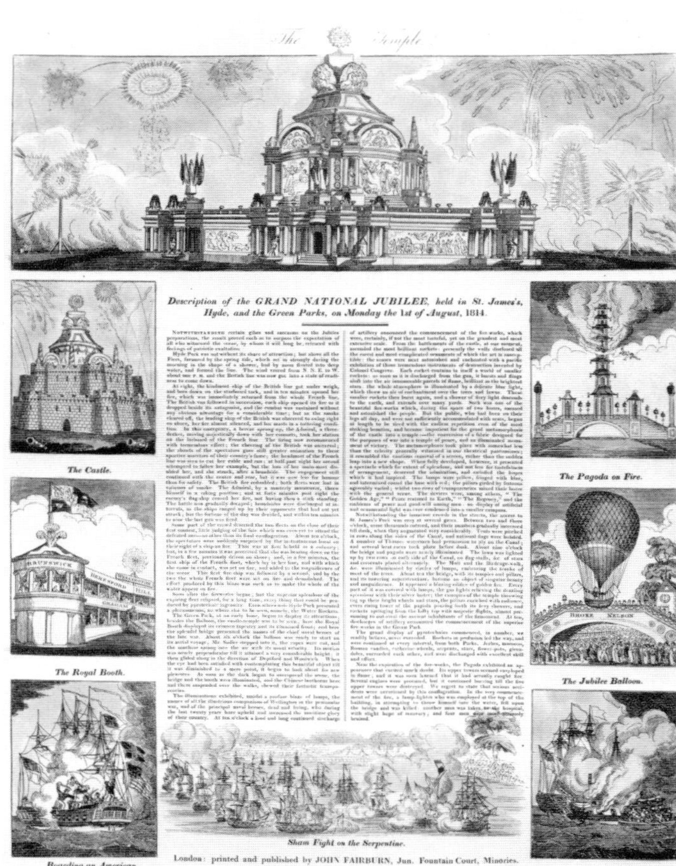

33a

33b

33c

wichtigsten königlichen Parks stattfinden sollte. Auf dem Serpentine-Teich im *Hyde Park* stellte man eine fingierte Schlacht zwischen der britischen und der französischen Flotte nach; darauf folgte ein Feuerwerk. Im *Green Park*, wo sich der königliche Ehrenplatz befand, ließ man einen „Festballon" steigen. Auch eine chinesische Brücke gab es dort und eine kunstvolle „Burg", eine Erfindung von Sir William Congreve (der Raketen in der britischen Armee eingeführt hat), gebaut von den Herren Greenwood und Latilla vom Theater *Royal Drury Lane.* Sie enthielt von Mitgliedern der Royal Academy entworfene und gemalte Transparentbilder. In der Dunkelheit wurde die Burg mit chinesischen Laternen und den Transparentbildern illuminiert. Zwei Stunden lang feuerten sich selbsttätig Feuerwerkskörper ab. Im *St. James's Park* fanden Bootsrennen auf dem Kanal statt, und am Abend wurde eine von einer Pagode geschmückte Brücke erleuchtet; ein Feuerwerk folgte. Unglücklicherweise fing die Pagode Feuer und ein Lampenanzünder kam bei dem Versuch, sich ins Wasser zu retten, ums Leben. CF

Anonym

34 a
Die vom Montag, 31. Januar, bis zum Samstag, 5. Februar 1814, zugefrorene Themse mit Jahrmarkt

Aquatinta, 37,5 x 50 cm
Herausgeber Burkitt & Hudson, 86 Cheapside

34 b
Der Frost-Jahrmarkt am 3. Februar 1814

Holzschnitt, 38,2 x 51,3 cm
Herausgeber J. Pitts, No. 14 Great St. Andrew Street, Seven Dials

London, The Museum of London
Inv.-Nr.: A23139, A23129
Literatur: Frostiana 1814

Bevor die *London Bridge* abgerissen wurde, die den Lauf des Flusses verlangsamte, fror die Themse in strengen Wintern häufig zu. Die sich dabei entwickelnden *Frost-Fairs* waren von 1608 bis zum Winter 1813–1814 – als der letzte Markt stattfand – Gegenstand unzähliger Gemälde, Drucke und Aquarelle. Einem strengen Frost am 27. Dezember 1813 folgten acht Tage dichten Nebels und ungewöhnlich starker Schneefälle, auf dem Fluß schwammen riesige Eisschollen. Ende Januar war der Fluß zwischen der *London Bridge* und der *Blackfriars Bridge* mit Packeis bedeckt. Am 1. Februar stellten die Fährleute Häuschen an den zum Fluß hinunterführenden Stufen auf und verlangten eine Gebühr für die sichere Überquerung des Eises. (Einige von ihnen verdienten £ 6 pro Tag.) In einer Zeltstraße, der *City Road*, wurden Essen, Getränke, Souvenirs, Sport und Unterhaltung angeboten. Am 5. Februar regnete es und taute; am folgenden Nachmittag war der Fluß ‚mit Trümmern bedeckt'. Die zwei kontrastierenden Drucke waren als Souvenir für ganz unterschiedliche Kundenkreise gedacht. CF

34a

34b

Martin Archer Shee nach Thomas Lawrence

Dublin 1769–1860 Brighton

35
König Georg IV., 1821

Öl auf Leinwand, 275 x 179,1 cm
London, Royal Academy of Arts
Herkunft: Auftrag der Royal Academy, 1838
Literatur: Millar 1969, S. 61, Nr. 873; Garlick 1989, S. 193–194, Nr. 325 (e); London, National Portrait Gallery, 1979, S. 13

Auf diesem offiziellen Krönungs-Porträt wird Georg IV. in seinem Krönungsgewand dargestellt; er trägt die Ordensketten des Goldenen Vlieses, des Welfischen, des Bath- und des Hosenbandordens. Neben ihm auf der *„Table des Grands Capitaines"* aus Sèvresporzellan (von Napoleon in Auftrag gegeben und von Louis XVIII. 1817 dem Prinzregenten überreicht) liegt die Krone des Empire. Die erste Ausführung des Gemäldes wurde Ende 1821 fertiggestellt und hängt im Thronsaal des St. James Palastes. 1818 malte Lawrence den Prinzregenten im Gewand des Hosenbandordens und schuf damit die Grundlage aller offiziellen Porträts von Georg IV. Lawrence arbeitete noch an seinem Todestag an einer Version dieses Porträts; in seinem Atelier befanden sich nicht weniger als 14 Repliken für eine weltweite Verbreitung. Auf die Frage, ob er jemals des Malens „jener ewigen Roben" überdrüssig geworden sei, verneinte er dies und erklärte, er wandele die Details so ab, daß beim Vergleich unterschiedlicher Versionen „man immer die letzte für die beste halten würde". Die Kopie wurde 1838 bei Sir Martin Archer Shee, dem damaligen Präsidenten der Royal Academy, in Auftrag gegeben. Das Bild wurde 1840 fertiggestellt und kostete £ 315. CF

John Whittaker

36
Die Krönungszeremonie Georgs IV., 1823

Präsentationsexemplar, gebunden in braunem Saffianleder mit punziertem Königlichen Wappen in der Mitte (1816–1837), Randborten mit Blattmotiven
Folio, 69,3 x 65 x 7 cm
Windsor Castle, Royal Library, H.M. Queen Elizabeth II.
Inv.-Nr.: RCIN 1005090
Literatur: Adams 1983, S. 516 ff., Nr. 232

Die kostbare Ausgabe wurde von John Whittaker, Drucker in der Queen Street, initiiert und unter Sir George Nayler 1823 weitergeführt. Beide Förderer starben 1831 und hinterließen das Werk unvollendet; die meisten Platten wurden jedoch von Henry Bohn aufgekauft; er gab die Arbeit 1839 in einer Ausgabe mit 45 Tafeln mit Begleittext heraus, erweiterte sie und legte sie 1841 als Luxusausgabe in zwei Großfolianten mit 75 Tafeln vor, die auf Satin und Pergament gedruckt waren. Die Originalzeichnungen von dieser Krönung stammen vor allem von Mitgliedern der Stephanoff-Familie und Charles Wilde; die mit Aquarell- und Deckfarben kolorierten Stiche von R. Havell jun., William Bennett, William Bond und H. Meyer. Diese Seite zeigt ‚Seine Königliche Hoheit Leopold Georg-Friedrich, Herzog von Sachsen, Markgraf von Meißen, Landgraf von Thüringen und Prinz von Coburg von Saalfeld, Feldmarschall der Streitkräfte Seiner Königlichen Majestät, und Oberst des 5. Regiments der Dragonergarden, Ritter des höchstedlen Hosenbandordens, Ritter des Großkreuzes des höchstverdienstvollen Militärordens von Bath, des Königlich Hannoverschen Welfischen Ordens, etc. etc. etc.' Er trägt das gesamte Ornat des Hosenbandordens, die Ordensketten des Welfischen Ordens, des Militärischen Bath-Ordens, des Hosenbandordens und einen Feldmarschallstab. Seine Schleppe wird von Lt. Col. Sir R. Gardiner, einem Kronanwalt, getragen!' Die Inschrift ist in Blattgold gedruckt und umgeben von Ehrenzeichen und königlichen Insignien. Leopold Georg-Friedrich von Sachsen-Coburg-Saalfeld (1790–1865) heiratete 1816 Prinzessin Charlotte, das einzige Kind des Prinzregenten. Die Schwester des Herzogs heiratete den Herzog von Kent und war die Mutter Prinzessin Victorias. CF

37
Kostüme für die Krönung Georgs IV., 1821

Die hier beschriebenen Gewänder vermitteln einen lebhaften Eindruck von den modischen, pseudo-historischen und traditionellen Formen der bei dieser spektakulären Krönung getragenen Kleider. Durch schriftliche Zeugnisse und durch Bildquellen sind sie gut überliefert; daher läßt sich die Folge der Personen beim Krönungszug von Westminster Hall nach Westminster Abbey bis hin zu ihrer Kleidung rekonstruieren. Unschätzbares Quellenmaterial bieten dafür zwei Veröffentlichungen: John Whittakers „Die Zeremonie der Krönung Georgs IV." (1823) und Sir George Naylers Buch, das die Vorbereitungen und Ereignisse des Tages detailliert aufzeichnet (ab 1824 in Teilen und 1837 komplett veröffentlicht). VC

37a

a) Gewand einer „Herbstrewer" zur Krönung Georgs IV., 1821

Kleid aus elfenbeinfarbenem Baumwollflor und seidenes Unterkleid, der Mode entsprechend mit hoch angesetzter Taille und langen Puff-Ärmeln; runder Ausschnitt mit einem abtrennbaren Kragen aus mit Draht eingefaßter Seiden-Spitze im Medici-Stil; der untere Rock geschmückt mit Rüschen aus Seidenflor; dazu Girlande künstlicher rosa und weißer Rosen, Knospen und grünen Blättern; Nachbildung von Kopfputz, Kragen, Handschuhen, Schuhen und Blumenkorb
Brighton, The Royal Pavilion Art Gallery and Museums
Inv.-Nr.: H367
Herkunft: Miss Sarah Ann Walker; durch Vererbung an Miss Helen Nussey, die es 1960 der Brighton Art Gallery and Museum schenkte
Literatur: Annual Register 1821, S. 351, 356, 364; Le Lievre 1987; Nayler 1837, S. 36, 112

Sarah Ann Walker war eine von sechs „Jungfrauen", die Miss Fellowes, des Königs Kräuterfrau, im Krönungszug, begleiteten. Alle sieben waren weiß gekleidet, Miss Fellowes in weißem Satin, „mit einem scharlachroten, mit Goldspitze besetzten Umhang", einem „Lorbeer- und Eichenkranz auf dem Kopf" und „dem Zeichen ihres Amtes" – einem Medaillon aus vergoldetem Silber am Hals. Sie streute Blumen aus einem Korb; direkt hinter ihr gingen die sechs Jungfrauen zu zweit nebeneinander, mit größeren blumengefüllten Henkelkörben. Sie führten den Zug von Westminster Hall nach Westminster Abbey und blieben am Westtor der Kirche stehen, während die anderen Teilnehmer die ihnen zugewiesenen Plätze einnahmen. Miss Fellowes erhielt ein Abzeichen und eine Kette im Wert von £ 19 14 Schilling und den Betrag von £ 20 9 Schilling und 6 Pence für ihr Kleid und ihren Umhang; jede der jungen Frauen bekam 10 Guinees für ihr Kleid (PRO LC2/50). Das Amt der königlichen Kräuterfrau war seit der Krönung Charles' I. 1625 erblich und entstand aus dem Glauben daran, daß der Duft von Kräutern infektiöse Krankheiten fernhielte. Die Krönung Georgs IV. war der letzte Auftritt von Kräuterfrau und Jungfrauen, da später der Krönungszug von Westminster Hall nach Westminster Abbey aufgegeben wurde. VC

(Farbtafel S. 253)

b) Wappenrock eines Heroldsbegleiters zur Krönung Georgs IV., nach 1816

Seidendamast (etwa Ende des 18. Jahrhunderts) mit Silberbrokat und Seidensatin; erhabene und flach gestickte königliche Wappen, in der Mitte das gekrönte Wappen von Hanover hinten und vorn und auf den Ärmeln; rotseidenes Taftfutter und rote Seidenbänder; getragen über einem höfischen Anzug aus braunem Wollstoff (spätes 18. Jahrhundert); Halsbinde, Strümpfe und Schuhe rekonstruiert
London, The Museum of London
Inv.-Nr.: A13815 (Wappenrock); 77.94/1 (Anzug)
Herkunft: Rock erworben 1914; den Anzug 1977
Literatur: Annual Register 1821, S. 358–359; Nayler 1837, S. 60; Halls 1973, S. 49; Marks and Payne 1978, S. 102–105; Mansfield 1980, S. 194

Für die Krönung Georgs IV. wurden den Begleitern des Herolds, die den Rittern des Hosenband- und des Bathordens im Zug folgten, neue Wappenröcke angefertigt. Besonders teuer daran war die Stickerei aus der Werkstatt George D'Almaines; die Schneider waren Baker and Son; die Kosten betrugen etwa £ 54. Der Wappenrock gehörte offenbar Francis Martin (1767–1841), der als ‚Windsor-Herald' und ‚Norroy King of Arms' hohe Ämter bekleidete. Das Herolds-Amt in der City of London war die wichtigste Informationsquelle zu Fragen der Heraldik, des Rittertums, der Genealogie und damit verbundener zeremonieller Fragen. Sir George Nayler z. B. war ein würdiger Inhaber dieses Amtes; er initiierte die Publikation zum „Zeremoniell der Krönung von George IV.", die Arbeitsgrundlage aller mit diesem Thema befaßten Historiker. VC

(Farbtafel S. 253)

c) Gewand eines Kronrat-Mitglieds zur Krönung Georgs IV., 1821

Dunkelblaue Jacke aus Seidensatin und Kniehose mit Goldtresse, Besatzschnur und Rosetten auf den Aufschlägen; Umhang aus dunkelblauer Seide mit Goldtresse, gefüttert mit karmesinroter Seide; Halskrause, Strümpfe, Strumpfbänder und Schuhe nach Whittaker und Nayler rekonstruiert
London, The Museum of London
Inv.-Nr.: 39.67/1-4
Herkunft: Geschenk Viscountess Canning an John Backhouse; durch Erbschaft an Mrs. A. G. C. Sheppard; von dort 1939 dem London Museum geschenkt
Literatur: Annual Register 1821, S. 288; Halls 1973, S. 13, 48; Stevenson and Bennett 1978, S. 67

George Canning (1770–1827) trug als Mitglied des Kronrates ein Gewand, das im Jahresregister so beschrieben ist: „Blaues Gewand; nach Art der Pairs mit Litzen besetzt. Blauer Satinumhang. Weiße Kniehose. Schuhe mit Rosetten. Schwert. Hut mit drei Federn". Mitglieder des Kronrates, die ein anderes königliches Amt innehatten oder Mitglieder von Ritterorden waren, trugen bei dieser Gelegenheit die beschriebene Kleidung oder Amtstracht. Canning gehörte zu einer Gruppe von 27 Personen, die Seite an Seite vor dem Registrator des Hosenbandordens gingen. Hersteller und Kosten von Cannings Gewand sind unbekannt, aber das Amt des Haushofmeisters setzt für eine ähnliche Ausstattung einen Betrag von rund £ 90 an. Die Schneider im königlichen Auftrag, wie Meyer, Cooper, Hunter und Webb, haben sicher auch für private Kunden gearbeitet. VC

d) Garderobe eines Barons zur Krönung Georgs IV., 1821

Karmesinroter, bodenlanger Mantel aus Seide und Samt, weiß gefüttert (später weißer Pelz ergänzt); knielanger Überwurf; Schwertgehenk mit Löwenknopfschnalle; Adelskrone (vergoldetes Silber, Hermelin und Samt mit Goldquaste); weiße Seidenjacke und goldverzierte Kniehosen; Halskrause, Strümpfe und Schuhe nach der Vorlage bei Whittaker und Nayler rekonstruiert
London, The Museum of London
Inv.-Nr.: 77.101/1-6
Herkunft: Familie Fitzherbert; Christie's South Kensington, 19. August 1976, Lot 135
Literatur: Annual Register 1821, S. 359, Nayler 1837, S. 9, 25, 58, 98, 115; Campbell 1989, S. 19, 22; Mansfield 1980, S. 8–9

Alleyne Fitzherbert, Baron St. Helens (1753–1839), gehörte zum untersten Rang der Peers, worauf der Hermelinbesatz in zwei Reihen auf dem Cape und die sechs silbernen Kugeln an der Krone verweisen. Er war einer der 52 Barone, die „in ihren Staatskleidern aus karmesinrotem Samt, mit ihren Kronen in der Hand" im Krönungszug schritten. Auf einem Etikett an der Krone ist deren Herkunft von Moore (ehemals Bicknells & Moore), Old Bond Street, W" vermerkt. Weitere Informationen über Hersteller und Preis des Gewandes sind von einer Rechnung für ähnliche Gewänder des Lords Braybrooke abzuleiten. William Webb lieferte ihm für einen Preis von £ 250 eine komplette Garderobe sowie Accessoires, von der Krone bis zu den „baumwollenen Unterhosen", einschließlich Leinenbeuteln und Zederntruhe zur Aufbewahrung. Alleyne Fitzherbert begann 1777 seine vielfältige Karriere im diplomatischen Dienst. Fitzherbert, ein Mann von weitreichenden Interessen, korrespondierte regelmäßig mit dem Reformer Jeremy Bentham; von 1805 bis 1807 war er Treuhänder des *British Museum.* 1839, mit dem Tode des unverheirateten gebliebenen, dienstältesten Mitglieds im Kronrat, erlosch sein Titel. VC

37d

(Farbtafel S. 252, 253)

e) Gewand des Herzogs von St. Albans zur Krönung Georgs IV., 1821

Dunkelgrüne Samtjacke und Kniehose mit Gold- und Silberstickerei (Eicheln und Eichenblätter). Hut aus dunkelgrünem Samt mit Gold- und Silberstickerei und schwarzer Straußenfeder; ein Falke auf dem Hut und Schwertgriff; dazu Falknerhandschuh; Stiefel rekonstruiert
Bath, The Museum of Costume
Herkunft: Schenkung der Hon. Miss Mary Loder, Schwester des 2. Baron Wakehurst, 1958
Literatur: Anlage zur London Gazette, 3. August 1821, S. 1604; Langley Moore 1965

William, der 8. Herzog von St. Albans (1768–1825) trug dieses Gewand bei der Krönung Georgs IV. Sein Titel bestand seit 1670, als Charles II. Charles Beauderk, einen Sohn von Nell Gwynn, zum Herzog von St. Albans ernannte. Der Ehrentitel des Erbgroßfalkners *(Hereditary Grand Falconer)* von England kam 1684 hinzu. In einem unveröffentlichten Inventarverzeichnis der Schenkung von Hon. Miss Mary Loder an das *Museum of Costume,* Bath, ist das Gewand „als des Großfalkners Paradeuniformrock für große Empfänge" beschrieben, „angefertigt nach einer von seiner Majestät Georg IV. gebilligten Zeichnung". Möglicherweise trug der Herzog dieses Gewand unter der Krönungs-Robe und präsentierte es später wirkungsvoll im königlichen Salon. VC

f) Gewand der Honourable Band of Gentleman Pensioners, Krönung von Georg IV., 1821

Jacke, Kniehosen und Umhang aus rotem genuesischem Samt, geschlitzt und blau unterlegt mit Schnüren und vergoldeten Knöpfen, Goldlitze und goldener Besatzschnur; Kniehosen golden abgesetzt; Kattununterhosen, rote Seidenstrümpfe, Spitzenhalskrause, Stulpenhandschuhe und Schuhe aus Ziegenleder. Geliefert von John Meyer, Conduit Street 36, Preis: £ 181 6 Schilling 34 Pence; Hut aus schwarzem

Gewand des Herzogs von St. Albans zur Krönung Georgs IV., 1821. Kat.-Nr. 37e

links:
Gewand eines Kronrat-Mitglieds, 1821
Kat.-Nr. 37c

rechts:
Wappenrock eines Heroldsbegleiters, nach 1816
Kat.-Nr. 37b

unten:
Accessoires zum Gewand des Herzogs von St. Albans (Farbtafel gegenüber).
Kat.-Nr. 37e

37f

Samt, mit Straußenfedern und Goldlitze, von J. J. Cater, Preis: 9 Guinees; Schwert von I. Posser: £ 3 8 Schilling 6 Pence; Halskrause, Strümpfe und Schuhe rekonstruiert
London, The Museum of London
Inv.-Nr.: 32.214
Herkunft: Col. Samuel Wilson; Rev. A. Lea Wilson, der es 1932 dem London Museum schenkte
Literatur: Annual Register 1821, S. 362–363; Nayler 1837, S. 120; Halls 1973, S. 48–49; Mansfield 1980, S. 201–203

Die *Honourable Band of Gentleman Pensioners* wurde von Heinrich VIII. um 1540 als königliche Leibgarde eingesetzt. Sie begleitete den König bei feierlichen Anlässen, war aber kein militärischer Verband. Ursprünglich aus 50 Mitgliedern gebildet, hatte sie 1821 44 und bestand aus jungen, für eine militärische Karriere bestimmten Männern sowie dienenden und pensionierten Offizieren. Das Gewand trug Oberst Samuel Wilson. VC

g) Gewand eines Zeremonienmeisters, zur Krönung Georgs IV., 1821

Jacke und Kniehosen aus elfenbeinfarbenem Seidensatin, mit rotem Satin und Goldspitze verziert; weiße Ziegenlederschuhe mit roten Absätzen; elfenbeinfarbene Seidenstrümpfe;
Halskrause und Rosetten auf den Schuhen nach Whittaker und Nayler rekonstruiert
London, Court Dress Collection, Kensington Palace
Inv.-Nr.: 1985.2
Herkunft: Sir Thomas Mash, durch Vererbung an Mrs. E. C. Wyndham, die es 1985 der Court Dress Collection schenkte
Literatur: Annual Register 1821, S. 363, 380; Nayler 1837, S. 119; Royal Kalendar 1821, S. 119; Thomas 1838, S. 334–335

Das Gewand ähnelt dem anderer Amtsträger des Königlichen Hofes, die in der Schatz- oder der Kleiderkammer arbeiteten, z. B. in seinem auffallenden scharlachroten Satinbesatz. Im Krönungszug befanden sich zwei *Gentlemen Ushers Daily Waiters* in der den König begleitenden Gruppe: John Meyer, Schneider in der Conduit Street 36, lieferte die Gewänder zu einem Preis von £ 56 13 Schilling. *Gentlemen Ushers Daily Waiters* (eigentlich: Herrschaftliche Türsteher und Diener) kamen, was ihren Einfluß betrifft, gleich nach dem Königlichen Haushofmeister und seinem Stellvertreter. Sie taten im Audienzzimmer der jeweiligen Residenz wechselweise monatlich Dienst; der rangälteste Zeremonienmeister versah zugleich das Amt des Zeremonienmeisters im Oberhaus und beim Hosenbandorden. JM

37g

Denis Dighton

London 1792–1827 St. Servan, Brittany

38

Dritte und Letzte Herausforderung des Champions während des Krönungsbanketts Georgs IV. in der Westminster Hall, 1821

Aquarell, 42,4 x 55 cm
Bezeichnet: Denis Dighton Military Painter to His Majesty
Windsor, Royal Library,
H. M. Queen Elizabeth II.
Inv.-Nr.: 13630
Literatur: Jahresregister 1821, S. 385–386; Oppé 1950, S. 50, Nr. 182, Tafel 48

Im gewaltigen mittelalterlichen Raum der Westminster Hall war die Bühne für das letzte Krönungsbankett bereitet, das hier jemals stattfinden sollte. Die als Türsteher angeworbenen Boxer betranken sich, die Leute verloren ihre Eintrittskarten und zankten sich um die Sitzplätze. Und doch war es ein denkwürdiges Ereignis, um so mehr, als im Dämmern, beim ersten Gang, Henry Dymoke, der *Champion* des Königs, als zentrale Figur einer einst mittelalterlichen Zeremonie in die Halle einritt. Drei Trompeter gingen voran, zwei bewaffnete Begleiter, zwei Schildknappen mit seiner Lanze und seinem Schild und ein Herold mit der schriftlich fixierten Herausforderung. Rechts und links von ihm, in Roben, mit Kronen zu Pferde, Lord Howard von Effingham, der amtierende Oberzeremonienmeister und der Herzog von Wellington als Lord Constabler. Der Herausforderer, ‚in voller strahlender Rüstung, einen Handschuh in der

Hand, auf dem Haupt sein mit einem Helmbusch aus 27 Federn geschmückter Helm', hatte ein ebenso schmuckes Roß (ein kluges, an Menschenmengen gewöhntes Tier, das man von Astley's Circus gemietet hatte); es trug einen bescheideneren Kopfputz aus 16 Federn. Beim Klang der Trompeten wurde die Herausforderung verlesen, und der Champion warf den Handschuh, an den Stufen des Throns. Nachdem er zurückgegeben war, brachte der König einen Toast auf seinen *Champion* aus, reichte ihm den goldenen Pokal, und der *Champion* trank seinem Souverän zu; nachdem dieser ihn mit einem goldenen Deckelpokal bedacht hatte, verließen der *Champion* und sein Gefolge die Halle. Henry Dymoke (1801–1865) vertrat seinen Vater, Reverend John Dymoke, als des Königs *Champion.* Sein Vater hatte sich aus religiösen Gründen von seiner Verpflichtung entbinden lassen. Das Amt des königlichen Champions war in der Familie der Dymokes erblich. Die früheste Erwähnung des beim Bankett erscheinenden *Champion* finden sich 1399/1400 bei der Krönung Heinrichs IV.

VC

Anonym

39 (Farbtafel S. 256)

Krönung Georgs IV.: Festzug von Westminster Hall zur Abtei am 19. Juli 1821

Herausgeber G. Humphrey, St. James's Street 27
Kolorierte Aquatinta, 37 x 116 cm
London, Guildhall Library, Corporation of London
Literatur: Annual Register 1821, S. 357, 360–362; Adams 1983, S. 516–517, Nr. 232/9

Am 19. Juli, dem Tag der Krönung, bewegte sich der Zug von Westminster Hall nach Westminster Abbey, wo um 11 Uhr die Krönungsmesse beginnen sollte. Georg IV. ist in der Mitte zu sehen, ihm voran die Bischöfe von Gloucester, Ely und Chester mit dem Hostienteller, der Bibel und dem Abendmahlskelch. Vor ihnen drei hohe Staatsbeamte mit Zepter, Krone und Reichsapfel. (Später würden sich Rundell, Bridge &Rundell beklagen, daß man ihnen noch £ 33.000 für diese Krönungsinsignien schuldete.) Vor den Beamten gehen die *High Constables* von Irland und Schottland und die königlichen Herzöge, jeder mit seinem Schleppenträger, hinter dem König seine Schleppenträger und Personen im Dienste des Hofes. Die Tribünen zur Linken und zur Rechten sind voll besetzt. VC+RH

40

John Jackson

1778–1831

40

Sir John Soane, 1828

Öl auf Leinwand, 76,1 x 63 cm
London, National Portrait Gallery
Inv.-Nr.: 701
Herkunft: 1828 der British Institution; 1839 von dort der National Gallery geschenkt; 1883 von dort in die National Portrait Gallery
Ausstellungen: London, British Institution, 1829, Nr. 254; London, South Kensington, 1868, Nr. 107
Literatur: Summerson 1952; Walker 1985, Bd. 1, S. 465, Bd. II, Tafel 1134; Colvin 1978, S. 765–772

Sir John Soane (1753–1837) wurde als Sohn eines Maurers in Goring-at-Thames bei Reading geboren. 1768 trat er in das Büro des Stadtvermessers George Dance Jun. (1741–1825) ein und wurde 1771 in die *Royal Academy Schools* aufgenommen. Im folgenden Jahr nahm ihn Henry Holland (1745–1806) als Assistent an, 1778 erhielt er ein königliches Reisestipendium und brach nach Italien auf. 1780 kehrte er nach England zurück und wurde 1788 zum Landmesser der *Bank of England.* Dieser Posten brachte ihm den größten Auftrag seines Lebens, finanzielle Sicherheit und berufliche Anerkennung ein und machte ihn bei wohlhabenden Kunden bekannt. 1791 erlangte er seine erste staatliche Stellung, die eines Leiters der öffentlichen Bauten in Whitehall, Westminster und St. James. 1814 gehörte er zu den drei direkt der Baubehörde zugeordneten Architekten (die anderen beiden waren Nash und Smirke). Von 1802 an war Soane Mitglied der *Royal Academy;* 1806 Nachfolger von Dance als Akademieprofessor für Architektur. Da er sich seinem Beruf mit Leidenschaft widmete, und die Verbesserung der Architektenausbildung ihm am Herzen lag, bereitete er seine Vorlesungen sorgfältig vor und war ein einflußreicher Lehrer. Er hinterließ der Nation sein Haus in Lincoln's Inn Field und seine Sammlung zum „Studium der Architektur und der verwandten Künste". Sein höchst individueller Architekturstil, der seinem innovativen Umgang mit Proportion, Licht, Raum und Oberflächenornament entsprang, war – obwohl vom klassischen Beispiel abgeleitet – von seiner Liebe zum Ursprünglichen und seinem Glauben an die „Poesie der Architektur" geprägt. Obwohl er in weiten Kreisen bewundert wurde, stieß er zu Lebzeiten auf wenig Verständnis (Schinkel war von Lincoln's Inn Field begeistert, glaubte aber, die Bank of England enthalte viel „unnützen Kram"), und er hatte bis ins 20. Jahrhundert hinein keine wirklichen Nachfolger. Einiges von Soanes Charakter ist auf diesem Porträt zu erkennen: Selbst stolz und hochsensibel, konnte er anderen gegenüber heftig und nervös auftreten. Auf dem Bild hält er ein geöffnetes Buch, die Inschrift lautet „Vorlesungen über Architektur/gehalten in der Royal Academy/von John Soane Esq. RA". Er war ein außerordentlich großzügiger Gönner der 1834 gegründeten Gesellschaft Britischer Architekten und der *British Institution,* die zum Dank dieses Werk in Auftrag gab. CF

Joseph Michael Gandy

London 1771–1843 Devon

41

„Architektonische Visionen früher Einbildungskraft, am fröhlichen Morgen der Jugend und Träume am Abend des Lebens", 1820

Aquarell, 97 x 154 cm
London, Trustees of Sir John Soane's Museum
Inv.-Nr.: P.81
Ausstellung: Royal Academy, 1820, Nr. 894
Literatur: Soane 1835, S. 18; Summerson Watkin, Mellinghoff 1983, Tafel V; Lukacher 1987, S. 56–58

Gezeichnete Bestandsaufnahme nicht ausgeführter Entwürfe Soanes, angeordnet in einer erhabenen Landschaft. Aufgeführt sind neoklassische Projekte der Jugend: ein 1776 in der Royal Academy mit einer Goldmedaille ausgezeichneter Entwurf für eine Triumphbrücke, das *James-King-Mausoleum* links oben und das *Earl of Chat-*

Krönung Georgs IV.: Festzug von Westminster Hall zur Abtei am 19. Juli 1821. Kat.-Nr. 39

J. M. Gandy, Öffentliche und private Gebäude nach Entwürfen von J. Soane, 1818. Kat.-Nr. 42

Rotunde der Bank von England, 1798. Kat.-Nr. 44

J. M. Gandy
Der Saal im Gerichtshof des Lordkanzlers, Westminster, 1827
Kat.-Nr. 57

J. M. Gandy und H. H. Seward
Das Consols Transfer Office der Bank von England im Bau, 1799
Kat.-Nr. 49

J. M. Gandy, Der Sitzungssaal des Staatsrates in Whitehall, 1827. Kat.-Nr. 58

T. Lawrence, John Nash, 1824–1827. Kat.-Nr. 75

ham-Mausoleum, zentral auf dem Berg gelegen; ebenso die Erinnerungen an berufliche Enttäuschungen: den für *Hyde Park Corner* projektierten Triumphbogen und rechts daneben eine Version seines *House of Lords* von 1793; im Zentrum der Entwurf eines *British Senate House,* 1779 in Italien entstanden. Sich melancholisch enttäuschten Hoffnungen hinzugeben, lag im Charakter des Architekten. Er beschrieb die bis heute in seiner Galerie hängende Zeichnung so: „Unter den oben verzeichneten Entwürfen sind auch einige Träume am Abend des Lebens und architektonische Visionen früher Einbildungskraft – wilde Ergüsse eines Geistes, der danach brannte, am frohen Morgen seiner Jugend zu beruflichen Ehren zu gelangen. Palmyra und Baalbeck standen Pate bei dieser Anordnung von Motiven; bereichert wurden sie vom Leichenzug des unsterblichen Nelson." MAR

41

42 (Farbtafel S. 256)

Öffentliche und private Gebäude nach Entwürfen von J. Soane der Jahre 1780 bis 1815, 1818

Feder und Aquarell, 97 x 152 cm
London, Trustees of Sir John Soane's Museum
Inv.-Nr.: P87
Ausstellung: Royal Academy, 1818, Nr. 915
Literatur: „The Sun", 25. Mai 1818; Summerson 1949, passim; Architectural Monographs 1983, Tafel VI; Lukacher 1987, S. 54–57

Gandy zeigt hier, in einem Raum mit einer für Soane typischen Kuppel, über einhundert Gebäude von Soane, entweder als riesige Modelle oder auf Zeichnungen. In der Mitte die Bank of England, rechts daneben die Dulwich Picture Gallery; ganz links im Schatten Soanes Wohnhaus, Lincoln's Inn Fields Nr. 13 mit dem Grab seines Besitzers rechts daneben; rechts im Schatten *Tyringham House.* Hinzu kommen zahlreiche kleinere Gebäude, Grabstätten und Denkmäler, die von einer Öllampe mit Reflektor beleuchtet werden. Rechts im Vordergrund sitzt klein der Zeichner, der Soane oder auch Gandy sein könnte. Gandy begann 1798 bei Soane als Zeichner, dem er, wegen dessen finanzieller Unterstützung, sein Leben lang verpflichtet blieb. 1801 machte er sich selbständig, wurde 1803 außerordentliches Mitglied der Royal Academy, arbeitete jedoch auch weiterhin als Perspektivzeichner für Soane. John Summerson nannte ihn in seinem Essay *Heavenly Mansions* „den englischen Piranesi". „... im Reich der architektonischen Phantasie ... regiert er absolut. Diese Souveränität ... macht Gandy in gewissem Sinne wohl zum gleichrangigen Gefährten von Wordsworth, Coleridge und Walter Scott." Merkwürdigerweise wurde diese perspektivische Darstellung – eine von den zahlreichen, die Soanes Werk vorführen – als einzige unter Gandys Namen in der Royal Academy ausgestellt. Dabei zeugt sie mehrfach von Gandys Künstlertum, denn die meisten der hier dargestellten Zeichnungen stammen von Gandys Hand. Eine zeitgenössische Kritik in „Sun" bedauerte allerdings, daß „er so viele bewundernswerte Entwürfe auf einen Haufen zusammengeworfen hat, die, einzeln behandelt, höchst lehrreiche Zeichnungen gewesen wären". MAR

43

Die Bank von England, 1830

Feder und Aquarell, 84 x 139,5 cm
London, Trustees of Sir John Soane's Museum
Inv.-Nr.: P267
Ausstellung: Royal Academy 1830, Nr. 1052
Literatur: Bank of England 1928; Bolton 1924, Abb. auf S. 37; Booker 1990, S. 2–5, 12; Du Prey 1985, S. 64–69; Lawrence 1991, S. 1–7, 12–14, 28; Matkin 1978, S. 21; Oechslin 1981, S. 19–25, Abb. 1 auf S. 20; Pevsner 1976, S. 201–202; Royal Academy 1830, S. 42; Schumann Bacia 1989, Abb. 33 auf S. 46–47; Summerson 1986, S. 143–149, Abb. 154 auf S. 146–147; Summerson, Watkin, Mellinghoff 1983, S. 61–63, Abb. 5 auf S. 64–65

Im 19. Jahrhundert war die *Bank of England* ein Symbol für die wirtschaftliche Dominanz der City von London über Großbritannien, sein Empire und die Welt. Nicht weniger imposant war das seine Umgebung beherrschende Bank-Gebäude. Daß es in dieser ungewöhnlichen Weise dargestellt ist, feiert John Soanes architektonische Leistung und unterstreicht die historische Rolle der Institution. Das Bank-Gebäude von 1732, der erste speziell Geldgeschäften dieser Art gewidmete Bau in Großbritannien, symbolisierte bereits Reichtum und Stabilität der neuen Institution. Weitere Bauten entstanden im späten 18. Jahrhundert; die umfassendste Vergrößerung fand bis 1833, in drei Phasen während der 45 Jahre dauernden Amtszeit von John Soane statt. Die einzigartige Darstellung stammt von Joseph Gandy, Soanes langjährigem Zeichner, und war für die Jahresausstellung der Royal Academy 1830 bestimmt. Unter Verzicht auf den größten Teil des Oberbaus, gelang es Gandy, das Gebäude als ganzes zu zeigen: Inneres und Äußeres, Konstruktion und Gestaltung im Innern, Unterbau und Oberbau, alles ist offen wie ein Modell auf einer Tischplatte. Soanes Absichten lassen sich aus dem beigefügten, einem beliebten Roman des Moralisten Le Sage entnommenen Motto erkennen: „Ich werde das Dach dieser großartigen Säule der Nation abheben . . . das Innere wird sich Ihnen enthüllen, als schauten Sie in eine Pastete, deren Kruste aufbricht." Neben dieser erläuternden Intention existiert eine weitere: die moderne *Bank of England* erscheint hier als eine weite römische Ruine – Soanes Leistung erfährt ihre besondere Würdigung in dieser Verbindung zur ruhmreichen Antike. Die rhetorische Gleichsetzung des zeitgenössischen London mit dem alten Rom war im achtzehnten und frühen neunzehnten Jahrhundert durchaus üblich und trug zu der Vorstellung von einer Metropole bei, die über immense technologische Möglichkeiten, eine weltbeherrschende Wirtschaft und eine fortgeschrittene Kultur verfügte. DA

43

44 (Farbtafel S. 257)

Rotunde der Bank von England, 1798

Feder und Aquarell, 63 x 70 cm
Datiert: 6. Juli 1798
London, Trustees of Sir John Soane's Museum
Inv.-Nr.: 9.2.1c
Literatur: Summerson, Watkin, Mellinghoff 1983, Abb. 22 auf S. 73; Acres 1931, S. 480–483; Gibson-Jarvie 1979; Evans 1852, S. 23; Binney 1984, S. 73; Bolton 1927, S. 62

Joseph Gandys lichthaltiges Aquarell der Rotunde ist von trügerischer Ruhe; denn in diesem großen Kuppelsaal praktizierten die Wertpapier- und Staatsanleihen-Händler der Bank von England ihr rauhes Alltagsgeschäft. Robert Taylors dem römischen Pantheon nachempfundener Entwurf verhalf London zu einem der ersten großen, öffentlichen Räume in neoklassischem Stil. 1794 erneuerte Soane das verrottende Holzdach. Gandys Aquarell zeigt auf lebendige Weise, wie leicht die Umgestaltung mit halbkreisförmigen Öffnungen rund um die Kuppelbasis und mit einer von Karyatiden gesäumten Laterne den Raum machte. Auch wenn Soane die antike Größe der Halle erhielt, läßt die ornamentale Oberflächengestaltung einen deutlichen Bruch erkennen. Die Eigenwilligkeit und Originalität des Architekten verwirrte seine Umwelt; man verspottete ihn als „modernen Goten", was ebenso bissig auf die beleidigend unklassische Dekoration verwies wie überhaupt auf die als barbarisch empfundene Veränderung von Taylors bewunderter Architektur. Später galt Soanes Rotunde als eines seiner Meisterwerke; aber wie die übrigen Interieurs wurde sie in den 20er Jahren des 20. Jahrhunderts abgerissen, um dem gegenwärtigen Gebäude der Bank von England Platz zu machen. DA

Henry Provis

45

Konstruktionsmodell einer Nische in der Rotunde der Bank von England, 1794

Bemaltes Holz, 39,5 x 60 x 32,5 cm
London, Trustees of Sir John Soane's Museum
Inv.-Nr.: M 606
Literatur: Wilton-Ely 1969, Kat.-Nr. 18 auf S. 17, Abb. 16a und b; Bolton 1929, S. 191

Als John Soane die Rotunde der Bank von England umbaute, wollte er vor allem die Gebäude feuersicher machen. Das Modell, ein Mauer-Abschnitt der Rotunde, zeigt das neuartige konstruktive System, das die neue, feuersichere Kuppel tragen sollte. Die Bank von England bedrohte damals, wie alle anderen städtischen Einrichtungen, das Schreckgespenst des Feuers, was nicht nur an zufällig entstandenen Bränden lag, wie dem Großen Feuer von 1666, sondern auch an den häufigen vorsätzlichen Brandstiftungen. Um das anfällige Dach der Rotunde zu schützen, mußte Soane zunächst einen leichtgewichtigen, unbrennbaren Hohlziegel erfinden und sodann eine Methode ersinnen, die neue Struktur auf den älteren Mauern abzustützen. Das Modell diente der Demonstration von Soanes Lösung: Kunstvoll in vierzehn Einzelteile getrennt, zeigt es die Anordnung des Mauerwerks in der entscheidenden Höhe der Nischenbögen, wo das Gewicht der Kuppel auf die Mauern übertragen wird. Wahrscheinlich erklärte Soane mit dem Modell zuerst den Maurern der Rotunde das System; zwischen 1810 und 1830 diente es als innovatives Unterrichtsmittel bei seinen Vorlesungen in der Königlichen Akademie. „In meiner eigenen Praxis ließ ich es selten an einem Modell für das vorgeschlagene Bauwerk fehlen, vor allem bei jenen großen Räumen der Bank, die aus nicht brennbarem Material gebaut wurden", sagte Soane. „Wann immer auf ein Modell verzichtet wurde, hatte das Bauwerk darunter zu leiden was die Solidität oder seine Annehmlichkeit betraf, vielleicht auch beides." DA

45

Anonym

46

Der Lothbury Court der Bank von England nach Südosten, 1798

Feder und Aquarell, 85 x 65,5 cm
London, Trustees of Sir John Soane's Museum
Inv.-Nr.: 12.3.14
Literatur: Acres 1931, S. 381, 395, Tafeln 47, 50; Bolton 1924, S. 34 ff., 50 ff.; Du Prey 1982, S. 148 ff.; Steele und Yerbury 1930, S. 13 ff., Tafeln 19–26; Summerson, Watkin, Mellonghoff 1983, S. 61 ff.; Abb. 1 auf S. 60

In den langen Jahren der Napoleonischen Kriege stiegen die an die Bank von England gerichteten Anforderungen beträchtlich; das führte zu mehrfachen funktionalen und baulichen Erweiterungen, bis die Bank und ihre Baulichkeiten beinahe einer Stadt in der Stadt glichen. Sie besaß auf dem enormen Areal von mehr als einem Hektar öffentliche Säle, private Büros, Lager, Werkstätten, Baracken, Apartments, Gärten und Höfe. In der ersten Bauphase während der 90er Jahre schuf John Soane im Zentrum des Gebäude-Komplexes und umgeben von den hier abgebildeten Höfen, ein architektonisches Zeichen für die multifunktionale Organisation. Der Blick geht auf den *Lothbury Court*, wie er sich aus dem *Residence Courtyard* heraus bietet; letztere wurde so genannt, weil der Hof von den Wohnungen und Büros hochgesteller Bank-Bediensteter umgeben war. Gewaltige korinthische Säulen schirmen den Wohnbereich des *Residence Courtyards* von dem etwas öffentlicheren *Lothbury Court* ab – Kopien aus dem Vesta-Tempel in Tivoli, einer von Soane besonders geschätzten Ruine, die er 1778 als Student besucht hatte. Diese Schranke zwischen den Höfen – auch die vergleichbaren Säulen im *Lothbury Court* – besaßen eine Wirkung räumlicher Vielgestaltigkeit, die den funktionalen Aufgaben der Bank entsprach. Außerdem riefen sie Ruinen des römischen Forums in Erinnerung, dem Symbol antiken städtischen Lebens, das Engländer von ihren Reisen her kannten. Soanes Versuch, in den Grenzen der Bank von England eine ideale Stadt zu errichten, führte ihn zu einer, die verschiedensten Aktivitäten einigenden und nobilitierenden architektonischen Ordnung. Wie die stille Szenerie zeigt, schloß Soanes Vision das konkrete Chaos der Stadt jenseits der Mauern aus und schuf damit für die Bank ein architektonisches Gleichnis reinster Selbstgenügsamkeit.

DA

46

Joseph Michael Gandy

London 1771–1843 Devon

47

Die Südseite des Lothbury Court der Bank von England, 1799

Feder und Aquarell, 67,5 x 124,5 cm
Datiert: 2. Oktober 1799
Herkunft: London, Trustees of Sir John Soane's Museum
Inv.-Nr.: 12.3.2
Literatur: Schumann-Bacia 1989, S. 91–106, Abb. 76–87; Stroud 1984, S. 157, Abb. 113–115 auf S. 158 ff.; Summerson 1988, S. 192, 197

Eine der wichtigsten Funktionen der Bank war die eines Lagers für die nationale Goldreserve; sie wurde in Wagen über eine enge Passage von Lothbury, durch den *Lothbury Court* und in die Gewölbe des tief im Gebäude-Inneren gelegenen *Bullion Yards* gebracht. Den Sicherheitsbedürfnissen entsprachen architektonisch die bedrohlichen Außenmauern. Mit dem Lothbury-Hof schuf John Soane indes einen triumphalen Rahmen, in dem der Schatz eher zelebriert als verborgen wurde. Diese Schnittzeichnung – eine imaginäre Ebene, die das Gebäude durchschneidet – ermöglichte dem Architekten, nicht nur die Südseite des *Lothbury Courts* zu zeigen, sondern auch die räumlichen Beziehungen flankierender Kolonnaden, Treppen, Innenhöfe, Mauern, Treppenhäuser und Keller. Die Bedeutung des zum *Bullion Yard* führenden Bogengangs unterstreicht dessen Größe und die plastisch-ornamentale Dekoration. Als Vorbild wählte Soane den Typ des römischen Triumphbogens, und in Anlehnung daran besetzte er die Wände mit allegorischen Skulpturen: z. B. Merkur-Stäben zwischen den Säulen, Zeichen des Götterboten und des Gottes der Reisenden und Händler, ein vielfach auftretendes Symbol in der Bank. Oberhalb der Säulen personifizieren in der endgültigen Ausführung Figuren die Erdteile Europa, Asien, Afrika und Amerika und damit den weltweiten Einfluß des Hauses. Die gesamte Anlage stellt ganz bewußt eine Art Bühnenbild für den Goldtransport dar: In der Kulisse des breiten Treppenaufgangs und der Kolonnaden führt der Weg des Schatzes durch den römischen Bogen hindurch in die Gewölbe des *Bullion Yards.* Soane schuf hier eine Atmosphäre sich selbst feiernder, den kritischen Augen der Öffentlichkeit entzogene Macht. Solch imperialer Glanz kam in London eigentlich erst nach dem Sieg von Waterloo gegen Ende der 1820er Jahre auf. Die von John Nash und Decimus Burton entworfenen Triumphbögen im Hyde-Park sind dafür Beispiele.

DA

47

48

Joseph Michael Gandy

London 1771–1843 Devon

48

Das Consols Transfer Office der Bank von England, 1799

Feder und Aquarell, 70,5 x 99 cm
London, Trustees of Sir John Soane's Museum
Inv.-Nr.: 11.4.3
Ausstellung: Royal Academy 1800, Nr. 1036
Literatur: Acres 1931, S. 184, 395–396, Tafel 48; Binney 1984, Abb. 16; Schumann-Bacia 1989, S. 70–74, Tafeln 57–58; Sheppard 1971, S. 56; Steele und Yerbury, S. 16, Tafeln 61 und 66; Summerson 1990, S. 145, 165; Summerson, Watkin, Mellinghoff 1983, Abb. 18–21 auf S. 71–72

Der geläufige Typ einer öffentlichen Bankschalterhalle ist am Beispiel des *Consols Transfer Office* dargestellt. Der Begriff *„Consols"* bezieht sich auf eine Anzahl einzelner Staatspapiere, die zu einer Gruppe mit einem Zinssatz von 3 % zusammengestellt wurden und unter dem Sammelbegriff „three per cent consolidated annuities" (dreiprozentige konsolidierte Staatsanleihen) oder als ‚Consols' bekannt waren. Die Angestellten hinter den Schaltern wickelten die Publikums-Geschäfte ab, registrierten die häufigen Eigentumsübertragungen und errechneten die Halbjahresdividenden. Zahlreiche Abteilungen der Bank waren mit der Verwaltung der vielen Staatspapiere befaßt, von denen die ‚Consols' nur einen Teil darstellten. Bankwesen im heutigen Sinne – mit der Unterhaltung von Giro- oder Sparkonten – betraf in der ersten Hälfte des 19. Jahrhunderts nur wenige. Aber die vom *Consols Transfer Office* repräsentierte Art des Geldhandels war deshalb von besonderer Bedeutung, weil sie, wie der Historiker Francis Sheppard feststellte, ‚die Sozialstruktur der Nation veränderte, indem sie es immer mehr Personen ermöglichte, von kleinen unabhängigen Einkünften zu leben ..., was vor allem für London als Ort dieser Leute wichtig war'. Architektonisch ist das Büro aus den späten neunziger Jahren des 18. Jahrhunderts eine Variation nach Robert Taylors Büro-Einrichtung von 1787 und von Soanes Aktien-Büro von 1792. Der Notwendigkeit eines bestmöglich beleuchteten, flexiblen Raum in einem offenen Geschoß entsprach ein Raum, in dem die Stützen auf vier massive Pfeiler reduziert waren; ungewöhnlich viele Fenster beleuchteten die weiträumige Zentralfläche, die damals auf drei Seiten von Bankschaltern umgeben war. Soanes Innovation beruhte nicht auf dem von Taylor entliehenen pragmatischen Entwurf, sondern auf dem bewußten Versuch, die monumentalen Eigenschaften antiker römischer Innenräume mit Hilfe von Ornament, Licht und Volumen neuzugestalten. Soanes Zeichner Joseph Gandy hatte diese Ambitionen auch; deshalb betonte er in seiner möglicherweise für eine Royal-Academy-Ausstellung bestimmten Zeichnung die offenkundigen Beziehungen der Schalterhalle zu einem monumentalen römischen Bad. DA

Joseph Michael Gandy und Henry Hake Seward

49

(Farbtafel S. 258)

Das Consols Transfer Office der Bank von England im Bau, 1799

Feder und Aquarell, 72 x 101 cm
Datiert: 28. April 1799
Herkunft: London, Trustees of Sir John Soane's Museum
Inv.-Nr.: 11.6.6
Ausstellung: Royal Academy 1823, Nr. 987
Literatur: Bolton 1929, S. 179–180, 182–183, 187–188, Tafeln 112–113; Colvin 1978, S. 40–41; Crook 1969, S. 66–67; Saint 1983, S. 58–59

Die ungewöhnliche Zeichnung zeigt das Büro für die Übertragung konsolidierter Staatsanleihen vor dem Verputz und diente 1815 zur Illustrierung einer Vorlesung John Soanes zum Thema „Konstruktion" vor der Königlichen Akademie. „... Durch die Überwachung der Bauarbeiten und das Zeichnen der Bauwerke in ihren unterschiedlichen Stadien wird der Student nicht nur eine tiefe Einsicht in die Technik des Bauens erwerben, sondern zugleich vielerlei Licht- und Schatteneffekte entdecken ...". Die aus dieser Zeichnung zu gewinnende Einsicht war Soanes innovatives Verfahren beim Bau feuersicherer Gewölbe; er benutzte dafür verschiedene Arten von Backsteinen, speziell z. B. leichte, hohle Terrakottablöcke mit gerundeten Ecken für die höchsten Gewölbe. Das Verfahren wurde im gesamten Gebäude angewandt, wie etwa an dem Modell der Kuppel zu sehen ist. Wobei ‚Konstruktion' als Konzept für Soane nicht allein die kluge Verwendung von Baustoffen bedeutete; es weist auch auf eine verantwortungsbewußte Auffassung vom eigenen Berufsstand hin. (Seine Gesamtvergütung in Höhe von 5 % der Baukosten von £ 860.000 kann auf £ 43.000 geschätzt werden, nach heutigen Maßstäben mindestens £ 1,5 Millionen.) DA

Joseph Michael Gandy

London 1771–1843 Devon

50

Entwurf für Tivoli Corner, die Nordwestecke der Bank von England, 1803

Feder und Aquarell, 92 x 150 cm
London, Trustees of Sir John Soane's Museum
Inv.-Nr.: P118

Literatur: Acres 1931, S. 184, 397–402, Frontispiz von Bd. 2; Bolton 1924, Abbildungen auf S. iii und 31; Bolton 1933; Lawrence 1991, S. 7; Schumann-Bacia 1989, S. 107–123; Steele und Yerbury 1930, S. 20, Tafel 5; Stroud 1984, S. 157, Abbildungen 120–121 auf S. 162–163; Teysott 1974, Abb. 147

Lage und Form von *Tivoli Corner* verdeutlichen John Soanes Versuch, die Bank von England symbolisch und praktisch auf die damalige städtebauliche Planung in London zu beziehen. Die nach ihrem Vorbild – dem Vesta-Tempel in Tivoli – benannte dekorative Vorhalle konkurriert als architektonisches Symbol der Bank mit dem Haupteingang an der *Threadneedle Street.* Die runde Anlage, als Teil der Erweiterung an der *Lothbury Street* (links) und der *Princes Street* (rechts) 1806–1807 errichtet, nahm die nordwestliche Ecke ein und bildete den Abschluß der Einfriedung des dreieinhalb *Acres* großen Bankgeländes. Angesichts einer großartigen Architektur wie *Tivoli Corner,* erscheint es merkwürdig, daß sie sich offensichtlich in der Umgebung der engen, unübersichtlichen Kreuzung von vier Straßen fast verlor. (Die dramatische Perspektive auf dem Aquarell ist eine Erfindung des Künstlers.) Tatsächlich entwarf Soane *Tivoli Corner* nicht für die 1807 existierende Straßenkreuzung, sondern wahrscheinlich für eine futuristische Version, im Gefolge eines ehrgeizigen städtischen Plans zur Sanierung des nördlich der Bank gelegenen Geländes. So blieb *Tivoli Corner,* ein kraftvolles Symbol der *Bank of England,* nur das Fragment einer großartigen, doch unerfüllten städtebaulichen Vision. DA

50

Sir John Soane

Goring-on-Thames 1753–1837 London

51
Grundriß und Detail-Aufriß für Tivoli Corner, Bank von England, 1805

Sepiazeichnung und Feder, 55 x 68,5 cm
London, Trustees of Sir John Soane's Museum
Inv.-Nr.: 1.6.23

Im unregelmäßigen architektonischen Gefüge Londons sind vor allem Hausecken aus größter Entfernung am besten sichtbar. Die Lage des *Tivoli Corner* machte es John Soane möglich, der Bank von England ein architektonisches Zeichen zu errichten. Statt einer monumentalen Lösung verstärkte er im Grundriß die optische Wirkung des spitzen Winkels. Die Skizzen stellen eine Etappe seines Entwurfs-Prozesses dar, der 1804–1805 mehrere Monate in Anspruch nahm. Soane mußte davon ausgehen, am *Tivoli Corner*

51

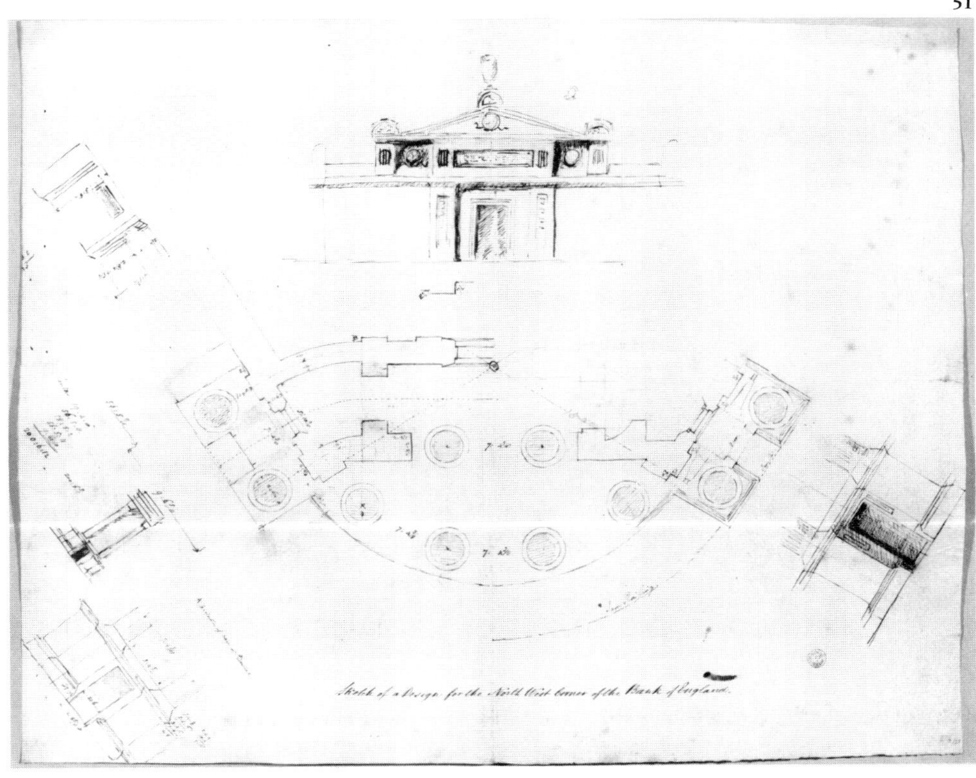

eine Kolonnade (im Plan durch abgetönte Kreise angedeutet) zu bauen, als Entsprechung der bereits 1795 entstandenen Ecklösung an der *Lothbury* und *Bartholomew Lane.* Soane stellte also die konvexe Kolonnade vor eine zurückgesetzte Rückwand, wobei die abgesenkten Flächen Tiefe suggerierten. Um diesen Effekt zu steigern, errichtete er eine zweite Kolonnade hinter der ersten und gestaltete die rückwärtige Wand leicht konkav. Da die Ecke noch immer ziemlich spitz erschien, ging Soane daran, die Komposition zu verbreitern. Das gelang ihm mit Hilfe von Säulenpaaren, die die geschwungene Kolonnade einrahmten. Dank dieses Kunstgriffs war die architektonische Komposition nun auch von den entfernten Enden der *Lothbury* und *Princes Street* vorzüglich wahrzunehmen. Weitere Teile des Entwurfs erscheinen parallel dazu ausgearbeitet: etwa die später verworfenen Torwege zwischen den Sockeln der vorspringenden Säulen oder ein Attika-Geschoß als Krönung der Ecksituation. Das Blatt zeigt – wie viele Soanes – wie er den gesamten Baukomplex von Grund auf, in zahllosen Studien entwickelte. DA

52
Modell des Tivoli Corner, Bank von England

Bemaltes Holz, 52,5 x 56,5 x 26 cm
London, Trustees of Sir John Soane's Museum
Literatur: Wilton-Ely 1969, Kat.-Nr. 24 und 27 auf S. 19 f.; Abb. 7a–b

52

Mit diesem Modell wollte John Soane seinen räumlich-komplexen Entwurf des *Tivoli Corner* an der nordwestlichen Ecke der Bank von England darstellen. Auf der Rückseite befindet sich eine kleine bewegliche Platte, die einen Blick von innen nach außen gestattet. Vermutlich wurde das Modell zusammen mit einem Alternativentwurf ebenfalls dem Bauausschuß der Bank vorgeführt. Mit Hilfe der Modelle konnte das achtköpfige Gremium entscheiden, welche Gestaltung von *Tivoli Corner* ihre Institution angemessen symbolisieren sollte. Daß den Direktoren alternative und im weiteren Verlauf modifizierte Entwürfe vorgelegt wurden, war typisch für das gemeinsame Vorgehen von Soane und den Bankdirektoren. Leider existieren keine Aufzeichnungen ihrer Diskussionen. Soanes Architektur enthält einige augenfällige Anlehnungen und Bedeutungen, von denen die auffallendste wohl die Adaption von Plan und korinthischer Säulenordnung des römischen Vesta-Tempels in Tivoli ist. Auf antike Architektur hatte sich Soane auch bei seinen Interieurs bezogen; dies jedoch war die erste nach außen gerichtete Aneignung römisch-imperialer Größe und Würde. Die korinthische Ordnung stand für Wohlstand und Opulenz (nicht zuletzt ihrer kostspieligen Herstellung wegen); zudem war sie jahrhundertelang ausschließlich hochrangigen öffentlichen Gebäuden vorbehalten gewesen. Das Obergeschoß versah Soane mit Ornamenten nach Vorbildern auf römischen Urnen und Sarkophagen; das gab der ganzen Komposition eine ernste und kunstsinnige Note. DA

53

Anonym

53
Das Five Per Cent Office (später Colonial Office)

Feder und Aquarell, 71,5 x 96,5 cm
London, Trustees of Sir John Soane's Museum
Inv.-Nr.: 11.4.2
Literatur: Summerson, Watkin, Mellinghoff 1983, S. 14, Tafel IV.; Acres 1931, S. 351–363; Schumann-Bacia 1989, S. 143–149, Tafel 122 auf S. 147; Steel und Yerbury 1930, S. 24, Tafeln 58, 62, 65, 68–70

Das Aquarell des „Fünf-Prozent-Büros" der Bank von England zeigt bedeutsame Wandlungen nicht nur in der Entwicklung von John Soanes Architektur, sondern auch die der Bank-Praxis. Der 1818–1823 errichtete Raum war die letzte der von Robert Taylor im achtzehnten Jahrhundert erbauten Hallen, die renoviert und feuersicher gemacht werden mußten, und eines von Soanes letzten Bauprojekten für die Bank. Wie frühere Beispiele wies auch dieses Büro vier Hauptpfeiler, eine von einer Laterne gekrönte Kuppel und Seitengewölbe auf. Doch hier verfeinerte Soane die dreißig Jahre alte Ursprungsform noch einmal endgültig. Er erfüllte die charakteristisch antikische Schwere mit neuer gotischer Leichtigkeit; darüber hinaus bediente er sich auffallend griechischer Form und Ornamentik. Solche Mannigfaltigkeit historischer Verweise war allgemein für die öffentliche Architektur in der Zeit nach Waterloo charakteristisch. Abgesehen von den architektonischen Unterschieden sind auch die Darstellungen der Bankangestellten hier sehr verschieden von den etwa dreißig Jahre zuvor gezeigten. Das Personal hatte sich drastisch verändert. Seine Zahl war wegen der Geschäftsteigerung während der Kriege von 300 im Jahr 1792 auf 900 im Jahr 1813 gestiegen. Um die Mehrarbeit in den Griff zu bekommen, gründeten die Direktoren nach 1800 u. a. spezielle Komitees, die die Angestellten innerhalb und außerhalb der Bank kontrollierten. Ihre Anwesenheit war streng geregelt, das Verhalten gegenüber dem Publikum überwacht; sogar die Zahl der jährlichen Urlaubstage wurde von 42 auf 18 gekürzt. Trunkenheit in der Öffentlichkeit, der Besuch bestimmter Lokale und sogar Theaterbesuche konnten einem Angestellten Ärger mit dem Arbeitgeber eintragen. Die Wirkung solcher Veränderungen machen die dunkel gekleideten, über die Bücher gebeugten Angestellten des ‚Fünf-Prozent-Büros' deutlich. Die Disziplinierungsmaßnahmen der Bank kennzeichnen die sozialen Veränderungen in London und in England überhaupt. DA

54

54
Modell des Five Per Cent Office (später Colonial Office)

Bemaltes Holz und Metall, 72 x 48,5 x 35 cm
London, Trustees of Sir John Soane's Museum
Inv.-Nr.: MR 16
Literatur: Wilton-Ely 1969, Kat.-Nr. 36 auf S. 23; Abb. 14a, rechts; Summerson 1983, S. 500–505; Bolton 1929, S. 157–158

John Soanes besonderes Interesse an der Innenbeleuchtung und der Fassadengestaltung während der letzten Phase seines Amtes als Architekt der Bank von England wird an diesem Modell des ‚Fünf-Prozent-Büros' deutlich. Wie das frühere Modell der Rotunde diente wohl auch dieses dazu, dem Baukomitte der Bank die Struktur des feuersicheren Gewölbes der Halle zu demonstrieren. Aber es war auch wichtig, um Beleuchtungsmöglichkeiten sichtbar zu machen. Für Soane ließ gerade die Innenbeleuchtung sein Publikum Erfahrungen mit dem machen, was er die „Poesie der Architektur" nannte: einem Gefühl von Geheimnis und Erhabenheit. Der Architekt strebte vor allem in seinen späten Jahren diese psychologische Wirkung fast in allen seinen Bauwerken an. Das Modell enthüllt auch Soanes seit der Zeit um 1810 bestehenden und erst in den zwanziger Jahren eingelösten Ehrgeiz, die Südfront der Bank an der *Threadneedle Street* umzugestalten. Die Bank sollte, so wünschte Soane, dem Publikum eine zusammenhängende, monumentale Fassade bieten, um London eine architektonische Vorstellung von bürgerlichem Wohlstand und Macht zu geben. DA

55
Modell des Mittelteils der Fassade der Bank von England, Threadneedle Street

Bemaltes Holz, H 68,5 x B 115 x T 12,5 cm
London, Trustees of Sir John Soane's Museum
Inv.-Nr.: SC 3
Literatur: Acres 1931, S. 405–406, 409–410, Tafel 67; Bolton 1924, S. 66–68; Olsen 1986, S. 21–28; Schumann-Bacia 1989, S. 149–158, Abb. 126–134; Steele und Yerbury 1930, S. 24–26, Tafeln 1–2; Stroud 1984, Abb. 127 auf S. 167; Summerson 1983, Abb. 303 auf S. 369; Summerson 1988, S. 282–289; Summerson, Watkin, Mellinghoff 1983, S. 63, Abb. 6 auf S. 66; Wilton-Ely 1969, Kat.-Nr. 42 auf S. 24, Abb. 8b

55

John Soane mußte bis zum letzten Stadium seiner Bautätigkeit an der Bank of England warten, bis er die Gelegenheit zur Neugestaltung der Hauptfassade bekam; es war eine Ironie des Schicksals, daß er just an diesem Höhepunkt seiner Karriere radikal an Ansehen verlor. Der allmähliche Verfall der Fassade aus Portland-Stein hatte Soane mindestens seit 1800 beschäftigt, aber erst 1823 gab die Baukommission ihre Zustimmung zur Wiederherstellung und Verstärkung der Mauern. Das hölzerne Modell, der Kommission im Februar 1825 vorgelegt, zeigt Soanes endgültigen Entwurf. Das wichtigste ästhetische Anliegen – die Fassade zur *Threadneedle Street* mit den übrigen drei Fronten zu vereinheitlichen – erreichte Soane mit Hilfe korinthischer Säulen-Reihen, wie man sie seit den 90er Jahren des 18. Jahrhunderts verwendet hatte. Die funktionale Bedeutung des Eingangs wurde nur beiläufig hervorgehoben; im Modell ist die Kolonnade nur in geringem Abstand vor die Mauer gesetzt. Soane glaubte, eine in sich geschlossene Gesamtarchitektur werde dem Charakter der Institution besser gerecht, als ein einzelner betonter Schwerpunkt. Eben diese Kriterien architektonischer Klarheit und einfachen Ausdrucks ließen Soanes Bank in den Augen der nächsten Generation als mißlungen erscheinen. Das Unverständnis des späteren 19. Jahrhunderts war jedoch nur Teil eines umfassenderen Vertrauensverlustes in vorangegangene architektonische und kulturelle Werte. Für Soanes Kritiker war die Bank-Architektur gleichbedeutend mit der ästhetisch und moralisch dekadenten Gesellschaft, die sie hervorgebracht hatte. Erst Mitte des 20. Jahrhunderts, als man Soanes London als wohlgeordnet und weltstädtisch neu bewertete, wurde die historische Position der Bank von England im Kanon englischer Architektur wieder gefestigt. DA

Joseph Michael Gandy
London 1771–1843

56
Die Scala Regia zum House of Lords, 1823

Feder und Aquarell, 132 x 93 cm im Rahmen
London, Trustees of Sir John Soane's Museum
Inv.-Nr.: XP16
Ausstellung: Royal Academy 1823, Nr. 974 oder 984
Literatur: Bolton 1924, S. 112–113; Crook and Port 1973, S. 520–525

Über viele Jahre wollte Soane gern eine große neoklassische Anlage an die *Houses of Parliament* bauen, um das hier entstandene unergiebige Durcheinander zu ersetzen, und er verwandte in den 90er Jahren des 18. Jahrhunderts vergebens viel Zeit auf dieses Projekt. Rund 30 Jahre später hatte er die Gelegenheit, dort einen größeren Bau zu schaffen, als er – von 1813 an – für die Gebäudeunterhaltungsbehörde arbeitete und für das Gebiet von Westminster verantwortlich war. Nachdem die irischen Abgeordneten in der Folge des Vereinigungsgesetzes von 1800 hinzukamen, zog das *House of Lords* aus seinem winzigen Sitzungssaal an der Südseite des Gebäudes in den ehemaligen *Court of Requests* um. Im Laufe seiner Tätigkeit zwischen 1800 und 1812 baute James Wyatt dort einen neuen königlichen Eingang und Amtsgebäude. Wyatts Bau in einfachem gotischen Stil wurde heftig kritisiert, und als Georg IV. an die Regierung kam, bestand er auf einer Verbesserung des königlichen Portals. Soanes Grundriß wurde im Sommer eingereicht, und während der nächsten zwei Jahre baute er eine neue königliche Eingangszone und eine Treppe. 1823 und 1824 folgte eine königliche Galerie, später Räume für Ausschußsitzungen und eine Bibliothek. Der Grundriß zeigt die Einfahrt für die königliche Kutsche in der Mitte eines gekrümmten Korridores in gotischem („Perpendicular") Stil. Von hier aus führte der neoklassische Treppenaufgang *(‚Scala Regia')* in das Prinzenzimmer. Dieses wundervolle Treppenhaus, das A. T. Bolton für „den vielleicht besten aller Entwürfe von Soane" hielt, ist auf dem Aquarell dargestellt. AW

56

Joseph Michael Gandy
London 1771–1843

57
(Farbtafel S. 258)

Der Saal im Gerichtshof des Lordkanzlers, Westminster, 1827

Feder und Aquarell, 81 x 103,5 cm
London, Trustees of Sir John Soane's Museum
Inv.-Nr.: P274
Ausstellung: Royal Academy 1827, Nr. 968
Literatur: Crook and Port 1973, S. 504–512

Westminster Hall hatte seit Jahrhunderten die Gerichtshöfe beherbergt, zum Teil in hölzernen Behelfsbauten. Die bevorstehende Krönung Georgs IV. führte 1819 zu Restaurierungsarbeiten an der Nordfront des mittelalterlichen Baus, die mit der Verlagerung der Gerichte verbunden waren. Es wurde beschlossen, die Gerichtsgebäude außerhalb der westlichen Mauer von Westminster Hall wiederaufzubauen und Soane als Architekt zu berufen. So wurden zwischen 1821 und 1825 sieben Gerichte und ihre Nebenstellen sinnreich in dieses komplizierte Gelände eingepaßt, auf dem schon sechs mittelalterliche Strebebögen und an seinem südlichen Ende eine unvollständige palladianische Anlage aus der Mitte des 18. Jahrhunderts existierten. Soane entschloß sich, außen den früheren palladianischen Aufriß weiterzuführen. Angesichts dieses Stils in der direkten Nachbarschaft von Westminster Hall, äußerten sich Parlamentsmitglieder kritisch, und Soane war gezwungen, den Entwurf des *New Palace Yard* zu gotisieren. Der Grundriß und die Innenräume sprechen jedoch für die Brillanz des Architekten. Soane muß die Herausforderung genossen haben, diese Gerichtshöfe mit Oberlicht zu entwerfen. Er variierte die Entwürfe mit außerordentlichem Geschick und benutzte etliche Motive aus früheren Bauten. Das Kanzleigericht, einer der größten Gerichtshöfe, verfügte als einziges über eine ovale Galerie unter einem quadratischen Dachfenster. Das Aquarell zeigt den Blick in das Gebäude vom öffentlichen Eingang über Westminster Hall. Es macht auch die räumliche Beengtheit deutlich, die in den 80er Jahren zu einem Neubau am *Strand* führte. Soanes Gerichtsgebäude wurden daraufhin abgerissen. AW

58
(Farbtafel S. 259)

Der Sitzungs-Saal des Staatsrates (Handelsministerium) in Whitehall, 1827

Feder und Aquarell, 94,5 x 72 cm
London, Trustees of Sir John Soane's Museum
Inv.-Nr.: 15.5.1
Ausstellung: Royal Academy, 1827, Nr. 905
Literatur: Crook and Port 1973, S. 551–562

Die Geschichte dieses Auftrags zeigt Soanes Schwierigkeiten mit seinen Entwürfen für öffentliche Gebäude. Sie waren Politikern preisgegeben, die sich einmischten, weil sie gute Architektur zu erkennen meinten, tatsächlich aber nach Kostengesichtspunkten entschieden. Im April 1823 wurde beschlossen, das Handelsministerium auf der Westseite von *Whitehall* neu aufzubauen, und im Oktober desselben Jahres wurde das Projekt auch auf das baufällige Gebäude des Geheimen Staatsrates ausgedehnt, das sich mit seinem Eingang zur Downing Street im Süden anschloß. 1824 kam es wegen des Handelsministeriums zu verschiedenen Treffen von Architekt und Ministerien, mit vielen Auseinandersetzungen über den Entwurf. Besonders Fredrick John Robinson, der Schatzkanzler und spätere Viscount Goderich, stellte die Form der Säulen und die Anordnung der Kapitelle für die fortlaufende Kolonnade an der *Whitehall* zugewandten Fassade in Frage. Die Pläne für das Gebäude des Geheimen Staatsrates wurden am 1. März 1825 gebilligt, aber der Bau begann nicht vor Dezember. Auch hier gab es Querelen um die Gestaltung. Schon um 1844 waren die von Soane errichteten Gebäude zu klein. Im selben Jahr legte Charles Barry einen Plan für den Umbau des Handelsministeriums wie des Staatsratsamtes und den Neuaufbau des Innenministeriums vor. Dieser Bau war im Sommer 1846 beendet; in seinem Verlauf wurde das Staatsratsgebäude entscheidend verändert. Das besondere Raffinement und die Pracht von Soanes ursprünglicher Gestaltung kann also nur noch dank dieses Aquarells gewürdigt werden. AW

Thomas Stothard

London 1755–1834 London

59 (Farbtafel S. 277)

Übergabe der Flagge an das Freiwilligenkorps der Bank of England, 1799

Öl auf Leinwand, 88,9 x 121,9 cm
London, The Governor and Company of the Bank of England
Herkunft: erworben 1800
Ausstellungen: London, Picadilly, 1939; London, National Army Museum, 1973; London, Barbican Art Gallery, 1984; London, M.C.C., 1987

Eine Szene, am 2. September auf *Lord's Cricket Ground,* als die Frau von Samuel Thornton, dem Bank-Direktor von 1799–1801, dem Freiwilligenkorps der Bank of England die Flagge überreichte. Das Korps rekrutierte sich 1798 aus der Belegschaft „zur unmittelbaren Verteidigung der Bank"; Offiziere kamen aus dem Vorstand und der Mannschaftsstand aus dem Bereich der Angestellten. Uniformen und Waffen wurden von der Bank gestellt. Der Dienst war freiwillig und wurde nicht bezahlt, aber den Angestellten blieb augenscheinlich kaum eine andere Wahl, als ihn anzunehmen. Ein 1798 verabschiedetes Gesetz hatte die Bildung von „Freiwilligenverbänden" für die Verteidigung und die Sicherheit des Königreiches genehmigt, und ähnliche Regimenter waren im ganzen Land entstanden, viele davon in London, wo sich die Stärke der nationalen Wirtschaft konzentrierte. Im Falle einer französischen Invasion sollte das Gold, die Banknotenpressen und die Unterlagen der Bank in von Mitgliedern des Freiwilligenkorps eskortierten Wagen nach Westengland in Sicherheit gebracht werden. John Soane, Architekt der Bank und ‚Quartiermeister' im Korps, war für die Verlagerung verantwortlich. Das Freiwilligenkorps blieb als private, von der Bank finanzierte Verteidigungstruppe bis 1907 bestehen, als die Militärreform nicht länger gewährleisten konnte, daß ihre Aufgabe allein in der Verteidigung der Bank bestünde. Der inoffizielle Wahlspruch der Bankfreiwilligen war: „Kein Vormarsch ohne Sicherheit". JK

60

60

Stuhl, 1809

Entwurf John Soane; gearbeitet von John Bruce
Mahagoni und Leder, 88,9 x 51,4 x 57,8 cm
London, The Governor and Company of the Bank of England
Literatur: Bill Book Nr. 9, Sir John Soane's Museum

David Bruce fertigte diesen Stuhl 1809 (zu einem Preis von 4 Guinees) nach einem Entwurf von John Soane, dem Architekten der Bank von 1788–1833; er ist einer von sechs Stühlen für das Direktorenzimmer der Bank of England. Gegen Ende des 18. Jahrhunderts besaß die Bank bereits eine wachsende Klientel, die dort ihre Geschäfte abwickelte; sie galt auch als eine der Sehenswürdigkeiten Londons. Daher hatte ein unternehmender Angestellter der Bank sogar (anonym) einen Führer – eine Art Gebrauchsanweisung – für das Gebäude veröffentlicht. Nicht von ungefähr entwarf einer der führenden Architekten der Zeit das Gebäude, legte die Farben der öffentlichen Büros fest und sogar Hand an die Gestaltung der Boten-Uniformen und machte Vorschläge für die Möblierung der repräsentativen Räume. JK

James Gillray

London 1756–1815 London

61 (Farbtafel S. 280)

Politische Vergewaltigung – oder – Die alte Dame aus der Threadneedle Street in Gefahr!, 1797

Herausgeber H. Humphrey, St. James's Street
Kolorierte Radierung, 25 x 36 cm
London, Guildhall Library, Corporation of London
Literatur: George 1942, Bd. VII, S. 351–352, Nr. 9016; Hill 1966; Woods 1975

1797 führte ein Gesetz zur Einschränkung der Barzahlungen durch die Bank of England. James Gillrays Karikatur zeigt die *Bank of England* als „die alte Dame aus der Threadneedle Street". Die alte Dame ist in Ein-Pfund-Noten gekleidet und sitzt auf einer Schatztruhe. Sie wird vom konservativen Prmierminister William Pitt dem Jüngeren vergewaltigt und schreit: „Mord! – Mord! – Vergewaltigung! – Mord! ..." Pitts Hut liegt auf dem Boden; darunter liegt eine Liste mit der Überschrift „Anleihen". James Gillray, Englands meist gefeierter Karikaturist, wollte eigentlich Porträtmaler werden. Die meisten seiner Arbeiten entstanden jedoch für die Verlegerin und Inhaberin einer Druckwerkstatt Hannah Humphrey; ihr Geschäft war bis 1797 in der Bond Street, später in der St. James's Street 27 unweit des White's Club (Tories) und des Brooks's Club (Whigs). Gillray, der auch in der St. James's Street 27 wohnte, hatte also den idealen Standort, um Tagespolitiker zu skizzieren. Während er in den 80er Jahren seine Dienste kurzfristig an Pitts und seine politischen Freunde verkaufte, geißelte er in den neunzigern Politiker beider Parteien gleich unerbittlich. RH

62

62
Musterbuch von Banknoten

20,5 x 28,5 x 3 cm
London, The Governor and Company of the Bank of England
Inv.-Nr.: B356

Im Februar 1797 zwangen der Krieg mit dem revolutionären Frankreich und das Gespenst einer französischen Invasion Premierminister William Pitt den Jüngeren, durch den Staatsrat zu erklären, daß die Noten der Bank of England nicht länger in Gold konvertibel sein sollten. Auf diese Weise konnte die Regierung die nationalen Reserven für die Kriegsanstrengungen sichern. Die £ 5-Note war die niedrigste Note, die die Bank damals herausgab, und das im Umlauf befindliche Gold verschwand, wie zu erwarten war, bald aus dem Verkehr. Als Reaktion darauf druckte die Bank £ 1- und £ 2-Noten, um den Handel in Bewegung zu halten. Es stellte sich bald heraus, daß die neuen Banknoten sehr leicht zu fälschen waren. Das Fälschen von Banknoten der Bank of England blieb bis 1832 ein Kapitalverbrechen, und während dieser bis 1821 dauernden Periode der Unkonvertierbarkeit wurden über 600 Menschen deshalb zum Tode verurteilt und etwa 300 gehängt. Der öffentliche Druck auf die Bank, die Noten zu verbessern und sie fälschungssicherer zu machen, führte dazu, daß die Öffentlichkeit aufgefordert wurde, Verbesserungs-Vorschläge zu machen. Der erste kam von Alexander Tilloch, einem Graveur, der zusammen mit Francisco Bartolozzi und James Heath, beide Graveure für George III., im Mai 1797 einen Stich vorlegte, den Tilloch für unimitierbar erklärte. Mehrere Persönlichkeiten aus der Kunstwelt unterstützten diese Vorlage. Die Bank erprobte sie, indem sie ihren eigenen Graveur anwies, sie wirkungsvoll zu kopieren. Er konnte es, und so blieb die Vorlage zusammen mit den 400 anderen öffentlichen Vorschlägen liegen. JK

63

George Cruikshank
London 1792–1878 London

63
Banknote

Herausgeber William Hone, 1819
Linienstich, 14 x 21,5 cm
London, Guildhall Library, Corporation of London
Literatur: Cohn 1924, Nr. 45; George 1949, Bd. IX, S. 878 f., Nr. 13198; Evans 1978, S. 35–37

Am 26. Januar 1819 sah George Cruikshank bei *Old Bailey* zwei am Newgate-Galgen hängende Frauenkörper. Als er nach dem Grund der Todesurteile fragte, antwortete man ihm, daß die Frauen gefälschte Ein-Pfund-Noten in Umlauf gebracht hätten. Empört darüber ‚fälschte' Cruikshank zuhause seine eigene ‚Banknote – nachmachen verboten'. Kurz darauf besuchte ihn William Hone, ein Verleger von Ludgate Hill, erblickte die gestochene Note und bestand darauf, sie zu veröffentlichen. Im Zuge der sich daraus entwickelnden öffentlichen Kontroverse mußte das Strafgesetzbuch geändert werden. So die Version Cruikshanks. Hone sah dies ganz anders: Ihm zufolge war es seine Idee gewesen und seine Skizze, die er Cruikshank zum Stechen brachte. Doch wer immer es war von beiden; die ‚Note' hat sicher auf ihre Weise zur Abschaffung der Todesstrafe für Urkundenfälschung beigetragen. Cruikshank hatte wohl Recht, diese Arbeit für die wichtigste seiner Werke zu halten. RH

64
Sovereign und Half Sovereign (20- und 10-Schillingmünze) George III., 1817

Sovereign: Vorderseite: GEORGIUS III D:G:BRITANNIAR:REX F:D:1817, rechtsseitiges Profil mit Lorbeerkranz
Rückseite: HONI.SOIT.QUI.MAL.Y.PENSE., hl. Georg mit Drachen innerhalb des Hosenbandes, 2,1 cm Durchmesser

Half Sovereign: Vorderseite: GEORGIUS III DEI GRATIA 1817, rechtsseitiges Profil mit Lorbeerkranz
Rückseite: REX FID:DEF:.BRITANNIARUM, Schild mit Krone, 1,8 cm Durchmesser
London, The Museum of London, Leihgabe des Royal Borough of Kensington & Chelsea
Inv.-Nr.: 33.320/64, 66
Herkunft: Vermächtnis Yates
Literatur: Seaby, 1991

1816 gab es viele wichtige Änderungen im Münzsystem. U. a. wurden Goldmünzen von 22 Karat und vorgeschriebenem Gewicht zum gesetzlichen Standard erklärt, und zum ersten Mal wurden Silbermünzen geprägt, deren Materialwert unter dem Nennwert lag und die so die ersten offiziellen Scheide- oder Hilfsmünzen darstellten. Das Münzgeld in Gold wurde auf eine Einheit von 20 Schilling zurückgeführt; die Guinee wurde aus dem Verkehr gezogen und durch den Sovereign ersetzt. Er wurde am 1. Juli 1817 und der Half Sovereign am 10. Oktober 1817 zum offiziellen Zahlungsmittel erklärt. Gegen Ende des Jahres 1817 waren Goldmünzen im Wert von £ 4.275.000 geprägt worden. Auf die Rückseite ist das Bild des hl. Georg mit dem Drachen geprägt, das Benedetto Pistrucci (1784–1855) entworfen hatte, ein italienischer Gemmen- und Kameeschnitzer. William Wellesley Pole, der Leiter der Münzanstalt, gab ihm den Auftrag, Vorlagen vom Georgs-Motiv und vom Kopf des Königs für das neue Münzgeld anzufertigen. Von Pistrucci stammt die Stahlmatrix für Georg und den Drachen, das für den Sovereign des Jahres 1817 gebilligte Motiv, auf dem der hl. Georg eine zersplitterte Lanze in der Hand hält. EE

65

£ 1.000-Note der Bank of England

Nr. 7402; Acc. No. 1/828, datiert 17. Juli 1834
12,7 x 21 cm
London, The Governor and Company of the Bank of England
Herkunft: Notensammlung der Bank of England

Gegen 1825 wurden die Geldscheine wegen ihrer unbestrittenen Konvertierbarkeit in Gold und auch wegen ihrer bequemen Handhabung allgemein akzeptiert. Die Münze, die z. B. der £ 1.000-Note entsprach – tausend Sovereigns – wog stattliche 8 Kilogramm, ein nicht unbeträchtliches Gewicht. 1833, ein Jahr, bevor der Schein herauskam, wurden die Banknoten zum gesetzlichen Zahlungsmittel für jeden Betrag über £ 5 erklärt; das verschaffte dem Papiergeld der Bank of England einen entscheidenden Vorteil gegenüber anderen Möglichkeiten. Damals gab es Noten von £ 5 aufwärts bis zu £ 1.000 – wobei letztere heute eine Kaufkraft von annähernd £ 37.000 hätte. JK

Sir Thomas Lawrence

Bristol 1769–1830 London

66

(Farbtafel S. 279)

Sir Francis Baring Bt., John Baring und Charles Wall, 1806

Öl auf Leinwand, 154,9 x 226,1 cm
London, by arrangement with Baring Brothers & Co., Ltd.
Herkunft: Auftrag Sir Francis Baring
Ausstellungen: London, Royal Academy, 1807, Nr. 210; London, British Institution, 1830, Nr. 31 ... London, Royal Academy, 1961, Kat.-Nr. 28; London, 1979, National Portrait Gallery, Kat.-Nr. 23
Literatur: Garlick 1989, S. 144, Nr. 62, Farbtafel 29

Als er 1810 starb, wurde Sir Francis Baring von einem Beobachter als der „fraglos erste Geschäftsmann in Europa“ bezeichnet. Barings Aufstieg zum führenden Handelshaus in London vergleichsweise kurz nach seiner Gründung 1762 spiegelte den Aufstieg der Stadt in der Nachfolge Amsterdams zum wichtigsten internationalen Kapitalmarkt und Angelpunkt des Welthandels wider. Das Gruppen-Porträt pulsiert vor Energie und zeigt die Seniorpartner von Barings als zuversichtlich blickende Geschäftsleute. 1806 von Sir Francis Baring bei Großbritanniens damals vornehmstem Maler in Auftrag gegeben, stellt das Gemälde eine schmeichelhafte Huldigung an Sir Francis, seinen Bruder John und seinen Schwiegersohn Charles Wall dar. Vor ihnen liegt ein dickes Geschäftsbuch; die aufgeschlagene Seite zeigt das Konto von Hope und Co., den führenden Amsterdamer Kaufleuten. Sir Francis hält einen Brief an sie in der Hand. Die Verbindung ermöglichte den beiden Häusern riesige, internationale Transaktionen, z. B. die Finanzierung des Kaufs von Louisiana durch die Vereinigten Staaten 1803, unter Nutzung des Londoner und des Amsterdamer Kapitalmarktes. Gegen Ende der Napoleonischen Kriege waren London und Barings Amsterdam und Hopes überlegen. Bis zum Ende des Jahrhunderts sollte das Unternehmen unter der Führung von Sir Francis Nachfolgern mit den Rothschilds um die Vorherrschaft auf dem Londoner Kapitalmarkt wetteifern, wo Barings bis heute eine der führenden internationalen Handelsbanken geblieben ist. MJO

67a

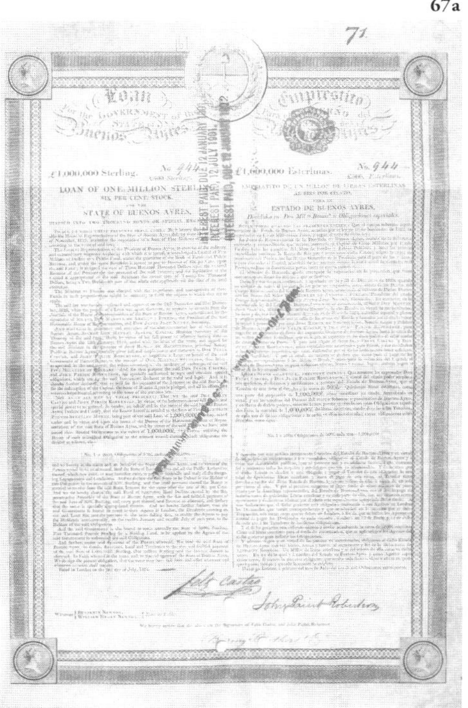

67

Die Barings-Anleihe von 1824 für die Regierung von Buenos Aires

a) £ 500 Sterling Inhaberobligation

40,8 x 27,5 cm

b) Hauptbuchkonto in den Büchern von Barings mit Transaktionen aus dem Jahr 1824; Staatsanleihe der Regierung von Buenos Aires

43 x 65 cm (geöffnet)

c) Wahlurne, die von Barings benutzt wurde, um auf Zufallsbasis zur Tilgung fällige Obligationen auszuwählen

46 x 36 x 36 cm

London, Baring Brothers & Co., Limited
Literatur: Ziegler 1988, S. 100–111; Griffith Dawson 1990

Londons Vormachtstellung auf dem internationalen Kapitalmarkt ab 1800, entsprach dem Strom von Interessenten aus der Neuen Welt, die in der Metropole Kapital aufnehmen wollten. Zuerst kamen die Vereinigten Staaten, in den 20er Jahren folgten die lateinamerikanischen Länder. Der Staat von Buenos Aires war unter den ersten, als *Baring Brothers* 1824 eine Anleihe von £ 1 Million über die Ausstellung von Buenos Aires-Obligationen an Londoner Investoren beschafften: es war der Beginn einer langen und lohnenden Verbindung zwischen Argentinien, dem Londoner Kapitalmarkt und Barings. Das bei britischen Investoren aufgenommene Kapital diente u. a. dem Bau eines Eisenbahnnetzes, dem Aufbau städtischer Infrastruktur und der Entwicklung der argentinischen Industrie und Landwirtschaft. Für die Anleihe von 1824 kam es 1828 für 30 Jahre zur Einstellung der Rückzahlungen: Das ist nur ein Beispiel für komplizierte Vorgänge. Londoner Handelsbanken wie Barings mußten ihre Erfahrungen mit Ländern außerhalb Europas und Nordamerikas machen, ebenso wie die Londoner Investoren, die noch unvertraut mit den Risiken solcher Übersee-Geschäfte waren. MJO

68
Hauptbuch des Königs, 1826–1830

Gebunden, 46 x 39 x 5 cm
London, Coutts & Co.

Bekannt sind die Extravaganz und Verschwendungssucht des Prinzregenten; sie kam seinen Gläubigern hart an und brachten seine Bankiers in Rage. Anfänglich wickelte der Prinz seine Bankgeschäfte über *Coutts* ab, doch die immensen, für das *Carlton House,* für sein persönliches Auftreten und seine Vergnügungen ausgegebenen Summen führten zu einer gewissen Distanz. So sah er sich gezwungen, Geld bei Bankhäusern im In- und Ausland sowie bei Freunden und Verwandten zu beschaffen. 1792 lieh Thomas Coutts dem Prinzen £ 60.000 und riet ihm, daß er sich eher schade denn nütze, solange nicht ‚Seine Königliche Hoheit beherzt, fest und entschieden den Reformplan angehe und nicht mindestens einige Jahre hartnäckig daran festhalte'. Obwohl der Prinz seinen Bankier für den Ton tadelte und seinen Rat ostentativ mißachtete, wurden die freundschaftlichen Beziehungen bald wieder hergestellt. Georgs IV. Extravaganzen glich seine natürliche Großzügigkeit aus; sie galt nicht zuletzt Einzelnen, z. B. der ‚armen Lotsenwitwe' und den ‚zwei armen Frauen in Not', die auf der Seite des Rechnungsbuches der Privatschatulle angeführt sind. Auch Gesellschaften wie die *Benevolent Society of St. Patrick's* wurden bedacht (£ 105). Nicht wenige der größeren Ausgaben tätigte Georg IV. für Kunstwerke: £ 1.000 gingen z. B. an den Bildhauer Richard Westmacott, und £ 2.100 an David Wilkie. Als Wilkies 1828 vom Kontinent zurückkehrte, kaufte der König drei Gemälde mit Szenen aus den Napoleonischen Kriegen. Wilkies Quittung über 2.000 Guineen ist auf den 18. März 1829 datiert. Die Zahlung an Jacques Laurent Agasse muß sich auf zwei Bilder mit Tiermotiven (‚Die nubische Giraffe', 1827) beziehen, die mit Rahmen £ 367.14 kosteten. Andere Zahlungen gingen an Mitglieder des Königlichen Haushalts und den Arzt sowie den Dentisten des Königs. EE

69
Tuch: Nathan Mayer Rothschild an der Londoner Börse, 1836

Seide, Druck in Braun, 88 x 90 cm
Nach einem Stich von H. Heath [sic]
London, The Museum of London
Inv.-Nr.: 91.133
Herkunft: Miss R. B. Smith

Nathan Mayer Rothschild (1777–1836) gründete 1810 das englische Bankhaus N. M. Rothschild & Sons. Während der Napoleonischen Kriege fungierte er als Finanzagent der britischen Regierung, erleichterte Zahlungen an Wellington in Spanien und besorgte nicht unerhebliche Mittel für die Verbündeten, was alles auch sein Vermögen vermehrte. Auch bei der Auflage wichtiger Anleihen für Großbritannien und Regierungen in Übersee war er erfolgreich. Das Porträt Heath' folgt offenbar einer 1829 veröffentlichten Radierung von Thomas Jones, ‚Eine Säule der Börse': Rothschild in der *Royal Exchange*, an einer jüdischen Brokern vorbehaltenen Stelle *(Jews' Walk).* Der *Observer* schildert am 1. Dezember 1833 eine ‚Kuriose Szene in der Börse – Am Dienstag kam es an der Börse zu einigem Aufsehen, als Mr. N. M. Rothschild, der bedeutende Kapitalist, daran gehindert, seinen gewohnten Platz einzunehmen, sich mit dem Rücken gegen eine der Säulen ... an der südöstlichen Ecke der Börse anlehnte ...' Tücher waren ein wichtiges Modeaccessoir für den gut gekleideten Herrn der 20er und 30er Jahre. Modebilder und satirische Zeichnungen zeigen sie aus hinteren Manteltaschen hervorhängend – lukrative Objekte für Taschendiebe. Bildtücher wie dieses mögen so getragen worden sein; sie galten auch als Zeichen für Interessen und Sympathien ihrer Träger. Die Herstellung solcher Tücher hatte sich dank verbesserter Färbetechniken und der Mechanisierung der Produktion enorm gesteigert. Das führte dazu, daß sie auch als Lehrhilfe, Ausdruck von Patriotismus und Mittel sozialen Engagements genutzt wurden. Ihre überzeugendste Rolle ist jedoch die des Souvenirs. EE

70

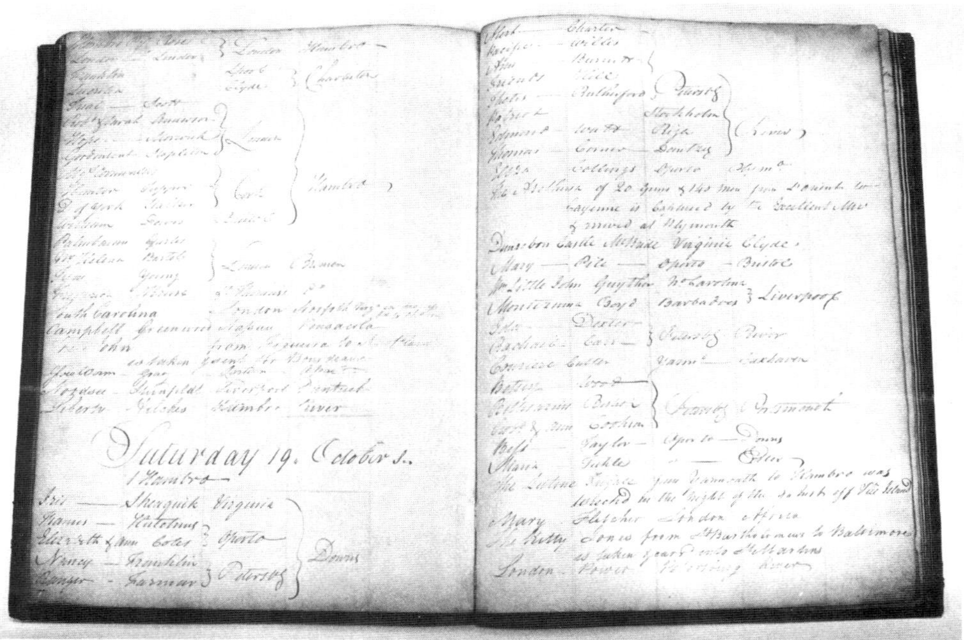

70
Hauptbuch des Lloyd's subscription room (Raum zum Zeichnen von Aktien), 1799

Gebunden, 52 x 78,5 cm (aufgeschlagen)
London, Lloyd's of London, on deposit Guildhall Library
Inv.-Nr.: MS14, 931, Nr. 26

Diese Hauptbücher, die in den Subskriptionsräumen von Lloyd's geführt wurden, enthalten Eintragungen über Schiffs-Bewegungen, gemeldete Verluste und angezeigte Beschädigungen, sowie die Namen der Eigner, z. B. unter dem 19. Oktober 1799, daß die Fregatte *Lutine,* von Yarmouth auslaufend, in der Nacht vor Vlieland sank. Der größte Teil ihrer für Hamburg bestimmten Ladung, mit £ 1,4 Millionen veranschlagte Goldbarren, Gold- und Silbermünzen vom Londoner Bankhaus Goldschmidt, war bei Lloyd's versichert. Obwohl die Versicherungssumme ausgezahlt wurde, verweigerte Holland, das sich mit

England im Krieg befand, die Bergung des Wracks. 1828 wird dies zurückgenommen und Lloyd's ein 50 %iger Anspruch zugestanden. Die langwierige Bergung erbrachte schließlich circa £ 100.000; unter anderen Gegenständen war auch die Schiffsglocke, die heute in Lloyd's im *Underwriters's Room* hängt, bei guten Nachrichten einmal, bei schlechten zweimal geläutet wird, außerdem das Schiffsruder, aus dem ein recht unbequemer Stuhl des Chairmans gefertigt wurde. Zwei weitere Eintragungen halten Kaperfälle fest, wie z. B. den der von St. Bartholomew's nach Baltimore segelnden ‚Kitty Jones'. EE

71

Seeversicherungspolice, Schiffs- und Warenpolice der ‚Guipuzcoa', 1794

39 x 24 cm
London, Lloyd's of London
Literatur: Wright & Fayle, 1928, Abb. gegenüber Seite 148

Versicherungsschutz für das Sklavenschiff für die Fahrt von Liverpool zur afrikanischen Küste und weiter nach Cuba. Um 1800 kontrollierte Liverpool 90 % des britischen Sklavenhandels mit (in diesem Jahr) 120 Schiffen für 31.844 Sklaven. Der Handel war ein Dreiecksgeschäft. Man tauschte Alkohol, billige Textilien, Metallwaren und Feuerwaffen aus England gegen Sklaven aus Afrika und diese wiederum, in Süd- und Mittelamerika, gegen Zucker, Kakao, Indigo oder Ingwer. Der zweite Abschnitt dieser ‚Middle Passage' war der gefährlichste, aber auch lukrativste. Der Wert von £ 45 für einen Sklaven brachte hohen Profit. Dem entsprachen die hohen Prämien für die zu übernehmenden Risiken. In den Bedingungen der Police heißt es z. B., daß kein Anspruch bestünde, wenn bei einem Aufruhr weniger als 5 % der Sklaven getötet würden. Unzählige Sklaven starben durch Krankheit, vor Hunger, aus Wassermangel, Verzweiflung, aber auch durch Selbstmord. Im Zuge wachsender Ablehnung des Sklavenhandels wurde schon 1788 ein Gesetz verabschiedet, das die Versicherung der Sklaven auf Gefahren auf See, Piraterie, Aufruhr, Aufbringung durch feindliche Mächte, Baratterie (Veruntreuung durch Schiffsführer oder Besatzung gegenüber dem Reeder oder Charterer) und Zerstörung durch Feuer beschränkte. Ein Gesetz von 1799 bestimmte noch deutlicher, daß der Verlust durch Tod von Sklaven dann nicht ersetzt werden könne, wenn er natürliche Ursachen, wie Mißhandlung oder Überbordwerfen, habe; eine Maßnahme, die zuweilen ergriffen wurde, wenn Nahrung und Wasser knapp wurden. EE

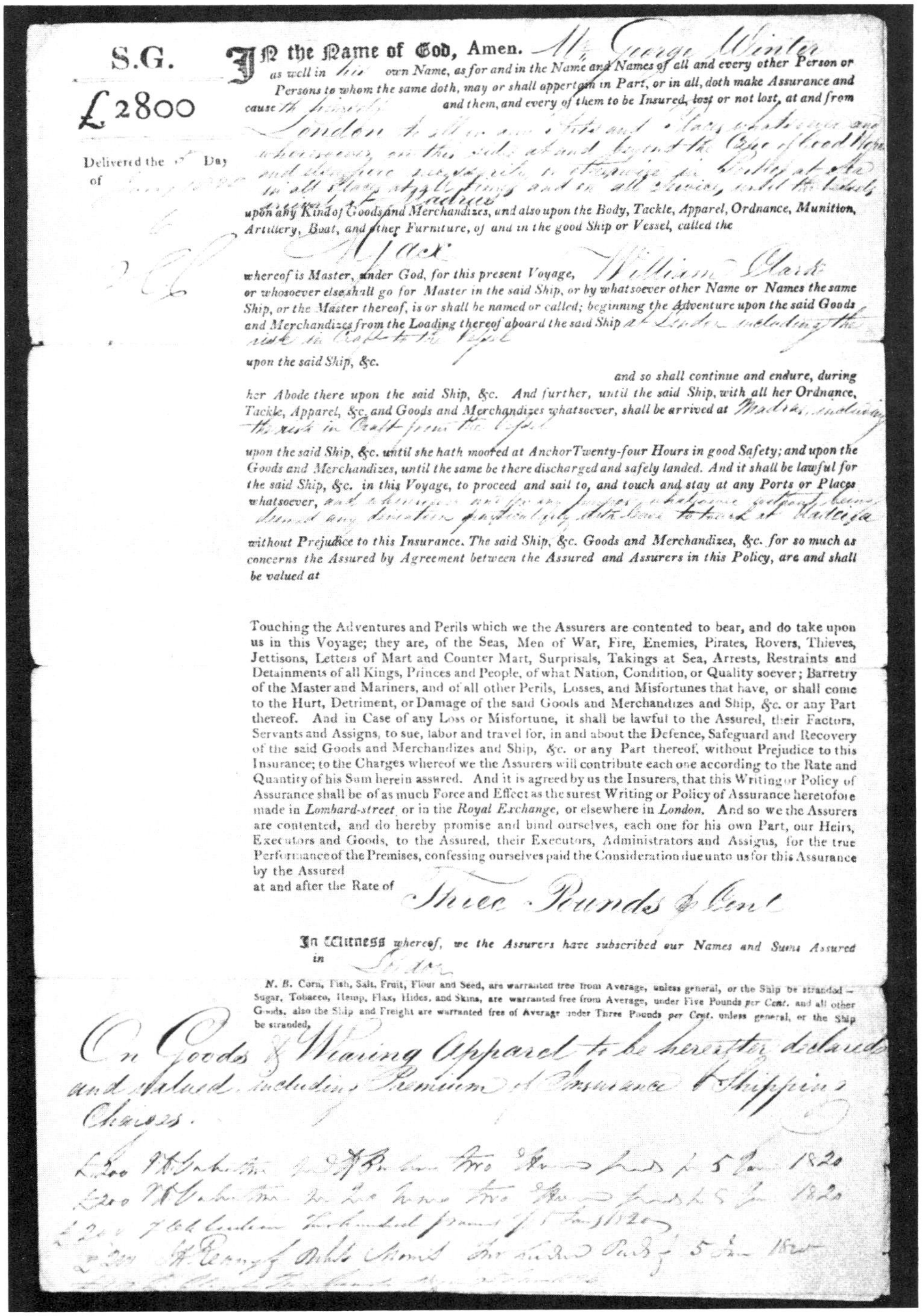

S.G.

£2800

Delivered the Day of

In the Name of God, Amen. Mr George Winter as well in his own Name, as for and in the Name and Names of all and every other Person or Persons to whom the same doth, may or shall appertain in Part, or in all, doth make Assurance and cause and them, and every of them to be Insured, lost or not lost, at and from London

upon any Kind of Goods and Merchandizes, and also upon the Body, Tackle, Apparel, Ordnance, Munition, Artillery, Boat, and other Furniture, of and in the good Ship or Vessel, called the Ajax

whereof is Master, under God, for this present Voyage, William Clark or whosoever else shall go for Master in the said Ship, or by whatsoever other Name or Names the same Ship, or the Master thereof, is or shall be named or called; beginning the Adventure upon the said Goods and Merchandizes from the Loading thereof aboard the said Ship

upon the said Ship, &c. and so shall continue and endure, during her Abode there upon the said Ship, &c. And further, until the said Ship, with all her Ordnance, Tackle, Apparel, &c. and Goods and Merchandizes whatsoever, shall be arrived at Madras

upon the said Ship, &c. until she hath moored at Anchor Twenty-four Hours in good Safety; and upon the Goods and Merchandizes, until the same be there discharged and safely landed. And it shall be lawful for the said Ship, &c. in this Voyage, to proceed and sail to, and touch and stay at any Ports or Places whatsoever,

without Prejudice to this Insurance. The said Ship, &c. Goods and Merchandizes, &c. for so much as concerns the Assured by Agreement between the Assured and Assurers in this Policy, are and shall be valued at

Touching the Adventures and Perils which we the Assurers are contented to bear, and do take upon us in this Voyage; they are, of the Seas, Men of War, Fire, Enemies, Pirates, Rovers, Thieves, Jettisons, Letters of Mart and Counter Mart, Surprisals, Takings at Sea, Arrests, Restraints and Detainments of all Kings, Princes and People, of what Nation, Condition, or Quality soever; Barretry of the Master and Mariners, and of all other Perils, Losses, and Misfortunes that have, or shall come to the Hurt, Detriment, or Damage of the said Goods and Merchandizes and Ship, &c. or any Part thereof. And in Case of any Loss or Misfortune, it shall be lawful to the Assured, their Factors, Servants and Assigns, to sue, labor and travel for, in and about the Defence, Safeguard and Recovery of the said Goods and Merchandizes and Ship, &c. or any Part thereof, without Prejudice to this Insurance; to the Charges whereof we the Assurers will contribute each one according to the Rate and Quantity of his Sum herein assured. And it is agreed by us the Insurers, that this Writing or Policy of Assurance shall be of as much Force and Effect as the surest Writing or Policy of Assurance heretofore made in *Lombard-street*, or in the *Royal Exchange*, or elsewhere in *London*. And so we the Assurers are contented, and do hereby promise and bind ourselves, each one for his own Part, our Heirs, Executors and Goods, to the Assured, their Executors, Administrators and Assigns, for the true Performance of the Premises, confessing ourselves paid the Consideration due unto us for this Assurance by the Assured at and after the Rate of Three Pounds % Cent

In Witness whereof, we the Assurers have subscribed our Names and Sums Assured in London

N. B. Corn, Fish, Salt, Fruit, Flour and Seed, are warranted free from Average, unless general, or the Ship be stranded — Sugar, Tobacco, Hemp, Flax, Hides, and Skins, are warranted free from Average, under Five Pounds *per Cent.* and all other Goods, also the Ship and Freight are warranted free of Average under Three Pounds *per Cent.* unless general, or the Ship be stranded,

On Goods & Wearing Apparel to be hereafter declared and valued including Premium of Insurance & Shipping Charges.

72

72

Seeversicherungspolice, Schiffs- und Warenpolice der ‚Ajax', 1820

38 x 49 cm
London, Lloyd's of London

Der Ostindienfahrer ‚Ajax' segelte von London nach Madras. Seine Ladung mit einem geschätzten Wert von £ 2.800 bestand hauptsächlich aus hochwertigen Waren für den europäischen Markt in Indien, z. B. eine Kiste mit mathematischen Instrumenten, Juwelen, sechs Uhren, 20 Kisten mit Gläsern – sowie 40 Fässer mit hellem Ale, das auf der Reise nachreifen mußte; außerdem neun Kisten Seife, zwei Kisten Parfümeriewaren sowie Kleider und Stoffe, darunter sieben Kisten mit bedruckter Baumwolle. Unversponnen aus dem Osten importiert, wurde sie verarbeitet, modisch bedruckt, und wieder nach Indien exportiert. Das Schiff – 472 Tonnen – lief 1811 in Newcastle vom Stapel. Über seine hervorragende Qualität berichtet Lloyd's Schiffsregister, wo es mit ‚A1' klassifiziert wird. EE

73
Drei Admission Disks (Einlaßmarken)

Elfenbein, zum Teil gefärbt, je 3,6 cm
Vorderseite: WmW. SAUNDERS 521; Rückseite: Lloyds
Vorderseite: F. L. P. SECRETAN 336
Vorderseite: HENRY WARRE 67; Rückseite: Lloyds London, Lloyd's of London

Wegen des großen Andrangs mußten um 1800 der Zugang zum *Subscribers' Room* von Lloyds in der Börse geregelt werden. Vor 1800 erhielt jedermann für £ 15 eine lebenslange Mitgliedschaft bei Lloyd's, die Zulassung zum Subscribers' Room und das Stimmrecht bei Hauptversammlungen. Nach der Vollversammlung am 2. April 1800 erhielten nur noch Händler, Banker, Versicherer und Broker Zugang. Jeder Bewerber mußte schriftliche Empfehlungen von mindestens sechs Subscribern vorlegen. Unternehmen mit mehreren Teilhabern mußten sich auf einen Subscriber beschränken und für jeden weiteren Vertreter eine zusätzliche Gebühr von £ 15 zahlen. Zur Kontrolle verwendete man Zulassungsscheiben – weiße für Subscriber und rote für Vertreter. Frederick Secretan, dessen Zulassungsscheibe hier ausgestellt ist, wurde später Direktor der von Nathan Rothschild und Moses Montefiore 1824 gegründeten *Alliance Marine Isurance Company.* EE

73

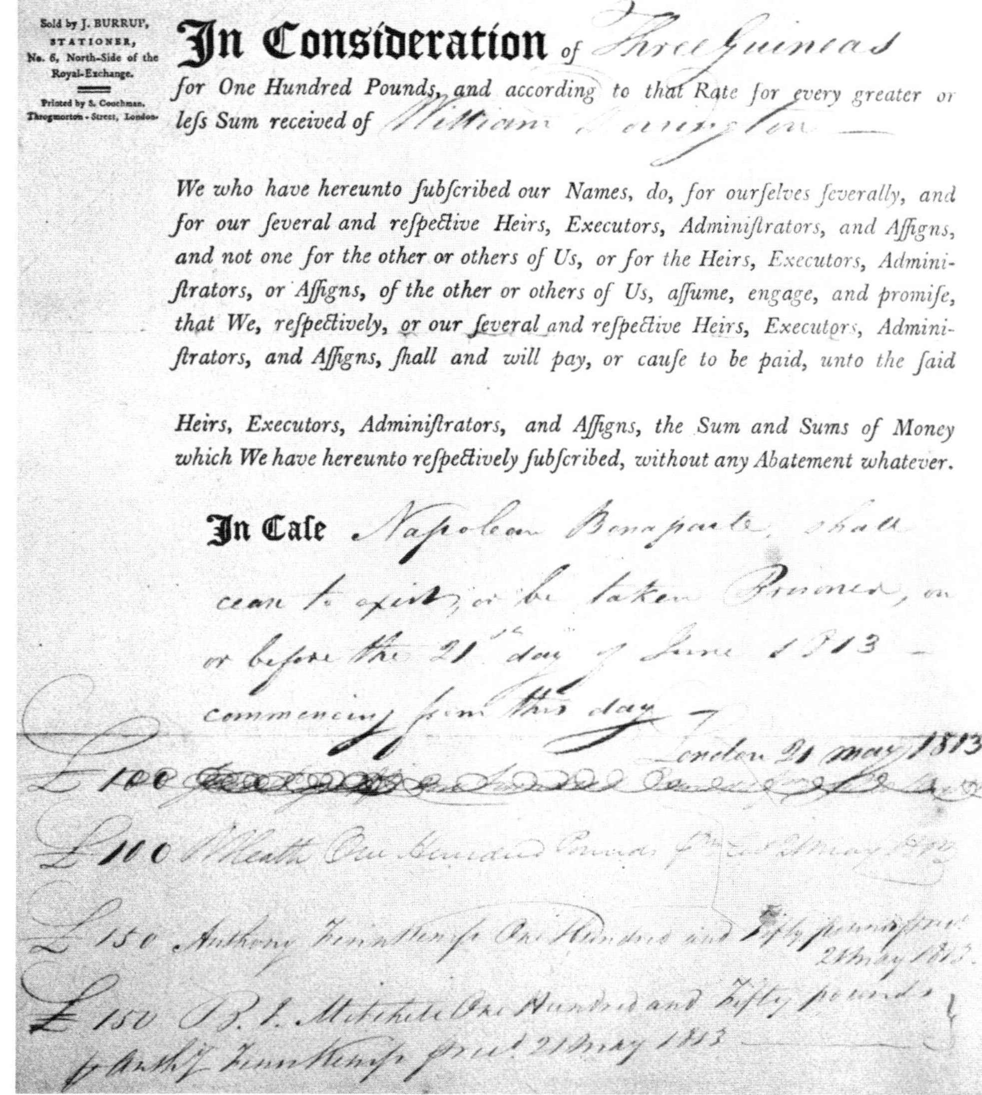
Sold by J. BURRUP, STATIONER, No. 6, North-Side of the Royal-Exchange.
Printed by S. Couchman, Throgmorton-Street, London.

In Consideration of Three Guineas for One Hundred Pounds, and according to that Rate for every greater or less Sum received of William Dorrington

We who have hereunto subscribed our Names, do, for ourselves severally, and for our several and respective Heirs, Executors, Administrators, and Assigns, and not one for the other or others of Us, or for the Heirs, Executors, Administrators, or Assigns, of the other or others of Us, assume, engage, and promise, that We, respectively, or our several and respective Heirs, Executors, Administrators, and Assigns, shall and will pay, or cause to be paid, unto the said Heirs, Executors, Administrators, and Assigns, the Sum and Sums of Money which We have hereunto respectively subscribed, without any Abatement whatever.

In Case Napoleon Bonaparte shall cease to exist, or be taken Prisoner, on or before the 21st day of June 1813 – commencing from this day

London 21 May 1813

£ 100 [illegible]
£ 100 W. Heath One Hundred Pounds [illegible] 21 May 1813
£ 150 Anthony [illegible] One Hundred and Fifty pounds [illegible] 21 May 1813
£ 150 R. L. Mitchell One Hundred and Fifty pounds [illegible] 21 May 1813

74

74
Lebensversicherungspolice
Police zur Versicherung von Leben und Freiheit Napoleon Bonapartes, 1813

27 x 22,5 cm
London, Lloyd's of London
Literatur: Wright & Fayle, 1928, Abb. gegenüber S. 96; Flower & Wynn Jones, 1974, Abb. S. 51

Am 21. Mai 1813 wettete William Dorrington mit 12 Guineen darum, daß Napoleon ‚am oder noch vor dem 21. Junitag 1813 sein Leben aushauchen oder gefangengenommen' werde. Er verlor seine Wette, die gegen den *Life Assurance Act* von 1774 verstieß, der die Versicherung des Lebens solcher Personen verbot, mit denen den Versicherungsnehmer kein finanzielles Interesse verband. Als besonders verwerflich wurden Wetten auf die Lebenserwartung kränkelnder Männer betrachtet und vom Komitee von New Lloyd's 1774 als ‚virtuelle Mittäterschaft an einer langsamen Ermordung' bezeichnet. Lloyd's of London war nach *Lloyd's Coffee House* in der Lombard Street benannt worden, das in den 40er Jahren des 18. Jahrhunderts ein bekannter Treffpunkt privater Einzelversicherer für Seeversicherungen war. Den regelmäßigen Besuchern des Hauses wurden aktuelle und genaue Informationen über Schiffe in der zweimal wöchentlich veröffentlichten *Lloyd's List* bekanntgegeben. 1769 schmälerten zahlreiche Wettpolicen – wie die hier gezeigte – das Ansehen von Lloyd's, worauf eine Gruppe von Maklern ihr eigenes Unternehmen gründete: *New Lloyd's Coffee House.* Zwei

Jahre später hatten sie sich an der Börse etabliert. Zunächst noch Rivalen, setzte sich aber New Lloyd's, aufgrund seiner organisierten und kontrollierten Führung, durch. Die alte Firma gab schließlich auf und *New Lloyd's Coffee House* blieb weiterhin als Lloyd's bekannt. EE

Thomas Lawrence

Bristol 1769–1830 London

75 (Farbtafel S. 260)

John Nash, 1824–1827

Öl auf Leinwand, 138,4 x 110,5 cm
Oxford, The Principal and Fellows of Jesus College
Herkunft: gemalt für das College auf Wunsch von Nash anstelle einer Bezahlung für geleistete Arbeit
Ausstellungen: Royal Academy 1827, Nr. 314; Oxford 1906, Nr. 194; Brighton 1951, Nr. 24; Royal Academy 1951, Nr. 194; London, National Portrait Gallery 1979, Kat.-Nr. 47
Literatur: Colvin 1978, S. 579–585; Summerson 1980; Garlick 1989, Nr. 592, Tafel 76

John Nash (1752–1835), Londons wichtigster Vertreter der *Metropolitan Improvements,* wendete als erster das Prinzip des ‚Malerischen' (Picturesque) auf die Architektur an. Der Sohn eines Ingenieurs und Mühlenbauers in Lambeth arbeitete zunächst bei Sir Robert Taylor (1714–1788) und eröffnete danach sein eigenes Büro in Wales. 1796 wieder in London, verband er sich bis 1802 mit dem Landschaftsgärtner Humphry Repton. 1806 wurde er Architekt der Wald- und Forstbehörde. Dort plante er die Umgestaltung des *Marylebone Parks* zum *Regent's Park* und die *Regent's Street* zwischen ihm und dem West End. 1813, nach dem Tod von James Wyatt, leitete er, zusammen mit Soane und Smirke, die Baubehörde und war für *Carlton House,* den *Kensington* und den *St. James's Palace* sowie für die königlichen Sommersitze in Windsor zuständig. 1815 erhielt er den Auftrag zur Sanierung des *Royal Pavilion* in Brighton, und 1820 zum Umbau von *Buckingham House* zum Palast. Am letzten Projekt scheiterte er, zog sich in sein Landhaus *East Cowes Castle* auf der Isle of Wight zurück, wo er 1835 starb. 1815–1818 hatte Nash das *Jesus College* bei baulichen Veränderungen an seinen beiden viereckigen Gebäudekomplexen beraten und war später bei Verhandlungen über Besitzungen des Colleges am Südende der geplanten *London Bridge* behilflich. Als dieses Porträt 1827 in der Royal Academy ausgestellt wurde, war Nash auf der Höhe seines Erfolges. Im Hintergrund sieht man die Galerie in seinem Haus in der (Lower) Regent Street 14. CF

76a

J. Bluck

nachweisbar von 1791–1831

nach Thomas Hosmer Shephard

Frankreich 1793–1864 London

76a

(Lower) Regent Street von Piccadilly aus, 1822

Aquatinta, 43 x 53 cm
Herausgeber R. Ackermann
London, The Museum of London
Inv.-Nr.: A18138
Herkunft: J. L. Mankiewicz; 1917 dem Museum vermacht
Literatur: Adams, S. 507–509, Nr. 221/18

Vom *Carlton House,* der Residenz des Prinzregenten, verlief die Lower Regent Street leicht ansteigend in gerader Linie zum Piccadilly Circus; der erste Teil des von Nash geplanten Bauvorhabens, dessen Grund und Boden damals bereits der Krone gehörte. Mit dem Abriß alter Häuser begann man 1816. Eine besonders prächtige Häusergruppe, zu der auch Nashs eigenes Haus gehörte, ist mit ihren reliefartig vorspringenden Fassadenteilen auf der linken Seite der Darstellung zu sehen. Einen pittoresken Akzent setzte der Turm der St. Philips-Kapelle. Der Abriß von *Carlton House* veränderte die Lower Regent Street vollkommen. An seiner Stelle wurde später die Duke of York-Säule errichtet. NB

76b (Abbildung S. 276)

Der Quadrant, Regent Street, 1822

Aquatinta, 34,5 x 49,5 cm
Herausgeber R. Ackermann
London, The Museum of London
Inv.-Nr.: C120
Herkunft: Theodore Lumley
Literatur: Adams 1983, S. 507–509, Nr. 221/17

Der *Quadrant* mit seinem Bogen nördlich von Piccadilly Circus, spielte eine wesentliche Rolle bei Nash's Erschließung der *Regent Street.* Er verknüpfte die höchst unterschiedlichen Fronten von *Lower Regent Street* und dem mittleren Teil der Straße. Damit beide Seiten des Quadranten harmonisch korrespondierten, wurde Nash selbst zum Bauunternehmer, übernahm den gesamten Grund und Boden und trug alle Kosten. In den Erdgeschossen und den ersten Etagen lagen Geschäfte hinter gußeisernen Kolonnaden; in den Etagen darüber private Wohnungen. Nach Nashs Plan sollten die Kolonnaden die gesamte Straße entlang verlaufen; die großartige Idee wurde jedoch nicht realisiert. Südlich stieß der Quadrant auf das *County Fire Office,* dessen Fassade den Blick von *Carlton House* auf die Lower Regent Street abschloß. Die Ansicht gehörte zu einer Reihe von achtzehn, von Ackermann zwischen 1811 bis 1822 verlegten Blättern. NB

76b

„Athenaeum“ mit Bücherei und Konzerträumen. Der 12jährige Liszt, Weber und Mendelssohn und viele andere traten alle in der *Harmonic Institution* auf und begründeten hier eine musikalische Tradition. Der Bau brannte 1830 nieder – ein verbreitetes Schicksal von Theatern und Konzerthallen – und wurde als Geschäfts- und Wohnhaus wiederaufgebaut. NB

George Stanley Rapton

1786–1858 London

und John Nash

London? 1852–1835 East Cowes, Isle of Wight

77

Entwurf Argyll Concert Rooms, Regent Street, ca. 1819

Aquarell, 22 x 53,4 cm
New Haven, Yale Center for British Art
Inv.-Nr.: B1975.2.369
Herkunft: Leo Kersley; John Harris

Die *Argyll Concert Rooms,* auch als *Royal Harmonic Institution* bekannt, gehörten zu den eleganten architektonischen Akzenten der mit Palast-Fassaden gezierten Geschäftshäuser in der *Regent Street.* Zuvor hatte an dieser Stelle bereits, in einer dem Herzog von Argyll gehörenden Villa, ein Ort öffentlicher Unterhaltung existiert. Die alten Argyll-Säle wurden 1819 nach Nashs Entwurf für die Herren Welsh und Hawes völlig erneuert. Nash arbeitete hier ohne Honorar, nutzte aber die kommerziellen Möglichkeiten des Ortes voll aus, indem er die Konzerthalle nach hinten verlegte, zur Regent Street hin Geschäfte und darüber einen großen öffentlichen Saal vorsah. Geschickt wie stets, verbarg der Architekt den spitzen Winkel der südlichen Ecke in einem Säulenbogen mit kleiner Kuppel. Die Fassade trug plastisches Terrakottadekor von James George Bubb (1782–1853), der für die Gegend viele Skulpturen lieferte. Die *Harmonic Institution* war eine der „gedeihlichen“, im späten 18. Jahrhundert überall in England aufblühenden Organisationen. Jede Provinzstadt besaß ihr

Anonym

78

Häuser an der Regent Street zwischen der Conduit Street und der Maddox Street, 1838

Feder und Tusche, 33,6 x 60,2 cm
London, Public Record Office
Inv.-Nr.: MPE 1356

Der neue Typus der Wohn- und Geschäftshäuser ließ wenig malerische Varianten zu. Für die Gestaltung der *Lower Regent Street* suchte Nash eine gewisse Größe herzustellen, indem er zwischen den einmündenden Seitenstraßen symmetrische, palastähnliche Fassaden vorsah, während die übrigen Fronten kleineren Gebäuden vorbehalten blieben. Er folgte damit bewußt dem Vorbild der *High Street* in Oxford mit ihren imposanten College-Gebäuden neben Wohnhäusern und Geschäften. Der Erfolg dieser Strategie war vom finanziellen Einsatz und dem guten Willen der Spekulanten und Bauherren abhängig, große Grundstücke zu erwerben. Der gesamte Straßenbereich zwischen der *Conduit Street* und der *Maddox Street* etwa wurde 1828 von James Burton als Geschäfts- und Wohnbebauung übernommen; die neo-griechischen Fassaden entwarf vermutlich Nash. Hinter dem säulengeschmückten zentralen Teil lag das *Cosmorama* – ein öffentlicher Ausstellungsraum, ähnlich dem *Diorama* im *Regent's Park.* NB

77

78

T. Stothard, Übergabe der Flagge an das Freiwilligenkorps der Bank of England, 1799. Kat.-Nr. 59

John Nash

London 1752–1835 East Cowes, Isle of Wight

79
Carlton House Terrace, 1827

Album mit Zeichnungen, 71 x 110,5 cm (offen)
London, Staatsarchiv
Inv.-Nr.: MPE 891

1826 war es der Wunsch Georgs IV., daß *Carlton House,* seine frühere Residenz am Fuße der Regent Street „der Öffentlichkeit übergeben werden sollte", d. h. abgerissen und samt der umliegenden Gärten als Baugrund für Wohnhäuser der ersten Klasse verwendet. 1829 war der Abriß beendet. Nash ging mit seinem Bebauungs-Projekt über das Gelände von *Carlton House* hinaus und schloß den *St. James's Park* ein. Seine Grundsätze basierten auf der erfolgreichen Umgestaltung des *Regent's Park*: Drei lange Zeilen von Reihenhäusern (‚Terraces') sollten den Park im Norden und Süden begrenzen und die Aussicht auf den umgebauten *Buckingham Palace* flankieren. Auf dem Gelände von *Carlton House* entstand der ausgedehnte *Waterloo Place* als Verbindung von Park und *Lower Regent Street,* mit dem *United Services Club* auf einer Seite und dem Athenaeum Club auf der anderen. Nur zwei der drei vorgesehenen Häuserzeilen auf der Nordseite wurden gebaut – *Carlton House Terraces East*

79

J. Linnell, Kiesgruben in Kensington, 1811–1812. Kat.-Nr. 91

and West. Dank des abfallenden Geländes zum Park hin, konnte Nash Kellergeschosse so planen, daß sie eine Folge geräumiger Häuser mit Park-Blick tragen konnten. Die gußeisernen, dorischen Säulen der Kellergeschoßfronten erinnern an Nashs Arkaden des *Quadrant.* Für den Raum zwischen dieser Bebauung empfahl Nash – erfolglos – einen Springbrunnen als optisches Signal zwischen *Regent Street* und *St. James's Park.* Erst 1834 wurde hier die von Benjamin Wyatt entworfene Säule zu Ehren des Herzogs von York errichtet. NB

Anonym

80
West Strand Improvements, ca. 1832

a) von Osten
Aquarell, 61 x 95 cm

b) von Westen
Aquarell, 60 x 96,5 cm

London, Coutts and Co.
Ausstellung: London, Barbican Art Gallery, 1984, Kat.-Nr. 36 und 37, mit Abbildungen
Literatur: Stokes 1974, S. 119–128, Summerson 1980

Der *Strand,* eine alte Straße, war die Hauptverbindung zwischen den Städten London und Westminster gewesen. Beflügelt vom wirtschaftlichen Erfolg und dem allgemeinen Beifall für die Erneuerung in *Regent's Park* und in der *Regent Street,* erteilte das Parlament dem Wald- und Forstbeauftragten den Auftrag, auch dem westlichen Ende des *Strand* ein neues Gesicht zu geben. Die Verbindung von *Lower Regent Street, Whitehall* und *Strand* sollte eine angemessene Beziehung zwischen der östlichen und der westlichen Stadt herstellen. Öffentliche Gebäude sollten ebenso einbezogen werden, z. B. die neue *National Gallery* und die Kirche *St. Martin-in-the-Fields* sowie ein neuer öffentlicher Platz (der spätere Trafalgar Square) und die üblichen Geschäftshäuser als Spekulationsobjekte. Vier Jahre vergingen mit dem Erwerb des nötigen Baulands, und 1830 legte John Nash seine Entwürfe für die großzügige Häuserreihe mit herrschaftlichen Wohnungen und Geschäften zur Verbesserung des westlichen *Strand* vor. Wie in der *Regent Street* war auch hier die gesamte Straßenfront als architektonische Einheit behandelt. Eine überdachte Arkade – die *Lowther Arcade* – teilte den zentralen Häuserblock in zwei Teile; sie erinnerte an den Typus, den Nash mit seiner *Royal Opera House Arcade* in London eingeführt hatte. Den wirtschaftlich weniger attraktiven Teil des Geländes dahinter erhielt das neue, von Decimus Burton entworfene *Charing Cross Hospital* und das *Ophtalmic Hospital.* NB

T. Lawrence, Sir Francis Baring Bt., John Baring und Charles Wall, 1806. Kat.-Nr. 66

80a

80b

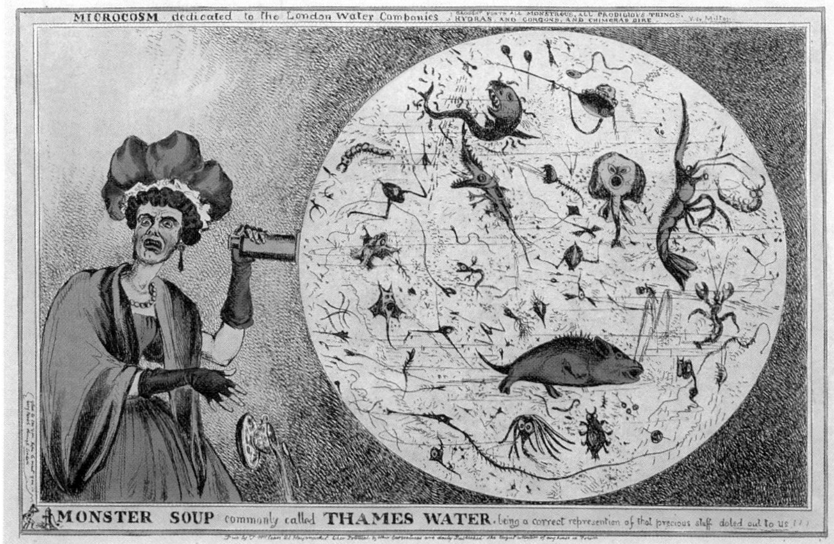

Ein angemessenes Symbol für den Triumphbogen des New Palace, 1829. Kat.-Nr. 85

oben links:
Politische Vergewaltigung, 1797. Kat.-Nr. 61

links:
‚Paul Pry' William Heath, Monstersuppe, allgemein genannt Themsewasser …, 1828. Kat.-Nr. 103

‚Q in der Ecke' (George Cruikshank)

London 1792–1878 London

81
Nashionaler Geschmack !!!, 1824

Herausgeber G. Humphrey, Nr. 24 St. James's Street
Kolorierte Radierung, 34,5 x 24,5 cm
London, Guildhall Library, Corporation of London

Literatur: George 1952, Bd. X, S. 414, Nr. 14644; Pückler-Muskau 1957, S. 38; Summerson 1980, S. 156–183

Fürst Pückler-Muskau meinte, daß Großbritannien John Nash, dem Architekten des Londoner West End, viel schulde. Trotzdem sei nicht daran zu zweifeln, daß Nashs Häuser ‚ein wildes Durcheinander aller möglichen Stilarten' darstellten und man ‚sich die Einzelheiten nicht allzu genau ansehen sollte'. „Die als *point de vue* dienende Kirche *(All Souls Langham Place)* endigt beispielsweise in einem lächerlichen Turm . . . Es gibt eine großartige Karikatur, in der Mr. Nash, ein sehr kleiner, verschrumpelter Mann, gestiefelt und gespornt auf der Turmspitze reitet." Im Parlament verlangte H. G. Bennett Auskunft darüber, wieviel die Kirche *All Souls,* ‚diese unförmige Masse', gekostet habe, weil er sich an den Abriß-Kosten beteiligen wolle. Als Nash die Karikatur ‚Q in der Ecke' sah, rief er seinen Assistenten zu: ‚Sehen Sie, meine Herren, wie sehr mich die Kritik erhoben hat!' RH

Augustus Charles Pugin
Frankreich 1762–1833 London

82
Front des Buckingham Palace, 1827

Feder, Tusche und Aquarell mit Weißhöhungen, 20,6 x 40,3 cm
London, The Museum of London
Inv.-Nr.: A8087
Herkunft: Ankauf durch die Gebrüder Leggatt, 1912

John Nashs *Buckingham Palace* war kein neues Gebäude, sondern eine Erweiterung des *Buckingham House,* in dem Georg II. seit den sechziger Jahren des 18. Jahrhunderts bescheiden gelebt hatte. Georg IV., nach Waterloo der mächtigste Monarch der Welt und der erste Hannoveraner auf dem englischen Thron, der sich für Kunst interessierte, wünschte sich etwas Erhabeneres als seinen damaligen Wohnsitz, das *Carlton House.* Die 1825 aufgenommenen Arbeiten waren 1830, beim Tode des Königs, noch nicht beendet. Deren Extravaganz (die sich in £ 576.353 niederschlug), erzürnte das Parlament, führte zu finanziellen Ermittlungen und ließ Nash in Ungnade fallen. Die allgemeine Unzufriedenheit mit der Architektur konzentrierte sich auf die zum St. James Park liegende Fassade. In der Darstellung Pugins, Nashs gelegentlichem Assistenten und Zeichner, ist der Palast in der Gestalt von 1825–1828 zu sehen. Selbst Nash war enttäuscht über die kastenförmigen Seitenflügel; sie wurden 1828–1830 auf eine einheitliche Höhe gebracht, während Nash der Eingangszone am vorderen Hof den großartigen *Marble Arch* hinzufügte. Dahinter stand auch die Absicht, die Eignung des von dem Bildhauer Chantrey so favorisierten Carrara-Marmors für das Londoner Klima zu erproben. Die viktorianische Reaktion auf Georg IV. und seine Taten führte dazu, daß der Architekt Edward Blore zum *St. James Park* hin eine neue, eintönige Front entwarf, während der *Marble Arch* seinen Platz am Hyde Park, am Anfang der *Park Lane* erhielt. AS

83

Thomas Higham
1796–1844

83
Gartenseite des Buckingham Palace, 1831

Kolorierte Radierung, 21,6 x 40,7 cm
London, The Museum of London
Inv.-Nr.: 35.97
Herkunft: Schenkung von Lady Riddell, 1935

Manche Eigenschaften des *Buckingham Palace* versöhnen mit seinen architektonischen Fehlern. Er war geschickt um das alte *Buckingham House* herum geplant worden, und Nash, inzwischen dreiundsiebzigjährig, entwarf alles selbst; er verwendete dabei Eisen so versteckt wie freizügig, was seine Konkurrenten beunruhigte, sich aber beim Bau nicht als Fehlgriff erwies. Er wandte auch viel Mühe auf, um griechisch-italienische Interieurs und andere im Louis-XVI.-Stil zu gestalten. Sie wurden zu einem Maßstab für die Entwicklung der dekorativen Künste in England. Die Gartenfront des Palastes ist im wesentlichen erhalten geblieben, und prägende Bauelemente verweisen darauf, daß Nash und Georg IV. fachkundige Bewunderer der Pariser Architektur der vorrevolutionären Zeit waren. Die langen Reliefs nach Entwürfen von Flaxman, von Richard Westmacott aus ‚Malta-Gestein' gemeißelt, schildern Szenen aus dem Leben König Alfreds; J. C. Rossis Skulpturen aus Kunst-Stein verkörpern die Tugenden. Der Stich wurde für den *Stationers Almanac* 1831 angefertigt und von J. Robins & Sons verlegt. AS

‚Paul Pry' (William Heath)
1795–1840 London

84
John Bull und der Architekt der die Arches baut ..., 1829

Herausgeber T. McLean, 26 Haymarket
Kolorierte Radierung, 23 x 33 cm
London, Guildhall Library, Corporation of London
Literatur: George 1954, Bd. XI, S. 159, Nr. 15794; Summerson 1980, S. 156–183

John Nash wird vom Karikaturisten als ungebildeter, indes gerissener Handwerker mit Steinmetzschürze und Kelle dargestellt. Er steht im Hof eines verkleinerten Modells des *Buckingham House* (dem späteren Palast), rechts und links von ihm je ein Seitenflügel, vor ihm *Marble Arch* (an seinem Platz vor der Versetzung nach *Hyde Park*). John Bull, rechts, mustert eingehend eine lange

84

Schriftrolle, auf der häufig das Wort ‚Provision' zu lesen ist. Fragend sagt er zu Nash: ‚Hier sind auch Kosten für den Bau der Flügel'. Nash: ‚Ja – iss schon in Ordnung'. John Bull: ‚Hier sind auch Kosten für den Abriß der Flügel'. Nash: ‚Ja – da liegen die falsch.' John Bull: ‚Dann gibt's da noch Kosten für ihren Wiederaufbau'. Nash: ‚Ja, iss in Ordnung'. John Bull: ‚Aber die Rechnung ist doppelt so hoch wie der Voranschlag'. Nash: ‚Ja, dass is immer falsch – auf Voranschläge gebn wir nix'. Die Kosten für den Umbau des *Buckingham Houses* waren eskaliert. Allein die Veränderung der Seitenflügel kostete £ 50.000. Nash, so war bekannt, profitierte von den steigenden Kosten, da er eine anteilige Provision auf die Ausgaben erhielt. RH

Anonym

85 (Farbtafel S. 280)

Ein angemessens Symbol für den Triumphbogen des New Palace – gewidmet dem armen – geldlosen – priestergeplagten und gelähmten John Bull, 1829

Herausgeber S. W. Fores, 41 Piccadilly
Kolorierte Radierung, 34 x 24 cm
London, Guildhall Library, Corporation of London
Literatur: George 1954, Bd. XI, S. 184–185, Nr. 15850; Summerson 1980, S. 156–183

Marble Arch, seit 1850 an seinen heutigen Platz am *Cumberland Gate* beim *Speaker's Corner,* bildete ursprünglich den östlichen Eingang von *Buckingham Palace.* Er ist eine Nachahmung des Konstantinsbogens in Rom. Nash wollte seinen Bogen mit der Statue Georgs IV. von Sir Francis Chantrey krönen, die nun auf dem Trafalgar Square steht. Der Karikaturist hat allerdings einen x-beinigen, notleidenden John Bull dorthin gestellt, samt Clownsgewand und Narrenkappe. Im Hintergrund der neue *Buckingham Palace,* auf dem Giebel die Gestalten der Lady Conyngham (der Mätresse des Königs), des Herzogs von Wellington (Premierminister) und Robert Peels (Innenminister). Wie so viele Spottblätter kritisiert die Karikatur die übertrieben hohen Ausgaben für *Buckingham Palace.* RH

‚Paul Pry' (William Heath)

1795–1840 London

86

Die Sparvorrichtung oder – Wirtschaft, um 1828

Herausgeber T. McLean, 26 Haymarket
Kolorierte Radierung, 35 x 24 cm
London, Guildhall Library, Corporation of London
Literatur: George 1954, Bd. XI, S. 42 f., Nr. 15563

Der Herzog von Wellington, damals Premierminister, steht vor seinem Heim, *Apsley House,* und schaut auf Decimus Burtons Triumphbogen von 1828. Das Gebäude, damals mit einer neuen Steinfassade versehen, ist eingerüstet. Auch am Bogen sind Gerüste zu erkennen. Im Hintergrund: *Buckingham Palace,* gerade von John Nash, und *Windsor Castle,* zur selben Zeit von Sir Jeffry Wyatville renoviert. Auch diese Bauten sind von Gerüsten umgeben. Wellington hält einen Kerzenleuchter mit Tropfenfänger, zum Zeichen, daß nichts verschwendet werde. Aus einer herzöglichen Adelskrone wächst eine brennende Kerze, die der Herzog mit seinem Hut löschen will. Die Karikatur lenkt die Aufmerksamkeit des Betrachters auf bauliche Extravaganzen und konfrontiert andererseits Wellington mit seinem eigenen Geiz. RH

86

Anonym

87

Hyde Park Corner, um 1827

Aquarell, 24 x 40,5 cm
London, British Architectural Library, Drawings Collection, Royal Institute of British Architects
Ausstellung: Royal Academy 1827, Nr. 917
Literatur: Summerson 1945, Tafel L; Richarson ed. 1972, Bd. ‚B', S. 147, Abb. 127

Schon vor 1800 galt *Hyde Park Corner* als wichtigster Eingang nach London. Bereits in den 70er Jahren des 18. Jahrhunderts hatten renommierte

Architekten wie Robert Adam und nach ihm Jeffry Wyatt und John Soane Entwürfe für einen repräsentativen Zugang vorgelegt. Mit Nashs Umgestaltung von *Buckingham House* zum *Buckingham Palace* stieg das Renommé der Gegend noch. Um 1825, als die Wald- und Forstbehörde den Beginn eines allgemeinen Erneuerungsprogramms beschloß, wurde Decimus Burton beauftragt, die städtebauliche Situation von *Buckingham Palace* mit angemessenen Eingangstoren und Torhäusern zum Hyde Park hin zu steigern. 1825 präsentierte er seinen Plan für *Hyde Park Corner.* Am südwestlichem Parkeingang, direkt neben Wellingtons *Apsley House,* sollte eine lange ionische Säulenreihe stehen. Auf der Achse über der öffentlichen Straße stellte er sich einen großen Triumphbogen nach dem Vorbild des römischen Titusbogens vor. Die mächtigste Säulen-Arkade wurde 1827 erbaut, ebenso der Triumphbogen (zu verschiedenen Zeiten *Pimlico Arch, Georg IV. Arch, Wellington Arch* oder *Constitution Arch).* Die meisten der auf dieser perspektivischen Ansicht erscheinenden plastisch-architektonischen Zierden wurden nie realisiert. 1846 plazierte man auf den Bogen ein großes Reiterstandbild des Herzogs von Wellington, obwohl sich u. a. der Architekt Decimus Burton heftig dagegen wehrte. 1912 wurde der Herzog durch die heutige Quadriga ersetzt. 1883 wurde *Constitution Arch* aus verkehrstechnischen Gründen abgerissen und in einiger Entfernung wieder aufgebaut. NB

87

Richard Morris

nachweisbar 1820–1840

88
Panorama Regent's Park, 1831

Herausgeber R. Ackermann, 96 Strand
Kolorierte Aquatinta, 10 x 569 cm
London, Guildhall Library, Corporation of London
Literatur: Hyde 1985, S. 148 f.

Die Panorama-Ansicht des *Regent's Park* zeigt die von Nash konzipierten Häuserzeilen, das *Colosseum,* das *St. Katharine's Hospital* und die sonstigen, im Umkreis liegenden Gebäude. Im Vordergrund sieht man u. a. einen Schausteller mit Hunden; Figuren laufen auf Stelzen, König William und Königin Adelaide fahren in einer offenen Kutsche; ein Invalide sitzt in einem Rollstuhl, ein Fahrzeug der *Steam Washing Company* mit Wäschekörben fährt vorbei (Die Dampfwäscherei war gerade erst aufgekommen). Das Panorama wurde in einer Mappe gefaltet oder als Rolle in einer lackierten Büchse herausgegeben. Richard Morris ist im Titel der ‚Abhandlungen über den Gartenbau' als ‚Geschäftsführer der Medizinisch-Botanischen Gesellschaft von London und Autor des Handbuchs für Botaniker' ausgewiesen. In der ‚Literary Gazette' vom 14. Mai 1831 wird das Panorama als eine, speziell für Salon-Tische auf dem Lande geeignete Publikation beschrieben. RH

Anonym

89
Plan des Regent's Park, 1837

Feder, Tusche und Aquarell, 80 x 73 cm
London, Public Record Office
Inv.-Nr.: MPEE 135

Die Entwicklung des *Regent's Park* wurde von zwei Zielen geleitet: einerseits der Nutzung des alten Marylebone Parks und andererseits der Suche nach einem angemessenen nördlichen Abschluß der *Regent Street.* Ersteres hatte John Fordyce bereits in den 90er Jahren des 18. Jahrhunderts vorformuliert; das zweite realisierte John Nash im Auftrag des Prinzregenten. In seinem ersten Entwurf schlug Nash den Bau eines königlichen Pavillons *(Guingette)* gegenüber einem konventionellen Wasserbecken im Nordteil des Parks vor. Vermutlich sollte diese Situation eine Anlehnung an das *Trianon* in Versailles sein. Neben dem Pavillon sah Nashs Plan zunächst eine sehr intensive Erschließung des Parks mit Häuserzeilen an allen Seiten und vielen Gebäuden in der Mitte vor. Nach einem schwierigen, durch die Nachkriegskrise im Bauwesen bedingten Start, wurden alle Pachtverträge für die Süd- und Westseite abgeschlossen; in den Jahren 1819 bis 1823 waren diese Häuserzeilen

88

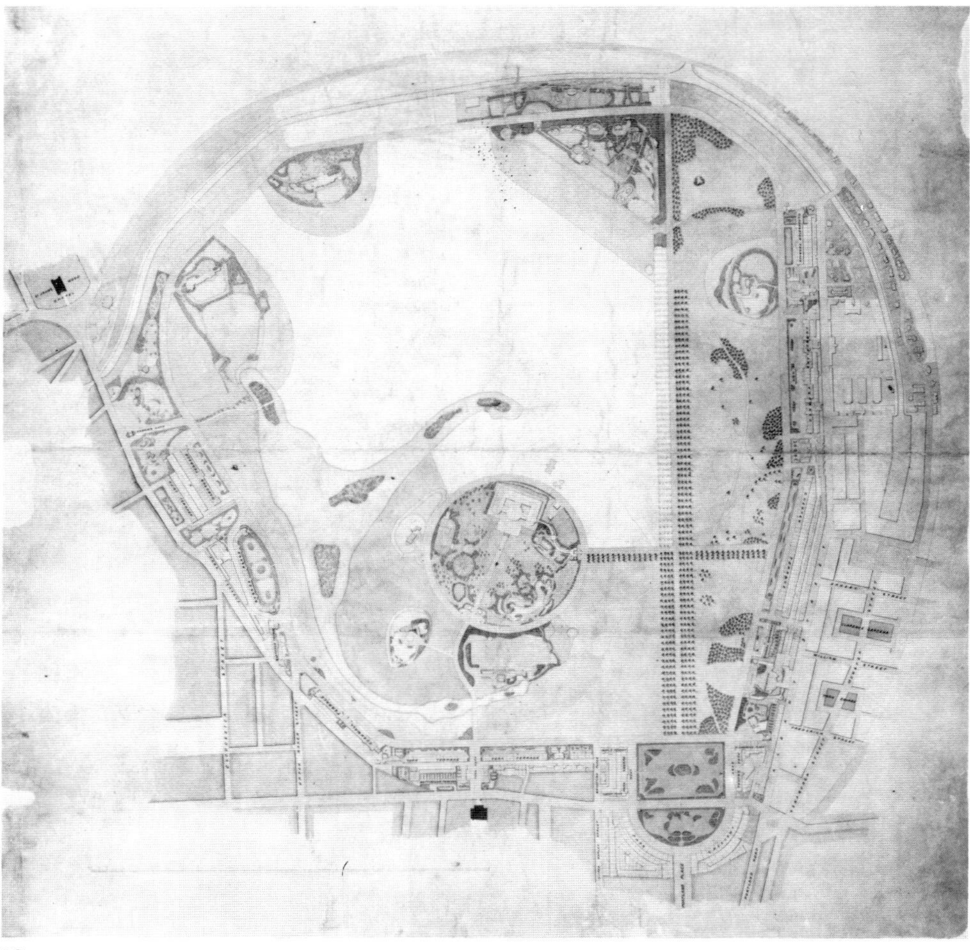

89

und einige private Villen innerhalb des Parkes erbaut worden. Fertige Gebäude sind auf dem Plan schwarz dargestellt. Viele Gebäude erscheinen jedoch in Rot, weil sie nur projektiert waren. Doch zu dieser Zeit war bereits aller Schwung verloren, und nichts wurde mehr in Angriff genommen. NB

Peter Nicholson

Prestonkirk, East Lothian 1765–1844 Carlisle

90

Neues, verbessertes praktisches Handbuch für Bauhandwerker und Facharbeiter

Bd. 2, 1823, Bd. 1–3, 1837, je 28 x 22 cm
London, British Architectural Library, Royal Institute of British Architects
Literatur: Colvin 1978, S. 593–594; Cruickshank and Burton 1990, S. 105–107, 137, 148–149, 151, 181–185, 266

Vom Anfang des 18. Jahrhunderts an war ein nicht abreißender Strom von Büchern über Architektur und Bauwesen erschienen. Einige, wie James Gibbs *„Book of Architecture"* oder Isaac Wares *„Complete Body of Architecture"* waren von führenden Architekten verfaßt, aber die große Mehrheit waren „Musterbücher", die grundlegende mechanische Kenntnisse für Handwerker über Konstruktion und Proportion vermittelten und einige Entwürfe in gängigen Stilen zum Kopieren enthielten. Die meisten der zwischen 1790 und 1840 erschienenen Bücher bestanden nur aus einer Reihe von Entwürfen für Häuser und Villen, von Architekten zusammengestellt, als Werbung gedacht und an die immer wohlhabendere Mittelschicht gerichtet, die Geld für neue Häuser hatte. Peter Nicholson war ein schottischer Zimmermann, der sich zum Architekten mit Neigung zum Ingenieurswesen entwickelt hatte. Obwohl seine Architekten-Laufbahn nicht sonderlich erfolgreich war, wird er heute als einer der führenden Köpfe bei der Entwicklung der englischen Bautechniken im 19. Jahrhundert anerkannt. Seine Bücher stellen eine Weiterentwicklung der älteren Handwerkstradition dar. Das erste war *„The New Carpenter's Guide"* von 1792. Nicholsons zweibändiges *„Architectural Dictionary"* (1812–1819), ist der beste veröffentlichte Überblick über die zeitgenössische Baupraxis, aber wenig fundiert auf Gebieten wie Malerarbeiten und Dekoration. Es wurde an Popularität von Nicholsons zuerst 1823 veröffentlichtem *„New and Improved Practical Builder and Workman's Companion"* übertroffen – dem wichtigsten – in sechs Auflagen gedruckten Musterbuch der Zeit. NB

John Linnell

London 1792–1882 Redhill

91 (Farbtafel S. 278)

Kiesgruben in Kensington, 1811–1812

Öl auf Leinwand, 71,1 x 106 cm
Bezeichnet unten links: J. Linnell
London, Tate Gallery
Inv.-Nr.: NO5776
Herkunft: Von Henry Hole 1813 von der Akademie von Liverpool erworben; von McKay 1847 an Creswick, 1847 an Rought; Auktion Christie's, London 31. Mai 1851, Lot 100, an Angnew; 1857 an T. Horrocks Miller; Pitt Rivers; Gebrüder Leggatt, London, 1947 Ankauf Tate Gallery
Ausstellungen: London, British Institution, 1813, Nr. 99 als ‚The Kiesgruben'; Liverpool, 1813, Nr. 75; London, Royal Academy, 1889, Kat.-Nr. 44; London, Colnaghi, 1973, Kat.-Nr. 18; London, Tate Gallery, 1973–1974, Kat.-Nr. 245
Literatur: Story 1892, Bd. 1, S. 85–86, Bd. 2, S. 160

Linnell, ein erfolgreicher Künstler, wuchs in London auf und erhielt dort seine künstlerische Ausbildung in der *Royal Academy* und von John Varley. Richard Redgrave beschrieb ihn als ‚den englischsten unserer Landschaftsmaler'. 1808–1811 wohnte Linnell an den Kiesgruben des damals dörflichen Kensington und gab seine Umgebung in detaillierten Studien wieder. Roget beschreibt, wie er ‚zu den Kiesgruben ging, danach aufs offene Land und sich vor irgendeinem alltäglichen Motiv niederließ – dem Zaun eines Cottage-Gartens, einer moosigen Mauer oder einem alten Pfosten – und versuchte ihn minutiös darzustellen'. Auf diesen Ausflügen entstand eines der bemerkenswertesten Gemälde Linnells, das der Kiesgruben und der dort arbeitenden Männer. Eine solche Arbeitsszene zu schildern, noch dazu in allen Einzelheiten, war mehr als das, was Sammler damals schätzten, und bei der Präsentation in der *British Institution* fand das Gemälde zu Linnells Ärger keinen Käufer. Entgegen seiner Erwartung kaufte auch die Kunst-Gesellschaft das Bild nicht, was dem Künstler als typisch für deren ‚Teilnahmslosigkeit und Nachlässigkeit' erschien. RU

George Cruikshank
London 1792–1878 London

92
London verläßt die Stadt – oder – Der Marsch von Backsteinen und Mörtel, 1829

Radierung, 21,5 x 29,2 cm
London, The Museum of London
Literatur: Cohn 1924, Nr. 180; George 1954, Bd. XI, S. 240, Nr. 15977

Vermutlich die berühmteste Satire auf Londons Wachstum im frühen neunzehnten Jahrhundert ist Cruikshanks, 1829 in *„Scraps and Scetches"* publizierte Ansicht der vorstädtischen Ziegelbrennereien. Der Zeichner, im nördlichen, rasch expandierenden Vorort Islington zuhause, stellte sicher dar, was er vor Augen hatte. Der Schauplatz mit der rußgeschwärzten Kuppel von St. Paul's und den ländlichen Hügel von Hampstead in symbolischer, nicht tatsächlicher Nachbarschaft, ist eine Montage. Ungeachtet seiner satirischen Eigenschaften, vermittelt das Blatt ein detailliertes Bild der Herstellung von Backstein und von der Praxis des Bauens: Im Vordergrund wird Erde ausgehoben, und frisch geformte Lehmziegel sind in strohbedeckten Reihen zum Trocknen hingelegt; dahinter wird die für die Mischung erforderliche Asche gesiebt, und im Hintergrund rauchen die Öfen, in denen die Backsteine gebrannt werden. Die beim Ausheben der Ziegelerde entstandenen Gruben wurden mit Hausmüll aufgefüllt. Wenig später bereits baute man darauf von Backsteingewölben getragene Häuserreihen, wobei die Straßen dazwischen mit noch mehr Abfall aufgeschüttet wurden. Dieser geruchsintensive und die Umwelt irritierende Vorgang schritt – außer in Krisenzeiten – unaufhaltsam voran. 1829 war ein Krisenjahr, und die Reihen von unvermieteter und zusammenfallender Häuser erinnern daran, daß in Zeiten abstürzender Konjunktur so ein Anblick alltäglich war.

NB

92

Michael Searles
London 1750–1813 London

93
Entwurf eines Hauses für Mr. Barton, um 1792

Feder und farbige Lavierungen, 25,5 x 26,5 cm
Bezeichnet unten rechts
London, British Architectural Library, Drawings Collection, Royal Institute of British Architects
Inv.-Nr.: K6/4 (1)
Ausstellung: London, Heinz Gallery, 1991
Literatur: Richardson, veröff. 1976, Bd. S, S. 30, Nr. (41) 1. Worsley 1991, S. 144, Nr. 121, mit Abbildung

Michael Searles war wie sein Vater Bauinspektor, nannte sich jedoch seit den 90er Jahren des 18. Jahrhunderts ‚Architekt' und war offensichtlich ein fähiger Planer. Seine Arbeit galt vor allem dem Wohnungsbau für die Mittelschicht – ‚Terraces', also Häuserzeilen oder kleineren Villen – die meisten im Süden Londons oder in den südlichen Vororten. Der Auftraggeber dieses Hauses war ein Geschäftsmann, der Leimfabrikant Barton. Sein Produkt verdankte er der Knochensiederei – einem seiner unangenehmen Gerüche wegen als schädlich angesehenen Gewerbe, das, aus guten Wohngegenden ferngehalten, in Arbeitervorstädte wie King's Cross oder Bermondsey südlich der Themse verbannt wurde. Der Standort des hier gezeichneten Gebäudes, ist unbekannt. Der Bau entspricht der vierten ‚Klasse' in der Hierarchie Londoner Häuser dieser Zeit, mit einem Erdgeschoß, zwei Stockwerken und Mansardenräumen. Die Pläne zeigen die beiden oberen Etagen; zum Mansardenplan gehört ein Querschnitt der Balkenstruktur des großen, ‚M'-förmigen Daches. Der zur Seite verlegte Eingang des Hauses war als raumsparende Maßnahme typisch für die Vororte; im Zentrum Londons war die Fassade wichtiger als solche praktischen Gesichtspunkte.

NB

Michael Searles
1750–1813

94
a) Entwurf von Häusern am Surrey Square, 1795

Feder, Tusche und Aquarell, 18 x 62 cm
Bezeichnet unten rechts

b) Entwurf eines Haupthauses am Surrey Square, 1795

Feder, Tusche und Aquarell, 17,5 x 61,5 cm
Bezeichnet unten rechts
London, British Architectural Library, Drawings Collection, Royal Institute of British Architects
Inv.-Nr.: K6/23 (2–3)
Literatur: Richardson ed. 1976, Bd. S, S. 28, Nr. (23) 2–3

Surrey Square ist ein typisches Beispiel für spekulative Wohnraumerschließung. Das Gelände jenseits der *Old Kent Road* gehörte geschäftstüchtigen Mitgliedern der *„Society of Friends"*; mit finanzieller Hilfe ihrer Religionsgenossen bauten sie 1784 eine erste Häuserzeile an der Hauptstraße, bis 1792 wurden im Rahmen des mittlerweile von einem aus Bauleuten gebildeten Konsortium – darunter auch Searles – weitere 29 Häuserzeilen gebaut. Dank ihrer vorteilhaften, zur zweiten Klasse der Londoner Haus-Hierarchie gehörenden Größe, waren sie schnell vermietet; zum Glück für die Spekulanten, denn 1794 begann eine größere Baukrise. Searles Fassadengestaltung ist das sprechende Beispiel für

94a

94b

95

viele Entwürfe spekulativen Hausbaus: Gleichartige Gebäude mit drei Fensternischen reihen sich aneinander, in kürzeren Zeilen akzentuieren Rundbogenfenster und eine Dachbrüstung das Zentrum. Doch solch bescheidene Eingriffe wiegen kaum den unruhigen Rhythmus der vorgeschriebenen Schornsteine und Brandmauern auf. Die herkömmliche Methode, eine Häuserzeile mit Hilfe einer „Palast-Fassade" wirkungsvoll zusammenzubinden, zeigen dagegen der *Bedford Square* und die *Adelphi Terrace.* Für die Hauptzeile am *Surrey Square* sah Searles einen von Giebeln gekrönten Mittelteil vor; und geschickt plazierte er den Eingang des zentralen Hauses in die Mitte. Beim Bau fielen die Feinheiten von Searles Architektur weitgehend privaten Interessen zum Opfer; realisiert wurde vor allem, was den Bedürfnissen der Bewohner entsprach. NB

Michael Searles

London 1750–1813 London

95

Entwurf eines Hauses, Paragon, Blackheath

Feder, Tusche und Aquarell, 32 x 51,5 cm
Bezeichnet unten rechts
London, British Architectural Library, Drawings Collection, Royal Institute of British Architects
Inv.-Nr.: K6/16 (4)
Literatur: Richardson veröff. 1976, Bd. S, S. 27, Nr. (16) 4

Blackheath Paragon ist eine halbrunde Zeile von vierzehn Einzel-Häusern, die durch einstöckige Trakte hinter dorischen Säulengängen verbunden sind. Michael Searles Kunde war hier James Cator, ein reicher Quäker und Holzhändler, der die *Wricklemarsh-Siedlung* in Blackheath im Jahre 1783 erwarb. Cator gab eine ansehnliche Vorortbebauung am Nordrand seines Besitzes gegenüber der offenen Heide-Gegend in Auftrag. Er kannte Searles durch Quäker-Verbindungen. Das *Blackheath Paragon,* 1794 begonnen, wurde bald wegen der für Searles ruinösen Baukrise gestoppt und dann langsam bis 1806 beendet, wobei der Eigentümer die zunächst Searles gewährten Pachtverträge zurückerwarb, um Abweichungen vom vereinbarten Plan zu verhindern. Die Häuser dieser Mustersiedlung waren sehr groß, mit fünf repräsentativen Zimmern im Erdgeschoß und vier Schlafzimmern in jedem oberen Stockwerk; sie wurden auch durchgängig mit Wasserklosetts ausgestattet. Unter den wohlhabenden Mietern waren ein Anwalt, ein Tee- und ein Sherry-Händler, ein Versicherungsmakler und ein Schiffseigentümer. NB

Anonym

96
Häuser in Woburn Place, Russell Square, um 1810

Bleistift, Feder und Aquarell, 64 x 78 cm
London, Trustees of Sir John Soane's Museum
Inv.-Nr.: 76.4.9
Literatur: Cruickshank and Burton 1990, Abbildung

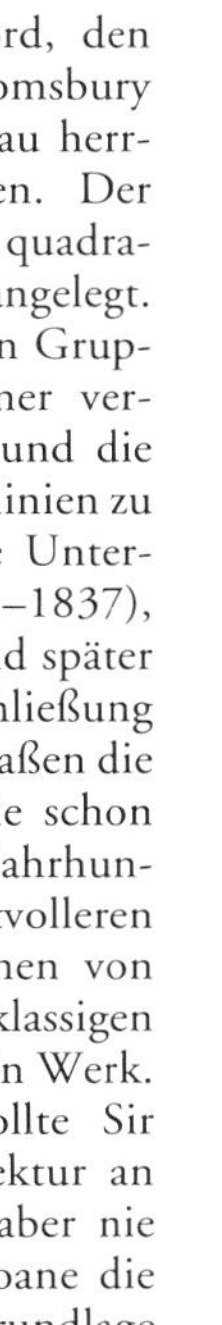

1800 beschloß der Herzog von Bedford, den alten Familiensitz *Bedford House* in Bloomsbury aufzugeben und das Gelände für den Bau herrschaftlicher Privathäuser zu erschließen. Der Gesamtplan wurde als strenges, von zwei quadratischen Gartenanlagen belebtes Raster angelegt. Die Grundstücke wurden einzeln oder in Gruppen an Bauherren oder Bauunternehmer verpachtet, mit der Auflage, die Planung und die von der Baubehörde vorgegebenen Richtlinien zu befolgen. Der bei weitem bedeutendste Unternehmer war hier James Burton (1761–1837), bereits als wichtiger Bauherr etabliert und später die Hauptstütze von John Nashs Erschließung der *Regent Street.* Die meisten Häuser besaßen die hohen, schlichten Backsteinfassaden, die schon für die Londoner Häuserzeilen des 18. Jahrhunderts charakteristisch waren; die kunstvolleren Entwürfe für den *Russell Square* scheinen von Burton selbst zu stammen, und die erstklassigen Bauten von *Woburn Place* waren auch sein Werk. Die kolorierte Perspektivzeichnung sollte Sir John Soanes Vorlesungen über Architektur an der *Royal Academy* illustrieren, wurde aber nie benutzt. In seinen Vorlesungen griff Soane die Praxis von Bauentwicklungen auf der Grundlage von Pachtverträgen ebenso an wie das spekulative Bauen generell, weil in seinen Augen beides die Qualität der Architektur minderte. NB

96

97
Vertrag über die Bebauung der Südseite von Tavistock Square mit Planskizze und Aufriß, 30. April 1821

Papier, 57 x 108 cm
Woburn, der Marquis von Tavistock und die Treuhänder der Bedford Estates
Literatur: Hobhouse 1971, S. 69–70, Tafel 10

Tavistock Square war Teil der Neuerschließung des Bedford-Besitzes in Bloomsbury. Die Ostseite des Platzes war um 1800 von James Burton bebaut worden; die Krise nach 1805 brachte das Unternehmen zum Stillstand. Erst in den 20er Jahren begann hier die zweite Bebauungsphase. Der wichtigste Unternehmer war nun Thomas

97

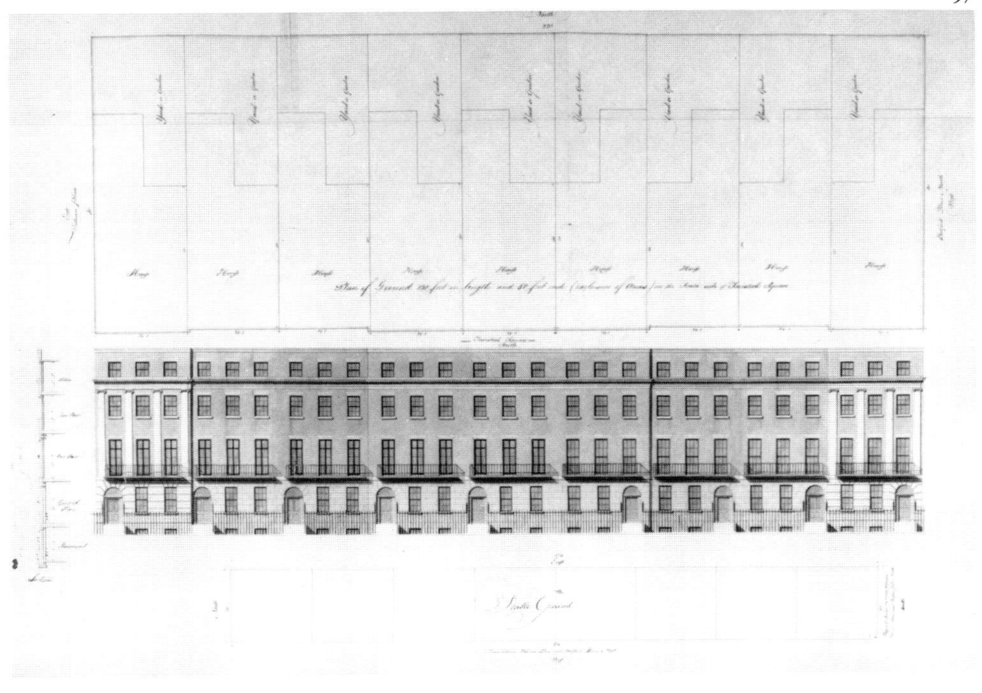

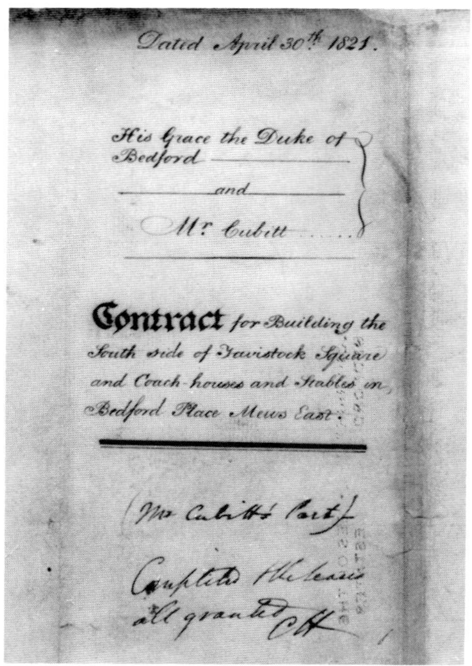

Dated April 30th 1821.

His Grace the Duke of Bedford

and

Mr. Cubitt

Contract for Building the South side of Tavistock Square and Coach houses and Stables in Bedford Place Mews East.

(Mr Cubitt's Part)

Completed the leases all granted

97 (Detail)

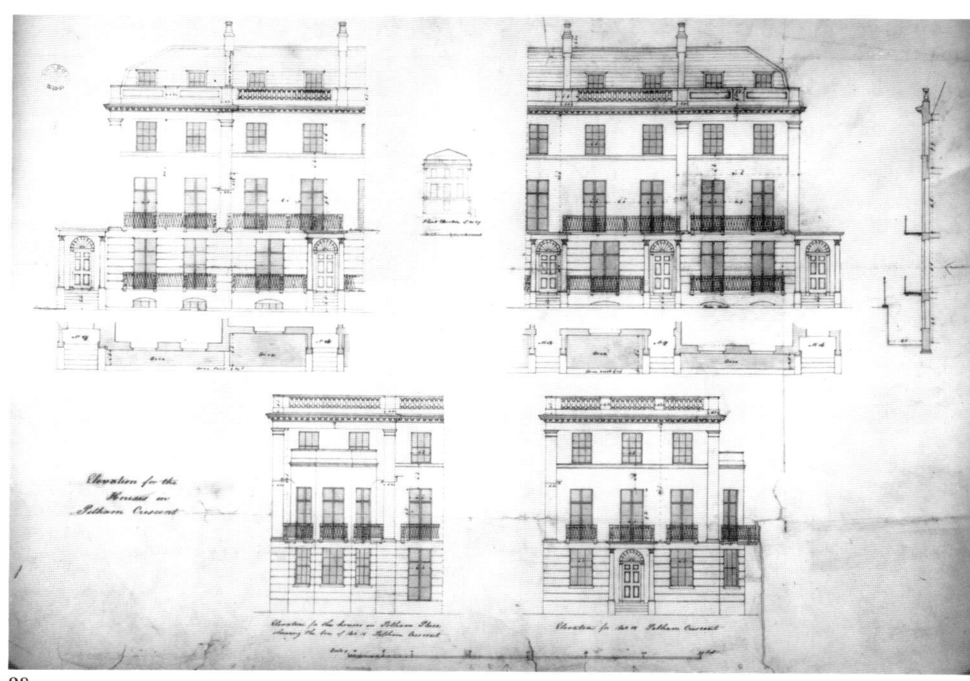

98

Cubitt (1788–1855), Pionier im Bereich der großen Baufirmen. Statt einzelne mit der Errichtung von Häusern zu beauftragen, unterhielt er in London ständig einen großen Stamm von Bauhandwerkern aller Art – was auch eine direkte Qualitätskontrolle möglich machte. Sein Bruder Lewis, ein Architekt, lieferte die Entwürfe. Im April 1821 schloß Cubitt einen Vertrag über die Bebauung der Südseite von *Tavistock Square* ab. Der Pachtvertrag mit der Grundstücksverwaltung legt die Größe der Grundstücke und die Materialien fest; der Aufriß der vorgesehenen Fassaden ist wohl von Lewis Cubitt gezeichnet und entspricht denen Burtons an der Ostseite. Cubitt ging auch daran, die übrigen Seiten des Platzes zu bebauen, doch wegen einer erneuten Krise um 1825 wurde die Erschließung Bloomsburys erst in den 60er Jahren beendet. NB

George Basevi

1794–1845 Ely

98

Entwurf für Häuser im Pelham Crescent, 1833

Feder und Lavierung, 32 x 96,5 cm
London, British Architectural Library, Drawings Collection, Royal Institute of British Architects
Inv.-Nr.: E6/12

Herkunft: Dauerleihgabe der Trustees of Smith's Charity Estate, Chelsea
Ausstellung: London, Heinz Gallery, 1991
Literatur: Stroud 1959; Richardson ed. 1972, Bd. ‚B', S. 60, Abb. 42; Worsley 1991, S. 136–137

Die Erschließung von *Belgravia* auf dem Gelände der *Grosvenor*-Familie, nahe des neuen *Buckingham Palace,* zog in den späten 20er Jahren viele andere Baumaßnahmen nach sich. Einer der dort tätigen Architekten war George Basevi (1794–1845); er entwarf die Häuser am *Belgrave Square.* Der Lieblingsschüler von Sir John Soane, drei Jahre auf ‚grand Tour' in Italien, Griechenland und der Türkei, wurde 1829 zum Landmesser des *Smith's Charity Estate,* einer Wohlfahrtseinrichtung in Kensington mit Grundbesitz, Geschäfts- und Wohnbauten. Basevi knüpfte an architektonische Grundsätze des späten 18. Jahrhunderts an. Seine Häuser hatten konventionelle Grundrisse; daß Basevi jedoch die typische Londoner Fassade mit Pilastern, Gesimsen und Balkonen noch präzisierte und steigerte, ist vermutlich auf den Einfluß seines Lehrmeisters Soane und dessen wohlbekannter Verachtung für die schmucklosen Spekulationsbauten zurückzuführen. Beachtenswert ist die Verwendung großer Fensterflügel – sogenannter französischer Fenster – für die wichtigen Räume, wie sie der Fortschritt der damaligen Glasproduktion möglich machte. NB

William Lake Price zugeschrieben

1810–1891

99

St. Pancras Church, um 1822

Aquarell, 64 x 84,5 cm
Glasgow, Gavin Stamp
Ausstellung: London, Barbican Art Gallery, 1984, S. 31, Kat.-Nr. 20
Literatur: Britton und Brayley 1825, S. 145–166; Lee 1976, S. 19–22

Sir John Summerson nennt St. Pancras, ‘die Pfarrkirche par excellence des *Regency* in England‘. Sicher war sie die teuerste. Das Statussymbol einer reichen und schnell wachsenden Gemeinde entwickelte sich aus einer kleinen, baufälligen Dorfkirche inmitten eines großen, düsteren Friedhofs. An markanter Stelle, an der wichtigen *New Road* gelegen, in der Nachbarschaft guter Neubauten, hatte sie eine Zukunft: Die Kosten von St. Pancras – etwa £ 90.000 –, überwiegend aus Beiträgen der Gemeindeglieder, stellten, wie man sagte, eine Investition dar, die sich in hohen Abgaben bald auszahlte. Ein Wettbewerb wurde 1818 von den ortsansässigen Architekten William und Henry William Inwood, Vater und Sohn, gewonnen. Der reiche griechische Stil der Kirchen-Anlage entstand kurz nachdem die britische Regierung die *Phigaleian* und *Elgin Marbles* erworben hatte; er wurde in den zwanziger Jahren bei vielen Londoner Kirchen kopiert. 1819 reiste H. W. Inwood nach

Athen, ‚mit dem Ziel, zur Komplettierung des Entwurfs Zeichnungen des Erechtheums und des *Tempels der Winde* anzufertigen'. Das erklärt die ausgefeilten antikischen Details der von 1819 bis 1822 erbauten Kirche: etwa die das Säulengebälk vor den Sakristeien tragenden Karyatiden, die in Proportionen und Details denen des Erechtheums entsprechen. Der Glanz der neuen St. Pancras Kirche wurde auch kritisch kommentiert. *The News* nannte sie „... einen sehr eleganten Ort für eine sehr elegante Gesellschaft: ein Ort für Predigten – und auch nicht schlecht geeignet, um im Sommer an einer Limonade ... zu nippen; doch besitzt sie wenig in ihrer Erscheinung und gar nichts an ihrer Ausstattung, das der Schicklichkeit und (wie wir glauben) den Grundsätzen einer Pfarrkirche gemäß wäre." AS

99

George Scharf

Mainburg 1788–1860 London

100

Westminster Life and British Fire Office, Strand, 1831

Feder, Bleistift und Aquarell, 54 x 39,5 cm
London, British Architectural Library, Drawings Collection, Royal Institute of British Architects
Inv.-Nr.: J10/23B
Herkunft: Geschenk der Töchter F. P. Cockerells (1930–1932)
Ausstellungen: Royal Academy, 1832, Nr. 985; London, Royal Institute of British Architects, 1984; London, Heinz Gallery, 1991
Literatur: Worthington 1932, S. 270; Young veröff. 1934, reproduzierte Verkleidung S. 180; Feriday veröff. 1963, S. 114, Tafel XXXIV; Mordaunt Crook 1968, Tafel 42; Richardson veröff. 1972, Bd. C–F, S. 32; Stamp 1982, Abb. 26; Worsley 1991, abgebildet auf Umschlag und Stirnseite

Das Bürohaus für ein oder mehrere Unternehmen war ein neuer Bautyp im London des frühen neunzehnten Jahrhunderts. Bis zum Ende des achtzehnten Jahrhunderts erledigten Händler ihre Schreibarbeit meist zu Hause, in ihren Lagern, in Räumen großer Institutionen, wie der Börse oder in den großen Handelshäusern. Der Ausbau von Somerset House zum Regierungs-Büro war in den 70er Jahren des 18. Jahrhunderts eine Ausnahme. Die Versicherungsgesellschaft wurde in den 90er Jahren des 18. Jahrhunderts gegründet, wobei die Lebensversicherung damals als typisch britisches Phänomen dem wohlhabenden Mittelstand entsprach, der für die Zukunft seiner Familien sorgen wollte und dabei aber über keinen Grundbesitz verfügen konnte. Die Ursprünge der Feuerversicherung gehen auf das Große Feuer von 1666 zurück. Charles Robert Cockerells (1788–1863) Gebäude für die beides kombinierende Firma war sein erster Auftrag und führte zu seiner Ernennung, als Nachfolger von Sir John Soane, zum Architekten der Bank von England. Der erste Entwurf ähnelte den flachen neogriechischen Gebäuden Nashs oder Decimus Burtons. Der letzte glich einem kleinen Tempel und war eine Synthese von griechischem und palladianischem Klassizismus, von plastischem Schmuck belebt. Das wurde Gebäude 1907 abgerissen. NB

100

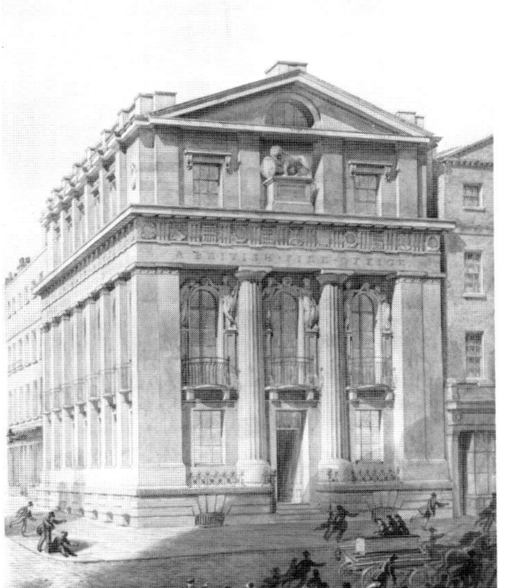

Francis Edwards

London 1784–1857 London

101

Lagerhaus der Lion-Brauerei, Belvedere Road, Lambeth, 1836

a) Fassade zum Fluß

Feder und Aquarell, 36 x 52 cm
(mit Beischriften)

b) Querschnitt, 1836

Feder und Aquarell, 36 x 52 cm
(mit Beischriften)

London, British Architectural Library, Drawings Collection, Royal Institute of British Architects
Inv.-Nr.: J8/9 (2–3)
Ausstellung: London, Heinz Gallery, 1991
Literatur: Taylor 1968, Tafeln 12–13; Richardson 1972, Bd. C–F, S. 103, Nr. 2–3; Worsley 1991, S. 159, Nr. 137–138

Die Lion-Brauerei stand am südlichen Themse-Ufer an der Stelle der heutigen *Royal Festival Hall.* Damals bestimmten Fowlers Hungerford Markt und die prächtige Bebauung des *Adelphi* der Brüder Adam das Nordufer. Wohl im Anschluß daran, plante Edwards für sein Lagerhaus eine repräsentative palladianische Fassade. Dabei war dies nicht die erste schmückende Fassade für ein reines Zweckgebäude; die hatte Samuel Wyatts bereits 1784 für die Albion Mühlen gebaut. Doch wandten sich fortschreitend Architekten solchen Aufgaben zu, die vorher

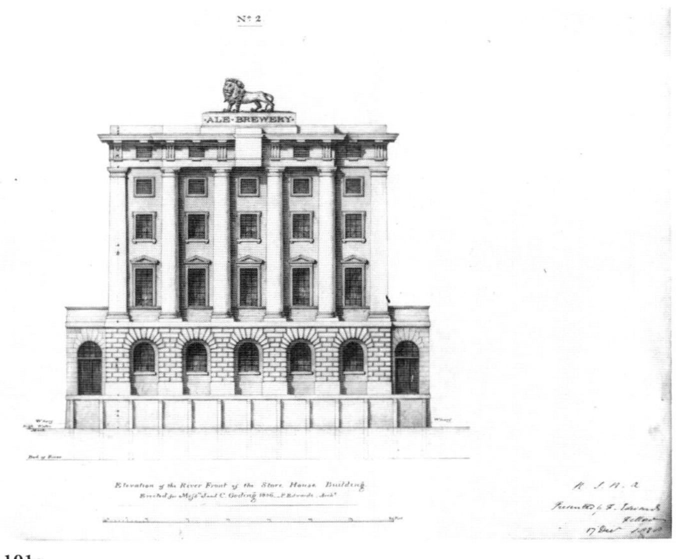

101a

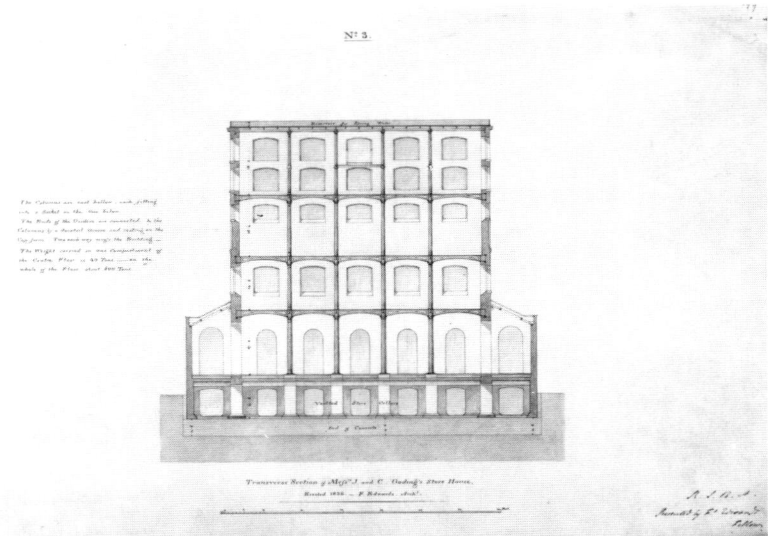

101b

von speziellen Handwerkern ausgeführt wurden. Bei Edwards Fassade ist der große Löwe aus Coade-Stein beherrschend; ein damals beliebtes Terracotta-ähnliches Material aus einer stromaufwärts gelegenen Fabrik. Der Schnitt zeigt hinter der Außenmauer aus Backstein (mit Stuck verziert) eine innere Konstruktion aus Gußeisen. Vorreiter der Eisenkonstruktion waren die Baumwoll-Spinner des Nordwesten, während in London bis in die 60er Jahre des 19. Jahrhunderts zumeist Holz verwendet wurde. Vermutlich sollte bei diesem Bau am Flußufer das Eisen das Gewicht vermindern und Bränden vorbeugen. Wie in vielen Brauereien diente auch hier das Dach als großer Wassertank für die Bier-Herstellung und als Feuerschutz. NB

DIE URBANE INFRASTRUKTUR

Die stetig wachsende Stadt überforderte die herkömmlichen Versorgungseinrichtungen bis an den Rand des Zusammenbruchs. Die alten Systeme wurden ausgebaut und neue Verfahren erforscht, um die Bevölkerung mit Wasser, Entwässerung, Licht, Heizung und Lebensmitteln zu versorgen. Der Verkehr in die Stadt, aus der Stadt und durch die Stadt wurde durch den Bau neuer Straßen, Brücken und Kanäle sowie mit Hilfe verbesserter Kutschen und neuer dampfgetriebener Wagen erleichtert.

George Scharf

Mainburg 1788–1860 London

102 (Farbtafel S. 321)
Die Verlegung der Hauptwasserleitung, Tottenham Court Road, 1834

Aquarell über Bleistift, 25 x 44,3 cm
Bezeichnet: G Scharf del 1834. Tottenham Ct. Road
London, Trustees of the British Museum
Inv.-Nr.: 1862-6-14-308
Herkunft: 1862 von der Witwe des Künstlers erworben
Ausstellung: London, Britisches Museum, 1985, Kat.-Nr. 148c, Tafel 105

Seit Beginn des 17. Jahrhunderts gab es in London eine hervorragende Wasserversorgung. Im frühen 19. Jahrhundert wurde es dabei von acht Privatunternehmen versorgt, die in den jeweiligen Stadtteilen über ein Monopol verfügten. Das größte war die *New River Company,* die aus ihren Reservoirs am *Sadlers Wells* das Zentrum und den Norden, einschließlich des Bezirks der Tottenham Court Road versorgten. Die Hauptrohre verliefen unter den Hauptstraßen, und die Besitzer angrenzender Grundstücke zahlten für einen Anschluß – oder auch nicht. Man stritt ständig über die Gebühren, und viele pumpten ihr Wasser aus eigenen oder öffentlichen Brunnen. Die hölzernen Hauptleitungen des 18. Jahrhunderts leckten, hielten nur einen minimalen Wasserdruck aus und wurden deshalb nur sporadisch gefüllt. Die Straßen-Schäden waren verheerend. Ein Gesetz von 1817 erlaubte nur noch den Bau von Leitungen aus Eisen. Konnten bisher nur ebenerdige Räume versorgt werden, so nun auch die oberen Stockwerke; und zwar mit ständig gefüllten Rohren. Dargestellt ist das Anbohren einer gußeisernen Hauptleitung für einen Privatanschluß. Die Arbeiten für die Hauptleitung in der Tottenham Court Road fanden ganz in der Nähe von Scharfs Wohnung statt, und der Künstler hielt sie in zahlreichen Bleistiftskizzen fest. Dabei verbindet sich die Schilderung des Arbeiter-Genre mit der Faszination durch die Technik der Zeit. Am entfernten Ende der Straße stehen vor einer Druckerei zwei Figuren, die vielleicht Scharf selbst und seinen Sohn darstellen sollten. NB / LS

‚Paul Pry' William Heath
nachgewiesen 1790–1840

103 (Farbtafel S. 280)

Monstersuppe, allgemein genannt Themsewasser, eine korrekte Darstellung des kostbaren Zeugs, das an uns verteilt wird !!!, 1828

Kolorierter Kupferstich, 25,5 x 37 cm
London, Guildhall Library, Corporation of London
Literatur: George 1954, Bd. XI, S. 44–45, Nr. 15568

1827 machte der Sozialreformer Sir Francis Burdett durch eine Petition im Unterhaus darauf aufmerksam, daß ‚das Wasser, das der Themse bei Chelsea entnommen wird und der Versorgung der Einwohner des Westteils der Metropolis dient, durch den Inhalt der großen Abwasserkanäle, dem Abwasser von Misthaufen und Müllhalden, dem Müll von Hospitälern und Schlachthäusern, von Farben-, Blei- und Seifenwerken, pharmazeutischen Betrieben und mit allen Arten von tierischen und pflanzlichen Verwesungsstoffen verunreinigt ... und dadurch gesundheitsschädlich wird'. Heaths bissige Karikatur mit ihrer Anspielung auf die modische Begeisterung für Technologie und Naturwissenschaft spiegelt den damals verbreiteten Abscheu gegenüber der braunen und übelriechenden Flüssigkeit aus den Wasserwerken an der Themse, denen der Druck sarkastischerweise gewidmet ist. Als Reaktion auf solche Proteste legte James Simpson, Chefingenieur der Wasserwerke von Chelsea, 1828 auf einem Areal von über einem Acre die erste große Sandfilter-Anlage an. Diese Einrichtung wurde bald von allen Wasserwerken Englands übernommen. NB

105

George Cruikshank
London 1792–1878 London

104

Royal Address, 1832

Radierung, 49 x 24 cm
London, Guildhall Library, Corporation of London
Literatur: Reid 1871, Nr. 1464; Cohn 1924, Nr. 1952; George 1954, Bd. XI, S. 583–584, Nr. 16956

Der Ausbau der Wasserversorgung seit etwa 1815 belastete das Abwassersystem fortschreitend. Dieses wurde seit dem 16. Jahrhundert, von mehreren unabhängigen Abwasser-Kommissionen kontrolliert. Offene Flüsse wie der Walbrook wurden zunächst zu offenen Abwasserkanälen und dann wegen des Gestanks abgedeckt. Trotz vieler Gebote gelangte eine Menge Abfall in das System. Verschmutztes Wasser sickerte in die Wasserläufe und somit in den Fluß, dem verschiedene Wasserwerke ihre Vorräte entnahmen. In dieser Satire posiert John Edwards, Besitzer der Southwark-Wasserwerke, als Britannia oder Neptun – ‚Herrscher der duftenden Ströme' –, gekrönt mit einem Nachttopf auf einem Nachtstuhl, der wiederum über einer Senkgrube steht. In den 30er erkannte man endlich den Zusammenhang von verschmutztem Wasser und Erkrankungen, und die Notwendigkeit von Reformen, die durch die verschiedenen königlichen Kommissionen angemahnt worden war, wurde verstärkt durch die Cholera-Epidemien von 1832 und 1839. Das Ergebnis war das Öffentliche Gesundheitsgesetz von 1848, das die örtlichen Behörden ermächtigte, Geld für neue Abwasserkanäle aufzutreiben, und den Einzelnen dazu anhielt, Rohre an diese Abwasserkanäle anzuschließen. NB

104

George Moutard Woodward und Thomas Rowlandson
Derby 1760–1809 London, London 1756–1827 London

105

Blick auf die Gaslaternen auf der Pall Mall, 1809

Kolorierte Radierung, 24,3 x 34 cm
London, Trustees of the British Museum
Inv.-Nr.: 1868-8-8-7894
Literatur: George 1947, Bd. VIII, S. 882 f., Nr. 114400

Die erste öffentliche Gasbeleuchtung wurde 1807 in London von Frederick Winsor als ein Experiment auf der *Pall Mall* installiert. Als Veranstaltung anläßlich des Geburtstags des Prinzen von Wales angekündigt, diente es zugleich als Werbung für die Firma, deren Investoreneinlagen von £ 50.000 vollkommen aufgebraucht waren. Man sieht neugierige Zuschauer vor den neuen Gaslaternen beim *Carlton House.* (Ganz links an einer Haustür die Aufschrift ‚Sherry' für

106

GAS LAMP-LIGHTERS POEM.

Another year has rolled away,
And we another visit pay,
In hopes a weary twelve months toils
Will be rewarded by your smiles;
And that amidst the merry cheer
That marks this season of the year,
You'll not forget the Gasmens' prayer,
That in your bounty they may share,
Who labor morning, noon, and night,
To furnish you with extra light;
Then we'll indulge the humble hope
That when we meet the festive group,
Or seated round the plenteous board,
The Gasmens' mite you will afford,
And that their poor unletter'd bard
Will draw from you his just reward
As he in rhyme does not despair
His modest merits to declare.

In dark December's dreary days,
Our poet scarce knows what to praise;
The season seems his song to clog,
And chain his muse amidst the fog;
In vain, to chase away his grief,
He turns his song to Christmas beef,
For on his lips the carol dies,
As round his room he rolls his eyes,
Where ne'er a noble sirloin smokes,
And hunger seems to play the hoax.
But sudden, as the day expires,
He sees a thousand brilliant fires,
That shoot at once into the air,
As artificial planets there;
Then letting other subjects pass,
He boldly sings in praise of GAS.

Behold! 'tis now the break of day,
And night is driven far away;
Behold! the City's radiance vies
The splendour of the Eastern skies,
When Sol his majesty displays,
And sheds around his glorious blaze;
The moon may set, the stars may shrink,
And e'en the *Northern Lights* may sink,
For we can now supply their place,
And revel in the glare of GAS.
Of all the wonders that arise,
Of all the projects of the wise,
This is the best to save the sight,
And on the *subject throw a light*.
The lady from the ball or rout,
In safety now may venture out,
For lovers dare not be uncivil,
And thieves are kept from deeds of evil;
She dreads no insult in the dark,
And travels home without a *spark*.
E'en at this merry time of year
Few tumults in the town we hear,
For it lights the drunkard home to bed,
And the stranger to his lodgings led;
It guides the watchman on his way,
And shows him what's the *time of day*.
Thus in our labors we unite
Utility and splendour bright;
And artificial day create,
That you may Christmas celebrate;
New Light we give unto the wise,
And glaring merit meets your eyes:
The men of *Gotham* we surpass,
Remember, then, the men of GAS.

The Gasometer.

Drawing the Retort.

Printed and Sold by QUICK, 77, Great Saffron Hill.

GAS

WORKS

108

den Bühnenautor und Impresario, Richard Brinsley Sheridan, einer der engsten Freunde des Prinzen.) Die Reaktionen in den Sprechblasen, reichten von naiver Bewunderung des Provinzlers, über den frommen Einwurf des Quäkers („... was ist dies gegenüber dem inneren Licht?") bis zu den Bedenken einer Prostituierten: „... wenn dieses Licht nicht abgeschaltet wird – müssen wir unseren Beruf aufgeben ..." Darauf ihr Freier: „Richtig, mein Schatz: keine dunkle Ecke mehr für Liebe oder Geld." Tatsächlich installierte man in den folgenden zehn oder fünfzehn Jahren Gaslaternen, um die Straßenkriminalität zu verringern; Gasbeleuchtung in den Häusern folgte bald. LS

Charles Papendick
gest. 1835 London

106
Entwürfe für Straßenlaternen, 1819

Bleistift und Aquarell, 93 x 62,5 cm
Datiert: 4. Nov. 1819
London, Trustees of Sir John Soane's Museum
Inv.-Nr.: 76.3.13

Seit etwa 1750 wurden die Straßen im Zentrum Londons durch von den Gemeindebehörden errichteten und aus den Gemeindesteuern finanzierten Öllampen erleuchtet. In den meisten Bezirken ergänzten Lampen an den Hauseingängen diese öffentliche Beleuchtung. Die sparsamen Öllampen wurden allerdings innerhalb von zwanzig Jahren, nachdem 1807 Herr Winsor in *Pall Mall* zum ersten Mal Gaslampen präsentierte, in den meisten Zentrums-Bezirken ersetzt. Wegen ihres Rohranschlusses waren sie auf Metallpfosten auf dem Gehweg installiert. Das Blatt, vorbereitet für die Vorlesungen Sir John Soanes an der *Royal Academy,* stellt einige Entwürfe vor – drei Gaslaternen und zwei Öllampen. Die große hängende Lampe stammt wohl aus Paris; die übrigen könnten in London vorgekommen sein. NB

Richard Dighton
London 1796–1880 London

107
a) Eine Londoner Plage, 3. Tafel. Einer der Vorteile von Öl gegenüber Gas

b) Eine Londoner Plage, 5. Tafel. Einer der Vorteile von Gas gegenüber Öl

Herausgeber Thos. McLean, Haymarket 26
Radierungen, 26 x 21 cm und 26 x 22 cm
London, Guildhall Library, Corporation of London
Literatur: George 1952, Bd. X, S. 268, Nr. 14291 und 14293

Die Blätter, aus einer Folge von sechs Ansichten, haben Londoner Plagen zum Thema: Ein Lampenanzünder hält seine Kanne so nachlässig schräg, daß sich Öl über einen schick gekleideteten Fußgänger ergießt. Eine modische Lady und ein kleiner Junge werden durch den Druck einer Gasexplosion zurückgeschleudert; der erschrokkene Apotheker schaut durch die zerbrochenen Scheiben der Ladentür. Die anderen Blätter handeln vom Schnee; davon, wie man an einem Karren mit Kot vorbeikommt; wie man mit einem Träger zusammenstößt, der eine Kommode transportiert oder gegen die Griffe eines Fleisch-Bretts auf den Schultern eines Schlachter-Jungen – eine angenehme Möglichkeit, ein Auge zu verlieren. RH

108
Gedicht über einen Gaslaternenanzünder, um 1820

Buchdruck und Holzschnitt, 49 x 37,5 cm
Herausgeber Quick, 77 Great Saffron Hill
London, Guildhall Library, Corporation of London
Inv.-Nr.: Broadside 1.74

Einige Händler ließen vor Weihnachten Plakate und kleinere Handzettel drucken, die ihre Kunden an die traditionelle Weihnachtsgabe erinnern sollten. Dieses Blatt wirbt für den Gebrauch von Gas und weist auf Gefahren im Umgang damit hin. Das Gedicht empfiehlt:

> … Vergeßt in aller Fröhlichkeit,
> die ausmacht diese Jahreszeit,
> die Bitte Eurer Gasleut' nie,
> daß Eure Mild' mag treffen sie,
> die früh und spät und mittendrin
> ein Mehr an·Licht Euch anzünden … CF

107a

107b

George Scharf
Mainburg 1788–1860 London

109
Bauarbeiter bei der Verlegung einer Gasleitung, 1834

Bleistift, 23 x 13,9 cm
Bezeichnet unten rechts: G. Scharf 1834
London, Trustees of the British Museum
Inv.-Nr.: 1862-6-1-304
Herkunft: 1862 von der Witwe erworben
Literatur: Jackson 1987, S. 70–71

1823 gab es in London vier private Gasversorgungsunternehmen: Die *London Gas, Light and Coke Company,* die *City of London Gas Light Company,* die *South London Gas Light and Coke Company* und die *Imperial Gas Light and Coke Company.* Jede erzeugte in eigenen, in Randbezirken wie Bankside und St. Pancras gelegenen Fabriken, Leuchtgas. Hier waren die Transportbedingungen (für Kohle) gut, die Grundstücke billig, und eventuelle Explosionen konnten keinen übermäßig großen Schaden anrichten. Die Gesellschaften verfügten über ein Leitungsnetz von über 200 Meilen (ca. 330 km), die 7.268 Straßenlaternen und 61.203 private Lichtquellen versorgten. London-Besucher waren stets beeindruckt von den strahlend hell erleuchteten Geschäften. Zunächst gab es, aus Sicherheits-Gründen, Vorbehalte gegenüber der Verwendung von Gas in Häusern. Bis in die vierziger Jahre wurden in Wohnungen vor allem Kerzen und Petroleumlampen verwandt. Mit der Verlegung von Gasleitungen in Londoner Hauptstraßen kamen auch alle anderen modernen Möglichkeiten unterirdischer Versorgung: Wasserrohre, Gasrohre, auch Abwasserkanäle. Überraschend ist die Lage der Gasleitungen dicht unter der Oberfläche; vermutlich mußten sie ständig verlegt werden und waren wohl auch häufig undicht. NB

109

111

John Williams

110
Eine historische Darstellung von Tunneln für sauberes Wasser und Gas in der britischen Hauptstadt . . ., 1828

Herausgeber Carpenter & Son und
J. M. Richardson
Oktavband, 21,5 x 14,5 cm
London, Guildhall Library, Corporation of London
Inv.-Nr.: SL 48.12
Herkunft: Geschenk des Autors
Literatur: Harrison 1971, S. 68; Trench and Hillman 1985, S. 81 f.

In seiner Widmung an Georg IV. sprach der Verfasser davon, daß die königlichen Erneuerungs-Maßnahmen nicht nur vollendet werden sollten; „sie werden diese Metropole auch zu einer Größe erheben, wie sie nicht einmal das kaiserliche Rom besaß". Um ständige Aufbrüche der Straßen wegen unterirdischer Arbeiten zu vermeiden, sah Williams praktischer Plan die Anlage eines breiten Grabens in der Mitte der Straße vor; er sollte 3 m tief sein und einen trockenen Tunnel für alle Gas- und Wasserrohre aufnehmen; in Abständen von 6 m sollten kleinere Tunnel Anschlüsse zu den Häusern herstellen. Gleichzeitig sollten Abwasserrohre vom Tunnel zu den darunterliegenden Abwasserkanälen geführt werden. Dieser Plan sicherte über die Tunnel einen einfachen Zugang zu den Versorgungsleitungen. Ausströmendes Wasser oder Gases könnten schnell beseitigt (und zahlungsunwillige Bewohner von der Versorgung abgeschnitten) werden; auf der Straße könnten Feuerwehrfahrzeuge schneller zu Wasser kommen, Kutschen wie Pferde würden geschont. Williams ließ sich sein Projekt zuerst 1822 patentieren und versuchte, mit Hilfe von Werbematerial, öffentlichen Versammlungen und Petitionen im Parlament dafür eine Lobby zu finden. 1824 gründete er die London *Sub-Way Company.* Das Buch diente offenbar weitergehenden Werbezwecken, und Williams schickte es an einflußreiche Leute. Dieses Exemplar gehörte der *Institution of Civil Engineers.* Noch in den 40er Jahren warb Williams erfolglos mit einer Flut von Briefen an städtische Behörden für seine Idee. 1861 jedoch wurde der erste Tunnel in der Londoner Innenstadt unter der Garrick Street gebaut und der Plan in den folgenden Jahren realisiert. In Bazalgettes Uferbefestigung der Themse gibt es einen ähnlichen Tunnel; noch heute sind 11,5 Meilen eines fächerförmig vom Piccadilly Circus ausgehenden Tunnelnetzes in Betrieb. CF

Anonym

111
Der Adelphi-Kai, ca. 1810

Aquarell, 63,5 x 100 cm
London, The Museum of London
Inv.-Nr.: 86.148
Herkunft: Anthony Dallas & Sons Ltd., 1986
Ausstellung: London, The Museum of London, 1987
Literatur: Fox 1987, S. 172 f., 262

Die auf der Themse beförderte Kohle wurde stromab der *London Bridge* in Leichter umgeladen; so gelangte sie zu den Kais, die wegen des niedrigen Wasserstandes nicht von größeren Schiffen erreicht werden konnten. Das Schauspiel der Kohlenträger, der Fuhrleute und ihrer Gespanne bot sich vielerorts am Fluß. Als der Plan der Brüder Adam gescheitert war, die Bögen unter dem Adelphi-Kai zur Lagerung regierungseigener Munition zu nutzen, wurden sie an Kohlen- und Weinhändler vermietet. Laut Branchenbuch waren es an dieser Stelle die Kohlenhändler Findlater und Ellis, seit 1810 zusammen mit Pugh. Ihr Kai-Bereich hieß *Salisbury Wharf* oder *Beaufort Coal Wharf, Strand.* Für Aquarell-Darstellungen der Zeit ungewöhnlich ist die realistische Schilderung der Arbeit: Kohle wird gehoben, in Säcke geschüttet und auf Karren umgeladen, die durch die Kaibögen zum *Strand* hingezogen werden. Leute sammeln Kohlebrocken am Ufer auf. Auch in den angrenzenden Bauholz-, -stein- und Kieslagern sind Arbeiter beschäftigt. Vom selben Künstler wurde eine kleine, die fälschliche Signatur P. de. Wints tragende Studie von Leichtern und der *Westminster Abbey* am 14. Mai 1985 bei Sotheby's (128) versteigert. CF

John Augustus Atkinson
London ca. 1775–ca. 1833

112
Ein Londoner Kohlenkarren

Aquarell, 26 x 36,9 cm
London, The Museum of London
Inv.-Nr.: 83.236
Herkunft: Thomas Agnew & Sons Ltd., 1983
Ausstellung: London, Agnew, 1983 (Kat-Nr. 11); London, The Museum of London, 1987
Literatur: Fox 1987, S. 172 f., 262

Auf dem Weg der Kohle von den Minen im Nordosten des Landes zu den Häusern der Londoner ist dies die letzte Station: Der Fuhrmann bringt seinen Karren in Stellung, während sein Kompagnon sich noch eine Erfrischung aus dem Zinnhumpen gönnt, bevor er die Kohlen in den Keller schaufelt. Die Händler Johnson und Horner hatten – wie auf dem Karren vermerkt – ihr Geschäft am Adelphi Kai, laut Londoner Branchenbuch etwa von 1808 bis 1818. Der Künstler lebte von 1784 bis 1801 in St. Petersburg, wo er Szenen russischen Alltagsleben festhielt. Nach seiner Rückkehr schuf er vor allem Historienbilder und Landschaften, aber auch reizvolle Genre-Aquarelle von Straßenhändlern und Arbeitern. CF

112

George Scharf
Mainburg 1788–1860 London

113

a) Cow Keeper, Golden Lane, 1825
Aquarell über Bleistift, 14 x 22,5 cm
Bezeichnet unten links: G. Scharf del 1825

b) The Westminster Dairy, Regent Street, 1825
Aquarell über Bleistift, 22,7 x 13,8 cm
Bezeichnet unten links: G. Scharf del 1825
Quadrant Regent Street

London, Trustees of the British Museum
Inv.-Nr.: 1862-6-14-120, 122
Herkunft: 1862 von der Witwe des Künstlers erworben
Literatur: Jackson 1987, S. 44–45, Abbildung

Scharf notierte zum Aquarell des Cow Keepers: „Dies zeichnete ich in der Golden Lane in der City, um es dem eleganten Milchladen im Quadrant, Piccadilly, zu vergleichen." Ein großer Teil der in London verkauften Milch, stammte von Kühen, die mitten in der Stadt in Ställen und Hinterhöfen mit Heu, Korn und Steckrüben aufgezogen wurden. Milch gab es hier sowie Eier, Butter und Sahne; alles wurde auch von Milchmädchen zu den Kunden gebracht. Aus

113a

113b

117

Gegen 1640 entstand in Covent Garden im Zentrum von Londons erstem öffentlichen Platz ein Markt, der sich im späten achtzehnten Jahrhundert zum größten Markt für Kräuter, Obst und Blumen entwickelte. Die einstmals elegante Piazza hatte sich in ‚den großen Platz der Venus' verwandelt, umgeben von ‚öffentlichen Häusern'. Zwischen 1828 und 1831 beauftragte der sechste Herzog von Bedford als Grundeigentümer Charles Fowler (1792–1867) als Architekten und Ingenieur sowie William Cubitt (1791–1863) als Baumeister mit der Neuordnung des aus allen Nähten platzenden Marktes. Lewis zeigt den noch unvollendeten Umbau. Die zwei Arkadenreihen aus Granit und Sandstein beherbergten Läden von Einzel- und Großhändlern. Die Straße in der Mitte fehlt noch. Der Raum zwischen den Arkaden sollte kleinen Händlern zur Verfügung gestellt werden. Später wurden die offenen Bereiche mit einer gußeisernen Konstruktion überdacht. In Fowlers Architektur verbinden sich klassizistische Formen mit der englischen Tradition von Industriebauten; ein deutlicher Kontrapunkt zu den am Platz verbliebenen Gebäuden von Inigo Jones. AS

Gründen des Profits wurde die Milch oft verdünnt, wofür auf den Höfen eigens Wasserpumpen installiert waren. *The Westminster Dairy* war dagegen ein vornehmeres Geschäft; wohl aber mit geringerem Umsatz, da hier die frische Milch vom Lande kommen mußte. LS

M. Dubourg nach James Pollard

London 1792–1867 London

114 (Farbtafel S. 298)

Londoner Geschäfte, 1822

Folge von kolorierten Aquatinten, 26 x 32 cm
Herausgeber Edwd. Orme, Editor of Prints to the King, Bond Street, Ecke Brook Street
London, Guildhall Library, Corporation of London
Literatur: Houfe 1990, S. 60 f.

Aus einer Gruppe von vier Darstellungen von Lebensmittel-Läden. In dem reichen sommerlichen Angebot findet man etwa Himbeeren aus Shropshire oder Wales. Sonst stammt das Angebot vor allem aus den großen Marktgärten vor den Toren der Stadt. Beim Metzger findet man den Hinweis ‚Duke of Bedford GRASS FED' (Herzog von Bedford GRASGEFÜTTERT). Der fünfte Herzog von Bedford (1765–1802) war der erste Präsident des Smithfield Clubs, der 1798 zur Verbesserung der Viehzucht gegründet wurde. 1798 eröffnete er in Woburn dafür eine Musterfarm. Er veranstaltete dort Tierausstellungen mit Preisverleihungen und Banketts. Sein Bruder, der sechste Herzog (1766–1839), folgte ihm als Präsident des Smithfield Clubs. Als enthusiastischer Naturforscher untersuchte er den Nährwert verschiedener Grassorten und beauftragte George Sinclair (1786–1834) mit der Veröffentlichung seines *Hortus Gramineus Woburniensis* (1816). CF

Frederick Christian Lewis

London 1779–1856 Enfield

115

Markt in Covent Garden, ca. 1829

Öl auf Leinwand, 85 x 136 cm
Wolburn, The Marquess of Tavistock and the Trustees of the Bedford Estates
Herkunft: Vermutlich Auftragsarbeit des 6. Herzogs von Bedford
Ausstellung: London, 1980
Literatur: Scharf 1878, S. 34–55, Nr. 41; Survey of London 1970, Bd. 36, S. 135–137, 147–149

J. Harris nach einem unbekannten Künstler

116

Ansicht des neuen Hungerford Marktes, 1834

Kolorierte Radierung und Aquatinta, 37,8 x 57,6 cm
Herausgeber S. W. Fores, 41 Picadilly
London, The Museum of London
Inv.-Nr.: A18111

The Old Hungerford Market war ein überdachter, im späten 17. Jahrhundert bei Charing Cross als Konkurrenz zu Covent Garden errichteter Markt. 1831–1833 wurde er von Charles Fowler für £ 210.000 auf zwei Geschossen umgebaut: das untere zum Verkauf von Fisch, das obere für Früchte, Blumen und Gemüse. Der offene Hof erhielt ein neuartiges Metalldach aus Zink, auf gußeisernen Säulen. Geschäftlichen Erfolg brachte der Markt nicht. 1854 niedergebrannt, machte er wenige Jahre später dem Bahnhof von Charing Cross Platz. CF

115

W. Barnard nach Dean Wolstenholme

Yorkshire 1757–1837

117
Die Golden-Lane-Genuine-Brauerei, 1807

Mezzotinto, 48 x 60 cm
Herausgeber Dean Wolstenholme, 4 East Street, Red Lion Square
London, The Museum of London
Inv.-Nr.: 91.16/2

Das Brauereiwesen war eines der größten Industriezweige in London, und der Durst der Bevölkerung verlangte so immense Investitionen in Anlagen, Ausrüstung und Gebäuden, daß die größeren Brauereien als Sehenswürdigkeiten galten. Um 1807 produzierten die großen Unternehmen über zwei Millionen Hektoliter Porter und gut 115.000 Hektoliter Ale. Porter, ein Malzbier, das den Geschmack von Ale und einem als ‚Twopenny' bekannten Drink verband und seit dem frühen 18. Jahrhundert bei Arbeitern und Portiers *(porters)* beliebt war, wurde zum wichtigsten Produkt Londoner Brauereien. Die führenden Brauer waren enorm einflußreich und häufig Mitglieder des Parlaments; sie konnten begüterte Financiers, Kaufleute und Fabrikanten für Investitionen gewinnen. Ihr Reichtum drückte sich in der Größe ihrer Unternehmen aus – und in von ihnen in Auftrag gegebenen Gemälden und Stichen; er war auch von der Zahl der ihnen gehörenden Kneipen abzulesen. Das Blatt war den ‚Herren Brown & Parry & den Stammkunden und Freunden der Golden-Lane-Brauerei' gewidmet. Die bemerkenswerte Initiative des Brauers William Brown war ein Gemeinschaftsprojekt mit vielen Gastwirten als Aktionären. Obwohl von bescheidener Größe, verfügte Browns Brauerei über eine leistungsstarke Dampfmaschine von Bouton & Watt. Um 1807 produzierte sie 205.640 Hektoliter Porter und nahm damit den vierten Rang in der Produktions-Tabelle Londoner Brauereien ein. 1816 wurde das südlich der *Old Street* gelegene Unternehmen offenbar geschlossen. CE

Anonym

118
Die Brauerei Barclay and Perkins, Park Street, Southwark, um 1835

Öl auf Leinwand, 50,3 x 64,7 cm
London, The Museum of London
Inv.-Nr.: A8069
Herkunft: 1912 von den Brüdern Leggatt erworben
Literatur: Pückler Muskau 1827, S. 106–107; Hayes 1970, Nr. 111, S. 192–193, Abbildung

Die zwölf Acres umfassende Anchor Brauerei in Southwark (auch auf dem Grund des ehemaligen Globe Theatre Shakespeares), war um die Mitte des 19. Jahrhunderts die größte Brauerei der Welt. 1781 wurde sie von der Familie Thrale an den aus einer Bankiersfamilie stammenden Robert Barclay verkauft, der den alten Geschäftsführer der Firma, John Perkins, zu seinem Partner machte. Fürst Pückler Muskau besichtigte im

M. Dubourg nach James Pollard,
Londoner Geschäfte, 1822
Kat.-Nr. 114

Fleischplatte, Spode
Kat.-Nr. 127

Gemüseschale mit Deckel,
Spode. Kat.-Nr. 133

F. Chantrey, John Rennie, 1818. Kat.-Nr. 145

Juli 1827 das Unternehmen, das ihn durch seine riesigen Dimensionen geradezu ‚romantisch' erschien. Die gesamte Herstellung geschah maschinell und wurde von einer Dampfmaschine angetrieben. Ein riesiger Schornstein führte den Rauch aus der gesamten Anlage ab; „Hundertundfünzig elefantenartige Pferde sind täglich damit beschäftigt, das Bier in die Stadt zu fahren ...". Nach einem Großbrand wurde die Anlage fünf Jahre später grundlegend erweitert und modernisiert. Die Darstellung zeigt den Eingang und Büros hinten im Hof, rechts daneben den Bereich mit den Gärfässern und zur Straße hin das große Brauhaus mit acht Bogenfenstern. CF

118

119
Modell eines Rumford-Ofens

Eisen, 61 x 61 x 30,5 cm
London, Royal Institution of Great Britain

Rumford schlug drei Verbesserungsmaßnahmen für häusliche Kamine vor: die Tiefe der Feuerstelle sollte verringert werden, damit die Wärme weiter in den Raum vordringen konnte; die Seiten der Schornsteinöffnung sollten abgeschrägt sein, damit die Wärme seitwärts und nach vorn ausstrahlen konnte; der Schacht sollte verengt werden, um den Abzug zu verbessern, und um mit Hilfe einer vorspringenden Kante am Abzugsrohr kalte Luft von oben abzuhalten. Rumford profitierte sicher von den Ideen seines Landsmannes Benjamin Franklin, der auch Verbesserungen für rauchende Kamine vorgeschlagen hatte; aber sein Verdienst war die Schaffung einer sehr praktikablen, bald allgemein genutzten Lösung. Das Modell war vermutlich als Demonstrationsobjekt für die Royal Institution gedacht. NB

James Gilray
London 1756–1815 London

120
Die Annehmlichkeiten eines Rumfordofens, 1800

Kolorierte Radierung, 25,3 x 20,2 cm
Herausgeber H. Humphrey, 27 St. James's Street
London, Trustees of the British Museum
Literatur: George 1942, Bd. VII, S. 635–636, Nr. 9565

120

Sir Benjamin Thompson, Graf Rumford (1753–1814) war ein amerikanischer Glücksritter, zugleich Wissenschaftler und Sozialreformer. Als pro-britischer Tory stieg er schnell in der britischen Armee auf; nach der Amerikanischen Revolution zog er es vor, nach Bayern überzusiedeln. Hier sorgte er für die Reorganisation der Armee und des Arbeitshaussystems, begründete den *Englischen Garten* in München und wurde mit einem Grafen-Titel belohnt. 1795 kam er nach London und verbreitete zahlreiche Schriften; eine – ‚Zum Thema Schornsteinkamine' – schlug Methoden zur Verbesserung der rauchenden und schlecht funktionierenden Kamine vor. Rumford, von Lady Palmerston gefördert, hatte mit seinen Vorschlägen bei der vornehmen englischen Gesellschaft Erfolg. Interessiert an der wirtschaftlich ergiebigen Nutzung von Wärme und Licht, ging er mit seinen Vorschlägen so weit, die offenen Feuerstellen herkömmlicher englischer Kocheinrichtungen durch geschlossene Herde zu ersetzen. Rumford wurde reich und stiftete Forschungspreise für die *Royal Society* und die amerikanische *Academy of Arts and Sciences* in Boston. Er ist überdies der eigentliche Gründer der *Royal Institution* in der *Albermarle Street* (1800). Die Institution, ‚ein großer Sammelplatz für nützliche mechanische Erfindungen aller Art' sollte der Erziehung von Handwerkern und Arbeitern dienen und wurde ein Zentrum für die Förderung der experimentellen Wissenschaft. NB

121

George Scharf

Mainburg 1788–1860 London

121

‚Jahrtags Procession der Kupferschmidte- und Messing Verzierung Arbeiter, in London', 1831

Aquarell, 27 x 129 cm
London, Guildhall Library, Corporation of London

Der Umzug der Kupferschmiede mit ihren extravaganten Kostümen und bizarren Ausrüstungen wurde offenbar zu einer alljährlichen Veranstaltung. Scharfs Aquarell 1831 ist wirklich keine Karikatur, sondern eine unmittelbare Darstellung des Ereignisses. RH

Fredrick Accum

Bückeburg, Westfalen 1769–1838 Berlin

122

Die Kulinarische Chemie, 1821

19 x 12 cm
Herausgeber R. Ackermann, 101, Strand
London, Guildhall Library, Corporation of London
Inv.-Nr.: S641
Herkunft: T. H. Staples; Schenkung von Mrs. Staples, 1897

Accum schrieb ein Pionierwerk, das die Prinzipien des Kochens als eines Zweigs der Chemischen Wissenschaften erläuterte. Im Vorwort heißt es: ‚Das Thema mag frivol erscheinen; doch es sei daran erinnert, daß die Wissenschaft ihre Wohltaten in der Anwendung philosophischer Grundsätze auf die gewöhnlichen Dinge des Lebens entfaltet . . .' Das Buch ist voll vernünftiger Ratschläge zur Praxis des Kochens mit Rezepten zur Konservierung von Lebensmitteln und Warnungen vor den Gefahren des Kupfergeschirrs. Einer von im Anhang publizierten Artikeln hat den Titel ‚Der Tod im Topf'. Die Illustration auf der Titelseite des Bandes zeigt einen, in Londoner Haushaltsläden üblicherweise zu findenden Herd: in der Mitte die Bratröhre, rechts der Wasserkessel, links der Backofen, und eine gußeiserne Herdplatte. Abb. 1 auf dem Titelbild zeigt einen Holländischen Ofen, Abb. 2 einen Herd für größere Familien, bei dem Platte und Kessel vom Kamin getrennt sind; Abb. 3 zeigt einen Dampf-Einmach-Topf; Abb. 4 einen Kaffee-Filter, von Graf Rumford als die beste Art der Kaffee-Zubereitung gepriesen. Accum unterschied in seinem Buch auch zwischen einem ‚Vielfraß, einem Gourmand und einem Gourmet': der Vielfraß übe seine Tätigkeit ohne Beachtung aller Theorie aus; der Gourmand oder Epikur vereinige Theorie und Praxis, während der Gourmet nur auf die Theorie vertraue. CF

122

Culinary Chemistry,
EXHIBITING
THE
SCIENTIFIC PRINCIPLES
OF
COOKERY,
WITH CONCISE INSTRUCTIONS FOR PREPARING GOOD AND WHOLESOME PICKLES, VINEGAR, CONSERVES, FRUIT JELLIES, MARMALADES,
AND VARIOUS OTHER ALIMENTARY SUBSTANCES EMPLOYED
IN
Domestic Economy,
WITH OBSERVATIONS ON THE CHEMICAL CONSTITUTION AND NUTRITIVE QUALITIES OF DIFFERENT KINDS OF FOOD.
WITH COPPER PLATES.

BY FREDRICK ACCUM,
Operative Chemist, Lecturer on Practical Chemistry, on Mineralogy, and on Chemistry applied to the Arts and Manufactures; Member of the Royal Irish Academy; Fellow of the Linnæan Society; Member of the Royal Academy of Sciences, and of the Royal Society of Arts Berlin, &c. &c.
London:
PUBLISHED BY R. ACKERMANN, 101, STRAND;
1821.

Kupfergeschirr

123

a) Kasserolle mit zwei Griffen

Kupfer, 15,4 x 31,2; ⌀ 22,2 cm
Marke: D W L 4 und Krone
London, The Museum of London
Inv.-Nr.: 50/81/134
Herkunft: Herzog von Wellington

b) Kochtopf

Kupfer, 23,5 x 32,5; ⌀ 25,8 cm
Marke: D W L 2
London, The Museum of London
Inv.-Nr.: 50/81/3
Herkunft: Herzog von Wellington

123a

123b

c) Geleeform

James Williams & Sons, London SW1
Kupfer, 12,3 x 13,7 cm
Marke: Kreuz, 483
London, The Museum of London
Herkunft: National Domestic Service Training College

Kasserolle und Kochtopf gehören zu einem Satz des in *Aspley House,* dem Londoner Wohnsitz des Herzogs von Wellington, benutzten Kupfergeschirrs. Jeder Topf ist so numeriert, daß er nach Gebrauch an seinen Platz zurückgestellt werden konnte. Kupfergeschirr wurde allgemein zum Kochen benutzt, doch in seinem Buch *„Culinary Chemistry"* schilderte Frederick Accum anschaulich die Gefahren: Auch bei regelmäßiger Säuberung und Verzinnung der Gefäße war eine allmähliche Vergiftung unausweichlich. Unterstützung fand der Autor bei Dr. Kitchener, ebenfalls Kochbuch-Verfasser, der warnt: „... die Brühen und Suppen werden grün und schmutzig aussehen und bitter und giftig schmecken und für Auge und Gaumen verdorben sein ...". Kitchener drängte James Gunter von der Firma *Gunter's* am *Berkeley Square,* das *„Confectioner's Oracle"* (1830) zu schreiben. Das Unternehmen war während des ganzen 19. Jahrhunderts der vornehme Delikatessen-Lieferant für jede Gelegenheit, berühmt für seine Schildkrötensuppe, bekannt für Süßigkeiten und Eis. Sommers strömte die vornehme Gesellschaft zum *Berkeley Square* und Damen, in ihren Kutschen zurückgelehnt, verzehrten im Schatten der Bäume gegenüber von *Gunter's* ihr Eis. Die beliebteste Sorte war *agras,* geeiste grüne Weintraube. In kunstvollen, geschmückten Formen zubereitete Gelees waren ein anderes beliebtes Dessert; im *Confectioner's Oracle* empfiehlt *Gunter* folgendes Rezept:

Einfaches Gelee

Man koche 3 Kalbsfüße in 4 Litern Wasser, bis das Wasser bis auf 2 Liter verkocht ist, seihe das Ganze durch, und wenn es sich gesetzt hat, abgekühlt und geronnen ist, koche man es mit folgenden Zutaten: 11 gut geschlagenen Eiweiß; 1 1/4 l Madeira Wein; 1 1/4 Pfund Zucker; dem Saft einer Orange und 3 1/2 Zitronen; ein wenig Nelkenpulver und Zimt und 14 g Fischleim (vorbereitet): die Mischung gut umrühren: dreimal aufkochen lassen und vom Herd nehmen. EE

George Scharf

Mainburg 1788–1860 London

124
Die Küche des Künstlers in der Francis Street, 1846

Aquarell über Bleistift, 24 x 36,7 cm
Bezeichnet unten links: G. Scharf del 1846
London, Trustees of the British Museum
Inv.-Nr.: 1862-6-14-80
Herkunft: 1862 von der Witwe erworben
Literatur: Jackson 1981, S. 8, illustriert

124

125

126

Seit 1816 in der *St. Martin Lane* ansässig, zog die Familie Scharf – George und Elizabeth, ihre Schwester Mary und zwei junge Söhne – 1830 in die St. Francis Street auf der Ostseite der Tottenham Court Road, wo sie bis 1848 in einem Haus von 1772 wohnten. Auf der Rückseite, dem späteren Sitz des berühmten Ausstattungsgeschäft von Heal & Son, stand damals noch ein altes Bauernhaus. Das Aquarell sei ‚aus der Erinnerung während eines Aufenthalts in München 1846' entstanden, merkte Scharf auf einer Bleistiftskizze von 1843 an. Die Küche war, wie man sieht, ein geräumiger, heller und gut ausgestatteter Raum mit einem Steinboden. Das blauweiße Eß-Service ist typisch für die damals in den Töpfereien um Stoke-on-Trent zahlreich hergestellten Produkte. 1836 hatte John Ridgway, ein führender Töpfer aus Staffordshire, Scharf beauftragt, einen mit Giraffenreliefs verzierten Krug zu entwerfen (kurz vorher waren auch die ersten Giraffen im Londoner Zoo eingetroffen), für den er als Honorar ein Tee- oder Eßservice anbot. Scharf verlangte Geld, doch vielleicht stammen die hier gezeigten Platten und Teller doch von Ridgway. Ein weiterer berühmter Hersteller solcher Waren war Spode; seine Firma war für eine stetig wachsende Mittelschicht-Klientel im In- und Ausland tätig. LS

Spode

Josiah Spode (1733–1797) gründete 1770 seine Keramik-Manufaktur in Stoke-upon-Trent. Acht Jahre später eröffnete sein Sohn, Josiah II (1755–1827), Geschäftsräume in der Londoner *Fore Street*, Cripplegate, um mit Keramik-Waren zu handeln. Einen erheblichen Aufschwung des Unternehmens brachte Spode Seniors Entwicklung des Kupferdruck-Dekors auf unglasiertem Steinzeug. Das war 1784, als vor allem Kopien jener vielgefragten chinesischen blauen und weißen Landschafts-Motive produziert wurden, die immer schwieriger aus dem chinesischen Kanton zu beschaffen waren. 1784 begann William Copeland, für Spode II in London zu arbeiten; er wurde 1805 gleichberechtigter Gesellschafter und 1812 alleiniger Inhaber. Sein Sohn, William Taylor Copeland (1835–1836, Oberbürgermeister von London) war 1824 Gesellschafter und 1833 Besitzer des Londoner Geschäfts wie auch der Spode'schen Fabrik. Von 1795 bis 1849 lag das Warenlager in der *Portugal Street Nr. 5, Lincoln's Inn Fields.* Die Firma verblieb bis 1966 im Familienbesitz. Zur Erinnerung an den Gründer heißt sie seit 1970 *Spode Limited.* Neben der Herstellung von blau bedrucktem Steinzeug perfektionierte Spode das *bone porcelain* (Knochen-Porzellan); es wurde zum englischen Standardmaterial. Das *Fine Bone China* war leichter zu produzieren und ließ eine breitere Farbskala zu als echtes Porzellan. RC

125
Käseschale

Spode; „Pearlware" (Steingut mit blauer Glasur), Kupferdruckdekor in Ultramarinblau: ‚Rom'-Muster
19,4 x 30,3 cm
Marke: SPODE in Blau (RC 36)
Stoke-on-Trent, The Spode Museum Trust Collection
Inv.-Nr.: AGC 344
Ausstellungen: Frankfurt, 1965, Nr. 18 (auch Köln, Osnabrück, Hannover); Royal Academy, London, 1970, Nr. 9; Stoke-on-Trent, 1983, Nr. 86
Literatur: Williams 1949, S. 91–93; Whiter 1970, S. 168

Die Szene setzt sich aus Aquatinta-Blättern aus Merigots 1796–1798 veröffentlichten ‚Ansichten aus Rom und Umgebung' zusammen. Sie enthält Ansichten der Engelsburg und der Engelsbrücke, der Trajanssäule und des Petersdoms. Der Dekor wurde wenig korrekt ‚Tiber' genannt und 1811 von Spode eingeführt. RC

126
Fleischplatte

Spode; „Pearlware", Kupferdruckdekor in Ultramarinblau: ‚Griechisches' Muster, 42 x 33 cm
Marken: SPODE/1 geprägt (RC 2a); Arbeiter-Marken in Blau
Stoke-on-Trent, The Spode Museum Trust Collection
Inv.-Nr.: SBC 2
Literatur: Whiter 1970, S. 170; Williams 1949, S. 184–185; Drakard und Holdway 1983, S. 164–165; Tischbein Bd. 1, Tafel 13

Die Hauptquelle der bei diesem Dekor verwendeten Sujets sind die ‚Skizzen der Figuren und Kompositionen auf griechischen, römischen und etruskischen Vasen des verstorbenen Sir William Hamilton; . . . gezeichnet und gestochen von dem verstorbenen Herrn Kirk‘, die 1804 veröffentlicht wurden. Das Muster wurde ca. 1806 eingeführt. Die Szene in der Mitte des großen Tellers stammt jedoch aus Tischbeins ‚Sammlung von Kupferstichen auf alten (klassischen) Vasen . . .‘ (1791–1795), Bd. 1, Tafel 13, und stellt den zwei Zentauren angreifenden Theseus dar. RC

127 (Farbtafel S. 299)

Fleischplatte

Spode; „Pearlware“, Kupferdruckdekor in Ultramarinblau: ‚Indian Sporting‘-Muster, 63,6 x 51,6 cm
Marken: SPODE/1 geprägt (RC 2a); SPODE in Blau (RC 33); SHOOTING A LEOPARD (RC 66)
Stoke-on-Trent, The Spode Museum Trust Collection
Inv.-Nr.: WTC 261
Ausstellung: Royal Academy, London, 1970, Nr. 55
Literatur: Williams 1949, S. 28–57; Whiter 1970, S. 170; Drakard und Holdway 1983, S. 152–158

Jedes Teil dieses Service zeigt eine unterschiedliche Szene im Mittelteil; deren Quelle sind die Abbildungen in ‚Orientalische Vergnügungen im Freien, Jagdsportarten des Ostens‘ von Captain Thomas Williamson, mit farbigen Aquatinten nach den Aquarellen Samuel Howitts von 1805. Spodes Tafelgeschirr kam vermutlich einige Jahre später auf den Markt. Hier ist die Szene ‚Erlegen eines Leoparden‘ dargestellt. RC

128

Eßteller

Spode; „Pearlware“, Kupferdruckdekor in Ultramarinblau: ‚Caramanian‘, ⌀ 25,4 cm
Marken: SPODE/2 geprägt (RC 3); ⌓ in Blau (WMT 1)
Stoke-on-Trent, The Spode Museum Trust Collection
Inv.-Nr.: WTC 249
Literatur: Williams 1949, S. 58–87; Whiter 1970, S. 170; Drakard und Holdway 1983, S. 158–164

128

Als Vorlage diente Luigi Mayers ‚Ansichten aus dem Ottomanischen Reich, vorwiegend aus Karamanien ....‘, die 1803 in drei Bänden erschienen. (Karamanien erstreckt sich entlang der Küste von Bodrum bis Antalya.) Die hier benutzte Szene stammt aus dem 2. Band: ‚Sarkophage und Grabmäler an der Landzunge des Hafens von Kakamo‘ (westlich von Finike). RC

129

Eßteller

Spode; „Pearlware“, Kupferdruckdekor in Ultramarinblau: ‚Italien‘, ⌀ 25,2 cm
Marken: SPODE/21 geprägt (RC 2a); A in Blau (WMT ii)
Stoke-on-Trent, The Spode Museum Trust Collection
Inv.-Nr.: WTC 270/P-5
Literatur: Williams 1949, S. 118–120; Whiter 1970, S. 168; Drakard und Holdway 1983, S. 138; Copeland 1992, Bd. 2, S. 138–141

Das Motiv wurde noch nicht eindeutig identifiziert, obwohl die Szene auf italienischer Majolika nachzuweisen ist und wahrscheinlich auf ein Aquarell (heute in der *Spode Museum Trust Collection*) zurückgeht. Der Dekor auf dem Rand entspricht chinesischen Vorbildern der Yung-Chêng-Zeit (ca. 1735). Der italienische Dekor wurde 1816 von Spode eingeführt und ist wohl, nach dem Willow-Dekor (das Spode bekanntmachte), das bekannteste blau-weiße Muster. RC

129

132

130
Dessertteller

Spode; „Pearlware", Kupferdruckdekor in Ultramarinblau: ‚Tower'-Muster, Rand durchbrochen, ⌀ 19,2 cm
Marken: SPODE geprägt (RC 1d); D geprägt; C in Blau
Stoke-on-Trent, The Spode Museum Trust Collection
Inv.-Nr.: AGC 250
Literatur: Williams 1949, S. 98–115; Whiter 1970, S. 168

Nach einer Aquatinta mit der Darstellung der Brücke von Salaro, bei Porta Salara, in der Umgebung Roms aus Merigots ‚Ansichten aus Rom und Umgebung', 1796–1798. Das ‚Turm'-Muster wurde 1814 von Spode eingeführt und erfreut sich bis heute großer Beliebtheit. RC

130

131

131
Dessertteller mit geschwungenem Rand

Spode; „Pearlware", Kupferdruckdekor in dunklem Königsblau: ‚Willow'-Muster, ⌀ 22,5 cm
Marken: SPODE (RC 2a); in Blau (WMT 24)
Stoke-on-Trent, The Spode Museum Trust Collection
Inv.-Nr.: AGC 464
Ausstellung: Stoke-on-Trent, 1983, Nr. 24
Literatur: Whiter 1970, S. 148–149; Copeland 1980, S. 33–39

Spodes ‚Willow I'-Muster geht auf einen chinesischen Dekor zurück, dem eine Brücke mit drei Personen, ein Pavillon und ein Zaun hinzugefügt wurden. (*Willow pattern*: Weidenmuster; allgemeine Bezeichnung für blaues chinesisches Porzellan) Das Muster wurde um 1790 eingeführt. RC

132
Suppenterrine mit Deckel

Spode; „Pearlware", Kupferdruckdekor in Ultramarinblau: ‚Indian Sporting'-Muster, 25,5 x 35,6 cm (Länge über Henkel)
Marken: auf dem Gefäß: SPODE/13 geprägt (RC 2a); SPODE in Blau (RC 33); auf dem Deckel: SPODE/46 geprägt (RC 2a); SPODE (RC 33) und A (WMT ii) in Blau
Stoke-on-Trent, The Spode Museum Trust Collection
Inv.-Nr.: SBC 1
Literatur: Williams 1949, S. 28–57; Whiter 1970, S. 170; Drakard und Holdway 1983, S. 152–158

Die Jagdszene unten zeigt ‚Das gestellte Schwein', die auf dem Deckel ‚Die Jagd auf einen alten Büffel'.

133
(Farbtafel S. 299)
Gemüseschale mit Deckel

Spode; „Pearlware", Kupferdruckdekor in Königsblau: ‚Greek'-Muster, 15 x 26,7 cm
Marken: auf der Schale: SPODE/56 geprägt (RC 2a); ♂ in Blau (WMT 24); auf dem Deckel: SPODE/6 geprägt (RC 2a)
Stoke-on-Trent, The Spode Museum Trust Collection
Inv.-Nr.: SBC 2
Literatur: Whiter 1970, S. 170; Williams 1949, S. 184–185; Drakard und Holdway 1983, S. 164–165; Kirk, Tafel 61

Die Darstellungen auf Deckel und Schale zeigen Szenen mit Kassandra und Bellerophon. RC

134
Terrine mit Deckel und Unterteller, seit 1807

Wedgwood; „Pearlware", Unterglasur-Kupferdruckdekor in Kobaltblau: „Hibiskus"-Muster
Höhe: 26,5 cm, Ø des Untertellers 29 cm
Marken: WEDGWOOD geprägt auf Terrine und Unterteller
Robin Reilly Collection

Pearlware wurde in der Manufaktur Wedgwood 1779 eingeführt. Der weiße Körper enthielt einen größeren Anteil an Ton und Kieselerde als die *Creamware* (helles Steingut), und die Glasur enthielt kleine Mengen an Kobaltoxid, die die Objekte weißer erscheinen ließen. Das blaue „Hibiskus"-Muster wurde wahrscheinlich auf Anregung John Wedgwood (1766–1844), des ältesten Sohnes des Gründers, eingeführt, der 1800 als Partner eintrat und bis Februar 1812 aktiv an der Leitung des Unternehmens beteiligt war. An Gartenbau und Botanik interessiert, gehörte er 1804 zu den Gründern der *Royal Horticultural Society*. Der Beliebtheit blauer Dekore folgend, führte Wedgwood im frühen 19. Jahrhundert fünf weitere Blumen-Dekore ein, u. a. 1807 „Hibiskus", das zuerst im Herbst dieses Jahres in London angeboten wurde. Die gestochene Vorlage wird William Hales zugeschrieben. GBR

136, 137a

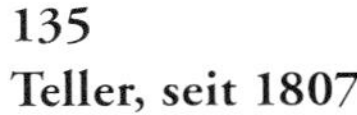

135
Teller, seit 1807

Wedgwood; „Pearlware"; Kupferdruckdekor in Braun: ‚Water Lily'-Muster
Ø 25 cm
Marken: WEDGWOOD geprägt, orange und gold überdruckt
Barlaston, Wedgwood Museum Trust
Inv.-Nr.: 3372

Das Muster „Seerose" wurde zuerst 1807 in Braun hergestellt. Möglicherweise bestellte Susannah Darwin auf Empfehlung ihres Bruders Josiah Wedgwood II. ein Service mit diesem Muster. Denn sie schrieb am 25. Augusut 1807 an Josiah: „Wir sind Dir für Deine freundliche Absicht, was das Tafelservice angeht, sehr verbunden, mit dem es überhaupt nicht eilt, denn in dieser Stadt (Shrewsbury) ist es nicht üblich, im Sommer Abendessen zu geben – Ich bin darum durchaus geneigt, Deinem freundlichen Rat zu folgen und auf das besonders hübsche Muster zu warten." Das Dekor „Seerose" wurde von Semei Bourne, John Robinson und Williams Hales gestochen; Rechnungen für das Stechen von Kupferplatten sind vom November 1806 datiert. Die Rechnungen für Robinsons Arbeit 1807 zeigen, daß die Vorlagen für den größten Teil des Services gegen Ende des Jahres abgeschlossen waren. Die „Seerose" war offenkundig das einzige damals in der Etruria-Manufaktur produzierte Dekor in Braun, was die Empfangsbestätigung für braune Keramikfarbe bekräftigt: 2 1/2 Pfund wurden im Oktober 1806 bestellt, 8 Pfund im Januar und 8 Pfund im Februar 1807, was auf den Fortgang der Produktion verweist. Das Muster setzt sich aus drei verschiedenen Pflanzen zusammen, jede mit botanisch korrekt wiedergegebenen Blättern, Blüten und Früchten. Die drei Pflanzen gehören zur Familie der Nymphäazeen; es sind die Arten *nymphaea stellata, nymphaea lotus* und *nelumbium speciosum* (auch *nelumbo nucifera)*. Die Nelumbo im Zentrum zeichnete Sydenham Edwards nach Blumen im Treibhaus von Rt. Hon. Charles Greville in Paddington. Veröffentlicht wurde die Zeichnung am 1. Februar 1806 im *„Botanical Magazine"*. GBR

136
Krug, seit 1811

Wedgwood; „Pearlware", Kupferdruckdekor in Kobaltblau: „Water Lily"-Muster
Höhe 24,5 cm
Marken: WEDGWOOD geprägt
Barlaston, Wedgwood Museum Trust
Inv.-Nr.: 3729

Das Dekor des Kruges, die „Seerose", auch *„Nelumbium"* oder *„Lotus"*, gilt als eines der feinsten in blau gedruckten Muster des frühen 19. Jahrhunderts und wurde zuerst 1811 hergestellt. Ursprünglich war es als braunes Dekor konzipiert, doch Josiah Byerley, der Leiter der Wedgwood-Niederlassung in London, ersuchte mehrfach darum, es in Blau auszuführen. Dem Bedürfnis nach einem neuen blauen Blumenmuster entsprach Josiah II. Wedgwood am 2. Mai 1811 mit einem Memorandum nach London: „. . . Wenn Sie noch braune Seerosen in den Verkaufsräumen stehen haben, nehmen Sie sie alle heraus, so daß keine Aufträge entstehen, die wir nur mit Verlust ausführen könnten – wir werden einige in blau herstellen" (Mss No. E13–11684). GBR

137
a) Fleischplatte, um 1822

42,2 cm
Marken: WEDGWOOD geprägt

b) Terrine und Schöpfkelle, um 1822–1835

Terrine: 37 cm; Schöpfkelle: 28,5 cm
Marken: WEDGWOOD 3 geprägt; B in Blau

137b

Wedgwood; „Pearlware", Unterglasur-Kupferdruckdekor in Blau: ‚Blue Claude'; gestochen von Thomas Sparkes nach Claude Lorrain
Stoke-ohn-Trent, City Museum and Art Gallery
Inv.-Nr.: 3492 und 3491
Literatur: Coysh and Henrywood 1982, S. 45 und 396

Seit 1805 benutzten Josiah Wedgwood & Söhne dieses Umdruckverfahren. Thomas Sparkes (1773–1848) arbeitete als Stecher in Hanley, Staffordshire – speziell für keramische Betriebe – und zeichnete Entwürfe für Ridgway, Spode, Stevensons, Wedgwood und andere. DS

138
Weinkühler, um 1800

Turner, Lane End, Staffordshire
Weißes Steinzeug mit braunen Abschluß-Bändern und appliziertem Dekor: Britannia und klassische Szene
Höhe 17,6 cm
Marken: Turner, geprägt
Stoke-on-Trent, City Museum & Art Gallery
Inv.-Nr.: 3905

William und John Turner übernahmen 1787 nach dem Tod ihres Vaters die Manufaktur und arbeiteten dort bis zu ihrem Bankrott von 1806 zusammen. Ihr Vater John führte seit 1783 zusammen mit Andrew Abbott ein Geschäft in der Fleet Street 82; also in Räumen, die später von J. Mist und den Davenports übernommen wurden. DS

139
Tabaktopf, Anfang 19. Jahrhundert

Vermutlich Turner, Lane End, Staffordshire
Weißes Steinzeug mit appliziertem Dekor auf braunem Untergrund
Höhe 14,3 cm
Marken: J. Mist Pottery Warehouse FLEET STREET, LONDON, geprägt
Stoke-on-Trent, City Museum & Art Gallery
Inv.-Nr.: 30 P 1933

138

139

James Underhill Mist führte seit 1802 in der Fleet Street 82 einen Laden für Töpfer- und Glaswaren; zunächst mit einem Partner zusammen, 1811 bis 1814 jedoch allein. Er bot dort Keramik verschiedener Betriebe aus Staffordshire an, darunter Erzeugnisse von Turner. Die meisten größeren Manufakturen unterhielten in London eigene Verkaufsstellen. Einige betrieben sie allein, andere zusammen mit Händlern, oder man verkaufte über Agenten, wie z. B. Mist. DS

140

140
Pastetenform, Anfang 19. Jahrhundert

Davenport, Longport, Staffordshire
Caneware (farbiges Steinzeug) mit applizierten Dekor und farbloser Glasur innen
22 cm breit
Marken: Davenport über Anker, geprägt
Stoke-on-Trent, City Museum & Art Gallery
Inv.-Nr.: 2329
Literatur: Foxley 1831, 62

Pastetenformen aus Caneware, die Backwaren glichen, waren besonders beliebt. John Davenport unterhielt seit 1807 in London einen Ausstellungsraum für seine Staffordshire-Ware. 1818 übernahm die Firma ein Lagerhaus in der Fleet Street 82. DS

141
Krug: Herzog von Wellington, um 1830

S. Green, Grünbraunes Steinzeug
12,8 x 12,5 cm
Marken: S. Green Lambeth, applizierte Kartusche
London, The Museum of London
Inv.-Nr.: 41. 6/5
Herkunft: Dr. F. Corner

Stephen Greens Krüge stellten sowohl Wellington wie Napoleon dar. Der Henkel des Krugs zeigt verschiedene militärische Symbole, darunter eine Kanone, ein Gewehr, Schwert und Schild, ein Signalhorn und eine Flagge. EE

George Cruikshank
London 1792–1878 London

nach George Murgatroyd Woodward
Derbyshire ca. 1760–1809 London

142
Die Kunst, in den Straßen von London zu gehen, 1818

142

142

143a

143b

Herausgeber Thos. Tegg, Cheapside 111
Zwei kolorierte Radierungen, je 25 x 34 cm
London, Guildhall Library, Corporation of London
Literatur: George 1949, Bd. IX, S. 838–839, Nr. 13049 und 13050

Die Karikaturen, vor 1809, dem Todesjahr Woodwards entstanden, wurden von Cruikshank weitergeführt und verspotten schlechte Manieren der Zeit ebenso wie die Moden der ‚Dandies'. Die vier Darstellungen des ersten Blatts haben verschiedene Themen: Unfälle von Schirmbenutzern; Zusammenstöße; Fußgänger unter sich; und die Gefahren beim Tragen der neuesten, aber unpassenden und fremdländischen Moden. Die vier Darstellungen auf dem zweiten Blatt beschäftigen sich mit Leuten, die so recht nichts zu tun haben und andere behindern; mit Passanten, die ihre Mitmenschen mit Schlamm bespritzen; mit dem Lesen beim Gehen (das Buch ist von Tegg, dem Verleger des Blatts, publiziert); und der befreienden Tätigkeit, Wachleute zu attackieren.
RH

Heinrich Joseph Schutz
Frankfurt 1760–1822

und Thomas Rowlandson
London 1756–1827 London

143
a) Ansichten von London. Nr. 3: Einfahrt zur Tottenham Court Road mit Blick auf die St. James's Chapel, 1809

b) Ansichten von London. Nr. 6: Einfahrt von der Hackney- oder Cambridge Heath-Mautschranke mit St. Pauls in der Ferne

Herausgeber Ackermann's Gallery, 101 Strand
Kolorierte Aquatinten, je 37 x 46 cm
London, Guildhall Library, Corporation of London
Literatur: Searle 1930, S. 191–192, 238

Ursprünglich oblag den Gemeinden die Erhaltung der nach London hineinführenden Straßen. Schon im siebzehnten Jahrhundert waren diese Straßen in einem so erbärmlichen Zustand, daß ein Gesetz zur Gründung der Turnpike Trusts (Schlagbaum-Gesellschaften) erlassen wurde, das diese ermächtigte, Tore und Schlagbäume zu errichten und von Passanten Zoll zu fordern. Ackermanns Folge von Aquatinten zeigt auf heitere Weise Szenen an sechs der geschäftigsten Londoner Zollstellen. Die Ansicht von der *Tottenham Court Road* entstand von der *Hampstead Road* aus. Die von Thomas Harwick geplante und 1791 gebaute *St. James's Chapel* war eine Friedhofskapelle und diente der Gemeinde von *St. James's Picadilly.* Sie wurde 1964 abgerissen. An der Hackney-Schranke betrug der Wegzoll einen Penny für ein bepacktes oder unbepacktes Pferd; vier Pence für einen Wagen oder ein Fuhrwerk mit vier Pferden und für einen Sechsspänner sechs Pence. Die Leute ärgerten sich darüber und beschimpften gern die Zöllner. Bei dieser Schranke fuhren zwei Männer in einem leichten Wagen so rasant durch das Tor, daß der Zöllner sie nicht fassen konnte. Als sie abends zurückkehrten, bekam der Zöllner die Zügel des Pferdes zu fassen und hielt sie an, worauf einer der Männer auf ihn einschlug. Möglicherweise waren die Londoner Zoll-Stationen deshalb so hell erleuchtet. RH

J. Hill nach Augustus Charles Pugin
Frankreich 1762–1832 London

144a
Highgate Archway, 1812

Kolorierte Aquatinta, 38,5 x 55,4 cm (Darstellung)
Herausgeber A. Pugin, 39 Keppel Street, Russel Square
London, The Museum of London
Inv.-Nr.: 18108

G. Hunt nach James Pollard
London 1792–1867

144b
Highgate Tunnel, um 1812

Kolorierte Aquatinta, 39,5 x 51 cm (Darstellung)
Herausgeber J. Moore; Bilderrahmenfabrik, 1 West Street, Upper St. Martin's Lane
London, The Museum of London
Inv.-Nr.: 14384

Jahrhundertelang führte der Weg von Norden über die *Great North Road* nach London hinein. Sie wurde von allen großen Fuhrunternehmen benutzt, auch von Viehtreibern, die Schafe und Rinder auf die Londoner Märkte brachten. Um den steilen Hügel zu umgehen, schlug Robert Vaizey, ein Ingenieur aus Cornwall, 1806 einen Tunnel vor. Die Ausschachtungen begannen 1812; doch wenig später stürzte der Tunnel ein. Danach erhielt John Nash den Auftrag, die Arbeiten eines Durchstichs zu überwachen und eine Brücke für die öst-westliche Querstraße zu entwerfen. Nash folgte der Konstruktion römischer Aquädukte. Der *Highgate Archway* blieb bis 1897 erhalten und wurde dann von der noch existierenden Eisenbrücke ersetzt. Thomas Telford experimentierte hier 1829 mit einer betonierten Straßendecke. Die Ansicht von Pugin – eine Werbung der *Highgate Archway Company* – beschreibt den zunehmenden Vorortcharakter des Ortes mit seinen pittoresken Villen. NB

144a

Sir Francis Chantrey

Norton bei Sheffield 1781–1841 London

145 (Farbtafel S. 300)

John Rennie, 1818

Marmor, 77,5 cm
Bezeichnet: JOHN RENNIE./CHANTREY./-SCULPTOR./1818
London National Portrait Gallery
Inv.-Nr.: 649
Herkunft: Auftrag des Dargestellten; durch Erbschaft an John Keith Rennie, von diesem 1881 als Schenkung an die Galerie
Ausstellung: Königliche Akademie, 1818, Nr. 1072; Edinburgh, 1822; Manchester, 1857, Nr. 137; London, Nationale Portraitgalerie, 1981, Kat.-Nr. 18
Literatur: Walker 1985, Bd. 1, S. 410; Bd. 2, Tafel 989

Der Auftrag wurde im Eröffnungs-Jahr seiner *Waterloo-Bridge* erteilt und von Chantreys Sekretär, dem Dichter Allan Cunningham, als eine der ‚besten Büsten' des Bildhauers und als ‚von vielen als sein Hauptwerk betrachtet' bezeichnet. Unter den zahlreichen schottischen Architekten und Ingenieuren, die London mit geprägt haben, war Rennie (1761–1821) einer der bedeutendsten. Als Mühlenbauer und Absolvent der Edinburgher Universität begann er seine recht unabhängige Karriere bei James Watt, dem er beim Entwurf des Mahlwerks für die Albion Mills assistierte. 1791 ließ er sich auf der South Bank unweit der *Blackfriars Bridge* nieder. Vor allem Dampfmaschinen und Mahlwerke blieben sein Metier. Während der ‚Kanal-Manie' in den neunziger Jahren des 18. Jahrhunderts machte er sich als Ingenieur einen Namen und blieb bis zu seinem Tod die beherrschende Kapazität Londons. An beinahe jeder größeren Planung für Docks oder für Kanäle und Flußbereinigungen war er beteiligt. Die London Docks und späteren Teile der West India Docks entstanden nach seinen Entwürfen. Doch gründete sich sein Ruhm vor allem auf seine drei großen Brücken: die *Waterloo Bridge,* die *Southwark Bridge* aus den 10er Jahren des Jahrhunderts, und die nach seinem Tod von seinen Söhnen George und John fertiggestellte *London Bridge* (1823–1831). AS

144b

148

Charles Deane

Tätig 1815–1851

146 (Farbtafel S.317)

Waterloo Bridge und Lambeth-Ufer von der Westminstertreppe aus, 1821

Öl auf Leinwand
Bezeichnet unten links: C Deane 1821
London, The Museum of London
Inv.-Nr.: C.355
Herkunft: A. Leonard Nicholson; Schenkung des National Art-Collections-Funds, 1928

Ausstellungen: London, British Institution, 1822, Nr. 206; London, Whitechapel Kunstgalerie, 1911, Nr. 129

Charles Deane war bekannt für seine Themse-Ansichten. Das Gemälde zeigt *Waterloo Bridge.* Der Bau der Brücke trug viel dazu bei, die industrielle Entwicklung des südlichen Uferbereichs voranzutreiben. Die biedermeierliche Stille der Szenerie – mit Segelbooten, eleganten Passagieren und Fährleuten – dämpft den dargestellten Fortschritt. *Waterloo Bridge* (1811–1817) war die erste der drei von der Ingenieursdynastie der Rennies – John Rennie (1761–1821) und seine Söhne George Rennie (1791–1866) und Sir John Rennie (1794–1874) – gebauten städtischen Brücken und sie war wohl auch die großartigste überhaupt. Zunächst ‚*Strand Bridge*' genannt, erhielt sie ihren Namen vom Prinzregenten und diente so kostenfrei dem Gedenken an den Sieg über Napoleon. Die Brücke war ein privates, in der Hoffnung auf Gebühren errichtetes Unternehmen. *Waterloo Bridge* verlief von einem schmalen Übergang, von der Höhe des *Strand* aus, auf ebenem Niveau über die Themsekais, den Fluß und das Marschland der *South Bank* hinweg bis über eine Chaussee. Die Auffahrten waren so lang (und kostspielig) wie nie zuvor. In diesem Bauwerk von Rennie senior kuliminierte die europäische Baukunst hölzerner Brücken des achtzehnten Jahrhunderts. Die Pfeiler trugen innen umgekehrte Backsteinbögen in den Spandrillen und stützten neun ebenso belastete Bögen. Zur Verkleidung verwendete man widerstandsfähigen Granit aus Cornwall, eine Novität in London. Die dorischen Doppelsäulen auf den Pfeilern, ein Markenzeichen Rennies, hatte er zuvor auch bei seinen schottischen Brücken verwendet. Daß er die Brückenfundamente zu klein plante, erwies sich als sein einziger – entscheidender – Fehler. Einer der Pfeiler senkte sich, was 1936 zum Abbruch des Meisterwerks und zum Bau der heutigen *Waterloo Bridge* führte. AS

147

147

Rückenlehne einer Fährbank, 1824

Holz, bemalt mit einer Ansicht von Queenhithe, 127,5 x 39 cm
Inschrift: 6th Annual Prize Wherry, Given by the Inhabitants of Queenhithe-Ward, August 9th, 1824 (6. Jahrespreisfähre, verliehen von den Einwohnern von Queenhithe-Ward am 9. August 1824)
London, The Museum of London
Inv.-Nr.: Guildhall 23316
Herkunft: Schenkung von Mr. Deputy Skilbeck

Vor dem Bau der neuen Brücken überquerte man gern den Fluß auf einem gemieteten Fährboot. Die Fährleute waren stolz auf ihre Navigationskunst; sie traten alljährlich zu einem Wettkampf an. Das hier dargestellte Rennen zeigt den Endspurt auf Höhe der *Southwark Bridge* (1814–1819), der zweiten der drei großen, von den Rennies gebauten Londoner Brücken und das eindrucksvollste frühe Monument der ‚eisernen Revolution'. Zu einer Zeit geplant, als die Zukunft der stromabwärts gelegenen *London Bridge* noch nicht geklärt war, entwarf John Rennie eine gußeiserne Konstruktion mit nur drei Bögen, die – bei einem Neubau der *London Bridge* – auch die Durchfahrt großer Schiffe möglich machte. Auch wenn Rennie schon Eisen-Brücken errichtet hatte, war die freitragende Länge von 73 Metern die breiteste, bislang gebaute Gußeisen-

Konstruktion im Land. Die Brücke, ein privates Unternehmen wie die noch berühmtere *Waterloo Bridge,* war nie ein finanzieller Erfolg. Rennies Konstruktion, stark, sicher, aber schwer, kostete fast dreimal soviel wie geplant. Weder Jolliffe und Banks, die Bauunternehmen für die Anfahrten und Stützpfeiler, noch der Lieferant der Eisenkonstruktion, die berühmte Firma Walkers aus Rotherham in Yorkshire, wurden jemals voll bezahlt. Beim Neubau der *Southwark Bridge* 1913 sind die zwei granitenen Stützpfeiler Rennies wieder verwendet worden. AS

149

Richard Dighton

London 1795–1880 London

148

Grundsteinlegung der neuen London Bridge

Aquarell, 44,5 x 54,6 cm
London, Guildhall Library, Corporation of London
Herkunft: Daniel Shackleton; 1990 von der Guildhall Library mit Unterstüzung des National Art-Collections Funds und des MGC/V & A Purchases Grant Funds erworben
Ausstellung: London, The Museum of London, 1989
Literatur: Thomson 1827, S. 663; ‚National Art-Collections Fund Review', 1990, S. 155

Zu Beginn des Jahrhunderts gab es in London nur die *London Bridge* (1176), die *Westminster Bridge* (1750) und die *Blackfairs Bridge* (1769). Obwohl die Konstruktion der ersteren 1758 und 1762 verbessert wurde, als man die Häuser und die Kapelle auf ihr abriß und die zwei mittleren Bögen durch einen großen ersetzte, gefährdete sie immer noch die Schiffahrt und war teuer in ihrer Unterhaltung. Konkrete Überlegungen zu einem Neubau begannen 1801 mit der Veröffentlichung des ‚Dritten Berichts des Ausschusses zur Verbesserung des Londoner Hafens'. 1821 empfahl ein Ausschuß des Unterhauses dafür einen Entwurf von John Rennie Senior anzunehmen; was am 4. Juli 1823 auch mit Königlicher Zustimmung per Gesetz geschah. Die hier gezeigte Grundsteinlegung fand am 15. Juni 1825 als großes Ereignis statt. Südlich der neu zu errichtenden Brücke wurde hinter einem Koffer-Damm eine in prächtigem Rot gehaltene Arena für den Lord Mayor und den Rat der Stadt aufgebaut. Auch der damals an Verbesserungen Londons sehr interessierte Herzog von York war dabei anwesend. Der *Morning Chronicle* vom 16. Juni 1825 sprach von etwa 2000 Zuschauern. Die Darstellung zeigt die Szene hinter dem Damm (am Grunde des Flußbetts, fünfundvierzig Fuß unter dem Hochwasserspiegel) mit dem Lord Mayor, dem Alderman John Garratt mit einer goldenen Maurerkelle, links von ihm der Herzog von York. Der Mann mit einer Rolle Plänen unter dem Arm ist John Rennie Junior, der Sohn des 1821 verstorbenen Brückenarchitekten. 1831, als die Brücke vollendet war, wurde er geadelt. RH

Sir John Rennie

London 1794–1874 Bengeo, Hertfordshire

149

London Bridge: Plan und Querschnitt des Kofferdamms für Pier Nr. 3. Maßstab 1:48

Feder und Aquarell, 92 x 61 cm
London, Institution of Civil Engineers
Inv.-Nr.: Erste Rennie-Sammlung Nr. 32
Literatur: Cresy 1847, Bd. 1, S. 446–447; Nash 1981, S. 331–356

Seit Mitte des 18. Jahrhunderts wurde über einen Ersatz für die mittelalterliche *London-Bridge* nachgedacht, und damit nach einer Konstruktion der Fundamente gesucht, die nicht wie bisher die Strömung des Flusses bei Niedrigwasser behinderte. Von den auf Londoner Gebiet in jüngerer Zeit gebauten Brücken über die Themse ruhten die von Westminster und die von Blackfriars auf Pontons. Als John Rennie senior seinen ersten Londoner Brückenbau, die spätere *Waterloo-Bridge,* entwarf, benutzte er Kofferdämme. Darauf baute er bei der *Southwark Bridge* auf (1815–1819), und zur Zeit seiner Entwürfe für die *London Bridge* war er sehr versiert in dieser Technik. Rennies Sohn John führte sein Werk weiter. MC

George Scharf

Mainburg 1788–1860 London

150

(Farbtafel S. 318, 319)

a) Crooked Lane während des Baus der New London Bridge

Aquarell, 52 x 78 cm

b) Der Abbruch der alten London Bridge

Aquarell, 49 x 67 cm

London, Guildhall Library, Corporation of London
Herkunft: Ankauf durch das London Bridge Committee im Februar 1835 von Scharf
Literatur: Jackson 1987, S. 110 f.

Das zweite Blatt zeigt die *Thomas Street,* zwischen Christopher Wrens *St. Magnus the Martyr* links und der neuen *London Bridge* rechts. Die neue Brücke ist bereits eröffnet und wird stark benutzt. Die Abbrucharbeiten sind in vollem Gange. Im Mittelgrund sieht man vermutlich E. W. Cooke bei der Arbeit, von dem es zahlreiche Zeichnungen mit Bau- und Abriß-Themen gibt. RH

151

George Scharf

Mainburg 1788–1860 London

151
Die High Street in Southwark, 1830

Drucker: C. Hullmandel
Lithographie, 56 x 157 cm
London, Guildhall Library, Corporation of London
Literatur: Jackson 1987, S. 112–125

Graphische Umsetzung zweier Aquarelle, die im Zweiten Weltkrieg zerstört wurden. Im Hintergrund die Borough High Street, die Hauptdurchgangsstraße zur *London Bridge.* Da die neue Brücke einige Yards weiter westlich als die alte lag, mußte die *Borough High Street* verbreitert werden. RH

Clarkson Frederick Stanfield

Sunderland 1793–1867 Hampstead, London

152 (Farbtafel S. 320)
Die Eröffnung der New London Bridge am 1. August 1831

Öl auf Leinwand, 152,5 x 208,3 cm
London, H. M. Queen Elizabeth II
Herkunft: 1831 als Auftrag Williams IV.
Ausstellungen: London, Royal Academy, 1832, Nr. 313; Royal Academy, 1870, Nr. 224; Somerset House, 1977, Kat.-Nr. 54; Sunderland, 1979, S. 109 f., Kat.-Nr. 171, Abbildung

William IV., der als Seemann 1830 in der Royal Academy von Stanfields Darstellung des *Mont Saint-Michel* beeindruckt war, beauftragte ihn mit diesem Bild und mit einer Ansicht von Portsmouth. Im Anschluß daran führte Stanfields dritter Antrag auf außerordentliche Mitgliedschaft in der Akademie endlich 1832 zum Erfolg; ein schlagender Beweis für die positiven Folgen königlicher Gunst. Stanfield hatte schon 1827 frühere Stadien des Brückenbaus in die Kulissen der Pantomime *„Harlequin and Cock Robin"* im Drury Lane einbezogen; außerdem in Aquarelle, die 1834 für das von George und E. W. Cooke herausgegebene Buch *„Views in London and its Vicinity"* in Druckgraphik umgesetzt wurden. Im Annual Register wurden die Eröffnungs-Feierlichkeiten als „das großartigste Schauspiel" bezeichnet, „das man seit vielen Jahren an der Themse erlebt hatte". Der König und die Königin Adelaide legten in ihrer Barkasse, zusammen mit vielen anderen Schiffen, von Somerset House ab und fuhren flußabwärts zur neuen Brücke. Auf dem Gemälde sieht man, wie sie sich dem Landungs-Steg nähern. Die Brücke war teilweise mit einem riesigen Zelt bedeckt, in dem der königlichen Gesellschaft nach der Eröffnung Erfrischungen gereicht wurden. Das Gemälde wurde durch T. A. Priors Stich für das „Art Journal" von 1858 recht bekannt. Die heutige Brücke ist ein 1972 errichteter Neubau von Harold K. King. Die alte wurde 1968 verkauft und in Arizona bei Lake Hawasu City über einem künstlichen See wieder aufgebaut. IW

Thomas Hosmer Shepherd

Frankreich 1793–1864 London

153
Der Regent's Canal, 1822–1826

a) Einfahrt, Limehouse, 1825
Aquarell über Bleistift, 24,6 x 36,6 cm
Bezeichnet unten links: Tho. H. Shepherd 1825

b) Das Limehouse-Dock
Aquarell über Bleistift, 24,7 x 37,1 cm

c) Das City-Basin, 1825
Aquarell über Bleistift, 24,1 x 36,5 cm
Bezeichnet unten links: Tho. H. Shepherd 1825

d) Ost-Einfahrt zur Doppelschleuse und Islington Tunnel, 1822
Aquarell über Bleistift, 24,3 x 36 cm
Bezeichnet unten: Tho. H. Shepherd 1822

e) Macclesfield Bridge, Regent's Park
Aquarell, 24,3 x 35,8 cm
Bezeichnet unten Mitte: T. H. Shepherd 1823

f) Verbindung zum Regent's Canal in Paddington, 1826
Aquarell über Bleistift, 24,4 x 37,4 cm
Bezeichnet unten rechts: Tho. H. Shepherd 1826
London, The Museum of London
Inv.-Nr.: 63.68/1-6
Herkunft: Arthur Ackermann and Son Ltd.
Ausstellung: London, The Museum of London, 1981, Nrn. 91–96

153a

153b

153c

153d

153e

153f

155

Literatur: Elmes 1827–1830, S. 57 f., 157 (quarto), S. 57, 172, 175 (octavo); Spencer 1961, S. 21–72, Abb. auf S. 58–64; Adams 1983, S. 374–377; Nrn. 154/12, 23, 24, 58, 59, 78

Scharfs stille Ansichten des von Limehouse nach Paddington führenden *Regent's Canal* lassen nicht die Probleme erkennen, die mit dessen Bau verbunden waren. Der Plan einer Verbindung des *Grand Junction Canal* – und damit der Midlands – mit dem ständig wachsenden Handels-Verkehrs auf der Themse wurde zum ersten Mal 1802 von dem Unternehmer Thomas Homer und dem Ingenieur John Rennie gefaßt. 1811 erhielt er durch Nash's Pläne für den Regent's Park neue Impulse. Abgesehen von den malerischen Möglichkeiten eines Wasserlaufs, hatte er auch dessen Nützlichkeit als preiswerten Transportweg für schwere Güter und als nördliche Abgrenzung des Parks erkannt. Trotz des Widerstandes seitens der Kaimeister am aufstrebenden *Paddington Basin* und der Grundbesitzer auf der gesamten Strecke, erhielt das Gesetz zur ‚Schaffung und Instandhaltung' des Kanals auf der Basis einer Eignergesellschaft am 13. Juli 1812 die Königliche Zustimmung. Weder Nash noch der ihn assistierende Ingenieur James Morgan hatten Erfahrungen im Kanalbau. Hinzu kamen finanzielle Schwierigkeiten. Doch am 1. August 1820 wurde der Kanal eröffnet – dank Nashs Mut und Ausdauer, jedoch zum Preis von einer halben Million Pfund Sterling. Doch er erfüllte nur bedingt die Hoffnungen seiner Investoren und verlor schon bald im Konkurrenzkampf gegen die Eisenbahn. Mit seinen vierzig Brücken und zwölf mehr oder weniger gut erhaltenen Schleusen hat er bis heute überdauert. Die hier gezeigte, von Morgan erbaute *Macclesfield Bridge* wurde jedoch 1874 zufällig zerstört, als der mit Schießpulver beladene Frachtkahn ‚Tilbury' in ihrer Nähe explodierte. Als Radierungen von R. Acon, F. J. Havell und S. Lacey erschienen die Darstellungen in Elmes *Metropolitan Improvements* (1827–1830). CF

Anonym

154
Portrait Frederick William Trench, um 1827

Öl auf Leinwand, 75,9 x 63,8 cm
National Portrait Gallery
Inv.-Nr.: 5505
Ausstellung: London, Barbican Art Gallery, 1984, Kat.-Nr. 18

154

Literatur: Trench 1827; Trench 1846; Robinson 1977, S. 324–331; Barker und Hyde 1982, S. 8 f., 57–59, 81–91; Walker 1985, S. 502 f., Nr. 5505, Tafel 1244

Der Architekt Georgs IV. war John Nash; sein Bruder, der Herzog von York, bediente sich Benjamin und Philip Wyatts. Der Gegensatz königlicher Absichten ist unübersehbar: Während sich die von Georg IV. initiierten baulichen Entwicklungen im West End gefällig gestalteten, präsentieren sich die des *Grand Old Duke of York* militaristisch und autoritär. Beschreibungen einer vom Herzog unterstützten Triumphstraße – von der St. Paul's Kathedrale nach Osten zu einem Nationalen Triumphbogen und westlich zu einem riesigen neuen Königspalast im Hyde Park hin – erinnern an die Berliner Pläne Hitlers und Speers. Die Pläne entwickelte Lt.-Col. F. W. Trench (1775–1859), irischer Protestant, Tory und Parlamentsmitglied für Cambridge, in enger Zusammenarbeit mit einer zweiten, architektonischen Phantastereien aufgeschlossenen Person, der schönen Herzogin von Rutland. Das Porträt zeigt Trench bei der Arbeit an T. M. Baynes' Darstellung der projektierten Anlage am Themseufer. Die Büste stellt die Herzogin dar; die Zeichnung darunter zeigt wohl den geplanten neuen Palast. Auf dem Sofa: Trenchs Plan für die zwei Meilen lange Triumphstraße. RH

Charles Deane, Waterloo Bridge und Lambeth-Ufer von der Westminstertreppe aus, 1821. Kat.-Nr. 146

Thomas Mann Baynes
1794–1854

155
Das Nordufer der Themse mit der Waterloo Bridge mit Trenchs Improvements, 1825

Herausgeber R. Ackermann, 101 Strand
Lithographie, 19,5 x 544 cm
London, The Museum of London
Inv.-Nr.: 66.128/1
Literatur: Trench 1827; Robinson 1977; Barker und Hyde 1982, S. 8, 80–86, 89 f.

1824 propagierte Oberstleutnant Frederick William Trench, Mitglied des Parlaments, den Bau eines 25 Meter breiten Uferdamms am Nordufer der Themse – von *Scotland Yard* bis nach *Blackfriars.* Eine von Bögen getragene Fahrbahn mit Promenade sollte die Gegend am Fluß verschönern und den dichten Verkehr auf dem *Strand* entlasten. Der Plan sah eine eindrucksvolle, dem *Adelphi* ähnliche Anlage mit Reihenhäusern, Springbrunnen, einer vom Fluß zur St. Paul's Kathedrale führenden Treppe und ein Reiterdenkmal Georgs IV. vor. Der Plan löste eine erbitterte Kontroverse aus: Die High Society billigte ihn; heftiger Widerstand kam von den Kaimeistern, den Händlern vom Strand (mit Ausnahme des Verlegers Rudolph Ackermann), sowie aristokratischen Parlamentsmitgliedern der Bezirke Temple und Westminster, deren Häuser an der Themse lagen. Trench legte eine Alternative – ohne *terrace* – für das geplante neue Panorama vor, deren Veröffentlichung am 5. März 1825 in der *Times* angekündigt wurde, zehn Tage vor der Unterhausdebatte zu diesem Thema und während sich Protestveranstaltungen organisierten. Während Einzelheiten des *Embankments* von Benjamin und Philip Wyatt erarbeitet wurden, war auch John Rennie konsultiert worden; weitere Vorschläge kamen zudem von der Herzogin von Rutland. Eine kleine Auflage des Panoramas erschien als repräsentativer Seidendruck. RH

Anonym

156 (Farbtafel S. 322)
Die Surrey-Eisenbahn, Wandsworth Basin, um 1803

Öl auf Leinwand, 63,5 x 84 cm
London, Young & Co.'s Brewery plc.
Literatur: Lee 1944, S. 3–37; Townsend 1949–1951, S. 51–68

Eiserne Schienenstränge dienten im ausgehenden 18. Jahrhundert dazu, Waggons in die Zechen, Hüttenwerke und Steinbrüche in den Midlands und im Norden zu befördern. Doch die Surrey-Eisenbahn von Wandsworth nach Croydon war die erste 1801 durch Parlamentsbeschluß eingerichtete Gleisanlage, die nicht neben einem Kanal verlief. Entworfen von dem Ingenieur William Jessop, 1803 eröffnet, zog sie sich von einem kleinen Hafenbecken an der Themse bei Wandsworth am Fluß entlang südlich durch Earlsfield, Colliers Wood und Mitcham. Die durch Pferde

George Scharf, Crooked Lane während des Baus der New London Bridge. Kat.-Nr. 150a

gezogene Linie hatte, je nach Art der transportierten Güter, unterschiedliche Beförderungspreise. Die Investitionen dafür lieferten zunächst örtliche Industrielle, darunter John Henton Tritton, Besitzer der Ram Brauerei (auf der rechten Seite), und Florance Young, ein Brauereibesitzer und Philanthrop aus Southwark. Die Linie, von Dampfeisenbahnen verdrängt, schloß 1846; die steinernen Schwellen sieht man heute noch an der Brauerei-Mauer.

Richard Trevithick

Illoggan 1771–1833 Dartford

157
Dampflokomotive, 1808

Modell 1:11; Stahl und Messing,
50 x 20 x 40 cm
London, Board of Trustees of the Science Museum
Inv.-Nr.: 1962-271
Literatur: Pendred 1920–1921, S. 34–49; King 1930, S. 200 ff.

Für die Aufstellung der Dampfmaschinen und Kessel von Thomas Newcomen und James Watt waren große Gebäude nötig gewesen. Mit der Erfindung einer Hochdruckmaschine konnte Trevithick wesentlich kleinere und leichtere Motoren zum Antrieb fast jeder Maschine – auch für den der ersten Lokomotive – bauen. 1808 stellte er auf einem Rundkurs in Bloomsbury den

157

George Scharf, Der Abbruch der alten London Bridge. Kat.-Nr. 150b

Londonern seine Dampflokomotive vor. Von ihr ist nur bekannt, daß sie von der Hazledine-Gießerei in Bridgenorth gebaut wurde, ein Gewicht von acht Tonnen besaß und den Namen ‚Fang-mich-wer-kann' trug. Dieses Modell ist eine Annäherung an die etwa 1806 in der Hazaldine-Gießerei gebauten Maschine, die im *Science Museum* gezeigt wird; wobei beim Modell Kurbelwelle und Schwungrad durch Räder ersetzt wird. Vermutlich von Rowlandson stammt eine Zeichnung mit der Lokomotive auf der heutigen *Euston Station;* verläßlich ist das nicht, da manche abgebildeten Gebäude erst später errichtet wurden. Nach Berichten der Londoner Zeitungen soll die Lokomotive am Dienstag, 19. Juli 1809, zwischen *Euston Road* und *Torrington Place* (heute *University College*), ihren Betrieb aufgenommen haben. Eine Fahrt kostete fünf Shilling. Bei dem Ereignis gab jedoch der Boden zu sehr nach, die Lokomotive entgleiste und wurde wohl etwas weiter südlich eingesetzt. Laut *The Morning Chronicle* lief die Lok am 5. September für nur noch zwei Shilling. Da die Pannen weitergingen, ist das dokumentierte mangelnde Interesse nur zu verständlich. PM

Denis Johnson

158
„Hobby Horse" (Steckenpferd)

Eisen und Esche; Stütze und Sattelpolsterung rekonstruiert, 108 x 171 x 57 cm
Messingschild am Lenker: JOHNSON 75 Long Ac(re); unter dem Sattel: C (= Nr. 100)
Knutsford, Victoria University of Manchester, Tabley House Collection
Herkunft: Sir John Fleming Leicester, Bart

Diese Maschine ist eins von zwei durch den Kunstsammler Sir John Fleming Leicester im April und Mai 1819 für £ 10 bzw. 8 erworbenen Exemplaren. Vermutlich hatte der Kutschenbauer Denis Johnson in Paris *Draisinen* gesehen, kurz nach ihrer Vorführung durch den Freiherrn von Drais. Am 21. Juni 1819 erwirkte Johnson ein Patent für seinen eigenen Entwurf, der die Konstruktion erheblich verbesserte. Das „Laufrad" wird so beschrieben: „… ein Fußkarren oder Veloziped, eine Maschine zum Zwecke der Entlastung von den Strapazen des Gehens, bei höherer Geschwindigkeit …" (Patent Nr. 4321 vom 21. Juni 1818). Das Johnsonsche *„Hobby Horse"* war leichter und standfester als die *Draisine;* bald hieß es – der Mode folgend – auch *„Dandy-Horse"*. Das Geschäft war offenbar profitabel. „Die Selbstkosten des Patentinhabers belaufen sich auf nicht mehr als 40 bis 50 Schilling; doch der Kauf-Preis liegt bei acht bis zehn Pfund"

C. F. Stanfield, Die Eröffnung der New London Bridge am 1. August 1831. Kat.-Nr. 152

(*London Magazine,* 1819). Johnsons *Hobby Horses* gab es in unterschiedlichen Größen und Farben, auch für Damen und Kinder; sie konnten auch stunden- oder tageweise gemietet werden. Ackermanns *Repository of Arts* nennt das Gefährt am 1. Februar 1819 „... eine höchst einfache, billige und leichte Maschine, die sich vermutlich als nützlich erweisen und sowohl in England als auch in Deutschland und Frankreich in allgemeinen Gebrauch kommen wird. Ärzte vom europäischen Festland bewerten sie als eine Erfindung von großer Bedeutung, da sie für die beste Körperbewegung zum Vorteil der Gesundheit sorgt ..." Da die Straßen Londons damals ohnehin stets überfüllt waren – und die *„Hobby Horses"* zu schnell fuhren – wurden sie 1813 verboten. Ein ideales Beförderungsmittel war die klappernde Maschine auf den schlechten Straßen nicht. Die Mode starb auch allmählich um 1830 aus. Was diese Art der Fortbewegung betrifft, so geschah bis in die fünfziger Jahre wenig, als Kutschenbauer diverse Drei- und Vierräder mit Tret- oder Handantrieb entwickelten. Erst die *Boneshaker* (Knochenschüttler) der sechziger Jahre lösten eine weltweite Fahrrad-Manie aus. PS

158

Anonym

159
Johnsons Laufrad-Fahrschule, 1819

Kolorierte Aquatinta, 26 x 30 cm
Herausgeber R. Ackermann
London, Guildhall Library, Corporation of London
Literatur: Woodford 1970, S. 7–12; Goldman 1983

Auf einigen Drucken sind Gebrauchsanweisungen zu lesen: „Diese einfache Maschine wird von zwei hintereinander angeordneten Rädern getragen; das Vorderrad dreht sich auf einem Zapfen, der, mittels eines kurzen Hebels, durch Drehen auf die eine oder andere Seite, die Richtung angibt, wobei das Hinterrad immer in eine Richtung läuft. Der Fahrer setzt sich auf einen bequemen ..., Sattel ...; die Füße werden flach auf den Boden gesetzt, so daß der erste Schritt die Maschine in Gang setzt, ... wobei stets darauf zu achten ist, die Bewegung sehr bedacht zu beginnen ..." RH

G. Scharf, Verlegung der Hauptwasserleitung, Tottenham Court Road, 1834. Kat.-Nr. 102

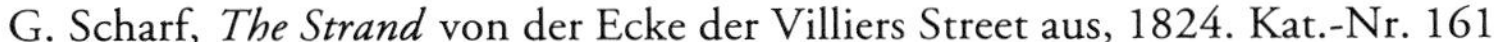

G. Scharf, *The Strand* von der Ecke der Villiers Street aus, 1824. Kat.-Nr. 161

Die Surrey-Eisenbahn, Wandsworth Basin, um 1803. Kat.-Nr. 156

George Cruikshank

London 1792–1878 London

160

a) Königliches Steckenpferd, oder Hertfordshire rittlings!, 1819

Kolorierte Radierung, 23,7 x 33,5 cm
Herausgeber M. Clinch

b) Unfälle in der höheren Gesellschaft, oder Das Königliche Steckenpferd ist zusammengebrochen!, 1819

Kolorierter Radierung, 24,5 x 34,9 cm
Herausgeber E. King, 24. April 1819
London, Trustees of the British Museum
Inv.-Nr.: 1868-8-8-8432 und 1868-8-8-8434
Literatur: George 1949, Bd. IX, S. 893–895, Nr. 13220 und 13222

1819 waren die Läden voller Karikaturen, die von der aktuellen Sensation des Laufrads oder *Hobby Horses* angeregt waren. Bei diesem Vorläufer des Fahrrads mußte der Fahrer die Räder bewegen, indem er auf dem Boden mitlief. Von Anfang an schätzten Londoner Dandies das Gefährt; trotz solcher Karikaturen ist es eher unwahrscheinlich, daß der Prinzregent oder sein Bruder, der Herzog von York, darauf fuhren. Das eigentliche Thema dieser Satire ist denn auch nicht das Rad – obwohl es buchstäblich als satirisches Vehikel dient –, sondern die gern gestellte Frage nach Georg und der Marquise von Hertford, seiner langjährigen Mätresse. Auch die aktuellen Skandale um den Herzog von York, etwa sein Rücktritt als Oberbefehlshaber der Armee wegen einer Bestechungsaffäre, in die seine Mätresse Mrs. Clarke verwickelt war, bot den Karikaturisten Stoff. Auf dem Blatt *Hobby Horse* sitzt die dicke Lady Hertford rittlings auf dem Prinzregenten und schwingt ein Peitschen-Szepter; sie trägt ein Strumpfband mit dem Motto des Prinzen von Wales (‚Ich dien'); den Georgs-Orden trägt sie am Hals. Hinten am Gefährt wachsen drei Straußenfedern (Teil des prinzlichen Helmbuschs) aus der Mittelstange und sind so mit Georgs Silhouette und der des Rads verbunden, daß der Eindruck eines Hahnes entsteht. Der Prinz ist müde – und links spielt ein Wegweiser

(*„To the Horns Inn. Hertford“*) auf den gehörnten Marquis von Hertford an. ‚Unfälle in der höheren Gesellschaft‘, nur vier Tage später veröffentlicht, verwendet dieselbe Ikonographie. Die Fahrer sind gestürzt. Der Fall des Herzogs von York ist durch den vom Parlament gewährten Jahreszuschuß von £ 10.000 gerade noch abgefangen worden. Der Prinzregent – ‚Königliches Pummelchen‘ – hat Eselsohren und Gicht im Fuß. Er beschwert sich (nicht ohne hinreichend sexuelle Andeutungen) über seine Mätresse: ‚… diese *Hertford*-Straße ist so verd … *holperig* … – beim nächsten Mal gehe ich zur *Richmond*-Straße‘: – was auf seine angebliche Vernarrtheit in die Herzogin von Richmond anspielt. Lady Hertford schreit: ‚… Ich war eine große Närrin, mich auf so einen *alten Stock* zu verlassen‘. Die Karikatur ist der ‚Gesellschaft für die Unterdrückung des Lasters‘ gewidmet. Satiren wie diese sind Beispiele der oft unverblümten Kritik an Mitgliedern der königlichen Familie. LS

159

George Scharf

Mainbury 1788–1860 London

161 (Farbtafel S. 321)

The Strand von der Ecke der Villiers Street aus, 1824

Aquarell über Bleistift und schwarze Tusche, 21,8 x 37,2 cm
Bezeichnet unten rechts: G. Scharf del Sept. 1824
London, Trustees of the British Museum
Inv.-Nr.: 1862-6-14-19
Herkunft: 1862 von seiner Witwe erworben
Literatur: Jackson 1981, S. 64 f., illustriert

Der *Strand*, nie so schick wie *Bond Street, Piccadilly* oder die neue *Regent Street*, war eine der geschäftigsten Verkehrsadern Londons mit vielen Geschäften und Restaurants. Scharfs Aquarell berichtet von dem am 5. September 1824 im Geschäft eines gewissen Mr. Martin, eines Wurstmachers, ausgebrochenen Feuer. Der vielen Fachwerk-Häuser wegen befürchtete man eine schnelle Ausbreitung des Brandes; er wurde jedoch schnell mit dem Gerät des *Sun Fire Office* gelöscht. Hier ist es vor dem brennenden Haus aufgefahren; es gehörte zu denen, die in den dreißiger Jahren nahe beim *Trafalgar Square* abgerissen und durch ein neo-klassisches Projekt von John Nash verdrängt wurden. George Scharf, in Bayern geboren, war zunächst ein erfolgreicher Miniaturenmaler, vor allem in den Niederlanden, wo er während der Napoleonischen Kriege seine Modelle unter Offizieren fand. 1813 war er mit der preußischen Armee in Mecheln und nahm dann in der britischen Armee an der Schlacht von Waterloo teil. Von 1816 an lebte er in London und verbrachte dort, von einer Reise nach Deutschland (1845–1847) abgesehen, den Rest seines Lebens. Scharf hatte in München die relativ neue Kunst der Lithographie studiert, und wurde mit seinen exakten Illustrationen wissenschaftlicher und antiquarischer Objekte und Ansichten von London bekannt, wenn auch nicht reich. 1862 kaufte das Britische Museum die

160a

160b

umfangreiche Sammlung von Studien Londoner Lebens, zu der die hier gezeigten Arbeiten gehören, von Scharfs Witwe und ihrem Sohn, Sir George Scharf, dem ersten Direktor der Nationalen Portraitgalerie. Scharfs detailgetreue Sichtweise entsprang dem faszinierten Blick des Fremden. Kurz vor dem allgemeinen Gebrauch der Photographie führte sein Interesse an den weniger pittoresken Aspekten des Lebens – Bauarbeiten, Geschäftsfassaden, Reklametafeln u. ä. – zu einzigartigen Zeugnissen vom Leben der Metropole dar. LS

162

W. J. Tilley

162

Handfeuerspritze, frühes 19. Jahrhundert

Modell ca. 1 : 4; Mahagoni und Messing, 45 x 44 x 86 cm
London, Board of Trustees of the Science Museum
Inv.-Nr.: 1932-269

Das Modell zeigt eine von Pferden gezogene, manuell bediente Feuerspritze eines im neunzehnten Jahrhundert in England gebräuchlichen Typs. W. J. Tilley gehörte zu den bekanntesten Herstellern und baute von 1820 bis 1851 Feuerspritzen für die Londoner Feuerwehr. Mit zwei vertikalen, einzeln operierenden Zylindern entsprach die Pumpe der von Charles Simpkin 1792 patentierten Erfindung. Die Maschine konnte mit Wasser versorgt werden, indem man Eimer in die hintere Wanne entleerte. Was ihre kostbaren Materialien – Messing und Mahagoni – betrifft, stellt das zeitgenössische Modell natürlich nicht die im Alltag benutzte Maschine dar. Möglicherweise wurde es für Tilley angefertigt. PM

163

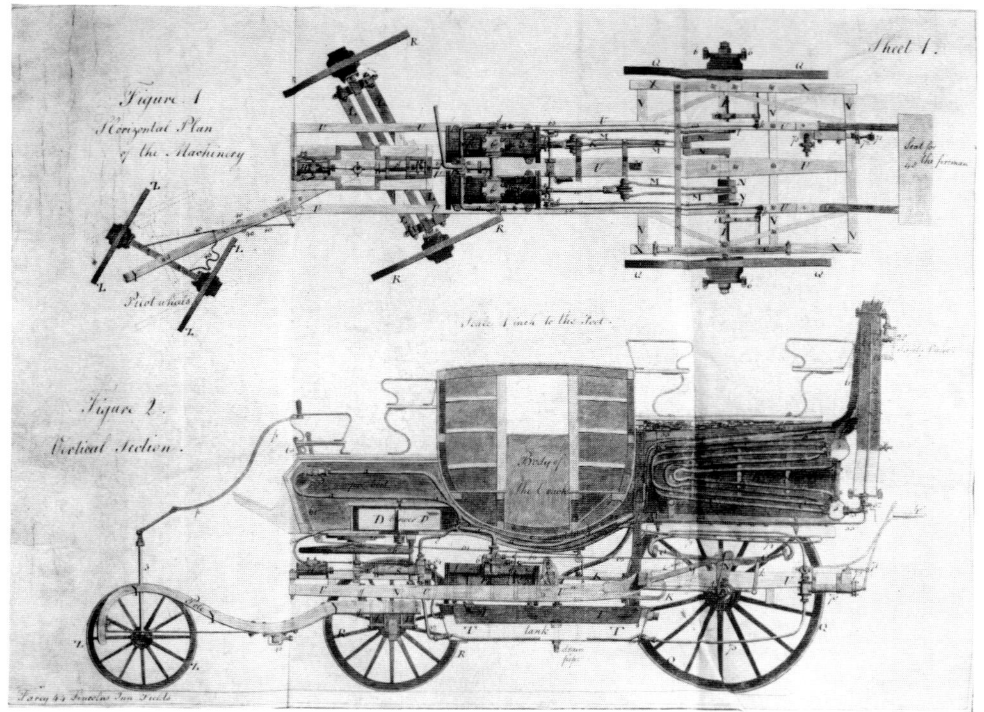

Farey für Sir Goldsworthy Gurney

Cornwall 1793–1875 Cornwall

163

Apparat zum Antrieb von Wagen auf öffentlichen Straßen und Eisenbahnlinien, 1825

Feder, Tusche und Aquarell, 47,5 x 64 cm
London, Public Record Office
Inv.-Nr.: C 54/10532 M29

Seit dem ausgehenden 16. Jahrhundert hatte die Krone Erfindern Patentbriefe gewährt, mit Exklusivrecht zur Herstellung ihrer Erfindungen. Patentbriefe stellten einen gesetzlichen Schutz dar, während Spezifikationen die Erfindung detailliert beschrieben. Ein Erfinder bereitete im allgemeinen eine Eingabe an die Krone vor. Im Innenministerium wurde sie gebilligt und an den Ersten oder den Zweiten Kronanwalt zur Prüfung gegeben. Sobald der Erfinder vom Anwalt einen positiven Bescheid erhielt, brachte er ihn mit seiner Eingabe zurück zum Innenministerium. Danach wurde eine Verfügung ausgefertigt, die den Anwalt anwies, einen Antrag vorzubereiten, der – nach Erledigung weiterer Formalitäten

– zur Erteilung des Patentbriefes führte. Die ausführliche Beschreibung der Erfindung wurde später bei einem der drei Kanzleigerichte bewahrt. Solche Beschreibungen sind eine Fundgrube; häufig schließen sie auch Pläne oder Zeichnungen ein. 1711 eingeführt, wurden sie von 1734 an verbindlich. Das Patentrecht-Änderungsgesetz von 1852 machte dem schwerfälligen Registrierungs-Verfahren ein Ende und konzentrierte alles beim Patentamt. Blatt 1 von Fareys Zeichnungen zeigt eine Darstellung seines Fahrzeugs. CF

164

Sir Goldsworthy Gurney

Cornwall 1793–1875 Cornwall

164
Dampf-Fahrzeug, 1827

Modell 1:8; Holz und Metall, 44 x 30 x 86 cm
London, Board of Trustees of the Science Museum, Inv.-Nr.: 1958-234
Literatur: Fletcher 1891; Smith 1959, S. 58–62; Engineering 1959, S. 424–425

1825 begann Gurney in der *Albany Street* dampfgetriebene Fahrzeuge zu bauen. Hier wird ein bereits verbessertes Modell gezeigt. Versuchsweise für 18 Monate in London eingesetzt, fuhr es mit einer Geschwindigkeit von 20 Meilen (ca. 32 km) und machte sogar eine Reise von London nach Bath. Gurney baute danach einen kleineren Dampf-Wagen, der eine Passagier-Kutsche zog. Mit dreien dieser Fahrzeuge betrieb Sir Charles Dance zwischen Gloucester und Cheltenham 1831 einen täglichen Liniendienst, mit einer Fahrzeit von 55 Minuten für neun Meilen (ca. 14,5 km); fast 3.000 Menschen legten in vier Monaten 3.564 Meilen (ca. 5.735 km) zurück. Der Bau solcher Fahrzeuge fand 1832 ein Ende, nachdem Guerney £ 30.000 in ihre Entwicklung investiert hatte, ohne Gewinn zu machen. Das Modell entspricht den Zeichnungen in Gurneys Patent Nr. 5554 von 1827; es ist detailgetreu; die in Holz geplanten Teile sind aus Messing und Kupfer. PM

George Shillibeer

1797–1866 London

165
Pferde-Omnibus, 1829

Modell 1:6; Holz und Metall, 50 x 50 x 94 cm
London, Board of Trustees of the Science Museum, Inv.-Nr.: 1930-667
Literatur: Lee 1962; Day 1973

Am 4. Juli 1829 stellte George Shillibeer Englands ersten regelmäßigen Busbetrieb vor: ein Fahrzeug befuhr eine Route zu einem festgesetzten Preis, nahm an bestimmten Punkten Passagiere auf und setzte sie ab. So ein öffentliches Fahrzeug mit Fahrplan war bereits 1662 in Paris eingesetzt, doch schnell wieder stillgelegt; ein M. Lafitte führte 1819 ähnliche erfolgreich wieder in Paris ein; ‚Omnibus' nannte sie 1827 M. Baudry aus Nantes. Shillibeers erste Route verlief über die *New Road* von *Paddington Green* bis zur *Bank of England.* Sie versorgte Leute, die Geld genug für eine Fahrt in die City hatten, sich aber ein eigenes Fahrzeug nicht leisten konnten. Auf dieser Strecke war bereits ein beachtlicher Verkehr durch Kurzstrecken-Kutschen mit höchst unterschiedlichen Fahrpreisen. Shillibeer bot einen niedrigeren und festen Preis, bessere Fahrzeuge und besseres Personal, Wetterschutz und Zwischenstops. Diese Pferde-Omnibusse, mit Sitzplätzen für rund 22 Passagiere, kosteten für den ganzen Weg einen Schilling oder einen Sixpence für den halben. Nach dem Muster dieser erfolgreichen Einrichtung gab es bald so viele konkurrierende Busbetriebe, daß Shillibeer zwei Jahre später Bankrott machte. (Er wurde Beerdigungsunternehmer – und ‚Shillibeer' zur allgemeinen Bezeichnung für einen Leichenwagen.) PM

165

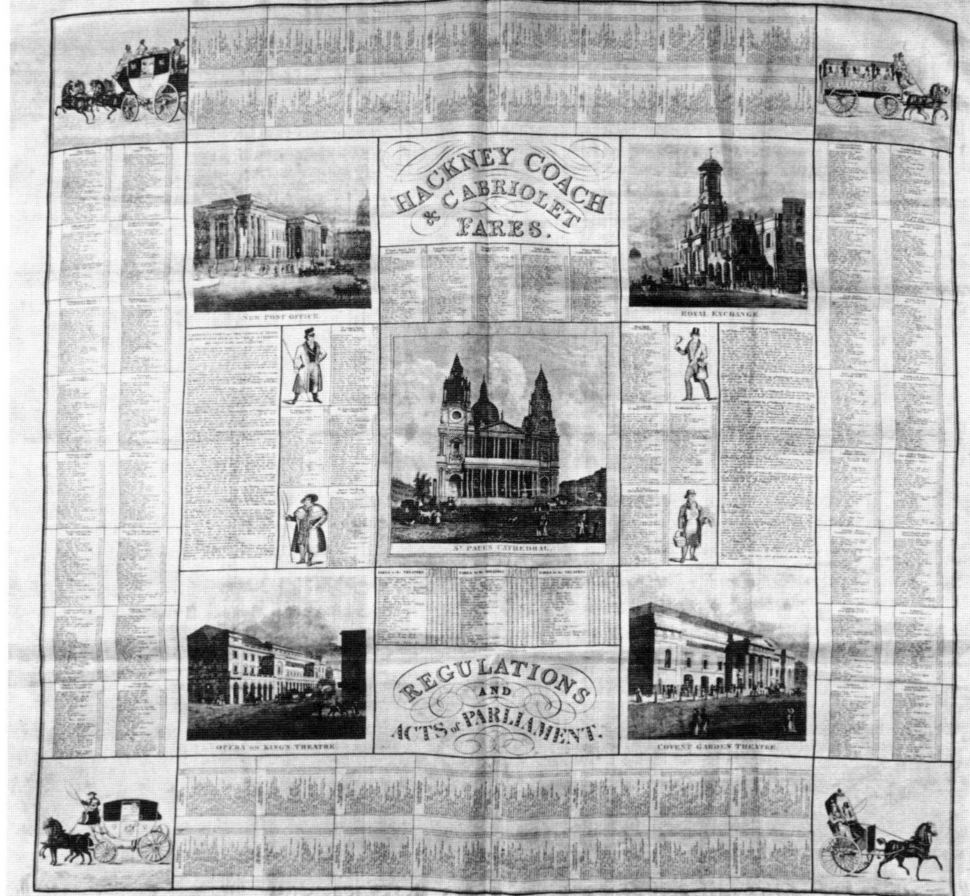

166

166
Tuch mit Kutschen sowie Parlamentsvorschriften und -gesetzen, 1832–1834

Bedruckte Seide, 90 x 93 cm
London, The Museum of London
Inv.-Nr.: A10434
Herkunft: Charles Davis M. V. O.
Ausstellung: London, 1988
Literatur: Schoeser 1988, Abb. 2 auf S. 2 f.

Nach einer Radierung von J. Bishop, 79 Charterhouse Lane. Die vier dargestellten Vehikel sind einige zur damaligen Zeit verfügbare Transportmittel: Der Pferde-Omnibus (oben rechts), 1829 von George Shillibeer in England eingeführt. Der offene Einspänner (unten rechts), ein zweirädriges, von einem Pferd gezogenes Gefährt, wurde in dem Maße populär wie die Miet-Kutsche an Beliebtheit verlor. Die schnellen *‚Cabs'* waren die bevorzugten Vehikel einer jüngeren, kühnen Klientel. Ungefährlich waren sie nicht: Nicht selten fielen Passagiere bei Kollisionen heraus. ‚Jehu', der 1825 tätige Mitarbeiter des *London Magazine* tadelte den Schmutz in den Miet-Kutschen und ihre exorbitanten Preise. Dagegen schlug er eine frühe Form der Fahrtenuhr vor. „... mit Schillingen auf dem Zifferblatt statt der Stunden und Sixpencestücken statt der Minuten ..." EE

168

167
Postkutsche, um 1830

Modell, Maßstab 1:8, 35 x 46 x 27 cm
London, Bob Bates

Postkutschen *(Stage Coaches)* übernahmen von der 2. Hälfte des 17. Jahrhunderts an Fahrdienste für Städte und Gemeinden in der Provinz. Verglichen mit den wendigen, schnellen Fahrzeugen des späten 18. und frühen 19. Jahrhunderts, waren sie sehr schwerfällig und für mehr Passagiere gedacht als die Postwagen *(Mail Coaches);* manchmal waren sie auch beauftragt, Postsendungen zu befördern. Während Postwagen um 20.00 Uhr London verließen, fuhren die meisten Kutschen in den frühen Morgenstunden ab. Postkutschen, meist in hellen Farben gestrichen (auf Tafeln standen Name, Abfahrts- und Bestimmungsort), stellten einen deutlichen Kontrast zu den nüchternen königlich-amtlich gestalteten Postwagen dar. Die Postkutscher wurden als Herren der Landstraße von Schuljungen wie von jungen Damen bewundert. Zu Weihnachten, am 1. Mai und am Trafalgar-Tag schmückte man die abfahrenden Kutschen oft mit Flaggen und Schleifen. Die Kutsche *„Tally Ho"*, eine von neun auf der Strecke London – Birmingham, war nur eine unter den Hunderten, die außerhalb Londons im Einsatz waren. *„The Saracen's Head"* in *Snow Hill*, ein größerer Postkutschenhof, bot ausgedehnte Fahrdienste auf dem Land an. Kutschenunternehmer pflegten viel Kapital in Fahrzeuge und Pferde zu investieren. Das Vierergespann der *„Tally Ho"* mußte an jeder der zehn Stationen zwischen London und Birmingham ausgewechselt werden. Die Kutsche legte die 109 Meilen gewöhnlich in 11,5 Stunden zurück (9,5 Meilen pro Stunde) und war damit nicht langsamer als die schnellsten Postwagen. Während des berühmten Rennens am 1. Mai 1830 stellte die *„Tally Ho"* (leer) einen Rekord auf, indem sie die Strecke in 7,5 Stunden schaffte (14,5 Meilen pro Stunde). Mit dem Bau von Eisenbahnen in den späten 30er und 40er Jahren gingen die Kutschen-Dienste stark zurück. Das Modell wurde 1877 von Bob Bates angefertigt. EE

R. G. Reeves nach James Pollard

168
Die Abfahrt der Königlichen Postkutschen vom Hauptpostamt, 1830

Herausgeber Thos. McLean, 26 Haymarket
Kolorierte Aquatinta, 50,5 x 68,6 cm
London, The Museum of London
Inv.-Nr.: A 18109

Die *St. Martin's-le-Grand*-Fassade von Smirkes neuem Hauptpostamt bot einen eindrucksvollen Hintergrund für die Abfahrt der Postwagen um 20.00 Uhr. Fünf der achtundzwanzig von London aus operierenden Wagen sind zu sehen – in Scharlachrot, Kastanienbraun und Schwarz, mit königlichem Wappen, dem Monogramm Georgs IV. und ihren jeweiligen Nummern. Die frühen Postkutschen – 1784 auf der Strecke London – Bristol eingeführt – waren ziemlich unbewegliche Fahrzeuge gewesen. Im 19. Jahrhundert führten verbesserte, gefederte Karosserien zu schnellen Reisezeiten (ca. 9,5 – 10,5 Meilen pro Stunde). Die Wagen wurden nach behördlich genehmigten Plänen von John Vidler und Company, Millbank, gebaut und an private, mit der Post-Beförderung beauftragte Fuhrbetriebe verkauft. Nur der Begleiter – in scharlachroter Uniform – war ein Angestellter der Postbehörde; er sollte z. B. garantieren, daß die strengen Sicherheits-Bestimmungen erfüllt wurden. Die Zahl der Passagiere war bei diesen Wagen auf maximal drei beschränkt; bis zu zwölf waren es bei den größten privaten Postkutschen; dafür waren die Fahrpreise auch höher. Die größeren Fuhrunternehmen benutzten beide Kutschen-Typen. Bull and Mouth z. B., gegenüber dem Hauptpostamt, verfügte über 77 Postkutschen und 700 Pferde. CE

„Shortshanks" (Robert Seymour)

Somerset 1798–1836 London

169
Fortbewegung, I. und II., um 1830

Kolorierte Radierungen, je 25 x 35 cm
Herausgeber Thos. McLean, 26 Haymarket
London, Guildhall Library, Corporation of London
Literatur: George 1954, Bd. XI, S. 411, Nr. 16438 (nur 2. Stich); George 1967

167

Die Karikaturen werfen einen visionären Blick in eine dampfbetriebene Zukunft. Auf dem ersten Blatt liest ein Fußgänger in einem Büchlein mit dem Titel „Neue Erfindungen", während seine Beine von der Technik gefesselt sind und sein Rücken von einem Dampfkessel beschwert ist. Zwei Damen fahren auf einem Dampfkessel – so heiter wie der Luftschiffer auch. Der Einbruch der Realität – die Explosion eines Dampffahrzeugs pointiert die Szene. Der zweite Druck wendet sich der Fortbewegung zu. Ein ärgerlicher Fußgänger zweifelt an der Effizienz des Dampfkessels. Dampfkarren und dampfgetriebene Kutsche liefern sich ein qualmendes Rennen. Zwei Luftschiffer haben Probleme. Eine Dampfkutsche explodiert, eine andere stürzt über eine Klippe. Im Wasser sinkt ein Dampfpostschiff. RH

169

169

ACKERMANNS *REPOSITORY OF ARTS*

Rudolph Ackermann (1764–1834) war im London des frühen 19. Jahrhunderts der führende Verleger illustrierter Bücher und dekorativer Drucke. Seine Galerie und sein Laden – die „Fundgrube der Künste" – am Strand spiegeln das Bild der Metropole auf vielfältige Weise. Im London des ‚Regency' war der aus Sachsen stammende Verleger auch ein Mäzen der Aquarellmaler und ein Förderer naturwissenschaftlicher Erfindungen. Sein philanthropischer Einsatz für die Menschen in seiner Heimat brachte ihm zahlreiche Ehrungen.

François Nicolas Mouchet
1750–1814

170
Rudolph Ackermann, 1814

Öl auf Leinwand, 125 x 100 cm
London, Throgmorton Trust
Herkunft: Rudolph Ackermann 1814, durch Erbschaft an Arthur Ackermann & Son Ltd.
Ausstellung: London, Ackermann, 1983, Kat.-Nr. 94
Literatur: Ford 1983, S. 237, Abbildung vor S. 12

Ackermann, 1764 in Stollberg bei Leipzig geboren, lernte den Beruf des Wagenkonstrukteurs in Basel, kam 1783 nach London und wurde nach seiner Heirat mit einer Engländerin 1809 naturalisierter britischer Staatsbürger. Nach 1800 wurde er zum führenden Londoner Verleger dekorativer Drucke und farbig illustrierter Bücher. Dreißig Jahre lang beschäftigte er z. B. den Maler Thomas Rowlandson. Seine Galerie- und Geschäftsräume in London, „*The Repository of Arts*" am Strand, entwickelten sich zum Treffpunkt von professionellen und Amateur-Künstlern. Emigranten aus den europäischen Kriegsgebieten half er, indem er ihnen Arbeit in seinen Werkstätten gab. Ackermann förderte auch Erfindungen unermüdlich – etwa die noch heute als ‚Ackermann-Achse' bekannte bewegliche Achse. Auf dem wohl zur Feier seines 50. Geburtstages 1814 in Auftrag gegebenen Portrait sind zwei seiner bevorzugten Veröffentlichungen zu sehen: „Die Geschichte und die Altertümer der Kathedrale St. Peter in Westminster". Das Gaslicht weist auf Ackermanns Rolle bei der Einführung der Gasbeleuchtung in London hin: 1811 installierte er im Keller seines Hauses einen Kessel, der Werkstätten, Galerie und Privaträume mit Gaslicht versorgte – ein erster Mentor der modernen, das Gesicht der Londoner Straßen so rasch verändernden Einrichtung. JF

171

171
Vase, Anfang 19. Jahrhundert

Meißen, Marcolini-Porzellan, 43 cm hoch
London, Throgmorton Trust
Herkunft: Rudolph Ackermann, 1816, durch Erbschaft 1920 an Edgar Ackermann; Russell Button, Chicago; Rudi Leuser, Grand Rapids; Arthur Ackermann & Son Ltd., 1986
Literatur: Ford 1983, S. 48–50

Die Meißner Vase wurde Ackermann, einem gebürtigen Sachsen, vom Botschafter in London, Baron St. Just, zusammen mit einem Figurenpaar im Auftrag des Königs von Sachsen überreicht. Der König verlieh Ackermann einen Verdienstorden für seine Arbeit als Sekretär der *Westminster Association;* die Gesellschaft brachte die außerordentliche Summe von £ 200.000 auf und spendete sie zur Linderung des Elends in Deutschland nach der Schlacht bei Leipzig 1813. JF

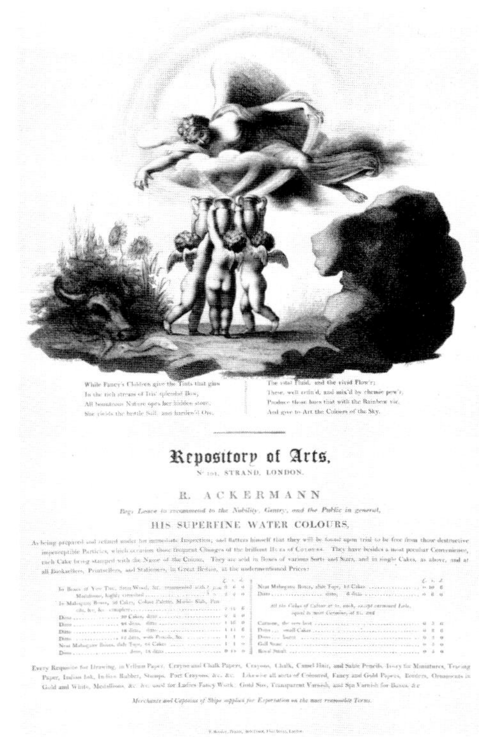

173

John Buonarotti Papworth

London 1775–1847 Little Paxton, Huntingdonshire

172

172
Querschnitt des Hauses Strand 96, um 1819

Bleistift mit Aquarell-Lavierung, 47,5 x 33 cm
London, British Architectural Library, Drawings Collection, Royal Institute of British Architects
Inv.-Nr.: Pap (95) 23
Herkunft: wahrscheinlich Wyatt Papworth; Schenkung an das Royal Institute of British Architects
Ausstellung: London, Ackermann, 1983, Kat.-Nr. 103
Literatur: McHardy 1977, S. 35, Nr. 95/23; Ford 1983, S. 89–90

Papworth, ein Freund Ackermanns, entwarf die Gebäude für das neue *Repository of Arts* am Strand Nr. 96. Zu sehen sind Keller und sieben Stockwerke für Ausstellungsräume, Bibliothek, Kontor, Pack- und Lagerräume sowie Werkstätten für Drucker, Vergolder und Tischler. Der Verleger zog 1827 vom Strand Nr. 101, einem heute von einem Bankgebäude beim Savoy Hotel besetzten Grundstück, zum Strand Nr. 96, wo sein Unternehmen bis 1857 blieb. Heute findet sich dort Simpson's Restaurant. JF

173
Flugblatt, 1802

50 x 35 cm
Herausgeber R. Ackermann, 101 Strand; Drucker T. Bensley, Bolt Court, Fleet Street
London, Throgmorton Trust
Herkunft: Arthur Ackermann & Son Ltd.

Werbung für Ackermann's *Repository of Arts,* 101 Strand, London, die auf einen Stich von Maria Cosway aufmerksam macht und Ackermanns „Extrafeine Aquarellfarben" anpreist. JF

174
The Repository of Arts, Literature, Commerce, Manufactures, Fashions and Politics

40 Bände, 1809–1828, 24,2 x 15,5 cm
London, The Museum of London
Inv.-Nr.: E.391.2
Ausstellung: London, Ackermann, 1983, Kat.-Nr. 88–93
Literatur: Ford 1983, S. 77–83; Tooley 1973, Nr. 8

177

"The Repository of Arts" ist für Ackermanns Verleger-Tätigkeit besonders charakteristisch. Die 240 monatlich erschienenen Ausgaben enthalten 1432 farbige Tafeln von Damenmoden, Möbeln und Einrichtungsgegenständen, Entwürfe für Kutschen, Architektur, Portraits, Ansichten von London und von Landhäusern sowie Stoff- und Papier-Muster. Sie trugen Mode und Geschmack von London aus in die Provinz und vermitteln über zwei Jahrzehnte ein anschauliches Bild vom England des *Regency.* Ackermann wollte eine Zeitschrift herausgeben, die „nützliche Informationen in einer gefälligen und populären Form" vermitteln sollte, „um so den Ungebildeten zur Kunst und Wissenschaft hin zu verführen – und sogar dem Gelehrten zu helfen, sein Wissen in beiden Bereichen zu erproben". Bald war *„The Repository"* jedoch das Blatt einer vorwiegend weiblichen Leserschaft, mit Beiträgen zu Mode-Themen und Nachrichten über Bücher, Musik und Kunst: eine der wichtigsten Publikationen für die Mode- und Dekorationskunst der Zeit. Aus den monatlichen Beiträgen (und Illustrationen) entstanden eine Reihe von Büchern. Jede monatliche Ausgabe enthielt vier handkolorierte Tafeln, die fast alle Arten der Druckgraphik ausnutzten – Aquatinta, Holzschnitt, Zeichnung, Tupfentechnik und Lithographie. Viele davon sind auch in Buchform noch einmal veröffentlicht worden. Darunter: Rowlandson, Thomas: Napels and the Compagna Felice, 1815; Papworth, J. V.: Select Views of London, 1816; Upholsterers' and Cabinetmakers' Repository, 1816; Rowlandson, Thomas: Journal of Sentimental Travels, 1821; Lory, Gabriel: Picturesque Tour through the Oberland, 1823; Papworth, J. B.: Rural residences, 1818; Designs of Household Furniture and Decoration, 1823; Pugin, Augustus: Gothic Furniture, ca. 1828; Views of Country Seats, 2. Bd., 1830 MF

John Samuel Agar
1775–ca. 1820

175 (Farbtafel S. 339)
Mode der Zeit, 1829

Aquarell-Vorlage und Aquatinta-Fassung, je 23 x 14 cm
London, Throgmorton Trust
Herkunft: Arthur Ackermann & Son Ltd., London; Throgmorton Trust, London, 1991

Der Druck wurde 1829 in Ackermanns *„Repository of Fashions"* (Fundgrube der Mode) publiziert, dem nur kurze Zeit erscheinenden Nachfolger des *„Repository of Arts"* (Fundgrube der Kunst) 1807–1828. JF

William Henry Pyne
London 1769–1843 London

und William Combe
Bristol 1741–1823 London

176
The Microcosm of London, 1808–1810

3 Bände, 34,2 x 29 cm
Herausgeber R. Ackermann, 101 Strand; Drucker T. Bensley, Bolt Court, Fleet Street
London, The Museum of London
Inv.-Nr.: Z1014
Ausstellung: London, Ackermann, 1983, Kat.-Nr. 108
Literatur: Tooley 1973, Nr. 7; Ford 1983, S. 39; Adams 1983, S. 223–228, Nr. 99

"The Microcosm of London" stellte Außen- und Innenansichten der wichtigsten Gebäude im frühen 19. Jahrhundert vor. Nicht allein das Establishment und seine Institutionen – auch die überschäumende Lebenskraft der Stadt wird hier sichtbar. Dieses erste von Ackermanns bedeutenden topographischen Werken, auch drucktechnisch vorbildlich für alle folgenden Publikationen, erschien im Quartformat, mit handkolorierten Aquatinta-Tafeln, im Hochdruckverfahren auf Whatman-Papier von Harrison und Leigh oder T. Bensley hergestellt. Alle wurden monatlich, in limitierter Auflage von 1000 Stück per Subskription, verlegt. Ursprünglich in 26 monatliche Folgen geplant, enthielt jede Ausgabe vier farbige Tafeln und kostete 7 Shilling für Subskribenten und 10 Shilling 6 Pence für spätere Käufer. Die drei Bände wurden für £ 13 Shilling, 13 Pence verkauft. Die Vorlagen stammen von Augustus Pugin und Thomas Rowlandson. Pugin zeichnete den architektonischen Fond, den Rowlandson mit Figuren animierte. Die am Strand Nr. 101 gedruckten 104 Aquatinten sind von durchgängig hoher Qualität; das zeichnet das Werk vor anderen zeitgenössischen Ansichten Londons aus. William Henry Pyne schrieb den Begleittext zu den ersten beiden Bänden; der Text zu Band III stammt von William Combe, einem Vielschreiber und Hauptautor vieler von Ackermann veröffentlichter topographischer Bücher. MF

177
London oder Beschreibung der merkwürdigsten Gebäude, Denkmäler und Anstalten der Hauptstadt Großbritanniens, 1812

33,3 x 27 cm
London, J. Gestetner Esq.

Das Erscheinen eines Plagiats von Ackermanns ‚Mikrokosmos London' in Deutschland spricht für das breite Interesse an diesem Thema, speziell das der Deutschen an London. Die Ausgabe ist mit zwanzig Drucken von Ansichten aus dem ‚Mikrokosmos' illustriert. Ihre Sujets sind Handel und Politik sowie einige der wohlbekannten historischen und zeitgenössischen Sehenswürdigkeiten. EE

Thomas Rowlandson

London 1757–1827 London

178 a
Der Marktplatz von Smithfield

Aquarell, 28 x 43,5 cm
London, Guildhall Library, Corporation of London
Ausstellung: London, The Museum of London, 1981, Nr. 60
Literatur: Fox 1987, S. 149–150, Wiederabdruck

J. Bluck nach T. Rowlandson

178 b
Der Marktplatz von Smithfield, 1811

Aquatinta, 43 x 53,2 cm
Herausgeber R. Ackermanns „Repository of Arts", 101 Strand
London, The Museum of London
Inv.-Nr.: A18151
Literatur: Adams 1983, S. 502–509, Nr. 221/2

Smithfield war und ist Londons größter und geschäftigster Fleischmarkt, wo bis 1855 lebende und geschlachtete Tiere verkauft wurden. Rinder und Schafe wurden damals durch die Londoner Straßen dorthin getrieben, manchmal in halsbrecherischem Tempo. Rowlandsons Aquarell zeigt den Viehmarkt aus der Vogelperspektive, von der Gaststätte *„Bear & Ragged Staff"* aus gesehen; im Süden das St. Bartholomew Hospital, die Kuppel von St. Paul's über den Dächern. Rowlandsons Ansicht von Smithfield ist Teil eines Aquarell-Paares; der andere zeigt den Markt von *Covent Garden.* Die Umsetzung in Aquatinta stammt von John Bluck. Ackermann veröffentlichte die Blätter 1811 als erste einer Reihe von achtzehn großen Ansichten wichtiger Londoner Sehenswürdigkeiten. „Regent Street von Piccadilly aus gesehen" erschien als letztes Blatt am 1. Juli 1822. RH

178a

179
The History of Antiquities of the Cathedral Church St. Peter's Westminster, 1812

Herausgeber Rudolph Ackermann
2 Bände, gedruckt auf Velin, eingeklebte Aquarelle, karmesinroter Samt, Einband mit Beschlag aus vergoldeter Bronze (J. B. Papworth), je 43 x 32 cm

London, The Dean and Chapter of Westminster Abbey
Herkunft: Rudolph Ackermann 1812; John Allnutt 1815; Arthur Ackermann & Son 1926; König Georg V., der es 1926 der Westminsterabtei schenkte
Ausstellung: London, Ackermann, 1983
Literatur: Ford 1981, S. 461–478

178b

179

179

Das Unikat bewahrt die 83 auf Velinpapier aufgezogenen originalen Aquarelle, nach denen die Aquatinten entstanden; sowie den im selben Format gedruckten Text. Das Druckwerk wurde 1811 ursprünglich per Subskription in zwanzig monatlich erscheinenden Teilen veröffentlicht; jeder enthielt einen Text von William Combe und vier handkolorierte Aquatinten. Vor allem von Augustus Charles Pugin und Frederick Mackenzie stammt die Kolorierung von 52 Ansichten. Für den Verleger Ackermann bedeutete die Publikation des zweibändigen Werkes einen wichtigen Schritt. In seinem Auftrag entwarf J. B. Papworth einen Einband in gotischem Stil mit den Symbolen der Westminsterabtei in Goldbronze, auf karmesinrotem Samt. Der Buchbinder war J. Hering in der Newman Street, und sein Einband stellt schon wegen seines Gewichts eine große technische Leistung dar. Das besondere Werk, 1815 in Ackermanns Geschäftsräumen, dem *„Repository of Arts“* 101 Strand, ausgestellt und für £ 1.500 angeboten, wurde von dem Weinhändler und Aquarellsammler John Allnutt gekauft. 1926 erwarb die Firma Arthur Ackermann & Sons die beiden Bände von der Familie Allnutt. Georg' V. Queen Mary und ihre Kinder kauften sie im selben Jahr für £ 6.600. Jedes Familienmitglied signierte das Deckblatt; die Bücher wurden der Westminsterabtei übergeben, so wie im Hauptschiff jederzeit zu betrachten sind. MF

180

William Combe

Bristol 1741–1823 London

180
A History of the University of Oxford, its Colleges, Halls, and Public Buildings, 1814

2 Bände, 37 x 30,5 cm
Herausgeber R. Ackermann, 101 Strand;
Drucker L. Harrison und J. C. Leigh, 373 Strand
London, J. Gestetner Esq.
Ausstellung: London, Ackermann 1983, Kat.-Nr. 109
Literatur: Ford 1983, S. 42; Tooley 1973, Nr. 5

Im Dezember 1812 lud Ackermann zur Subskription eines zweibändigen, in 20 Monatsausgaben erscheinenden Werkes ein. Die erste Ausgabe über Außen- und Innenansichten der Colleges und öffentlichen Gebäude der Universität Oxford sollte danach am 1. Mai 1813 erscheinen. Versammelt sind darin 64 farbige Kupferstiche von Ansichten, 17 Uniformen der Universitätsangestellten und 33 Portraits der Gründer. Von Augustus Pugin stammen 31 Vorlagen zu Ansichten, von Frederick Mackenzie 20 und von Thomas Uwins 17. Möglicherweise staffierte W. H. Pyne Pugins Zeichnungen mit einigen Figuren. Das Verhältnis von Verleger und Künstler spiegelt ein Brief Pugins an Ackermann, in dem es um Vorschuß und Honorare geht: Der Verleger gewährte Pugin zwischen November 1812 und Mai 1813 £ 238 Vorschuß, damit der Zeichner in Oxford arbeiten konnte. Bei seiner Rückkehr zahlte Pugin £ 71 zurück. Er erhielt also £ 14, 3 Shilling und 6 Pence für jede publizierte Ansicht. Von der Schwierigkeit bei den vielen Künstlern und Stecher sprechen etliche Unstimmigkeiten und Irrtümer in diesem Werk. Autoren wurden verwechselt, Titel vertauscht – und später korrigiert. Insgesamt betrug die Auflage 1000 Exemplare. Das Werk erschien in zwei Bänden, £ 16 bei normalem Format, £ 27 für die großformatige Ausgabe. Ackermanns *Oxford* ist ein wunderbares Beispiel für die Kunst des Büchermachens – auch wenn William Combes Text so überzeugend nicht ist, erscheinen doch die Typographie elegant und die Einrichtung der Seiten vorzüglich gelöst. MF

181

William Combe

181

A History of the University of Cambridge, its Colleges, Halls, and Public Buildings, 1815

2 Bände, 34,8 x 29,5 cm
Herausgeber R. Ackermann, 101 Strand;
Drucker L. Harrison und J. C. Leigh, 373 Strand
Cambridge, The Graham Watson Collection,
The Master and Fellows of Emmanuel College
Ausstellung: London, Ackermann, 1983, Kat.-Nr. 111
Literatur: Tooley 1973, Nr. 4

Ackermanns *„Cambridge“* erschien ursprünglich in 20 Monatsausgaben, ebenso wie *„Oxford“*, *„Public Schools“*, *„Westminster Abbey“* und *„Microcosm of London“*. 1000 Exemplare wurden gedruckt, die ersten 500 zum Preis von 12 Shilling, die letzten 500 für 16 Shilling pro Stück. Kartoniert kostete das zweibändige Werk £ 16; dazu gab es 50 großformatige Exemplare zu £ 27 und 25 Exemplare auf Dünndruckpapier mit je vier farbigen Aquatinten nach Vorlagen von Pugin, Westall, Mackenzie, Uwins und Pyne. Die Stecher waren Stadler, Havell, Agar, Bluck, Hill und Reeve. MF

William Combe

182

The History of the Colleges of Winchester, Eton and Westminster; with the Charterhouse, the Schoos of St. Paul's, Merchant Taylors, Harrow, and Rugby and the Free-School of Christ's Hospital, 1816

33,7 x 27,3 cm
Herausgeber R. Ackermann, 101 Strand;
Drucker L. Harrison, 373 Strand
Cambridge, The Graham Watson Collection,
The Master and Fellows of Emmanuel College
Ausstellung: London, Ackermann, 1983, Kat.-Nr. 112
Literatur: Ford 1983, S. 43–44

Das Werk wird oft als Ackermanns *„Public Schools“* bezeichnet. Die berühmten Londoner Privatschulen Westminster, Charterhouse, Merchant Taylors und Christ's Hospital werden darin behandelt; Details der Veröffentlichung sind ungewöhnlich gut dokumentiert. Rudolph Ackermann annoncierte ein Werk in 12 Monatsausgaben; jede Ausgabe sollte vier farbige Kupferstiche mit Text enthalten. Der Preis für die ersten 500 Exemplare war 12 Shilling pro Stück, für die nächsten 500 waren es 16 Shilling. Gebunden wurde es im Quartformat für 7 Guineen geliefert. Nur 337 Subskribenten fanden sich, wesentlich weniger als bei Ackermanns sonstigen Unternehmungen. Anfang 1814 bat der Verleger die Rektoren von Winchester, Eton, Westminster und Harrow für seine Künstler um Erlaubnis, Innen- und Außenansichten der Schulen zu zeichnen. Weitere Schulen kamen hinzu – Rugby St. Paul's, Merchant Taylors und Christ's Hospital. Die Künstler hatten bereits bei den Geschichtswerken über die Universitäten Oxford und Cambridge mitgewirkt: Augustus Pugin, William Westall, Frederick Mackenzie und John Gendall. Die Stecher der 44 farbigen Aquatinta-Ansichten waren J. C. Stadler, David Havell, John Bluck, W. Bennett, John Agar und Thomas Uwins. Einige Tafeln wurden drastisch verändert, etwa die Ansicht der *„Charter House School* vom Schulhof aus“. Ackermann mußte für seine Publikation nicht nur die Arbeit von Künstlern und Handwerkern koordinieren; es war auch schwierig, Textautoren zu finden. Jede Schule wurde vorgestellt – ihre Geschichte, ihre Gebäude, ihre Dozenten, ihre Schüler und Stipendiaten sowie die berühmt gewordenen *„Old Boys“*. So besaß das Werk eine konsequente, einheitliche Form, wenn auch durch die Anordnung von Bild- und Text-Seiten eine gewisse Unausgewogenheit der Gestaltung entstand. Auf welch harte Proben die Querelen um Autoren-Auswahl, Texte und Präsentation der Schulen den sonst so effizienten Ackermann stellten, ist hinreichend belegt. Es ging so weit, daß man dem Verleger sogar Autoren unterschob, um günstigere Beiträge für einzelne Institute zu erreichen. Die Geschichte der Produktion von *„The Colleges“* beleuchtet auch Schwierigkeiten der Buchproduktion im frühen 19. Jahrhundert. MF

183a/b

Baron Johann Isaac von Gerning

183

A Picturesque Tour along the Rhine, from Mentz to Cologne ..., 1819–1820

a) Fortsetzungswerk
37 x 30,5 cm in Schuber
London, J. Gestetner

b) Buchausgabe
42,9 x 33,7 cm

Cambridge, The Graham Watson Collection, The Master and Fellows of Emmanuel College
Ausstellung: London, Ackermann, 1983, Kat.-Nr. 119
Literatur: Tooley 1973, Nr. 234; Ford 1983, S. 70

Ackermanns *„Rhein"* wurde ursprünglich in sechs monatlichen Ausgaben veröffentlicht (zum Preis von 14 Shilling für die ersten 500 abonnierten Exemplare; die nächsten 250 Ausgaben für 16 Shilling; dazu 50 Ausgaben in Großformat für £ 1,10 pro Exemplar). Die kompletten Bände wurden für je £ 4 und 4 Shilling bzw. £ 6 und 6 Shilling abgegeben. Auf der Liste standen 584 Abonnenten, darunter viele königliche und adelige Namen aus ganz Europa, allen voran König Georg IV. Ackermann gab zwei deutsche Ausgaben heraus: die Originalausgabe 1819 in Wiesbaden unter dem Titel „Die Rheingegenden von Mainz bis Cölln" ohne Illustrationen; die zweite 1820. 1826 erschien auch eine spanische Ausgabe. Andere Bände dieser Reihe eleganter topographischer Werke behandelten die Seine, die Themse und Ganges und Jumna. Die Vorlagen zeichnete C. G. Schutz, die farbigen Aquatinten stammen von Thomas Sutherland und David Havell, die Karte von C. F. Ulrich und W. Bartlett. MF

Anonym

184a

Portal des Colosseums, Regent's Park, 1829

Herausgeber R. Ackermann & Co., 96 Strand
Aquatinta, 25 x 33 cm
London, Guildhall Library, Corporation of London
Literatur: Altick 1978, S. 141–162; Hyde 1982; Hyde 1988, S. 79–89; Wilcox 1976, S. 99–121

Das *Colosseum,* eine von Decimus Burton entworfene, dem römischen Pantheon ähnliche Rotunde an der südöstlichen Ecke des *Regent's Park,* wurde 1824–1826 erbaut und 1875 abgerissen. Drinnen befand sich ein 79,2 Quadratmeter großes Panorama Londons. Das Rundbild war von einem Beobachtungsplatz aus gemalt worden, den Thomas Horner über der Kugel und dem Kreuz von St. Paul's konstruiert hatte. Die Leinwand selbst wurde dann von einer ständig wechselnden Gruppe von Künstlern, unter der Leitung von E. T. Parris, bemalt. Möglicherweise war Ackermann ein Mitglied des Verwaltungskomitees des *Colosseums.* Die hier ausgestellte Tafel I der Ackermann-Serie zeigt den massiven Portikus des Gebäudes. RH

184b

Der Aufgang zu den Galerien im Colosseum, Regent's Park, 1829

Herausgeber R. Ackermann & Co., 96 Strand
Aquatinta, 32 x 24 cm
London, Guildhall Library, Corporation of London
Literatur: Altick 1978, S. 141–162; Wilcox 1976, S. 99–121; Hyde 1982; Hyde 1989, S. 79–89

184a

184b

Vom Vestibül des *Colosseums* führte ein Korridor zum Kunstsalon und zum Aufzugsraum (der erste Personen-Fahrstuhl Londons) und zu den Wendeltreppen. Auf der hier ausgestellten Tafel IV der Ackermann-Serie ist der Salon mit gerafftem Leinen überspannt. In den Nischen stehen Polsterbänke für einen künftigen Ausstellungsraum. Obwohl damals das *Colosseum* bereits öffentlich zugänglich war, wurde immer noch am Panorama gemalt. Die untere Galerie wurde von einer Balustrade abgeschlossen, die wie die Goldene Galerie von *St. Paul's* wirken sollte. Unter ihr befand sich eine Konstruktion, die von oben wie die Kuppel der Kathedrale aussah. Darüber lag die obere Galerie, von der eine weitere Treppe in den Raum führte, in dessen Mitte sich Kugel und Kreuz der St. Paul's Cathedral befanden; eine weitere Treppe führte zu einer äußeren Galerie, von wo aus man das lebendige Panorama des Westens und Nordens von London betrachten konnte. RH

Anonym

184c
Blick oberhalb des Pavillions ins Colosseum, Regent's Park, 1829

Herausgeber R. Ackermann & Co., 96 Strand
Aquatinta, 32 x 24 cm
London, Guildhall Library, Corporation of London
Literatur: Altick 1978, S. 141–162; Wilcox 1976, S. 99–121; Hyde 1982; Hyde 1989, S. 79–89

Tafel V zeigt das *Colosseum*, wie es von jenen Plätzen aus zu sehen war, an denen die Künstler arbeiteten. Man sieht den Zustand von April 1829, als das Gerüst (auf Tafel IV teilweise noch vorhanden) bereits vollständig entfernt worden ist. Am 29. November 1829 wurde die Panorama-Darstellung vollendet. Das Blatt zeigt deutlich die obere und untere Galerie, wobei der Korridor das Schiff von *St. Paul's* und die beiden Westtürme suggeriert. Viele hielten sie für plastische Gebilde, doch sie waren lediglich gemalt. In der Ferne erkennt man den *Regent's Park* und auch das *Colosseum* selbst. RH

184c

Rudolph Ackermann
Stolberg 1764–1834 London

185 (Abb. S. 336)
Entwurf für eine Kutsche, um 1791

Aquarell und Gouache, 17,8 x 28 cm
Bezeichnet unten rechts: R. Ackermann. London
London, Throgmorton Trust
Literatur: Ford 1973, S. 16

Der Entwurf war für die Kutschenmacher Huttons in der *Great Britain Street*, Dublin, bestimmt. Ackermann hatte das Metier in der Schweiz gelernt und u. a. in Paris gearbeitet, bevor er in London sein eigenes Geschäft aufmachte. Unter seinen Kutschen in London, Dublin und Paris sind solche für den *Lord Mayor* von Dublin, für den Vizekönig von Irland und die Begräbniskutsche für Admiral Lord Nelson. Der Papst fuhr in einer Ackermann-Kutsche zur Krönung Napoleons. Doch meist entwarf er für Privatkunden, und verlegte von 1791 bis 1820 eine Reihe von 13 Büchern über Kutschen. JF

Anonym

186
Patent-Zeichnung zu Ackermanns Achse, 1818

Feder und Tusche, laviert, 60 x 35 cm
London, Public Record Office
Inv.-Nr.: C54/9748/Membrane 6
Literatur: Ackermanns *Repository of Arts* (1819), 2. Folge, Bd. viii, Nr. 39, S. 125–135, Nr. 43, S. 16–18; Ford 1983, S. 65–66

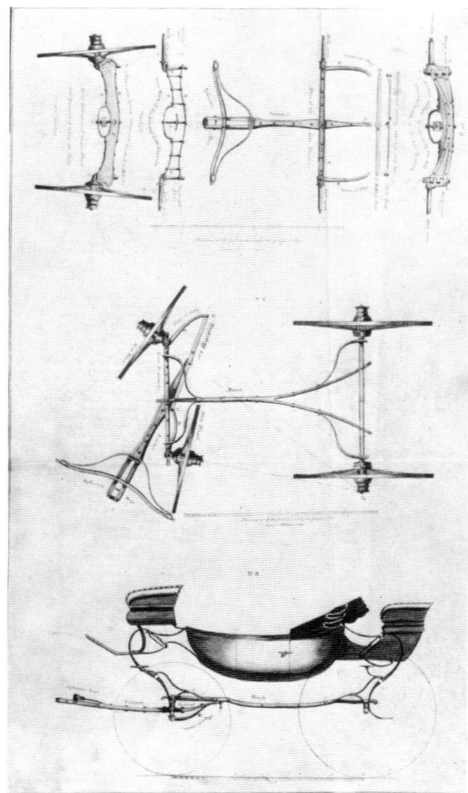

186

Im Mai 1817 schrieb Georg Lankensperger, der Kutschenmacher des Königs von Bayern, an Ackermann und erklärte ihm seine Erfindung einer beweglichen Achse, von der er ein Arbeitsmodell mitsandte. Diese neue Achse war revolutionär; sie sorgte dafür, daß die Kutschen einen kleineren Wendekreis erhielten, daß sie kürzer und leichter gebaut werden konnten und dabei eine höhere Stabilität und folglich eine größere Sicherheit besaßen. Im Einverständnis mit dem Erfinder (der als Ausländer kein Patent eintragen lassen konnte) meldete Ackermann ein Patent auf seinen Namen an und begann, es zu verwerten. Das Modell stand am *Strand* 101 zur Besichtigung bereit; auf den neuen lithographischen Pressen wurden Pläne gedruckt; 1891 erschienen ‚Bemerkungen über Ackermanns patentierte bewegliche Achsen für vierrädrige Kutschen'. Doch der Widerstand der Londoner Kutschenbauer machte sich schnell bemerkbar; sie sahen wohl ihr lukratives Reparaturhandwerk gefährdet – und dazu die Mehrkosten von £ 20 beim Bau neuer und £ 50 für den Umbau alter Kutschen. Angesichts der geringen Kutschen-Geschwindigkeiten war tatsächlich kein wirklicher Bedarf an den dynamischen Vorteilen dieser Erfindung. Bis 1886 der Motorwagen erfunden wurde, blieb sie im Probestadium. JF/PM

185

187
Künstler-Farbkasten, 1810

Mahagonikasten mit Farbnäpfen, Mischschale aus Marmor, Pinsel, 8 x 23 x 20 cm
Aufschrift auf Schild im Deckel: R. Ackermann. Manufacturer of Superfine Water Colours to His Majesty
London, Throgmorton Trust
Herkunft: Arthur Ackermann & Son Ltd.
Ausstellung: London, Ackermann, 1983, Kat.-Nr. 35

Die Zeit hölzerner Malkästen begann in London um 1780. Die ersten in großer Zahl hergestellten stammten von den Gebrüdern Reeve. 1799 begann Ackermann damit, seine eigenen Farben herzustellen. Mit seinen profunden Chemiekenntnissen und dank der Unterstützung des Chemikers Frederick Accum entwickelte er eine Reihe aus mineralischen und pflanzlichen Grundstoffen gewonnener neuer Farben. 1802 waren 69 erhältlich. Parallel zur Begeisterung am Aquarellieren wuchs auch der Markt für Malkästen aus Holz. Dem Vorreiter Ackermann folgten andere Londoner Hersteller wie Reeves, S. & J. Fuller und Newman. 1832 erschien der erste Katalog von Winsor & Newton, einem neuen, potenten Konkurrenten. JF

187

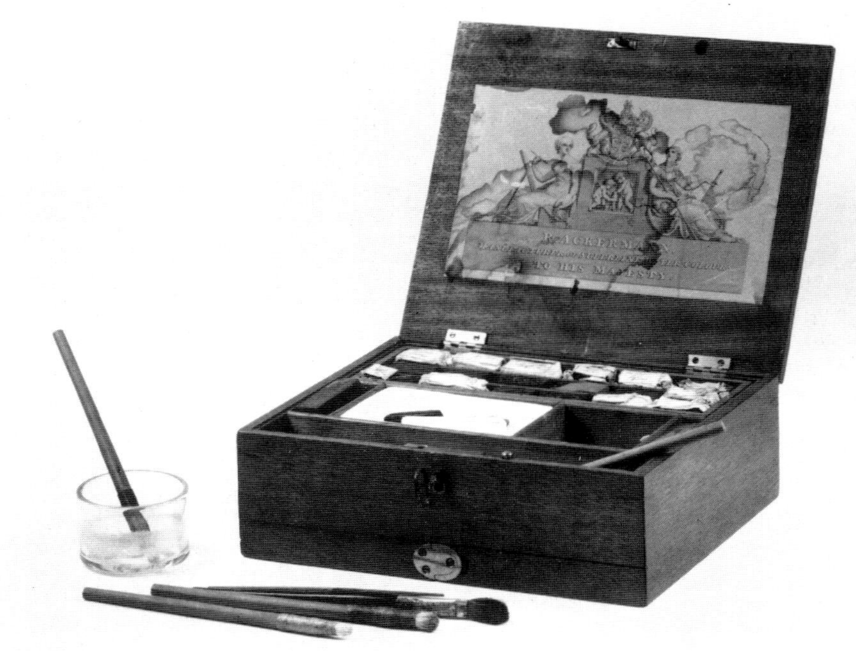

188
Ackermanns Neues Zeichenbuch für Licht und Schatten ..., 1812

24,4 x 29,5 cm
Herausgeber R. Ackermann, Repository of Arts, 101 Strand
London, Trustees of the British Museum
Inv.-Nr.: 167*b.13
Literatur: Ford 1983, S. 21, 220

Das erste seiner Zeichenbücher publizierte Ackermann unter dem Titel ‚Lektionen für Anfänger in der bildenden Kunst' 1796. Sie wandten sich an Amateurmaler, für die Fertigkeiten im Aquarellieren von Landschaften zum modisch-kultivierten Lebensstil gehörten. In seiner Einleitung erläutert Ackermann, daß britische Künstler der Welt die Schönheit und Kraft des Aquarells gezeigt hätten. Er würdigt kurz Sandby, Cousins und den verstorbenen Girtin, um dann „den reizenden Frauen unseres Landes" zu schmeicheln: „Der eifrigen Pflege des Aquarellmalens seitens der aufgeklärten Damen unserer Zeit verdanken die besten Künstler ihre Ermutigung; und die Gönnerschaft des schönen Geschlechts hat auf diese Weise eine Epoche in der Kunst hervorgerufen, die dem Land auf Dauer zur Ehre gereichen wird." Die erste Auflage des Werks erschien 1809. CF

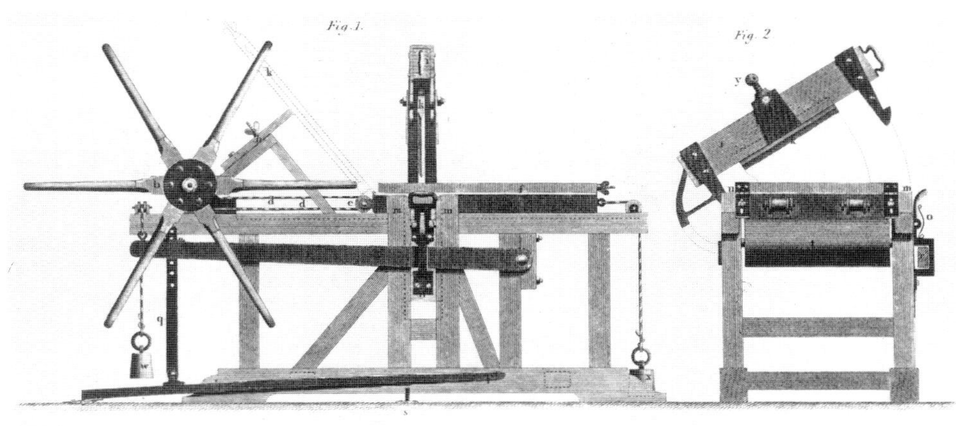

189

189
Lithographische Presse

Holzmodell, ca. 1:5
Hersteller Vic Green, Woodley Models, Reading, Berkshire
London, Throgmorton Trust
Herkunft: Arthur Ackermann & Son Ltd.
Ausstellung: London, Ackermann, 1983, Kat.-Nr. 77
Literatur: Twyman 1970; Ford 1983, S. 61–64

Rudolph Ackermann spielte eine entscheidende Rolle bei der Einführung der Lithographie in England. Er hatte die Experimente seines deutschen Landsmannes Aloys Senefelder aus der Nähe verfolgt und 1803 versucht, das Patent zu erwerben; in London gab er frühe Lithographien (oder Polyautographe) heraus, die er in Lizenz von Senefelder übernahm. Nach einem Besuch bei dem Kollegen 1816, beschloß Ackermann 1817, seine eigene Lithographiepresse in Betrieb zu nehmen; er verlegte eine Faksimile-Ausgabe von Dürers „Randzeichnungen zum Gebetbuch (des Kaisers Maximilian)". Energisch und praktisch, wie er war, ging er daran, die Kunst der Lithographie zu verbreiten. Er schenkte u. a. der *Royal Society of Arts* eine kleine Lithographiepresse und führte vor, wie man sie benutzte; er sprach vor Parlamentsabgeordneten, um die Aufhebung des Einfuhrzolls auf bayerischen Kalkstein zu erreichen; er verkaufte nach Amerika eine der ersten Pressen. Außerdem veröffentlichte Ackermann englische Ausgaben der beiden wichtigsten deutschen Handbücher von Senefelder und Hullmandel. JF

190

„Ein Wiener Künstler" (Matthäus Loder)

Wien 1781–1828 Bad Gastein

190
Spielkarten – ‚Beatrice, The Fracas'

Radierung in Punktiermanier, je 9,3 x 6,5 cm
Herausgeber Rudolph Ackermann, Repository of Arts, 101 Strand
London, Worshipful Company of Makers of Playing Cards, deposited at Guildhall Library
Inv.-Nr.: 255
Literatur: Berry 1991; Berry 1991; Curl 1991, S. 223

Diese Verwandlungs-Karten wurden zunächst 1818/19 im Laufe eines Jahres in Ackermanns Zeitschrift *The Repository of Arts* als eine Folge einzelner Bild-Tafeln mit je vier Karten publiziert. Die Steuer für Kartenspiele (in Päckchen) entfiel bei der Zeitschriften-Veröffentlichung. Später druckte sie Ackermann ohne Paginierung, aber immer noch in Bögen zu je vier Stück weiter. Vier Pik-Karten des Spiels beziehen sich auf eine Wiener Geschichte: ‚Beatrice, oder Das Spektakel'. Ein einleitender Text der späteren Publikation erzählt die Geschichte von Beatrice und nennt als Zeichner des Kartenspiels „einen Wiener Künstler". Kürzlich wurden sie Matthäus Loder zugeschrieben. Die Vorlagen sind wohl bereits 1809 von H. F. Müller in Wien veröffentlicht worden. Ackermann verbesserte sie u. a., indem er den schön kolorierten Bilderkarten Hintergrundszenen anfügte. Ackermanns Kartenspiele ähnelten den kontinentalen Varianten aus Wien oder Tübingen. Die zuvor in London erschienenen Verwandlungskarten waren dagegen eher grotesk-komisch gestaltet. RH

191

191
Veränderbare Damen- und Herrenporträts, 1819

Kolorierte Aquatinten, je 8,6 x 6,3 cm; Holzkästchen mit Schiebedeckel, 10,3 x 7,2 x 3,1 cm
Herausgeber R. Ackermann
New Haven, Yale Centre for British Art
Inv.-Nr.: GV1199 C.42 bzw. GV1199 C.4
Ausstellung: New Haven 1977, Kat.-Nr. 3 mit Abbildung
Literatur: Ford 1983, S. 72 mit Abbildung

Ackermanns Kartenspiele hatten oft einen ziemlich didaktischen Beigeschmack und verbanden ‚Unterhaltung mit Belehrung'. Bei diesem Spiel sind die 28 Karten in je drei austauschbare Abschnitte gegliedert; es soll möglich sein, daraus über 20.000 verschiedene Gesichter eines jeden Geschlechts zusammenzusetzen. Die Karten stellen auch Porträts historischer Gestalten dar, wobei Ackermanns Empfehlung, hier gäbe es ‚für jeden Geschmack auch Möglichkeiten für die Wahl des Ehepartners', wohl eher ironisch war. CF

Thomas Talbot Bury
London 1811–1877 London

192

192
Phantaskop oder Optische Täuschungen, 1833

Kreisförmige Karten, ⌀ 23,9 cm; Griff aus Holz und Elfenbein; Kasten 25,8 x 25,8 cm
Herausgeber Ackermann & Co., 96 Strand
New Haven, Yale Centre for British Art
Inv.-Nr.: GV1199/+BB
Ausstellung: New Haven 1977, Kat.-Nr. 24 mit Abbildung
Literatur: Ford 1983, S. 148–149 mit Abbildung, 222

Der durch die Schriften von John Locke verbreitete Glaube daran, daß Menschen formbar seien, führte in der zweiten Hälfte des 18. Jahrhunderts verstärkt zu der Auffassung, daß Bildung ein vorrangiges Mittel zur Erziehung künftiger Bürger sei. Belehrende Bücher, Spielzeug und Spiele, die Kindern Vergnügen und Belehrung zugleich sein sollten, wurden in großen Mengen hergestellt. Newbery, Wallis, Darton, Spooner und nach 1800 Ackermann waren dafür die wichtigsten Verleger. Das hier gezeigte Spielzeug – das *Phenakistosope* – war eine Manifestation volkstümlicher Begeisterung für die Wissenschaft. Es funktioniert, weil die Augen ein einmal gesehenes Bild für Sekundenbruchteile bewahren. In schneller Aufeinanderfolge gezeigte Bilder scheinen miteinander zu verschmelzen und wecken die Illusion einer Bewegung. CF

J. S. Agar, Mode der Zeit, 1829. Kat.-Nr. 175

S. Drummond, Sir Marc Isambard Brunel, um 1835. Kat.-Nr. 214

William Combe
Bristol 1741–1823 London

193
Die Reise des Dr. Syntax durch London oder Die Vergnügungen und Nöte der Metropole, 1820

24 x 15 cm
Herausgeber J. Johnston, Cheapside
London, The Museum of London
Inv.-Nr.: 8958
Literatur: Abbey, Life, 1972 (hrsg.), S. 225, Nr. 265

Das Werk ist eines der vielen Plagiate im Gefolge von Ackermanns beliebtem ‚Dr. Syntax auf der Suche nach dem Pittoresken', einer Vers-Satire von William Combe mit Illustrationen von Thomas Rowlandson. Zunächst in Teilen veröffentlicht, 1812 als Buch für eine Guinea verkauft, wurde es zu einem phänomenalen Erfolg: vier Auflagen 1812 und bis 1819 noch vier weitere. Eine zweite und dritte Reise des Dr. Syntax verlegte Ackermann 1820–1821; eine billige Taschenbuchausgabe aller drei Reisen 1823. Die Syntax-Idee wurde in England wie auf dem Kontinent wiederholt kopiert. Johnstons Plagiat ist von besonderem Interesse, weil – wie im Original – William Combe die Verse unter Verwendung von ‚Auszügen' der Ackermannschen Ausgabe schrieb. Außerdem nimmt die Londoner Fahrt des naiven Dr. Syntax Pierce Egans berühmteres ‚Leben in London' von 1821 vorweg; die Qualität der wohl von Robert Cruikshank geschaffenen Illustrationen ist hoch. Dr. Syntax besucht eine Spielhölle und stürzt in die Themse; er sucht auch Veranstaltungen von höherem geistigen Niveau auf: etwa eine wissenschaftliche Vorlesung an der *London Institution,* und eine Ausstellung in der *Royal Academy.* Combes Verse kommentieren die dort 1819 aus- gestellten Gemälde, z. B. Wilkies *The Penny Wedding* (Die Groschenhochzeit), Callcotts *Rotterdam* und Turners in der Ausstellung gezeigten Gemälde *Richmond Hill, am Geburtstag des Prinzregenten* : ‚Sie (Mrs Syntax) erhaschte einen Blick auf Richmondhill:/Einen Ort, dessen Lob für seine Schönheit sie schon oft gehört hatte,/Und von dem sie dachte, daß es ihre Pflicht sei,/ihn zu sehen.' Die Fußnote fügt leicht säuerlich hinzu: ‚Ein vornehmer Hinweis auf das Talent des Künstlers für die Darstellung hiesiger Natur; ein wenig süßer und luftiger wäre dies sicher eine seiner besten Landschaften.' CF

193

194

New Hall

194
Teller, ca. 1830

Bone China, vergoldet und farbig glasiert; im Mittelfeld: „Dr. Syntax in der Glashütte"
Marken: Musternummer 2679 in Rot
Beischrift: „Dr. Syntax in the Glass-House"
21,2 cm Durchmesser
London, Trustees of the Victoria and Albert Museum
Inv.-Nr.: C.41–1987
Literatur: Gough 1967; Weedon 1987, Gray 1987, S. 13 und 16

Dr. Syntax, ein frommer Geistlicher, der England auf der Suche nach dem Pittoresken und später auf der Suche nach einer Frau durchreist, war eine ursprünglich von William Gilpin geschaffene Figur. Zusammen mit dem Zeichner Thomas Rowlandson übernahm sie William Combe, Dichter und ehemaliger Insasse des King's Bench-Schuldgefängnisses: Das Ergebnis gemeinsamer Anstrengung erschien zuerst in Ackermanns *„Poetical Magazine"* (was den finanziellen Erfolg der Zeitschrift begründete) und anschließend von 1812 bis 1821 in drei Bänden. Diese Szene stammt aus Rowlandsons Darstellung des „Dr. Syntax in der Glashütte" (1820), einer Komposition mit komplizierter kunsthistorischer Ahnentafel; sie geht wohl auf eine Illustration für die 1688 erschienene Ausgabe von Antonio Neris *„L'Arte Vetraria"* zurück. Die Szene lebte auf Staffordshire-Steingut und – nur zu passend – auf englischen Glaswaren weiter. Die Verse schildern Dr. Syntax' Versuche, in einer Glashütte bei Liverpool eine Flasche herzustellen. Vermutlich war es die von Perinn Geddes & Co, wo einige der kühnsten Glasobjekte des *Regency* hergestellt worden waren, unter anderem ein bemerkenswertes von der Stadt Liverpool dem Prinzregenten geschenktes Service. Die Abenteuer des Dr. Syntax waren ein beliebtes Motiv auf englischer Keramik der Zeit: *New Hall* z. B. stellte wenigstens zwei Muster mit Syntax-Motiven her; Robert Bloor's Fabrik in Derby produzierte 13 Muster von ihm; er erscheint auf Bloor- und auch auf Crown Derby-Tafelgeschirr; auch bei den Herstellern von blauweißem Staffordshire-Steingut war er beliebt, z. B. bei James und Ralph Clews aus Cobridge, die Teller-Serien für den amerikanischen Markt produzierten. HY

195

195

Krug: Dr. Syntax wird von Straßenräubern überfallen, um 1820

Steingut, rot bedruckt und glasiert,
13 x 15 x 9,5 cm
Brighton, The Royal Pavilion, Art Gallery & Museums
Inv.-Nr.: HW1012

Herkunft: Sammlung Henry Willett
Ausstellung: London, Bethnal Green Museum 1899, S. 76, Nr. 1012

Der Kupferdruck-Dekor ist die getreue Kopie einer Radierung von Rowlandson, die als Illustration von Gesang II des Gedichts *The First Tour of Doctor Syntax in Search of the Picturesque* (,Die erste Reise des Doktor Syntax auf der Suche nach dem Malerischen', 1812) von William Combe diente.

„Aber ach! Wie trügerisch ist des Menschen Freude!
Denken wir am wenigsten d'ran, dann plagt uns das Unglück.
Denn gerade stürzen in grimmig-ungestümem Sprung
Drei Schurken aus einem Busch hervor;
Ein Grauer bleibt stehen und ergreift die Zügel,
Wobei alle des Doktors Leib und Leben bedrohn.
Armer Syntax, der vor Entsetzen zitternd
Solch höh'rer Gewalt nicht widerstehen kann,
Sich vielmehr ihrem grausamen Spiel ergibt
Und seinen Geldbeutel mit allen Schätzen opfert."

Der unglückliche Dr. Syntax wurde nicht nur beraubt und an einen Baum gefesselt zurückgelassen; er hatte auch seinen Hut und seine Perücke verloren, und daher wurde sein Kopf von Insekten „bei lebendigem Leibe aufgefressen", bis endlich zwei hübsche Damen ihn aus seiner Not erlösten. EE

WISSENSCHAFT UND TECHNIK

Auf ehrgeizige Wissenschaftler übte London eine magnetische Anziehungskraft aus. Die Stadt war reich genug, um in neue Entdeckungen zu investieren. Gut ausgebildete und hochspezialisierte Handwerker bauten neue Maschinen. Und Vorträge wie Zeitschriften fanden ein sich stetig bildendes, interessiertes Publikum.

James Gillray
London 1756–1815 London

196

Wissenschaftliche Forschungen! – Neue Entdeckungen bei der Pneumatik! – oder – Eine experimentelle Vorlesung über die Kräfte der Luft, 1802

Kolorierte Radierung, 25,2 x 37 cm
Herausgeber H. Humphrey
London, Trustees of the British Museum
Inv.-Nr.: J3–59
Literatur: George 1947, Bd. VIII, S. 112–114, Nr. 9923

Die *Royal Institution* wurde 1799 durch Benjamin Thompson, Graf Rumford, gegründet, mit dem Ziel, ,das Wissen zu verbreiten und die allgemeine Einführung von nützlichen mechanischen Erfindungen und Verbesserungen zu erleichtern ...' Mit Vorlesungen und Vorführungen sollten neue Entwicklungen in die Öffentlichkeit getragen werden – eine Tradition, die bis heute fortgesetzt wird. Zwei der bedeutendsten dort tätigen Wissenschaftler wurden Anfang des 19. Jahrhunderts berufen: Humphry Davy, Professor der Chemie von 1802 bis 1823, und Michael Faraday, 1812 Davys Assistent, der in den 30er Jahren mit Elektrizität experimentierte und von 1833 bis 1867 Chemie-Professor war. Gillrays Blatt ist eine Satire auf die frühen Vorlesungen für die vornehme Welt. Das Publikum ist fasziniert ob eines befremdlichen Experimentes an einem der führenden Gönner der Institution, Sir John Coxe Hippisley. Neben ihm steht der junge Humphry Davy, auf der rechten Seite ist Graf Rumford unter den Gästen. Im Publikum sind einige Berühmtheiten zu identifizieren, etwa Isaac D'Israeli, der Vater des künftigen Premierministers; unter den Damen ist Mrs. Locke, ein stadtbekannter Blaustrumpf der Zeit. Auch der deutsche Attaché Tholdal (samt Schnupftabak und Gattin) wird gezeigt. Gillray verbindet Satire mit Realismus; 1801 referierte Davy über ,Pneumatische Chemie' und hatte mehreren Herren Lachgas verabreicht. Die Institution befand sich damals in einer schwierigen Zeit interner Querelen und war umso verwundbarer für Kritiken wie die Gillrays. LS

196

Thomas Rowlandson

London 1756–1827 London

197

Mr. Accums Vorlesung an der Surrey Institution, 1809

Feder, Tusche und Aquarell über Bleistift, 22,4 x 32,7 cm
Bezeichnung unten links abgeschnitten; unten rechts: Mr. Acchum, Professor of Chemistry/Lecturing at the Surry Institution
London, The Museum of London
Inv.-Nr.: A.9269
Herkunft: vermutlich W. T. B. Ashley; Christie's, 12. Februar 1912, Lot 79
Ausstellung: London, The Museum of London, 1981, Nr. 61
Literatur: Grego 1880, Bd. 2, S. 366, 419; George 1947, Bd. viii, S. 960, Nr. 11605; Hayes 1960, S. 18, Tafel 11

Friedrich Accum (1769–1838), in Bückeburg geboren, kam als Chemiker 1793 nach London, wo nicht zuletzt dank seiner Vorlesungen und Schriften das allgemeine Verständnis für die Naturwissenschaften wuchs. Ab 1808 lehrte er an der *Surrey Institution* in Southwark, wo zuvor eine Sammlung naturgeschichtlicher Exponate und Kuriositäten ausgestellt gewesen war. Bevor die Institution 1820 geschlossen wurde, lasen dort Coleridge (über Shakespeare) und Hazlitt (über humoristische englische Schriftsteller). Accum, kurzzeitig als Bibliothekar an der *Royal Institution* angestellt, wurde der Veruntreuung beschuldigt und kurz darauf entlassen. Nach einem mit einem Freispruch endenden Gerichtsverfahren ging er nach Berlin und erhielt 1822 eine Professur am Technischen Institut. CF

Abraham Rees

Llanbryhmair, Montgomeryshire 1743–1825 London

198 (Abb. S. 344)

Die Enzyklopädie; oder Universallexikon der Künste, Wissenschaften und Literatur, 1802–1820

28 x 23 cm
Herausgeber Longman, Hurst, Rees, Orme and Brown, Paternoster Row, Band II
London, Guildhall Library, Corporation of London
Inv.-Nr.: S. O. 32

Die Enzyklopädie, eine der ehrgeizigsten Publikationen englischer Sprache, umfaßte so unterschiedliche Bereiche wie Architektur, Kunst, Biographie, Botanik, Literatur, Industrie, Geographie, Geschichte, Mathematik, Wissenschaft und Technik, Städte und Topographie. „Mit der Unterstützung herausragender Vertreter ihres Fachs" zusammengestellt und „von den vorzüglichsten Künstlern illustriert", sollte sie den zunehmenden Wissensdurst der Epoche stillen. Abraham Rees war in London für einen geistlichen Beruf ausgebildet worden. Er arbeitete als Teilzeit-Prediger und Privatlehrer für Mathematik, Naturphilosophie und Hebräisch, bis er 1775 promovierte und 1783 Pastor der *Old Jewry Presbyterian Congregation* wurde. Rees' Karriere als

197

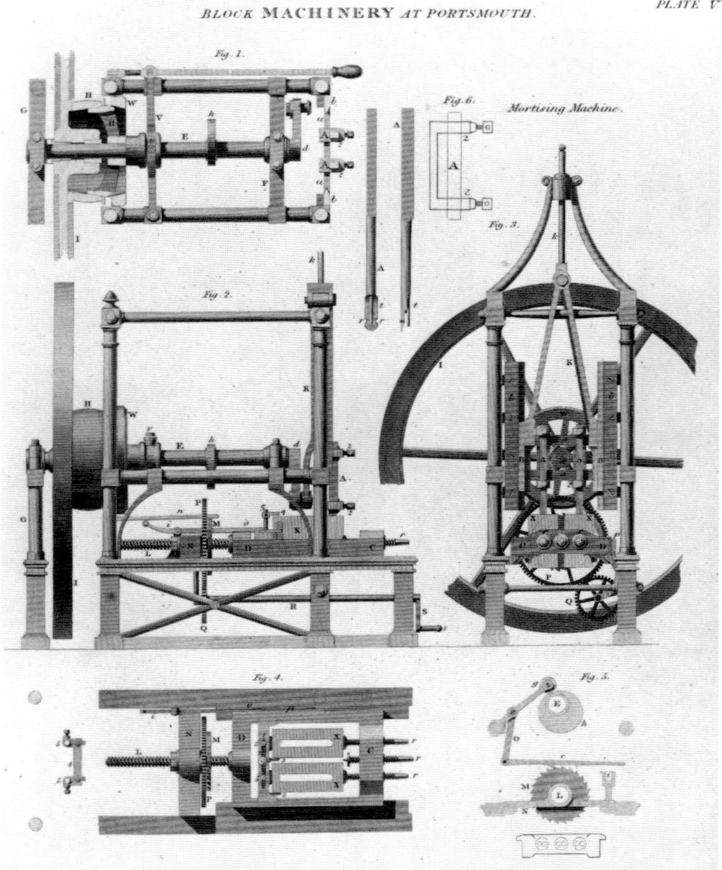

198

199

Enzyklopädist begann mit einer Neuauflage von Ephraim Chambers' *Enzyklopädie.* Ihr Erfolg machte ihn zum Mitglied der *Royal Society* (1786). Seine eigene, in 45 Bänden herausgegebene Enzyklopädie entstand zwischen 1802 und 1820. Als man ihm zu seiner ungeheuren Aufgabe gratulierte, merkte Rees nur an, er sei „viel dankbarer, daß es mir erspart blieb, meine vier Bände mit Predigten zu publizieren". Die Enzyklopädie wurde vor allem wegen Bereichen wie Naturwissenschaft, Industrie und Technik weithin bekannt. CE

George Scharf
Mainburg 1788–1860 London

199
Das Polytechnische Institut, 1840

Lithographie, 33,7 x 24 cm
London, Trustees of the British Museum
Inv.-Nr.: 1862–6–14–801
Literatur: Jackson 1987, S. 95, illustriert

Die Gründung der *Royal Institution* 1799 zielte auf die Popularisierung der Wissenschaften und der Technik. Angeregt von so beliebten Journalen wie *The Penny Magazine*, begannen um 1830 weit mehr Leute als die vom Königlichen Institut angesprochenen, sich für die angewandten Wissenschaften zu interessieren. Zwei Einrichtungen aus den dreißiger Jahren dienten ihnen: Die *„Gallery of Practical Science"* (1832) und das Konkurrenzunternehmen, die 1838 gegründete *Polytechnic Institution*; hier in einer zwei Jahre später entstandenen Lithographie. Regelmäßig wurden dort Vorträge gehalten; Erfinder führten ihre Maschinen und Modelle vor. Solche Attraktionen kosteten einen Shilling Eintritt. Im Zentrum stand die hier gezeigte *Great Windsor Hall*, in der in einem Miniaturkanal mit Schleusen und Wasserrädern auch Modellboote fuhren. Besonders spektakulär war die hinten zu erkennende Tauchglocke. Die Beliebtheit solcher Darbietungen spiegeln die hohen Besucher-Zahlen; Menschen jeden Alters bewunderten die hier versammelten Kuriositäten aus Natur und Technik. LS

Thomas Phillips
Dudley 1770–1845 London

200
Sir Humphry Davy, 1821

Öl auf Leinwand, 91,5 x 71 cm
London, National Portrait Gallery
Inv.-Nr.: 2546
Herkunft: Auftrag des Earl of Durham, 1821; Auktion Lambton Castle, 18. April 1932, Lot 61; Gebrüder Leggatt; von diesen 1932 erworben
Ausstellung: Newcastle 1887; Newcastle 1929
Literatur: Walker 1985, Bd. I, S. 148, Bd. II, Tafel 349

Als neuer Präsident der *Royal Society* war Sir Humphry Davy 1821 zur dominierenden Persönlichkeit der modernen Wissenschaft in London geworden. Ursprünglich in Cornwall Apotheker mit poetischen Neigungen, zog er die Aufmerksamkeit der Fachwelt durch seine Arbeiten über die anregende Wirkung des Lachgases und über den galvanischen Strom auf sich. In der

200

Royal Institution hielt Davy vor großen Zuhörerscharen und wohlhabenden Förderern seine staunenswerten Vorlesungen über Chemie und Elektrotechnik. 1812 begann eine für die Naturwissenschaften bedeutsame Beziehung zwischen Davy und dem jungen, begeisterten Chemiker Faraday, der seinem Lehrmeister als gefeierter Redner und wichtigster Wissenschaftler des Königsreichs nachfolgte. Coleridges Bewunderung für Davy als einem überragenden Wissenschaftler und Poeten zugleich schwand mit dessen, in der Ernennung zum Baronet 1818 gipfelnden sozialen Aufstieg. Ende 1826 bereiste er den europäischen Kontinent und verfaßte sein literarisch-romantisches Meisterwerk mit dem Titel *Consolations in Travel or the Last Days of a Philosopher*, das im Frühjahr 1829 in Genf, nach seinem Tode, veröffentlicht wurde. SS

201
Grubenlampe

Versuchsmodell, 28,5 x 8,8 cm
Erfunden von Sir Humphry Davy
London, The Royal Institution of Great Britain

Mehrere Grubenunglücke waren durch das als ‚Schlagwetter' bekannte Auftreten von Methangas ausgelöst worden. Gas und Luft bildeten dabei ein explosives Gemisch, das durch Grubenlampen entzündet wurde. Sir Humphry Davy erfand diese Sicherheitslampe, bei der ein feines, um die Flamme gelegtes Drahtgewebe deren Übertragung auf die umgebende Atmosphäre verhinderte. Eine der ersten Pflichten Faradays in Davys Diensten bestand darin, ihm bei den Experimenten für diese Lampe zu assistieren. BB

Edward Hodges Baily
Bristol 1788–1867

202
Michael Faraday, 1834

Abguß von einer Marmorbüste von 1830
Gips, 72 x 42 x 26 cm
Bezeichnet auf der Rückseite: Faraday 1834
London, The Athenaeum
Ausstellung: Original-Marmorbüste in der Royal Academy, 1830, Nr. 1244
Literatur: Hunt 1926, Abbildung S. 26 gegenüber; Ormond 1973, Bd. 1, S. 169; Pearce Williams 1965; Gooding und James (Hg.) 1985; Thomas 1991; Cantor, Gooding und James 1991; Bowers 1991; Lemmerich 1991

Michael Faradays Entdeckungen auf den Gebieten der Elektrizität und des Magnetismus sind die herausragendsten naturwissenschaftlichen Forschungen im London um die Mitte des 19. Jahrhunderts; sie bildeten die Grundlage der gesamten Elektrotechnik. 1791 als Sohn eines Hufschmieds geboren, verbrachte Faraday sein ganzes Leben in London. Während seiner Lehre bei dem Buchhändler und Buchbinder George Riebau las er naturwissenschaftliche Bücher genug, um fortan seinen Interessen nachzugehen. Er wurde Laborassistent an der *Royal Institution* und assistierte dem Chemiker Humphry Davy. Faraday erwarb sich bald selbst einen Ruf als analytischer Chemiker, doch schlagartig berühmt wurde er 1821 durch seine Entdeckung der elektromagnetischen Schwingungen: Auf der Tatsache, daß elektrischer Strom und ein Magnet eine kontinuierliche Bewegung erzeugen, basierte das Prinzip des elektrischen Motors. 1831 stellte Faraday den umgekehrten Effekt fest: Mit Hilfe von Magnetismus konnte elektrischer Strom erzeugt werden. Daraus entwickelte sich der Strom-Generator. Faradays spätere Arbeiten befaßten sich mit den grundlegenden Eigenschaften elektrischer, magnetischer und anderer Kräfte und hatten weitreichende Folgen. Z. B. führten seine Überlegungen zu den Eigenschaften elektrischer und magnetischer Kräfte seine Nachfolger zur Theorie des Elektromagnetismus, was schließlich die Entwicklung des Radios zur Folge hatte. Faraday, ein Mitglied der *Sandemanian Church*, einer kleinen christlichen Sekte, glaubte fest an eine Verbindung zwischen den Kräften der Natur als Teil einer von Gott geschaffenen Welt; so erschien es ihm auch möglich, die Schöpfung Gottes mit Hilfe von Beobachtungen und Experimenten genau zu durchdringen. Der Forscher war auch ein exzellenter Redner. Die von ihm an der *Royal Institution* eingerichteten Freitagabend-Vorträge und die Weihnachtsvorlesungen für junge Leute existieren bis heute weiter. BB

202

Michael Faraday
London 1791–1867 London

203
Notizen zu Sir Humphry Davys Vorlesungen, 1812

Handschriftliches Manuskript (386 Seiten), von Faraday gebunden, 21 x 32,7 cm (geöffnet)
London, The Royal Institution of Great Britain
Ausstellung: London, National Portrait Gallery, 1991–1992, Kat.-Nr. 9

Als Buchbinderlehrling erhielt Michael Faraday Karten für Humphry Davys Chemie-Vorlesungen an der *Royal Institution*, im damaligen London das Zentrum der Naturwissenschaften. Davys Entdeckungen auf dem Gebiet der Chemie hatten ihn berühmt gemacht, und seine wissenschaftlichen Vorträge waren große Mode. Faraday band seine Vorlesungs-Notizen und sandte sie mit der Bitte um einen Arbeitsplatz an Davy. Der war tatsächlich beeindruckt und bot Faraday bald darauf eine Stelle an. BB

205

206

Michael Faraday
London 1791–1867 London

204
Experimentier-Notizbuch, Band 1, 1821

Handschriftliches Manuskript (138 Seiten), 20,7 x 36,3 cm (geöffnet)
London, The Royal Institution of Great Britain
Ausstellung: London, National Portrait Gallery, Kat.-Nr. 20

Der Elektrizität galt Faradays wissenschaftliches Interesse in besonderem Maße; sie war im frühen 19. Jahrhundert ein Zweig der Chemie. 1820 hatte der Däne Hans Christian Ørsted seine Entdeckung veröffentlicht, daß durch einen Draht fließender elektrischer Strom eine in der Nähe befindliche Kompaßnadel beeinflußte: der erste Beweis für eine Wechselbeziehung von Elektrizität und Magnetismus. Auch Faraday wiederholte dieses Experiment, in der Annahme, daß der Effekt zur Erzeugung kontinuierlicher Bewegung nutzbar zu machen sei. Im September 1821 entwickelte er in diesem Notizbuch Versuchsanordnungen, bei denen sich entweder ein unter Strom stehender Draht um einen feststehenden Magneten drehte oder ein beweglicher Magnet um einen festen Draht unter Strom. Darin lag das Prinzip des Elektromotors, auch wenn Faradays Interesse vor allem darin bestand, die Beziehung zwischen elektrischen und magnetischen Kräften nachzuweisen. BB

205
Induktionsring, 1831

Original-Apparat, Ø 18 cm
London, The Royal Institution of Great Britain
Ausstellungen: London, Science Museum, 1991; London, National Portrait Gallery, 1991–1992, Kat.-Nr. 23

Ørsted hatte bewiesen, daß elektrischer Strom magnetische Effekte hervorrufen konnte. Faraday, von den Wechselbeziehungen zwischen den Kräften der Natur überzeugt, suchte elektrischen Strom mit Hilfe eines Magneten zu gewinnen. Im August 1831 stellte er seinen ‚Induktionsring' her, bei dem zwei Spulen aus Draht um einen Eisenring gewickelt wurden. Er wies nach, daß, wenn ein Stromstoß in einer Spule erfolgte, in der anderen Strom zu fließen begann. Brach der Strom in der ersten Spule ab, gab es in der zweiten einen weiteren kurzen Stromstoß in entgegengesetzter Richtung. Auf dieser Erkenntnis beruht das Prinzip des elektrischen Transformators. BB

206
Magnet und Spule für die elektromagnetische Induktion, 1831

Original-Apparat, Magnet: L 21 cm, Ø 1,8 cm; Spule: L 17 cm, Ø 5 cm
London, The Royal Institution of Great Britain
Ausstellung: London, Science Museum, 1991

Einige Wochen nach seinem Versuch mit dem ‚Induktionsring' stellte Faraday fest, daß er Strom mit Hilfe eines Permanentmagneten gewinnen konnte, wenn der Magnet nahe bei einer Spule aus Draht bewegt wurde. Faraday erprobte verschiedene Anordnungen, darunter auch mit der hier ausgestellten Spule und dem Magneten. Er fand heraus, daß die wesentliche Bedingung darin bestand, daß die Windungen der Spule die ‚Kraftlinien' des Magneten schneiden mußten. Die Stromgeneratoren in Kraftwerken stellen mechanisierte Abwandlungen dieser Experimente dar. Bei der Dampfturbine, der Wasserturbine und anderen Kraftmaschinen drehen sich große Magneten in Spulen, in denen der elektrische Strom erzeugt wird. BB

207
Kupferscheibe aus Faradays Scheibenankergenerator, 1831

Original-Apparat, Ø 26,5 cm
London, The Royal Institution of Great Britain
Ausstellung: London, Science Museum, 1991

Faraday ordnete eine Kupferscheibe so an, daß sie sich zwischen den Polen eines Hufeisenmagneten drehte. Schleifkontakte, die auf die Achse und die Kante der Scheibe drückten, waren mit einem Galvanometer verbunden. Wenn die Scheibe sich drehte, wurde in dem Bereich zwischen den Magnetpolen ein schwacher elektrischer Strom erzeugt. Ein einfaches, mit den Schleifkontakten verbundenes Galvanometer zeigte den Strom an. Trotz seiner geringen Leistung war dies doch der erste Stromgenerator. BB

208

209

209
Kugelkühler

Original-Apparat, 35,5 x 30,5 x 20,2 cm
London, The Royal Institution of Great Britain
Ausstellung: London, National Portrait Gallery, Kat.-Nr. 41 f.

Um die elektrischen Eigenschaften von Isolationsmaterial zu untersuchen, brachte Faraday Versuchsstücke im Innenraum dieses Kugelkühlers aus Messing an. Er maß die Reaktion des Kühlers auf unterschiedliche Werkstoffe im Innern und zog daraus Schlußfolgerungen über deren ‚spezifische Dielektrizitätskonstante'. BB

210
Cruickshank-Batterie

Erfunden von William Cruickshank
9 x 59,7 x 5 cm
London, The Royal Institution of Great Britain

Die erste praktikable Strom-Quelle, die seit 1800 bekannte Volta'sche Säule, erzeugte nur einen sehr schwachen Strom. Der von William Cruickshank erfundene ‚galvanische Trog' nutzte ähnliche chemische Reaktionen, jedoch mit einem viel besseren Ergebnis. Er war die Hauptquelle elektrischen Stroms, bis im Jahre 1836 die Daniell-Zelle erfunden wurde. BB

210

208
‚Elektrisches Ei'

Original-Apparat, H. 64, Fuß-Ø 18 cm
London, The Royal Institution of Great Britain
Ausstellung: London, Science Museum, 1991

Faraday untersuchte die elektrischen Entladungen durch Gase bei reduziertem Druck. Dieser Glasbehälter war mit einer Luftpumpe verbunden; der Spalt zwischen den Messingkugeln konnte verändert werden. In der Verbindung mit Hochspannungsstrom aus einer Induktionsspule stellte Faraday helle und dunkle Bereiche fest, die bei der Entladung in Erscheinung treten, und er beobachtete, daß unter bestimmten Bedingungen ein dunkler Raum (heute ‚Faradayscher Dunkelraum' genannt) in der Nähe des einen Endes der Glimmsäule auftritt. Erst Ende des 19. Jahrhunderts wurden elektrische Entladungen zum Zwecke der Beleuchtung genutzt; Faradays Arbeiten trugen zum Verständnis dieses Phänomens bei. BB

212

211
Handzettel: Ein Kursus aus sechs Vorlesungen über Chemie, 1827–1828

14,5 x 10,5 cm
London, The Royal Institution of Great Britain
Ausstellung: London, National Portrait Gallery, 1991–1992, Kat.-Nr. 34

211

Royal Institution of Great Britain,

ALBEMARLE STREET,

December 3, 1827

A

COURSE OF SIX ELEMENTARY LECTURES

ON

CHEMISTRY,

ADAPTED TO A JUVENILE AUDIENCE, WILL BE DELIVERED DURING THE CHRISTMAS RECESS,

BY MICHAEL FARADAY, F.R.S.

Corr. Mem. Royal Acad. Sciences, Paris; Director of the Laboratory, &c. &c.

The Lectures will commence at Three o'Clock.

Lecture I. Saturday, December 29. Substances generally—Solids, Fluids, Gases—Chemical affinity.

Lecture II. Tuesday, January 1, 1828. Atmospheric Air and its Gases.

Lecture III. Thursday, January 3. Water and its Elements.

Lecture IV. Saturday, January 5. Nitric Acid or Aquafortis—Ammonia or Volatile Alkali—Muriatic Acid or Spirit of Salt—Chlorine, &c.

Lecture V. Tuesday, January 8. Sulphur, Phosphorus, Carbon, and their Acids.

Lecture VI. Thursday, January 10. Metals and their Oxides—Earths, Fixed Alkalies and Salts, &c.

Non-Subscribers to the Institution are admitted to the above Course on payment of One Guinea each; Children 10*s.* 6*d.*

[Turn over.

Als er Direktor der *Royal Institution* geworden war, hielt Faraday mehrere Vorlesungsreihen, die das öffentliche Bewußtsein für naturwissenschaftliche Angelegenheiten schärfen und finanzielle Mittel für die Institution beschaffen helfen sollten. Die Weihnachtsvorlesungen z. B. wandten sich an ein Publikum, das vor allem aus älteren Schulkindern bestand. Faraday hielt viele der Vorlesungen über Themen aus der Chemie oder Elektrizität. BB

Harriet Moore

212
Faradays Labor, um 1850–1855

Bleistift und Aquarell, 41 x 47,2 cm
London, The Royal Institution of Great Britain
Ausstellung: London, National Portrait Gallery, Kat.-Nr. 26

Die Künstlerin Harriet Moore malte mehrere Aquarelle mit Motiven aus der *Royal Institution*, darunter die Laboratorien und die Wohnung im Obergeschoß, in der Faraday mit seiner Frau Sarah lebte. BB

John Isaac Hawkins

Taunton 1772–1855 Elizabeth Town, New Jersey, USA

213
Bericht über zwei experimentelle Backsteinzylinder, die bei Rotherhithe in die Themse eingebracht wurden, im Jahre 1811, für ... einen Tunnel unter dem Fluß ... für die Thames Archway Company

Feder und Aquarell (Zeichnungen von Thomas Chalmers), 33 S., 9 Tafeln mit Text, 31,6 x 45,8 cm
London, Institution for Civil Engineers
Inv.-Nr.: Original Communication (OC) 436
Literatur: Repertory of Arts 1805, S. 371–373, mit Abbildungen; Repertory of Arts 1809, S. 397–407, mit Abbildungen; Dickinson und Titley 1934; Lampe 1963; James 1974–1976, S. 161–178

Im achtzehnten Jahrhundert lag die Themse den Nord-Südverbindungen im Wege; eine Brücke kam wegen der Schiffahrt und auch wegen der Fluß-Breite unterhalb der *London Bridge* nicht in Frage. Seit den 90er Jahren gab es Tunnel-Pläne und erfolglose Versuche im Tunnel-Bau. 1804 begann die Realisierung des *Thames Archway-Projekts* für einen Tunnel zwischen Rotherhithe und Wapping. Die Ingenieure Robert Vazie und (1807) Richard Trevithick waren zunächst damit beschäftigt. Der Richtstollen wurde bis auf 20

213

Meter an das Nordufer herangetrieben, bevor die Arbeiten unterbrochen wurden. 1809 gewann Charles Wyatt einen Wettbewerb für neue Lösungen. Sein Entwurf sah u. a. die Verwendung von Backstein-Zylindern vor, die den Schacht festigen sollten. Da es bei diesem ersten Unter-Wasser-Tunnel-Projekt der Welt keine Vorbilder gab, wurde auch Hawkins von der Bau-Gesellschaft hinzugezogen, um die Durchführbarkeit des Planes experimentell zu beweisen. Seine 1810 begonnenen Versuche für die Herstellung und Verwendung der Zylinder und die Prüfung von Zement wurden 1811 gekürzt, ihrer hohen Kosten und der Blockierung wegen, die sie für den Fluß darstellten. Am 27. November 1811 stellte die Gesellschaft diese Arbeiten ein; aus Geldmangel konnten sie nie wieder aufgenommen werden. MC

215

Samuel Drummond

London 1765–1844 London

214 (Farbtafel S. 340)

Sir Marc Isambard Brunel, um 1835

Öl auf Leinwand, 127 x 101,6 cm
London, National Portrait Gallery
Inv.-Nr.: 89
Herkunft: Julian Drummond, der Sohn des Künstlers; 1846 James Roffway; 1859 vom Museum erworben
Ausstellungen: Royal Academy 1836, Nr. 236; London, Guildhall Library, 1900–1911; London, Home Office, 1914; Manchester 1968, Kat.-Nr. 18; London, Science Museum, 1969
Literatur: Walker 1985, Bd. I, S. 70 f., Bd. II, Tafel 151

Marc Isambard Brunel (1769–1849), einer der führenden Ingenieure und Erfinder des frühen 19. Jahrhunderts, stammte aus einer Bauernfamilie in Hacqueville, Normandie, und diente in der französischen Marine, wo er Fertigkeiten in der Vermessung der Inlands- und Küstengewässer erwarb. Da er nicht mit der Revolution sympathisierte, ging er 1793 nach Amerika, wo er zum Chef-Ingenieur der Stadt New York aufstieg. In London ließ sich Brunel 1799 einen Pantographen patentieren. Er erfand eine Baumwoll-Wickelmaschine und meldete ein Patent auf eine Maschine zur Produktion von Tauwerksrollen für Schiffe an (1801). Sir Samuel Bentham, der Generalinspektor für das Schiffbauwesen, selbst Erfinder einer Holzfräsmaschine, und Jeremy Benthams Bruder, bestellte Brunels von Henry Mandslay hergestellte Maschinen kurze Zeit darauf für die Admiralität. Die bei der Portsmouth-Werft eingesetzten Werkzeugmaschinen waren die ersten in einem Großeinsatz zum Zwecke der Massenproduktion. Dank ihrer Leistung von 150.000 Rollen pro Jahr konnten Zehntausende von Pfund eingespart werden. Zu Brunels Erfindungen zählt auch eine Sägemaschine mit Motorantrieb, die er in seinem eigenen Sägewerk in Battersea (1810) sowie bei der Chatham-Werft (1811) installierte, sowie Maschinen zur Herstellung von Armeestiefeln. Seiner Schulden wegen saß Brunel 1824 im King's-Bench-Gefängnis; entlassen wurde er erst, als die Regierung ihm £ 5.000 schenkte. Von 1824 bis 1843 beschäftigte ihn vor allem der Themse-Tunnel, der den Hintergrund für Samuel Drummonds Porträt bildet. Brunel war damals 65 Jahre alt; das Bild zeigt ihn mit Beispielen seines Erfindergeistes – einer Sicherheitslampe, Leuchtturm-Modellen, der Baumwoll-Wickelmaschine sowie einigen Arbeitsunterlagen. Brunel starb 1849, zehn Jahre vor seinem noch berühmteren Sohn Isambard Kingdom Brunel. CE

Anonym

215

Der Tunnel!! oder – Eine weitere geplatzte Blase!, 1827

Kolorierte Radierung, 24 x 26 cm
Herausgeber S. Knights, Sweetings Alley Royal Exchange
London, Guildhall Library, Corporation of London
Literatur: Rolt 1957, S. 20–42; Pückler-Muskau 1957, S. 232 f., 248; Lampe 1963; Clements 1970, S. 88–250; Altick 1978, S. 373 f.

Der Wapping und Rotherhithe verbindende Themse-Tunnel wurde von 1825–1843 gebaut und war der erste der Welt unter einem schiffbaren Fluß. Möglich wurde die Ausschachtung durch einen Vortriebschild nach dem Entwurf von Marc Isambard Brunel. Der nach und nach mit Ziegeln ausgekleidete Tunnel wurde von hufeisenförmigen Bögen abgestützt. Bei fünf größeren Überflutungen kamen eine größere Zahl von Arbeitern ums Leben – durch Ertrinken, aber auch wegen des verschmutzten Flusses. Für einen Shilling konnten Besucher hinabsteigen und die Arbeiten beobachten – an manchen Tagen waren es bis zu siebenhundert. Am 19. Juli 1927 ‚vertauschte' Fürst von Pückler-Muskau ‚die reine Himmelsluft mit unterirdischer Düsterkeit': ‚Ich ging in den berühmten Tunnel, die wunderbare Passage unter der Themse hindurch.' Mit seiner Bemerkung, auf jedes noch so glückliche oder unglückliche Ereignis folge schnell eine Satire, bezieht er sich auf eine Überflutung: Eine Karikatur zeige „die Tunnelkatastrophe, bei der ein fetter, wie eine Kröte aussehender Kerl auf allen Vieren herumkriecht, sich selbst zu retten versucht und ‚Feuer!' schreit …" Der Tunnel „ist ein gigantisches Werk, praktisch nur hier … vorhanden, wo die Leute nicht wissen, was sie mit ihrem Geld machen sollen". RH

216

Le Chevalier Benjamin Schlick

Kopenhagen 1796–1872 Paris

216
"Rapport sur le chemin sous la Tamise, dit Tunnel", nach 1825

Gebundenes Manuskript, Aquarell, Feder und Tusche, 33 x 21 cm
London, Jonathan Gestetner Esq.

Benjamin Schlick, ein dänischer Architekt, verfaßte mehrere Berichte über den Bau des Themse-Tunnels. Der vorliegende Bericht mit dem kaiserlich-russischen Wappen wurde wahrscheinlich zur Vorlage beim Zaren abgefaßt. Schlick spricht darin aus eigener Erfahrung. Er war möglicherweise ein Freund Brunels. Ein weiterer, für die Erzherzogin Marie-Louise von Parma, Napoleons Gemahlin, verfaßter Bericht verweist 1832 auf den innovativen Tunnel-Vortriebsschild, der – so Schlick – Ihrer Majestät vermutlich bei einem Tunnel-Projekt durch den Apennin oder die Alpen nützlich sein konnte. Eine Technologie, die die Untertunnelung von breiten Flüssen ermöglichte, wäre für kaiserlich-russische Bauingenieure von großem Interesse gewesen. EE

217

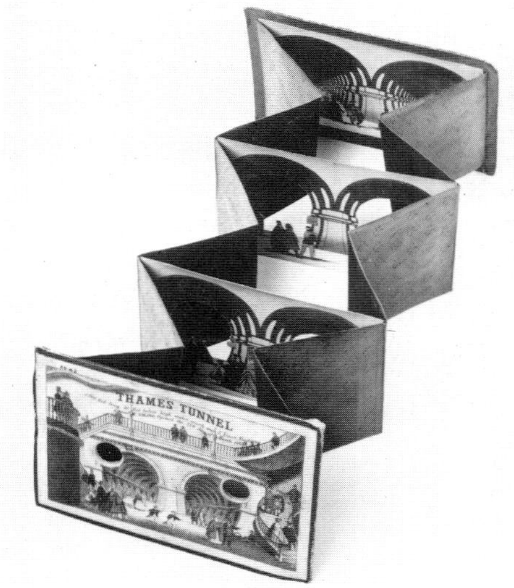

Spielzeug-Guckkasten

217
Themse-Tunnel, 1843

Lithographie, koloriert und gefirnißt,
92 x ca. 26,5 cm (ausgeklappt)
London, The Museum of London
Inv.-Nr.: 69.42

Am 16. Februar 1825 begann der Tunnelbau. Er verzögerte sich durch Unfälle und Streiks und war aus Geldmangel 1828 und 1835 unterbrochen. Der Tunnel konnte im März 1843 dank verbesserter Technik und wesentlicher finanzieller Unterstützung der Regierung eröffnet werden. Da kein Geld für die nötigen Zufahrtsrampen vorhanden war, diente er bis 1860 als Fußgängertunnel. Seit 1860 war der Tunnel eine Strecke der *East London Railway;* durch ihn fährt heute die U-Bahn der *District-Line.* EE

Henry Maudslay

London 1771–1831 London

218
Gewindeschneide-Drehbank, um 1800

Modell 1:6 (1:8 ?)
Stahl und Holz, 20,2 x 33,6 x 17,3 cm
London, Trustees of the Science Museum
Inv.-Nr.: 1900–19
Herkunft: erworben von W. H. Maudslay
Literatur: Holtzapffel 1846; Gilbert 1971

Henry Maudslay (1771–1831) war vielleicht der geschickteste Mechaniker seiner Generation und setzte neue Maßstäbe beim Entwurf und der Herstellung von Maschinen. Viele wichtige Maschinenbauer des neunzehnten Jahrhunderts wurden von ihm ausgebildet, und nicht zuletzt machte seine Firma Londoner Arbeit zum Inbegriff von Qualität im Bereich der Technik. Maudslay, von der Ausbildung her Tischler und Schmied, war ein geschickter Arbeiter und fähiger Konstrukteur. Für Joseph Bramah z. B. erfand er spezielle Maschinen zur Herstellung des Patentschlosses. Als er sich 1797 selbständig gemacht hatte, begann Maudslay, Werkzeuge für die Schrauben-Herstellung zu perfektionieren. Dieses Modell einer Gewindeschneide-Drehbank zeigt den dritten und relativ weit entwickelten Entwurf Maudslays. Alle drei Maschinen besitzen einen Schlitten für das Schneidewerkzeug, das mittels einer Bleischraube das Brett entlanggezogen wird; die Schraube wiederum ist durch Zahnräder mit dem Dorn verbunden, der die zu schnei-

219

dende Schraube dreht. Ein Arbeiter, der das Drehkreuz drehte, konnte die Maschine bedienen. Maudslay baute als einer der ersten Ingenieure regelmäßig Modelle seiner geplanten Maschinen – sei es, um sich des Interesses eines potentiellen Kunden zu versichern oder um eine Idee auszuprobieren (wie bei bestimmten Dampfmaschinen und vielleicht bei dieser Drehbank) oder einfach zur Erholung, was auch vorkam. Der Maßstab des Modells ist vermutlich 1:6 oder 1:8. Wenn je eine Drehbank dieses Typs gebaut wurde, bestand sie aus Gußeisen, Stahl und Schmiedeeisen. Das Modell-Gehäuse kam wohl später hinzu; das gravierte Datum sollte mit Vorbehalt behandelt werden. MW

218

219
Bramah Schloß und Brett

Hergestellt von Henry Maudslay
Schloß: Messing und Stahl,
17,8 x 7,6 x 17,8 cm
Brett: Holz, 40,5 x 30,5 x 2,54 cm
London, On Loan to the Science Museum seit 1972
Inv.-Nr.: 1972–290/91
Literatur: Price 1856, S. 268–321; McNeil 1968, S. 36–55, 190–221

Das Vorhängeschloß stellte um 1801 der Ingenieur Henry Maudslay her (1771–1831), der als Handwerker für den Erfinder und Schlosser Joseph Bramah (1749–1815) arbeitete. Es wurde im Schaufenster seines Ladens ausgestellt und jeder war eingeladen – für 200 Guinees – das Schloß zu knacken. Erst 1851 öffnete es nach 16 Tagen der amerikanische Schlosser A. C. Hobbs (mit Hilfe „seines Instrumentenkoffers“); er erhielt das Preisgeld. Das Bramah-Schloß, 1784 patentiert, gehört zu den ersten Hochsicherheitsschlössern in Massenproduktion. Nicht von ungefähr wurde es in einer Zeit wachsender Kriminalität und allgemeiner Unruhe in der Arbeiterschicht entwickelt. BG

220

220
Charles Babbages Rechenmaschine Nr. 1 – Demonstrationsmodell

Bronze und Stahl auf Holzplatte,
30 x 38 x 33 cm
London, Science Museum
Inv.-Nr.: 1967–70
Herkunft: Henry Prevost Babbage; University College London
Ausstellung: London, Science Museum 1991–1992
Literatur: Cohen 1988; Swade 1991, S. 34–36

Charles Babbage (1791–1871) wird der Entwurf der ersten automatischen Rechenmaschinen zugeschrieben. Bei der Erfindung des ersten Apparats, 1821, wollte er das Risiko menschlicher Fehler bei der Erstellung mathematischer Tafeln ausschalten. Das mehr als ein Jahrzehnt lang geplante Projekt wurde 1833 aufgegeben. Das hier gezeigte Modell setzte Henry Prevost Babbage, Charles Sohn, aus übriggebliebenen Teilen dieser Maschine zusammen. Es ist eines von fünf oder sechs ähnlichen Modellen, die Babbage jun. als Studienobjekte von historischem und erzieherischem Wert an führende wissenschaftliche Institutionen schickte. Dieses Modell ging an das *University College* in London, andere nach Harvard und an die Universität Cambridge. Für die Komplettierung der Maschine wären nach dem Entwurf 25.000 Einzelteile erforderlich gewesen. Etwa 12.000 wurden tatsächlich hergestellt; davon ist fast nichts geblieben. Das Modell zeigt das logische Grundelement der Rechenmaschine, eine Additionsvorrichtung, die in der eigentlichen Maschine mehrmals verwendet wurde. Der Mechanismus addiert zwei Zahlen, ist in der Lage, den Sprung von Einern auf Zehner zu verarbeiten und kann automatisch die Zahlenräder arretieren, um so Störungen zu vermeiden. Das Modell funktioniert, indem man die Wellen von Hand einstellt und dreht. Die projektierte Maschine wäre automatisch gewesen: bei eingegebenen Anfangswerten hätte sie allein weitergearbeitet. Man brauchte sie nur mit Hilfe einer großen Kurbel in Gang zu bringen. Auf ein ähnliches Modell, 1896 Harvard angeboten, wurde Howard Aikens aufmerksam, ein Pionier der Computertechnik in den 30er Jahren unseres Jahrhunderts. Er erinnerte sich, daß diese „Rechenräder" seine Aufmerksamkeit auf Babbages Werk lenkten und ihn stark beeinflußten. Das Stück repräsentiert eine der schwachen Beziehungen zwischen Babbages frühen Arbeit an automatischen Rechenmaschinen und dem modernen Computerzeitalter. DS

Holtzapffel und Deyerlein

221
Schmuck-Drehbank Nr. 620, 1824

Mahagoni, Eisen, Stahl und Messing und umfangreiches Zubehör, 194 x 116 x 68 cm
Bezeichnet: Holtzapffel & Deyerlein, London, 620
London, Richard Maude
Herkunft: Verkauf an H. Wormald am 23. Januar 1824
Literatur: Bibliography of the Society of Ornamental Turners; Ogden 1987

221

Der Straßburger Mechaniker John Jacob Holtzapffel, 1768 und der Mannheimer Schlossergeselle George Deyerlein, 1767 geboren, lernten sich wohl in Straßburg kennen und gingen beide um 1790 über Paris nach London. Über zwei Jahrzehnte blieben sie Geschäftspartner. Holtzapffel überlebte Deyerlein um sechs Jahre. Nach seinem Tod führten seine Nachkommen das Geschäft bis ca. 1930 weiter. Von Holtzapffel signierte Drehbänke reichen bis ins Jahr 1795 zurück. Das Unternehmen von Holtzapffel und Deyerlein hatte über die Jahre Adressen in *Long Acre* Nr. 118 (1804–1811), *Cockspur Street* Nr. 10 (1812–1820) und *Charing Cross* Nr. 64 (1821–1827); rund 1000 Drehbänke wurden dort hergestellt. Diese Drehbank Nr. 620 wurde 1824 für £ 200 verkauft – was vier Jahreseinkommen eines gewöhnlichen Arbeiters entsprach; der Numerierung entsprechend, muß sie zwischen 1807 und 1809 entstanden sein. Die Firma produzierte auch noch Werkzeugmaschinen anderer Art und handelte mit Elfenbein und Harthölzern als Material für Dreher; ihre Drehbänke konnten bis zu £ 400 kosten. Auch wenn eine große Zahl Londoner Handwerksbetriebe zu ihren Kunden zählten, war ihr wichtigster Markt der reiche Landadel, die Geistlichkeit, Aristokraten und Staatsoberhäupter: Queen Victoria schenkte 1886 Erzherzog Otto von Habsburg eine von Holtzapffel wieder instandgesetzte Drehbank zur Hochzeit; die Maschine war zwar aus zweiter Hand, aber eben von Holtzapffel renoviert. RM

DAS AQUARELL

Um 1800 hatte sich die Aquarellkunst zu einer eigenständigen und bei Sammlern beliebten Kunstform entwickelt. Zahlreiche Künstler konzentrierten sich damals ausschließlich auf dieses Medium, um damit die Nuancen des Lichts und der Atmosphäre einzufangen. Trotzdem wurde der neuen Technik, gegenüber der Ölmalerei, ein niedrigerer Rang zugebilligt, und die Royal Academy verbannte sie bei ihren jährlichen Ausstellungen in einen kleinen Raum. Um diesem Mißstand abzuhelfen, wurde 1804 die Society of Painters in Water-Colours gegründet, – deren Jahresausstellungen Tausende von Besuchern anlockten. William Blakes Aquarelle hatten mit ihren visionären Themen an diesen Erfolgen beim Publikum nicht teil und wurden nur von wenigen Mäzenen und Kollegen geschätzt.

Stephen Rigaud

London 1777–1861 London

222

Der Genius der Malerei betrachtet den Regenbogen, 1807

Aquarell, 59,7 x 49,9 cm
Bezeichnet unten links: S. Rigaud 1807
London, Trustees of the Royal Watercolour Society
Herkunft: Schenkung des Künstlers, 1807
Ausstellung: Gesellschaft der Aquarellmaler, 1807, Nr. 294; Birmingham, 1987, Nr. 9

Das 1807 gemalte und ausgestellte Blatt erinnert an die Gründung der Gesellschaft der Aquarellmaler drei Jahre zuvor. Rigaud war einer der sechzehn Gründungsmitglieder. Die Gesellschaft konzentrierte sich als erste ausschließlich auf die Präsentation von Aquarellen und sollte großen Einfluß auf die Entwicklung des zeitgenössischen Geschmacks gewinnen. Hier ist der Genius der Malerei dargestellt – ein Aquarellist natürlich –, wie er den Pinsel in den Strom aus jener Quelle taucht, die Pegasus mit seinem Huf zum Leben erweckte. Der Genius betrachtet einen heute leider verblaßten Regenbogen und sucht Inspiration in der Natur. LS

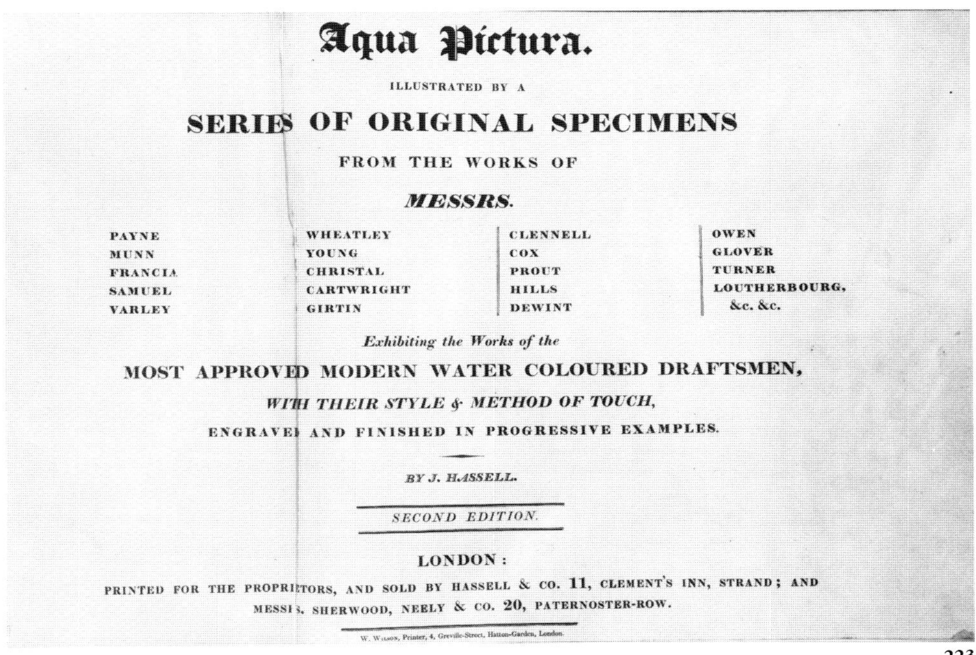

Aqua Pictura.

ILLUSTRATED BY A

SERIES OF ORIGINAL SPECIMENS

FROM THE WORKS OF

MESSRS.

PAYNE	WHEATLEY	CLENNELL	OWEN
MUNN	YOUNG	COX	GLOVER
FRANCIA	CHRISTAL	PROUT	TURNER
SAMUEL	CARTWRIGHT	HILLS	LOUTHERBOURG,
VARLEY	GIRTIN	DEWINT	&c. &c.

Exhibiting the Works of the

MOST APPROVED MODERN WATER COLOURED DRAFTSMEN,

WITH THEIR STYLE & METHOD OF TOUCH,

ENGRAVED AND FINISHED IN PROGRESSIVE EXAMPLES.

BY J. HASSELL.

SECOND EDITION.

LONDON:

PRINTED FOR THE PROPRIETORS, AND SOLD BY HASSELL & CO. 11, CLEMENT'S INN, STRAND; AND MESSRS. SHERWOOD, NEELY & CO. 20, PATERNOSTER-ROW.

223

223

Aqua Pictura, 1813

Zweite Auflage, 29,8 x 46,7 cm
Herausgeber Hassell & Co., 11, Clement's Inn, Strand
London, Trustees of the British Museum
Inv.-Nr.: 167*c.15

Das Werk richtete sich an die Amateurmaler, die die Phase sklavischen Kopierens eines Meisters überwinden wollten: „Wenn frühere Studien ausgereift und durch die Betrachtung verschiedener Meister ergänzt wurden, beginnt der Schüler zu erkennen, daß jede Stilrichtung und folglich jeder Lehrer Vorzüge besitzen kann. Nach dieser Entdeckung sprengt er die Fesseln des Plagiats und wählt in geschmackvoller Abstimmung die jeweiligen Vortrefflichkeiten unter all den vor ihm liegenden Mustern aus." Im Rahmen von Hassells neuartigem Vorschlag für den „Selbstunterricht" wurden jeden Monat Teile einer Folge gestochener Ansichten der „beliebtesten modernen Aquarellmaler mit ihrem Stil und Pinselstrich" veröffentlicht. Um das Kopieren zu erleichtern, erläuterte Hassell auch die von den Malern verwendeten Farben „anhand eines nützlichen und anschaulichen Beispiels von jedem in jeder der Arbeiten vorkommenden Farbton. CF

George Scharf

Mainburg 1788–1860 London

224

‚Allens Colourman', 1829

Aquarell über Bleistift, 13,8 x 22,7 cm
Bezeichnet unten rechts: In St. Martins Lane 1829 G. Scharf del; mit Farbnotizen in Bleistift
London, Trustees of the British Museum
Inv.-Nr.: 1862–6–14–119
Herkunft: 1862 von seiner Witwe erworben
Ausstellung: London, British Museum, 1985, Kat.-Nr. 148b, Tafel 104
Literatur: Jackson 1987, S. 32

Das Geschäft im Erdgeschoß eines um 1700 erbauten Hauses in der *St. Martin's Lane* bot seit 1790 Artikel für den Künstlerbedarf an. Zu

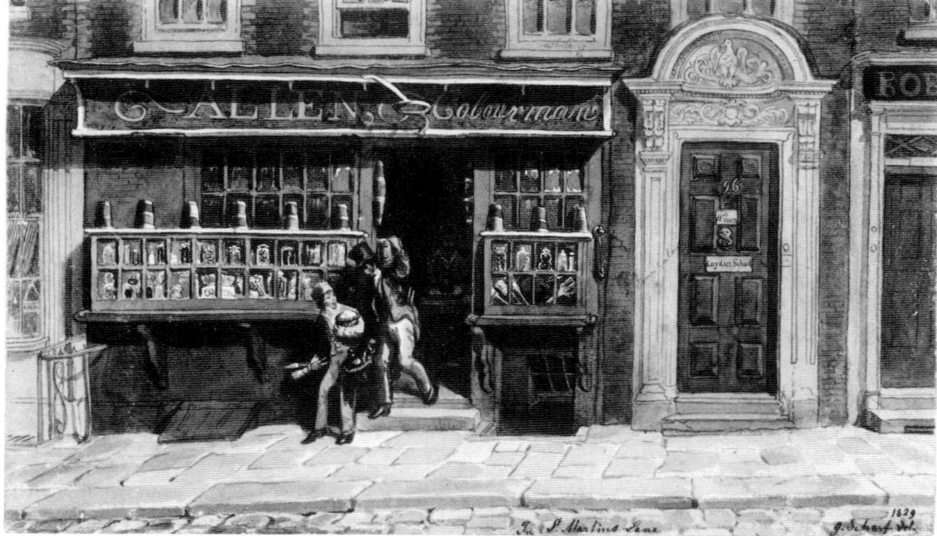

224

Scharfs Zeiten gehörte es Edward Allen, und da Scharf mit seiner Familie bis 1830 ebenfalls in dieser Straße wohnte, könnte er sich selbst und seinen Sohn George hier beim Verlassen des Geschäftes zeigen. Aquarellmaler konnten erst ab 1780 fertige Farben kaufen. Die Annehmlichkeit der „Aquarellfarben in Tablettenform", einer britischen, erfolgreich von Thomas und William Reeves und von Winsor & Newton entwickelten Neuerung, machte das Medium Tausenden von Amateuren leicht zugänglich; es steigerte auch die Zahl professioneller Aquarell-Künstler. So wurde die Malerei mit Wasserfarben zu einem speziellen künstlerischen Medium. In Farbengeschäften wie diesem waren oft auch Farben und Pinsel für den Handwerksbedarf zu kaufen. LS

George Scharf

Mainburg 1788–1860 London

225 (Farbtafel S. 358)

In der Galerie der New Society of Painters in Water Colours, Old Bond Street, 1834

Aquarell und Gouache mit Auskratzungen über Bleistift, 29,6 x 36,9 cm
Bezeichnet unten rechts: G. Scharf Pinxt. 1834
London, Trustees of the Victoria and Albert Museum
Inv.-Nr.: 2979 – 1876
Herkunft: aus dem Nachlaß William Smith, 1876
Literatur: Hardie 1966–1968, Bd. III, S. 18, Tafel 23; Lambourne and Hamilton 1980, S. 339, Abbildung (und auf dem Umschlag in Farbe); New Haven, S. 32, Abb. 9

Bilder von Gemäldegalerien wurden in England Ende des 18. Jahrhunderts populär. Vielen angesehenen öffentlichen Galerien wurde so ein Andenken bewahrt; die *Royal Academy* wie auch die *Society of Painters in Water-Colours* erschienen in den ersten beiden Bänden von Ackermanns „Mikrokosmos von London". Die Galerie der *British Institution* wurde 1829 von John Scarlett Davis und Thomas Woolmer gemalt. George Scharf zählte zu den Gründungsmitgliedern der *New Society of Painters in Water Colours.* Ihre Räume in der *Old Bond Street* 16 waren sehr beengt; die dichte Hängung, wie sie auf Scharfs Aquarell zu sehen ist, folgte aber ebenso sehr der Mode wie der Not. 1835 jedoch zog die Gesellschaft in die *Pall Mall* 53; 1880 ging sie zum *Piccadilly.* SGW

John Scarlett Davis

Hereford 1804–1845 London?

226 (Farbtafel S. 359)

Die Bibliothek in Tottenham, 1835

Aquarell mit Gummiarabicum, 29,9 x 55,7 cm
Bezeichnet unten links: SCARLETT DAVIS 1835
London, Trustees of the British Museum
Inv.-Nr.: 1984–1–21–9
Herkunft: B. G. Windus; Sotheby's, 17. November 1983, Lot 154; Thomas Agnew and Sons Ltd.
Ausstellung: London, British Museum, 1985, Kat.-Nr. 169, Tafel 118
Literatur: Shanes 1984

Das Gemälde überliefert einige der Aquarelle Turners in einer der bedeutendsten Sammlungen britischer Graphik des 19. Jahrhunderts. Benjamin Godfrey Windus (1790–1867), war ein wohlhabender Industrieller, in Tottenham Green am nördlichen Stadtrand von London. Er begann ab etwa 1820, Zeichnungen zu sammeln und zwar nicht die alter Meister, sondern damals zeitgenössische, speziell britische Kunst. Um 1840 hatte er rund 200 Aquarelle von Turner zusammengetragen; er besaß außerdem das *Römische Album* Füsslis (heute im Britischen Museum), sowie eine große Zahl von Zeichnungen Thomas Stothards und David Wilkies. Später förderte er die Präraffaeliten. Man rühmte, daß er seine Sammlung dem Publikum öffnete. John Scarlett Davis wurde mit Architekturdarstellungen bekannt, besonders mit Interieurs von Kunstgalerien. Das Genre ging auf holländische und flämische Vorbilder des siebzehnten Jahrhunderts zurück und erlebte im frühen neunzehnten eine beachtliche Renaissance, sowohl als Dokumentation bestehender Sammlungen wie als phantasievolle Darstellungsform. 1835 erhielt Davis von Windus den Auftrag, seine Kinder Mary und Arthur in der Bibliothek zu malen, umgeben von Turners Aquarellen. Sie hingen im Stil der Zeit auf dunkelroten Wänden, in kunstvollen goldenen Rahmen dicht nebeneinander. LS

William Blake

London 1757–1827 London

227

A Descriptive Catalogue ..., 1809

Beschreibender Katalog der Bilder, poetischen und historischen Erfindungen, von William Blake in Aquarell gemalt, der alten wiederentdeckten Methode der Freskenmalerei, und Zeichnungen zur allgemeinen Betrachtung und zum Verkauf
38 Blatt; Original-Umschlag aus blauem Saffian mit Vergoldung, 19,3 x 11,8 cm
Herausgeber D. N. Shury, 7 Berwick Street, Soho, für J. Blake, 28 Broad Street, Golden Square
Auf dem Titel von Blakes Hand: At N 28 Corner Broad Street, Golden Square
Cambridge, Fitzwilliam Museum
Herkunft: Schenkung Charles Fairfax Murray, 1912
Ausstellung: Cambridge 1970, Kat.-Nr. 31
Literatur: Keynes 1921, S. 85–89, Ausgabe G; Crabb Robinson 1932, S. 17–20; Keynes 1957, S. 560–586; Bentley 1969, S. 215–220, 225–226; Macmillan 1971–1972, S. 203–206; Bindman 1977, S. 154–164; Paley 1978, S. 47–49, 51–53, 66; Butlin 1981, Bd. 1, S. 472–473

William Blake, von einigen loyalen Mäzenen gefördert, richtete 1809, um ein breiteres Publikum anzuziehen, im Hause seines Bruders James in der *Broad Street,* Soho, eine Ausstellung eigener Werke ein. Die Schau war von Mitte Mai bis Ende September geplant; der für 2 Schilling 6 Pence verkaufte Katalog galt als Eintrittskarte. Sein anspruchsvoller Inhalt enthielt über die umfangreichen Erläuterungen der Werke hinaus auch Ausführungen des Malers zur Technik der Temperamalerei und einen Angriff auf andere Künstler, die seiner Ansicht nach die Form bzw. die Linie der Farbe opferten. Die Ausstellung war kein Erfolg. Keines der Werke wurde verkauft, und die einzige Besprechung war feindselig. Bis weit in das Jahr 1810 hinein wurde die Schau verlängert; Henry Crabb Robinson besuchte sie im April und Juni, weil er in einer neuen deutschen Zeitschrift – den von Friedrich Perthes in Hamburg edierten *Vaterländischen Annalen* – über den „wahnsinnigen Dichter & Malerstecher Blake" schreiben wollte. Cragg Robinson kaufte vier Kataloge, darunter einen für seine Auftraggeber und einen für seinen Freund Charles Lamb. Der Artikel erschien tatsächlich in der Zeitschrift, die bald im Gefolge der Napoleonischen Kriege eingestellt wurde. Perthes, so berichtet Crabb Robinson, sei der Meinung, daß „es keine *Vaterländischen Annalen* mehr geben könne, da er kein Vaterland mehr hatte". CF

William Blake

228

Die Soldaten losen um Christi Gewand, 1800

Feder und Aquarell, teilweise geschabt, über Bleistift, 44 x 33,5 cm
Bezeichnet Mitte unten: WB inv 1800; unten rechts: John XIX, c. 23 & 24 v
Cambridge, Syndics of the Fitzwilliam Museum
Inv.-Nr.: PD.30.1949
Herkunft: Thomas Butts; Thomas Butts jun; Richard Monckton Milnes, 1. Lord Houghton; 1. Marquis von Crewe; W. Graham Roberton; von seinem Nachlaßverwalter 1949 über den National Art-Collections Fund an das Museum
Ausstellungen: London, 28 Broad Street, 1809, S. 85–86, Kat.-Nr. 12; London, Wildenstein, 1986, S. 86, Kat.-Nr. 45, Abbildung
Literatur: Bindman 1970, S. 22–23, Nr. 22, Abb. 10; Butlin 1981, S. 359–360, Nr. 495, Tafel 571

Das Aquarell war 1809–1810 als eine von vier Zeichnungen in Blakes Ausstellung aufgenommen worden, von denen der Maler wünschte, daß sie „als großes Fresko die Altäre der Kirchen

228

schmückten, damit England – wie Italien – seiner Kunst wegen von respektablen Leuten geschätzt würde." Die Betonung der Soldaten-Gestalten und die Darstellung der Kreuze könnten den Einfluß von Nicolas Poussins „Kreuzigung" widerspiegeln (Wadworth Athenaeum, Hartford, Connecticut); es war unter den von Sir Lawrence Dundas 1794 bei Christie's verkauften Bildern; Blake mag es von einem Stich gekannt haben. Das Blatt gehörte zu einer Reihe von Darstellungen biblischer Themen, die Thomas Butts, ein Regierungsbeamter, 1799 bei Blake in Auftrag gegeben hatte. CF

229

William Blake

229

Als ob ein Engel aus den Wolken fiele oder Der Genius Shakespeares, 1809

Aquarell mit Feder und Tusche, 23,1 x 17,3 cm
Bezeichnet unten rechts: W. Blake 1809
London, Trustees of the British Museum
Inv.-Nr.: 1954-11-13-1(37)
Herkunft: Rev. Joseph Thomas; dessen Witwe; deren Tochter, Mrs. John Woodford Chase; Drummond Percy Chase, 1876; Alexander Macmillan, 1870; durch Erbschaft an W. E. F. Macmillan; Schenkung an das Britische Museum von dessen Nachlaßverwaltern, 1954
Ausstellungen: London, Britisches Museum, 1957–1958; London, Tate Gallery, 1978, Nr. 254, illustriert; Tokyo 1991, Nr. 64
Literatur: Rossetti 1880, S. 217, Nr. 79; Blunt 1959, S. 19; Butlin 1981, S. 406, Nr. 547 (6)

Eine von sechs Aquarellen für Reverend Joseph Thomas. Sie sollten in dessen Exemplar des zweiten Shakespeare-Bandes von 1632 eingefügt werden; dreißig weitere Aquarelle anderer Künstler kamen hinzu. W. M. Rossetti identifizierte das Aquarell als Illustration der ersten Szene des vierten Aktes von *Heinrich IV.,* Teil 1, in dem Richard Vernon den Anblick von Prinz Heinrich in voller Rüstung beschreibt. Blake ist, wie stets, weit davon entfernt, einen speziellen Text nur zu illustrieren; seine bildnerische Phantasie läßt sich an der Shakespeares messen. Eine weitere, mit Temperafarben gemalte Version des Themas zeigte Blake in seiner wenig erfolgreichen Ausstellung von 1809–1810. Ihr Titel spiegelt seinen sehr persönlichen Symbolismus: ‚Ein Geist springt von einer Wolke, einen feurigen Pegasus – Shakespeare – zu wenden und zu drehn. Einem Pferde gleich springt der Geist von den Klippen der Erinnerung und des Denkens; ein Öder Fels, auch Lockes und Neutons Wüste genannt'. LS

Thomas Girtin

London 1775–1802 London

230 (Farbtafel S. 357)

a) Westminster und Lambeth, 1801

Aquarell, Feder und Tusche über Bleistift, 29,1 x 52,4 cm
London, Trustees of the British Museum
Inv.-Nr.: 1855-2-14-23
Herkunft: Chambers Hall, der es 1855 dem British Museum schenkte

230 b

Ausstellungen: Manchester und London 1975, Nr. 25; London, British Museum, 1985, Nr. 82a, Taf. 60; London, Barbican Art Gallery, 1989, Kat.-Nr. 34
Literatur: Whitley 1924, S. 13–20, Abb. II; Whitley 1928, S. 37–43; Girtin und Loshak 1954, S. 35 f., 44 f., 58 f., 105, 115, 117 f., 165

b) Die Themse von Queenhithe zur London Bridge, 1801

Aquarell über Bleistift, 20,6 x 44,4 cm
London, The Trustees of the British Museum
Inv.-Nr.: 1855-2-14-28
Herkunft: Chambers Hall, der es 1855 dem British Museum schenkte
Ausstellungen: München 1950, Nr. 131; Manchester und London 1975, Nr. 28; London, British Museum, 1985, Nr. 82e, Taf. 63; London, Barbican Art Gallery, 1989, Kat.-Nr. 34
Literatur: Whitley 1924, Abb. VI; Girtin und Loshak 1954, S. 33–36, 164

Girtins bedeutendste Unternehmung war ein unter dem Titel ‚Eidometropolis' (Das Bild der Stadt) bekanntes Panorama von London; es entstand 1801, ein Jahr vor seinem frühen Tod. Bis dahin hatte er sich mit dem kleinen Bildformat der Aquarell-Maler begnügt. Das kreisförmige Panorama war dagegen riesig; es maß 108 Fuß (knapp 33 Meter), war 18 Fuß (etwa 5,50 m) hoch und in Öl gemalt – ein seltenes Beispiel für diese Technik in Girtins Werk. Girtin war wohl von dem an Details reichen Panorama inspiriert, das Robert Barker und sein Sohn Henry 1792 ausgestellt hatten. Dem jungen Maler war offenbar klar, daß die neue und sehr populäre Kunstform ihn von privaten Mäzenen abhängig machen konnte. Sechs im *British Museum* bewahrte vorbereitende Studien und einige Zeichnungen (im *British Museum*, in der *Guildhall Library* und im *Yale Centre for British Art*), bilden die einzigen erhaltenen Informationen über das Panorama. Zwei dieser Aquarellstudien werden hier gezeigt. Das *Eidometropolis* wurde von August 1802 bis zu Girtins Tod am 9. November desselben Jahres in den *Spring Gardens* ausgestellt und kurz danach nochmals bis Ende März 1803. Das Panorama, über Monate eine Sehenswürdigkeit, verschwand im Laufe der folgenden Jahre; es soll 1825 an einen russischen Adligen verkauft worden sein. Girtin führte in die von topographischer Trockenheit bestimmte Gattung der Panorama-Darstellung ein völlig neues Verständnis von Atmosphäre, Licht und Weite ein. Die Vielzahl präziser Details, die das vollendete Panorama wohl aufwies, deutet sich in den erhaltenden ergänzenden Tuschzeichnungen an, in denen Girtin das korrekte Verhältnis aller Entwurfselemente zueinander festlegte. Die Aquarellstudien erproben die eindrucksvollen atmosphärischen Effekte. Ob er eine Camera Obscura oder ein anderes optisches Gerät verwendete, ist nicht belegt. *Westminster and Lambeth* zeigt eine Sicht auf *Westminster Abbey* und den *St. John Smith Square.* Das andere Beispiel – *The Thames from Queenhithe to London Bridge* – leitet den Blick auf die Dächer und Türme der Kirchen der Stadt und auf den dramatischen Horizont mit drohenden Gewitterwolken. Zu sehen ist das Nordufer der Themse, von den Kirchen *St. Augustine* und *St. Benet* auf der linken Seite zum Monument des Brandes, der 1666 Londons Innenstadt zerstörte, bis zur *London Bridge* und dem flüchtig erscheinenden *Tower* ganz rechts. LS

Thomas Girtin
London 1775–1802 London

und Frederick Christian Lewis
London 1779–1856 London

231
Der Pont de la Tournelle und Nôtre Dame vom Arsenal aus, 1802

Weichgrundradierung (von Girtin) und Aquatinta (von Lewis), 15,1 x 44,2 cm
Herausgeber T. Girtin
London, Trustees of the British Museum
Inv.-Nr.: 1897-11-17-210
Literatur: Morris 1986, S. 25–27

1801 reiste Girtin nach Paris, vermutlich weil er wie andere Künstler die Ruhepause des kurzen Frieden von Amiens nutzen wollte, um die Stadt und die staunenswerten, von Napoleon in Italien erbeuteten Kunstwerke – von der *Laokoon-Gruppe* bis zu Raffaels *Verklärung Christi* – zu sehen. Der Plan, sein London-Panorama *(Eidometropolis)* in Paris auszustellen, erwies sich als unrealistisch. Girtin scheint eine ähnliche Darstellung von Paris ins Auge gefaßt zu haben; doch J. S. Hayward, ein weniger bedeutender englischer Künstler, war ihm zuvorgekommen. Das in Paris gesammelte Material für seine einzigen druckgraphischen Arbeiten ist das wichtigste Ergebnis der Reise. Diese „Twenty Views in Paris" (Zwanzig Pariser Ansichten) erschienen 1802; neunzehn der Vorzeichnungen werden im British Museum bewahrt. Sie entstanden in der Stadt und ihrer unmittelbaren Umgebung und zeigen zumeist eine mit einem mittelalterlichen oder modernen Baudenkmal kombinierte Seine-Ansicht. Für seine druckgraphische Folge stellte Girtin Radie-

231

T. Girtin, Westminster und Lambeth, 1801. Kat.-Nr. 230a

rungen her, in denen die Motive linear entwickelt waren. Dann lavierte er einen oder zwei Abzüge der Radierungen in weichen Aquarelltönen – als Vorlage für die Aquatinta-Blätter. (Turner hielt sich später bei seinem ‚Liber Studiorum' [1807–1819] eng an Girtins Verfahren.) Die *Twenty Views* wurden nach Girtins vorzeitigem Tod im November 1802 gedruckt und 1803 von seinem Bruder John veröffentlicht. Das perfekt Einfache und die groß angelegte Sicht dieser Stadt-Schilderung wirkten nachhaltig auf die nächste Künstlergeneration, vor allem auf Samuel Prout und Thomas Shotter Boys. LS

John Sell Cotman

Norwich 1782–1842 London

232

Der Scotchman's Stone im Fluß Greta, Yorkshire, um 1805–1808

Aquarell über Bleistift, 26,7 x 39,4 cm
London, Trustees of the British Museum
Inv.-Nr.: 1902 -5-14-12

Herkunft: der Sohn des Künstlers, John Joseph Cotman; William Steward; James Reeve, 1861; von ihm mit dem Rest seiner Sammlung vom Museum erworben, 1902
Ausstellungen: Norwich Society of Artists, 1808, Nr. 104; Norwich Art Circle, 1888, Nr. 16; London, Burlington Fine Arts Club, 1888, Nr. 19; Manchester 1961, Nr. 50; Arts Council 1982–1983, Nr. 69; British Museum, 1985, Nr. 122, Tafel 89
Literatur: Kitson 1937, S. 83, 368; Holcomb 1978, S. 10–11 und Tafel 23

Cotman, geboren in Norfolk, kolorierte von 1798 an druckgraphische Blätter für Rudolph Ackermann. Dr. Thomas Monro nahm ihn in seinen Kreis auf und förderte ihn wie zuvor Girtin und Turner. 1800 stellte Cotman erstmals in der *Royal Academy* aus; danach wurde er Mitglied der *Sketching Society,* einer Gruppe junger avantgardistischer Landschaftskünstler, ursprünglich unter der Führung Thomas Girtins und dann der von Cotman selbst. Bei Treffen dieser Gesellschaft zeichnete jeder Anwesende nach einem vorgegebenen Thema und stellte sich der Kritik. Hier entwickelte sich Cotmans Stil; er fand seinen reifsten Ausdruck 1803–1805 in den von Reisen nach Yorkshire inspirierten Aquarellen. Der vielversprechende Landschaftsmaler ging auf der Höhe seines Könnens 1806 nach Norwich zurück – eine verhängnisvolle Entscheidung, die ihn vom Londoner Kunstmarkt und von der Anerkennung eines breiten Publikums abschnitt. Nachdem er in seiner Heimat als Zeichenlehrer gearbeitet und antike Themen radiert hatte, lehrte er schließlich von 1834 an am Londoner *King's College.* Die um 1800 bis 1810 entstandenen Aquarelle gelten als seine besten; die aus den 20er und 30er Jahren werden heute zunehmend geschätzt. 1805 folgte Cotman einer Einladung von John Morritt nach *Rokeby Park* in Nord-Yorkshire. Der Gastgeber war ein weitgereister Altphilologe und Sammler von Gemälden (darunter Velazquez' *Rokeby Venus,* heute in der *National Gallery*). Sir Walter Scott (dessen Ballade *Rokeby* 1813 erschien) nannte den Park ‚einen der beneidenswertesten Orte, den ich je gesehen habe'. *Rokeby* inspirierte Cotman zu einigen seiner bedeutendsten Werke. Der *Scotchman's Stone* ist ein großer Findling im Fluß Greta, und Cotman erwähnt in einem Brief vom August 1805, ‚eine Skizze davon koloriert zu haben'. Vertraut mit der herkömmlichen Methode des Skizzierens vor dem Motiv, dem im Atelier dann die Ausarbeitung zu Aquarellen folgte, gehörte Cotman bereits zu den Künstlern, die damals die Frei-

J. S. Davis, Die Bibliothek in Tottenham, 1835. Kat.-Nr. 226

232

lichtmalerei erprobten. Seine Hauptbeschäftigung sei das ‚Kolorieren vor der Natur' gewesen, schrieb er an seinen Gönner Dawson Turner. Heute ergibt sich das Problem zwischen einer kolorierten Skizze vor der Natur und einem ausgearbeiteten Aquarell zu unterscheiden. Diese Mehrdeutigkeit ist ein interessantes Faktum: Cotman (wie gleichzeitig Constable im Medium der Ölfarbe) näherte in Arbeiten wie diesem Aquarell, Skizze und fertiges Bild einander an: er gab dem letzteren viel von der Frische einer Pleinair-Skizze und übertrug auf Studien einige formale Gesetzmäßigkeiten der Malerei. Um 1806 wurde Cotmans Stil als zu kompliziert und individualistisch angesehen, was vielleicht sein mangelndes Ansehen bei Londoner Künstlern erklärt. Seine differenzierte Beobachtung der Natur richtete sich nicht nach dem zeitgenössischen Geschmack. Das Aquarell, zu Lebzeiten Cotmans unverkäuflich, zählte zu den vielen Arbeiten, die später von einem seiner Söhne einem Pfandleiher verpfändet wurden. LS

G. Scharf, In der Galerie der New Society of Painters in Water Colours, 1834. Kat.-Nr. 225

John Sell Cotman
Norwich 1782–1842 London

233 (Farbtafel S. 360)
Kathedrale von Durham, 1806

Aquarell über Bleistift, 43,6 x 33 cm
London, Trustees of the British Museum
Inv.-Nr.: 1859-5-28-119
Herkunft: Dawson Turner; Puttick und Simpson 16. Mai 1859, Lot 812; 1859 durch das Museum erworben
Ausstellungen: London, Royal Academy, 1806, Nr. 461; Norwich Society of Artists, 1807, Nr. 18; Royal Academy 1951–1952, Nr. 488; Norwich, 1955, Nr. 54; Arts Council 1982–1983, Nr. 42; British Museum, 1985, Nr. 123, Tafel 87

Ein monumental anmutendes Aquarell. Es entstand im September 1805, nachdem Cotman einen Monat in *Rokeby Park* gezeichnet hatte. Er folgte dem Rat von Freunden nur zögernd: ‚Im Ernst, was habe ich mit Durham zu tun? Soll ich es unter meine Baumstudien einreihen, wie einen Krähenhorst? ...‘ Tatsächlich malte er unter dem Eindruck des mächtigen Doms und seiner ehrwürdigen Umgebung mindestens fünf Ansichten; die vorliegende, mit dem wie ein ‚Krähennest‘ hoch über die Bäume wachsenden Dom, ist wohl die schönste dieser Arbeiten. Cotman zeigte es vermutlich 1806 in der *Royal Academy* und 1807 in der *Society of Artists* in Norwich. Es gehörte dann seinem Gönner, dem Bankier Dawson Turner, dessen Leidenschaft für mittelalterliche Architektur ihn für dieses Thema empfänglich gemacht hatte. Cotman lieferte nicht bloß eine genaue Wiedergabe des Ortes; Würde und noble Einfachheit seiner malerischen Schilderung geht über eine rein topographische Darstellung hinaus.
LS

J. S. Cotman, Kathedrale von Durham, 1806. Kat.-Nr. 233

John Varley
London 1778–1842 London

234
Das Tal der Mawddach, 1805

Schwarze Kreide und Aquarell mit Auskratzungen, 44,1 x 62,6 cm
Bezeichnet unten links: J. VARLEY, 1805
Cambridge, Syndics of the Fitzwilliam Museum
Inv.-Nr.: 1607
Herkunft: Thomas Agnew & Son; 1931 erworben von den Friends of the Fitzwilliam
Ausstellungen: London, Thomas Agnew & Sons, 1932, Nr. 115; London, Borough of Hackney Library, Nr. 28; Queensland and Cambridge 1982–1983, S. 43, Kat.-Nr. 52, Tafel 27

John Varley, in Hackney geboren, war eine Schlüsselfigur für die Generation der Aquarellisten im London nach 1800. An J. C. Barrows Zeichenschule in Holborn von F. L. T. Francia ausgebildet, stellte er 1798 zum ersten Mal in der *Royal Academy* aus. Danach stand er in Kontakt mit Dr. Munro und seinem Kreis und gehörte zu dem dort von Thomas Girtin gegründeten und von Cotman weitergeführten Klub. Zusammen mit seinem Bruder Cornelius war Varley eines der ersten Mitglieder der 1804 gegründeten *Society of Painters in Water-Colours,* und später half er als Lehrer vielen jüngeren Künstlern – Peter de Wint, John Linnell, William Turner of Oxford, William Henry Hunt und A. V. Copley Fielding – wobei er sie ermutigte, direkt nach der Natur zu skizzieren. Einige seiner späteren Aquarelle sind ziemlich mechanisch, als seien sie für den Gebrauch im Unterricht angefertigt worden. CF

234

Varleys aktive Mitgliedschaft bei der *Society of Painters in Water-Colours* ist in seinen Ausstellungs-Beteiligungen belegt – und in der jeweils großen Zahl seiner dort gezeigten Arbeiten. *Suburbs of an Ancient City* (‚Vororte einer antiken Stadt'), das größte Aquarell des Malers, wurde aus einer Schau 1808 für £ 42 an Thomas Hope verkauft, damals einer der höchsten Preise für ein zeitgenössisches Aquarell. Varley spielt hier auf die Landschaften Poussins an und demonstriert so die Eignung des Aquarells für die Darstellung des Historischen in der Landschaft. RU

235

235
Vor einer antiken Stadt, 1808

Bleistift und Aquarell, 72,2 x 96,5 cm
Bezeichnet unten rechts: J. VARLEY 1808
London, Tate Gallery
Inv.-Nr.: TO5764
Herkunft: 1808 in einer Ausstellung der Society of Painters in Water-Colours von Thomas Hope erworben; Auktion der Hope-Sammlung, Christies's London, 20. Juli 1917, Lot 8; Basil Taylor; Mrs Basil Taylor, von der es durch die Patrons of British Art erworben und der Tate Gallery 1990 geschenkt wurde
Ausstellungen: Society of Painters in Water-Colours, 1808, Nr. 163; Society of Painters in Water-Colours, 1823, Nr. 196; London, Spink & Son, 1973, Kat.-Nr. 86; New Haven, 1981, Kat.-Nr. 36
Literatur: Kauffmann 1984, S. 47–48

236

John Varley

236
Snowdon, 1810–1813

Aquarell, teilweise geschabt, 37 x 48 cm

Bezeichnet unten rechts: J. VARLEY 1810 (oder 1813)
Birmingham, Museums and Art Gallery
Inv.-Nr.: 9'13
Herkunft: erworben 1913 (public Picture Gallery Fund)
Ausstellungen: London, Society of Painters in Water-Colours, 1810, Nr. 118, oder 1813, Nr. 130; Arts Council, 1980–1981, Kat.-Nr. 30, Abb. S. 35
Literatur: Birmingham 1930, S. 200; Lister 1989, Nr. 38; Abbildung in Farbe

Ein klassisches Beispiel nicht nur für die frühe Malweise der „alten" *Water Colour Society*, sondern auch für Varleys standardisierte, aber höchst effektvolle, pittoreske Bildkompositionen. Was er in seiner 1816 publizierten einflußreichen „Abhandlung über die Prinzipien des Landschaftszeichnens" forderte, setzte er hier in die Praxis um. Ohne deckende Gouache, vor allem ohne Vorzeichnung, entwickelt sich in „reiner" Aquarelltechnik die Einfachheit und Unmittelbarkeit eines Berg-Motivs. Nach Varleys ausgedehnten Reisen in North Wales (1798 bis 1802) zählen viele Snowdon-Motive zu seinen frühesten ausgestellten Arbeiten. Die große Ansicht des „Snowdon von Moel Hebog aus" (Privatsammlung) war einer seiner 49 Beiträge zur ersten Ausstellung der Gesellschaft 1805; danach entstanden noch fünfzehn weitere Darstellungen des Gebirges. Das hier gezeigte Werk ist aus stilistischen Gründen wohl auf 1813 zu datieren. SWG

237

David Cox

Birmingham 1783–1859 Birmingham

237
Old Westminster, 1811

Aquarell über Bleistift, 33 x 45,5 cm
Bezeichnet auf der Rückseite: D. Cox May 1811
Newcastle upon Tyne, Laing Art Gallery
Inv.-Nr.: JWR 57
Herkunft: Palser Gallery, London 1929; Vermächtnis John Wigham Richardson
Ausstellungen: Associated Artists in Watercolours, 1811; Newcastle upon Tyne, 1962, Kat.-Nr. 25; Birmingham and London, 1983–1984, Kat.-Nr. 9, Abb. S. 49
Literatur: Newcastle upon Tyne 1939, S. 36; Newcastle upon Tyne 1976, Tafel 26

Cox wurde in Deritend geboren, einem Handwerkerviertel von Birmingham, wo sein Vater Blechschmied war. Mit einer Anstellung bei *Astley's Theatre* kam er 1804 nach London. John Varley gab ihm Unterricht. Erfolg hatte er als Zeichenlehrer und mit seinen zahlreichen Handbüchern, u. a. seinen „Weiterführenden Lektionen in Aquarelltechnik", die zwischen 1811 und 1845 neunmal aufgelegt wurde. Bevor er sich 1812 der *Society of Painters in Water-Colours* anschloß, gehörte Cox der kurzzeitig existierenden Konkurrenz-Organisation der *Associated Artists in Water-Colours* an. Er stellte in vier von fünf ihrer jährlichen Ausstellungen aus und war

1810 ihr Präsident. Das Aquarell, auf der Rückseite sorgfältig beschriftet, ist sicher mit eines der Ausstellungsstücke bei den *Associated Artists.* Der *Parliament Square* nimmt heute den Platz der hier gezeigten alten Häuser im Vordergrund ein; die Türme dahinter sind die von *St. Margaret, Westminster* und *Westminster Abbey.* SWG

John Linnell

London 1792–1882 Redhill

238
Primrose Hill, 1811

Feder, Tusche und Lavierung, gehöht mit weißer Kreide, 39,5 x 67,8 cm
Bezeichnet unten Mitte: Primrose Hill. J Linnell 1811; unten rechts: part of primrose hill
Cambridge, Syndics of the Fitzwilliam Museum
Inv.-Nr.: PD.16.1970
Herkunft: durch Erbschaft an Mrs J. Lucas, Ur-Urenkelin des Malers; Christie's 3. März 1970, Lot 56; Colnaghi 1970
Ausstellungen: London, P. and D. Colnaghi and Co. Ltd., 1970, Nr. 132 und 1973, Nr. 17, Tafel V; Cambridge and New Haven, 1972–1973, S. 5–6, Nr. 14, Abb. S. 53; London, Tate Gallery, 1973–1974, S. 102, Kat.-Nr. 243, Abbildung

Linnell, Sohn eines Holzschnitzers und Vergolders aus Bloomsbury, Neffe des berühmten Möbeltischlers gleichen Namens, kam 1804 in die Lehre zu John Varley; 1805 trat er in die *Royal Academy Schools* ein. Zusammen mit William Henry Hunt arbeitete er an den Abenden für Dr. Thomas Munro, indem er dessen Sammlung von Zeichnungen von Gainsborough und Girtin kopierte, und tagsüber malte er mit seinem Freund William Mulready in Varleys Haus in Twickenham Öl-Skizzen. Die Maler konzentrierten sich auf die Schilderung alltäglicher Szenen in Londoner Vororten. *Primrose Hill*, ein nichtssagender Hügel nahe Linnells Wohnung in der Hampstead Road, verwandelt sich hier durch die Intensität der künstlerischen Beobachtung in eine fast abstrakte Studie. CF

238

239
a) William Blake, 1820

Bleistift, 20,1 x 15,5 cm
Bezeichnet rechts: JL fecit; unten links: Portrait of/Wm Blake – 1820

b) William Blake im Gespräch mit John Varley, 1821

Bleistift, 11,3 x 17,6 cm
Bezeichnet unten rechts: J. L. Sept. 1821; unten links: Cirencester Place; unter den Figuren: Mr Blake/Mr Varley

239a

239b

241

Cambridge, Syndics of the Fitzwilliam Museum
Inv.-Nr.: PD.57/59–1950
Herkunft: Linnell Trustees; Christie's, 15. März 1918, Lot 169; T. H. Riches, von diesem 1950 an das Museum
Ausstellungen: London, Tate Gallery, Manchester, Nottingham, Edinburgh 1913–1914, Nr. 106 und 109, 172 und 175, 130 und 132, 118 und 119 ... London, P. and D. Colnaghi and Son Ltd., 1973, Nr. 106a und b, Tafel 37; London Tate Gallery, 1978, S. 134, Kat.-Nr. 280, Abbildung; Cambridge und New Haven 1982–1983, S. 29–30, Kat.-Nr. 77
Literatur: Keynes 1921, S. 482–483, Nr. 13 und 17, Tafeln 37 und 39; Wilson 1927; Tafeln XIX und XXIV; Butlin 1969, S. 8, b), Abbildung vor S. 10; Bindman 1970, S. 55–57, Nr. 46 und 50, Abbildungen 63 und 67

Linnells Haus am *Cirencester Place* 6 war ein Treffpunkt für Künstler und Künstler-Freunde. 1818 stellte George Cumberland Junior ihn William Blake vor, und Linnell übernahm es nach und nach, dem verarmten Künstler Unterhalts-Möglichkeiten zu beschaffen. Er stellte Blake seinem Arzt Robert Thornton vor, der bei Blake Illustrationen für seine Übersetzung von Virgils Eklogen in Auftrag gab. 1823 beauftragte Linnell Blake damit, Stiche für das Buch Hiob anzufertigen, und zwei Jahre später kaufte er seine Aquarelle zum *„Paradise regained"*. Auch Varley mit seinem leidenschaftlichen Interesse für Astrologie war von Blake fasziniert und arbeitete mit ihm zusammen an einer Serie bei Nacht gezeichneter *„Visionary Heads"*. Linnells notierte 1864 Varley habe „mehr an die Realität von Blakes Visionen als dieser selbst" geglaubt. „Ich habe eine Skizze der beiden Männer, eines Nachts gegen Mitternacht in meinem Wohnzimmer ... Blake sitzt aufmerksam da und hört Varley zu, der mit leidenschaftlich erhobener Hand dasitzt ... neben Varley wirkte Blake als der entschieden Vernünftigere von beiden." CF

Peter de Wint
Stone 1784–1849 London

240
Die Yorkshire Fells

Bleistift und Aquarell mit Gummi Arabikum, 36,3 x 56,5 cm
Cambridge, Syndics of the Fitzwilliam Museum
Inv.-Nr.: PD.130–1950
Herkunft: T. W. Bacon, der es dem Museum stiftete
Ausstellungen: Reading 1966, Nr. 61; Cambridge, 1979–1980, S. 5, Kat.-Nr. 11, Farbtafel 1; Queensland und Cambridge, 1982–1983, S. 50, Kat.-Nr. 61, Tafel 32
Literatur: Winter 1958, S. 388, Nr. 98, Tafel 98

De Wint kam 1802 aus Staffordshire als Lehrling des Schabkünstlers John Raphael Smith nach London, für den Turner und Girtin gearbeitet hatten. Dank seiner Verbindung zu Dr. Munro und zu John Varley, der ihm kostenlos Unterricht gab, nahm ihn 1809 die *Royal Academy Schools* auf. Von 1811 an war er Mitglied der *Society of Painters in Watercolours*. Das Aquarell ist vermutlich eine relativ frühe, von Girtin beeinflußte Arbeit. Mit ihren fleckigen Schatten und der leuchtenden Farbigkeit der weiten Landschaft zeigt sich auch die schöne Natürlichkeit des Künstlers. CF

Joshua Cristall
Canbourne 1768–1847 London

241
Sommerhaus in St. Lawrence, Isle of Wight, 1814

Aquarell, teilweise mit Deckweiß gehöht, über Bleistift, 32,6 x 46,6 cm
Bezeichnet unten rechts: Joshua Cristall – 1814
London, Trustees of the British Museum
Inv.-Nr.: 1980-10-11-1
Herkunft: 1980 vom Museum erworben
Ausstellungen: Society of Painters in Water-Colours, 1814, Nr. 156; London, British Museum, 1985, Kat.-Nr. 69, Tafel 48; Cleveland and Raleigh, 1991, Nr. 36

Cristall gehörte zu den ersten Mitgliedern der Gesellschaft der Aquarellisten; 1816 und 1819, sowie 1821 bis 1831 war er ihr Präsident. Seine frühen Wasserfarben-Arbeiten waren bemerkenswerte historische und klassische Bildkompositionen. Später wandte er sich – wie in diesem Blatt – ländlichen und privaten Sujets zu. Vermutlich auf Anregung James Vines, eines Gönners, der ein Haus auf der Isle of Wight besaß, besuchte Cristall 1812 die Insel. Das Aquarell zeigte er 1814 in seiner Gesellschaft. Cristalls Werk steht zwischen der ländlichen Genremalerei eines Thomas Gainsborough und Francis Wheatly und ihren späteren viktorianischen Pendants und spiegelt eine etwas idealisierte Sicht vom Charme des Landlebens. Über eine sehr ähnliche Arbeit las man in Ackermanns *„Repository of the Fine Arts"*: „Die Figuren sind hier ... so ..., wie wir sie in jedem Dorf anzutreffen wünschen ..." LS

Joseph Mallord William Turner
London 1775–1851 London

242
Leeds, 1816

Aquarell und Gouache über Bleistift, 29,1 x 43 cm
Bezeichnet unten links: J M W Turner RA 1816
New Haven, Yale Center for British Art
Inv.-Nr.: B1981.25.2704

P. de Wint,
Die Yorkshire Fells
Kat.-Nr. 240

W. Turner ‚of Oxford', Oxford vom Headington Hill
Kat.-Nr. 252

242

Herkunft: John Allnut; John Knowles, Manchester; Thomas Agnew & Son Ltd., der es an Paul Mellon verkaufte
Ausstellungen: Manchester, 1857, Nr. 312; New York und London, 1972–1973, Kat.-Nr. 102, Abbildung; London, Royal Academy of Arts, 1974–1975, Kat.-Nr. 186; New Haven, 1977, Kat.-Nr. 136, Tafel CXXIV
Literatur: Wilton 1979, S. 362, Nr. 544, Abbildung; Daniels 1986, S. 10–17

Turners Anerkennung als Maler von Ölbildern, die mit seiner Wahl zum Voll-Mitglied der *Royal Academy* 1802 einherging, hielt ihn nicht davon ab, sich weiterhin mit topographischen Aquarellen zu beschäftigen. Die meisten gingen an private Sammler oder entstanden als Vorlagen für illustrierte Bücher (wie *The Rivers of Devon,* ca. 1813, und *Pictoresques Views on the Southern Coast of England,* ca. 1811–1824). 1819 öffnete Walter Fawkes, Turners wichtigster früher Förderer, dem allgemeinen Publikum die Gemäldegalerie seines Hauses am *Grosvenor Place;* vierzig Aquarelle Turners waren hier zu sehen, außerdem zwanzig Skizzen aus der Umgebung von Fawkes' Landhaus Farnley Hall in Yorkshire. Das hier gezeigte Aquarell gehörte Fawkes nicht, entstand aber nach Skizzen aus Farnley Hill, das in der Nähe der Stadt liegt. Die 1823 von James Duffield Harding reproduzierte Lithographie war möglicherweise für eine Ausgabe von Dr. Thomas Whittakers „Loidis und Elmete" (1816) gedacht, eines Buches über Leeds Geschichte. Das Motiv einer modernen Stadt mit ihren riesigen Fabriken, wie sie Schinkel auf seiner Reise 1826 in England bewunderte, ist für englische Aquarelle dieser Zeit ungewöhnlich. Turner verbindet hier Detailbeobachtung mit allgemeineren Intentionen: Die tätigen Arbeiter erinnern auch daran, daß Leeds ein Zentrum für die Produktion von Wollstoffen – auch für Uniformen – und für die bei der Herstellung von Schiffstauen und Segeltuch nötigen Flachsfasern war. So birgt das nach dem Sieg über Napoleon entstandene Bild auch patriotische Assoziationen. SGW

Joseph Mallord William Turner

243
Das Schlachtfeld von Waterloo, um 1817

Aquarell, 28,8 x 40,5 cm
Cambridge, Syndics of the Fitzwilliam Museum
Inv.-Nr.: 2476
Herkunft: Walter Fawkes; Major Richard Fawkes; A. W. Fawkes, K. C., der 1942 dem Museum hinterließ
Ausstellungen: London, 45 Grosvenor Place, 1819, Nr. 34; Thomas, Agnew and Sons Ltd., 1967, S. 66, Kat.-Nr. 53; Hamburg 1980; Cincinnati 1986, S. 50, Kat.-Nr. 32, Tafel 32; Tokyo 1990, S. 53, Kat.-Nr. 37, Abb. 37
Literatur: Armstrong 1902, S. 284; Finberg 1961, S. 481, Nr. 243; Cormack 1975, S. 11, 41, Kat.-Nr. 14, Abbildung; Wilton 1979, S. 356, Nr. 494, Abbildung

Von August bis September 1817 nutzte Turner die nach dem Frieden von 1815 wieder mögliche

Bewegungsfreiheit und ging auf seine erste Reise auf den Kontinent seit 1802. Auf dem Weg an den Rhein machte er in Waterloo Halt und zeichnete das Schlachtfeld. Seine knappen Skizzen gingen in ein 1818 in der *Royal Academy* (Tate Gallery) ausgestelltes Gemälde und in dieses Aquarell ein. Im Gegensatz zu George Jones aktionsgeladener Schlachtenszene und Maclises späterem heroischen Fresko für den neuen Palast von Westminster (1858–1859) konzentriert sich Turner auf das Schicksal des einfachen Soldaten. Es ist eine tief pessimistische Darstellung, die gegen den damals vorherrschenden offiziellen Kriegs-Jubel gerichtet ist; sie läßt eher die in den ersten Nachkriegsjahren in England anzutreffende Unsicherheit anklingen. Turners Gönner und enger Freund Walter Fawkes kaufte das Aquarell zusammen mit den Rheinansichten. CF

243

Richard Parkes Bonington

Arnold 1802–1828 London

245
Schloß der Duchesse de Berry

Aquarell und Gouache, 20,3 x 27,2 cm
London, Trustees of the British Museum
Inv.-Nr.: 1910–2–12–223

Herkunft: Lewis Brown; Christie's, 28. Mai 1835, Lot 18; Hixon; Christie's, 15. März 1848, Lot 182, erworben von Shirley; George Salting, der es 1910 dem Britischen Museum vermachte
Ausstellungen: Nottingham 1965, Nr. 208; London, British Museum, 1985, Kat.-Nr. 165, Tafel 116
Literatur: Dubuisson and Highes 1924, S. 129; Cormack 1989, S. 60, 63 und Tafel 43

Joseph Mallord William Turner

244
Der Londoner Hafen, 1824

Aquarell und Gouache über Bleistift, 29,2 x 44,5 cm
Bezeichnet unten rechts: J M W TURNER RA/24
London, Trustees of the Victoria and Albert Museum
Inv.-Nr.: 522-1882
Herkunft: John Dillon; John Jones, der es 1882 hinterließ
Literatur: Wilton 1979, S. 358, Nr. 514, Abbildung; Shanes 1981, S. 36–37, Abb. 1 (mit dem Titel „Old London Bridge and vicinity")

Das Blatt aus einer Gruppe von vier London-Motiven der Jahre 1824–1825 wurde, zusammen mit dem „Tower of London" und dem „Londoner Zollamt", von Edward Goodall gestochen. Offenbar waren alle drei als Buchillustrationen gedacht; vermutlich für die 1824 in Ackermann's Repository angekündigten „Ansichten von London". In den 20er Jahren waren Publikationen über die neuen Bauten der Hauptstadt äußerst beliebt. Turner zeigt den Blick vom *Pool of London* (der zentralen Station für den Schiffsverkehr auf dem Fluß) auf die *Old London Bridge* mit der Southwark Kathedrale im Hintergrund. SGW

244

245

Bonington starb 1828, einen Monat vor seinem 26. Geburtstag, an Schwindsucht: für seine Arbeit blieben ihm gerade zehn Jahre. Als er fünfzehn Jahre alt war, verließ seine Familie England und ließ sich in Calais nieder, wo sein Vater (ein Zeichenlehrer und Maler) einen Produktionsbetrieb für Spitzen aufbaute; später gingen die Boningtons nach Paris. Nur dreimal besuchte der junge Bonington London; er lebte vor allem in Frankreich und zählte dort zu jener Gruppe junger Maler der 20er Jahre, die gegen die neoklassischen Formeln der vorhergehenden Generation rebellierten. Die Leidenschaft für Landschaftsmalerei, historisches Interesse und die Neigung zur Architektur Frankreichs, die Faszination für den Nahen Osten und die Begeisterung für die Dichtung Sir Walter Scotts hatten sie gemein; diese Neigungen spiegeln sich auch in Boningtons Werk wider. Es stellt eines der wichtigsten Bindeglieder zwischen englischer und französischer Romantik dar. Bonington lernte Girtins meisterhafte Aquarelltechnik über dessen Freund Louis Francia schätzen und übertrug dies auf etliche französische Zeitgenossen, darunter Eugène Delacroix. Das Aquarell, wohl 1825 entstanden, zeigt das Schloß in Rosny; es war im Besitz von Marie-Caroline, Herzogin de Berry (1798–1870), einer anglophilen Sammlerin und Förderin der Künste. Sie gab um 1827 eines von Boningtons letzten historischen Gemälden („Quentin Durward in Lüttich") in Auftrag. Sein Werk war schon zu Lebzeiten bei Kennern erstaunlich populär; die hohen, bei Londoner Verkäufen nach seinem Tode erzielten Preise bestätigten sein Ansehen. LS

Thomas Stothard

London 1755–1834 London

246

Das Ende des achten Tages (Dekameron), um 1820–1825

Aquarell über Bleistift, 27,3 x 20 cm
London, Trustees of the British Museum
Inv.-Nr.: 1886-6-7-3
Herkunft: 1886 von Mr. Allen erworben
Ausstellungen: ? Royal Academy, 1820, Nr. 71, unter dem Titel ‚Der Garten, Blumenpflücken, siehe das Dekameron von Boccaccio'; Buxton 1983, Nr. 3

Zwischen 1811 und 1826 zeigte Stothard in der Royal Academy Darstellungen aus dem ‚Dekameron', die allesamt als Szenen festlicher Vergnügungen angelegt waren. 1825 schuf er zehn Illustrationen zu einer neuen englischen Übersetzung von William Pickering. Eine davon ist das hier gezeigte Aquarell, das von Augustus Ford in Druckgraphik umgesetzt wurde. Seit etwa 1780 trat Stothard als fruchtbarer Buchillustrator hervor, dessen Stil vom französischen Rokoko und später vom Klassizismus geprägt war. Seine gelängten Figuren erinnern zum Teil an Blake und Flaxman, haben jedoch einen stärker dekorativen Charakter. In diesem Falle dienten besonders Watteaus ‚Fêtes champêtres' als Vorlage. „Sie weisen nicht die geringste Lebhaftigkeit auf und zeigen nur brave kleine englische Jungen und Mädchen in Maskeraden", schrieb 1820 ein Kritiker. Seine Darstellungen in der Art Watteaus beeinflußten jedoch zahlreiche Künstler, vor allem Turner, dessen 1828 in der Royal Academy ausgestelltes Bild *Boccaccio relating the Tale of the Birdcage* dies deutlich zeigt. LS

James Stephanoff
London 1787–1874 Bristol

247
Lalla Rookh, 1826

Aquarell und Gouache, teilweise geschabt, 35,6 x 42,3 cm
New Haven, Yale Center for British Art
Ausstellungen: Society of Painters in Water-Colours, 1826, Nr. 277 als ‚Feramorz erzählt Prinzessin Lalla Rookh und ihrem Gefolge im Tal der Gärten die Geschichte einer Peri'; New Haven, 1981, Kat.-Nr. 60; Reproduktion
Literatur: Roget 1891, Bd. I, S. 533 f.

Aquarell-Künstler, die vornehmlich an der Darstellung des Menschen interessiert waren, sind – von Blake abgesehen – weniger bekannt als die mit der Landschaft befaßten Künstler. Nach Thomas Stothard und Richard Westall kam eine Generation interessanter Zeichner, darunter Henry James Richter (1772–1857), Thomas Uwins (1782–1857) sowie die Brüder James (1787–1874) und Francis (1788–1866) Stephanoff. James Stephanoff, Sohn eines russischen Portraitmalers, spezialisierte sich auf historische oder literarische Szenen; 1830 wurde er offizieller Historienmaler und Aquarellist am Hofe Williams IV. Die von den Stephanoffs eingeführte Art der illustrativen Darstellung war etwas völlig Neues: Was hier in Aquarelltechnik ausgeführt war, erinnerte eher an Motive der Buchkunst. 1817 erschien Thomas Moores Poem ‚Lalla Rookh' mit Illustrationen von Westall und wurde innerhalb von zehn Jahren so populär, daß es zu so ehrgeizigen Aquarellen inspirierte wie dem hier gezeigten. *Lalla Rookh*, ein in Persien angesiedeltes Märchen, gilt als Höhepunkt des poetischen Orientalismus der Epoche. Kritiker hielten Stephanoffs Arbeit für angemessen exotisch und *The Literary Gazette* urteilte, er habe ‚all das verkörpert, was sich die lebhafteste Phantasie als arabischen Prunk ausmalen könne, verbunden mit mehr Anmut und Schönheit, als wir je bei irgendeinem Bild in irgendeiner Ausstellung sahen.'
SGW

247

246

William Blake
London 1757–1827 London

248
Der simonische Papst, 1824–1827

Feder, Tusche und Aquarell, 52,7 x 36,8 cm
Bezeichnet unten links: WB HELL Canto 19
London, Tate Gallery
Inv.-Nr.: NO3357
Herkunft: John Linnell; von dessen Erben zu Christie's (15. März 1918, Lot 148); dort von Martin für den National Art-Collections Fund erworben und der Tate Gallery geschenkt
Ausstellungen: Königliche Akademie, 1893, Nr. 10; Paris, 1947, Kat.-Nr. 29; New York, 1956, Kat.-Nr. 10; London, Tate Gallery, 1978, Kat.-Nr. 325; Pescara, 1983, Kat.-Nr. 8
Literatur: Butlin 1981, S. 567, Nr. 812.35; Butlin 1990, S. 212, Nr. 137

Um seiner ungemein persönlichen und dunklen Philosophie Ausdruck geben zu können, entwickelte Blake eine komplizierte Ordnung visueller Symbole und Bezüge. Er illustrierte seine eigenen Schriften, entnahm seine Themen aber auch der Bibel, Milton und Shakespeare. Ermutigt von John Linnell, entstanden in seinen letzten Lebensjahren seine 102 Illustrationen zu Dantes *Göttlicher Komödie.* Blake lernte Italienisch, um die Dichtung im Original lesen zu können, und

249

248

verwendete auch Carys Übersetzung. Seine Zeichnungen erläutern und illustrieren den Text zugleich. Blake kritisierte Dante ob seiner orthodoxen Heilsvorstellungen und erzählte Crabb Robinson: ‚Dante sah Teufel, wo ich keine sehe – Ich sehe nur das Gute'. ‚Der simonische Papst' stellt die Illustration zu ‚Inferno' XIX, 31–126 dar und zeigt den wegen Simonie bestraften Papst Nicolas III. Der Verurteilte muß über einem Feuerloch hängen, bis ihn ein Papst ersetzt, der sich auch schuldig gemacht hat. Vergil schützt Dante vor dem Zorn Nicolas', der den Dichter für seinen Nachfolger gehalten hatte. RU

William Blake

249
Beatrice spricht Dante vom Wagen aus an, 1824–1827

Feder und Aquarell, 37,2 x 52,7 cm
Bezeichnet unten rechts: P-g Canto 29 & 30; auf der Rückseite unten rechts: Pg Canto 29 und 24 (im rechten Winkel dazu)
London, Tate Gallery
Inv.-Nr.: 03369
Herkunft: Vgl. Kat.-Nr. 248
Ausstellung: Tate Gallery, 1978, Kat.-Nr. 334, Reproduktion
Literatur: Butlin 1981, S. 584, Nr. 812 88, Tafel 973; Bindman 1982–1983, S. 44, Reproduktion; Butlin 1990, Nr. 148

Blakes komplexe, subjektive Vorstellungswelt läßt sich aus zwei gegensätzlichen Interpretationen dieses Aquarells erkennen. Die Szene zeigt die erste Begegnung von Dante und Beatrice im irdischen Paradies. Die Gestalt des Greifs und die Beatricens stehen für Christus und die Kirche; ihre Begleiter sind ‚Glaube', ‚Hoffnung' und ‚Barmherzigkeit', gekleidet in Weiß, Grün und Rot. Die vier geflügelten Häupter – traditionelle Symbole der Evangelisten – sowie das wirbelnde Wagenrad mit den Augen und den Seelen der Lebenden sind Imaginationen, die Blake aus der Vision des Propheten Hesekiel (Hes. 1, 15–21) bezog. Albert Roe weist darauf hin, daß dieses Blatt von zentraler Bedeutung für Blakes Interpretation des Danteschen Werks sei und seine Kritik an dessen materialistischer Vorstellung vom Paradies illustriere. Die Beischrift beziehe sich zwar auf den 29. und 30. Gesang der ‚Göttlichen Komödie', doch etliche Details wichen davon entschieden ab: Das Rad verwandelt sich in ein Tor, Beatricens Kranz in eine Krone, und die Figur des ‚Glaubens' deutet auf ein Buch. Dante, so suggeriere die Darstellung, habe den Fluß Lethe überquert und unterwerfe sich den Mysterien der Kirche. Das hieß, der Genius des Dichters (als des natürlichen Menschen) füge sich dem Willen der Frau (der göttlichen Weisheit). Die Gestalt der Beatrice, so Roe, sei überdies mit anderen (gefallenen) Frauen in Blakes Werk – ‚Die Hure von Babylon' – zu vergleichen. David Fuller dagegen vertritt die Ansicht, daß die Darstellung sich eher auf die Geschehnisse im 31. Gesang beziehe. Indem Blake vom Text abweichende Bildelemente einführe (wie Beatricens Krone), habe er Dantes klassische Verweise (etwa auf Minerva) korrigiert und aufgelöst. Nach Fuller vermeidet der Künstler, die Figur der Beatrice einfach mit der Kirche gleichzusetzen und stelle sie deshalb als ‚Göttliche Weisheit' dar. Der leuchtende Strudel blendenden Lichts prägt denn auch die brillante und augenscheinlich erhobene Stimmung des Aquarells – eines der optisch reichsten und technisch vollendetsten dieser Folge. IW

250

David Cox

Birmingham 1783–1859 Birmingham

250
Buckingham House vom Green Park, 1825

Aquarell, teilweise geschabt, 22,4 x 44 cm
Bezeichnet unten links: D. COX 1825
Birmingham, Museums and Art Gallery
Inv.-Nr.: 6811

Herkunft: John Palmer Phillips, der es 1911 Birmingham schenkte
Ausstellungen: Swansea 1953, Kat.-Nr. 19; Birmingham 1959, Kat.-Nr. 19; London Guildhall Art Gallery 1971, Kat.-Nr. 45, Abbildung; Birmingham und London 1983–1984, Kat.-Nr. 30, Abbildung S. 8
Literatur: Birmingham 1930, S. 54; Cox 1947, S. 50, Farbtafel II

Abgesehen von seinen Themse-Szenen malte Cox offenbar nur wenige Ansichten Londons. Die hübsche Darstellung von *Buckingham House* ist ihrer belebten Szenerie wegen ungewöhnlich; offenbar war sie als Vorlage für einen Stich gedacht. Das rote Backsteingebäude, 1702–1705 für den Herzog von Buckingham gebaut, war 1762–1763 von Sir William Chambers für George III. erweitert worden. Der Bau blieb als Teil des von John Nash 1825 begonnenen und von Edward Blore 1832–1837 weitergeführten *Buckingham Palace* erhalten. SGW

251
An der Pont d'Arcole, Paris, 1829

Bleistift und Aquarell, 24,5 x 37 cm
London, Tate Gallery
Inv.-Nr.: 4302

251

254

Herkunft: Erbschaft J. Holliday 1927
Ausstellung: Birmingham/V & A, 1983–1984, Kat.-Nr. 59
Literatur: Solly 1873, Neudruck 1973, S. 63 ff.; Wilton 1977 als aus dem Jahr ?1832, Nr. 120; Egerton 1986, S. 14

Nach Reisen in Belgien und Holland fuhr David Cox 1829 nach Frankreich. Es mag sein, daß die Erinnerung an seinen ein Jahr zuvor in Paris gestorbenen Landsmann Richard Parkes Bonington ihn dorthin zog. Zunächst besuchte Cox in Calais den Maler F. L. Francia, einen Schüler Girtins und Lehrer Boningtons. Das hier gezeigte Aquarell erinnert in Farben und Thema an Boningtons Vorbild und Arbeiten anderer von ihm beeinflußter Künstler, etwa William Callow, Thomas Shotter Boys und James Holland. Der Eindruck von Spontaneität wird durch die mit Bleistift geschriebenen und die Farben betreffenden Anmerkungen und andere Notizen gesteigert. Cox, mit seinem Sohn unterwegs, war von der Architektur der französischen Hauptstadt fasziniert. Wie sein Biograph Solly berichtet, fuhr er trotz einer Knöchelverstauchung „... täglich mit einem Wagen aus, hielt an, wenn er an ein interessantes Objekt kam, ... und malte unermüdlich wochenlang ..." Die Darstellung zeigt eine Straßenszene auf der *Ile de la Cité* in der Nähe der *Pont d'Arcole* mit dem Blick auf die Kirche von St. Gervais. Trotz seiner Folge von Aquarellen mit Pariser Motiven hatte die Auslandsreise keine weiteren Folgen für Cox' Werk, dessen Schwerpunkt bei englischen und walisischen Landschaften lag. IW

William Turner ‚of Oxford'

Black Bourton 1789–1862

252 (Farbtafel S. 365)

Oxford vom Headington Hill

Aquarell über Bleistift (Spuren von Gummi Arabicum), 34,4 x 53 cm
Cambridge, Syndics of the Fitzwilliam Museum
Inv.-Nr.: 1484
Herkunft: A. E. Anderson, Schenkung an das Museum, 1928
Ausstellungen: Reading, 1968, Nr. 25; Queensland und Cambridge, 1982–1983, S. 53, Kat.-Nr. 67, Tafel 35; Woostock 1984–1985, S. 66, Kat.-Nr. 66, Reproduktion

Nach seinem Londoner Studium bei John Varley wurde Turner ‚of Oxford' 1808 Mitglied der *Society of Painters in Water-Colours* und ging 1811 nach Oxford. Fünfzig Jahre lang stellte er weiterhin in London aus. Obwohl er England und Schottland ausgiebig bereiste, ist er vor allem für seine Schilderungen Oxfords und der umliegenden Landschaft bekannt. Hier, in diesem typischen Beispiel, sind die Türme und Türmchen der Universität aus der Nähe der *London Road* gesehen, von links nach rechts: *Merton, Christ Church, Magdalen and All Souls' Colleges,* die Kirche von *St. Mary's* und die Kuppel der *Radcliffe Camera.* CF

Cornelius Varley

London 1781–1873 London

253

Regent's Canal mit Blick auf Hampstead, 1827

Aquarell, 24,8 x 38,3 cm
Bezeichnet auf der Rückseite: View on the Regent's Canal looking towards Hampstead. Cornelius Varley 1827. The spot ist now/1841/Park Village east
London, The Museum of London
Inv.-Nr.: 58.69/6
Herkunft: Frank T. Sabin
Ausstellung: London, The Museum of London, 1981, Nr. 70

Der hier gezeigte Abschnitt des *Regent's Canal* erleichterte die tägliche Versorgung mit Frischgemüse von Middlesex für die Märkte hinter Nashs ausgedehnten Reihenhäusern an der Ostseite des *Regent's Park.* Die kleinen Villen von *Park Village East* und *Park Village West* waren in einem malerischen italienischen beziehungsweise gotischen Stil entworfen. Varleys Darstellung zeigt auf der Rechten das für die östliche Bebauung geräumte Gelände vor der *York and Albany Tavern,* dazu auf der Linken eine der westlich gelegenen Villen. Im Hintergrund ist *Primrose Hill.* Der jüngere Bruder von John Varley und wie dieser Gründungsmitglied der *Old Water-Colour-Society,* widmete sich ab 1820 für den Rest seines Lebens vor allem wissenschaftlichen Zielen. 1811 erwarb er ein Patent für ein Graphisches Teleskop, eine Adaption der *Camera Lucida,* mit der Künstler Umrisse sichtbar machen konnten. CF

George Fennel Robson

Durham 1788–1833 Stockton-on-Tees

254

Loch Coruisk, Insel Skye, um 1828–1830

Aquarell und Gouache, teilweise geschabt, 45,1 x 65,4 cm
New Haven, Yale Center for British Art
Inv.-Nr.: B1977.14.6254
Herkunft: Fine Art Society, London
Ausstellungen: London, Society of Painters in Water-Colour, 1829, Nr. 127; New Haven, 1981, Kat.-Nr. 62, Reproduktion

Robson, seit 1804 in London, wurde in seiner Arbeit von John Varley ermutigt und stellte 1810, zusammen mit David Cox, bei den *Associated Artists in Watercolours* aus. Das vom Publikum beachtete Ergebnis einer Schottland-Reise

255

war 1814 ein illustriertes Buch – *Scenes of the Grampian Mountains.* 1813 trat Robson der *Old Water Colour Society* bei und spezialisierte sich auf schottische Szenerien, besonders der Highlands, die der Kunst kaufenden Öffentlichkeit weniger geläufig als die aus Wales oder dem Lake District waren. Dramatische Lichteffekte und die Verwendung tiefpurpurner und -brauner Schatten bestimmen sein Werk; sie wurden auch als exzentrische Freizügigkeit kritisiert. 1821 stellte das *Magazine of the Fine Arts* fest, Robson brilliere mit ‚heiteren, weiten, meditativen Szenen' und seine Vorstellungen vom Erhabenen schlössen die Idee der Gewalt aus. Ein Kritiker der *Library of the Fine Arts* feiert zehn Jahre später die kraftvolle und natürliche Schilderung jener „intensiven Schwermut" der Bergwelt. Bei dem hier gezeigten Aquarell handelt es sich wohl um das 1829 ausgestellte Blatt *Lork Corisken and the Coolin Mountains, in the Isle of Sky'*, das – wie zwei weitere auch – ein Zitat aus Sir Walter Scotts Poem *Lord of the Isles* begleitet. SGW

Samuel Palmer

London 1805–1881 Redhill

255

Kornfeld im Mondlicht mit Abendstern, um 1830

Aquarell und Gouache, Feder in Sepia, gefirnißt, 19,7 x 25,8 cm
London, Trustees of the British Museum
Inv.-Nr.: 1985-5-4-1
Herkunft: A. H. Palmer; Christie's, 4. März 1929, Lot 23; Savile Gallery; Sir Kenneth Clark; 1985 vom Museum erworben
Ausstellungen: London, Victoria and Albert Museum, 1926, Nr. 64; Royal Academy, 1934, Nr. 769A; Arts Council, 1959, Nr. 797; Victoria and Albert Museum, 1978–1979, Nr. 10; New York, 1987–1988, Nr. 286, Abb. 176; Cleveland und North Carolina, 1991, Nr. 81
Literatur: Grigson 1947, S. 93, 1967, Nr. 86, mit Abb.; Lister 1988, S. 74–75, Nr. 117, mit Abb.

Palmers Ruhm beruht vor allem auf den zwischen 1824 und 1834 entstandenen Gemälden und Zeichnungen. Der engagierte Leser Vergils, Miltons und des Alten Testaments lebte 1826 bis 1832 zurückgezogen im Dorfe Shoreham im Darent-Tal. In diesem ‚Tal der Vision' war er der führende Kopf der Künstlergruppe der *Ancients.* Nach einer ersten Auseinandersetzung mit William Blake bilden die antinaturalistischen Arbeiten den Höhepunkt seiner geradezu mystischen Verherrlichung der Natur. Dabei zeugen seine Motive von einer bis dahin in England unbekannten leidenschaftlichen Identifikation mit ländlicher Einfachheit. Das hier gezeigte Aquarell ist ein Hauptwerk Palmers. Der Schafhirte erscheint in der Landschaft von Kent wie ein Pilger, der gerade in Palmers visionäre Welt eintritt. Später erinnerte er sich an Shoreham mit „Gedanken über den ‚Aufgehenden Mond', mit der geradezu wahnsinnigen Pracht eines orangefarbigem Dämmerscheins in der Landschaft ..." LS

257

David Roberts

Stockbridge, Edinburgh 1796–1864 London

256

Der Lord Mayor geht in Westminster an Land, 1830

Aquarell, 33 x 47,2 cm
Bezeichnet: D. Roberts 1830
London, Guildhall Art Library, Corporation of London
Inv.-Nr.: 1246
Herkunft: Schenkung Lord Wakefield, 1939
Ausstellungen: London, The Museum of London, 1976–1977; London, The Museum of London, 1981, Nr. 74; London 1982, Barbican Art Gallery; London, The Museum of London, 1989
Literatur: Norton 1972, S. 23; Knight 1986, S. 244; Ellmers 1989, S. 8

Das Aquarell zeigt eine Begebenheit, die im Jahr seiner Entstehung gar nicht stattgefunden hat. Denn man verzichtete damals, aus Furcht vor möglichem Aufruhr, auf die öffentlichen Zeremonien zum ‚Lord Mayor's Day'. Trotzdem nutzte der Künstler hier seine Erfahrungen als Bühnenmaler, um in seiner Darstellung den Prunk zu beschwören, den man seit dem 15. Jahrhundert zu diesem Anlaß auf der Themse entfaltete. Bediente man sich dafür zunächst gemieteter Boote, ließ 1453 der Bürgermeister eigens eines bauen, um damit von der City nach Westminster zum König zu gelangen. Damit begann die Tradition der Aufzüge mit Booten. In der Folgezeit baute man weitere Boote zu diesem Zweck, das letzte 1807 für den Rat der Stadt; in der Darstellung mit dem Heck nach vorn an der Westminster Bridge. Links davon das der *Stationers' Company* (Buchhändler-Innung), die damals mit John Key den Bürgermeister stellte. CF

John Constable

East Bergholt 1776–1837 London

257

London von Hampstead aus, mit doppeltem Regenbogen, 1831

Aquarell, teilweise geschabt, 19,7 x 32,2 cm
Bezeichnet auf der Rückseite: between 6 & 7 o'clock Evening June 1831. Dazu skizzenhafter Stadt-Umriß mit strahlenförmig auf St. Paul's zulaufenden Linien und Wolken-Studie mit Lichtstrahlen
London, Trustees of the British Museum
Inv.-Nr.: 1888–2–15–55
Herkunft: Schenkung Isabel Constable 1888
Ausstellungen: Tate Gallery, 1976, Kat.-Nr. 283; British Museum, 1985, Kat.-Nr. 104, Tafel 75; New York 1987–1988, Nr. 218
Literatur: Fleming-Williams 1976, S. 100, Tafel 42; Schweizer 1982, S. 426 f., Abb. 3; Reynolds 1984, Nr. 31, Tafel 800; Cormack 1986, S. 207, Tafel 197

Constable mietete 1827 ein Haus in *Well Walk*, Hampstead, einem Dorf auf den nördlichen Höhen Londons; im August dieses Jahres schrieb

258

er an einen Freund: „Meiner Frau gefällt es ausnehmend gut – unser kleines Malzimmer erlaubt einen in Europa einzigartigen Ausblick – von *Westminster Abbey* bis nach *Gravesend.* Die Kuppel von *St. Paul's* im Himmel – wie Michelangelos Vorstellung vom Pantheon – Ich werde so etwas in den Himmel bauen." In der hier entstandenen Folge von Aquarellen ist dieses das wohl dramatischste. Zwei Phänomene, die Constable faszinierten, treten hier auf – ein Regenbogen und schräg einfallender Sonnenschein. Regenbögen, nicht nur als metereologische Erscheinungen interessant, bergen Assoziationen. In Constables Gemälden und Aquarellen dieser Zeit sind sie Symbol der Hoffnung. An den Lichtstreifen, damals ‚Sonnenkissen' genannt, erinnerte sich C. R. Leslie, Constables Biograph: „Er erklärte mir eine Erscheinung der Sonnenstrahlen, die nur wenige Künstler bemerkt haben mögen … Steht der Betrachter mit dem Rücken zur Sonne, kann er zuweilen sehen, wie die Strahlen am Horizont perspektivisch zusammenlaufen …"
LS

John Frederick Lewis
London 1805–1876 London

258
Die Alhambra, 1832

Aquarell und Gouache, 25,8 x 36 cm
Bezeichnet unten rechts: Alhambra, Oct. 5 1832
London, Trustees of the British Museum
Inv.-Nr.: 1885-5-9-1644
Herkunft: 1885 erworben
Ausstellung: Cleveland und Raleigh 1991, Nr. 80

Lewis war eines der erfolgreichsten Mitglieder der *Society of Painters in Water-Colours* und arbeitete für Almanache und Gedichtbände als Illustrator, die damals so beliebt waren. Wie sein Freund David Wilkie reiste auch Lewis 1832 und 1834 nach Spanien; mit „Aufträgen für Alben junger Damen und für mehrere Buchhändler, die Lord Byron illustrieren". Die Reise-Skizzen dienten später als Vorlagen für Aquarelle und für zwei Bände mit Lithographien. Die hier gezeigte Darstellung benutzte er dabei für *Distant View of the Sierra Nevada* als Hintergrund, das in *Lewis's sketches of Spain and Spanish Character* 1836 in London veröffentlicht wurde. Die kraftvolle Farbgebung erregte damals in England großes Aufsehen. John Sell Cotman bemerkte 1834 zu den spanischen Zeichnungen, daß „Worte ihre Großartigkeit nicht vermitteln können …". Als Lewis 1858 aus der Gesellschaft der Aquarellisten austrat, schrieb er: „Ich glaubte, daß die Arbeit mich zerstörte. Und wofür das? Um mit der Aquarellmalerei £ 500 pro Jahr zu verdienen, wo ich doch weiß, daß ich als Ölmaler unter weniger Mühen meine tausend Pfund bekommen könnte."
LS

260

Samuel Prout

Plymouth 1783–1853 London

259
Piazzetta und Dogenpalast in Venedig, um 1831

Aquarell, 43 x 55 cm
London, Trustees of the Royal Watercolour Society
Herkunft: Nachlaß Parsons, 1979
Ausstellungen: Birmingham, 1987, Nr. 27; London, Bankside Gallery, 1991, Nr. 10

Seit den 20er Jahren war Samuel Prout einer der bekanntesten Darsteller von malerischen Architekturansichten. Seine Ansichten mittelalterlicher Städte wurden besonders durch Nachstiche bekannt. Er veröffentlichte Zeichen-Lehrbücher und spielte als Illustrator von Reiseliteratur eine führende Rolle. Der junge Ruskin war sein Schüler und bewunderte sein Werk. Vor allem in den 20er Jahren sammelte er auf Reisen Material für nachfolgende Kompositionen. 1824 war er zum ersten Mal in Venedig. Das Blatt wurde für das *Landscape Annual* 1831 in Druckgraphik umgesetzt. LS

Thomas Shotter Boys

London 1803–1874 London

260
Der Boulevard des Italiens, Paris, 1833

Aquarell, mit Deckweiß gehöht und Gummiarabicum, 32,7 x 59,7 cm
Bezeichnet unten rechts: Thos Boys. 1833
London Trustees of the British Museum
Inv.-Nr.: 1870–10–8–3264
Herkunft: Erworben von P. und D. Colnaghi and Co.
Ausstellungen: London, British Museum, 1985, Kat.-Nr. 167, Tafel 115; Cleveland and Raleigh, 1991, Nr. 78
Literatur: Roundell 1974, S. 96–97

Boys gehörte zu den britischen Künstlern, die – Boningtons Beispiel folgend – nach Frankreich gingen, wo sie eine Zeitlang an der Aquarell-Mode partizipierten. In London, der damals für Druckerzeugnisse wichtigsten Stadt, war er zum Stecher ausgebildet worden und konnte seine Kenntnisse in Paris verwerten. Seine enge Verbindung zu Bonington wird in den frühen Aquarellen deutlich, doch Boys hatte andere Interessen. Im Gegensatz zur romantischen Sensibilität von Boningtons Werk stellen Boys Paris-Studien vor allem Ortsbeschreibungen dar. Der *„Boulevard des Italiens"* ist ein prächtiges Beispiel für seine technische Virtuosität und dem Sinn für großzügige Gestaltung. In Werken wie diesem entwickelte Boys die Fähigkeit, die präzise Darstellung von Architektur mit lebendigem menschlichen Treiben zu verbinden. In der Lithographie-Folge *„London as it is"* von 1842 zeigt sich dies auf vollendete Weise. LS

261

Joseph Mallord William Turner

London 1775–1851 London

261
Beerdigung von Sir Thomas Lawrence – eine Skizze nach dem Gedächtnis, 1830

Aquarell und Gouache, 61,6 x 82,5 cm
Bezeichnet unten links: Funeral of Sir Thos Lawrence PRA/Jan 21 1830/SKETCH from MEMORY JMWT
London, Tate Gallery

Inv.-Nr.: Turner Bequest CCLXIII 344; D25467
Herkunft: Legat des Künstlers, 1856
Ausstellungen: Royal Academy, 1830, Kat.-Nr. 493; Royal Academy, 1974–1975, Kat.-Nr. 436
Literatur: Williams 1831; Wilton 1979, Nr. 521; Gage (Hg.) 1980, S. 137, Nr. 161

Dieses Aquarell war das letzte, das Turner in der *Royal Academy* ausstellte. Offenbar sollte es seine hohe persönliche Wertschätzung für Sir Thomas Lawrence, den Präsidenten der Akademie, bezeugen. Dieser hatte Turner den einzigen königlichen Auftrag verschafft, besaß selbst mehrere Werke von ihm und ermutigte den Künstler 1819 zu seiner ersten Italien-Reise. Die Beisetzung des langjährigen Freundes fand in der *St. Paul's Cathedral* statt. Der Leichnam wurde im *Model Room* der Akademie aufgebahrt, der mit schwarzem Tuch ausgekleidet und mit Kerzen und Fackeln erleuchtet war. Am Morgen des 21. Januar bewegte sich der von sechs Pferden gezogene Leichenwagen zur Kathedrale. IW

262

Edward Duncan
London 1803–1882 London

262
Windsor Castle, 1833

Aquarell und Gouache, teilweise geschabt, über Bleistift, 62,2 x 95 cm
Bezeichnet unten links: E. Duncan Del. 1833
Birmingham, Museums and Art Gallery
Inv.-Nr.: 1'16
Herkunft: Arthur T. Keen, von ihm 1916 Birmingham geschenkt
Ausstellung: New Society of Painters in Water-Colours, 1834, Nr. 120
Literatur: Birmingham 1930, S. 76; Old Water Colour Society Club, VI, 1928–1929, Tafel XII

Duncan, bekannt als Maler maritimer Szenen und einer der fähigsten Aquarell-Künstler seiner Zeit, konnte sich mit winzigen Details beschäftigen, aber auch weite, atmosphärische Wirkungen schaffen. Außerdem lieferte er stets angenehme und ausgewogene Kompositionen zu einem vernünftigen Preis. Nach seiner Lehre bei Robert Havell arbeitete er zunächst als Stecher, wandte sich 1831 jedoch dem Aquarell zu. Er stellte sowohl bei der Alten wie bei der Neuen Gesellschaft der Aquarellkünstler aus. Dieses Blatt war Teil jener Ausstellung von 1838, die George Scharfs berühmte Darstellung dokumentiert. Nach dem Urteil der *Literary Gazelle* gab es nie zuvor ‚eine interessantere Ansicht des noblen Baus', obwohl das Motiv ja nicht neu sei. Im Gegensatz zu früheren Darstellungen von *Windsor Castle* ist hier die gesamte Anlage zu sehen, wie sie sich nach den romantisch-mittelalterlichen Erneuerungen des Architekten Sir Jeffry Wyatville (1766–1840) präsentierte. Dazu gehört die Erhöhung des mittelalterlichen Rundturms um etwa zehn Meter, sowie die Einfügung quadratischer Türme in die aus dem siebzehnten Jahrhundert stammende Nordfront. Der Blick geht von den Sportplätzen des *Eton College* aus auf die Windsor und Eton verbindende Themsebrücke. SGW

Anthony Vandyke Copley Fielding
Halifax 1787–1855 Worthing

263
Glen Lochy, Perthshire

Aquarell und trockene Ölfarbe, 64 x 85,9 cm
Bezeichnet unten links: A. V. Copley Fielding 1834

263

264

Cambridge, Syndics of the Fitzwilliam Museum
Inv.-Nr.: PD.143–1961
Herkunft: Dr. Louis C. G. Clarke; 1961 dem Museum vererbt
Ausstellung: Society of Painters in Water-Colours, 1834, Nr. 218

Copley Fielding, der zweite Sohn des Landschaftsmalers Nathan Theodore Fielding, und wohl der bekannteste der fünf Malerbrüder, ließ sich 1809 in London nieder, wurde Schüler von John Varley und war Mitglied im *Mono Circle* und aktiv für die *Old Water-Colour Society* tätig. Er arbeitete in seinem Studio in der *Newman Street*, stellte sehr häufig aus und schuf eine große Anzahl von Marine-Ansichten und Landschaften, die ein Ergebnis seiner ausführlichen Reisen durch das Land waren. Zusammen mit Constable und Bonington erhielt er 1824 die Goldmedaille auf dem Pariser Salon. In diesem eindrucksvollen Blatt, wie auch in vielen anderen großformatigen und für Ausstellungen konzipierten Aquarellen der 30er Jahre, wird das Dramatische der Landschaft durch die reichen Farben betont und durch die Effekte der malerischen Mischtechnik verstärkt. CF

Samuel Jackson

Bristol 1794–1869 Bristol

264

Postkutschenreisende bei der New Passage am Severn, 1834

Aquarell, 13 x 18,75 cm
London, Baring Brothers & Co., Limited
Herkunft: Von Barings auf einer Auktion 1893 erworben
Ausstellungen: Bristol, 1834, Nr. 142; Bristol, 1986, Nr. 58
Literatur: Greenacre and Stoddard, 1983

Jackson, der Sohn eines Kaufmanns aus Bristol, war von Danby stark beeinflußt, entwickelte eine komplizierte Wasserfarbentechnik und war als Zeichenlehrer erfolgreich. MJO

David Cox
Birmingham 1783–1859 Birmingham

265
Bolsover Castle, 1834–1840

Aquarell und Gouache, teilweise geschabt, 74,7 x 99,6 cm
Bezeichnet unten links: David Cox
London, University College
Inv.-Nr.: UCL 3664
Herkunft: Henry Vaughan, von ihm vererbt, 1930
Ausstellung: London, Society of Painters in Water-Colours, 1840, Nr. 297
Literatur: Solly 1873, S. 61

Cox war von 1815 bis 1827 in Hereford als Zeichenlehrer in einer Mädchenschule tätig, was ihn nicht davon abhielt, zu malen, zu reisen und bei der *Old Water-Colour Society* auszustellen, wo er nach seiner Rückkehr nach London in den späten 20er und 30er Jahren eine wichtige Rolle spielte. Der Stil seiner Aquarelle erweiterte sich, mit einer Tendenz zum ausgearbeiteten Detail. 1841 ging Cox nach Birmingham zurück, um sich ungestört seiner aus dem Aquarell entwickelten Malerei in Öl zu widmen. Die berühmten alten Landsitze im Norden der Midlands – hauptsächlich in Derbyshire – boten zahlreiche malerische Motive, besonders *Haddon,* seit dem frühen achtzehnten Jahrhundert unbewohnt, doch von der Familie Manners instandgehalten, und *Bolsover,* ein ausgedehnter, halb verfallener Gebäudekomplex aus dem siebzehnten Jahrhundert. In mehreren großformatigen Aquarellen bevölkert Cox beide Häuser mit Figuren in historischen Gewändern. Das hier gezeigte Werk feiert jedoch eher eine wahrhaft englische Landschaft. Cox stellte zwischen 1834 und 1843 sieben Aquarelle mit dem Motiv des *Bolsover Castle* aus; dieses ist wohl das 1840 präsentierte *Hardwick Park, Bolsover Castle in der Ferne.* SGW

265

Samuel Palmer
London 1805–1881 Reigate

266
Ansicht des modernen Roms während des Karnevals, 1838

Aquarell und Gouache über Bleistift, 40,9 x 57,8 cm
Bezeichnet unten rechts: Samuel Palmer Rome 1838
Birmingham, Museums and Art Gallery
Inv.-Nr.: P15'46
Herkunft: A. H. Palmer; 1946 vom Museum erworben (Feeney Charitable Bequest Fund)
Ausstellungen: Rom, Akademie, 1838; London, Fine Art Society, 1881, Nr. 25; Sheffield, 1961, Kat.-Nr. 45; Cambridge, 1984, Kat.-Nr. 36, Reproduktion
Literatur: Malins 1968, S. 52, 87, Tafel 5; Lister 1985, Nr. 42, Farbreproduktion; Powell 1987, S. 182 ff., Tafel 176

Englische Künstler in Rom waren fasziniert von der berauschenden Mixtur mediterranen Lebens inmitten bedeutender Zeugnisse klassisch-antiker Architektur. Turner wie Palmer schufen in den späten 30er Jahren kontrastierende Bilderpaare: Turners *Altes Italien – Der aus Rom verbannte Ovid,* und *Modernes Italien – Die Pifferari*

266

267

wurden 1838 in der *Royal Academy* gezeigt; ihnen folgte 1839 *Altes Rom; Agrippina landet mit der Asche des Germanicus* und *Modernes Rom – Campo Vaccino.* Schon aus den Titeln ist eine Sichtweise abzulesen, die an die damals benutzten Reiseführer erinnert; z. B. wird in J. C. Eustraces *Tour durch Italien* (1813) empfohlen, man möge ‚sich zunächst mit dem alten, dann mit dem modernen Rom befassen und von den Palästen des Profanen zu den Tempeln der heiligen Stadt fortschreiten.' 1837 heiratete Samuel Palmer Hannah Linnell (die Tochter von John Linnell); das Paar verbrachte zweijährige Flitterwochen in Italien, vornehmlich in Rom. Das Aquarell und sein Gegenstück *Eine Ansicht des Alten Rom* (ebenfalls in Birmingham) stellen die künstlerischen Glanzlichter des Aufenthalts dar. Palmer bat brieflich Linnell um Einzelheiten zu Turners Ölbildern: ‚Ich würde gerne wissen, was der Unterschied zwischen Turners Altem und Modernen Italien war, ... die Figuren oder die Gebäude oder beides?' Palmer placierte seine ‚alte' Ansicht in das Forum Romanum und bietet den notwendigen Kontrast zu dessen stiller Einsamkeit mit der hier gezeigten festlichen Szene auf der Piazza del Popolo. SGW

John Sell Cotman
Norwich 1782–1842 London

und Miles Edmund Cotman
Norwich 1810–1858 Norwich

267
Küste mit dem Strandgut der an die Kaiserin Katharina von Rußland verkauften Houghton Bilder, Bücher etc., 1838

Bleistift, Aquarell und Gouache, 68 x 90,2 cm
Cambridge, Syndics of the Fitzwilliam Museum
Inv.-Nr.: 945
Herkunft: Vom Künstler zu Christie's (Lot 160; 17./18. Mai 1843); 1919 von Joseph Prior dem Museum vererbt
Ausstellungen: Old Water-Colour Society 1838, Nr. 223; London, Arts Council, 1982, S. 140, Kat.-Nr. 108; New Haven und London, Nationales Seefahrtsmuseum, 1987, S. 60, Kat.-Nr. 99, Abb. 26
Literatur: Dickes 1905, S. 392 ff.; Kitson 1937, S. 343 f., Abb. 134; Boase 1959, S. 332–346, Tafel 33B; Mertens 1987, S. 179

Ein Beispiel für Cotmans späte Aquarelltechnik und darüber hinaus das Ergebnis der Zusammenarbeit mit seinem ältesten Sohn. Aus Cotmans Brief vom 7. April 1838 ist zu ersehen, daß Miles bereits die See, den Himmel und die Schiffe gemalt hatte, als sein Vater mit den Figuren und dem Wrack begann, „einschließlich der grandiosen Landschaft von Rubens' *Fuhrmann.*" Er benannte das Werk phantasievoll um: Als leidenschaftlicher Antiquar und als Mann aus Norfolk wußte Cotman sicher, daß der 3. Earl of Oxford 1799 die Walpole-Kunstsammlung verkaufte, um die Schulden seines Vaters zu begleichen. (Dabei ging die Gemälde-Kollektion an die Zarin Katharina II.) 1834, nach zwanzig Jahren in Norfolk, versuchte der eigentlich unpraktisch veranlagte Künstler vermutlich, den Kräften des Londoner Marktes zu entsprechen und führte in seine Komposition das subtile ‚historische' Element ein, um der steigenden Nachfrage nach Werken von erzählendem Charakter entgegenzukommen. CF

William Henry Hunt
London 1790–1864 London

268
Der Schuppen, 1834

Aquarell und Gouache, teilweise geschabt, über Bleistift, 54 x 74,9 cm
Bezeichnet unten rechts: W. Hunt 1838
Cambridge, Syndics of the Fitzwilliam Museum
Inv.-Nr.: 739
Herkunft: Charles Fairfax Murray; Geschenk an das Museum 1912
Ausstellungen: Society of Painters in Water-Colour, 1838, Nr. 262; London, P. und D. Colnaghi, 1973, Nr. 135; New Haven, 1981, S. 70, Kat.-Nr. 66
Literatur: Wilton 1977, S. 190, Nr. 139, Reproduktion; Witt 1982, S. 173, Nr. 321, Tafel 15; Newall 1987, S. 31 f., Tafel 12

Hunt, Sohn eines Weißblecharbeiters in Covent Garden, wurde 1806 bei John Varley in die Lehre gegeben, zusammen mit John Linnell und William Mulready. Wie andere Aquarellmaler seiner Generation, kannte er Dr. Monro, dessen abendliche Treffen er in *Adelphi Terrace* besuchte; auch skizzierte er im Hause Monros in der Nähe von Bushey. Zum ersten Mal stellte er 1807 in der *Royal Academy* aus, 1814 dann bei der *Society of Painters in Oil and Watercolours.* Er war Mitglied der *Old Water-Colour Society* von 1824 an. Hunts frühe Werke waren frei und mit einer Schilf-Feder und Sepiatinte gezeichnet. (Seine Fertigkeiten hatte er beim Kopieren von Zeichnungen Canalettos im Hause Monros erlangt.) In den späten 20er Jahren steigerte er jedoch den Oberflächenreiz mit Hilfe getüpfelter Strukturen und weißer Aufhellungen, was dem Mittelschicht-Publikum mit seinem Bedarf an bildmäßigen Aquarellen als Ersatz für Ölgemälde gefiel.

268

Schließlich als *Bird's Nest'-Hunt* bekannt, stellte er auch bäuerliche Szenen aus. In dem hier gezeigten Blatt weicht die Präsenz einer schönen jungen Frau die akribisch beobachteten Strukturen von Hölzern, Spänen und Stroh leicht auf: auch dies wohl eine Referenz an den herrschenden Publikumsgeschmack. CF

John Martin

Haydon Bridge 1789–1854 Douglas Isle of Man

269 (Abb. S. 382)

Wiese, 1840

Aquarell, teilweise geschabt, 25,4 x 34 cm
Bezeichnet unten rechts: J. Martin, 1840
London, Trustees of the British Museum
Inv.-Nr.: 1891–5–11–49
Herkunft: Gekauft von Colnaghi, 1891
Ausstellung: Cleveland und Raleigh, 1991, Nr. 69
Literatur: Balston 1947, S. 254 f.

John Martin machte sich mit hochdramatischen Gemälden und Radierungen einen Namen: Visionen vom Untergang, deren Sujets er der Bibel und der antiken Mythologie entnahm. Ein erster Erfolg war das 1816 in der *Royal Academy* ausgestellte Gemälde *Joshua Commanding the Sun to Stand Still*; ihm folgten in den 20er Jahren weitere Schilderungen eher ‚katastrophaler' Themen. Seine eigenen druckgraphischen Übernahmen solcher Sujets sowie seine Illustrationen von Miltons *Paradise Lost* und biblischer Geschichte wurden vom Publikum begeistert aufgenommen. Harsche Kritik – etwa von Charles Lamb und William Hazlitt – blieb nicht aus. Weniger bekannt sind in Martins Werk die Landschaftsstudien der 40er Jahre: Ergebnisse seiner „Expeditionen" in die unmittelbare Umgebung Londons. Im *Athenaeum* war dazu zu lesen, Martin, der doch „in unermeßlichen Räumen und in Erhabenheit geschwelgt" habe, sei nun imstande, „liebevoll wie ein Dichter" reife wogende Korn-Felder zu betrachten. Solch lyrischer Zug war tatsächlich der denkbar größte Gegensatz zu den in Format und Inhalt ausgreifenden Gemälden. LS

269

MÖBEL UND INTERIEURS

London war der Ort modischer Repräsentation, und der Handel mit Luxusgütern blühte. Nahezu alle Möbel und Objekte der angewandten Kunst von hoher Qualität wurden hier entworfen, meist auch hergestellt und dann auch hier verkauft. Den in Fragen des Geschmacks tonangebenden Kennern und Sammlern – vor allem der Prince of Wales, Thomas Hope, John Soane und William Beckford – stand eine erstaunliche Vielfalt historistischer Stile zur Verfügung: chinesisch, griechisch, ägyptisch oder auch im Stile Ludwigs XVI. Bei der zunehmend wissenschaftlich fundierten Wiederentdeckung der Gotik spielte London in Europa eine führende Rolle.

Henry Holland

London 1745–1806 London

270

Nordfassade von Carlton House mit Blendmauer (Kolonnade), 1794

Feder, Tusche und Aquarell, 34,5 x 49,7 cm
Windsor Castle, H. M. Queen Elizabeth II
Inv.-Nr.: RL 18947
Literatur: Stroud 1966, S. 61–76; Crook und Port 1973, S. 307–322

Als Carlton House – zunächst ein zusammenhangloser Komplex – zu einen eleganten neoklassischen Villa umgebaut wurde, war dies das erste sichtbare Zeugnis der architektonischen Ambitionen des Prinzen von Wales. Aus finanziellen Gründen gingen die Arbeiten nur langsam voran. Die 1794 vollendete Nordfassade besaß eine von einem Giebel gekrönten und von korinthischen Säulen getragenen Portiko; er war tief genug, um Kutschen aufzunehmen – eine Neuerung, die weithin kopiert wurde. Die Front des Gebäudes nach der *Pall Mall* hin bildete eine Kolonnade nach dem Vorbild des *Palais Royal* und des *Hôtel de Condé* in Paris. Sie bestand aus ionischen Säulenpaaren auf einem durchlaufenden Sockel, der von zwei Eingängen unterbrochen wurde. So spielten nun der Prinz und sein Hofstaat eine sichtbare Rolle in der Stadt und waren doch von deren Leben durch konkrete und symbolische Schranken getrennt. *Carlton House* mit seiner Säulenarkade bildete später den optischen Abschluß von Nashs architektonischer Entwicklung im Bereich der *Regent Street.* CF

271

Grundriß des Hauptgeschosses von Carlton House, Oktober 1794

Feder, Tusche und Aquarell, 34 x 49 cm
Windsor Castle, H. M. Queen Elizabeth II
Inv.-Nr.: RL 18943
Literatur: Stroud 1965, S. 61–76; Crook und Port 1973, S. 310 f.

Carlton House lag an einem Abhang; die Beletage, vom Garten aus im ersten Geschoß gelegen, befand sich zur *Pall Mall* hin auf Straßen-Niveau. Hier waren die großen Empfangsräume, deren Glanz allerdings von den enormen Schulden des Prinzen (£ 630.000 im Jahre 1795), der mißlichen Lage unbezahlter Handwerker und dem drohenden Gerichtsvollzieher stark beeinträchtigt war. Eine standesgemäße Heirat schien die

272a

272b

einzige Lösung: Prinzessin Caroline von Braunschweig brachte ein großes Vermögen in die Ehe ein, und die Einkünfte des Prinzen wurde durch das ‚Establishment Act' von 1795 auf £ 138.000 jährlich erhöht. Während der Ehevertrag 1794 ausgehandelt worden war, mußte Holland die zum Garten liegenden Räume im Südosten in eine Suite für die Prinzessin verwandeln, wie aus diesem Grundriß hervorgeht. Des Prinzen Schlafzimmer wurde dabei in den ersten Stock verlegt. CF

Humphry Repton

Bury St. Edmunds 1752–1818 London

272

Entwürfe für den Pavillon in Brighton, 1808

Herausgeber J. C. Stadler, No. 15 Villiers Street, Strand
53,3 x 36,5 cm
Cambridge, Graham Watson Collection, Master and Fellows of Emmanuel College
Literatur: Abbey, Scenery, 1972 (Hg.), Nr. 55; Tooley 1973 (Hg.), Nr. 396; Colvin 1978, S. 679–681; Morley 1989 (Hg.), S. 33–36

Der Prinz von Wales mietete 1786 in Brighton zunächst ein ‚ansehnliches Gutshaus' und begann sofort damit, es nach Henry Hollands Plänen in einen See-Pavillon umbauen zu lassen. Zwischen 1802 und 1804 stattete die Firma Crace die Räume in einem phantasievoll chinesischen Stil aus. Im indischen Stil entstanden die neuen Stallungen hinter dem Pavillon. Die Entwürfe William Pordens von 1803 belegen den Einfluß der 1795–1808 erscheinenden *Views of Oriental Scenery* (Ansichten orientalischer Landschaften) von Thomas und William Daniell. Repton bewunderte offenkundig Pordens Werk; seine eigenen Vorschläge für die Umgestaltung des Pavillons sind in diesem Band zusammengestellt. Darin begründet Repton auch, warum er die Architektur Hindustans als Vorbild wählte: „Ich erwog alle Stile verschiedenster Länder, überzeugt davon, daß es gefahrvoll sei, etwas völlig Neues zu erfinden. Der türkische Stil war verwerflich, weil er eine Verfälschung des griechischen darstellt; ebenso wie der maurische als schlechter Typ des Gotischen; der ägyptische Stil war zu schwerfällig für eine Villa; der chinesische zu leicht und oberflächlich für Außenfassaden, im Innern jedoch verwendbar . . . Es blieb eigentlich nur die Möglichkeit, geeignete architektonische Formen Hindustans miteinander zu kombinieren." (S. vi). Zunächst begeistert, übernahm der Prinz die Entwürfe doch nicht; er zog wohl das Phantastische der Klarheit, ja Pedanterie von Reptons Ansatz vor. 1815 engagierte er als Architekten Reptons ehemaligen Partner John Nash, dessen Pavillion im überspannten Mischstil aus indischen und gotischen Elementen noch heute die Stadt ziert. Das Werk enthält acht Aquatinta-Tafeln und zwölf Vignetten, gezeichnet von Repton mit Hilfe seiner Söhne, der Architekten John Adey (1775–1860) und George Stanley (1786–1858) und von Stadler gestochen. Für den nicht als Architekt ausgebildeten Repton war Architektur ‚ein untrennbares und unverzichtbares Hilfsmittel' für die Kunst der Landschaftsgärtnerei, seinem eigentlichen Beruf. Für seine wichtigsten Aufträge lieferte er reich illustrierte Aufzeichnungen; ihrer roten Saffian-Einbände wegen waren sie als ‚Rote Bücher' bekannt. Das vorliegende Werk war dem Prinzen gewidmet. Mittels einer abnehmbaren Blende sind die Gebäude im Hintergrund in zwei Varianten dargestellt. CF

William Henry Pyne

London 1769–1843 London

273

The History of the Royal Residences . . ., 1819

(Die Geschichte der königlichen Residenzen Windsor Castle, St. James's Palace, Kensington Palace, Hampton Court, Buckingham House und Frogmore) Herausgeber Abraham Dry, 36 Upper Charlotte Street, Fitzroy Square
Band 3 mit farbigen Aquatinten, 34,2 x 27,5 cm
London, The Museum of London
Inv.-Nr. 1882/3
Literatur: Adams 1983, S. 323–328, Nr. 132; Myers 1990, S. 69–74

273

W. H. Pyne war an der Erstellung mehrerer farbig illustrierter Bücher Rudolph Ackermanns beteiligt; in dessen *„History of the Colleges"* (Geschichte der Colleges) schrieb er die Texte über Winchester, Eton und Harrow. Danach plante er einen ähnlichen Band über die königlichen Schlösser, bei dem er den Text schreiben und Charles Wild, James Stephanoff, Richard Cattermole, William Westall und George Samuel die einhundert Bild-Tafeln zeichnen sollten. Teil I erschien im Juni 1816. Zwei Jahre später hatte sich Pyne finanziell übernommen und verkaufte das Projekt an Abraham Dry aus der *St. Martin's Lane*, Nr. 32. Drys Name erschien auf der Titelseite des fertigen Buches. Die Ansicht des kunstvollen Wintergartens in *Carlton House*, für den Prinzregenten 1807 von Thomas Hopper entworfen, ist auf Tafel 99 des Werkes dargestellt. Der Stich stammt von Thomas Sutherland, nach einer Vorlage von Charles Wild. RH

Charles Wild

London 1781–1835 London

274
Der rote Salon, Carlton House, um 1816

Aquarell und Gouache, 40,7 x 51 cm
Windsor Castle, H. M. Queen Elizabeth II
Inv.-Nr.: RL 17603
Herkunft: Auftrag des Prinzregenten
Ausstellung: London, Queen's Gallery, 1991–1992, Kat.-Nr. 199 (Aquarell und Umrißradierung als Vorlage für Pynes Buch über die ‚Royal Residencies', Bd. III, S. 24, hergestellt)
Literatur: Oppé 1950, S. 101, Nr. 654

Der ‚karmesinrote Salon' lag in der Nordwest-Ecke der Beletage und war von Holland zwischen 1788 und 1794 aus zwei Räumen geschaffen worden. 1804 wurde beschlossen, es von einem Speisezimmer in einen Salon umzuwandeln, was symptomatisch war für die ständigen Veränderungen in *Carlton House.* Im neu gestalteten Salon blieb Hollands vergoldete Putzdecke weitgehend erhalten. Die zur Präsentation von Gemälden stukkierten Wände und Pilaster erhielten um 1805 eine Seiden-Damast-Bespannung mit passenden Gardinen und Draperien. Die originalen Kamin-Ummantelungen aus schlichtem grau-weißen Marmor wurden 1805 von reicher verzierten Stücken und zwei Jahre später von Arbeiten der Vulliamys aus schwarzem Marmor in kunstvollster Ausführung ersetzt. Ihr Preis von mehr als £ 2.000 weist im Vergleich mit dem von weniger als £ 200 für das Paar von 1805 auf die eskalierenden Ansprüche des Prinzen hin. Die französisch inspirierten neoklassischen Möbel des Salons wurden zwischen 1808 und 1814 vor allem von Tatham Bailey und Sanders geliefert. Das Kandelaber-Paar weiblicher Figuren, Thomire zugeschrieben, vor den Fenstern plaziert, kam 1812 hinzu. CF

275
Sessel

Entwurf: vermutlich Henry Holland; Hersteller: vermutlich François Hervé
Bemalte und teilweise vergoldete Buche, moderne Polsterung, 93 x 63 x 62 cm
London, H. M. Queen Elizabeth II on loan to the Victoria and Albert Museum
Herkunft: Carlton House

Die meisten englischen Möbel aus dem 18. Jahrhundert beruhen auf französischen Vorbildern, auch wenn ihr Entwurf im allgemeinen vereinfacht und bei der Herstellung häufig gepfuscht wurde. Bei diesem Möbel ist die ursprüngliche französische Vorlage genau befolgt worden, zweifellos aus Hochachtung für den Kunden: Der Prinz von Wales, ein Kenner französischer Kunst, war zu dieser Zeit damit beschäftigt, neue und alte französische Möbel für das *Carlton House* zu erwerben. Dem Prinzen war es daher wichtig, daß jeder englische, neu entworfene und für ihn gefertigte Gegenstand raffiniert genug war, neben den französischen Originalen zu bestehen. Wahrscheinlich stammt die Zeichnung zu diesem Stuhl von dem angesehenen Architekten Henry Holland, der von 1783 bis 1802 am *Carlton House* beschäftigt – und vom französischen Klassizismus des ausgehenden 18. Jahrhunderts beeinflußt war. CW

277

276

François Hervé

276
Sessel, 1790

Vergoldete Buche, moderne Polsterung
103 x 60 x 63 cm
London, Buckingham Palace, H. M. Queen Elizabeth II
Herkunft: Carlton House
Ausstellung: London, The Queen's Gallery, 1991–1992, Kat.-Nr. 54
Literatur: de Bellaigue 1967, S. 518–528, Abb. 31

Das Möbel gehört zu einer großen Garnitur von Stühlen, die der Londoner Möbeltischler François Hervé 1790 zum Preis von £ 880 und 11 Shilling an das *Carlton House* lieferte. 1792 fügte er die chinesischen Figuren oben an der Lehne hinzu. Sie waren für das Chinesische Zimmer angefertigt worden, dem raffiniertesten, bisher in diesem Stil eingerichteten Raum Englands. Die Stühle ergänzten zwei bemerkenswerte, 1790 erworbene Säulentische im chinesischen Stil, von dem gefeierten Pariser Möbeltischler Adam Weisweiler, die sich noch in der königlichen Sammlung befinden. Die Stühle, in London hergestellt, sind eher französischen als englischen Vorbildern verpflichtet. 1820 erhielten sie (und die Tische) einen Platz unter den Chinoiserie-Möbeln des *Brighton Pavilion.* CW

277
Carlton House-Tisch, um 1790–1795

Palisander mit Messing-Abschluß
79 x 140 x 84 cm
London, Buckingham Palace, H. M. Queen Elizabeth II
Literatur: Smith 1931, S. 237

Der Ursprung von Schreibtischen dieses allgemein als *„Carlton House*-Schreibtisch" bekannten Modells ist ungeklärt. Bereits 1796 bildet der Möbeltischler Gillow ein ähnliches Möbel ab und nennt ihn *„einen Carlton House Tisch".* Daher wurde stets angenommen, das Original sei ein wenig früher für den Prinzen von Wales in *Carlton House* angefertigt worden. Es gibt keine Rechnungen oder andere Unterlagen, die diese Annahme bestätigten, obwohl ca. 1826 dieser oder ein sehr ähnlicher Tisch im Schlafzimmer des Königs im Dachgeschoß von *Carlton House* verzeichnet ist. Die Form erwies sich als praktisch und für viele geeignet, und eine beträchtliche Zahl solcher Möbel aus dem ausgehenden 18. und frühen 19. Jahrhundert sind erhalten geblieben und seither häufig reproduziert worden. CW

278

278
Pianoforte, 1808

R. Jones & Co.
mit Ebenholz furniertes Gehäuse, vergoldetes Maßwerk, 276 x 114 x 56 cm
Bezeichnet: R. JONES UPRIGHT GRAND & SQUARE, Piano Forte Maker, To His ROYAL HIGHNESS the PRINCE of WALES, No 11, Golden Square, London 1808; Stempel: R. Jones & Co. 855
London, H. M. Queen Elizabeth II on loan to the Museum of London
Inv.-Nr.: 38.208

Dieses Instrument – ein Flügel mit vertikal angeordneten Saiten – wurde für den Prinzen von Wales nach *Carlton House* geliefert und gehörte zur *Gotischen Bibliothek,* die dort 1806 im Erdgeschoß eingerichtet worden war. Ihr folgten Thomas Hoppers Gewächshaus (um 1807) und Nashs Speisezimmer (1814), ebenfalls im gotischen Stil; alle drei Vorläufer der entsprechenden Veränderungen in Windsor. Das Instrument wurde 1808 in den *Records of Fashion* als Farbstich abgebildet (siehe oben). Der begleitende Text berichtet, daß Mr. Jones in seinen Werkstätten von „vielen unserer besten Musikliebhabern aufgesucht wurde, deren Neugier sie veranlaßt hatte, das elegante, für seine Königliche Hoheit angefertigte aufrecht stehende Piano … anzuschauen und auszuprobieren. Die Schönheit der handwerklichen Ausführung, vor allem aber seine hohe Tonqualität, lösten die leidenschaftlichsten Rufe des Erstaunens aus …". Der Umfang des mit seinem Gehäuse an eine Orgel erinnernden Instruments umfaßt den Bereich CC-c. Die Besaitung ist durchgehend dreifach. Die Mechanik ist unverändert. Ob der Prinzregent selbst Klavier spielen konnte, ist nicht bekannt, doch galt er als ein Liebhaber der Musik. Thomas Creevey verzeichnet eine Musikveranstaltung im *Royal Pavilion* vom 1. November 1811, bei der der Prinz „stundenlang auf seinen Schenkeln den richtigen Takt für die Musikkapelle schlug und laut mitsang … Es war ein merkwürdiger Anblick, den Regenten bei einer derartigen Beschäftigung zu sehen, doch er schien in bester Stimmung zu sein." Kurz darauf „war die Gesellschaft kleiner denn je, und der Prinz war wie üblich vollkommen mit seiner Musik beschäftigt." Sowohl als *Prinz of Wales* wie auch als König kaufte Georg eine Reihe von Pianos bei Mott, Tomkinson, Broadwood u. a.; ungewöhnlich war, daß er 1823 ein Piano mit Wiener Mechanik bei Beethovens Klavierbauerin Nannette Streicher, geb. Stein, erwarb. TH/HR

279
Kandelaber, um 1810

Entwurf: vermutlich Thomas Hopper; Hersteller: Coade & Sealy
Coade-Stein, 209 cm
London, Trustees of the Victoria and Albert Museum
Inv.-Nr.: A. 92-1980
Herkunft: Carlton House
Literatur: de Bellaigue 1972, S. 82

Eine Garnitur von zehn solcher Kandelaber wurde im Februar 1810 an das *Carlton House* geliefert. Sie waren für den Gotischen Wintergarten entworfen und trugen Öllampen. Sie sind in einem, für ihre Zeit höchst bemerkenswerten und fortgeschrittenen neogotischen Stil gestaltet, und obwohl Thomas Hopper, der Architekt des Wintergartens, als ihr Schöpfer galt, so erscheinen sie doch vollendeter als alle von ihm bekannten Werke. Die Kandelaber sind, in den Werken von Coade und Sealy in London aus deren patentiertem Kunststein gefertigt. Möglich ist auch, daß die Firma wie so häufig jemanden anderen mit einem Entwurf für eine größere Serie beauftragte. Architekten benutzten Coade-Stein zu dieser Zeit vielfach in zahlreichen Häusern und Gärten. Diese Kandelaber sind von so großer plastischer Qualität, daß sie eher das Werk eines Bildhauers als das eines Architekten sein könnten; ein Kandidat für eine solche Zuschreibung wäre Flaxman. CW

280

Thomas Parker

280
Truhe auf Konsoltisch, 1813

Schildpatt- und Zinn-Intarsien
118,1 x 69,9 x 50,8 cm
Windsor Castle H. M. Queen Elizabeth II
Herkunft: Carlton House
Literatur: Van Duin 1989, S. 214–217

Im Januar 1813 lieferte der Londoner Möbeltischler Thomas Parker ein Paar Truhen, zu dem diese gehört, an das *Carlton House.* 1817 standen sie im *Rosa-Satin-Salon* und wurden später nach Windsor gebracht. Parker spezialisierte sich auf *Boulle*-Intarsien, in direkter Konkurrenz zu George Bullock, und obwohl ihre Werkstätten nicht an ihre Pariser Kollegen heranreichen konnten, stellten sie doch *Boulle*-Arbeiten von bemerkenswerter Qualität her. Es gibt noch andere Stücke Parkers aus *Carlton House* in der Königlichen Sammlung. CW

281
Ein Paar Lac Burgauté-Vasen

Chinesisches Hart-Porzellan, lackiert; vergoldete Bronzemontierung, 48,2 cm
London, H. M. Queen Elizabeth II
Inv.-Nr.: 2346
Literatur: de Bellaigue 1967, S. 45–53

Aufzeichnungen über diese Vasen finden sich zuerst bei Benjamin Jutsham, dem Inventarbeamten des Prinzregenten, in einer Eintragung seines Lieferbuchs vom 27. März 1819 (Bd. I, S. 312). Das Buch verzeichnet ihren Versand vom *Carlton House* zum *Brighton Pavilion,* und daß sie „ein Geschenk Ihrer verstorbenen Majestät gewesen sein sollen“ (d. h. Königin Charlotte). 1820 änderte und ergänzte Benjamin Lewis Vulliamy die Montierung; er berechnete £ 18 und 18 Shilling dafür. Perlmuttlack war ein traditionelles Porzellan-Dekor, vom Ende der Kangxi-Periode bis ins 18. Jahrhundert: unglasiertes Porzellan wurde mit schwarzem Lack überzogen, der kleine Partikel von Perlmutt, Silber und Gold enthielt. Auch wenn der Hersteller der ursprünglichen Montierung unbekannt ist, spricht vieles für eine Zuschreibung an die Vulliamys. Sie lieferten nicht nur Uhren aller Art, sondern auch Silber-Arbeiten und Bronze-Montierungen. Als fähige Entwerfer stützten sie sich auf ein Netz von hochqualifizierten Handwerkern, die in London oder Paris nach detaillierten Zeichnungen und genauen Angaben für sie tätig waren. Der Handel mit J.-B. und P.-M. Delafontaine, die zu den erlesensten Bronze-Manufakturen in Paris gehörten, dauerte während der Napoleonischen Kriege an,

281

dank der Vermittlung des Porzellanhändlers Robert Fogg. Die von den Delafontaines gelieferten Montierungen waren ziseliert und wurden häufig von John Seagrave in der *Charterhouse Street* Nr. 9 vergoldet. Dank der Vulliamys setzten sich auch mehr oder minder genaue, in England hergestellte Kopien der französischen Arbeiten durch; gegossen wurden sie von Barnett (entweder Michael Barnett in der *Cock Lane* Nr. 36 oder Michael und Robert Barnett in der *Haydon Street*). CF

Thomas Hope

Amsterdam 1769–1831 Deepdene, Surrey

282

Household Furniture and Interior Decoration …, 1807

Möbel und Interieurs, nach Entwürfen von Thomas Hope

Herausgeber Longman, Hurst, Rees & Orme, Paternoster Row
47 x 30 cm
Privatsammlung
Literatur: Watkin 1968, S. 51, 93–124, 214–218; Thornton und Watkin 1987, S. 162–177

Der Wohnsitz in der *Duchess Street*, den Thomas Hope 1799 kaufte, war etwa 1768–1771 von Robert Adam erbaut worden; für London unge-

Rückseite des Hauses Henry Philip Hopes, Seymour Place, 1818. Kat.-Nr. 284

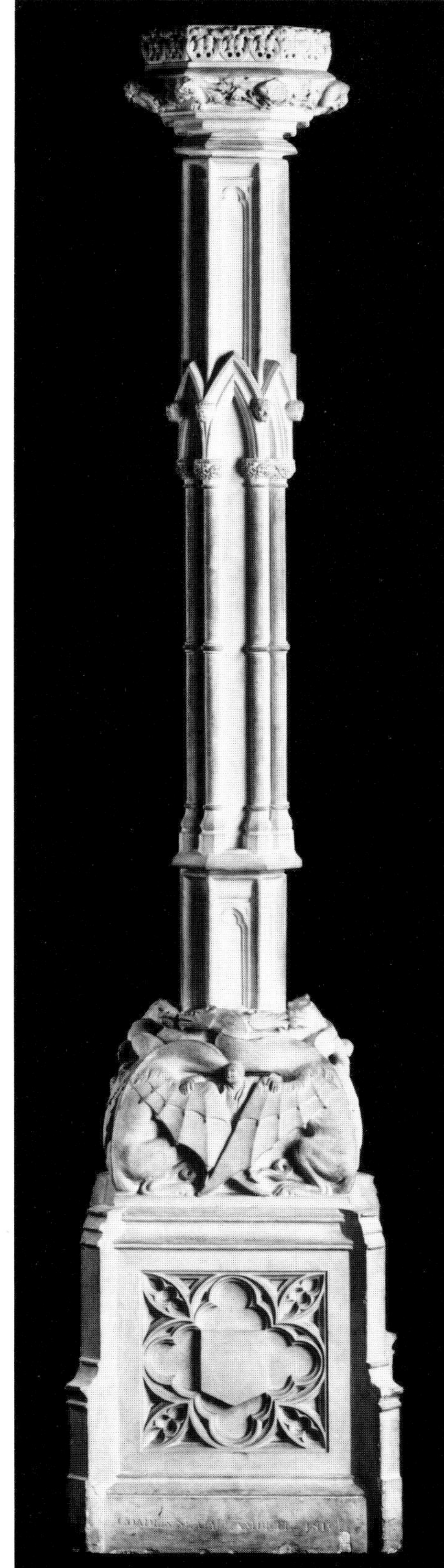

279

282

wöhnlich, hatte er – nach dem Vorbild des Pariser *hôtel particulier* – einen Vorhof und einen Garten hinter dem Haus. Für Hopes bedeutende, auf dem Kontinent erworbene Sammlung antiker und moderner Kunst wurde das Haus umgebaut. Von 1804 an war es nach Anmeldung oder auf Einladung zu besichtigen. Hopes einflußreiche Publikation, die zum ersten Mal in englischer Sprache den Begriff *interior decoration* (Innenarchitektur) verwandte, erschien 1807 und enthielt Ansichten der wichtigsten Räume sowie Zeichnungen einzelner Möbelstücke mit Maßangaben. Die Umrißstiche fertigten Edmund Aikin (1780–1820) und George Dawe (1781–1829) nach Hopes Zeichnungen. Das vielleicht aufregendste Ensemble des Hauses war der Ägyptische Raum, eine der ersten Äußerungen des ägyptischen Einflusses auf den Londoner Geschmack, der Napoleons kurzer Periode des Sieges in Ägypten folgte. Die Wanddekoration bestand aus einem großen Figuren-Fries nach dem Vorbild ägyptischer Papyrus-Rollen. Die Farbskala setzte sich aus angemessen ägyptischen Blaugrün- und Blaßgelb-Tönen zusammen, von Schwarz und Gold belebt. Die von Hope entworfenen Sofas und Sessel waren von archaischer Pracht und folgten ägyptischen Vorbildern. Im Material der Gefäße und Statuen, u. a. Granit, Porphyr und Basalt, spiegelt sich der monumentale Charakter der ägyptischen Vorbilder, so wie die Kamineinfassung aus schwarzem Marmor einer Grabkammer in der Südtürkei entsprach. Ein bemalter hölzerner Mumiensarg in einem Glaskasten ruhte auf einem ägyptisierenden Altar, der eine alabasterne Aschenurne barg. Nur bei Gemälden leistete Hope sich Kompromisse: zwei italienische Genreszenen von François-Jean Sablet und *Achilles in Scyros* von Louis Gauffier hingen hier zusammen mit dessen *Rast auf der Flucht nach Ägypten*. Immerhin waren alle Bilder einheitlich mit sternengeschmückten Rahmen versehen. In Hopes Buch werden u. a. aufgeführt: die Skulpturen-Galerie, die Bildergalerie, drei Vasenräume, ein indischer Raum – mit Bildern von Thomas Daniell, der nach John Flaxmans ‚Aurora' benannte Raum, und ein Kuriositäten-Kabinett. Die erste Besprechung des Werks im Juli 1807 in der ‚Edinburgh Review' war vernichtend und sprach von „effiminierter Eleganz". Die *Monthly Review* wandte sich 1809 gegen Hope und Soane zugleich: „Unsere Wände mit symbolischen Bildern der Antike zu überladen, zeigt ebensowenig Geschmack wie unsere National-Bank einem Mausoleum ähneln zu lassen." CF

John Flaxman

York 1755–1826 London

283
Büste Henry Philip Hopes, 1803

Marmor, 54,2 cm
Kopenhagen, Thorvaldsen Museum
Herkunft: Deepende-Auktion, 1917, Humbert and Flint, Lot 1130

283

Ausstellung: Hamburg, 1979, Nr. 125
Literatur: Gentlemans Magazine, 1831, 1, S. 368–370; Watkin 1968, S. 118; Bindman 1979, S. 126, Abb. 125

Henry Philip Hope (1774–1839) war der Bruder Thomas Hopes, des Gelehrten und Sammlers, der sich in Rom mit Flaxman befreundete und ihm Illustrationen zu Dantes Werken in Auftrag gab. Die Büste stand ursprünglich auf einem Kaminsims in Thomas Hopes Londoner Haus in der *Duchess Street.* Flaxmans Rechnungsbuch (British Museum) verzeichnet, daß Hope im Oktober 1803 £ 84 für die Büste bezahlte. Ein Stich, der die Büste an ihrem ursprünglichen Platz zeigt, erschien in Hopes *Household Furniture* von 1807 (Abb. Nr. 48). Henry Hope beteiligte sich maßgeblich an der Umgestaltung des Gebäudes in der *Duchess Street* und baute dort eine Galerie für die italienischen Gemälde seines Bruders und seine eigene Sammlung holländischer und flämischer Meister. Als wohlhabender Junggeselle konnte er sich auch karitativen Aufgaben großen Umfangs widmen. Seine Sammlungen befanden sich größtenteils in *Chart Park* in Surrey, einem Landsitz neben dem seines Bruders, *Deepende.* MCR

Anonym

284 (Farbtafel S. 388)

Rückseite des Hauses Henry Philip Hopes, Seymour Place, 1818

Feder, Tusche und Aquarell, 32,3 x 24 cm
Bezeichnet: View of the back front of H. Ph. Hope's house towards Seymour Place in 1818
New Haven, Yale Center for British Art
Inv.-Nr.: B1977.14.4765
Herkunft: angekauft von Somerville und Simpson, 1970

Henry Philip Hopes erster Londoner Wohnsitz lag in einer Sackgasse am westlichen Ende der *Curzon Street* und überblickte den *Hyde Park.* Die Zeichnung zeigt die Rückseite des eigentlich herkömmlichen Londoner Hauses; es besaß allerdings eine zweigeschossige, von vier Karyatiden im Stil des *Greek Revival* getragene Loggia. Hope war als junger Mann viel in Europa und Asien gereist; als er sich in London niederließ, baute er neben einer Kollektion niederländischer und flämischer Gemälde auch eine kostbare Diamanten-Sammlung auf; er besaß z. B. den berühmten „Blauen Hope-Diamanten". Hope zog 1833 ins *Arklow House* am *Connaught Place* ein, den ehemaligen Wohnsitz Carolines, der Prinzessin von Wales. 1835 baute J. B. Papworth Seymour Place um und stockte es mit Hilfe einer Eisenkonstruktion um zwei Etagen auf. Anfang unseres Jahrhunderts wurde es zerstört. CF

285 (Farbtafel S. 397)

Vase, um 1802

Entwurf: Thomas Hope; Hersteller vermutlich Alexis Decaix
Kupfer, patiniert mit Bronzemontierung
59 x 33,5 cm
London, Trustees of the Victoria and Albert Museum
Inv.-Nr.: 33-1983
Herkunft: Duchess Street
Literatur: Hope 1807, Tafeln 35 und 36; Chapman 1985, S. 217–228

Die Vase entwarf der Kunstkenner Thomas Hope (1769–1831) für sein vielgerühmtes Londoner Haus in der *Duchess Street.* Schon in jungen Jahren hatte er sich für Architektur interessiert und auf seiner achtjährigen *Grand Tour* auf dem Kontinent, im Nahen Osten und in Ägypten Zeugnisse der Baukunst gezeichnet. Hope stammte aus einer reichen Familie Amsterdamer Bankiers, die zur Zeit der französischen Besetzung Hollands 1795 nach England geflohen waren. Mit dem Kauf seines Hauses 1799 konnte er seine Vorstellungen von Innenarchitektur verwirklichen. Die Haupträume im ersten Stock – zwei Galerien, drei Vasen-Räume und eine Reihe von Wohnzimmern – nahmen Hopes Kunst- und Antiquitätensammlungen mit dem passenden Mobiliar im klassischen und orientalischen Stil auf. Wenig überzeugt vom Niveau englischer Formgebung, gab Hope 1807 sein eigenes Quellenwerk *Household Furniture and Interior Decoration* heraus. Eine der Abbildungen (Tafeln 35, 36) führte zur Identifizierung dieser Vase als eines von Thomas Hopes Entwürfen. Ein französischer Kunstschmied namens Alexis Decaix könnte ihn ausgeführt haben. Hope erwähnte ihn ausdrücklich im Vorwort seines Werkes. Decaix wird erstmals 1799 im Londoner Handelsadreßbuch aufgeführt; 1799 bis 1804 arbeitete er bei den bekannten Goldschmieden und Händlern „Garrard's". Zu dieser Zeit stattete auch Hope seinen Wohnsitz aus. Die hohe Qualität von Decaix' Arbeit und das technische Können, mit dem diese Vase hergestellt wurde, weisen auf ihn als Schöpfer hin. Die Bacchus-Symbole im Dekor der Vase machen einen Standort im Speisezimmer wahrscheinlich. Die Vasen-Form ist aus einem antiken griechischen Volutenkrater entwickelt. Hope scheint jedoch auch einige Formelemente von einer Vase übernommen zu haben, die heute als römische Marmor-Kopie eines früheren Typs aus Keramik angesehen wird. Der mutmaßliche Prototyp steht im Museo Archeologico Nazionale in Neapel. AE

286 (Farbtafel S. 398)

Sessel, 1804

Entwurf: Thomas Hope
Bemaltes und vergoldetes Holz mit Bronzemontierung, 122 x 66 x 76 cm
Buscot Park, Berkshire, Trustees of the Faringdon Collection
Herkunft: Thomas Hope, Duchess Street; Christie's, 18. Juli 1917, Lot 306; erworben von Alexander Henderson, Erster Lord Faringdon
Ausstellungen: London, Royal Academy, 1972, Kat.-Nr. 1655; Washington, 1985, Kat.-Nr. 525
Literatur: Hope 1807, Tafeln 8 und 46; Watkin 1968, S. 115, 211, 256, Tafel 40; Honour 1969, S. 210–212; Musgrave 1970, S. 5–11

Einer von vier Sesseln, die Hope für das Ägyptische Zimmer seines Hauses in der *Duchess Street* entwarf, wobei er sich für jedes ihrer Details einer entsprechenden ägyptischen Quelle bediente. Hope notierte, daß die „sich verneigenden, die Armlehnen stützenden Priester von einem ägyptischen Götterbild im Vatikan kopiert" seien; die geflügelte Isis in der Lehne sei „von einem ägyptischen Mumiensarg im Institut von Bologna, entlehnt; die Kanopen sind der im Kapitol nachgeahmt", und beschrieb so auch die Quellen aller anderen Motive. Tatsächlich stütz-

287

288

te sich Hope wohl nicht minder auf Stiche und Repliken, wie es sie in den 90er Jahren des 18. Jahrhunderts in Rom in großer Zahl zu kaufen gab. Die Stühle bildeten mit einem Paar von Sofas im selben Raum eine Garnitur. Der Hersteller ist unbekannt; sicher stammen sie aus London. CW

287
Tisch, 1804

Entwurf: Thomas Hope
Mahagoni mit Silber- und Ebenholz-Intarsien, 74 x 106 cm
London, Trustees of the Victoria and Albert Museum
Inv.-Nr.: W. 13-1936
Herkunft: Thomas Hope, Duchess Street
Literatur: Hope 1807, Tafel 39

Obwohl bekannt ist, daß dieses Objekt von Hope für sein eigenes Haus entworfen wurde, wissen wir nicht, in welchem Raum es stand. Ebenso wie bei Hopes Stuhl ist der Möbeltischler unbekannt; sicher ist er Londoner Herkunft. In Konstruktion und Ornament repräsentiert dieser Tisch die weitestgehende Position des *Greek Revival* im Bereich der Möbel. Die Kombination von Silber und Ebenholz bei den Einlegearbeiten und der nach Innen geschwungene pyramidenförmige Fuß sind damals für England so ungewöhnlich wie überhaupt die Form des Tischs. Viele Werkstätten folgten dem von Hope publizierten Entwurf und stellten verschiedene Versionen des Möbels her. CW

288
Klismos-Stuhl, 1810–1820

Bemaltes Buchenholz, 84 x 66 x 45 cm
London, Trustees of the Victoria and Albert Museum
Inv.-Nr.: W. 21-1958

Dieser Stuhl galt bislang als in London hergestellt; in jüngster Zeit wurde vermutet, er könne vom Kontinent, vielleicht aus Italien oder Skandinavien, stammen. Das Möbelstück repräsentiert in der Ausstellung den internationalen Charakter des Klassizismus in den ersten Jahrzehnten des 19. Jahrhunderts. Die Form ist direkt vom antiken, in der griechischen Vasenmalerei oft dargestellten Klismos-Stuhl, abgeleitet. Die dekorative Malerei wurde von einer griechischen Vase aus der Sammlung Sir William Hamiltons (jetzt im Britischen Museum) entlehnt. Stühle dieses Typs wurden von den 80er Jahren des 18. bis in die 40er Jahre des 19. Jahrhunderts in ganz Europa entworfen und hergestellt; Thomas Hope besaß mehrere, die er 1807 veröffentlichte, und so unterschiedliche Architekten wie Soane, Schinkel, Pelagi und Percier entwarfen Variationen zu dieser Form. CW

Wedgwood

Das Unternehmen Wedgwood wurde im Jahre 1759 von Josiah Wedgwood (1730–1795) in der *Ivy House*-Töpferei, Bursley, Stoke-on-Trent, gegründet. Da London längst als „Fenster zur Welt" galt, war es nicht verwunderlich, daß der neu etablierte Töpfer 1765 seinen älteren Bruder John beauftragte, dort einen Laden für seine neuen Erzeugnisse zu etablieren. Die Steigerung der Aktivitäten in der Wedgwood-Manufaktur spiegelt sich in der wachsenden Größe ihrer Londoner Geschäftsräume: von der *Cateaton Street* wurden sie in das vornehmere *West End*, in die *Charles Street* am *Grosvenor Square* verlegt, wo Josiah das Patronat Königin Charlottes, der Frau Georg III., erhielt. Die Eröffnung der von Josiahs Wedgwood gebauten Fabrik *Etruria* am 13. Juni 1769 und seine Partnerschaft mit dem Einzelhändler Thomas Bentley (1730–1780) zog die Verlegung der Londoner Geschäftsräume in die *Great Newport Street* Nr. 1 nach sich. 1774 wurden in *Portland House, Greek Street*, Soho, noch eindrucksvollere Räume angemietet. Zur Eröffnung der neuen Ausstellungsräume zeigte man das größte aller cremefarbenen Steingutservice, eine Auftragsarbeit für die Zarin Katharina II. Im April und Mai 1790 strömte die feine Gesellschaft herbei, um – gegen Eintrittskarte – die spektakuläre Ausstellung von Wedgwoods Kopie der *Portland Vase* zu sehen. Zur Zeit von Josiahs Tod wurde auch das Mietverhältnis in *Portland House* beendet. Wedgwoods Söhne wählten 1797 ein geräumiges Haus in der aristokratischen

289

Wohngegend an der Ecke der *York Street* (heute *Duke of York Street*) am *St. James's Square.* Josiah Wedgwood II. (1769–1843) kaufte das Gebäude für £ 8.500 und investierte weitere £ 7.400 in die Renovierung der Geschäftsräume. Das einzige Bild der Innenausstattung überliefert Ackermanns *„Repository of Arts"* für Februar 1809. Es zeigt einen hohen Raum mit Säulen und hohen Fenstern. „Schmuckporzellan" war in eindrucksvollen Vitrinenschränken und an der Wand präsentiert, während „Gebrauchsporzellan" in der Mitte des Raumes auf einem Tisch angeboten wurde. In einem Manuskript (MS. Nr. E 141-28923) mit ausführlichen Angaben über einen „Lagerbericht von einfachem Porzellan" sind verschiedene Ausstellungs- und Lagerräume verzeichnet, darunter der Raum für das Schmuck-Porzellan, der ‚Schwarze Ausstellungsraum' (für schwarze Basalt-Ware) und sogar ein Lager für Chemikalien. Königin Charlotte förderte die Gesellschaft weiterhin, doch in einer Mitteilung vom 20. April 1807 drängt Thomas Byerley, der Londoner Geschäftsträger und Neffe Josiahs I.: „Leider muß ich Ihnen mitteilen, daß wir hier alle Hilfe zu benötigen scheinen, die Sie uns mit Neuheiten leisten können, denn obwohl die Stadt sehr belebt ist, sind unsere Räume an den meisten Tagen leer. Ich wünschte, ich hätte etwas, um damit zur Königin gehen zu können. Sie erwartet uns gütigerweise in dieser Zeit des Jahres; doch ich kenne nichts Neues oder Altes, das gut genug wäre." Die Verkäufe waren dennoch vergleichsweise gut und die Produktion des Porzellans brachte weiterhin ein vielgestaltiges Angebot, u. a. mit Blaudruck-Waren, *Rosso Antico, Black Basalt, Bone China, Queen's-Ware,* ebenso wie die in vielen Farben hergestellte *Jasper-Ware.* Das sich wandelnde wirtschaftliche Klima ließ Josiah II. im März 1823 nach London schreiben: „Ich wünschte mir schon lange wirkungsvolle Maßnahmen zum Verkauf der fehlerhaften und unmodernen Lager-Bestände in der York Street. Vermutlich kann das mit geringem finanziellen Aufwand geschehen und ohne das laufende Geschäft zu stören." Bei den weiter sinkenden Verkaufszahlen war 1825 das Schicksal der Ausstellungsräume besiegelt. Sie schlossen 1828. Ein letzter Ausverkauf des Lagers und des Inventars fand am 7. September 1829 und den drei darauffolgenden Tagen sowie am 26. November und am 7. Dezember statt. Dennoch verschwand das Unternehmen nicht ganz aus der City, wie eine Anzeige in *„The Times"* vom 31. August 1829 zeigt: „... Der Adel und die höheren Stände werden ergebenst informiert, daß die Herren Wedgwood und Söhne ihr Haus am St. James's Square veräußert haben. Ausstellungsräume zum exklusiven Verkauf von Artikeln aus ihrer Manufaktur werden bei Phillip's 358 und 359, Oxford Street eröffnet werden." GBR

289
Portland-Vase, um 1790

Wedgwood; Black Jasper mit weißem Relief-Dekor, 25,5 cm
Barlaston, Wedgwood Museum Trust
Inv.-Nr.: 4318
Ausstellung: London, Science Museum 1978, Kat.-Nr. 169
Literatur: Reilly und Savage 1980, S. 276 f., Taf. XVII
Diese Kopie der Portland Vase, Josiah Wedgwoods eigene, ist auf der Innenseite des Halses mit Bleistift beschrieben: 25.

Die legendäre *Portland Vase,* nach ihrem ersten Besitzer auch *Barberini Vase* genannt, ist ein römisches Überfang-Gefäß aus tiefblauem und weißem Kameo-Glas, um 25 v. Chr. datiert. Illustre Sammler haben es besessen: Nach dem Kardinal Francesco Barberini von 1780 an den schottischen Altertumsforscher James Byres, der es 1784 an Sir William Hamilton, den britischen Botschafter am Hofe zu Neapel, verkaufte. Hamilton zahlte £ 1.000, was ihm, wie er im Juli 1786 an Josiah Wedgwood schrieb „... nicht sehr gelegen kam – zu diesem Zeitpunkt". Bei seiner Rückkehr nach London erwarb die Herzogin von Portland die Vase für ihre Privatsammlung; nach ihrem Tod wurde sie am 7. Juni 1786 als Posten 4155 auf der Auktion ihres *Portland Museum* verkauft. Der Dritte Herzog von Portland erwarb sie und lieh sie drei Tage später an Josiah Wedgwood I. aus, der die antike Kostbarkeit in seiner schwarzen Jasper-Ware kopieren wollte. Josiah begann mit seinem Sohn Josiah II. und zweien seiner besten Handwerker, Henry Webber und William Hackwood, zu experimentieren. Die erste gute Kopie entstand im Oktober 1789. Im April 1790 konnte die Vase in *Portland House, Greek Street,* den Londoner Ausstellungsräumen Wedgwoods, besichtigt werden. Eine der Wedgwood-Kopien wurde Sir Joshua Reynolds vorgeführt, der bestätigte, sie sei „... eine korrekte und getreuliche Imitation, in ihrer Gesamtwirkung wie in den kleinsten Details" (15. Juni 1790). Eine Werbekampagne für die *Portland Vase* schlug Josiah im Juli 1790 vor: allein 2.000 „kleine Broschüren in französischer Sprache" sollten hergestellt werden. Josiah II. und Thomas Byerley gingen mit einer Kopie der Vase auf eine Tournee durch Europa, nach Den Haag, Hannover, Berlin und Frankfurt. Josiah Wedgwoods eigene *Portland-Vase* ist nicht ganz perfekt und mag eine der ersten erfolgreichen Kopien gewesen sein. GBR

290
Kopie der Portland-Vase, um 1801–1817

Wilson, Hanley, Staffordshire; braunes Steinzeug mit weißem Relief-Dekor (Peleus, Thetis und Paris), 29,3 cm
Marken: Wilson geprägt
Stoke-on-Trent City, Museum and Art Gallery
Inv.-Nr.: 69 P 1988
Ausstellung: Barlaston und London, 1989–1990

Andere Werkstätten, wie Wilson, produzierten danach ihre eigenen Versionen des damals so populären antiken Stücks. 1836 äußerte sich Edward Cowper, Patentinhaber für die Dampfdruckpresse von Applegarth und Cowper, und

290

interessiert an der Herstellung von Terrakotta-Vasen nach klassischen Formen, vor dem Sonderausschuß für Künste und Industrieprodukte: „Mr. Wedgwood hat die Formgebung bei Töpferwaren verbessert und diese mehr als jeder andere verbreitet. Doch er stärkt das Vorurteil, daß Kunst teuer sein müsse. Seine Imitationen der *Portland-Vase* wurden zu Recht gerühmt; nachdem er jedoch 30 Stück zu je 25 Pfund verkauft hatte, zerstörte er die Form, um die Stückzahl niedrig zu halten; und das halte ich für einen Irrtum, denn es behindert schließlich die Verbreitung des guten Geschmacks im ganzen Lande." David Wilson, ein Meister des Töpferhandwerks und zuvor bei den *Church Works* beschäftigt, leitete das Unternehmen von 1801 bis zu seinem Tod 1816; ein Jahr später ging es in Konkurs. DS

292

291

291
Rauchfaß, ab 1807–1808

Wedgwood; Black Basalt, 31,8 cm
Marken: WEDGWOOD geprägt
Barlaston, Wedgwood Museum Trust
Inv.-Nr.: 1134
Ausstellung: London, Wedgwood House, 1984, Nr. N3

Das Gefäß ist in Wedgwoods *„Form Nummer 1"* als Nr. 496 verzeichnet. Im April 1807 schrieb Byerley, er habe „... soeben den Bischof von Winchester besucht, der ... eine Vase zur Parfümierung großer Säle wünscht, in der Form 290 Delphin, Dreifuß, ungefähr 5 Mal so groß wie das, was wir jetzt herstellen ... Ich habe ihm versprochen, eine zu machen, und daß er für das Modell nichts zu bezahlen braucht, da es ein wohl gut verkäufliches Objekt sein wird ... Es soll in schwarz sein, verziert wie die kleinen." GBR

292
Teekanne, Sahnekännchen und Zuckertopf

Wedgwood; Körper Rosso Antico mit weißem Relief-Dekor: ‚Prunus'-Muster
Marken: WEDGWOOD geprägt
Höhe der Teekanne: 10,2 cm
Barlaston, Wedgwood Museum Trust
Inv.-Nr.: 5042, 5043 und 5044
Ausstellung: London, Wedgwood House, 1984, Nr. N 16
Literatur: Reilly und Savage 1980, S. 302 mit Abb.

Rosso Antico (antikes Rot) war ein unglasiertes Steingut, das zuerst Josiah Wedgwood I. von 1776 besonders für Gebrauchsgegenstände wie Teegeschirr benutzte. In den frühen Jahren des 19. Jahrhunderts, mit effektvollen Dekoren in Weiß und Schwarz auf rotem Grund geliefert, erfreute es sich einiger Beliebtheit. Die Teekanne ist in einer Preisliste von 1805 als „Neue niedrige ovale Teekanne ... Braun mit weißem Chinadekor" verzeichnet. Großhandelspreise reichten, je nach Größe, bei Teekannen von 3/6 d bis zu 7/6 d, bei Zuckertöpfen von 3/- bis 5/- und bei Sahnekännchen von 1/6 d bis zu 3/6 d. GBR

293
Teekanne, Zuckertopf und Milchkännchen, um 1815–1820

Wedgwood; Drabware mit weißem Reliefdekor: Ägyptisches Muster
Teekanne Höhe 10,2 cm, Zuckertopf Höhe 6,4 cm, Milchkännchen 7,6 cm
Marken: Teekanne: WEDGWOOD, geprägt, eingeritztes V
Zuckertopf: gleiche Marke und eingeritztes oo
Milchkännchen: gleiche Marke und eingeritzte 1
London, Trustees of the British Museum
Inv.-Nr.: M&LA 1989, 11-2, 1 bis 3
Literatur: Conner, 1983

Die Form der Teekanne ähnelt der in der Preisliste von 1805 verzeichneten „Neuen niedrigen ovalen Teekanne ...". Der moderne Geschmack der Zeit tendierte zu Exotischem, doch die Stilformen waren eklektisch; sie entlehnten und kombinierten häufig Elemente aus verschiedenen alten Kulturen. So konnte man zwischen einem chinesisch, ägyptisch oder vielleicht römisch inspirierten Stil wählen, im schönen Bewußtsein, stets *en vogue* zu sein. Wedgwood hatte schon 1770 Porzellan unter Verwendung ägyptischer Motive hergestellt. Die Hauptquelle für seine Entwürfe war *„L'Antiquité Expliquée"* (1719–1724) von Bernard de Montfaucon, ein Werk, das antike Stücke einschließlich der ägyptischen erläuterte. Fast gleichzeitig mit der französischen Ausgabe erschien eine vielgelesene englische Übersetzung. Montfaucon kannte Ägypten nicht, sondern hatte seine Informationen aus ihm zugänglichen Sammlungen und Publikationen bezogen, die unvermeidlich auch Kopien und Pasticcios enthielten. Wedgwoods Entwerfer wie-

293

derum übertrugen solche Bilder in eher neoklassischer Weise. Das allgemeine Interesse an Ägypten war durch Napoleons Expedition nach Ägypten und Nelsons Sieg über die französische Flotte in der Schlacht vom Nil belebt. Robert Southey (in *„Letters from England“*, 1807) bezog die Ägyptenmode direkt auf die militärischen Unternehmungen, wenn er die zurückkehrenden verwundeten Soldaten eleganten ägyptisierenden Gewohnheiten gegenüberstellte: „... die Damen tragen Krokodil-Zierrat, und man sitzt auf einer Sphinx in einem ringsum mit Mumien behängten Raum ...“. Auch an Teekanne und Zuckernapf kehrt die modische Krokodil-Form wieder.

EE

294

George Underwood

ca. 1793–1829 Bath

294

Bürohaus der Zeitung „The Courier“ am Strand, 1809

Feder und Aquarell, 71 x 50 cm
London, Trustees of Sir John Soane's Museum
Inv.-Nr.: 27.6.11

Viele Londoner Zeitungen erschienen zuerst in den letzten Jahrzehnten des achtzehnten Jahrhunderts (*„The Morning Post“* 1772, *„The Times“* 1785, *„The Observer“* 1791). 1792 gründete John Parry die *„Courier and Evening Gazette“* als liberale, pro-französische Abendzeitung. 1804 hieß sie *„The Courier“*, 1811 erschien sie kurzzeitig in einer Auflage von 11.000 Exemplaren (mehr als die der *„Times“*); 1842 stellte der *„Courier“* sein Erscheinen ein. Die Zeitung hatte ihre Büros am *Strand* Nr. 348 – vor 1840 war diese Straße, nicht *Fleet Street* das Zentrum der Zeitungsverlage. Über die neo-ägyptische Fassade des *„Courier“* ist fast nichts bekannt. Die Zeichnung diente John Soane's Vorlesungen an der *Royal Academy*, vermutlich sogar als Illustration einer Attacke gegen „... den armseligen Versuch, den Charakter und die Form (ägyptischer) Bauwerke auf kleinem, begrenztem Raum zu imitieren ... besonders bei vielen Ladenfassaden der Hauptstadt“. Die britische Vorliebe für alles Ägyptische war vor allem durch Denons *„Voyage dans la Basse et la Haute Egypte“* (1802) angeregt worden. Thomas Hopes Veröffentlichung *„Household Furniture in 1807“* förderte diese Neigung: der ägyptische Stil war jahrelang der letzte Schrei. Das Bürohaus des *Courier* muß eine der ersten Früchte dieser Mode gewesen sein. NB

Anonym

295

Entwurf für die Fassade von Lincoln's Inn Fields Nr. 13, 1812

Feder und Aquarell, 78 x 45,5 cm
London, Trustees of Sir John Soane's Museum
Inv.-Nr.: 14.6.2
Literatur: European Magazine 1812, S. 385; Stroud 1984, Abb. 40

Dieser von einem der Schüler Soanes gezeichnete Entwurf zeigt das Haus so, wie es 1812 mit unverglasten Öffnungen in der „Loggia“ gebaut wurde. Die Fenster befanden sich dahinter auf der Höhe der Nachbarhäuser. 1829 und 1834 wurden sie verglast und die Veranda damit Teil des Innenraumes. Schon 1825 kam noch ein Stockwerk hinzu. Die „Loggia“ löste damals heftige Kontroversen aus. Bereits 1812, nach Fertigstellung der unteren Etage, wurde der Bauherr des Verstoßes gegen das Baugesetz angeklagt: Die Loggia springt drei Fuß über die Fronten der Nachbarhäuser vor. Da dies jedoch die Grenzen des Grundstücks nicht überschritt, entschied man schließlich zu Soanes Gunsten. Damit war die Auseinandersetzung über „ein lächerliches Stück Architektur, das die Einheitlichkeit der

295

Häuserreihe zerstört und eine offensichtliche Beleidigung für das Auge darstellt" („*Morning Post*", 30. September 1810) nicht beendet. Heute gilt die Fassade als charakteristisches Beispiel für Soanes lapidaren *(primitivist)* Stil innerhalb der sonst verbreiteten klassizistischen Konventionen.
MR

Frank Copland

296
Schnitt durch Museum und Frühstücksraum in Lincoln's Inn Fields Nr. 13 (nach Osten), 1818

Feder, Aquarell und schwarze Tusche, 54,5 x 64 cm
Bezeichnet (von George Bailey): Drawn by F. Copland June 1817; auf der Rückseite: F. Copland June 10th 181 (-)
London, Trustees of Sir John Soane's Museum
Inv.-Nr.: PSA 1
Literatur: Summerson, Watkin, Mellinghoff, 1983, Abb. 23; Millenson 1987, S. 55, 59, Abb. 37

Soane begann in den neunziger Jahren des 18. Jahrhunderts in Lincoln's Inn Fields Nr. 12 mit dem Aufbau seiner Sammlung von antiken Fragmenten und Vasen und Abformungen. 1808 erwarb er Haus und Grundstück Nr. 13 und begann zunächst die Ställe hinter dem Haus in ein Museum und Architekturbüro umzubauen und durch einen schmalen Gang mit dem Haupthaus zu verbinden. 1812 begann dessen Neubau. Dieser von seinem Schüler gezeichnete Schnitt, zeigt dessen doppelte Funktion als Wohnhaus und Museum deutlich: Links bietet das Museum mit Oberlicht Raum für den Apollo von Belvedere und größere Gipsabdrücke; darunter die Krypta als stimmungsvoller Ort für die eher düsteren *„objets d'arts"*. Das gewölbte Frühstückszimmer rechts wird von einer achteckigen Laterne und zwei Oberlichtern beleuchtet, die – nach Soanes Worten – als eine „Folge phantastischer Effekte der Architektur Poesie verleihen". Campanellas „Villa Negroni"-Graphik flankiert das Hauptfenster, das den Blick auf den *Monument Court* in der Mitte des Hauses und die gegenüberliegenden Fenster des Ankleidezimmers und des Studierzimmers freigibt. Die verglasten Türen zwischen Frühstückszimmer und Museum sorgen für malerische Durchblicke und vergrößern optisch den Raum.
MR

296

Joseph Michael Gandy

London 1771–1843 Devon

297 (Farbtafel S. 400)
Blick in den Kuppelraum des Sir John Soane's Museum, 13 Lincoln's Inn Fields, um 1812

Feder und Aquarell, 74 x 105,5 cm
London, Trustees of Sir John Soane's Museum
Inv.-Nr.: 14.6.5
Literatur: Architectural Monographs 1983, Abb. 17; Lutacher 1983, S. 40–48, Abb. 6; Millenson 1987, S. 98, 110, Abb. 60

Der Raum unter der Kuppel mit seiner hohen Tribuna und den schattigen Galerien verkörpert Soanes malerische Vorstellung von Architektur besonders deutlich. Wie auf Piranesis Radierungen sind die Wände mit Urnen, Modellen und größeren Gipsabgüssen bedeckt (darunter von Architekturdetails des Castor und Pollux-Tempels). Wie kein anderer war Gandy in der Lage, in architektonischen Darstellungen Lichteffekte und Atmosphäre sprechen zu lassen. Durch einen niedrigen Blickpunkt hat er hier die Größe des Interieurs stark übertrieben. Man sieht den Raum bei Nacht, von einer verdeckten Lichtquelle in der Krypta dramatisch erleuchtet. Damit ist das Blatt ein hervorragendes Beispiel für die von Soane so hoch geschätzte *„lumière mystérieuse"*.
MR

John Buckler

Calbourne, Isle of Wight 1770–1851 London

298
Fonthill Abbey, 1821

Graue Lavierung, Feder mit grauer und schwarzer Tusche, 35,2 x 45,6 cm
Bezeichnet unter der Darstellung links: Drawn by J. Buckler Juli 1821; und verdeckt: South West View of Fonthill Abbey; the Seat of William Beckford Esqure
London, Trustees of the British Museum
Inv.-Nr.: 1944-10-14-24
Herkunft: Schenkung Frau M. H. Turner, 1944
Literatur: Lees-Milne 1976, S. 1–76; Wainwright 1990, S. 109–112

298

William Beckford (1760–1844), einem der ungewöhnlichsten Persönlichkeiten seiner Zeit, einem hellsichtigen, auch launischen Sammler, Mäzen und Autor, kommt der Verdienst zu, eines der bemerkenswertesten Häuser des frühen 19. Jahrhunderts geschaffen zu haben: *Fonthill Abbey* in Wiltshire. 1770 hatte er von seinem Vater *Fonthill Splendens,* eine der größten Palladianischen Villen des Landes, geerbt; er baute sie mit Hilfe John Soanes und James Wyatts um und ließ sie abreißen, als sie ihm nicht mehr genügend Spielraum für seine exzentrischen Vorstellungen bot. Zwischen 1796 und 1818 entstand *Fonthill Abbey,* von Anfang an im gotischen Stil konzipiert. Beckford änderte fortwährend Wyatts Entwürfe, was die Vollendung des Baus ebenso behinderte wie die mangelnde Qualität der handwerklichen Arbeiten; das bemerkenswerteste architektonische Zeichen der gesamten Anlage, der große, 278 Fuß (knapp 85 m) hohe Turm, wurde 1809 fertig. Nach Wyatts Tod 1813 übernahm Beckford – bereits vom Ruin bedroht – die Bauleitung selbst. Die Kosten für *Fonthill Abbey* stiegen in unglaubliche Höhen, während zugleich Beckfords wichtigste Einkommensquelle, der Zucker der familieneigenen westindischen Landgüter im Handelswert bis unter die Herstellungskosten sank. 1822, nur vier Jahre nach der Vollendung von *Fonthill Abbey,* verkaufte Beckford das Anwesen mit dem vollständigen, 1823 dann versteigerten Inventar. In diesem Jahr erschienen zwei Bücher über *Fonthill Abbey:* John Brittons *Graphical and Literary Illustrations of Fonthill* und John Rutters *Delineations of Fonthill and its Abbey,* beides Beschreibungen des Hauses und seiner gesamten Einrichtung. 1825, wenige Monate, nachdem Wyatts Bauunternehmer gestanden hatte, das Fundament sei nicht sachgerecht gearbeitet worden, stürzte der Turm ein. Beckfords phantastisches Bauwerk hat nur in Fragmenten überlebt. LS

299 (Farbtafel S. 397)

Deckelpokal

Entwurf: William Beckford und Gregorio Franchis; Ausführung: James Aldrige
Indischer Achat mit Chalzedon-Knäufen und Rubinen in Fassungen aus vergoldetem Silber, 24,2 x 14 cm
Marken: Feingehaltsstempel von 1815–1816; Meistermarke: James Aldridge
London, Trustees of the Victoria and Albert Museum
Inv.-Nr.: 428-1882
Herkunft: Fonthill Abbey; Hamilton Palace
Ausstellung: British Museum, London, 1990, Kat.-Nr. 19
Literatur: Wainwright 1971, S. 254–264; Snodin und Baker 1980, S. 735–748, 820–834

Der Antiquitätenkenner William Beckford (1760–1844) und sein portugiesischer Kompagnon und Vertreter Gregorio Franchi entwarfen dieses Objekt im Stil der wiederbelebten Renaissance; der Londoner Juwelier James Aldridge führte es aus. Londoner Werkstätten, im Zentrum des Handels mit Luxusgütern und noch dem ausgefeiltesten Geschmack zu Diensten, versorgten Beckford mit einigen der frühesten Beispiele historischen englischen Silbers. Er arbeitete mit Werkstätten zusammen, darunter etablierten Handwerkern, die für die großen Händler tätig waren; doch seine Vorliebe für unbekanntere Meister wie Aldridge ist wohl darauf zurückzuführen, daß für seine Aufträge sehr spezielle Fertigkeiten entwickelt werden mußten. Von den vielen, für Beckford zwischen 1812 und 1822 gearbeiteten Objekten waren die meisten gefaßte Steinarbeiten oder aus Porzellan. James Aldridge war einer der für Beckford tätigen Londoner Kunsthandwerker, seit 1817 am *Strand, Northumberland Court* Nr. 11 gemeldet. Von ihm stammen mehr bedeutende gekennzeichnete Stücke als von jedem anderen. Von den 18 Stücken Aldridges sind 17 aus gefaßtem „Hart"-Stein oder Porzellan. Der Deckelpokal wurde früher Joseph Angell zugeschrieben, aber (nach Snodin und Baker) lassen Franchis Aufzeichnungen und ein signiertes Vorlagebuch im *Victoria and Albert Museum* keinen Zweifel daran, daß es Aldridge war. Der Pokal sollte Beckfords Antiquitäten-Sammlung ergänzen, und stand in dessem neogotischem Wohnsitz *Fonthill Abbey;* er ging an seine Tochter Susan Euphemia, die Frau des zehnten Herzogs von Hamilton. Bei der *Hamilton Palace*-Auktion von 1822 erwarb das *Victoria and Albert Museum* das Objekt als authentisches Renaissance-Beispiel, was allerdings bald angezweifelt wurde. Es verschwand aus der Schausammlung, bis man 1970 seine Bedeutung als ein frühes Beispiel für Neo-Renaissance erkannte. AE

300 (Farbtafel S. 399)

Kabinett, 1820

Vermutlich von Robert Hume
Ebenholz mit „pietra dura"-Tafeln, Boulle-Seitentafeln, vergoldeten Metallbeschlägen und Spiegelglas, Aufsatz aus Marmor, 105 x 99 x 49 cm
Windsor Castle, H. M. Queen Elizabeth II
Herkunft: George Watson Taylor M. P., Cavendish Square, London; Christie's, London, 28. Mai 1825, Lot 68; Windsor Castle

Deckelpokal. Kat.-Nr. 299

Vase, um 1802. Kat.-Nr. 285

Seit dem späten 16. Jahrhundert kauften Sammler aus ganz Europa in Rom oder Florenz gern *Pietra-Dura*-Stücke, die auch von den örtlichen Handwerkern häufig für Intarsienarbeiten verwendet wurden. Von den neunziger Jahren des 18. Jahrhunderts bis 1820 trug William Beckford eine bemerkenswerte *„Pietra dura"*-Kollektion zusammen; sie war Teil seiner legendären Sammlung in *Fonthill Abbey*, seinem Wohnsitz im Stil des *Gothic Revival*. Beckford ließ eine Reihe von Möbeln geradezu um das *„pietra dura"* herum konstruieren – einige sind erhalten; diese Arbeit stammt wahrscheinlich von dem Londoner Möbeltischler Robert Hume. Dieses Möbel entstand allerdings für den Londoner Wohnsitz von Beckfords Nachbarn in Wiltshire, den mit ihm konkurrierenden Sammler George Watson Taylor. Von Beckford beeinflußt, besaß er in London wie in *Erlestoke*, seinem Landsitz, einige dieser Stücke. Sie repräsentieren nicht nur Londoner Möbeltischlerei in ihrer besten Qualität, sondern sind auch Beispiele jener exquisiten Möbel, die damals speziell für Liebhaber als Ergänzung ihrer Sammlungen hergestellt wurden. In den zwanziger Jahren des 19. Jahrhunderts verkaufte Taylor, seiner finanziellen Schwierigkeiten wegen, seine Londoner Sammlung. Dieses Stück erwarb im Namen König Georgs IV. Fogg, einer seiner bevorzugten Antiquitätenhändler. CW

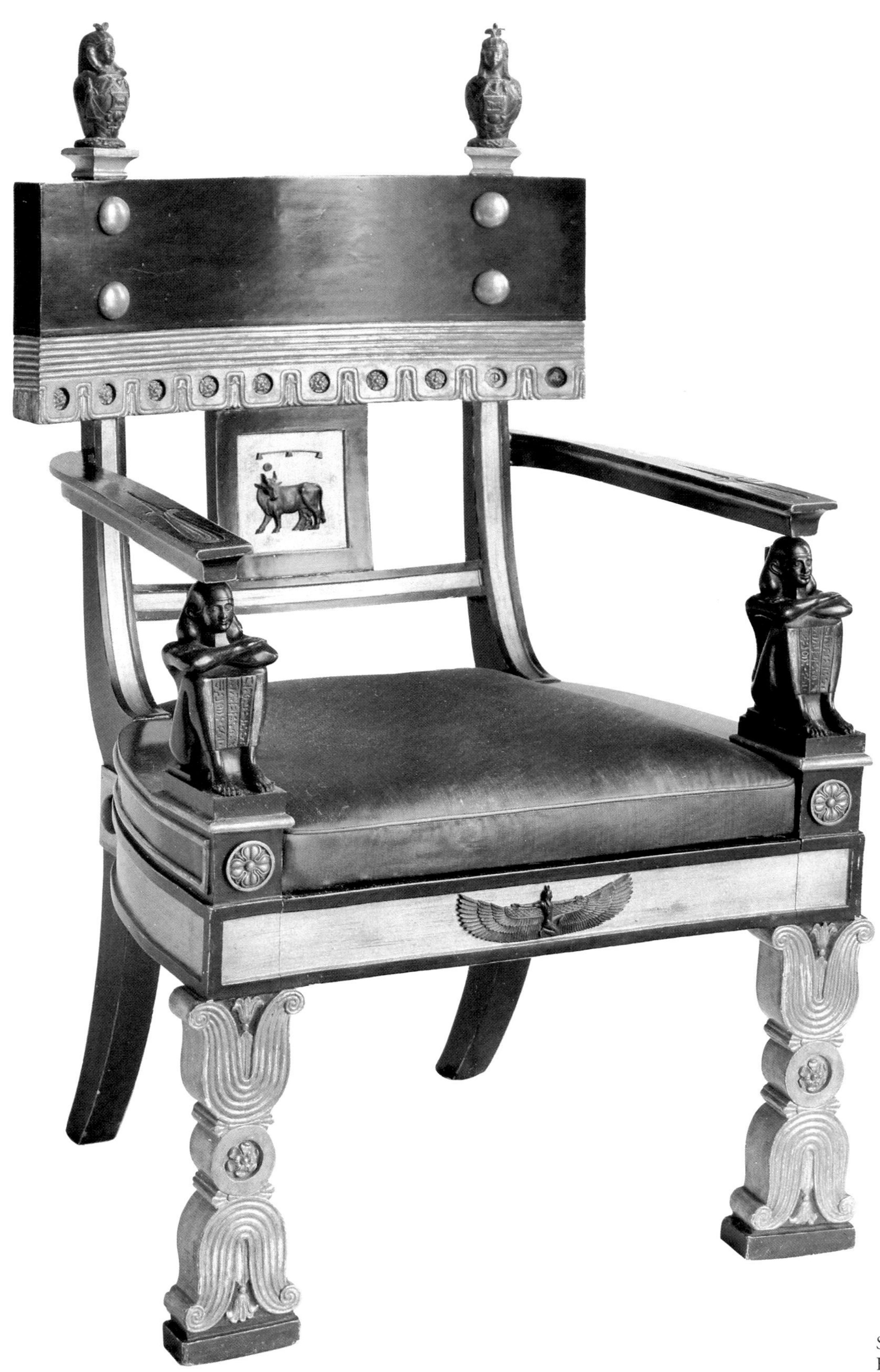

Sessel, 1804
Kat.-Nr. 286

Kabinett, 1820. Kat.-Nr. 300

J. M. Gandy, Blick in den Kuppelraum des Sir John Soane's Museum, um 1812. Kat.-Nr. 297

Tintenfaß, 1816. Kat.-Nr. 303

Ein Paar Leuchter, um 1820. Kat.-Nr. 305

Stuhl, 1823. Kat.-Nr. 307

Fingerschale. Kat.-Nr. 306

301
Sessel, 1803

Vergoldeter Buchenholzrahmen, purpurfarbenes Samtpolster, 99 x 65 x 68,5 cm
London, The Rt. Hon. the Lord Mayor and Corporation of London
Inv.-Nr.: SF2/14
Herkunft: The Mansion House, London
Ausstellung: Brighton, 1948, Kat.-Nr. 130
Literatur: Beard & Gilbert 1986, S. 695, Urkunden in dem Corporation of London Records Office: General Purposes Committee (Common Council), Protokolle und Unterlagen, 1803, 1835 und Mansion House Furniture Inventory 1804

Der Stuhl gehört zu einer aus 24 Armsesseln und drei Sofas bestehenden Garnitur, die John Phillips (1774-1812), ein häufig für die Stadt London arbeitender Polsterer, 1803 an das *Mansion House,* die offizielle Residenz des Oberbürgermeisters, lieferte. Die Dekoration der Möbel mit Ankern, Tauen und Schwert ist mit Nelsons See-Siegen und dem Akt der Schlüsselübergabe der Stadt London an Lord Nelson in Verbindung gebracht worden. Stühle wie diese waren in Mode, und Sheraton publizierte 1806 Entwürfe für *„Nelson's Chairs"* (Nelson-Stühle) mit Ankern und Tauen. Zwei miteinander verbundene Wohnräume in der privaten Residenz des *Lord Mayor* und seiner Frau im ersten Stock wurden 1803 eingerichtet und möbliert. Veranschlagt wurden „24 elegante Stühle, schwarzes Rosenholz und reichgeschmücktes, poliertes Gold, Seidenkissen" sowie passende „3 elegante Sofas". Den Bezug für die Stühle wünschte sich die Frau des *Lord Mayor* in gelbem Seiden-Damast. Damals war George Dance der Jüngere (1741–1825), der Sohn des Architekten von *Mansion House,* städtischer Baugutachter. Er wurde gebeten, einem Komitee eine „Zeichnung und nähere Angaben" zu den gewünschten Möbeln vorzulegen „mitsamt einem Musterstuhl". Die Dokumente sagen nichts über Dances tatsächliche Beteiligung; sie berichten, daß er „die Fertigstellung von Mustern" für die Stühle veranlaßte. In Londoner Morgenzeitungen erschienen daraufhin Anzeigen, die Polsterer und Möbeltischler aufforderten, Vorschläge einzureichen. John Phillips, der bereits ein Muster eingereicht hatte, erhielt den Auftrag. Der ursprüngliche Preis für jeden Stuhl von zehn Guineen wurde nicht eingehalten. Phillips bekam nur £ 246 und 14 Shilling für alle Möbel ausbezahlt. Später erhielten die Stühle eine neue Vergoldung; das Rosenholz wurde erneut mit Japanlack versehen und mit karmesinrotem Seiden-Damast bezogen. Sie sind nun vollkommen vergoldet und verschiedene Male neu bezogen worden. Jüngste Forschungen haben nicht nur die Geschichte ihres Erwerbs erhellt, sondern auch Spuren des ursprünglichen Rosenholzes und der Goldflächen sowie Fäden der gelben Seide zutage gefördert. SJ

302

302
Sessel, 1821

Entwurf: John Children und Thomas Chippendale der Jüngere; Ausführung: Chippendale der Jüngere
Ulme, 116,8 x 69,2 x 68,5 cm
Windsor Castle, H. M. Queen Elizabeth II
Herkunft: Windsor Castle
Literatur: de Bellaigue 1978, S. 14–18; Haydon, Hrsg. Pope, Bd. IV (1963), 10. Juni 1830, S. 452 f.

1818 erwarb John Children, Bibliothekar am British Museum, in Belgien die historische Ulme, unter der der Herzog von Wellington die meiste Zeit des Tages der Schlacht von Waterloo verbracht hatte. Aus ihrem Holz wurden verschiedene Gegenstände hergestellt, darunter zwei Stühle in der Londoner Werkstatt von Thomas Chippendale dem Jüngeren – einer für den Herzog von Wellington (in der Privatsammlung der Familie), und dieses Exemplar, am 24. Februar 1821 an König Georg IV. nach *Carlton House* geliefert. In der Rückenlehne ist eine Ansicht des Dorfes Waterloo eingeschnitzt; außerdem ist sie mit einer Wappentrophäe und zwei Inschriften dekoriert. Eine von dem Bruder des Herzogs von Wellington, dem Marquis von Wellesley, entworfene Inschrift beginnt mit den Worten „GREGORIO AUGUSTO EUROPAE" LIBERATORI (Für Georg Augustus, den Befreier Europas). Die Verarbeitung solcher „Reliquien" war stets ein weitverbreiteter, wenn auch nicht unumstrittener Brauch. 1830 merkte der Künstler Benjamin Haydon über diese Stühle an: „Dies ist nichts als eine Illustration der englischen Krankheit. Sie können ein Ding nicht an seinem Ort lassen, damit alle ihre Freude daran haben. Sie haben keinen Sinn für Poesie, kein Nationalgefühl; sie müssen es für sich selber haben, sie müssen es für ihren Kamin zurechtschneiden ... Man kann die Engländer in keinen Garten lassen, ohne daß sie die Bäume entrinden, ihre Namen in die Statuen ritzen, das Obst wegessen und ihre Taschen mit Dingen für ihr Museum vollstopfen. Kurz, die Dummheit, die Eitelkeit, der Mangel an Feingefühl, die Rohheit, die Unflätigkeit, die Wichtigtuerei und die schwache Überheblichkeit irgendeiner Gruppe ungehindert herumlaufender Engländer wird allgemein von Petersburg bis Lissabon zu Recht moniert." CW

303 (Farbtafel S. 401)

Tintenfaß, 1816

T. Dudley; Messing und patinierte Bronze auf schwarzem Marmor, gestützt auf Schildkrötenpanzer; Schublade mit Griff („Prince of Wales's plume") und Fächern für Stifte, Tinten- und Sandfaß, 28 x 29,2 x 17 cm
Bezeichnet (unter jeder Schildkröte): T. Dudley (?Pub.d) Aug 1816/London; am Untersatz: DUDLEY FECIT
Windsor Castle, H. M. Queen Elizabeth II
Inv.-Nr.: 3171
Ausstellung: London, Queen's Gallery, 1966–1967, Kat.-Nr. 51

Das Tintenfaß ist ein verkleinertes Modell der riesigen, noch immer auf dem Platz der *Horse Guard's Parade* stehenden Kanone, die der Prinzregent an seinem Geburtstag, 12. August 1816, enthüllte. Wie die vordere Tafel mitteilt, hatte das Original die Stadt Cádiz aus 5,5 Kilometern Entfernung bombardieren können und war nach Wellingtons Sieg bei Salamanca von den Franzosen außerhalb der Stadtmauern zurückgelassen worden. Der Prinz erhielt sie von der spanischen Nation als ein Zeichen des Respekts und der Dankbarkeit. Unglücklicherweise war sie schwierig zu transportieren, so daß man die Kanone demontierte und nach dem Entwurf des Earl of Mulgrave, des Generalfeldzeugmeisters (*Master General*), eine spezielle Lafette konstruierte. Sie erhielt die Form eines Ungeheuers, was sich letztlich auf den von Herkules (d. h. Wellington) überwundenen Napoleon bezog. Die Karikaturisten hatten ihren großen Tag, als sie die Kanone mit den Spitznamen *„The Regent's Bomb"* und *„Tremendous Thing"* (gewaltiges Ding) belegten; zudem galt das Gerät als Symbol der Allianz des Prinzen mit den gerade wiedereingeführten absolutistischen Monarchien in Spanien und Frankreich. Laut Benjamin Jutsham's Tagebuch hatte der Handwerker T. Dudley seine Werkstatt in der *King Street* in Soho. CF

George Cruikshank

304

Es anständig machen! Ein Ratschlag an die Gesellschaft zur Unterdrückung des Verbrechens ..., 1822

Farbradierung, 30 x 23 cm
Herausgeber G. Humphrey, 17 St. James's St.
London, Guildhall Library, Corporation of London
Literatur: Cohn 1924, Nr. 1713; George 1952, Bd. X, S. 302 f., Nr. 14383

304

Die sieben Meter hohe Bronzestatue des Achill von Richard Westmacott wurde 1822 in der *Park Lane* aufgestellt. Aus von den Franzosen erbeuteten Kanonen gegossen, war sie ‚von den Frauen Englands für den Herzog von Wellington und seine tapferen Waffengefährten' errichtet worden: die erste nackte Statue in der englischen Öffentlichkeit. Auf dem Spottblatt hält Williams Wilberforce, der peinlich berührte Philanthrop, seinen Hut vor Achills Feigenblatt und Penis. Die Widmung lautet: ‚Dieses Blatt gedenkt des anglo-französischen Erzes & wahrer Britischer Keuschheit und ist in Verehrung diesem Würdigen Mann, Mr. Willbyforce, gewidmet, der es mit heiligmäßiger Achtung der Moral dieses Landes unternommen hat, obige Fig. zu veranständigen – von 10 in der Früh bis zur Dämmerung'. Die Statue steht in der Nähe von *Apsley House*, dem Londoner Heim Wellingtons. Leigh Hunt beschrieb es als ‚Manifestation des furiosesten Strebens, sich gegen den Helden zur Wehr zu setzen, auf dessen Wohnung er schaut'. RH

305 (Farbtafel S. 402)

Ein Paar Leuchter, um 1820

Pellatt und Green; Geschliffenes Bleiglas mit „Crystallo-Ceramie"-Portraits, 22 x 10 cm (Herzog von Wellington); 22,5 x 10,5 cm (Prinzessin Charlotte)
London, Privatsammlung
Herkunft: Jokelson Collection
Ausstellung: Jokelson Collection bei Mallett in der New Bond Street, 1991
Literatur: Pellatt 1819; Pellatt 1821; Jokelson 1968; Einer: Erscheinen in Kürze geplant

1819 erhielt Apsley Pellatt, der 29jährige Sproß einer bekannten Nonkonformisten-Familie von Eisenhändlern, Glasverkäufern und Besitzern der Falcon-Glaswerke in Southwark, ein Patent für „Die Verzierung von Glasgefäßen und Gebrauchsgegenständen mit weißen oder farbigen, gemalten oder anderweitig verzierten Figuren, Waffen, Wappen, Monogrammen und allen anderen Verzierungen, die aus Metallen oder anderen geeigneten Materialien bestehen". Wichtig war, daß das Material des zu „inkrustierenden" Motivs bei der zum Glasblasen nötigen Temperatur nicht schmelzen durfte (Pellatt 1819). Die Idee scheint mit wenig Erfolg 1780 in Böhmen erprobt worden zu sein; andere Experimente gab es u. a. in Frankreich. Pellatt (1821) bemerkt, daß die Franzosen lediglich kleine Objekte herstellten und betont, seine Methode erlaube die Herstellung vieler unterschiedlicher Gegenstände, die aus britischem Glas hergestellt werden sollten, das in seiner Reinheit das anderer Nationen übertreffe. Unter den präsentierten Muster-Exemplaren sind ein imperialer Georg IV., allegorische Figuren, „ägyptische Karyatiden", Musen, Gottheiten, Julius Cäsar, Shakespeare, Wellington, Napoleon und Regimentsabzeichen. Die zwei verschiedenen Beispiele eines Leuchters „für einen Tisch oder einen Kaminsims" zeigen Profil-Portraits von Prinzessin Charlotte, der Tochter des Prinzregenten, und des Herzogs von Wellington. Joanna Marschner wies darauf hin, daß die Prinzessin bei ihrer Hochzeit 1816 Rosen im Haar trug; die dargestellte Frisur erinnert daran. Noch Jahre nach ihrem Tod 1817 wurden Erinnerungs-Stücke an die beliebte Prinzessin hergestellt. Frühere Vermutungen, es könne sich um Königin Viktoria handeln, waren unbegründet. Das Portrait des Herzogs von Wellington verdankt seine besondere Ähnlichkeit mit dem Vorbild vermutlich einer oder zwei um 1815 in Frankreich geprägten Medaillen. Kopf und Haartracht entsprechen fast genau denen auf einem Objekt des begehrten Pariser Glas-Unternehmens *„L'Escalier de Cristal"* (Jokelson, 1968, Abb. XVIII). Interessante Unterschiede gibt es jedoch im Dekor. Die französischen Medaillen und das Pariser Objekt vom *Escalier de Cristal* zeigen das Band des Hosenbandordens, das korrekterweise über der linken Schulter getragen wird. Bei Pellatts Leuchter liegt das Ordens-Zeichen mit dem Band über der rechten Schulter. Das läßt vermuten, daß die französische Medaille kopiert und zur Steigerung des Eindrucks geändert wurde. WE

306 (Farbtafel S. 404)

Fingerschale

Davenport, James Powell and Sons, Whitefriars
Geschliffenes und graviertes Bleiglas, mit Uran koloriert, 13,1 x 9,5 cm
London, The Museum of London
Inv.-Nr.: 86. 411
Ausstellung: London, The Museum of London 1987–1989
Literatur: unveröffentlichte Manuskripte im Whitefriars Archiv, Museum of London und anderen Orten

Eine von zwölf ‚Topasglas-Fingerschalen' eines Service; es wurde für ein Bankett hergestellt, das Königin Victoria am *Lord Mayor's Day,* dem 9. November 1837, gegeben wurde. Die *Corporation of London* lud traditionell jeden neuen Souverän zu einem Bankett, gewöhnlich am ersten *Lord Mayor's Day* der Regentschaft. William IV. konnte dieser Einladung nie nachkommen, weil man um seine Sicherheit fürchtete. So ergab sich 1837 eine ernsthafte Debatte, ob der Brauch weitergeführt werden sollte. Der begeistert aufgenommene Auftritt der jungen Königin trug jedoch dazu bei, das Verhältnis der Öffentlichkeit zum Herrscherhaus zu verbessern. Auf dem Weg, den die Königin nahm, überboten sich die Geschäftsleute in festlichen Dekorationen; die Londoner und die Provinz-Zeitungen schilderten das Ereignis überschwänglich, und preiswerte Panorama-Drucke hielten es als Souvenir fest. Die Vorbereitungen für das Bankett ‚übertrafen alle bisher dafür unternommenen Anstrengungen der Stadt London'. Gemäß der Tradition, wurden sowohl die Speisen und Getränke als auch Tafelgeschirr und Dekorationen erst weniger als einen Monat vor dem Ereignis in Auftrag gegeben. Das gesamte Porzellan und Glas (mehr als 11.000 Teile) scheint von der Firma Davenport geliefert worden zu sein, die ihre Ausstellungsräume in *Fleet Street* unterhielt. Ein Großteil mußte in aller Eile in Davenports Manufaktur in den Midlands vervollständigt und abgeschickt werden; wahrscheinlich stammen die 12 Fingerschalen und die 24 Weißweingläser für die Tafel der Königin von der Davenport benachbarten Manufaktur Powell and Sons, die häufig an die Firma lieferte. Die Powells, seit 1834 im Besitz ihres Unternehmens, kannten vermutlich von ihrem Lieferanten P. N. Johnson aus Hatton Garden die von kontinentalen Glas-Manufakturen praktizierten Experimente mit Uran-Beigaben. Ihre eigenen Versuche begannen im Februar 1835; im März 1836 wurde vermerkt, das Glas sei nun gut genug, um für Leuchter verwendet zu werden, wie sie Lord Howe der Königin Adelaide zum Geschenk machen wolle. Die Bezeichnung ‚Topas' wird vom Dezember 1836 an gebraucht. Die Fingerschalen aus Topasglas (von denen zumindest zwei Exemplare überlebt haben) sind die frühesten, exakt zu datierenden Exemplare dieses Glases, die in England hergestellt wurden. Der kräftige Schnitt und die gravierte Dekoration der Objekte mit dem gekrönten *VR* und dem Wappen der *City of London* entstanden entweder bei Davenport oder für diese Firma in der Londoner Werkstatt spezialisierter Kunsthandwerker. WE

307 (Farbtafel S. 403)

Stuhl, 1823

Enwurf: vermutlich Benjamin Dean Wyatt;
Hersteller Morel & Hughes
Abura-Holz, geschnitzt und vergoldet, moderne Polsterung, 88 x 65 x 77 cm
London, Trustees of the Victoria and Albert Museum
Inv.-Nr.: W. 48-1979
Herkunft: Northumberland House, London; Christie's, London, 1. Juni 1978, Posten 522

Dieser Stuhl gehört zu den prächtigsten und kunstvollsten Möbeln, die für adlige Auftraggeber in London damals hergestellt wurde. Zu einem Preis von £ 112 und 18 Shilling kam es im März 1823 als Teil des Mobiliars für das Vorzimmer des Purpurnen Salons nach *Northumberland House* am Trafalgar Square. Es war eines der großartigsten Häuser Londons mit einer prächtigen Innenausstattung des 18. Jahrhunderts von Robert Adam; dazu zählte der vielgerühmte gläserne *Purpurne Salon* (jetzt im Victoria and Albert Museum). Die baulichen Veränderungen am *Northumberland House* ergänzten die Innenausstattung Adams und waren im damals modernen Stil Ludwigs XIV. gestaltet. Entworfen hatte sie Benjamin Dean Wyatt, der führende Vertreter dieses Stils, den er höchst erfolgreich bei zwei anderen Londoner Stadtpalais einsetzte: *Apsley House* und *Stafford House.* Morel & Hughes gehörten zu den berühmtesten Londoner Möbeltischlern; sie arbeiteten für eine große aristokratische Klientel, darunter auch für den Prinzregenten. CW

Charles Robert Leslie

Philadelphia 1794–1859 London

308 (Farbtafel S. 413)

Die Familie Grosvenor, 1831

Öl auf Leinwand, 101,6 x 144,7 cm
Eaton Hall, Chester, His Grace the Duke of Westminster
Herkunft: 1831 für Robert Grosvenor, den ersten Marquis von Westminster gemalt
Ausstellungen: London, Royal Academy, 1832, Nr. 121; London, Tate Gallery, 1955; London, Royal Academy, 1957, Nr. 378; Washington 1985, Kat.-Nr. 517
Literatur: Taylor 1860, Bd. 2, S. 224

Das Familienporträt entstand 1831 nach der Erhebung Robert Grosvenors, des 2. Earl Grosvenor (1767–1845) in den Rang eines Marquis von Westminster aus Anlaß der Krönung Williams IV. Drei Generationen sind dargestellt: der Marquis in der Mitte links, hinter ihm sein ältester Sohn Richard, der Earl of Belgrave und neben ihm sein Enkel (Lord Belgraves Sohn) Hugh Lupus; am Piano die Marquise, Lady Belgrave auf der linken Seite, mit den drei jüngsten Töchtern zu ihren Füßen und den beiden älteren Mädchen im Vordergrund. Rechts dahinter der zweite Sohn des Marquis, Thomas, 2. Earl von Wilton mit Frau und Tochter. Der dritte Sohn, Lord Robert Grosvenor auf der linken Seite; Lady Robert Grosvenor, eine Nichte des Herzogs von Wellington, in der Mitte. Die Familie ist in der opulenten Gemäldegalerie im *Grosvenor House* versammelt; der Saal war 1805 für £ 17.000 neu gestaltet und später erweitert worden, um Rubens' 1818 erworbene Kartons für vier große Wandteppiche aufnehmen zu können. Zwei Tapisserien sind hinter den Säulen zu sehen: *Abraham und Melchisedek* und *Die Kirchenväter* (Ringling Museum, Sarasota); das Gemälde zur

309

Windsor Castle, Royal Library, H. M. Queen Elizabeth II
Inv.-Nr.: RCIN 1005092
Literatur: Adams 1983, S. 282–286, Nr. 123

Das Standardwerk über die *Westminster Abbey* erschien von 1816 bis 1823 in unregelmäßigen Abständen; unter den Subskribenten war der Prinzregent, der spätere Georg IV., dem es auch gewidmet war. Wegen der vorzüglichen Qualität der Radierungen nach Zeichnungen von John Preston Neale (1779–1847) ist das Werk als *„Neales Westminster Abbey"* bekannt. Ein anderes Exemplar (37,5 x 27 cm) gehörte zu den 120.000 Bänden der Bibliothek Georgs III., die 1823 an das Britische Museum ging. Es ist vergleichsweise unscheinbar, in goldpunziertem, braunem Schafsleder, in drei Bänden gebunden (Bd. 2 ist aufgeteilt). CF

Rechten von Lord Wilton ist Velazquez' *Don Balthasar Carlos.* Die Sammlung umfaßte auch berühmte Werke von Claude Lorrain, Rubens' *Anbetung der Könige* (King's College, Cambridge) und Gainsboroughs *Blue Boy* (Huntington Collection, San Marino). Die Galerie war jeweils in den Monaten Mai und Juni für Besucher zugänglich: Passavant merkte dazu an, dem Lande sei damit ein hoffentlich Schule machendes Beispiel der Liberalität gegeben. Das Gemälde hing im *Grosvenor House;* der Londoner Wohnsitz der Familie wurde in den zwanziger Jahren unseres Jahrhunderts abgerissen, um einem Hotel gleichen Namens Platz zu machen. CF

James Gillray

London 1756–1815 London

309

Wunderbare Geschichten!, 1802

Kolorierte Radierung, 25,2 x 34,6 cm (beschnitten); eine spätere Kopie der 1802 veröffentlichten Version, radiert von W. Brocas und veröffentlicht von J. Sidebotham
London, Trustees of the British Museum
Inv.-Nr.: 1851-9-1-1066
Literatur: George 1947, Bd. viii, S. 118 f., Nr. 9932 A

Die haarstreubenden Geschichten, auf die hier angespielt wird, entstammen dem 1795 veröffentlichten Schauerroman *The Monk* von M. G. Lewis (Gothic romance). Die Uhr zeigt 0.45 Uhr und eine einzige Kerze beleuchtet die Ikonographie des Schreckens. Auf dem Kaminsims: ein Drache, ein Skelett und eine Gorgo. Darunter zeigt ein Relief die Entführung Proserpinas, und ein Gemälde an der Wand eine weitere Entführungsszene. *Tales of Wonder* war eine harmlose von M. G. Lewis herausgegebene Anthologie mit Beiträgen von Scott und Southey. Speziell geht es hier jedoch um ein früheres Werk, das Lewis' literarischen Ruhm begründet hatte: eben *„The Monk".* Nur knapp entging der Autor des äußerst beliebten und oft imitierten Buches einer Verurteilung. Spätere Ausgaben wurden purgiert wegen unzüchtiger Darstellungen. LS

Edward Wedlake Brayley

1773–1854

310

Geschichte und Altertümer der Abteikirche von St. Peter

Westminster, 1818–1823
Bd. 2 des Präsentationsexemplars, gebunden in rotes Saffianleder, mit gothisierenden Mustern in Gold punziert, und dem Wappen Edwards des Bekenners, 54,5 x 38,7 x 7,5 cm

Richard Parkes Bonington

Arnold 1802–1828 London

311

Drei Studien von Rüstungen

Aquarell über Bleistift, 21 x 10 cm; 23,2 x 11,4 cm; 21,4 x 9,6 cm
London, Trustees of the British Museum
Inv.-Nr.: 1939- 10- 14-7,8,9
Herkunft: Bonington-Verkauf, Sotheby's am 29./30. Juni 1829, Posten 14, 15 und 16; gekauft von Colnaghi und Tirphook; E. V. Utterson; durch Vererbung an Lt. Col.. A. T. Utterson, von diesem 1939 dem British Museum geschenkt
Ausstellung: Nottingham 1965, Nr. 155, 156, 157
Literatur: Shirley 1940, S. 26 ff.; Yale 1991, S. 128, 130, 133, 135

Animiert vom Beifall für eine Gruppe von Gemälden britischer Künstler 1824 auf dem Pariser Salon, besuchten Delacroix, Bonington und einige andere junge Maler im Sommer 1825 England. Ihr Interesse für Antiquitäten, das sich auch in ihrer Leidenschaft für Byrons Lyrik und für Scotts romantisch-historische Romane äußerte, zeigt sich auch in ihren Studien von Grabmälern in der *Westminster Abbey* und von Rüstungen aus der Meyrick-Sammlung; sie sollten später als Quellenmaterial für historische Gemälde dienen. Am 8./9. Juni 1825 besuchten Bonington und Delacroix das Londoner Haus von Dr. Samuel Rush Meyrick, vermutlich dank einer Empfehlung des Aquarell-Malers Samuel Prout. Dr. Meyrick (1783–1848), ein bemerkenswerter Antiquitar und Anwalt am Marine-Gerichtshof, später von William IV. für seine Arbeit an der Königlichen Rüstungs-Sammlung geadelt, hatte gerade sein dreibändiges Werk *A Critical Inquiry into Antient Armour, as it existed in Europe, but particularly in England from the Norman Conquest to the Reign of Charles II* (London, 1824) veröffentlicht und war der Besitzer einer der herrlichsten Privatsammlungen von Rüstungen in Europa. (Die meisten werden heute in der *Wallace-Collection* bewahrt.) 1830 wurde ein vollständiger Katalog der Rüstungen Meyricks veröffentlicht. LS

311

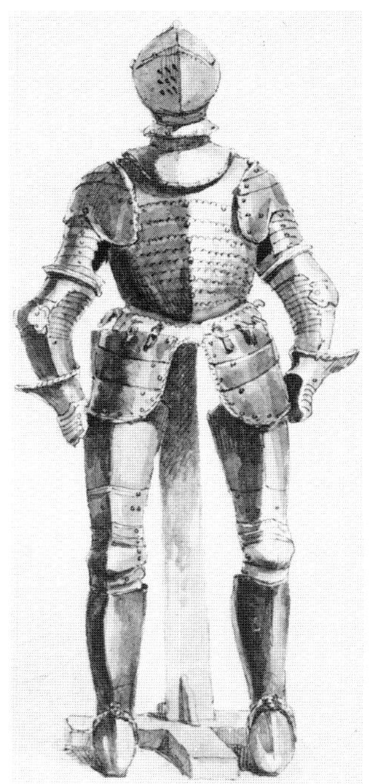

311

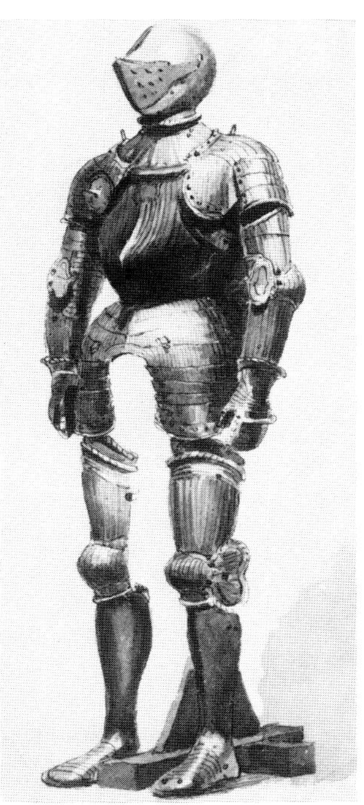

311

312
Tisch, 1806

Entwurf: Sir John Soane
Gebeiztes Mahagoni mit Elfenbein-Verzierungen, 142 x 92 x 450 cm
London, Privatsammlung
Herkunft: Stowe, Buckinghamshire; Christie's, Stowe-Versteigerung, 1848, Lot 2508

Soane arbeitete selten im Stil des *Gothic Revival*, aber mit diesem besonders anspruchsvollen Stück demonstrierte er seine genialen Fähigkeiten im Umgang mit historischen Formen der Architektur. *Stowe* ist ein gefeiertes klassizistisches Landhaus des 18. Jahrhunderts; sein Besitzer, der Marquis von Buckingham, erwarb eine bedeutende Sammlung mittelalterlicher Handschriften, und beauftragte Soane, eine angemessen „gotische" Bibliothek dafür zu entwerfen. Soane entwickelte seine gotischen Motive aus der Kapelle Heinrichs VIII. von *Westminster Abbey.* Die Garnitur bestand aus einem Paar Säulentischen, einem achteckigen Tisch und einem Sessel. Der Raum war auch mit älteren Stühlen aus Ebenholz und Elfenbein möbliert, die man damals für mittelalterliche Stücke hielt. Die Verbindung von schwarz gebeiztem Holz und Elfenbein bei den modernen Möbeln ist von daher abgeleitet. Der Tischler ist unbekannt; sicher stammen die Stücke aus London. CW

312

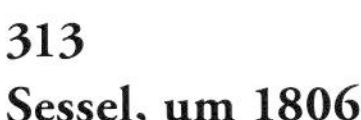

313
Sessel, um 1806

Eiche, moderne Polsterung, 91 x 56 x 47 cm
Marken: Windsor Castle geprägt
London, Trustees of the Victoria and Albert Museum
Inv.-Nr.: W.151-1978
Herkunft: Auktionshaus Christie's, London, 30. November 1978, Lot 12

Der Sessel ist wahrscheinlich für *Carlton House* entworfen worden; er gehörte zum Mobiliar von *Windsor Castle,* wo noch andere Exemplare erhalten sind. Datieren läßt er sich auf die Zeit kurz vor 1808; damals erschien in George Smiths ‚*A*

313

Ein zu einer Garnitur gehörender Stuhl und Teil eines im Stil des *Gothic Revival* gehaltenen Interieurs, das George Bullock für die mittelalterliche Abtei bei Battle, Sussex, schuf. Sie war der Wohnsitz Sir Godfrey-Vassal Websters, dessen Wappen – ein Drachenkopf – auf der Rücklehne des Stuhls erscheint. Obwohl Bullock viele der in seiner Londoner Werkstatt hergestellten Möbelstücke selbst zeichnete, entstand dieses Stück wahrscheinlich nach einem Entwurf seines Angestellten Richard Bridgens, der sich offenbar auf gotischen und elisabethanischen Stil spezialisiert hatte und damals Bullock in Abbotsford half. Obwohl das Innere der Abtei rein gotisch war, ist der Stuhl ein verfeinertes Nachbild einer Form des 17. Jahrhunderts; Bridgens hielt sie vermutlich für elisabethanisch. CW

314

Collection of Designs for Household Furniture' eine kommerzielle Adaptation des Stückes. Von etwa 1806 an waren Interieurs im Stil des *Gothic Revival* für *Carlton House* entworfen worden; einige wurden auch realisiert. Sicher ist, daß Eichenholz-Stühle, vielleicht für die Bibliothek geliefert wurden. Etliche der qualifiziertesten Architekten, Formgestalter und Möbeltischler Englands arbeiteten damals in *Carlton House*; wer von ihnen die Sessel entwarf und herstellte, läßt sich nicht sagen. Dieser durchaus selbstbewußte Entwurf könnte von James Wyatt stammen; er arbeitete 1804 und 1805 in *Carlton House*, und damals der fähigste englische Architekt im neogotischen Stil. CW

314
Stuhl, 1816

Entwurf: Richard Bridgens; Ausführung: George Bullock
Eiche, bemalt und teilweise vergoldet, vergoldete Messingbeschläge, 101 x 47 x 54 cm
London, Trustees of the Victoria and Albert Museum
Inv.-Nr.: W.53-1980
Herkunft: Battle Abbey, Sussex; Christie's, London, 23. Oktober 1980, Lot 91
Literatur: Ackermann, September 1817; Bullock 1988, S. 75

George Bullock

315
Tisch, 1815–1818

Ebenholz mit Intarsien, Messingbeschläge mit Goldbronze, Tischplatte aus verschiedenen römischen Marmorarten, 74 x 86 cm
London, Trustees of the Victoria and Albert Museum
Inv.-Nr.: W.34-1978
Herkunft: Thornbridge Hall Derbyshire; Park Hall Derbyshire; Phillips, Hepper House, Auktion der Einrichtung von Park Hall, 5. April 1978, Lot 117
Literatur: Bullock 1988, S. 111 f.

Die Tischplatte besteht aus antikem römischen, aus Italien importierten Marmor, nicht aus dem walisischen ‚Mona'-Marmor, den Bullock gemeinhin favorisierte. Die kunstvoll gearbeiteten Metall-Intarsien zeigen den antiken römischen Thyrsus, nicht wie üblich von Weinlaub, sondern von britischem Hopfen umrankt. Zu Bullocks innovativen Erfindungen gehörte auch die ornamentale Verwendung englischer Pflanzenarten. CW

316
Sessel, 1816

Mahagoni, teilweise gebeizt, 88 x 64 x 56 cm
Edinburgh, Dalmeny House, Earl of Rosebery
Herkunft: Napoleon I., New Longwood House, St. Helena
Literatur: Bullock 1988, S. 82 f.; Levy 1991, S. 307–311, Abb. 4

Nach diesem Entwurf entstanden einige Sessel in Bullocks Werkstätten; sie behörten zu dem Mobiliar, das er für *New Longwood,* dem von der britischen Regierung für Napoleon erbauten Haus auf St. Helena, lieferte. Aus den erhaltenen Entwürfen für die Interieurs ist ersichtlich, daß solche Stücke in der Bibliothek, im Speisezimmer, im Salon und im Frühstückszimmer standen. Ein paar Möbel Bullocks sind auf St. Helena geblieben und stehen heute im *Old Longwood House*; der größte Teil des Mobiliars jedoch wurde bei einer Auktion nach Napoleons Tod 1821 zerstreut. Diesen Sessel besaß im späteren 19. Jahrhundert der Earl of Rosebery, der gefeierte englische Premierminister und Napoleon-Experte. Er ist bis heute im Besitz seiner Familie. CW

317
Frisierkommode, 1816

Entwurf: George Bullock
Eiche mit Intarsien aus Ebenholz, 137 x 81 x 50 cm
London, John Hardy
Herkunft: Napoleon I., New Longwood House, St. Helena; Christie's, 6. Juli 1989, Lot 117
Literatur: Levy 1991, S. 307–311, Abb. 5

Wie auch bei dem dazugehörigen Stuhl ist der Platz des Möbels unbekannt; es kann Napoleons eigener Raum gewesen sein, aber es gab eine ganze Reihe ähnlich ausgestatteter Räume in *New*

315

316

Longwood, dem Haus Napoleons auf St. Helena. An diesem Stück erkennt man Bullocks Vorliebe für die Verwendung heimischer britischer Hölzer. Napoleon hätte ohne Zweifel die von ihm geschätzten Mahagoni-Möbel denen aus einfacher britischer Eiche vorgezogen. CW

317

318
Tasse und Untertasse, um 1815

Wedgwood; Knochen-Porzellan mit erhabenem, gegossenem Weinblattmuster, Goldrand
Untertasse: ⌀ 15,5 cm, Tasse: Höhe 6 cm
Marken: WEDGWOOD in Rot
Barlaston, Wedgwood Museum Trust
Inv.-Nr.: 5792 a. und b.
Ausstellung: London, Wedgwood House, 1984, Nr. N44

Der Dekor folgt dem William Hackwoods. Der Goldrand ist im Musterbuch unter der Nummer 823 aufgeführt. Ein Service dieser Art wurde Napoleon zur persönlichen Verwendung ins Exil nach St. Helena geschickt. Die Abschrift einer Notiz vom 24. Oktober 1815 bezieht sich darauf: „Der Prinzregent bestellte unverzüglich alle erforderlichen Utensilien für seinen (Napoleons)

319

Eine Zeichnung Bullocks für eine fast identische Laterne ist bekannt, und eine weitere Laterne ist kürzlich wieder entdeckt worden, die Bullock 1816 für *New Longwood,* Napoleons Haus auf St. Helena, geliefert hatte. Diese Laternen sind die schönsten erhaltenen neogotischen Lampen aus dieser Zeit. Solche Metallarbeiten ließ Bullock von seinen Londoner Nachbarn W. & S. Summers, *New Bond Street Nr. 105* herstellen. Sehr wahrscheinlich verkauften sie auch nach seinem Tod 1818 aus ihrem Lagerbestand solche Stücke weiter und produzierten sogar noch mehr Objekte nach den Entwürfen Bullocks. Die Ampel war sicher Teil der vollendeten neogotischen Interieurs, die Schinkel bei der Restauration von Burg Rheinstein in den späten zwanziger Jahren des 19. Jahrhunderts schuf. Eigentümer des Schlosses war Friedrich Ludwig von Preußen, dessen Monogramm sich, ebenso wie der preußische Adler, auf dem Glas befindet. Die Laterne hing im Schlafgemach der Hausherrin. Wie das Objekt nach Rheinstein gelangte, ist nicht dokumentiert. Doch Schinkel reiste nicht von ungefähr 1826 nach England, um sich britische Architektur anzusehen. Er besichtigte eine Reihe von neogotischen Bauten und informierte sich sicher über das Kunsthandwerk; einige seiner späteren Entwürfe sind von englischen Vorbildern beeinflußt, und Bullock war damals noch sehr bekannt. Kaufte Schinkel die Ampel in der *New Bond Street?* Das Glas stammt aus Deutschland; es muß speziell angefertigt worden sein, als die Laterne dorthin kam. CW

320

320
Hocker, um 1827

Entwurf: A. W. N. Pugin; Ausführung: More & Seddon
Eiche mit Originalpolstern, 45 x 43 x 43 cm
Windsor Castle, H. M. Queen Elizabeth II
Herkunft: Windsor Castle
Literatur: de Bellaigue und Kirkham 1972, S. 27

Pugin war zu dieser Zeit erst fünfzehn Jahre alt, aber sein genialer Sinn für den Stil des *Gothic Revival* war schon so ausgeprägt, daß Georg IV.

Wohnsitz auf St. Helena." Ein Vermerk von Mr. Mowbray (einem Angestellten des Wedgwood-Geschäfts) mit dem Datum von Freitag, 1. Dezember 1815, lautet: „Mr. Bullock war gestern hier und veränderte die für St. Helena getroffene Auswahl unwesentlich; außerdem machte er noch einige Ergänzungen, darunter zwei Tee- & Kaffee-Service mit erhabenen Weinblättern, à 5 Pfund ... Wir haben nun Order von Mr. Bullock, die Pakete als Regierungsbestände zur *Whitehall*-Werft zu schicken." George Bullock vertrat die Regierung bei der Organisation der für St. Helena vorgesehenen Waren. GBR

319
Ampel, 1816–1826

Entwurf: George Bullock; Ausführung: vermutlich W. & S. Summers, New Bond Street
Vergoldete Bronze, geschliffenes Glas mit roten Motiven, 99 x 40 cm
London, Jonathan Harris Works of Art

321

C. R. Leslie, Die Familie Grosvenor, 1831. Kat.-Nr. 308

ihn beauftragte, Möbel für die Repräsentationsräume in Windsor zu entwerfen. Pugin hatte sein Büro in London, wo er bald eine eigene Möbelfabrikation eröffnen sollte. Alle Stücke für Windsor kamen jedoch von der Londoner Firma Morel & Seddon. Obwohl viele der Möbel aus gerade modischen Hölzern hergestellt waren, mit vergoldeten Details, wurden diese Hocker – wie im Mittelalter – einfach aus englischer Eiche gemacht. Ihr solider, einfacher Charakter besitzt etwas vom Wesen mittelalterlicher Möbel, ohne sie in irgendeiner Weise zu kopieren. Darin liegt ein Vorgriff auf die radikalen Möbelentwürfe Pugins in den vierziger Jahren. Die umfangreichen neogotischen Ergänzungen und Veränderungen Georgs IV. in Windsor hatten einen weitreichenden Einfluß auf die europäische Innenarchitektur der dreißiger Jahre. Schinkel, zum Beispiel, war sich ohne Zweifel der Rolle von *Windsor Castle* bewußt. CW

321

Sessel, um 1827

Entwurf: A. W. N. Pugin; Ausführung: Morel & Seddon
Rosenholz, teilweise vergoldet, vergoldete Bronze-Montierungen, moderne Polsterung,
97 x 59 x 67 cm
Windsor Castle, H. M. Queen Elizabeth II
Herkunft: Windsor Castle
Literatur: de Bellaigue und Kirkham 1972, S. 26

Obwohl der zur gleichen Zeit entworfene Hocker im Stil mittelalterlich ist, zeigt dieser Stuhl, daß selbst Pugin sich nicht von der äußerst verfeinerten Form des *Gothic Revival* lösen konnte, wie sie sich um 1800 entwickelt hatte. Ein in der Ausstellung gezeigter Tisch und ein ebenfalls präsentiertes Piano sind Beispiele dieses großen, spätgeorgianischen Stils. Noch bevor Pugin sich etablierte, benutzten einige Entwerfer, getreu dem mittelalterlichen Vorbild, Eichenholz zum Möbelbau, wie z. B. der für *Carlton House* entworfene Eichensessel beweist. CW

322 (Abb. S. 417)

Pokal (Krönungspokal), 1827

Entwurf: A. W. N. Pugin
Vergoldetes Silber und Juwelen; Kuppa mit gotischer Arkade; darüber Vierpaßornamente umgeben von Wellenlinien; innerhalb der Bögen Edelsteinrosetten; die Kuppa wird von knienden Engeln gehalten, die Email-Schilde mit den Wappen Georgs IV., des Vereinigten Königreichs und Hannovers halten; Fuß reich verziert, durchbrochen und mit rautenförmigem Muster; kreisförmiger Fuß mit Blattwerk auf acht Bogenfüßen, H 28 cm

E. W. Cooke, Die Klause des Antiquars, 1838. Kat.-Nr. 323

Marken: Londoner Stadtmarke 1826; Meistermarke John Bridge
Windsor Castle, H. M. Queen Elizabeth II
Inv.-Nr.: GV598
Ausstellung: London, Victoria and Albert Museum, 1954, Kat.-Nr. 128
Literatur: Jones 1911, S. 172, Tafel LXXXVII, Nr. 2; Bury, Wedgwood und Snodin 1979, S. 343–353, Abb. 14 und 16

Mitte der zwanziger Jahre beschäftigte sich Georg IV. vor allem damit, geeignete Objekte zur Verschönerung von *Windsor Castle* zu erwerben, wo Wyatville 1824 mit der Umgestaltung der Interieurs begonnen hatte; die neue Möblierung kam zwei Jahre später; das Mobiliar lieferten Morel and Seddon. Der neogotische Pokal sollte möglicherweise auf der neuen ‚gotischen' Kredenz im ‚gotischen' Speisezimmer stehen. Rundells Rechnung vom 11. September 1827 über £ 400 (RA 26324) beschreibt ihn als einen „sehr eleganten gotischen Pokal aus vergoldetem Silber mit Wappenschilde tragenden Engeln, mit Diamanten und bunten Steinen geschmückt." Erst 1872 taucht das Stück als „Ein gotischer Krönungs-Pokal" im Inventarverzeichnis auf. Obwohl von nur dekorativer Funktion, war er sichtbar von mittelalterlicher Kirchenarchitektur und Holz-Skulptur inspiriert. Silber erscheint im *Gothic Revival* in Architektur und bei Möbeln erst spät; wohl auch deshalb, weil die meisten englischen Beispiele mittelalterlichen Silbers in der Reformationszeit zerstört worden waren, so daß es nur wenige authentische Vorbilder gab. Flaxmans Entwurf für den *National Cup* von 1819 war hier wegweisend; 1821–1822 lieferten die Rundells Kopien von Kelchen des 17. Jahrhunderts im Stil einer damals wiederbelebten Gotik für die Kapelle des *Royal Pavilion* in Brighton. Bury, Wedgwood und Snodin plädierten überzeugend für eine Zuschreibung des Objekt-Entwurfs an August Welby Pugin (1812–1860). Obwohl damals erst 15 Jahre alt, arbeitete er bereits für die Rundells und für Morel and Seddon; und sein wichtigstes Objekt war ein Büfett, zu der der Pokal stilistische Verbindungen aufweist. Der Pokal-Entwurf ähnelt einer Reihe signierter und datierter, aber nicht ausgeführter Zeichnungen

G. Cruikshank,
A Scene at the London Museum
Picadilly ..., 1816
Kat.-Nr. 327

T. Rowlandson, Mr. Bullocks
Ausstellung von Lappländern,
8. Februar 1822
Kat.-Nr. 328

J.-L. Agasse, Die nubische Giraffe, 1827. Kat.-Nr. 341

322

des mit mittelalterlicher Kunst wohlvertrauten Pugin für *St. George's Chapel* in Windsor. Die virtuose fächerförmige Gestaltung des Pokal-Fußes ist ohne Beispiel; sie leitet sich vielleicht vom Gewölbe der Kapelle Heinrichs VII. in der *Westminster Abbey* ab: eine staunenswert frühreife Meisterleistung. Philip Rundell hätte die Juwelen für den ‚Krönungs-Pokal' (insgesamt 106 Diamanten, 32 Rubine und 12 Smaragde) sehr wohl aus seinem Bestand liefern können. Doch der Preis des Stückes – weniger als die Hälfte dessen, was Flaxmans Pokal gekostet hatte – kann auch darauf hinweisen, daß die Steine aus des Königs eigenem Besitz an Juwelen stammten. CF

Edward William Cooke
London 1811–1880 Groombridge, Kent

323 (Farbtafel S. 414)
Die Klause des Antiquars, 1836

Öl auf Leinwand, 58 x 76 cm
London, Trustees of the Victoria and Albert Museum
Inv.-Nr.: FA 42
Herkunft: Sheepshanks Collection
Literatur: Wainwright 1989, S. 39–40, Abb. 29–31; Parkinson 1990, S. 42

Auftragsarbeit für John Sheepshanks, einem damaligen Sammler zeitgenössischer Gemälde, der seine Kollektion dem *South Kensington Museum* (heute Victoria & Albert Museum) schenkte. Das Thema ergab sich aus der Beschreibung des *Sanctum Sanctorum* des Jonathan Oldbuck in Walter Scotts Roman *The Antiquary* (Der Antiquar). Cooke kannte solche Sammler-Intérieurs aus eigener Anschauung, zumal er Schüler des Kunst sammelnden A. C. Pugin war. In seinem Londoner Atelier baute sich Cooke das ‚romantische Intérieur' mit eigens dafür erworbenen Antiquitäten auf. CW

Augustus Welby Northmore Pugin
London 1812–1852 Ramsgate

324
„Contrasts or a Parallel ...", 1841

(Kontraste oder eine Parallele zwischen den edlen Gebäuden des Mittelalters und entsprechenden Gebäuden, die den heutigen Verfall des guten Geschmacks veranschaulichen)
Herausgeber: Charles Dolman, 61 Bond Street
28,5 x 23 cm
London, Privatsammlung
Herkunft: William Burges

Die erste Ausgabe der *„Contrasts"* erschien 1836 auf Pugins Kosten und trägt den Vermerk: *„London, Printed for the Author, and Published by Him, at St. Marie's Grange, Near Salisbury, Wilts".* St. Marie's war ein bemerkenswerter neogotischer Bau, den er für sich 1834 entworfen hatte. *„Contrasts"* ist eines der grundlegenden Bücher

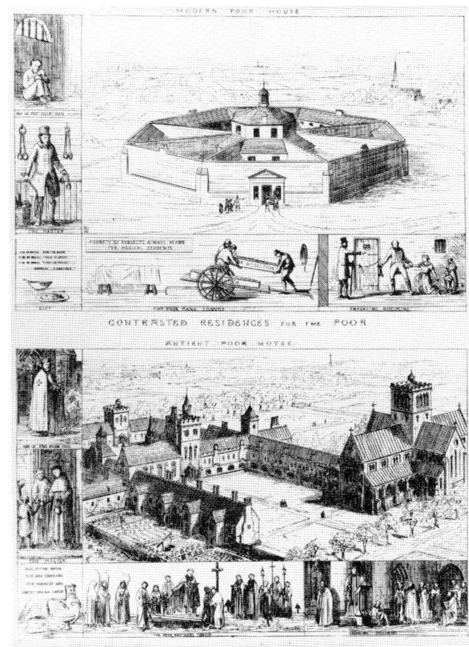

324

der europäischen Neogotik, sowohl im Text wie in den Illustrationen. Pugin greift darin an, was er im Vergleich zum Mittelalter als Schwäche und Unehrlichkeit der spät-georgianischen Architektur ansah. Er ordnete dabei die Illustrationen paarweise an, um jeweils einem modernen Gebäude ein mittelalterliches Gebäude desselben Typs gegenüberzustellen. Seine Attacke bezog sich nicht allein auf die von ihm gehaßten klassizistischen Bauten; er dehnte sie auch auf neogotische Gebäude seiner Zeitgenossen aus. Das Buch rief einen Protest-Sturm hervor, nicht nur bei Architekten, sondern auch bei der anglikanischen Kirche. Denn Pugin stellte seinen eigenen Katholizismus – wie in den meisten seiner späteren Bücher auch – deutlich heraus. Daß er so berühmt-berüchtigt war, verhalf seinem Buch zur zweiten Auflage. Interessant ist, daß dieses Exemplar dem gefeierten viktorianischen Architekten William Burges gehörte; seine Unterschrift ist auf der Titelseite zu finden. CW

AUSSTELLER UND SCHAUSTELLER

Die Schiffe der britischen Flotte brachten dem Londoner Publikum ferne, exotische Welten greifbar nahe. Das Interesse an neuesten archäologischen, anthropologischen, zoologischen und botanischen Attraktionen war immens. Einfallsreiche Schausteller brachten vieles davon auf ihre Bühnen. Doch die Tendenz, Neues wissenschaftlich zu ergründen und entsprechend professioneller darzubieten, manifestierte sich bald in der Gründung gelehrter Gesellschaften und neuer Museen, die eher belehren als unterhalten sollten.

Lawrence Gahagen
1756–1820 Dublin

325
Isis und Osiris, um 1812

Portlandstein, 347 cm
Bezeichnet auf dem Sockel der Osiris: L. Gahagen
London, Christopher Gibbs Ltd..
Herkunft: 1905 vom Haus Piccadilly 170–171 abgebaut; Sotheby's Sussex, 31. Mai 1989, Lot 802
Literatur: Survey of London 1960, Bd. XXIX, S. 266–270; Altick 1978, S. 235–237

325

William Bullock, tätig von 1795 bis 1836, ein Bruder des in der Ausstellung ebenfalls vertretenen Möbel-Gestalters George Bullock, arbeitete zunächst als Juwelier und Silberschmied in Liverpool; animiert von den Möglichkeiten des Ankaufs von Kuriositäten und naturhistorischen Objekten auf den gerade eingelaufenen Schiffen in diesem wirtschaftlich aufblühenden Hafen, eröffnete er 1795 ein eigenes Museum und fügte seinem Bestand Stücke aus aufgelösten, britischen Sammlungen hinzu (besonders die Dr. Richard Greens, Lichfield, 1793 und Sir Ashton Levers, London, 1806). 1809 verlegte William Bullock seine Sammlung nach London, wo sein *Museum* am *Piccadilly* 22 bald ein Publikumserfolg wurde. Eine neue Heimstatt fand das Museum im Frühling 1812 im südlichen Bereich des *Piccadilly,* fast genau der *Old Bond Street* gegenüber. Offiziell hieß es *London Museum;* dank seiner bizarren Architektur erhielt es dann den Beinamen *„Egyptian Hall"*, der in die Geschichte einging. Die *„Egyptian Hall"* entstand nach dem Plan Peter Frederick Robinsons (1776–1858), eines Schülers Henry Hollands und Meisters vieler Stilrichtungen, der 1801–1802 unter William Porden an chinesischen Interieurs für den Brighton Pavilion gearbeitet hatte. Hier wandte er sich zuerst dem in Mode kommenden ägyptischen Stil zu. Dem spät-ptolemäischen Hathor-Tempel von Dendera folgend, entwarf Robinson die Fassade wie einen großen Pylon; der Eingang war von zwei gedrungenen Lotossäulen eingerahmt und „Hieroglyphen" zierten die Fensterrahmen. Die beiden steinernen Statuen von *Isis* und *Osiris* trugen den Kopf des Architravs und flankierten das zentrale Fenster. Die Skulpturen erinnern mehr an konventionelle Darstellungen von Mohren als an ägyptische Götter-Gestalten. Auch J. B. Papworths Innenräume waren wenig um Authentizität bemüht. Der ägyptische Stil wuchs hier in einer Weise ins Phantastische, die erst wieder von der Kinoarchitektur der zwanziger Jahre unseres Jahrhunderts erreicht wurde. 1819 wandelte Bullock sein Museum zu einer Reihe von Ausstellungs- und Verkaufsräumen um und versteigerte seine Sammlungen; die meisten der ethnographischen Stücke gingen ins preußische Berlin, die Waffen und Rüstungen an Samuel Meyrick. Die *„Egyptian Hall"*, dann ein Ort für Ausstellungen und Vergnügungen, wurde 1905 abgerissen. CF

325

326a

326b

George Scharf

Mainburg 1788–1860 London

326a und b

Männer und Jungen mit Werbetafeln, 1840

a) Aquarell über Bleistift, 13,6 x 22,1 cm
Bezeichnet unten rechts: G. Scharf del.; und weitere Beschriftung
London, Trustees of the British Museum
Inv.-Nr.: 1862-6-14-1187
b) Aquarell über Bleistift, 13,4 x 21,9 cm
Bezeichnet unten rechts: G. Scharf del.; und weitere Beschriftung
London, Trustees of the British Museum
Inv.-Nr.: 1862-6-14-1188
Herkunft: 1862 von der Witwe erworben
Literatur: Altick 1978, S. 167–168, 275–279 und passim; Jackson 1987, S. 34

Auf der Grundlage Hunderter, in 20 Jahren entstandener Bleistiftskizzen, malte Scharf 1840 eine Aquarell-Serie zum Thema der Plakatträger, die mittlerweile die Straßen Londons prägten. Den Ausrufern des 17. und 18. Jahrhunderts waren noch erfindungsreichere und exotischere Versuche gefolgt, öffentliche Aufmerksamkeit zu erreichen – damit war die moderne Werbung geboren. Ein Kommentator nannte 1843 diese „wandelnden Plakate" eine gänzlich neue Erscheinung, nur zu vergleichen mit römischen Standartenträgern. Sie wurden wiederum durch etwas verdrängt, was Charles Dickens als „ein Stück menschliches Fleisch zwischen zwei Scheiben Pappe" beschrieb – den „Sandwichman": Sein frühestes, von Scharf aufgezeichnetes Beispiel stammt von 1828. Die meiste der hier überlieferten Werbung bezog sich auf volkstümliche Belustigungen. Zu deren bekanntesten Schauplätzen gehörte die *Egyptian Hall, Piccadilly,* deren Wechselausstellungen Angebote vom Exotischen – den von Giovanni Belzoni 1820 nach England gebrachten ägyptischen Altertümern und der phantastischen Indianerschau des Künstlers George Catlin von 1840 – bis zum Grandiosen reichte: das waren etwa Benjamin Robert Haydons nahezu erfolglose Versuche in den 20er und 30er Jahren, das Publikum für seine pompöse Historienmalerei zu interessieren. Mit spektakulärem Erfolg wurde dagegen in der *Egyptian Hall* 1820 Géricaults „Floß der Medusa" ausgestellt. Ein weiterer bekannter Ausstellungsort war das *British Diorana* am *Royal Bazaar* in der *Oxford Street,* auf dessen Eröffnung 1828 Scharf hinweist: vier riesige Landschaften der führenden Bühnenmaler der Zeit, Clarkson Stanfield und David Roberts (die berühmte Landschaftsmaler wurden) waren zu sehen. Scharfs bescheidene und ungemein erzählerische Vignetten des Alltagslebens sind vielleicht nirgendwo überzeugender als in diesen Blicken auf die Vielfalt populärer und seriöser Unterhaltung im London dieser Epoche. LS

George Cruikshank

London 1792–1878 London

327 (Farbtafel S. 415)

A Scene at the London Museum Picadilly ..., 1816

(Eine Szene am London Museum Picadilly – oder: Ein Blick auf die Errungenschaften des Ehrgeizes, gewagt bei der Schlacht von Waterloo – Eine neue Steuer für England für das Jahr 1816 etc. etc.)
Herausgeber H. Humphrey St. James's Street
Kolorierte Radierung, 26 x 36 cm
London, Guildhall Library, Corporation of London
Literatur: George 1949, Bd. ix, S. 628, Nr. 12703; Cohn 1924, Nr. 1951; Altick 1978, S. 239 ff.

Das 1812 im ägyptischen Stil erbaute Museumsgebäude hieß bald *Egyptian Hall.* Menschenmengen drängten sich dort nicht nur, weil sie Bullocks Vierfüßler, Fische, Vögel, Fossilien und andere Raritäten sehen wollten, sondern auch wegen der aufsehenerregenden und einfallsreichen Veranstaltungen. Zum Beispiel wurde hier 1816 Napoleons kugelsicherer Schlachtwagen vorgeführt, zusammen mit Napoleons Kutscher, Napoleons Faltbett und dem Inhalt der Reisekiste des großen Mannes. Ursprünglich ein Geschenk von General Blücher an den Prinzregenten, war die Kutsche Napoleons zum Preis von £ 2.500 aus prinzlichem Besitz in den Bullocks übergegangen. Die Schau zog 10.000 begeisterte Menschen pro Tag an, weit mehr als jede andere frühere Ausstellung in London; insgesamt waren es von Januar bis August 220.000. Auf seiner Tour durch England, Schottland und Irland sahen 800.000 das Gefährt, und Bullock zog aus seiner Investition von £ 2.500 einen Gewinn von £ 35.000. RH

Thomas Rowlandson

London 1757–1827 London

328 (Farbtafel S. 415)

Mr. Bullocks Ausstellung von Lappländern, 8. Februar 1822

Kolorierte Aquatinta, 28 x 40 cm
London, Guildhall Library, Corporation of London
Literatur: George 1952, Bd. x, S. 330, Nr. 14430; Altick 1978, S. 273 f., Reproduktion

Wie die Präsentation von Napoleons Schlachtwagen wirkte William Bullocks Ausstellung einer Musterfamilie von Lappländern in der *Egyptian Hall* auf die Phantasie der Öffentlichkeit; sie war

329

330

331

aktuell (die Zeitungen berichteten damals ausgiebig über die Nordpolexpedition von Ross und Parry) und sehr erfolgreich. Bullock hatte den Hirten Jens, seine Frau Karlina und ihren kleinen Sohn auf einer wissenschaftlichen Expedition nach Stavanger getroffen. Mit der Vision, Tausende von Rentieren auf minderen englischen Ackerboden heimisch zu machen, überredete er die Familie – von zwölf Rentieren begleitet –, mit ihm nach London zurückzukehren. Der Plan, Rentierfarmen aufzubauen, schlug fehl. Thomas Dibdin, so scheint es, erhielt den Auftrag, einen Zweiakter für das *Haymarket Theater* zu schreiben – mit Auftrittsmöglichkeit für die Familie samt Rentieren. Nach Dibdins Aufzeichnungen gingen acht Tiere noch vor der Premiere ein, weshalb die Familie dann als lebende Ausstellungsstücke in der *Egyptian Hall* engagiert wurde. Um die rechte Stimmung zu treffen, hängte man ein Panorama mit einer Polar-Landschaft auf. Rowlandsons Stich zeigt sieben Rentiere, was Dibdins nette Geschichte eher zweifelhaft macht. Zu sehen ist auch ein vor einen Schlitten gespannter Elch, und flotte junge Damen stehen Schlange, um in den Genuß eines Gesprächs mit den durch und durch geduldigen Lappländern zu kommen. In den ersten sechs Wochen der Schau nahm Bullocks £ 100 pro Tag ein; in der ersten Saison kamen 58.000 Besucher. RH

John Ross

Inch, Wigtownshire 1777–1856 London

329
Eine Entdeckungsreise, 1819

28 x 22 cm
Herausgeber John Murray, Albemarle Street
London, Guildhall Library, Corporation of London
Inv.-Nr.: S 919/8
Herkunft: Worshipful Company of Clockmakers

John Ross, seit seinem zehnten Lebensjahr bei der Marine, war der Befehlshaber der HMS *Isabella,* die, begleitet von der HMS *Alexander* unter Lt. W. E. Parry, 1818 ausfuhr, um die *Baffin's Bay* zu erforschen und eine Nord-West-Passage zu finden. Das dem Marineminister Vicomte Melville gewidmete Werk ist eine illustrierte Aufzeichnung der Expedition. Zu den Zeichnern gehörten A. M. Skene, H. P. Hoppner und J. Bushman; der Stecher war Daniel Havell. Eine der Zeichnungen stammt von einem Eskimo-Dolmetscher, dessen Name im Text verschieden angegeben wird, Sackheouse, Sacheuse oder Sackheuse. Die Illustration zeigt die *First Communication with the Natives of Prince Regents Bay* (Erste Unterredung mit den Eingeborenen der Prinzregenten-Bucht), die Sackheouse John Ross schenkte. Die meisten exotischen – fast surrealistisch anmutenden – Landschaftsskizzen zeichnete Ross selbst. *„A Bear Plunging into the Sea"* (Ein Bär, der sich ins Meer stürzt) beruht auf einer Beobachtung vom 17. September. Das Buch enthält eine Reihe wissenschaftlicher Anhänge, darunter einen Beitrag von Ross über *Variations of the Compass and Deviations of the Magnetic Needle* (Veränderungen des Kompaß und Abweichungen der Magnetnadel), die beim *Board of Longitude* und der *Royal Society* eingereicht und von diesen genehmigt wurde. Zoologische und botanische Aufzeichnungen, ein Katalog von Gesteins- und Mineralarten, Anmerkungen über die Funktion verschiedener wissenschaftlicher Instrumente und ein meteorologisches Register waren ebenso angefügt. Das eigentliche Ziel der Expedition – die Nord-West-Passage zu erreichen – wurde wie Ross behauptete, durch einen Gebirgszug vereitelt, den er die *Croker Mountains* (nach John William Croker, dem Ersten Sekretär des Marineministeriums) nannte. Als 1820 jedoch Parrys zweite Expedition zeigte, daß Ross im Irrtum war, litt sein Ruf erheblich. Er unternahm 1829 bis 1834 eine weitere von Sir Felix Booth, einem Londoner Gin-Destillateur, finanzierte Arktis-Expedition. Vier Winter verbrachte er im Eis; die Reise hatte ausführliche Landvermessungen als Ergebnis sowie die Entdeckung des magnetischen Nordpols durch Ross' Neffen, Lt. James Clarke Ross. Im Dezember 1834 wurde John Ross zum Ritter geschlagen und international hochgeehrt, wurde auch Ehrenbürger der Stadt London. CF

William Bullock

Tätig 1795–1840

330

„Six Months' Residence and Travels in Mexico", 1824

(Sechs Monate Leben und Reisen in Mexiko)
Herausgeber John Murray, Albemarle Street
22 x 14,5 cm
London, Guildhall Library, Corporation of London
Inv.-Nr.: Gresham 240
Herkunft: Gresham College

Obwohl in schriftstellerischen Äußerungen eher bescheiden, publizierte William Bullock dieses Buch. Einerseits gab es keinen Reisebericht eines Engländers über Mexiko (und Baron von Humboldt hatte über dieses Land in den neunziger Jahren des 18. Jahrhunderts geschrieben, als es noch unter spanischer Oberherrschaft stand), und – so Bullock – „das Interesse an diesem Teil der Welt und die wachsende Bedeutung Mexikos für die britischen Handelsinteressen … rechtfertigten" das Unternehmen. Das Buch behandelt vor allem das moderne Mexiko, das Bullock ausführlich hatte bereisen können (und wo ihm eine Silbermine zum Geschenk gemacht worden war), obwohl in dem gerade unabhängig gewordenen Land noch der Bürgerkrieg tobte; es enthält auch zwei Kapitel über das alte Mexiko (S. 296–342) Bullock beschreibt, wie er die Behörden überreden konnte, ihn Abdrücke von dem großen Kalender, den Opfersteinen auf der *Plaza Major* und der drei Meter hohen Basaltstatue der Kriegsgöttin *Teoyamiqui*, machen zu lassen. Er fertigte Modelle der zwei Pyramiden von *San Juan de Teotihuacan* an und brachte Bemerkenswertes nach England: einige Manuskripte und Bilderschriften, die Montezuma als Information über die Aktionen der Spanier erhalten hatte, sowie die Originalkarte der alten Stadt Mexiko, auf Anordnung des Herrschers von Cortez angefertigt und eigentlich königlich spanischer Besitz. Die Dokumente erhielt Bullock unter der Bedingung, daß er sie in England kopieren und zurückgeben solle. Er erwarb auch eine große Anzahl von Zeugnissen des alten Mexiko. CF

331

A Description of the Unique Exhibition …, 1824

(Beschreibung der einmaligen Ausstellung mit dem Titel Ancient Mexico; im Jahr 1823 mit Unterstüzung der mexikanischen Regierung an Ort und Stelle zusammengetragen und jetzt in der Egyptian Hall, Piccadilly, der Öffentlichkeit zugänglich)
Druck im Selbstverlag, 21 x 24 cm (mit ausklappbarer Lithographie)
London, Guildhall Library, Corporation of London
Inv.-Nr.: Pam 1336
Herkunft: 1899 als Doublette aus dem British Museum
Literatur: Altick 1978, S. 246–248

Der im April 1824 publizierte Katalog der Ausstellung William Bullocks in seiner *Egyptian Hall,* informiert über die Geschichte des Landes und beschreibt die Objekte. Auf der dazugehörigen, von A. Aglio, *Newman Street* 36, gezeichneten und gedruckten Lithographie ist links die Kopie eines großen Schlangen-Götzenbildes zu sehen; in der Mitte der Abguß des Kalendersteins mit einem Durchmesser von 4 Metern und rechts der Opferstein, mit einem Umfang von etwa 8 Metern, vor der Statue der Kriegsgöttin *Teoyamiqui.* Die untere Galerie war dem modernen Mexiko gewidmet, mit Beispielen aus Flora und Fauna, einem Panorama von Mexico City sowie einem jungen mexikanischen Indianer in einer Hütte, den Bullock mitgebracht hatte. CF

332

332

Kniende Figur der Chalchiuhtlicue

Basalt, Höhe 28 cm
London, Department of Ethnography, Museum of Mankind, Trustees of the British Museum
Inv.-Nr.: 1825.12-10.6
Herkunft: William Bullock; Rev. Dr. Buckland, von diesem 1825 erworben
Literatur: Bullock 1824, Abb. gegenüber S. 27; Baquedano 1984, S. 32, Nr. 5

Unter den von Bullock aus Mexiko mitgebrachten Altertümern war diese kniende Figur der *Chalchiuhtlicue;* sie ist in seinen *„Travels"* abgebildet, aber nicht speziell identifiziert. Es handelt sich um die aztekische Göttin des frischen Wassers, die über Flüsse und Seen herrschte, und so auch die Patronin der Fischer war. Dargestellt in der für die indianische Frau typischen Hock-Haltung, hat sie die Hände auf die Knie gelegt. Ihr Kopfputz besteht aus drei Bändern mit Amaranth-Samen (Amaranth war ein wichtiger Bestandteil der mittelamerikanischen Ernährung), und zwei großen Quasten auf jeder Seite ihres Gesichts; unterhalb des Haarknotens hängen zwei Zöpfe auf den Rücken hinunter – eine kunstvolle, festliche Frisur der aztekischen Frauen. Das Schultercape, das *Quechquemitl* über einem Rock trägt, entspricht dagegen der normalen Frauenbekleidung im vor-spanischen Mexiko. CF

334

333

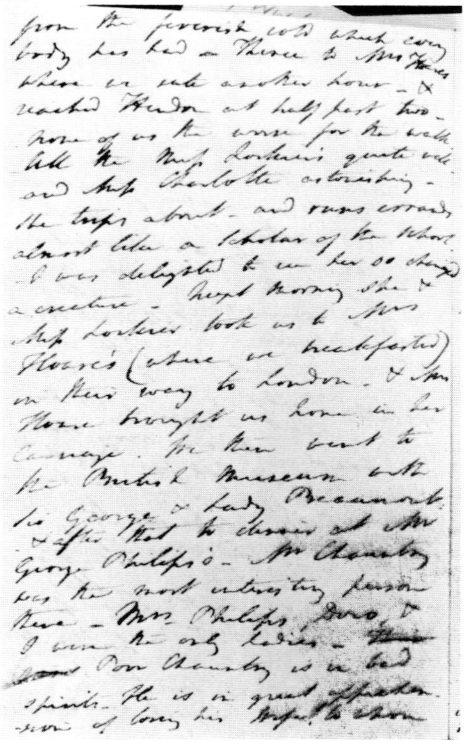

Dorothy Wordsworth

Cockermouth, Cumberland 1771–1855 Rydal, Westmorland

333
Brief an John Monkhouse, 16. April 1824

19,5 x 11,4 cm
Grasmere, The Wordsworth Trust
Inv.-Nr.: WLL/Wordsworth, William and Dorothy/5/714
Literatur: Hill (Hg.) 1978, S. 258–263

In einem Brief an John Monkhouse beschreibt Dorothy Wordsworth die Sehenswürdigkeiten, die sie, ihr Bruder, der Dichter, William Wordsworth und dessen damals neunzehnjährige Tochter Dora in London besichtigt hatten. Sie waren u. a. beim *Diorama* (1823 eröffnet), und Dorothy ging mit Henry Crabb Robinson die „Schweizer Riesin" ansehen; danach frühstückten sie mit Samuel Rogers und seiner Schwester am *St. James's Place.* Alle gingen zum *Piccadilly,* um die mexikanischen Kuriositäten zu betrachten. „... Die altertümlichen Kuriositäten, für die man einen Schilling bezahlen muß, sind nichts als eine Ansammlung von Scheußlichkeiten." Das Pompeji-Panorama entzückte alle. Am nächsten Tag spazierte die kleine Reisegesellschaft durch den *Regent's Park* nach Hampstead und von dort aus weiter nach Hendon (eine Strecke von gut 7 Meilen, ca. 10 km) – „... keiner von uns erschöpft von dem Spaziergang", beides, um Freunde zu besuchen. Am nächsten Tag begaben sie sich mit Sir George und Lady Beaumont ins *British Museum.* CF

John Claude Nattes

ca. 1765–1822 London

334
Ausstellung zweier deutscher Zwerge, 1815

Feder und Tusche, 25,8 x 36,4 cm
London, The Museum of London
Inv.-Nr.: 62.186/5
Herkunft: Frank T. Sabin

Krüppel als Attraktion von Jahrmärkten hatten seit jeher die Menschen angezogen. Gegen 1800 überwog jedoch mehr und mehr Mitleid mit dem Unglück anderer und ein gewisses Gefühl für Schicklichkeit das Interesse an der Darbietung vulgärer Pikanterien. In den 1770ern und '80ern hatte noch der zwergwüchsige Graf Boruwlaski in aufgeklärten höfischen und adligen Kreisen Europas einen bemerkenswerten gesellschaftlichen Erfolg genießen können. Offensichtlich versuchten die beiden hier abgebildeten Zwerge – nach Nattes' Inschrift ‚John Hauptman, 36 französische Zoll groß und die kleine Nannatte, 33 französische Zoll groß' – ein ähnlich vornehmes Publikum zu fesseln, indem sie ihrer erschreckenden Erscheinung die Demonstration musikalischer Fertigkeiten entgegensetzten. Nattes, ein Gründungsmitglied der *Society of Painters in Water-Colours,* wurde 1807 wegen betrügerischer Ausstellung von Zeichnungen ausgeschlossen. Er stellte dann wieder in der *Royal Academy* aus und zeichnete zwanglose Skizzen der Landschaft, des industriellen und häuslichen Lebens in der Umgebung Londons. CF

Alfred Edward Chalon

Genf 1780–1860 London

335
Carolina Crachami, die „Sizilianische Elfe"

Öl auf Leinwand, 56 x 47 cm
London, The Royal College of Surgeons of England, The Board of Trustees of the Hunterian Collection
Inv.-Nr.: 252
Herkunft: 1827 Schenkung Sir Everard Home
Literatur: Keith, Nr. 41; Annals 1955, Bd. 16, Abb. S. 268; LeFanu 1960, S. 84, Nr. 252; Altick 1978, S. 257–260

335

Als Carolina Crachami, in oder bei Palermo geboren, 1824 erstmals als „sizilianische Elfe" in der Bond Street zur Schau gestellt wurde, war sie neun Jahre alt und 49,5 cm groß; ihre Füße waren weniger als 8 cm lang, und ihre Taille hatte einen Umfang von 28,5 cm. Ihr sizilianischer Vater Fogell Crachami oder Lewis Fogel war Musiker und brachte seine Familie nach Irland, wo er am *Theatre Royal* in Dublin arbeitete. Die Eltern vertrauten das Kind einem Dr. Gilligan an, der sie überzeugt hatte, daß das englische Klima besser für seine Gesundheit sei. Er brachte es nach London und stellte es bereits unterwegs in Liverpool und Birmingham zur Schau. Die Kleine starb im Juni 1824 an einer Erkältung; die Eltern erfuhren davon erst aus den Zeitungen. Gilligan hatte die Leiche bereits Sir Everard Home, dem damaligen Präsidenten des *Royal College of Surgeons,* angeboten; der lehnte ab, arrangierte aber doch den Kauf durch das College. Das Skelett befindet sich immer noch im *Hunterian Museum.* CF

336
Carolina Crachami, um 1824

Totenmaske, Abgüsse von Arm und Fuß sowie Schuhe, Strümpfe, Fingerhut und Ring
Kasten, 26 x 21,5 cm
London, The Royal College of Surgeons of England, The Board of Trustees of the Hunterian Collection
Herkunft: 1824 mit der Leiche übergeben

Dieses bizarre und bewahrte Ensemble persönlicher Überreste zeigt den schmalen Grad zwischen wissenschaftlichem Interesse und öffentlicher Neugier. CF

James Spedding
Mirehouse bei Keswick, Cumberland
1808–1881 London

337
Londoner Tagebuch, Dezember 1818 bis Januar 1819

23,6 x 38,7 cm
Bassenthwaite, Familie Spedding

Das Tagebuch beschreibt die Sehenswürdigkeiten Londons mit den Augen eines 18jährigen. James Spedding sieht u. a. die Pantomime im *Drury Lane-Theater.* Zweimal besucht er *Exeter Change,* einmal nachts, um die Fütterung der Tiere zu erleben, und ein zweites Mal, „um den Urang Utan zu sehen, der erst vier Jahre alt ist und ungefähr 1 m groß, und den großen Elefanten, der ziemlich bösartig ist, den Löwen ... und die drei Jungen ...". Am 27. Dezember geht Spedding in den *Hyde Park,* „um die Dandys und die Vornehmen zu beobachten". Dann besucht er Bullocks Museum, wo er „die summenden Vögel ... bewunderte und auch das Krokodil ... Und dann gingen wir, das Bild von Brutus zu betrachten, auf dem man, wie Mama feststellte, leicht erkennen konnte, daß er mit einem unbestimmten Gefühl kämpfe ...". (Die erfolgreiche Ausstellung des erwähnten Gemäldes mit dem Titel „Brutus verurteilt seinen Sohn" von Guillaume de Thière regte Guéricault dazu an, Bullock 1820 um die Ausstellung des Bildes „Das Floß der Medusa" in der *Egyptian Hall* vorzuschlagen.) Für sein Alter typisch, fand Spedding Gefallen an den Folterinstrumenten und der „von Kugeln ausgebeulten und mit Blut befleckten Rüstung" im Tower. Über das *British Museum* hatte er nichts zu sagen, außer, daß „eine ganze Reihe von Räumen abgeschlossen war". James Speddings Ausgabe von Francis Bacons Werken ist noch immer ein Standardwerk. Durch Vermittlung seines Vaters begegnete er Wordsworth; und es war Spedding, der dafür sorgte, daß die Dichter Tennyson und Wordsworth zusammentrafen. Er war ein leidenschaftlicher Zeichner, und einige der frühesten Darstellungen Tennysons stammen von ihm. CF/RW

Johannes Eckstein
Tätig. 1770–1802

338
Das Kamel am Exeter 'Change, 1798

Feder und Aquarell, 35,6 x 44,5 cm
Bezeichnet: Eckstein. PIDDOK. EXETER CHANGE. LOND. 1798
Windsor, H. M. Queen Elizabeth II
Inv.-Nr.: 13312

337

Herkunft: 1800 vom Prinz von Wales von Colnaghi erworben
Ausstellungen: London, Königliche Akademie, 1799, Nr. 610; London, Museum of London, 1987
Literatur: Oppé 1950, S. 45, Nr. 194, Tafel 49; Marchand 1973, Bd. iii, S. 206 f.; Fox 1987, S. 29, Tafel VIII

Exeter 'Change wurde 1670 gebaut, auf der Seite des *Exeter House* mit einem Arkadengang für Läden im Erdgeschoß und darüberliegenden Büros. Von etwa 1770 an mieteten Schausteller und Tierhändler die oberen Räume: Gilbert Pidcock, bis zu seinem Tod im Jahr 1810, S. Polito bis etwa 1817, und schließlich Edward Cross. Mit Hilfe aggressiver Straßen-Werbung wurde der ‚Haufen wilder Bestien' eine populäre Attraktion, wert sogar, in Wordsworths *Prelude* (Buch VII, Zeilen 244–247) und Byrons Journal erwähnt zu werden. Darüber hinaus kamen Künstler – Stubbs, Haydon, Agasse und Landseer –, um die Tiere der Menagerie lebendig oder als präparierte Exemplare zu zeichnen. Einige der zahmeren Tiere, die von Gilbert Pidcock am *Exeter 'Change* gehalten wurden, durften offensichtlich auch auf die Straßen hinaus. In seinem *Prelude,* Buch VII, bezieht sich Wordsworth auf ein ‚Dromedar mit einem grotesken Paar von Affen auf seinem Rücken', während Byron, der den *Exeter 'Change* 1813 besuchte, um die ‚Tiger abendessen zu sehen', fand, daß ‚der Anblick des Kamels mich nach Vorderasien sehnen ließ.' Sowohl diese Zeichnung, als auch ihr Pendant, *Punch and Judy Show* kaufte für acht Guineen der Prinz von Wales. Eckstein machte daraus eine Radierung, C. F. Stadler eine Aquatinta. CF

339

Anonym

339
Die Tötung des Elefanten am Exeter 'Change am 1. März 1826

Kolorierte Radierung, 20 x 31 cm
Herausgeber W. Belch, 25 High Street, Borough
London, The Museum of London
Inv.-Nr.: 60.43/16
Herkunft: Walter T. Spencer
Literatur: Altick 1978, S. 310–316

Chundee, der Elefant, wurde nach einem aufsehenerregenden Bühnendebüt (und -abschied) in der *Covent-Garden*-Pantomime *Harlequin and Padmanaba* 1811 zum Star des *Exeter 'Change.* In der Brunftzeit stets von wechselhaftem Temperament und zudem Schuld daran, daß ein Wärter tödlich verwundet wurde, verließ er diese Welt auf sensationelle Weise: Am 26. Februar 1826 drohte er in Rage seinen extra verstärkten Käfig zu durchbrechen. Nachdem alle Beruhigungsmittel versagt hatten, mußte Cross sich entschließen, ihn töten zu lassen. Als jedoch weder ein ziviles noch ein militärisches Exekutionskommando vom *Somerset House* irgendeine Wirkung hatte, ließ man eine Kanone kommen. Schließlich gelang es einem Wärter, lebenswichtige Organe des Tieres mit einem Speer zu durchbohren, wonach er, tödlich verwundet und mit 152 Kugeln im Leib, zusammenbrach und verschied. Cross erlaubte die Besichtigung des gewaltigen Leichnams solange, bis der Magistrat ihn zwang, ihn zu beseitigen. Neun Schlachter brauchten zwölf Stunden zum Ausweiden, und ein Dutzend Chirurgen sezierten unter den Augen von Medizinstudenten die Innereien; 5.000 kg Fleisch wurden abtransportiert. Gedichte, Texte, Drucke und sogar ein erfolgreiches Bühnenstück begleiteten Chundees Tod. Cross stellte das von Kugeln durchsiebte Skelett am *Exeter 'Change,* im ganzen Land und 1829 an der Rückseite des *Egyptian Hall* aus. Es gelangte schließlich ins *Hunterian Museum,* wurde jedoch bei einem Bombenangriff im Zweiten Weltkrieg zerstört. CF

340

Thomas Hosmer Shepherd

Frankreich 1793 – London 1864

340
Exeter 'Change, The Strand, 1829

Bleistift und Lavierungen, 16 x 21,8 cm
Bezeichnet unten rechts: Tho. H. Shepherd 1829
London, The Museum of London
Inv.-Nr.: 58.115/2
Herkunft: Frank T. Sabin
Literatur: Shepherd 1829, Tafel 10, ggnül. S. 65; Altick 1978, S. 38 f., 307–316, Abb. 105; Adams 1983, S. 392, Nr. 161/30

Shepherd stellte hier das Äußere des Gebäudes dar, wissend um den drohenden Abriß zur Erweiterung des *Strand*; eine Radierung dazu stammt von T. Barber und wurde von Jones und Co. als Teil von Shepherds *London und seine Umgebung im neunzehnten Jahrhundert* veröffentlicht. Zu dieser Zeit hatte Cross bereits seine Tiere zu den *King's Mews* bei Charing Cross verlegt. 1831 fand sich ein viereinhalb Hektar großes Gelände südlich des Flusses bei Walworth – dem späteren Zoologischen Garten von Surrey. CF

Jacques-Laurent Agasse

Genf 1767–1849 London

341 (Farbtafel S. 416)
Die nubische Giraffe, 1827

Öl auf Leinwand, 127 x 101 cm
Bezeichnet unten rechts: J. L. A.

342a

342b

London, H. M. Queen Elizabeth II
Inv.-Nr.: Millar 651
Herkunft: Auftragsarbeit für König Georg IV
Ausstellungen: London, Tate Gallery, 1959, Kat.-Nr. 8; London, Queen's Gallery, 1966–1967, Kat.-Nr. 26; Detroit 1968, Kat.-Nr. 103; London, Tate Gallery, 1989, Kat.-Nr. 59
Literatur: Millar 1969, S. 3 f., Nr. 651, Tafel 284; Millar 1977, S. 137

Agasse, in Genf geboren, zog später nach Paris, um bei Jacques Louis David zu studieren. Am Beginn der Französischen Revolution kehrte er 1789 nach Genf zurück und machte dort die Bekanntschaft von George Pitt, dem späteren Lord Rivers. 1790 besuchte Agasse zusammen mit Rivers England, ließ sich jedoch erst 1800 – mit wachsendem beruflichen Erfolg – in London nieder. Er war ein ausgezeichneter Portrait- und Landschaftsmaler, doch vor allem wegen seiner Tierbilder bekannt. Von 1803 an besuchte er regelmäßig Politos Menagerie am *Exeter 'Change, Strand,* mit ihren wilden und exotischen Tieren eine der populärsten Attraktionen der Stadt. Agasse war befreundet mit Edward Cross, dem Schwiegersohn Politos, der später die Königliche Menagerie in Windsor mit Tieren versorgte. Vermutlich erwirkte Cross die Genehmigung für Agasse, dort die nubische Giraffe malen zu dürfen. Die zahme Giraffe war eine von zwei Exemplaren aus der nubischen Wüste, die 1827 Mehemet Ali, der Pascha von Ägypten, Georg IV. und Charles X. von Frankreich geschenkt hatte. Die fünfundvierzigtägige Reise nach Kairo legten die Giraffen offensichtlich auf den Rücken von Kamelen gebunden zurück. Die ‚englische' Giraffe wurde dann nach Malta verschifft und kam im August 1827 in Windsor an. Dort erhielt sie am 28. August 1827 auch Besuch von Fürst Pückler Muskau: ‚Die Schönheit ihrer Augen ist mit nichts zu vergleichen. Sie liegt irgendwo zwischen den Augen des herrlichsten Araberhengstes und dem süßesten Mädchen aus dem Süden …" Leider war das Tier doch so anfällig, daß es sich bald nicht mehr rührte und trotz einer speziell konstruierten Stützvorrichtung 1829 starb. Es wurde präpariert und von William IV. der Zoologischen Gesellschaft geschenkt. RU

George Scharf
Mainburg 1788–1860 London

342
Zoologischer Garten, Regent's Park, 1835

a) Das Affenhaus
Kolorierte Lithographie, 20,3 x 30,8 cm

b) Die Bärengrube
Kolorierte Lithographie, 20,2 x 31,4 cm

c) Das Vogelhaus
Kolorierte Lithographie, 20,3 x 30,8 cm

d) Das Kamelhaus
Kolorierte Lithographie, 20,2 x 31,3 cm

Herausgeber G. Scharf; 14 Francis St. Tottenham Court Road; Drucker Hullmandel
London, The Museum of London
Inv.-Nr.: Z3014-3017

342c

342d

343

Literatur: Blunt, 1976, S. 23–41, farbige Tafeln gegenüber S. 48–49; Jackson 1987, S. 106–107

Die *Zoological Society of London* wurde am 20. April 1826 von dem Gelehrten, Zoologen und in der Verwaltung der *East India Company* tätigen Sir Stamford Raffles gegründet, der ihr erster Förderer und Präsident war. Nach dem Vorbild des Pariser *Jardin des Plantes* sollten neue, der Landwirtschaft dienliche Tier-Züchtungen eingeführt und das Zoologie-Studium durch ein Museum mit Präparaten gefördert werden. Fünf Morgen königlichen Landes am Ende von Regent's Park stellten die Wald- und Forstbeauftragten für den Aufbau eines Zoologischen Gartens zur Verfügung; seine Größe verdreifachte sich 1831; 1834 kamen 10 Morgen hinzu. Der Zoologische Garten, 1828 für Nicht-Mitglieder der Gesellschaft geöffnet, entwickelt sich, wie Scharfs Ansichten zeigen, zu einem eleganten Treffpunkt. Dazu trug auch die illustre Herkunft vieler Tiere bei: William IV. schenkte der Gesellschaft 1831 die Tiere der Tower-Menagerie; die Besucherzahl stieg auf 1 Million. Der hier präsentierte schwarze russische Bär hieß *Toby* und war ein Geschenk des Marquis von Hertford. Das *„Kamelhaus"* mit seinem charakteristischen Glockenturm ist 1831 vom verantwortlichen Architekten Decimus Burton für zwei peruanische Lamas errichtet und später für Kamele hergerichtet worden. Trotz aller Verbesserungen der Unterbringung im Vergleich zum *Tower* und zu *Exeter 'Change* wußte man noch wenig über die Lebensbedingungen der Tiere. Zum Beispiel war es eine der Hauptattraktionen, daß die Besucher sie füttern durften. U. a. war das pittoreske Affenhaus schlecht belüftet; viele Tiere starben an Tuberkulose. Die Lithographien stammen aus einer Reihe von sechs Ansichten, die Scharf mit Genehmigung der Gesellschaft anfertigte und im Zoologischen Garten zum Verkauf anbot. CF

Richard Owen

Lancaster 1804–1892 Sheen

343
Das Hunterian Museum, um 1830

Bleistift, 21,5 x 29 cm
Bezeichnet unten rechts: R O
London, The Royal College of Surgeons of England, The Board of Trustees of the Hunterian Collection
Inv.-Nr.: 316
Literatur: Cope 1959, S. 22–26, 42–56; Desmond 1989, S. 240–254

John Hunter (1728–1793), der Begründer der wissenschaftlichen Chirurgie, war in der zweiten Hälfte des 18. Jahrhunderts der berühmteste Chirurg und Anatom in London. Die Regierung erwarb nach seinem Tod seine Sammlung von etwa 14.000 anatomischen Präparaten und seine unveröffentlichten Manuskripte. Die *Society of Surgeons* erhielt sie unter der Bedingung, daß sie katalogisiert und der Öffentlichkeit zugänglich gemacht werde. Dank königlichem Privileg wurde die Gesellschaft 1843 zum englischen *Royal College of Surgeons.* Gegen 1820 hatten die medizinische Fakultät der kurz zuvor gegründeten Londoner Universität und die privaten Londoner medizinischen Schulen berechtigen Anlaß zur Kritik am Geschäftsgebaren des *Royal College,* das den Nachlaß Hunters nur unzureichend und nicht im Sinne des Stifters verwaltete. Das erste von George Dance und James Lewis geplante Museum wurde 1813 gebaut. Die Sammlung erweiterte sich schnell und die beengten Ausstellungsbedingungen lassen sich von der Bleistiftskizze Richard Owens ablesen. Er war seit 1827 Assistent des Museumsdirektors William Clift, und Katalog-Bearbeiter der Sammlung. CF

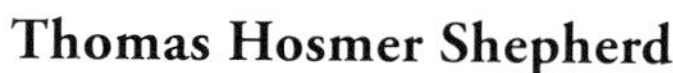

Thomas Hosmer Shepherd

Frankreich 1793–1864 London

344
Das Hunterian Museum

Aquarell, 18 x 16 cm
Bezeichnet unten Mitte: T H Shepherd
London, The Royal College of Surgeons of England, The Board of Trustees of the Hunterian Collection
Literatur: Dobson 1959, S. 274–305; Desmond 1989, S. 240–254, Abb. 6.4

Das Museum verdankt seinen von Charles Barry entworfenen Neubau von 1834–1837 dem überaus regen Interesse der Besucher: Der Vorgängerbau erwies sich als zu klein. Das neue Museum wurde im Februar 1837 eröffnet: ein ansehnliches Gebäude, etwa 30 m lang und dreigeschossig, in dem die reichhaltigste Sammlung der Hauptstadt von Modellen der vergleichenden Anatomie und der Osteologie (Knochenlehre) zum ersten Male in angemessenem Rahmen gezeigt werden konnte. Charles Knights London-Führer rühmte, das Museum besitze „fast alles der menschlichen Einbildungskraft Erdenkliche, Nützliche oder Notwendige zum Studium des physischen Lebens." Richard Owen erarbeitete damals eine Reihe von Katalogen; 1836 wurde ihm, einem der führenden Biologen Englands, die eben geschaffene Hunter-Professur verliehen. CF

344

Robert John Thornton

London um 1768–1837 London

345
Englische Ausgabe der „Systema Naturae" von Carolus von Linnaeus ... und der Tempel der Flora, 1807

60 x 46,7 cm
Cambridge, Graham Watson Collection, Master and Fellows of Emmanuel College
Literatur: Blunt 1950, S. 203–208; Grigson and Buchanan 1956; Sitwell and Blunt 1956; S. 26–28, 77

Der Theologe und Mediziner Robert Thornton eröffnete 1797 in London seine eigene Praxis und ging fast gleichzeitig an eines der ehrgeizigsten Publikationsprojekte jener Tage: die Herausgabe der „Neuen Illustration des ‚Systema naturae' von

346 a

346 b

Linné". 1797 angekündigt, wurde das Werk in Teilen zu einem Preis von einer Guinee, später 25 Schilling das Stück, bis 1807 in kostbarer Ausstattung publiziert. Um Abonnenten zu werben, wurden die Gemälde-Vorlagen 1804 unter der Schirmherrschaft von „Dr. Thornton's Linnaean Gallery" in der *New Bond Street* ausgestellt. Den schlechten Verkauf führte Thornton auf den Krieg zurück. Irgendwie schaffte er es, als Arzt sein Überleben zu sichern, indem er sich einen umstrittenen, doch beachtlichen Ruf aufbaute: Sein Verdienst ist die Einführung von Digitalis (Fingerhut) bei der Behandlung von Scharlach. Durch die Vermittlung seines Patienten John Linell beauftragte er sogar Blake, eine Schulausgabe von Virgil zu illustrieren (1824). „Der Tempel der Flora", der dritte Teil der „Neuen Illustrationen ..." von 1807, war 1810 separat und 1812 mit nachgestochenen Platten erschienen. Das Buch umfaßt etwa 30 wunderbare Farbstiche von Blumen; 14 davon basierten auf Gemälden von Peter Henderson, 11 auf Bildern von Philip Reinagle und zwei auf Gemälden von Abraham Peter, der auch den Mondlicht-Hintergrund für Reinagles damals berühmtes Bild „Der in der Nacht blühende Cerëus" lieferte. Thornton selbst malte die „Rosen". Die Stiche wurden in verschiedenen Techniken – Punktier- und Strichgravur, Mezzotinto und Aquatinta – in verschiedenen Kombinationen ausgeführt, in Grundfarben gedruckt und zusätzlich von Hand koloriert. Die meisten Stiche existierten in verschiedenen Druckstadien und Varianten; daher sind nie zwei Exemplare des Bandes identisch. *„Der Tempel der Flora"* war das Produkt romantischer Empfindsamkeit, nicht botanischer Genauigkeit. Während ländliche, gotische, exotische, primitive und sogar klassische Elemente im Hintergrund verknüpft werden (Passionsblumen ranken um kannelierte Säulen), werden die Pflanzen selbst mit einer vibrierenden Intensität dargestellt, die von ihrer ursprünglichen Kraft spricht.

CF

Philip Reinagle

Schottland 1749–1835 London

346

a) Cupido, erweckt in den Pflanzen die Liebe

Öl auf Leinwand, 43,2 x 34,6 cm

b) Lilium superbum

Öl auf Leinwand, 45 x 34,7 cm
Cambridge, Fitzwilliam Museum
Inv.-Nr.: PD65.1974 und PD892-1973

Herkunft: Robert John Thornton M. D.; Verkauf der Linnaean Galerie, Christie's, 2. Juli 1813, Lots 44 und 32, Levine and Mosley 1943; von diesem erworben durch Henry Broughton, zweiter Lord Fairhaven; 1973–1974 an das Museum
Ausstellungen: a) London, Royal Academy, 1799, Nr. 111; b) Cambridge, 1974, S. 10, Nr. 3
Literatur: Blunt 1950, Tafel 35; Hulton und Smith 1979

Beide Gemälde entstanden für Thorntons *„New Illustration of the Sexual System of Linnaens"* (Neue Illustration des ‚Systema naturae' von Linné) (1799–1807); das erste wurde zusammen mit anderen Motiven von Thomas Burke gestochen, und ging dem ebenfalls ausgestellten Werk „Tempel der Flora" voraus. Das zweite Gemälde bildete die Vorlage zur ersten Tafel dieses berühmten Bandes. Die *Strelitzia Augusta* in der Cupido-Darstellung kam durch Francis Masson 1791 erstmals von Südafrika nach Europa und trug ihren Namen nach Charlotte von Mecklenburg-Strelitz, der Gattin Georgs III. *Lilium Superbum* wurde 1738 aus Nordamerika eingeführt. Philip Reinagle, ein Schüler der *Royal Academy-Schools* und Gehilfe Allan Ramsays, stellte seit 1773 in der *Royal Academy* aus, war seit 1812 ordentliches Mitglied. Zunächst Porträtmaler, spezialisierte er sich vor allem auf Landschaftsmalerei, auf Botanik und Sports-Sujets.
CF

347a

Robert Havell Junior

Reading 1793–1879 Tarrytown, Connecticut

nach John James Audubon

San Domingo 1785–1851 Washington Heights, New York

347
Die Vögel Amerikas, 1838

a) Gemeiner Amerikanischer Schwan. Cygnus Americanus, Sharpless. Nymphea flava-Leitner
Kolorierte Aquatinta, 67,6 x 100 cm
Nr. 83 Tafel CCCCXI

b) Amerikanischer Flamingo, Phoenicopterus ruber, Linn. Altes Männchen
Kolorierte Aquatinta, 101 x 68,8 cm
Nr. 87 Tafel CCCCXXXI

Cambridge, Syndics of the Fitzwilliam Museum
Literatur: Chancellor 1978; Hyde 1984

347b

Audubons *„Birds of America"* (Vögel Amerikas) stellten das Londoner Druckgewerbe vor ihre größte Herausforderung: Als das Werk beendet war, bestand es aus 435 großformatigen Tafeln, auf denen jeder Vogel in seiner natürlichen Umgebung dargestellt ist. Projektiert war das Werk in zweimonatlich erscheinenden Teilen; jeder Teil bestand aus fünf Bildtafeln. Auf der Suche nach einem Stecher kam Audubon 1826 nach England. Den ersten im Februar 1827 veröffentlichten Teil druckte William Home Lizars, Edinburgh. Weil Lizars Koloristen streikten, wandte sich der Künstler an die Londoner Werkstatt von Robert Havell & Son, *Newman Street* 79, nördlich der *Oxford Street.* Ein Jahrzehnt lang widmeten sich Robert Havell Junior und seine Assistenten (insgesamt etwa fünfzig) fast völlig Audubons Projekt. 1831 zog Havell in die *Oxford Street* 77 und nannte sein Unternehmen fortan *Zoological Gallery.* Eine Ansicht der Geschäftsräume zeigt große Gemälde mit Vogel-Motiven in schweren Rahmen. (Der Verkauf von Audubons Ölgemälden sollte zur Finanzierung der Galerie beitragen.) Präsentiert sind ausgestopfte Vögel in Kästen; ein Deckengemälde von Audubon suggeriert Vogelschwärme. Havells Geschäftskarte warb nicht nur für Materialien des Künstlerbedarfs, sondern auch für englische und ausländische Vögel und Insekten. Am 20. Juni 1838 waren die letzten Abzüge der „Vögel Amerikas" fertig. Audubon hatte £ 28.000 für die Veröffentlichung bezahlt. Die Aquatinta des *Amerikanischen Schwanes* basierte auf eine 1838 in London gemalten Komposition. *„Nymphea flava Leitner"* war nach dem deutschen Botaniker Eduard F. Leitner benannt; sie wurde erst 1867 wiederentdeckt und trägt jetzt den Namen „Nymphea mexicana". Audubon hatte sechs Jahre zuvor in Florida Flamingoschwärme gesehen; 1838 in London war es schwierig, ein Exemplar zu bekommen.
RH

349

349

Peter Turnerelli
Dublin 1774–1839 London

348
Sir Joesph Banks, 1814

Marmor, H 52 cm
London, The Royal College of Surgeons of England, The Board of Trustees of the Hunterian Collection
Inv.-Nr.: 14
Herkunft: vom College 1813 in Auftrag gegeben
Literatur: Carter 1988

Joseph Banks (1743–1820), der Sohn einer adligen Familie in Lincolnshire, interessierte sich seit seiner Schulzeit in Eton leidenschaftlich für Naturgeschichte. Sein früher, anhaltender Ruhm gründet sich auf seine Rolle als Naturwissenschaftler auf Kapitän Cooks ‚Endeavour'-Reise in den Südpazifik 1768–1771; wegen seiner Entdeckungen auf dem Gebiet der Botanik wurde er 35jährig zum Präsidenten der *Royal Society* gewählt – eine Funktion, die er bis zu seinem Tode 1820 inne hatte. Als höchster und einflußreicher wissenschaftlicher Beamter des Landes stand er im Zentrum des wissenschaftlichen Fortschritts und korrespondierte mit dem übrigen Europa und anderen Teilen der Welt. Er war ein freigebiger Förderer der *Royal Botanical Gardens* in Kew; er unterstützte die Gründung der *Linnean Society* 1788 und der *Horticultural Society* (Gesellschaft für Gartenbau) 1804. Er befaßte sich mit Fragen des Sternenhimmels – etwa der Astronomie Wilhelm Herschels und der Mondkartographie John Russells – ebenso wie – angesichts des wachsenden britischen Empire – mit Problemen der Erde. Er unterstützte Mungo Park bei seiner Erforschung Afrikas, half mit bei der Begründung des *Royal Botanical Garden* in Kalkutta und der indischen Botanik, und förderte die Suche nach einer Nordwest-Route durch die Arktis. 1781 wurde er in den Rang eines Barons erhoben und 1795 zum Ritter des Bathordens geschlagen. Auch wurde er z. B. 1805 Schirmherr des *Royal College of Surgeons* und 1812, ein Jahr bevor das College die Büste bestellte, ihr Ehrenmitglied. CF

348

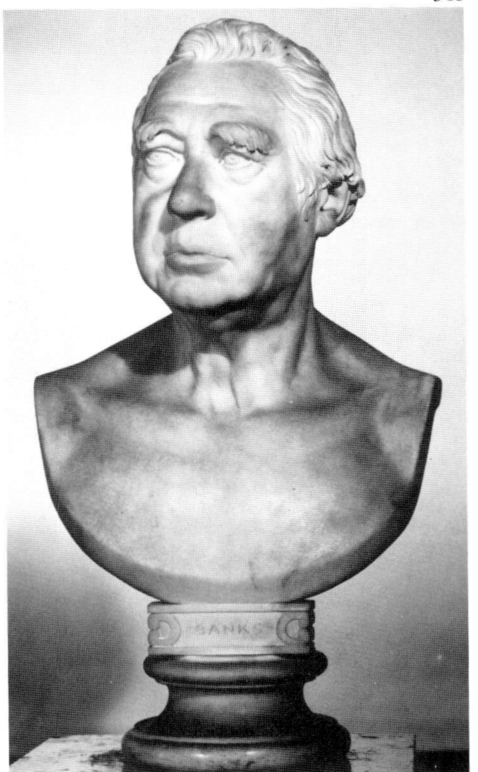

Francis Boott
Boston, USA 1792–1863 London

349
Sir Joseph Banks' Bibliothek und Arbeitszimmer, um 1828

Zwei Aquarelle, 19,8 x 25,4 cm und 19,8 x 26,1 cm
London, The Natural History Museum
Literatur: Boase 1886; Carter 1990

Die beiden Ansichten aus Sir Joseph Banks' (1743–1820) Wohnsitz am *Soho Square* Nr. 32 in London entstanden nach dessen Tod. Von 1777 an hatte er 44 Jahre hier gelebt und das Haus zum Treffpunkt, zur Pilgerstätte und einer wichtigen Adresse für Wissenschaftler aus aller Welt gemacht. Ein typisches Beispiel georgianischer Architektur, lag es günstig nahe der *Royal Society* und dem *British Museum* und war gleichermaßen von *Whitehall* wie von der City aus zugänglich. Ein Hinterhaus zur *Dean Street* hin wurde zu einer Bibliothek im neoklassischen Stil ausgebaut. Sie nahm Banks naturgeschichtliche Bücher-Sammlung auf, die Boott vor ihrer Überführung ins *British Museum* malte. Auch sein bedeutendes Herbarium befand sich hier. Das kleine Arbeitszimmer lag im Erdgeschoß des Hauptgebäudes: eine Zentrale vielfältiger Aktivitäten und Unternehmungen, an denen Banks beteiligt war. Boott, in den Vereinigten Staaten geboren und ausgebildet, kam um 1820 nach London, um Medizin zu studieren; er ließ sich als praktischer Arzt nieder und wurde für seine Behandlung von Fieber bekannt. Seine Vorliebe für Naturgeschichte, vor allem die Botanik, machte ihn 1819 zum gewählten Mitglied der *Linnean Society* (Linnéschen Gesellschaft). CF/AD

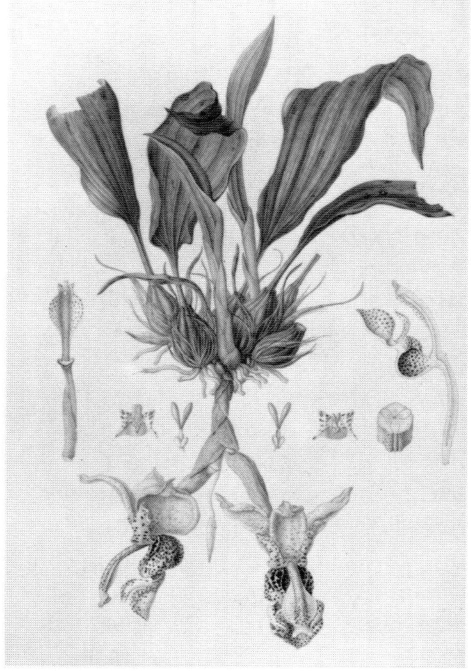

350

351

352

Franz Andreas Bauer

Feldsberg, Österreich 1758–1840 Kew, Surrey

350
Stanhopea insignis Frost

Aquarell, 49 x 32,3 cm
London, The Natural History Museum
Inv.-Nr.: 105
Herkunft: The Royal Collection

Aus einer seit dem 18. Jahrhundert mit botanischer Malerei verbundenen Familie stammend, hatten Franz und sein Bruder in Wien mit Nikolaus von Jacqin, einem Künstler und Botaniker, zusammengearbeitet. Der Briefwechsel mit Sir Joseph Banks und John Sibthorp, einem Botanikprofessor an der Universität Oxford, führten schließlich dazu, daß Franz Bauer in England für Banks und für den König arbeitete. In Kew wurde er Mitglied der *Royal Society.* Sammlungen seiner Arbeiten werden in einigen botanischen Instituten bewahrt, im Londoner *National History Museum* z. B. unvollendete Bleistiftskizzen von Erika und Orchideen; die dortige Aquarellsammlung besitzt eine schöne Auswahl an Pflanzen-Darstellungen, die Botaniker und Künstler zu Rate ziehen können. Die Orchideengattung *Stanhopea* trägt ihren Namen zu Ehren des Grafen Stanhope (1781–1855), von 1829 bis 1837 Vorsitzender der *London Medico-Botanical Society.* Die *Stanhopea insignis* wurde 1826 in Brasilien entdeckt; vor 1829 kam sie in die *Royal Gardens* in Kew – dem Jahr, in dem sie zum ersten Mal blühte. MB

351
Strelitzia augusta Thunb

Aquarell, 52,6 x 35,8 cm
London, The Natural History Museum
Inv.-Nr.: 140
Herkunft: The Royal Collection

Franz Bauer, der Bruder von Ferdinand Bauer, kam 1788 auf einer Europareise nach England und wurde dort von Sir Joseph Banks als Maler für die *Royal Botanic Gardens* in Kew engagiert. Mit wissenschaftlich fundierter Sachkenntnis arbeitete er dort 50 Jahre und erfaßte Hunderte von Pflanzen im Bild. Mit seinen Darstellungen von Weizen und Mais entwickelte er sich auch zu einem Meister der mikroskopischen Abbildung. Die *Strelitzia augusta,* die Paradiesvogelblume, die aus Südafrika stammt, erhielt ihren Namen zu Ehren von Charlotte von Mecklenburg-Strelitz, der Frau Königs Georg III. 1791 blühte sie zum ersten Mal in England. MB

352
(Farbtafel S. 435)

Protea

Aquarell, 51 x 34,5 cm
London, The Natural History Museum
Inv.-Nr.: 86
Herkunft: The Royal Collection

Viele bis dahin unbekannte Pflanzen wurden im frühen 19. Jahrhundert überall in der Welt von Abenteurern und Reisenden gesammelt und nach Kew gebracht, um in einer wissenschaftlichen Pflanzensammlung kultiviert zu werden. Meister der Illustration wie Bauer zeichneten sie, um die Herbarien um weitere Arten zu ergänzen. Die Erkennung und Bestimmung von Pflanzen ist oft von feinen Details abhängig, und Bauer, mit seinem geschulten Auge für Farbe und Detail, erreichte in seiner Malerei eine außerordentliche Perfektion. Gezeigt ist eines der zartesten Beispiele aus Franz Bauers Werk. Die *Protea* hat ihren Namen nach Proteus, dem wandelbaren Meeresgott, eine Anspielung auf die Vielfalt der Spezies. Die Gattung besteht aus etwa 90 Arten immergrüner Sträucher oder selten auch kleiner Bäume und stammt aus Südafrika und dem tropischen Afrika nördlich von Abessinien. Im späten 18. und frühen 19. Jahrhundert waren Proteen in europäischen Gärten sehr beliebt. MB

Ferdinand Lucas Bauer

Feldsberg, Österreich 1760–1826 Wien

353
Banksia speciosa, um 1802

Aquarell, 52,4 x 35,6 cm
Bezeichnet unten rechts: Ferd. Bauer del.
London, The Natural History Museum
Inv.-Nr.: 140
Herkunft: Lords Commissioners of the Admiralty
Literatur: Brown 1810, S. 396; Norst: Rückseite des Buchdeckels; Stearn 1976, Tafel 18

Eine von mehreren hundert Darstellungen des Künstlers, die 1801–1803, während der Umsegelung Australiens mit der H. M. S. „*Investigator*" entstanden. Sir Joseph Banks hatte an Kapitän Cooks erster Reise nach Australien teilgenommen. Später finanzierte er selbst die Expedition der „*Investigator*" mit Kapitän Matthew Flinders. Banks engagierte dafür auch Bauer als botanischen Maler, mit dem er früher schon zusammengearbeitet hatte. Die *Banksia speciosa,* eine Gattung von 46 Arten von Bäumen und Büschen in Australien, erhielt ihren Namen zu Ehren von Banks. MB

356

354 (Farbtafel S. 435)

Koalas, Pharcolarctus cinereus, um 1803

Aquarell, 51 x 34,3 cm
London, The Natural History Museum
Inv.-Nr.: 7
Herkunft: Lords Commissioners of the Admiralty
Literatur: Norst 1989

Wie Kat.-Nr. 353. 1801–1803 auf Flinders Australien-Exkursion entstanden. Der Koala wurde 1798 von den frühen Kolonisten in New South Wales entdeckt; eine Entdeckung, die erst fünf Jahre später veröffentlicht wurde. Dadurch vorbereitet, stießen die in den Darstellungen festgehaltenen Beobachtungen nach Beendigung der Exkursion bei der Wissenschaft auf großes Interesse. AD

355 (Farbtafel S. 435)

Wombats, Vombatus ursinus, um 1803

Aquarell auf Papier, 33,5 x 51 cm
London, The Natural History Museum
Inv.-Nr.: 10
Herkunft: Lords Commissioners of the Admiralty
Literatur: Norst 1989, S. 33

Wie Kat.-Nr. 353 und 354; auf Flinders Australien-Exkursion entstanden. Erst seit etwa 1797 hat man in Europa Kenntnis von Wombats. Robert Brown (1773–1858), ein Naturforscher auf der „*Investigator*", fing ein männliches Tier und brachte es lebend nach England. AD

356

Platypus Ornithohynchus anatinus, um 1803

Aquarell, 33,2 x 50,8 cm
London, The Natural History Museum
Inv.-Nr.: 14
Herkunft: Lords Commissioners of the Admiralty
Literatur: Norst 1989, S. 109

Das Schnabeltier wurde zuerst 1797 am Hawkesbury River in New South Wales entdeckt: ein rätselhaftes Tier mit einem Horn-Schnabel und Schwimmfüßen, das schwer einzuordnen war, weil sein Fell für ein Säugetier sprach und man zugleich aber vermutete, daß es Eier lege (was erst 1884 eindeutig erwiesen werden konnte). Es ist eines der beiden einzigen Arten eierlegender Säugetiere, deren beider Vorkommen auf Australien beschränkt ist. AD

357

Mönchsvogel, Philemon corniculatus, um 1803

Aquarell, 50,7 x 33,7 cm
London, The Natural History Museum
Inv.-Nr.: 27

357

Herkunft: Lords Commissioners of the Admiralty
Literatur: Norst 1989, S. 50

Die Entdeckung leuchtend farbiger und unbekannter Vögel in Australien weckte in London großes Interesse; sie wurden als Bälge oder präpariert von den frühen Kolonisten und Forschern mitgebracht. AD

Apulisch, dem ‚Baltimore'-Maler zugeschrieben

358 (Farbtafel S. 434)

Volutenkrater aus der Sammlung von Sir William Hamilton, um 325 v. Chr.

H 88,9 cm
London, Trustees of the British Museum
Inv.-Nr.: British Museum Catalogue of Vases F284
Literatur: D'Harcarville 1766–1776, Tafeln 52–56; Trendall und Cambitoglou 1978, Nr. 860.1

Eines der herausragenden Stücke, die das British Museum 1772 ankaufte. Die Hauptszene zeigt Statuen eines jungen Mannes und eines Pferdes in einem Grabmonument *(naiskos).* Vier Figuren um das Grab – zwei Frauen und zwei junge Männer – halten Opfergaben. Ihre Berühmtheit aus Hamiltons Tagen bewahrte das Objekt bis in die Zeit des *Regency* hinein. In dieser Ausstellung wird mehrfach auf sie hingewiesen: Sie wurde von Josiah Wedgwood reproduziert und später in James Stephanoffs Aquarell *The Virtuoso* dargestellt. Ihrer monumentalen Form und Größe wegen waren Volutenkrater die von Sammlern am meisten gesuchten griechischen Vasen. Der Buchhändler James Edwards z. B. soll damals 100 Pfund für das signierte Stück des Capodimonte-Malers gezahlt haben, einen reich bemalten Volutenkrater, heute im *Metropolitan Museum of Art,* New York. LJ

360 a

360 b

359 (Farbtafel S. 433)

Vase, um 1790–1795

Etruria, Werkstatt Josiah Wedgwood
Black Basalt mit Enkaustik-Malerei,
87,4 x 54 cm
Marken: WEDGWOOD und Z geprägt
London, Trustees of the Victoria and Albert Museum
Inv.-Nr.: 2419-1901
Herkunft: Wedgwoods Lagerhaus in der York Street; 1829 erworben von Apsley Pellatt (M. P.); Schenkung von Pellatt an das Museum for Practical Geology, Jermyn Street, London, 1855; von dort 1901 überführt
Ausstellungen: London, Victoria and Albert Museum, 1972, Kat.-Nr. 1844; London Science Museum, 1978, Kat.-Nr. 132
Literatur: Zeitlin 1968; Reilly 1989, S. 101–102, Abb. C

Die prachtvolle Vase, die größte mit Enkaustik-Malerei von Wedgwood, Etruria, ist die Kopie eines aus der Sammlung Sir William Hamiltons, des britischen Gesandten am Hof von Neapel, stammenden apulischen Volutenkraters (spätes 4. Jahrhundert v. Chr.); das Original befindet sich in der Ausstellung. Baron d'Hancarville (Pierre François Hughes), auch ein Freund des Sammlers Charles Townley, hatte 1766 mit der Katalogisierung der Hamilton'schen Sammlungen in Neapel begonnen. Die Veröffentlichung seines Werks *Antiquités Etrusques* … (Antike etruskische Kunstwerke …) wurde zu einem Schlüsselereignis für die Entwicklung des Klassizismus in England. Der erste Band zeigte den apulischen Krater auf Tafel 52–56. Von Hamilton weiß man, daß er Wedgwood Vasen zum Kopieren auslieh; seine Sammlung war überdies von 1772 an zugänglich, als sie vom Unterhaus für das Britische Museum erworben wurde. Hier weist das – in die verkehrte Richtung verlaufende – Wellenmuster unter dem Vasenhals darauf hin, daß Wedgwood die Kopie nach d'Hancarvilles Illustration herstellte. Der Glasfabrikant Apsley Pellatt erwarb das Objekt 1829 bei der Auktion von Wedgwoods Lagerhaus in der *York Street, St. James's,* und schenkte es dem *Museum for Practical Geology.* Eine fast identische Vase befindet sich in der Sammlung David Zeitlins und eine ähnliche, kleinere Version in der Lenhart Collection, San Mateo, Kalifornien. Überliefert ist, daß Josiah Wedgwood mit seinen Kopien der Hamilton-Vasen dreimal mehr als jene £ 84.000 „nach England brachte", die das Parlament für den Ankauf der originalen Antiken ausgegeben hatte.
HY

Vase, um 1790–1795
Kat.-Nr. 359

ten und Händlern des in- und ausländischen Kunstmarkts zusammen. Diese der Öffentlichkeit zugängliche Sammlung war eine der Attraktionen Londons. Townley war Mitglied der *Society of Dilletanti,* Vizepräsident der *Society of Antiquaries* und Trustee (Kuratoriumsmitglied) des *British Museum,* dem er ursprünglich seine Sammlung vermacht hatte. Er vererbte seine Marmor-Skulpturen später seiner Familie unter der Bedingung, daß eine angemessene Galerie dafür gebaut werde. Als dies nicht geschah, wurden die berühmten *Townley-Marbles* mit Billigung des Parlaments für £ 20.000 für das British Museum erworben, wo sie in einer neuen, 1808 eröffneten Galerie präsentiert werden konnten. Die Aquarelle sind einer anderen berühmten Darstellung der Sammlung in der *Park Street* vergleichbar: 1781–1783 malte Johann Joseph Zoffany den Sammler in der Bibliothek im Kreise seiner Freunde. Im Gegensatz zu Zoffany scheint

W. Chambers

360

a) Der Speisesaal des Wohnhauses von Charles Townley, Park Street Nr. 7, Westminster

b) Die Eingangshalle des Wohnhauses von Charles Townley, Park Street Nr. 7, Westminster

Aquarell, je 39,3 x 53,3 cm
Privatsammlung
Herkunft: Lord O'Hagan; Auktionshaus Sotheby's, 23. Juli 1985, Lot 559
Ausstellung: London, British Museum, 1985
Literatur: Cook 1985, Abb. 1 und 41, Detail auf dem Einband; Walker 1986, S. 320–321 (Maria Cosway zugeschrieben)

Charles Townley (1737–1805) war einer der größten englischen Sammler seiner Zeit. Seine Sammlungen umspannen die Epoche von Horace Walpole bis zu der William Beckfords. Der aus einer katholisch gebliebenen Großgrundbesitzerfamilie in Lancashire stammende Townley, erbte 1742 den Besitz; er wurde in Douai erzogen und in die Pariser Gesellschaft aufgenommen, bevor er sich wieder in England niederließ. Dreimal reiste er nach Rom und war zwischen 1768 und 1777 viel in Italien unterwegs, wo er bei Auflösungen von Sammlungen antiker Objekte und bei neuen Ausgrabungen in und um Rom klassische Antiquitäten zusammentrug. In seinem Londoner Haus in der *Park Street* (heute *Queen Anne's Gate),* Westminster, versammelte er griechische und römische Skulpturen, Terrakotten, Gemmen und Medaillen und arbeitete mit Agen-

Römischer Meister, ‚Klytia', 40–60 n. Chr. Kat.-Nr. 361

Volutenkrater aus der Sammlung von Sir William Hamilton, um 325 v. Chr. Kat.-Nr. 358

links:
F. L. Bauer, Koalas, Pharcolarctus cinereus, um 1803. Kat.-Nr. 354

rechts:
F. A. Bauer, Protea. Kat.-Nr. 352

F. L. Bauer, Wombats, Vombatus ursinus, um 1803. Kat.-Nr. 355

D. Wilkie, Der blinde Geiger, 1806. Kat.-Nr. 384

Chambers die Eingangshalle und den Speisesaal weitgehend realistisch wiedergegeben zu haben. Die Präsenz des *Diskobolus* im Speisezimmer weist auf die Zeit nach 1793 hin: 1791 in den Ruinen der Villa Hadriana gefunden und 1792 von Townley von dem Händler Thomas Jenkins erworben, kam die Kostbarkeit ein Jahr später nach England. Zoffany überarbeitete sein Gemälde, um die berühmte Ergänzung der Sammlung miteinzubeziehen. Ebenfalls im Speisesaal sind eine Reihe anderer Stücke aus der Villa Hadriana zu erkennen, etwa die Kopie eines griechischen Reliefs aus dem 2. Jahrhundert n. Chr. oben an der rechten Wand: ein junger Mann, ein Pferd zügelnd; links darunter die Büste Hadrians. Ganz rechts die von Gavin Hamilton gekaufte Figur des von seinen Hunden angegriffenen Aktaion. Die große Marmorvase an der Rückwand, mit einer bacchantischen Szene und als *Townley-Vase* bekanntgeworden, stammt vom selben Fundort, Monte Cagnolo bei Lanuvium. Zwei der überlebensgroßen weiblichen Statuen wurden von Hamilton bei Ostia ausgegraben: Thalia, halb versteckt links, und die *Townley-Venus*, die auf der rechten Seite ihren (restaurierten) Arm in die Höhe streckt, wurden in England sehr bewundert. Dahinter steht die berühmte Figur einer im späten 16. Jahrhundert nahe der Via Appia gefundenen Karyatide; Piranesi stellte sie dar, Winckelmann schrieb über sie, und Jenkins erwarb sie aus der Villa Montalto. Der kolossale Herkules-Kopf links vom Eingang wurde von Hamilton in der Villa Hadriana ausgegraben, aber ursprünglich von Piranesi gekauft. Das große Labrum oder die Basalt-Badewanne in der Eingangshalle gehörte einst dem Herzog von Bracciano und zuvor einmal der Königin Christine von Schweden. CF/IJ

Römischer Meister

361 (Farbtafel S. 433)

›Klytia‹, 40–60 n. Chr.

Marmor, H 57 cm
London, Trustees of the British Museum
Inv.-Nr.: British Museum Catalogue of Sculptures 1874
Ausstellung: London, British Museum, 1990, Kat.-Nr. 3
Literatur: Cook 1985, S. 15; Jucker 1961, S. 64–67; Ost 1984, passim; Walker, erscheint in Kürze

Als *Klytia* war sie lange bekannt; Charles Townley erwarb sie 1772 als eine *Agrippina* aus dem neapolitanischen Palazzo Laurenzano in Neapel. Unter den in seinem Haus in der *Park Street* aufgestellten Marmorskulpturen war sie eines der höchstgeschätzten Besitztümer des Sammlers. *Klytia* erscheint auch im Mittelpunkt von Johann Zoffanys berühmten Gemälde von Townley im Kreis seiner Freunde. Der Sammler benannte sie unterschiedlich, z. B. Klytie, Libera oder weiblicher Bacchus, schließlich auch Isis auf der Lotusblüte. Bis heute ist die Skulptur allgemein bekannt als Klytia, jene Nymphe, die in unerwiderter Liebe zum Sonnengott Helios verging und in eine Blüte verwandelt wurde. In unserer Zeit sahen Wissenschaftler in der Skulptur eine Arbeit des frühen 18. Jahrhunderts. Eine kürzlich erfolgte Untersuchung legte jedoch überzeugende Argumente für ihre antike Herkunft vor (Walker, erscheint in Kürze). Ob antik oder modern – die Beliebtheit der dekorativen *Klytia* schwand nie. Ein Freund Townleys, der Bildhauer Joseph Nollekens, soll – so sein Biograph J. T. Smith – stets eine Marmorkopie zum Verkauf bereitgehalten haben. Im 19. Jahrhundert stellte das *British Museum* unzählige Gipsabdrücke von ihr her; das geschieht noch heute. LJ

362

Archibald Archer

um 1790–1848 London

362
Der Elgin-Raum im Britischen Museum, 1819

Öl auf Leinwand, 76,6 x 102,7 cm
Bezeichnet unten rechts: Archer 1819 (?)
London, Trustees of the British Museum
Herkunft: Edward Jenkins; Dr. J. E. Gray, der es 1872 dem Museum schenkte
Ausstellungen: British Institution, 1819, Nr. 53; London, Arts Council 1972, Nr. 10; London, Iveagh Bequest, Kenwood, 1991, Kat.-Nr. 41
Literatur: St. Clair 1967, Abb. IX; Cook 1984, S. 66–67

Das Gemälde zeigt die provisorische, einem Schuppen ähnliche Galerie, die die 1815 eingetroffenen Skulpturen aus Phigalia beherbergte. Sie wurde ein Jahr später vergrößert, als die Regierung die *Elgin Marbles* erwarb, die hier bis 1831 ausgestellt blieben. Lord Elgin hatte dem Staat die Skulpturen 1811 für £ 62.440 angeboten – die Summe, die er meinte ausgegeben zu haben, um sie vom Parthenon abzubauen und nach London transportieren zu lassen –; nach längerer parlamentarischer Untersuchung kaufte man sie 1816 für £ 35.000. Auf dem Gemälde erscheinen zahlreiche der berühmtesten Partien der Giebelskulpturen und Metopen aus der Sammlung; u. a. der „*Dionysos von Thrasyllos*" in der Apsis und auf drehbaren niedrigen Sockeln der „*Ilissos*" (links) und „*Theseus*", sowie auf dem Boden der „*Kopf des Pferdes der Selene*" (auch in der Ausstellung). Die Komposition des Bildes entspricht der aus dem 17. Jahrhundert übernommenen Tradition der Interieurs von Gemäldegalerien und Akademien; in England war sie in den 70er Jahren des 18. Jahrhunderts durch Zoffany wiederbelebt worden und populär wurde sie im frühen 19. Jahrhundert. Archibald Archer zeigt sich selbst, mit dem Skizzieren der Marmorbildwerke beschäftigt, zusammen mit einer Gruppe vornehmer Besucher und Museumsleuten im Vordergrund, darunter Benjamin West, der damalige Präsident der *Royal Academy,* auf der linken Seite sitzend; zu seiner Rechten Joseph Planta, leitender Bibliothekar. Ganz links, so weit weg vom Establishment (wie er sich auch tatsächlich fühlte), steht Benjamin Robert Haydon, hier als einziger wirklich leidenschaftlicher Bewunderer der Parthenon-Skulpturen. LS

363

Benjamin Robert Haydon

Plymouth 1786–1846 London

363
Pferd der Selene (Elgin Marbles), 1809

Schwarze und weiße Kreide auf grauem Papier, 55,5 x 75,8 cm
Bezeichnet unten rechts: 1809
London, Trustees of the British Museum
Inv.-Nr.: 1881-7-9-346
Herkunft: aus einem Album mit Zeichnungen von Benjamin Robert Haydon; 1881 erworben von seinem Sohn Frederick Wordsworth Haydon
Literatur: Taylor 1926, S. 67; Cummings 1964, S. 323–328

Die großartigen Skulpturen des Parthenon aus dem fünften Jahrhundert v. Chr. wurden zwischen 1801 und 1811 unter dem Schutz von Lord Elgin, Botschafter in Konstantinopel von 1799–1803, nach England gebracht; Griechenland stand unter der Herrschaft der Türken, und sie waren es, die Elgin die Entfernung genehmigten. Elgin, ein Laie, hatte ein ernsthaftes Interesse an klassischer Archäologie und war besorgt über die sinnlose Zerstörung vieler der herrlichsten Skulpturen. Die Kunstwelt reagierte – vom Augenblick ihrer ersten Präsentation in Lord Elgins Londoner Haus im Juni 1807 an – mit bemerkenswerter Erregung auf die Ankunft der Skulpturen in England. 1811 wurden sie ins *Burlington House,* Piccadilly, überführt; 1816 erwarb sie die Regierung; sie wurden im Britischen

364a

Museum untergebracht. Die Parthenon-Skulpturen waren die wichtigste nach Westeuropa verbrachte Gruppe griechischer Plastik. Auf dem Höhepunkt neoklassischer Begeisterung waren sie damals besonders bei Künstlern und Kunstkennern Gegenstand enormen Interesses und Ursache von Meinungsverschiedenheiten. Canova, Sir Thomas Lawrence, Benjamin West, Füssli und Flaxman zählten zu ihren Bewunderern; ihr leidenschaftlichster Fürsprecher jedoch war Benjamin Robert Haydon. Er hatte ein Historienmaler großen Stils werden wollen, doch sein tragisches Leben – er saß mehr als einmal seiner Schulden wegen im Gefängnis und beging schließlich Selbstmord – und seine außerordentlich lebendigen Tagebücher erwiesen sich eher der Erinnerung wert als seine Kunst. Haydon begann im Mai 1808 mit riesigen maßstäblichen Zeichnungen mit dem Studium der *Elgin Marbles*, und seine Entschlossenheit zu ihrer Analyse wurde fast zur Besessenheit: „Mir war, als habe eine göttliche Weisheit meinen Geist erleuchtet, und ich wußte, daß (die Skulpturen) endlich die europäische Kunst aus ihrem Schlummer wecken würden. Haydons Obsession gipfelte 1816 in einem Pamphlet mit dem Titel *„Über das Urteil von Kunstkennern, das dem von Professionellen vorgezogen wird – die Elgin Marbles etc.“*: ein Angriff auf Richard Payne Knight, den einflußreichen Kunstkenner (und Kurator des *British Museum*), dessen Geschmack nach den Idealen von Winckelmann, Mengs und Gavin Hamilton geformt worden war, und der mit der dynamischen Ästhetik der Parthenon-Skulpturen schwer zurecht kam. In der vorliegenden Zeichnung konzentriert sich Haydon auf eines der besterhaltenen Fragmente von der rechten Seite des Parthenon-Ostgiebels – den Kopf eines der den Wagen der Mondgöttin Selene ziehenden Pferde. Haydons Notizen spiegeln seine Begeisterung über die außergewöhnliche Naturnähe der Skulptur und die präzise Unterscheidung zwischen Knochen- und Fleischpartien. Er schloß daraus, daß die Griechen anatomische Sektionen vorgenommen hatten und dabei ihre wissenschaftliche Genauigkeit durch ihr tiefes Verständnis für die heroische Natur des Tieres geadelt hätten. Haydons Zeichnungen besitzen eine eigenständige Kraft und Großartigkeit; sie gehören zu den sprechendsten Zeugnissen für den weitreichenden Einfluß dieser Skulpturen auf den Geschmack des 19. Jahrhunderts. LS

364b

James Stephanoff

London 1787 (?)–1874 Clifton

364

a) Ein Raum im Britischen Museum, dem Fries aus Phigalia und einigen Elgin-Marbles, 1818

Aquarell über Bleistift, 20,5 x 25 cm
Bezeichnet unten links: J. Stephanoff 1818 (?)
London, Trustees of the British Museum
Inv.-Nr.: 1935-3-9-3
Herkunft: erworben von A. Zolotnitzky, 1935
Ausstellung: Society of Painters in Water-Colours 1818, Nr. 354
Literatur: Jenkins 1985, S. 175–176, Abb. 3

b) Der Virtuose, 1833

Aquarell über Bleistift, 51 x 71,5 cm
Signatur unten links: I. STEPHANOFF 1833
London, Trustees of the British Museum
Inv.-Nr.: 1934-1-13-1
Herkunft: Schenkung von G. A. Simonson durch den National Art-Collections Fund, 1934
Ausstellung: Society of Painters in Water-Colours, 1833, Nr. 244
Literatur: Jenkins 1985, S. 176–178, Abb. 6

James Stephanoff stellte zwischen 1817 und 1845 eine Folge von sechs Aquarellen bei der *Society of Painters in Water-Colours* aus, die unmittelbar von den antiken griechischen und römischen Kunstwerken des *British Museum* inspiriert waren. Keine dieser Ansichten bezog sich auf eine bestimmte Galerie des Museums: Die Umgebung der antiken Kunstwerke ist idealisiert. Ähnlich John Scarlett Davis, dessen Darstellung in der Ausstellung auch gezeigt wird, machte Stephanoff Galerie-Interieurs zu seiner besonderen Spezialität; wobei ihm seine kunsthistorischen wie seine künstlerischen Interessen so dienlich waren, daß daraus keine rein dokumentarisch trockenen Bestandsaufnahmen wurden. Hier zeigt Stephanoff auf dem ersten Aquarell antike Kunstwerke aus zwei kurz zuvor vom Museum erworbenen Sammlungen: die Skulpturen aus Phigalia, im Oktober 1815 angekommen, nachdem Charles Cockerell sie aus den Ruinen des Apollo-Tempels bei Bassai geholt hatte, und die Skulpturen des Parthenon, die 1816 die Regierung von Lord Elgin erwarb. Beide Kollektionen wurden in einem provisorischen Saal präsentiert, der sich kraß von Stephanoffs hier dargestellten noblen Räumen mit ihren gewölbten und vergoldeten Decken unterschied. Der Künstler idealisierte nicht allein die Umgebung, sondern veränderte auch die Position der Skulpturen und kombinierte Stücke beider Sammlungen frei miteinander. „Der Virtuose", das zweite hier gezeigte Aquarell, wurde fünfzehn Jahre später, 1833, ausgestellt. 1832 waren die Parthenon-Skulpturen in einer neuen Galerie, dem Elgin-Saal, präsentiert worden: möglicherweise regte das Ereignis den Künstler zu dieser Arbeit an. Diesmal schuf er als Staffage eine kunstvolle, fiktive Architektur, deren grandiose Plafond-Dekoration vom schlichten neoklassizistischen Stil der neuen Galerie ganz verschieden war; die Skulpturen sind ebenfalls in fiktiver Anordnung plaziert. „Der Virtuose" sitzt in der Bildmitte. Man identifizierte die Gestalt als Lord Elgin, Sir William Hamilton oder Richard Payne Knight – alles hochrangige Sammler und Förderer des Museums; wahrscheinlicher ist jedoch, daß sie einen Idealtypus darstellt. Der „Virtuose" sitzt an einem Tisch, umgeben von einer sorgfältig gewählten Gruppe von Objekten, die wohl auf die Architektur, die Dichtung und die Malerei hinweisen sollen: eine Büste des Perikles, der bronzene Kopf eines damals für Homer gehaltenen Dichters und unter den Vasen drei der schönsten aus der Hamilton-Sammlung, die vermutlich die Malerei in der Antike repräsentieren sollten. Stephanoffs in 27 Jahren entstandener Museums-Zyklus reflektiert die im frühen 19. Jahrhundert im *British Museum* versammelten kostbaren Beispiele antiker Plastik. Seine Aquarelle sind ein bemerkenswertes Zeugnis für den tiefgreifenden Einfluß dieser Erwerbungen auf die bildnerische Vorstellungskraft eines Künstlers. LS

William Gell

365
Copies of Specimens of Papyri ...

Kopien von Papyrus-Mustern, die unter dem Schutz seiner Heiligen Majestät König Georgs des Vierten aufgerollt wurden
In roten Saffian gebunden, Goldprägung (auf dem Rücken: ‚Herculaneum MSS'); hellblaue Seidendublüren mit Goldprägung; Illustrationen (Feder, Tusche und Aquarell); mit Widmung an den König, 45,3 x 29 x 2,5 cm; 23,3 x 14,1 cm (Abbildung)
Windsor Castle, Royal Library, H. M. Queen Elizabeth II
Inv.-Nr.: RCIN 1005094
Literatur: Davy 1821, S. 191–208; Davy 1839–1840, Bd. 6, S. 160–176; Gigante 1979, S. 342; McIlwaine 1986, Bd 1, S. 321–329; McIlwaine 1988, S. 64–81, 753–799; Auricchio 1989; McIlwaine 1989

Die Sammlung von Papyri aus Herculaneum ist die einzige je in Europa gefundene. Sie besteht im wesentlichen aus (vorwiegend in griechischer Sprache abgefaßten) Schriften zur Epikureischen Philosophie. Die Rollen wurden 1752–1754 in einer Villa außerhalb der verschütteten Stadt gefunden; sie waren karbonisiert, jedoch nicht durch Wärmeeinwirkung, sondern durch chemische Zersetzung, wie Davy 1818 mit Hilfe einer chemischen Analyse nachweisen konnte. Auf eine Bitte des Königs von Neapel an den Vatikan wurde Pater Antonio Piaggio 1753 nach Neapel entsandt; er brauchte etwa zehn Jahre, um die Maschine zu konstruieren, die für die nächsten zwei Jahrhunderte das Abrollen solcher Objekte möglich machte. Das Verfahren bestand darin, kleine Stücke Blattgold mit Hilfe einer Fischleimlösung außen an der Rolle zu befestigen. Wenn die Lösung getrocknet war, wurden das geleimte Blattgold und die daran haftende Papyrusschicht mittels eines Fadens angehoben. Der König von Neapel richtete dafür eine ‚Officina' (Werkstatt) ein; sie existiert immer noch an der *Biblioteca Nazionale di Napoli.* Interesse und Spekulationen steigerten sich nach der Veröffentlichung des ersten Bandes von *Herculanensium voluminum quae supersunt* im Jahre 1793, der nur an europäische Persönlichkeiten und Institutionen als diplomatisches Geschenk verteilt wurde. Die Herausforderung, ein Mittel zur Beschleunigung des Abrollverfahrens und der Publikation zu finden, fesselte die Imaginationskraft des Prinzen von Wales; 1800 schlug er der neapolitanischen Regierung vor, das gesamte Unternehmen zu bezahlen. Er sandte Reverend John Hayter, einen Geistlichen, zur Überwachung der Arbeiten nach Neapel, wo dieser sich bis 1809 aufhielt. Der Prinz bekam 1802 sechs Rollen als Geschenk, mit denen in England vor allem Mitglieder der *Royal Society* experimentierten. Georg schenkte sie 1808 der Universität von Oxford. Napoleon hatte fünf Rollen erhalten; ein gewisser Dr. Sickler gehörte zur französischen Forschergruppe, die mit den Papyri befaßt war. 1817 wurde er vom Prinzen von Wales engagiert, um an den weiteren, jüngst erhaltenen 14 Rollen zu experimentieren. (Die Überreste sind heute in der *British Library.*) Sicklers Versuche waren eine Katastrophe und Gegenstand einer Untersuchung durch das Unterhaus. Davy, Mitglied des Untersuchungsausschusses, machte Versuche mit einigen Fragmenten, und 1819 brach er im Auftrag des Prinzen nach Neapel auf, um chemische Verfahren zu erproben. Reverend Peter Elmsley, ein angesehener Gräzist und später Professor in Oxford, begleitete ihn, ebenso Sir William Gell, klassischer Archäologe und Reisender, der die Stücke zeichnen sollte. Aus Neapel berichtete Davy Anfang 1820, daß es ihm (mit der Hilfe anderer) gelungen sei, 23 Manuskripte teilweise aufzurollen und etwa 120 weitere zu untersuchen. Den vorliegenden Band nennt Elmsley in seinen Schriften das *King's Book* (heute in der *Bodleian Library*); es wurde dem König überreicht, als Erinnerung an die von ihm in Neapel finanzierten Arbeiten. Die hier gezeigten Fragmente stammen aus dem nahezu unleserlichen Manuskript der Rolle Nr. 1484, die in sehr schlechtem Zustand in der *Officina* in Neapel bewahrt werden. JCM

Charles Roach Smith

Shanklin, Isle of Wight 1806–1890 Strood, Kent

366
Illustrations of Roman London, 1859

Buch mit Anmerkungen und Illustrationen des Autors; gedruckt für die Subskribenten, aber nicht veröffentlicht, 29,8 x 23 cm
London, The Museum of London
Inv.-Nr.: 77.109
Herkunft: Charles Roach Smiths eigenes Exemplar; Smith's Library sale 1890, Lot 270; erworben von Bernard Quaritch Images Bookshop; von ihm 1977 erworben
Literatur: Rhodes, unveröffentlichtes Manuskript

367

Reiche Fundstätten römischer Altertümer waren in den späten zwanziger Jahren entdeckt worden: bei der Erweiterung des Londoner Straßennetzes und der damit verbundenen Verlegung der Kanalisation sowie beim Bau der *London Bridge* zwischen 1824 und 1831 und dem von Smirkes Hauptpostamt 1826; sie zogen die Aufmerksamkeit einer neuen Generation Londoner Händler auf sich. Unter ihnen war Charles Roach Smith der bedeutendste; auf der *Isle of Wight* geboren, richtete er um 1832 sein Drogistengeschäft in *Lothbury* Nr. 48 hinter der Bank von England ein; 1840 zog er in größere Geschäftsräume in dieser Straße um (Nr. 5), wo er sein Museum wirkungsvoller präsentieren konnte. Obwohl ein privates Museum, wird es als eine Sehenswürdigkeit beschrieben. Von seinen zentral gelegenen Unternehmen aus konnte Smith Bauplätze aufsuchen und Münzen und kleinere Antiquitäten direkt erwerben. Damals erwarb das *British Museum* nur selten Stücke aus London; die City besaß kein dafür geeignetes Museum. Smith war weder der erste noch der einzige Antiquar, der seine Beobachtungen über die Fundstätten niederschrieb und illustrierte; ungewöhnlich war, daß er versuchte, sie in ihren Bezügen zur gesamten römischen Stadt zu verstehen. 1836 wurde Smith mit der Mitgliedschaft in der *Society of Antiquaries* geehrt und 1840 in den Rat dieser Gesellschaft berufen – zu einer Zeit heftiger Vorurteile Händlern gegenüber war das eine ungewöhnliche Würdigung. Das vorliegende Werk beschwört die Größe des römischen London mit Hilfe verstreuter Artefakte: Steinskulpturen, Mosaiken, Wandbilder, Bronzen, Töpferwaren, Glas, Münzen usw. Nachdem Smith für sein zum Opfer des Straßenbaus gewordenes Unternehmen 1840 unangemessen entschädigt worden war, klagte er die Stadtverwaltung unermüdlich an, sie mache sich an der Zerstörung archäologischer Fundstätten mitschuldig. Auch im Vorwort dieses Werks ist das zu lesen. MR

367
Harpocrates-Figur

Silber mit geschmiedeter Goldkette und Ring, H 6,8 cm
London, Trustees of the British Museum
Inv.-Nr.: 1825.11-12.1
Herkunft: Schenkung der Firma Rundell, Bridge and Rundell
Literatur: Smith 1859, S. 73, Tafel XXII; Brailsford 1964, S. 54, Nr. 6, Tafel 15

Diese kleine Harpocrates-Figur (der griechisch-römische Name für den ägyptischen Gott Horus, den Sohn der Isis), die 1825 beim Ausbaggern der Fundamente für die neue *London Bridge* gefunden wurde, war eine ungewöhnliche Erwerbung des *British Museum.* Die Arbeiter, die gewöhnlich solche Funde machten, verlangten auf der Stelle Bargeld, ein Nachteil für das Museum, da für jede Erwerbung die Zustimmung der Kuratoren nötig war. In diesem Fall scheint jedoch der Fund zu den Königlichen Goldschmieden Rundell, Bridge and Rundell gebracht worden zu sein. Sie gaben ihn über den Anwalt George Booth Tyndale aus *Lincoln's Inn Fields* an das Museum weiter; am selben Tage (dem 5. November 1825) erfragte die Firma bei den Kuratoren schriftlich um die Erlaubnis, Abgüsse des Pokals von Cellini aus der Sammlung Payne Knight machen zu dürfen. Die Erlaubnis wurde ihnen prompt erteilt (British Museum Archives, Original Letters and Papers, 1825). CF

368
Hand einer Hadrian-Statue

Bronze, 32,5 cm
London, Trustees of the British Museum
Inv.-Nr.: 1856.7-1.18
Herkunft: Charles Roach Smith
Literatur: Smith 1859, S. 65 f., mit Abbildung; Brailsford 1964, S. 54

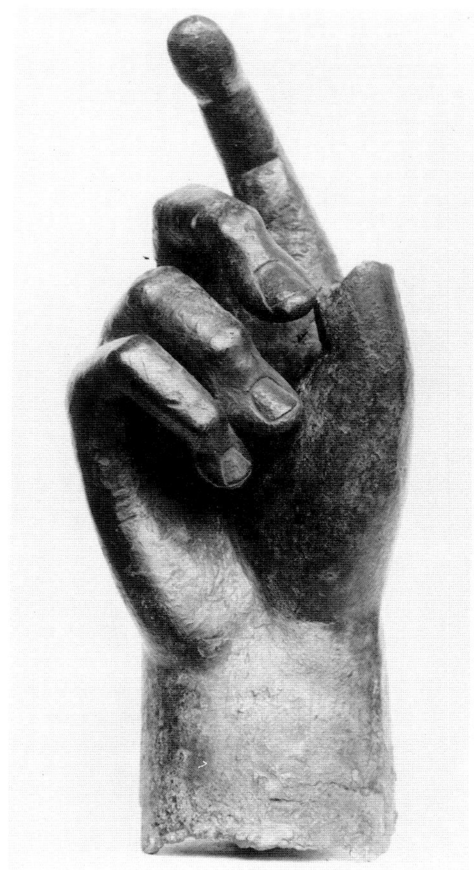

368

Diese in der *Lower Thames Street* gefundene Hand steht vermutlich mit dem in der Themse gefundenen Bronzekopf des Hadrian in Zusammenhang, der sich im Jahr 120 in England aufhielt. Sie gehörte sicherlich zu einer Kolossalstatue des alten Londinium (möglicherweise auf dem Forum oder der Brücke). CF

369
a) Apollo (Fragment)
Bronze, H 11,3 cm

b) Merkur
Bronze, H 12 cm

c) Hermaphrodit
Bronze, H 13 cm

London, Trustees of the British Museum
Inv.-Nr.: 1856.7-1.14 bzw. 1856.7-1.15 und 1848.8-3.44
Herkunft: a) und b) Charles Roach Smith, von ihm 1856 erworben, c) John Newman; Sotheby's, 19. Juli 1848

369a

369b

369c

Literatur: Smith 1840, S. 36–46; Smith 1859, Tafeln XV, XVI und XVII; Brailsford 1964, S. 54, Nr. 17, Tafel 17; Rhodes 1991, S. 183 f.; Rhodes, unveröffentlichtes Manuskript

Diese Bronzestatuetten gehören zu einer aus fünf Stücken bestehenden Gruppe, die 1837 bei Ausbaggerungsarbeiten in der Themse gefunden wurde. Sie gelten noch heute als schönste erhaltene Exemplare in Großbritannien, wenn auch Roach Smith annahm, sie seien von Christen beschädigt worden. Heute erscheint es plausibler, daß sie vielleicht als heidnische Opfergaben rituell ‚getötet' wurden, bevor man sie den Flußgöttern als Votivgaben darbrachte. Die Herkunft der Figuren weist auf die Probleme hin, die damals im Wettstreit um römische, in London gefundene Antiquitäten entstanden. William Edwards und sein Bruder John machten als Zwischenhändler schnelle Profite, indem sie von Arbeitern kauften und an Sammler und Händler verkauften. Smith half bei der Identifizierung einiger Erwerbungen, und als Gegenleistung gestatteten die Edwards ihm, einige der Funde sowie Beobachtungen über die Fundstätten aufzuzeichnen. Um 1836 arbeiteten die Brüder auch als Agenten für John Newman, der als Rechnungsprüfer der *Bridge House Estates* in der Lage war, eine beachtliche Sammlung aufzubauen. Für diese römischen Bronzen gab Smith 1837 ein Gebot gegen John Edwards ab. Dieser behauptete, sie für Newman erwerben zu wollen, und Smith steigerte sein Gebot erheblich. Schließlich erhielt Newman die Figur des Hermaphroditen, und Smith bekam den Rest. Trotz solcher Rivalität gestattete Newman seinem Konkurrenten Smith, die Stücke in der Zeitschrift *Archaeologia* der *Society of Antiquaries* zu publizieren. Vereint wurden sie wieder, als Smiths Sammlung 1856, „von der Stadtverwaltung abgelehnt, ... einen sicheren Ruheplatz im British Museum fand", wo Objekte aus Newmans Kollektion bereits seit acht Jahren (erworben über Sotheby's) bewahrt wurden. MR

Agostino Aglio

370
Gedenkblatt für Giovanni Belzoni

Lithographie, 43,2 x 34 cm
York, David Alexander
Ausstellung: Brighton 1983, Kat.-Nr. 131
Literatur: Altick 1978, S. 243–246; James 1981, S. 9–14

Der 2 Meter große Giovanni Battista Belzoni (1778–1823) aus Padua, kam zum ersten Mal während der Napoleonischen Kriege als Schausteller („Samson aus Patagonien" und „Römischer Herkules") nach England. Angeregt durch

370

371

einen Mittelsmann des Paschas Muhammad Ali, wollte er diesem zu einem neuen Bewässerungssystem für Ägypten verhelfen. Als dies scheiterte, widmete er sich der Archäologie, und erwarb durch aufsehenerregende Entdeckungen und durch besondere Techniken für den Transport von Antiquitäten nach Europa internationalen Ruhm. Nach einer erfolgreichen Ausstellung in der Egyptian Hall (1821), beabsichtigte er, die Niger-Quellen zu erforschen, starb jedoch auf dem Weg nach Timbuktu. Auf der von seiner Frau veröffentlichten Lithographie erhebt sich Belzoni über Theben aus dem Nebel; davor einige antike Objekte, mit denen er sich befaßt hatte: in der Mitte der Sarkophag von Sethos I., Belzonis bedeutendster Fund, der sich heute in Sir John Soane's Museum befindet; dahinter der Obelisk, den Belzoni für William Bankes von Philae aus nilabwärts beförderte (noch heute vor Bankes' Haus in Kingston Lacy, Dorset); rechts die Kolossalbüste von Ramses II. (damals ‚junger Memnon' genannt), von Belzoni, in Salts und Burckhardts Auftrag aus dem zerstörten Totentempel des oberägyptischen Theben abtransportiert; links die Chephren-Pyramide von Gizeh, die Belzoni 1818 öffnete; davor der große Königskopf (vermutlich Amenophis III.) aus dem Mut-Tempel in Karnak (heute im British Museum). CF

371
Plates Illustrative of the Researches …, 1821

(Tafeln zur Illustration der Forschungen und Arbeiten von G. Belzoni in Ägypten und Nubien)

Herausgeber John Murray, Albemarle Street, 61 x 49 cm
London, Guildhall Library, Corporation of London
Inv.-Nr.: 417.2
Ausstellung: Brighton 1983, Kat.-Nr. 135 (Exemplar der East Sussex County Library)

Der ansehnliche Band folgte der von John Murray publizierten ‚Schilderung der Unternehmungen und jüngsten Entdeckungen in den Pyramiden, Tempeln, Gräbern und Ausgrabungsstätten in Ägypten und Nubien' von Belzoni von 1820. Er enthält 44 handkolorierte Tafeln – sowohl Lithographien (von C. Hullmandel) als auch Radierungen (von A. Aglio), meist zwei pro Seite – nach Zeichnungen von Belzoni und seiner Frau Sarah und Alessandro Ricci; merkwürdigerweise ist auch eine von George Scharf darunter. Vor allem sind Kopien von Wandbildern und topographischen Ansichten zu sehen; es finden sich auch Karten, Grundrisse und Schnitte sowie eine botanische Zeichnung. Der Schwerpunkt liegt auf den am meisten mit Belzonis verbundenen Fundstätten: der zweiten Chephren-Pyramide in Gizeh, den Gräbern im Tal der Könige und den Tempeln von Abu Simbel. Tafel XIX zeigt ein Wandgemälde aus einem der sechs von Belzoni entdeckten Gräbern im Tal der Könige – „ein großartiges Bild mit lebensgroßen Figuren im Grab des Psammuthis, dargestellt im Augenblick, als der Held vor den Gott Osiris geführt wird". CF

372
Stele von Panes, um 650 v. Chr.

Holz, 40 x 27 cm
London, Trustees of the British Museum
Inv.-Nr.: 8504
Herkunft: Henry Salt, von diesem 1823 erworben
Ausstellung: Brighton 1983, Kat.-Nr. 120
Literatur: James 1981, S. 9–14

Henry Salt (1780–1827), als Porträtmaler ausgebildet, reiste 1802 als Zeichner und Sekretär in den Diensten des Viscount Valentia (des späteren 2. Earl of Mountnorris) nach Indien. Auf der Heimreise besuchten sie 1806 Kairo, und Salts *Vierundzwanzig Ansichten …* (1809) sind das Ergebnis dieser Reise. 1815 zum englischen Generalkonsul in Ägypten ernannt, finanzierte Salt zwischen 1816 und 1827 mehrere Ausgrabungen, darunter auch die von Belzoni. Große Teile seiner Antiken-Sammlungen wurden vom *British Museum* erworben. Das Kaufverfahren war schwierig. Die Sammlung ägyptischer Altertümer des Museums war bereits durch größere Stücke erweitert worden, etwa den Rosetta-Stein. Zunächst wurden diese Objekte provisorisch im Garten von *Montagu House* und dann in den

372

373

neuen Townley-Galerien an der Nordwestecke des Hauses untergebracht. 1817 schenkten Salt und der Schweizer Forscher Jean-Louis Burckhardt dem Museum die große Granit-Büste von Ramses II., die Belzoni aus Theben geschickt hatte. Sir Joseph Banks, einer der Trustees, ermunterte Salt, im Auftrag des Museums weitere Stücke zusammenzutragen, während die anderen Museums-Trustees die neuen Kosten scheuten. Nach langwierigen Verhandlungen wurde Salts Sammlung 1823 doch (für £ 2.000) vom Museum angekauft. Die hier gezeigte Grabtafel hatte Salt in Theben erworben. Sie stellt die vier Gottheiten Osiris, Isis, Nephthys und Dua-Mutef dar, die von dem „Herrn der Geheimnisse der Ma'at" angebetet werden. CF

Alessandro Ricci

gest. 1832 Theben/Luxor

373
Nachzeichnung der Stele von Panes

Feder, Tusche und Aquarell, 40,6 x 27,5 cm
London, Trustees of the British Museum
Inv.-Nr.: 9
Herkunft: vermutlich im Rahmen der ersten Sammlung von Salt erworben, 1823
Ausstellung: Brighton 1983, Kat.-Nr. 124

Dr. Ricci, ein in Italien geborener Physiker, der Ägypten intensiv bereist und eine Reihe von Mäzenen begleitet hatte, fertigte für sie Zeichnungen von Grabgemälden und Antiquitäten an. Ein Teil dieser von Henry Salt um 1818 in Auftrag gegebenen Arbeiten werden im British Museum bewahrt und können in einigen Fällen mit den dazugehörigen Originalen verglichen werden. Die Schwierigkeit, eine genaue Darstellung ohne idealisierte Züge zu erreichen, ist offenkundig. Doch die Präzision der hier wiedergegebenen Hieroglyphen ist für die damalige Zeit bemerkenswert. Solche Zeichnungen mögen als Grundlage einer späteren Publikation gedacht gewesen sein oder als Teil von Salts Museums-Schenkung. Einige von ihnen sind sicher die einzigen Zeugnisse erlorengegangener oder beschädigter Objekte. CF

374

375

375

Henry Salt

Lichfield 1780–1827 Disuq bei Alexandria

374
Nachzeichnung eines Wandgemäldes aus dem Grab von Seti I.

Feder, Tusche und Aquarell, 86 x 66 cm
London, Trustees of the British Museum
Inv.-Nr.: E
Beschriftet: Vor Ort gezeichnet und vollendet von H. Salt zur rechten von … nach Hinabsteigen der zweiten bzw. weiterer Stufen. Ich halte dies für das Meisterwerk der ägyptischen Malerei. H. Salt.

Salt arbeitete nicht nur mit Künstlern zusammen, er war selbst ein fähiger archäologischer Zeichner, wie eine Reihe von Aquarellen im *British Museum* beweist. Sie entstanden 1817–1818 im Grab von Sethos I. kurz nach dessen Entdeckung durch Belzoni. Die Szene stellt Sethos dar, der von der Göttin Hathor umarmt wird. CF

375
Fragment des Deckels vom Sarkophag Sethos' I., um 1300 v. Chr. (19. Dynastie)

Alabaster, 30 x 30 cm
London, Trustees of the British Museum
Inv.-Nr.: 29948
Herkunft: 1898 angekauft
Ausstellung: Brighton 1983, Kat.-Nr. 29
Literatur: James 1981, S. 10–17

Im Oktober 1815 entdeckte Belzoni im Tal der Könige in Theben das aus vielen Kammern bestehende Grabmal von Sethos I. und – 100 m vom Eingang entfernt – den Alabaster-Sarkophag des Königs. Henry Salt kaufte den Sarkophag und versuchte, ihn an das *British Museum* zu verkaufen. Doch die Vorliebe für die Klassik war bei den damaligen Trustees so ausgeprägt, daß sie den Ankauf ablehnten. Das Fragment stammt aus einem späteren Ankauf. Sir John Soane kaufte den Sarkophag für £ 2.000; er befindet sich immer noch in seinem Museum in *Lincoln's Inn Fields.* Salt war so enttäuscht über seine Geschäfte mit dem *British Museum*, daß er die zweite von ihm zusammengetragene Antiken-Sammlung mit dem Schiff nur bis Livorno bringen ließ, wo sie von J. J. Champollion für den französischen König erworben wurde. Salt starb 1827; seine dritte Sammlung wurde im Juni–Juli 1835 über Sotheby's verkauft, und nun war das Museum der willige Hauptkäufer. In Smirkes 1834 fertiger neuer Galerie für ägyptische Skulpturen arbeiteten zunehmend spezialisierte Wissenschaftler. CF

George Scharf

Mainburg 1788–1860 London

376
Eingangshalle des Alten British Museum, 1814

Aquarell über Bleistift, 31,5 x 43,8 cm
Bezeichnet unten rechts: G. Scharf del August 1845; Beischrift: 28 feet wide from one door to the other
London, Trustees of the British Museum
Inv.-Nr.: 1862-6-14-628
Herkunft: 1862 von seiner Witwe erworben
Literatur: Caygell 1982, S. 27, mit Illustrationen; Jackson 1987, S. 98, mit Illustrationen

George Scharf, der 1830 bis 1856 nahe dem *British Museum* wohnte, setzte dessen damaligen Abbruch und Wiederaufbau sorgfältig ins Bild. (Sein Sohn, George Scharf der Jüngere [1820–1895], der spätere Direktor der National Portrait Gallery, war im Museum in den vierziger Jahren als archäologischer Zeichner angestellt.) Das *Montagu House,* ursprünglicher Sitz des Museums, eine der größten Villen des späten 17. Jahrhunderts, war um 1800 für die wachsenden Sammlungen zu klein geworden. Einige Wochen nach der Entstehung des Aquarells wurde schließlich auch die hier noch gezeigte Eingangshalle abgerissen. Man sieht Besucher, die livrierten Portiers, das Eintragen ins Besucherbuch, und den wachhabenden Polizisten. Als Statuen sind Sir Joseph Banks, Naturforscher, Trustee und Gönner des Museums von Chantrey dargestellt sowie die Skulptur Shakespeare von Roubiliac, eine Stiftung des Schauspielers David Garrick (1779). Im Hintergrund das Treppenhaus mit ausgestopften Tieren. LS

377

a) Das Treppenhaus des Alten Britischen Museum, 1845

Aquarell über Bleistift, 24,1 x 28,7 cm
Bezeichnet unten rechts: G Scharf del 1845
London, Trustees of the British Museum
Inv.-Nr.: 1862-6-14-629
Herkunft: von seiner Witwe 1862 erworben
Literatur: Caygill 1981, S. 28, mit Illustrationen; Jackson 1987, S. 98–99, mit Illustrationen

b) Das Treppenhaus des Alten Britischen Museums, 1845

Aquarell über Bleistift, 36 x 27,9 cm
Bezeichnet unten rechts: G Scharf del 1845
London, Trustees of the British Museum
Inv.-Nr.: 1862-6-14-631
Herkunft: von seiner Witwe 1862 erworben
Literatur: Croft-Murray 1962, S. 249–250, 255–257, Tafel 117; Jackson 1987, S. 98–99

376

Im Zuge des Um- und Neubaus des 1753 gegründeten und zunächst im Montagu House untergebrachten *British Museum* wurde das Treppenhaus 1845, kurz nachdem Scharf diese Aquarelle gemalt hatte, abgerissen. Das ursprüngliche Haus war vermutlich von dem französischen Architekten Pierre Puget Ende des 17. Jahrhunderts für den frankophilen ersten Herzog von Montagu entworfen worden. Treppenhaus und Repräsentationsräume wurden unter der Leitung des Le Brun-Schülers, Charles de Lafosse (1636–1716), von französischen Künstlern ausgestaltet. Man sieht das Deckenbild von Lafosse (Phaeton) und dessen Wandbild mit Diana und Aktaeon (die Landschaft des Gemäldes von Jacques Rousseau). Die als Trompe-l'oeil gemalten Figuren von Nil und Tiber stammen von Jacques Parmentier. Das Gebäude war für die naturgeschichtliche Sammlung besonders schlecht geeignet. Bis 1845 zeigte man jedoch einige größere Stücke im Treppenhaus. 1827 kam die erste lebende Giraffe als Geschenk an Georg IV. nach England. Ausgestopfte Exemplare gab es jedoch schon vorher im Britischen Museum, wo sie auch Fürst von Pückler-Muskau 1826 sah. LS

377a

377b

George Scharf

Mainburg 1788–1860 London

378

Skulpturengalerie des Alten British Museum, 1827

Aquarell, 24 x 17,8 cm
Bezeichnet unten rechts: G. Scharf del 1827
London, Trustees of the British Museum
Inv.-Nr.: 1862-6-14-632
Herkunft: aus einer Sammlung der Werke des Künstlers, von seiner Witwe 1862 erworben
Literatur: Jackson 1987, S. 99, mit Illustrationen

1802 erhielt das sich rasch vergrößernde Museum – auf Grund des Vertrags von Alexandria – eine wichtige Sammlung ägyptischer Kunst, darunter auch den *Stein von Rosetta* (ein Schlüssel zur ägyptischen Hieroglyphenschrift). Daraufhin begann man 1804 den Bau zu erweitern. Drei Jahre später erwarb man die Townleysammlung antiker Skulpturen, was eine Neufassung der Erweiterungs-Pläne zur Folge hatte. 1808 wurden die neuen Räume von Königin Charlotte eröffnet. Scharf zeigt den Blick in die Townley Galerie; ganz hinten der *Discobolos,* vermutlich nach Myron, in einer bei der Villa des Hadrians bei Tivoli gefundenen römischen Kopie. Links vorn der *„Kopf eines Galliers"* und *„Thalia"*, rechts *„Bacchus"* und eine Büste des *„Imperators Lucius Verus"*. Bald mußten aber auch diese Räume dem Neubau Sir Robert Smirkes (1781–1867) weichen. LS

378

380

George Scharf

379

(Abb. S. 145)

Alte und neue Galerie des British Museum, 1828

Bleistift, teilweise aquarelliert, 18,9 x 28,2 cm
Bezeichnet unten rechts: G. Scharf del;
Beischrift: Fig A old gallery of Antiques in the British Museum B new gallery erecting July 1828;
weitere Beischriften zum Bau
London, Trustees of the British Museum
Inv.-Nr.: 1862-6-14-626
Herkunft: 1862 von seiner Witwe erworben
Literatur: Caygill 1981, S. 23, mit Abbildung; Jackson 1987, S. 100, mit Abbildung

Scharf, der zeichnende Chronist des Um- und Neubaus des Museums zeigt hier eine Übergangsphase der Umgestaltung und Erweiterung. Anfang der zwanziger Jahre erhielt der Architekt Robert Smirke (1781–1867) den Auftrag. Die Arbeiten begannen 1823. Kurz vorher hatte König Georg IV. dem Museum die umfangreiche Bibliothek seines Vaters unter der Bedingung geschenkt, daß sie angemessen aufgestellt werde. In der Öffentlichkeit machten sich auch Gegner des Neubaus bemerkbar und beschwerten sich etwa in der ‚Times' über diese ‚sinnlosen' Ausgaben in Notzeiten. Auf dem Blatt sieht man ganz links Montagu House, die erste Heimat des Museums; rechts davon die Skulpturen-Galerie, die zur Townley-Galerie führt, ganz rechts Smirkes neuer Westflügel im Bau. Noch vor dessen Fertigstellung wurden die beiden linken Gebäude abgerissen (1846). Auf dem Platz davor entstand der große Lesesaal. In seiner Beischrift notiert der Künstler, daß „die Fassade 44 Säulen haben wird und 10.000 Tonnen Stein verbaut werden …" LS

Robert Smirke

London 1780–1867 Cheltenham

380

Entwurf für die Eingangs-Fassade zum British Museum

Feder und Lavierung, 37,5 x 73 cm
Bezeichnet unten links: Robt. Smirke
London, British Architectural Library Drawings Collection, Royal Institute of British Architects
Inv.-Nr.: J11/41 (3)
Literatur: Richardson (Hg.) 1975, Bd. ‚s', S. 65; Crook 1972, S. 73–150, Abb. 49; Crook und Port 1973, S. 403–421

Bereits 1799 war Smirke von der Royal Academy für seinen ‚Entwurf für ein National Museum' mit einer Goldmedaille ausgezeichnet worden. Etwa zwanzig Jahre später wurde er mit den Untersuchungen für einen Neubau des *British Museum* betraut. Anfänglich geplante Erweiterungen wurden vom Wachstum der Sammlung überholt. In mehreren Etappen entstand ein Neubau, dem die alten Gebäude weichen mußten. Die Zeichnung gehört zu den 1823 genehmigten Plänen und entstand also im selben Jahr wie der Entwurf von Schinkels *Altem Museum* in Berlin. Smirke folgt dem Vorbild griechischer Architekten und sucht mit seinem Bau nach einer Entsprechung zum antiken Tempel. Die ionische Säulenordnung zitiert die des Athena-Tempels in Priene. Die Fassade wurde 1848 mit einigen Veränderungen vollendet und durch Richard Westmacotts Giebelskulptur ‚Der Fortschritt der Zivilisation' bereichert. CF

Die Jahresausstellungen in der Royal Academy und ab 1806 auch in der British Institution gaben Künstlern die Möglichkeit, ihre Werke einem unterschiedlich zusammengesetzten Publikum vorzustellen. Neben der Förderung durch Mäzene, strebten manche Künstler nach größerer Unabhängigkeit, veranstalteten eigene Einzelausstellungen und versuchten durch die Verbreitung von Druckgraphik nach eigenen Werken zusätzliche Aufmerksamkeit zu erwecken. In der Theorie stand die Historienmalerei immer noch an höchster Stelle. Doch in der Praxis gab es nur wenige Aufträge für diesen Themenbereich. Viele Künstler verdienten ihren Lebensunterhalt mit Porträts. Turner und Constable erneuerten die Landschaftskunst; Wilkie die Genremalerei. Mit ihnen wurde die britische Kunst erstmals in Europa tonangebend.

Thomas Rowlandson

London 1756–1827 London

381

Treppenhaus, Somerset House, um 1800

Tusche und Aquarell, 40 x 27 cm
London, University College London
Inv.-Nr.: 3677
Herkunft: Henry Tonks; 1936 Vermächtnis an das College
Ausstellungen: London, Goupil Gallery, 1922; Brüssel 1929, Nr. 154; London, Royal Academy, 1934, Nr. 1215, Kat.-Nr. 693, Tafel CLXI; Paris 1938, Nr. 227; New York, Pittsburgh, Baltimore 1990, Kat.-Nr. 72, mit Reproduktion
Literatur: Grego 1880, Bd. 2, S. 216–219; Oppé 1923, S. 16 f., Tafel 52; Falk 1949, S. 144–147; Hayes 1972, S. 167, Tafel 101; Paulson 1972, S. 26, 81

Diese spontane und schwungvolle Komposition zeigt das Treppenhaus von *Somerset House*; es führte zu den Galerien der *Royal Academy,* in denen seit 1780 die Jahresausstellungen stattfanden. Die vornehme Londoner Gesellschaft drängt sich auf den Stufen, während ältere Herren nach den Damen schauen. Eine später vollendete Version befindet sich im *Yale Center for British Art.* CF

381

George Scharf

Mainburg 1788–1860 London

382

Ausstellung der Königlichen Academy London, 1828

Feder, Tusche und Aquarell, 18,8 x 25,9 cm
Bezeichnet unten links: G. Scharf del London. 1828
London, The Museum of London
Inv.-Nr.: 63.86/35
Herkunft: Sir Bruce Ingram
Ausstellungen: London, The Museum of London, 1981, Nr. 76; London, Dulwich Kunstgalerie, 1991–1992, Kat.-Nr. 07

Scharfs Aquarell gehört zu seinen Darstellungen des Großen Saals im obersten Geschoß des *Somerset House,* in dem von 1780–1837 die jährlichen Ausstellungen der *Royal Academy* stattfanden. Die frühesten Zeichnungen des Raumes (1784–1787) stammen von Johann Heinrich Ramberg (1763–1840); eine Radierung von Pietro Antonio Martini von 1787 wurde zwei Jahre später von A. C. De Poggi veröffentlicht. Eine Aquatinta nach Rowlandson und Pugin war 1808 Teil von Ackermann's *Microcosm of London.* In dieser Darstellung stimmen Scharfs Proportionen insofern nicht, als die Größe der Figuren den Maßstab des Raumes verzerrt; er war mehr als 16 Meter lang, 13 Meter breit und 9,75 Meter hoch. Der Künstler vermittelt etwas von den Schwierigkeiten der Besucher, mehr als 1100 Werke zu betrachten, die vom Boden bis zur Decke gehängt waren. Der Große Saal war den größten und wichtigsten Gemälden vorbehalten; in dieser sechzehnten Ausstellung waren dies eine Reihe von Ganzfigurenportraits des Akademiepräsidenten Sir Thomas Lawrence: rechts ‚Die Marquise von Londonderry und ihr Sohn, Lord Seaham', dahinter ‚Die Comtesse Gower und ihre Tochter'. An der Mittelwand hängt Turners *Dido directing the Equipment of the Fleet* und rechts darüber Lawrences Portrait von Julia Beatrice Peel. Scharf selbst stellte ‚Die Savoyarden' aus. CF

Alfred Joseph Woolmer

Hereford 1805–1892 London

383

In der British Institution, Ausstellung Alter Meister im Sommer 1832, 1833

Öl auf Leinwand, 71,9 x 92 cm
Bezeichnet unten rechts unterhalb der Bank: A. J .../1833
New Haven, Yale Center for British Art
Inv.-Nr.: B1981.25.694
Herkunft: Mr. Campbell; Oscar und Peter Johnson 1965; Paul Mellon
Ausstellungen: British Institution, 1833, Nr. 509; Yale Center for British Art 1984, Nr. 12
Literatur: Graves 1910, S. 378–381

Die *British Institution* wurde 1805 gegründet, um das Interesse für britische Kunst zu wecken und Mäzene zu ermutigen. Dazu diente eine Jahresausstellung von Werken zeitgenössischer Künst-

383

ler, bei der jährlich auch Preise für Landschaftsmalerei, Porträt und Historienmalerei vergeben wurden. Trotz löblicher Absichten und erfolgreicher Aktivitäten wurde die Rolle der Institution kritisch betrachtet, weil sie als Rivalin der *Royal Academy* erschien. Im Gegensatz zur Akademie schloß sie Künstler als Mitglieder aus und setzte sich vor allem aus Kunstkennern zusammen. Die Kritik steigerte sich, als die Institution 1806 eine kleine Sammlung von Bildern Alter Meister aufkaufte und ab 1815 Jahresausstellungen solcher Werke einführte, was es in Großbritannien noch nie gegeben hatte. Studenten kopierten diese Werke, die *Royal Academy* sah ihren Lehrbetrieb bedroht; man warf der Institution vor, eher das Sammeln Alter Meister zu fördern als das zeitgenössischer Kunst. Woolmer zeigt die Galerien der Institution in *Pall Mall* 52 bei der Ausstellung italienischer, spanischer, niederländischer, flämischer und englischer Meister von 1832. Das Gemälde ist eine phantasievolle Rekonstruktion des Orts. Einige Werke können identifiziert werden, darunter die von Veronese, Ribera, Van Dyck, Poussin, Rembrandt, Reynolds und Gainsborough, damals bereits in britischen Privatsammlungen. Die Büste des Bildhauers Sir Francis Legatt Chantrey (1781–1841) von 1829 im mittleren Raum stellt den Marquis von Stafford dar, damals Präsident der *British Institution.*

RU

Sir David Wilkie

Cults 1785–1841 Gibraltar

384 (Farbtafel S. 436)

Der blinde Geiger, 1806

Öl auf Holz, 57,8 x 79,4 cm
Bezeichnet unten links: D. Wilkie 1806
London, Tate Gallery
Inv.-Nr.: T.G.N00099
Herkunft: Auftrag von Sir George Beaumont; 1826 als dessen Schenkung an die National Gallery; 1919 überführt in die Tate Gallery
Ausstellung: Royal Academy, 1807, Nr. 147; Wilkies's Exhibition, 1812; British Institution, 1825 ... Edinburgh, 1985, Kat.-Nr. 19; New Haven, Connecticut and Raleigh, North Carolina, 1987 Kat.-Nr. 5
Literatur: Cunningham 1843, Bd. i, S. 67, 95–96, 131, 143–146, 249, 332, Bd. 3, 512

Nach Turner und Constable war Wilkie einer der bedeutendsten britischen Maler der Zeit. *The Blind Fiddler* (Der blinde Geiger) war eines der einflußreichsten, damals auf Ausstellungen präsentierten Gemälde – erst die zweite Arbeit, die Wilkie in London zeigte. Mit anderen seiner Jugendwerke begründete es hier den Stil beliebter anekdotenhafter Genremalerei, wie es ihn über viele Jahre allgemein in der europäischen und amerikanischen Malerei gab. Wilkie, in Schottland geboren, zuerst in Edinburgh, dann in der *Royal Academy* ausgebildet, entwickelte bald eine erzählerische Malerei, die auf niederländischen Meistern des 17. Jahrhunderts wie Ostade und Teniers und auf eigene Beobachtungsgabe basierte. Er war ein geborener Erzähler; seine Bilder fanden ein begeistertes Publikum und waren im Ausland vor allem durch Drucke bekannt. Auch Delacroix und Géricault interessierten sich bei ihren Aufenthalten in London dafür. Sir George Beaumont (1753–1827), ein einflußreicher Londoner Kunstkenner und Sammler Alter Meister wie moderner Künstler, gab das hier gezeigte Gemälde in Auftrag. Dies war das einzige bedeutende moderne Bild unter den Gemälden, die Beaumont der *National Gallery* schenkte. Zu sehen sind hier unterschiedliche Reaktionen einer ländlichen Schuhmacherfamilie auf die Musik eines fahrenden blinden Geigers. Wilkie mildert das Pathos der Szene mit Ironie und Humor, etwa durch das den Musiker imitierende Kind rechts. Der Schriftsteller und Kritiker William Hazlitt hielt das für einen „sehr schlechten" Witz; die musikalische Nachahmung mag auch ein Hinweis darauf sein, daß ein Künstler durch Kopieren lernt – wie Wilkie es kurz zuvor selbst erfahren hatte; die Kinderzeichnung nach einem Stich, auf dem Gemälde über dem Kopf des Jungen, bekräftigt dies. Wilkie übertrug so Aspekte eigener Erfahrungen in ein schlichtes, allgemeingültiges Schauspiel. In seiner frühen Londoner Zeit war er selbst Amateurgeiger gewesen, doch dieser Geiger läßt sich auf einen Musiker an der Ecke *Oxford Street* und *Poland Street* zurückführen – vermutlich jenen „Orpheus der Straße", den Wordsworth in einem Gedicht von 1806 als die „Macht der Musik" preist.

DBB

Joseph Mallord William Turner

London 1775–1851 London

385 (Farbtafel S. 457)

London, 1809

Öl auf Leinwand, 90 x 120 cm
Bezeichnet unten Mitte links: 1809 JMW Turner RAPP
London, Tate Gallery
Inv.-Nr.: N00483
Herkunft: Walter Fawkes um 1811; vom Künstler zurückgetauscht; Legat Turner 1856
Ausstellungen: Turners Gallerie, 1809, Nr. 6; Royal Academy, 1974–1975, Kat.-Nr. 152, reproduziert; London, Tate Gallery, 1990, Nr. 45
Literatur: Ruskin 1857, XIII, S. 119 f.; Butlin und Joll 1984, Nr. 97

Obwohl in Covent Garden geboren und meist in London ansässig, malte Turner selten berühmte Ansichten der Stadt; meist waren dies präzise beobachtete topographische Ansichten und stammten aus seiner Jugendzeit. Das Gemälde ist das erste mit der Bezeichnung ‚PP' hinter Turners Initialen – ein Hinweis auf seine Professorenstelle für ‚perspektivisches Malen', *Professor of Perspective* an der *Royal Academy* (seit 1807). Die neue Funktion trug möglicherweise zur Wahl des weitgehend architektonischen Sujets bei: eines Blicks von den Hügeln des Parks bei Greenwich auf das von Wren und Hawksmoor entworfene *Royal Naval Hospital* und das *Queen's House* von Inigo Jones. 1809 stellte Turner das Bild in seiner, im eigenen Haus in der *Harley Street* 1805 eingerichteten Galerie aus. 1809 zeigte er sechzehn Ölbilder und 2 Aquarelle. Die vorliegende Ansicht kaufte Walter Fawkes (1769–1825), ein Gutsbesitzer aus Yorkshire, der zu Lebzeiten des Künstlers eine der größten Sammlungen von Werken Turners zusammentrug. Dreien seiner Arbeiten, so auch diesem, hatte Turner 1809 Verse beigefügt. Hier bedauert der Maler, daß die Stadt sich mit häßlichem Geröll unaufhaltsam überziehe: ‚Where burthen'd Thames reflects the crowded sail,/commercial care and busy toil prevail,/Obscures thy beauty, and thy form denies,/Save where thy spires (thro) the doubtful air,/As gleams of Hope amidst a world of care' (Wo sich in der belebten Themse viele Schiffe spiegeln,/herrschen Sorge um's Geschäft und mühselige Arbeit,/Wird deine Schönheit getrübt und deine Erscheinung verleugnet,/Nur dort nicht, wo deine Türme den ungewissen Dunst durchbohren/als Zeichen der Hoffnung in einer Welt der Sorgen.) Durch ein Mezzotino wurde das Motiv weithin bekannt; es erschien 1811 in Turners *Liber Studiorum,* einer Serie von 71 von 1807–1819 herausgegebenen Tafeln, mit der der Künstler den Rang seiner Landschaftskunst dokumentieren wollte. IW

386

William Collins

London 1788–1847 London

386
Der Abschied wider Willen, 1815

Öl auf Leinwand, 88 x 112,4 cm
Bezeichnet unten rechts: W. COLLINS 1815
Birmingham, City Museums and Art Gallery
Inv.-Nr.: 2528'85
Herkunft: J. Carpenter (Schwager der Ehefrau des Künstlers, Harriet Gedes); Edwin Bullock, Birmingham; Bullocksale, Christie's, 21. Mai 1870, Lot 142; Timothy Kenrick, der es 1882 der Stadt Birmingham schenkte
Ausstellungen: London, Royal Academy of Arts, 1815, Nr. 29; British Institution, 1816, Nr. 109; Glasgow, International Exhibition, 1888, Nr. 186; London, Tate Gallery, 1959, Kat.-Nr. 58; London, Royal Academy, 1968–1969, Kat.-Nr. 209, Reproduktion auf S. 52
Literatur: ‚List of Pictures and Patrons 1808–1827', handschriftliches Notizbuch, Victoria and Albert Museum; Collins 1848, Bd. 1, S. 69; Birmingham 1960, S. 32

Collins, Sohn eines Galeristen und Restaurators, besuchte 1807 die *Royal Academy Schools* und begann bald auszustellen. Erfolg hatte er mit sentimentalen Genrebildern, etwa *The Disposal of a Favourite Lamb* (Der Verkauf eines Lieblingsschafs) von 1813, das auch der Kritiker William Hazlitt bewunderte. 1814 wurde er zum außerordentlichen Mitglied und 1820 zum Vollmitglied der *Royal Academy* gewählt. *The Reluctant Departure,* als sein Meisterwerk betrachtet, ist typisch für Collins Komposition ländlicher Figuren in einer weiten, öden Landschaft (häufig an der Küste). Die feierliche Würde der schlichten Gestalten nimmt die eher rührselige Stimmung viktorianischer Malerei vorweg. Eine gewisse Starrheit der Zeichnung läßt sich vielleicht auf Collins, von seinem Freund Wilkie übernommene Gewohnheit zurückführen, nach Tonmodellen oder Puppen zu malen, die in einem beleuchteten Kasten arrangiert waren. Der viktorianische Romanautor Wilkie Collins beschrieb das Thema dieses väterlichen Werks knapp: „Eine Mutter nimmt Abschied von ihrem Kind, das die Amme in den Armen hält, bevor sie sich zu einem Boot im Vordergrund begibt, das ein Fischer und sein Sohn zum Auslaufen fertigmachen." SGW

John Constable

East Bergholt 1776–1837 London

387 (Farbtafel S. 454)
Pflügender Bauer in Suffolk (Ein Sommerland), 1814

Öl auf Leinwand, 50,5 x 76,5 cm
Privatsammlung
Herkunft: John Allnutt; vielleicht der Künstler um 1825; George Simms; Miss Atkinson, 1891; deren Nichte Mrs. L. Childs; Leggatt
Ausstellungen: Royal Academy, 1814; British Institution, 1815, Nr. 115; London, Tate Gallery, 1976, Kat.-Nr. 123; London, Tate Gallery, 1991, Kat.-Nr. 71
Literatur: Rosenthal 1983, S. 18–21, S. 69–78, 83; Cormack 1986, S. 80–84, 88, 91; Rosenthal 1987, S. 76–81; Rhyne 1990, S. 76

Dieses wundervoll unmittelbare und schlichte Gemälde, eines der zum Ausstellen bestimmten Meisterwerke von Constables frühem Naturalismus, entstand an einem Wendepunkt seiner Laufbahn. Bereits 1802, als er sich erstmals bei der *Royal Academy* bewarb, hatte er sich für eine ‚natürliche Malerei' ausgesprochen – für eine Schilderung englischer Landschaft, die unmittelbarer Beobachtung mehr verdanke als dem Studium Alter Meister oder der Verbindung kompositorischer und auf die Farbe bezogener Konventionen. Constable verfolgte seine Missi-

388

on, indem er sich auf die vertraute Landschaft seiner Jugend konzentrierte – das Stour-Tal in der Nähe von Dedham und seinen Geburtsort East Bergholt, etwa 50 Meilen von London. Die Sommer verbrachte er meist im Haus seiner Familie, zeichnend und skizzierend; im Winter arbeitete er sein Material im Londoner Atelier aus. Neben Skizzenbüchern existieren viele wunderbare, im Freien entstandene Ölskizzen. Für die hier vorliegende Szene ist keine solche Studie bekannt; verwandte Zeichnungen finden sich im Skizzenbuch von 1813 (London, Victoria and Albert Museum). Das Gemälde stellt einen Höhepunkt der ersten Phase in Constables Schaffen dar. Im Laufe des Jahres 1814 begann er, nachdrücklicher seine ehrgeizige Vorstellung zu verfolgen, statt seiner Skizzen auch ‚eine kleine Version jedes künftigen Gemäldes vor dem Motiv fertigzumalen'. Tatsächlich ging er später im Jahr noch weiter und begann, die endgültige Version direkt vor der Natur. Dieser radikale Schritt entsprang wohl zum Teil der Erkenntnis, wie schwierig es war, die Frische und Wahrhaftigkeit einer im Sommer in Suffolk aufgenommenen Szene im Londoner Atelier zu erhalten. Schon dieses Bild erschien dem Londoner Publikum als ein bemerkenswertes Beispiel kompromißloser Ehrlichkeit und Wirklichkeitsnähe; denn Constable schildert hier bäuerliche Tätigkeit gradlinig und ohne Romantisierung. Für Wintersaat bestimmte Felder wurden im Sommer gepflügt und lagen bis zum Herbst brach. ‚Sommerland' nannten die Bauern solche Felder (und Constable gab dem nach dem Gemälde entstandenen und hier ebenfalls ausgestellten Stich von David Lucas diesen Titel). Zu sehen ist *Dedham Valley* von East Bergholt aus. Constables einzige Konzession an kompositorische oder emotionale Effekte ist das Motiv des schlafenden Hundes auf einer Decke – oder dem Mantel des Pflügenden und die Flasche rechts im Vordergrund. Durch und durch konservativ, sah Constable die sozialen Spannungen seiner Zeit mit Melancholie, besorgt über die wachsenden, in der Reformbewegung gipfelnden Forderungen nach Veränderungen. Seine Vision der Landschaft wurde dagegen für außerordentlich radikal gehalten; daher gewann der Maler in der Londoner Kunstwelt nur langsam an Ansehen. DBB

Peter De Wint

Stone, Staffordshire 1784–1849 London

388
Kornfeld, 1815

Öl auf Leinwand, 104,8 x 163,8 cm
London, Trustees of the Victoria and Albert Museum
Inv.-Nr.: 258-1972
Herkunft: Schenkung Mrs. Helen Tatlock, Tochter des Künstlers 1872
Ausstellungen: Royal Academy, 1815, Nr. 190; London 1966, Kat.-Nr. 63; Norwich 1969, Kat.-Nr. 22; Tokio 1971
Literatur: Smith 1982, S. 62–69, Parkinson 1990, S. 68 f.

In den ersten Jahrzehnten des 19. Jahrhunderts entwickelte sich die britische Landschaftsmalerei weg von der topographischen Tradition der vorangegangenen Epoche. Bildthema und die Behandlung der romantischen Landschaft wurden wichtiger als die präzise und detaillierte Darstellung eines Ortes. Dramatische und poetische Landschaften waren bei Sammlern wie Kritikern gleichermaßen beliebt; eine Anzahl war stets bei den Jahresausstellungen der *Royal Academy* und der *British Institution* und anderswo zu finden. Turner und Constable sind die führenden Vertreter dieser neuen Annäherung an die Landschaft. Offenbar bewunderte Peter De Wint unter all seinen Künstlerkollegen allein Constable, und seine Werke zeigen ebenfalls die Landschaft als Ort von Schönheit, Harmonie und Fruchtbarkeit. Das ‚Kornfeld' ist wohl das beste Beispiel für diese Haltung. Die einfache, wirkungsvolle Komposition mit ihrem weiten, horizontalen Schwung wirkte ungewohnt und innovativ, als sie 1815 erstmals ausgestellt wurde. Ernten waren ein von De Wint bevorzugtes Thema, wie hier erschien bei ihm das Leben auf dem Lande als eine fortwährende Pastorale, mit einer harmonischen Synthese aus Landarbeitern, ländlicher Gesellschaft und Natur. Die Realität war anders; allein im Jahr 1815 gab es zahlreiche Hungerrevolten. Auch die ländlichen Gebiete Großbritanniens waren vom Prozeß stetigen Wandels betroffen: Aus dem Agrarstaat wurde ein Industriestaat. Vor allem als Aquarell-Maler bekannt (und in der Ausstellung auch gezeigt), schuf De Wint lebenslang auch Ölbilder; er stellte sie allerdings nach 1828 nicht mehr aus. Der Maler war als Patriot und Konservativer bekannt, und John Ruskin beschrieb ihn 1840 als einen „kompromißlosen John Bull unter den Künstlern". Obwohl zumeist in London ansässig, ließ er sich besonders von Lincolnshire inspirieren; hier von der Umgebung Horncastles. RU

Sir Augustus Wall Callcott

London 1779–1844 London

389
(Farbtafel S. 461)
Einfahrt zum Pool of London, 1815

Öl auf Leinwand, 153 x 221 cm
Bezeichnet: A. W. C. 1815
Bowood, Wiltshire; Trustees of the Bowood Settlement
Herkunft: Auftrag des 3. Marquis von Lansdowne
Ausstellungen: Royal Academy, 1816, Nr. 185; Somerset House, 1977, Kat.-Nr. 52; London, Tate Gallery, 1981, Kat.-Nr. 15

Der *Pool of London*, an der Themse unterhalb des Towers, war für Besucher und Maler eine besondere Attraktion. Callcotts Gemälde, eines seiner Hauptwerke und zugleich ein herausragendes Beispiel für ein stilles Seestück, wurde 1816, also zwei Jahre nach dem Wiener Kongreß, ausgestellt; ein guter Zeitpunkt, um die erneute Belebung des Hafens nach dem Krieg zu feiern. Im

Vordergrund ein Schiff aus den Vereinigten Niederlanden, die durch das Londoner Abkommen als Teil des neuen Europas bestätigt worden waren. Callcotts ruhige Komposition knüpft – auch mit ihrem warmen Licht – an Werke Aelbert Cuyps an, den die Kenner damals sehr bewunderten. Sein *Passage Boat* (Kanalboot) hatte 1814 der Prinzregent erworben. Callcott, ein enger Freund Turners, wurde schon hoch geschätzt, als ihm das hier gezeigte Bild zu seinem größten Erfolg verhalf. Turner selbst lobte es ausdrücklich; eine Bewunderung, die sich auch in seinen eigenen „Dort oder Dordrecht" (1818; Yale Center for British Art, New Haven) ausdrückt und sich ebenfalls an Cuyp orientiert. Callcotts Ruhm breitete sich weiterhin aus. Sein Haus in Kensington war ein internationales Zentrum von Malern, Kunstkennern (wie Waagen oder Passavant) und Musikern (Clementi oder Mendelssohn). DBB

John Martin

Haydon Bridge 1789–1854 Douglas, Isle of Man

390 (Farbtafel S. 459)

Josua gebietet der Sonne stillzustehen, 1816

Öl auf Leinwand, 149,9 x 231,1 cm
Bezeichnet unten rechts: J. Martin
London, United Grand Lodge of England
Herkunft: William Collins; Thomas Wilson bis 1848; John Naylor bis 1889; Verkauf John M. Naylor, Leighton Hall, Welshpool, 23. Januar 1923, Lot 41; anonyme Schenkung an die United Grand Lodge of England, 1924
Ausstellungen: Royal Academy, 1816, Nr. 347; British Institution, 1817, Nr. 152; Liverpool 1854, Nr. 28; Egyptian Hall, 1822; London, International Exhibition, 1862; Newcastle 1970, Kat.-Nr. 6; London, Tate Gallery, 1973, Kat.-Nr. 276; London, Hazlitt, Gooden und Fox, 1975, Kat.-Nr. 9
Literatur: Feaver 1975, S. 25–28, 54–56

Martin war eine der beliebtesten Figuren der Londoner Kunstwelt. Zugleich bezweifelte die Kritik seine technischen Fähigkeiten und zieh ihn der Vulgarität. Martins apokalyptische Werke sind nach dem Prinzip aufgebaut, eine Vielzahl kleiner Figuren in eine weite, dramatische Landschaft zu plazieren. Das hier gezeigte Gemälde nach Josua X, 10–14, brachte ihm ersten Erfolg. Das mit Josua und den Israeliten verbündete Gibeon wird von Amorizern belagert, die Gott durch einen gewaltigen Hagel vernichtet. Dabei gebot Josua der Sonne stillzustehen. Man sieht das besonnte Gibeon und ein Unwetter über den Amoritern. Der Künstler zeigt sich hier Turners ‚Schneesturm: Hannibal überschreitet die Alpen' stark verpflichtet, das er sicherlich 1812 in der Akademie gesehen hatte. Nach einer Lehre als Kutschenbauer wurde Martin von dem italienischen Maler Bonifacio Musso ausgebildet. Um 1807 arbeitete er als Porzellanmaler, später als Glasmaler. Sein erstes Ölbild stellte er 1811 in der Academie aus und beteiligte sich danach regelmäßig an Ausstellungen. Die Einzelausstellung von 1822 hatte keinen klaren Erfolg. Danach war er sehr intensiv als Stecher nach eigenen Werken tätig. Er publizierte Vorschläge zur Verschönerung und Erneuerung Londons (Bauwerke, Parkanlagen, Wasserversorgung und Kanalisation), die unbeachtet blieben und entwarf einen neuartigen Schiffantrieb und Küstenwarnfeuer. RU

James Stark

Norwich 1794–1859 London

391 (Farbtafel S. 463)

Lambeth mit Blick auf Westminster Bridge, 1818

Öl auf Leinwand, 88,3 x 137,2 cm
New Haven, Yale Center for British Art
Inv.-Nr.: B1976.7.76
Herkunft: 1818 von Gräfin de Grey gekauft; durch Erbschaft an Baronin Lucas and Dingwall, Wrest Park, Ampthill; durch sie verkauft bei Christie's, 16. November 1917, Lot 113; erworben von Leggatt; H. H. Illingworth; Major R. L. Farley; Thomas Agnew and Sons; 1971 vom Yale Center erworben
Ausstellung: London, British Institution, 1818, Nr. 10; Thomas Agnew and Sons Ltd., 1971, Nr. 8
Literatur: Dickes 1905, S. 451; Cormack 1985, S. 212, mit Reproduktion

Seit 1811 Schüler von John Crome in Norwich, stellte er bereits seit 1809 bei der Norwich Society of Artists aus. 1814 ging er nach London und schrieb sich 1817 bei den *Royal Academy Schools* ein. Bei der *British Institution* hatte er großen Erfolg, deren Leiter zu seinen ersten Förderern zählten; auch die Gräfin de Grey, die dieses Bild kaufte, das 1818 dort mit dem £ 50-Preis ausgezeichnet wurde. Seit den dreißiger Jahren zeigte er regelmäßig Landschaften bei der *Royal Academy.* Man sieht hier die Themse flußabwärts, und den Lambeth Palace, die Residenz des Erzbischofs von Canterbury, zwischen Kaianlagen und Werften. CF

Joseph Mallord William Turner

London 1775–1851 London

392 (Farbtafel S. 456)

England: Richmond Hill, am Geburtstag des Prinzregenten, 1819

Öl auf Leinwand, 180 x 334,5 cm
London, Tate Gallery
Inv.-Nr.: N00502
Herkunft: aus dem Nachlaß des Künstlers 1856
Ausstellungen: Royal Academy 1819, Nr. 206; London, Royal Academy, 1974–1975, Kat.-Nr. 167; Paris, 1983–1984, Kat.-Nr. 34; Birmingham, 1984; London, Tate Gallery, 1990, Kat.-Nr. 67
Literatur: Butlin und Joll 1984, S. 106–107, Nr. 140; Golt 1987, S. 9–20

Obgleich er seit 1804 ein Haus mit einer eigenen Galerie in der Stadtmitte unterhielt, suchte Turner stets engen Kontakt mit der Themse, und hatte einen zweiten Wohnsitz am Ufer des Flusses. Er bevorzugte die Flußlandschaft westlich von London. Ende 1804 oder Anfang 1805 bezog er das *Ferry House* bei Syon, 1806–1811 hatte er eine Bleibe in Hammersmith und 1812 überwachte er den Bau der Twickenhamvilla, die er selbst entworfen hatte. 1851 starb er in seinem Haus in Cheyne Walk, mit Blick auf die Themse bei Chelsea. Turner malte den Blick von Richmond Hill mehrfach, wobei es sich hier um eine besonders ausdruckskräftige Version handelt. 1817 wurde der Geburtstag des Prinzregenten schon am Georgs-Tag, dem 23. April, öffentlich begangen, der auch Turners Geburtstag war. (Weitere Feiern fanden am 12. April, dem tatsächlichen Geburtstag Georgs, statt; außerdem im August 1817 ein Fest für den Regenten und seine Familie, von Gräfin Dowager von Cardigan in ihrem Haus in Richmond veranstaltet. Nach Golt ist das letztere hier dargestellt.) Indem das Bild ein bestimmtes Ereignis festhält, bezieht es weitere Themenkreise mit ein und spricht von Patriotismus, sozialer Harmonie und dem Dank für das Ende des Krieges; zugleich preist Turner die Schönheit des Themsetales und die poetischen Visionen der von ihm verehrten Dichter Pope und Thomson. RU

Francis Danby

Wexford 1793–1861 Exmouth

393 (Farbtafel S. 470)

Enttäuschte Liebe, 1821

Öl auf Holz, 62,8 x 81,2 cm
Bezeichnet unten rechts: F Danby 1821

London, Trustees of the Victoria and Albert Museum
Inv.-Nr.: FA65
Herkunft: John Sheepshanks um 1850; von ihm 1857 dem Museum geschenkt
Ausstellungen: Royal Academy, 1821, Nr. 210; Bristol 1973, Nr. 7; Bristol/London, Tate Gallery, 1988, S. 91–93, Kat.-Nr. 19, mit Abbildung
Literatur: Adams 1973, S. 17–27, 170, Nr. 6; Parkinson 1990, S. 58 f.

Obwohl Danby jahrelang in Bristol lebte und sehr oft mit der *Bristol School*, einem Zirkel von Amateuren und professionellen Malern identifiziert wurde, war es für ihn unumgänglich, seinen Ruf bei den Londoner Jahresausstellungen zu festigen. 1813 hatte er die Ausstellung der *Royal Academy* besucht – und aus Geldmangel die 120 Meilen nach Bristol zu Fuß zurückgehen müssen. Statt von dort ein Schiff in seine irische Heimat zu nehmen, blieb er bis zu seinem Weggang nach London 1824 in dieser Stadt, weil es dort einen Markt für topographische und Genre-Sujets gab. Zwischen 1820 und 1860 zeigte er 17 Bilder bei der *British Institution* und 48 bei der *Royal Academy. Disappointed Love* (Enttäuschte Liebe) war das erste Bild, das er in der Akademie ausstellte. Von seiner Ausführung her erschien das düstere Gemälde des melancholischen Mädchens dem Hängekomitee mangelhaft; Richard Hengist Horne erinnerte daran, daß „man von ‚irgendetwas' an ihm beeindruckt war, und ließ es zu ... Hier urteilten die Akademiker also ähnlich emotional wie das Publikum. In diesem Geschmiere war mehr ‚anrührende' Erfindung als in neun Zehntel der besten, dort in vielen Jahren gezeigten Arbeiten." Für Danby war das Gemälde offenbar eine Art von Gedicht, und Thomson, Coleridge und Blake sollen die Stimmung dieser Schilderung verführter Unschuld beeinflußt haben. Eine weitere Quelle mag die illustrierte Ausgabe des Gedichts *Lewina, the Maid of Snowdon* (Lewina, die Magd von Snowdon) von George Cumberland, einem Mitglied des Bristoler Kreises gewesen sein. Ein Aspekt des Bildes läßt sich direkt auf die Dichtkunst beziehen – das auffallende Blattwerk, das auf Erasmus Darwins Gedicht *The Loves of the Plants* (Die Liebe der Pflanzen) zurückgeht. Danby kannte es und seine Darstellung scheint Darwins These zu spiegeln, nach der Pflanzen Freude und Leid in ähnlicher Weise empfinden können wie Menschen. Die realistisch geschilderte Landschaft in der Umgebung Bristols ist auch auf Turners Stiche im *Liber Studiorum* zurückzuführen. IW

David Wilkie
Cults 1785–1841 Gibraltar

394 (Farbtafel S. 460)
Chelsea-Veteranen lesen einen Bericht über die Schlacht von Waterloo, 1822

Öl auf Holz, 97 x 158 cm
Bezeichnet unten links: David WILKIE 1822
London, Apsley House, Wellington Museum, Taustees of the Victoria and Albert Museum
Herkunft: 1816 Auftrag des ersten Herzogs von Wellington; an den siebten Herzog von Wellington durch Vererbung; 1947 Schenkung an die Nation (Wellington Museum Act)
Ausstellungen: Royal Academy, 1822; British Institution, 1925; New Haven, Conn., und Raleigh, North Carolina, 1987, Kat.-Nr. 23
Literatur: Cunningham 1843, Bd. 1, S. 170, 459; Bd. 2, S. 13, 14, 16–18, 25, 26, 45, 48–51, 53, 54, 58, 66, 68, 69, 72, 73, 109–10

Einst eines der gefeiertsten Bilder der Zeit. In der *Royal Academy* lockte es solche Menschenmengen an, daß Absperrseile nötig wurden; auf dem Weg der Druckgraphik erreichte es ein breites Publikum. Das Gemälde zeigt Wilkies meisterliche Behandlung von Figuren-Szenen innerhalb einer großen Komposition; gleichzeitig schildert es zahlreiche Typen und ihre Empfindungen in der Reaktion auf das Ereignis ‚Waterloo': ein Höhepunkt jener anekdotischen Manier, in der der Maler berühmt wurde, und der auf seine spätere Hinwendung zu erhabeneren Themen verweist. Die Erinnerung an *Waterloo*, das in der europäischen Geschichte, auch für das Schicksal Großbritanniens, ein neues Zeitalter einleitete, war für Wilkies Publikum allgemein bedeutsam; er stellte jedoch den Moment der Siegesnachricht auf wirkungsvolle und von diesem Publikum besonders gewürdigte Weise dar: beim *Royal Hospital* in Chelsea ‚seit 1694 einem Veteranen-Heim. Eine buntgemischte Gruppe von Menschen kommt hier zusammen, um Neuigkeiten zu hören und tatsächlich verliest sie einer der Veteranen. Der Ort des Geschehens war möglicherweise *Jew's Row* – damals die *Pall Mall of the Pensioners* genannt. Der Herzog von Wellington gab 1816 das Gemälde, nach einem Atelier-Besuch in Auftrag; es war seine bedeutendste und kostspieligste Leistung als Mäzen. Wilkie berechnete die gewaltige Summe von 1.200 Pfund, worauf der Herzog bar bezahlte, da er vor seinem Bankier verheimlichen wollte, daß er „ein so verdammter Idiot war, tausend Pfund für ein Bild zu bezahlen". Als Motiv hatte er zunächst einfach ein Plauderstündchen unter alten Soldaten vorgeschlagen. Wilkies erste Entwürfe im März 1819 zeigten noch Soldaten des 18. Jahrhunderts; Wellington jedoch plädierte für eine aktuelle Situation als Sujet. 1821 veränderte Wilkie das Konzept seiner militärischen Genre-Szene in die Darstellung eines dramatischen, bedeutsamen Augenblicks der neueren Geschichte. Seine ausführlichen Anmerkungen für den Ausstellungskatalog der Akademie weisen darauf hin, daß viele der dargestellten Personen tatsächlich Porträts von Soldaten waren. Die Uniformen der jüngeren Soldaten sind präzise beschrieben. Wilkies Darstellung umfaßte bewußt mehrere Generationen. Zu dieser Apotheose von nationalem Sieg und allgemeiner Befreiung gehört auch, daß Männer aus verschiedenen Bereichen des Königreichs auftreten. Wilkie war um äußerste Genauigkeit bemüht – bei der Topographie von Chelsea wie bei der Kleidung der Veteranen. Diese erhielten ihre Pension im Sommer und waren mit einem – so Wilkie – „wunderbaren Saufgelage" beschäftigt, als sie von der weit wunderbareren Nachricht aus Waterloo unterbrochen wurden. An ein Detail dachte der Maler nicht – daß niemand im Juni Austern ißt. Dieser Irrtum mitten im Bild belustigte das Publikum damals sehr. DBB

Sir Charles Lock Eastlake
Plymouth 1793–1865 Pisa, Italien

395 (Farbtafel S. 469)
Das Kolosseum von Campo Vaccino, 1822

Öl auf Leinwand, 52,7 x 64,8 cm
London, Tate Gallery
Inv.-Nr.: T00665
Herkunft: Auftrag von Greville Howard, Levens Hall, Westmorland; Colonel M. H. Grant um 1932; Luther Antiques, 1962; verkauft an die Friends of the Tate Gallery und von ihnen 1964 dem Museum geschenkt
Ausstellungen: Royal Academy, 1951–1952, Nr. 260; Plymouth 1965, Nr. 6
Literatur: Robertson 1978, S. 9, Abb. 3, S. 254 f., Nr. 70 als ‚Kolosseum vom Maronitenkonvent'

Eastlake gehörte zu einer internationalen Kunstszene, und seine Karriere als Funktionär in wichtigen Ämtern war bedeutender als seine eigene künstlerische Laufbahn: 1841 Secretary of the *Fine Arts Commission* (Sekretär der Kommission für die bildenden Künste) und 1850 Präsident der *Royal Academy*, stieg er 1855 zum ersten Direktor der *National Gallery* auf. Seinen wissenschaftlichen Sachverstand hatte er sich durch sorgfältige Studien in den Gemäldesammlungen Europas angeeignet. 1840 übersetzte er Goethes ‚Farbenlehre' und publizierte eigene Kunst-Schriften. Als Direktor der *National Gallery* war Eastlake für das hinterlassene Œuvre Turners verantwortlich, ebenso für den Ankauf von 139 Werken, die bis heute den Kern der nationalen Sammlung bilden. Bedeutungsvoll war sein Interesse für die frühen, bis dahin weithin unbeachteten italienischen Meister. Auch wenn Wil-

J. Constable, Hampstead Heath mit London in der Ferne, um 1827–1830. Kat.-Nr. 407

liam Young Ottley um 1810 Stiche nach Cimabue, Giotto und Fra Filippo Lippi veröffentlicht hatte, so war erst Eastlake von der Größe dieser Künstler vor Raffael überzeugt. Er hatte bei Haydon und an den *Royal Academy Schools* studiert; in Italien begegnete er 1816 der italienischen Kunst und verkehrte in Rom u. a. mit dem Archäologen und Architekten C. R. Cockerell, den Bildhauern Canova und Thorvaldsen sowie den deutschen *Nazarenern.* Er malte römische Ansichten und besuchte Tivoli und Neapel. Das hier gezeigte Gemälde vom Sommer 1822 gehört zu einer ganzen Reihe von Ansichten des Kolosseum. Es entstand auf dem Palatin, südwestlich des Kolosseums. IW

Francis Danby

Wexford 1793–1861 Exmouth

396 (Farbtafel S. 488)

Sonnenuntergang am Meer nach einem Sturm, 1824

Öl auf Leinwand, 89,6 x 142,9 cm
Bristol, Museum and Art Gallery
Herkunft: 1824 durch Sir Thomas Lawrence vom Künstler erworben; Versteigerung am 15. Mai 1830, Lot 115; Edward W. Lake, Christie's, 11. Juli 1843, Lot 64, von Hogarth erworben; Christie's, 13. Juni 1851, Lot 95, von J. Warrender erworben; Gambart, Christie's, 3. Mai 1861, Lot 278; Sotheby's Nr. 17, März 1982, Lot 68 (aus einer ausländischen Sammlung) von Thomas agnew & Sons Ltd. erworben; von diesen 1982 Ankauf für das Museum
Ausstellungen: Royal Academy, 1824, Nr. 350; British Institution, 1825, Nr. 119; Bristol/London, Tate Gallery, 1988, S. 93–95, Kat.-Nr. 20, Tafel 8
Literatur: Adams 1973, S. 44 f., 193, Nr. 159

Das Gemälde fand uneingeschränkte Zustimmung bei seiner Präsentation in London, was dem Künstler gelegen kam, da er seiner Schulden wegen gezwungen war, Bristol zu verlassen. Die höchste Anerkennung, die dem Bild bei der Ausstellung von 1824 zuteil werden konnte, war der Ankauf durch Sir Thomas Lawrence, den Präsidenten der *Royal Academy.* An den Eindruck des Gemäldes erinnerte sich Richard Redgrave fast vierzig Jahre später: „Aus dem Gedächtnis konnten wir das blasse Rot der untergehenden Sonne beschreiben, die sich im abflauenden Sturm brechenden Wellen und die Überlebenden des Schiffsunglücks, einsam auf einem Floß im endlosen Meer …" Das Motiv mag auf Géricaults 1820 in der *Egyptian Hall* ausgestelltes Gemälde „Das Floß der ‚Medusa' zurückgehen. Danby kannte Géricaults Werk aus der Beschreibung

J. Constable, Pflügender Bauer in Suffolk (Ein Sommerland), 1814. Kat.-Nr. 387

eines Freundes. Über die Anerkennung in der *Royal Academy* hinaus, hinterließ Danbys Seestück einen sichtbaren Eindruck auf seine Künstlerkollegen, etwa John Martin. In den folgenden Jahren antwortete Danby in seinem Werk auf die von ihm konstatierte „Sucht des Publikums nach Novitäten" mit biblischen und apokalyptischen Sujets. Ein Bereich, der wiederum eng mit John Martin verbunden war. Der Konkurrenzkampf zwischen den beiden Malern führte bis zu gegenseitigen Plagiats-Bezichtigungen. IW

Charles Robert Leslie

London 1794 – 1859 London

397 (ohne Abb.)

Sancho Pansa bei der Herzogin, 1824

Öl auf Leinwand, 100,3 x 123,1 cm
Petworth House, Sussex, Lord Egremont

Herkunft: Auftrag George O'Brien Wyndham, dritte Graf von Egremont
Ausstellung: Royal Academy, 1824, Nr. 95
Literatur: Waagen 1854, Bd. 3, S. 37; Hamlyn 1978, S. 28–38; Hamlyn 1986, S. 42–45

C. R. Leslie, einer der amerikanischen, vom Londoner Kunstleben angezogenen Künstler, war in der Hauptstadt geboren und hatte seine Kindheit vor allem in Philadelphia, der Heimat seines Vaters verbracht. 1811 kam er mit einer Empfehlung an den Akademiepräsidenten Benjamin West zurück nach London und lebte in einem amerikanischen Zirkel, zu dem auch Washington Allston und Washington Irving gehörten; durch sie traf er Sir Walter Scott und Samuel Taylor Coleridge. Sein malerisches Werk wird vor allem von Bildern wie dem hier gezeigten repräsentiert. Ein Kritiker nannte damals diese Bilder „in jedem Pinselstrich von gutem Geschmack, unschuldigem Humor und angenehmen Gedanken bestimmt": „Bilder, ... die helfen, gute Bücher höher zu schätzen und unsere Mitgeschöpfe mit freundlicheren Augen zu sehen". Leslies Genrebilder behandeln häufig literarische Themen – übernommen von Molière, Sterne, Shakespeare und Cervantes. Im ganzen 19. Jahrhundert war besonders Cervantes' „Don Quixote" ein beliebtes Sujet der Malerei. Das hier gezeigte Gemälde entstand für George O'Brien Wyndham, den dritten Grafen von Egremont; nach Erhalt des Bildes erbat er sich sofort ein Pendant dazu – nicht zuletzt, um Leslie vor der Brotarbeit der Portrait-Malerei zu bewahren. Der kunstsinnige alternde Peer lud Leslie und seine Familie, wie auch andere Künstler – u. a. Haydon, Constable, Phillips, und natürlich Turner – zu langen Aufenthalten auf seinem Landsitz *Petworth House* in Sussex ein. Für die Gestalt des Sancho Pansa stand hier Sir Francis Chantrey Modell, ein zum *Petworth*-Kreis gehörender Bildhauer. Egremont war jedoch nicht typisch für Leslies meist aus der Schicht neureicher Industriellen stammender Gönner, für die seine Alltags-Szenen und seine Adaptionen bekannter literarische Sujets einen speziellen Reiz hatten. Unter den vielen Szenen

J. Constable, Das springende Pferd, 1825. Kat.-Nr. 400

Leslies aus „Don Quixote" war dies die erfolgreichste; 1824, bei der Akademie-Ausstellung pries ein Kritiker gar die Gestalt des *Sancho* als „einen Prototyp für die nächsten tausend Jahre". Von den vermutlich drei Versionen des Bildes, darunter einer für den Dichter Samuel Rogers, befindet sich die zweite, für Robert Venon, in der Tate Gallery. IW

Sir Charles Lock Eastlake

Plymouth 1793–1865 Pisa, Italien

398 (Farbtafel S. 467)

The Champion, 1824

Öl auf Leinwand, 122,5 x 174 cm
Bezeichnet: ROME 1824
Birmingham, City Museums and Art Gallery
Inv.-Nr.: P15'56
Herkunft: Christie's, 28. Mai 1923, Lot 136; Henry Astley Ltd., Birmingham (Theatrical Costumiers); 1956 von Firma Collins, Birmingham, für das Museum erworben
Ausstellungen: British Institution, 1825, Nr. 193; Plymouth 1965–1966, Kat.-Nr. 8
Literatur: Boase 1959, S. 171, Tafel 65 (b); Birmingham 1960, S. 48; Robertson 1978, S. 25, Abb. 13

Eastlake malte in Italien Landschaften und figürliche Motive, die er von 1823 an bei der *Royal Academy* und der *British Institution* einreichte. *The Champion* wurde mit der folgenden Beischrift gezeigt: „Nahe einem von Nachfahren der Normannen in Sizilien bewohnten Schloß, will ein Ritter des Feindes Herold aufs Schlachtfeld folgen, und wird von einer Dame mit einem Tuch geschmückt." Lady Eastlake bemerkte dazu, daß das Motiv „ihm die Möglichkeit bot, eine Rüstung zu malen, deren malerische Möglichkeiten ihn stets interessierten." Seiner kühnen Farbigkeit und seiner Einfachheit wegen nannte Haydon es zur Freude des Künstlers schlicht „tizianisch". SGW

J. M. W. Turner, England: Richmond Hill, am Geburtstag des Prinzregenten, 1819. Kat.-Nr. 392

James Ward

London 1769–1859 Cheshunt

399 (Farbtafel S. 458)

Marengo, 1824

Öl auf Leinwand, 81 x 109,2 cm
Bezeichnet: J. Ward, R. A. 1824
Literatur: Phipps Jackson 1893, S. 306 f.; Frankau 1904, S. 106, 129; Grundy 1909, S. 46, 57 f., 71; Walker 1954, S. 72 ff.
Alnwick Castle, His Grace the Duke of Northumberland
Herkunft: Herzöge von Northumberland
Ausstellungen: London, Royal Academy, 1826, Nr. 219; Royal Academy, 1951-1952, Nr. 126; Tate Gallery 1959, Kat-Nr. 372; Richmond, Virginia 1960, Nr. 51; Detroit und Philadelphia 1968, Kat.-Nr. 111

Napoleons Pferd *Marengo* hatte seinen Namen nach der norditalienischen Stadt, wo es sein Herr 1800 in der Schlacht gegen die Österreicher erstmals ritt. Es überlebte Austerlitz, Jena, Wagram, den Rückzug aus Rußland, selbst Waterloo; dort erbeuteten es die Briten und Lord Petre brachte es nach London. Später kaufte es der Bankier und Sammler John Julius Angerstein und hielt es in New Barnes bei Ely in Cambridgeshire. (*Marengo* starb 1831, mit etwa 38 Jahren.) Hier erscheint das Tier in einer düsteren, öden Landschaft; der vollständige Titel des Gemäldes in der Akademie-Ausstellung war „Ein Zeichen für den Sturz seines Herrn".Ward hatte sein erstes Pferde-Porträt 1809 ausgestellt. Ausgebildet war er als Stecher, und in dieser Eigenschaft wurde er 1794 vom Prinzen von Wales angestellt. Bei seinem Schwager George Morland lernte er, in Öl zu malen, studierte und kopierte die Alten Meister; Rubens' Einfluß auf seine Landschaften und Historienbilder ist erheblich. Wards Tier-Darstellungen sind sicher seine eindringlichsten Werke. Wie George Stubbs studierte er deren Anatomie und gab seinen Porträts neben einem perfekten Körperbau auch edlen, charaktervollen Ausdruck. *Marengo* entstand in der aktivsten Zeit seiner Beschäftigung mit der hochgeschätzten Pferde-Malerei; das Werk wurde in eine Folge von 14 Lithographien von 1823 und 1824 (‚Berühmte Pferde') einbezogen – eine Publikation, die von Stubbs *Review of the Turf* (1794) und wohl auch von Carle Vernets anonym in London erschienenen Graphiken von Vollblütern beeinflußt war. Géricault bewunderte dagegen Wards Lithographien sehr. DBB

John Constable

East Bergholt 1776–1837 London

400 (Farbtafel S. 455)

Das springende Pferd, 1825

Öl auf Leinwand, 142 x 187,3 cm
London, Royal Academy of Arts
Herkunft: William Taunton; Christies's, 16. Mai 1846, Lot 42, zurückgekauft; Christie's, 27. Mai 1849, Lot 111, zurückgekauft; Carles Birch; Christie's, 7. Juli 1853, Lot 41, erworben von Ernst Gambart; Carles Pemberton, um 1863; Charles Sartorious; 1889 als Schenkung von dessen Frau an die Royal Academy
Ausstellungen: Royal Academy, 1825, Nr. 224 als „Landschaft"; London, Tate Gallery, 1976, Kat.-Nr. 238; München, 1979, Kat.-Nr. 353; London, Royal Academy 1982, Kat.-Nr. 7; Washington, 1983, Kat.-Nr. 32; Madrid, 1988–1989, Kat.-Nr. 162; London, Tate Gallery, 1991, Kat.-Nr. 162
Literatur: Smart und Brooks 1976, S. 102–107, 139, Tafel 60; Fleming-Williams 1976, S. 86, Abb. 60; Walker 1979, S. 116–118, 132, 133, Tafeln 32, 34; Rosenthal 1983, S. 162–170, 245, Abb. 202–205; Reynolds 1984, Nr. 25.1, Tafel 572; Cormack 1986, S. 167–169, Tafel 165; Rhyne 1987, S. 56–58, Abb. 3–4; Rosen-

J. M. W. Turner, London, 1809. Kat.-Nr. 385

thal 1987, S. 144–147; Tafeln 136–137; Rhyne 1990, S. 732, 79; Fleming-Williams 1990, S. 198, 295, Abb. 188, 270

Constable machte früh seine heimatliche Landschaft von Suffolk zum Inhalt seiner Kunst. 1821 schrieb er über diese Gegend, „das Geräusch des Wassers im Mühlgraben, etc., Weidenbäume, alte, verrottete Planken, glitschige Pfosten und Backsteinmauer, ich liebe solche Dinge ... So lange ich male, werde ich nie aufhören, diese Orte zu malen ... Solche Szenen haben mich zum Maler gemacht, und dafür bin ich dankbar". Den Höhepunkt solcher Hingabe bildete eine Reihe für die *Royal Academy* bestimmter Leinwände. Sie sollten seiner Bewerbung um volle Mitgliedschaft dienen und zugleich die Legitimität der Landschaftsmalerei überhaupt dokumentieren. In der akademischen Hierarchie der Künste rangierte damals diese Malerei noch am niedrigsten, unter Portrait und Genre. Constable forderte die am höchsten eingeschätzte Historienmalerei und die traditionellen Sichtweisen von Künstlern und Publikum heraus, indem er Gemälde wie das „Springende Pferd" in einem nur historischen Themen vorbehaltenen Großformat malte. Das hier gezeigte Werk ist das letzte und vielleicht beschwörendste der vier großen Fluß-Szenen am Stour. *Float Jump,* flußaufwärts von Flatford, ist eine Barriere auf einem Treidelpfad, an der Grenze zwischen Suffolk und Essex. Constable lieferte hier ein Bild der Erinnerung, ohne die sonst üblichen Vorzeichnungen. RU

Sir Edwin Henry Landseer

London 1803–1873 London

401 (Farbtafel S. 466)

Die Jagd von Chevy Chase, 1825-1826

Öl auf Leinwand, 143 x 170,8 cm
Birmingham, City Museums and Art Gallery
Inv.-Nr.: P2'52
Herkunft: Auftrag des 6. Herzog von Bedford; Bedfordsale, Christie's, 19. Januar 1951, Lot 186; 1952 vom National Art-Collections Fund erworben und der Stadt Birmingham geschenkt
Ausstellungen: Royal Academy, 1826, Nr. 292; British Institution, 1827, Nr. 36; London, Royal Academy, 1951–1952, Kat.-Nr. 145; London, Tate Gallery, 1959, Kat.-Nr. 240; Paris, Petit Palais, 1972, Kat.-Nr. 153; Philadel-

J. Ward, Marengo, 1824
Kat.-Nr. 399

E. Landseer, Die Trauer um den alten Schäfer, 1837. Kat.-Nr. 409

J. Martin, Josua gebietet der Sonne stillzustehen, 1816. Kat.-Nr. 390

phia und London, 1981–1982, Kat.-Nr. 23, mit Farbreproduktion
Literatur: Boase 1959, S. 167–168, Tafel 25(a); Birmingham 1960, S. 86, Tafel 33a

Edwin, der dritte Sohn des Stechers John Landseer (1769–1852), erwies sich schon vor seiner Ausbildung als begabter Zeichner von Tieren, deren Anatomie er bei Haydon bereits studierte, bevor er 1816, als einer der jüngsten Studenten an die Academy kam. Seine ersten Gemälde waren ebenfalls Tierstücke. Eine Schottland-Reise im Jahre 1824 beeindruckte den Künstler nachhaltig; vor allem die wilde Landschaft der Highlands, die er seitdem in jedem Herbst aufsuchte. *Chevy Chase* ist eine Ballade aus Thomas Percys *Reliques of Ancient Poetry* (1765), die im Grenzgebiet zwischen England und Schottland spielt. In ihr treten der Earl Percy von Northumberland und der schottische Earl Douglas als Rivalen auf, und dabei wird eine Jagd auf umstrittenem Land zur Hauptszene. Aus ihr ergibt sich eine Schlacht, bei der die beiden Führer und viele ihrer Männer getötet werden. Eine Ölskizze deutet darauf hin, daß Landseer auch noch eine Schlacht als Pendant malen wollte. Das hier gezeigte Gemälde huldigt dagegen dem Jagdsport, was den Interessen des Auftraggebers, des Herzogs von Bedford, entsprach. Auffallend ist die Nähe zur flämischen Malerei des 17. Jahrhunderts, und damit vor allem zu Snyders und Rubens. SGW

Clarkson Frederick Stanfield

Sunderland 1793–1867 Hampstead, London

402 (Farbtafel S. 462)
Marktboot auf der Schelde, 1826

Öl auf Mahagoni, 82,9 x 126,4 cm
Bezeichnet auf Faß links: C STANFIELD 1826
London, Trustees of the Victoria and Albert Museum
Inv.-Nr.: FA189
Herkunft: Sir Francis Freeling; Christie's, 15. April 1837, Lot 91, Einsender Smith; John Sheepshanks; von diesem 1857 dem Museum geschenkt
Ausstellungen: British Institution 1826, Nr. 102; Sunderland 1979, S. 93 f., Kat.-Nr. 131, Tafel II
Literatur: Parkinson 1990, S. 270 f.

Stanfield galt im 19. Jahrhundert als einer der größten englischen Landschaftsmaler. Der Sproß einer Familie von Theaterleuten aus Nordengland verbrachte seine Jugend auf See bei der Handelsmarine und danach eher unfreiwillig bei der Kriegsmarine, bevor er sich einen Namen als Maler machte. Anfang 1823 nahm er eine Stelle beim *Theatre Royal, Drury Lane*, an, und mehr als zwanzig Jahre lang waren dort seine Bühnenbilder eine der Hauptattraktionen. 1825 lobte *The Times* Stanfield und seinen Theater-Kollegen

D. Wilkie, Chelsea-Veteranen lesen einen Bericht über die Schlacht von Waterloo, 1822. Kat.-Nr. 394

David Roberts (1796–1864) und begrüßte den Moment, in dem beide „zu herausragenden Akteuren der zur Förderung der Malerei in diesem Lande gegründeten Institutionen geworden sind." In den zwanziger Jahren begann Stanfield, bei der *British Institution* und der *Royal Academy* Gemälde auszustellen. Die Schelde-Ansicht ist ein Ergebnis seiner Reise durch Belgien, Deutschland und Holland 1823; danach entstanden weitere Bilder dieser Gegend. Die Schelde-Szene gehörte zu seinen ersten von der Kritik beachteten Bildern. Ein besonderer Aspekt, auf diesem Beispiel deutlich wahrnehmbar und auch damals bemerkt, ist die lebendige Klarheit und Brillanz der realistischen Darstellung. John Ruskin war besonders beeindruckt, mit welcher Genauigkeit Stanfield die See darstellte, und trat im ersten Band seiner ‚Modern Painters' (1843) als sein Fürsprecher auf. Stanfield, darauf bedacht, seinen Bildern ihre Licht- und Farbwerte dauerhaft zu erhalten, bevorzugte helle Töne, um dem Nachdunkeln entgegenzuwirken. Auch verwendete er bewußt keinen damals üblichen starken Firnis, vermutlich auch, weil er aus seiner Theaterarbeit das Problem der Lichtreflexe kannte.

IW

David Wilkie

Cults 1785–1841 Gibraltar

403 (Abb. S. 471)

Die Pifferari, 1827

Öl auf Leinwand, 46 x 36,2 cm
Bezeichnet unten links: D. Wilkie Roma 1827
London, H. M. Queen Elizabeth II
Herkunft: König Georg IV
Ausstellungen: Royal Academy 1829; British Institution 1842: New Haven, Conn. and Raleigh, North Carolina, 1987, Kat.-Nr. 27
Literatur: Cunningham 1843, Bd. 2, S. 194, 414, 424, Bd. 3, S. 4, 524; Millar 1969, Bd. 1, S. 138–139, Nr. 1177, Bd. 2, Taf. 266

1825 reiste Wilkie auf dem Gipfel seiner Laufbahn durch Italien, Spanien, Nord- und Mitteleuropa, beschäftigt mit der Beobachtung kontinentalen Lebens und dem Studium der Alten Meister. In Italien begann er zu malen, kleinformatig und spontan, direkt auf der Leinwand. Die *Pifferari* kündigten den neuen malerischen Stil beim Akademie-Publikum an und zeigten einen religiösen Aspekt des italienischen Lebens. 1825 hatte der Maler in Rom notiert: ‚Mengen von Pilgern aus allen Teilen Italiens ... in bemerkenswert prächtigen und poetischen Kostümen ..., begleitet von einem Musikanten ..., einem Pfeifer oder pifferaro, mit einem gewaltigen Dudelsack ..., und ein anderer mit einer kleineren Rohrflöte'. In einer Zeit, als Künstler in Italien sich den Bräuchen und Interessen der Menschen zuwandten, waren diese *Pifferari* ein beliebtes Motiv. Gleichzeitig veränderten sich die Reisegewohnheiten der Engländer: Die aristokratische *Grand Tour* wich dem Tourismus der Mittelschicht, die nach den Kriegen Europa entdeckte. So unprätentiös Wilkies Darstellung auch ist, so subtil verbindet sich die unmittelbare Schilderung des Geschehenen – etwa der Flötenspieler links – mit der von den Alten Meistern übernommenen Noblesse der Komposition – ein Beispiel dafür sind Betende, die aus einem Gemälde Tizians oder Veroneses herausgetreten sein könnten. Georg IV. erwarb *Die Pifferari*, zusammen mit einem anderen römischen Bild Wilkies, *Roman Princes Washing the Feet of Pilgrim* (Römische Prinzessin, Pilgern die Füße waschend), zu einem Gesamt-Preis von £ 420.

DBB

A. W. Callcott, Einfahrt zum Pool of London, 1816. Kat.-Nr. 389

Benjamin Robert Haydon

Plymouth 1786–1846 London

404 (Farbtafel S. 465)

Die Spott-Wahl, 1827

Öl auf Leinwand, 144,8 x 185,4 cm
London, H. M. Queen Elizabeth II
Herkunft: Georg IV
Ausstellung: London Egyptian Hall, 1828
Literatur: Haydon 1828; Millar 1969, Bd. 1, S. 48–49, Nr. 829; Bd. 2, Tafel 297

Haydon gehörte zu den hochgelobten und materiell am wenigsten erfolgreichen Künstler seiner Generation. Als Maler und Kritiker, Pamphletist, brillanter Tagebuchautor und Kämpfer für verbesserte künstlerische Ausbildung und staatliche Unterstützung der Kunst, stand er 30 Jahre lang im Zentrum des Londoner Kulturlebens. Dank seines Talents zur Werbung in eigener Sache, gelangte sein Ruhm auf den Kontinent; auch Goethe war unter den vielen großen, von ihm beeindruckten Zeitgenossen. „Ich bin zu der großen nationalen Aufgabe berufen, einen nationalen Triumph oder ein moralisches Prinzip sichtbar zu machen", hatte der Künstler erklärt, doch seine pompöse Historienmalerei brachte ihm wenig Gefolgschaft; seine Zeit wandte sich eher den bescheideneren und leichter zugänglichen Sujets zu, wie sie Wilkie, sein alter Freund und Mitstudent an der *Royal Academy,* populär gemacht hatte. So sah Haydon sich aus finanziellen Erwägungen zu populäreren Arbeiten genötigt. Im Juni 1827 saß er zum zweiten Mal wegen seiner Schulden im Gefängnis. Dort beobachtete er Mitgefangene – Mitglieder einer Gruppe, die Belustigungen und Maskeraden organisierte: Sie veranstalteten eine Spott-Wahl, mit dem Ziel, ihre Rechte zu artikulieren. Tief bewegt vom Anblick der Gefangenen, „die ihre Sorgen vergaßen angesichts solchen Humors, solchen Witzes und der Absurdität des Gesehenen ...", skizzierte Haydon die Szene zusammen mit Porträts seiner Mithäftlinge. William Hogarths Londoner Gefängnisszenen vor Augen, entwickelte er im Kontrast zur Sentimentalität und dem oft zimperlichen Humor zeitgenössischer Genremaler einen ironischen, spezifisch urbanen Witz. „Welch eine Schar von Wesen findet man an diesem außergewöhnlichen Ort versammelt! – Dieser Tempel des Müßiggangs und der Liederlichkeit!", schrieb Haydon aus dem King's Bench-Gefängnis. Abgesehen davon, daß dieses Werk auch ein bemerkenswertes Zeugnis für das Überleben des menschlichen Geistes in einem finsteren Winkel großstädtischer Unterwelt ist, muß man es auch im Zusammenhang mit der Reform-Bewegung dieser Jahre sehen. Probleme des Wahlrechts und der Rechte der Gefangenen waren damit angeschnitten, aber auch Haydons eigenes Problem, die Schuldhaft. In der Menge

C. F. Stanfield, Marktboot auf der Schelde, 1826. Kat.-Nr. 402

zu sehen ist eine „brave Familie im Unglück“, Transparente verkünden „Die Freiheit des Staatsbürgers“ und „Keine Gerichtsvollzieher“. Auch Charles Dickens sollte viele Jahre damit zubringen, gegen die Schuldhaft zu kämpfen. Sie wurde 1842 eingeschränkt und 1869 im wesentlichen abgeschafft. Das Gemälde, bei seiner Präsentation in der *Egyptian Hall* nicht verkauft, ging für 500 Guinees an König Georg IV. – ein Triumph für den Maler in einer seiner dunkelsten Stunden.
DBB

William Etty

York 1787–1849 York

405 (Farbtafel S. 468)
Schlafende Nymphe und Satyrn, 1828

Öl auf Leinwand, 129,5 x 178,4 cm
London, Royal Academy of Arts

Herkunft: Diplomarbeit des Künstlers für die Royal Academy 1828
Ausstellung: Arts Council, 1962, Kat.-Nr. 11
Literatur: Gilchrist 1855, S. 252–253; Farr 1958, S. 54, 154, Nr. 85

Etty, ein Maler bemerkenswerter Akt-Darstellungen, hatte wie Haydon zuerst Historiengemälde in jenem Großen Stil gemalt, den Reynolds vertreten hatte, und der sich auf die Tradition der Alten Meister berief. Doch es zog Etty stets weniger zu moralischen Themen und zu den formalen Gesetzen des Klassizismus als zur Schilderung menschlicher, besonders zur weiblichen Gestalt. Wie in seiner Autobiographie zu lesen, fand er in der Frau „Gottes ruhmreichstes Werk“. Den größten Teil seiner Laufbahn verbrachte er in London und seine Gemälde wurden enorm populär, wenn auch manchmal wegen ihrer freimütigen Behandlung des nackten Körpers kontrovers aufgenommen. Etty, ein lebenslang Studierender, lehrte viele Jahre an der *Royal Academy* Zeichnen nach dem lebenden Modell, und seine Kunst spricht von vollkommener Einfühlung in Aufbau und Bewegungen des menschlichen Körpers. Dieses der *Royal Academy* als Diplom-Stück, nach seiner Wahl zum Vollmitglied, eingereichte Gemälde (er hatte dabei tatsächlich Constable geschlagen), zeigt spezifische Merkmale seiner Kunst. Es ist eine Synthese aus den Werken hochgeschätzter Alter Meister und basiert teilweise auf Poussins „Nymphen von einem Satyr überrascht“ (eine schwache Version befindet sich in der *National Gallery*) und auf Tizians „Venus del Prado“. Mit dem ihm eigenen Entzücken an schmachtenden Posen und dem weichen Gewebe menschlichen Fleisches führte Etty das Bild aus, in reichen und saftigen Farben, deren Wärme und Üppigkeit zur sinnlichen, ja erotischen Wirkung beitragen. DBB

J. Stark, Lambeth mit Blick auf Westminster Bridge, 1818. Kat.-Nr. 391

Benjamin Robert Haydon

Plymouth 1786–1846 London

406 (Farbtafel S. 464)

Kasperle oder 1. Mai 1829

Öl auf Leinwand, 150,5 x 185,1 cm
London, Tate Gallery
Inv.-Nr.: T. G. N00682
Herkunft: Dr. George Darling, der es 1862 der National Gallery vermachte; überführt in die Tate Gallery
Ausstellung: Western Bazaar, Bond Street, London 1830
Literatur: Haydon/Taylor 1926, Bd. 2, S. 465–66, Olney 1952, S. 178–179; George 1967, S. 158, 165–166, 187–189, 362, 364, 378

Für Haydon war London „die Stadt der Welt ... unser Babylon"; ihr Anblick mit der unvermeidlichen Dunstglocke, erfüllte ihn „mit Gefühlen von Energie, wie sie kein anderes Schauspiel erwecken konnte". Diese Zusammenschau ihrer Bewohner an einem Festtag sah er als „moralische Satire" und ein Gleichnis für das Leben. Dafür wählte Haydon einen Standort im West End, nahe der Marylebone-Kirche an einem öffentlichen Feiertag. Die bunte Vielfalt von Großstadttypen ist komisch gesteigert vorgeführt, mit einem Kasperletheater im Zentrum: Leute vom Lande, Damen und Kindermädchen, Taschendieb und Polizist, Straßenfeger und all das Personal einer feiertäglichen Szene... einschließlich Trauerzug und Hochzeitskutsche. Ein Hymnus auf das Leben in der Großstadt, von dem der Maler hoffte, Georg IV. werde ihn erwerben. Der König sandte das Bild zurück, weil er es für opernhaft überladen hielt. DBB

John Constable

East Bergholt 1776–1837 London

407 (Farbtafel S. 453)

Hampstead Heath mit London in der Ferne, um 1827-1830

Öl auf Leinwand, 64,1 x 94,6 cm
Privatsammlung
Herkunft: Privatsammler, Pennsylvania; American Art Association; Auktion Anderson Galleries, New York, 8. April 1937, Einsender Braus Galleries; John Phelan Sen., Texas; Margaret Phelan Reed; Peggy Reed; Salander-O'Reilly Galleries, New York; dort von den jetzigen Besitzern erworben
Ausstellungen: London, Thomas Agnew and Sons Ltd, 1989,
Kat.-Nr. 9; London Tate Gallery, 1991, Kat.-Nr. 128

Obwohl die Landschaft des heimatlichen Suffolk im Zentrum seiner Kunst stand, kehrte Consta-

B. R. Haydon, Kasperle oder 1. Mai 1829. Kat.-Nr. 406

ble nach 1817 nur zu kurzen Besuchen dorthin zurück und lebte in London, wobei er sich im Sommer stets in Hampstead einrichtete, damals einem Dorf am Rande der Metropole; 1827 zog er für länger dort zum *Well Walk* Nr. 6. Für den Maler war Hampstead ein idealer Ort, auch, wie er dem Freund Fisher schrieb, weil „ich so immer den müßigen Besuchern entkommen – und vor allem die Natur betrachten – & Stadt- und Landleben vereinen kann". Manche der hier gemalten Ölskizzen von Himmel und Wolken entwickelte er vor der Natur zu bildmäßiger Erscheinung. Diese Ansicht von *Hampstead Hill*, mit dem Blick über die Heide nach London (links die Kuppel von *St. Paul's*, rechts *Westminster Abbey)* entstand im Garten von *Well Walk*. Eine ausgearbeitete Version zeigte er 1830 in der *Royal Academy*.

RU

John Constable

East Bergholt 1776–1837 London

408 (Abb. S. 471)

Die Kathedrale zu Salisbury von den Wiesen aus, um 1829-31

Öl auf Leinwand, 135,8 x 188 cm
London, Guildhall Art Gallery, Corporation of London
Herkunft: ? Nachlaß-Verwalter des Künstlers; Charles Gassiot, der es 1902 der Guildhall Art Gallery vermachte

B. R. Haydon, Die Spott-Wahl, 1827. Kat.-Nr. 404

Ausstellung: London, Tate Gallery, 1991, Kat.-Nr. 209
Literatur: Cormack 1986, S. 205; Rosenthal 1987, S. 190; Fleming-Williams 1990, S. 237

Eine Reihe großformatiger Gemälde (ihrem Maß entsprechend als „Six-Footer" bekannt) dokumentieren Constables ambitionierte Vorstellungen von Landschaftsmalerei besonders eindringlich. Von 1819 an in London ausgestellt, sollten sie das Publikum von des Künstlers Sicht der reinen, unmittelbar geschilderten Natur überzeugen; dabei fehlt gerade diesen Werken die ursprüngliche Spontaneität. Constable malte sie nach durchgearbeiteten Ölskizzen gleicher Größe und versammelte mit Leidenschaft und Fleiß, was er in der Landschaft aufgenommen hatte. Das Ergebnis waren eher heroische Bühnenbilder – eine Art Historienmalerei der Natur. Während der 30er Jahre, als Constable, zusammen mit David Lucas seine in der Ausstellung auch gezeigte Folge *English* Landscape Scenery erarbeitete, schickte er nur wenige große Gemälde auf Ausstellungen. Salisbury und seine Kathedrale faszinierten den Maler damals. Der Archidiakon John Fisher, Constables loyalster Freund und Gönner, war hier tätig, und 1829 wandte der Maler sich dem Motiv der Kirche zu. Von seinen Ölskizzen ist die hier gezeigte die größte – bereits im Maßstab des dazugehörigen großartigen Gemäldes; in ihnen entwickelte Constable wohl noch in Salisbury die heroisch verklärte Schilderung des großen, dramatisch im Gewittersturm daliegenden Doms. Das Motiv ist unter politischen und sozialen Aspekten interpretiert worden – der konservative Constable fürchtete die gegen die Traditionen von Kirche und Staat gerichtete Reformbewegung. Überzeugender erscheint die Deutung des abebbenden Sturms als subjektives Zeichen: Constables im Glauben begründete Hoffnung auf Erneuerung, die seiner Verzweiflung nach dem Tode seiner Frau 1828 folgte. Der kühne Zugriff auf das Motiv und seine vibrierende Erscheinung werden in diesem Werk sichtbar – was manche Betrachter zum ‚Chaos' ernannten, war wohl Constables weitestgehende Erforschung der Möglichkeiten von Farbe. Solcher malerischen Brillanz und seiner subjektiven Sicht der Natur wegen, wurde Constable von vielen europäischen Künstlern seiner Zeit bewundert.

DBB

E. H. Landseer, Die Jagd von Chevy Chase, 1825–1826. Kat.-Nr. 401

Sir Edwin Landseer

London 1803–1873 London

409 (Farbtafel S. 458)

Die Trauer um den alten Schäfer, 1837

Öl auf Leinwand, 45,7 x 61 cm
London, Trustees of the Victoria and Albert Museum
Inv.-Nr.: FA93
Herkunft: durch John Sheepsbank vom Künstler erworben; 1857 Schenkung an das Victoria and Albert Museum
Ausstellungen: Royal Academy, 1837, Nr. 112; Dublin 1865, Nr. 19; Royal Academy, 1968–1969, Kat.-Nr. 231; Paris 1972, Nr. 155; Arts Council 1978, Kat.-Nr. 25; München, 1979, Kat.-Nr. 364; London, Tate Gallery, 1982, Kat.-Nr. 66
Literatur: Manson 1902, S. 89–91, Abbildung; Reynolds 1966, S. 15, 20, 27, Abb. 8; Lennie 1976, S. 83, 91, 130, 131, 149

Landseer begann als Wunderkind und wurde einer der erfolgreichsten britischen Künstler des 19. Jahrhundert; seine feinen Tier-Darstellungen mit ihren nahezu menschlichen Gemütsbewegungen entsprachen dem zeitgenössischen Geschmack und waren beim Publikum, bei Mäzenen und Kritikern beliebt. Mit vierundzwanzig, dem frühestmöglichen Alter, war er außerordentliches Akademie-Mitglied, 1831 Vollmitglied. Unter seinen einflußreichen Mäzenen waren Königin Victoria und die königliche Familie; 1850 wurde er geadelt. Landseer, während seiner ganzen Laufbahn von nervösen Angstgefühlen bedroht, starb im Irrenhaus. Seine Kunst galt stets den Tieren, besonders Hunden, deren Anatomie und Erscheinung er genau studierte, etwa in der Menagerie von *Exeter Change*. „*Blackwood's Magazine*" schrieb 1840, er male

C. L. Eastlake, The Champion, 1824. Kat.-Nr. 398

nicht bloße Tiere; „sie erzählen eine Geschichte ... man weiß, was sie tun, und, wenn der Ausdruck erlaubt ist, was sie denken". „*The Old Shepherd's Chief Mourner*" war eines seiner berühmtesten Gemälde. Landseer zeigt hier einfach und eigenwillig die Ergebenheit der Kreatur, das bescheidene Leben seines Herrn und die bittere Wahrheit, daß allein das Tier den Tod des Schäfers beklagt. Ruskin pries das Werk in „*Modern Painters*" als eine Schöpfung hoher Kunst, das den Maler nicht als gewissenhaften Nachahmer von Hautstrukturen oder Faltenwürfen auszeichne, sondern „als einen Mann von Seele und Geist". RU

William Mulready

Ennis, Irland 1786–1863 London

410 (Abb. S. 471)

Öffne den Mund und schließe die Augen, 1838

Öl auf Holz, 31,5 x 30,2 cm
London, Trustees of the Victoria and Albert Museum
Inv.-Nr.: FA143
Herkunft: von John Sheepshanks 1838 beim Künstler erworben; 1857 dem Museum geschenkt
Ausstellungen: London, Royal Academy, 1839, Nr. 143; London, Society of Arts, 1848, Nr. 48; London, South Kensington Museums,.1864, Kat.-Nr. 79; London, Victoria and Albert Museum, 1986, Kat.-Nr. 135
Literatur: Heleniac 1980, S. 130–132, 212–213, Nr. 145; Pointon 1986, S. 106, 165; Parkinson 1990, S. 202–204

Der in Irland geborene Künstler kam schon in seiner Kindheit nach London, wo er später an der *Royal Academy* und bei John Varley sudierte. Widmete er sich zunächst historischen Motiven, der Landschafts- und Portraitmalerei, machten ihn aber die von der holländischen Malerei des 17. Jahrhunderts beeinflußten Genreszenen beim Publikum beliebt. Mit ihnen suchte er – nach seinen eigenen Worten – „eine Geschichte, Charakter, Ausdruck, Schönheit" zu fassen; mit dünnen Lasuren auf weißem Grund, einer reichen harmonischen Farbskala und detailreicher Pinselführung. Das vom Kinderspiel angeregte Thema wird hier, wie Pointon angemerkt hat, ausgesprochen erotisch interpretiert. RU

W. Etty, Schlafende Nymphe und Satyrn, 1828. Kat.-Nr. 405

William Mulready

Ennis, Irland 1786–1863 London

411 (Abb. S. 471)

Die Sieben Lebensalter, 1836-1838

Öl auf Leinwand, 89,5 x 113,4 cm
London, Trustees of the Victoria and Albert Museum
Inv.-Nr.: FA138
Herkunft: von John Sheepshanks 1839 beim Künstler erworben; 1857 dem Museum geschenkt
Ausstellungen: London, Royal Academy, 1838, Nr. 122; London, Society of Arts, 1848, Nr. 26; London, South Kensington Museum, 1864, Kat.-Nr. 78; London, Tate Gallery, 1959, Kat.-Nr. 264; Bristol, 1977; London, Victoria and Albert Museum, 1986, Kat.-Nr. 118
Literatur: Heleniac 1980, S. 135–136, 213–214, Nr. 148; Pointen 1986, S. 71, 99, 134–135; Parkinson 1990, S. 198–199

Gegenüber seinen Genre-Bildern handelt es sich hier um Mulready's einziges im Großformat behandeltes allegorisches Thema; ebenso um seine einzige Auseinandersetzung mit Shakespeare. Shakespeare-Themen waren damals sehr beliebt und wurden von zahlreichen Künstlern ins Bild gesetzt. Hier handelt es sich um Jacques Rede im 2. Akt, Szene 7 von „Wie es Euch gefällt": „Die ganze Welt ist eine Bühne; Männer und Frauen sind lediglich Schauspieler ... Ein Mensch spielt in dem Leben viele Rollen, und seine Szenen zeigen sieben Lebensalter". Diese 7 Lebensalter – Kindheit, Knabenalter, Jugend, Erwachsen, Mittleres Alter, Alter und „the last scene of all ..." – werden hier gezeigt. Als das Gemälde in der *Royal Academy* ausgestellt wurde, erhielt es gute Kritiken. William Thackeray lobte es unter dem Pseudonym „*Michaelangelo Titmarsh*". John Sheepshanks (1784–1863), der es erwarb, schuf 1857 mit seiner Schenkung den Grundstock für die Sammlung britischer Kunst im *South Kensington Museum* (später *Victoria and Albert Museum).* RU

C. L. Eastlake, Das Kolosseum von Campo Vaccino, 1822. Kat.-Nr. 395

Daniel Maclise

Cork 1806–1870 London

412

Szene aus Twelfth Night, oder: Was Ihr wollt, um 1840

Öl auf Leinwand, 73,7 x 124,5 cm
London, Tate Gallery
Inv.-Nr.: 423
Herkunft: Robert Vernon, der es der National Gallery vermachte; später in die Tate Gallery überführt
Ausstellungen: Royal Academy, 1840 ... London, National Portrait Gallery and Dublin, National Gallery of Ireland, 1972, Kat.-Nr. 76
Literatur: Ormond, S. 692

Maclise kam 1827 aus Irland nach London, um an den *Royal Academy Schools* zu studieren. In den 30er Jahren wurde er als Maler literarischer Porträts, von Szenen aus Literatur und Schauspiel sowie frivoler Genreszenen bekannt. Später widmete er sich auch der Historien-Malerei. Er folgte weitgehend Wilkies Vorbild, indem er selbst die bedeutsamsten historischen Themen als häusliche Dramen schilderte. Unter dem Einfluß französischer und deutscher Malerei wurde sein Stil in den 40er Jahren reifer und kontrollierter. Das Gemälde ist eine Neufassung seines ersten in der *Royal Academy* 1829 ausgestellten Werkes ‚Malvoglio und der Graf'. Maclises Verbindung mit dem Londoner Theater bewirkten, daß in seine Darstellungen Merkmale des Bühnenbilds eingingen. Der Schauspieler Macready bewunderte das Bild sehr. (Zusammen mit Dickens und Persönlichkeiten des Theaters und der Literatur war er früh ein Freund des Malers geworden.) ‚Sein Bild mit Olivia könnte ich ständig ansehen; personifizierte – geistige und körperliche – Schönheit'. DBB

F. Danby, Enttäuschte Liebe, 1821. Kat.-Nr. 393

William Dyce

Aberdeen 1806–1864 London

413 (Abb. S. 471)

Joas schießt den Rettungspfeil ab, 1844

Öl auf Leinwand, 77,6 x 110,4 cm
Hamburg, Hamburger Kunsthalle
Inv.-Nr.: 1841
Herkunft: von dem Maler G. C. Schwabe durch das Museum erworben
Ausstellungen: Royal Academy 1844, Nr. 284; Royal Academy 1871, Nr. 99;
Literatur: Pointon 1897, S. 72–79, und 195; Vaughan 1979, S. 199, 200, 236, 238, 239

Schon zu Lebzeiten schätzte man das Wissen, das Genie und die bildnerische Kraft des Künstlers. Heute sind außerdem seine fortschrittlichen Ideen zur Künstler-Ausbildung sowie zu Entwurf und Schmuck handwerklicher Erzeugnisse zu erwähnen. Hinzu kommt sein Engagement für die National Gallery, für Architektur ganz allgemein, aber auch für die Religion und andere wichtige Aspekte des damaligen Lebens. 1838 wurde er zum Leiter der *School of Design* ernannt, der einzigen staatlich getragenen Kunstschule. Im damals ausgetragenen Streit um das Zeichnen nach dem lebenden Modell setzte er sich für diese Praxis gegen konservative Gegenstimmen – besonders von Benjamin Robert Haydon – ein. Wegen dieser Auseinandersetzungen gab er 1843 seinen Posten auf. Am Anfang seiner Laufbahn als Maler steht das hier gezeigte Gemälde (2. Buch der Könige, XIII, 14-17). In Italien war er mit Friedrich Overbeck und den Nazarenern zusammengetroffen. Flaxmans Linearität, die die deutsche Malerei beeinflußt hatte, kam auf diesem Wege in den 30er und 40er Jahren wieder nach England zurück. Um die Jahrhundertmitte wurde John Ruskin durch ihn auf die Präraffaeliten aufmerksam gemacht, deren Reflexe später auch im Werk des Künstlers zu beobachten sind.

RU

Constable, Kathedrale zu Salisbury. Kat.-Nr. 408

Mulready, Sieben Lebensalter. Kat.-Nr. 411

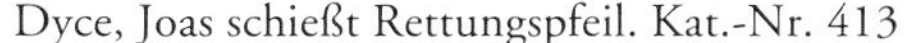

Dyce, Joas schießt Rettungspfeil. Kat.-Nr. 413

Wilkie, Pifferari. Kat.-Nr. 403

Mulready, Öffne den Mund … Kat.-Nr. 410

414

John Flaxman

York 1755–1836 London

414
Modell für das Denkmal Barbara Lowthers in der Richmond Parish Church

Gips, 116,2 x 66 cm
London, University College London
Inv.-Nr.: 107
Herkunft: 1851 Schenkung von Maria Denman (Nachlaß aus der Werkstatt Flaxmans)
Ausstellung: Hamburg, 1979, Nr. 130
Literatur: Lyson 1811, 2. Aufl., Bd. 1, Teil 1, S. 338; Croft-Murray 1939-40, S. 86; Whinney and Gunnis 1967, Nr. 107; Bindman 1979, S. 129, Abb. 130

John Flaxmans Ruhm und Einfluß erstreckte sich damals über ganz Europa. Schon während seiner italienischen Jahre (1787–1794) wurde er durch seine Entwürfe für Wedgwood bekannt. Damals entstanden auch die Illustrationen von Dante, Homer und Aeschylus, die unterschiedliche Künstler wie Goya oder Ingres beeinflussen sollten. Nach seiner Rückkehr aus Italien (1794) widmete er sich in London vor allem monumentalen Skulpturen. Die naive und zugleich sentimentale Frömmigkeit seiner Figuren führte dessen Freund, Henry Crabb Robinson auf den ‚kindlichen Glauben' des Künstlers zurück. Als praktizierendes Mitglied der *Church of England*, wandte er sich der Theologie des schwedischen Wissenschaftlers und Mystikers Emanuel Swedenborg zu. Der gesamte Nachlaß seiner Werkstatt wurde 1851 von seiner Schwägerin dem *University College London* geschenkt. Dabei ist die Qualität seiner Arbeiten schwankend. Flaxman entwarf Hunderte solcher kleinen Denkmäler für Kirchen und ließ seine Entwürfe dafür von seinen Assistenten in Marmor übertragen. Der Topos der Trauernden war damals sehr verbreitet. Die Lilie am Fuß des Denkmals, deren eine von drei Blüten abgebrochen ist, verbildlicht, daß Barbara Lowther als erste von drei Schwestern starb. Eine der beiden anderen – verheiratet mit dem Herzog von Bolton – hatte bei Flaxman vorher schon ein Denkmal für ihren Mann in Auftrag gegeben und finanzierte auch das für ihre Schwester. MCR

John Flaxman

York 1755–1826 London

415
Denkmal für George Steevens, 1800

Marmor, 173 x 108 cm
Bezeichnet links auf dem Rand der Inschriften-Platt: John Flaxman R. A. sculpt
London, Diocese of London, on loan to the Fitzwilliam Museum
Herkunft: 1800 in der Poplar Chapel aufgestellt
Ausstellung: Hamburg, 1979, Nr. 124
Literatur: Lyson 1811, 2. Aufl., 2.2, S. 700; Reed Diaries 1946, S. 224; Croft-Murray 1939–1940, S. 69; Bindman 1979, S. 124–125, Abb. 124

George Steevens war ein bekannter Shakespeare-Forscher des ausgehenden 18. Jahrhunderts. Deshalb wurde dieses Werk besonders populär. In Lysons *Environs of London* und John Nichols' *Literary History of the Eighteenth Century* erschien es als Stich. Isaac Reed, einer von Steevens' engsten Freunden, zahlte im August 1800 an den Künstler £ 100; eine Summe, die der Erbschaft von Steevens an Reed entspricht. Offenbar wurde das Denkmal aber von einer Reihe von Steevens' Londoner Freunden errichtet; darunter der Arzt William Long und der Amateurpoet und Postbeamte Daniel Braithwaite. Reeds war mit dem Maler George Romney eng befreundet, und dieser wiederum mit Flaxman; was wohl zur Wahl dieses Bildhauers geführt hat. Der Dichter William Hayley, ein Freund Flaxmans und Romneys sowie ein Schulfreund von Steevens, verfaßte die Inschrift. Hayley hatte Flaxman bereits mit einem Denkmal für seinen Schwiegervater Dekan Ball (im Dom zu Chichester, 1785–1786) beauftragt, und ebenfalls die Inschrift für Flaxmans Denkmal für den Dichter William Collins (im

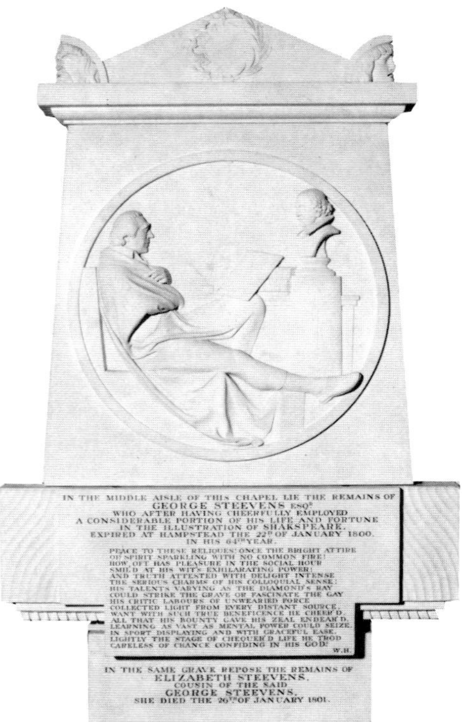

415

Dom zu Chichester, 1792) verfaßt. Steevens lebte besonders im Alter außerordentlich exzentrisch. Schon immer ein Gourmet, soll er seinem Leben absichtlich durch Völlerei ein Ende gesetzt haben. Außerdem war er eitel, und man vermutet, daß das vorgestreckte Bein der Skulptur auf Steevens Bewunderung seiner eigenen Beine anspielen soll. In diesem Zusammenhang hätte die Komposition auch einen humorvollen Aspekt und entspräche damit der Lebensart der damaligen literarischen Kreise in London, denen Steevens und Reed angehörten. MCR

Francis Chantrey

Norton 1781–1841 London

416
Büste Sir Benjamin West, um 1818

Marmor, 65 x 42 x 26 cn
Bezeichnet auf der Rückseite: Chantrey. SC. 1818. B. West P. R. A.
London, Royal Academy of Arts
Herkunft: 1818 als Diplom-Arbeit eingereicht
Ausstellungen: Royal Academy, 1818, Nr. 1104, Gips; Manchester, 1857, Nr. 149; Philadelphia, 1876; Royal Academy, 1963, Nr. 232, 1968, Nr. 205
Literatur: Whinney 1988, S. 422; Radcliffe 1969, S. 48, Abb. 15; Potts 1980, Abb. 11, S. 19

416

Im frühen 19. Jahrhundert war Francis Chantrey unter den Bildhauern Londons der größte Unternehmer. Bei seinem Tod soll er L 150.000 hinterlassen haben. Er war stolz darauf, durch eigenes Verdienst aus bescheidenen Anfängen aufgestiegen zu sein. Sein Unternehmen war dem von Joseph Nollekens (1737–1823) ähnlich, der im ausgehenden 18. Jahrhundert in London als Groß-Bildhauer wirkte. Beide schufen lebendige Porträtbüsten. Chantrey war ein scharfsinniger und gründlicher Beobachter von Charakteren. Der offenbar äußerst liebenswürdige und bescheidene Künstler, der keinen Sinn für hohles Pathos hatte, wurde deshalb auch von den Zeitgenossen als durchschnittlich und unpoetisch angesehen. Als Chantrey die Büste im Dezember 1818 bei der Akademie einreichte, begann das letzte Präsidenten-Jahr von Benjamin West. Dabei handelt es sich um eine Exemplar einer Büste, die bereits 1811, zusammen mit denen von Horne Took und J. R. Smith ausgestellt worden war. Die Ausstellung hatte eine Flut von Aufträgen zur Folge und begründete die erfolgreiche Laufbahn des Künstlers. Doch schon vorher hatte West die Begabung Chantreys erkannt und beauftragte ihn 1810 mit einer Medaille, die den Förderern der *British Institution* anläßlich ihres Erwerbs von Wests Gemäldes ‚Der Heilende Christus' übergeben werden sollte. Nach dem Tode Chantreys erbte die Akademie dessen Vermögen. MCR

John Rossi

Nottingham 1762–1839 London

417
Britischer Athlet, 1828

Marmor, 198 cm
Petworth, The National Trust
Herkunft: 1828 durch den dritten Earl of Egremont erworben
Ausstellung: Royal Academy, 1828
Literatur: Kenworthy-Brown 1977, S. 367–373; Pointon 1978, S. 131–140

John Rossi, Sohn eines italienischen Kaufmanns in Nottingham, wurde durch seine Monumente für *St. Paul's* bekannt. In der Manufaktur von Derby ausgebildet, arbeitete er zunächst als Modelleur von Terracotta-Arbeiten. Auch als er in der *Royal Academy* ein Marmorrelief ausstellte, riet man ihm, lieber beim Modellieren zu bleiben. Als er dann schließlich doch Aufträge für große Marmorwerke erhielt, versuchte er die Herstellungskosten niedrig zu halten, indem er nur angelernte Arbeiter anstellte (was sich sehr nachteilig auswirkte). Die hier gezeigte Statue ist eine der beiden größeren Auftragsarbeiten des Grafen von Egremont und war für die Nordgalerie in *Petworth House* bestimmt. Der Graf war einer der wichtigsten Förderer der englischen Bildhauerkunst im frühen 19. Jahrhundert, der sich ausschließlich der Förderung lebender Künstler widmete. Edward Carew verlegte seine Werkstatt nach Petworth. Mit Chantrey war der Graf befreundet und inspirierte die Bildhauer zu Höhepunkten ihrer Kunst; z. B. Flaxman zu seinem großartigen St. Michael und Satan (1819–1826). Rossis Athlet oder Faustkämpfer wurde 1828 in der Akademie ausgestellt und erregte großes Aufsehen. Man lobte die meisterhafte Beherrschung der Anatomie und die dementsprechende Handhabung der Technik. Der Körper des professionellen Boxers faszinierte die Künstler damals ungemein. Für Akademiemitglieder – unter ihnen Rossi – stand der Berufsboxer Gregson 1808 zwischen den *Elgin Marbles* Modell. Der Titel ‚Athleta Britannicus' spielte mit den Gedanken, daß England ähnliche Staturen wie die der Helden der Antike hervorbringen könnte. Der Standort des Boxers in einer Galerie, die auch vom Vater des Grafen gesammelte römische Stücke enthielt, demonstrierte die zeitgenössische Vorstellung, daß der moderne englische Bildhauer in der Tradition der antiken, und ihr ebenbürtig, arbeite. MCR

418

John Gibson

Conway 1790–1866 Rom

418
(Abb. S. 474)

Narcissus, 1833

Marmor, 108 x 71 x 48 cm
Bezeichnet am Sockel rechts: GIBSON E FECIT
Herkunft: 1868 erwähnt im Inventar von Gibsons Atelier, dessen Bestand in die Royal Academy überging; dem National Museum of Wales ausgeliehen, 1920-1992
Ausstellungen: identisch mit dem Abschlußwerk, das 1838 in der Royal Academy ausgestellt wurde, Nr. 1255; Royal Academy, 1877, Nr. 269; 1951, Nr. 708; 1963, Nr. 230; 1968, Nr. 155; Arts Council, 1972, Kat.-Nr. 371
Literatur: Eastlake 1870, S. 250; Matthews 1911, S. 83, 243; Hartmann 1955, S. 223–224, Abb. 17; Radcliffe 1969, S. 48, Tafel 13

Der auch über seinen Tod hinaus höchst angesehene Gibson verbrachte den größten Teil seines Lebens in Rom und schuf dort Skulpturen, zu denen er durch die Lektüre klassischer Literatur angeregt wurde. Meist verkaufte er sie am Ort an wohlhabende englische Reisende. In Rom hatte er Kontakte zu den Kreisen um Thorvaldsen und Canova – Verbindungen, die seinen Stil stark geprägt haben. Winckelmann war für ihn ‚der moderne Führer zur Bildhauer-Kunst' bei seiner Beschäftigung mit dem Erbe des griechischen Altertums. Seit den 40er Jahren des Jahrhunderts bemalte er deswegen häufig seine Werke, weil er von dem entsprechenden Brauch der alten Griechen erfahren hatte. Flaxmans Freund Henry Cabb Robinson referiert ein Gespräch mit Gibson in Rom, in dem der Bildhauer sagt, daß er „... mehr Geld in England verdienen durch

419

420a und 420b

Büsten und Grabmäler (könne), doch ich würde mein Leben lieber damit verbringen, die Dichter zu lesen und Werke aus der Imagination zu schaffen.' Lady Eastlake berichtet in ihrer Biographie, daß er in Rom blieb, um dem großstädtischen Markt zu entgehen, der durch Gestalten von ‚großen Männern in Mänteln und Halsbinden' beherrscht werde (wie sie damals Chantrey in London darstellte).Vom Narcissus gibt es fünf Exemplare; das erste für Lord Barrington, der das Tonmodell im Atelier des Künstlers gesehen und erklärt hatte, er könne Rom nicht verlassen, ohne davon eine Marmorstatue in Auftrag zu geben (Anzahlung von £ 300 im Februar 1833). Die hier ausgestellte Version kam mit Gibsons Atelier-Nachlaß in die Akademie. MCR

William Blake

London 1757–1827 London

419

Die Pilger von Canterbury, um 1810-1820

Kupferstich, 35,5 x 97 cm (beschnitten, dritter Zustand), Herausgeber W. Blake,
London, Trustees of the British Museum
Inv.-Nr.: 1846-2-9-326
Literatur: Essick 1980, S. 188 passim; Essick 198?, Nr. XVI, S. 60–98, Abbildung

Eines der auch hier ausgestellten „Fresco-Gemälde, die 1809–1810 in Blakes Ausstellung in Soho gezeigt wurden, waren „Die Pilger von Canterbury" (Pollock House, Glasgow). 36 Seiten widmete Blake in seinem Katalog der Analyse von Chaucers Charakteren, die der Künstler als „die Physiognomien oder Linien des Lebens selbst" ansah, als ewige Archetypen des menschlichen Charakters. Die Bedeutung, die Blake diesem Sujet beimaß, zeigt sich in anderen Schriften jener Zeit, u. a. in einer Ankündigung des Stichs im Mai 1808, in den Notizen für eine „öffentliche Ansprache" um 1810-11 sowie einer weiteren Ankündigung, die zusammen mit einem teilweisen Nachdruck des *„Descriptive Catalogue"* erschien. Das vorliegende Blatt, im Oktober 1810 veröffentlicht, war bei weitem der größte seiner Drucke. Vielen zeitgenössischen Kunstkennern erschien es manieriert und grob in der Ausführung – „barbarisch" eben. In der Tat verband Blake hier höchst unterschiedliche Einflüsse zu einer Darstellung, die heute als eine seiner wichtigsten gilt, u. a. den der primitiven flämischen und deutschen Malerei und den der gerade in London angekommenden *Elgin Marbles.* Zu seiner Interpretation zu einem Werk von Englands größtem mittelalterlichen Dichter wollte Blake vermitteln, was er die „lebendige Form" gotischer Kunst nannte. Chaucer und seine 29 von Blake identifizierte Pilger, erscheinen hier auf ihrem Weg nach Canterbury, unter einem gotischen Brückenbogen. LS

Joseph Mallord William Turner
London 1775–1851 London

und Charles Turner
London 1774–1857 London

420a
Kleine Teufelsbrücke, 1809

Radierung J. M. W. Turner, Mezzotinto Charles Turner, 20,8 x 28,9 cm (Zweiter Zustand)
Herausgeber C. Turner
Literatur: Finberg 1924, Nr. 19 Abb.; Herrmann 1990, S. 47, Abb.

Joseph Mallord William Turner und Henry Dawe
London 1790–1848 Windsor

420b
Isleworth, 1918

Radierung J. M. W. Turner, Mezzotinto Henry Dawe, 20,8 x 29 cm (Probedruck)
Herausgeber J. M. W. Turner
London, Trustees of the British Museum
Inv.-Nr.: 1972, i- 929, 1869-11-949
Literatur: Finberg 1924, Nr. 63; Herrmann 1990, S. 65-66

Aus dem 1807–1809 erschienenen *„Liber Studiorum"* („Liber Studiorum; Illustrative of Landscape compositions viz. Historical, Mountains, Pastoral, Marine and Architectural"), einer Sammlung von Drucken, die der Künstler als visuelle Abhandlung über die Landschaft konzipiert hatte; Vorbild war Richard Earloms in den 70er Jahren des 18. Jahrhunderts erschienene Graphikserie nach Claude Lorrains *„Liber Veritatis"*. Turners *„Liber Studiorum"* sollte die verschiedenen Kategorien der Landschaftsmalerei vorführen. Insgesamt erschienen 71 Stiche in 14 Teilen. Turner überwachte die graphische Umsetzung sehr genau, wie zahlreiche korrigierte Probedrucke bezeugen. Er selbst ätzte meist die Konturen selbst. Die beiden hier gezeigten Blätter zeigen die bemerkenswerten Stimmungsgegensätze, wie sie Turner in den verschiedenen Kategorien von Landschaftstypen formulierte. Die Ansicht bei Altorf basierte auf einer Zeichnung Turners von seiner ersten Schweiz-Reise 1802. Das Sujet erscheint dann wiederholt in seinem Werk: Die Unwirtlichkeit der Landschaft steigert sich durch Attribute wie die verblichenen Knochen und den Blick in die schwindelerregende Schlucht. *„Isleworth"*, eines der ersten Blätter der Reihe, 1819 veröffentlicht, ist in der Stimmung und Komposition der Manier Claude Lorrains verpflichtet. Zu sehen ist ein Themse-Abschnitt. Das tempelähnliche Gebäude in der Mitte – einem Werk Claudes würdig – war eine Jagdhütte des Herzogs von Northumberland. LS

421

James Ward
London 1769–1859 London

421
Marengo, 1824

Lithographie, 33,7 x 45,5 cm
Veröffentlicht von R. Ackermann, 1. August 1824
London, Trustees of the British Museum
Inv.-Nr.: 1917-12-8-2886
Literatur: Phipps-Jackson 1893, S. 306-307; Frankau 1904, S. 106, 129; Grundy 1909, S. 46

Das Blatt gehört zu einer Reihe von 24 Porträts berühmter Pferde, die James Ward zwischen 1823 und 1826 malte und stach; die berühmtesten waren Wellingtons Pferd *„Copenhagen"* und Napoleons *„Marengo"*, beide an der Schlacht von Waterloo 1815 beteiligt. Das Gemälde ist ebenfalls in der Ausstellung zu sehen. Der volle Titel der in der *Royal Academy* ausgestellten Lithographie nennt auch die Zeile *„The Background, Emblematic of his Masters's Downfall"* (Der Hintergrund, Sinnbild für den Untergang seines Herrn); die Krähe entspricht in alten Emblem-Büchern einem Todes-Symbol bei Königen oder Prinzen. LS

John Martin
Haydon Bridge 1789–1854 Douglas, Isle of Man

422
Belsazars Gastmahl, 1826

Mezzotinto, 59,8 x 81,6 cm (Probedruck, vor dem Titel)
London, Trustees of the British Museum
Inv.-Nr.: Mm 10-1
Literatur: Balston 1947, S. 281, Nr. 5; Wees and Campbell 1986, Nr. 74

Das Gemälde, (Buch Daniel, Kapitel 5), die erfolgreichste Komposition des Künstlers, wurde 1821 in der *British Institution* ausgestellt, wo es mit einem Seil vor der andrängenden Menschenmenge geschützt werden mußte. Typisch für den Künstler sind der groß angelegte architektonische Hintergrund und die klein erscheinenden Gestalten davor, die verheerenden Ereignissen ausgeliefert sind. Dem damals wiederaufkommenden Glauben an das Ende der Welt entsprachen Martins Gemälde als Allegorien des zeitgenössischen Lebens. Neben seiner Tätigkeit als Maler entwarf er Einrichtungen für eine verbesserte Wasserversorgung und veröffentlichte Schriften über das Abwassersystem und der Frischwasserversorgung. Auch darin zeigte sich vielleicht der Wunsch, London aus einem Babylon in ein Neues Jerusalem zu verwandeln. Das so

422

außerordentlich beliebte Gemälde nahm der Künstler als Vorlage für sein erstes großes Mezzotinto-Blatt (wohl 1822 begonnen, 1826 veröffentlicht); dazwischen entstehen kleine Mezzotinto-Blätter als Illustrationen für Miltons „*Paradise Lost*". Martin stach, veröffentlichte und vertrieb seine Drucke mit großem Erfolg selbst. „Belsazars Gastmahl" und „Josua gebietet der Sonne stillzustehen" brachten £ 2900 ein. 1832 war die „Belsazar-Platte" ausgedruckt und wurde vom Künstler ersetzt. LS

John Constable
East Bergholt 1776–1837 Londen

und David Lucas
London 1802–1881 London

423
A Summerland, 1831

Mezzotinto, 17,6 x 25,2 cm (erster Zustand)
Stecher David Lucas, Herausgeber J. Constable
London, Trustees of the British Museum
Inv.-Nr.: 1842-12-10-107
Literatur: Wedmore 1914, Nr. 15; Shirley 1930, Nr. 10; Wilton 1979, Tafel 15

Anders als Turner, der von Anfang an eng mit Stechern zusammenarbeitete, beschäftigte sich Constable erst in seinen letzten zehn Jahren damit, durch Stiche nach seinen Arbeiten ein breiteres Publikum für seine Kunst zu finden. 1829 plante er eine Serie von Mezzotinto-Blättern nach Gemälden, Ölskizzen und Zeichnungen der vergangenen 30 Jahre. David Lucas schuf unter seiner Aufsicht von Juni 1830 und Juli 1832 22 graphische Blätter, die in fünf Teilen veröffentlicht wurden; 20 weitere erschienen posthum. Der ersten Auflage folgte 1833 eine zweite mit veränderter Bildfolge und erklärendem Text (Untertitel: In erster Linie gedacht, um das Phänomen des Helldunkel in der Natur aufzuzeigen). Constable unterschied den ‚Imitator' oder ‚Eklektiker' vom Erneuerer, der der Kunst „Eigenschaften hinzufügt, die ihr bis dahin unbekannt waren". Der Begriff „Helldunkel" sollte nicht nur die wechselnden Effekte von Licht und Schatten einschließen, sondern auch die Methode des Künstlers, Raum zu definieren und die Bildfläche zu gliedern. Die „englischen Landschaftsszenen" hatten Turners in derselben Technik gedrucktes „*Liber Studiorum*" zum Vorbild. Constables Realismus, seine Darstellung einer ständig bewegten und veränderlichen Natur, die „Launenhaftigkeit" des englischen Lichtes, waren mit Hilfe der Hell-Dunkel-Kontraste des Mezzotinto gut umzusetzen. „*A Summerland*" zeigt das deutlich. Es basiert auf dem ebenfalls hier gezeigten Gemälde ‚Pflügender Bauer in Suffolk' (Kat.-Nr. 386). LS

423

Benjamin Gibbon
Penally 1802-1851 London

nach Sir Edwin Landseer
London 1802–1873 London

424
Die Trauer um den alten Schäfer, 1838

Kupferstich, 34,6 x 37,4 cm
Herausgeber F. G. Moon
London, Trustees of the British Museum
Inv.-Nr.: 1850-5-25-30

Landseer, einer der beliebtesten Maler seiner Zeit, war vor allem durch das Medium der Druckgraphik populär geworden. Seine bemerkenswerte Begabung, Tiere zu beobachten und zu schildern, machte ihn außerordentlich erfolgreich, verhinderte aber auch, daß er als Künstler wirkliche Größe erreichte. Indem er seinen Tieren menschliches Gefühl und Ausdruck gab, folgte er oft allzu volkstümlichem Geschmack. In seinen besten Zeiten vermitteln jedoch Sujets wie *„The Shepherd's Chief Mourner"* seinen angeborenen Sinn für heroisches Pathos. 1837 in der *Royal Academy* aisgestellt, gehörte es zu Landseers berühmtesten Gemälden und wird auch hier gezeigt. 1838 wurde es gestochen. Landseer übersetzt ein Bild menschlicher Trauer in eines von der kummervollen Ergebenheit eines Hundes. Ruskins Eloge in *„Modern Painters"* erhoben Landseers Werke und den Maler selbst in einen fast legendären Status. LS

424

DAS LITERARISCHE LONDON

London war das Zentrum literarischen Lebens. Hier konnten die Literaten mit ihren Kollegen zusammentreffen, auf Initiativen unternehmender Verleger hoffen und mit der Aufmerksamkeit einer breiten gebildeten Leserschaft rechnen. Die romantischen Dichter des Landes jedoch verhielten sich London gegenüber zwiespältig, oft sogar feindselig. Erst in den zwanziger Jahren des 19. Jahrhunderts erscheint London literarisch als ein mit Verständnis, sogar mit Zuneigung geschilderter Ort.

William Blake

London 1757–1827 London

425 (Abb. S. 478)

Song of Experience, um 1794–1825

Strichätzungen, mit Aquarell, je ca. 11 x 7 cm (Abzug T)
London, Trustees of the British Museum
Inv.-Nr.: 1856-2-9
Literatur: Bentley 1977, Nr. 139 T

Die 1789 veröffentlichten *Songs of Innocence*, (Lieder der Unschuld), Blakes berühmteste Gedichtsammlung und sein bekanntestes illuminiertes Buch, sind idyllische Gedichte und zugleich Meditationen über Kindheit und die Gegenwart Christi. 1794 fügte Blake die *Songs of Experience* (Lieder der Erfahrung) hinzu, eine poetische Folge über die geistige Entwicklung des Menschen nach dem frohen Zustand der Unschuld: Zeiten, in denen der Mensch sich des Leids, der Enttäuschung, gesellschaftlicher Übel und konventioneller Moral bewußt wird. Dem sorglosen Kind setzt Blake den verhärteten Erwachsenen gegenüber und der unschuldigen Jungfrau die Dirne; in der Natur ist dem unschuldigen Lamm der schreckliche Tiger konfrontiert. Auf dem hier gezeigten Blatt offenbart Blake seine Verachtung für die etablierte Religion. Das Buch, 1794 datiert, sollte vermutlich einzeln verkauft werden; fast alle überlieferten Exemplare sind zusammen mit den „Liedern der Unschuld" gebunden. Die Abfolge der Radierungen und ihre Kolorierung änderten sich zu Blakes Lebzeiten. In der kombinierten Form war es das einzige seiner illuminierten Bücher, das über die Jahre regelmäßig verkauft wurde; bei Bedarf druckte der Künstler Exemplare nach. LS

425

William Blake
London 1757–1827 London

426
Jerusalem, 1804-1827 (?)

Strichätzung, je ca. 22 x 16 cm
London, Trustees of the British Museum
Inv.-Nr. I31* a.11
Literatur: Blindman 1978, Nr. 480–579

„Jerusalem, the Emanation of the Giant Albion“ (Jerusalem, die Erscheinung des Riesen Albion) war Blakes letztes illuminiertes Buch, der Höhepunkt seiner komplizierten prophetischen Werke, begonnen 1804. Nur ein vollständiges, koloriertes Exemplar ist bekannt, dazu eine unvollständige kolorierte Version und vier nicht kolorierte Exemplare, wobei die Kühnheit der Zeichnungen in den schwarz-weißen Versionen besonders deutlich wird. Das Thema des Buchs ist die Erlösung von *Albions* verlorener Seele, wobei die mythische Figur des *Albion* mit der Menschheit wie mit England identifiziert wird. *Jerusalem*, der weibliche Gegenpart, beim Sündenfall von ihm getrennt, wird durch Christus mit ihm wieder vereint. *Jerusalem*, eine Folge von einhundert Radierungen in vier Kapiteln, stellt die Phasen der Menschheits-Geschichte dar – von der Spaltung *Albions*, des „ursprünglichen Menschen“, über den Monotheismus und den Triumph der Naturreligion bis zur Vision einer Erlösung durch Christus. Die hier gezeigte Radierung 84 – „Ein alter Mann, von einem Kind geführt“ – steht im vierten Kapitel und greift eine der Illustrationen zu den *Songs of Experience* von 1794 auf, die *Titelvignette* zu *„London“*. Die anrührende Darstellung illustriert die Zeilen „Ich sehe London blind und altersgebeugt, in den Straßen von Babylon bettelnd, geführt von einem Kind; seine Tränen laufen in seinen Bart hinab“. Das Blatt steht in Verbindung zu anderen Gesichten der Erlösung im Werk Blakes, in denen ein alter Mann als Jüngling wiedergeboren wird. LS

William Wordsworth
Cockermouth, Cumberland 1770–1850 Rydal, Westmorland

427
Gedichte in zwei Bänden, Bd. 1, 1807

Herausgeber Longman, Rees and Orme
17 x 10,9 cm
Bezeichnet: William Wordsworth / Stow June 1849
Grasmere, The Wordsworth Trust
Inv.-Nr.: WW(a)1807
Herkunft: Widmungsexemplar des Autors für Isabella Monkhouse, Mai 1807; Schenkung von William Knight

Verfaßt auf der Westminster Brücke, 3. September 1803. / „Earth has not anything to show more fair- / Dull would he be of soul sho could pass by / A sight so touching in its majesty. / This city now doth like a garment wear / The Beauty of the morning, silent, bare: / Ships, towers, domes, theatres, and temples lie / Open unto the fields and to the sky. / All bright and glittering in the smokeless air. / Never did sun more beautifully steep / In his first splendour valley, rock, or hill: / Ne'er saw I, never felt, a calm so deep / (The river glideth at his own sweet will) – / Dear God, the very houses seem asleep. / And all that might heart is lying still!“
„Westminster Bridge“ ist sicher eines der bekanntesten London-Gedichte im 19. Jahrhundert. Wordsworth vollendete es im September 1802, als er sich auf dem Weg von Frankreich, in London aufhielt. Ungewöhnlich begeistert blickt der Dichter flußabwärts über das geschwungene Panorama der Stadt, die funkelnd und doch ruhig in der Morgensonne daliegt – von St. Paul's bis zum Theatre Royal Drury Lane. Dorothy Wordsworth, die ihren Bruder begleitete, notierte in ihrem Tagebuch eigene Eindrücke von diesem Morgen: „Die Sonne schien so hell, mit solch einem reinen Licht; es lag etwas wie die Reinheit eines großartigen Naturschauspiels darin“. Im

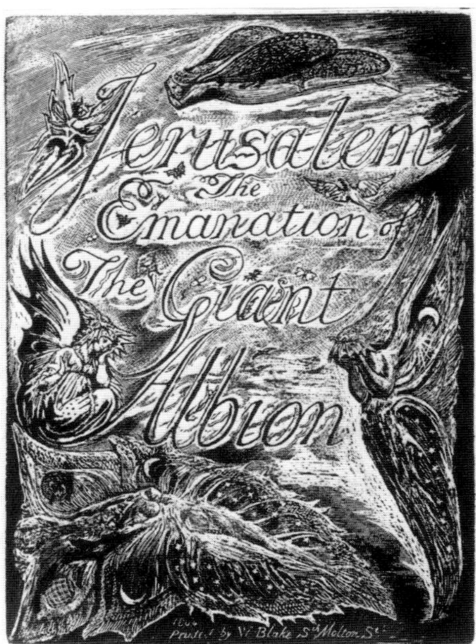

426

Gegensatz dazu enthalten Wordsworths Gedichte von 1807 auch satirisch-bittere Anmerkungen zu den übertrieben kommerziellen Eigenschaften der Stadt. Zwei der großartigsten Beispiele seiner Poesie waren ebenfalls erstmalig im vorliegenden Band publiziert, *Resolution Independance* und *Ode. Intimations of Immortality!* In beiden zeigt sich Wordsworth Fähigkeit, – so John Stuart Mill – „Medizin für den Geist“ zu liefern. RW

William Wordsworth

428
Das Präludium, Buch VII, MS D, um 1839; verfaßt 1804

19,5 x 15 cm
Grasmere, The Wordsworth Trust
Inv.-Nr.: DCMS : 124
Herkunft: Nachlaß Gordon Graham Wordsworth
Ausstellung: London, British Museum 1988–1989, Kat.-Nr.: 78b
Literatur: Wordsworth, Jaye and Woof 1987, S. 138–142; London, British Museum 1988–1989, S 108 ff.

Der Literat Charles Lamb und seine Schwester Mary führten im September 1802 Wordsworth und seine Schwester Dorothy durch London. Unter den besichtigten Sehenswürdigkeiten ani-

mierte u. a. der Bartholomäusmarkt Wordsworths poetische Phantasie; seine Eindrücke erscheinen in der grandiosen lyrischen Autobiographie des „*Prelude*" (Präludium), die der Dichter 1805 beendete, und die erst (überarbeitet) nach seinem Tode 1850 veröffentlicht wurde. Im siebten Buch, mit dem Titel „London", beschreibt er die Stadt als einen großen Strudel; dessen latente Energie führe aber im Vergleich zur angemesseneren Ordnung einer Welt begrünter Natur letztlich zu unechten und grotesken Vorstellungen. Der Bartholomäusmarkt mit seinen alptraumartigen Bildern faßt die schlimmsten Aspekte der Stadt zusammen:
„All out-o'-the-way, far-fetched, perverted things, / All freaks of Nature, all Promethean thoughts / Of man – his dulness, madness and their feats, / All jumbled up together to make up / This parliament of monsters. Tents and booths / Meanwhile – as if the whole were one vast mill – / Are vomiting, receiving on all sides, / Men, women, three-years'children, babes in arms."
Die Handschrift ist eine Reinschrift des „Präludiums" in vierzehn Büchern, die Mary Wordsworth Anfang 1832 anfertigte. Sie wurde 1832 und 1838–1839 für das Manuskript E ausführlich überarbeitet. RW

429

428

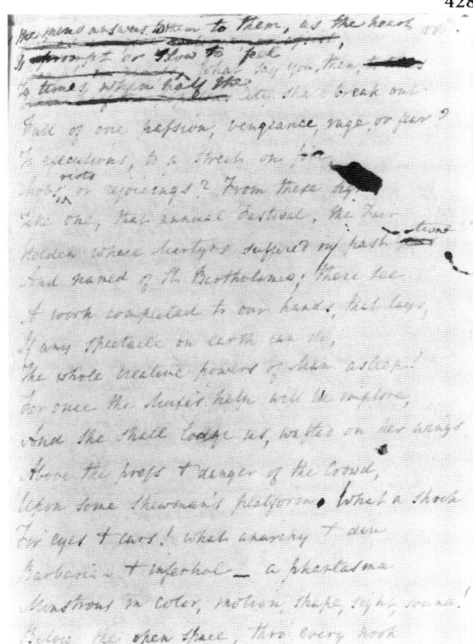

Full of one passion, vengeance, rage, or fear?
To executions, to a street on fire,
Mobs, riots, or rejoicings? From these sights
Take one, that annual Festival, the Fair
Holden where Martyrs suffered in past time,
And named of St. Bartholomew; there see
A work completed to our hands, that lays,
If any spectacle on earth can do,
The whole creative powers of man asleep!
For once the Muse's help will we implore,
And she shall lodge us, wafted on her wings,
Above the press + danger of the Crowd,
Upon some Showman's platform. What a shock
For eyes + ears! what anarchy + din
Barbarian + infernal – a phantasma
Monstrous in color, motion, shape, sight, sound!
Below, the open space, thro' every nook

John Bluck
nach Thomas Rowlandson und Augustus Charles Pugin

London 1756–1827 London
Frankreich – 1832 London

429
Der Bartholomäusmarkt, 1808

Kolorierte Aquatinta, 21,5 x 26,8 cm
Herausgeber R. Ackermann
London, The Museum of London
Inv.-Nr.: A9876

Der Bartholomäusmarkt, jährlich im August, später im September in Smithfield abgehalten, geht auf die 1133 begründete Kirche St. Bartholomäus zurück. Als er seine Funktion für den Handel verlor, gewann er als Zentrum jeder Art von Unterhaltung Bedeutung. Aus kleineren Darbietungen – politischen Kabaretts und Puppentheatern – entwickelten sich im 18. Jahrhundert Schauspiel-Aufführungen. Hinzu kamen – neben Erfrischungen vieler Art – Attraktionen wie Seiltänzer, Wachsfiguren; auch Krüppel und Scharlatane, Kupplerinnen und Prostituierte. Kurz vor seinem Ende zeigen Rowlandson und Pugin den Markt in aller Brillanz, zu nächtlicher Stunde. Rechts sind der Eingang zum *St. Bartholomew's Hospital* und dahinter der Turm von *St. Bartholomew's the Great* zu sehen. Der Markt wurde 1855 eingestellt. CF

George Dance

London 1741–1825 London

430
Samuel Taylor Coleridge, 1804

Bleistift, 19,7 x 16 cm
Bezeichnet unten rechts: Geo. Dance / March 21. st 1804
Grasmere, The Wordsworth Trust
Inv.-Nr.: GRMDC: B129
Herkunft: Familie Beaumont bis 1984
Ausstellungen: New York, Bloomington und Chicago 1988, Kat.-Nr. 281, Abb. 160; London, British Museum. 1988-1989, Kat.-Nr. 78d; Osaka 1991

In einer Zeit, als Coleridges Dichter-Laufbahn fast beendet war, beschreibt er in seinem ersten Brief an Sara Hutchinson (in die er sich verliebt hatte) vom 4. April 1802, daß er sich selbst verachte, und daß seine Schaffenskraft getrübt sei. Auch in seinen vielleicht schönsten Gedichten *Kubla Khan, Christabel* und *The Ancient Mariner* (Die Ballade vom alten Seemann) besingt er eine psychologisch komplizierte Situation: den Wunsch zu handeln, dazu aber unfähig zu sein. Ohne das Gefühl der Freude, so Coleridge, könne niemand die von Wordsworth entdeckte romantische Welt wirklich verstehen. Bevor der Dichter Keswick verließ, um am Mittelmeer ein zuträgliches Klima für seine vom Opium ruinierte Gesundheit zu finden, drängte er Wordsworth,

The Prelude (Präludium oder Das Reifen eines Dichtergeistes) zu vollenden. Wordsworth beschwor ihn seinerseits, an der Struktur seines geplanten philosophischen Poems zu arbeiten, und besorgte ein Darlehen von £ 105 für die Reise. Die Zeichnung gab vermutlich Sir George Beaumont in Auftrag, als Coleridge in London drei Monate lang auf seine Überfahrt wartete. Die Verzögerung ergab sich, weil wegen des Krieges Schiffe im Kanal nur im Konvoi verkehren durften. Während der letzten Wochen vor der Abfahrt hielt Coleridge sich im komfortablen Stadthaus der Beaumonts am *Grosvenor Square* auf. Da man befürchtete, der Dichter könne im Ausland sterben, wollte Sir George der Nachwelt ein Porträt erhalten. Sicher ist, daß er James Northcote mit einem Ölbild beauftragte (heute Wordsworth Trust). Auch er gab Coleridge £ 100 für die Reise, und Lady Beaumont ließ ihm einen speziell angefertigten Reiseschreibtisch zukommen. RW

430

432

Henry Crabb Robinson

Bury St. Edmunds 1775–1867 London

431
Tagebuch vom 11. Dezember 1811 bis zum 22. Januar 1813

11 x 19 cm
London, Dr. William's Library Trust
Literatur: Morley 1938, Bd. 1, S. 74-75; Hudson 1967, S. vii-xix

Der gesellige und der Konversation unermüdlich zugetane Journalist und Rechtsanwalt Henry Crabb Robinson war mit vielen berühmten Persönlichkeiten seiner Generation in England, Frankreich und Deutschland befreundet. Die über hundert Bände seiner Tagebücher, Journale, Briefe und Memoiren liefern unschätzbare Informationen, gerade über das literarische und geistige Leben im London der ersten Hälfte des 19. Jahrhunderts. Wordsworth traf er 1808 zum ersten Mal, im Hause von Charles Lamb; vier Jahre später vermittelte er in einem Streit zwischen Wordsworth und Coleridge. Es ging um einige unbesonnene Äußerungen Wordsworths über Coleridges explosiv verlaufenen Aufenthalt in des Dichters Haus. Coleridge waren sie von Basil Montagu zugetragen worden. Der folgende Auszug datiert vom 8. Mai 1812: „Ich überbrachte W. C. s Botschaft, und W. beantwortete sie mir mit dem Auftrag, ihm folgendes auszurichten: 1. Daß er, W., sehr entschieden bestreite, M. jemals den Auftrag erteilt zu haben, C. etwas von ihm, W., auszurichten … er mache sich den Vorwurf … vergessen zu haben, daß M. kein Mensch war, auf dessen Diskretion man sich unbesorgt verlassen konnte … 2. Er bestreite als Mann von Geschmack, jemals einen Ausdruck wie *verkommener Säufer* benutzt zu haben … 3. Noch habe er jemals behauptet, C. sei seiner Familie ein Ärgernis gewesen. Möglicherweise habe er gesprächsweise und auf bestimmte eigenartige Gewohnheiten bezogen das Wort benutzt … aber nie, um seine Gefühle für C. zusammenzufassen. Er habe nie gesagt, *er* sei ein Ärgernis …" Der Streit wurde beigelegt; das Verhältnis zwischen den beiden Dichter war nie mehr so wie zuvor. CF

433

William Wordsworth

Cockermouth 1770–1850 Rydal

432
Brief an Mary Wordsworth, 9.–13. Mai 1812

22,6 x 36,8 cm
Grasmere, The Wordsworth Trust
Inv.-Nr.: WLMS G1/4/4
Herkunft: Sotheby's, 6. Juli 1977, Lot 414; erworben 1978
Ausstellungen: New York, Bloomington and Chicago, Kat.-Nr. 118, Abb. 74
Literatur: Darlington Hg. 1981, S. 138–149

Wordsworths Brief aus London an seine Frau spiegelt familiäre Zuneigung und sein Mißfallen am Leben der Hauptstadt: „Du sagst, Du seiest die gesegnetste unter den Frauen; sicherlich bin ich der gesegnetste unter den Männern. Das Leben der eleganten Welt in dieser großen Stadt ist miserabel; man kann weder Würde, noch Zufriedenheit, noch Liebe, noch Ruhe finden." Neuigkeiten finden sich dennoch. Der Dichter versäumt es, Coleridge zu treffen, denn letzterer ist damit beschäftigt, „das schreckliche Ereignis der Ermordung von Mr. Perceval zu beschreiben." Wordsworth reagiert subjektiv auf die öffentliche Krise: „Oh, meine Freude und mein Trost ... was für schreckliche Gedanken kamen mir in den Sinn ... fast im selben Moment, als ich von Mr. Percevals Tod erfuhr. Ich sah ihn nur zehn kurze Tage vor seinem Tod im *House of Commons* und bewunderte den Esprit und die Lebhaftigkeit, mit der er den gefährlichsten und dümmsten Demagogen, Sir Francis Burdett, zurückdrängte, ... die niederen Klassen der Bevölkerung rufen in den Kneipen ‚Burdett für immer'... Das Land ist sicher in einem höchst alarmierenden Zustand, und wenn die Regierung keine Festigkeit zeigt, werden Verwirrung & Vernichtung & Mord ausbrechen ... Es ist gut, daß ich während dieser Krise in London bin ... aber es stimmt mich melancholisch, festzustellen, wie einem die eigene Zeit entrinnt, wenn man Leute sucht, die man nicht finden kann ...". Um Geld zu sparen, sandte Wordsworth seine Briefe zum Lake District gewöhnlich mit denen der von Postgebühren befreiten Parlamentsmitglieder. In diesem Fall, merkte er an, „wird der Brief von Lord Byron frankiert, einem Mann, der gerade hier wegen seines Poems *Childe Harold's Pilgrimage* sehr in Mode ist..." CF

Jean-Pierre Dantan

Paris 1800–1869 Baden-Baden

433
Samuel Rogers, 1833

Gips, bemalt, 31,1 cm
Bezeichnet auf der Rückseite des Fußes: Published by Dantan ... ... London
London, National Portrait Gallery
Inv.-Nr.: 3888
Herkunft: vermutlich Sir Edmund Gosse; 1953 Schenkung seines Sohnes Dr. Philip Gosse
Ausstellung: London? Dantan's lodgings, 18 Leicester Square, 1833; National Portrait Gallery, 1976, Kat.-Nr. 1
Literatur: Walker 1985, Bd. I, S. 420; Bd. II, Tafel 1012

Der Dichter, Bankier und Kunstkenner Samuel Rogers (1763–1855) empfing seine kultivierten Freunde am *St. James's Square* in seinem Haus, dessen Interieurs von denen Thomas Hopes in der *Duchess Street* beeinflußt war. Hier traf Wordsworth Lord Byron und erfuhr von ihm von der Ermordung Spencer Percevals. Rogers bekanntestes Werk, „*The Pleasures of Memory* (Die Vergnügungen der Erinnerung)", 1792 anonym veröffentlicht, bis 1794 siebenmal aufgelegt, hatten ihn zu einem hoffnungsvollen Dichter gemacht – ein unerfülltes Versprechen. Rogers war später jedoch klug genug, so verkaufsfördernde Künstler wie Turner und Stothard zur Illustrierung seiner Bücher „*Italy*" (1830) und „*Poems*" (1834) zu engagieren. Dantans lebendiges *portrait chargé* zeigt einen zänkischen älteren Mann; Rogers fand es schrecklich. Obwohl freundlich seinen Freunden gegenüber, waren sein ätzender Witz und seine Klatschsucht stadtbekannt: 1818 antwortete Byron mit einem Spottgedicht auf Rogers Verhalten gegenüber Byrons skandalösen Eheproblemen.
„Nose and chin would shame a knocker, / Wrinkles that would puzzle Cocker; / Mouth which marks the envious scorner, / With a scorpion at each corner, / Turning its quick tail to sting you, / In the place that most may wring you; / Eyes of lead-like hue, and gummy; / Carcase picket out from some mummy ..."
Dantan besuchte 1833 London, machte Skizzen von einer Reihe führender Persönlichkeiten und verkaufte sie in Frankreich als gipserne Karikaturenbüsten für 4–5 Francs; Statuetten zu 15 Francs und teurere Bronze-Exemplare, in Auflagen von etwa 25 Stück; in der Pariser *Passage des Panoramas* trat er unter dem Namen Susse auf. CF

434

434
Maske von William Wordsworth, 1815

Gipsabguß, 25,5 x 15 x 13 cm
Grasmere, The Wordsworth Trust
Inv.-Nr.: GRMDC: L9
Herkunft: Schenkung Ernest H. Coleridge
Literatur: de Selincourt 1911; Blanchard 1959, S. 144; Walker 1985, Bd. 1, S. 572 f., Nr. 2020; Haydon (Hg. Pope) 1960, Bd. I, S. 450

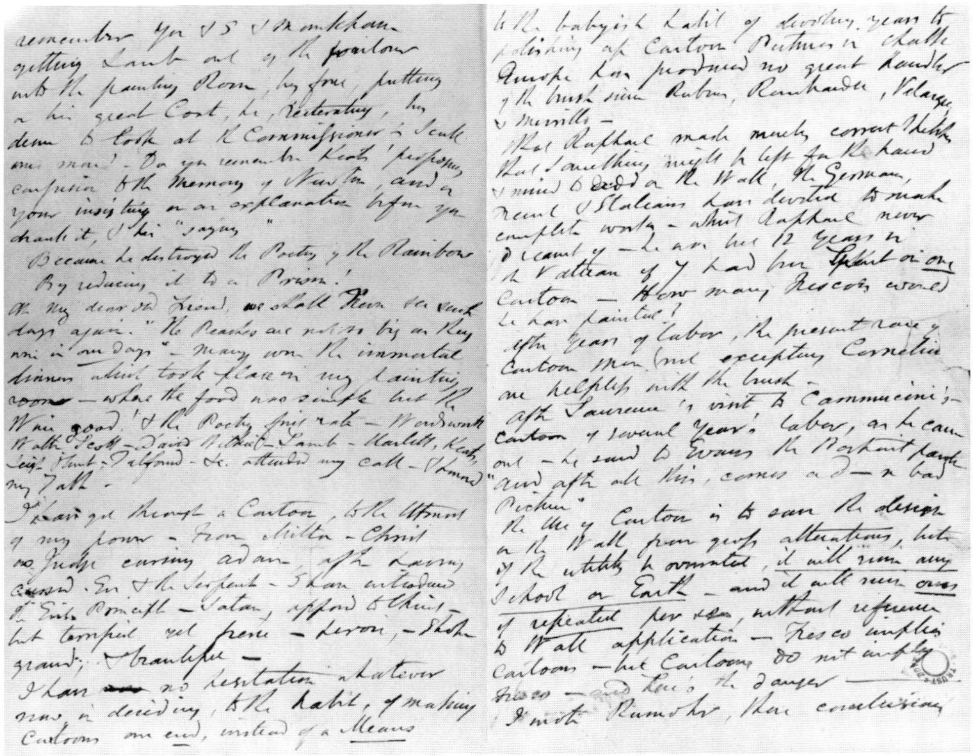

436

Der Maler Benjamin Robert Haydon gab diese Maske in Auftrag, weil er in seinem Gemälde ‚Einzug Christi in Jerusalem' Wordsworth und Keats (dem ebenfalls eine Maske abgenommen wurde) in der Zuschauermenge darstellen wollte. Masken wie diese waren Hilfsmittel für Maler und Bildhauer; sie sind auch ein Hinweis auf das damalige Interesse für die Phrenologie (Lehre vom Schädel). Wordsworth – so Haydon – ertrug die Prozedur „wie ein Philosoph". Mehrere Ausführungen, u. a. in der *National Portrait Gallery*, dem *Ashmolean Museum*, *St. John's College* in Cambridge usw., sind bekannt. CF

Benjamin Robert Haydon

Plymouth 1786–1846 London

435
John Keats, 1816

Feder und Tusche, 31,7 x 20,3 cm
Bezeichnet unten rechts: Nov 1816/BRH
London, National Portrait Gallery
Inv.-Nr.: 3251
Herkunft: B. R. Haydon; Frederick Wordsworth Haydon; Henry Buxton Forman; von dessen Sohn 1945 erworben
Literatur: Walker 1985, Bd. 1, S. 287; Bd. II, Tafel 671
Ausstellungen: Paris 1972, Nr. 136; New York, Bloomington und Chicago 1988, Kat.-Nr.: 73, Abb. 47

Die Zeichnung entstand auf einem aus Haydons Tagebuch herausgerissenen Blatt vom November 1816, und die rückseitige Eintragung enthält eine der für ihn typischen Angriffe auf *Royal Academy*-Mitglieder, die sein eigenes Ringen um Anerkennung bezeugen. Später schrieb Haydon auf die Zeichnung: „Keats war ein Geist, der beim Überfliegen der Erde an ihrer Schwerkraft scheiterte und erlosch im vergeblichen Bemühen, stumpfsinnigen Erdbewohnern die Schönheit seiner Gedankenflüge verständlich zu machen" – ein Schicksal, dem der Maler sich nahe fühlte. Keats zeichnete mit der Feder auf ein anderes Tagebuchblatt ein Porträt Haydons, das dieser eine „abscheuliche Karikatur" nannte. Auch sie wird in der National Portrait Gallery bewahrt (Inv.-Nr. 3250). Schmeichelhafter war dagegen Keats Sonett *Great Spirits Now on Earth are Sojourning* (Große Geister weilen nun auf Erden), in dem der Dichter Haydon mit Raffael verglich. CF

Benjamin Robert Haydon

Plymouth 1786–1846 London

436
Brief an William Wordsworth, 16. Oktober 1842

31,7 x 39,5 cm
Grasmere, The Wordsworth Trust
Inv.-Nr.: WLL/Haydon, Benjamin Robert/26
Herkunft: Nachlaß Gordon Graham Wordsworth
Ausstellung: New York, Bloomington und Chicago, 1988, Kat.-Nr. 133
Literatur: Haydon (Hg. Pope), Bd. 2, 1960, S. 173–176

Haydons Brief erinnert an jenes „unsterbliche Festessen" vom 28. Dezember 1817 im Haus des Künstlers, an dem Leigh Hunt, Charles Lamb, John Keats, Wordsworth und Mary Wordsworths Cousin Thomas Monkhouse teilnahmen. Keats trank dabei leicht paradox auf das Andenken Newtons, der „die Poesie des Regenbogens zerstörte, indem er ihn auf ein Prisma reduzierte!" In seinem Tagebuch schildert Haydon Einzelheiten: man saß vor Haydons riesigem Gemälde ‚Einzug Christi in Jerusalem' (auf dem Keats, Wordsworth und Newton porträtiert waren), „vom flackernden Feuer beleuchtet ... Wordsworth rezitierte Milton, mit einer Stimme wie die Totenglocke von St. Paul's & dazu Händels Musik – & dann Lambs sprühender Witz mittendrin & Keats Phantasien von Satyrn & Faunen & Tauben und weißen Wolken ... ein Abend, des Elisabethanischen Zeitalters würdig ..." Haydons Brief hat einen elegischen Ton: „Oh, mein lieber alter Freund, wir werden solche Tage nie mehr erleben." Dann spricht er über den Nutzen von Vorzeichnungen, da er gerade an Entwürfen für den Wettbewerb zur Gestaltung der neuen Parlamentsgebäude arbeitet. Daß er dabei keinen Preis gewann, mag zu Haydons Selbstmord vier Jahre später beigetragen haben.
CF

Joseph Severn

London 1793–1879

437
John Keats, 1819

Aquarell auf Elfenbein über Bleistift, 10,8 x 8,3 cm
gerahmt mit einer Haarlocke von Keats
Cambridge, Syndics of the Fitzwilliam Museum
Inv.-Nr.: 713

Herkunft: Miss Fanny Brawne; Charles W. Dilke; durch Erbschaft an den Rt. Hon. Sir Charles W. Dilke, der es 1911 dem Museum vermachte
Ausstellung: London, Royal Academy 1819, Nr. 940
Literatur: Heath 1905, S. 212, Abb.; Bayne-Powell 1985, S. 194–196, Abb.; Walker 1985, Band 1, S. 288, Nr. 1605

Die Portrait-Miniatur gab Keats wahrscheinlich für Fanny Brawne in Auftrag. Sie hing bei der Ausstellung der *Royal Academy* in *Somerset House* nahe ihres, von A. E. Chalon geschaffenen Miniaturporträts. Wie Keats dunkel vorausgeahnt hatte, blieb seine Miniatur unbeachtet, „ein Wassertropfen im Ozean". Tödlich an Schwindsucht erkrankt, ging Keats im September 1820, begleitet von seinem Freund Severn nach Italien; er starb 1821 in Rom, von Severn bis zuletzt betreut. (Eine Version in Öl auf Elfenbein befindet sich in der National Portrait Gallery.) CF

437

Robert Dallas überredete ihn, sie zu veröffentlichen. Er bot das Manuskript John Murray an. Der Verleger, von William Gifford, dem Herausgeber des *Quarterly Review*, beraten, akzeptierte das Werk und versuchte vergeblich – wie zuvor Dallas – Byron zur Entfernung einiger religiös und politisch herausfordernder Passagen zu überreden. Byron protestierte dagegen, daß Murray sich gegen seinen Wunsch mit Gifford besprochen hatte, weil es ihm darum ging, von diesem eine vorteilhafte und vorurteilsfreie Besprechung zu bekommen. Als die Publikation voran ging und während der Drucklegung des Bandes, nahm Byron ständig Änderungen vor und fügte Ergänzungen hinzu. Murray zeigte dabei große Geduld, und das Werk erschien am 10. März 1812. Es war sofort ein Erfolg: die 500 vorhandenen Exemplare verkauften sich innerhalb von drei Tagen. Im selben Jahr wurden insgesamt fünf Ausgaben gedruckt. Der Erfolg von *Childe Harold* öffnete Byron die Salons des literarischen London. Murray verhalf es zum ersten Band evon Byrons bedeutendem und einflußreichen Lebenswerks. EE

Richard Westall

Hertford 1765–1836 London

438 (Farbtafel S. 487)

Lord Byron, 1813

Öl auf Leinwand, 91,8 x 71,1 cm
Bezeichnet auf dem Felsen: Gordon Lord Byron/Painted by/Richd Westall, R. A./1813
London, National Portrait Gallery
Inv.-Nr.: 4243
Herkunft: vermutlich Sir Francis Burdett; erstmals verzeichnet in der Sammlung seiner Tochter Baroness Burdett-Coutts, 1891; Burdett-Coutts sale, Christie's, 4. Mai 1922, Lot 80, gekauft von Vicars; Lady Wentworth, Crabbet Park; Gladstone E. Moore, von diesem 1961 erworben
Ausstellungen: London, ? Royal Academy 1825, Nr. 41; Guelph 1891, Nr. 213
Literatur: Walker 1985, Bd. I, S. 81–82; Bd. II, Tafel 176

Westalls Porträt, 1813 im Auftrag eines nicht genannten Dichter-Freundes gemalt, entstand zu der Zeit, als Byron nach dem Erscheinen von „*Child Harold's Pilgrimage*" zu literarischem Renommee und dank seiner kurzen, melodramatischen Affäre mit Lady Caroline Lamb zu eher trauriger gesellschaftlicher Berühmtheit gelangt war. Er erwog eine Heirat mit der Erbin Annabella Milbanke, stand jedoch seiner Halbschwester Augusta und seiner Vertrauten Lady Melbourne näher, der er am 1. Oktober schrieb: „Lady Holland sagt, ich werde *dick*, und Sie sagen, ich rede *Unsinn*. Nun, ich muß fasten und wieder vernünftig werden, wenn möglich. Doch, wie mir Curran erzählte, da ihm vom halben Hof versichert wurde, daß der Prinz überhaupt nicht korpulent sei, sicherlich untersetzt, aber auf keinen Fall fettleibig, gibt es noch Hoffnung. Was die Verrücktheit angeht, so ist sie unheilbar ...". Das Porträt wurde häufig kopiert. Entgegen Westalls Einwänden wurde es auch gestochen, in einer mehr und mehr romantisierenden Form – nach des Dichters Tode mit himmelwärts gerichteten Augen. Obwohl einige Zeitgenossen glaubten, dieses Porträt sei allen anderen überlegen, war man sich einig, daß es Byron nicht gerecht werde. CF

Lord Byron

1788–1824

439

Childe Harold's Pilgrimage, 1812

1. Ausgabe, 5. Druck mit handschriftlichen Korrekturen; gebunden, 23 x 15 cm
London, John Murray
Herkunft: Exlibris John Murray, Newstead, Wimbledon Park
Ausstellung: London, Victoria and Albert Museum, 1974, D9

Im Juli 1811 kehrte Byron mit den ersten beiden Gesängen von *Childe Harold's Pilgrimage* (Junker Harolds Pilgerfahrt) vom Kontinent und dem Nahen Osten nach England zurück. Die Verse sind offen autobiographisch; Byrons Verwandter

Richard Westall

Hertford 1765–1836 London

440

Bride of Abydos, Gesang I, Strophe 12, 1813

Aquarell, 12,7 x 10,2 cm
London, John Murray
Ausstellung: London, Victoria and Albert Museum, 1974, S 51

„He lived – he breathed – he moved – he felt:
He raised the maid from where she knelt."

440

Richard Westall war als Aquarell-Maler für seine Buchillustrationen bekannt, obwohl sein Werk auch topographische und historische Werke und Porträts einschloß. Er arbeitete für viele Londoner Verlagshäuser, u. a. Longmans und John Murrays. 1813 bat letzterer ihn, *Childe Harold*, *The Giaur* und andere nicht benannte Werke zu illustrieren. Dazu mag auch ein Auftrag zur ‚Braut von Abydos' gehört haben. EE

Lord Byron

London 1788–1824 Missolonghi

441
Brief an John Murray, 2. April 1816

Feder und Tinte, 18 x 22,5 cm
London, John Murray
Literatur: Marchand 1976, Bd. V, S. 60

„Foe to all Vice – yet hardly Virtue's friend – For Virtue pardons those she would amend."
Die verbesserten Verse aus *A Sketch from Private Life* (Eine Skizze aus dem privaten Leben), 1816, Verse 35–36, beziehen sich auf Lady Byrons Weigerung, Lord Byrons Annäherungen nach ihrer Trennung zu akzeptieren. Noch vor der Trauung 1815 wurde der Erfolg seiner Ehe mit Annabella Milbanke in Frage gestellt. Sie dauerte wenig mehr als ein Jahr und wurde für beide Partner zunehmend schmerzlich. Im Bewußtsein eines

April 2d 1816 –
You will think me a great bore – but I have an alteration to make where there is an ambiguity – the two last lines of second paragraph must run thus
"Foe to all Vice – yet hardly Virtue's friend –
"For Virtue pardons those she would amend.
Pray attend to this – and excuse the trouble from yours very truly
Tuesday 5 o'clock

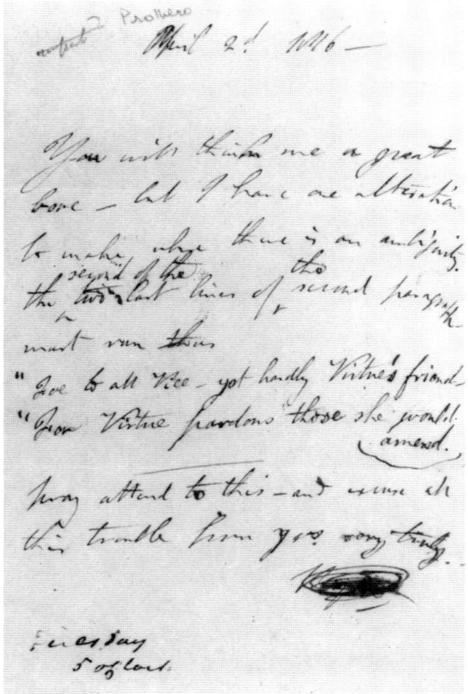

441

Irrtums, von Schulden geplagt und durch Gerüchte über sein Privatleben gequält, verhielt sich Byron so irrational, daß man damals an seinem Verstand zweifelte. Seine Frau verließ ihn, ging zu ihren Eltern und stimmte der Trennung zu. Nachdem er zögernd eine einleitende Vereinbarung dazu unterzeichnet hatte, schrieb Byron sofort an Lady Byron, um ihr seine immerwährende Verehrung mitzuteilen. Seine *Fare Thee Well* (lebe wohl) überschriebenen sentimentalen Verse zeugen mehr von verletztem Stolz und von Frustration als von der Liebe zu seiner Frau. Annabella antwortete nicht; die Verse brachte John Murray privat in Umlauf, was den Dichter verletzte. Er antwortete mit einem giftigen Angriff auf Mrs Clermont, Lady Byrons einflußreiche alte Gouvernante; Bitterkeit und Haß der bösartigen Verse beleuchteten Byrons heftige Gefühle (*A Scetch*). Nachdem John Murray wegen dieser Schmähschrift rechtlichen Rat eingeholt hatte, erklärte er sich bereit, fünfzig Exemplare zur privaten Verbreitung zu drucken. *Lebe wohl* und *Eine Skizze*, gerieten in die Zeitungen, und das daraus entstehende öffentliche Interesse verstärkte noch das allgemein negative Urteil über Byron. Verbittert und geächtet verließ er im April 1816 England für immer. EE

442

78 DON JUAN.

CCVII.
I sent it in a letter to the editor,
Who thank'd me duly by return of post,
I'm for a handsome article his creditor;
Yet if my gentle Muse he please to roast,
And break a promise after having made it her,
Denying the receipt of what it cost,
And smear his page with gall instead of honey,
All I can say is—that he had the money.

CCVIII.
I think that with this holy new alliance
I may ensure the public, and defy
All other magazines of art or science,
Daily, or monthly, or three monthly, I
Have not essay'd to multiply their clients,
Because they tell me 'twere in vain to try,
And that the Edinburgh Review and Quarterly
Treat a dissenting author very martyrly.

CCIX.
"*Non ego hoc ferrem calida juventâ*
"*Consule Planco*," Horace said, and so
Say I; by which quotation there is meant a
Hint that some six or seven good years ago
(Long ere I dreamt of dating from the Brenta)
I was most ready to return a blow,
And would not brook at all this sort of thing
In my hot youth—when George the Third was King.

DON JUAN. 79

CCX.
But now at thirty years my hair is gray—
(I wonder what it will be like at forty?
I thought of a peruke the other day)
My heart is not much greener; and, in short, I
Have squander'd my whole summer while 'twas May,
And feel no more the spirit to retort; I
Have spent my life, both interest and principal,
And deem not, what I deem'd, my soul invincible.

CCXI.
My days of love are over, me no more
The charms of maid, wife, and still less of widow,
Can make the fool of which they made before,
In short, I must not lead the life I did do;
The credulous hope of mutual minds is o'er,
The copious use of claret is forbid too,
So for a good old-gentlemanly vice,
I think I must take up with avarice.

CCXII.
Ambition was my idol, which was broken
Before the shrines of Sorrow and of Pleasure;
And the two last have left me many a token
O'er which reflection may be made at leisure;
Now, like Friar Bacon's brazen head, I've spoken,
"Time is, Time was, Time's past," a chymic treasure
Is glittering youth, which I have spent betimes—
My heart in passion, and my head on rhymes.

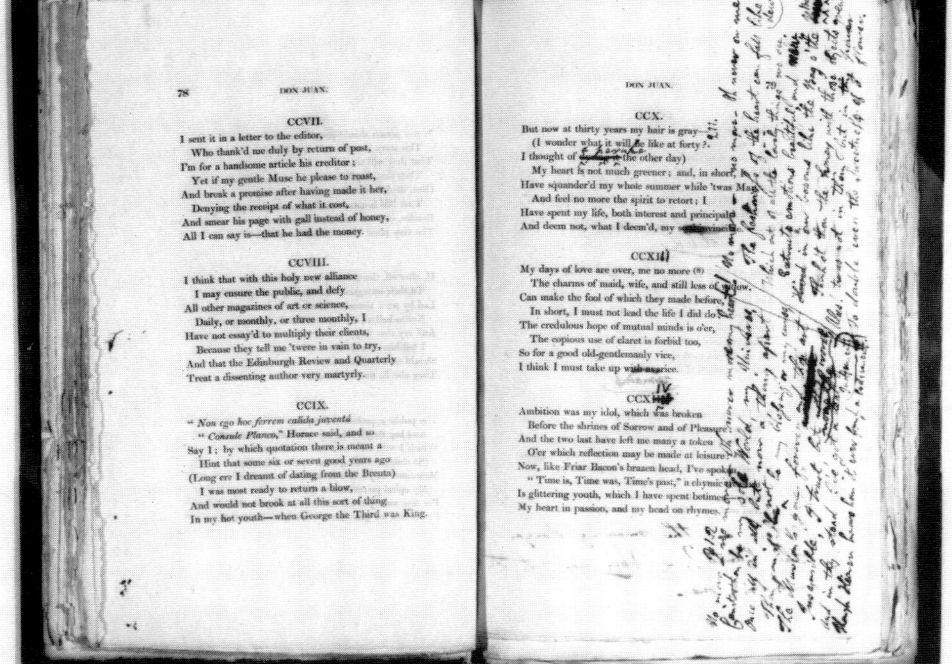

Lord Byron

442
Don Juan, 1819

Gesänge I und II, Korrekturabzüge der 1. Ausgabe mit handschriftlichen Ergänzungen von Byron und Hobhouse
Gebunden, 24 x 15,5 cm
London, John Murray

Auf diesen Korrekturabzügen finden sich John Cam Hobhouse' handschriftliche Kommentare und kritische Anmerkungen sowie Byron's Antworten darauf. 1818 schickte Byron den ersten Gesang des *Don Juan* u. a. an seinen Freund, voller Erwartung, dessen Meinung zu seinem Werk zu hören. Dem Dichter erschien es ‚zu frei für diese sittsamen Tage', doch als eine literarische Tat, das Ergebnis einer intensiven schöpferischen Phase. Byron's Befürchtungen waren berechtigt: seine Freunde rieten von der Veröffentlichung der Verse ab, ihrer – so Hobhouse – ‚Zügellosigkeit und manchmal offenen Unanständigkeit' wegen, und weil das Werk ‚unverblümt Seitenhiebe auf die Religion, nach rechts und links und auf andere angesehene Schriftsteller'… austeile. Zunächst gab Byron nach; später jedoch, seiner Schulden bedenkend und im Vertrauen auf die Qualität der Dichtung, beschloß er Murray oder den Höchstbietenden um deren Publikation zu bitten. Murray nahm das ‚verführerische' Werk gern an, ermunterte Byron aber, die ‚undelikaten Stellen' zu überdenken. Byron's Antwort war direkt: ‚Das Gedicht wird gefallen, wenn es lebendig ist; wenn es dumm ist, wird er scheitern; doch ich werde keine Ihrer verdammten Kürzungen und Schnitte dulden. Wenn Sie wollen, können Sie es anonym veröffentlichen ... doch ich werde meinen Weg gegen alle erkämpfen, wie ein Stachelschwein'. Murray bot 1.500 Guineas für die ersten beiden Gesänge des *Don Juan* und *The Ode to Venice*, und das Werk erschien am 15. Juli nur mit seinem Namen auf der Titelseite. Die Reaktion der Öffentlichkeit war wie befürchtet. Die Verleger Blackwoods in Edinburgh z. B. weigerten sich, das Buch zu vertreiben, und von allen Seiten wurde es wegen Unsittlichkeit angegriffen. EE

Lord Byron

443
Werner, 1823

Gebunden, 22,5 x 15 cm
London, John Murray
Herkunft: Exlibris John Murray, Newstead, Wimbledon Park

„To / The Illustrious Goethe / By One of His Humblest Admirers / This Tragedy / Is Dedicated"

Werner, veröffentlicht im Jahre 1822, basierte auf der ‚Geschichte eines Deutschen' in Sofia und Harriet Lee's ‚Canterbury-Novellen'. Das Werk befand sich unter den Manuskripten, die nach Byrons Willen John Murray an John Hunt übergeben sollte. Murray behielt *Werner* zurück und veröffentlichte das Werk, während er das möglicherweise rufschädigende *Heaven and Earth* (Himmel und Erde) an Hunt weitergab. Innerhalb von vier Tagen waren 6.000 Exemplare verkauft. Froh darüber , machte Byron Murray keinen Vorwurf. Byron und Goethe erschienen ihren Zeitgenossen rasch als geistige Repräsentanten einer in einem weiten europäischen Zusammenhang gesehenen Romantik. Goethes *Weltschmerz* und *Ichschmerz* [im Original deutsch] entsprachen wesentlich auch Byron's Charakter, und Goethes wie Byron's autobiographisch bestimmte Lyrik prägte die nachfolgende europäische Literatur grundlegend. EE

Lord Byron

444
Faksimile der Widmung des Sardanapal an Goethe, 1821

25,3 x 20,1 cm
London, John Murray
Herkunft: John Murray von Leonard L. Mackall 1923

444

„To the illustrious Goethe a stranger presumes to offer the homage of a literary vassal to his liege Lord. The first of existing writers; who has created the literature of his own country and illustrated that of Europe. The unworthy production which the author ventures to inscribe to him is entitled. Sardanapalus"

Was er Goethe verdankte, bemerkte Byron zuerst bei der Arbeit an seinem experimentellen Schauspiel Manfred (1817), das Goethe später als eine originäre Interpretation seines ‚Faust' lobte, eine auch von Byron genannte Quelle der Inspiration. Nach der Lektüre von Manfred notierte Goethe, dieser ‚fremde und begabte Dichter' habe sich seinen Faust völlig zu eigen gemacht und von ihm die merkwürdigste Nahrung für seine Hypochondrie erhalten ... (Briefe XXVIII, 13. Oktober 1817). Byron wollte den Sardanapal Goethe widmen, konnte jedoch die Erlaubnis nicht rechtzeitig vor dem Erscheinen der 1. Ausgabe erhalten. Eine handschriftliche Widmung wurde also an Goethe geschickt, der sofort eine kleine Anzahl von Faksimiles anfertigen ließ; einige werden auch im Goethe-Schiller-Archiv zu Weimar bewahrt. EE

445
The Liberal – Verse und Prosa aus dem Süden, 1822

London, Bd. 1, 1. Ausgabe, gebunden, 22 x 14 cm
London, John Murray
Herkunft: Aufschrift auf dem Vorsatzblatt John Murray, 32 Onslow Sq.

Die Einführung von *The Liberal* im Oktober 1822 führte zu einem Bruch in den Geschäftsbeziehungen zwischen Byron und John Murray. Die Idee für eine neue literarische Zeitschrift kam von Shelley und Leigh Hunt, die 1821 nach Italien kamen, um den Plan mit Byron zu besprechen. Der stand dem Unternehmen eher skeptisch gegenüber; doch er bewunderte Hunt's radikalen politischen Standpunkt und seinen journalistischen Stil und fühlte sich ihm nach Shelley's Tod 1822 stärker verpflichtet. Die Beziehungen zu Murray waren wegen einer möglichen strafrechtlichen Verfolgung des *Kain* getrübt. Byron forderte ihn also auf, alle seine Prosawerke – einschließlich seines satirischen Meisterwerks *The Vision of Judgement* – an Hunt's Bruder John zu übergeben, der *The Liberal* drucken sollte. In der ersten Ausgabe der Zeitschrift erschien die *Vision* ohne erklärendes Vorwort, und Byron beschuldigte Murray, es absichtlich zurückzuhalten. Der Streit eskalierte, und der Dichter entzog seinem langjährigen Verleger alle seine Manuskripte. EE

Henry Crabb Robinson

Bury St. Edmunds 1775–1867 London

446
Reisetagebuch vom August 1829

10 x 17 cm
London, Dr. Williams Library Trust
Literatur: Morley 1938, Bd. I, S. 367 f.; Hudson 1967, S. vii-xix

Von 1800 bis 1805 hielt Crabb Robinson sich in Deutschland auf, wo er bedeutenden Schriftstellern begegnete und von 1802 bis 1805 an der Universität Jena Leben und Literatur der Deutschen studierte. Fortan brachte er – mehr als irgendein anderer vor Carlyle – deutsche Philosophie und Literatur nach England: Er war ein intellektueller Mittler zwischen den beiden Ländern und ein eifriger Fürsprecher Kants und Goethes, dem er 1801 zum ersten Mal begegnete. Crabb Robinson verglich diese Erfahrung mit dem Erlebnis des Auftritts von Kemble in *Maß für Maß* oder dem Mrs. Siddons „in aller Pracht". (Er war ein eifriger Theaterbesucher.) Das Ereignis in Weimar 1829 beschreibt er u. a. so: Sonntag, 2. August 1829: „Ein goldener Tag! Aber ich schäme mich meines Unvermögens, ihm ein würdiges Andenken zu hinterlassen ... Zwischen zehn und elf gab ich in Goethes Haus bei seiner Schwiegertochter meine Karte ab, dann gingen wir zu dem kleinen Gartenhaus hinüber, wo wir sofort zu dem großen Mann vorgelassen wurden. Ich war von der herzlichen Aufnahme überwältigt ... In diesem Raum hingen die Panoramen von Rom sowie der große quadratische Stich des antiken Rom: Ich besitze beide, und das enthob mich der Verlegenheit, kein Gesprächsthema zu haben ... Wir sprachen über Lord Byron, und ich erwähnte *The Vision of Judgement.* Er nannte es erhaben ... und sagte: ‚Es sind keine Flickwörter im Gedichte," [im Original deutsch], und er verglich die Brillanz und Klarheit seines Stils mit einem Metalldraht, der durch eine Stahlplatte gezogen wird! Ich teilte ihm mit, daß ich Flaxmans Vorlesungen mitgebracht hätte, die er freundlich entgegennahm; er sprach mit großer Hochachtung über Flaxmans ‚Homer'." Crabb Robinson kehrte später am Tage noch einmal zum Tee und zum Abendessen in Goethes Haus zurück, und unterhielt sich diesmal auch „sehr angenehm" mit Frau v. Goethe, Goethes Schwiegertochter: „G. nennt sie einen verrücken Engel. Und ich verspürte schon die Bedeutung dieses Beinamens..." CF

447
Lord Byrons Haar und Visitenkarte, 1815–1824

Gerahmt, 23 x 17 cm
London, John Murray
Herkunft: 1928 im Anhang zu einer nach dem Tode von John Murray IV. erstellten Liste von Andenken an Byron aufgeführt

Haarlocken sind zu dieser Zeit allgemein ein Symbol für Zuneigung. Auch unter den persönlichen Erinnerungsstücken Lord Byrons sind Haarlocken und -flechten, Geschenke seiner Geliebten und Freunde. Dieses Objekt gehörte Byrons Verleger. EE

448

Alfred d'Orsay

Paris 180–1852 Dieppe

448
Lord Byron

Bleistift, 29,4 x 22 cm (gerahmt)
London, John Murray
Herkunft: Sir Thomas Phillips; Sotheby's 13. Feb. 1950

Graf d'Orsay, gefeierter Schöngeist und Dandy, beeindruckte Lord Byron seines blendenden Aussehens und seiner jugendlichen Anmut wegen – und durch eine erstaunlich scharfsinnige Sicht des englischen Nationalcharakters. D'Orsay bereiste von 1822 an mit dem Earl und der schönen Countess of Blessington den Kontinent; man fuhr eigens nach Genua, um Byron im Frühjahr 1823 zu treffen. D'Orsay, auch ein talentierter Künstler, zeichnete diese Profilskizze Byrons. Damals war der Dichter absorbiert davon, Geld für den griechischen Unabhängigkeitskampf zu sammeln, und seinen Wunsch zu realisieren, selbst nach Griechenland zu gehen. Lady Blessington erinnerte sich später an seine häufigen Stimmungswechsel und Todesahnungen. EE

M. A. Kornicker

449
Brief an John Murray, 15. März 1829

Feder und Tinte, 24,4 x 20 cm
London, John Murray

Der Brief beschreibt die Publikation einer deutschen Übersetzung von Murray's Byron-Ausgabe bei Kornicker in Stuttgart. Der Buchhändler wollte dem ersten Band der Übersetzung Edward Findens' (1791–1857) Stich nach dem Porträt Lord Byrons von Thomas Phillips voranstellen, das in Murrays Ausgabe enthalten war. Er erkundigte sich nach einem Preis des Stichs bei einer Auflage von 1000 Exemplaren. Murray hatte 1814 das Porträt Byrons bei Thomas Phillips (1770–1845) in Auftrag gegeben; es erscheint über dem Kamin in der ebenfalls gezeigten Ansicht seines Büros – und hängt heute noch an derselben Stelle. Byrons Dichtungen waren im Ausland sehr populär; er notierte 1822 in seinem Tagebuch, daß seine Verkäufe in Deutschland, Frankreich und Amerika besser seien als in England. EE

Familie Grieve

450 (Abb. S. 489)
Bühnenbildentwurf für ‚Manfred', 2. Akt, 4. Szene: ‚Die Halle des Arimanes', 1834

Feder, Tusche und Aquarell über Bleistift, 19,8 x 29 cm
Bezeichnet unten rechts: C. G.
London, University of London, Sterling Library
Inv.-Nr.: Grieve Collection 604
Literatur: Robinson (Hg.) 1966, S. 144 f.; Rosenfeld 1973, S. 104; Howell 1982, S. 97–106

Acht Monate nach einer erfolgreichen Aufführung von Byrons *Sardanapal,* begann das *Theatre Royal* in *Covent Garden* mit der Produktion von *Manfred.* Byrons Poesie vertonte Henry Bishop (der Komponist von *Home Sweet Home).* Die Titelrolle erhielt Henry Gaskell Dervil. Die Inszenierung betonte – im Gefolge der zehn Jahre zurückliegenden erfolgreichen Aufführung von Webers *Freischütz* – die romantisch-irrealen Momente und eliminierte Byrons provokative politische und religiöse Meinungen ebenso wie seine Anspielungen auf inzestuöse Beziehungen. Uraufgeführt wurde das Stück am 29. Oktober 1834 vor großem Publikum. Auf dem hier

R. Westall, Lord Byron, 1813. Kat.-Nr. 438

F. Danby, Sonnenuntergang am Meer nach einem Sturm, 1824. Kat.-Nr. 396

gezeigten Entwurf sitzt Arimanes,von Geistern umgeben, auf seinem Feuerthron – eine Szene nach John Martins Gemälde *Satan in Council*. Eine neue Bühnenmechanik bot vielfältige Möglichkeiten dramatischer Verwandlung; andere Szenen zeigten eine gotische Galerie, den Genfer See, Schweizer Alpen, Gletscher und Sturm. Byrons Stück wurde zwiespältig aufgenommen. Henry Crabb Robinson, der die erste Aufführung sah, fand, von dem Bühnenbild abgesehen, nur wenig Positives: „Es muß etwas Verdienstvolles daran sein, denn Goethe bewunderte es – aber als Drama kann es nichts Schlimmeres geben – die ganze Lyrik klang wie Knittelverse ... – eine Handlung gab es nicht. Es ist ein Art *Don Juan* ohne Witz oder Spaß oder Charakter." CF

L. Werner

1824–1901

451 (Abb. S. 489)

Die Begegnung von Byron und Scott im Hause Albemarle Street im Frühjahr 1815, eine imaginäre Rekonstruktion der Szene, um 1850

Aquarell, 31,8 x 40 cm
Bezeichnet unten links: L. Werner
London, John Murray
Ausstellung: London, Victoria and Albert Museum, 1974, E15
Literatur: Smiles 1891, S. 267

Am Tisch von links nach rechts: Isaac D'Israeli, John Murray, Sir John Barrow; vor dem Kamin stehend, George Canning, im Lehnstuhl, William Gifford; rechts, Sir Walter Scott und Lord Byron.

Der Verleger John Murray brachte Scott und Byron in seinem Haus in der *Albemarle Street* zusammen – einem beliebten literarischen Treffpunkt der Zeit. Walter Scott und Lord Byron befreundeten sich trotz großer politischer, religiöser und weltanschaulicher Meinungsverschiedenheiten, und so schrieb Scott wenig später an Thomas Moore: ‚Wie Homers Helden tauschten wir Geschenke aus. Jeder erkannte das Genie des anderen und bewunderte dessen Werk.' Byron ließ sich alle neu erschienenen *Waverley*-Romane nach Italien schicken; am 5. Januar 1821 notierte er in sein Tagebuch: ‚Las zum fünfzigsten Mal (ich habe alle Romane von W. Scott mindestens fünfzig Mal gelesen) den Schluß der dritten Folge ...' Scott war Byron ähnlich intensiv zugetan und bewies einfühlsames Verständnis für dessen melancholische Seiten. In seiner Besprechung des *Childe Harold*, Gesang III und *The Prisoner of Chillon* (Der Gefangene von Chillon) im *Quarterly Review* (XXXI, Oktober 1816) beschäftigte er sich ausführlich mit dem Typus des Byronschen Helden. EE

452

450

ankam. Der Originaltisch verließ das Haus vor vielen Jahren; das hier gezeigte, identische Gegenstück, entdeckte Martin Levy 1980 und erwarb es für *Abbotsford*. Der Landsitz, in dem von Scott so genannten „alten schottischen Stil" erbaut, besaß damals bemerkenswerte romantische Interieurs dieser Richtung. Urne und Tisch jedoch repräsentieren aufs Beste englisches *Greek Revival* in Entwurf und handwerklicher Ausführung – einen angemessenen Stil für den Umgang mit antiken Athener Gebeinen wie auch mit Byron. CW

451

452
Urne auf Präsentationstisch, 1816

Tisch von George Bullock; Urne vermutlich von George Bullock entworfen
Urne: Silber, 58 cm; Tisch: Eibe mit Ebenholzintarsien und vergoldeter Messingmontierung, Platte aus Mona-Marmor, 92 cm
Abbotsford, The Faculty of Advocates and Mrs. Maxwell-Scott
Herkunft: Abbotsford
Ausstellung: Washington 1985, Kat.-Nr. 527
Literatur: Bullock, 1988, S. 78; Wainwright, 1989, S. 63, Abb. 141

Diese Silberurne war ein Geschenk Lord Byrons an Walter Scott bald nach ihrem letzten Treffen 1815; sie trägt mehrere Inschriften; darunter folgende: „Die in dieser Urne bewahrten Gebeine wurden in antiken Grabstätten innerhalb der Mauern Athens im Februar 1811 gefunden." Von Bullock existieren Silberentwürfe sehr ähnlicher Art und machen eine Zuordnung an ihn wahrscheinlich. Mit Sicherheit entwarf und fertigte er einen Ständer für die Urne, der im November 1816 in Scott Wohnsitz *Abbotsford*

453

Sir William Allan

Edinburgh 1782–1850 Edinburgh

453
Sir Walter Scott, 1831

Öl auf Karton, 81,6 x 64,5 cm
Bezeichnet unten auf dem Gürtel im Vordergrund: William Allan Pinxt 1831
London, National Portrait Gallery
Inv.-Nr.: 321
Herkunft: 1833 von Robert Nasmyth vom Künstler erworben; Christie's, 11. März 1871, Lot 47
Literatur: Lockhart 1837; Walker 1985, Bd. I, S. 441; Bd. II, Tafel 1064

Das Porträt zeigt Sir Walter Scott (1771–1832) im Arbeitszimmer seines Landsitzes *Abbotsford;* er liest die Proklamation Königin Marias von Schottland vor ihrer Heirat mit Henry Darnley, umgeben von Gegenständen, die an seine Werke erinnern; eine Büste Shakespeares steht auf dem Kamin und der Lieblingsjagdhund Maida liegt zu seinen Füßen. Die in der Ausstellung auch gezeigte Urne, ein Geschenk Lord Byrons, steht auf dem Tisch am Fenster. Scott, Sohn eines Anwalts aus Edinburgh, war dort ebenfalls am Gericht tätig, als er in den ersten Jahren des Jahrhunderts bereits neben Byron als berühmtester Dichter seiner Zeit galt. Seine schottischen Romane jedoch, angefangen mit dem 1814 anonym veröffentlichten „*Waverley*", ließen dann einem internationalen Publikum Geschichte und Landschaft Schottlands in neuem Licht erscheinen. *Ivanhoe* (1819), eine lebendige Darstellung mittelalterlichen Lebens, hatte in England noch größeren Erfolg als die 27 *Waverley Novels*; *Quentin Durward* (1823) wurde zu einem in Frankreich ähnlichen Erfolg. Scott wurde 1820 Baronet; Georg IV. gab Lawrence sein Porträt für den „Waterloo Raum" im Schloß Windsor in Auftrag, und der Schriftsteller war bei der Organisation für den Empfang des Königs 1822 in Edinburgh führend tätig. Der Umbau von *Abbotsford*, einem eigentlich bescheidenen Bauernhaus am Fluß Tweed, in ein schottisches, modern mit Gaslicht beleuchtetes Feudalschloß, dokumentiert Scotts Reichtum und Ruhm. (Er investierte etwa £ 76.000.) Der Bankrott seiner Verleger 1826 und gemeinsame Verbindlichkeiten von über £ 500.000 stürzten ihn tief in Schulden; er entschloß sich jedoch heldenhaft, seine Gläubiger auszuzahlen, was zu seiner Beliebtheit noch beitrug. Bei einem Abendessen bei dem Londoner Verleger John Murray 1835 bemerkte der deutsche Historiker Friedrich von Raumer einer Dame gegenüber, wie viel gelesen doch Scott in Deutschland sei: „Das Moralische seiner Werke ist unserem Geschmack viel näher als die Byrons, der bei allem Genie zuviel Diabolisches und Peinliches hatte." Er sprach mit Scotts Tochter. CF

454
Sir Walter Scotts Reiseschreibtisch

Mahagoni, mit Messing-Beschlägen,
24,3 x 30 x 11,3 cm
London, John Murray
Herkunft: nach Sir Walter Scotts Tod von seiner Tochter Anne der Frau von Daniel Terry geschenkt; von dieser an ihren Bruder James Nasmyth, der es im Mai 1890 John Murray IV. vermachte.
Literatur: Smiles, 1891, S, 243–244

454

Einer Anekdote folgend, ist dies der Schreibtisch, in dem Sir Walter Scott auf das vergessene Manuskript von *Waverley* stieß. Eine andere Version erzählt, Scott habe es gefunden, als er in einer Schublade nach Angelgerät suchte. Tatsache ist, daß Scott einige Jahre zuvor am Manuskript gearbeitet und es beiseite gelegt hatte. 1814 erschien der Roman anonym, und Byron wie der Verleger Murray erkannten es als Scotts Werk. Gemeinsam mit George Canning, George Ellis und William Gifford wirkten die Freunde Scott und Murray bei der Gründung der Zeitschrift *Quarterly Review* 1809 mit, einem konservativen Gegengewicht zum *Edinburgh Review* der Liberalen. Scott, regelmäßiger Mitarbeiter beim *Quarterly*, rezensierte darin viele von Byrons Werken und Jane Austens Roman *Emma*. Sein Einfluß – als Romancier wie als Konservativer – reichte weit; er war ein im neunzehnten Jahrhundert enorm viel gelesener Autor, bewundert für seine historischen Schilderungen und seine Darstellungen bäuerlichen und ländlichen Lebens. EE

455

Familie Grieve

455
Bühnenbildentwurf für ‚A vision of the Bard', 1832

Feder, Tusche, laviert, 21,5 x 27,2 cm
London, University of London, Sterling Library
Inv.-Nr.: Grieve collection 473
Ausstellung: Sunderland, 1979, S. 76, Kat.-Nr. 93
Literatur: Rosenfeld 1965, S. 42, 86, Abb. 6; Rosenfeld 1973, S. 104

Etwa von 1820 bis 1840 waren die Mitglieder der Familie Grieve Londons führende Bühnenbildner. John Henderson Grieve (1770–1845) begann 1795 seine Karriere im *Theatre Royal, Covent Garden*; seine Söhne, Thomas (1799–1882) und William (1800–1844), arbeiteten mit ihm zusammen. Die Grieves waren Spezialisten für besondere Effekte; sie bedienten sich des 1817 in *Covent Garden* installierten Gaslichts und benutzten für ihre eklektischen Entwürfe historische Quellen und Reiseillustrationen. So kamen phantasievolle Bühnenbilder für Opern, Ballettaufführungen, Dramen und Pantomimen zustande. Das Modell zeigt eine Arbeit modischen neogotischen Stils. *A Vision of the Bard* (Vision des Sängers), ein Maskenspiel von Sheridan Knowles, wurde am 22. Oktober 1832 in *Covent Garden* zu Ehren des kurz zuvor gestorbenen Sir Walter Scott uraufgeführt. Ort der Handlung, in der Scotts ‚unsterblicher Geist' und Szenen aus seinen Werken eindringlich beschworen wurden, ist *Dryburgh Abbey*, wo der Barde beerdigt worden war. CF

Mrs. Collins zugeschrieben

456
Jane Austen, um 1801

Scherenschnitt, 10 x 8 cm
Beischrift: L'aimable Jane
London, National Portrait Gallery
Inv.-Nr.: 3181

456

Herkunft: ursprünglich in ein Exemplar von Mansfield Park, Bd. 2, 2. Auflage, eingeklebt, der Name des Besitzers A. E. Oakley in Bd. 1; Archie Miles; Arthur Rogers; erworben 1944
Literatur: Chapman 1948, S. 30–31, 212–214; Hickman 1968, S. 9–11; Piper 1970, S. 59; Walker 1985, Bd. I, S. 16; Bd. II Tafel; Butler 1987, S. 219–249

Jane Austen (1775–1817) aus einer Familie des Landadels stammend, lebte zumeist in Hampshire, zeitweise auch in Bath und Southampton. In ihren Romanen schilderte sie vor allem die Welt der Landsitze und Pfarrhäuser im südlichen England. Sie beobachtete die geistige und sittliche Entwicklung ihrer Heldinnen von einem durchaus konservativen Standpunkt aus und schätzte an ihnen Eigenschaften wie Takt, Zurückhaltung, Gelassenheit, Vornehmheit und eine anspruchsvolle Moral. In ihrem Roman *„Mansfield Park"* (1814) jedoch bedrohen urbane Mächte in Gestalt der Geschwister Mary und Henry Crawford das Gefüge überkommener Verhaltensformen: London erscheint darin als der Ort, wo – so Mary Crawford – „alles mit Geld zu bekommen ist" und Menschen nur nach ihrem Äußeren beurteilt werden. Der Scherenschnitt mit der Inschrift *L'aimable Jane* (liebenswerte Jane) ist eine Einlage in einem Exemplar von *Mansfield Park.* CF

458

Jane Austen

Steventon, Hampshire 1775–1817 Winchester

457
Brief an John Murray, 11. Dezember 1815

Feder und Tinte, 22,6 x 18,5 cm
London, John Murray
Literatur: Modert 1990, F-286–387, S. 55; Smiles 1891, S. 282 f.; Paston 1932, S. 10 f.

„Die Titelseite muß lauten: *Emma,* Seiner Königlichen Hoheit, dem Prinzregenten, mit seiner Genehmigung gewidmet – Und es ist mein besonderer Wunsch, daß eine vollständige Ausgabe zwei oder drei Tage vor Erscheinen fertiggestellt und seiner Königlichen Hoheit zugesandt werde." *Emma,* 1817 von John Murray veröffentlicht, ist Jane Austens Anweisung entsprechend dem Prinzregenten gewidmet. Als erklärter Bewunderer ihrer Werke besaß er in jeder seiner Residenzen eine Sammlung ihrer Werke. Nach Jane Austens Romanen, *Sense and Sensibility* (Vernunft und Gefühl) (1811), *Pride and Prejudice* (Stolz und Vorurteil) (1813) und *Mansfield Park* (1814), war *Emma* ihr erster Roman, der die Kritiker beeindruckte. Walter Scott lobte ihn in der *Quarterly Review*; Jahre später notierte er in seinem Tagebuch: „Diese junge Dame hatte ein Talent für die Darstellung von Verwicklungen, Gefühlen und Charakteren des Alltags – das Wundervollste, dem ich je begegnete." Der Brief zeigt auch, daß Jane Austen John Murrays Geschäftssinn vertraute, und er beweist, wie großzügig, taktvoll und ermutigend der Verleger sich seinen Autoren gegenüber verhielt. EE

William Hazlitt

Maidstone 1788–1830 London

458
Selbstbildnis, um 1802

Öl auf Leinwand, 48,5 x 37,5 cm
Maidstone, Museum and Art Gallery
Inv.-Nr.: 67–1909.26
Herkunft: Nachlaß William Carew Hazlitt, 1909
Literatur: Hazlitt (Hersg.) 1970; Barrel 1986, S. 314–338

Der Sohn eines unitarischen Geistlichen, ein Verehrer Coleridges, notierte rückblickend, ‚er habe weder reden noch schreiben können', bevor er sich der Malerei zuwandte und den Autor von „*The Ancient Mariner*" (Der alte Seemann) kennenlernte. Hazlitt studierte in London Malerei; er gab zwar seinen Ehrgeiz auf, ein Porträtmaler zu werden, verlor aber nie seine Leidenschaft für die Kunst. Sie wurde Thema seiner schriftstellerischen Tätigkeit. Raphael und Tizian waren seine größten Meister; ihnen wollte er auch in diesem in sich gekehrten Selbstbildnis folgen. Von Hazlitt stammen Porträts von Wordsworth, Coleridge und Lamb in der Manier Tizians (nur das letztere ist erhalten; und heute in der *National Portrait Gallery*). 1803 beschrieb Coleridge Hazlitt als „einen klugen, aufmerksamen, originellen Porträtisten von großer Kraft" und fügte hinzu: „Seine Manieren sind zu 99 % seltsam abweisend ... er ist wohl stark, freundlich zu Kindern ... doch auch eifersüchtig, melancholisch, irritierend stolz – und süchtig nach Frauen, als Objekten sexueller Befriedigung." Doch schicke er Gedanken hinaus wie gutgefederte Pfeile ... Hazlitt gehörte zu den ersten Kritikern, die dafür plädierten, daß Kunst die Ansprüche eines privaten Publikums befriedigen und nicht öffentlichen Funktionen dienen solle. Sein Essay „*On the Pleasure of Painting* (Über das Vergnügen des Malens)", zuerst im Dezember 1820 im „*London Magzine*" veröffentlicht, feiert seine persönliche Freude an der Kunst: „Unschuld ist mit Fleiß vereint, Vergnügen mit Geschäft; und der Geist ist zufrieden ..." CF

William Bewick

Hurworth 1795–1866 Darlington, Durham

459
William Hazlitt, 1822

Schwarze Kreide, mit weißer Kreide gehöht, 29 x 22,1 cm
Maidstone, Museum and Art Gallery
Inv.-Nr.: 67 – 1909.13
Herkunft: Nachlaß William Carew Hazlitt, 1909

459

Anders als viele seiner Mitstreiter, besonders Coleridge und Wordsworth, blieb Hazlitt lebenslang ein Radikaler und leidenschaftlicher Anwalt für Menschenrechte und -freiheiten. Seine Tätigkeit war breit gestreut: Sie reichte von Parlamentsberichten für den „*Morning Chronicle*", zündender Theaterkritik für „*The Times*", brillanten Essays über Tagesvergnügungen (etwa „The Fight" (Der Kampf), ein berühmt gewordener Boxkampf 1821 in Hungerford, bis zu Porträts führender Zeitgenossen, die in „*The Spirit of the Age* (Der Geist des Zeitalters)" (1825) gesammelt waren. Hazlitt war begabt darin, Schmähschriften und schneidende Epigramme zu verfassen – ein scharfer, auch zynischer Beobachter der menschlichen Natur, der seine eigene Verwundbarkeit 1820 in seiner Passion für die 19jährige Tochter seines Hauswirtes offenbarte. Deren literarische Darstellung – etwa in der Entstehungszeit des Porträts geschrieben, erschien als „*Liber Amoris*" 1823. CF

Henry Hoppner Meyer zugeschrieben

um 1783–1847

460
Charles Lamb, 1826

Öl auf Leinwand, 34,2 x 27,5 cm
London, National Portrait Gallery
Inv.-Nr.: 1312
Herkunft: 1902 von Miss Emily Collyer erworben

Literatur: Lamb (Hg.) 1985, S. 260, 316–318; Walker 1985, Bd. I, S. 1312; Bd. II, Tafel 718; Archer 1986, S. 38, Nr. 48

Charles Lamb (1775–1834) wurde im *Inner Temple* geboren und verbrachte seine Schulzeit am *Christ's Hospital* [der Londoner Armenschule]; er arbeitete 33 Jahre lang, von 1792 bis 1825, als Schreiber im Buchhaltungsbüro der *East India Company*. Bekannt ist er als Original und launiger Verfasser von Essays geblieben. Lamb brachte aber auch vergessene englische Dramatiker der Shakespeare-Zeit in Erinnerung sowie Nacherzählungen von Shakespeare-Dramen und machte als erster auf „den Genius und den Rang" Hogarths aufmerksam. Im August 1820 begann er, unter dem Pseudonym ‚Elia' Beiträge für John Scotts neues *London Magazine* zu schreiben. Die Buchausgabe der gesammelten *Essays of Elia* (1823) machten ihn berühmt. Er feierte die alltäglichen Bilder und Klänge Londoner Lebens; er hatte eine besondere Vorliebe für die Menge und scheute die Einsamkeit. Das Gemälde zeigt ihn, von Geschäftspapieren umgeben, vor dem Hintergrund des *East India House*. In einer autobiographischen Notiz äußerte Lamb, daß seine ‚wahren Werke' in den Büro-Regalen der *Leadenhall Street* zu finden seien und einige hundert Bände umfaßten. Henry Crabb Robinson erinnerte sich an einen Besuch bei dem Maler im Mai 1826 am *Red Lion Square*, wo Lamb gerade für die großformatige originale Version dieses Bildes Modell saß: Bei aller Ähnlichkeit habe Lamb eher „wie der Erfinder eines philosophischen Systems ausgesehen und nicht wie der geniale und heitere Autor der *Essays of Elia*." Das hier gezeigte Porträt gehörte Lambs Freund und Biographen Sir Thomas Talfourd. 1902 vom *India Office* angekauft) hängt es heute im *Foreign & Commonwealth Office*. CF

460

Thomas De Quincey

Manchester 1785–1859 Lasswade, Schottland

461
Bekenntnisse eines englischen Opiumessers, 1822

Herausgeber Taylor und Hessey
16,8 x 10,2 x 1,8 cm
Grasmere, The Wordsworth Trust
Inv.-Nr.: DEQ (b) 1822
Ausstellungen: New York, Bloomington und Chicago, 1987–1988, Kat.-Nr. 67

De Quinceys „*Bekenntnisse*" waren ein Bericht über seine Jugend und seine Erfahrungen mit Opium, wobei letzteres auch als eine Metapher für Imaginationsfähigkeit benutzt ist. Seine Schrift feiert häufig die Qualen des Verlusts, und nichts trifft dies schärfer als die Schilderung unwiederbringlicher Schönheit in der Gestalt Anns, einer Londoner Prostituierten, die in seiner Jugend für ihn gesorgt hatte: Ann kehrt zurück, um seine Opiumträume heimzusuchen. In einer Passage beschreibt er ihr Wiedersehen am Ostermorgen, außerhalb des *Dove Cottage*, dem bei Grasmere im Lake District von Wordsworth erworbenen Haus: „Und in großer Entfernung waren, wie ein Fleck am Horizont, die Gewölbe und Kuppeln einer großen Stadt sichtbar ... ein vages Bild Jerusalems ... Und ... auf einem Stein ... saß eine Frau ... es war – Ann! Sie schaute mich ernsthaft an; und ich sagte: So habe ich dich endlich gefunden. Ich wartete, aber sie antwortete mir mit keinem Wort ... doch blickte sie finster, und als ich mich zu den Bergen wandte, wuchs der Dunst zwischen uns ... tiefe Dunkelheit zog herauf; und im Nu war ich ... wieder im Lampenschein der Oxford Street, neben Ann – so wie wir vor siebzehn Jahren gingen, als wir beide Kinder waren." CF/RW

SILBER, PORZELLAN, UHREN UND WISSENSCHAFTLICHE INSTRUMENTE

Reisende bewunderten in London immer wieder Vielzahl und Qualität der dort angebotenen Waren. Das meiste wurde in der Stadt selbst hergestellt. Vor allem für Silber, Uhren sowie wissenschaftliche Instrumente gab es dort besonders gut ausgebildete Fachkräfte. Und wenn die Londoner Porzellanherstellung im späten 18. Jahrhundert auch eingestellt wurde, so gab es doch immer noch Malerateliers für dekorative Waren. Auch auswärtige Firmen und Werkstätten unterhielten meist eigene Handlungen in der Stadt. Dort zeigten sie ihre besten Arbeiten, um Kunden auch zu neuen zu Aufträgen bewegen. Die jeweiligen Geschäftsführer der städtischen Verkaufsstellen unterrichteten die Hersteller über die neuesten Tendenzen des Marktes. Daneben spielte der Export englischer Erzeugnisse über London eine wichtige Rolle.

462
Der Islington-Pokal, 1802

Silber, zum Teil vergoldet, auf der Kuppe Wappen Alexander Auberts; auf der Rückseite graviertes Schild mit Widmungs-Inschrift des früheren Corps der Loyal Islington Volunteers an den kommandierenden Oberstleutnant Aubert; auf dem Fuß graviert: Designed by I. THURSTON Modeled by E. COFFEN EXECUTED BY *J.* Preedy GREAT NEWPORT STREET LONDON; außerdem The whole Completed under the direction of MR. POWNALL & MR. WARREN December 20, 1802, 49 x 31 x 21,5 cm

Marken: Londoner Feingehaltsstempel für 1802–1803; Meistermarke Joseph Preedy
London, Trustees of the Victoria and Albert Museum
Inv.-Nr.: M12 bis B- 1987
Herkunft: Alexander Aubert; Major William DuCane Luard, weiterer Besitzerwechsel durch Erbschaft; Gleneagles Sale, Sotheby's 26. August 1971, Lot 144; Phillips, Edinburgh, 20. Dezember 1985, Lot 250; 1886 erworben mit Hilfe des National Art-Collections Fund, den Associates of the V&A, der Worshipful Company of Goldsmiths und den Bürgern von Islington
Literatur: Nelson 1811, S. 145 ff. und 1829, S. 143; Culme 1977, S. 100, 130 f.

462

Die *Loyal Islington Volunteers* wurden 1797 als Regiment einheimischer Reservisten gegen Frankreich aufgestellt. Das Regiment nahm nie an aktiven Einsätzen teil und löste sich 1801 wieder auf. Der 20. Januar 1803 – das Datum der Pokalübergabe – war der zweite Jahrestag seiner Auflösung. Alexander Aubert (1730–1805) war Direktor der London *Assurance Company*, der zugleich in *Highbury House* in Islington eines der besten Observatorien Großbritanniens unterhielt. Der Pokal spielt deshalb sowohl auf die Kriegskunst als auch (am Fuß) – mit dem Haupt des Merkurs, einem Stern darüber und mit astronomischen Instrumenten – auf die Astronomie an. Eine Karte mit der Aufschrift *Transit of Venus* bezieht sich auf den von Aubert am 3. Juni 1769 beobachteten Durchgang. John Thurston (1774–1822), der Entwerfer des Pokals, war Buchillustrator und stellte 1794 bis 1812 in der *Royal Academy* aus. Edmund Coffin (oder Coffen, geboren 1761), der Modelleur, war Bildhauer, der durch Wachsmodelle und kirchliche Monumente bekannt war und ebenfalls in der Akademie ausstellte. 1796–1808 arbeitete er etwa 50 Modelle (meist Teller) für die Silberschmiede Wakelin und Garrard. Der Silberschmied Joseph Preedy, ließ seinen Stempel 1773 registrieren und war in den 90er Jahren des 18. Jahrhunderts Partner von William Pitts. Die Widmung ist von John Roper signiert, 1805 bis 1807 als Stecher von Stadtplanern in Islington nachzuweisen.

RE

Rundell, Bridge & Rundell

Rundell, Bridge & Rundell, die Königlichen Goldschmiede, beherrschten den Londoner Handel in den ersten Jahrzehnten des 19. Jahrhunderts. In St. Paul's Churchyard im frühen 18. Jahrhundert gegründet, zog man 1745 nach Ludgate Hill, wo der in Bath ausgebildete Juwelier Philip Rundell (1746–1827) vom damaligen Besitzer William Pickett eingestellt wurde. Von 1785 an war Rundell Leiter der Firma. 1788 kam John Bridge (1755–1834), ein weiterer Juwelier aus Bath, als Partner hinzu. Das Unternehmen

463

464

war Manufaktur und Handlung zugleich und dehnte ihren Handel bis in den Nahen und Fernen Osten sowie nach Südamerika aus. In Ludgate Hill verkauften Rundell und Partner neues und altes Silber und vergoldetes Silber, Diamanten und Perlen, alle Arten Geschmeide, goldene Dosen, Uhren und allen möglichen Zierrat. Bridge betreute die Kunden und war zugleich der künstlerische Leiter der Werkstatt; Rundell war der Geschäftsmann (als „Essig" zu Bridges „Öl" bezeichnet), der sich auf den Edelsteinhandel, und damit auf die wichtigste Kapital-Quelle des Unternehmens, konzentrierte. 1805 kam Edmund Walter Rundell, der Neffe Philip's, hinzu. In der Brick Lane, Spitalfields, gehörte ihnen eine mit Dampf betriebene Diamantschleiferei. Für ihr modernes Silber eröffneten sie1801 (oder 1802) in Greenwich einen Betrieb, den der in Birmingham ausgebildete Silberschmied Benjamin Smith senior und Digby Scott leiteten. Als sich Smith gegen 1807 mit dieser Werkstatt selbständig machte, richteten sie eine neue in der Dean Street, Soho, ein (bis 1819 von Paul Storr geleitet); 1819 bis 1832 von Cato Sharp; 1832 bis etwa 1834 von Josiah Sharp. William Theed senior R. A. (1764–1817) war der führende Entwerfer der Firma; nach seinem Tode, bis 1833, Edward Hodges Baily (1788–1867), ein Schüler Flaxmans. Um 1820 arbeitete William Pitts junior (1790–1840) dort als Ziseleur. Hinzu kamen freie Entwerfer, vor allem Thomas Stothard (1755–1834) und John Flaxman (1755–1826), der offenbar auch als künstlerischer Berater fungierte und als solcher die Produktion mitbestimmte. Man kann drei Stilphasen unterscheiden.

1. Durch Flaxman bestimmte strenge neoklassische, von griechischen Vorbildern inspirierte Stücke.
2. Eine Wiederbelebung des Rokoko, bedingt durch die Funktion der Firma als Hoflieferant, die seit den 20er Jahren Formen des Jugendstils vorwegzunehmen scheint.
3. Beschäftigung mit historisierenden Formen im Zusammenhang mit diskreten Verkäufen königlichen Silbergeschirrs aus der späten Stuartzeit und dem Erwerb von altem Silber für den Prinzen von Wales und seine Brüder. Die Entwürfe ihrer *Gothic-Revival*-Objekte stammten von Flaxman und dem jungen Augustus Welby Pugin. Nach Philip Rundells Tod (1827) entwickelte sich die Konkurrenz von Green, Ward, Green & Ward bedrohlich. Hinzu kam eine Fülle kleinerer Geschäfte. Baily schloß sich in den frühen 30er Jahren Paul Storr an, und nach dem Tode Bridges (1834) ging es bis zur Firmenauflösung (1842) rapide bergab. R. & S. Garrard aus der *Panton Street,* Haymarket, folgten als Hoflieferanten nach. CF

John Flaxman

York 1755–1826 London

463

Zweihenklige Vase (Theokrit-Pokal), 1812

Silber vergoldet, Henkel in Form von Reben; einfacher, runder Fuß; auf der Kuppa zwei Männer, die eine Frau umwerben; gegenüber ein Fischer mit Netz, ein Junge im Weinberg und Füchse; am oberen Rand und an den Seiten Reben; am unteren Rand Akanthus;
Höhe 24 cm, ⌀ 25 cm
Marken: Londoner Feingehaltsstempel für 1812–13; Meistermarke Paul Storr; außerdem Gravur: RUNDELL BRIDGE ET RUNDELL AURIFICES REGIS ET PRINCIPIS WALLIAE LONDIN FECERUNT; dazu die Federn und der Wahlspruch des Prince of Wales innerhalb des Mottos des Hosenbandordens mit Krone; und CR (Monogramm der Königin Charlotte) innerhalb der Ordenskette mit Krone
Windsor Castle, H. M. Queen Elizabeth II
Inv.-Nr.: GV 526
Ausstellung: London, Queen's Gallery, 1991–1992, Kat.-Nr. 66
Literatur: Jones 1911, S. 120, Tafel LXI; Culme 1977, S. 19

tigen Gefäßes (vielleicht für Rundell gearbeitet). Der hier gezeigte Entwurf sieht noch hohe, flache Henkel und nicht die verschlungenen Weinranken des ausgeführten Bechers vor. CF

465

Geschenk der Königin Charlotte an den Prinzregenten. Die dargestellten Szenen entsprechen Theokrits Beschreibung (Erste Idylle) des Bechers, den ein Ziegenhirt dem Schäfer Thyrsis gibt, weil dieser ihm sein Lied von Daphnis gesungen hat. Zwei weitere Exemplare (beide mit dem Feingehaltsstempel 1811–12) sind nachzuweisen: der eine kam, mit einem Ständer, als Dank des Bürgermeisters und der Stadtverwaltung von Liverpool zu Thomas Aldermann, Earle, für dessen verdienstvolle Aktivitäten in der Stadt und im Hafen (Merseyside County Museum); der andere befindet sich in einer amerikanischen Sammlung. CF

John Flaxman

York 1755–1826 London

464 (Abb. S. 495)

Studie zum Theokrit-Pokal, um 1811

Feder, Tusche und Lavierung, 27,7 x 23,8 cm
London, Trustees of the Victoria and Albert Museum
Inv.-Nr.: 2410
Ausstellung: London, Royal Academy, 1979, Kat.-Nr. 193
Literatur: Wark 1970, Nr. 59, S. 77–79

Die Figurengruppe geht auf das „Orpheus"-Relief in der Villa Albani zurück (vgl. die Skizze in Flaxmans italienischem Skizzenbuch; Victoria and Albert Museum, E. 90–1964, Folio 41). Im Britischen Museum existiert außerdem eine Studie zur Rückseite, ebenso eine Radierung des fer-

John Flaxman

465

Der Schild des Achilles, 1822

Silber vergoldet; in der mit Mitte Relief mit Apollo im Sonnenwagen über dem von den Pleiaden flankierten Mond; auf dem Rand: Hochzeitszug und Festmahl; Streit und Anrufung des Gerichts; Belagerung, Hinterhalt und Kampf; Stoppelfeld; Weinlese, Rinderhirten verteidigen ihre Tiere gegen Löwen; kretischer Tanz; alles von Meereswellen umgeben; Ø 99 cm
Marken: Londoner Feingehaltsstempel für 1822–1823; Meistermarke Philip Rundell; auf der Rückseite: Designed and Modelled by John Flaxman R. A. Executed and Published by Rundell, Bridge and Rundell, Goldsmiths and Jewellers to his Majesty, London MDCCCXXII
Anglesea Abbey, National Trust, Fairhaven Collection
Herkunft: William Lowther, 2. Earl of Lonsdale; durch Erbschaft an den 6. Earl; Christie´s, 20. Februar 1947, Lot 136; erworben von Huttleston Brougton, 1. Lord Fairhaven; 1966 zusammen mit Anglesea Abbey und Inventar dem National Trust vermacht
Ausstellungen: Washington, 1985, Kat.-Nr. 529; London, Queen's Gallery (H. M. Queen Elisabeth II)
Literatur: Jones 1911, S. 17–18, Tafel 54; Wark 1970, Nr. 58; Bury and Snodin 1984, S. 274–283

Auf dem Gebiet der Silberschmiedekunst Flaxmans Hauptwerk, das in Anknüpfung an das 18. Buch der Ilias entstand. Wie dort nachzulesen ist, schmiedet Hephaistos für Achilles aus funkelndem Metall einen großen Schild als Spiegel der Welt der Götter und der Menschen, um dessen Rand sich „der mächtige Strom des Ozeans" bewegte. Auf Flaxmans Wunsch erteilte Rundell ihm gegen 1810 den Auftrag zum Schild und zahlte 100 Guiness für vier Modelle und sechs Zeichnungen. Das endgültige Modell wurde 1818 übergeben; mit einer Anzahlung von £ 200 (1817) und einer weiteren Zahlung von £ 525 bei Lieferung. Danach entstanden vier Exemplare aus vergoldetem Silber: zwei mit dem Feingehaltsstempel von 1821–1822; das eine für den König, – zum ersten Mal bei seinem Krönungsbankett präsentiert; das andere an den Herzog von York (Huntington-Sammlung, San Marino); das dritte und vierte, mit dem Feingehaltsstempel

Tee-, Kaffee- und Frühstücksservice. Kat.-Nr. 468

Deckel-Terrine und Untersatz, 1795. Kat.-Nr. 476

rechts oben: Dessertschale, um 1815. Kat.-Nr. 479b
rechts unten: Ein Paar Eiskübel, um 1800. Kat.-Nr. 477

479b

477

Vase, um 1812. Kat.-Nr. 484

von 1823–1824, für den Herzog von Northumberland (Al-Tajir-Sammlung) und den Grafen von Lonsdale (das vorliegende Exemplar). Außerdem entstanden zusätzliche Exemplare in Bronze und Gips, darunter Stücke für Sir Thomas Lswrence und Flaxman selbst. Als der Schild 1823 in den Geschäftsräumen von Rundells ausgestellt wurde, war die Straße durch Kutschen und Fußgänger blockiert: man brannte darauf, dieses „Meisterwerk der modernen Kunst" zu sehen. Der Schild wurde auf einem Ständer gedreht, damit die einzelnen Szenen besser wahrgenommen werden konnten. CF

467

John Flaxman

466

Zweihenklige Vase, 1826 (Das Goldene und das Silberne Zeitalter)

Silberner Skyphos, auf einer Seite vergoldet; eine Familie verkörpert das Goldene Zeitalter, ein Paar mit Trinkgefäßen das Silberne Zeitalter; unten Wellendekor, Palmetten und Voluten, 15,6 x 24,3 cm
Marken: Londoner Feingehaltsstempel für 1826–1827; Meistermarke John Bridge; dazu Gravur: RUNDELL BRIDGE ET RUNDELL AURIFICES REGIS; Löwe und Krone innerhalb des Mottos des Hosenbandordens mit Krone
Windsor Castle, H. M. Queen Elizabeth II
Inv.-Nr.: GV 521
Ausstellung: London, Queen's Gallery, 1991–1992, Kat.-Nr. 134
Literatur: Jones 1911, S. 108 Tafel LV

Beispiel für Flaxmans klare, einfache Formgebung in Anlehnung an griechische Vorbilder. Den Darstellungen liegen die Tafeln 9 und 11 aus Flaxmans *Composition of Works, Days and Theogon of Hesiod*, der am wenigsten erfolgreichen Folge seiner Umrißillustrationen, die Longman 1817 herausgab. (Die Vase wurde bei der Firma Rundell am 13. März 1827 mit £ 156 19 Schilling in Rechnung gestellt [RA 26116]). CF

John Flaxman

467

Deckel-Terrine, 1826–1827

Silber, vergoldet, in Form einer Muschel, getragen von drei Seepferden auf einer dreieckigen, mit Wellen verzierten Platte; auf dem Deckel Hummer, Schlangen, Eidechsen, Frösche, Blattwerk etc. und ein auf einer Muschel blasender Triton; Füße aus Schildkröten, Muscheln und Seetang zusammengesetzt; Höhe 44,5 cm
Marken: Londoner Feingehaltsstempel für 1826–1827; Meistermarken John Bridge; dazu innen Hosenbandorden und Motto
Windsor Castle, H. M. Queen Elisabeth II
Inv.-Nr.: GV 234
Ausstellung: London, Royal Academy of Arts, 1979, Kat.-Nr. 189
Literatur: Jones 1911, S. 1960, Tafeln LXXXI; London 1954, Nr. 109; Bury 1966, S. 152–158

Eine von vier Terrinen aus dem großen Prunkservice, das der *Prince of Wales* seit 1804 zusammenzustellen begann und als König fortsetzte. Ein Beispiel der mit der Firma Rundell verbundenen Wiederbelebung des Rokoko, angeregt durch ein Service aus der königlichen Sammlung von Nicholas Sprimont für Frederick, den *Prince of Wales.* Typisch für diese Produkte der 20er Jahre sind die zunehmend naturalistisch gestalteten Details. Zugleich spiegelt das Gefäß die damalige Vorliebe für Stilformen der Vergangenheit. 1823 erwarb Georg IV. bei Rundell einen Nautilus-Pokal des späten sechzehnten Jahrhunderts von Nikolaus Schmidt aus Nürnberg. CF

466

470

468

(Farbtafel S. 497)

Tee-, Kaffee- und Frühstücksservice

Philip Rundell, John Bridge, Charles Eley, Robert Jones; Flight, Barr & Barr, Worcester
Sterlingsilber, getrieben und ziseliert; mit gegossenen Teilen; vergoldet. Geschnitzte Elfenbeingriffe. Rassel, 22karätiges Gold und Koralle, Tassen und Untertassen aus Weichporzellan
Marken: Grimwade, 2228, 1172, 298, Godden No 4344
dazu passender Kasten: 20,3 x 80,4 x 41,1 cm
Toronto, Kanada, Royal Ontario Museum
Inv.-Nr.: 969.367.1.1-.76
Herkunft: Elizabeth, Marquise von Conyngham; H. R. Jessop Ltd; um 1949–1950 Mr. William Bell, Kunsthändler, Aberdeen Schottland; Mr. und Mrs. D. Lorne Pratt, die es dem Museum vermachten
Literatur: Penzer 1954, S. 188; Hunt 1984, S. 347–348; Kaellgren, The Burlington Magazine 1992 (in Kürze erscheinend)

Das Service (Rundells Rechnung 14. März 1827; R. A. 26116) war ein Geschenk für Elizabeth, die Marquise von Conyngham (1768–1861), seit 1820 die Mätresse Georgs IV. Die Ornamente erinnern an französisches Empire-Silber. Die kräftigen Proportionen jedoch, die schwerfälligen Körper der Gefäße – die an die Kuppeln des Royal Pavilion erinnern – und die Fülle der Zierformen entsprechen dem erneuten und fortschreitenden Aufleben des Rokoko, das später die britische Produktion der 50er Jahre weitgehend beherrschte. Schon zwischen 1810 und 1815 hatten Londoner Goldschmiede Rokoko-Formen kopiert und variiert. Große Werkstätten wie die Firma Rundell konnten ein solches Luxusservice aus den Beständen ihres Lagers zusammenstellen. Die einzelnen Stücke sind zu verschiedenen Zeiten entstanden. Hinzu kommen zusätzliche Teile von speziellen Lieferanten, wie das 1825 gelieferte Besteck von Charles Eley oder die Porzellan-Tassen von der Firma Flight, Barr & Barr in Worcester. Der Mahagoni-Kasten, mit £ 48 das dritteuerste Stück, befindet sich noch im ursprünglichen Zustand. Das Service für zwei Personen war für Georg IV. und Lady Conyngham gedacht, deren Monogramme auf jedem Stück erscheinen. Der Pokal ist dem 1814 von Paul Storr gearbeiteten in der königlichen Sammlung sehr ähnlich. Ob es sich dabei um ein reines Schmuckstück handelte, ist nicht bekannt. Noch ungewöhnlicher sind weitere – ebenfalls monogrammierte kleinformatige Objekte: eine kleine Breischüssel mit Löffel, eine kleine Kanne und eine kleine Deckelterrine mit Untersatz, sowie die kleine Rassel. Möglicherweise waren diese als Spielzeug für Enkel, Neffen und Nichten gedacht.

PK

469

Medaillon, 1814–1815

Profilkopf des Prinzregenten unter Glas mit goldenen Palm- und Lorbeerzweigen auf dunkelblauem Email; mit goldener Rückfläche
Medaillon: Rundell, Bridge & Rundell; Profilkopf modelliert von Peter Rouw (1770–1852), ausgeführt von John Barber, 8,8 x 6,5 x 1,5 cm
Bezeichnet: RUNDELL BRIDGE ET RUNDELL. / J. BARBAR. F
London, Trustees of the Victoria and Albert Museum
Inv.-Nr.: M. 104–1966
Herkunft: Geschenk des Prinzregenten an Sir William Knighton, Bart.; von diesem durch Erbfolge an J. L. Jervoise Esq. of Herriard Park, Basingstoke
Literatur: Bury 1982, S. 107 (Kasten 17, Tafel E, Nr. 10); ed. Tait, 1984, I, Rudoe, Wilson, Nr. 390; Bury 1991, I, S. 82

Als Regent und später als König verteilte Georg IV. Reliefportraits in Kistchen aus verschiedenem Material oder Medaillons. Das hier gezeigte Stück ist vermutlich ein Geschenk an George Purefoy Jervoise (1770–1847). Laut Familientradition kam es von Sir William Knighton, Bart., dessen zweite Tochter, Mary Frances, die erste Frau von Francis Jervoise Ellis Jervoise (1809–1881) wurde. Sir William Knighton begleitete 1809 als Arzt den Marquis Wellesley auf seiner Mission nach Spanien, wurde auf dessen Empfehlung 1810 Leibarzt des Prince of Wales; am 1. Januar 1813 wurde er zum Baronet geadelt und seit 1822 Privatsekretär Georgs IV. und Verwahrer der Königlichen Privatschatulle.

RE

470

Dose, vor 1815

Vermutlich von Rundell, Bridge and Rundell
Gold, Email und Schildpatt, 8 x 3 cm
Bezeichnet: ROUW CER. EFT/BARBER FECT (d. h. Rouw cera effinxit)
London, British Museum, Hull Grundy Gift
Inv.-Nr.: 1978, 10-2,228
Literatur: Rudoe and Wilson in Tait (Herausgeber) 1984, S. 68, Nr. 390, Bd. I, S. 98–99, Abb. 390, Bd. II, Tafel 20

Die Inschrift auf der Innenseite des Deckels dieser kunstvoll hergestellten Dose bezeichnet sie als Geschenk des Prinzregenten an John Watier. Er war dessen früherer Küchenchef und gründete 1807 unter der Schirmherrschaft des Prinzen den Watier's Klub. Dieser war der Dandyklub par excellence und bis 1819 sehr in Mode, besonders wegen seines außerordentlich guten Essens und des ausschweifenden Glücksspiels seiner Mitglieder. Am beliebtesten war *Macao*, bei dem an jeden Spieler nur eine Karte ausgeteilt wurde und die Neun die Gewinnzahl war. Die Einsätze waren hoch, und riesige Summen wurden gewonnen und verloren. Peter Rouw war 1807 Bildhauer und Gemmenschneider des Prinzen von Wales. Die Zusammenarbeit von Rouw und Barber als Modelleur und Graveur spricht für Rundell, Bridge & Rundell als Herstellerfirma. Barber war damals dort angestellt. Diese Dose gehört vermutlich zu einer Gruppe von Schnupftabaksdosen, die 1814–1815 von Rundell, Bridge & Rundell erworben wurden (Rechnungen in den Königlichen Archiven). EE

471

471
Dose, 1829

Geschenk der Corporation of London an Sir Robert Peel
Gold, 10 x 6,8 x 2,7 cm
Marken: im Deckel die Feingehaltsstempel der Londoner Goldschmiedeinnung für die Jahre 1828–1829; Meistermarke IN in rechteckigem Schild; außerdem in der Dose und auf dem Rand Gravierung: S. JONES, FECIT, CHEAPSIDE
London, British Museum
Inv.-Nr.: 1921, 6–18, 1
Herkunft: Geschenk von Lady Emily Peel
Literatur: London's Roll of Fame, 1884, S. 140–141

Am 26. Februar 1829 beschloß der Court of Common Council in Gegenwart des Oberbürgermeisters und des Stadtkämmerers dem Parlamentsabgeordneten Right Honourable Robert Peel die Ehrenbürger-Urkunde in einer goldenen Dose im Wert von 100 Guinees zu überreichen (noch heute in der Dose mit dem Wappen der City of London auf dem Deckel). Auf der Dose das Wappen von Peel mit Helm und Motto „INDUSTRIA". Peel wurde für seine Unterstützung des Premierminister, dem Duke of Wellington, bei der Emanzipation der Katholiken ausgezeichnet. Zunächst ein strikter Gegner dieser Bewegung, entschloß er sich als Innenminister und Vorsitzender des Unterhauses, seine Einstellung zu ändern, um die wachsenden Unruhen in Irland zu besänftigen und gewann, zusammen mit Wellington, auch den König für diese Politik. Die Dose wurde Peel am 8. April 1829 überreicht, zwei Tage bevor der König widerwillig dem *Roman Catholic Relief Bill* zustimmte. Die Ehrung galt auch seinen Strafrechtsreformen der Jahre 1823 bis 1826. In der Lobrede des Kämmerers wurde Peel als „Justinian des Britischen Empires" bezeichnet. EE

472
Zwei teleskopische Argand-Lampen, um 1814–1823

Birmingham; Sheffielder Plated-Silber, 79 x 35,5 cm
Marken: Meistermarke Matthew Boulton & Co.
London, Trustees of the Victoria and Albert Museum
Inv.-Nr.: M.14a&b-1987
Herkunft: Charles William Stewart, 1. Baron Stewart, später 3. Marquis von Londonderry; 1987 vom Museum erworben
Literatur: Turner 1989, S. 390

472

473

Die mißglückte Reparatur eines Messerschmieds aus Sheffield – Thomas Boulsover (1705–1788) – führte zur Entwicklung einer neuen Industrie, die die Geschicke der Stadt verändern und weitreichende Folgen für den Handel mit Silber haben sollte. 1742 entdeckte er zufällig, daß sich ungleiche Quanten von Kupfer und Silber unter Druck gleichmäßig ausdehnen. Auf diesem Prinzip beruhte die Entwicklung eines Ersatzproduktes für massives Silber, das sich bald zu einer Konkurrenz für die traditionellen Silbermanufakturen entwickeln sollte. Boulsover selbst nutzte seine Entdeckung lediglich für Knöpfe oder andere kleine Erzeugnisse. Doch Matthew Boulton (1728–1809) aus Birmingham wurde Ende des achtzehnten und Anfang des neunzehnten Jahrhunderts zu einem der wichtigsten Produzenten. Seine Erzeugnisse aus dem neuen Material konnten in Entwurf und Ausführung mit denen der besten Silberschmiede Londons konkurrieren. Bald wendeten sich die Londoner Goldschmiede gegen das neue Produkt. Seit 1773 wurde per Gesetz dessen Bezeichnung geregelt, um der Verwechslung mit Silberstempeln vorzubeugen. 1797 versuchten die Londoner Goldschmiede sogar beim Schatzkanzler William Pitt für die Sheffield-Ware eine genauso hohe Steuer wie für Sterlingsilber zu erwirken; ein Versuch, der jedoch fehlschlug. Bis ins späte 18. Jahrhundert konkurrierte lediglich Gebrauchsware aus Sheffield und Birmingham mit der Produktion der Londoner Silberschmiede, die bei anspruchsvollen Einzelaufträgen unangefochten ihre Stellung behaupteten. Dies änderte sich in der ersten Hälfte des 19. Jahrhunderts fortschreitend, wie die hier gezeigten Lampen belegen. Die eingravierten Wappen des Auftraggebers erlauben sogar eine Datierung. ET

Thomas Baxter Junior

Worchester 1782–1821 Worcester

473
Porzellanmaler: Der Malraum von Herrn Baxter, Nr. 1 Goldsmith Street

Gough Square, 1810
Aquarell über Bleistift, 47 x 43,5 cm
Bezeichnet unter links: T. Baxter 1810
London, Trustees of the Victoria and Albert Museum
Inv.-Nr.: 782–1894
Herkunft: G. Underwood; erworben 1894
Ausstellung: London, Museum of London, 1987; London, Victoria and Albert Museum, 1992
Literatur: Fox 1987, S. 106 und 259; Sandon 1987, S. 6–8; Goddon 1988, S. 129–131

Thomas Baxter senior, ein Maler und Vergolder, unterhielt in London ein Atelier für die Dekoration von Porzellan und Steinzeug und kaufte seine Vorräte an Rohlingen direkt von Herstellern, besonders von John Rose aus Coalport. Eine Rechnung (*Neue Preisliste Coalport Weißes Porzellan)* ist auf diesem von seinem Sohn gemalten Aquarell an die Wand geheftet; die Objekte auf den Arbeitstischen wurden als Erzeugnisse der Coalport-Manufaktur identifiziert. Thomas Baxter junior, einer der geschicktesten Porzellanmaler des frühen 19. Jahrhunderts, hatte bei Füssli an der *Royal Academy* studiert; er stellte dort regelmäßig aus (dieses Aquarell 1811) und wurde als ‚Porzellanmaler' geührt. 1814 kehrte er in seine Geburtsstadt Worcester zurück und arbeitete für Flight, Barr und Barr sowie für die Chamberlain-Manufaktur und in Swansea. Im allgemeinen wird sein Name mit Vitrinenporzellan in Verbindung gebracht, das feine Verzierungen von Figuren, Landschafte, Vögeln, Federn oder Muscheln aufweist. In dieser Darstellung sind die Stücke einfach dekoriert. Nur ein Teller im Vordergrund erinnert an den Tod Nelsons (er wurde kürzlich wieder entdeckt und ist in der Ausstellung zu sehen).

474
Teller, 1806

Coalport, Malerei von Thomas Baxter junior, London
Hartporzellan, vergoldet und farbig bemalt (Szenen aus dem Leben Nelsons), O 24 cm
Bezeichnet: T. Baxter 1806
London, Trustees of the Victoria and Albert Museum
Inv.-Nr.: C.67–1984
Herkunft: Blenstock House sale, Phillips Sale, 7. Dezember 1983, Lot 232
Ausstellung: London, Victoria and Albert Museum, 1991
Literatur: Mallet 1987; Sandon 1991, S. 34–36

474

In der Mitte Britannia, die trauernd eine Büste Nelsons enthüllt. Die Randszenen zeigen seine Siege (die Schlachten am Nil und bei Kopenhagen, die Kapitulation von San Josef, letztere nach Daniel Orme, und seinen Tod bei Trafalgar, möglicherweise nach Benjamin West). Unmittelbar nach Nelsons Tod 1805 entstanden Erinnerungsstücke an den Admiral und seinen heldenhaften Tod, wobei deren Produzenten sicher von nationalen Gefühlen wie vom Gedanken an Profit bewegt waren. Das von Thomas Baxter gestaltete Stück stellt nicht nur seiner Qualität wegen eine Ausnahme dar, sondern auch weil der Künstler sich persönlich mit Nelson verbunden fühlte. Die Platte scheint eine persönliche Erinnerunggewesen zu sein, die er mindestens vier Jahre für sich bewahrte. Eine Skizze zur zentralen Figur der Britannia ist in einem, früher der Familie Nelson gehörenden Album Baxters erhalten (heute *National Maritime Museum*, Greenwich). Darauf ist die Figur als Emma Hamilton zu identifizieren. Nelson lebte mit ihr in einem Haus in Merton; Baxter verbrachte dort 1802–1803 einige Zeit als Emmas Gast, und weitere Skizzen bezeugen diesen Aufenthalt. In der *Royal Academy* stellte er 1805 ein Porträt von Sir William Hamilton, Emmas damaligen Gatten, aus; 1814, als er in Worcester bei Flight, Barr und Barr arbeitete, schuf er ein Porträtmedaillon Nelsons. Dieses eindrucksvolle Objekt, mit seinem erlesenen Dekor, ist ein bedeutsames Dokument. Baxter schätzte es so hoch, daß er es an prominenter Stelle in seinem ebenfalls ausgestellten Aquarell mit der Ansicht der väterlichen Werkstatt zeigte. HY

Derby-Porzellan

Andrew Planché, Sohn eines hugenottischen Kaffeehausbesitzers in London, gehörte um 1748 zu den Urvätern der Manufaktur. Etwa 1756 begründeten der Bankier John Heath, der Töpfer Planché, und William Duesbury, ein Glasierer und Restaurator aus Staffordshire, das Unternehmen. Zunächst arbeitete man nach Vorbildern aus Meißen und Chantilly und kopierte deren Kakiemon-Muster. Dazu entwickelte sich Derby zum wohl größten britischen Hersteller von Figuren. Um 1800 besaß die Manufaktur international einen Namen; sie hatte inzwischen die Werkstätten von Chelsea übernommen (1770) und das Diplom des Hoflieferanten erhalten (1775). 1795 kam als weiterer Teilhaber Michael Kean, ein irischer Miniaturist, in die Firma. Er führte sie bis 1811; danach begann die Zeit Robert Bloors, ursprünglich Angestellter der Manufaktur und ihr Chef bis 1848. Einer der wichtigsten Leiter des 1773 in der *Bedford Street*, Covent Garden, eröffneten Londoner Geschäfts war Joseph Lygo. Seine an die Manufaktur gesandten Briefe bieten ausführliches Forschungsmaterial. Damals liefen die meisten Aufträge für Derby-Erzeugnisse über die Londoner Niederlassung, zu Bloors Zeit *Old Bond Street* Nr. 34. (Ausländische Gäste wie Erzherzog Johann Ludwig von Österreich und Großherzog Nikolaus von Rußland (1816) reisten auch nach Staffordshire.) JT

William ‚Quaker' Pegg

Whitmore 1775–1851 Derby

475 (Farbtafel S. 509)

Skizzenbuch, 1813

Bleistift und Aquarell, 33 x 21 x 2,3 cm
Bezeichnet auf Seite 2 oben: Wm Pegg/Seventh Mo. 1st 1813
Derby, Royal Crown Derby Museum
Herkunft: William Pegg; Thomas Martin Randall; Vermächtnis an das Museum
Ausstellungen: London, Victoria and Albert Museum, 1987, Nr. 30; Toronto, 1988; Derby, 1990, Nr. 65
Literatur: Twitchett 1980, S. 174 ff. Farbtafeln 55–62

Von William Pegg stammt eine außerordentlich feine und exakte Blumen-Malerei. Nach seiner Lehrzeit bei einem Porzellanmaler hatte er 1790 seine Kenntnisse durch das Studium botanischer Drucke erweitert und 1796 begonnen, in der Manufaktur von Derby zu arbeiten. Aus religiösen Gründen gab er 1801 die Malerei auf und verbrannte die meisten seiner Skizzen. Als er 1813 bei Robert Bloor einen neuen Anfang machte, schrieb er, er habe ‚... nun begonnen, sich wieder in das Studium dieser Kunst zu vertiefen ... So baute ich das auf, was ich einst zerstört hatte ...' Einige der hier gezeigten Skizzen zeugen für sein botanisches Wissen; viele offenbaren die neue Freiheit seiner wiedererweckten Kunst. JT

476 (Farbtafel S. 498)

Deckel-Terrine und Untersatz, 1795

Derby, Duesbury and Kean; Weichporzellan, vergoldet und farbig bemalt, 31,7 x 45,2 cm
Marken: blaue Krone, gekreuzte Stäbe mit sechs Punkten und D; Serien-Nummer 197; Terrine außerdem: W. 676; Teller: eingeritztes Kreuz; Pflanzen-Namen in Blau
London, Trustees of the Victoria and Albert Museum
Inv.-Nr.: 3068 bis 3068b – 1901
Herkunft: vom Museum of Practical Geology überführt
Ausstellungen: London, Victoria and Albert Museum, 1987, Kat.-Nr. 14B (auch Toronto 1988)
Literatur: Haslem 1876, S. 95; Mortimer 1979, S. 24

Ein für die Porzellan-Produktion der Zeit um 1800 außergewöhnliches Stück. Terrinen dieser Größe wurden damals zumeist aus Silber angefertigt; Form und die Details der Henkel weisen tatsächlich auf das Vorbild Londoner Silbers der 90er Jahre des 18. Jahrhunderts hin. Derby-Porzellan dieser Zeit zeichnete sich durch besonders feine Bemalung mit botanischen Motiven aus. Die Zuschreibung des hier gezeigten, um 1800 entstandenen Stückes – mit einem nicht minder eleganten Landschaftsdekor – folgt den Aufzeichnungen John Haslems und William Bemroses, zwei Historikern der Derby-Manufaktur im 19. Jahrhundert: Es galt bisher als eine Arbeit William ‚Quaker' Peggs. Unter einigen kürzlich entdeckten Zeichnungen von Derby-Malern (zuvor in William Bemroses Sammlung) zeigt ein Schalen-Entwurf das gleiche Arrangement von Tulpen und Lilien; die Beischrift ‚von Billingsley' stammt vielleicht von Bemrose. Die Zuschriften auf Zeichnungen aus seinem Besitz sind nicht immer zutreffend, doch die mit einer Schale in *Castle Howard* übereinstimmende Zeichnung ist von derselben Hand wie andere, sicher von William Billingsley stammende Entwürfe. So weist die Malerei der höchst qualitätvollen Terrine wohl eher auf Billingsley als auf Pegg hin. Die Blumen-Motive sind John Edwards *A Collection of Flowers drawn after Nature* (‚Eine Sammlung von Blumen, nach der Natur gezeichnet ...') (London, 1783–1795) entnommen, einer auch anderen Malern in Derby zugänglichen Publikation. Billingsley verließ die Manufaktur im Oktober 1796; das Stück müßte also vorher entstanden sein. Der Künstler ist eine wichtige Figur für die britische Töpferkunst: Der beste der in Derby arbeitenden Blumenmaler begann nach seinem Weggang eine bemerkenswerte Odyssee durch die Porzellanmanufakturen von Pinxton, Mansfield, Torksey, Worcester, Coalport, Nantgraw und Swansea; er war dort nicht nur als Maler, sondern auch als Erfinder neuer Rezepturen tätig. HY

477 (Farbtafel S. 498)

Ein Paar Eiskübel, um 1800

Derby, Duesbury and Kean; Weichporzellan, vergoldet und farbig bemalt, H. 36 cm
Marken: Blaue Krone, gekreuzte Stäbe und D; auf einem Gefäß Bezeichnung der dargestellten Pflanzen
Derby, Derby Museum und Art Gallery
Inv.-Nr.: 636–1964
Herkunft: Boswell und Ward
Literatur: Barrett und Thorpe 1971, S. 65, Abb. 152

Die Blumen basieren auf dem Werk von John Edwards, *A Collection of Flowers drawn after Nature* (Eine Sammlung von Blumen, nach der Natur gezeichnet) (1783–1795). AB

478

Tellerpaar, um 1813–15

Derby, Robert Bloor & Co.,Weichporzellan, vergoldet und farbig bemalt ⌀ 22,4 und 22,7 cm
Marke: rote Krone mit gekreuzten Stäben, sechs Punkte und D; Pflanzennamen in Rot
London, Trustees of the Victoria and Albert Museum
Inv.-Nr.: Circ. 125–1931, Circ. 126–1931
Herkunft: Sammlung Frau A. W. Hearn; Vermächtnis an das Museum 1935
Literatur: Mortimer 1979

Die Malerei wird William ‚Quaker' Pegg zugeschrieben, ihrer Ähnlichkeit mit einem Teller-Paar wegen, das William Bemrose in *Bow, Chelsea and Derby Porzellan* (1898, Tafel X) abbildete. Martin C. F. Mortimer nennt 1979 Peggs Stil „sinnlich und üppig": ‚Seine Motive winden sich fast über das Porzellan und erscheinen wie eine dichte Vegetation'. Die Stücke stehen eindeutig in Beziehung zu dem von Mortimer erwähnten Service wie zu dem ebenfalls hier ausgestellten Teller und Dessertteller. HY

479 (Farbtafel S. 498)

a) Dessertteller, um 1815

Derby, Robert Bloor & Co.; Weichporzellan, vergoldet und farbig bemalt, ⌀ 22,4 cm
Marken: Rote Krone, gekreuzte Stäbe und D.; Bezeichnung der dargestellten Pflanzen in Rot

479 a

b) Dessertschale, um 1815

Derby, Robert Bloor & Co., Weichporzellan, vergoldet und farbig bemalt, 29,2 x 21,5 cm
Derby, Derby Museum and Art Gallery
Inv.-Nr.: 376–46–1904; 376–88–1904
Herkunft: Nachlaß Henry Evans
Ausstellung: Derby 1877
Literatur: Derby Corporation Art Gallery 1905, S. 9f., Nr. 49, 82

480

Eiskübel mit Deckel (Obstkühler), um 1811

Derby, Duesbury and Kean; Weichporzellan, vergoldet und farbig bemalt; mit Wappen Pendoch Barry of Roclaveston Manor Estate, Tollerton, Nottingham; ⌀ 26 cm; H. 26,5 cm
Marken: goldene Krone, gekreuzte Stäbe, sechs Punkte und D
Derby, Royal Crown Derby Museum
Herkunft: Pendock Barry; Pendock Barry Barry; Miss Elizabeth Jones; Herbert L. Satterlee; Parke Bernet, New York, 18. Oktober 1947
Ausstellung: London, Königliche Kunstakademie, 1985, Kat.-Nr. 64
Literatur: Swain 1984, S. 68–72; Twitchett 1980, S. 194

Der Eiskübel gehört zu einem Paar in der Sammlung des *Royal Crown Derby Museum* und stammt aus einem der berühmtesten Service der Manufaktur. Das Rosen-Dekor steht in der Tradition des William Billingsley (1758–1828), dem Sohn eines Blumenmalers aus Chelsea, dem die Porzellanmalerei eine spezielle, akribische Feinheit verdankt. Vermutlich ist der Künstler der so qualitätvollen Arbeit Thomas Martin Randall (1786–1859), der sich 1813 im Londoner Stadtteil Islington als Porzellanmaler selbständig machte. Dokumentiert ist das Service erstmals in der Ankündigung einer Auktion, die Mr. Thomas Neale, *Wheeler-Gate,* am 23. Mai 1894 in Nottingham veranstaltete. Versteigert wurden Kunstwerke aus dem Besitz einer Miss Elizabeth Williams. Die neunzig einzeln angebotenen Teile des Service erzielten £ 496.11 – der bis dahin höchste, für ein Derby-Dessert-Service gezahlte Preis. Offensichtlich waren die Eiskübel nicht darunter; sie tauchten 1947, zusammen mit vierzig anderen Teilen des Service bei einer New Yorker Auktion auf. JT

481

Eiskübel, Deckel und Einsatz (Obstkühler), um 1810

Derby, Duesbury and Kean; Weichporzellan, vergoldet und farbig bemalt (Landschaften ‚Near Broseley, Shropshire' und ‚In Llangollen Vale, Denbigshire'; George Robertson zugeschrieben), ⌀ 25,5 cm; H. 28 cm
Marken: rote Krone, gekreuzte Stäbe, sechs Punkte und D; mit Benennung der Darstellungen
Derby, Royal Crown Derby Museum
Literatur: Twitchett 1980, S. 266f, Abb. 291, S. 263f; Fäy-Hallé und Mundt 1983, S. 84, Abb. 120

George Robertson (1777–1833), ein Landschafts- und Marinemaler bewies in seiner Arbeit für die Manufaktur einen ausgeprägten Sinn für subtile Farben und akribisch geschilderte Details. Er kam 1797 von Schottland nach Derby und etablierte sich später als Zeichenlehrer. Die ausgeprägte qualitätvolle Vergoldung ist typisch für diese Zeit der Manufaktur. JT

482

Deckel-Vase, um 1810

Derby, Duesbury and Kean; Weichporzellan, Gold-Grund: Samuel Keys; Malerei: John Brewer; ⌀ 21 cm; H. 34,5 cm
Marken: rote Krone, gekreuzte Stäbe, sechs Punkte und D; Nummer des Vergolders: 1; Nummer 38
Derby, Royal Crown Derby Museum
Herkunft: Sammlung David Holborough
Literatur: Twitchett 1980, S. 231, Farbtafel 50

Samuel Keys markierte das Stück mit einer ‚1' – ein Hinweis auf seine damalige Position als Erster Vergolder der Manufaktur. Die Urne zeigt die Nachahmung einer Bronzedekoration über den Schlangen-Griffen und am Sockel. JT

483

Kaffeekanne, um 1810

Derby, Duesbury and Kean; Weichporzellan (Ansichten ‚Castle at Spolleto' und ‚The

480

481

482

483

Approach to the Cascade at Terni' von Robert Brewer); ⌀ 23,5 cm; H. 24,5 cm
Marken: rote Krone, gekreuzte Stäbe, sechs Punkte und D
Derby, Royal Crown Derby Museum, Leihgabe
Herkunft: George Woods Esq.

Robert Brewer (1775–1857), der jüngere Bruder des hier auch vorgestellten John Brewer, war vermutlich ein Schüler des Aquarellisten Paul Sandby und lebte, bevor er sich 1797 in Derby mit seinem Bruder zusammentat, in Bloomsbury. Diese Kaffeekanne von ungewöhnlicher Form stammt aus einem Tee- und Kaffeeservice, das vor rund zwanzig Jahren einen Großbrand in Nottingham überstand. JT

484 (Farbtafel S. 500)

Vase, um 1812

Derby, Robert Bloor and Co.; Weichporzellan, vergoldet und farbig bemalt (Ansicht ,Near Lismore, Ireland' von John Brewer);
⌀ 19 cm; H. 26,5 cm
Marken: rote Krone, gekreuzte Stäbe, sechs Punkte und D; mit Benennung der Darstellung; Handwerker Nr. 44
Derby, Royal Crown Derby Museum
Ausstellung: Derby, 1990, Nr. 10
Literatur: Twitchett 1980, S. 232, Farbtafel 52

John Brewer (1764–1816), der ältere der beiden Söhne der in London lebenden Künstlern John und Ann Brewer, begann 1793 als Porzellanmaler und Zeichenmeister in Derby zu arbeiten. Dank so fähiger Aquarell-Maler wie ihm, konnte die Manufaktur als erste in Großbritannien die Malerei topographischer Szenen auf ihren Produkten entwickeln. JT

485

486

485

Ein Paar Blumentöpfe und Untersätze, um 1820

Derby, Robert Bloor & Co.; Weichporzellan, vergoldet und farbig bemalt;
⌀ 16,8 cm; H. 19 cm
Marken: rote Krone und gekreuzte Stäbe mit sechs Punkten und D; Serien-Nummer 2
London, Trustees of the Victoria and Albert Museum
Inv.-Nr.: C.229 bis C.299C-1935
Herkunft: Sammlung Herbert Allen; Vermächtnis an das Museum 1935
Ausstellung: London, Victoria and Albert Museum, 1987, Kat.-Nr. 80A

Der Stil der Dekoration, Blumen-Motive auf einen vergoldeten Fond zu setzen, wurde in Derby von den 70er Jahren des 18. Jahrhunderts an entwickelt. Die Intensität der aufgebrachten Farben entspricht ihrem kräftigen Hintergrund. Außerdem verweist sie auf das Werk von George Hancock, mit dem diese Stücke in Verbindung gebracht werden, einem Mitglied der großen Familie dieses Namens, die im späten achtzehnten und im neunzehnten Jahrhundert in Derby und Staffordshire als Maler und Vergolder tätig war. George Hancock ist als eine Figur zwischen den Generationen interessant: von Billingsley lernte er die Blumenmalerei, und er war ein Lehrer John Haslems, der ihn auch als Informationsquelle seiner bedeutenden Studie *The Old Derby China Factory* (Die alte Derby Porzellanmanufaktur) (1876) nannte. HY

486

Porter-Krug, um 1820

Derby, Robert Bloor and Co.; Bone China, vergoldet und farbig bemalt;
⌀ 12,7 cm; H. 12,9 cm
Marken: rote Krone, gekreuzte Stäbe und D; Vergolder-Nummer 2; Nummer 61 in Blau
Derby, Derby Museums und Art Gallery
Inv.-Nr.: 255-1892
Herkunft: Sammlung Felix Joseph, Nr. 556
Literatur: Derby Corporation Art Gallery 1892, S. 20, Nr. 556; Haslem 1876, S. 230

Thomas Steel (1772–1850), in Staffordshire, dem Zentrum der keramischen Industrie, geboren, arbeitete von ca. 1815 an in Derby und war als Maler von Früchten bekannt. Nach Haslem benutzte der Vergolder James Clarke etwa 1820 für seine Arbeit die Nummer ,2'. AB

487

William ‚Quaker' Pegg, Skizzenbuch, 1813. Kat.-Nr. 475

487
Figur König Georgs IV., um 1820–1825

Derby, Robert Bloor and Co.; Biskuitporzellan, H. 32 cm
Derby, Derby Museums und Art Gallery
Inv.-Nr.: 241-142-1990
Herkunft: Sammlung Felix Joseph, Nr. 142
Literatur: Derby Corporation Art Gallery, S. 9, Nr. 142; Bradshaw 1990, S. 422–423, G 28, Abb. 353

Umfang und Qualität der in Derby entstandenen Figuren aus Biskuitporzellan sind bedeutend. Möglicherweise ist die Figur Georgs IV. von dem Bildhauer François Hardenburg modelliert worden, der in den 90er Jahren des 18. Jahrhunderts für kurze Zeit in Derby arbeitete, bevor er in London sein eigenes Atelier eröffnete; eventuell belieferte er die Manufaktur weiterhin mit Modellen. Der Kopf folgt wohl der von Sir Francis Chantry 1821 geschaffenen Porträtbüste des Königs. AB

488
Suppenteller aus dem ‚Trotter Service', um 1825

Derby, Robert Bloor and Co.; Bone China
Malerei; Moses Webster; ⌀ 24,5 cm
Marken: goldene Krone, gekreuzte Stäbe, sechs Punkte und D; Name ‚John Trotter Esq. Durham Park'
Derby, Royal Crown Derby Museum
Ausstellungen: London, Victoria and Albert Museum, 1987, Kat.-Nr. 36A; Toronto, 1988; Derby 1990, Nr. 59
Literatur: Twitchett 1980, S. 272 f., Abb. Nr. 375 und S. 281

John Trotter Esq. gab das vielgerühmte Service in der Londoner Niederlassung der Manufaktur in Auftrag; er lebte in *Durham Park* in Hertfordshire am Rande der Hauptstadt. Moses Webster (1792–1870), der Schöpfer des Dekors, war auf Blumenmalerei spezialisiert und sehr von ‚Pegg the Quaker' beeinflußt. In London hatte Webster etwa von 1815 bis 1820 für verschiedene Porzellan-Werkstätten als unabhängiger Gestalter gearbeitet. JT

488

489

Vase, um 1835

Derby, Robert Bloor und Co.; Weichporzellan, vergoldet und farbig bemalt, H. 42,3 cm
London, Trustees of the Victoria and Albert Museum
Inv.-Nr.: 3071 & A-1901
Herkunft: vom Museum of Practical Geology überführt
Literatur: Haslem 1876, S. 36–37, 119–121; Honey 1948, S. 129

Nach John Haslem wurde diese Vase von derselben Form hergestellt wie ein Paar, das König Wilhelm IV. nach der Verabschiedung der *Reform Bill* 1832 als Geschenk erhielt. (Das Reformgesetz ermöglichte breiteren Bevölkerungskreisen das Wahlrecht und die direkte Beteiligung am politischen Geschehen; es führte zu einer Neuverteilung der Parlamentssitze zugunsten der wachsenden Industrieregionen, darunter auch Derbys.) Die für den König bestimmten Stücke wurden von der Belegschaft der Derby-Manufaktur finanziert; allerdings wiesen die Hofbeamten sie mit dem Hinweis zurück, daß der König keine politisch ambitionierten Geschenke annehmen könne. Die Liste der Subskribenten für die Finanzierung ist bei Haslem abgedruckt; da sie tatsächlich alle in Derby tätigen Erwachsenen unterschrieben hatten, ergibt sich daraus ein bemerkenswert genaues Bild von der Organisation der Manufaktur in den frühen 30er Jahren. Demnach gab es 13 Töpfer, einen Brei-Mischer, sechs Figuren-Macher, 18 Maler, 41 Vergolder, 32 Polierer, sieben Brenner, sieben Schlickarbeiter, Packer und Wäscher, drei Büroangestellte, einen Verkäufer und den Geschäftsführer, James Thomason; dazu vermutlich noch 40 bis 50 Jungen, was eine Belegschaft von 170 bis 180 Leuten ergibt. Auch die kunstvollen Kartuschen auf dieser Vase sprechen für die Bedeutung, die man der Tätigkeit des Vergolders beimaß. Die Blumenmalerei ist Thomas Steel ebenso wie seinem Sohn Horatio Steele (der seinem Nachnamen ein End-‚e' hinzufügte) zugeschrieben worden. HY

490

Die Königlichen Porzellanmanufakturen in Worcester

Als König Georg III. am 9. August 1788 die Porzellanmanufakturen der Herren Flight in Worcester besuchte, erhielt die Firma nicht nur ihr erstes Hoflieferantendiplom, sondern auch die Empfehlung, in London einen Laden zu eröffnen. So entstand in der *Coventry Street* Nr. 1 im West End das als *London House* bekannte Geschäft, das sich der großzügigen Unterstützung der königlichen Familie und der Londoner Gesellschaft erfreute. Zwischen 1801 und 1840 existierten in Worcester drei Porzellan-Manufakturen. Die Familien Flight und Barr führten die frühere ursprüngliche *Warmstry House*-Manufaktur des Dr. Wall. Die Herren Chamberlain leiteten ihr eigenes Unternehmen in einem Bereich Worcesters, wo noch die heutigen Fabriken arbeiten. Die Herren Grainger hatten 1801 ihre Firma in *St. Martinsgate* gegründet. In dieser Zeit offenen Konkurrenzkampfs entstanden einige der schönsten, besonders verschwenderisch gestalteten Dekore von Worcester. Die bedeutendste unter den Manufakturen war die von Flight und Barr (1792–1804), Barr, Flight und Barr (1804–1813) und Flight, Barr und Barr (1813–1840). Neben handwerklicher Qualität entwickelte das Unternehmen eine in England damals unerreichte Eleganz der Formen. Einige der besten Gestalter und Keramik-Maler der Epoche ließen sich in Worcester nieder: Thomas Baxter junior etwa arbeitete von 1814 bis 1816 für Flight, Barr und Barr und gründete eine Schule für sein Fach. 1840 fusionierten die Herren Flight, Barr und Barr mit den Chamberlains zu *Chamberlain und Company,* was als Vernunft- und nicht als Liebesheirat beschrieben wurde. 1889 kam die Firma Grainger hinzu, womit die drei Konkurrenten des frühen neunzehnten Jahrhunderts vereint waren. HF

490

Das Verfahren der Porzellanherstellung, 1810

Worcester, Barr, Flight and Barr
Broschüre, 12,5 x 10,5 cm
Auf der dritten Seite datiert
Worcester, The Dyson Perrins Museum Trust
Herkunft: Royal Worcester Works Museum
Literatur: Sandon 1978, S. 99, Tafel 91

Die Broschüre für die Jugend erschien zusammen mit einem *Puzzle.* Die Illustrationen sind der einzige Beleg für die ursprüngliche Warmstry-Manufaktur. Sie demonstrieren Porzellanherstellung in zwölf verschiedenen Abteilungen. HF

491

Sammeltasse mit Unterteller, um 1800

Worcester, Flight and Barr; Weichporzellan, Tasse H. 8 cm; Unterteller ⌀ 13 cm
Marken: Eingeritztes B
Worcester, Dyson Perrins Museum Trust
Inv.-Nr.: 4139
Herkunft: private Schenkung

Von John Pennington, einem begabten bei Wedgwood ausgebildeten Maler, stammen vermutlich die Darstellungen der Hunde. Er wurde der führende Künstler von Flight und Barr und war von 1789 bis 1840 in der Manufaktur tätig. Spezialisiert war er auf Figuren- und Landschaftsmalerei; berühmt machten ihn die Szenen des 1792 für das *Hope Service* des Herzogs von Clarence. HF

492

Sammeltasse und Unterteller, um 1810

Worcester, Barr, Flight and Barr; Weichporzellan; Tasse H. 6,5 cm; Unterteller ⌀ 14 cm
Marken: Tasse, eingeritztes B; Unterteller, Marke der Manufaktur
Worcester, Dyson Perrins Museums Trust
Inv.-Nr.: L 1667
Herkunft: Royal Worcester Works Museum

In den ersten beiden Jahrzehnten des 19. Jahrhunderts experimentierten die britischen Porzellanmaler mit einer Reihe kurzlebiger Stile, die sich entschieden von den Blumen- und Imarimustern und der Landschaftsmalerei in der vorangegangenen Produktion des späten 18. Jahrhunderts entfernten. Dieser Entwicklung entsprach – teilweise mit gleichen Dekors – eine ähnliche im Bereich bedruckter Stoffe; mit ihrer Vorliebe für Muscheln und Seegras, Federn, ägyptischen Motiven, ‚etruskischen' Figuren, pompejanischen Grotesken, klassischen Streifen und Marmor-Imitat und Trompe l'oeil setzte sie eine Mode in Gang. Der gefeiertste Vertreter in diesem Repertoire neuer Ornamente war Thomas Baxter. HY

493

Zwei Schälchen, um 1810

Worcester, Barr, Flight and Barr; Weichporzellan, ⌀ 17 cm, H. 7,7 cm
Marken: eingeritztes B auf einer Schale
Privatsammlung

Die Mode der Muschel-Dekors ging auf die von Adel und bürgerlichen Kunstkennern damals begründeten Muschel-Sammlungen zurück. Führend unter den Künstlern dieses Genres war Samuel Smith, der vermutlich auch diese beiden Stücke bemalte. HF

491

492

494

494
Ovale Zuckerschale, um 1810

Worcester, Barr, Flight and Barr; Weichporzellan, 11 x 17 cm
Marken: B. F. B. und geprägte Krone
Worcester, Dyson Perrins Museum Trust
Inv.-Nr.: L 1696
Herkunft: Royal Worcester Works Museum

Diese Art der Umdruck-Dekoration, als *bat printing* bezeichnet, wurde zwischen 1804 und 1815 in Worcester angewendet. Dargestellt sind eine Vielzahl von Motiven – von ländlichen Szenen nach W. H. Pyne bis zur klassischen Bildsymbolik des antiken Rom nach Adam Buck. Bei dem hier gezeigten Beispiel wird das beliebte Muschel-Motiv einfühlsam wiedergegeben. HF

495
Warwick-Vase auf Sockel, 1815

Worcester, Flight, Barr and Barr; Weichporzellan, 24 x 20 cm (ohne Sockel)
Marken: Manufakturmarke, gemalt
Worcester, Dyson Perrins Museum Trust
Inv.-Nr.: L 1736
Herkunft: Royal Worcester Works Museum
Literatur: Sandon 1978, Tafel 110

Ein altes Inventar der Manufaktur belegt, daß das Objekt ‚entweder von Solomon Cole oder (Thomas) Lowe gemalt ist'. Beide waren Schüler von Thomas Baxter junior. Die Darstellung bezieht sich auf Shakespeare, König John, IV. Akt; Szene 1: ‚For heaven's sake Herbert, let me not be bound!' HF

496
Eiskübel, um 1815

Worcester, Flight, Barr and Barr, Weichporzellan, 26 x 30 cm
Marken: F. B. B. geprägt unter Krone
Worcester, Dyson Perrins Museum Trust
Inv.-Nr.: L. 1735
Herkunft: C. W. Perrins
Literatur: Sandon 1978, Tafel 96

Ein für das kultivierte Werk des Malers Thomas Baxter typisches Stück. In einem Brief an den mit ihm befreundeten Künstler Benjamin Robert Haydon vom 21. Juli 1819, kommentierte er seine Tätigkeit bei der Manufaktur von Chamberlain ziemlich bissig: „Ich bin hier mit kleinen Dingen beschäftigt, und ‚je kleiner, umso hübscher' diese kleinen Sachen erscheinen und je teurer sie gemacht sind, desto besser!" HF

497
(Farbtafel S. 514)
Sammelteller, 1815

Worcester, Flight, Barr and Barr; Weichporzellan, ∅ 21 cm
Marken: BF.B eingeprägt, Firmenmarke gedruckt
Worcester, Dyson Perrins Museum Trust
Inv.-Nr.: L. 1712
Herkunft: Royal Worcester Works Museum

Wie eine Übung nach antiken Vorbildern mutet dieses Stück an: das Unterglasur-Blau durchzieht eine feine Goldäderung und eine Borte aus stilisiertem Anthemion. Der von architektonischer Form inspirierte Dekor entspricht der damaligen Vorliebe für reine und strenge neo-klassische Interieurs. Objekte in so kultiviertem Stil waren für den Londoner Markt gedacht, wo sie auch schnell Interessenten fanden. HF

495

498
(Abb. S. 515)
Sammeltasse, um 1815

Worcester, Flight, Barr and Barr, Weichporzellan, 8,5 x 9 cm
Marken: B. F. B. geprägt und Firmenmarke gemalt
Worcester, Dyson Perrins Museum Trust
Inv.-Nr.: L. 1739
Herkunft: Royal Worcester Works Museum

In der klassischen Form und im Dekor ist das Stück ein gutes Beispiel für die vorzügliche Zusammenarbeit von Modellierern und Künstlern in der Worcester-Manufaktur. Kleine handgerollte Tonkugeln, als Perlen bekannt, sind eine beliebte dekorative Erfindung dieser Zeit. HF

499
(Abb. S. 515)
Vase, um 1816

Worcester, Flight, Barr and Barr, Weichporzellan, vergoldet und farbig bemalt (Wappen und Motto ‚Auspicio Regis et Senatus' der East India Company), H. 38,2 cm
Marken: FBB unter Krone, geprägt
London, Trustees of the Victoria and Albert Museum
Inv.-Nr.: C.439-1935
Herkunft: Sammlung Herbert Allen; Vermächtnis 1935
Literatur: Godden 1982, S. 130

Die Form des Stückes basiert auf dem *Medici Krater*, einer hellenistischen Marmorvase, die in vielen um 1800 veröffentlichten Büchern über Vasen und klassische Altertümer abgebildet war. In England griffen sie zuerst um 1810 Londoner Goldschmiede auf und kurz darauf auch Porzellanhersteller. Ungeachtet der antikisierenden Form weist der Dekor auf einen hochentwickelten Stil des *Rococo Revival* hin, den Unternehmen wie Barr, Flight und Barr und deren Nachfolger in Worcester um 1820 einführten. Mit der Wiederbelebung des Rokoko war Worcester unter den Vorreitern einer Mode; gerade erst hatten sich Rundell, Bridge und Rundell, die führenden Londoner Goldschmiede, des Stils bedient; ihre für den Prinzen von Wales ausgeführten Arbeiten werden in der Ausstellung gezeigt. Wie Rundell konnte sich auch die Manufaktur in Worcester königlicher Würdigungen rühmen: eines Patents von Georg III. von 1788 und ihre Ernennung zu „Porcelain Manufacturers Extraordinary" für den Prinzen von Wales 1807. Die hier gezeigte Vase stammt aus einem der beiden großen, von der *East India Company* nach 1820 in Auftrag gegebenen Worcester-Services; das zweite stellte die konkurrierende Manufaktur Chamberlain 1817–1820 her. Das Service von Chamberlain schloß 12 dekorative Vasen ein. Ihre Größe und das Wappen auf Vorder- und Rückseite läßt die Ver-

496

Sammelteller, 1815
Kat.-Nr. 497

Deckeltasse mit
Unterteller, 1815
Kat.-Nr. 503

mutung zu, daß auch die Vase von Flight, Barr und Barr als Zierstück gedacht war – eventuell als eine von mehreren dekorativen Elemente in der Mitte eines langen Eßtischs. Die *East India Company* hatte im 18. Jahrhundert große Mengen chinesischem Export-Porzellans nach Großbritannien gebracht; es spricht für die ästhetische und technische Leistung der Unternehmen in Worcester und gegen die Qualität der chinesischen Ware, daß die Kompanie die beiden großen Service in Worcester bestellte. HY

500
Wärmeschüssel und zwei Eierbecher, um 1802

Worcester, Chamberlain; Weichporzellan, vergoldet und farbig bemalt; doppelwandiges Gefäß mit zwei Griffen zum Einfüllen von heißem Wasser, Schüssel 13,3 x 21 cm;
Eierbecher, je 6,5 x 4,3 cm
Marken: Beschriftung im Deckel; 240 auf den Eierbechern
London, National Maritime Museum
Inv.-Nr.: 46.43

498

499

Herkunft: Horatia Nelson: durch Vererbung an Revd. Hugh Nelson Ward, der sie 1946 dem Museum schenkte
Literatur: Binns 1865, S. 144–147; Fisher 1955, S. 886; Godden 1982, Abbildungen 117 und 118; Sandon 1989, S. 45–47

1802 fuhr Lord Nelson als gefeierter Nationalheld durch England, begleitet von Sir William und Lady Hamilton. Am 26. August besuchten sie in Worcester Chamberlains Fabrik und besichtigten die Produkte. Nelson hinterließ einen großen Auftrag: ein Service in beliebtem japanisierenden Dekor, mit seinem Wappen, seinen Insignien und dem Zeichen seines Flaggschiffs der Jahre 1801–1803, der *San Josef.* Das komplette Geschirr umfaßte ein Frühstücks-, ein Tafel- und ein Dessert-Service; doch nur ersteres – 151 Teile – wurde vor Nelsons Tod fertiggestellt, zu einem Preis von £ 69,30 (zuzüglich £ 44 für das Zeichnen der Wappen und Insignien). Der Betrag wurde nicht vor 1808 beglichen. Nach der Tochter des Admirals bezeichnete man es als „Horatia"-Service. Die Heißwasserschüssel diente zum Warmhalten von Muffins und anderem Gebäck. CF

501
Das Chamberlain Harlekin-Service für den Prinzregenten

Robert Chamberlain gilt als der erste Lehrling des 1751 ursprünglich als Warmstry-Manufaktur gegründeten Unternehmens in Worcester. 1783 eröffnete er als erfolgreicher Porzellangestalter zusammen mit seinen Söhnen eine eigene Firma in der *King Street,* bald eine der angesehensten Porzellanmanufakturen Englands und heute am selben Ort unter dem Namen *Royal Worcester* weitergeführt. Der Ruhm der Chamberlains zog die Londoner Gesellschaft, aber z. B. auch Mitglieder der russischen Herrscherfamilie an: Man pilgerte nach Worcester, besichtigte Manufaktur und Ausstellungsräume und vergab seine Aufträ-

500

ge. Über den Besuch des Prinzen von Wales am 25. September 1807 berichtete die Presse ausführlich: „... Unendlich zufrieden mit der üppigen Vielfalt ihm zur Betrachtung präsentierter Muster, äußerte Seine Königliche Hoheit ... den Wunsch nach einem großen Tafelservice mitsamt Dessert-, Frühstücks- und Teegedecken und allem notwendigen Zubehör, jedes Teil verschiedenartig dekoriert (daher die Bezeichnung Harlekin) und nach japanischem ‚Geschmack'." So geehrt, entwickelte Mr. Chamberlain eine neue verbesserte Porzellanmasse; sie wurde als ‚Regent' bekannt. Ein 1811 neu geschaffenes (bis heute erhaltenes) Buch enthielt zudem Entwürfe mit mehreren Hundert Mustern zur Auswahl für den Prinzen. In diesem Jahr konnte das Dessertservice an *Carlton House* gesandt werden, zu einem Preis von £ 837 und 6 Shilling. Das *Harlekin*-Eß- und Frühstücksservice wurde erst 1816 fertiggestellt. Die rege Nachfrage der eleganten Gesellschaft nach diesem Stil verzögerte die Produktion für den Regenten. Die Eröffnung eigener Verkaufsräume in London, – 1814 am *Picadilly* 63, 1816 in der *New Bond Street* 155 – , gab den Chamberlains die Möglichkeit, mit den Moden Schritt zu halten und spezielle Aufträge direkt entgegenzunehmen. HF

a) Suppenterrine, 1807–1816

Worcester, Chamberlain, Regent-Porzellan, vergoldet und farbig bemalt; zwei Henkel, mit Löwenköpfen; Deckelgriff in Form einer Ananas, 24,5 x 32,2 cm
Marken: Manufakturmarke in Rot
Windsor Castle, H. M. Queen Elizabeth II
Inv.-Nr.: 832
Literatur: Binns 1877, S. 239–243; Godden 1982, S. 101

Dies ist eine von sechs ‚reich vergoldeten Suppenterrinen', die zum fürstlichen Preis von je £ 24 geliefert wurden. HF

501b

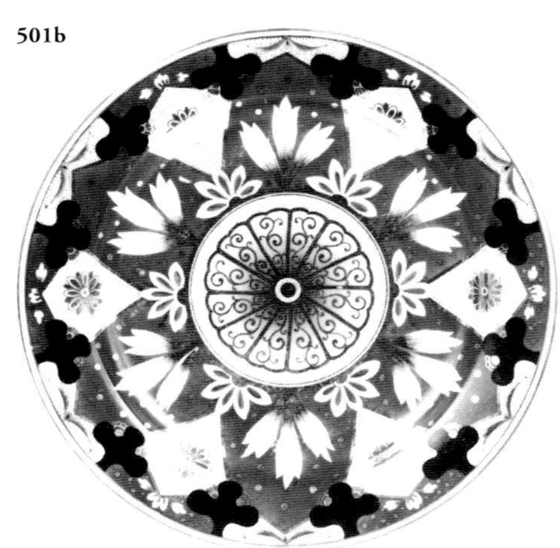

501c

b) Teller, 1816

Worcester, Chamberlain, Regent-Porzellan, vergoldet und farbig bemalt (Isnik-Stil), ⌀ 28,2 cm
Marken: ‚155 New Bond Street' und ‚Royal Porcelain manufactures' mit Krone (gedruckt)
Windsor Castle, H. M. Queen Elizabeth II
Inv.-Nr.: 832 Z 32
Literatur: Binns 1877, S. 239–243; Godden 1982, S. 101

Ein kraftvoller Entwurf, typisch für die von den Worcester-Malern gesuchten dramatischen Effekte. Das als *Lac Red* (nach dem chinesischen Lackrot) bekannte Rostrot, wird noch heute unter diesem Namen benutzt. HF

c) Teller, 1807–1816

Worcester, Chamberlain, Regent-Porzellan, vergoldet und farbig bemalt (Vogelmotiv); ⌀ 28,2 cm
Marken: ‚Chamberlains' in Rot
Windsor Castle, H. M. Queen Elizabeth II
Inv.-Nr.: 832 Z 33
Literatur: Binns 1877, S. 239–243; Godden 1982, S. 101

Die Porzellan-Masse war im Brennofen nicht leicht zu handhaben; aus Gründen der Stabilität waren die Teller etwas schwerer als üblich getöpfert worden. 144 Eßteller, jeder zu einem Preis von drei Guineas, wurden für das ursprüngliche Service bestellt. HF

d) Schale, 1806–1816

Worcester, Chamberlain; Regent-Porzellan, vergoldet und farbig bemalt (Pfauenmotiv), ⌀ 30,8 cm
Windsor Castle, H. M. Queen Elizabeth II
Inv.-Nr.: 832
Literatur: Binns 1877, S. 239–243; Godden 1982, S. 101

Diese ist eine von neun 12 Inch-Schalen, die zu einem Preis von je 182 Schilling geliefert wurden. HF

e) Ovale Schale, 1816

Worcester, Chamberlain; Regent-Porzellan, vergoldet und farbig bemalt, 44 x 56 cm
Marken: ‚155 New Bond Street' in ovalem Blumenkranz und Krone, gedruckt
Windsor Castle, H. M. Queen Elizabeth II
Inv.-Nr.: 832P
Literatur: Binns 1877, S. 239–243; Godden 1982, S. 101

Das Auftragsbuch der Firma Chamberlain ist im *Dyson Perrins Museum*, Worcester, erhalten. Danach wurde der Auftrag für dieses Tafelservice unter dem 31. Juli 1816 zu dem überaus hohen Preis von £ 2.539, 1 s, 0 d eingetragen. Rechnet man das Frühstücks- und Dessertservice hinzu, dann beliefen sich die Gesamtkosten auf über £ 4.000. Dieses Stück ist eine von drei ‚Ovalen Schüsseln 22 Inch' zum Preis von 414 Schilling pro Stück. HF

502 (Farbtafel S. 518)
Ehren-Becher, 1813

Worcester, Chamberlain; Weichporzellan, 17,5 x 20,5 cm
Marken: signiert von Humphrey Chamberlain und gemalte Manufakturmarke
Worcester, Dyson Perrins Museum Trust
Inv.-Nr.: M.4180
Herkunft: erworben 1973 mit Hilfe des V & A Purchase Grant Fund
Literatur: Godden 1982, S. 102, Tafel 106, S. 188, Tafel 227

501e

501a (unten), 501d (oben)

Ehren-Becher, 1813. Kat.-Nr. 502

Einer von einem Paar von *Grace Mugs*, bemalt von Humphrey Chamberlain, mit den Wappen des Marquis von Abergavenny. Laut Auftragsbuch von Chamberlain im *Dyson Perrins Museum* wurde das Paar 1813 mit 40 Guineas in Rechnung gestellt. HF

503 (Farbtafel S. 514)
Deckeltasse mit Unterteller, 1815

Worcester, Chamberlain; Weichporzellan, vergoldet und farbig bemalt, 14 x 14 cm
Marken: Manufakturmarke, gemalt; Inschrift ‚King Henry VI pt. 3rd. War.' und ‚of all my lands is nothing left me but my bodies length'
Worcester, Dyson Perrins Museum Trust
Inv.-Nr.: M.1958
Herkunft: C. W. Dyson Perrins

Die Shakespeare-Szene, entweder von Humphrey oder Walter Chamberlain, entstammt möglicherweise Drucken nach Gemälden für John Boydells Shakespeare-Galerie. Ein ähnliches Stück ist als Rücksendung vom Londoner Geschäft der Manufaktur verzeichnet; der Preis betrug sieben Guineas. HF

504

504
Nierenförmige Schale, 1818

Worcester, Chamberlain; Weichporzellan, 18 x 26 cm
Marken: Chamberlains, 155 New Bond St., gedruckt
Worcester, Dyson Perrins Museum Trust
Inv.-Nr.: M 3949A
Herkunft: 1965 erworben
Literatur: Godden 1982, S. 130

Die Bestellung der *Honourable East India Company* von 1817–1818 für ihre Zentrale in Fort St. George, Madras, war einer der bedeutendsten Aufträge für die Firma Chamberlain. Die Herstellung dauerte lange; eine Rechnung wurde erst 1820 über einen Gesamtpreis von £ 4.190 und 4 Shilling ausgestellt. HF

Spode

Josia Spode II war Wegbereiter für die Einführung von „Bone China" (weißes Knochenporzellan) als Alternative zum Weichporzellan. Es erfuhr seine erste öffentliche Auszeichnung, als der Prince of Wales 1806 die Manufaktur besuchte. Haltbarer und billiger herzustellen als Weichporzellan, wurde es bald das Standardmaterial für feine Englische Keramik. RC

505
Krug, um 1810–1815

Spode; Bone China, Kupferdruckdekor (Kindermotive) und goldene Verzierungen, H. 15,8 cm
Stoke-on-Trent, The Spode Museum Trust Collection; Inv.-Nr.: AGC 1406
Literatur: Drakard und Holdway 1983, S. 10–13 und 40–49; Copeland 1980, S. 26–30; Wyman 1980, S. 187–199

Die abgebildeten Motive sind bei Drakard und Holdway katalogisiert und die Vorlagen in einem Kupferstichverzeichnis aufgeführt. RC

505

506 (Farbtafel S. 521)
Teeservice, um 1812

Spode; Bone China, vergoldet und farbig bemalt (Blumenmotive); Teekanne H. 16,8 cm; Untersetzer 20,2 cm; Zuckerdose H. 11,9 cm; Sahnekännchen 14,5 cm; Tasse H. 5,7 cm; Unterteller ⌀ 13,8 cm
Marken: 1709 in Rot (Teekanne, Zuckerdose und Sahnekännchen)
Stoke-on-Trent, The Spode Museum Trust Collection; Inv.-Nr.: WTC 3
Ausstellungen: Oslo 1966, Nr. 42; London, Royal Academy, 1970, Nr. 161
Literatur: Whiter 1970, Tafel 274 (Mitte)

Die Form ist bekannt als *New Oval* mit *Bute*-Teekanne und Sahnekännchen. RC

507
Ovale Sahneschale mit Untersetzer, um 1812

Spode; Bone China, Golddruck (Blütenzweige) auf blauem Grund; Henkel und Deckelgriff als Schwäne modelliert; Schale 14,8 x 21,5 cm; Untersetzer 19,6 cm
Modell Nr. 1696

Stoke-on-Trent, The Spode Museum Trust Collection
Inv.-Nr.: WTC 32
Ausstellung: London, Royal Academy, 1970, Nr. 194
Literatur: Drakard und Holdway 1983, S. 42, Tafel 7; Whiter 1970, S. 184, Tafel 277

Die Form ist bekannt als *Delphin*-Prägung. RC

507

508
Tafelservice, um 1820

Spode; Bone China, vergoldet, goldene und blaue Malerei auf teilweise blauem Grund; eckige Platte 29,8 x 23,1 cm; Sauciere 14,2 x 18,5 cm; Untersetzer ⌀ 20,4 cm; Teller ⌀ 24,9 cm ohne Marken, jedoch Muster Nr. 2970
Stoke-on-Trent, The Spode Museum Trust Collection
Inv.-Nr.: WTC 235

Die kobaltblauen Ränder des Porzellans sind mit goldenen Meerespflanzen bemalt. In der Mitte verschiedene Muscheln in Blaumalerei mit Ergänzungen in Gold. Die vergoldeten Griffe der Sauciere sind als Schmetterlinge modelliert. RC

508

509
Dessertschale, um 1823

Spode; Bone China, vergoldet und farbig bemalt (Blumen), Randrelief und modellierte Griffe, 28,7 x 17,8 cm
Marken: SPODE 3663 (RC 22)
Stoke-on-Trent, The Spode Museum Trust Collection
Inv.-Nr.: WTC 17
Ausstellung: Oslo 1966, Nr. 45
Literatur: Whiter 1970, Tafeln 71, 213

Der Name der Form wurde bis jetzt noch nicht ermittelt. Das vergoldete Muster auf blauem Grund ist als „Dresdner Borte" bekannt. RC

509

510
Das Rockingham Dessertservice für König William IV.

Das Meisterwerk der Rockingham-Manufakturen wurde 1830 als Service für den neuen König William IV. in Auftrag gegeben. In technischer wie in ästhetischer Hinsicht stellt es sich so ambitioniert und stolz dar wie die damalige Zeit. Die Manufaktur, von den Brüdern Brameld erst fünf

Teeservice, um 1812. Kat.-Nr. 506

Jahre zuvor in Swinton, Yorkshire, unter der Schirmherrschaft des zweiten Earl Fitzwilliam gegründet, wollte mit dem prächtigen Service neue Wege beschreiten. Der Entwurf wurde John Wager Brameld anvertraut, einem Künstler, der zugleich das Londoner Unternehmen der Firma leitete. Dazu gehörte von 1828 an ein Warenhaus in der *Vauxhall Bridge Road* Nr. 13; 1832–1834 wurden Räume des Hauses *Picadilly* Nr. 174, *The Griffin,* zu Ausstellungszwecken angemietet; ab 1837 hieß die Adresse *Tichbourne Street* Nr. 3. Als das Service im Mai 1837 fertiggestellt und für seine Reise in Mahagoni-Kisten verpackt war, soll es von einer berittenen Eskorte in die Hauptstadt begleitet worden sein. Mit Erlaubnis des Königs präsentierte die Manufaktur das kostbare Erzeugnis in ihrem *Picadilly*-Ausstellungsraum; als der König am 20. Juni 1837 starb, befand es sich immer noch dort. Benutzt soll es zum ersten Mal bei der Krönung Königin Victorias worden sein.
HF

510a
Tropische Schale, 1830–1837

Rockingham, Brameld; Bone China, modelliert (tropische Pflanzen und Früchte), Fuß mit Ansichten von ‚Spring Garden Estate, St. Georges, Jamaica' und ‚Mausoleum of Sufter Jung, Delhi', 24,5 x 27,5 cm
Marken: Greif in Kartusche in Rotbraun; ‚Rockingham Works Brameld-Manufacturer to the King Queen and Royal Family', zweimal gedruckt und Bezeichnung der Darstellungen in Rot

510b

Windsor Castle, H. M. Queen Elizabeth II
Inv.-Nr.: 1240
Literatur: Rice 1971, S. 37–43; Eaglestone und Lockett 1973, S. 107–110; Cox 1975, S. 90–95, Abb. 7; Cox 1983, S. 134–138, Tafel 84

Ein ambitioniertes Unternehmen wie die Herstellung eines solchen Service setzte weitgehende Vorbereitungen voraus. Die gemalten Szenerien Ost- und Westindiens zum Beispiel lassen sich auf einige wichtige Stichwerke der Zeit zurückführen: möglicherweise auf F. R. de Tussac, *Flores des Antilles* (Paris, 1809–1827) oder M. E. Descourtilz, *Flore Pittoresque et medicale des Antilles ...* (Paris, 1821–1829) (diese Informationen freundlicherweise von Jennifer Vine, *The Royal Horticultural Society Library)*. Der Modelleur hatte auch die Funktion der Objekte zu bedenken: Erst mit Früchten gefüllt, wirken ihre Proportionen stimmig. HF

510a

510b
Muschelschale, 1830–1837

Rockingham, Brameld; Bone China, modelliert (Muscheln und Koralle); Fuß: Ansichten von ‚The Clyde from Erskine Ferry‘ und ‚A Breeze‘; 18,8 x 25,5 cm
Marken: Greif in Kartusche in Rotbraun; ‚Rockingham Works Brameld Manufacturer to the King Queen and Royal Family‘, zweimal gedruckt und Bezeichnung der Darstellungen in Rot
Windsor Castle, H. M. Queen Elizabeth II
Inv.-Nr.: 1228
Literatur: Rice 1971, S. 37–43; Eaglestone und Lockett 1973, S. 107–110; Cox 1975, S. 90–95, Abb. 9; Cox 1983, S. 134–138, Tafel 84

510d

Von diesen originellen Schalen wurden nur vier hergestellt; sie entstanden wohl nach Rokoko-Vorbildern. Thomas Brameld soll diese Formen entworfen haben, Thomas Griffin, ein begabter Modelleur, der ursprünglich in Derby beschäftigt war, soll die Stücke nach dem Entwurf von Thomas Brameld ausgeführt haben. Dem Motiv des Meeres entsprechen die plastische Form des Objekts wie seine Bemalung. HF

510c (Farbtafel S. 525)
Ananas-Schale, 1830–1837

Rockingham, Brameld; Bone China, modelliert; Fuß mit Ansichten von ‚Wynyard Durham Seat of the Marquess of Londonderry‘ und ‚Brothers Water from Kirkstone Foot Westmorland‘, 27,5 x 24 cm
Marken: Greif in Kartusche in Rotbraun und ‚Rockingham Works Brameld Manufacturer to the King Queen and Royal Family‘, zweimal gedruckt und Bezeichnung der Darstellungen in Rot
Windsor Castle, H. M. Queen Elizabeth II
Inv.-Nr.: 1234
Literatur: Rice 1971, S. 37–43; Eaglestone und Lockett 1973, S. 107–110; Cox 1975, S. 90–95, Abb. 6; Cox 1983, S. 134–138, Tafel 83

Vier Ananas-Schalen wurden hergestellt. Alle auf dem Service gezeigten Ansichten stellen britische Motive oder solche aus den Kolonien dar. HF

510 d (Abb. S. 523)
Etagère, 1830–1837

Rockingham, Brameld; Bone China, modelliert (britische Gartenblumen); Fuß mit Ansichten von ‚Kutnnallee Gate Gour' und ‚View of a house built by Colonel Claude Martin at Lucknow Bengal'; oben kleine Vase mit Szenen italienischer Bauern (John Wager Brameld?), 48,2 x 24,5 cm
Marken: Greif in Kartusche in Rotbraun; zweimal: ‚Rockingham Works Brameld Manufacturer to the King Queen and Royal Family', zweimal gedruckt und Bezeichnung der Darstellungen in Rot
Windsor Castle, H. M. Queen Elizabeth II
Inv.-Nr.: 1252
Literatur: Rice 1971, S. 37–43; Eaglestone und Lockett 1973, S. 107–110; Cox 1975, S. 90–95, Abb. 2; Cox 1983, S. 134–138, Tafel 82

In solchen Etagèren servierte man delikates Mandelkonfekt oder *petit fours*; die Vase war nicht bloße Dekoration; sie war für Blumen gedacht. HF

Benjamin Vulliamy, um 1790. Kat.-Nr. 511

510e (Farbtafel S. 526)
Teller, 1832

Rockingham, Brameld; Bone China, vergoldet und farbig bemalt (Wappen König Williams IV.); ⌀ 23,5 cm
Marken: Greif in Kartusche in Rotbraun; ‚Rockingham Works Brameld Manufacturer to the King Queen and Royal Family', zweimal gedruckt; 1832 in Gold
Windsor Castle, H. M. Queen Elizabeth II
Inv.-Nr.: 5223
Literatur: Rice 1971, S. 37–43, Tafel 55; Eaglestone und Lockett 1973, S. 107–110, Tafel 3A; Cox 1975, S. 90–97, Abb. 1; Cox 1983, S. 134–138, Tafel D

144 Dessert-Teller wurden für das Service hergestellt. Die symbolische Eichenlaub-Girlande fügte man offensichtlich auf Anregung des Königs hinzu. HF

Uhren und Taschenuhren

Zwischen 1790 und 1820 hatte die Londoner Groß- und Kleinuhren-Industrie dank ihrer bereits im 18. Jahrhundert erbrachten technischen Leistungen und eines ausgedehnten internationalen Handelsnetzes eine europäische Spitzenposition erreicht. Die von so bedeutenden Uhrmachern wie Thomas Earnshaw, John Arnold, Thomas Mudge oder John Harrison verbesserten oder neu entwickelten Gangregelungssysteme führten zu einer bis dahin unbekannten Genauigkeit der Zeitmessung. Sie kam nicht zuletzt dem für die Seefahrt unentbehrlichen Chronometer zugute und garantierte der englischen Uhrenindustrie einen damals uneinholbaren technisch-wissenschaftlichen Vorsprung, der auch am Produktionsumfang sichtbar wird: Nach 1800 wurden jährlich etwa 120 000 Taschenuhren hergestellt, die Uhrenindustrie war zu einem der bedeutendsten Wirtschaftszweige Londons geworden. Ein derartiges Produktions- und Qualitätsniveau war nur durch hohe Spezialisierung möglich. Eigens eingerichtete Manufakturbetriebe mit zahllosen Heimarbeitern konzentrierten sich auf die Herstellung von Uhrenteilen für Taschenuhren, während ein Teil der Großuhrenherstellung sich bereits auf Fabriken verlagerte. Hersteller und regionale Großhändler, die ihrerseits auf eigene Rechnung produzierten und die Uhren mit ihrem Namen signierten, beschäftigten hochqualifizierte Handwerker, die den angelieferten Werken den letzten Schliff gaben und deren Qualität garantierten. Obwohl zahlreiche Werke auch von außerhalb, z. B. aus Südwest-Lancashire importiert wurden, konzentrierte sich jedoch der Hauptteil der Produktion auf zahlreiche Betriebe, die sich in einem Gürtel von den Rändern Holborns im Osten über Clerkenwell und St. Luke's, Old Street, Shoreditch im Westen südwärts nach Smithfled, Cripplegate und Moorfleds bis nach Islington niedergelassen hatten. An der Spitze des Londoner Handwerks standen Männer wie Benjamin Lewis Vulliamy, Königl. Uhrmacher, fünfmaliger „Master of Clockmakers Company", Mitglied der Astronomical-, Geographical- und Zoological-Society, außerordentliches Mitglied der Gilde der Bauingenieure; am Ende der Stufenleiter der Handwerker aus Clerkenwell, der seinem Gewerbe bis zu 60 Stunden wöchentlich in einer Dachkammer oder der Gartenwerkstatt nachging. Die Depression zwischen 1813 und 1818 mit ihrer hohen Arbeitslosenzahl, der wachsende Konkurrenzdruck der kontinentalen Hersteller, vor allem der aufblühenden Schweizer Uhrenindustrie mit ihrem berühmtesten Vertreter, dem in Paris ansässigen Abraham Louis Breguet, führten zu einem starken Rückgang der Londoner Produktion. Sie stützte sich weiter auf ihre traditionellen Qualitätsprodukte, vor allem auf den Chronometer und verschloß sich in einer Art von Selbsterhaltungstrieb der kontinentalen Entwicklung zur maschinellen Uhrenfertigung. Ihr aber gehörte eindeutig die Zukunft. Der Verzicht auf die neuen Produktionsmethoden kostete die Londoner Uhrenindustrie ihre internationale Vormachtstellung und zwang in der Folge zahlreiche Uhrenbauer dazu, Mechaniker zu werden oder ihr Leben mit Reparaturen zu fristen. CE

Ananas-Schale, 1830–1837. Kat.-Nr. 510c

Teller, 1832. Kat.-Nr. 510e

T. Lawrence, Kemble als Coriolanus, 1798. Kat.-Nr. 546

Seefahrts-Chronometer, 1795. Kat.-Nr. 525

M. A. Shee, Thomas Earnshaw, 1798. Kat.-Nr. 522

Stoppuhr, 1802. Kat.-Nr. 514

Taschen-Chronometer in Doppelgehäuse, 1800. Kat.-Nr. 523

Mondglobus „Selenographia", 1797. Kat.-Nr. 534

Sextant, 1797. Kat.-Nr. 530

Orrery-Planetarium, 1823–1827. Kat.-Nr. 537

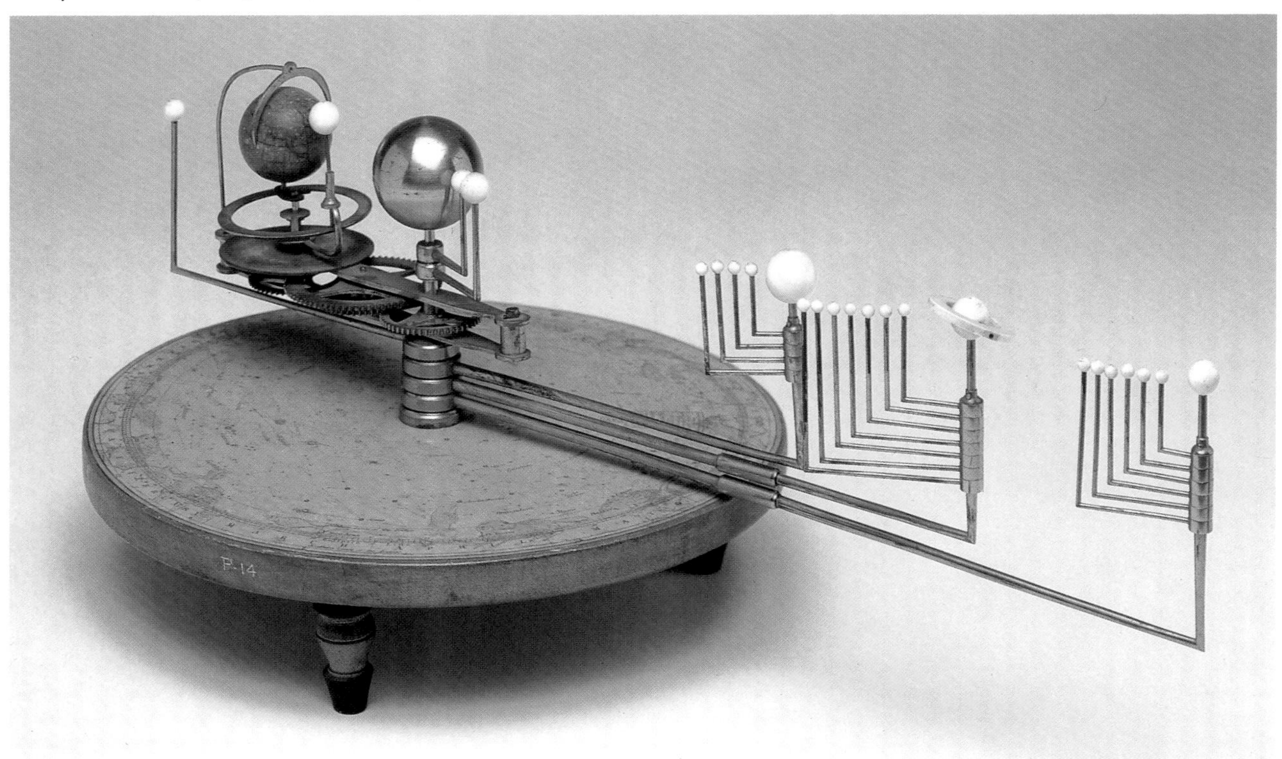

512

Anonym

511 (Abb. S. 524)
Benjamin Vulliamy, um 1790

Öl auf Leinwand, 68,9 x 83,3 cm
London, Worshipfull Company of Clockmakers
Inv.-Nr.: 1068
Literatur: Jagger 1983, S. 86–88, 112–119; Clifford 1990, S. 226–237

Zu sehen ist Benjamin Vulliamy (1747–1811), einer der führenden Londoner Uhrenhersteller, in seinem Geschäft in Pall Mall. Eine der prächtigen Uhren, wie er sie seit den achtziger Jahren des 18. Jahrhunderts baute, steht rechts auf einem Marmorsockel; über dem vergoldeten Gehäuse ein Globus. Vulliamy ließ Londoner Bildhauer Modelle herstellen, die dann in Biscuitporzellan von William Duesburys Manufaktur in Derby produziert wurden. Benjamin West (1738–1820) könnte das Portrait gemalt haben. Benjamin Vulliamy, Sohn eines Einwanderers aus dem westschweizerischen Waadtland, war 1773 zum Königlichen Uhrmacher ernannt und hatte diese Position bis zu seinem Tod 1811 inne; der Titel ging auf seinen Sohn Benjamin Lewis Vulliamy über. Das Unternehmen lieferte zahlreiche kostbare Uhren an König Georg III. und den Prinzen von Wales, außerdem fünf Präzisionsuhren für des Königs Observatorium in Kew; an königliche und private Kunden gingen auch Kronleuchter, Möbel, Schmuck und keramische Erzeugnisse. Vulliamys Uhren waren technische und künstlerische Meisterwerke; vor allem die mit Skulpturen versehenen Stücke können als die besten britischen Beispiele ihrer Art gelten. CE

512
Vertikale Drehbank für Uhrmacher

Bronze und Eisen, 52 x 28 cm
Bezeichnet: VULLIAMY
Brighton, Laurence Harvey
Herkunft: Werkstatt Benjamin Lewis Vulliamy, 68 Pall Mall, 1810–1854
Literatur: Crom 1980, S. 614

Diese große Drehbank, die sich für bis zu 16 cm breite Gangwerke eignete, wurde hauptsächlich für Reparaturen verwendet. Grundplatte und obere Achse waren beweglich, so daß es möglich war, Zapfenlöcher auf der Uhrwerksplatine paarweise anzuordnen. Dies erleichterte z. B. das Auswechseln der Lagerbuchsen und das Bohren neuer Zapfenlöcher. Drehbänke von englischen und schweizerischen Herstellern in vielen unterschiedlichen Formen produziert, waren über die Kataloge von Werkzeugmachern für Uhren und Werkstoffhändlern weithin lieferbar. Das hier gezeigte Werkzeug stammt aus der Werkstatt von Benjamin Lewis Vulliamy, in der umfassende Reparaturen, Restaurierungen und technische Verbesserungen für königliche und andere Kunden vorgenommen wurden. CE

513

513
Satteluhr und Schrittzähler, um 1800

Ralph Gout, Spindel-Hemmung; Schnecke und Kette, Unruh-Spiralfeder mit Unruh aus Reinstahl; Staubschutz aus vergoldetem Messing; weißes Zifferblatt aus Emaille; darin oben Zifferblatt für Stunden und Minuten und unten zwei Zifferblätter für das Pedometer-Zählwerk 0–10 und 10–100; großes Zifferblatt geeicht für 0–10.000 Schritte, L. 23,5 cm
Bezeichnet auf der Platine: By the King's Letters PATENT Ralph Gout London 365; auf dem Zifferblatt: Weston
London, Trustees of the British Museum
Inv.-Nr.: MLA CA1 - 355
Herkunft: C. A. Ilbert Collection, erworben 1938; 1958 vom Museum erworben

Ralph Gout war zwischen 1770 und 1829 als Großhandels-Uhrmacher in der *Old Street, St. Luke's*, tätig; er eröffnete in der *Bunhill Row* ein neues Geschäft, nachdem er das Patent (Nr. 2351) über „bestimmte Neuerungen in Pedometern und pedometrischen Uhren" erhalten hatte. Das Patent deckte Uhrmechanismen, die die Schritte eines Menschen, den Gang eines Pferdes und die Umdrehung eines Wagenrades messen konnten. Das Gehäuse stammt wohl von John Neville aus Clerkenwell, die Zifferblatt-Signatur von William Weston in Smithfield, einem Meister seines Faches. Vermutlich wurde das Stück für den türkischen Markt hergestellt, wo Ralph Gout und andere Londoner Uhrmacher großen Erfolg hatten. DRT/CE

515

514 (Farbtafel S. 530)
Stoppuhr, 1802

Vulliamy, Duplex-Hemmung; Temperaturkompensation und Unruh-Spiralfeder; Schnecke und Kette, Harrisons Gegengesperrfeder; Hebel zur Sperrung der Unruh; Staubschutz aus Goldbronze; weißes Zifferblatt aus Emaille; Zeiger aus gebläutem Stahl; Silbergehäuse, ⌀ 6,3 cm
Bezeichnet auf der Platine: Vulliamy LONDON zmx
Marken: Londoner Feingehaltsstempel für 1802–1803; Meistermarke RW
London, Trustees of the British Museum
Inv.-Nr.: MLA CA1 - 1310
Herkunft: C. A. Ilbert Collection, erworben 1939; 1958 vom Museum erworben

Benjamin Vulliamy führte sein Geschäft von 1775–1811 in der *Pall Mall* Nr. 74. Trotz seiner Schweizer Abstammung widersetzte er sich heftig den Uhrenimporten (meistens Schmuggelware) aus der Schweiz und aus Frankreich. Die bei Herstellern hochwertiger Taschenuhren, so auch bei den Vulliamys beliebte Duplex-Hemmung wurde 1782 als „Horizontal-Hemmung mit zwei Rädern" von Thomas Tyrer, *Red Lion Street* in Clerkenwell, patentiert. 1790 war sie von führenden Londoner Uhrmachern in eine Einrad-Hemmung mit zwei Zahnreihen verändert worden. Wie alle Londoner Uhrmacher numerierten auch die Vulliamys ihre Uhrwerke nach einem komplizierten alphabetischen Code. Das Unternehmen beschäftigte zwischen 1799 und 1814 über 200 Heimarbeiter; von den 16 Hemmung-Herstellern hatten sich zwei auf die Produktion des Duplex-Mechanismus spezialisiert. Das Uhr-Gehäuse stammt wohl von Richard Walker in Soho. DRT/CE

515
Doppelgehäuseuhr, 1806

Spencer and Perkins; Hemmung mit Steigrad, Schnecke und Kette; Diamantendeckstein; weißes emailliertes Zifferblatt mit goldenen Zeigern
Bezeichnet auf dem Zifferblatt: SPENCER & PERKINS LONDRES; auf der Platine: Spencer & Perkins 17009
Inneres Gehäuse aus Gold
Marken: Londoner Feingehaltsstempel für 1806–1807; Hersteller TC/RC (Thomas und Richard Carpenter, 5 Islington Road, Clerkenwell)
Äußeres Gehäuse aus Messing mit Horn (Hafenszene), ⌀ Innengehäuse 5 cm; Außengehäuse 6 cm
London, The Museum of London
Inv.-Nr.: A9883
Herkunft: J. G. Joicey, 1912 Schenkung an das London Museum
Ausstellung: London, The Museum of London, 1991–1992
Literatur: Murdoch (Hg.) 1991, S. 144

Emmanuel Spencer und John Perkins, zuletzt 115, *Newgate Street,* betrieben einen ausgedehnten Handel mit „allen Arten von Uhren, Repetieruhren, Horizontale Uhren, Uhren mit Sekundenzeiger, Skelettuhren und einfachen Uhren für den Export oder das Inland", ... „desgleichen Werkzeuge und Werkstoffe für Uhrmacher ..." Der Regulator dieser Uhr ist mit den spanischen Worten für ‚schnell' und ‚langsam' bezeichnet, was darauf hinweist, daß diese Uhr wahrscheinlich für den Export nach Spanien oder Südamerika bestimmt war. Die Kombination eines goldenen Innengehäuses mit einem bemalten Außengehäuse aus Horn ist ungewöhnlich. Thomas und Richard Carpenter, die Hersteller des Innengehäuses, verbanden sich 1803 geschäftlich miteinander. Wenn man von der Anzahl der erhaltenen Uhren ausgeht, die ihre Marke tragen, müssen sie vielbeschäftigte Hersteller gewesen sein. CE/DT

516
Doppelgehäuseuhr, 1808

William Ilbery, Federhemmung, Typ: Peto; dreiarmige Bimetall-Kompensationsunruh; Spiralförmige Unruhfeder; Schnecke und Kette; weißes emailliertes Zifferblatt mit eingebautem zweiten Zifferblatt zur Anzeige der Sekunden und goldenen Zeigern; goldene Gehäuse, das Innere graviert, das äußere mit farbiger Emaillierung; ⌀ Innengehäuse 5,2 cm, Außengehäuse 6 cm
Bezeichnet auf der Rückplatine: Ilbery, London, 5762
Marken: Londoner Feingehaltsstempel für 1808–1809 und Meistermarke WM für William Mansell, 32 Rosoman Street, Clerkenwell
London, The Museum of London
Inv.-Nr.: C1512
Herkunft: J. G. Joicey; 1912 Schenkung an das Museum

William Ilbery führte sein Geschäft in Londons Uhrmacherviertel im Norden der City; nach den Firmenverzeichnissen 1780 in der *Goswell Road* und 1814 in der 24 *York Place.* Ilbery spezialisierte sich auf die Herstellung teurer und technisch aufwendiger Uhren für den chinesischen und orientalischen Markt. Das hier gezeigte Stück ist ein Taschenchronometer mit einer Federhemmung, einem gewissen Peto zugeschrieben, der für John & Myles Brockbank arbeitete,

516 (geöffnet)

Londoner Pionieren der Chronometerherstellung. Die ‚Peto'-Hemmung war jedoch nie wirklich populär und in gewisser Weise schon zum Zeitpunkt der Herstellung dieser Uhr anachronistisch. Ilbery, Inbegriff eines erfolgreichen, spezialisierten Großhandelskaufmanns und Uhrenherstellers, importierte auch komplexe Schweizer Gangwerke, die er mit ‚Ilbery London' signieren ließ und dann nach China exportierte. Zusammen mit seinem Sohn führte er auch ein Geschäft in Fleurier, Schweiz. CE

517

Taschenuhr, 1810

Vulliamy, Zweistift-Ankerhemmung von Savage; Kompensations-Unruh und Unruhspiralfeder; Schnecke und Kette, Harrisons Gegengesperrfeder; Staubschutz aus vergoldeter Bronze mit Prägestempel „IB" auf der Innenseite; weißes Zifferblatt aus Emaille; Zeiger aus gebläutem Stahl; goldenes Gehäuse, ⌀ 4,5 cm
Bezeichnet auf der Platine: VULLIAMY LONDON msza
Marken: Londoner Feingehaltsstempel für 1810–1811; Meistermarke AC und Nr. 5079
London, Trustees of the British Museum
Inv.-Nr.: MLA CA1 - 1107
Herkunft: C. A. Ilbert Collection, erworben 1930; 1958 vom Museum erworben

Benjamin Lewis Vulliamy (1780–1854) arbeitete von 1793 an zusammen mit seinem Vater Benjamin Vulliamy und leitete ab 1811 den Familienbetrieb in der *Pall Mall* Nr. 74. Zwischen 1816 und den späten vierziger Jahren schenkte der Königliche Uhrmacher der *Clockmakers' Company* 47 Uhren verschiedener Hersteller, den Kern des heutigen Museums der Gesellschaft. Mit seinem Tode 1854 schloß ein traditionsreiches Familienunternehmen, in dem über ein Jahrhundert lang einige der schönsten Londoner Uhren hergestellt worden waren. Die besondere Form der in dieser Uhr vorgefundenen Ankerhemmung hatte der in Clerkenwell arbeitende George Savage entwickelt; er wurde dafür von der *Royal Society for the Encouragement of Arts, Manufacturers and Industry* 1822 ausgezeichnet. Das Gehäuse stammt wohl von dem Schweizer Einwanderer Abraham Conteste. Hersteller des Staubschutzes ist wahrscheinlich James Brown, Clerkenwell. DRT/CE

518

518

Taschenuhr, 1811

Charles Smith, Zylinderhemmung; Schnecke und Kette; Diamantdeckstein für Unruhzapfen; mattvergoldetes Zifferblatt mit polierten, erhabenen Zahlen und gedrehter Mitte; gebläute Stahlzeiger; Rückseite aus dreifarbigem Gold; ⌀ 4,6 cm
Bezeichnet auf der Platine: Chas Smith London 100523
Marken: Londoner Feingehaltsstempel für 1811–1812; Meistermarke TH für Thomas Hardy, Rosoman Row, Clerkenwell
London, The Museum of London
Inv.-Nr.: C34
Herkunft: J. G. Joicey, 1912 Schenkung an das Museum

Charles Smith, Uhrmacher, richtete seinen Betrieb etwa 1784 in der Bunhill Row 122 ein. Im Londoner Post-Office-Adreßbuch erscheint er als ‚Großhandels-Uhrmacher'. Sein ausgeprägter Geschäftssinn machte ihn zu einem der produktivsten Hersteller Londons. 1798 z. B. gab er vor einem Ausschuß des Unterhauses an, im Jahre 1796 4.240 Uhren verkauft zu haben. Von Thomas Hardy aus Clerkenwell stammt das Gehäuse dieses Stücks. CE

519

Doppelgehäuseuhr, 1813

Robert Chassereau, Spindelhemmung; Schnecke und Kette; weißes emailliertes Zifferblatt und Kupferzeiger; inneres Gehäuse aus Silber; äußeres Gehäuse aus Messing, mit Schildpatt und Horn und ländlicher Szene; ⌀ Innengehäuse 5,1 cm, Außengehäuse 5,8 cm
Bezeichnet auf der Platine: Robt Chassereau London Nr. 2026
Marken: Londoner Feingehaltsstempel für 1813–1814; Meistermarke WH; auf dem Anhänger MA für Michael Atkins, Hersteller von Anhängern, 4 Red Lion Street, Clerkenwell
London, The Museum of London
Inv.-Nr.: A1533
Herkunft: J. G. Joicey, 1912 Schenkung an das Museum
Ausstellung: London, 1985, The Museum of London
Literatur: Murdoch (Hg.) 1985, S. 254

519

520

Robert Chassereau, von hugenottischer Abstammung, ging bei der Uhrmacher-Gesellschaft in die Lehre und erhielt 1803 die Ehrenmitgliedschaft der Vereinigung. Seine Werkstatt befand sich zumeist in Clerkenwell. Uhren mit seinem eigenen Zeichen sind wenige überliefert. Wie aus der Versicherungspolice der *Sun Insurance Company* vom 1. 12. 1807 hervorgeht, hatte er aber noch einen Nebenberuf: er wird dort als ‚Uhrmacher und Pelzhändler' geführt. Die Qualität dieser Uhr und ihres Gehäuses zeigen Chassereaus Ehrgeiz, einfache und qualitätvolle Dinge herzustellen. CE

520
Wecker, um 1820

Joseph Anthony Berrollas; Messing vergoldet; Uhrwerk mit gezahntem Federhaus; Duplex-Hemmung; Unruh-Spiralfeder und Unruh aus Stahl; Patent-Weckmechanismus Berrollas; weißes Zifferblatt mit Einteilungen für Stunden und Viertel-Stunden zur Weckeinstellung
Uhrwerk bezeichnet: BERROLLAS 194 Strand PATENT 582, Sprungdeckelgehäuse (Messing vergoldet), ⌀ 5,55 cm
London, Trustees of the British Museum
Inv.-Nr.: MLA CA1 - 1392
Herkunft: Ilbert Collection, erworben 1925; 1958 vom British Museum erworben

Joseph Anthony Berrollas, lange in Clerkenwell tätig, erhielt zahlreiche Patente zur Verbesserung von Uhrwerken: 1808 einen neuen Repetiermechanismus (Nr. 3174), 1810 (Nr. 3342) und 1827 (Nr. 5489) neue Weckmechanismen für Taschenuhren, 1827 (Nr. 5586) für einen neuen, bügelbetriebenen Aufzieh- und handbetriebenen Einstellmechanismus. DRT/CE

521
Uhr, 1829

Henry Borrell; Gehäuse Silber, vergoldet, englische Ankerhemmung; Schnecke und Kette sowie Gegengesperrfeder von Harrison; spiralförmige Unruhfeder; Staubdeckel aus vergoldetem Messing; außen bezeichnet und numeriert, innen Herstellermarke TF; weiß emailliertes Zifferblatt; goldene Stunden- und Minutenzeiger, Sekundenzeiger aus brüniertem Stahl, ⌀ 5,35 cm
Bezeichnet auf der Platine: Hen[y]. Borrell London 30688
Marken: Londoner Feingehaltsstempel für 1829–1830; Gehäusehersteller GR (George Richards, 17 Bridgewater Square); Bügel bezeichnet mit JP
London, Trustees of the British Museum
Inv.-Nr.: MLA CA1-1184
Herkunft: Sammlung C. A. Ilbert, 1925 erworben; 1958 vom British Museum angekauft

Henry Borrell führte 1795–1840 ein Geschäft für Taschenuhren und Standuhren. Bisweilen wurden einige seiner für den nahöstlichen Markt bestimmten Uhren mit ‚Markwick Markham, Borrell' bezeichnet, ein Hinweis darauf, daß einige Londoner Kaufleute ihrem eigenen Namen die der beiden Uhrmacher aus dem frühen 18. Jahrhundert voranstellten, weil deren Namen immer noch mit Qualität gleichgesetzt wurden. Die Seriennummer auf dem Uhrwerk macht deutlich, daß Borrell eine beträchtliche Anzahl Uhren verkauft hat, die von Heimarbeitern am Ort gebaut und fertigbearbeitet wurden. DRT/CE

Sir Martin Archer Shee
Dublin 1769–1850 Brighton

522 (Farbtafel S. 529)
Thomas Earnshaw, 1798

Öl auf Leinwand, 92 x 71 cm
London, Trustees of the Science Museum
Inv.-Nr.: 1962 - 372
Herkunft: Familienbesitz Earnshaw; 1861 Mrs. W. Earnshaw; 1962 Richard Russell Earnshaw; Leihgabe an das Science Museum; vermacht 1968
Ausstellung: London, 1798, Royal Academy, Nr. 110

521

Der Uhrmacher Thomas Earnshaw (1749–1829) war ein Pionier der Chronometerherstellung. Aus Lancashire stammend, besaß er um 1800 in High Holborn Nr. 119 eine gutgehende Uhrmacher-Werkstatt. London war ein wichtiges Zentrum für Präzisionserzeugnisse und Earnshaw erkannte die Bedürfnisse eines großen Marktes: Seine Erzeugnisse waren einfach und preiswert, für privaten Gebrauch ebenso geeignet wie für die Zwecke der Königlichen Marine. 1829 hatte sich das Seefahrts-Chronometer durchgesetzt. Earnshaws Chronometerhemmung mit Feder von 1782 blieb bis in die heutige Zeit hinein fast unverändert eine Standardhemmung für diese Präzisionsuhren. Bevor es genaugehende Seefahrtsuhren gab, konnten die Navigationsoffiziere den Längengrad nur ungenau bestimmen. Viele Schiffsunfälle waren zwischen 1728 und 1759 die Folge. Erst die von John Harrison entwickelten Chronometer besaßen die erforderliche Genauigkeit; sie waren jedoch sehr teure Einzelstücke. Earnshaw und sein Zeitgenosse John Arnold aus Cornhill entwickelten ein System der Großproduktion, in der jeder Arbeitsschritt von spezialisierten Handwerkern ausgeführt wurde. Beide arbeiteten dann nur an der endgültigen Justierung. So konnten sie in mehr als 40 Jahren ungefähr 1.000 Chronometer zum relativ günstigen Preis von je £ 40 herstellen. Bis 1790 arbeitete Earnshaw fast ausschließlich für den Handel, meist ohne daß sein Name auf den von ihm produzierten Instrumenten erschien. In seinen Schriften *„Explanations of timekeepers"* (1806) und *„Longitude"* (1808) würdigte er den Beitrag des Konkurrenten Arnold. WS

523 (Farbtafel S. 530)

Taschen-Chronometer in Doppelgehäuse, 1800

Thomas Earnshaw; Feder-Hemmung; Unruh und Unruh-Spiralfeder aus Stahl, mit Earnshaws „Zucker-Zangen" Temperaturkompensation; Schnecke und Kette, Harrisons Gegengesperrfeder; weißes Zifferblatt aus Emaille; Zeiger und Doppelgehäuse aus Gold; ⌀ 5,8 cm
Marken: Londoner Feingehaltsstempel für 1800–1801; Meistermarke „TC" unter einer Axt; im äußeren Gehäuse Signetpapier
London, Trustees of the British Museum
Inv.-Nr.: MLA CA1 - 1731
Herkunft: C. A. Ilbert Collection, erworben 1933; 1958 vom Museum erworben
Literatur: Randall & Good, 1990, S. 82 und Tafel 43 a–c

Teil der heftigen Auseinandersetzung mit John Arnold und anderen um die Erfindung der Feder-Hemmung für Chronometer war Thomas Earnshaws 1808 erschienene Schrift *„Longitude, An Appeal To The Public"*; auch der Tod seines Widersachers 1799 änderte daran nichts. Das Gehäuse dieses Objekts trägt einen Stanzstempel – „TC" mit darüberliegender Axt –, wie ihn der Gehäusebauer Thomas Carpenter in der Islington Road Nr. 9, Clerkenwell, seit 1797 benutzte. Das Wappen auf dem Signetpapier bezieht sich auf den Baron von Arden, Sohn von John Perceval, des zweiten Earl of Egmont – und Catherine Compton, Baroness Arden of Lothar. Der Baron kannte als Lord des Marineministeriums Earnshaws hochgeschätzte Chronometer. DRT/CE

524

424

Seefahrts-Chronometer, um 1802

Thomas Earnshaw; Uhrwerk aus Messing und Stahl in Mahagoni-Kasten aufgehängt, 17,5 x 22 x 20 cm
Zweitages-Chronometer mit Earnshaws Feder-Hemmung und Kompensationsunruh
Bezeichnet: Thomas Earnshaw Invt. et Fecit No. 524/2869 London
Greenwich, National Maritime Museum
Inv.-Nr.: CH 629
Herkunft: Robert Foulkes Collection
Ausstellung: Armagh, 1989
Literatur: Gould 1923, S. 113–127; Earnshaw 1806; Earnshaw 1808

Seefahrts-Chronometer sind mechanische Zeitnehmer für genaueste Zeitmessung an Bord eines Schiffes. In Großbritannien hatte die Regierung seit 1714 eine Vielzahl von Prämien zur Verbesserung der Längengradbestimmung auf See ausgeschrieben, was die technischen Entwicklungen auf den Gebieten von Astronomie und Zeitmessung förderte. Earnshaw kam aus Lancashire und ließ sich um 1763 in London nieder, wo er als Konstrukteur speziell für Gangregelungssysteme für Uhren tätig war. Im Gegensatz zu seinen Konkurrenten Mudge und Arnold stammte Earnshaw aus einfachen Verhältnissen. Für ihn wurde die Chronometerherstellung zur Existenzgrundlage. Um 1780/81 hatte er bereits einen Chronometer mit Feder-Hemmung entwickelt, besaß aber nicht das nötige Kapital (etwa 100 Pfund), um ihn sich patentieren zu lassen. Earnshaw vertraute diesen Chronometer dem Uhrmacher Thomas Wright an. Arnold meldete ein eigenes Patent für ein ähnliches Stück 1782 an. Ein Plagiats-Streit entstand daraus; es zeigte sich jedoch bald, daß Earnshaws Federn und seine Kompensationsunruh aus Messing und Stahl leichter als die von Arnold herzustellen waren. Sie bestimmten den Standard in der Chronometer-Herstellung und wurden bis zur Einführung der Quartz-Technologie in den siebziger Jahren des 20. Jahrhunderts kaum verändert. CE/JDB

525 (Farbtafel S. 528)

Seefahrts-Chronometer, 1795

Howells & Pennington; Uhrwerk aus Messing und Stahl in späterem Mahagoni-Kasten aufgehängt, 19 x 20 x 18 cm
Zwei-Tages-Chronometer mit späterer Feder-Hemmung Arnolds, Kompensationsunruh und gebläuter Stahlfeder; Zifferblatt mit aufgetragener Filigranarbeit aus Silber, drei eingebauten emaillierten Rundskalen für Stunden, Minuten und Sekunden, mit sichelförmigem „Auf und Ab"-Tableau, das anzeigt, wann die Uhr aufgezogen werden muß
Marken: Howells & Pennington/For the son of the inventor, 1795 (und) Howells and Pennington For Thos Mudge No. 4, 1795
Greenwich, National Maritime Museum
Inv.-Nr.: CH 155
Herkunft: Hydrographic Department, Verteidigungsministerium
Literatur: Gould 1923, S. 81 und 121 f.; Mudge 1799

Der Chronometer gehörte zu einer von Thomas Mudge junior zwischen 1794 und 1799 in Auftrag gegebenen Serie. Thomas Mudge senior (1715–1794) hatte in den sechziger Jahren des 18. Jahrhunderts begonnen, mit Seefahrtsuhren auch unter dem Aspekt kommerzieller Rentabilität zu experimentieren. Seine Modelle wurden zwischen 1778 und 1790 in Greenwich getestet. Dabei stellte sich heraus, daß Mudges Uhren den Genauigkeitsansprüchen der königlichen Astronomen nicht gerecht werden konnten. Mudges Sohn, der Rechtsanwalt Thomas Mudge junior, sorgte dafür, daß sein betagter Vater von der *Board of Longitude* 1793 eine Prämie von £ 2.500 erhielt. 1774 schloß Thomas Mudge mit den Uhrmachern William Howells aus Kennington und Robert Pennington aus Camberwell Verträge zur Herstellung von Repliken der väterlichen Uhren. 1795 endete die Verbindung von Howells und Mudge. Pennington rückte als wichtigster Handwerker nach; Richard Pendleton kam hinzu, und die Uhren wurden mit „Pennington, Pendleton and Others" signiert. CE/JDB

526

Taschen-Chronometer, 1806

John Roger Arnold; Feder-Hemmung; Arnolds z-förmige Kompensationsunruh mit goldener Sprungfeder; Schnecke und Kette mit Harrisons Gegengesperrfeder; weißes Zifferblatt aus Emaille; Zeiger aus gebläutem Stahl; Konsulargehäuse aus Silber, ⌀ 5,82 cm
Signiertes Uhrwerk: Jn°. R. Arnold London Inv. et Fecit No. 1984
Marken: Londoner Feingehaltsstempel für 1806–1807; Meistermarke „TH"; Wappen auf der Rückseite mit Motto „REGARD BIEN"
London, Trustees of the British Museum
Inv.-Nr.: MLS CA1 - 1842
Herkunft: C. A. Ilbert Collection, erworben 1935; 1958 vom Museum erworben
Literatur: Mercer 1972, Tafel 179; Randall & Good 1990, S. 70–71, Tafel 34 c–f

Nach dem Tode seines Vaters John Arnold im Jahre 1799 stellte auch John Roger Arnold Seefahrts- und Taschen-Chronometer sowie schöne Taschen- und Wanduhren her und entwickelte die Technik weiter. Zwischen 1830 und 1840

526

war Arnold Partner von Edward John Dent, danach selbständiger Händler. Schritt für Schritt kaufte Charles Frodsham das Geschäft auf, benutzte aber den Namen Arnolds weiter. Wie andere wichtige Uhrmacher aus der City und aus dem West End war auch Arnold von Heimarbeitern abhängig. So wurde das Gehäuse der gezeigten Uhr von Thomas Hill, Great Sutton Street Nr. 28, Clerkenwell, hergestellt. Von 1800 bis 1840 entstanden bei Arnold über 4.720 Uhren von hoher Qualität. Verglichen mit den Großhandels-Uhrmachern war seine Produktion jedoch gering. Das Wappen auf der Rückseite des Gehäuses läßt darauf schließen, daß diese Uhr dem Baronet Robert John Milliken Napier gehörte (Grafschaft Renfew; 1764–1808).
DRT/CE

John Roger Arnold
London 1769–1845 Bath

527
Taschen-Chronometer, um 1818

Vergoldetes Uhrwerk aus Messing in einem Silbergehäuse und Mahagoni-Kasten,
5,5 x 8,5 x 12 cm
Tageschronometer mit Arnoldscher Federhemmung; Z-förmige Kompensationsunruh mit gebläuter Stahlfeder
Marken: Feingehaltsstempel Londons für die Jahre 1818–1819 im Gehäuse
Bezeichnet: Jn. R. Arnold London Invt. et Fecit No. 2168
Greenwich, National Maritime Museum
Inv.-Nr.: Ch. 192
Herkunft: Hydrographic Department, Verteidigungsministerium
Literatur: Gould 1923, S. 115, 118 und 124–125

Kleine Chronometer wie diese, als Deck-Uhren bekannt, halb so teuer wie Uhren in größeren Gehäusen, waren besonders bei Schiffskapitänen beliebt. Die hier gezeigte, eine typische Arbeit Arnolds, tat ihren Dienst bis 1910 auf Schiffen der Königlichen Marine während der Arktis-Expedition von 1852. John Roger Arnold (1769–1843), der Sohn von John Arnold (1736–1799), war einer der großen Pioniere seines Fachs, der wichtige Erfindungen gemacht hatte, etwa 1772 eine freie Hemmung mit schwenkbarer Auslösefeder; 1775 meldete er eine bimetallische Kompensationsunruh mit gewundener Feder zum Patent an. 1782 ließ er sich seine zylindrische Spirale patentieren. John Arnold stellte seine Chronometer zunächst in Chigwell, Essex her und machte seinen Sohn dann in London zum Geschäftspartner. John Roger Arnold, 1812 Master of the Clockmakers' Company, zog 1820 in die Cecil Street Nr. 27 und 1830 nach *Strand* Nr. 84, wo er bis 1840 Teilhaber von E. J. Dent war. CE/JDB

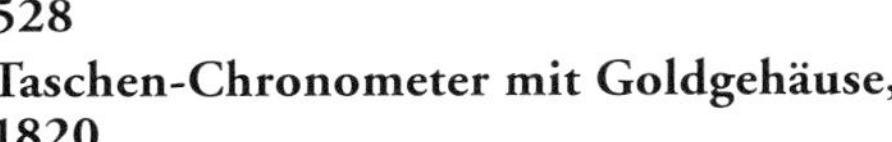

528
Taschen-Chronometer mit Goldgehäuse, 1820

James Fergusson Cole; Drehzapfen-Ankerhemmung; Schnecke und Kette, Harrisons Gegengesperrfeder; Unruh-Spiralfeder aus Stahl mit Mikrometerschrauben-Justierung; weißes Zifferblatt aus Emaille, bezeichnet: „COLE LONDON"; Zeiger aus Blaustahl
Bezeichnet auf der Platine: JAMES FERGUSSON COLE No. SX LONDON Inv^{t}. et Fecit; auf der Unruh-Platte: PATENT, ⌀ 6,03 cm
Marken: Londoner Feingehaltsstempel für 1820–1821, 18 Karat; Gehäusehersteller HJ (?); Bügel-Signatur: IHG
London, Trustees of the British Museum
Inv.-Nr.: MLA CA1 - 1726
Herkunft: C. A. Ilbert Collection, 1934; 1958 vom British Museum erworben
Literatur: Clutton & Daniels 1979, S. 270; Randall & Good 1990, Tafeln 12 e–f und 13 a–b

527

528

Cole wurde in der ersten Hälfte des 19. Jahrhunderts als Präzisionsuhren- und Taschenuhrhersteller berühmt. Man nannte ihn später auch den „englischen Breguet". Das hier gezeigte Werkstück, vermutlich ein Muster, wurde von ihm zwischen 1820 und 1821 angefertigt, kurz nachdem er seine Lehrzeit beendet hatte. Cole war ein erfinderischer Uhrmacher, experimentierte mit verschiedenen Hemmungen und benutzte häufig Bohrungen für seine Uhrwerke, wie sie von Lépine entwickelt worden waren. Er war ein enger Freund des Schweizer Uhrmachers Sylvain Mairet (1804–1890), der in den dreißiger Jahren des 19. Jahrhunderts in London arbeitete, Hunt & Roskell und auch Benjamin Lewis Vulliamy mit Uhren belieferte. Wie andere Londoner Hersteller war Cole jedoch auch von den Werkstätten in Clerkenwell abhängig. DRT/CE

529
Seefahrts-Chronometer, um 1825

Brockbank & Atkins; Uhrwerk aus Messing und Stahl in einem Mahagoni-Kasten aufgehängt, 18,5 x 21 x 18,5 cm
Zwei-Tages-Chronometer mit Hemmung nach Earnshaw; Brockbanks dreiarmige Kompensationsunruh mit gebläuter Stahlfeder
Bezeichnet: Brockbank and Atkins, London No. 841
Greenwich, National Maritime Museum
Inv.-Nr.: Ch. 45
Herkunft: Doyle-Nachlaß, 1959
Literatur: Gould 1923, S. 117–124

Als dieses Stück hergestellt wurde, waren Chronometer dank der etwa 10 in diesem Gewerbe tätigen Londoner Firmen keine Raritäten mehr. Sie hatten auch einen so hohen Grad an Perfektion erreicht, daß sie von späteren Uhrmachern nur noch wenig verbessert werden konnten. Gegründet wurde die Firma Brockbank & Atkins von John Brockbank, dessen Werkstatt sich seit ungefähr 1769 in *Old Jewry* Nr. 17 befand. Mit seinem Bruder Myles betrieb er zwischen 1776 und 1808 ein Geschäft in Cowpers Cour Nr. 6, Cornhill. Nachfolger von John und Myles Brockbank wurden von 1808 bis 1814 ihre Neffen gleichen Namens. Zwischen 1814 und 1840 firmierte das Geschäft in Cowpers Court Nr. 6 als „Brockbank & Atkins", mit George Atkins als Partner. Das Unternehmen produzierte weniger als Konkurrenten wie Arnold, Earnshaw oder Barraud. CE/JDB

531

529

530
(Farbtafel S. 532)
Sextant, 1797

John und Edward Troughton; Messing, 11 x 38 x 7 cm; R 29,9 cm; Karten 13 x 42,5 x 38 cm
Bezeichnet auf dem Teilkreis: Troughton London 294
Greenwich, National Maritime Museum
Inv.-Nr.: S.104/37-1400
Herkunft: 1802 Schenkung von Capt. James Brisbane an T. H. Hoskins, Kapitän der HMS Saturn; Schenkung an das Museum 1937
Literatur: Taylor 1966, S. 298 f.; Brown 1979, S. 44, 51 und 76–78

Der Sextant wurde in den sechziger Jahren des 18. Jahrhunderts zur Bestimmung der geographischen Länge bei der Navigation mit Hilfe des Abstandes zwischen dem Mond und einem Stern oder Planeten entwickelt. Mit seiner Hilfe war es möglich, große Winkel genauer zu messen als mit dem älteren Oktanten. Nach dem Tode Jesse Ramsdens stieg Edward Troughton (1753–1835) zum führenden britischen Instrumentenbauer auf. 1788 meldete er ein Patent auf den Säulen- oder Doppelwandsextanten an und entwickelte um 1800 die ‚Schnupftabaksdose' der Landmesser – einen Taschensextanten. Um 1805 begann er in seiner Werkstatt in der *Fleet Street*, große Instrumente für Observatorien zu liefern, die wie viele seiner Vermessungsinstrumente überall auf der Welt eingesetzt wurden. Troughtons Bedeutung wurde durch die Wahl zum Mitglied der ROYAL SOCIETY von London 1812 und von Edinburgh 1822 anerkannt. Er war 1820 Gründungsmitglied der ROYAL ASTRONOMICAL SOCIETY. CE/KL

531
Sextant, um 1805

Ripley and Son; Messing, ca. 12 x 32 x 29 cm; R 22,2 cm; Kasten 13 x 36,5 x 32 cm
Bezeichnet auf dem Teilkreis: Ripley & Son, Hermitage, London
Greenwich, National Maritime Museum
Inv.-Nr.: S.126/46-295
Herkunft: Sammlung F. N. Adams; Leihgabe an das Museum 1946–1974; 1974 dem Museum vermacht
Literatur: Taylor 1966, S. 295 und 373; Brown 1979, S. 43, 76, 85 f.

Thomas Ripley ging 1755 über die Grocers' Company bei John Gilbert, einem Hersteller mathematischer Geräte, in die Lehre. Seit ungefähr 1765 arbeitete Ripley unter einer Adresse, die sowohl mit 364 Hermitage als auch mit 364 Wapping angegeben wurde. Sein Sohn James übernahm 1807 das Geschäft in 335 Wapping. Um 1813 betrieb er auch in der neu gebauten COMMERCIAL ROAD (die die City mit den kürzlich eröffneten West und East India Docks verband) ein Geschäft mit angrenzendem Lagerraum. Die Ripleys gehörten zu den führenden Instrumentenbauern, die einen blühenden Handel mit Seeleuten, Schiffsinspektoren, Schiffsausrüstern und Kaufleuten aufbauten. Sie stellten „mathematische, optische und wissenschaftliche Instrumente für Meer und Land, für Groß- und Einzelhandel" sowie „Navigationsbücher und Seekarten nach den neuesten Vermessungen" her. CE/KL

533

532
Azimutkompaß, um 1830

William und Thomas Gilbert; Messing, 36 x 25 x 23 cm
Bezeichnet auf der Kompaßrose: W. & T. Gilbert, London
Greenwich, National Maritime Museum
Inv.-Nr.: ACO.8/69.19N
Herkunft: Vom Admirality Compass Observatory 1969 an das National Maritime Museum überführt
Literatur: Fanning 1986; Taylor 1954, S. 134; Taylor 1966, S. 393; Brown 1979, S. 47, 83

Ein Azimutkompaß dient auf Schiffen zur Bestimmung der Deklination, der Abweichung zwischen der geographischen Nordrichtung und dem magnetischen Nordpol. Das Gehäuse besitzt eine kardanische Aufhängung mit federndem Anschlag, um die Bewegung der Windrose zu hemmen. Die Genauigkeit des Kompaß wird auf der Unterseite der Windrose mit Datum vom 19. April 1838 bescheinigt. William und Thomas Gilbert kamen 1795 bzw. 1801 über die GROCERS' COMPANY zu ihrem Vater in die Lehre. Die Hersteller von wissenschaftlichen Instrumenten hatten keine eigene Gilde oder Handwerkervereinigung und mußten über die Gilden der Uhrmacher, Brillenmacher, Kolonialwarenhändler, Schreibwarenhändler und Tischler in die Lehre gegeben werden. Die Gilberts zählten im frühen 19. Jahrhundert zu den größten Herstellern von mathematischen und optischen Instrumenten. 1814 wurden die Werkzeuge, Geräte und Warenbestände in ihrer Niederlassung in der Leadenhall Street mit der bemerkenswert hohen Summe von 4.000 Pfund versichert. Thomas Gilbert baute 1820 mathematische Instrumente im Auftrag der Ostindischen Kompanie. CE/KL

533
Dreibeiniges tragbares Achromat-Teleskop

Tulley and Sons; Objektivlinse ⌀ 4,8 cm; Rohr ⌀ 5,8 cm; L zusammengeschoben 29 cm, ausgezogen 83 cm; Dreibein H 37 cm
Bezeichnet: Tulley and Sons, Islington,//FB
London, Royal Astronomical Society
Inv.-Nr.: R. A. S. Instrument Collection Nr. 150
Herkunft: Schenkung von Lt. Col. John Day, R. E., 1929
Literatur: Howse 1986, S. 229

Dieser kleine Refraktor aus dem frühen 19. Jahrhundert hat Francis Baily (1774–1844) gehört, dessen Monogramm auf dem Ring des oberen Zuges sichtbar ist. Es kann keinem bestimmten Mitglied der Hersteller-Familie Tulley zugeschrieben werden. Baily verbrachte eine Zeit auf Reisen in Nordamerika, war später in der Finanzwelt der City of London tätig und beschäftigte sich im Ruhestand mit der Astronomie; zugleich schrieb er über britische Geschichte und Versicherungsmathematik. Heute bringt man seinen Namen hauptsächlich mit der ersten Beschreibung des ‚Perlschnurphänomens' in Verbindung, jenem halskettenähnlich aussehenden Effekt kurz vor dem Eintritt der totalen Sonnenfinsternis. Man kennt ihn auch als den ersten Sekretär der *Royal Astronomical Society* nach ihrer Gründung 1820, deren Präsident er später wurde. Seine wesentlichste Leistung war aber möglicherweise das Sammeln, Herausgeben und die neue Auslegung der vielen alten Sternkataloge, die manchmal bis ins antike Griechenland zurückzudatieren waren, und auf denen die spätere Entwicklung der sphärischen Astronomie basierte. Das Teleskop zeigt, wie attraktiv zahlreiche kleine Instrumente aussahen, die aus Interesse und für den gelegentlichen Gebrauch in wohlhabenderen Häusern zu einer Zeit angeschafft wurden, als die Wissenschaft noch eine ‚schöne Fertigkeit' sein konnte; dazu kaufte man dann vielleicht einen Führer zum Auffinden der Sterne wie das hier auch gezeigte Werk *Urania's Mirror.* PH

534
(Farbtafel S. 531)
Mondglobus, „Selenographia", 1797

John Russell; bedrucktes Papier auf Gips, Messingständer, 51 x 42 cm
Bezeichnet: Invented by J Russell ... Published by the Author

532

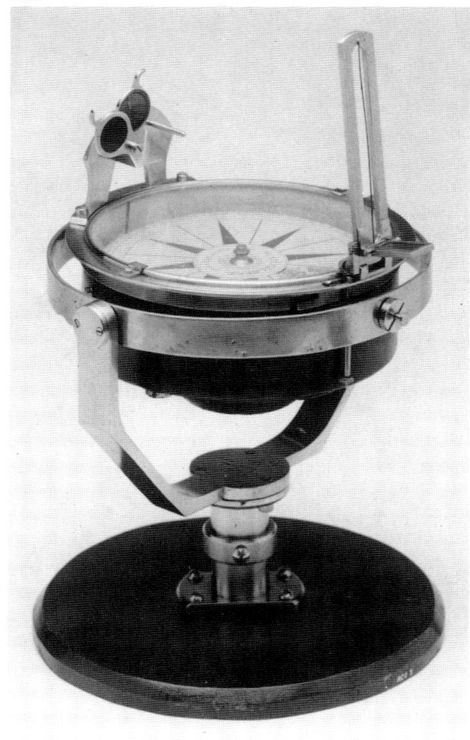

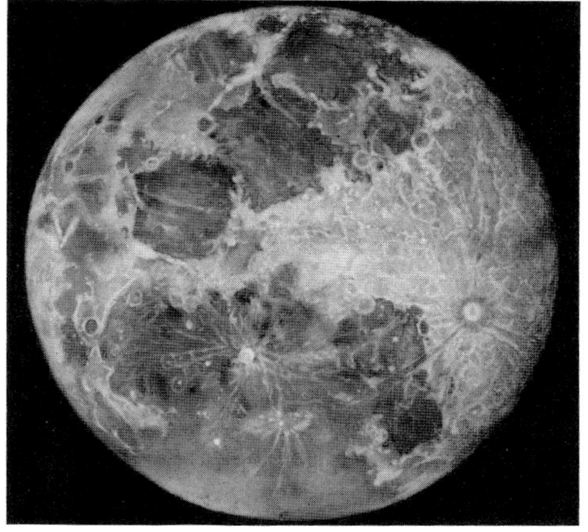

535

Stamford, The Burghley House Collection
Herkunft: Henry Cecil, 10th Earl and 1st Marquess of Exeter
Ausstellung: Burghley, 1986, Kat.-Nr. 26

John Russell, Mitglied der *Royal Academy* und als Pastellmaler bekannt, war auch ein aktiver Amateurastronom mit besonderem Interesse für den Mond. Seine *„Selenographia"* – so nannte er diese Erfindung – ist mehr als ein einfacher Mondglobus; mit Hilfe des Geräts läßt sich der sogenannte Librationseffekt des Mondes darstellen. Der Mond ist der Erde stets mit derselben Seite zugewandt; vor dem Zeitalter der Raumfahrt war auch nur diese Seite bekannt. JB

John Russell
Guildford 1745–1806 Hull

535
Zeichnung des Vollmonds

Pastell, 46 x 38 cm
London, Royal Astronomical Society
Herkunft: zusammen mit zwei weiteren am 9. März 1895 bei Christie's erworben; Schenkung von Dr. McClean
Literatur: Ryan, S. 27–48

Die *Selenographia* beruht auf eigenen Untersuchungen des Künstlers über einen Zeitraum von zwanzig Jahren, zu denen der Präsident der *Royal Society,* Sir Joseph Banks, ihn ermuntert hatte. Russell hielt alle bisherigen Mondkarten für fehlerhaft und begann 1785 mit seinen Forschungen, bei denen er von Astronomen und zwei Teleskopen von Herschel und Dolland unterstützt wurde. Etwa ab 1795 schuf er Pastellzeichnungen wie diese, stach seine *Selenographia,* schuf mindestens einen Globus mit dem Relief der Mondoberfläche (der verlorenging) und ein kontrastierendes Paar Drucke, die er MOND-*Planisphären* nannte. PH

John Russell

536
Mond-Planisphäre unter Schrägbeobachtung, 1805–1806

Radierung, 40,7 x 40,2 cm
London, Christopher Mendez
Literatur: Ryan 1966, S. 27–48

Die beiden den Mond darstellenden Radierungen von Russell, die er *Mond-Planisphären* nannte, wurden erst nach seinem Tode von seinem Sohn herausgegeben. Die hier ausgestellte gibt den Mond in Schrägbeleuchtung von allen Seiten wieder. Das bot den Vorteil, daß die Formen deutlicher umrissen hervortraten. Der erste Druck war dem Königlichen Astronomen Nevil Maskelyne gewidmet und der zweite Wilhelm Herschel. CF

537
(Farbtafel S. 532)
Orrery-Planetarium, 1823–1827

John Addison; hölzernes Bodenbrett mit gefirnißter Papierskala; Messinggetriebe mit Planeten aus Messing und Elfenbein; Erdkugel bemalt; gravierte silberne Skala unterhalb von Sonne und Mond, 17 x 53 x 28 cm
Bezeichnet auf der Papierskala oberhalb der Zwillinge: Published for & Sold by J. Addison,/116, Regent Street St. James's/GLOBE MAKER To His Most Gracious Majesty, Geo. III
Greenwich, National Maritime Museum
Inv.-Nr.: P.14/37-201
Herkunft: Sammlung George H. Gabb (Nr. R.3); Schenkung an das Museum von Sir James Caird, Bart., 1937
Literatur: King 1978, S. 150–158 und 210; Taylor 1966, S. 412

536

538

John Addison war einer der wichtigsten und erfolgreichsten Hersteller von Globen in London. Sein Orrery-Planetarium ist ein mechanisches Modell, das die relativen Bewegungen der Planeten und ihrer Trabanten darstellt. Der Name ‚Orrery' leitet sich von dem jetzt erloschenen Titel von Charles Boyle, dem 4. Earl of Cork and Orrery, her, der dem mechanischen Planetenmodell seinen Namen gab, das er von dem Instrumentenbauer John Rowley (Schaffenszeit 1698–1728) erhielt. Das Instrument zeigt auch die täglichen Erdbewegungen und die Mondumdrehungen. Jupiter wird mit 4, Saturn mit 7 und Uranus mit 6 Trabanten dargestellt. KL

538
Theodolit, um 1840

Troughton und Simms; Messing mit versilberten Skalen, Durchmesser des horizontalen Kreises 16,5 cm
Bezeichnet: Troughton and Simms, LONDON
Cambridge, Whipple Museum of the History of Science
Inv.-Nr.: 2116
Herkunft: Revd. Richard Sheepshanks; 1857 Schenkung seiner Familie an die Royal Astronomical Society

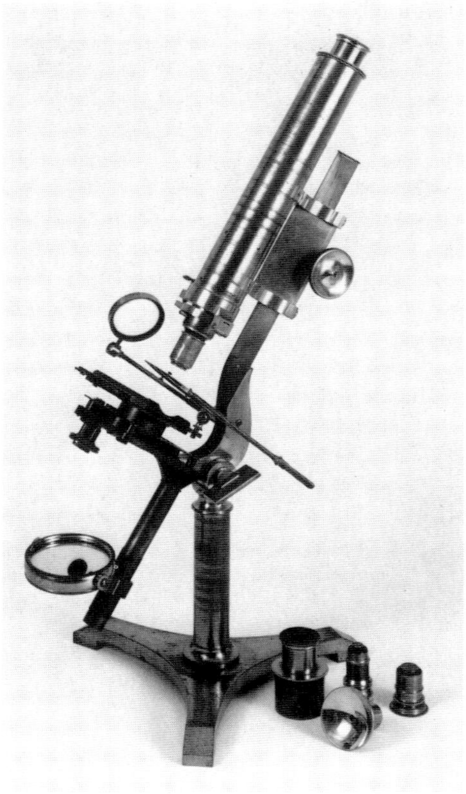

539

Troughton und Simms waren in der ersten Hälfte des 19. Jahrhunderts die führenden Hersteller von Präzisionsinstrumenten. Die Firma wurde 1826 als ‚Offene Handelsgesellschaft' von den bereits erfolgreichen Fabrikanten Edward Troughton (um 1753–1835) und William Simms (1793–1860) gegründet. Sie stellten sämtliche Geräte für Astronomie, Navigation und Landvermessung her, von alltäglichen Dingen wie Oktanten und Wasserwaagen bis zu den komplizierten Meßinstrumenten für astronomische Observatorien. JB

539
Mikroskop, um 1840

Andrew Ross; Messing, Länge des Limbus 40,5 cm
Bezeichnet auf dem Fuß: ANDW ROSS & Co Opticians 33 Regent St. Piccadilly
Cambridge, Whipple Museum of the History of Science
Inv.-Nr.: 2385

Ein verhältnismäßig frühes Beispiel für die Arbeiten von Andrew Ross, der später einer der führenden Hersteller von Präzisionsmikroskopen werden sollte. Zu einer Zeit, als die traditionelle Vormachtstellung der Londoner Hersteller von Präzisionsinstrumenten für Astronomie und Navigation mehr und mehr durch Deutschland und Frankreich bedroht wurde, konnten die Londoner Hersteller von ihrer Vertrautheit im Umgang mit achromatischen Linsen profitieren. JB

Jehoshaphat Aspin
Tätig 1814–1835

540a
A Familiar Treatise on Astronomy ..., 1834

(Eine verständliche Abhandlung über die Astronomie zur Erklärung der allgemeinen Erscheinungen der Himmelskörper), 4. Auflage
Herausgeber M. A. Leigh, 421 Strand,
22 x 14 cm

540b
Urania's Mirror ...

(Uranias Spiegel, oder eine Ansicht des Himmelsgewölbes, Stiche von Sydney Hall)
32 kolorierte und perforierte Karten,
20 x 13,5 cm, in Schuber
London, Royal Astronomical Society
Inv.-Nr.: 19308, 24267
Herkunft: Karten Schenkung von R. Mumford 1958; Buch 1975 angekauft
Literatur: Sperling 1981, S. 398 f.

Das 19. Jahrhundert war das große Zeitalter der ‚Selbsthilfe' und der *Selfmademen.* Der rasante Fortschritt der Technik machte vielen den Aufstieg zu Reichtum und wichtigen Positionen möglich. Angehörige der unteren Schichten erkannten Bildung als Schlüssel zu höherem gesellschaftlichen Status. Die Astronomie nahm an dieser Entwicklung auf verschiedene Weise teil. Zum einen führte die Notwendigkeit, in der Hochsee-Schiffahrt über Navigations-Fachleute verfügen zu können, dazu, daß an den Seefahrtsschulen der Hafenstädte Astronomie unterrichtet wurde. Zum anderen kamen eine Vielzahl populärwissenschaftlicher Bücher und Zeitschriften-Beiträge dem weitverbreiteten Wunsch nach allgemeinen wissenschaftlichen Kenntnissen entgegen. Zeitschriften wie *Ladies Diary*, William Frends *Evening Amusements* und das *Philosophical Magazine* waren mehr oder weniger astronomische oder mathematische Fachblätter und erzielten eine erstaunlich weite Verbreitung. Zahlreiche Werke halfen dabei, die Sternen Konstellation kennenzulernen; zu den schönsten und kunstvollsten gehörte das hier gezeigte Beispiel einer aus 32 Karten bestehenden Folge mit dem Titel *Urania's Mirror* (Uranias Spiegel). Die Karten wurden als Umrißstiche gedruckt und in zarten Farbtönen handkoloriert. Ungewöhnlich ist die Perforierung der Karten an den Positionen der helleren Sterne, entsprechend ihrer jeweiligen Größe. Im Gegenlicht ergibt sich also ein höchst realistisches Konstellations-Muster. Jehoshaphat Aspins zusammen mit den Karten verkauftes Buch *A Familiar Treatise on Astronomy* wurde vielfach aufgelegt; es scheint auch zwei verschiedene Fassungen der Karten gegeben zu haben. Urania ist die Muse der Astronomie; viele Sternatlanten trugen den Titel ‚Uranometria' o. ä. PH

540a+b

541

541
Fareys Ellipsograph, um 1814

John Farey; Stahl und Messing in einem mit Chagrin überzogenen hölzernen Etui; 15,8 x 16,6 x 3,1 cm; Instrument 13,5 x 15 x 2,1 cm
Bezeichnet: FAREY, LONDON, No. 20 F
London, Trustees of the Science Museum
Inv.-Nr.: 1922-108
Literatur: Farey 1812; Farey 1813, S. 117–130; Taylor 1966, S. 391; Hambly 1988, S. 89–90

Das hier ausgestellte Instrument ist eines der erhaltenen Beispiele des von John Farey um 1810 erfundenen Ellipsographen, das erste dieser in Großbritannien entworfenen Instrumente. Es erfüllte die Forderung von Architekten und Ingenieuren nach einer Vorrichtung, die das Zeichnen von kleineren Ellipsen ermöglichte. Die Original-Fischhautschachtel befindet sich bei dem Instrument. 1813 führte Farey seinen Ellipsographen der *Society of Arts* vor und wurde dafür mit einer Goldmedaille ausgezeichnet. Die Geräte konnte man in William Harris Laden in *High Holborn* kaufen. JW

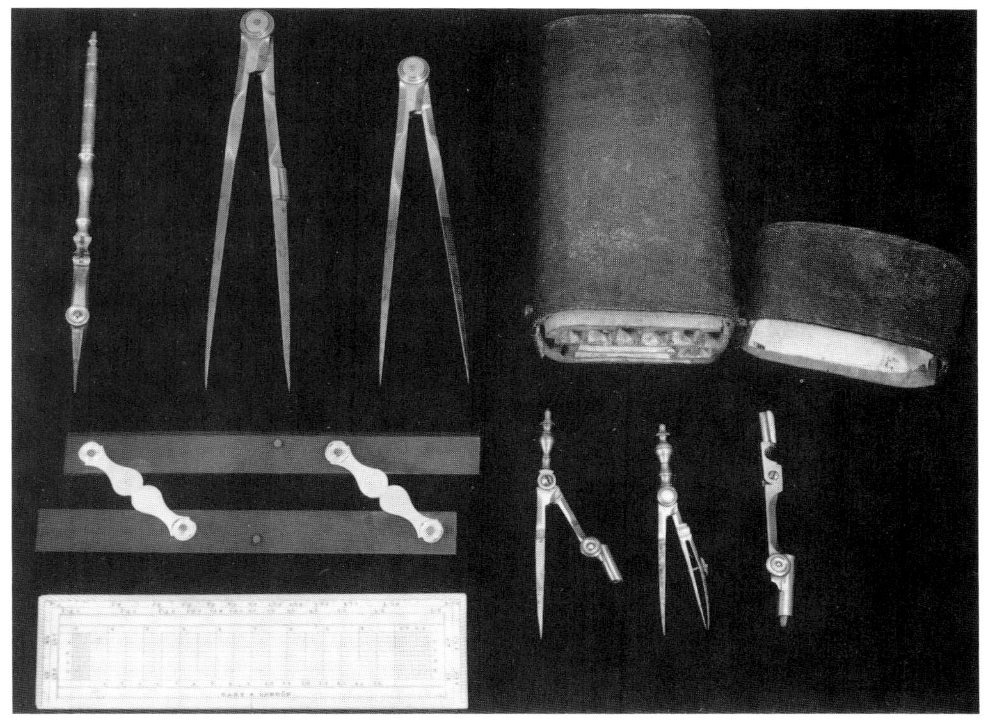

542

542
Taschengarnitur von Zeichengeräten

William Cary; Messing, Stahl, Elfenbein und Ebenholz in einem mit Fischhaut überzogenen Holzetui, 13,5 x 7,5 x 2,1 cm
Bezeichnet: CARY LONDON
London, Trustees of the Science Museum
Inv.-Nr.: 1938-167
Herkunft: 1938 Schenkung Ihrer Majestät Königin Mary an das Museum
Literatur: Taylor 1966, S. 692–693; King 1979, S. 170–172

Die hier gezeigte Standardgarnitur umfaßt einen Spitzenzirkel, einen Stechzirkel, eine Tintenfederspitze, eine Bleistiftspitze, zwei kleine Bogenfedern, eine Reißfeder, einen Maßstab, einen Proportionalzirkel und ein Parallellineal. Auf dem Maßstab befinden sich auch ein Winkelmesser und die Bezeichnung. Die Cary-Familie, mit ihren Unternehmen am *Strand* und in der *St. James's Street*, war vom späten 18. Jahrhundert bis zur Mitte des 19. Jahrhunderts in London für die Herstellung von wissenschaftlichen Instrumenten aktiv. William Cary ging bei Ramsden, einem führenden Hersteller von wissenschaftlichen Instrumenten, in die Lehre. Zusätzlich zu den optischen Geräten, auf die sich seine Bekanntheit gründete, konstruierte Cary Globen, Universalinstrumente, Mikroskope und natürlich Zeichengeräte. JW

543
Globus, 1842

J. und W. Cary, nach einer Ausgabe von 1816; kolorierte Papierstreifen, Ständer aus Messing und Walnußholz; ⌀ 46 cm
Bezeichnet: CARY'S NEW TERRESTRIAL GLOBE … London Made and Sold by J. & W. Cary, Strand, March 1st. 1818 WITH ADDITIONS and CORRECTIONS to 1842
Cambridge, Whipple Museum of the History of Science
Inv.-Nr.: 2693
Herkunft: Park Street School, Cambridge

Die Familie Cary, zu jener Zeit Londons führender Hersteller von Globen und Landkarten, betrieb auch einen ausgedehnten Handel mit relativ billigen Produkten, auf denen stets die neuesten Reisen, Entdeckungen und kartographischen Erkenntnisse eingezeichnet waren. Als dieses Exemplar gedruckt wurde, lag die Führung des Unternehmens in Händen von George und John, zweier Söhne von John Cary, einem der Gründer der Firma am *Strand.* JB

543

544
Chirurgische Instrumente für Amputationen

Savigny & Co.; 67 St. James's Street, London
Holz und Stahl, 7 x 17,2 x 41,6 cm
Bezeichnet: Savigny & Co.
London, Trustees of the Science Museum
Inv.-Nr.: A600571
Literatur: Savigny 1798; Weston-Davies 1989, S. 40–43

Dieser Satz Amputationsinstrumente ist für die damalige Zeit charakteristisch; er besteht aus einer Knochensäge und Zange, Messern zum Durchtrennen der Muskeln, Nadeln, Abbindungsdraht und weiteren kleinen Instrumenten. Eine Aderpresse ist ebenfalls enthalten. Savigny war einer der führenden Londoner Instrumentenbauer; ab 1810 war seine Firma etwa dreißig Jahre lang mit Everill und Mason verbunden. Er vergab vermutlich Zulieferaufträge über die notwendigen Schmiedestücke an Schmiede und führte die erforderlichen Schleif-, Polier- und Montagearbeiten selbst aus. Behälter waren von besonderer Bedeutung, weil die Chirurgen zu den Operationen ihre eigenen Instrumente mitbrachten. GL

THEATER UND MUSIK

Das Theater vereinte als beliebteste Form öffentlicher Unterhaltung alle gesellschaftlichen Gruppen. Das Interesse daran hielt zudem den Souvenir-Handel lebendig. John P. Kemble, Sarah Siddons und Edmund Kean prägten die Londoner Bühnen. Ihrer schauspielerischen Größe entsprach der wachsende Ehrgeiz der beiden Königlichen Theater *Covent Garden* und *Drury Lane* nach mehr Qualität und publikumswirksamen Attraktionen. Zur selben Zeit entwickelten mehr und mehr kleine Theater in den Londoner Vorstädten neue Formen des Melodrams und der Pantomime. Lukrative Verträge lockten Sänger(innen) und Musiker in die Metropole; das allgemeine musikalische Niveau fand bei Ausländern keinen einhelligen Beifall.

John Orlando Parry
1810–1879

545 (Farbtafel S. 559)
Londoner Straßenszene, 1835

Aquarell, 70,2 x 100,3 cm
Bezeichnet unten rechts: John Parry 1835
London, Alfred Dunhill Ltd.
Literatur: Motif 1958, S. 72 f., mit Reproduktion

Parrys Straßenszene weist auf *St. Paul's Cathedral* im Hintergrund hin. Das Aquarell vermittelt einen lebhaften Eindruck vom schnellen Wandel Londons in den dreißiger Jahren. Abbruchhäuser und die provisorischen Bretterzäune um abgerissene Gebäude wurden zu Plakat-Wänden, die um die Aufmerksamkeit der Passanten wetteiferten. Theater- und Musik-Plakate fallen besonders auf (Paganinis Name ist unter den Fetzen links am Zaun zu erkennen); geworben wird aber auch für Dampfschiffe, und der *Komet,* eine Pferdekutsche, die 24 Stunden für die Strecke London – Liverpool brauchte, ist nur ein Beispiel für Reisegeschwindigkeiten kurz vor dem revolutionierenden Ausbau des Eisenbahnnetzes. Parry macht das Chaos der Szene, den erbitterten Kampf um Werbeflächen und die Vergänglichkeit der Plakate augenfällig, und er zeigt die graphische Vielfalt von Schrift und Farbe in der damaligen Werbung. JMM

547a

Sir Thomas Lawrence

Bristol 1769–1830 London

546 (Farbtafel S. 527)

Kemble als Coriolanus, 1798

Öl auf Leinwand, 113 x 70 cm
London, Guildhall Art Gallery
Inv.-Nr.: 844
Herkunft: Erworben vom Künstler durch Sir Richard Worsley; durch Heirat an die Grafen von Yarborough; 1906 vom vierten Grafen der Guildhall Art Gallery geschenkt
Ausstellungen: Royal Academy, 1798, Nr. 225; British Institution, 1845, Nr. 80; British Institution, 1848, Nr. 30; Manchester, 1857, Nr. 173; Port Sunlight, 1948; Royal Academy, 1951, Kat.-Nr. 415; London, Hayward Gallery, 1975, Kat.-Nr. 136; London, National Portrait Gallery, 1979, Kat.-Nr. 12; Royal Academy, 1982/83, Kat.-Nr. 136
Literatur: Garlick 1989, S. 216; West 1991, S. 226–248

John Philip Kemble (1757–1823) war einer der berühmtesten Schauspieler seiner Generation und eine der wichtigsten Gestalten im Londoner Theaterleben. Ein Sohn des Schauspielers und Theaterdirektors Roger Kemble und Bruder der gefeierten Sarah Siddons, trat er als Kind in der Theatertruppe seines Vaters auf, bereitete sich später auf das Priesteramt vor und ging dann doch 1776 zur Bühne. Sein Londoner Debüt war 1783 am *Drury Lane* als *Hamlet.* Fortan galt er als großer Shakespeare-Tragöde. Kemble wurde am *Drury Lane* auch Direktor, mit einem (hohen) wöchentlichen Gehalt von 55 Pfund und 14 Schillingen, und war dann in *Covent Garden* tätig. Eine seiner wichtigsten Rollen war die des *Coriolan*; er verkörperte sie im Juni 1817 auch bei seiner Abschiedsvorstellung, auf die das Publikum mit dem Ruf ‚Kein Lebewohl!' reagierte. Lawrence malte Kemble mehrfach; sein Porträt als *Coriolan* ist am bekanntesten. Ein Bericht ‚... über Herrn Kembles Abschied von der Bühne' (London 1817) entspricht der Intention des Gemäldes, über die Person auch den historischen Hintergrund des Stücks darzustellen: ‚Erinnern wir uns ... seines stolzen und doch versöhnlichen Verhaltens ... Erzählt es nicht seine Geschichte, bevor sie seine Zunge verrät? ...' RU

George Henry Harlow

London 1787–1819 London

547

a) Sarah Siddons als Lady Macbeth

I. Akt, 5. Szene: Come all ye Spirits / That tend on mortal thoughts, unsex me here
Öl auf Leinwand, 61 x 38 cm

b) Sarah Siddons als Lady Macbeth

V. Akt, 1. Szene: Out, damned spot! Out, I say!
Öl auf Leinwand, 61,6 x 37,5 cm
London, The Garrick Club
Inv.-Nr.: Mathews 147 und 137; RW/CKA 31, 43
Herkunft: Charles Mathews
Ausstellungen: London, Royal Academy, 1833, Nr. 147 und 137; London, Hayward Gallery, 1975, Kat.-Nr. 100–101
Literatur: Ashton, unveröffentlichter Katalog des Garrick Club, Nr. 742 und 743

Sarah Siddons (1755–1831), das älteste von den zwölf Kindern Roger Kembles, trat erstmals in London 1775/76 am *Drury Lane* in Garricks letzter Spielzeit auf. 1782 hatte sie in Southernes *The Fatal Marriage, or: The Innocent Adultery* (Die verhängnisvolle Heirat oder Der Ehebruch aus Unschuld) Erfolg und galt seither als Göttin der Tragödie – eine Legende, die Reynolds mit seinem Gemälde der ‚Tragischen Muse' (Royal Academy, 1784, Nr. 190. Huntington Library, San Marino, California) noch steigerte. *Lady Macbeth* war ihre größte Rolle über den langen Zeitraum von 1785 bis 1812, als sie am 22. Juni ihre letzte offizielle Vorstellung am *Covent Garden* gab, die das gerührte Publikum mit der Schlafwandel-Szene beenden wollte. In dieser dramatischen Szene erscheint die Siddons auch hier (b). Har-

548

low verlangte zwanzig Guineas für solche kleinformatigen Ganzfigurenporträts; Mathews, ein enger Freund und Gönner, gab sie wohl direkt beim Künstler in Auftrag. Eine große Version der Macbeth-Szene aus dem 1. Akt (heute Bob Jones University, Kalifornien) diente als eine Vorlage für das 1830 von Longman publizierte Stichwerk *Literary Souvenir.* Von der Szene aus dem 5. Akt existiert ein Kupferstich für Terrys *Theatrical Gallery* bei H. Berthoud von 1822 sowie für Oxberrys *Dramatic Biography* von 1825. CF

Sammuel Drummond

London 1763–1844 London

548

Edmund Kean als Richard III., 1813

Öl auf Leinwand, 203 x 122 cm
London, Sadler's Wells Trust Ltd.
Herkunft: vermutlich Schenkung an Lilian Baylis, Leiter der Theater Old Vic und Sadler's Wells
Ausstellungen: London, Royal Academy, 1814, Nr. 315; Sydney, 1973; London, Hayward Gallery, 1975, Kat.-Nr. 203, mit Reproduktion
Literatur: Moore 1888, S. 228; Hackett 1959

In Edmund Keans (1787?–1833) Schauspielkunst verkörperten sich die romantisch radikalen

550

Tendenzen der Epoche. Sein Debüt gab er als Shylock am 26. Januar 1814 am *Drury Lane*; am 12. Februar spielte er erstmals seine später berühmteste Rolle – *Richard III.* Im Gegensatz zu Kemble war Kean von kleinem Wuchs, befremdlich ungelenk, mit dunklem, durchdringenden Blick; er spielte unter Einsatz seines ganzen Körpers, und seine leidenschaftliche Intensität fand ihre Höhepunkte in der Darstellung des unheilvollen und wahnsinnigen Bösen. Er sprach rauh, gebrochen, manchmal wie erstickt; sein Publikum war fasziniert von seinen Wechseln zwischen gebundener Rede und trivialer Umgangssprache. Das stürmische Schauspieler-Genie fand auch in Lord Byron einen Bewunderer; der Dichter fühlte sich ihm verwandt: ‚Bei Jupiter, er ist eine Seele! Leben, Natur, Wahrheit – ohne Übertreibung, ohne Abstriche. Kembles Hamlet ist perfekt, aber Hamlet – das ist keine Natur; Richard ist ein Mann, und Kean ist Richard!' Daß dieses Ganzfigurenporträt bereits wenige Monate nach seinem Debüt am *Drury Lane* ausgestellt wurde, spricht für Keans Erfolg auf der Bühne wie in der fashionablen Gesellschaft. EE

549
Edmund Keans Bühnenkostüm für Richard III., um 1830

Wappenrock aus karmesinrotem Baumwollsamt und Seidensatin, gefüttert; Lederverzierungen mit appliziertem Flitter, Hermelinimitat; schwarzer Wams mit Messingknöpfen, Oberärmel geschlitzt, Schwertkoppel karmesinroter Samt, mit künstlichen Steinen; Pluderhose, geschlitzt; Perücke und Krone aus vergoldeter Pappe mit Hermelinimitat und Flitter, imitierten Perlen und Steinen; Kragen, Strümpfe und Stiefel rekonstruiert
London, The Museum of London
Inv.-Nr.: 53.96 (Kostüm), 49.76/1 (Schwert)
Herkunft: Kostüm, Russell Thorndike, Leihgabe an das Museum of London 1953 und Schenkung 1975; Schwert, Sir John Martin-Harvey; 1949 Schenkung von Mrs Huntley Gordon an das Museum
Literatur: Holmes 1965, S. 8, 27; de Marley 1982, S. 45

Der traditionelle Stil des Bühnenkostüms für Richard III. ahmte die Mode des 16. und frühen 17. Jahrhunderts nach. Keans Kostüm unterscheidet sich nur wenig von den seit dem 17. Jahrhundert getragenen. Wams, Pluderhose und Wappenrock waren Variationen der Kostüme, die J. van der Gucht in *The Works of William Shakespear* (1709) dargestellt hatte, und die z. B. in Darstellungen David Garricks (der die Rolle von 1741 an spielte) zu sehen sind. Später im 19. Jahrhundert versuchte man, Richard III. (der von 1483–1485 regierte) nach der Mode des späten 15. Jahrhunderts zu kleiden. Kean spielte während seiner gesamten Laufbahn auf den Londoner Bühnen immer wieder Richard III.; das letzte Mal am 12. März 1833, zwei Monate vor seinem Tod am 15. Mai. Alle führenden Schauspieler der Zeit besaßen ihre eigenen Kostüme und konnten nur selten dazu überredet werden, solche aus dem Theater-Fundus zu tragen. VC

550
Figur Edmund Kean als Richard III., um 1815

Robert Bloor and Co.; Weichporzellan, 29 cm
Marken: Krone über D in Rot; eingeritzte 21 und 1 für die Größe; Herstellungsmarke 45 in Blau
Derby, Royal Crown Derby Museum
Literatur: Twitchett 1980, S. 228–229, Abb. 296; Bradshaw 1990, S. 418, G4, S. 187, Abb. 144

Drei Versionen eines ‚Richard III.' entstanden in Derby – nach den Schauspielern David Garrick, John Phillip Kemble und Edmund Kean, der Vorbild für die hier gezeigte Figur war. Sparsam, wie man in den Midlands produzierte, wechselte man jeweils lediglich den Kopf aus. Das originale Modell basierte auf einem von Garrick in Auftrag gegebenen Porträt von Nathaniel Dance, das 1771 in der *Royal Academy* ausgestellt und von Sir Watkin Williams-Wynn erworben wurde. Durch Stiche wurde es weithin bekannt. JT

551
Edmund Kean als Richard III.

Lithographie (kolorierter Zweipence-Druck), 24,2 x 19,7 cm
Herausgeber W. S. Johnson
London, The Raymond Mander and Joe Mitchenson Theatre Collection
Ausstellung: London, Hayward Gallery, 1975, Kat.-Nr. 216

In der ersten Hälfte des 19. Jahrhunderts wurde aller großen und vieler weniger bedeutenden Schauspieler auf Drucken gedacht, die sie in ihren berühmtesten Rollen darstellten; als *Penny Plain* (‚einfarbige Drucke zu einem Penny') und *Tuppence Coloured* (‚kolorierte Drucke zu zwei Pence') wurden sie verkauft, letztere manchmal mit Flittergold oder Farbfolie verziert. CF

552
Theaterzettel des Theatre Royal, Drury Lane, 10. Juni 1822

König Richard III. mit Mr. Kean als Herzog von Glo'ster, sein letzter Auftritt der Saison in dieser Rolle
33,4 x 25 cm
London, The Museum of London
Inv.-Nr.: Drury Lane Playbills 459

Garrick war der erste Schauspieler, dessen Name auffälliger als die anderen Namen auf Theaterzetteln erschien. Als Anfang des 19. Jahrhunderts neue Schriftarten aufkamen, erhielt diese Praxis

552

THEATRE ROYAL, DRURY-LANE.
This Evening, MONDAY, June 10, 1822,
His Majesty's Servants will perform Shakspeare's Tragedy of

King Richard the Third

King Henry, Mr. POPE,
Prince of Wales, Miss G. Carr, Duke of York, Master R. Carr,
Duke of Glo'ster, Mr. KEAN,
(Being his last appearance in that Character this Season)
Duke of Buckingham, Mr. PENLEY,
Duke of Norfolk, Mr. BROMLEY,
Earl of Richmond, Mr. COOPER,
Earl of Oxford, Mr. HOWELL, Lord Stanley, Mr. POWELL,
Lord Mayor, Mr. MEREDITH, Sir Robert Brackenbury, Mr. FOOTE,
Sir William Catesby, Mr. VINING, Sir Richard Ratcliffe, Mr. WILLMOTT,
Tressell, Mr. BARNARD, Tyrrell, Mr. SMITH,
Dighton, Mr. Turnour, Blunt, Mr. Read,
Elizabeth, Queen of Edward the Fourth, Mrs. W. WEST,
Lady Anne, Miss SMITHSON,
Duchess of York, Mrs. KNIGHT.
After which, the favourite Musical Extravaganza, called

Giovanni in London.

Don Giovanni, Madame VESTRIS,
Leporello, Mr. HARLEY,
Mr. Florentine Finickin, Mr. BARNARD, Mr. Deputy English, Mr. GATTIE,
Pluto, Mr. MEREDITH, Mercury, Mr. HOWELL, Charon, Mr. SMITH,
Firedrake, Mr. RANDALL, Drainemdry, Mr. WILLMOTT, Porous, Mr. W. H. WILLIAMS,
Simpkins, Mr. TURNOUR, Popinjay, Mr. VINING, Shirk, Mr. HUGHES,
Nokes, Mr. G. SMITH.
Proserpine, Miss COOPER, Mrs. Leporello, Miss CUBITT,
Miss Constantia Quixotte, Miss POVEY, Mrs. English, Mrs. ORGER,
Mrs. Simpkins, Mrs. MARGERUM, Mrs. Porous, Miss PHILLIPS,
Mrs. Drainemdry, Mrs. HARLOWE, Squalling Fan, Mrs. BARNARD,
Succubus, Miss VALANCY, Tartarus, Mrs. BEST.
In Act I. A PAS SEUL by Miss TREE.
Books of the SONGS to be had in the Theatre; and at Roach's Library, Russell Court, Drury Lane.

The Doors will be opened at Half-past Six o'Clock. and the Performances on each Evening commence at Seven.

Boxes 7s. Second Price 3s. 6d.—Pit 3s. 6d. Second Price 2s.
Lower Gallery 2s. Second Price 1s.—Upper Gallery 1s. Second Price 6d.
Places to be taken of Mr. Rodwell, in the Rotunda of the Saloon of the Theatre.
Private Boxes can be obtained for the Evening, of Mr. Rodwell, at the Box-Office.
The Public is respectfully informed, that Mr HOOKHAM of Bond Street, is appointed sole Agent at the West End of the Town, for the nightly disposal of the Private Boxes belonging to the Lessee of this Theatre
No Money to be returned. *J. Tabby, Printer, Theatre Royal, Drury Lane.*

Mr. KEAN
Will perform the part of the *Duke of Glo'ster*, this Evening; and *Macbeth*, on Wednesday next.
Being his last appearance this Season.

Mr. BRAHAM
Will perform the part of *Hawthorn*, (BY PARTICULAR DESIRE) To-morrow Evening.
Being the last Night of his Engagement.

To-morrow, The Opera of LOVE in a VILLAGE.
Hawthorn, Mr. Braham, *being the last Night of his Engagement*
With MODERN ANTIQUES.
On Wednesday, The Tragedy of MACBETH.
Macbeth, Mr. KEAN, *being his last appearance this Season.*
With a Musical Farce.
On Thursday, the Opera of the DEVIL'S BRIDGE. After which, BLUE DEVILS,
The RIVAL SOLDIERS, and other Entertainments For the Benefit of Mr. BRAHAM.
On Friday, the Comedy of the BEAUX STRATAGEM, With other Entertainments,
Being the last Night of the present Season.

555

einen neuen Anstoß. Kean, stets in Hauptrollen präsent, forderte mit Erfolg, daß sein Name bei jeder Vorstellung an erster Stelle genannt werde. EE

Samuel De Wilde

Holland 1748–1832 London

553 (Farbtafel S. 558)

Thomas Collins als Slender in ‚Die lustigen Weiber von Windsor' von William Shakespeare

Öl auf Leinwand, 73,7 x 57,2 cm
Bezeichnet unten links: S. De Wilde
London, Royal National Theatre, Maugham Collection
Herkunft: W. Somerset Maugham, der es 1951 dem Shakespeare Memorial National Theatre Trust (Royal National Theatre) vermachte
Ausstellungen: London, Royal Academy, 1803, Nr. 652; London, Victoria and Albert Museum, 1951; London, Hayward Gallery, 1975, Nr. 128, reproduziert; London, Royal Academy, 1982–1983, S. 83 f., Kat.-Nr. 140, reproduziert
Literatur: Mander und Mitchenson 1955, S. 113, reproduziert; Mander und Mitchenson 1980, S. 32, Kat.-Nr. 28, Farbtafel S. 25

Die Wiederaufnahme von Shakespeares ‚Die Lustigen Weiber von Windsor' fand am 26. Oktober 1802 im *Drury Lane Theatre* statt; die Rollen waren mit hervorragenden Komödianten besetzt: John Bannister als Pistol, Richard Suett als Shelton und William Dowton als Sir Hugh Evans. Falstaff war Stephen Kemble, im Gegensatz zu seinem sehr gut aussehendem älteren Bruder beleibt genug, um die Rolle ohne Polster zu spielen. Thomas Collins (1775–1806) trat an diesem Theater Anfang 1802 erstmals auf und blieb bis zu seinem frühen Tod im Alter von 31 Jahren dem Haus verbunden. Samuel De Wildes Studio in der Tavistock Road lag günstig zwischen *Covent Garden* und *Drury Lane.* Von seinen Hunderten von Theaterporträts befinden sich mehr als 40 in der *Somerset Maugham Collection* im *National Theatre* und mehr als 200 im *Garrick Club.* Die nach seinen Gemälden und Aquarellen veröffentlichten Stiche erfreuten das Theater-Publikum und steigerten den Ruhm der großen Londoner Schauspieler und Sänger. IM

Samuel De Wilde

554 (Farbtafel S. 558)

Charles Farley als Francisco in ‚A Tale of Mystery' von Thomas Holcroft, 1803

Öl auf Leinwand, 89,5 x 69,2 cm
London, Royal National Theatre
Herkunft: W. Somerset Maugham, der es dem Shakespeare Memorial National Theatre Trust (The Royal National Theatre) 1951 vermachte
Ausstellungen: London, Royal Academy, 1803, Nr. 191; London, Victoria and Albert Museum, 1951; London, Hayward Gallery, 1975, Kat.-Nr. 129, reproduziert
Literatur: Mander und Mitchenson 1955, S. 117, reproduziert; Mander und Mitchenson, 1980, Nr. 29, Farbtafel S. 28

A Tale of Mystery basiert auf einem französischen Drama von Pixérécourt (*Coelina, où l'Enfant du Mystère*) und war das erste Melodrama genannte Theaterstück in London: eine Aufführung, die dramatische Höhepunkte mit musikalischer Untermalung steigerte. Die Handlung dreht sich um die Herkunft des nach einem Überfall stumm gewordenen Francisco. Der erste Akt spielt in einer gotischen Halle; der Darsteller Charles Farley ist wie ein Gebirgsbewohner Mitteleuropas gekleidet: das Drama verdankt den populären *Gothic Novels* viel, jenen oft im Zentrum Europas angesiedelten Gruselgeschichten des späten 18. Jahrhunderts. Farley (1771–1859) trat 1782 zum ersten Mal in *Covent Garden* auf und spielte den Francisco bei der Uraufführung des Stückes am 13. November 1802 ebendort. Von 1806 bis 1834 war er für alle hier aufgeführten Pantomimen verantwortlich. IM

555

Zierdose, 1804

Weichporzellan; versilbert, vergoldet und mit dem Profil-Kopf von Master Betty bemalt, 2,8 x 5,5 cm
Bezeichnet auf dem Deckel: WILLM HENRY WEST BETTY BORN 13TH SEPTR 1791; auf dem Boden: „British tragedian with feeling and propriety he astonishes the judicious observers of human nature 1804
Brighton, The Royal Pavilion, Art Gallery and Museums
Inv.-Nr.: C.HW. 926
Ausstellung: London, Bethnal Green, 1899, Nr. 926

William Henry West Betty (1791–1874), einer der gefeierten Schauspieler der Zeit, der Sohn eines Textilfabrikanten, entflammte für seinen künftigen Beruf, als er mit zehn Jahren Sarah Siddons als Elvira auf der Bühne erlebte. Weniger als zwei Jahre später hatte er tatsächlich seinen ersten Auftritt in Belfast. Danach wurde er im Theater von *Covent Garden* stürmisch umjubelt. Die Bewunderung für das Wunderkind grenzte an Hysterie: sein Auftritt in *Barbarossa* (Dezember 1804) hätte beinahe zu einem Tumult geführt; Soldaten mußten die öffentliche Ordnung erhalten, und es gab Verletzte. Hazlitt nannte ihn „fast ein heiteres Geschöpf der Sphären, voller Anmut und Biegsamkeit der Jugend ..." Besonders für seine Hamlet-Darstellungen war Betty berühmt. Einmal vertagte Pitt sogar eine Sitzung des Unterhauses, damit die Abgeordneten ihn in dieser Rolle erleben konnten. Die Beliebtheit des Schauspielers flaute ab, als er älter wurde. Louis Simmond, ein französisch-amerikanischer Besucher Londons, der Betty 1810 sah, hielt ihn für ‚ein großes Kalb ... mit einem hübschen ausdruckslosen Gesicht, ohne erkennbare Spuren des Genies'. Nur mit einer gehörigen Portion schlechten Geschmacks könne man ihn so verehren ... Betty zog sich 1824 von der Bühne zurück und genoß den Rest seines Lebens das während seiner kurzen Karriere erworbene Vermögen. RU

556

Medaille: Master Betty, 1804

Neusilber, 4,2 cm
Graviert von T. Webb
Bezeichnet auf der Vorderseite: THE YOUNG ROSCIUS; T. WEBB. F; auf der Rückseite:

556

559

NOT YET MATURE YET MATCHLESS. MDCCCIV; BORN SEPTR 13th 1791
London, Trustees of the British Museum
Inv.-Nr.: Banks NTC. 18
Literatur: Brown 1980, S. 127, Nr. 558

Zu Ehren William Henry West Bettys, des gefeierten jugendlichen Schauspielers, entstanden mindestens sieben Medaillen. Auch für so beliebte Schauspieler wie John Philip Kemble, Joseph Munden und Sarah Siddons wurden Erinnerungs-Medaillen hergestellt. EE

557

Figur John Liston als Paul Pry, um 1826–1830

Staffordshire; Steingut, farbig bemalt; 15 cm
Stoke-on-Trent, City Museum and Art Gallery
Inv.-Nr.: 371 P 1949
Herkunft: Sammlung Miss M. D. Wood, Nachkomme der Töpferfamilie Wood in Burslem, Staffordshire
Ausstellung: Stoke-on-Trent 1991, Nr. 10
Literatur: Halfpenny 1991

John Liston (1776–1846), von 1805 bis 1837 auf Londoner Bühnen tätig, war einer der erfolgreichsten Komödianten seiner Zeit. 1826 erschien eine Folge kolorierter Lithographien, die Liston in acht seiner gefeierten Rollen zeigt. Für die Töpfer von Staffordshire wie für die Manufakturen in Derby und Rockingham war sie eine Quelle der Inspiration. Die Komödie *„Paul Pry"* von John Poole, wurde im September 1825 im *Haymarket*-Theater mit Liston in der Titelrolle uraufgeführt; sie erhielt ihre Anziehungskraft das ganze 19. Jahrhundert hindurch. Der Schauspieler, der das Vermögen von £ 6.000 pro Jahr verdient haben soll, besaß offenbar eine natürliche Gabe der Komik. Pückler-Muskau verglich ihn mit Komödianten wie Unzelmann und Wurm in Berlin oder Bösenberg und Döring in Dresden. Paul Prys Schlagworte wurden allgemeiner Sprachgebrauch, und einige der Lieder, besonders *„Cherry Ripe"*, ursprünglich für Madame Vestris als *Phoebe* geschrieben, wurden wie Schlager gesungen. DS/CF

L. H. Lynch

558

John Liston und Madame Vestris als Besenmädchen, 1826

Lithographie, 30 x 24 cm
London, The Raymond Mander and Joe Mitchenson Theatre Collection
Ausstellung: London, Arts Council, 1975, Kat.-Nr. 166, Abb.

Madame Vestris, am 6. November 1826 im *Haymarket Theatre* im Duett mit John Liston vorgetragenes Besenmädchenlied, inspirierte zahlreiche Drucke und Figurinen:
„From Teutschland I cam; with my light wares all laden, / To dear, Happy England in Summer's Gay bloom. / Then listen fair lady and young pretty Maiden / O buy of the wandering Babarian a Broom. / For Brushes and Beauty there's none can excel us, / Little sister is budding and I'm in my bloom; / So, Ladies, I pray, of my face don't be jealous, / What youth can refuse when I cry ‚By a Broom'." Die Sängerin, Lucia Elizabeth Bartolozzi (1797–1856) war die in London geborene Enkeltochter des Kupferstechers Francesco Bartolozzi. Mit sechzehn heiratete sie den Tänzer Armand Vestris und ging 1815 nach Paris. 1820 gab sie ihr Debüt am Londoner *Drury Lane* und hatte in leichten Komödien und Burlesken viel Erfolg. In zweiter Ehe mit dem Komiker Charles Mathews verheiratet, leitete sie nacheinander das *Olympic-*, *Covent Garden-* und *Lyceum*-Theater. Das Lied vom Besenmädchen ging 1827 in die am *Covent Garden* gespielte Farce ‚Der Hundertpfundschein' von Richard Brinsley Peke ein und blieb lange populär. IM

George Cruikshank

London 1792–1878 London

559

J. Grimaldi Song in Character – All the world's in Paris, um 1814

Kolorierte Radierung, 19,5 x 21,8 cm
Bezeichnet unten links: G. Cruikshank del.
London, The Museum of London
Inv.-Nr.: A6897
Herkunft: Warwick Wroth
Literatur: Reid 1871, Nr. 457; Cohn 1924, S. 249, Nr. 880; George 1949, Bd. IX, S. 623, Nr. 12698

Das Blatt wurde ursprünglich von Whittle und Laurie als Titel eines „mit großem Erfolg von Mr. Grimaldi in der bekannten Pantomime *Harlequin Whittington*" gesungenen Liedes publiziert. Joseph Grimaldi (1779–1837), der größte Clown der britischen Bühne, als Sohn eines Ballettmeisters und Clowns in der *Drury Lane* geboren, war ein Wunderkind. Sein Bühnendebüt hatte er im Alter von drei Jahren, sein erster Auftritt als Clown fand 1800 in *Sadlers Wells* statt. Hier zeigt er sich in einer leicht absurden Parodie auf damals modische Kleidung – ganz wie ein englischer Tourist auf dem Weg nach Paris: Man reiste wieder auf den Kontinent, denn Napoleons Exil auf Elba bot zu dieser Zeit trügerische Sicherheit. CF

T. M. Grimshaw

560

a) Mr. Grimaldi bei seinem Lieblingstanz „Fun and Physic" in der Pantomime „Rival Genii", aufgeführt 1814 in Sadlers Wells

560a

Aquarell über Bleistift, 38 x 28 cm
Bezeichnet: ... Drawn by T. M. Grimshaw, who performed with Grimaldi at Covent Garden and Sadlers Wells Theaters in 1814, 1815, 1819, 1820, 1821, 1822, 1823

561
Figur Joseph Grimaldi, um 1828

Staffordshire, Enoch Wood; Steingut, farbig bemalt, 14,5 x 10 x 5 cm
Brighton, Royal Pavilion, Art Gallery and Museums
Inv.-Nr.: 3200000
Herkunft: Sammlung Hoare
Ausstellung: Louisville, Kentucky, 1990, Nr. 15
Literatur: Home 1987, Abb. 191

Die Figur – Grimaldi in seiner berühmten Rolle in *Harlequin and Mother Goose* – sollte wie andere auch wohl an die Benefizvorstellung des Künstlers am 27. Juni 1828 am *Drury Lane* erinnern. Unbemalte Fragmente eines solchen Objekts fand man 1974 beim Abbruch der *St. Paul's Church* in Burslem unter dem Grundstein; er war im Juni 1828 gelegt worden. Alle mit Marken versehenen Stücke der Fundstelle verwiesen auf den Töpfer Enoch Wood. Eine ähnliche Figur aus Porzellan (Thomas Griffin/Derby) war für reichere Bewunderer gedacht. Enoch Woods umfangreiche eigene Kollektion illustrierte vorzüglich die Geschichte des Töpferhandwerks. Die Sammlung wurde nach seinem Tod 1840 aufgelöst; doch glücklicherweise hatte er fünf Jahre zuvor dem König von Sachsen 182 Stücke zum Geschenk gemacht (heute im Museum für Kunsthandwerk, Dresden). EE

First Night of the New GRAND BALLET!
Theatre Royal, Drury Lane.
THE UNPRECEDENTED COMBINATION OF
Mlle. HERMINIE ELSLER,
Mr. DUCROW,
His Double Stud of highly trained Palfreys!
Mr. VAN AMBURGH
And his celebrated Lions!
This Evening, SATURDAY, November 17th, 1838,
SPIRIT OF AIR!
PALACE of THE QUEEN of the GENII.
INTRODUCTION OF THE NORTH WIND!
DEPARTURE for the EARTH.
INTERIOR OF THIONVILLE'S COTTAGE.
A PAS DE LYRES.
A GRAND PAS DE DEUX.
UNE VALSE NORMANDE!
Open Country and Outside of Cottage.
A CHARACTERISTIC DANCE.

562

b) Grimaldi und seine „pugilistic vegetable Figure", wie sie in der Pantomime „Harlequin Olio" im Covent Garden 1816 dargestellt wurde

Aquarell über Bleistift, 38 x 27,7 cm
Bezeichnet: Drawn by T. M. Grimshaw, who performed with Grimaldi in 1814 to 23 at Covent Garden, Sadlers Wells and Coburg Theatres
London, The Museum of London
Inv.-Nr.: 39.85/4-5
Herkunft: A. W. Fuller
Ausstellung: Sunderland 1988, S. 7, 9, 55
Literatur: Dickens 1833, S. 185 f., S. 209 f.

Charles Dickens zufolge war Grimaldis komischer Auftritt *„Fun and Physic"* eines der zwei neuen Stücke in *Rival Genii or Harlequin Wild Man*;Premiere war am Ostermontag, 14. April 1814, in *Sadlers Wells*. Das andere Lied hieß *„Frost Fair; oder die Mißgeschicke von Mr. Higgins und Mrs. Wiggins"*. Damals trat Grimaldi, oft am selben Abend, in dem asiatischen Schauspiel *„Sadak und Kalasrade"* in *Covent Garden* auf. CF

562
Theaterzettel

Theatre Royal, Drury Lane, 17. November 1838, 34,4 x 20 cm
London, The Museum of London
Inv.-Nr.: Drury Lane Playbills 157

Isaac van Amburgh (1811–1865) und Andrew Ducrow (1793–1843) beeinflußten die Entwicklung des Zirkus nachhaltig: Van Amburgh, ein Nachkomme amerikanischer Indianer, trat zum ersten Mal 1833 als Löwenbändiger im Richmond Hill Theatre, New York, auf; sein entspannter, spielerischer Umgang mit den Tieren erregte großes Aufsehen. 1838 führte er in London seine Löwen, Tiger und Leoparden im von Ducrow und James West geleiteten *Astley's Amphitheatre* vor. Ducrow – Seiltänzer, Schlangenmensch und Tierdompteur – war auch Choreograph und Kostümzeichner; berühmt machten ihn seine Reitkünste. Er verband sie mit Pantomime – was die Kunst der Zirkusreiterei veränderte und vielfach nachgeahmt wurde. In einem Nachruf der *Sundy Times* vom 30. Januar 1842 hieß es, er habe seinen Kunststücken „Anmut und Sinn" verliehen und „Geschichten zu Pferde" erzählt. Ducrow und Van Amburgh traten im Herbst 1838 zusammen mit der dramatischen Vorstellung *Charlemagne* (Karl der Große) im *Drury Lane* auf. Die junge Königin Viktoria, ein häufiger Gast, zeigte sich bei ihren Besuchen besonders begeistert von Van Amburghs Löwen-Nummer. Edwin Landseer porträtierte den Artisten später, von seinen Tieren umgeben (H. M. Queen Elizabeth II). Eine Staffordshire-Figur zeigt ihn; ebenso wie Ducrow erscheint er auf zahlreichen Drucken der Zeit. EE

Die Familie Grieve

563
Bühnenbild für ‚Harlequin and Number Nip'. Die Wohnstätte des Delphins

Feder, Tusche und Aquarell, 14,4 x 23,5 cm
London, University of London, Sterling Library
Inv.-Nr.: Grieve Collection, Nr. 59
Literatur: Pückler-Muskau 1832, Bd. 3, S. 284; Rosenfeld 1973, S. 91, 96, 158, Taf. 56; Mayer 1969, S. 32, fig. 7

Die Pantomime *Harlequin and Number Nip* oder *The Giant Mountain* wurde in *Covent Garden* erstmals am 26. Dezember 1827 aufgeführt. David Roberts phantastisches Seepanorama wurde besonders beachtet: es reichte von Brighton bis Gibraltar und endete in einer allegorischen, den Triumph Britanniens darstellenden

565a

Gruppe. Die Grotte der Delphine war Schauplatz der letzten Szene. Fürst Pückler-Muskau bewunderte die Spezialeffekte und schnellen Umbauten der jährlichen *Covent Garden*-Pantomime, dazu die „bewundernswerten Dekorationen, und den Einfallsreichtum des Maschinisten." CF

Thomas Hosmer Shepherd

Frankreich 1793–1864 London

564
Theatre Royal, Covent Garden, um 1825

Bleistift, Feder und Tusche, graue Lavierung, 20,7 x 30 cm
Privatsammlung
Ausstellung: London, Royal Academy, 1982–1983, S. 112, Kat.-Nr. 175, Abb.

Sechs Theater entstanden von den 30er Jahren des 18. Jahrhunderts an auf dem Gelände von *Covent Garden:* Der von John Inigo Richards entworfene zweite Bau von 1782, zehn Jahre später von Henry Holland weitgehend umgestaltet, war für Londons Theatergebäude der Prototyp im neoklassischen Stil. Als er am 20. September 1808 abbrannte (wobei auch originale Partituren Händels sowie Kostüme, Bühnenbilder und Requisiten zerstört wurden), konnte nach den Plänen des jungen Robert Smirke (1780–1867) ein weit größeres Theater errichtet werden. Nur zehn Monate dauerte unter der Leitung von John Philip Kemble und seinem Seniorpartner Thomas Harris der Wiederaufbau. Smirkes Entwurf sah ein strenges griechisches Äußeres vor, belebt von Flaxmans Reliefs und Rossis Statuen. Der Zuschauerraum faßte über 2800 Plätze. Der Versuch der Verwaltung, die Kosten für die Ausstattung durch die Einrichtung von mehr Logen – zu Lasten der Galerien – einzubringen, führte zu den Aufständen beim breiten Publikum *(One-Penny-Riots).* Das gesamte Theater brannte 1856 erneut nieder (wobei die Werke Flaxmans und Rossis geborgen wurden); es wurde durch das noch existierende Gebäude von Barry ersetzt und 1892 in *Royal Opera House* umbenannt. IM

Thomas Rowlandson

London 1756–1827 London

565
a) Dies ist das Haus, das Jack gebaut hat, 1809

Kolorierte Radierung, 6 Darstellungen à 8 x 10,5 cm
Herausgeber Thos. Tegg, 111 Cheapside
London, Trustees of the British Museum
Inv.-Nr.: 1868-8-8-7878
Literatur: George 1947, Bd. VIII, S. 863–865, Nr. 11414

b) Dies sind die Logen, die an die Vornehmen vermietet werden, die das Haus besuchen, das Jack gebaut hat

Feder und Tusche, 10,3 x 11 cm

c) Dies sind die Taubenschläge über den Logen, die an die Vornehmen vermietet werden, die das Haus besuchen, das Jack gebaut hat

Feder und Tusche, 9 x 11,2 cm

d) Dies ist die Katze, die die Armen anfauchen soll, die in den Taubenschlägen über den Logen sitzen, die an die Vornehmen vermietet werden, die das Haus besuchen, das Jack gebaut hat

Feder und Tusche, 9 x 10,2 cm
London, The Museum of London
Inv.-Nr.: 64.139/1-3
Ausstellung: London, Royal Academy of Arts, 1982–1983, Kat.-Nr. 172

Das 1808 abgebrannte *Covent Garden Theatre* wurde in kurzer Zeit nach Robert Smirkes Plan wieder aufgebaut und im September 1809 eröffnet. Die der Baukosten wegen erhöhten Eintrittspreise führten zu den *Old Price Riots* – heftigen Protesten, die John Kemble, inzwischen Mitbesitzer des Theaters, mit dem Versprechen beantwortete, die Kalkulation überprüfen zu lassen. Er wird im letzten Bild der Folge während einer Rede an das Publikum dargestellt, und ist der im Titel der Satire genannte *Jack.* Man machte vor allem die Habgier der Primadonna, der Italienerin Angelica Catalani, für die Preissteigerung verantwortlich; Rowlandson karikierte sie als Frau *Catsqualani* (Fauchende Katze): ‚Dies ist die Katze, die die Armen anfauchen soll'. Anlaß zu Protest gaben auch die privaten hier aufgeführten Logen. Die teilweise politisch motivierten *Old Price Riots* steigerten sich auch wegen der Konkurrenzsituation zwischen *Covent Garden* und *Drury Lane Theatre;* dessen Leitung sympathisierte mit den Whigs, und Kemble hatte es zugunsten von *Covent Garden* verlassen. LS

Robert William Billings

1815–1874

566
Theatre Royal, Covent Garden, 1833

Stich, 48,3 x 63,5 cm
Privatsammlung
Ausstellungen: London, Hayward Gallery, 1975, Kat.-Nr. 258; London, Royal Academy, 1982–1983, S. 112, Kat.-Nr. 177

Eine Innenansicht von *Covent Garden* nach den Umbauten von 1813 und 1819. Über dem Proszenium war, wohl aus akustischen Gründen, eine Halbkuppel errichtet worden; 1819 trat ein Ellipsenbogen an die Stelle des rechteckig überdachten Proszeniums und die Bogentüren wurden entfernt. Zu diesem Zeitpunkt waren schon sämtliche Spuren der *Old Price*-Unruhen verschwunden: Die berüchtigten ‚Taubenlöcher' im Dachgeschoß wurden 1812 durch die im Vordergrund dargestellten Tribünenbänke ersetzt, auf denen ein Platz einen Schilling kostete. Gleichzeitig hatte man den häufig abwesenden Abonnenten die Privat-Logen weggenommen, die nun wieder von allen Theaterbesuchern reserviert werden konnten. IM

Henry Andrews
gestorben 1868

567
Der Prozeß gegen Königin Katharina, 1831

Aus „Heinrich VIII." von William Shakespeare, II. Akt, 4. Szene, Theatre Royal, Covent Garden
Öl auf Leinwand, 92,7 x 85,7 cm
Stratford, The Governors of the Royal Shakespeare Theatre
Ausstellungen: London, Hayward Gallery, 1975, Kat.-Nr. 258; London, Royal Academy, 1982–1983, S. 99, Kat.-Nr. 154

Die Besetzungsliste der Aufführung weist mehrere Mitglieder der Theaterfamilie Kemble auf: Charles Kemble (1775–1854) spielt Heinrich VIII.; seine Tochter Frances Anne („Fanny") (1809–1893) die Königin Katharina. Das Gemälde gibt einen Eindruck von der Größe des Theaters – und von technischen Schwierigkeiten: man mußte weit hinten auf der Bühne spielen, weil sich die moderne Gasbeleuchtung im Zuschauerraum nicht abdunkeln ließ. Brittons und Pugins *Illustrations of Public Buildings of London* schildern den Bau von *Covent Garden* als ‚sehr eindrucksvoll: gedämpftes Gelb, von Weiß belebt und mit prächtigen Vergoldungen geziert'. Das Gemälde entstand wohl anläßlich einer Aufführung am 21. Oktober 1831. IM

567

Benjamin Dean Wyatt
London 1775–1850

568
Ansicht des Neuen Theatre Royal, Drury Lane, 1810

Feder, Tusche und Aquarell, 44,2 x 70,7 cm
Bezeichnet: B. Wyatt Feby. 1810/Perspective Elevation, shewing the principal Front and one side of the Theatre
London, Theatre Royal, Drury Lane
Ausstellung: London, The Museum of London, 1984, S. 97–99, Kat.-Nr. 98 c
Literatur: Binney 1970, S. 1116–1119

Das *Theatre Royal* in der *Drury Lane* stammte aus dem 17. Jahrhundert. Das dritte, an dieser Stelle 1793 von Henry Holland erbaute Theater, zum Teil im Besitz des Bühnenautors und Politikers Richard Brinsley Sheridan (1751–1816), konnte bis zu 3900 Besucher fassen und war eines der größten in Europa. Als es am 24. Februar 1809 völlig ausbrannte, wurde zum Zwecke des Wiederaufbaus die erste Aktiengesellschaft in der Branche unter dem Vorsitz des liberalen Politikers, Brauers und Kunstmäzens Samuel Whitbread II (1758–1816) gegründet. Den Architekten-Wettbewerb gewann Benjamin Wyatt, der sich (u. a. mit diesem Entwurf) schon zuvor mit dem Projekt beschäftigt hatte. Der neoklassische, dem Stil seines Vaters James Wyatt ähnliche Bau war ein Versuch, mit Smirkes *Covent Garden* zu konkurrieren. Der endgültige Plan der Fassade war eher griechisch inspiriert. CF

Benjamin Dean Wyatt
London 1775–1850

569
Schnitt durch die Rotunde und Haupttreppe des Theatre Royal, Drury Lane

Feder und Lavierung, 19,1 x 29,5 cm
Privatsammlung
Ausstellung: London, Hayward Gallery, 1975, Kat.-Nr. 237, nachgebildet
Literatur: Binney 1970, S. 116–119

Wyatts Entwurf für *Drury Lane* suchte zwei Probleme der Londoner Theater zu lösen: Seit 1789, als nur neuen Theater in Betrieb waren, hatten sich sieben größere Brände ereignet. Gegen das stete Risiko eines Feuers sah der Plan eine den Zuschauerraum umgebende Ziegelmauer von einem Meter Stärke vor; außerdem installierte William Congreve eine einfache Berieselungsanlage. Die steinernen Treppenhäuser konnten – so Wyatt – 1528 Besucher auf einmal fassen, was die

571a

571b

Gefahr einer Panik verringerte. Das zweite, soziale Problem suchte Wyatt zu überwinden, indem er u. a. die Eingänge zu den Logen im ersten Rang in einem Zwischengeschoß unterbrachte und so die Zuschauer-Gruppen unauffällig voneinander trennte. Obwohl der Zuschauerraum schon 1822 umgebaut wurde, und Wyatts Interieur dabei weitgehend verschwand, bewahrt *Drury Lane* die einzige georgianische Ausstattung in einem Londoner Theater. Die Zeichnung entstand als Vorlage für Tafel 12 von Wyatts *„Beobachtungen über die Bauart des Theatre Royal Drury Lane"* (1813). CF

Isaac Robert Cruikshank

London 1789–1856 London

570

Lobby Loungers im Lane Theatre, 1816

Kolorierte Radierung, 23,9 x 40 cm
Herausgeber J. Sidebotham
London, Trustees of the British Museum
Inv.-Nr.: 1866-10-13-961
Literatur: George 1949, Bd. ix, S. 713, Nr. 12826

Viele Satiren beschäftigten sich im Frühjahr 1816 mit der spektakulären Trennung der Byrons und man verwies gern darauf, daß Lady Byron die Affären ihres Mannes mit Schauspielerinnen nicht länger habe tolerieren wollen. Byron, seit 1814 im Verwaltungskomittee des wiedererbauten *Drury Lane Theatre*, erscheint hier links; auf dem Papier in seiner Hosentasche sind die Titel zweier seiner damals vieldiskutierten Gedichte zu lesen – *„The Corsair"* (Der Kosar) und *Farewell etc.*, ein Hinweis auf *Fare Thee Well* (Lebe wohl), die an seine Frau gerichteten Verse. Auf dieser Karikatur starrt Byron zu Mrs. Mardyn hin, einer Schauspielerin des *Drury Lane*; sie steht rechts in der freizügigen weiblichen Gruppe, die von modischen Herren beäugt wird, jenen hier angesprochenen *lobby loungers.* Charlotte Mardyn galt als Byrons Geliebte, obwohl sie sogar im *Morning Chronicle* dagegen protestierte, daß sie mit „den letzten häuslichen Unstimmigkeiten einer adligen Familie" fälschlicherweise in Verbindung gebracht worden sei. LS

Robert Blemmell Schnebbelie

London 1790–1849 London

571

a) Innenansicht des Royal Coburg Theatre, 1818

Bleistift, Feder, Tusche und Aquarell, 17,1 x 22,2 cm
Bezeichnet unten: Orig. Sketch of the Coburg Th. Monday 25th May Robert Blemmell Schnebbelie 1818

b) Außenansicht des Royal Coburg Theatre, 1818

Bleistift, Feder, Tusche und Aquarell, 19,1 x 26,7 cm
Bezeichnet: Sketched 11th May Monday 1818, 14 days after which the Theatre opened by Robert Blemmell Schnebbelie
Privatsammlung
Ausstellung: London, Arts Council 1975, Kat.-Nr. 336–337

Mit seinen Aquarellen schuf der Künstler, Sohn von J. C. Schnebbelie, geradezu eine Dokumentation der Londoner Theater, auch der kleineren Bühnen, die damals wie Pilze aus dem Boden schossen und das Monopol der beiden großen Häuser untergruben. Gezeigt wird hier das Interieur des Theaters am Eröffnungstag; 1816–1818 war es nach den Plänen des Aacheners Rudolph Cabanel nahe der South Bank entstanden. Benannt nach Prinz Leopold und Prinzessin Charlotte (der Tochter des Prinzregenten), brachte es vor allem Volksstücke heraus (1833 in *Royal Victoria Theatre* zu Ehren der jungen Prinzessin umbenannt) und ist allgemein als *Old Vic* bekannt. Henry Crabb Robinson notierte am 28. Mai 1819 in seinem Tagebuch: „Dies ist ein sehr hübsches Vororttheater, ... ähnlich den kleineren Pariser Theatern; gespielt wird schlecht ... aber das Bühnenbild ist annehmbar. – Ich sah ein Spektakel vom Elend einer von Piraten an der Küste von Labrador zurückgelassenen Familie." Beide Aquarelle erschienen als Stiche am 1. Januar 1819 in der von Schnebbelies Gönner Robert Wilkinson publizierten *Londina Illustrata.* CF

Augustus Charles Pugin

Frankreich 1762–1832 London

572a

Sadler's Wells Theatre, um 1809

Aquarell, 19,4 x 25,6 cm

John Bluck nach Augustus Charles Pugin und Thomas Rowlandson

572b

Sadler's Wells Theatre, 1809

Kolorierte Aquatinta, 23,2 x 27,4 cm
Herausgeber R. Ackermann's Repository of Arts 101, Strand

London, The Museum of London
Inv.-Nr.: n 52.71/7-8
Herkunft: E. Horsman Coles; A. H. Coles
Ausstellungen: London, Arts Council, 1975, Kat.-Nr. 333; London, The Museum of London, 1981, Nr. 64, 65
Literatur: Arundell 1978, S. 1–121, Abb. vor S. 49

Sadler's Wells, auf den Hügeln von Islington nördlich der City, im späten siebzehnten Jahrhundert eine beliebte Heilquelle, war etwa 50 Jahre später als Besitztum des Baumeisters Thomas Rosoman ein etabliertes Theater geworden. Pugins Aquarell gehört zu einer Folge von Vorlagen für Ackermanns *Microcosm of London;* der Stich erschien als Tafel 69. JM

572a

George Cruikshank
London 1792–1878 London

573
Parkett, Logen & Galerie, 1836

Kolorierte Radierung, 17 x 23 cm
Bezeichnet unten: Designed, Etched & Published by George Cruikshank: 23 Myddleton Terrace Pentonville Juni 25th 1836
London, Iain Mackintosh
Ausstellung: London, Hayward Gallery, 1975, Kat.-Nr. 326

George Cruikshank war vom Theater geradezu besessen: 1847 gehörte er zur Amateurtheater-Gruppe von Charles Dickens; zuvor hatte er Bücher des Schriftstellers illustriert: z. B. 1837 „Oliver Twist". In Dickens' „Nicholas Nickleby" (diesmal mit Illustrationen von Hablôt Browne) spielt das Theater eine entscheidende Rolle. Cruikshanks 1838 in der Folge „Parkett, Logen und Galerien" erschienenen Radierungen spiegeln authentisch Dickens' Sicht der Bühne: Es war die Welt der „kleinen Theater" Londons – im Gegensatz zu der „großen" von *Drury Lane* und *Covent Garden* oder den hunderten von Provinztheatern im Lande. Das Preis-System dieser kleinen Theater war so weit gefächert, daß alle Schichten der Gesellschaft dort zusammenkommen konnten. Das entsprach der Tradition georgianischer Schauspielhäuser; Cruikshank macht dieses Prinzip hier sehr deutlich. IM

Edward Francis Burney
Worcester 1760–1848 London

574
(Farbtafel S. 557)

Der Walzer

Feder, Tusche und Aquarell, 47,5 x 68,6 cm
Bezeichnet: Ed Burney Fecit/London
London, Trustees of the Victoria and Albert Museum
Inv.-Nr.: P129-1931
Herkunft: Bernard Squire; von diesem 1931 erworben
Ausstellungen: London, Victoria and Albert Museum 1974, Kat.-Nr. G 13; Tokio 1987
Literatur: Crown 1980, S. 435–442

Das Aquarell stammt wie die Darstellung des *Glee-Club* aus einer Folge des Künstlers zu Aspekten von Musik und Gesellschaft im London des frühen 19. Jahrhunderts. Edward Burney, Neffe des Musikwissenschaftlers Dr. Charles Burney (1726–1814) und ein talentierter Geigenspieler, hatte an den Schulen der *Royal Academy Schools* studiert und sich der Buchillustration zugewandt. Einen Walzer erlebte die Londoner Öffentlichkeit zum ersten Mal 1812 in Almacks Gesellschaftsräumen: den ersten Tanz mit engem Körper-Kontakt der Partner, von einigen – etwa Gillray, Cruikshank und Lord Byron – heiter begrüßt, von anderen aus moralischen Gründen empört abgelehnt. Mit der dichten, wirbelnden Komposition zeigt Burney die neuen Empfindungen beim Walzer-Tanzen. Der Text zum Bild ist Miltons *„Paradise Lost"* (Buch IV, S. 614–616) entnommen. Satan verspottet die versprengte Armee: *„Flew off, and into strange vagaries fell/As they would dance; yet for a dance they seem'd/Somewhat extravagant and wild."* Der Text lebt von Wortspielen und Anspielungen auf die mit dem Walzer verbundene vermeintliche Unmoral. Grotesk steife Verhaltensregeln sind festgehalten, die die verschiedenen Gesellschaftsschichten auf Abstand voneinander halten sollen. Musiker erbitten ein Extra-Trinkgeld, weil sie der ausschweifenden Samstagnacht wegen den Sonntagsgottesdienst versäumen müssen. „Französisch-Übungen" sind zu sehen, das Verb *„aimer"* betreffend, und die *„Leiden des jungen Werther"* werden zitiert, der die geliebte Frau mit keinem anderen Walzer tanzend sehen möchte. Fürst Pückler Muskau konstatierte, das größte Problem der Engländer mit diesem Tanz sei, daß ihn so wenige wirklich beherrschten. Burneys Blatt scheint dies nur zu bestätigen. CF

Edward Francis Burney

575
(Farbtafel S. 557)

Der „Glee-Club" oder Der Triumph der Musik, 1815

Feder, Tusche und Aquarell, 30,8 x 45,8 cm
New Haven, Yale Center for British Art
Inv.-Nr.: B1975.4.1407
Herkunft: Christie's, 22. Juni 1962, Lot 31; Paul Mellon
Ausstellungen: Richmond USA, 1963, Nr. 434; London, Colnaghi und New Haven, 1985–1986, Kat.-Nr. 41
Literatur: Crown 1980, S. 461–472

577b

In den Londoner *Glee Clubs* des späten achtzehnten Jahrhunderts trafen sich Gentlemen, um zu essen, zu trinken und „Glees“, d. h. Trink-Lieder zu singen. Die Anwesenheit von Damen schließt nicht aus, daß diese Gesänge reich an derben, mit Wortspielen gespickten Lieder-Texten waren. Der „glorreiche Apollo“ (Titel eines bekannten *„Glees“*) überblickt hier eine Szenerie, in der die rhythmische bewegte Darstellung dem Rhythmus des Tanzes entspricht. Burney führt zugleich – in Hogarth' Tradition – Zeichen für Disharmonie in seine Komposition ein: Der Kronleuchter wird zerschossen, niemand beachtet die Musik wirklich, und durch das offene Fenster dringt die Straße mit ihren Geräuschen ein. CF

576
Viol da Gamba Vase, um 1801–1803

Wedgwood; Jasper-Ware in Blau mit Basrelief-Verzierung, H. 16,2 cm
Barlaston, Wedgwood Museum Trust
Inv.-Nr.: 1270
Ausstellung: London, Wedgwood House, 1984, Nr. N6
Literatur: Reilly und Savage 1980, S. 354, Abb.

Die Vase ist im *„Shape Number One“*-Buch unter der Nr. 492 verzeichnet. Thomas Byerley, der Londoner Geschäftsführer von Wedgwood teilte am 21. Februar 1801 mit: „Sie werden ... vier neue Verzierungen in Form einer Viol del Gamba ... erhalten ... Sie gehören zu einer Serie, die darauf angelegt ist, Musikliebhaber anzusprechen.“ GBR

Alfred Edward Chalon
Genf 1780–1860

577
a) Angelica Catalani als ‚Elfrida‘, 1814
Bleistift, Feder und Lavierung, 12,7 x 8,7 cm
Bezeichnet: Elfrida/Catalani 1814

b) Maria Dickons als Gräfin aus ‚Figaros Hochzeit‘, 1815
Feder und Tusche, 14,9 x 12,6 cm
Bezeichnet: Dickons 1815 Contessa Figaro/Sospir
London, National Portrait Gallery
Inv.-Nr.: 1962 (a) bzw. (c)
Literatur: Ebers 1828, S. 215 f., 283–285; Nalbach 1972, S. 96, 99, 118 f.; Walker 1985, Bd. I, S. 102 f., 157 f., 632; Bd. II, Tafeln 224, 369

Als dramatischer Sopran war Angelica Catalani (1780–1849) damals konkurrenzlos. Ihr Londoner Debüt gab sie im Jahre 1806 am *King's Theatre.* Auch wenn man die Schönheit ihrer Stimme feierte, erschienen wenig später Karikaturen – Wortspiele mit ihrem Namen *(Cat)* und Angriffe wegen ihrer enormen Honorarforderungen: sie verlangte £ 5.000 pro Saison und zwei Extrazuwendungen von je £ 1.000. Das Theater erhöhte die Logenpreise; die Sängerin soll 1807, zusammen mit Konzert-Honoraren £ 16.700 verdient haben. Paisellos *Elfrida* war 1792 erstmals in London gegeben worden. 1812 trat die Catalani als Susanna in der *Hochzeit des Figaro* vor dem Londoner Publikum auf. Chalons Darstellung zeigt Maria Dickons (um 1770–1830) als weniger ansprechende Erscheinung. Die Sängerin besaß jedoch eine liebliche Stimme; sie sang bei der Erstaufführung der *Hochzeit des Figaro* am 18. Juni 1812 am *King's Theatre* die Gräfin. Als die Catalani England verließ, nahm sie ihre Kollegin mit nach Paris. Beide kehrten in den zwanziger Jahren nach London zurück, und die Catalani, begleitet von ihrem Manager und Ehemann Valabreque, schockte die Theater weiter mit ihren Forderungen. CF

Alfred Edward Chalon

578
Maria Taglioni in „Wilhelm Tell“, um 1831

Aquarell, 29,8 x 23,2 cm
Bezeichnet unten links: Taglioni
London, National Portrait Gallery
Inv.-Nr.: 1962 (1)
Literatur: Ormond 1973, Bd. I, S. 442–443; Binney 1984

Die Primaballerina Maria Taglioni (1809–1884) tanzte graziös und geschmeidig Rollen in romantischen Balletten – etwa *„La Bayadère“* und *„La Sylphide“*. Die Tochter eines italienischen Ballettmeisters und seiner schwedischen Frau hatte 1822 in Wien debütiert und später erfolgreich an der Pariser Oper getanzt. Ihre erste Saison am *King's Theatre,* Haymarket, wurde 1830 wegen des Todes von Georg IV. abgebrochen; 1831 kehrte sie im Triumph dorthin zurück und blieb für fünfzehn Spielzeiten in London. Chalon zeichnete sie häufig. J. Dickinson publizierte 1831 eine Serie von sechs Lithographien nach solchen Zeichnungen der Tänzerin in ihren verschiedenen Rollen. Eine davon war *„La Tirolienne“* aus Rossinis *„Wilhelm Tell“.* Die Ballerina wurde 1847 Ballettmeisterin an der Pariser Oper. In den 70er Jahren eröffnete sie ihre Londoner Tanzschule am Connaught Square; unterrichtet wurden Gesellschaftstanz und die Kunst guten Benehmens. CF

Alfred Edward Chalon

579
La Camporese, 1829

Aquarell, 35 x 22,7 cm
Bezeichnet unten links: La Camporese. 1829
London, Trustees of the Victoria and Albert Museum
Inv.-Nr.: E963-1924
Ausstellungen: Leicester 1968, Kat.-Nr. 126; London, Victoria and Albert Museum 1984–1985, Kat.-Nr. 155

579

Die italienische Sopranistin Violante Camporese (1785–1839), die auch bei Napoleons Pariser Privatkonzerten aufgetreten war, gab ihr Londoner Debüt am 11. Januar 1817 in Cimaraosas *„Penelope"*. 1829, im Jahr ihres letzten Auftritts – so zeigt die lebendige Skizze – machte ihr das Singen offenbar noch Vergnügen. CF

580

Theaterzettel des Theatre Royal, Drury Lane, Montag, 16. Oktober 1826

Vorstellung von Faustus und Der Freischütz
33 x 21,5 cm
London, The Museum of London
Inv.-Nr.: Drury Lane Playbills 393
Literatur: Murray 1971, S. 102–113

Carl Maria von Weber (1786–1826), Komponist, Dirigent, Pianist und Kritiker der Romantik, entdeckte die Geschichte des *Freischütz* 1809, konnte aber erst 1817 in Dresden mit der Arbeit daran beginnen. Die begeistert aufgenommene Uraufführung der Oper fand am 18. Juni 1821 in Berlin statt. Am 18. August 1824 erhielt der Komponist einen Brief von Charles Kemble, dem Leiter von *Covent Garden*, mit der Bitte, eine Oper für die Saison 1825 zu schreiben und diese Oper sowie den ‚Freischütz' in London zu dirigieren. Weber, seit vielen Jahren krank, nahm gegen den Rat seiner Frau und seiner Freunde das lukrative Angebot an, auch in der Hoffnung, damit zur finanziellen Zukunfts-Sicherung seiner Familie beizutragen. Als Stoff der neuen Oper schlug Kemble den *Faust* oder den *Oberon* vor; Weber wählte letzteren und überließ den ‚Faust' seinem Kollegen Spohr. Im März 1826 kam er in London an und gab während der Opern-Proben zahlreiche Konzerte. Die Premiere von *Oberon* am 12. April 1826 fand eine positive Aufnahme. Webers Gesundheit verschlechterte sich zusehends; am 29. Mai trat er zum letzten Mal als Dirigent auf. Er starb am 5. Juni in London und wurde in Moorfields unter großer öffentlicher Anteilnahme beigesetzt. 1844 veranlaßte Richard Wagner die Überführung seines Sarges nach Dresden. EE

Familie Grieve

581

Bühnenbild für ‚Oberon', 1. Akt, 3. Szene, Vestibül und Terrasse im Harem des Kalifen mit Blick auf den Tigris

Feder, Tusche und Aquarell, 13,7 x 18 cm
London, University of London, Sterling Library
Inv.-Nr.: Grieve Collection 597

Theatre Royal, Drury Lane.
This Evening, MONDAY, October 16, 1826,
His Majesty's Servants will perform, [45th time] a Romantic Drama, with Music, in 3 Acts, called
FAUSTUS.
The Overture by Karl Maria Von Weber.
The Music composed by Mr. H. R. Bishop, Mr. Horn, and Mr. T. Cooke.
Count di Casanova, (a Venetian Nobleman) Mr. BROWNE,
Marquis Orsini, Mr. MERCER, Montolio, (a Milanese Officer) Mr. ARCHER,
Enrico, (a Venetian Officer, and Brother to Adine) Mr. YOUNGE,
Faustus, Mr. WALLACK, Wagner, (his Famulus) Mr. HARLEY,
The Dæmon, Mr. HOWELL, The Dæmon, (as Mephistophiles) Mr. J. RUSSELL,
Gronoso, (a Venetian Innkeeper) Mr. BEDFORD, Brevillo, (his Servant) Mr. YARNOLD,
Antonio, (a Venetian Officer) Mr. FENTON, Officer of the Inquisition, Mr. WEBSTER.
Rosolia, (Daughter of Count di Casanova) Miss I. PATON,
Adine, (her Cousin) Miss GRADDON,
Lucetta, (Daughter to Gronoso) Miss A. TREE.
Fishermen.. Mess. Comer, Plumstead, Nelson, and Read.
Hunters......Messrs. Eames, Walsh, Gibbon, and Sheriff.
Peasants Mess. Jones, Plymsell, Weed, Johnson.
Mrs. TENNANT, Miss SOUTHWELL, Miss GOULD,
Mesdames Maxwell, Mercer, Munro, Phillips, Vidall, Webster, Willmott, J. Willmott,
In Act I. A Ballet. Representing the Carnival at Venice.
The Principal Characters by—Mr. and Mrs. NOBLE. Assisted by the Corps de Ballet.
To conclude with, (for the 109th time) Weber's celebrated Romantic Opera of
DER FREISCHUTZ.
The whole of the MUSIC will be given, and will be Sung by the respective Characters, as when originally produced at Berlin, adapted to the English Stage by Mr. H. R. BISHOP.
The Scenery, Dresses, Machinery, &c. entirely new.
Ottocar, the Prince, Mr. MERCER, Bernhard, Head Ranger, Mr. BEDFORD,
Adolph, Mr. T. COOKE, Caspar, Mr. HORN,
Hermit, Mr. G. SMITH, Kilian, Mr J. RUSSELL, Zamiel, Mr. O. SMITH,
Principal Foresters, Mr. COMER, Mr. YARNOLD, Mr. NELSON, Master WIELAND.
Linda, Miss GRADDON, Rose, Miss A. TREE.
Bridesmaids, Mrs. TENNANT, Miss GOULD, Miss SOUTHWELL, &c.
Attendants on the Prince, Foresters, Servants, Peasants &c &c. &c.
STAGE-MANAGER,........Mr. WALLACK.
The New MUSICAL ROMANCE of
The WHITE LADY; or the Spirit of Avenel.
will be repeated To-morrow, and Wednesday next.
DER FREISCHUTZ
will be performed this Evening and Thursday next.
The Comedy of the School for Scandal will be repeated in the course of next week.
To-morrow, will be revived, the Comedy of The Will.
Sir Soloman Cynic, Mr. Dowton, Mandeville, Mr. Cooper, Howard, Mr. Wallack.
Veritas, Mr. Browne, Realize, Mr. W. Bennett.
Albina Mandeville, Miss Ellen Tree, her 1st appearance in that Character.
Mrs. Rigid, Mrs. Harlowe, Cicely Copsley, Miss I. Paton.
With the White Lady.
On Wednesday, The Comedy of Town and Country.
Plastic, Mr. Browne, Trot, Mr. W. Bennett, Cosey, Mr. Dowton, Reuben Glenroy, Mr. Wallack,
Capt. Glenroy, Mr. Southwell, Hawbuck, Mr. Edwin, (his 2nd appearance on this Stage)
Hon. Mrs. Glenroy, Mrs Davison, Rosalie Somers, [1st time] Miss Ellen Tree.
Mrs. Trot, Mrs Orger, Mrs. Moreen, Mrs. Harlowe, Taffline, Miss A. Tree.
With the White Lady.
On Thursday will be acted the Tragedy of Jane Shore. Lord Hastings, Mr. Wallack,
Duke of Glo'ster, Mr. Bennett, Dumont, Mr. Cooper, Belmour, Mr. Southwell.
Jane Shore, Miss Ellen Tree, [being her 1st appearance in that Character]
Alicia, Mrs. Bunn, [her first appearance this season]
With (110th time) Der Freischutz.
On Friday, a favourite PLAY.
On Saturday, [by permission of J. S. Arnold, Esq.] 1st time these 3 years, the Opera of
The Devil's Bridge.
Count Belino, Mr BRAHAM,
[His 1st appearance on this stage these 3 years]
Baron Toraldi Mr. Bennett, Marcelli, Mr. Harley, Petro, Mr. J. Russell,
Florian, Mr. Giubilei, [his 1st appearance on this stage]
Rosalvina, Miss Graddon, Lauretta, Miss Kelly.
A New Comic Opera is in rehearsal and will be speedily produced.

580

Literatur: Pückler Muskau 1832, Bd. 3, S. 162–163, Crabb Robinson 1966 (Hg.), S. 114; Rosenfeld 1973, S. 105–106

Das Bühnenbild der Grieves für die Uraufführung von Carl Maria von Webers *Oberon* am *Theatre Royal, Covent Garden*, am 12. April 1826 soll 6.000 Pfund gekostet haben. Es bestach mit seinem orientalischen Glanz, aber auch mit erstaunlichen Spezial- und Verwandlungseffekten. Crabb Robinson fand „die Gemälde großartig, fliegende Amoren, Seenymphen und Himmelswagen so perfekt wie die der französischen Oper und des Mailänder Teatro della Scala". Fürst Pückler-Muskau, der das Ganze „für Londoner Verhältnisse" gut aufgeführt fand, lobte in einem Brief an seine Frau vom 5. Dezember 1826 vor allem die Bühne: „Dar Beste in seinerArt waren die Dekoration, besonders die, wo die Geister beschworen werden. ... die weite Felsengrotte ... verwandelt sich plötzlich, jedes Felsstück, in andere phantastische und furchtbare Formen und Fratzen, leuchtend in buntem Feuer und fahlem Schein ... " CF

Familie Grieve

582

Bühnenbildentwurf für Norma

Feder, Tusche und Aquarell, 21 x 30,1 cm
London, University of London, Sterling Library
Inv.-Nr.: Grieve Collection 518

Bellinis *„Norma"*, 1831 in der Mailänder *Scala* uraufgeführt, hatte in London im *King's Theatre*, Haymarket, am 20. Juni 1833 Premiere, mit Guiditta Pasta (1797–1865) in der Hauptrolle. Grieves Rekonstruktion für den ersten Akt im Stil eines Heiligen Hains à la *Stonehenge* spricht für das allgemein wiedererwachte Interesse an ein Britannien vor der Römerzeit. Die geheimnisvollen Steine von Stonehenge wurden zuerst im späten siebzehnten Jahrhundert von John Aubrey und seinem Kreis mit dem Druiden-Kult in Verbindung gebracht; danach 1740 von William Stuckeley in: *„Stonehenge, a Temple restor'd to the British Druids"*. Im neunzehnten Jahrhundert figurierten Druiden häufig in romantischen Landschaftsbildern und in der Literatur. CF

Daniel Maclise

Cork 1806–1870 London

583

Nicolo Paganini, um 1831

Bleistift, Lavierung und weiße Kreide, 35,9 x 27,3 cm
Bezeichnet unten: The Debut of Paganini/Harmonics & Seul Corde/Sketched at Opera House

583

London, Trustees of the Victoria and Albert Museum
Inv.-Nr.: F. 81
Herkunft: Auktion des Künstlers, Christie's, 24. Juni 1870, Lot 33; Forster-Nachlaß an das Museum, 1876
Ausstellungen: Philadelphia und Detroit 1968, Kat.-Nr. 192; Cork 1971, Kat.-Nr. 78; London, National Portrait Gallery 1972, Kat.-Nr. 35, mit Abb.
Literatur: Forster Collection Catalogue 1893, S. 8; V & A Catalogue of Water Colour Paintings 1927, S. 345; V & A Portrait Drawings 1953, Tafel 21

Nach seinem Londoner Debüt am *King's Theatre* (3. Juni 1831) wurde Nicolo Paganini (1784–1840) wie andere Bühnenstars auch zum Gegenstand zahlloser Porträt-Lithographien und Karikaturen. Seiner Honorare wegen griff ihn die Presse gern an. Die Zeichnung entstand für eine unter dem Titel *The Modern Orpheus* 1831 von Thomas McLean veröffentlichte Lithographie.
CF

Robert Seymour
Somerset 1798–1836 London

584
Fiedelbogen gegen Besenstiel, 1831

Kolorierte Lithographie, 25 x 37 cm
Herausgeber Thos. McLean, 26 Haymarket
London, Guildhall Library, Corporation of London
Literatur: George 1954, Bd. XI, S. 506, Nr. 16734

Bei einem Dinner im *Mansion House*, der offiziellen Residenz des Lord Mayor, steht Paganini (der Fiedelbogen) mit Violine und Geigenbogen auf einem Stuhl, wild beklatscht von den Gästen: ein unkultivierter, aber begeisterter Bürger nennt ihn „Baganinny". Der reformistische Oberbürgermeister, Alderman John Key, trinkt beschwipst auf Paganinis Gesundheit, während *Lord Chancellor* Henry Brougham (Besenstiel) mit saurer Miene daneben steht. Anlaß der Feier war die Verleihung der Ehrenbürgerwürde an Lord John Russell, den Generalzahlmeister der englischen Schatzkammer. Russell, der kurz zuvor die *Reform Bill* mit eingeführt hatte, war der Held des Tages; Paganini gab ihm zu Ehren – auf dem Stuhl stehend – ein Konzert, bevor man einen Toast auf den Ehrenbürger ausbrachte. Offenbar reagierte Brougham verärgert auf die nicht ihm geltenden Ehrungen.
RH

DIE ZEIT DER REFORMEN

London war einerseits der Sitz von Hof und Regierung, andererseits aber auch Zentrum des Widerstandes gegen die traditionellen Kräfte von Reichtum und Macht; die wirtschaftliche Krise nach den Napoleonischen Kriegen wirkte sich. Das Recht auf freie Meinungsäußerung wurde verteidigt und trotz der Eingriffe der Zensur besonders in wohlfeilen Zeitschriften und Karikaturen genutzt. In großen Versammlungen wurden der Öffentlichkeit politische, wirtschaftliche und soziale Mißstände dargelegt. Die Mobilisierung des Volkes erreichte 1820 mit der Rückkehr von Königin Caroline einen besonderen Höhepunkt. Die ideologischen Wurzeln der Reformen wurden in den intellektuellen Zirkeln der Stadt diskutiert, und viele begrüßten die politischen Reformen als den Anfang für einen allgemeinen Umschwung. Das erste Reformgesetz wurde jedoch verabschiedet, weil sonst ein Volksaufstand gedroht hätte, dem unweigerlich weitere Reform-Forderungen gefolgt wären.

585
Stanhope-Presse, 1804

Gußeisen und geschmiedeter Stahl, auf hölzerner Basis
Bezeichnet: STANHOPE INVENIT/WALKER FECIT/ No. 5/1804
London, Gunnersbury Park Museum
Herkunft: The Chiswick Press
Literatur: Mosley 1966, S. 19–33

Die Stanhope-Presse, die erste stählerne und gußeiserne, für kommerzielle Zwecke hergestellte Druckerpresse, war eine Erfindung von Charles, dem dritten Earl Stanhope (1753–1816), den seine radikalen politischen Ansichten und sein Interesse an angewandter Technik dazu brachten, sich für Verbesserungen im Bereich der Drucktechnik zu engagieren. Die in Europa und Amerika für den Druck von Büchern und Zeitungen bis in die ersten Jahrzehnte des neunzehnten Jahrhunderts hinein benutzten Pressen bestanden zum größten Teil aus Holz und hatten ihre Form über dreihundert Jahre hinweg mehr oder minder beibehalten. Als Stanhope die hölzernen Rahmen der traditionellen Presse durch ein starres gußeisernes Gestell ersetzte, kannte er vermutlich die 1772 in Basel hergestellte eiserne Presse des Druckers und Schriftgießers Wilhelm Haas. Die Differentialhebel oder *„Stanhope Levers"*, die die Kraft des Bolzens während des Anziehens zunehmend erhöhten, waren seine eigene Erfindung. Alle danach in vielen Variationen entwickelten eisernen Pressen bedienten sich dieses Prinzips. Die verbesserte Leistung der teuren Stanhope-Presse nutzten zunächst Drucker hochwertiger Erzeugnisse. Einer der ersten war William Bulmer vom *Shakespeare Printing Office.* Die hier ausgestellte Presse gehörte Charles Whittingham (1767–1840), dessen *Chiswick*-Presse sich auch mit dem Druck von Holzschnitten einen Namen gemacht hatte.
JMM

E. F. Burney, Der „Glee-Club" oder Triumph der Musik, 1815. Kat.-Nr. 575

E. F. Burney, Der Walzer. Kat.-Nr. 574

S. De Wilde, Charles Farley als Francisco in ‚A Tale of Mystery' von Thomas Holcroft, 1803. Kat.-Nr. 554

S. De Wilde, Thomas Collins als Slender in ‚Die lustigen Weiber von Windsor' von William Shakespeare. Kat.-Nr. 553

George Cruikshank

London 1792–1878 London

586

Gehenkte Freiheit! mit dem Bollwerk der Verfassung, 1817

Kolorierte Radierung, 24,1 x 34,4 cm
Herausgeber J. Sidebotham
London, Trustees of the British Museum
Inv.-Nr.: 1868-8-8-8364
Literatur: George 1949, Bd. IX, S. 741–742, Nr. 12871

Die Gefahr von Aufständen lag damals in der Luft, und als im Januar 1817 ein Attentat auf den Prinzregenten mißglückte, sah der Erzbischof von Canterbury darin den „Wahnsinn des Volkes" ausgedrückt – was die radikale Presse als Beleidigung der Nation darstellte. Im März wurde das vorläufige Gesetz über aufwieglerische Zusammenkünfte *(Seditious Meetings Bill)* erlassen, allgemein als Knebelgesetz (*Gagging Act*) bekannt, und das Recht jeden Bürgers darauf, nicht ohne Prozeß inhaftiert zu werden, erlosch in Fällen von Verrat. Der *Gagging Act* richtete sich besonders gegen die Presse, wie dieses radikale Blatt deutlich macht: Die Freiheit hängt geknebelt und gebunden an einem aus einer demontierten Druckerpresse herausragenden Galgen. Rechts hält Lord Eldon, der Lordkanzler, eine große Tasche mit einer auf die weitgehend folgenlose *Spa-Fields*-Verschwörung anspielenden Aufschrift. Währenddessen versucht Lord Castlereagh, die Notstandsgesetzgebung zu rechtfertigen: „Es ist besser, dies zu tun, als *demütig* der Anarchie zu Füßen *zu stehen.*" Links wird der Erzbischof von Canterbury wegen seiner Heuchelei (*cant*) verhöhnt. Die „Herren Sinekuristen" und die „Herren Pensionäre", häufig Zielscheiben radikaler Kritik, applaudieren den Maßnahmen der Regierung. In der Ferne ein Leichenwagen mit der Aufschrift: „Für das Begräbnis der britischen Freiheit, die bei St. Stephens starb – März 1817." Auf der Erde weint John Bull – populäres Symbol des Durchschnittsbriten und Inbegriff eines freiheitsliebenden Patriotismus. LS

J. O. Parry, Londoner Straßenszene, 1835. Kat.-Nr. 545

William Hone
Bath 1780–1842 London

und George Cruikshank
London 1792–1878 London

587

a) Das Politische Haus, das Jack baute, 1819

Herausgeber William Hone, Ludgate Hill, 30. Auflage, 22 x 28 cm

b) Der Mann im Mond, 1820

Herausgeber William Hone, 45, Ludgate Hill, 2. Auflage, 22 x 28 cm
London, Guildhall Library, Corporation of London
Inv.-Nr.: Pamph. 7345 und 7350
Literatur: Hackwood 1912, S. 131–134; Wick

587b

STEEL LOZENGES
will stop their pain,
And set the Constitution
right again.
My L—ds and G—tl—n.
The foreign powers
Write me word frequently
that they are ours,
Most truly and sincerely,
in compliance
With our most

HOLY COMPACT AND ALLIANCE,
The purposes of which
I need not mention—
You that have brains can guess
at the intention.
'Tis my most anxious wish,
now we're at peace,
That all internal discontents
should cease—
T' accomplish which
I see no better way
Than putting one-eyed pensioners
on full pay.

J. Bentham, Auto-Icon. Kat.-Nr. 595

war 1928, S. 131–134, 163–165, 192–193; George 1949, Bd. IX, S. 945–948; Nr. 13292–13304; George 1952, Bd. X, S. 508, Nr. 13508–13521; Fox 1978, S. 226–235

William Hone, ein radikaler Verleger und begabter Satiriker, wurde 1817 mit seiner Parodie *Book of Common Prayer* berühmt, die die Korruption im Parlament anprangerte. Festgenommen und wegen blasphemischer Verleumdung angeklagt, verteidigte er sich selbst, wurde von drei Londoner Geschworenengerichten freigesprochen – und so zu einem Volkshelden. Zwei Jahre später, in einer Zeit politischer Spannungen, brachte er die erste, von George Cruikshank frech illustrierte Serie brillanter Parodien von Volksbüchern mit Kinderversen heraus. Von *„The Political House that Jack built"* sollen 100.000 Exemplare verkauft worden sein; 52 mal wurde es zwischen Dezember 1819 und März 1820 neu aufgelegt. Auch wenn die Äußerungen der ‚alten Korruption' besonders dem „Sechzigjährigen Dandy" (d. h. dem Prinzregenten) galten, wurde hier die Sache der parlamentarischen Reformen und der Pressefreiheit verfochten. „Der Mann im Mond" erschien Anfang Januar 1820 und parodiert die drohende Rede des Prinzregenten bei der Parlamentseröffnung am 23. November 1819 sowie die sechs repressiven Gesetze, von denen zwei die Pressefreiheit beschnitten: Die Armee sticht mit Bajonetten auf die Menschen ein, während die „Heilige Übereinkunft und Verbindung" den Prinzregenten kompromittiert: Hand in Hand mit Ferdinand II. von Spanien (im bestickten, für die Statue der Heiligen Jungfrau angefertigten Unterrock) auf der einen und dem Teufel auf der anderen Seite, und mit (von rechts nach links) dem Papst, Ludwig XVIII., Friedrich Wilhelm III., Franz I. und Zar Alexander einen Ringelreihen um die Skulptur der Freiheit tanzend. Die Freiheit steht auf einem aus einer Druckerpresse gebauten Scheiterhaufen. Bis 1821 wurden 51 Auflagen verkauft. CF

M. Adams

588

Eine Parodie auf das politische Haus, das Jack baute, oder: Das wirkliche Haus, das Jack baute, 1820

Herausgeber C. Chapple, Pall Mall
Gebunden, 23 x 29,5 cm (geöffnet)
London, Guildhall Library, Corporation of London
Inv.-Nr.: Pamph. 5068
Literatur: George 1952, Bd. X, S. 35–36, Nr. 13678–13690

Hones Streitschrift zog eine ganze Reihe entsprechender Veröffentlichungen nach sich. In diesem Beispiel treten als „Gesindel" die Reformer auf, besonders Henry Hunt, William Cobett und Richard Carlile, während die Armee „Die Männer, die gegen gesetzlose Macht einstehen" verkörpert. Die Schrift enthält ein schmeichelhaftes Portrait Georgs IV. („Der Monarch mit sechzig"), von Isaak Robert Cruikshank, Georges Cruikshanks älterem Bruder, signiert. CF

589

„Paul Pry" (William Heath)

London 1795–1840 London

589

The Man Wots Got the Whip Hand of ‚Em All' (Der Mann, der alle in der Hand hat), 1829

Kolorierte Radierung, 34,1 x 24,9 cm
Herausgeber T. McLean
London, Trustees of the British Museum
Inv.-Nr.: 1868-8-8-8994
Literatur: George 1954, Bd. XI, S. 148–149, Nr. 15776

Als monströse Kreatur erscheint eine Handdruckpresse von Stanhope, die auf den kräftigen Beinen eines Mannes – vielleicht John Bulls – steht und winzige Menschen zur Seite tritt. Zwei Hebel werden zu Armen und eine schlangenbewehrte, gigantische Schreibfeder richtet sich gegen die Beine und den charakteristischen Dreispitz des Herzog von Wellington. Links ein anderes Beinpaar mit den schwarzen Strümpfen und Schnallenschuhen des Lordkanzlers Eldon; ein einzelnes Bein und ein Besen symbolisieren Lord Brougham. Der zweite Hebel hält ein Blatt: „Der Mann, der den Herrscher antreibt" ist Wellington; eine Flamme droht den Druck zu vernichten. Auf dem Apparat triumphiert die ‚Freie Presse'. Obwohl Wellington den König kontrollierte, so lautet die Botschaft, hatte die Presse doch das politische Geschehen in der Hand. LS

John Thomas Smith

London 1766–1833 London

590

Vagabondiana, 1817

(Anekdoten von vagabundierenden Bettlern in den Straßen Londons; mit Portraits der Bemerkenswertesten, nach dem Leben gezeichnet)
Gebunden 35,5 x 30,5 cm; Radierung 18,3 x 11,2 cm
London, Guildhall Library
Inv.-Nr.: AN.9.1
Literatur: Fox 1988, S. 64 f., Abb. 46

Smiths Werk erschien zunächst 1815–1816 als Folge von 23 Radierungen ohne Begleittexte und war in der Tradition der *„Street Cries"* (Ausrufer-Darstellungen) entstanden. Die hier gezeigten Radierungen (1817) konzentrierten sich auf die Blinden, darüber hinaus auch auf die in der Riesenstadt vegetierenden Elenden; ein Text erläutert die Ziele des Künstlers. Der Wechsel der Motive ergab sich aus einer veränderten gesellschaftlichen Situation: Die Zahl der Armen stieg mit dem Rückgang der Beschäftigung nach den napoleonischen Kriegen. Horden von Bettlern zogen durch die Stadt, auf der Suche nach Gelegenheitsarbeit oder mildtätiger Hilfe. Ein Gesetz gegen Landstreicher von 1815–1816 hatte die Zahl der Bettler in der Hauptstadt verringert, und Smith erklärt in seinem Vorwort, er wolle eben diese Gestalten denen vorführen, für die sie stets ein Ärgernis gewesen seien. Einen irischen Bettler, John Mac Nally, führt er hier ein, einen Krüppel zwar, aber – so Smith – gebaut wie ein *Herkules.* Vorbild der Darstellungen ist wohl Jacques Callots Folge von Bettler-Darstellungen, auf die der englische Künstler sich in seinem Vorwort bezieht; als Verwalter aller druckgraphischen Blätter im British Museum kannte er sie. Nie zuvor waren die Londoner Bettler ein bildwürdiges Thema der Kunst gewesen. Smith erhoffte sich auch mit Hilfe des Vertriebs über die Buchhändler der City und des West-Ends eine breite aktuelle Wirkung seiner Graphik-Folge. CF

591b

591c

Theodore Géricault
Rouen 1791–1824 Paris

591
a) Der Dudelsackpfeifer, 1821

Lithographie (zweiter Zustand), 31,4 x 23,3 cm
Herausgeber Rodwell & Martin, New Bond St.
London, Trustees of the British Museum
Inv.-Nr.: 1876-11-11-320
Herkunft: Burty Collection
Ausstellungen: Rouen, 1981–1982, S. 55, Kat.-Nr. 26 (Musee des Beaux-Arts, geschlossenes Magazin); London, The Museum of London, 1987; Paris, 1991–1992, S. 296–297, 386, Kat.-Nr. 220, Abb. 329 (Bibliothèque Nationale, geschlossenes Magazin)
Literatur: Clement 1879, Nr. 26; Delteil 1924, Nr. 20; Eitner 1983, S. 228–229, Abb. 180; Fox 1988, S. 62–66, Abb. 43

b) Mitleid mit dem Leid eines armen alten Mannes, dessen zitternde Glieder ihn an Deine Tür trugen, 1821

Lithographie (zweiter Zustand), 31,5 x 37,4 cm
Herausgeber Rodwell & Martin, New Bond St.
London, Trustees of the British Museum
Inv.-Nr.: 1876-10-12-3778
Ausstellungen: Rouen, 1981–1982, S. 56–57, Kat.-Nr. 27 (Musée des Beaux-Arts de Rouen, zweiter Druck); Paris, 1991–1992, S. 386–387, Kat.-Nr. 221, Abb. 326 (Bibliothèque Nationale, erster Zustand)
Literatur: Clement 1879, Nr. 27; Delteil 1924, Nr. 31; Eitner, S. 213, 228–229, Abb. 182; Fox 1988, S. 61–66

c) Eine gelähmte Frau, 1821

Lithographie, 22,5 x 31,7 cm
Herausgeber Rodwell & Martin, New Bond St.
London, The Museum of London
Inv.-Nr.: 86.357
Herkunft: A. Beurdeley; Verkauf, Paris, 15.–16. Dezember 1921 (421); Hans E. Bühler; Christie's, 15. November 1985 (100)
Ausstellungen: Rouen, 1981–1982, S. 58–59, Kat.-Nr. 30 (Musée des Beaux-Arts de Rouen, Probedruck); London, The Museum of London, 1987; Paris, 1991–1992, S. 387, Kat.-Nr. 222, Abb. 327, S. 205 (Bibliothèque Nationale, Probedruck)
Literatur: Clément 1879, Nr. 30; Delteil 1924, Nr. 38; Eitner 1983, S. 213; Abb. 183, 229, 230, 351, Anmerkung 78; Fox 1988, S. 61–66, Abb. 44

Als Géricault 1820 nach London kam, um sein Gemälde *„Das Floß der Medusa"* in der *Egyptian Hall* auszustellen, plante er mit der Firma Rodwell & Martin und dem Drucker Charles Hullmandel eine Folge von zwölf Lithographien. Das Werk erschien 1821, beim nächsten Besuch des Malers und zeigte – wie auf dem Titel zu lesen – „verschiedene Darstellungen aus dem Leben". Die meisten bezogen auf Arbeits- und Vollblut-Pferde sowie die Tätigkeit von Hufschmieden. Drei Blätter jedoch schildern eindrucksvoll Szenen urbanen Elends. Daß Géricault die Armen der großen Stadt zeigte, mag auf seine eigene psychische und physische Situation zurückzuführen sein. Es entsprach auch der Zeit und dem von Wilkie geprägten *„English Genre"*. (Eine Skizze des ‚Pfeifers' wird im Pariser *Ecole des Beaux-Arts* bewahrt.) Die Figur erinnert auch an die des blinden Bettlers in der populären französischen Folge *„Cris de Paris"*. Die Armut auf Londoner Straßen war damals ein Problem, dem die Regierung zwischen 1815 und 1820 nicht weniger als vier Parlamentarische Ausschüsse widmete. Géricault hat wohl die hier auch gezeigten *„Vagabondiana"* von Smith nicht gekannt; seine einfühlsamen Schilderungen entsprangen jedoch einer Realität, die damals viele Künstler betraf: Per Gesetz sollten die Armen von der Straße verschwinden. Die Sicht dieser Lithographien antwortet auf die bedrohliche Intensität der Wirklichkeit. Der Titel von b stammt von einem englischen Kinderlied. Die Szene spielt in Southwark, südlich des Flusses nahe der Blackfriars Brücke. Für die dritte der drei Studien Géricaults zur Armut in London (c) existieren eine Reihe von Skizzen (Louvre, Musée des Beaux-Arts de Rouen, Privatsammlungen). CF

Thomas Rowlandson
London 1757–1827 London

592
Nachtwächter auf seinem Rundgang, um 1800

Feder und Aquarell über Bleistift, 35,9 x 25,3 cm
London, The Museum of London
Inv.-Nr. 60.89/1
Herkunft: Familie Bovill, Mytton; Abbott and Holder
Literatur: Hayes 1960, S. 13

Nachtwächter hatten die Nachtstunden auszurufen und die Sicherheit zu wahren. Da sie jedoch notorisch unterbezahlt und unzureichend beaufsichtigt waren, erfüllten sie ihre Pflichten selten genau. Rowlandson führte den Berufsstand am Beispiel eines älteren, halbblinden oder schwachsichtigen Mannes vor, der weder den Raubüberfall hinter ihm bemerkt, noch auf das Liebespaar achtet. CF

593

William Heath
London 1795–1840 London

nach Charles Jameson Grant
Tätig 1828–1846

593
Trunkenbolde im Dienst, 1830

Kolorierte Radierung, 25,5 x 18 cm
Herausgeber T. McLean, 26 Haymarket
Bezeichnet: drawn by C. J. Grant, William Heath etc.
London, Richard Godfrey
Literatur: George 1954, Bd. XI, S. 408–409, Nr. 16430

Der Stich stammt aus Grants eigenem, erst in jüngster Zeit entdeckten Album von Vorlagen und Drucken. Grant, einer der schärfsten Karikaturisten der 30er Jahre, kam von kolorierten Stichen zu den moderneren Lithographien und schließlich zu sehr einfachen Holzschnitten für volkstümliche Ansprüche. Von seinem Leben ist wenig bekannt, nicht einmal dessen Daten. Im Gegensatz zur vergleichsweise sanften Form von Satire, wie sie damals „Punch" und andere Zeitschriften einführten, erwies sich die besondere Schärfe seiner Darstellungen als schwer verkäuflich. Den Beamten und der Polizei galt Grants spezielle Wut; das Auftreten der 1829 von Sir Robert Peel gegründeten *Metropolitan Police* zog überhaupt viele negative Reaktionen nach sich. Die vielleicht früheste aller Karikaturen zum Thema stellt einen Polizisten im fortgeschrittenen Stadium der Trunkenheit dar, der eine Wasserpumpe für eine betrunkene Frau hält. RG

Samuel Drummond
London 1765–1844 London

594
Elizabeth Fry, um 1815

Aquarell auf Elfenbein, 11,4 x 8,3 cm
London, National Portrait Gallery
Inv.-Nr.: 118
Herkunft: Vom Künstler; erworben von seinem Sohn durch James Roffway; 1861 von diesem angekauft
Ausstellung: Leihgabe an die Guildhall Library 1900–1940
Literatur: Walker 1985, Bd. I, S. 193; Bd. II, Druck 449

Elizabeth Fry (1780–1845) entstammte einer Bankiersfamilie von Quäkern in Norfolk und heiratete 1800 einen Londoner Kaufmann. Bei einem Besuch im *Newgate*-Gefängnis 1813 fand sie dort 300 verurteilte und noch nicht verurteilte Frauen und deren Kinder vor, die in beengten, verdreckten Verhältnissen vegetierten. Dank ihrer Bemühungen wurden eine Schule und eine Werkstatt eingerichtet, Kleidung und Reinlichkeit verbessert, Religionsunterricht erteilt und Regeln aufgestellt, die den Frauen das Leben erleichtern sollten. Elizabeth Frys Mann mußte 1828 Konkurs anmelden; trotz ihres gesellschaftlichen Abstiegs widmete sie den Rest ihres Lebens der Gefängnisreform im In- und Ausland; sie gründete Obdachlosen-Asyle und Büchereien in Seemannsheimen und Stationen der Küstenwache. Elizabeth Fry, hochangesehen von den gekrönten Häuptern Rußlands, Preußens und Frankreichs, wurde von Friedrich Wilhelm II. und Louis Phillipe aufgesucht. Die Porträt-Miniatur zeigt sie im Quäker-Habit, beim Lesen der Bibel im *Newgate*-Gefängnis. CF

Jeremy Bentham
London 1748–1832 London

595
(Farbtafel S. 560)

Auto-Icon

Gehäuse, 196 x 98 x 120 cm
London, University College London
Herkunft: Dr. Thomas Southwood Smith
Literatur: Bentham 1842; Marmoy 1958; Richardson und Hurwitz 1987, S. 195 ff.

Jeremy Bentham war die Leitfigur im intellektuellen Londoner Leben der Epoche. Er korrespondierte mit zahllosen liberal gesinnten Politikern, Juristen, Reformern und Denkern in aller Welt und betrieb die Reform der Gesellschaft, des Rechts und des Denkens auf der Grundlage des Utilitarismus. Er war bestrebt, einer „größten Zahl" von Menschen das „größte Glück" zu ermöglichen. Benthams größtes ‚Denkmal' ist das *University College London,* 1826 von einer Gruppe seiner Freunde und Anhänger gegründet, die erste Universität Englands, die jedermann ungeachtet seines Glaubens oder seiner Ansichten Zugang gewährte. Selbst sein Leichnam sollte unter dem Gesichtspunkt vielfältigen emotionalen und intellektuellen Nutzens betrachtet werden. In seinem posthum gedruckten Werk *Auto-Icon; or, further uses of the dead to the living,* führte er seinen eigenen Körper als Beispiel vor. Sein Körper sollte zum Nutzen der Anatomie seziert werden – damals eine ungewöhnliche Geste. Sein Freund, der Wissenschaftler Southwood Smith, ließ danach ein Skelett aus den Knochen anfertigen. Der französische Arzt Jacques Talrich modellierte einen Kopf aus Wachs (Benthams Schädel wird in der Gruft des *University College* aufbewahrt). Das ‚Selbstbildnis' blieb bis 1850 im Besitz seines Freundes und ging dann in den der Universität über. 1939 wurde es eingehend untersucht und restauriert. Das Material, mit dem das Skelett ausgestopft war, wurde erneuert (ursprünglich Baumwolle, Holzwolle, Stroh, Heu und Papierstreifen mit einem Bund Lavendel und einem Beutel Naphthalin). In seiner Schrift ersann Bentham zahlreiche Nutzungsmöglichkeiten für präparierte Leichname: z. B. anstelle von Marmorstatuen in Kirchen, zur Erhebung und zum Schrecken der Betrachter. Sie könnten im Theater Verwendung finden – etwa bei Dialogen berühmter Persönlichkeiten. Auch damit ist er ein Vorläufer einer für die Moderne so typischen ‚wissenschaftlichen' Betrachtungsweise. Daß die Gestalt der *Auto-Icon* ein augenfälliges Symbol dieser Weltanschauung ist, blieb lange unerkannt und wurde von der Exzentrik ihrer Erscheinung überlagert. CPB

594

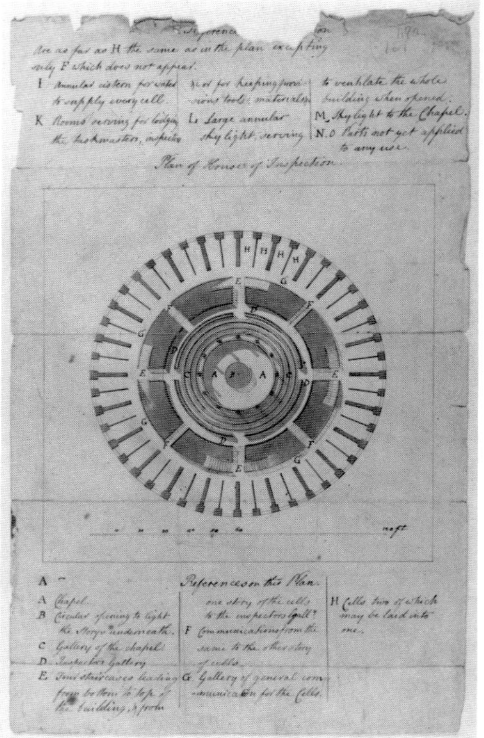

596

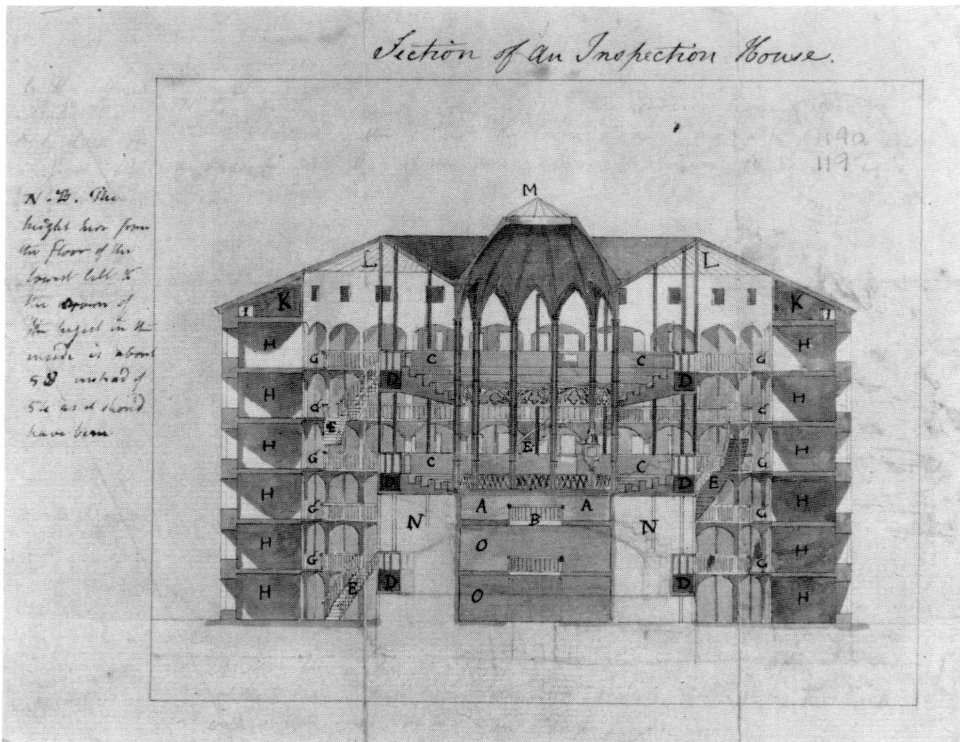

597

Willey Reveley

Newby Wiske 1760–1799 London

596
Grundriß eines Gefängnisgebäudes

Aquarell und Tusche, 32,5 x 20 cm
London, University College London Library
Inv.-Nr.: Bentham Papers, cxix, 121
Literatur: Evans 1982, S. 195–230, Abb. 105

Das *Panopticon* – das Gefängnisgebäude – entwarf Samuel Bentham (1757–1831) in Diensten des Fürsten Potemkin; es war ursprünglich für eine Fabrik bestimmt, in der ungelernte russische Arbeiter wirkungsvoll beaufsichtigt werden sollten. Jeremy Bentham, sein älterer Bruder, griff die Idee auf und entwickelte sie zu einem idealen Instrument der Organisation, das größten Nutzen und geringsten Aufwand verband. Sein Plan sah vor, daß Gefängnisbeamte von einem zentralen Wachturm aus jede der in dem Rundgebäude gelegenen Zellen einsehen und so deren Insassen beobachten konnten, während sie selbst unsichtbar blieben: eine totale Überwachung also. Den hier gezeigten Plan und sein Pendant hatte er bei dem Londoner Architekten Willey Reveley in Auftrag gegeben. Zwanzig Jahre später versuchte Bentham, die britische Regierung von einem solchen Vorhaben zu überzeugen; er hielt es für das perfekte Instrument eines rationalen, humanen Strafvollzugs, das so grausame Praktiken wie den Tod durch Erhängen und die Deportation beendete und die Ideale des Strafrechts-Reformers John Howard verwirklichen könnte. Benthams panoptische Anlage, die – utilibaristischen Zielen folgend, auch noch die Moral der Sträflinge verbessern wollte – wurde nie gebaut. JES

Willey Reveley

597
Schnitt durch ein Gefängnisgebäude

Aquarell und Tusche, 16 x 20 cm
Bezeichnet mit handschriftlichen Anmerkungen von Jeremy Bentham
London, University College London Library
Inv.-Nr.: Bentham Papers, cxix, 119
Literatur: Evans 1982, S. 195–230, Abb. 106

Das von Bentham vorgeschlagene *Panopticon* war eine architektonische Überspanntheit. Aus Eisen und Glas projektiert, wäre es eine Pionierleistung der damaligen Bautechnik gewesen. Die Skizze enthüllt dessen utopischen Charakter: Bentham plante ein schönes Bauwerk voller Blumen und Musik, von Gärten umgeben und mit der Rotunde im Vergnügungspark Ranelagh vergleichbar. Singend sollten die Sträflinge an den von Samuel Bentham ersonnenen Maschinen für die Holz- und Steinverarbeitung tätig sein. Sie sollten glücklich, gesund und fleißig sein, Löhne erhalten und sich auf eine Rente freuen; allerdings sollten sie täglich 14 Stunden arbeiten, und die Bentham-Brüder als die Unternehmer konnten sich davon Gewinn erhoffen. JES

John Varley

London 1778–1842 London

598
Die Besserungsanstalt auf der Millbank von Vauxhall Bridge Road aus, um 1820

Aquarell, 27,4 x 40,8 cm
London, The Museum of London
Inv.-Nr.: 66.25
Herkunft: Sotheby's, 22. März 1966, Lot 83
Ausstellung: London, The Museum of London, 1981, Nr. 69
Literatur: Evans 1982, S. 227–228, 243–250

Benthams Plan für eine strahlenförmig angeordnete, von überall einsehbare ‚Besserungsanstalt' scheiterte am Unwillen der Regierung, das Prinzip der privaten Leitung von Gefängnissen zu unterstützen. Stattdessen wurde das größte Gefängnis Europas für 458.000 Pfund nach den Plänen von William Williams und Thomas Hardwick auf einem sumpfigen Ufergelände bei

Millbank, südlich von Westminster, gebaut; es nahm 1200 Sträflinge aus London und Middlesex auf. Oberflächlich betrachtet ähnelte es Benthams auf zentraler Überwachung beruhendem Entwurf. Das Gefängnis an der Millbank bildete insgesamt ein Sechseck; es hatte labyrintische Gänge, die etwa drei Meilen lang waren. Architektonisch war es eine Katastrophe: Der Ingenieur John Rennie und der Architekt John Smirke wurden kurz nach der Vollendung 1816 hinzugebeten, um bei der Abstützung des instabilen Gebäudes behilflich zu sein. Später mußten Sir Humphry Davy die Belüftung und Michael Faraday die hygienischen Maßnahmen überarbeiten. Das Gefängnis wurde 1890 geschlossen und ein Teil des Geländes für den Bau der *Tate Gallery* verwendet. John Varley zeichnete oft diese Szenerie an der Themse, bis die Gelände für Gärtnereien und Korbweiden Mitte der 20er Jahre der Entwicklung von Pimlico weichen mußten – nach der Anlage der *Vauxhall Bridge Road*, die *Hyde Park Corner* und das *West End* mit der Surrey-Seite des Flusses über die 1816 eröffnete eiserne *Vauxhall Bridge* verband. CF

William Wilkins

Norwich 1778–1839 Cambridge

599

Fassade des University College London

(Zwischen August 1825 und März 1826, mit Änderungen, die wahrscheinlich vor Dezember 1827 vorgenommen wurden)
Bleistift und Lavierung, 39,4 x 86,9 cm
London, University College London, Strang Print Room
Inv.-Nr.: G4393
Ausstellungen: London, Royal Academy, 1827, Kat.-Nr. 969, London University College London, 1985, Kat.-Nr. 1, verschiedene Orte
Literatur: Anon. 1927, S. 976; Abb. 1, S. 973; Harte und North 1978, S. 4–11; Liscombe 1980, S. 156-169; Abb. 86

599

Das *University College London,* die erste Universität der Hauptstadt, war die geistige Schöpfung Henry Broughams und einer Gruppe sozialer Reformer. Über den Mangel an wissenschaftlicher Unterweisung an den älteren Universitäten enttäuscht und kritisch gegenüber der Dominanz der Anglikanischen Kirche auf dem Gebiet der höheren Bildung, suchten sie nach einer neuen Lösung. In einem offenen, am 9. Februar 1825 in der *Times* veröffentlichten Brief an Brougham, sprach Thomas Campbell sich für eine große Londoner Universität aus, an der die Kinder der mäßig Wohlhabenden zwischen fünfzehn und zwanzig Jahren eine weitgefächerte Ausbildung erhalten und akademische Titel in den freien Künsten und den Wissenschaften erwerben könnten. Den Architekten-Wettbewerb gewann William Wilkins; die Grundsteinlegung fand am 20. April 1827 statt. Wilkins Planung folgte der herrschenden Londoner Mode des *Greek Revival*; sein Entwurf gehört in die Reihe eindrucksvoller neoklassischer Schöpfungen der zwanziger und dreißiger Jahre. Ursprünglich hatte der Architekt einen Dreiflügelbau geplant, der von einer Kolonnade geschlossen werden sollte. Die Zeichnung, fast sicher Wilkins' Wettbewerbs-Entwurf, zeigt den mittleren Bereich der Fassade. Wegen finanzieller Schwierigkeiten, mußten die vorgesehenen Seitenflügel gestrichen werden. Das Zentrum der Komposition, ein korinthischer Säulen-Portikus auf hohem Sockel, glich dem des olympischen Zeus-Tempels. Eleganz und Einfachheit des Äußeren täuschen über die vielfältigen architektonischen Probleme hinweg, mit denen es Wilkins zu tun hatte. Die damalige Lehrpraxis und die Bedeutung wissenschaftlicher und medizinischer Fächer erforderten große, gut beleuchtete Hörsäle und Magazine; da die Studenten nicht auf dem Gelände des Colleges wohnten, waren auch Räume nötig, in denen sie sich zwischen den Vorlesungen aufhalten konnten. Die Gründer der neuen Universität gingen sehr weit, um sicherzustellen, daß das neue Gebäude seiner Bildungsaufgabe gerecht werde: Sie wandten sich nach Deutschland und Schottland, wo neue Methoden der Wissenschaftsvermittlung entwickelt worden waren. Campbell kannte die Bonner Universität, wo er 1820 Professoren für die Thomas Jefferson Universität in Virginia hatte interessieren wollen. Auf der Suche nach detaillierteren Informationen beauftragte Brougham den Architekten W. H. Playfair mit einem Bericht über die Universität von Edinburgh. Viele seiner Hinweise gingen offensichtlich bereits in die Baubeschreibung für den Wettbewerb ein. Die Baukommission, die Wilkins im April 1826 den Auftrag erteilte, war überzeugt von seinem Plan, weil er Schönheit und Nutzen vereinte. NF

600

Aktie, 1826

Nr. 440, ausgestellt auf Joseph Freeman, Thames Bank, Chelsea, 24. November 1826; 16,7 x 26 cm
London, University of London
Inv.-Nr.: U.L.C./P.C.3/10(i)
Literatur: Harte und North 1978, S. 15, 22; London, University College London, 1985, S. 6–9

Die Gründungsurkunde für das *University College London* – später kurz *London University* – wurde am 11. Februar 1826 unterzeichnet. Aktien – wie die hier ausgestellte – über £ 100 sollten verkauft werden; erwartet wurden £ 150.000 bis £ 300.000. Ein halbes Jahr später waren jedoch erst £ 130.000 zusammengekommen, was Wilkins' Bauvorhaben ernsthaft gefährdete. Der Architekt veranschlagte zudem die Baukosten mit £ 87.000, wie sich später herausstellte, um £ 20.000 zu niedrig. Der beunruhigte Bauausschuß gab ein unabhängiges Gutachten in Auftrag, das die Kosten für die Durchführung der Baupläne auf £ 94.980 festsetzte. Der Ausschuß bekräftigte im April 1826, Wilkins' Plan auch weiterhin zu unterstützen; Es wurde auch beschlossen, das College in Etappen zu errichten, was auch beschlossen wurde. Der ursprüngliche Auftrag an Wilkins bezog sich nun nur noch auf den zentralen Gebäudekomplex. ND

Thomas Higham

1796–1844

nach Frederick Mackenzie

1787–1854

601

University of London, 1828–1829

Kolorierter Kupferstich, 26,5 x 44,5 cm
London, University College London, Strang Print Room, Inv.-Nr.: G3651

601

Ausstellung: London, University College London, 1985, Kat.-Nr. 19, diverse Stellen
Literatur: Anon. 1904, S. 16; Bellot 1929, S. 437; Summerson 1970, S. 502 f., Abb. 410; Harte und North 1978, S. 28 f.; Liscombe 1980, S. 164

Highams Stich für den *„Stationers' Almanach"* zeigt den geänderten Entwurf für den Mittelbau. Da die Universität in Etappen gebaut wurde, konnte Wilkins seine Pläne für spätere Bauabschnitte überarbeiten. Möglicherweise wurden gerade die Säulengänge wegen der Verlegung der großen Halle an die Rückseite des Gebäudes verändert, um der Architektur ein kompositorisches Gleichgewicht zu erhalten. Die dem Stich zugrunde liegende Zeichnung entstand möglicherweise zwischen Dezember 1827 und April 1828. Als die Universität im Oktober 1828 eröffnet wurde, stand erst der Mittelbau. Wilkins' Gebäude blieb bis zum Ende des Jahrhunderts unvollendet, als die jetzt bestehenden Flügel nach überarbeiteten Entwürfen von Professor Hayter Lewis angebaut wurden. Doch auch unvollendet fand Wilkins Leistung öffentlichen Beifall; man nannte das Gebäude der neuen Universität „eine Ehre für England". ND

(Isaac) Robert Cruikshank

London 1786–1856 London

602
Der politische Spielwarenhändler, 1825

Kolorierter Kupferstich, 28,2 x 20 cm
Bezeichnet unten links: Robert Cruikshank Fecit; unten rechts: Pubd July 1825 by G. Humphrey 24 St. James's Street
London, University College London Library
Literatur: George 1952, Bd. 10, S. 481 f., Nr. 14788; Harte und North 1978, S. 14 f., Abb.

Henry Brougham tritt – mit Perücke und Richter-Robe – als Spielzeughändler auf. Wie ein italienischer ‚Toy-Man' in Londons Straßen bietet er das Modell der geplanten *London University* an, hier im gotischen Stil der Colleges von Oxford und Cambridge dargestellt. Cruikshank suggeriert, daß die neue Universität sich wohl auf das pedantische Studium der englischen Grammatik beschränke. Brougham hatte seit langem den Mißbrauch wohltätiger Einrichtungen attackiert, auch in Oxford, Cambridge und den Public Schools von Eton und Winchester. Die Liste der Aktionäre und seine Aktentasche mit Subskriptionen beziehen sich auf die Gründung der die Universität finanzierenden Aktiengesellschaft. John Bull, auf einem Spielzeugpferd, schaut mißtrauisch. 1825 veröffentlichte Brougham auch seine *Observations on the Education of the People*, in denen er sich für die Publikation billiger und nützlicher Bücher für die Unterschichten ausspricht. Das Werk, in zwanzig Auflagen erschienen, gab den Anstoß zur Gründung der *Society for the Diffusion of Useful Knowledge.* Um die Taille gebunden, trägt der Reformer ausgewählte Repräsentanten der ‚alten Korruption': Georg IV., Königin Caroline (die Brougham im Prozeß vertreten hatte), den reaktionären Herzog von Cumberland und den Lordkanzler Eldon, der an der Spitze eines von Brougham attackierten Rechtssystems stand. CF

M. R. Giberne

603
St. Mary's Infant School, Walthamstow, um 1824

Radierung, 37,5 x 45,7 cm
Drucker N. Chater & Co., 33 Fleet Street
London, Vestry House Museum, Walthamstow
Inv.-Nr.: N5946
Literatur: Law 1978; McCann und Young 1982, S. 58, 71, Taf. 4

Die *St. Mary's Infant School* in Walthamstow, nordöstlich der City, war die erste, von der Church of England eingeführte Vorschule im Lande. Die Gemeindeschulen – die anglikanischen ‚nationalen' und die nonkonformistischen ‚britischen' Schulen – nahmen nur Kinder von 6 oder 7 Jahren auf. Der Erzieher Samuel Wilderspin (um 1799–1866), ein Pionier der Pädagogik, wollte jedoch auch jüngere Kinder frühzeitig mit den Grundlagen des Wissens bekanntmachen. Seine *Infant School* in Spitalfields öffnete 1822; weitere folgten unter dem Schutz Georgs IV. in Brighton, Lewes und Worthing. Der Vikar von Walthamstow, Rev. William Wilson, richtete mit Hilfe Wilderspins im März 1824 eine kleine Schule ein. Das Experiment erwies sich als erfolgreich. Die hier gezeigte Radierung diente wohl der Spenden-Beschaffung. Sie demonstriert die Lehrmethode, die darin bestand, daß ältere Schüler die Instruktionen des Lehrers an Gruppen jüngerer weitergaben. So konnten viele Kinder mit einem Minimum an qualifiziertem Personal unterrichtet werden. Der Lehrplan umfaßte Lesen, Schreiben, Arithmetik, Religion und Spiele; der aufgeklärte Vikar glaubte an physische Erziehung ebenso wie an die moralische und intellektuelle. CF

‚Paul Pry' (William Heath)

London 1795–1840 London

604
Der fortschrittliche Intellekt, 1829

Kolorierte Radierung, 30,5 x 42,1 cm
Herausgeber T. McLean

603

London, Trustees of the British Museum
Inv.-Nr.: 1948-2-17-34
Literatur: George 1954, Bd. 11, S. 152–153, Nr. 15779

Als eine der ungewöhnlichsten Satiren der Zeit, reflektierte dieses Blatt den ‚Fortschritt des Intellekts'; d. h. das damalige Bewußtsein grundlegender sozialer Veränderungen. Radikale begrüßten sie; Konservative fürchteten sie. Furcht vor der Zerstörung der etablierten Ordnung dokumentiert das hier vorgeführte, gegen den technischen Fortschritt gerichtete Spottblatt. Im Vordergrund suggeriert der reich gedeckte Tisch das Verschwinden sozialer Unterschiede: ein Müllmann z. B. beißt in eine Ananas. Die Technik erobert die Welt: Rechts ein Dampfpferd (*Velocity*, Geschwindigkeit) mit Passagieren; daneben, im Schuppen, poliert eine Maschine einen Stiefel. Links wird moderne Architektur lächerlich gemacht: Der *Marble Arch* trägt einen Galgen („Geschaffen, um die Architekten zu erhöhen"); und daneben erhebt sich eine hybride neogotische Kirche. Die *Grand Vacuum Tube-Company Direct to Bengal* überbrückt ein Meer, mit Passagieren in der Röhre, während eine Hängebrücke von Bengalen bis Kapstadt reicht. Flugmaschinen, fliegende Postboten und ein Dampfwagen à la Guerney vervollständigen das Bild. Die Luftschlösser tragen ein Schild: ‚Plan für die Zahlung der nationalen Schuld'. LS

604

605
Sklaven-Medaillon, nach 1787

Wedgwood, Jasperware (gelber Grund, schwarzes Relief), 3,3 cm
Marken: WEDGWOOD geprägt
Barlaston, Wedgwood Museum Trust
Inv.-Nr.: 4275
Ausstellung: London, Science Museum, 1978, Nr. 194

605

Zu sehen ist die Figur eines in Ketten gelegten Negersklaven. Die Medaille trägt die Inschrift *„Am I not a Man and a Brother?"*, die vom Siegel des *„Commitee of the Sklave Emancipation Society"* (Komitee der Gesellschaft zur Befreiung von Sklaven) übernommen worden war. Josiah Wedgwood I. (1730–1795), in dessen Manufaktur das Stück hergestellt wurde, beteiligte sich aktiv an der Arbeit der Gesellschaft. Die Medaillen waren sein Beitrag zu dieser Bewegung und wurden kostenlos verteilt; auch an Benjamin Franklin ging eine Sendung von Sklaven-Medaillen. In der Kongreßbibliothek in Washington D. C. vom 15. Mai 1787(8?) hat sich die Antwort darauf erhalten: „Wenn ich Euer wertvolles Geschenk an meine Freunde verteile, so entdecke ich in deren Mienen so große Betroffenheit angesichts des Flehenden (dessen Ausführung bewundernswert ist), daß ich von seiner Wirkung überzeugt bin; sie könnte der der besten, für die Unterdrückten werbenden Schriften gleichen." GBR

Die Anti-Sklaverei-Bewegung war, mit den Quäkern als dem eigentlichen Rückgrat, seit den siebziger Jahren des 18. Jahrhunderts immer stärker geworden. Die Quäker und andere Gruppen schlossen sich 1787 zur *„Society for the Abolition of the Slave Trade"* (Gesellschaft zur Abschaffung des Sklavenhandels) zusammen. Während Thomas Clarkson durchs Land zog, um für die Sache zu werben, benutzte William Wilberforce, ein evangelischer Christ und sozialer Reformer, seine Stellung als Abgeordneter für den Wahlkreis Hull, um in Parlament und Regierung tätig zu werden. Ein überzeugender Redner, war er als *„the nightingale of the house"* bekannt. Der Sklavenhandel in England wurde 1807 abgeschafft; aber die Kampagne gegen Sklaverei dauerte bis ins neunzehnte Jahrhundert hinein an. EE

606
Medaille: Abschaffung des Sklavenhandels, 1807

Silber, ⌀ 5,3 cm; graviert von T. Webb
Bezeichnet auf der Vorderseite: WILLIAM WILBERFORCE M. P. THE FRIEND OF AFRICA; auf der Rückseite: I HAVE HEARD THEIR CRY; SLAVE TRADE ABOLISHED MDCCCVII
London, Trustees of the British Museum
Inv.-Nr.: M. 5319
Literatur: Brown 1980, S. 154, Nr. 627; Eimer 1987, S. 125, Nr. 983, Tafel 27

606

George Richmond
London 1809–1896 London

607 (Farbtafel S. 569)
William Wilberforce, 1832–1833

Aquarell, 45,2 x 33,8 cm
Bezeichnet unten rechts: George Richmond delnt. 1833
London, National Portrait Gallery
Inv.-Nr.: 4997
Herkunft: Auftrag von Sir Robert Inglis; Vermächtnis seiner Witwe an Marianne Thornton, die es Samuel, dem Sohn von Wilberforce, schenkte; an dessen Enkelin Dr. Octavia Hill vererbt; Hill sale, King & Chasemore, Pulborough, 12. Juni 1974, Lot 1273
Ausstellung: Royal Academy, 1833, Nr. 538
Literatur: Wilberforce 1838; Walker 1985, Bd. I, S. 555–556; Bd. II, Tafel 1387

Das Portrait des Reformers und Kämpfers gegen die Sklaverei, William Wilberforce (1759–1833), zeigt den gebrechlichen 74jährigen in seinem Hause in *Battersea Rise.* Die Haltung entspricht dem unvollendeten Wilberforce-Portrait, das ebenfalls Sir Robert Inglis, einem Gönner des Malers, gehörte. Das Werk, von Samuel Cousins gestochen, wurde unter Wilberforces Anhängern weit verbreitet. CF

608
Zuckerbecher, um 1820–1830

Steingut, farbig bemalt; H. 11,8 cm, ⌀ 10,9 cm (flehender Sklave unter Palme und Text in Gold: East India Sugar not made/By Slaves/By six Families using/East India, instead of/West India Sugar, one/Slave less is required)
London, The Museum of London
Inv.-Nr.: 87.213/4
Herkunft: John May
Literatur: London Encyclopedia, Bd. 21 (1829), S. 365; Deer 1949, S. 296–301, Tafel 22

Das Schälchen ähnelt einigen anderen Stücken, die ein den Nonkonformisten verbundenes Porzellangeschäft in Süd-London so annoncierte: „... den Freunden Afrikas hochachtungsvoll zur Kenntnis, daß eine Auswahl von Zuckerschalen zum Verkauf steht, hübsch beschriftet ...: *East India Sugar not made by Slaves.*“ Das Thema erscheint bereits in einem Pamphlet des späten 18. Jahrhunderts (*„A Call to the People of Great Britain to Abstain from the Use of West India Sugar or Rum“*). Sein Autor William Fox war ein vermögender Londoner Kaufmann und Gründer der Sonntagsschul-Gesellschaft, die für das System der allgemeinen Bildung eintrat. Die Werbung für Zuckerdosen stammt wohl aus den 20er Jahren des 19. Jahrhunderts, als die Kampagne zur

609

Abschaffung der Sklaverei – bestärkt durch die Abschaffung des Sklavenhandels im Jahr 1807 – sich intensivierte und 1833 Gesetz wurde. Vom späten 18. Jahrhundert an gab es in Großbritannien Versuche, den Verkauf des mit hohen Einfuhrzöllen belegten ostindischen Zuckers zu fördern. Die Arbeitsbedingungen dort waren durchaus fragwürdig, was die Anhänger der Anti-Sklaverei-Bewegung ignorierten und alle am Ostindien-Handel Beteiligten nur begrüßten. Die *„London Encyclopedia“* (1829) fügte ihrer Beschreibung der Zuckerproduktion auf den Westindischen Inseln die Bemerkung an: „... wir freuen uns, eine kurze Beschreibung der in Ostindien angewandten Methode hinzuzufügen, weil dort Zucker von freien Menschen nach ökonomischeren Methoden angebaut wird als auf den Westindischen Inseln.“ Das Motiv des Sklaven auf diesem Stück folgte wohl dem des Siegels der *Slave Emancipation Society,* die durch die 1787 (von Josiah Wedgwood hergestellte) Medaille William Hackwoods bekannt wurde. WE

610

609
Figur eines Negersklaven, um 1820

Vermutlich Staffordshire, Steingut, farbig bemalt, H. 18 cm
Brighton, Royal Pavilion, Art Gallery and Museums
Inv.-Nr.: HW 589
Herkunft: Henry Willett Collection
Ausstellung: London, Bethnal Green Museum, 1899, S. 48, Nr. 589
Literatur: Horne 1986, Abb. 161

Der befreite Sklave preist die erlangte Freiheit; in dem Buch auf seinen Knien ist zu lesen *„Bless God Thank Britton Me No Slave“*. In den zwanziger Jahren brachten Henry Brougham und die Londoner Whig-Reformer sowie die *Society for the Total Abolition of Slavery* neue Impulse; die Gesellschaft hatte John Cropper gegründet, ein Quäker in der durch Sklavenhandel reich gewordenen Stadt Liverpool. Ein Gesetz zur Abschaffung der Sklaverei wurde 1833 verabschiedet. Alle Sklaven in den Britischen Kolonien erhielten am 1. August 1834 ihre Freiheit. EE

610
Medaille: Abschaffung der Sklaverei, 1834

Bronze, ⌀ 4,3 cm
Graviert von J. Davis
Bezeichnet auf der Vorderseite: AM I NOT A MAN AND A BROTHER; A VOICE FROM GREAT BRITAIN TO AMERICA 1834; auf der Rückseite: THIS IS THE LORD'S DOING: IT IS MARVELLOUS IN OUR EYES. PSALM 118 V. 23. JUBILEE AUGT 1 1834
London, Trustees of the British Museum
Inv.-Nr.: M.6227
Literatur: Brown 1980, S. 398, Nr. 1666

Die Schauseite der Medaille erinnert an die Plakette der Gesellschaft zur Abschaffung des Sklavenhandels; von Wedgwood entworfen, zeigt sie einen Schwarzen, der flehend seine in Ketten gelegten Hände hebt. Darunter das Motto: AM I NOT A MAN AND A BROTHER? Die Plaket-

George Richmond, William Wilberforce, 1832–1833. Kat.-Nr. 607

George Hayter, Königin Caroline, 1820. Kat.-Nr. 619

611

te war für die Kampagne wichtig; das Zitat weist darauf hin, daß viele Gegner der Sklaverei ihren Kampf als religiös motiviert betrachteten. Granville Sharpe ermahnte die Sklavenhalter, des Jüngsten Gerichts zu gedenken, „wenn sie Tausende dieser Menschen beim Himmlischen Herrscher ... sitzen sehen werden, um die Tyrannen und Unterdrücker zu richten und sie für ihren Mangel an Bruderliebe zu richten". Die Mahnung fand Beachtung: Amerikanische Quäker hatten sich seit dem 17. Jahrhundert gegen die Sklaverei ausgesprochen; führende Anti-Sklaverei-Bewegungen in New York und Philadelphia besaßen Kontakte zu den Gleichgesinnten in England. EE

611
Medaille: Abschaffung der Sklaverei

Bronze, ⌀ 4,2 cm
Graviert von T. Halliday
Bezeichnet auf der Vorderseite: AM I NOT A WOMAN AND A SISTER?; LET US BREAK THEIR BANDS ASUNDER AND CAST AWAY THEIR CORDS PSALM. 11.3; auf der Rückseite: TO THE FRIENDS OF JUSTICE, MERCY AND FREEDOM; PENN/GRANVILLE SHARP/WILBERFORCE/BENEZET/CLARKSON/TOUSAINT LOUVERTURE/STEPHEN/D BARCLAY
London, Trustees of the British Museum
Inv.-Nr.: M. 6225
Literatur: Brown 1980, S. 399, Nr. 1669

Gesellschaften von Frauen, die sich gegen die Sklaverei engagierten, waren damals sehr aktiv und hatten eine große Zahl von Mitgliedern. 1833 unterschrieben nicht weniger als 187.000 eine Petition für die sofortige Freilassung der Sklaven. Viele Frauen, etwa Elizabeth Coltman, nahmen eine radikale Position ein, verhöhnten die Londoner Gesellschaft ihrer Besänftigungstaktik und der angestrebten schrittweisen Abschaffung der Sklaverei wegen. Auf der Rückseite der Medaille finden sich führende Köpfe der Bewegung aus England und anderen Ländern: William Penn und Anthony Benezet z. B. waren amerikanische Quäker. Tousaint Louverture, Führer eines erfolgreichen, aber blutigen Sklavenaufstands in Santo Domingo 1791, starb in einem französischen Gefängnis. EE

William Sharp
1749–1824

612
Joanna Southcott, um 1812

Bleistift, 35,5 x 27 cm
Bezeichnet: Jany. 1812 Isaiah Ch. 65 & 66 Joanna Southcott
London, National Portrait Gallery
Inv.-Nr.: 1402
Herkunft: erworben von S. G. Fenton, 1905
Literatur: Harrison 1979, S. 86–134; Walker 1985, Bd. I, S. 468, Bd. II, Tafel 1144

Den Stecher William Sharp faszinierten die Prophezeiungen der Joanna Southcott (1750–1814), einer Farmerstochter aus Devon, so, daß er sie 1802 überredete, nach London zu kommen. Sie verteilte an ihre Jünger Siegel mit dem christlichen Erlösungssymbol, dem Baum des Lebens. Von 58 Personen 1803 wuchs ihre Gefolgschaft auf 14.000 im Jahr 1807 und 20.000 im Jahr 1815; etwa ein Drittel ihrer Anhänger kam aus London. Joanna Southcott ist hier im Alter von etwa 60 Jahren dargestellt; sie liest Kapitel aus Jesaja vor, die den gesegneten Zustand des neuen Jerusalem beschreiben. Die Radierung, die Sharp nach dieser Zeichnung anfertigte, trägt die Beischrift „nach dem lebenden Modell" und das Datum 12. Januar 1812. Der Stecher verlor seinen Glauben an sie auch nicht, als sie 1814 ankündigte, sie sei dazu bestimmt, einem zweiten Christus das Leben zu schenken. Siebzehn von 21 Ärzten bestätigten ihr – fälschlich – eine Schwangerschaft. Unter den vielen Geschenken, die sie vorher erhielt, war auch eine Wiege als Geschenk des bekannten Möbeltischlers Seddons. Joanne Southcott fiel in Trance – wurde zur Witzfigur der Karikaturisten. CF

Anonym

613
Der Reverend Edward Irving, um 1823

Aquarell, 61,9 x 45 cm
London, National Portrait Gallery
Inv.-Nr.: 2757
Herkunft: Schenkung Miss Margaret Gardiner, 1935

613

Ausstellung: Presbyterian Historical Society, 1935
Literatur: Walker 1985, Bd. 1, S. 275 f., Bd. II, Tafel 642

Der populäre schottische Prediger Edward Irving (1792–1834), Gründer der *Irvingite Church,* dargestellt in einer für ihn typischen Pose. In London hatte er nach 1822 einen erstaunlichen Erfolg an der *Caledonian Church* in *Hatton Garden,* einer an sich kleinen und armen Gemeinde, die sich des Ansturms der feinen Londoner Gesellschaft kaum erwehren konnte: In einer neuen Kirche am *Regent Square* predigte Irving dann sonntags vor tausend Anhängern und prophezeite u. a. die unmittelbar bevorstehende Wiederkunft des Messias. Er wurde alsbald der Häresie für schuldig erklärt, aus seiner Kirche gewiesen und seines Amtes enthoben. Seine Gemeinde blieb ihm treu; eine neue Religionsgemeinschaft, die *Catholic Apostolic Church,* hieß allgemein *Irvingite Church.* CF

Lawrence Gahagan
Ireland tätig 1756–1820

614
Mary Anne Clarke, 1811

Marmor, 64 cm
Bezeichnet auf der Rückseite: L. Gahagan fecit & pub. Nov.1.1811; unter dem Sockel: M. A. Clarke executed from life per her order November 1811 by L. Gahagan

London, National Portrait Gallery
Inv.-Nr.: 4456
Herkunft: Auftrag des Modells und in dessen Sammlung; H. M. Calmann; von diesem 1965 erworben
Literatur: Walker 1985, Bd. I, S. 112 f., Bd. II, Tafel 254; McCalmann 1988, S. 164 f., 236

Mary Anne Clarke (1776–1852) war (1803–1809) die Geliebte von Frederick, dem zweiten Sohn Georgs III. des Herzogs von York und Albany, Oberbefehlshaber der Armee. Sie stand im Mittelpunkt eines Skandals um den Verkauf von Offizierspatenten. Der Herzog wurde beschuldigt, Offizieren den Handel mit Beförderungen erlaubt zu haben, die Mrs. Clarke eine angemessene Bestechungssumme gezahlt hatten. Im Parlament wurde der Herzog im März 1809 genötigt, von seinem Posten zurückzutreten, obwohl die Mehrheit der Abgeordneten dafür gestimmt hatte, ihn von den Beschuldigungen freizusprechen. Verärgert forderten darauf Radikale die Reform der „alten Korruption". Von ihrem Beschützer aufgegeben, griff Mrs. Clarke zum Mittel der Erpressung. Wohlinformiert über das Privatleben der königlichen Familie, drohte sie ihre Kenntnisse der Regierungsintrige gegenüber Caroline, der Prinzessin von Wales, preiszugeben. Dafür, daß sie ihre bereits gedruckten Memoiren *(„Recollections")* nicht veröffentlichte, erwirkte sie die enorme Summe von £ 10.000 und lebenslange Renten für sich und ihre Tochter. Mrs. Clarke sah sich gern – wie auch hier – in der Pose *Klytias* (nach der ebenfalls hier gezeigten Skulptur der Townley-Sammlung). 1813 wegen Verleumdung inhaftiert, ging sie zwei Jahre später nach Paris. CF

614

616

Anonym

615
Die Ermordung Spencer Percevals, 1812

Aquatinta, 27,5 x 37 cm
London, The Museum of London
Inv.-Nr.: Z1288

Premierminister Spencer Perceval (1762–1812) wurde am 11. Mai um 17.15 Uhr im Foyer des *House of Commons* erschossen. Sein Mörder war John Bellingham, ein bankrotter Liverpooler Makler; er nahm der Regierung übel, daß sie bei seiner Inhaftierung in Rußland nicht interveniert hatte. Perceval, zweiter Sohn des 2. Earl of Egmont, war ein fähiger Anwalt gewesen. 1796 Parlamentsmitglied, wurde er 1802 zum Kronanwalt ernannt. Unter der Regierung Portland war er Schatzkanzler, 1809 nach Portlands Tod dann Premierminister. Er stand einer schwachen, von Skandalen und wachsenden radikalen Aktivitäten überschatteten Regierung vor. Bellingham wurde für zurechnungsfähig gehalten, angeklagt und am 18. Mai gehängt. CF

George Cruikshank
London 1792–1878 London

616
Die Verschwörer der Cato Street in der Nacht des 23. Februar 1820, als der Polizist Smithers erstochen wurde, 1820

Kolorierte Aquatinta, 25 x 38 cm
Herausgeber G. Humphrey, 27 St. James's St.
London, Guildhall Library, Corporation of London
Literatur: George 1952, Bd. X, S. 42 f., Nr. 13707; Cohn 1924, Nr. 177; Anand and Ridley 1977

In der 1803 entstandenen Cato Street im Gemeindebezirk von *St. Marylebone* Edgware Road, traf sich eine Gruppe von Verschwörern unter Führung von Arthur Thistlewood auf einem Stallboden und plante die Ermordung des gesamten britischen Kabinetts: der Tag des Attentats sollte der 23. Februar 1820 sein – das Abendessen mit Lord Harrowby am Grosvenor Square 44. Zu diesem Plan gehörte auch, daß *Coutts Bank*, die *Bank of England*, das *Mansion House* und der *Tower of London* eingenommen werden sollten. Eine provisorische Regierung wollte man zudem ausrufen. Einer der Verschwörer, tatsächlich aber ein Regierungs-Spion, leitete Einzelheiten an das Innenministerium weiter. Am 20. Februar griffen Polizisten die Räume in der Cato Street an. In dem Tumult gab es Tote und Verletzte, Verschwörer wurden festgenommen, andere konnten durch ein Dachfenster entfliehen. Thistlewood nahm man am nächsten Tag gefangen. Fünf Rädelsführer wurden am 1. Mai 1820 in Newgate gehängt, fünf andere auf Lebenszeit deportiert. Cruikshanks Blatt rekonstruiert die Ereignisse nach der Beschreibung eines Mr. Ruthven und nach eigenen, in der *Cato Street* gemachten Skizzen. RH

T. Lane (?)

617

Carrying Coals to Newcastle (Eulen nach Athen tragen), 1821

Kolorierte Radierung, 26 x 40 cm
Herausgeber G. Humphrey, 27. St. James's St.
London, Guildhall Library, Corporation of London
Literatur: George 1952, Bd. 10, S. 189–190, Nr. 14119; Richardson 1960

Georg Prinz von Wales, heiratete am 8. April 1795 in *Carlton House* Prinzessin Caroline von Braunschweig. Ein Jahr später trennte sich das Paar informell, „denn die Natur hat uns nicht füreinander geschaffen". In den folgenden Jahren war die Prinzessin Mittelpunkt allgemeinen, skandalösen Klatsches. Ihr wurde Ehebruch nachgesagt, und sie gebar einen Sohn, William Austin. Sie verließ ihren Wohnsitz *Ranger's House* in Blackheath und ging nach Italien, wo sie sich Bartolomeo Bergami zum Liebhaber nahm. Das muntere Leben mit Bergami wurde zum Gegenstand einer vom *House of Lords* durchgeführten Untersuchung, die Caroline ihre Titel, Rechte und Privilegien nehmen sollte. Auf die Nachricht vom Tod Georgs III. hin, war sie 1820 nach England gereist und am 6. Juni in London angekommen. Im Sommer zog sie ins *Brandenburgh House* an den Ufern der Themse in Hammersmith. „Dorthin pilgerten verschiedene radikale Vereinigungen und Leute der untersten Klassen, die von ihrer Majestät ... empfangen wurden", merkte Lady Brownlow dazu an. Die Presse, besonders *The Times*, stellte sich auf die Seite der „Frau, der Unrecht getan wurde", gegen ihren Mann Georg IV., der nie unpopulärer als damals war. Die Karikaturisten waren geteilter Ansicht. G. Humphrey, Neffe der Gillray-Herausgeberin Hannah Humphrey, sprach sich für sie aus. Hier zum Beispiel marschieren Kupferschmiede zu Ehren Carolines zum *Brandenburgh House*: ein Ereignis wie ein römischer Triumphmarsch – mit Messing-Deckeln als Schilder und Messingtöpfen und Kohlenkästen als Helmen. Am 22. Januar erhielt Caroline 65 Solidaritäts-Adressen. Einige Gewerbe formierten eigene Umzüge. Der *Examiner* beschrieb den der Kupferschmiede am 28. Januar 1821 als besonders brillant: „... eine Anzahl Männer, komplett in Messing und Stahlmonturen und eine Vielzahl prächtiger Insignien dieses Gewerbes." RH

618

Tuch: Eine getreuliche Darstellung des Prozesses Ihrer allergnädigsten Majestät Caroline, Königin von England, im Oberhaus, 1820

618

Baumwolle, Druck in Dunkelbraun (nach einer Zeichnung und Radierung von I. Slack),
47 x 58 cm
London, The Museum of London
Inv.-Nr.: 53.123
Herkunft: Lady Florence Pery
Ausstellung: London, Museum of London, 1988
Literatur: Schoeser 1988, Abb. 25

Das Tuch zeigt den Prozeß der Königin Caroline, die des ‚ausschweifenden und ehebrecherischen Umgangs' mit Bartolomeo Bergami, ihrem italienischen Kammerdiener, angeklagt wurde; anfänglich war er ihr Kurier; dann machte sie ihn zum Baron und 1817 zum Großmeister des ‚Ordens der Heiligen Caroline von Jerusalem'. Die Anhörung fand im Oberhaus statt, und ein Straf- und Sühneantrag sah vor, den Namen der Königin aus der Liturgie und sie selbst aus dem Land zu entfernen. Die gegen die Königin vorgebrachten Beweise erbrachte die ‚Mailänder Kommission', die einige Jahre zuvor nach Italien geschickt worden war, um für ein Scheidungsverfahren dem Prinzen von Wales Belege für das unmoralische Verhalten der Prinzessin zu liefern. Der berüchtigte grüne Sack barg den belastendsten Beweis: Für Satiriker ein populäres Symbol der Korruption in der Regierung von Georg IV. Bei ihrer Rückkehr nach England und während ihres Verfahrens erhielt Königin Caroline nicht nur die Unterstützung der arbeitenden Klasse, sondern von Leuten aller Stände, die in ihr das Opfer des Königs und ein Symbol der Unterdrückung sahen. Der Prozeß wurde am 17. August eröffnet. Nach der dritten Lesung am 10. November ergab die Abstimmung, daß die Mehrheit zugunsten des Antrags von 28 auf 9 geschrumpft war; der Premierminister Lord Liverpool entschied, den Antrag zurückzuziehen. Der taktische Rückzug der Regierung wurde von vielen als Sieg der Freiheit angesehen. EE

Sir George Hayter

London 1792–1871 London

619

(Farbtafel S. 570)

Königin Caroline, 1820

Öl auf Leinwand, 34,9 x 29,2 cm
London, National Portrait Gallery
Inv.-Nr.: 4940
Herkunft: Skizze für einen Auftrag des Parlamentsabgeordneten George Agar Ellis (später 1. Baron Dover); Familie Hayter; Hayter sale, Christie's, 21. April 1871, Lot 587; Bonham's, 14. November 1972, Lot 208; Mrs. Amanda Bruce-Mitford; von dieser 1972 erworben
Ausstellung: London, Victoria and Albert Museum, 1974, F8
Literatur: Creevey (Hg.) 1904, Bd. 1, S. 307; Walker 1985, Bd. I, S. 99: Bd. II, Tafel 215

621b

George Agar Ellis (1797–1833), ein aufstrebender liberaler Politiker und Kunstmäzen, der die Königin unterstützte und Vorsitzender der *British Institution* war, gab den Auftrag zu einem repräsentativen Gemälde vom Prozeß gegen Caroline im Oberhaus. Hayter machte bei dem Verfahren ausführliche Skizzen. 161 Sitzungen der Protagonistin folgten. Das hier gezeigte Gemälde beruht auf mehreren unbemerkt angefertigten Skizzen von der Königin, und bestätigt die Beschreibung vom 17. August 1820, die der liberale Abgeordnete Thomas Creevey seiner Stieftochter und Vertrauten Miss Ord gab: „Man hatte mich glauben gelehrt, sie sähe so distinguiert aus, wie sie aufträte, und so ist es mir schmerzlich festzustellen, daß die viel beleidigte Prinzessin vor allem *Fanny Royds* ähnelt (einem Spielzeug mit abgerundeten, mit Blei beschwerten Boden, das sich aus jeder Position wieder aufrichtet). Ein anderes Spielzeug – ein Kaninchen oder eine Katze – springt bei Druck schnell in die Luft. Du mußt Dir vorstellen: das erste stellt die Person der Königin dar; das andere ihre Auftrittsform ...“ Hayter erhielt 2.000 Pfund für sein 1823 in *Pall Mall* erfolgreich ausgestelltes Gemälde (heute in der *National Portrait Gallery*).-
CF

Sir George Hayter
London 1792–1871 London

620
Theodore Majocchi, 1820

a) Kreide, 17,6 x 10,9 cm
Bezeichnet: non mi ricordo

b) Kreide, 9,5 x 13,4 cm
London, National Portrait Gallery
Inv.-Nr.: 1695 (c) und (d)
Herkunft: Sir George Hayter; vermutlich Hayter sale Christie's, 19. April 1871, Lot 349; erworben von Noseda; Edward Basil Jupp; Matthew B. Walker; von diesem 1913 erworben
Literatur: New 1961, S. 249–251; Walker 1985, Bd. 1, S. 620–623; Bd. II, Tafeln 1535 und 1537

Theodore Majocchi, ein ehemaliger Bediensteter der Königin, war der erste Belastungszeuge bei ihrem Prozeß. Als die Königin ihn sah, sprang sie auf, „mehr einer Furie ähnlich als einer Frau“, schrie ärgerlich seinen Namen und rannte hinaus. Seine Zeugenaussage war ebenso ausführlich wie vernichtend, aber von Brougham, dem Vertreter der Königin, ins Kreuzverhör genommen, geriet er in Verwirrung und war völlig unglaubwürdig: der Höhepunkt des Prozesses, den Hayter hier darstellt. Auf den 16 Seiten der Druckschrift, die das Kreuzverhör aufzeichnet, erscheint der Satz „Ich erinnere mich nicht“ – „Non mi ricordo“ – 87 Mal. Der Ausdruck wurde sofort zum Schlagwort, permanent in Satiren gegen den „Prozeß“ verwendet.
CF

Sir George Hayter

621
a) Sir Christopher Robinson, James Parke und Dr. Adams, 1820
Tusche und Sepialavierung, 20,4 x 28,1 cm
Bezeichnet oben links: G. Hayter/for the Trial/of the Queen/1820

b) Sir Robert Gifford, Sir John Singleton Copley, Thomas Wilde, Dr. Stephem Lushington, Marchese di Spineto und andere, 1820

Tusche und Sepialavierung, 14,5 x 21,5 cm
Bezeichnet unten rechts: House of Lords Trial of the Queen/GH Sept 1820
London, National Portrait Gallery
Inv.-Nr.: 1695 (h) und (i)
Herkunft: Sir George Hayter; vermutlich Hayter sale Christie's, 19. April 1871, Lot 349; erworben von Noseda; Edward Basil Jupp; Matthew B. Walker; von diesem 1913 erworben
Literatur: New 1961, S. 248 f.; Walker 1985, Bd. 1, S. 621; Bd. II, Tafeln 1540–1541

Auf Hayters Skizzen sind einige der Protagonisten im Königinnen-„Prozeß“ zu sehen; es fehlt der unbestrittene Star, Henry Brougham, der erste Rechtsbeistand der Königin. Ein weiterer Verteidiger der Königin war Lushington, ein menschenfreundlicher Rechtsanwalt, der Richter des Hohen Gerichtshofes der Admiralität wurde, und Wilde (später Lord Truro), wie Brougham später liberaler Lordkanzler. Den Anwälten der Krone stand Generalstaatsanwalt Gifford vor; Broughams wirklicher Gegner war der zweite Kronanwalt Sir John Copley (später Lord Lyndhurst). Er sollte der Lordkanzler in den konservativen Regierungen vor und nach Brougham werden.
CF

622

George Cruikshank
London 1792–1878 London

622
Die radikale Leiter, 1820

Radierung, 20 x 14 cm
London, The Museum of London
Inv.-Nr.: Z 6785
Literatur: George 1952, Bd. 10, S. 109 f., Nr. 13895

Die ursprünglich im „Loyalists Magazine" veröffentlichte Radierung spiegelt Cruikshanks politischen Sinneswandel wider: Die Königin, oben auf der wackligen Leiter, deren Stufen mit Begriffen wie ‚Ruin', ‚Anarchie', ‚Revolution' ... bezeichnet sind, droht der Säule der Verfassung und damit der Krone, dem Ober- und Unterhaus und der Justiz. CF

William Hone
Bath 1780–1842 London

und George Cruikshank
London 1792–1878 London

623
a) Die Eheleiter der Königin, 1820

Gebunden, 22 x 28 cm (geöffnet)
Herausgeber William Hone, Ludgate-Hill

b) „Non Mi Ricordo!"
Gebunden, 22 x 28 cm (geöffnet)
Herausgeber William Hone, Ludgate-Hill
London, Guildhall Library, Corporation of London
Inv.-Nr.: A. 6.2.1 in 10, A. 6.4 in 9
Literatur: Hackwood 1912, S. 223, S. 236 f.; George 1952, Bd. 10, S. 78–82, S. 92 f., Nr. 13790–13805, 13808 und 13844–13846; Rickword 1971

Hone, eigentlich damit beschäftigt, eine Geschichte der Parodie zu schreiben, ließ sich von der Königin überzeugen, an der Kampagne zu ihrer Unterstützung teilzunehmen. Sein Beitrag war „Die Eheleiter der Königin" – offensichtlich nach einem Spielzeug ersonnen, das die ‚Eheleiter' hieß. Die traurige Geschichte der königlichen Ehe wird Schritt für Schritt aus Sicht der Königin erzählt, im Wechsel von Cruikshanks Satiren und Hones Versen. Der andere Band parodiert das Kreuzverhör des Dieners Majocchi und klagt Georg IV. an. Hier ist es der König, der sich an nichts erinnert *(„Non mi ricordo!")*. In Hones begleitendem Text wird er über sein Leben befragt. Die Verleumdungsklage gegen beide Pamphlete wurde abgewiesen. CF

623b

T. Lane (?)

624
(Farbtafel S. 579)
Honi Soit qui Mal y Pense, 1821

Kolorierte Radierung, 30 x 42 cm
Herausgeber G. Humphrey, 27 St. James's St.
London, Guildhall Library, Corporation of London
Literatur: George 1952, Bd. 10, S. 233 f., Nr. 14206; Richardson 1960

Das Blatt zeigt eine Außenansicht von G. Humphreys Druckerei. Eine Menge von Bürgern hat sich versammelt, um nicht weniger als 42 hier ausgestellte Anti-Caroline-Karikaturen zu betrachten. Humphrey veröffentlichte sie tatsächlich auf dem Höhepunkt der Affäre. Dazu gehören die in der Ausstellung gezeigten Satiren ‚Angenehme Träume!' und ‚Ergüsse eines verwirrten Hirns' in der obersten Reihe, und ‚Der Königliche Feuerlöscher' und ‚Kohlen nach Newcastle bringen' in der vierten Reihe. Durch die Glastür sehen wir einen Mann (wohl G. Humphrey) mit einem Druck (*„Folly as it flies"* nach Popes „Essay on Man"). Ein zweiter Mann, die Figur des *John Bull*, gratuliert dem Drucker und lacht. Der Titel des Drucks bezieht sich auf das Motto des Hosenbandordens von Georg IV. RH

Isaac Robert Cruikshank
London 1789–1856 London

und George Cruikshank
London 1792–1878 London

625
(Farbtafel S. 579)
Der Königliche Feuerlöscher, oder der König von Brobdingnag und die Lilliputaner, 1821

Kolorierte Radierung, 24 x 33 cm
Herausgeber G. Humphrey, 27 St. James's St.
London, Guildhall Library, Corporation of London
Literatur: George 1952, Bd. 10, S. 204 f., Nr. 14145; Richardson 1960

Georg IV. umringt von Ministern – Eldon (Lordkanzler), Sidmouth (Innenminister), Castlereagh (Außenminister), Wellington (Generalfeldzeugmeister) und Liverpool (Erster Schatzlord). Der große Papier-Feuerlöscher ist aus seiner Thronrede gebastelt. Darunter ein Haufen verängstigter winziger Jakobiner, Königin Caroline und Alderman Wood. Die Thronrede des Königs vom 23. Januar 1821 veränderte die öffentliche Meinung über den Eheskandal zu seinen Gunsten. Danach sank das Ansehen der Königin. Ihr Geldbeutel bezieht sich auf die jährlichen £ 50.000, die ihr das Parlament bewilligte; sie hatte sie entgegen früheren Beteuerungen angenommen. RH

T. Lane (?)

626
(Farbtafel S. 580)
Köstliche Träume, 1821

Kolorierte Radierung, 39 x 29 cm
Herausgeber G. Humphrey, 27 St. James's St.
London, Guildhall Library, Corporation of London
Literatur: George 1952, Bd. 10, S. 213 f., Nr. 14175; Richardson 1960

Nach einem Abendessen in *Brandenburgh House* schlafen Königin Caroline und ihre Anhänger rund um den Tisch ein. Ihre Träume sind in der Wolke versammelt: Georg und Caroline werden gemeinsam gekrönt; darunter links der königliche Wohnsitz *Buckingham House* (später Palast); ein Empfang bei der Königin. Bilder Carolines und Bergamis hängen an der Wand; sie trägt eine Miniatur ihres Liebhabers. RH

628a

T. Lane (?)

627 (Farbtafel S. 581)

Die Ergüsse eines verwirrten Hirns, oder Schlechter Umgang verdirbt gute Sitten, 1821

Kolorierte Radierung, 39 x 29 cm
Herausgeber G. Humphrey, 27 St. James's St.
London, Guildhall Library, Corporation of London
Literatur: George 1952, Bd. 10, S. 228 f., Nr. 14196; Richardson 1960

Königin Caroline schreibt eine ihrer Eingaben „An seine höchst vortreffliche Majestät den König und Kronrat ..." und möchte bei der bevorstehenden Krönung gekrönt werden. Zur Linken steht ihr Vertrauter Matthew Wood. Eine Schlange trägt der gänzlich unbekleidete Dr. Parr; ganz rechts ein Besen (Henry Brougham, der Rechtsberater der Königin), mit Perücke und Robe. Im Hintergrund: die finsteren Kräfte der Revolution. Eine Figur von Bergami, Carolines Geliebtem, steht auf dem Tisch. Über einer Eule mit Narrenkappe u. a. Jakobinermützen, die mit *Bat, Mat* und *Cat* bezeichnet sind (Bartolomeo Bergami, Matthew Wood und Caroline), dazu offene Skizzenbücher von den königlichen Reisen und ‚Briefe an die Uhrmacher von Coventry' (eine Abordnung aus Coventry hatte Caroline mit einer Uhr beschenkt). Sie wurde ausgestellt, um Spenden einzutreiben. Die Zeitschrift *John Bull* merkte an, daß die 20.000 Einwohner Coventrys nicht einmal £ 60 aufgebracht hätten. RH

628

a) Caroline von Braunschweig und Graf Bergami, 1820

Bronze, ⌀ 4,1 cm
Graviert von P. Kempson
Bezeichnet auf der Vorderseite: CAROLINE D. G. BRITT. REGINA.; auf der Rückseite: COUNT B. BERGAMI
London, Trustees of the British Museum
Inv.-Nr.: M. 5652
Literatur: Brown 1980, S. 250, Nr. 1030; Eimer 1987, S. 140, Nr. 1132

b) Das Gericht über Königin Caroline, 1820

Bronze, ⌀ 8,2 cm
Graviert von A. Desboeufs oder Durand
Bezeichnet auf der Vorderseite: CAROLINE QUEEN OF ENGLAND; auf der Rückseite: QUEEN'S TRIAL und MDCCCXX
London, Trustees of the British Museum
Inv.-Nr.: M. 5658
Literatur: Brown 1980, S. 248, 249, Nr. 1026; Eimer 1987, S. 140, Nr. 1131

628b

Mechanisierung und Verwendung hochwertiger Metalle machten im frühen 19. Jahrhundert möglich, größere Mengen von Medaillen zu niedrigeren Kosten herzustellen, was neue Märkte eröffnete. Viele der damals geprägten Medaillen waren für informierte, nicht einmal reichen Kunden gedacht. Die Gedenkmedaille, ein Souvenir kurzlebiger Ereignisse, wurde populär. Die beiden Medaillen spielen auf den Prozeß von 1820 gegen Königin Caroline an. Die erste undatierte ist einfach gestaltet, die zweite anspruchsvollere, scheint, trotz der englischen Inschrift, von französischen Modelleuren hergestellt worden zu sein. EE

Porzellan zum Gedächtnis an Queen Caroline

629

a) Becher, um 1820

Staffordshire; Steingut mit braunem Kupferdruckdekor und rosafarbenem Luster-Rand, 7,4 x 6,8 cm
Marken: 4 geprägt
London, The Museum of London
Inv.-Nr.: A 12972
Herkunft: E. J. Sidebotham, H. R. H. Queen Mary
Literatur: May 1972, S. 42, Abb. 62

Souvenirs aus Keramik wurden in Massenproduktion zu erschwinglichen Preisen hergestellt. Dank eines verbesserten Transport- und eines effizienteren Postsystems sowie der steigenden Zahl von Provinzzeitungen wurden Informationen schneller verbreitet als jemals zuvor. Die im Umdruckverfahren verzierte Keramik konnte jedermann kaufen; sie war dekorativ, doch ihr Propaganda-Charakter zeigt auch das damals breite Interesse für nationale Fragen, wie es die politisch folgenreiche Affäre um die Königin war. Auf der Rückseite des Bechers ist folgender Vers zu lesen: ‚The ALE ist good / So pray pour out; / As soon as full / Then drink about.' Der ‚Prozeß der Königin' stieß auf enormes Interesse, und von der Sympathie des Volkes für Caroline zeugt die große Zahl keramischer Erinnerungsstücke, die die Ereignisse von 1820 überlieferten. Der Becher zeigt eine junge und hübsche Königin als „königlichen Wanderer" – eine Anspielung auf ihre eher schweifenden Neigungen. EE

b) Krug, um 1820

Staffordshire; Steingut, schwazer Kupferdruckdekor und bemalt (Königin und Seefahrtsmotiv), H. 14,5 cm
Brighton, Royal Pavilion, Art Gallery and Museums
Inv.-Nr.: EH/A/10
Herkunft: Sir Eardley Holland

Die auf dem Krug dargestellte junge, attraktive Dame hat mehr Ähnlichkeit mit Prinzessin Charlotte, der Tochter Königin Carolines, als mit der Königin selbst. Drucke wurden damals vielfach angepaßt und wiederverwendet; so ist es möglich, daß man einem ursprünglichen Porträt der Prinzessin die für die Königin typische Halskrause hinzufügte. Auf der Rückseite des Kruges steht zu lesen: May Peace and Plenty / On our National Smile / And Trade & Commerce / Blefs the British Isle / Sucess to Ship Trade. Das Objekt wirbt also für zweierlei: Die Sache der Königin und Englands Handel. EE

c) Krug, um 1820

Vermutlich Staffordshire; Steingut, schwarzer Kupferdruckdekor (Königin und Gedicht), H. 16 cm
Brighton, Royal Pavilion, Art Gallery and Museums
Inv.-Nr.: HW 63
Herkunft: Sammlung Henry Willett
Ausstellung: London, Bethnal Green, 1899, S. 6, Nr. 63

629 d

Die Rückseite des Kruges trägt die Inschrift: ‚When man presumes to chuse a wife / He takes his lovely spouse for life / Who can judge and not repine / The Wofull case of Caroline.' Der Prinz von Wales beschrieb seine Frau 1796 nach ihrer Trennung als „Satan" und „die gewissenloseste und gefühlloseste Person ihres Geschlechts". Das Paar paßte nicht zusammen, und der Ärger und Widerwille des Prinzen gegenüber den persönlichen Gewohnheiten Carolines, ihrem Aussehen und ihrem ungeschickten und vulgären Benehmen verwandelte sich schnell von Ablehnung in Haß. Solche Feindseligkeit jedoch ging mit der Sympathie einher, die die Öffentlichkeit ihr entgegenbrachte, weil sie sie als Opfer eines ungerechten Verhaltens sah. EE

d) Krug, um 1820

Staffordshire; Pearlware, schwarzer Kupferdruckdekor und bemalt (Karikatur ‚Public Opinion' und Gedicht), H. 10,4 cm
Stoke-on-Trent, City Museum and Art Gallery
Inv.-Nr.: 1495

Die Karikatur zeigt *John Bull* beim „Abwiegen" von Königin Caroline und Georg IV.: der König erweist sich als leichtgewichtiger. Bull erklärt: „Gut gemacht, Caroline, sie wollen dich auf die leichte Schulter nehmen; es wird nicht gelingen, ich werde ein faires Spiel sehen." Die Vorlage stammt aus einem Stich Isaac Robert Cruikshanks (des älteren Bruders von George), der am 20. Juni 1820 von T. Benlow St. Clements Church, Strand, herausgegeben wurde. DS

e) Teller, um 1820

Vermutlich Staffordshire; Steingut mit modellierter Blumenkante; Kupferdruckdekor, farbig bemalt (Profilbüste der Königin), ⌀ 15,5 cm
Cambridge, Syndics of the Fitzwilliam Museum
Inv.-Nr.: C. 27-1928
Herkunft: Vermächtnis J. W. L. Glaisher

f) Teller, um 1820

Staffordshire; Steingut mit Randprägung; schwarzem Kupferdruckdekor, farbig bemalt (Kinderreim); ⌀ 6,7 cm
London, Trustees of the British Museum
Inv.-Nr.: R27
Literatur: Hobson 1903, S. 289, R 27

Im Zentrum Kinderreim, umgeben von einem Kranz mit den Namen der Königin und ihrer Anwälte: ‚I'll sing a song of sixpence, / A green Bag full of lies, / Four and Twenty witnesses, / All proved to be spies; / When the Bag was open'd, / The Lords began to stare, / To see their precious evidence, / All vanish'd into air.' EE

g) Schale, um 1820

Staffordshire; Bone China mit rotem Kupferdruckdekor und rosafarbenem Luster-Band, ⌀ 21,5 cm
London, The Museum of London
Inv.-Nr.: C 1676
Herkunft: Dr. F. Corner

Viele der an Caroline erinnernden Objekte zeigen die Königin mit einem Hut – wie auf der Schale. Die Königin war zu ihrem Prozeß mit einem großen, schwarzen, mit Straußenfedern geschmückten Hut erschienen und soll bei ihrer Rückkehr nach England im Januar 1820 in Dover ein ähnliches Modell aus schwarzem Satin mit schwarzen Straußenfedern getragen haben. EE

h) Relief-Platte, um 1820

Staffordshire; Steingut, bemalt, 14 x 12 x 1 cm
Brighton, Royal Pavilion, Art Gallery and Museums

629e

629h

Inv.-Nr.: EH/A/7
Herkunft: Sir Eardley Holland

Das dekorative Objekt ist ein weiteres Beispiel für Souvenirs im Gedenken an Königin Caroline. EE

630

(Farbtafel S. 582)

Figur Königin Caroline, um 1820

Vermutlich Staffordshire; Bone China, farbig bemalt, H. 15,3 cm
Brighton, Royal Pavilion, Art Gallery and Museums
Inv.-Nr.: HW 58
Herkunft: Sammlung Henry Willett

Die Figur von Königin Caroline war vermutlich für einen Kaminsims vorgesehen; sie ist eher im Relief denn als Vollplastik gearbeitet. Da Objekte dieser Art oft als Paare angefertigt wurden, gehörte möglicherweise einmal die Figur des Königs dazu. EE

631

Figur Georg IV., um 1820–1828

Derby, Robert Bloor & Co.; Bone China, farbig bemalt und vergoldet, H. 31,8 cm
Marken: Krone, gekreuzte Stäbe und Punkte über ‚BLOOR DERBY' in Rot
Cambridge, Syndics of the Fitzwilliam Museum
Inv.-Nr.: C 113-1932
Herkunft: Schenkung Mrs. W. D. Dickson

Verglichen mit der auch ausgestellten Version in Biskuitporzellan erscheint diese Figur weniger elegant. CF

633

George Scharf
Mainburg 1788–1860 London

632
Wahl von Parlamentsabgeordneten für Westminster, 1818

Kolorierte Aquatinta, 40,4 x 51,5 cm
Herausgeber G. Scharf, 3 St. Martins Lane, Charing Cross und Messrs Colnaghi & Co Printsellers, Cockspur Street
London, The Museum of London
Inv.-Nr.: 59.81
Herkunft: Victor Brockbank
Literatur: George 1949, Bd. IX, Nr. 13006, S. 812–813; George 1952, Bd. X, Nr. 13006A, S. 39; Jackson 1987, S. 78–79

Darstellungen der Wahlkampfbühne gegenüber von *St. Paul's Church*, Covent Garden, waren Zeichen der politischen Entwicklung in London. Westminster besaß eines der demokratischsten Wahlrechte im Land; hier konnte jeder wählen, der die niedrigen Wahlabgaben zahlte. Seine Abgeordneten neigten zur Radikalität, und das Wahl-Verfahren endete nicht selten in Tumulten. Scharf stellt hier die durch die Parlaments-Auflösung am 10. Juni 1818 herbeigeführten Wahlen dar. Möglicherweise ist von den sechs Kandidaten der extreme Radikale Henry Hunt auf der Tribüne abgebildet. Die Wahlen gewann damals der gemäßigte Whig und Gesetzesreformer Sir Samuel Romilly und Sir Francis Burdett. Scharf zeigt das Wahllokal kurz vor seiner Schließung am 4. Juli sehr genau, wobei er ebensosehr an der bunten Menge interessiert ist wie am politischen Akt. Der Druck wurde mit französischer Beischrift und Erläuterungen zu den Figuren in Französisch und Deutsch veröffentlicht. Scharf gab das Blatt zu den allgemeinen Wahlen im März 1820 erneut heraus, leicht verändert und den neuen Kandidaten angepaßt. CF

James Stephanoff
London um 1786–1874 Bristol

Robert Bowyer
1758–1834 Byfleet, Surrey

Augustus Charles Pugin
Normandie um 1796–1832 London

633
Das Unterhaus, 1821–1823

Aquarell, 34,3 x 49,6 cm
London, Palace of Westminster Collection
Literatur: Walker 1988, S. 58, Nr. 131

Eine Ansicht aus der bis auf den letzten Platz besetzten Kammer des Unterhauses. Der *Chief Clerk* (Erster Vorsteher) J. H. Ley verliest ein Schriftstück. Die hier dargestellte Situation läßt sich keinem konkreten Ereignis zuordnen; ein ähnliches Aquarell vom Oberhaus entstand 1820 während des Prozesses gegen Königin Caroline. Danach wurden Mezzotinto-Blätter hergestellt; von Stephanoff stammen Komposition und Figuren, von Bowyer die Porträts und von Pugin die architektonischen Details. Gezeigt wird die Kammer des Unterhauses: die 1834 abgebrannte obere Kapelle von St. Stephen. Die zwischen 1290 und 1344 erbaute zweistöckige königliche Kapelle galt als eines der Glanzstücke mittelalterlicher Baukunst in England. Nach 1547 übernahm das *House of Commons* (Unterhaus) den Bau als Sitzungssaal. 1692 und 1707 renovierte Sir Christopher Wren das Innere, einschließlich der hier gezeigten Nord- und Südgalerien. Zwischen 1800 und 1812 veränderte James Wyatt die Kammer, um den neu hinzugekommenen irischen Abgeordneten Platz zu schaffen. Trotzdem erwies sich der Bau als ungeeignet; Vorschläge für einen Neubau scheiterten damals jedoch daran, daß die Abgeordneten ihrem traditionsreichen Saal zu sehr verbunden waren. AW

Adam Buck
Cork 1759–1833 London

634
Sir Francis Burdett, 1810

Aquarell, 19,5 x 16,2 cm
London, National Portrait Gallery
Inv.-Nr.: 1229
Herkunft: Arthur L. Collie, 1899 von diesem erworben
Ausstellung: Royal Academy, 1817, Nr. 30
Literatur: Hone 1982; Walker 1985, Bd. I, S. 75; Bd. II, Tafel 163

Mit seinen aristokratischen Zügen, erschien Sir Francis Burdett (1770–1844) nicht gerade als eine geeignete Figur, für radikale Interessen ein-

634

T. Lane (?), Honi Soit qui Mal y Pense, 1821. Kat.-Nr. 624

I. R. Cruikshank und G. Cruikshank, Der Königliche Feuerlöscher, oder der König von Brobdingnag und die Lilliputaner, 1821. Kat.-Nr. 625

T. Lane (?), Köstliche Träume, 1821. Kat.-Nr. 626

links:
T. Lane (?), Die Ergüsse eines verwirrten Hirns, oder Schlechter Umgang verdirbt gute Sitten, 1821. Kat.-Nr. 627

rechts:
William Heath, Alarm!!! Revolution in der Stadt. Lord Mayor's Day und kein Essen, 1830. Kat.-Nr. 640

unten:
George Cruikshank, Loyale Ansprachen & radikale Petitionen, oder die exzellente Antwort der verehrten Parlamentsmitglieder auf beide Seiten der Frage auf einmal, 1819. Kat.-Nr. 636

Figur Königin Caroline, um 1820. Kat.-Nr. 630

zutreten. In Westminster und Oxford ausgebildet, verbrachte er die Jahre 1790–1793 auf dem Kontinent und wurde Zeuge der französischen Revolution. Er heiratete die jüngste Tochter des Bankiers Francis Coutts, und 1797 erbte er den Titel eines Baronet. 1796 zum Abgeordneten für Boroughbridge gewählt, machte er sich durch seinen Widerstand gegen den Krieg, sein Eintreten für eine Parlaments- und Gefängnisreform, die Emanzipation des Katholizismus, die Redefreiheit und andere liberale Maßnahmen verdächtig. 1807 war Burdett Abgeordneter der Radikalen in Westminster und behielt diesen Parlamentssitz 30 Jahre lang. In einem 1810 in *Cobbett's Political Register* veröffentlichten Schreiben trat Burdett dafür ein, daß über parlamentarische Debatten berichtet werden dürfe, und erklärte das Verhalten des Unterhauses für illegal, einen radikalen Redner ins Gefängnis zu werfen, der für dieses Grundrecht eingetreten war. Er wurde verhaftet, und in den Tower geworfen. Die Darstellung entstand damals; die danach entstandene Radierung trug die Beischrift: „Tafel 2 der Freunde einer konstitutionellen Reform des Parlaments“ und sollte sicher aus seiner Popularität Gewinn ziehen. Die anderen Blätter dieser Folge zeigten Cobbett, Cochrane, Hunt und Buck selbst. Burdett, nach ein paar Wochen entlassen, unterstützte die Reformen weiterhin. Zehn Jahre später brachte ihn ein Brief über das *„Peterloo-Massaker“* erneut für drei Monate ins Gefängnis, bei einer Strafe von 1000 Pfund. Danach zunehmend konservativ, trat er 1835 der Tory-Partei bei und wurde 1837 Abgeordneter für Wiltshire.
CF

Anonym

635
Die Smithfield-Versammlung in London, 1819

Kolorierte Radierung, 38 x 48 cm
Herausgeber C. Thompson, 40 Long Lane, Smithfield
London, Guildhall Library, Corporation of London

Am 21. Juli 1819 war Henry Hunt Leiter einer Versammlung auf dem Platz des Viehmarkts in Smithfield, die über die Reformen debattierte. Hunt, ein hitziger und egozentrischer Politiker, war ein energischer Befürworter des allgemeinen Wahlrechts und der geheimen Wahl sowie ein Vorkämpfer für die Rechte der Frauen. Die Behörden sahen der Versammlung mit Furcht entgegen. Sie verlief jedoch friedlich. Das von einem Drucker aus Smithfield herausgegebene Blatt zeigt die Versammlung zum Zeitpunkt der Rede Hunts vor Tausenden von Bürgern. Sechsundzwanzig Tage später sollte sich das Bild ändern. Am 16. August sprach Hunt zu einer

Versammlung in St. *Peter's Fields* in Manchester. Diesmal wurde sie von freiwilligen Kavallerietruppen brutal aufgelöst. Viele Bürger waren ob dieses *Peterloo Massacre* zutiefst entsetzt. Der Stadtrat der *City of London* verurteilte das Vorgehen der Behörden von Manchester scharf und richtete eine Petition an den Prinzregenten. RH

635

George Cruikshank

London 1792–1878 London

636 (Farbtafel S. 581)

Loyale Ansprachen & radikale Petitionen, oder die exzellente Antwort der verehrten Parlamentsmitglieder auf beide Seiten der Frage auf einmal, 1819

Kolorierte Radierung, 24 x 33 cm
Herausgeber T. Tegg 111 Cheapside
London, Guildhall Library, Corporation of London
Literatur: George 1949, Bd. IX, S. 935–936, Nr. 13280; Cohn 1924, Nr. 1705

Der Prinzregent zwischen treuen Untertanen und einer Gruppe ungebärdiger Radikaler. Auf ihrer Seite stehen Alderman Waithman mit einer *„City Petition for Reform Three Yards long"*; Francis Burdett wird seine Reform-Petition aus der Hand geblasen; außerdem zu sehen: Henry *„Orator"* Hunt (mit Jagdmütze) und seiner *„Petition for Radical Reform"*; Dr. Watson, auf dem Boden, greift den Regenten an. Bei den, auf das Blutbad von Peterloo am 16. August 1819 in Manchester folgenden Protestversammlungen beschloß man landesweit, Petitionen an den Prinzregenten zu schicken. Die Stadt London konfrontierte ihn am 17. September mit einer kritischen Schrift. In seiner Antwort gab der höchst verärgerte Regent seinem „tiefen Bedauern" über diese Aktion Ausdruck. Gleichzeitig richteten konservative Kreise Ergebenheitsadressen an ihn. RH

J. Wiche

Tätig 1811–1827

637

Henry Hunt, 1822

Aquarell, 31,3 x 23,4 cm
London, National Portrait Gallery
Inv.-Nr.: 957
Herkunft: Henry Hunt; Schenkung Henry Willett 1894
Literatur: Huish 1836; Walker 1985, Bd. I, S. 267, Bd. II, Tafel 621

Henry ‚der Redner' Hunt (1773–1835) entstammte einer wohlhabenden Landwirts-Familie aus Wiltshire; ein kurzer Gefängnisaufenthalt im Jahr 1800 – als Folge eines Streits mit Lord Bruce, dem Kommandanten der Freiwilligen-Truppe von Wiltshire – sowie seine Begegnung mit dem Radikalen John Horne Tooke bekehrten ihn zum Radikalismus. Er setzte sich für zahlreiche Reformprojekte ein. Sein Rednertalent lockte große Menschenmengen an, z. B. zu den Mas-

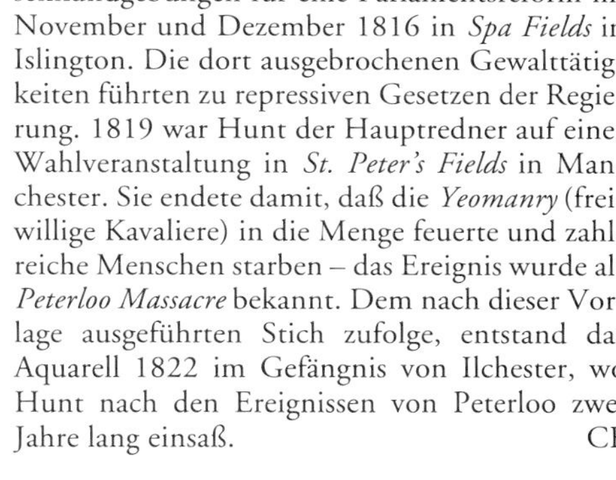

senkundgebungen für eine Parlamentsreform im November und Dezember 1816 in *Spa Fields* in Islington. Die dort ausgebrochenen Gewalttätigkeiten führten zu repressiven Gesetzen der Regierung. 1819 war Hunt der Hauptredner auf einer Wahlveranstaltung in *St. Peter's Fields* in Manchester. Sie endete damit, daß die *Yeomanry* (freiwillige Kavaliere) in die Menge feuerte und zahlreiche Menschen starben – das Ereignis wurde als *Peterloo Massacre* bekannt. Dem nach dieser Vorlage ausgeführten Stich zufolge, entstand das Aquarell 1822 im Gefängnis von Ilchester, wo Hunt nach den Ereignissen von Peterloo zwei Jahre lang einsaß. CF

637

„Ein Scharfschütze"

638

Zusammentreffen der Talente. Der Große Diktator und sein einflußreicher Stadtrat, die Eselin, 1830

Kolorierte Radierung, 35 x 25 cm
Herausgeber S. Gans, 15 Southampton Street, Strand
London, Guildhall Library, Corporation of London
Literatur: George 1954, Bd. XI, S. 365, Hyde 1976, S. 54–63

Der traditionelle *Lord Mayor's Day* (Tag des Oberbürgermeisters) der City of London fand stets am 9. November statt. Ebenso war es Tradition der Stadt, den Monarchen im ersten Jahr seiner oder ihrer Herrschaft einzuladen. Als William IV. 1830 den Thron bestieg, beschlossen die Stadtväter, der königliche Besuch solle mit den Feierlichkeiten des 9. November zusammenfallen. Die Vorbereitungen beaufsichtigte der *Lord Mayor*, Ratsherr John Key, ein Reformer und *„Master of the Worshipful Company of Stationers"* (Meister der ehrenwerten Gilde der Schreibwarenhändler). Karikaturen zeigten die städtischen Maskottchen – die Riesen Gog und Magog – wie sie gemeinsam mit John Key König William und Königin Adelaide in der *Guildhall* willkommen hießen. Key wurde als *„Esel"* dargestellt (Donkey = Esel). Wenn er nicht sogar als „Eselin" vorgeführt wird, ist er als „neuer Vicar of Bray" (bray = Esels-Geschrei) oder als Esel im Bürgermeisterornat gezeichnet. Als Schreibwarenhändler wird er als „John Fool's Cap" gezeigt. Drei Tage vor den Festlichkeiten schrieb Key an den Premier-Minister, den Herzog von Wellington, eine „Bande vor nichts zurückschreckender und wilder Personen" wolle das Fest benutzen, um „Tumult und Durcheinander" zu schaffen. RH

Henry Heath

Tätig 1824–1850

639

Der große General wird von Don-Key erschreckt!, 1830

Kolorierte Radierung, 24 x 35 cm
Herausgeber S. W. Fores, 41 Piccadilly
London, Guildhall Library, Corporation of London
Literatur: George 1954, Bd. XI, S. 538, Nr. 16305; Hyde 1976

Am 6. November suchten Oberbürgermeister John Key und sein Stellvertreter Sir Claudius Hunter den Innenminister Sir Robert Peel (‚Bob') auf, um ihn vor der Gefahr von Krawallen zu warnen. Peel besprach die Angelegenheit mit Wellington. Man ersuchte um eine Audienz beim König, und Wellington und Peel bedrängten den König, seinen Besuch zu verschieben. Der König hörte sie an. („Er hatte Tränen in den Augen, als Keys Schreiben verlesen wurde", berichtete Peel später.) Der Besuch wurde abgesagt. RH

William Heath

1795–1840 London

640 (Farbtafel S. 581)

Alarm!!! Revolution in der Stadt. Lord Mayor's Day und kein Essen, 1830

Kolorierte Radierung, 35 x 24 cm
Herausgeber T. McLean, 26 Haymarket, London
London, Guildhall Library, Corporation of London
Literatur: George 1954, Bd. XI, S. 356 f., Nr. 16303; Hyde 1976

Ein fettleibiger, versoffener und glotzäugiger ‚Bürger' in altmodischer Hofkleidung jammert, als er hört, daß der Besuch des Königs und das Bankett des *Lord Mayor* abgesagt worden sind: „Was wird nun aus dem schönen Proviant?" Die Nachricht von der Absage des Besuchs wurde von den Stadtvätern fassungslos aufgenommen; man forderte Oberbürgermeister Key auf, seine Rolle bei dem Fiasko zu erklären. Als die Nachricht sich verbreitete, schlug man in der Metropole Alarm; die Geschäfte wurden eingestellt, die Wertpapiere fielen um drei Prozent, vorsichtshalber setzte man den Burggraben des *Tower* unter Wasser, und die Wachtposten vor der *Bank of England* wurden verdoppelt. RH

Henry Heath

641

Der deprimierte Ahitofel, 1830

Kolorierte Radierung, 23 x 33 cm
Herausgeber S. W. Fores, 41 Piccadilly
London, Guildhall Library, Corporation of London
Literatur: George 1954, Bd. XI, S. 373, Nr. 16343; Hyde 1976

Keys ungeschickte Aktion bewahrte Wellington davor, aus Anlaß des *Lord Mayor's Day* direkt mit dem feindseligen Pöbel konfrontiert zu werden. Die Rolle des Herzogs bei dem Fiasko war die Ursache bitterböser Angriffe innerhalb wie außerhalb des Parlaments. Daß der König von England es nicht wagen konnte, zusammen mit seinen loyalen Bürgern zu speisen, weil seine Minister zu unbeliebt waren, um sich in der Öffentlichkeit sehen lassen zu können, wurde als Skandal betrachtet. Neben Wellingtons Erklärung zu den Reformen waren es gerade die unseligen Ereignisse des 9. November, die eine Woche später zu seinem Sturz beitrugen. Für die Karikatur bearbeitete Heath einen Druck von James Gillray, indem er Fox durch Wellington ersetzte. Der Esel mit dem Wappen der *Corporation of London* stellt den neuen Oberbürgermeister John Key dar. RH

642

Tuch: Der Angriff der Reformer auf den alten morschen Baum – oder: Die faulen Nester der Vielfraße in Gefahr, 1831

Bedruckte Baumwolle (nach einer Radierung von E. King, Chancery Lane), 73 x 85 cm
London, The Museum of London
Inv.-Nr.: 35.89/1
Herkunft: Miss Moseley
Ausstellung: London, The Museum of London, 1988, Nr. 23
Literatur: Schoeser 1988, Abb. 23 auf S. 12; George 1954, Nr. 16650 auf S. 471

Nach einer von E. King veröffentlichten Radierung. Als Reformer an vorderster Front sind Henry Brougham mit einem keulenähnlichen Axtstiel und die mit Äxten bewaffneten Mitstreiter Graf Grey, der Marquis von Lansdowne, und der Vicomte Althorp dargestellt. Ihnen gegenüber ihre Gegner: Sir Robert Peel, darüber Wellington; Ellenborough – mit Elefantenrüssel, weil er als Präsident des *India Board* in Bombay als ‚wilder Elefant' beschrieben wurde. Der Marquis von Chandos, der Herzog von Newcastle auf Stelzen und Generalstaatsanwalt Sir James Scarlett stehen Wellington bei. Das Zitat der Tories ist aus dem *Kaufmann von Venedig* (IV.1.). Im Hintergrund: König und Königin, ein Engländer, ein Ire und ein Schotte auf dem *Constitution Hill.* EE

643

Tuch: Die ruhmvolle Parlamentsreform, 1831

Bedruckte Seite, farbig bemalt, 84 x 87 cm
London, The Museum of London
Inv.-Nr.: 29.25
Herkunft: Miss M. Coles
Ausstellung: London, The Museum of London, 1988
Literatur: Schoeser 1988, Abb. 22 auf S. 12; George 1954, Nr. 16676 auf S. 481

Die *Times* notierte am 9. Mai 1831: ‚Nun ist ein von Robert Cruikshank entworfenes Seidentuch überall erhältlich. Die Szene im Oberhaus bei der Auflösung des Parlaments ist sehr wirkungsvoll und mit Humor dargestellt. In der Mitte: eine dem König und der Verfassung gewidmete Säule ...'. (Später als Lithographie von Alfred Miller, 137 Oxford Street [BM 16676] veröffentlicht.) Damals bediente man sich immer weniger vorhandener Radierungen als Vorlagen für Bildtücher; neue Entwürfe wurden vielmehr speziell in Auftrag gegeben. Hier ist bemerkenswert, daß eine Lithographie nach dem Tuch hergestellt wurde. Cruikshank zeigt sich selbst links unten als ‚Freund der Reform'. Das Tuch galt wohl auch als Geste politischer Loyalität. EE

642

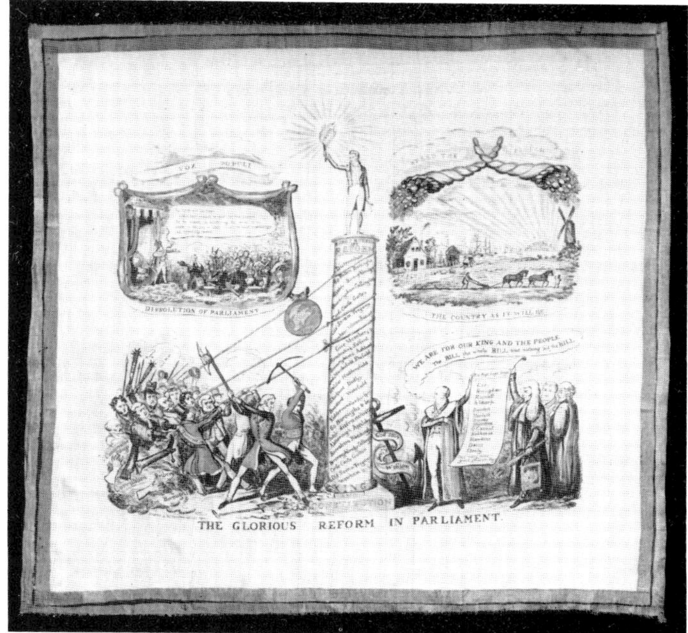

643

Medaillen

644
a) Das Reformgesetz, 1831

Bronze, Ø 4,6 cm
Graviert von T. Halliday
Bezeichnet auf der Vorderseite: THE CONFIDENCE OF THE PEOPLE und Köpfe von William IV., Earl Grey, Lord Brougham und Lord Russel; auf der Rückseite: THE REFORM BILL; THE DESIRE OF THE PEOPLE; NO UNMERITED PENSIONS; NO THITHES/NO CORN LAWS/NO GAME LAWS/NO STAMP TAXES/NO EAST INDIA/MONOPOLY/NO COLONIAL SLAVERY
London, Trustees of the British Museum
Inv.-Nr.: M. 6073
Literatur: Brown 1980, S. 369, Nr. 1535; Eimer 1987, S. 151, Nr. 1244

b) Das Reformgesetz, 1832
Bronze, Ø 5,1 cm
Graviert von J. Davis
Bezeichnet auf der Vorderseite: UNION; OUR CAUSE HATH THRIUMPHED GLORIOUSLY THE HORSE & HIS RIDER HATH HE THROWN INTO THE SEA; EXODUS CHAP 15. V. 21; auf der Rückseite: Ein Tisch im Zentrum zeigt die Phasen des Gesetzes: Zeit, Datum, Lesungen, Abstimmungen. An den Seiten: MINISTERIAL BILL OF REFORM und Tafel mit den Daten der einzelnen Phasen des Gesetzes
London, Trustees of the British Museum
Inv.-Nr.: M 6163
Literatur: Brown 1980, S. 379, Nr. 1578; Eimer 1987, S. 153, Nr. 1255

644a

644b

Andenken an das Reformgesetz

645
a) Reform-Becher, um 1832

Staffordshire; vermutlich Chetham and Robinson oder Chesworth and Robinson, Lane End, Longton
Steingut, mit Kupferdruckdekor in Schwarz und rosa Lüster (Earl Grey, betitelt „Kennedy"), H. 8,2 cm
Marken: C & R in Rosette
Cambridge, Syndics of the Fitzwilliam Museum
Inv.-Nr.: C.1137-1928
Herkunft: Nachlaß J. W. L. Glaisher
Literatur: Rackham 1935; Bd. I, S. 148, Nr. 1145

b) Reform-Becher, um 1832
Staffordshire, vermutlich Chetham and Robinson oder Chesworth and Robinson, Lane End, Longton
Steingut, mit Kupferdruckdekor in Schwarz und rosa Lüster
(LORD BROUGHAM AND VAUX./LORD HIGHER CHANCELLOR),
H. 11,7 cm
Cambridge, Syndics of the Fitzwilliam Museum
Inv.-Nr.: C.1137-1928
Herkunft: Nachlaß J. W. L. Glaisher
Literatur: Rackham 1935; Bd. I, S. 147, Nr. 1137

645c

645d

c) Krug, ‚The Old Rotten Tree', 1832

Staffordshire; Steingut mit Kupferdruckdekor, H. 15 cm
London, The Museum of London
Inv.-Nr.: 33.3/1
Herkunft: H. R. H. Queen Mary
Literatur: May 1972, S. 144, Abb. 212; George 1954, Bd. XI, S. 471, Nr. 16650

d) Punschschale, um 1832

Vermutlich Goodwin, Bridgwood & Harris; Steingut, Kupferdruckdekor in Mauve, 18 x 28 cm
Brighton, Royal Pavilion, Art Gallery and Museum
Inv.-Nr.: HW 509
Herkunft: Sammlung Henry Willett
Ausstellung: London 1899, S. 42, Nr. 509

Das Reform-Gesetz von 1832 hatte eine Flut keramischer Arbeiten im Gefolge, in denen die Begeisterung des Volkes nachklingt, und die oft mit Portraits der führenden Reformer dekoriert waren. Earl Grey war Premierminister in der Regierung, die die erste Reformgesetzvorlage beantragte. Lord Brougham, Jurist und durch seine Rolle in der Affäre um Königin Caroline und wegen seines Eintretens für allgemeine Bildung weithin geschätzt, war Lordkanzler in der Regierung Lord Greys. Die Darstellung auf dem Krug folgt wohl vereinfacht einem von E. King, Chancery Lane, herausgegebenen Stich (British Museum, Nr. 16650). (Das ebenfalls ausgestellte bedruckte Tuch, Kat.-Nr. 642, stellt den Stich ausführlicher dar.) Auf der Rückseite des Kruges: König William IV. und Königin Adelaide am *Constitution Hill*; dazu der mit einem Arbeitskittel bekleidete *John Bull*, die Personifikation des Engländers, der den Eichenknüttel schwingende ‚Ire' Paddy und der ‚Schotte' Sandy im Kilt. Die Punschschale ist mit drei sehr bekannten, im Umdruckverfahren hergestellten Motiven zum Thema des Reformgesetzes dekoriert. CF/EE

Schnapsflaschen

646

a) Lord Brougham, 1832

Doulton and Watts; graues Steinzeug, getaucht, H. 18 cm
Marken: Lambeth Pottery, DOULTON & WATTS 15 HIGH STREET LAMBETH, geprägt
London, The Museum of London
Inv.-Nr.: C559
Herkunft: Frank Crace; Dr. F. Corner
Literatur: Hilyard 1985, S. 60

b) Lord John Russell, 1832

Doulton and Watts; graues Steinzeug, getaucht, 17,9 x 8,5 cm
Marken: Lambeth Pottery, DOULTON & WATTS 15 HIGH STREET LAMBETH, geprägt
London, The Museum of London
Inv.-Nr.: A23688
Herkunft: Frank Crisp

c) Earl Grey, um 1832

Belper and Denby, Derbyshire; Steinzeug, getaucht, H. 19 cm
Marken: BELPER & DENBY BOURNE POTTERIES DERBYSHIRE
Brighton, Royal Pavilion, Art Gallery and Museums
Inv.-Nr.: R2878/40
Herkunft: Sammlung Stuart Robertson

Das Reform-Gesetz von 1832 war von tausenden speziell zu diesem Ereignis entworfener Schnaps- und größerer Gedenk-Flaschen begleitet. Doulton & Watts stellte ‚Reform-Flaschen' her, geformt als Büsten der Befürworter der Gesetzesvorlage – etwa Lord Brougham, Lord John Russell, Lord Grey und William IV; sie trugen oft Inschriften wie die auf diesem Modell von Lord Russell. Hier ist „Der wahre Geist der Reform" zu lesen. Die Russell-Flasche wurde für W. Sharps Wein- und Spirituosenunternehmen in High Street 7, Gravesend hergestellt. Die als Nachbild Lord Broughams gegossene Flasche wurde für den Londoner Wein- und Spirituosenhändler W. Firth in *Middle Row* 13 Holborn hergestellt und enthielt wahrscheinlich Gin. Der Londoner Wahlbezirk Lambeth, in dem die Töpferei Doulton & Watts lag, war nach dem *Reform Act* erstmals im Parlament vertreten. Steingut aus Derbyshire war billig und haltbar, und im frühen neunzehnten Jahrhundert beherrschten seine Töpfereien den Handel, speziell den Flaschenmarkt. EE

Benjamin Robert Haydon
Plymouth 1786–1846 London

647
Das Reform-Bankett, 1832–1834

Öl auf Leinwand, 255 x 310 cm
Privatsammlung
Herkunft: Auftrag von Lord Grey, 1832
Ausstellung: The Great Room, St. James's Street Nr. 26, 1834
Literatur: George 1967, S. 206–211

647

Zur Feier des Reform-Gesetzes fand am 11. August 1832 das Reform-Bankett in der Londoner *Guildhall* statt. Haydon schrieb in seinem informativen, wenn auch oft pompös formulierten Bericht, der die Ausstellung seines Gemäldes 1834 begleitete: „Als etwa um 11 Uhr nachts das Gaslicht seine ganze Kraft entfaltete, waren alle Anwesenden von seinem Glanz entzückt ... Die Szene war ein einziger glitzernder Zauber – ein großartiger Anblick." Haydon, ein Anhänger der Reform-Bewegung, erhielt den Auftrag zu diesem Gemälde von Lord Grey und nutzte gern das Ereignis, um als Schöpfer von Historienbildern von nationaler Bedeutung hervorzutreten. Am Tag vor dem Bankett entwarf Haydon in der *Guildhall* den Hintergrund des Bildes, arbeitete im Verlaufe des Festes daran weiter und erhielt danach Greys Bestätigung eines Honorars von 500 Guinees. In Einzelsitzungen entstanden nach und nach die Köpfe der fast 100 Gäste; erst eineinhalb Jahre später war das Bild vollendet. Haydon schwelgte derweilen in seinen Beziehungen zur großen Gesellschaft. Eigentlich der arbeitenden Klasse verbunden, zog er doch „Tasso und Vergil, Champagner und den Bath-Orden" vor. ... Ihm wurde mehr Heiterkeit als Ruhm zuteil, nicht zuletzt aus politischen Gründen: Sein Auftraggeber, Premierminister Lord Grey, trat damals gerade von seinem Amt zurück. Die Schau kostete Haydon einen Großteil des von der Regierung erhaltenen Geldes. Daran, daß Haydon an der schwierigen Aufgabe scheiterte, so viele Portraits zu arrangieren, war schon damals kein Zweifel. Mit einem zweiten ambitionierten Historienbild, der 1841 gemalten *„Anti-Slavery Convention"* (London, *National Portrait Gallery*), erging es ihm nicht anders. Auch andere Maler der Zeit gingen nicht erfolgreicher mit dem Genre des Vielpersonen-Porträts um. Das „Reform-Bankett" besitzt jedoch weiterhin einen hohen dokumentarischen Wert. DBB

648

John Francis zugeschrieben
Lincolnshire 1780–1861 London

648
Relief: Earl Grey, Lord Brougham und Lord John Russell

Marmor, 64 x 50 cm
Bezeichnet: EARL GREY LORD BROUGHAM LORD J. RUSSELL
Privatsammlung
Literatur: Brock 1973 passim

Das Denkmal, dem inoffiziellen Bildhauer der Whigs zugeschrieben, zeigt die wichtigsten Befürworter des Ersten Reform-Gesetzes: links Earl Grey (1764–1845), der seit der Französischen Revolution für eine Wahlreform eingetreten war. Im Zentrum ist Lord Brougham and Vaux (1778–1868) zu sehen, der brilliante und siegreiche Anwalt im „Prozeß der Königin"; rechts Lord John Russell (1792–1878), Sohn des 6. Herzogs von Bedford. Grey war der Führer des Reformflügels der Whigs, die im Gefolge der Parlamentsreform vom November 1830 an die Macht gekommen waren. Lord Brougham war Kanzler in seinem Kabinett und spielte eine wichtige Rolle bei politischen Aktionen. Lord John Russell war aktiv beim Zustandekommen weiterer Gesetze tätig. Nach mehr als einjähriger Vorbereitungszeit wurde das Reform-Gesetz am 4. Juni 1832 angenommen. Es paßte die Sitzverteilung im Parlament den neuen Bevölkerungsstrukturen an; da das Wahlrecht damals nicht über die Mittelschichten hinaus ging, kamen allerdings nur wenige neue Abgeordnete ins Parlament. Das Gesetz stellte einen symbolischen ersten Schritt auf dem Weg zum allgemeinen Wahlrecht dar. CF

„CLUBLAND“

Die wesentlichen Voraussetzungen für das Leben eines modebewußten Städters waren ein ordentliches Einkommen und gute soziale Beziehungen. Sein Dasein konzentrierte sich auf den Londoner Club, der ihm vielfältige Möglichkeiten zum Spielen und Trinken in der Gesellschaft Gleichgesinnter bot. Der Rest der Stadt sorgte für seine Garderobe sowie seine erotischen und sportlichen Neigungen. In den zwanziger Jahren jedoch kam Exzentrik in jeder Form aus der Mode; an ihre Stelle trat eine neue Nüchternheit, die sich auch in den – an Pall Mall errichteten – würdevollen Clubs repräsentierte.

Der Londoner Dandy

Der Dandy ist ein Archetyp der Zeit, und glaubt man Literatur und Karikatur, Briefwechseln und Tagebüchern, so war er die einprägsamste Figur der Londoner Gesellschaft zwischen 1800 und 1840. Ein kurzer Blick auf Richard Dightons *West End Characters* (1825) mag Uneingeweihte in die Absurditäten des *Dandy Club* einführen – einer Gruppe modischer Erscheinungen, vereint durch sorgfältig gepflegte Frisuren, gestärkte Krawatten von enormem Ausmaß, enganliegende Westen und dem Air gepflegter Langeweile. Dightons zwei Bände *City Characters* und *West End Characters* dokumentieren den Kontrast zwischen den Geschäftsleuten mit ihrem sachlichen Auftreten und den für alle Äußerlichkeiten (und für sich selbst) so eingenommenen Herren. Viele Dandies schätzten jene verhaltene Eleganz, wie sie in dem erlesen schlicht auftretenden George ‚Beau‘ Brummell (1778–1840) damals ihren Meister fand. Weniger selbstkritische entsprachen eher der Definition des Lexikons und entsprachen eben dem Klischee des „protzigen Gecks und Stutzers“. Es waren die wohlhabenden oder reichen jungen und nicht mehr so jungen Männer, die ihre Zeit damit verbrachten, bei den richtigen Händlern die Perfektion ihrer Erscheinung zu suchen. Damit konnten sie ihre unmittelbare Umgebung wohl beeindrucken; die meisten ihrer Zeitgenossen reagierten aber mit nicht endenwollender Heiterkeit darauf. Die Bond Street und ihre Nachbarschaft hatte sich nach 1800 zu einem Zentrum der für Dandies notwendigen Geschäfte und Werkstätten entwickelt: Schneider, Friseure, Perücken- und Hutmacher, etc. Herrenmode von diesen Adressen diktierte den Geschmack der Epoche. So führte die Sorge um das korrekte Arrangement eines Leinen- oder Baumwolltuchs zu dem satirischen Pamphlet ‚Neckclothiana‘ (1818), das vorgibt, nur ordentlich gestärkte und gebundene Halstücher unterschieden den feinen Mann vom gewöhnlichen Sterblichen. Von Beau Brummell ist allerdings zu erfahren, daß es „sein Ziel war, Auffälliges zu vermeiden ... Das Auffallendste an ihm waren extreme Reinlichkeit und Korrektheit, und wieviel Zeit und Aufmerksamkeit er auch immer auf seine Kleidung verwandte, war das Resultat immer Perfektion; kein Parfüm, pflegte er zu sagen, aber sehr viel feines Leinen – auf dem Lande gewaschen“. Brummell war der perfekte Dandy: im blauen Mantel aus feinster Wolle, von John Weston (oder John Meyer) geschneidert, gestärkter Krawatte, hautengen Wildlederhosen und glänzenden schwarzen Stiefeln; mit einfachsten Messingknöpfen und eine goldene Uhrkette als einzigem Schmuck: Die Kunst der Mode war dazu da, die Natur ein wenig zu verbessern. Es gab natürlich viele, wie Brummells Freund, den Prince of Wales, die nicht mehr so jung waren, nicht schlank und auch nicht anmutig. Sie wollten die Natur steigern, indem sie z. B. ihre Korsetts eng schnürten und bei ihrer Suche nach Eleganz generell das Gebot der Einfachheit mißachteten – was den Karikaturisten nur zu gut gefiel. Kurz vor und kurz nach der Schlacht von Waterloo war die hohe Zeit des Dandies, auch im Spiegel der Satire. Lord Alvanley ersetzte dann Brummell als Leitfigur, als der Beau ins Exil ging; zu den jugendlichen Nachfolgern gehörten in den zwanziger und dreißiger Jahren Edward Bulwer Lytton, Benjamin Disraeli und Count D'Orsay. Damals kam der Dandy zu literarischen Ehren, wobei die Romanfiguren nicht selten auf konkreten Vorbildern beruhten. Thomas Listers *Granby* (1820) stellte einen Helden namens Trebeck vor; Disraelis *Vivien Gray* (1826/27) und Bulwer Lyttons *Pelham* (1828) präsentierten Gestalten, die viel mit ihren Autoren gemein hatten: sie waren Dandies mit politischen Ambitionen. *Pelham* behandelte sogar die von Brummell übernommenen Farbvorlieben der Dandies – vor allem die für Schwarz: „... man muß schon sehr distinguiert sein, um in Schwarz am besten auszusehen.“ Mit einem schwarzen Mantel beendete Henry Pelham auch andere Modetorheiten: Vorbei war es mit den Wattierungen und Korsagen. Eine Art von Dandy-Natürlichkeit griff um sich. Sicher gab es weiterhin Herren wie den Count D'Orsay – eine ausgefallene Erscheinung, wie sie in Benjamin Reads hier ausgestellten Ansichten des modischen London eingefangen sind: Sie blieben, was sie waren: Paradiesvögel. Das *Gentlemen's Magazine of Fashion, Fancy Costumes and the Regimentals of the Army* (Das Herrenmagazin der Mode, Kostüme und Armeeregimenter) erschien erstmals 1828, als die Romangestalt Henry Pelham bereits viele Aspekte des Dandytums mied. Obwohl nicht ausschließlich mit Mode beschäftigt, war es doch das erste englische Herren-Magazin, das sich diesem den Herausgebern so wichtigen Thema widmete: Ohne modische Eleganz, so lautete die Botschaft, war der Mann ein Nichts. Man kann darüber lächeln. Doch solche Haltung stärkte die wichtige Rolle des qualitätvollen Schneiderhandwerks beim Londoner *Elegant* wie bei seinen konservativeren Zeitgenossen aus der City. Die besten Herrenschneider des frühen 19. Jahrhunderts kamen aus London, und sie erhielten sich diese Position das ganze Jahrhundert über. Obwohl der Dandy um 1840 aus der Gesellschaft verschwand, leben sein Einfluß und auch die Absurdität seines Daseins in Karikaturen und in der Literatur fort. So typische ‚Viktorianer‘ wie Disraeli vergaßen nie, daß sie in ihrer Jugend Dandies gewesen waren. Erst viel später wurde aus dem Dandytum ein Synonym für ebenso dummes wie verschwenderisches Verhalten – ein Urteil, das dem mancher Zeitgenossen schon zu seiner Glanzzeit entsprach. VC

649
Der Dandy, um 1795–1840

Morgenmantel um 1825–1830 aus Spitalfield-Seide (Muster von ca. 1765); Hemd um 1800; feines Leinen mit gestickter Wäschereinummer RR3 in Rot; Halsbinde aus Baumwollbatist mit wattiertem inneren Futter; Weste um 1795 aus elfenbeinfarbener Spitalfield-Seide; Strümpfe um 1820–1830; eingewebtes Monogramm GR; Pantoffel um 1820–1830; Stiefel um 1840, genannt ‚Wellington-boots‘, schwarzes Leder und Maroquin, Messingsporen; Handschuhe um 1825–1840 aus elfenbeinfarbenem Leder; Regenschirm, mit Hülle um 1830–1840; Metallgestell mit Bambusgriff; Krawatte, Hose und Gürtel rekonstruiert; Gürtel Georgs IV. nach einem Schnittmuster von 1824
London, The Museum of London

Inv.-Nr.: 37.100 (Morgenmantel); 87.194 (Hemd); 59.28/9 (Halsbinde); 34.167/3 (Weste); 39.54 (Strümpfe); A3833 (Pantoffel); 60.131/3 (Stiefel); 60.106/49 (Handschuhe); 53.173 (Schirm)
Herkunft: Morgenmantel – Schenkung Miss C. Gadsall 1937; Hemd – 1987 erworben; Halsbinde – Schenkung Mrs. M. Turner 1959; Weste – Schenkung von Mrs. Chamberlayne 1934; Strümpfe – anonyme Schenkung 1939; die Pantoffeln Georgs IV. – 1830 bei einer Auktion von seinem Schuster Mr. White, King Street, SW 1, gekauft und an das Museum verkauft; Stiefel – von der Uniform des 1. Herzogs von Wellington, später benutzt von dem Marquess of Crewe; 1944 Schenkung an den 7. Herzog von Wellington, der es dem Museum schenkte; Handschuhe – Schenkung von Mrs. I. Hockstetter, 1960; Schirm – aus dem Besitz des 1. Herzogs von Wellington, Schenkung Lady Harnons 1953
Literatur: Pückler-Muskau 1833, S. 47–48; Cruso, 2. Auflage, 1946, S. 186

Die Kleidungsstücke und Accessoires mögen von einem Londoner Dandy zwischen dem Ende des 18. Jahrhunderts und den dreißiger Jahren des 19. Jahrhunderts getragen worden sein. Einige Teile gehörten Georg IV., der Zeit seines Lebens eine besondere Freude an Kleidungsstücken hatte; andere waren dagegen im Besitz von Herren, die wie sein Bruder William IV. oder der Herzog von Wellington niemals Dandies waren; ihr konservativerer Geschmack wurde jedoch von den Moden der Dandies beeinflußt. Fürst Pückler-Muskau beschreibt seiner Frau in einem Brief vom Juni 1827 den Dandy so: „Als ein Beispiel, was ein *dandy* hier alles bedarf, teile ich Dir folgende Auskunft meiner fashionablen Wäscherin mit, die von einigen der ausgezeichnetsten *élegants* employiert wird und allein Halstüchern die rechte Steife und Busenstreifen die rechten Falten zu geben weiß. Also in der Regel braucht ein solcher *élegant* wöchentlich 20 Hemden; 24 Schnupftücher, 9–10 Sommer-*trousers*, 30 Halstücher, ein Dutzend Westen, und Strümpfe à *discrétion*. Ich sehe Deine hausfrauliche Seele von hier versteinert. Da ein *dandy* ohne drei bis vier Toiletten täglich nicht füglich auskommen kann, so ist die Sache sehr natürlich, denn 1. erscheint er in der Frühstücks-Toilette im chinesischen Schlafrock und indischen Pantoffeln. 2. Morgentoilette zum Reiten im *frock-coat*, Stiefeln und Sporen. 3. Toilette zum *dinner*, in Frack und Schuhen. 4. Balltoilette in *pumps*, ein Wort, das Schuhe, so leicht wie Papier, bedeutet, welche täglich frisch lackiert werden.“ VC

649

650
Herrenmantel

John Weston, Schneider, Old Bond Street, 1803
Dunkelblauer Stoff, zweireihige Knöpfung und Samtkragen; Halsbinde und Stiefel rekonstruiert
London, The Museum of London
Inv.-Nr.: 56.69
Herkunft: in der Coutts Bank 1803 von Mr. John Gordon im Auftrage eines nicht genannten Freundes deponiert; 1956 von Messrs. Coutts als Dauer-Leihgabe an das London Museum gegeben

John Weston, einer der bekanntesten Londoner Schneider, zählte den Prince of Wales zu seinen Kunden. Ein Brief von ihm an John Gordon erwähnt den Versand „eines Überziehers aus vorzüglichem blauen Stoff für Ihren Freund, mit allem Respekt in der besten Manier angefertigt“. Dieser Mantel-Typ fand vor allem im Winter Verwendung; eine Karikatur Nathan Meyer de Rothschilds in Dightons *City Characters* zeigt, daß eine Variante bis in die frühen Jahre der zwanziger hinein getragen wurde. Guter englischer Stoff, mit beinahe militärischer Präzision zugeschnitten und dem Oberkörper wie der sprichwörtliche Handschuh angepaßt – das charakterisierte die Londoner Schneiderkunst. VC

651
Frack, um 1825–1828

Dunkelblauer Stoff, zweireihige Knöpfung, Hersteller der Knöpfe: Jennens & Co., London; Samtkragen; Hemd, Halsbinde, Weste, Hose und Schuhe rekonstruiert

651

London, The Museum of London
Inv.-Nr.: 53.101/22
Herkunft: Atelier J. L. Meissonier; vom Maler F. M. Bennett erworben und 1953 nach seinem Tode vom Museum angekauft

Dieser Typ eines dunkelblauen Fracks ist eine spätere und formellere Version des einfachen (aber aus bestem Stoff geschneidertem) Kleidungsstücks, das George ‚Beau' Brummell als angemessen für einen Dandy des frühen 19. Jahrhunderts erachtete. Alle Herren besaßen aus mehr oder minder dunklen Stoffen hergestellte Fräcke; nach 1828 jedoch brachte der literarische Held Henry Pelham die Gentlemen dazu, am Tage, bei formellen Anlässen und als Abendgarderobe schwarze Fräcke zu tragen. Die dekorativen Knöpfe stammen aus dem Familienbetrieb des Joseph Jennens. Das Geschäft befand sich zunächst in der 316 Oxford Street, dann ab 1838 in 134 Regent Street. VC

652
Bonheur du Jour, 1794

Seddon and Co.; Mahagoni mit Wedgwood-Medaillons, 142 x 92 x 52 cm
Bezeichnet mit Tinte unter der Schublade: July 17 1794 No. 4402 Seddon & Co
London, Trustees of the Victoria and Albert Museum
Inv.-Nr.: W.40-1987
Herkunft: Christie's, London, 19. November 1987, Lot 74

Seddon & Co. war in den neunziger Jahren des 18. Jahrhunderts die größte Möbeltischlerei Londons. 1753 bis 1826 befand sie sich in der *Aldersgate Street.* An anderem Ort bestand die Firma jedoch bis 1868. Die Identifizierung ihrer Möbel ist schwierig, weil sie nur selten durch Stempel oder ein Etikett gekennzeichnet sind. Einige große Stücke für *Windsor Castle* sind anhand erhaltener Rechnungen zu ermitteln. Auch das hier gezeigte Stück bietet wenig Anhaltspunkte für Zuschreibung oder genauere Datierung. Es ist – wie viele englische Möbel der Zeit – eine Vereinfachung eines französischen Vorbildes aus den siebziger Jahren des 18. Jahrhunderts und damit ein charakteristisches Beispiel für die konservativen, aber doch eleganten und zweckmäßigen Möbel, die dieser Firma zu einem langanhaltenden wirtschaftlichen Erfolg verhalfen. CW

653
Ein Paar Stühle, 1790–1795

Seddon, Shackleton & Co.; bemaltes Satin-Holz, 93 x 54 x 54 cm
London, Trustees of the Victoria and Albert Museum
Inv.-Nr.: W.59-1936 & W.1-1968
Herkunft: Hauteville House, Guernsey
Literatur: Tomlin 1972, S. 129

Mit Hilfe einer erhaltenen Rechnung sind beide Stühle als Teile einer aus insgesamt 18 bestehenden Garnitur der Firma für *Hauteville House,* St. Peter Port, Guernsey, zu identifizieren. 1790 bis 1795 hieß sie Seddon Shackleton & Co (Thomas Shackleton war der Schwiegersohn von George Seddon). Wie der *Bonheur du Jour* waren sie nach französischem Vorbild gearbeitet und dem Zeitgeschmack angepaßt. Sie kosteten nur £ 3.13 s. 6 d. pro Stück. Gerade solche reduzierten englischen Versionen ursprünglich französischer Möbel wurden durch Musterbücher, etwa von Hepplewhite und Sheraton, auch in Skandinavien, Österreich, Ungarn, Spanien, Berlin und München verbreitet und kopiert. CW

652

653

654
Weingläser

Bleiglas, geschnitten und graviert
Pokal 14,2 x 10 cm; Portweinglas 13,8 x 6 cm
London, The Museum of London
Inv.-Nr.: A19854, Pokal; D 13 Portweinglas
Herkunft: H. M. Queen Mary (D 13)
Ausstellung: London, The Museum of London, 1970
Literatur: Ackermann's Repository of the Arts 1823, S. 210 ff.; Gray, Cherry und Richard 1987, S. 11–18; Truman 1984, S. 27

Das Service trägt als Gravur das Wappen des Prinzen von Wales mit den drei Federn. (Eine große Zahl dieser Gläser befindet sich in der *Royal Collection* zu Windsor.) Sie wurden führenden Londoner Glasbläsern zugeschrieben, besonders John Blades aus Ludgate Hill, in dessen Werkstatt Glasrohlinge vieler englischer Hersteller für die Britische Krone, für ausländische Königshäuser oder die *East India Company* geschliffen wurden. Bis Mitte des 19. Jahrhunderts stellte man hier Repliken der Grundform für Privatkunden her. Jüngste Untersuchungen Grays weisen jedoch auf die Firma Perrin Geddes aus Warrington, Cheshire, als Urheber hin, die ein Service dieser Art an die *Corporation of Liverpool* lieferte, um damit 1806 ein Essen für den Prinzen von Wales und dessen Bruder, den Herzog von Clarence, im Jahre 1806 auszurichten. Georg bewunderte das Glas-Service und „bat den Bürgermeister, ihm ein paar Dutzend Gläser gleicher Art zu besorgen", worauf der Stadtrat ein vielteiliges Service orderte, das der Prinzregent 1811 zum Geschenk erhielt. Gestalt und Form dieses Service ist für englisches Glas des frühen 19. Jahrhunderts ungewöhnlich; wobei die Schale an Gläser erinnert, wie sie Londoner Glashändler erst etwa zehn Jahre später schätzten – etwa die „Medicean"-Form. WE

Thomas Rowlandson
London 1757–1827 London

655
Glücksspiel im Brooks's Club, um 1810

Feder, Tusche und Aquarell über Bleistift, 14,9 x 23,7 cm
London, The Museum of London
Inv.-Nr.: 12984
Herkunft: Christie's, 20. Juli 1914, Lot 4
Literatur: Hayes 1960, S. 21, Nr. 26, Abb. 16; Eeles und Spencer 1964, S. 13–102; Ziegler und Seward 1991, S. 25–58, 173 ff., 153 f.

Der Name des Clubs leitet sich von William Brooks ab, zunächst Geschäftsführer William Almacks, dann von 1778 an Besitzer des Unternehmens in einem neoklassischen, von Henry Holland entworfenen Gebäude in der *St. James's Street.* Ursprünglich ein Gesellschafts-Klub für junge Aristokraten, wurde er aber wegen des dort stattfindenden Glücksspiels und der Wetten um hohe Einsätze berühmt. Der hier von Rowlandson dargestellte große Tisch existiert bis heute, ebenso wie die Wettliste des Clubs. Durch Beziehungen zu Charles James Fox war Brooks's Klub mit den Whigs verbunden. Reform-Politiker, etwa Sir Francis Burdett oder Henry Brougham, waren hier ebenso Mitglieder wie die Gesellschaftslöwen der Zeit – Beau Brummell und Scrope Davies. Als die Whigs im Jahre 1830 die Regierung übernahmen, waren nur vier Mitglieder des Kabinetts Grey nicht Club-Mitglieder. Damals hatte die allgemeine Spielsucht nachgelassen und damit auch der zweifelhafte Ruf des Clubs. CF

654

656

656
Spielmarkendose, um 1805–1810

Derby; Duesbury und Kean; Weichporzellan, vergoldet und farbig bemalt, H. 13,4 cm
Marken: Krone in Rot, gekreuzte Stäbe, drei Punkte und C; Musternummer 37
London, Trustees of the Victoria and Albert Museum
Inv.-Nr.: C. 306 - 1935
Herkunft: Herbert Allen Collection; 1935 dem Museum vermacht
Literatur: Twitchett 1980, S. 239

Das *trompe l'oeil* Muster aus Spielkarten weist auf die Funktion des Stückes hin. Die Verwendung solcher Motive erinnert an ähnlich dekorierte frühere Produkte aus Derby – etwa an Parfumfläschchen aus dem 18. Jahrhundert. HY

657
Spielsteine

Elfenbein, zum Teil farbig, zwei Stücke je 3,6 x 3,5 cm; ein Stück Ø 3,8 cm
1. Vorderseite: Gs/100/GR; Rückseite: Gs/100/54;
2. Vorderseite: Gs/100/GR; Rückseite: Gs/100/35;
3. Vorderseite: 25 Guineas; Rückseite 239 Brooks's
London, The Museum of London
Inv.-Nr.: A 7697, A 7698, A 7685
Herkunft: The Hon. Algernon Bourke

Die quadratischen Steine wurden im White's Club benutzt. In Clubs wie Brooks und White's in St. James – Treffpunkte für gutes Essen, Gespräche und riskante Spiele – verlor und gewann man große Geldsummen. Gespielt wurden Whist, Pharo, Pikett und das französische ‚Hazard'. EE

658
Duell-Pistolen, um 1815

W. A. Jones, London; Sägegriff, Steinschlösser, Halbschäfte mit gravierten Silber- und Blaustahl-Beschlägen; später angebrachte ovale Plättchen: „Presented to H. G. The Duke of Wellington K. G." und „By the Honorable East India Company", 14 x 40 cm
Bezeichnet auf Verschlußriegel und Läufen: W. A. Jones London
London, The Museum of London
Inv.-Nr.: 61.192/1-2
Literatur: Atkinson 1978, S. 84, Tafel 63 auf S. 84

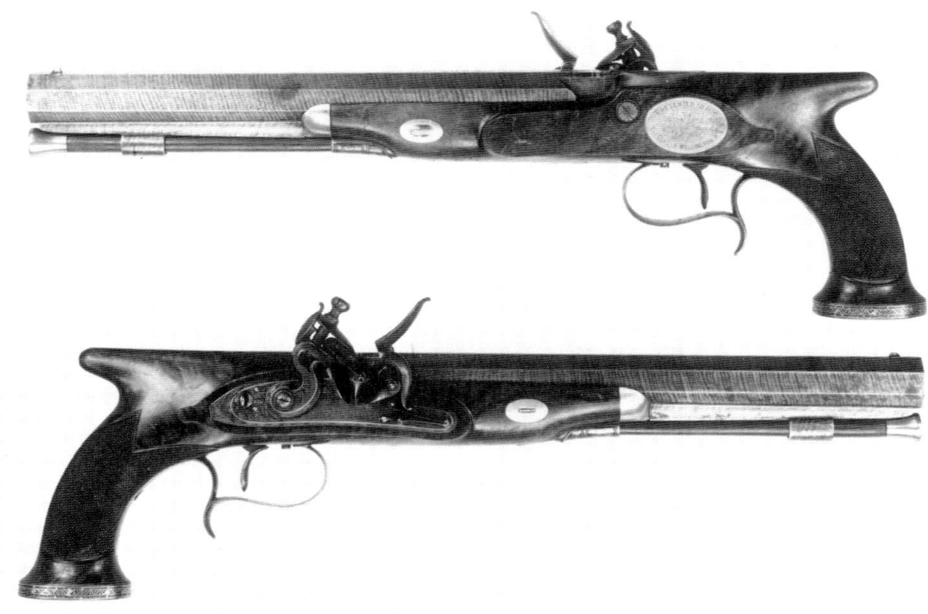

658

Der besondere Sägegriffkopf war um 1805 eingeführt worden, um das Zielen mit ausgestrecktem Arm zu erleichtern. Die Pistolen sind so gestaltet, daß Zündlöcher und Pulver nahe beieinander liegen. Die Zeit zwischen der Zündung des Pulvers und dem Schuß war ein Problem der Steinschloßpistole, das mit dem Perkussions-Schloß – patentiert 1807 – gelöst wurde. 1829 duellierte sich der Herzog von Wellington mit dem Earl of Winchilsea in Battersea Fields. Man sagt, daß er sich ein Paar Perkussionspistolen leihen mußte. Es wurden nur Fehlschüsse abgegeben, niemand wurde verletzt. EE

Pierce Egan
London 1774–1849 London

659
Boxiana; oder Skizzen von historischem und modernem Faustkampf

Herausgeber G. Smeeton, 139 St. Martin's Lane, Charing Cross; 5 Bde., 1812, 1818, 1821, 1828, 1829; 22 x 14 cm
Brighton, John Ford
Literatur: Reid 1971; Ford 1971

Zwischen 1780 und 1824 waren Preiskämpfe vor allem in London sehr beliebt. Obwohl der Magistrat die Teilnehmer häufig strafrechtlich verfolgte (im Jahre 1750 waren die Boxkämpfe verboten worden), fanden damals Hunderte von Fights mit bloßen Fäusten vor einem riesigen Publikum aus allen Gesellschaftsschichten statt. *Moulsey Hurst*, ein paar Meilen oberhalb der Themse nahe *Hampton Court*, war der wichtigste Schauplatz des Box-Sports. Der Journalist Pierce Egan berichtete darüber im *„Weekly Dispatch"*, und erweiterte diese Reportagen zu Büchern mit dem Titel *„Boxiana"*. Seine Tätigkeit hatte aber auch Einfluß auf Stil und Art des Box-Sports. Dessen Anhänger – Aristokraten wie Metzger – hießen nach einem von Egan geprägten Begriff allgemein *„the Fancy"* (etwa: Spinner). In den fünf Bänden der *„Boxiana"* erschienen lebendige Portraits der Kämpfer – vermutlich die ersten Sportler, von denen man so anschauliche Berichte lesen konnte. JF

George Garrard
1760–1826 London

660
Boxer, 1816 oder 1819

Bronze, H. 69,2 cm
Bezeichnet: G GARRARD ARA/Oct 1 181(6? oder 9)
London, Humphrey Whitbread
Herkunft: ca. 1950 erworben
Ausstellungen: British Institution, 1815, Nr. 239; Bedford 1961, S. 5, Kat.-Nr. 13; London, The Museum of London, 1984, Kat.-Nr. 70

Das Modell aus Gips wurde 1814 in der *Royal Academy* als „Boxer" ausgestellt. Zu sehen ist eine Phase im zweiten Kampf zwischen *„Champion"* und *„Black"*; letzterer war der schwarze Herausforderer Tom Molineuyx, den *Champion* Tom Cribb zwei Mal besiegte. Garrard wurde von Samuel Whitbread II. (1764–1815) gefördert, einem zum Reformflügel der Whigs zählenden Bierbrauer. Er erwarb das Gipsmodell der Skulptur. CF

William Mulready
Irland 1786–1863 London

661
John Thurtell, 1824

Feder und Tusche, 15 x 5,2 cm
London, Trustees of the Victoria and Albert Museum
Inv.-Nr.: 6185
Ausstellung: London, Victoria and Albert Museum, 1986, Kat.-Nr. 84
Literatur: Pointon 1978, S. 138 f.

John Thurtell war einer der bekanntesten Londoner Boxfans, die Boxer trainierten und förderten. William Hazlitt ließ ihn in seinem damals berühmt gewordenen Essay als ‚Tom Turtle' auftreten, der im Februar 1822 unter dem Titel ‚Der Kampf' im *New Monthly Magazine* erschienen war. Knapp zwei Jahre später wurde Thurtell wegen Mordes an einem Geldverleiher verurteilt und gehängt – was so manchem als eine Bestätigung für die enge Beziehung zwischen Verbrechen und Preisboxen erschien. Mulready, selbst ein begeisterter Boxer, zeichnete Thurtell während des Prozesses: eine noch immer dandyhafte Erscheinung. Thurtell habe nie eine Chance gehabt, schrieb der Künstler seinem Gönner Sir John Swinburne, „es war äußerst schmerzlich, die sicheren Beweise der Anklage zu sehen ..." Thurtells Körper wurde zur Obduktion in das *St. Bartholomew's Hospital* gebracht; sein Skelett befindet sich im Hunterian Museum. JF/CF

660

John Augustus Atkinson
London ca. 1775–ca. 1833

662
Der Schwindel in der Berners Street, 1809

Aquarell, 19 x 15,9 cm
London, The Museum of London
Inv.-Nr.: 87.57
Herkunft: Ray Livingstone Murphy; P. & D. Colnaghi and Co Ltd.; Christie's, 15. November 1985, Lot 1; Leger Galleries Ltd.
Literatur: Quarterly Review, 1xxii (1843), S. 62 f.; George 1947, S. 959 (Kat.-Nr. 11603); Barker und Jackson 1974, S. 248

Einer der berühmtesten *practical jokes* im damaligen London, war ein Streich, der aggressive Dienstleistungsgewohnheiten und unersättliche Konsumfreude parodierte. Als der Schriftsteller und Spaßvogel Theodore Hook (1788–1841) 1809 mit einem Freund im West End spazierte, wettete er eine Guinee, daß das ‚nette, bescheidene Haus' vor ihnen innerhalb einer Woche das berühmteste in ganz London wäre. Hook schrieb daraufhin Hunderte von Briefen an alle möglichen Händler mit dem Auftrag, an einem bestimmten Tag zu einer bestimmten Zeit Waren in die *Berners Street* Nr. 54 zu liefern, dem Haus von Mrs. Tottenham, einer begüterten Witwe. Zum verabredeten Zeitpunkt war die Straße von Rollkutschern, Zustellern und Händlern verstopft. Zudem erschien der Bürgermeister, weil er zugesagt hatte, dort an einem Sterbebett die Bekenntnisse eines Finanzbetrügers anzuhören; der Herzog von York, der Erzbischof von Canterbury, der Direktor der Bank von England und der Vorsitzende der Ost-Indien-Gesellschaft waren mit ähnlich frommen oder patriotischen Begründungen zum Besuch genötigt worden. Hook beobachtete alles vom Fenster eines gegenüberliegenden Hauses aus. Nach Atkinsons Aquarell entstand ein Kupferstich und eine bei S. W. Fores verlegte Radierung von William Heath. CF

Isaac Robert Cruikshank
London 1789–1856 London

und George Cruikshank
London 1792–1878 London

663
Dandies Dressing, 1818

Kolorierte Radierung, 22 x 32 cm
Herausgeber T. Tegg
London, Trustees of the British Museum
Inv.-Nr.: 1865-11-11-2096
Literatur: George 1949, Bd. 9, S. 844, Nr. 13062

663

Modische Übertreibungen und Staffageteile, falsche Oberschenkel und Waden werden gezeigt. „Wirklich, Tom, du bist ein bezaubernder Anblick! Du wirst die Mädchen ohne Zweifel bestricken!" „Glaubst Du wirklich Charles? – Umso mehr noch, wenn ich auch meine andere Wade befestigt haben werde." Modische Spezialitäten erweisen sich als starke Behinderungen. Rechts geht es um Versteifung und Fütterung von Krawatten und Hosen durch eingelegtes Papier. Trotzdem entwickelte sich aus der Dandy-Mode, deren Übertreibung hier karikiert wird, der *Savile Row*, ein Herrenanzug, mit dem England die Geschichte der Herrenmode wesentlich beeinflußt hat. LS

662

Isaac Robert Cruikshank
London 1786–1856 London

664
Dandy Pickpockets, diving. Scene near St. James's (sic) Palace, 1818

Kolorierter Kupferstich, 24,5 x 35 cm
Herausgeber T. Tegg 111 Cheapside
London, The Museum of London
Inv.-Nr.: 91.165/2

Zwischen 1816 und 1819 entstanden Hunderte von Karikaturen, die den Dandy zum Thema haben. Im Mittelpunkt dieses Blatts steht jedoch ein braver Landmann, der im Fenster eines Verlegers Dandy-Satiren betrachtet; vermutlich der Auslage von Teggs größtem Konkurrenten G. Humphrey aus der St. James's Street. Den alten Mann lenkt eine modisch gekleidete Dame ab, während ihre dandyhaften Komplizen ihn bestehlen. CF

George Cruikshank
London 1792–1878 London

665
Monstrosities of 1822

Kolorierter Kupferstich, 1. Zustand, 26 x 37,8 cm
Herausgeber G. Humphrey 27 St. James's Street
London, The Museum of London
Inv.-Nr.: P888

666

Literatur: Reid 1871, Nr. 1094; Cohn 1924, Nr. 1752; George 1952, Bd. 10, S. 333, Nr. 14438

Nahe der *Park Lane*, auf der östlichen Seite des *Hyde Park*, war lange ein geschätzter Ort für Promenaden; Westmacotts ‚Achilles'-Statue bildete dazu den Hintergrund. Cruikshanks Heldinnen und Helden – die beiden Dandies und die ihnen entgegenkommenden Damen – erscheinen wie absurde Mode-Parodien. Der Zeichner notiert verändertes Verhalten: Damen z. B. enthüllen nun zierlich einen Knöchel ... CF

C. Williams

666

Straßenkehrer, die die Londoner Straßen vom Schmutz säubern!!, 1816

Kolorierte Radierung, 26 x 39 cm
Herausgeber T. Sidebottom, 96 Strand
London, Guildhall Library, Corporation of London
Literatur: George 1949, Bd. 9, S. 706 f., Nr. 12814

Eine Szene spielt vor dem *Mansion House,* dem Sitz des Londoner Oberbürgermeisters. Der Alderman (Beigeordnete) Matthew Wood, dem u. a. Alderman Waithman (links) und Alderman William Curtis (in gestreiften Matrosenhosen) helfen, säubern die Straßen von Prostituierten. Wood fegt eine Frau auf; ihr Dialog ist vehement – ein Wortgefecht zwischen Hure und geschicktem, ehrbaren Politiker. Auf der Straße liegt eine Proklamation: „Auf besonderen Wunsch der Gesellschaft zur Unterdrückung des Lasters – sollen Beamte der Stadt die Straßen von Prostituierten und anderen unordentlichen Personen sauberhalten – Wood, Bürgermeister." Die Gesellschaft war 1802 gegründet worden, Sir John Silvester – auf der Balustrade – hatte harsche, reaktionäre Vorstellungen von Verbrechen und Bestrafung. RH

667 (Farbtafel S. 599)

Lady Byrons Mantel, 1815

Beiger Seidensatin mit Schnüren und Quasten
Bath, Museum of Costume
Herkunft: Lady Byron; durch Erbschaft an den 4. Earl of Lytton, von diesem 1969 als Leihgabe an das Museum; Fortsetzung des Leihvertrages durch den 5. Earl of Lytton
Literatur: Burton and Murdoch 1974, S. 65; Langley Moore 1971, S. 1–13; Marchand 1975, Bd. 4

Lady Byron (1792–1860), die einzige Tochter von Sir Ralph und Lady Milbanke aus Seaham im County of Durham, hieß Anne Isabella. Ihre Hochzeit mit George Gordon, dem 6. Lord Byron, fand am 2. Januar 1815 in Seaham statt. In einem Brief an Lady Melbourne, seine Freundin und die Tante seiner Frau, kommentierte Byron am folgenden Tag: „Lady Mil war ein wenig hysterisch ... und das Knien ziemlich langweilig, und die Bänke waren hart, aber im Ganzen verlief alles gut – und so gingen wir daran, uns nach bewährter Sitte einzuschließen." Lady Byron trug diesen Satinüberwurf wohl auf der Fahrt von 40 Meilen vom Haus ihrer Eltern nach *Halnaby Hall.* Nach Langley Moore, „trug sie zweifellos einen Pelzkragen ... Aber auch mit so einem Zubehör ist dies eine eigenartige Wahl für eine so lange Kutschfahrt an einem eisigen Januartag. Sie muß steif vor Kälte gewesen sein – ein schlechter Anfang für Flitterwochen". RJH

George Cruikshank

London 1792–1878 London

668

Lebe wohl, 1816

Kolorierte Radierung (Kopf eines Flugblatts), 38,1 x 25,9 cm
Herausgeber J. Johnston
London, Trustees of the British Museum
Inv.-Nr.: 1862-17-12-290
Literatur: George 1949, Bd. 9, S. 713–714, Nr. 12827

Nach der am 21. April 1816 amtlichen Trennung von seiner Frau verließ Byron England vier Tage später. Zuvor hatte er an sie ein Gedicht *(Fare Thee Well)* geschrieben, in dem er Trauer und Bedauern über den Fehlschlag der Ehe ausdrückte. Ursprünglich privat publiziert, erschienen die Verse bald in der Presse, zusammen mit groben Kommentaren. Das satirische Blatt bezieht sich darauf; es zeigt Byron in einem Ruderboot, wie er Charlotte Mardyn, Schauspielerin am *Drury Lane Theatre*, umarmt, während zwei andere Frauen ihn liebkosen. (Tatsächlich verließ Byron England in der Begleitung Dr. John Polidoris und dreier Diener.) Drei Seeleute auf dem Heck des Schiffes denken darüber nach, ob der Dichter wohl genügend Frauen dabei habe, während fernab Lady Byron mit ihrer kleinen Tochter zu sehen ist. LS

668

Isaac Robert Cruikshank
London 1789–1856 London

669
Die Trennung, eine Skizze aus dem Privatleben Lord Irons, 1816

Radierung, 24,9 x 34,9 cm
Herausgeber J. Sidebotham
London, Trustees of the British Museum
Inv.-Nr.: 1868-8-8-8316
Literatur: George 1949, Bd. 9, S. 714–715, Nr. 12828

Öffentliche Entrüstung richtete sich nicht zuletzt in Karikaturen gegen Lord Byron und die Trennung von seiner Frau. Während Lady Byrons Familie deren Modalitäten aushandelte, hatte Byron das Gedicht *Fare Thee Well* an sie geschrieben und danach aus verletztem Stolz *A Sketch from Private Life* – eine Abrechnung mit der ehemaligen Amme seiner Frau, Mrs. Clermont, die er als Anstifterin der Trennung verdächtigte. Der Titel dieser Satire bezieht sich darauf. Sie faßt verschiedene Episoden der von der Öffentlichkeit lustvoll verfolgten Krise: den Augenblick der Trennung und Byrons Abfahrt am 24. April 1816 ebenso wie in das Trauerspiel einbezogene Personen – Mrs. Mardyn, Mrs. Clermont, Lady Byron mit ihrer kleinen Tochter Ada und Mr. Perry vom *Morning Chronicle.* Die Karikatur spiegelt die öffentliche Meinung wider, daß Lord Byron der Schuldige an diesem Skandal sei.
LS

669

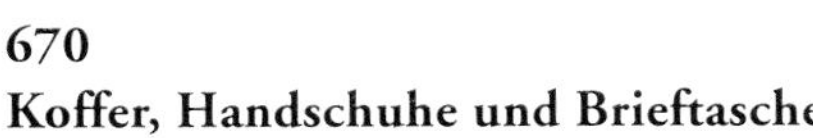

670
Koffer, Handschuhe und Brieftasche

Leder; Beschlagnägel in Messing; Schild auf dem Deckel: Mr Scrope Davies; Reste eines Wachssiegels am Deckel mit Wappen von Douglas Kinnaird, in dessen Bank Scrope Davies den Koffer deponierte; im Kofferdeckel Etikett: J. and W. Lowndes, Military and Camp Equipage Warehouse, No. 18 Haymarket;
55 x 32 x 24 cm
London, Barclay's Bank on deposit
Herkunft: Scrope Berdmore Davies, von diesem bei Ransom, Morland and Co. 1820 deponiert
Literatur: Burnett 1981

1976 in der Zweigstelle 1 *Pall Mall East* der Barclays Bank bei Umbauarbeiten gefunden, war der Koffer 1820 bei der Bank Ransom, Morland & Co. (später mit der Barclays Bank verbunden) deponiert. Er gehörte Scrope Berdmore Davies (1782–1852), einem engen Freund Byrons, Intellektueller, Spieler, Trinker, Frauenheld und Tennis-As – der 1820 seiner Schulden wegen das Land verließ. Im Koffer befanden sich zahlreiche Rechnungen – Belege für das Leben eines Dandys, Briefe aus dem Byron-Kreis und Manuskripte von Byron und Shelley; außerdem Zeichnungen von Napoleon und Longwood (Napoleons Haus auf St. Helena), von Davies' Bruder Samuel (1797–1824), der den Kaiser in sein letztes Exil begleitete. Als Mitglied des *King's College* in Cambridge interessierte sich Davies dennoch für den Turf und das Boxen, und seine Spiel-Einnahmen betrugen allein 1815 22.000 Pfund. Er wohnte in St. James und war Kunde bei den Händlern, die sich auf die Ausstattung von Dandies spezialisiert hatten. 1816 besuchte er Byron in der Villa Diodati am Genfer See und erhielt dort das Originalmanuskript von *Childe Harold's Pilgrimage* Canto III. und Byrons *The Prisoner of Chillon* in einer Transkription von Mary Godwin, Shelleys späterer Ehefrau, eine Abschrift Mary Godwins von Shelleys *Hymn to Intellectual Beauty* und *Mont Blanc* sowie zweier Sonnette. Außerdem belegen Briefe Davies Unterstützung des Reformflügels der Whig-Partei (1818–1820) und seinen Einsatz für Sir Francis Burdett, Hobhouse und Douglas Kinnaird. Disraeli benutzte den Namen des Dandies für die Figur des Sir Berdmore Scrope in *Vivian Grey* (1826–1827). (Die im Koffer bewahrten Manuskripte befinden sich heute in der *British Library.*)
CF

670

Pierce Egan
London 1771–1849 London

671
(Abb. S. 189)

Life in London, 1821

Einband mit Gold bedrucktem Saffian-Leder, 22,9 x 14,3 cm
Herausgeber Sherwood, Neely and Jones, London
Cambridge, The Graham Watson Collection, The Master and Fellows of Emanuel College

‚Leben in London', der Führer zu den modernen Sehenswürdigkeiten Londons, beschreibt die Lieblingsplätze der eleganten Welt wie der Halbwelt und der Arbeiter. Egans ursprünglich in 36 Teilen veröffentlichtes Buch schildert die Stadt, wie sie Corinthian Tom, ein Herr *à la mode,* zusammen mit Jerry Hawthorn, seinem gutmütigen Vetter vom Lande, und Bob Logic, einem launischen *Oxonian* (aus Oxford), besucht. Egans Schauplatz war eine Stadt der Kontraste, des ausschweifenden und des einfachen Lebens, des West End und des East End, der Aristokraten und Mittellosen. Aber es war eine geeinte Welt mit einer unentwirrbar verflochtenen Gesell-

673a

schaft. Egans verglich sie mit einer korinthischen Säule, ihrem dekorativen Kapitell und der niedrigen, notwendigen Basis: ‚Leben in London' spiegelt die lebensvolle Demokratie der Londoner Straßen wider – ein Phänomen, das fremden Besuchern häufig auffiel. George und Robert Cruikshanks Illustrationen ergänzen Egans lebendigen Text; das Buch war damals ein Verkaufsschlager. Egan schrieb eine Fortsetzung (‚Ende eines Lebens in London') und verwandelte das erste Buch in eine Theaterburleske, in der er selbst vor vollen Häusern in London und in der Provinz den Bob Logic spielte. JF

‚Peter Quiz' D. T. Egerton

672

Modische Langeweiler oder Abkühlungen in der besseren Gesellschaft, 1824

27 x 37 cm
Herausgeber Thos. McLean, 26 Haymarket
London, Guildhall Library, Corporation of London
Inv.-Nr.: GR 1.1.3

Vermutlich die Veröffentlichung eines Amateurs mit zwölf vom Autor entworfenen und gestochenen Darstellungen von unangenehmen oder ‚langweiligen' Ereignissen im Leben eines Dandys: Geschäftsleute drängen auf Zahlung seiner Rechnungen, während er gerade einer Dame Eindruck zu machen sucht. Freunde, die er anpumpen möchte, ignorieren ihn. Er wird aus Wohnungen geworfen, weil er dort als verheiratet auftrat, in einen Vaterschaftsprozeß verwickelt und von seiner Verlobten beim Verlassen eines Bordells in Soho ertappt. CF

Richard Dighton
London 1795–1880 London

673

a) Originale vom West End, 1825

Gebunden, 37 x 27,5 cm
Herausgeber Thomas McLean (sic), Repository of Wit and Humour, No. 26, Haymarket

b) Großstädtische Originale, 1825

Gebunden, 35 x 27 cm
Herausgeber Thomas McLean
London, The Museum of London
Inv.-Nr.: A1839/62.70
Literatur: Oppé 1950, S. 42 f., 118–121

Richard Dighton, Sohn des erfolgreichen Künstlers und Händlers Robert Dighton (1752–1815) und ein Bruder Denis Dightons, spezialisierte sich auf das Zeichnen und Radieren von Porträts. Sie besaßen weder den Witz noch die Schärfe eines Cruikshank oder Gillray, doch sie boten Käufern das Vergnügen, Typen zu identifizieren: einige Exemplare wie das hier gezeigte tragen handschriftliche Vermerke. Der Prinzregent kaufte viele der Zeichnungen; sie werden in der Königlichen Bibliothek in zwei Bänden bewahrt. Der Verleger Thomas McLean veröffentlichte 1825 eine Ausgabe der Radierungen in zwei Bänden; sie machten den Kontrast zwischen dem Typus des City- und dem des West End-Bewohners deutlich. City-Bankiers, Makler, Zeitungs-Herausgeber und Mitglieder der Stadtregierung treten eher düster und altmodisch auf. Im West End dagegen trägt man lange Hosen und schmückt sich mit einer Vielfalt modischer Accessoires. Wenig Dandies sind darunter; die aristokratische Gesellschaft hat sich für jene dezente Schneiderkunst entschieden, die das übrige Europa bald mit London assoziierte. CF

‚H. B.' John Doyle
Dublin 1797–1868

674

HB Sketches

a) Nr. 83 John Bull oder der Mann, der sich leicht an der Nase herumführen läßt, 1830

Lithographie, 34 x 25,7 cm
Herausgeber Thos. McLean, 26 Haymarket

b) Nr. 131 Die Handschrift auf der Mauer, 1831

Lithographie, 26,5 x 33 cm
Herausgeber Thos. McLean, 26 Haymarket
London, The Museum of London
Inv.-Nr.: 37.86/2
Literatur: Fox 1988, S. 78, 86 ff.

‚H. B.', Sohn einer angesehenen Dubliner Familie malte und lithographierte im Auftrag des Landadels deren Familien und deren Pferde, was ihm einigen Ruhm eintrug, von seiner eigenen Familie jedoch nicht erwähnt wurde. Im Gegensatz zu Karikaturisten der vorangehenden Generationen nahm er nie Bestechungsgelder oder Gehälter von irgendeiner politischen Partei an. Seine *Sketches* waren beliebt. Wie Dightons Porträts sind sie Beispiele für das veränderte Auftreten der Karikatur. Wie der Schriftsteller Thackeray anmerkte, brachten sie ihr Publikum auf „eine ruhige, dem Gentleman angemessene Weise" zum Lächeln: laut *Times* ein „Humor ohne Grobheiten". Zu den Bewunderern des Künstlers zählten Metternich und Wellington; Grey besaß eine Sammlung seiner Arbeiten, und jedermann war geschmeichelt, von ihm dargestellt zu werden. Der Verleger Thomas McLean druckte zwischen 1825 und 1840 wohl die meisten Karikaturen. In seinem Vorwort für *McLean's Monthly Sheet of Caricatures* (McLeans monatlichem Karikaturenblatt) von 1832 wünscht er sich, „allen Parteien die Hand zu reichen … Man kann mit den Whigs über die Torys lachen …, mit den Tories über die Whigs, mit den Radikalen über beide, und mit beiden über die Radikalen". ‚John Bull' … spiegelt den Anspruch des Herausgebers Thomas Barnes wider, auf seine Leser direkt Einfluß zu nehmen: „Was für eine glorreiche Sache ist es doch, die Freiheit und Unabhängigkeit eines Engländers zu genießen!" Das zweite Blatt stellt William (‚Bill') IV. dar, der auf den Spruch starrt und sich wundert: „Reform *Bill!* Kann ich damit gemeint sein?" CF

674a

Benjamin Robert Haydon
Plymouth 1786–1846 London

675 (Farbtafel S. 602)
Warten auf die Times am Morgen nach der Reformdebatte, 8. Oktober 1831

Öl auf Leinwand, 64 x 75 cm
London, Simon Jenkins, Editor of „The Times"
Herkunft: für Thomas Kearsey oder Lord Stafford gemalt
Ausstellung: London, Egyptian Hall, 1832
Literatur: Olney 1952, S. 190, 193–194; George 1967, S. 193, 344

Am 7. Oktober 1831 wurde das Reformgesetz vom *House of Lords* abgelehnt und erst im Juni 1832 angenommen. Der Schauplatz der Darstellung ist vermutlich der *White Horse Cellar* am Piccadilly; er erinnert ganz allgemein an die politischen Herrenclubs der Zeit. Man wartet ungeduldig auf neue Informationen über die Reform. *„The Times"*, 1785 gegründet, war Londons größte, landesweit verbreitete Zeitung und wurde seit 1814 mit Hilfe von dampfbetriebenen Maschinen gedruckt. Sie war unparteiisch und vertrat die Überzeugung, daß eine Zeitung „eine der bedeutenden Antriebskräfte einer so hoch zivilisierten und vollständig organisierten Gesellschaft wie der Großbritanniens sei". Unter der redaktionellen Leitung von Haydons Freund Thomas Barnes war sie eine qualifizierte Verfechterin der Reformbewegung; wie auch der Maler, der unter dem Pseudonym *„Radical Junior"* drei Briefe zum Thema für die Zeitung verfaßte. DBB

676

676
Tisch und Stuhl, um 1827–1830

Entwurf Decimus Burton; hergestellt von Taprell & Holland
Rosenholz, Stuhlrücken und -sitzfläche aus Rohrgeflecht; Tisch: H. 73,5 cm, ⌀ 61 cm; Stuhl: H. 94 x 59 x 61 cm
Bezeichnet: Athenaeum
London, The Athenaeum
Literatur: Ward 1926, S. 3–57; Nares 1951, S. 1018–1022; Jervis 1970, S. 43–61; Cowell 1975, S. 1–20

Das *Athenaeum* wurde 1824 von John Wilson Croker (Parlamentsmitglied und Sekretär der Admiralität) als Club für ‚Männer der Literatur und Wissenschaft sowie für Liebhaber der schönen Künste' gegründet; Treuhänder des *British Museum*, Mitglieder der *Royal Academy* und Direktoren der *British Institution* durften ebenfalls beitreten, ebenso Bischöfe und Richter. Zugehörigkeit zur Aristokratie oder besonderer Wohlstand waren nicht Bedingung. Sir Humphry Davy, Sir Thomas Lawrence, Sir Francis Chantrey, Robert Smirke und Samuel Rogers gehörten zu den Gründungsmitgliedern, und Michael Faraday war der erste Sekretär. Auf dem Grundstück des einstigen königlichen *Carlton House* entstand nach dem Entwurf von Decimus Burton 1830 das neue Clubhaus im neoklassischen Stil. Von den Gesamtkosten von £ 43.000 verwendete man £ 6.700 für die Interieurs; Burton lieferte die Entwürfe für die Einrichtung der Hauptempfangsräume. Seine auf edle Weise schlichten Möbel entsprachen der Architektur und wohl auch dem intellektuellen Anspruch der Clubmitglieder. Andere Londoner Clubhäuser waren ähnlich eingerichtet. Die Firma Holland & Sons, von denen die Stücke stammen, entwickelten sich zu den größten Möbelfabrikanten im Großbritannien des neunzehnten Jahrhunderts. CF

Charles Barry
London 1795–1860 London

677
Travellers' Club, Nordfassade, 1829

Feder und Tusche, 47,5 x 59 cm
Bezeichnet: Charles Barry 17 July, 1829
London, Public Record Office
Inv.-Nr.: MPE 787, LRRO 1/913(1)

Londoner Herren-Clubs waren ein Phänomen des frühen neunzehnten Jahrhunderts – Orte der Gemeinsamkeit für Leute desselben Standes, gleicher Interessen oder politischer Neigungen. Der *Travellers' Club,* 1819 gegründet, verband ‚Gentlemen, die im Ausland gereist waren'. Reisen, zumindest nach Frankreich und Italien, gehörten schon lange zur Erziehung der meisten Herren; der Club wollte vor allem Leute mit ausgeprägterem Interesse an fremden Ländern aufnehmen. Zu den Gründungsmitgliedern zählten Lord Castlereagh und Lord Palmerston, beides einflußreiche Vertreter der britischen Außenpolitik; der Architekt C. R. Cockerell, der über griechische Architektur gearbeitet hatte, und W. R. Hamilton, als Sekretär Lord Elgins maßgeblich an der Verschiffung der Parthenon-Skulpturen beteiligt. Nach dem Abbruch von *Carlton House* Mitte der zwanziger Jahre erwarb man für einen Neubau des Clubs ein Grundstück an *Pall Mall,* unmittelbar neben Decimus Burtons *Athenaeum.* Gegen die Konkurrenz von sechs anderen führenden Architekten setzte sich Charles Barrys Entwurf durch. Der Bau wurde 1832 vollendet. Mit der Einführung des italienischen Renaissancestils in London betrat Barry Neuland. NB

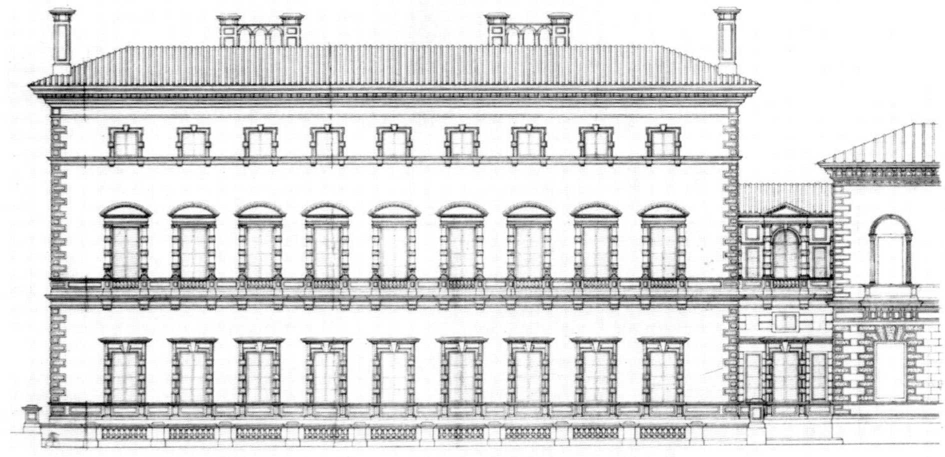

678

Anonym

678
Aufriß der Fassade des Reform Club, um 1837

Feder und Tusche, 52 x 72,5 cm
London, British Architectural Library, Drawings Collection, Royal Institute of British Architects
Inv.-Nr.: C 1/4(2)
Herkunft: Caryl Arthur Ransome Barry
Literatur: Richardson ed. 1972, Band ‚B', S. 27, Nr. 32, Fig. 15

Die Wahlniederlage der Tories, 1831, und die Verabschiedung des Reformgesetzes im darauffolgenden Jahr begünstigten radikale politische Gruppierungen. Eine davon war der *Westminster Reform Club*, der 1837 ein Grundstück neben dem *Travellers' Club* für ein Clubhaus erwarb. Die Mitglieder beschlossen, daß das Gebäude aus politischen Gründen alle anderen Clubs in Größe und Pracht übertreffen sollte. Der Architekt Charles Barry wählte dafür den Stil der römischen Hochrenaissance – eine Weiterentwicklung des von ihm ebenfalls geplanten *Travellers' Club*. Dem *Reform Club* wurde ein zusätzliches Stockwerk genehmigt, in dem man – eine neue Einrichtung in Clubs – Mitgliedern Übernachtungs-Möglichkeiten bot. Das schmale Verbindungsgebäude zwischen *Reform Club* und *Travellers' Club* erhielt einen privaten Eingang zu diesen Räumen. Das neue Gebäude wurde 1841 eröffnet, mit prächtigen Interieurs und modernster Ausstattung, einschließlich einer Zentralheizung. Der Kostenvoranschlag von £ 38.000 war dabei um fast £ 50.000 überschritten worden. NB

679

679
Lotterielose, 1825–1826

a) Holzschnitt und gesetzter Text, 54,2 x 42,6 cm
Herausgeber W. J. Ruffy at the Farmers' Journal Office, Bridge Row
b) Holzschnitt und gesetzter Text, 57 x 42 cm
Herausgeber Gye and Balne, 38 Gracechurch Street
London, The Museum of London
Inv.-Nr.: Sammlung Upcott, Bd. II, S. 379, 417

Neue Schrifttypen veränderten im frühen 19. Jahrhundert die Druckerei-Erzeugnisse entscheidend: Informationen sollten das Publikum unmittelbar – und wirkungsvoller erreichen, z. B. mit der ersten dieser neuen Typen, der fetten Schrift. Andere waren die *Antiqua* oder die *Grotesk*, eine geometrische Type ohne Seriphen mit gleichmäßiger Strichstärke. Diese Schrift, später eine der meistgebrauchten im Druckgewerbe, entwickelte sich mit der Ende des 18. Jahrhunderts erfolgten Wiederbelebung griechischer und römischer Form überhaupt; was englische Schriftkünstler begonnen hatten, diente um 1806 bereits englischen Werbetexten. *Antiqua* war eine Schrifttype mit gleicher Strichstärke, ähnlich der Grotesk, aber mit starken blockartigen Querstrichen. Sie gehörte ebenfalls zu den meistbenutzten der Branche. Es scheint, daß die Einführung der neuen, auffallenden Schriften auf den Einfluß von Unternehmensberatern zurückging, vor allem Vertretern der staatlichen Lotterien, deren letzte 1826 stattfand. Einer der erfindungsreichsten war Thomas Bish mit seinen Druckern Gye & Balne; ihre Handzettel und Plakate trugen durchaus dazu bei, das Erscheinungsbild der gedruckten Medien zu verändern. *Grotesk* und *Antiqua* wurden in Frankreich und Deutschland – nach anfänglichen Zögern wegen ihres harten Schriftbilds wegen – übernommen und haben ihre Bedeutung bis heute erhalten.
JMM

Anonym

680
Der Schusterladen, um 1828

Öl auf Leinwand, 63,5 x 51 cm
Cambridge, Wimpole Hall, The National Trust
Inv.-Nr.: CI B85/357
Herkunft: Leicester Galleries, London, dort 1941 von Captain Bambridge erworben
Ausstellung: London, Leicester Galleries, 1941, Nr. 14
Literatur: Souden 1991, S. 48 reproduziert, S. 71

Nach dem Handelsadreßbuch eröffnete Edward Pattison 1820 sein Schuhgeschäft in der 129 *Oxford Street* und zog 1835 in die Nr. 74. Der Blick in den Laden zeigt eine Frau, vielleicht die des Besitzers und zwei Assistenten, die einem Jungen und einer Kundin bei der Anprobe helfen. Damals waren nicht nur farbige Pumps in Mode, die man mit Bändern am Fußgelenk festband, sondern auch einfache, aus Frankreich eingeführte schwarze Schuhe, wie sie die Dame anprobiert. Das Geschäft – wie alle in dieser Straße für eine Mittelklasse-Kundschaft – ist adrett ausgestattet. Die hier abgebildeten Damen sind modisch gekleidet. Ein unentbehrliches Zubehör für die eher sparsame Kleidung der Zeit war der Kaschmirschal. Die dafür verwendete Wolle wurde zunächst von der *East India Company* eingeführt; die Fortschritte in der Weberei-Technik, besonders in Norwich, sicherten bald ein ständiges Angebot an Schals aus einem Seiden-Wolle-Gemisch mit orientalischen Motiven.
CF

George Cruikshank
London 1798–1878 London

681
Vorweggenommene Auswirkungen des ‚Streiks' der Schneider – oder Herrenmode, 1834

Kolorierte Radierung, 27,4 x 37,4 cm
Herausgeber George Cruikshank, No 23 Myddelton Terrace, Pentonville
London, The Museum of London
Inv.-Nr.: 66.11

Zwölf Jahre nach Cruikshanks hier ebenfalls gezeigter Dandy-Satire veröffentlicht, schildert die Radierung, bei gleicher Kulisse, wie sich die Zeit verändert hatte: Man paradiert in Lumpen und Fetzen. Jemand trägt seinen Morgenrock, ein anderer einen Kilt … Ein einstiger Dandy weist auf die Adresse *Levy Monmouth Street* hin – die Straße in *Seven Dials,* deren Ruf ‚als einziger großer Stapelplatz für Kleidung aus zweiter Hand … die Begräbnisstätte der Mode' Dickens beschrieb. Ende des achtzehnten Jahrhunderts hatten die Schneider noch die stärkste aller Berufsvereinigungen gestellt. Auftragsrückgänge und ein übersättigter Markt gegen Ende der napoleonischen Kriege reduzierten diese Position. Um 1820 lag ein Großteil des Textilhandels in den Händen von *show-shops* mit billiger, minderwertiger Ware, und *slop-shops,* die vorgefertigte Waren verkauften. Die Depression von 1826 zehrte den lange schon bestehenden Arbeitslosenfond auf. Beim Tode König Georgs IV. 1830 verweigerten die Arbeitgeber den alten Brauch der doppelten Bezahlung während einer Trauerzeit bei Hofe und schlugen den Generalstreik der Schneider nieder. Im September 1833 bildete sich eine ‚Große Loge Berufstätiger Schneider' um die Forderungen u. a. nach Abschaffung der Heim- und Akkordarbeit, Beschränkung der Arbeitszeit und Festlegung eines festen Tagessatzes voranzutreiben. Der neuerliche Streik vom April 1834 wurde wiederum niedergeschlagen.
CF

Anonym

682
a) Wintermode vom November 1833 bis April 1834

Kolorierte Aquatinta, 41 x 54 cm
Herausgeber B. Read, Pall Mall, St. James's and 12 Hart St., Bloomsbury Square
London, Guildhall Library, Corporation of London
Literatur: Altick 1978, S. 167–168; Wilcox 1976, S. 107–108; Hyde 1988, S. 112–113, 121–123; Hyde und Van der Merwe 1987, S. 10–15

Lady Byrons Mantel, 1815. Kat.-Nr. 667

682b

Zweimal wählte Benjamin Read die Vorläufer der modernen Kaufhäuser in *Oxford Street* als Hintergrund der von ihm publizierten Modestiche: das *Pantheon* (1834–1835) und den *Queen's Bazaar* (1833–1834). Läden wie diese gab es seit dem siebzehnten Jahrhundert, als *Exeter Change* auf dem *Strand* eröffnet wurde. Der erste bekannte Londoner *Bazaar* war der von John Trotter am *Soho Square,* 1816 unmittelbar nach der Schlacht von Waterloo eröffnet. Hier erhielten Soldaten-Witwen und Waisen eine Möglichkeit, beruflich tätig zu werden. Trotter's Erfolg in Soho führte zur Eröffnung etlicher anderer Läden dieser Art: z. B. *Tully's Grand Oriental Bazaar* in High Holborn, der *Royal Bazaar* am Leicester Square oder der *Prince of Wales' Bazaar* in der Regent Street. Ihre Anziehungskraft verdankten sie auch den dort gebotenen Belustigungen, etwa Cosmoramen (kleinen Panoramen). Der 1828 von dem Goldschmied Thomas Hamlet eröffnete *Queen's Bazaar* war ehrgeiziger: Neben Ladentischen mit Bijouterie, Lieder-Noten, Schreibwaren, Spielsachen, gerahmten Bildern, Strümpfen und Gebäck, gab es ein britisches Diorama – in Konkurrenz zu dem französischen in *Regent's Park.* 1833 war hier das große Diorama ‚Belsazars Fest' zu sehen. Die Veranstalter hatten es fälschlicherweise dem Maler John Martin zugeschrieben; der ging erfolglos dagegen vor. ‚Martins' Diorama erscheint auf einem Werbeplakat rechts in Benjamin Reads Stich.
RH

b) Wintermode für 1837–1838

Kolorierte Aquatinta, 42 x 56 cm
Herausgeber B. Read und H. Bodman, 12 Hart St. Bloomsbury Square & 95 Strand, also Broadway, New York, America
London, Guildhall Library, Corporation of London
Literatur: Splendid Views 1984, Tafel 3

Einer von zwei hier gezeigten topographisch geprägten Modestichen, die Benjamin Read, ein unternehmender Schneider und Drucker in Bloomsbury, herausgab. Sein Unternehmen belieferte jene Neureichen, die gern zur großen Gesellschaft gehört hätten. Außerdem gingen die Drucke für ein Pfund pro Jahr an Schneider in der Provinz: Eine Aquatinta bot jeweils die Sommermode an, eine andere die Wintermode; und

Mustersammlungen ergänzten die Modedarstellungen und Schnittanleitungen. Reads Mode-Blätter erschienen von Mitte der zwanziger bis in die späten vierziger Jahre; sie behielten den *Regency*-Stil bei. Die Kulissen für die Mode-Präsentationen waren sorgfältig gewählt; der *Queen's Bazaar, Cumberland Terrace, Regent's Park* und die verschiedenen königlichen Paläste gehören dazu; auch die damals beliebten Menagerien – der *Regent's Park Zoo* und die *Surrey Zoological Gardens*. Madame Tussaud's sehr populäre Wachsfiguren liefern die Umgebung für die Jahre 1842–1843. Der topographische Hintergrund im Winter 1837–1838 ist das Gelände der 1827 abgerissenen Residenz des Prinzregenten, *Carlton House*. In der Mitte die 1831 oder 1832 errichtete Säule des Herzogs von York. Der Entwurf für die Säule, die von jedem Offizier und jedermann in der britischen Armee bezahlt wurde, der freiwillig auf einen Tagessold verzichtete, stammt vom Lieblingsarchitekten des Herzogs, Benjamin Dean Wyatt. (Die Statue von Richard Westmacott krönt die Säule seit 1834.) Die Straße *Pall Mall* verläuft von links nach rechts, links der Säule der *United Services Club*, rechts das *Athenaeum*. RH

Samuel Laurence
Guildford 1812–1884 London

683
Charles Dickens, 1838

Kreide, 52,7 x 36,4 cm
Bezeichnet unten rechts: Samuel Laurence 1838; unterhalb der Darstellung vom Modell mit ‚Boz' signiert
London, National Portrait Gallery
Inv.-Nr.: 5207
Herkunft: Charles Dickens; Geschenk an dessen Schwester Frances Burnett; Lord Glenconner
Ausstellung: Royal Academy 1838, Nr. 858; London Earl's Court, 1897, Nr. 239
Literatur: Ormond 1973, Bd. 1, S. 143

Noch nicht dreißig Jahre alt, war Charles Dickens (1812–1869) um 1838 als führender Romanautor des Landes etabliert. Seine frühen erzählerischen Versuche, eine Reihe von Londoner Skizzen für verschiedene Londoner Zeitschriften und Zeitungen, stammten aus seiner Zeit als Parlamentsreporter des *Morning Chronicle*; sie erschienen 1836 bei John Macrone unter dem Titel *Sketches by Boz* mit Illustrationen von George Cruikshank. Dickens Originalität fiel den Verlegern Chapman und Hall auf, und sie beauftragten den jungen Autor, eine Reihe von Geschichten zu den Radierungen Robert Seymours (1798–1836) zu schreiben: Daraus entstand Dickens erster Roman *The Pickwick Papers*. 1837/38 erschien sein zweiter Roman

683

Oliver Twist, mit Illustrationen von George Cruikshank in der von Dickens herausgegebenen Zeitschrift *Bentley's Miscellany*. Chapman und Hall publizierten 1838 sein drittes Werk *Nicholas Nickleby*, das ebenfalls in monatlichen Folgen erschien. Dickens' Romane wurden zum größten Teil nach 1838 veröffentlicht. Dennoch gehören sie in diese Ausstellung. Denn der Schriftsteller schildert vor allem das London seiner Jugend; diese Zeit lebt in seinen Romanen fort. Das Portrait beruht wohl auf Skizzen von 1837, als Dickens dabei war, *The Pickwick Papers* zu schreiben; Zeitgenossen nannten es ein ‚genaues Abbild'. CF

Charles Dickens
Portsmouth 1812–1869 Rochester

684
Manuskriptseite der ‚Pickwick Papers', Kapitel 37

23 x 18,5 cm
London, Trustees of the Dickens House Museum

Der Erfolg der *Pickwick Papers* stellte sich mit dem vierten Teil ein – dem Erscheinen der Figur Sam Wellers und mit Hablot K. Brownes Illustrationen. Sam Weller ist ein Archetyp: ein Diener mit Cockney-Akzent, der Mr. Pickwick, seinen unschuldigen Herrn, fröhlich durch eine gefährliche Welt steuert. Von seinem Vater, einem Kutscher, ist Sam gut auf das Großstadtleben vorbereitet worden; als Mr. Pickwick ihn einen musterhaften Angestellten nennt, freut sich der Vater, dies zu hören, denn „... (ich) gab mir wirklich Mühe mit seiner Erziehung; ließ ihn auf den Straßen herumlaufen, als er noch ganz klein war und überließ ihn sich selbst: Das ist die einzige Möglichkeit, einen Jungen gescheit zu machen, mein Herr". Die Manuskriptseite schildert Sam, wie er seinen gesunden Menschenverstand an snobistischen Lakaien erprobt. CF

‚Boz' Charles Dickens
Portsmouth 1812–1869 Rochester

685
The Posthumous Papers of the Pickwick Club, 1836–1837

Herausgeber Chapman & Hall, 186, Strand
Octavformat, je Teil 32 Seiten, 4/2 Radierungen
London, Trustees of the Dickens House Museum
Literatur: Patten 1978, S. 45–74

Robert Seymours Idee, die Heldentaten eines Cockney-Sportvereins zu zeichnen, war nicht originell: Die Gestalt des Londoner *Cit* (Bürgers) ohne Beziehung zum Landleben war ein literarischer Topos, der kurz zuvor gerade in R. S. Surtees *Jorrock's Jaunts and Jollities* (Jorrocks Ausflüge und Feste) (1831–1834) wieder aufgegriffen worden war. Dickens nahm das Angebot an, den Text zu Seymours Zeichnungen zu schreiben; nach dem Selbstmord des Künstlers wurde Dickens zum Hauptautor. Die Veröffentlichung der *Pickwick Papers* zwischen April 1836 und November 1837, in zwanzig monatlichen Teilen in charakteristischen grünen Umschlägen, zu einem Preis von einem Schilling pro Folge, stellte eine Revolution dar – was die Verbreitung und die Erscheinungsform erzählender Literatur betrifft. Chapman und Hall begannen ihre erste Folge der *Pickwick Papers* mit rund 400 Exemplaren. Mit dem Anstieg der verkauften Auflage begannen sie, das Erscheinungsdatum der nächsten Folge in den Zeitungen anzukündigen. Schließlich wurden 40.000 Exemplare gedruckt. Der relativ niedrige Preis der monatlich erscheinenden Teile erweiterte die Leserschaft enorm, und wer keinen Schilling dafür aufbringen konnte, hatte die Möglichkeit, sich in Leihbüchereien zu versorgen. Eine regelrechte Pickwick-Manie brach aus; im Gefolge dieses ungeheuren Erfolgs hielt Dickens' nächster Vertrag mit Chapman und Hall (für *Nicholas Nickleby*) vom 18. November 1837 ausdrücklich fest, der Autor werde ein Werk wie *Pickwick* schreiben, das in derselben Art gedruckt und publiziert werden sollte. CF

B. R. Haydon, Warten auf die Times am Morgen nach der Reformdebatte, 8. Oktober 1831. Kat.-Nr. 675

Charles Dickens

Portsmouth 1812–1869 Rochester

686
Brief an Chapman und Hall, 1836

19 x 11,3 cm
London, Trustees of the Dickens House Museum
Literatur: House und Storey (Hg.) 1965, Bd. 1, S. 129, 161, 647–662; Patten 1978, S. 9–74

‚Furnivals Inn / Samstag / D(r) Sirs, / Wenn Sie damit fertig sind, die Sovereigns zu zählen, die Sie für Pickwick erhalten haben, wäre ich Ihnen sehr verpflichtet, wenn sie mir einige davon schicken könnten ...'

Dickens Beziehungen zu seinen Verlegern Chapman und Hall waren – wie dieser Brief zeigt – oft angespannt. Der Schriftsteller, kein reicher Mann, hatte zunächst den Vorschlag gern angenommen, Texte zu Seymours Illustrationen zu schreiben; 9 Guineas pro Bogen und eineinhalb Bögen, d. h. 16 Seiten gedruckten Textes pro Monat, lautete die Verabredung. Als *Pickwick* dann aber ein Erfolg wurde, erhöhte sich das Honorar; im August 1837 waren Chapman und Hall bereit, Dickens 2.000 Pfund für alle monatlich erscheinenden Teile zu zahlen. Sie selber erhielten für jeden 14.000 Pfund – und zusätzlich Einkünfte von den dem Text vorgeschalteten Anzeigen. Im August und November 1836 schloß Dickens Verträge mit Richard Bentley; er sollte zwei Romane schreiben und ein neues Magazin (*Bentley's Miscellany*) herausgeben. Hier erschien 1837 *Oliver Twist.* Dafür einigte er sich mit seinem ersten Verleger Macrone und überließ ihm als Gegenleistung für eine Vertragskündigung das Copyright von *Sketches by Boz* für £ 100. Als Macrone im Gefolge der erfolgreichen *Pickwick* eine Neuauflage der *Sketches* plante, erwarben Chapman und Hall im Juni 1837 deren Rechte für den hohen Preis von £ 2.000. Sie gaben 1840 dieselbe Summe an Dickens, damit er dem Verleger Bentley das Copyright für *Oliver Twist* abkaufen konnte und blieben weitgehend die einzigen Verleger des Schriftstellers. CF

687

Charles Robert Leslie
London 1794–1859 London

687

Lord und Lady Holland, Dr. Allen und William Doggett in der Bibliothek von Holland House, 1839

Öl auf Leinwand, 57,8 x 73,7 cm
Privatsammlung
Herkunft: Auftrag Henry Richard Vassall Fox, 3. Baron Holland, für seine Frau; Geschenk Lady Holland an Lord Grey
Ausstellungen: London, Royal Academy, 1841, Nr. 340; Victoria and Albert Museum, 1974, Kat.-Nr. F3
Literatur: Ilchester 1937, S. 106 f., 245 f., 290

Leslies *Conversation piece* gibt einen Einblick in das Leben liberaler Intellektueller der Whig-Partei. Nach dem Tod seines Vaters war der 3. Lord Holland (1773–1840) von seinem Onkel Charles James Fox (1749–1806), dem radikalen Führer der Whig-Opposition im Parlament, erzogen worden. Gutmütig, tolerant und weltgewandt, unterstützte Holland viele liberale Forderungen. Lady Holland – Elizabeth Vassall Fox (1770–1845) – war in erster Ehe mit Sir Godfrey Webster verheiratet; sie wurde 1797 wegen Ehebruchs mit Lord Holland geschieden und heiratete ihn im selben Jahr. Von der höfischen Gesellschaft zunächst geächtet, entwickelte sie sich zu einer der bekanntesten Salon-Gastgeberinnen ihrer Zeit. Ihr Salon in *Holland House* – einem Herrensitz in Kensington – sah so brillante Politiker und Schriftsteller wie Sheridan und Fox, Dickens und Palmerston. Dr. John Allen (1771–1843) lebte in *Holland House* als Bibliothekar und widmete seine freie Zeit seiner eigenen schriftstellerischen Tätigkeit sowie dem *Dulwich College*, wo er später Lehrer war. Allen schrieb u. a. kritische Beiträge für die *Edinburgh Review*. Lord Holland hatte im Kabinett von Grey und Melbourne die Position eines ‚Kanzlers des Herzogtums Lancaster' inne. Hier ist er an einem französischen Schreibtisch dargestellt, während Lady Holland in ihrem bevorzugten Sessel sitzt. Dr. Allen steht zwischen ihnen; ‚Edgar', der frühere Page William Doggett, nun ‚Bibliotheksbursche', erscheint am Bücherregal rechts. Charles Robert Leslie war um 1822 in *Holland House* eingeführt worden und malte eine Reihe Einzelportraits von Familienmitgliedern. Nach dem Gemälde entstand ein Stich von S. W. Reynolds jr. CF

688a

688b

Thomas Shotter Boys
London 1803–1874 London

688
Originalansichten von London wie es ist, 1842

a) Die Clubhäuser etc., Pall Mall
Tafel 13; kolorierte Lithographie, 31,4 x 44,7 cm

b) Hyde Park, Nähe Grosvenor Gate
Tafel 16; kolorierte Lithographie, 24,5 x 46,3 cm

c) Piccadilly in Richtung City
Tafel 17; kolorierte Lithographie, 31 x 42 cm

d) Regent Street in Richtung Duke of York-Säule
Tafel 19; kolorierte Lithographie, 31 x 43 cm

e) St. Dunstans etc. Fleet Street
Tafel 23; kolorierte Lithographie, 42,9 x 31,4 cm

London, Guildhall Library, Corporation of London
Literatur: Roundell 1974, S. 49–52, illustrated; Adams 1983, S. 468–471, Nr. 196

688c

Thomas Shotter Boys arbeitete als Perspektivenzeichner; sein Verständnis für Architektur wird besonders in dieser Folge von sechsundzwanzig Ansichten deutlich. Anders als Boys' frühere Serie von Chromolithographien *(Picturesque Architecture in Paris)*, wurde die Folge von 1842 als getönte Lithographie gedruckt und handkoloriert. Die Ansicht von *Pall Mall* zeigt Clubhäuser, die sich rechts der Straße entlangziehen wie italienische Palazzi. Im Vordergrund der von Robert Smirke entworfene und 1835–1836 errichtete *Carlton Club*; daneben das neue Gebäude des von Charles Barry geplanten und 1841 vollendeten *Reform Club;* jenseits davon der *Travellers' Club*, ebenfalls von Barry (1832). Dahinter das von Decimus Burton entworfene und 1830 erbaute *Athenaeum* und sein 1827 eröffneter *United Services Club.* In der Ferne die *National Gallery* und *St. Martin in the Fields.* Der Charme von Boys' Bilder liegt auch in seiner lebendigen Schilderung alltäglichen Londoner Leben. Sonntagnachmittag im *Hyde Park*: Die Gesellschaft promeniert zu Fuß, zu Pferd oder in offenen Kutschen. Ungewöhnlich für die Lithographie-Folge spielt die Topographie der Stadt nur eine untergeordnete Rolle. In der Ferne ein neoklassisches, von Decimus Burton entworfenes Sommerhaus, rechts *Grosvenor House.* Der Blick über *Piccadilly* westwärts in Richtung auf den heutigen *Piccadilly Circus* (Taf. 17) zeigt links den Eingang zur *Burlington Arcade* und genau dahinter die Mauer von *Burlington House.* Das Gebäude ganz rechts ist die *Egyptian Hall* (George Catlins berüchtigte Indianer-Ausstellung findet gerade statt). Wie stets ist die Szenerie belebt: eine Menschenmenge beobachtet z. B. gespannt zwei Ballons am Himmel. Der untere Bereich von *Regent Street* vom *Regent's Circus* aus, dem heutigen *Piccadilly Circus* (Taf. 19). In der Ferne die Säule des Herzogs von York und zur Rechten *St. Philip's Chapel.* Die Szenerie beleben Kutsche und Karren, Dienstmann und Ein-Mann-Kapelle. Gezeigt ist (in Taf. 23) *Fleet Street* vom Gehsteig vor der *Mitre Tavern* aus um zehn Uhr zehn morgens. *St. Dunstan*, nach einem Entwurf von John Shaw und 1832–1833 erbaut, rechts im Bild. Entfernt erkennt man den *Temple Bar* als Grenzmarkierung zwischen der City of London und der City of Westminster. Die Schilderung Londoner Alltags zeigt u. a. einen abgestellten Transportkarren mit der Aufschrift ‚T. S. Boys, Warentransporte, Stadt und Land'. Der Künstler spielt in seinen Werken gern auf sich an. In der Darstellung der *Regent Street* fordert ein Plakatträger ‚Wählen Sie Boys!'. Im Vordergrund der Ansicht vom *Tower* stellt sich der Maler beim Skizzieren dar. RH

688d

DAS NEUE ZEITALTER

Der Tod König Georgs IV. setzte dem verschwenderischen Leben am Hofe ein Ende. Die von der liberalen Whig-Partei gebildete neue Regierung verabschiedete 1832 das Reform-Gesetz. Der Brand der Parlamentsgebäude und die anschließenden Pläne für Neubauten in Westminster erscheinen wie Symbole des fortschreitenden Wandels. Besonders wichtig ist dabei die Entwicklung der Eisenbahn-Technik. Die Schaffung schneller Verkehrsverbindungen mit Hilfe dampfgetriebener Transportmittel zu Wasser und zu Lande stärkte die Wirtschaftskraft des Landes und unterstrich die internationale Bedeutung der Metropole London.

Francis Chantrey
Norton 1781–1841 London

689

König William IV., 1841

Marmor, 84 x 75 x 29 cm
Bezeichnet auf der Rückseite: Sir Francis Chantrey/sculptor/1841
London, Royal Academy of Arts
Herkunft: Schenkung der Witwe des Künstlers
Ausstellungen: Royal Academy, 1873; Royal Academy, 1956, Nr. 522
Literatur: Potts 1980, S. 14, Abb. 3

1831, im Krönungs-Jahr Williams IV., in der Akademie ausgestellt; eine von zahlreichen Büsten, die auf ein 1829 von Chantrey gearbeitetes Portrait zurückgehen. Der Bildhauer betrieb mit den William-Portraits ein lukratives Geschäft (Verkaufspreis pro Stück £ 210). Georg IV., William IV. und Königin Victoria waren seine Gönner. Von William IV. wurde er geradezu als Freund behandelt; er genoß das Vertrauen und die Gastfreundschaft des Monarchen. MCR

689

George Cattermole
Dickleburgh 1800–1868 London

690 (Farbtafel S. 608)

Krönungsprozession von König William IV. und Königin Adelaide, 1831

Aquarell- und Deckfarben, 38,7 x 51,8 cm
London, The Museum of London
Inv.-Nr.: A16163
Literatur: Greville 1874, Bd. 2, S. 193; Ziegler 1971, S. 192 ff.

Im Gegensatz zu der prunkvollen Krönung seines Bruders Georg zehn Jahre zuvor, war die von William IV. eher bescheiden; sie kostete wenig mehr als £ 30.000. Der neue König scheute wie sein Vater Georg III. unnötige Ausgaben und schätzte auf seine eigene Person bezogene Zeremonien wenig. Also schlug er vor, den Eid einfach vor den versammelten Angehörigen des Ober- und Unterhauses abzulegen. Adlige Mitglieder der Tories überredeten ihn jedoch zu dem, was am 8. September 1831 als ‚Halbe Krönung' in die Geschichte einging. Verzichtet wurde z. B. auf das traditionelle Bankett in *Westminster Hall.* Der Journalist Charles Greville kommentierte, wo vorher niemand zufrieden gewesen sei, wäre es nun hinterher jedermann. Cattermole gibt dem Ereignis in seinem Aquarell mit der Schilderung der *Westminster Abbey* einen gewissen Glanz. (Nach dem Werk entstand eine Radierung von William Woolnoth, verlegt bei H. Teesdale und Co.) Cattermole arbeitete in der folgenden Zeit an John Brittons *Englisch Cathedrals* (1832–1836) und illustrierte Dickens' *Old Curiosity Shop* sowie *Barnaby Rudge* aus *Master Humphrey's Uhr* (1841). CF

Joseph Mallord William Turner
London 1775–1851 London

691 (Farbtafel S. 607)

Der Brand des House of Parliament, 1834

Aquarell, 30,2 x 44,4 cm
London, Tate Gallery
Inv.-Nr.: D36235, TB CCCLXIV-373
Herkunft: 1856 vom Künstler vermacht
Ausstellungen: Washington 1963, Kat.-Nr. 54; New York 1966, Kat.-Nr. 71; Hamburg 1976, Kat.-Nr. 125; Den Haag 1978–1979, Kat.-Nr. 88; Mexico City 1979, Kat.-Nr. 86; Paris 1983–1984, Kat.-Nr. 225; Cleveland 1984, Kat.-Nr. 10
Literatur: Wilton 1979, S. 359, Nr. 522; Butlin und Joll 1984, S. 207–209, Nr. 359; Wilton 1988, S. 129; Shanes 1990, S. 244

In der Nacht des 16. Oktober 1834 brannte der Palast von Westminster, der Sitz des britischen Parlaments, völlig nieder. Das Feuer war durch eine Überlastung der Öfen entstanden; man hatte sie mit einer großen Menge von Kerbhölzern geheizt. (Sie hatten vom zwölften Jahrhundert bis 1826 dazu gedient, Steuerzahlungen festzuhalten.) Der Brand konnte sich auch wegen der teilweise noch mittelalterlichen Fachwerk-Kerne der Gebäude so rasch ausbreiten. Am nächsten Morgen war das Feuer unter Kontrolle; wobei u. a. *Westminster Hall* erhalten blieb. Im öffentlichen Bewußtsein gewann das Ereignis schicksalshafte Bedeutung. Kommentatoren sahen darin sogar ein Zeichen für das Mißfallen Gottes an der Reformgesetzgebung, die das parlamentarische System demokratischer machte. Andere erklärten es als eine göttliche Antwort auf die gerade vollzogene Revision des Armengesetzes, nach der arbeitsfähige Arbeitlose nicht mehr von der Gemeinde unterstützt, sondern ins Arbeitshaus geschickt werden sollten. Eindeutig ist die Erregung der riesigen Menschenmenge am Themseufer. Auch Turner war anwesend und beobachtete das Fortschreiten des Feuers von einem Boot aus. In einem Skizzenbuch hielt er die Situation in sehr freien, vibrierenden Wasserfarben-Studien fest. Das hier gezeigte Aquarell, detaillierter und im Entwurf bereits kontrollierter, trägt bereits die Möglichkeit späterer Verwendung für einen Stich in sich. RU

691

Joseph Mallord William Turner
London 1775–1851 London

692 (Farbtafel S. 609)

Der Brand des House of Lords und des House of Commons, 16. Oktober 1834, 1835

Öl auf Leinwand, 92 x 123 cm
Philadelphia Museum of Art, McFadden Collection
Inv.-Nr.: M'1928-001-'041
Herkunft: 1835 über die Chambers Hall zur British Institution, dort von Colls erworben; 1852 Charle Birch; Lloyd Brothers; Foster's 13. Juni 1855, Lot 59, Käufer Wallis; Christie's, 16. November 1860, Lot 209, Käufer White; V. J. Palmer; Christie's, London, 16. Mai 1868, Lot 33, Käufer Agnew; John Graham, von diesem 1873 von Agnew erworben; von diesem gekauft von Holbrook Gaskell; Christie's, London, 24. Juni 1909, Lot 97, Käufer Agnew; von ihm gekauft durch J. H. McFadden und dem Philadelphia Museum of Art 1921 hinterlassen
Ausstellungen: British Institution 1835, Nr. 58; Birmingham Society of Artists 1852, Nr. 114; Royal Academy 1885, Nr. 197; Royal Academy 1907, Nr. 113; New York 1966, Kat.-Nr. 9; Detroit Royal Academy 1968, Kat.-Nr. 120; Berlin 1972, Kat.-Nr. 18; Royal Academy 1974–1975, Kat.-Nr. 512; Paris 1983–1984, Kat.-Nr. 60
Literatur: Butlin und Joll, S. 207-210, Nr. 359

Das dramatische Schauspiel des großen Brandes war wie geschaffen für Turners Kunst. Er stellte ein Jahr später gleich zwei Gemälde zu diesem Thema aus. Das erste der beiden Bilder zeigt hier die brennenden Parlamentsgebäude von einer Position neben der Westminster Bridge am südlichen Themseufer aus. Turner präsentierte es bei der jährlichen Ausstellung der *British Institution,* wo man wie bei der *Royal Academy* den Künstlern vor der Eröffnung Zeit für kleine Korrekturen an ihren Werken gab. Turner nutzte diese Gelegenheiten stets – und mit Bedacht. In einem Bericht von E. V. Ripingille ist detailliert geschildert, wie der Maler dieses Bild vollendete: „Das eingereichte Gemälde war mehr ein formloses Gekleckse aus verschiedenen Farben, ... er arbeitete pausenlos und wandte nicht einmal seinen Blick ab. Wer zuschaute, amüsierte sich über das Schauspiel, das Turner da mit seiner Malerei bot. Eine kleine Schachtel mit Farben, ein paar kleine Pinsel ... der kleine Mann mußte sich immer wieder bücken, um an seine Utensilien zu gelangen .... Bald war die Arbeit beendet: Turner sammelte seine Sachen ein ... und ... ging ohne ein Wort ... Maclise, der in der Nähe stand, sagte: ‚Das ist meisterlich, er bleibt nicht stehen, um sein Werk noch einmal anzusehen; er weiß, es ist vollendet und geht einfach.'" RU

G. Cattermole, Krönungsprozession von König William IV. und Königin Adelaide, 1831. Kat.-Nr. 690

Charles Barry
London 1795–1860 London

693
Das neue Parlament, Westfassade, 1836

Feder in Blau und Braun, laviert,
21,5 x 58,5 cm
London, British Architectural Library
Inv.-Nr.: S8/6 (2)
Herkunft: Familie Barry
Literatur: Stanton 1971; Crook und Port 1973, S. 573–626; Port (ed.) 1976

Westminster Hall und die *Law Courts* sowie Sir John Soanes neues Gebäude für das *House of Lords* blieben beim Brand des Parlaments erhalten. Für einen Neubau wurde ein Wettbewerb ausgeschrieben, an dem sich 97 Architekten beteiligten; Charles Barry gewann ihn im Februar 1836, zum einen seiner so zweckmäßigen Entwürfe wegen, zum anderen dank der glänzenden und überzeugenden Details im gotischen Stil, die von seinem jungen Mitarbeiter A. W. Pugin stammten. Barry schlug vor, die mittelalterlichen Gebäude – Halle, Abteigebäude und die Kapelle, in der das Unterhaus getagt hatte – einzubeziehen. Ausreichend Platz für ein modernes Parlamentsgebäude war durch die Befestigung des Themseufers zu gewinnen. In dessen Zentrum sollten an jeder Seite eines großen Foyers die beiden Kammern liegen. Bibliotheken, Ausschuß- und Ruhe-Räume sowie einige der Wohnungen, darunter ein großes Haus für den *Speaker* des Unterhauses, lagen zum Fluß oder nach Osten hin. Die Zeichnung zeigt die Fassade zum *Parliament Square* und zur *Westminster Abbey;* sie macht den prägenden Einfluß englischer Spätgotik deutlich und beweist Barrys Fähigkeit, die komplexe Abfolge verschiedenartiger Fassaden zu klären. Die Grundzüge des Entwurfs blieben erhalten; gleichwohl erlebte Barrys Planung vor Baubeginn zahllose Revisionen, so auch die Details dieser Zeichnung. Vom Fluß aus begannen die Bauarbeiten; die hier projektierte Westfront und die Türme waren erst in den fünfziger Jahren vollendet. AW

J. M. W. Turner, Der Brand des House of Lords und des House of Commons, 16. Oktober 1834, 1835. Kat.-Nr. 692

Augustus Welby Northmore Pugin
London 1812-1852 Ramsgate

694
Neues Parlament, Grundrisse, Aufriß und Schnitt des King's Tower, 1836–1837

Feder, laviert auf Pauspapier, 44,8 x 59,8 cm
London, Society of Antiquaries
Herkunft: G. Somers Clarke
Literatur: Stanton 1971; Crokk und Port 1973, S. 537–626; Port (Hrsg.) 1976

A. W. Pugin, der frühreife Sohn eines Architekturzeichners, hatte eine abenteuerliche Jugend; er studierte leidenschaftlich mittelalterliche Kunst und eröffnete sein eigenes Unternehmen für dekorative Objekte. 1834 wurde er für den Architekten Charles Barry tätig, der wie andere Kollegen auch im Stil des *Gothic Revival* arbeitete. Für ihn entwarf Pugin die neogotischen Ornamente für das *King Edward VI.*-Gymnasium in Birmingham. Zwischen August und Ende November 1835 half er Barry bei dessen Bewerbung für den Bau der Parlamentsgebäude. Barry gewann den Wettbewerb und Pugin war weiter für ihn tätig. Der *Kings Tower* ist eines der wenigen Originale Pugins in der Reihe der Wettbewerbszeichnungen für das Parlament. Das Blatt zeigt sein brillantes Können beim Entwurf überzeugender ‚gotischer' Details. Der *King's Tower* (heute *Victoria Tower*) bildete den Königlichen Eingang. Pugins Pläne weisen darauf hin, daß der Turm Dokumente aufnehmen sollte; heute ist er Sitz des Oberhaus-Archivs. Eine neuerliche Zusammenarbeit zwischen Barry und Pugin ergab sich 1844 bei der Ausstattung des *House of Lords.* Bis zu seinem frühen Tod 1852 entwarf Pugin detaillierte Pläne für Interieurs und Einrichtungsobjekte des Parlaments. AW

695

Sir David Wilkie
Cults 1785–1841 Gibraltar

695
Die erste Kronratssitzung von Queen Victoria, 1838

Öl auf Leinwand, 151,8 x 238,8 cm
Bezeichnet: David Wilkie f 1838
Windsor Castle, H. M. Queen Elizabeth II
Herkunft: Gemalt für Queen Victoria, 1837–1838; seitdem in Windsor
Ausstellung: Royal Academy, 1838, Kat.-Nr. 60
Literatur: Cunningham 1843, III, 226–227, 229, 233, 235, 237–239, 241–242, 252–254, 531; Millar 1969, S. 144, Nr. 1188, Tafel 279

Das Gemälde zeigt Königin Victoria bei der Kronratssitzung am 20. Juni 1837 im Kensington Palast. Anwesend sind auch führende Persönlichkeiten des politischen und höfischen Lebens jener Zeit. Vor der Königin zur Mitte hin steht Lord Melbourne, ihr Premierminister. Am Tisch: die königlichen Herzöge, der Erzbischof von Canterbury William Howley und vor einer Säule rechts der Herzog von Wellington. Der Maler David Wilkie war der königlichen Familie schon länger verbunden. Der Prinzregent hatte 1812 das erste Bild von ihm erworben, und ihn später, als Georg IV., zum offiziellen Porträtmaler und Nachfolger von Thomas Lawrence ernannt. Wilkies Gemälde „Einzug von Georg IV. in Holyrood" (Edinburgh, *Scottish National Portrait Gallery*), das den Besuch des Königs in Schottland im Jahre 1822 feierte, spiegelt seine Abkehr von der anekdotischen Genremalerei hin zu dramatischen Sujets moderner Geschichte und öffentlicher Zeremonie. Auch unter William IV. genoß Wilkie weiterhin königliche Unterstützung. Königin Victoria übernahm Wilkie als Hofmaler. Als sie von einer Skizze hörte, die er bei der Kronratssitzung gemacht hatte, gab sie ein Gemälde dieses Motivs in Auftrag. Sie saß ihm speziell dafür Modell und bestimmte, welche ihrer Minister und Höflinge mit ihr zusammen erscheinen sollten. Wilkie war genötigt, schnell zu arbeiten, denn die Königin erwartete das Gemälde bei der Ausstellung der *Royal Academy* im folgenden Frühjahr zu sehen. Er hatte Schwierigkeiten mit der Anordnung einer so großen Gruppe von Personen und konnte nur schwer Termine für Sitzungen bekommen. Hofintrigen trugen vielleicht dazu bei, daß die Königin mit dem vollendeten Werk immer unzufriedener wurde. Auch das Porträt der Königin von 1840 mißlang. Wilkie verlor die Gunst des Hofes. DBB

Robert Blemmel Schnebbelie
London 1790–1849 London

696
Spa Road, Endstation der London and Greenwich Railway, 1836

Aquarell, 16,1 x 23,5 cm
London, The Museum of London
Inv.-Nr.: 63.66/1
Herkunft: Frank T. Sabin
Literatur: Thomas 1972, S. 11–62, Abb. 21

Mit der Eröffnung des Abschnitts von *Deptford* nach *Spa Road, Bermondsey*, der Strecke London – Greenwich kam am 8. Februar 1836 die erste Eisenbahn nach London. Den erfolgreichen Plan initiierte 1831 George Thomas Landmann, ein Oberstleutnant i. R. der Königlichen Ingenieure, mit Hilfe von Geschäftsleuten aus der City und

697a

697b

einem Aktienkapital von £ 400.000. Die Eisenbahn-Strecke wurde über ein aus Ziegeln gemauertes Viadukt durch dünn besiedeltes Marschland geführt; Zwangsräumungen von Behausungen waren nur in den Slums in der Nähe der *London Bridge* erforderlich. Die Direktoren hofften darauf, einige der verdrängten Bewohner in die ordentlichen Sechs-Zimmer-Häuser unter den Bögen umsiedeln zu können. Doch die ungewohnten Vorzüge von Gasheizung und Licht konnten allein den Lärm bei weitem nicht aufwiegen: nur wenige Häuser wurden vermietet. Die Strecke nach Greenwich war 1838 fertig. CF

John Cooke Bourne

London 1814–1896 London

697

a) London & Birmingham Railway, Hampstead Road Bridge, 6. September 1836

Bleistift, Tusche, laviert und Weißhöhung, 25 x 42,5 cm
Bezeichnet: JCB September 6 1836

b) London & Birmingham Railway, Park Street, Camden Town, 17. September 1836

Bleistift, Tusche, laviert und Weißhöhung, 25 x 42,5 cm
Bezeichnet unten links: Sept 17-36-JCB

c) London & Birmingham Railway, Park Street, Camden Town, September 1836

Bleistift, Tusche, laviert und Weißhöhung, 25 x 42,5 cm
Bezeichnet Mitte rechts: Sept-1836 JCB

d) London & Birmingham Railway, Maschinenhaus, Camden Town, 6. April 1837

Bleistift, Tusche, laviert und Weißhöhung, 25,5 x 43 cm
Bezeichnet: JCB April 6 1837
York, National Railway Museum
Inv.-Nr.: 1990-7195, 7201, 7202 bzw. 7205
Herkunft: erworben von der Britischen Eisenbahngesellschaft (London Midland Region), 1987
Ausstellung: York, 1988

Die vier Zeichnungen gehören zu einer umfangreichen Serie von Zeichnungen John Cooke Bournes, die den Bau der *London & Birmingham Railway* darstellen; die erste von London aus verlegte Hauptstrecke wurde 1838 fertiggestellt. Der leitende Ingenieur war Robert Stephenson. Die Strecke betrug 112 Meilen. Die Ansichten folgen der Strecke vom Londoner Kopfbahnhof Euston nach Camden Town, eine Entfernung von etwas mehr als einer Meile, wo sie durch enge Vororte führte, bevor sie das offene Land erreichte. Bourne war damals der einzige Künstler, der den Bau der Eisenbahn quasi dokumentierte. Die meisten Darstellungen der Zeit konzentrieren sich auf die malerische Erscheinung des neuen Verkehrsmittels in der Landschaft; von Bourne jedoch erhalten wir eine Vorstellung des enormen Arbeitsaufwands. Der Maler wies auch auf die Veränderungen in den Vororten und auf die Schäden hin, die die Eisenbahn auf ihrem Weg mit sich brachte. Charles Dickens, der Camden Town gut kannte, liefert in seinem Roman *Dombey and Son* einen anschaulichen Bericht über das Chaos in der Vorstadt *Camberling Town* und verglich den Beginn der Bauarbeiten mit dem ‚... ersten Schock eines gewaltigen Erdbebens‘: „Häuser waren zusammengefallen; Straßen waren abgeschnitten und endeten einfach; tiefe Gruben und Furchen bohrten sich in die Erde; riesige Erd- und Lehmhaufen waren aufgeworfen; Gebäude, die untergraben worden waren und wackelten, wurden mit großen Holzbalken abgestützt ...“ Und er beendete seine eindringliche Schilderung versöhnlich: ‚... Kurz, die ... Eisenbahnlinie war im Fortschreiten; und aus dem tiefsten Innern dieser unheilvollen Unordnung kroch sie sanft hinweg, auf ihrem mächtigen Kurs von Zivilisation und Fortschritt.‘ RD

Thomas Talbot Bury

1811–1877

698

Sechs farbige Ansichten der London and Birmingham Railway, 1837

Gebunden, 35 x 30 cm
Herausgeber Ackermann and Co.
London, Guildhall Library, Corporation of London
Literatur: Adams 1983, S. 515, Nr. 230

Die London & Birmingham-Eisenbahn war das größte öffentliche Bauvorhaben, das bis zu diesem Zeitpunkt je unternommen worden war – mit Ausnahme der Chinesischen Mauer. Fünfeinhalb Millionen Pfund mußten für die Finanzierung aufgebracht werden. Robert Stephenson, Sohn George Stephensons, des größten aller Eisenbahningenieure, war der leitende Ingenieur. Die in Tafel 1 gezeigte *Euston Station*, die erste von sechs Aquatinten nach Bury, war ein einfacher Bau und wurde bald von Philip Hardwicks größerem und anspruchsvollerem Gebäude und der *Euston Arch* ersetzt. Burys Folge von London & Birmingham-Eisenbahndrucken ist sehr rar. Nur Teil 1, aus diesen sechs Abbildungen bestehend, wurde veröffentlicht. RH

698

699

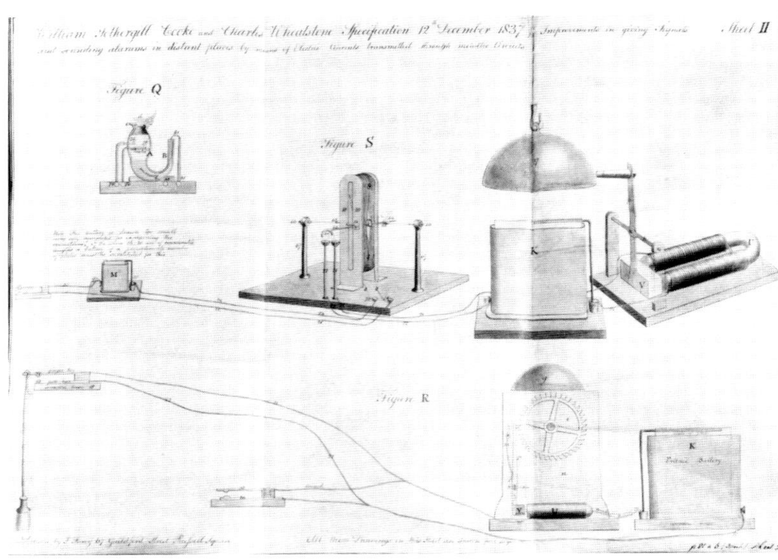

701

John Farey für Robert Stephenson

Newcastle 1803–1859 London

699

Entwurf zu ‚Einer Weiterentwicklung für Lokomotiven', 1833

Feder, Tusche und Aquarell, 49,3 x 59,5 cm
Bezeichnet: Rob. Stephenson/drawn by J. Farey, 67 Guildford Street, Russell Square, London
London, Public Record Office
Inv.-Nr.: C73/44/10 Sheet I
Literatur: Warner 1923, S. 79

Der Ingenieur Robert Stephenson leitete zunächst zusammen mit seinem Vater George die Stephenson Lokomotivenfabrik in Newcastle und assistierte ihm bei der Entwicklung der *Liverpool & Manchester Railway* und anderen Linien. 1833 ernannte man ihn zum leitenden Ingenieur der London & Birmingham-Eisenbahn. Fortan war er sein Leben lang mit dem Bau in- und ausländischer Eisenbahnlinien beschäftigt. Berühmt wurde er auch für seine Brücken, z. B. die *Victoria Bridge* über den St. Lorenz-Strom in Montreal/Kanada, damals die längste der Welt. Stephenson war ein hervorragender Ingenieur: Unter seiner Aufsicht und Kontrolle entstand *The Rocket* (die Rakete); er arbeitete auch weiterhin an der Fortentwicklung der Dampflokomotive. Die hier dargestellte ‚verbesserte' Lokomotive ist der Stephensons vom Typ *Planet* ähnlich. Die erste in Stephensons Fabrik in Newcastle gebaute Lokomotive, die dergestalt weiterentwickelt war, kaufte die *Liverpool & Manchester Railway* für £ 1.000; die Maschine bekam den Namen *Patentee.* Robert Stephenson & Co. sowie andere Hersteller, denen sie Pläne überließen, produzierten eine große Zahl für den englischen Markt wie auch für Märkte in Übersee. Die ersten englischen Lokomotiven für Deutschland bauten Robert Stephenson & Co. 1835 für die Linie Nürnberg-Fürth: kleine Ausführungen der *Patentee*, die nur etwa 6 Tonnen und 12 Zentner wogen. Sie wurden für £ 1.750 und mit einem Mechaniker geliefert, dem man in der Woche £ 2 für die Einweisung eines deutschen Kollegen zahlte. Ein Modell der ersten gelieferten Lokomotive (*Der Adler*) wird im Eisenbahnmuseum in Nürnberg bewahrt. EE

Edward Bury

Salford 1794–1858 Scarborough

700

(Farbtafel S. 613)

Dampflokomotive, 1840

Modell im Maßstab 1:12
Stahl und Messing, 50 x 30 x 85 cm
London, Trustees of the Science Museum
Inv.-Nr.: 1905-8
Literatur: Ellis 1950; White 1971; Westwood 1977; Marshall 1978

Bury & Co. bauten ab 1829 Lokomotiven. Sie waren die schärfsten Konkurrenten für Robert Stephenson & Co. und konstruierten in den folgenden zwanzig Jahren 324. 1837 ernannte man Bury zum Lokomotiven-Inspektor der *London & Birmingham Railway*, die in diesem Jahr den Betrieb aufnahm und bis 1846 fast alle ihrer Lokomotiven von ihm bauen oder entwerfen ließ. Bury war ein Meister auf dem Gebiet vierrädriger Lokomotiven, von denen viele nach Amerika exportiert wurden. Maschinen dieser Art präsentierte er zwar schon 1832, aber man stellte fest, daß sie bei hohen Geschwindigkeiten vibrierten. Das wurde durch die Einführung eines Spurräderpaares beseitigt – wie das Modell einer wohl um 1840 gebauten Lokomotive zeigt. Es stammt aus dem Besitz von James Pattison, der um 1900 Wanderausstellungen solch qualitätvoller Modelle organisierte, und war von einer farbigen Zeichnung mit der Beischrift *A model of a locomotive engine made by William Eaves, Derby, 1846. Drawn in full size* begleitet. (Der Tender kam 1906 hinzu.) Von Euston, dem Kopfbahnhof der *London & Birmingham Railway*, stieg die Strecke über eine Meile steil an; die Züge mußten bis 1844 über den Seilzug einer im Bahnhof stationierten Dampfmaschine heraufgeschleppt werden. Die Lokomotiven wurden in *Camden Town* angekoppelt, wo noch immer der Lokomotivschuppen von 1847 steht. PM

John Farey

701

Entwurf für Signale und akustischen Alarm ..., von William Fothergill Cooke und Charles Wheatstone, 12. Dezember 1837

Feder, Tusche und Aquarell, 51,6 x 71,1 cm
Public Record Office
Inv.-Nr.: C73/81

Charles Wheatstone, 1802 in Gloucester geboren, von 1806 an in London ansässig, wurde 1834 Professor für experimentelle Philosophie am *King's College.* In Zusammenarbeit mit William Cooke, einem ehemaligen Armeeoffizier, entwickelte er den ersten praktischen elektromagnetischen Telegraphen. Cooke und Wheatstone erhielten im Juni 1837 das Patent auf ihre Erfindung; die vollständige Patentbeschreibung, zu der auch diese Zeichnung gehört, wurde im Dezember registriert. Sie ist vom beratenden

700

Ingenieur John Farey unterzeichnet, den die Erfinder im Oktober 1837 eingestellt hatten. Das Blatt zeigt zwei der sechs Patentansprüche: beides Methoden von *sounding alarms in distant places* (Alarmtönen an entfernten Orten). Eine setzt mit Hilfe eines Magneten einen Uhrwerk-Mechanismus in Gang; die andere verwendet eine Batterie anstelle des Uhrwerks. Für letztere waren Relais nötig. Man sieht davon zwei Arten: ein elektromagnetisches und eines, das sich auf die Verdrängung von Quecksilber durch die Elektrolyse von Wasser stützt. Unter den Patent-Eingaben war die wichtigste ein Apparat mit fünf magnetischen Nadeln, die paarweise durch Elektromagnete abgelenkt wurden, um 20 Buchstaben des Alphabets anzuzeigen. Man brauchte eine komplizierte Verbindung mit fünf Leitungen; das Verfahren wurde beim Bau des ersten kommerziellen Telegraphen angewandt, der 1838 installiert wurde und über etwa 25 km an der *Great Western Railway* entlang führte. Cooke und Wheatstone erkannten bald, daß es kostengünstiger war, eine einzige Leitung für die Führung einer einzigen Nadel zu verwenden. Dieser konnte immer noch eine gewünschte Nachricht übermitteln, und zwar durch die Anwendung eines geeigneten Codes, der durch einen Spezialisten entschlüsselt wurde. An ihrem 1840 patentierten verbesserten ‚ABC'-Telegraphen mit einer Leitung konnte auch ein Laie arbeiten. Die Telegraphen von Cooke und Wheatstone sowie die auf der Arbeit der Amerikaner Morse und Vail basierende Entwicklung der Telegraphen nach 1840 trugen entscheidend zur wirtschaftlichen Entwicklung des Landes und zum Status Londons als Welthandelszentrum bei. RB

Isambard Kingdom Brunel
Portsmouth 1806–1859 London

702
Aufzeichnungen, 1830–1837

Gebundenes Manuskript, 33,1 x 41,5 cm (geöffnet)
London, Public Record Office
Inv.-Nr.: RAIL 1149/8
Literatur: Brunel 1870, passim

Die Vielfalt der Informationen in diesem Notizbuch, zeugen von Brunels kreativer Intelligenz. Ausschnitte, Aufzeichnungen von Preisen, Maßen und Kalkulationen sind durchsetzt mit Skizzen und Zeichnungen – Einzelheiten, die darauf warten, aufgesogen und in größeren Projekten verwendet zu werden. Isambard Kingdom Brunel, der einzige Sohn von Marc Isambard

703

704

Brunel, half seinem Vater beim Bau des Themsetunnels. Er war ein bemerkenswerter Erfinder; er wußte Kenntnisse der technischen Wissenschaften und seine mathematischen Fähigkeiten mit praktischen Erfahrungen von Materialien und Mechanik zu kombinieren, und er besaß einen ausgeprägten Sinn für Form. 1833 wurde er zum Ingenieur für die *Great Western Railway* ernannt, für die er mehr als 1.600 km Breitspurstrecke (2,1 m) verlegte. Dank der *Great Western Steamship Company* fuhr 1838 die *Great Western* in 15 Tagen nach New York. Sie war das erste Dampfschiff, das regelmäßig den Atlantik überquerte. In seinem Notizbuch finden sich nicht nur Anmerkungen zu Dampfschiffen; Brunel sammelte auch Maße und Einzelheiten zur Konstruktion der Kaimauern an den *West India* und *Woolwich Docks* sowie des Einganges zum *East India Dock*. Er beriet die Londoner Werften und an deren Planung beteiligt. EE

703
Schwingzylinder-Dampfmaschine für Schiffe, 1827 patentiert

Modell, Eisen, Stahl, Messing und Kupfer,
89 x 127 x 61 cm
London, Trustees of the Science Museum
Inv.-Nr.: 1857-76
Herkunft: Maudslay, Sons & Field, Lambeth; Patent Office Museum; Loan Collections of Scientific Apparatus, South Kensington
Ausstellung: London, Great Exihibition 1851
Literatur: Gilbert 1971; Matschoss 1901 und 1978; Wagenbreth und Wächtler 1986

Maudslay, Sons & Field, die Besitzer von ausgedehnten Eisenwerken in Lambeth, waren im frühen 19. Jahrhundert die wichtigsten Hersteller von Dampfmaschinen für die Schiffahrt. Auf einem Gelände am Fluß in East Greenwich entstand später ein Dampfkesselwerk. Wegen des zunächst niedrigen Dampfkesseldrucks erreichten die ersten Dampfmaschinen für Schiffe gemessen an ihrem Gewicht eine vergleichsweise geringe Leistung. Die hier gezeigte Maschine war der Versuch, die bis dahin gebräuchliche schwerfällige Maschine zum Antrieb von Schaufelrädern zu verbessern. Jede Kolbenstange war direkt mit der Kurbelwelle verbunden, und die Zylinder hingen in Wendezapfen, so daß sie schwingen und dem Lauf der Kurbelwelle folgen konnten. Die Hohl-Zapfen dienten auch als Zuleitungen für den Dampf zu den Zylindern, und als Ableitungen zu dem zwischen ihnen montierten Kondensator. Der Gegendruck wurde durch den Eisenrahmen aufgefangen und übertrug sich nicht auf den Rumpf des Schiffes, der hierdurch leichter gebaut werden konnte. Das spezielle Ventilsystem und andere im Patent von 1827 beschriebene Eigenschaften werden an diesem

Modell demonstriert. Eine weiterentwickelte Maschine solchen Typs wurde 1884 in den Dresdner Elbdampfer ‚Pillnitz' eingebaut. JR

704
Dampfmaschine für Schiffe

Modell, Maßstab 1:32
Holz und Metall, 28 x 38 x 36 cm
London, Trustees of the Science Museum
Inv.-Nr.: 1900-41
Herkunft: Maudslay, Sons & Field, Lambeth; South Kensington Museum
Ausstellung: London, Great Exhibition 1851
Literatur: Verhandlungen des Vereins zu Beförderung des Gewerbefleißes in Preußen, XII, Berlin 1833

Mit zwölf Jahren begann Henry Maudslay 1783 im Woolwich-Arsenal in der Nähe von London zu arbeiten. Anfänglich für die niedere Aufgabe des Patronenfüllens eingestellt, zeigte der Junge bald Interesse an der Metallbearbeitung. Zwei Jahre später assistierte er dem Zimmermann, dann arbeitete er in der Schmiede und zeigte sich ebenso praktisch wie erfindungsreich – Begabungen, die ihn dem Ingenieur Joseph Bramah empfahlen. 1797 besaß er hinreichend Vertrauen in seine Fähigkeiten, um nahe der *Oxford Street* seine eigene Werkstatt einzurichten. 1808 begann er Dampfmaschinen zu konstruieren, zwei Jahre später baute er seinen Betrieb in vergrößerter Form in *Lambeth Marsh* südlich der Themse neu auf. Die besondere Qualität der Verarbeitung bei Maudslays Maschinen machte sie für Pionier-Unternehmen auf dem Gebiet der Dampfkraft sehr geeignet. Mit Maudslays Maschinen ausgerüstete Schiffe betrieben zudem Handel mit Häfen in ganz Europa, was seinen Namen weithin bekannt machte. 1829 wählte man ihn zum Ehrenmitglied des ‚Vereins zur Beförderung des Gewerbefleißes' in Preußen, der einen Bericht über seine Unternehmen veröffentlichte. Eine Abbildung darin zeigt die Hauptmontagehalle; eine der beiden damals im Bau befindlichen Schiffs-Maschinen war diese Seitenhebel-Dampfmaschine mit 200 PS; Maudslay lieferte sie für das Postschiff *Dee.* Solche Maschinen wurden an Clyde und Tyne noch bis Ende des 19. Jahrhunderts gebaut. Das Modell stellten wohl Henry Maudslay und sein persönlicher Assistent James Nasmyth her, der später den Dampfhammer erfand. Es gehörte zu den von dem Unternehmen auf der Weltausstellung im Hyde Park 1851 präsentierten Objekte und wurde erworben, als die Werke 1900 schlossen. JR

705

705
Rad-Dampfer ‚Lord William Bentinck', 1832

Modell, Maßstab 1:48
Holz und Metall, 33,5 x 86,5 x 25,5 cm
London, Trustees of the Science Museum
Inv.-Nr.: 1866-6
Herkunft: Maudslay, Sons & Field, Lambeth; Patent Office Museum; South Kensington Museum
Literatur: Henry Maudslay 1949

London verdankte seine Rolle als ein wichtiges Zentrum für den Maschinen- und Schiffsbau während der ersten Hälfte des neunzehnten Jahrhunderts zum einen seiner günstigen Lage, auch für Kunden vom Kontinent und zum anderen dem ergiebigen Kapitalmarkt, der den Aufbau großer Unternehmen möglich machte. Eines war das von Henry Maudslay 1810 in Lambeth, nahe am Südufer der Themse, gegründete Werk für Präzisionsmaschinen: z. B. Drehbänke, Zahnradfräsen und Bohrmaschinen. Maudslay setzte auch neue Maßstäbe für die Herstellung von Dampfmaschinen; zu seinen Kunden zählten die Königliche Münze in London, Cockerill, Lüttich, und das Preußische Technologische Institut in Berlin. Seine Gießerei baute 1815 die 17 PS-Maschine für den Raddampfer *Richmond,* das erste Passagier-Dampfschiff auf der Themse; 1823 für die HMS *Lightning,* das erste Dampfschiff der *Royal Navy.* Der progressiv und innovativ eingestellte Maudslay arbeitete auch für die *East India Company,* als 1831 vier Dampfschiffe mit geringem Tiefgang zum Einsatz auf dem Ganges benötigt wurden. Die *Lord William Bentinck* war das erste davon, und das erste eiserne Dampfschiff, das überhaupt an der Themse gebaut wurde. Nach einer Erprobung in London wurde es demontiert und nach Indien verschifft. Neun ähnliche Schiffe für Indien folgten. JR

BIBLIOGRAPHIE

Abbey, J. R., *Scenery of Great Britain and Ireland in Aquatint and Lithography 1770–1860 from the Library of J.R. Abbey.* London, 1952.

Abbey, J. R., *Life in England in Aquatint and Lithography, 1770–1860, from the Library of J.R. Abbey.* London, 1953.

Abell, Sydney G., *A Contribution towards a Bibliography of... the Literature of the Art of Turning.* Society of Ornamental Turners, 1950.

Abrams, M. H., *Natural Supernaturalism: Tradition and Revolution in Romantic Literature. New York,* 1971.

Acres, W. Marston, *The Bank of England from Within 1694–1900,* 2 vols. London, 1931.

Adams, Bernard, *London Illustrated 1604–1851.* London, 1983.

Adams, Eric, *Francis Danby: Varieties of Poetic Landscape.* New Haven and London, 1973.

Adburgham, Alison, *Shopping in Style.* London, 1979.

Adburgham, Alison, *Silver Fork Society.* London, 1983.

Albion, R. G., *Forests and Sea Power.* Cambridge, Massachusetts 1926.

Alex, Reinhard, *Friedrich Erdmannsdorff 1736–1800 zum 250 Geburtstag.* Wörlitz, 1986.

Alex, Reinhard, *Schlösser und Gärten um Wörlitz.* Leipzig, 1988.

Alexander, Boyd, *Life at Fonthill 1807–1822.* London, 1957.

Alexander, David and Godfrey, Richard T., *Painters and Engraving. The Reproductive Print from Hogarth to Wilkie.* New Haven and London, 1980.

Alexander, Levy, *Memoirs of the Life and Commercial Connections, Public and Private, of the Late Benjamin Goldsmid of Roehampton.* London, 1808.

Allen, C. Robert, „The Efficiency and Distributional Consequences of Eighteenth-century Enclosures", *Economic Journal,* vol. 92, 1982.

„Alternative Design by Wilkins for University College", *The Builder,* vol. 87, no. 3204, 2 July 1904.

Altick, Richard D., *The Shows of London.* Cambridge, Massachusetts and London, 1978.

Ambulator: or, a Pocket Companion in a tour round London. London,1796.

Anand, Vidlya Sagar and Ridley, Francis A., *The Cato Street Conspiracy.* London, 1977.

Andersen, J. A. (A. A. Feldborg), *A Dane's Excursions in Britain.* London, 1809.

Annals of the Fine Arts, 5 vols., 1817–20.

Annual Register 1817, 1821, 1831.

Armstrong, Walter, *Turner.* London, 1902.

Arundell, Dennis, *The Story of Sadler's Wells.* Newton Abbot, 2nd edn. 1978.

Ashmole, Bernard, *The Classical Ideal in Greek Sculpture, Lectures in Memory of L. Taft Semple.* Cincinnati, 1964.

Ashton, Geoffrey and Mackintosh, Iain, *Royal Opera House Retrospective 1732–1982.* London, 1982–83.

Ashton, Geoffrey, *MSS Catalogue of Paintings in the Garrick Club.*

Ashton, Thomas, S., „The Bill of Exchange and Private Banks in Lancashire, 1790–1830", *Economic History Review,* vol. 15, 1945.

Aspinall, A., ed., *Correspondence of George, Prince of Wales,* 1770–1812, 8 vols. London, 1963–71.

Aspinall, A., ed., *Letters of King George IV, 1812–1830,* 3 vols. London, 1938.

Aspinall, A., ed., *The Letters of Princess Charlotte 1811–1817.* London, 1949.

Atkinson, A. John, *The British Duelling Pistol.* London, 1978.

Austen, Brian, „William & Richard Gomm", in Geoffrey Beard and Christopher Gilbert, *Dictionary of English Furniture Makers 1660–1840.* Leeds, 1986.

Babbage, Charles, *Passages from the Life of a Philosopher.* London, 1864.

Baer, Winifred, Baer, Ilse und Grosskopf-Knaack, Suzanne, *Von Gotzkowsky zur KPM.* Berlin, 1986.

Balston, Thomas, *John Martin 1789–1854: His Life and Works.* London, 1947.

Banbury, Philip, *Shipbuilders of the Thames and Medway.* London, 1971.

Bank of England. An Historical Catalogue of Engravings, Drawings and Paintings in the Bank of England. London, 1928.

Bankers' Magazine, „Obituary of Abel Smith", vol.19, 1859; „Obituary of Isaac Lyon Goldsmid", vol. 20, 1860.

Baquedano, Elizabeth, *Aztec Sculpture.* London, 1984.

Barker, Felix and Hyde, Ralph, *London As It Might Have Been.* London, 1982.

Barker, Felix and Jackson, *London 2000 Years of a City and its People.* London, 1974.

Barker, T. C. and Robbins, Michael, *A History of London Transport.* London, 1975.

Barrell, John, *The Dark Side of the Landscape: The Rural Poor in English Painting, 1730–1840.* New Haven and London, 1980.

Barrell, John, *The Political Theory of Painting from Reynolds to Hazlitt, „The Body of the Public".* New Haven and London, 1986.

Barrett, A. Franklin, and Thorpe, L. Arthur, *Derby Porcelain.* London, 1971.

Barty-King, Hugh, *The Baltic Exchange: The History of a Unique Market.* London, 1922.

Bayard, Jane, *Works of Splendor and Imagination: The Exhibition Watercolour 1770–1870.* New Haven, 1981.

Bayne-Powell, Robert, *Catalogue of Portrait Miniatures in the Fitzwilliam Museum, Cambridge.* Cambridge, 1985.

Beales, H. L., *The Early English Socialists.* London, 1933.

Beard, Geoffrey, and Gilbert, Christopher, *Dictionary of English Furniture Makers 1660–1840.* Leeds, 1986.

Beckett, John, „The Pattern of Landownership in England and Wales, 1660–1880", *Economic History Review,* 2nd ser. vol. 37, 1984.

Beckett, John and Turner, Michael, „Taxation and Economic Growth in Eighteenth-century England", *Economic History Review,* 2nd ser. vol. 43, 1990.

Bedarida, François, „Urban Growth and Social Structure in Nineteenth-century Poplar", *London Journal,* vol. 1, 1975.

Behagg, Clive, *Politics and Production in the Early Nineteenth Century.* London, 1990.

Belchem, C. John, 'Henry Hunt and the Evolution of the Mass Platform', *English Historical Review,* vol. 93, 1978.

Belchem, C. John, *'Orator Hunt': Henry Hunt and English Working-Class Radicalism.* Oxford, 1985.

Bellaigue, Geoffrey de, „The Furnishings of the Chinese Drawing Room, Carlton House", *Burlington Magazine,* vol.109, no.774, 1967.

Bellaigue, Geoffrey de, „The Vulliamys and France". *Furniture History,* vol. 3, 1967.

Bellaigue, Geoffrey de, and Kirkham, Pat, „George IV and the Furnishing of Windsor Castle", *Furniture History,* vol. 8, 1972.

Bellaigue, Geoffrey de, „The Waterloo Elm", *Furniture History,* vol. 14, 1978.

Bellot, Hugh Hale, *University College London, 1826–1926.* London, 1929.

Belzoni, Giovanni, *Entdeckungsreisen in Ägypten 1815–1819,* aus dem Englischen übersetzt von Ingrid Nowel, Köln 1982.

Benjamin, Marina, „Elbow Room: Women Writers on Science, 1790–1840", in Marina Benjamin ed., *Science and Sensibility: Gender and Scientific Enquiry 1780–1945.* Oxford, 1991.

Bennett, Jim, „Instrument Makers and the ‚Decline of Science in England': the Effects of Institutional Change on the Elite Makers of the Early Nineteenth Century", in P.R. de Clercq, ed., *Nineteenth Century Scientific Instruments and their Makers.* Amsterdam, 1985.

Bentham, Jeremy, *Auto-Icon; or, farther uses of the dead to the living. A Fragment.* From the MSS. of Jeremy Bentham. London, printed but unpublished, 1842.

Bentham, Jeremy, *The Handbook of Political Fallacies.* New York, 1962.

Bentley, G. E., *Blake Books* , Oxford, 1977.

Bentley, G. E., *Blake Records,* Oxford, 1969.

Berg, Maxine, *The Machinery Question and the Making of Political Economy 1815–1848.* Cambridge, 1980.

Bergot, François, *Géricault: Tout l'Oeuvre Gravé.* Rouen, 1981–82.

Berkowitz, Roger M., „Patriotic Fund Vases: Regency Awards to the Navy", *Apollo,* vol. 113, no. 228, 1981.

Berlin, Kunstbibliothek, Katalog der Ornamentstich-Sammlung. Utrecht, 1986.

Berman, Morris, *Social Change and Scientific Organization: The Royal Institution 1799–1844.* London, 1978.

Berry, John, „‚The Fracas': Echoes and Pre Echoes", *Playing Card World,* November, 1991.

Berry, John, *Catalogue of the Playing Cards of the Worshipful Company of Makers of Playing Cards,* 1991.

Bessborough, 9th Earl of, ed., *Extracts from the Correspondence of Georgiana, Duchess of Devonshire.* London, 1955.

Betthausen, Peter, *Philipp Otto Runge, Briefe und Schriffen.* Berlin, 1983.

Bickley, F., ed., *Diaries of Sylvester Douglas, Lord Glenbervie.* London, 1928.

Bicknell, Peter and Munro, Jane, *Gilpin to Ruskin, Drawing Masters and their Manuals, 1800–1860.* Cambridge, 1988.

[Bibel] *Neue Jerusalemer Bibel,* Einheitsübersetzung mit dem Kommentar der Jerusalemer Bibel, Freiburg / Basel / Wien, 2. Auflage 1985.

Bindman, David, ed., *William Blake Catalogue of the Collection in the Fitzwilliam Museum, Cambridge.* Cambridge, 1970.

Bindman, David, *Blake as an Artist.*. Oxford, 1977.

Bindman, David, *The Complete Graphic Works of William Blake.* London, 1978.

Bindman, David, ed., *John Flaxman, Mythology and Industry.* Munich and London, 1979.

Bindman, David, *William Blake: His Art and Times,* New Haven and Toronto , 1982–83.

Bingham, Neil, *C. A. Busby, The Regency Architect of Brighton and Hove.* London, 1991.

Binney, 3rd, Edwin, *Longing for the Ideal: Images of Marie Taglioni in the Romantic Ballet.* Cambridge, Massachusetts, 1984.

Binney, J. E. D., *British Public Finance and Administration, 1774–92.* London, 1959.

Binney, Marcus, „The Theatre Royal, Drury Lane", *Country Life,* vol. 148, no.3836, 1970.

Binney, Marcus, *Sir Robert Taylor: From Rococo to Neoclassicism.* London, 1984.

Binns, Richard William, *A Century of Potting in the City of Worcester.* London and Worcester, 1865.

Bird, James, *The Geography of the Port of London.* London, 1957.

Birmingham, City Museum and Art Gallery, Catalogue of Paintings. Birmingham, 1960.

Birmingham, City Museum and Art Gallery, Catalogue of the Permanent Collection of Paintings. Birmingham, 1930.

Black, Iain, „Geography, Political Economy and the Circulation of Capital in Early Industrial England", *Journal of Historical Geography,* vol. 15, 1989.

Black, Robert A. and Gilmore, Claire G., „Crowding Out during Britain's Industrial Revolution", *Journal of Economic History,* vol. 50, 1990.

Blair, Claude, *Three Presentation Swords in the Victoria and Albert Museum...* London, 1972.

Blanshard, Frances, *Portraits of Wordsworth.* London, 1959.

Bloom, H., *The Visionary Company.* Ithaca, New York, 1961.

Bloom, H., *Romanticism and Consciousness.* New York, 1970.

Blunt, Anthony, *The Art of William Blake.* London, 1959.

Blunt, Wilfrid, *The Art of Botanical Illustration.* London, 1950.

Blunt, Wilfrid, *The Ark in the Park. The Zoo in the Nineteenth Century.* London, 1976.

Boase, G. C. Boott, „Francis Boott", *Dictionary of National Biography,* vol. 5. Oxford, 1886.

Boase, G. C. Boott, „Frederic Schoberl", *Dictionary of National Biography,* vol. 18. Oxford, 1897.

Boase, T. S. R., *English Art 1800–1870.* Oxford, 1959.

Boase, T. S. R., in M. H. Port ed., *The Houses of Parliament.* New Haven and London, 1976.

Boettiger, Carl August, *Reise nach Wörlitz 1797.* Wörlitz, 1982.

Bolton, Arthur T., *The Works of Sir John Soane.* London, 1924.

Bolton, Arthur T., *Portrait of Sir John Soane.* London, 1927.

Bolton, Arthur T., ed., *Lectures on Architecture by Sir John Soane.* London, 1929.

Bolton, Arthur T., *A Short Account of the Evolution of the Design of the Tivoli Corner of the Bank of England Designed by Sir John Soane, R.A. in 1804–05.* London, 1933.

Bonwitt, W., *Michael Searles: A Georgian Architect and Surveyor.* London, 1987.

Booker, John, *Temples of Mammon: The Architecture of Banking.* Edinburgh, 1990.

Booth, Charles, *Life and Labour of the People in London,* vol. 5. London, 1903.

Borgmeier, Raimund (Hg.), *Die englische Literatur in Text und Darstellung, 19. Jahrhundert I, Romantik,* Stuttgart 1983.

Borsay, Peter, „The English Urban Renaissance: the Development of Provincial Urban Culture, *c.*1680-c.1760", *Social History,* vol. 5, 1977.

Börsch-Supan, Helmut, *The Pfaueninsel.* Berlin, 1977.

Boswell, James, *Life of Johnson.* London, 1791.

Bourhis, Katell le, ed., *The Age of Napoleon, Costume from Revolution to Empire 1789–1815.* New York, 1989.

Bowers, Brian, *Michael Faraday and the Modern World.* Saffron Walden, 1991.

Bradley, M., and Perrin, F., „Charles Dupin's Study Visits to the British Isles 1816–1824", *Technology and Culture,* vol. 32, no. 1, 1991.

Bradshaw, Peter, *Derby Porcelain Figures 1750–1848.* London, 1990.

Brailsford, John William, *Guide to the Antiquities of Roman Britain.* London, 1964.

Bray, Mrs. Anna Eliza, *Life of Thomas Stothard R. A.* London, 1851.

Brewer, John, *The Sinews of Power: War, Money and the English State 1688–1783.* London, 1989.

British Almanac and Companion, 1830.

Britton, John and Brayley, Edward Wedlake, *Illustrations of Public Buildings of London,* 2 vols. London, 1823–28.

Britton, John and Pugin, Augustus Charles, *Illustrations of the Public Buildings of London,* 2 vols. London, 1825–28.

Brock, Michael, *The Great Reform Act.* London, 1973.

Brooke, John, *George III.* London, 1972.

Brooks, Chris, *Mortal Remains.* London, 1989.

Brown, David Blayney, *Augustus Wall Callcott.* London, 1981.

Brown, David Blayney, *Oil Sketches from Nature.* London, 1991.

Brown, Ford K., *Fathers of the Victorians: The Age of Wilberforce.* Cambridge, 1961.

Brown, Joyce, *Mathematical Instrument-Makers in the Grocers' Company 1688–1800.* London, 1979.

Brown, Laurence, *British Historical Medals 1760–1960, Vol. I, The Accession of George III to the Death of William IV.* London, 1980.

Brown, Robert, *Prodromus Florae Novea Hollandiae et Insulae Van Diemen, Exhibens Characteres Plantarum Quas Annis 1802–1805.* London, 1810.

Brown, Sanborn C., *Benjamin Thompson, Count Rumford.* Cambridge, Massachusetts, 1979.

Brunel, Isambard, *The Life of Isambard Kingdom Brunel Civil Engineer,* London, 1870 and Newton Abbot, 1971.

Bryne, Andrew, *Bedford Square, An Architectural Study.* London, 1990.

Bullock, George, Cabinet Maker, introd. Clive Wainwright. London, 1988.

Bullock, William, *Six Months' Residence and Travels in Mexico.* London, 1824.

Burnett, T. A. J., *The Rise and Fall of a Regency Dandy. The Life and Times of Scrope Berdmore Davies.* London, 1981.

Burton, Anthony and Murdoch, John, *Byron.* London, 1974.

Bury, Shirley, „The Lengthening Shadow of Rundells", parts 1 and 2, *Connoisseur,* vol. 161, 1966.

Bury, Shirley, Wedgwood, Alexandra and Snodin, Michael, „The Antiquarian Plate of George IV: a Gloss on E. A. Jones", *Burlington Magazine,* vol. 121, no. 915, 1979

Bury, Shirley, *Jewellery Gallery Summary Catalogue, Victoria and Albert Museum.* London, 1982,

Bury, Shirley and Snodin, Michael, „The Shield of Achilles by John Flaxman, R.A.", *Art at Auction 1983–84.* London, 1984.

Bury, Shirley, *Jewellery 1789–1910,* 2 vols. Woodbridge, 1991.

Butler, Marilyn, *Jane Austen and the War of Ideas.* Oxford, 1987 edn.
Butlin, Martin, *The Paintings and Drawings of William Blake,* 2 vols. New Haven and London, 1981.
Butlin, Martin and Joll, Evelyn, *The Paintings of J.M.W. Turner,* 2 vols. New Haven and London, revised edn. 1984.
Butlin, Martin, Luther, Mollie and Warrell, Ian, *Turner at Petworth: Painter and Patron.* London, 1989.
Butlin, Martin, *William Blake 1757–1827. Tate Gallery Collection Catalogue: Volume Five.* London, 1990.

Campbell, Una, *Robes of the Realm, 300 Years of Ceremonial Dress.* London, 1989.
Cannon, John, *Parliamentary Reform 1640–1832.* Cambridge, 1973.
Cantor, Geoffrey, Gooding, David and James, Frank, *Faraday.* London, 1991.
Capper, Charles, *The Port and Trade of London.* London, 1862.
[Carey, William Paulet], *Observations on the Probable Decline or Extinction of British Historical Painting from the effects of the Church Exclusion of Paintings.* London, 1825.
Carlile, Richard, „Address to Men of Science", 2nd edn. 1822, in Brian Simon, ed., *The Radical Tradition in Education in Britain.* London, 1972.
Carlsund, R., *Anteckningar under Resor... 1825 till 1828.* Stockholm, 1834.
Carlton House the Past Glories of George IV's Palace. London, 1991.
Carr, Gerald L., *The Commissioners' Churches of London 1818–1837,* University of Michigan, Ph.D., 1976. University Microfilms International, 1979.
Carter, Harold B., *Sir Joseph Banks.* London, 1988.
Carter, Harold B., *Sir Joseph Banks and his House in Soho Square.* Unpublished paper read to the Soho Society, 1990.
Cassis, Youssef, *Les Banquiers de la City à l'Epoque Edouardienne.* Geneva, 1984.
Catalogue Raisonee of the Pictures now Exhibiting at the British Institution. London, 1815.
Caygill, Marjorie, *The Story of The British Museum.* London, 1981.
Chadwick, George F., *The Park and the Town: Public Landscape in the 19th and 20th Centuries.* London, 1966.
Chaffers, William, *Marks & Monograms on European and Oriental Pottery and Porcelain,* Geoffrey A. Godden ed. British Section, 15th revised edn., 2 vols. London, 1965.
Chancellor, Beresford, E., *Annals of Fleet Street.* London, 1913.
Chancellor, John, *Audubon: A Biography.* New York, 1978.
Chapman, Martin, *Thomas Hope's Vase and Alexis Decaix.* London, 1985.
Chapman, Stanley D., „Enterprise and Innovation in the British Hosiery Industry, 1750–1850". *Textile History,* vol.5, 1974.
Chapman, Stanley D., „The Foundation of the English Rothschilds: N. M. Rothschild as a Textile Merchant, 1794–1811", *Textile History,* vol.8, 1977.
Chapman, Stanley D., „The International Houses: the Continental Contribution to British Commerce, 1800–60", *Journal of European Economic History,* vol. 6, 1977.
Chapman, Stanley D., „British Marketing Enterprise: the Changing Roles of Merchants, Manufacturers and Financiers, 1700–1860," *Business History Review,* vol.53, 1979.
Checkland, Sidney, G., „The Birmingham Economists, 1815–50", *Economic History Review,* 2nd ser. vol.1, 1948.
Checkland, Sidney, G., „The Lancashire Bill System and its Liverpool Protagonists, 1810–37", *Economica,* new ser. vol. 21, 1954.
Civil Engineer and Architect's Journal, vol. 1, 1838 and vol.6, 1842.
Clapham, John H., *The Bank of England: A History,* 2 vols. Cambridge, 1944.
Clarke, Martin Lowther, *George Grote: A Biography.* London, 1962.
Clay, Christopher, „Lifeleasehold in the Western Countries of England, 1650–1750", *Agricultural History Review,* vol. 29, 1981.
Clayden, Peter, *The Early Life of Samuel Rogers.* London, 1887.
Clément, C., *Géricault, Etude Bibliographique et Critique.* Paris, 1879.
Clements, Paul, *Marc Isambard Brunel.* London, 1970.
Clifford, Timothy, „Vulliamy Clocks and British Sculpture", *Apollo,* vol. 132, No. 344 new ser., 1990.
Clunn, Harold, *London Rebuilt.* London, 1924.
Clutton, Cecil and Daniels, George, *Watches.* London, 1979.
Cobbett, William, *Rural Rides.* 2 vols. London, 1912 edn.
Cohen, Bernard, I., „Babbage and Aiken, with Notes on Henry Babbage's Gift to Harvard, and to Other Institutions, of a Portion of His Father's Difference Engine", *Annals of the History of Computing,* vol. 10, no. 3, 1988.
Cohn, Albert M., *George Cruikshank, a Catalogue Raisonné of the Work Executed 1806–1877.* London, 1924.
Coleridge, Samuel Taylor, *Gedichte,* übersetzt und herausgegeben von Mertner, Edgar, Stuttgart ²1989.
Colley, Linda, „Whose Nation? Class and National Consciousness in Britain 1750–1830", *Past and Present,* no. 113, 1986.
Collins, Wilkie, *The Life of William Collins Esq., R.A.,* 2 vols. London, 1848.
Colvin, Howard, *A Biographical Dictionary of British Architects 1600–1840.* London, 1978.
Commons Journals, vols. 42–48. London, 1959.
Concise Catalogue of Oil Paintings in the National Maritime Museum. London, 1988.
Conner, Patrick ed., *The Inspiration of Egypt.* Brighton, 1983.
Cook, Brian, „The Townley Marbles in Westminster and Bloomsbury", in *Collectors and Collections, British Museum Yearbook,* vol. 2. London, 1977.
Cook, Brian, *The Townley Marbles.* London, 1985.
Cooney, E. W., „The Origins of The Victorian Master Builders", *Economic History Review,* vol. 8, 1955–56.
Cope, S.R., *Walter Boyd: A Merchant Banker in the Age of Napoleon.* Gloucester, 1983.
Cope, Zachary, *The Royal College of Surgeons of England – A History.* London, 1959.
Copeland, Robert, *Spode's Willow Pattern and Other Designs after the Chinese.* London, 1980.
Copeland, Robert, *Spode and Copeland Marks and other Relative Intelligence.* London, 1992.
Cormack, Malcolm. *J.M.W. Turner, R.A. 1775–1851. A Catalogue of Drawings and Watercolours in the Fitzwilliam Museum, Cambridge.* Cambridge, 1975.
Cormack, Malcolm, *A Concise Catalogue of Paintings in the Yale Center for British Art.* New Haven, 1985.
Cormack, Malcolm, *Constable.* Oxford, 1986.
Cormack, Malcolm, *Bonington.* Oxford, 1989.
Cowell, F. R., *The Athenaeum Club and Society Life in London 1824–1974.* London, 1975.
Cox, Alwyn and Angela, „The Rockingham Dessert Service for William IV", *Connoisseur,* vol. 188, no.156, 1975.
Cox, Alwyn and Angela, *Rockingham Pottery and Porcelain 1745–1842.* London 1983.
Cox, Trenchard, *David Cox.* London, 1947.
Coysh, A. W. and Henrywood, R. K., *The Dictionary of Blue and White Printed Pottery 1780–1880.* Woodbridge, 1982.
Cranfield, G. A., *The Press and Society.* London, 1978.
Creevey, Thomas, *The Creevey Papers,* ed. Sir Herbert Maxwell, 2 vols. London, 1904.
Cresy, E., *Encyclopaedia of Civil Engineering,* vol.1. London, 1847.
Croft-Murray, Edward, „An Account Book of John Flaxman R.A.", *The Walpole Society,* vol.28, 1939–40.
Crom, Theodore R., Horological Shop Tools 1700 to 1900. Melrose, Florida, 1980.
Crook, J. Mordaunt, „Sir Robert Smirke, A Pioneer of Concrete, Construction", *Transactions of the Newcomen Society,* vol. 38, 1965–66.
Crook, J. Mordaunt, „The Villas of Regent's Park," *Country Life,* vol. 150, no. 144, 1968.
Crook, J. Mordaunt. „The Pre-Victorian Architect: Professionalism and Patronage," *Architectural History,* vol. 12, 1969.
Crook, J. Mordaunt, *The Greek Revival: Neo-Classical Attitudes in British Architecture, 1760–1870.* London, 1972.
Crook, J. Mordaunt and Port, Michael, *The History of the King's Works, Vol.6, 1782–1815,* ed. H. M. Colvin. London, 1973.
Crouzet, François, „Les Importations d'Eaux-de-Vie et de Vins Français en Grande-Bretagne pendant le Blocus Continental", *Annales du Midi,* 1953.
Crouzet, François, *The First Industrialists: The Problem of Origins.* Cambridge, 1985.
Crown, Patricia, „Visual Museum: E. F. Burney and a Hogarth Revival", *Bulletin of Research in the Humanities,* vol. 83, 1980.
Cruickshank, Dan, „Gwilt Complex", *Architectural Review,* vol. 185, no.1106, 1989.
Cruickshank, Dan, and Burton, Neil, *Life in the Georgian City.* London, 1990.
Cruso, Thalassa, *Costume: London Museum Catalogue No. 5.* London, 2nd edn., 1946.
Culme, John, *Nineteenth-Century Silver.* London, 1977.
Cumberland, George, *Thoughts on Outline Sculpture, and the System that Guided the Ancient Artists in Composing their Figures and Groupes.* London 1794.
Cummings, Frederick, „B.R. Haydon and his School", *Journal of the Warburg and Courtauld Institutes,* vol. 26, 1963.
Cummings, Frederick, „Phidias in Bloomsbury: B.R. Haydon's Drawings of the Elgin Marbles", *Burlington Magazine,* vol.106, no. 736, 1964.
Cunningham, A., *The Life of Sir David Wilkie with his Journals, Tours, and Critical Remarks on Works of Art; and a Selection from his Correspondence,* 3 vols. London, 1843.
Curl, James Stevens, *The Art and Architecture of Freemasonry.* London, 1991.

D'Hancarville (P. F. Hughes), *Collection of Etruscan, Greek and Roman Antiquities from the Cabinet of the Hon*ble *W*m *Hamilton,* 4 vols. London, 1766–67.
D'Israeli, Isaac, *Curiosities of Literature.* London, 1791.
D'Israeli, Isaac, *Calamities of Authors.* London, 1812–13.
D'Sena, Peter, „Perquisites and Casual Labour on the London Wharfside in the Eighteenth Century", *London Journal,* vol. 14, 1989.
Daniels, Stephen, „The Implications of Industry: Turner and Leeds", *Turner Studies,* vol.6. no.1, 1986.
Darlington, Beth, ed., *The Love Letters of William and Mary Wordsworth.* Ithaca, New York, 1981.
Darwin, Charles, *Correspondence, Volume 2: 1837–1843,* eds. Frederick Burkhardt and Sydney Smith. Cambridge, 1986.
Davidoff, Leonore, *The Best Circles: Society, Etiquette and the Season.* London, 1973.
Davis, Terence, *John Nash, the Prince Regent's Architect.* London, 1966.
Davis, Terence, *The Architecture of John Nash.* London, 1960.
Davy, John ed, *The Collected Works of Sir Humphry Davy,* 9 vols. London, 1839–40.
Davy, Sir Humphry, „Some Observations and Experiments on the Papyri Found in the Ruins of Herculaneum", *Philosophical Transactions of the Royal Society of London,* 1821.
Davy, Sir Humphry, *A Discourse, Introductory to a Course of Lecture on Chemisty, Delivered in the Theatre of the Royal Institution on the 21st of January, 1802, Royal Institution.* London, pt. 1, 1802.
Dawson, Frank Griffith, *The First Latin American Debt Crisis: The City of London and the 1822–25 Loan Bubble.* New Haven and London, 1990.
Dawson, Warren R., *The Nelson Collection at Lloyd's.* London, 1932.
Dawton, Nicholas, *William Wilkins, R. A., Architect and Antiquary.* London, 1985.
Day, John R, *The Story of the London Bus.* London, 1973.
Dayes, Edward, *The Works of the Late Edward Dayes.* London, 1805.
De Marly, Diana, *Costume on the Stage 1600–1940.* London, 1982.
De Morgan, Sophia Elizabeth, *Memoir of Augustus De Morgan.* London, 1882.
De Quincey, Thomas, *Reminiscences of the Lake Poets.* London, 1837.
De Selincourt, Earnest, *Letters of William and Dorothy Wordsworth,* 5 vols. Oxford, 1911.
Deerr, Noel, *The History of Sugar,* 2 vols. London, 1949.
Delpierre, Madeleine, „Les Costumes du Cour et les Uniformes Civils du Premier Empire", *Bulletin du Musée Carnavalet,* No. 2, 1958.
Delpierre, Madeleine, „A propos d'un Manteau de Représentant du Peuple de 1798 récemment offert au Musée du Costume", *Bulletin du Musée Carnavalet,* No.1, 1972.
Delteil, Loys, *Théodore Géricault: Le Peintre-Graveur Illustré,* vol.18. Paris, 1924.
Derby Corporation Art Gallery, Catalogue of the Felix Joseph Collection of Derby China. Derby, 1892.
Derby Corporation Art Gallery, Catalogue of the Porcelain, Pictures, etc. forming the „Henry Evans" Bequest. Derby, 1905.
Desmond, Adrian, „The Making of Institutional Zoology in London, 1822–1836", *History of Science,* vol. 23, 1985.
Desmond, Adrian, „Artisan Resistance and Evolution in Britain, 1819–1849", *Osiris,* ser. 2, 3, 1987.
Desmond, Adrian, *The Politics of Evolution: Morphology, Medicine and Reform in Radical London.* Chicago, 1989.
Dickens, Charles, *Memoirs of Joseph Grimaldi.* London, 1833.
Dickens, Charles, *The Pickwick Papers.* London, 1836–37.
Dickens, Charles, *Nicholas Nickleby.* London, 1838.
Dickens, Charles, *The Life of C. J. Mathews.* London, 1879.
Dickes, W. F., *The Norwich School of Painting.* London, 1905.
Dickinson, H. T., *Liberty and Property.* London, 1977.
Dickinson, H. T. ed., *The Political Works of Thomas Spence.* Newcastle upon Tyne, 1982.
Dickinson, H. T., *British Radicalism and the French Revolution 1789–1815.* Oxford, 1985.
Dickinson, H. T., „The Rights of Man in Britain: From the Levellers to the Utopian Socialists" in Günter Birtsch ed., *Grund und Freiheitsrechte von der ständischen zur spätburgerlichen Gesellschaft.* Göttingen, 1987.
Dickinson, H. W., „Jolliffe and Banks, Contractors", *Transactions of the Newcomen Society,* vol. 12, 1933.
Dickinson, H. W. and Titley, A., *Richard Trevithick.* Cambridge, 1934.
Dickinson, H. W., *Water Supply of Greater London.* London, 1954.
Dictionary of National Biography. 63 vols. Oxford, 1885–1900.
Dinwiddy, John R., „The Patriotic Linen-draper': Robert Waithman and the Revival of Radicalism in the City of London, 1795–1818', *Bulletin of the Institute of Historical Research,* vol. 46, 1973.
Dinwiddy, John, „Charles Hall, Early English Socialist", *International Review of Social History,* vol. 21, 1976.
Dinwiddy, John 'Sir Francis Burdett and Burdettite Radicalism', *History,* vol. 65, 1980.
Dinwiddy, John, *From Luddism to the First Reform Bill.* Oxford, 1986.
Dobson, J., „The Story of Caroline Crachami – the ‚Sicilian Dwarf'," *Annals of the Royal College of Surgeons of England,* vol. 16, 1955.
Dobson, Jessie, „The Hunterian Museum", in Zachary Cope, *The Royal College of Surgeons of England – A History.* London, 1959.
Docklands: An Illustrated Historical Survey. London, 1986.
Dodd, George, *Days at the Factories.* London, 1843.
Drakard, D. and Holdway, P, *Spode Printed Ware.* London, 1983.
Dreyer, John Louis Emil and Turner, Herbert Hall, *History of the Royal Astonomical Society 1820–1920.* London, 1923.
Du Prey, Pierre de la Ruffinière, *Sir John Soane, The Making of an Architect.* Chicago, 1982.
Du Prey, Pierre de la Ruffinière, *Sir John Soane, Catalogue of Drawings. London,* 1985.
Dubuisson, A., *Richard Parkes Bonington,* translated with annotations by C.E. Hughes. London, 1924.
Dupin, Charles, *Notice Nécrologique sur John Rennie, Esq.* London, 1821.
Dupin, Charles, *View of the Actual State of the Military Force of Great Britain.* London, 1822.
Dupin, Charles, *Voyages dans la Grande-Bretagne, Entrepris relatives aux Services Publics 1816–19,* vol. 6. Paris, 1824.

Eaglestone. A. A., and Lockett, T. A., *The Rockingham Pottery.* Newton Abbot, revised edn., 1973.
Earnshaw, Thomas, *Explanation of Timekeepers Constructed by Mr. Thomas Earnshaw.* London, 1806.
Earnshaw, Thomas, *Longitude: An Appeal to the Public...* London, 1808.
Eastlake, C.L., *Contributions to the Literature of the Fine Arts,* 2nd ser. London, 1870
Eastlake, Lady, *John Gibson.* London, 1870.
Easton, Harry Tucker, *The History of a Banking House, Smith, Payne and Smiths.* London, 1903.
Eatwell, Ann and Werner, Alex, „A London Staffordshire Warehouse, 1794–1825". *Journal of the Northern Ceramic Society,* vol. 8, 1991.
Ebers, John, *Seven Years of the King's Theatre.* London, 1828.
Edwards, Edward, *The Administrative Economy of the Fine Arts in England.* London, 1840.

Edwards, Michael M., *The Growth of the British Cotton Trade, 1780–1815.* Manchester, 1967.
Eeles, Henry S. and Spencer, Earl, *Brooks's 1764–1964.* London, 1964.
Egerton, Judy, *British Watercolours.* London, 1986.
Eimer, Christopher, *British Commemorative Medals.* London, 1987.
Eimer, Christopher, *The Medallic Portraits of the Duke of Wellington,* forthcoming.
Eitner, Lorenz E. A., *Géricault: His Life and Work.* London, 1982.
Ellis, Hamilton, *Four Main Lines.* London, 1950.
Ellmers, Chris, *City and River.* London, 1989.
Elmes, James, and Shepherd, Thomas Hosmer, *Metropolitan Improvements; or London in the Nineteenth Century,* 2 vols. London, 1827–29; reprinted New York, 1978.
Elmes, James, *Survey of the Harbour and Port of London.* London, 1838.
Elster, J., *Fahrten eines Musikanten.* Frankfurt, 1854.
Erffa Helmet von, and Staley Allen, *The Paintings of Benjamin West,* 2 vols. New Haven and London, 1986.
Errington, Lindsay, *Tribute to Wilkie.* Edinburgh, 1985.
Essick, Robert N., *William Blake Printmaker.* Princeton, 1980.
European Magazine. London, 1824.
Evans, David Morier, *City Man and City Manners. The City; or, The Physiology of London Business; with Sketches on „Change and the Coffee Houses".* London, 1852.
Evans, Hilary and Mary, *The Man Who Drew the Drunkard's Daughter.* London, 1978.
Evans, Robin M., *The Fabrication of Virtue. English Prison Architecture, 1750–1840.* Cambridge, 1982.
Exhibition of the Society of British Artists, Suffolk Street, Pall Mall East. London, 1824.

Falk, Bernard, Thomas Rowlandson, His Life and Art. London, 1949.
Fanning, A. E., *Steady as She Goes: The History of the Compass Department of the Admiralty.* London, 1986.
Faraday, Michael, *Correspondence,* ed. F. A. J. L. James, vol.1. London, 1991.
Faraday, Michael, *Selected Correspondence,* ed. L. Pearce Williams. Cambridge, 1971.
Farey, John, *Description of an Instrument for Describing Ellipses.* London, 1812.
Farey, John, *Transactions of the Society of Arts,* vol. 31, 1813.
Farington, Joseph, *The Diary of Joseph Farington,* eds. Kenneth Garlick and Alistair Macintyre vols. 1–4; ed. Kathryn Cave vols. 7–14. New Haven and London, 1978–84.
Farr, Dennis, *William Etty.* London, 1958.
Fäy-Hallé, Antoinette and Mundt, Barbara, *Nineteenth-Century European Porcelain.* London, 1983.
Feaver, William, *The Art of John Martin.* Oxford, 1975.
Ferriday, P. ed., *Victorian Architecture.* London, 1963.
Fetter, Frank, W., *Development of British Monetary Orthodoxy, 1797–1875.* Cambridge, Massachusetts, 1965.
Finberg, Alexander J., *The History of Turner's „Liber Studiorum" with a New Catalogue Raisonné.* London, 1924.
Finberg, Alexander J., *Life of J. M. W. Turner, R. A.*. Oxford, 1939, revised edn., 1961.
Findlay, J. A., *The Baltic Exchange. Being a Short History of the Baltic Mercantile and Shipping Exchange from the Days of the Old Coffee House.* London, 1927
Finer, Samuel, „The Transmission of Benthamite Ideas", in Gillian Sutherland ed., *Studies in the Growth of Nineteenth Century Government.* London, 1972.
Finlay, George, *History of the Greek Revolution.* Oxford, 1877, reprinted London, 1971.
Fitton, Robert, S., „Samuel and William Salte: an Eighteenth-century Linen House", *Exploration in Entrepreneurial History,* 2nd ser. vol. 6, 1969.
Fleming-Williams, Ian, *Constable: Landscape Watercolours and Drawings.* London, 1976.
Fleming-Williams, Ian, *Constable and his Drawings.* London, 1990.
Fletcher, William, *Steam Locomotion on Common Roads.* London, 1891.
Flower, Raymond and Wynn Jones, Michael, *Lloyd's of London. An Illustrated History.* London, 1974.
Forbes, Eric, *Greenwich Observatory: Origins and Early History 1675–1835.* London, 1975.
Ford, Jill, „Ackermann's *History of Westminster Abbey:* its Publishing History and the Unique Copy in Westminster Abbey", *Book Collector,* Winter 1981.
Ford, Jill, „Ackermann's *History of the Colleges:* an Identification of its Authors and Notes on its Publishing History", *Library,* 6th ser. vol. 6, no. 1, 1984.
Ford, John A., *Prizefighting: the Age of Regency Boximania.* Newton Abbot, 1971.
Ford, John, *Ackermann 1783–1983, the Business of Art.* London, 1983.
Forster Collection Catalogue. London, 1893.
Forster, E.M., *Marianne Thornton 1797–1887.* London, 1956.
Fox Bourne, Henry Richard, *English Merchants.* London, 1886.
Fox, Celina, „Political Caricature and the Freedom of the Press in Early Nineteenth-century England", in George Boyce, James Curran and Pauline Wingate eds., *Newspaper History.* London, 1978.
Fox, Celina, *Londoners.* London, 1987.
Fox, Celina, „Géricault's Lithographs of the London Poor", *Print Quarterly,* vol.5, no.1, 1988.
Fox, Celina, *Graphic Journalism in England during the 1830s and 1840s.* New York and London, 1988.
Foxley Papers, Pottery Correspondence 1812–35, unpublished. Hereford County Records Office.
Francis, A.J., *The Cement Industry 1796–1914; A History.* Newton Abbot, 1977.
Frankau, Julia, *William Ward A.R.A. and James Ward R.A.* London, 1904.
Franzero, Carlo Maria, *A Life in Exile: Ugo Foscolo in London, 1816–1827.* London, 1977.
Fraser, Edward, *The Londons of the British Fleet.* London 1908.
Frostiana. London, 1814.
Frye, Northrop, *A Study of English Romanticism.* New York, 1968.
Fulford, Roger, *The Trial of Queen Caroline.* London, 1967.
Fullerton, Peter, „Patronage and Pedagogy: The British Institution in the Early Nineteenth Century", *Art History,* vol. 5, no. 1, 1982.
Fussell, G. E., *James Ward, R. A.* London, 1974.

Gage, John, *A Decade of English Naturalism 1810–1820.* Norwich and London, 1969.
Gage, John ed., *The Collected Correspondence of J.M.W. Turner.* Oxford, 1980.
Gage, John, *Turner, A. Wonderful Range of Mind.* New Haven and London, 1987.
Gardeners' Magazine, vol.16, 1840.
Garlick, Kenneth, *Sir Thomas Lawrence. A Complete Catalogue of the Oil Paintings.* Oxford, 1989.
Gash, Norman, „After Waterloo: British Society and the Legacy of the Napoleonic Wars", *Transactions of the Royal Historical Society,* 5th ser. vol. 28, 1978.
Gatty, Richard, *Portrait of a Merchant Prince: James Morrison, 1789–1857.* Northallerton, 1976.
Gee, Brian, „Joseph Henry's Trade with Instrument Makers in London and Paris", *Bulletin of the Scientific Intrument Company,* vol. 25, 1990.
Gentleman's Magazine, 1791, 1809, 1817, 1820, 1831, 1848.
George, Eric, *The Life and Death of Benjamin Robert Haydon 1786–1846.* Oxford, 1948 and 2nd edn., 1967.
George, M.D., *London Life in the Eighteenth Century.* London, 1930.
George, Mary Dorothy, *Catalogue of Personal and Political Satires Preserved in the British Museum,* Vols. 7, 8, 9, 10, 11. London, 1942, 1947, 1949, 1952 and 1954.
George, Mary Dorothy, *Hogarth to Cruikshank: Social Change in Graphic Satire.* London, 1967.
Gibbon, Edward, *The History of the Decline and Fall of the Roman Empire,* ed. J. B. Bury, vol. 6. London, 1898.
Gibson-Jarvie, Robert, *The City of London: A Financial and Commercial History.* Cambridge, 1979.
Gigante, Marcello, ed., *Catalogo dei Papyri Erconanesi Bibliopolis.* Naples, 1979.
Gilbart, James William, *The History and Principles of Banking.* London, 1834.
Gilbert, Christopher, *The Life and Work of Thomas Chippendale.* London, 1978.
Gilbert, K. R., *Henry Maudslay, Machine Builder.* London, 1971.
Gilbert, L. F. „The Election to the Presidency of the Royal Society in 1820", *Notes and Records of the Royal Society of London,* vol. 11, 1955.
Gilchrist, Alexander, *Life of William Etty, R. A.,* 2 vols. London, 1855.
Gilchrist, Alexander, *Life of William Blake.* London, 1863.
Gilpin, Rev. William, *Three Essays on Picturesque Beauty; on Picturesque Travel; and on Sketching Landscape.* London, 1792.
Girtin, Thomas and Loshak, David, *The Art of Thomas Girtin.* London, 1954.
Godden, Geoffrey A., *Chamberlain-Worcester Porcelain.* Woodbridge and London, 1982.
Godden, Geoffrey A., *Encyclopaedia of British Pottery and Porcelain Marks.* London, 1964 and later editions.
Goethe, Johann Wolfgang von, *Die Leiden des jungen Werther,* Frankfurt a. M. 1973.
Golden, Jacqueline, *A List of the Papers and Correspondence of George Bellas Greenough.* London, 1981.
Goldman, Paul, *Sporting Life: An Anthology of British Sporting Prints.* London, 1983.
Golinski, Jan, „Humphry Davy and the ‚Lever of Experiment'", in Homer Le Grand ed., *Experimental Inquiries.* Dordrecht, 1990.
Golt, Jean, „Beauty and Meaning on Richmond Hill: New Light on Turner's Masterpiece of 1819", *Turner Studies,* vol.7, no.2, 1987.
Goodfield, June, „Some Aspects of English Physiology 1780–1840", *Journal of the History of Biology,* vol. 2, 1969.
Gooding David and James' Frank A. J. L. eds., *Faraday Rediscovered.* London, 1985.
Goodway, David, *London Chartism, 1838–48.* Cambridge, 1982.
Gordon, Alden and Déchery, Maurice, „The Marquis de Marigny's Purchases of English Furniture and Objects", *Furniture History,* vol.25, 1989.
Gough, B. G., „Dr. Syntax, Rowlandson's Popular Schoolmaster, in Print and Porcelain", *Antique Collector,* vol. 38, 1967.
Gould, Nathaniel, *Historical Notice of the Commercial Docks.* London, 1844.
Gould, Rupert T., *The Marine Chronometer: Its History and Development.* London, 1923.
Graves, Algernon, „The British Institution", *Art-Journal,* vol. 72, 1910.
Gray, Cherry and Richard, „The Prince's Glasses: Some Warrington Cut Glass, 1806–11", *Journal of the Glass Association,* vol 2, 1987.
Green, Henry and Wigram, Robert, *Chronicles of Blackwall Yard Part I.* London, 1881.
Greenacre, Francis and Stoddard, Sheena, *Bristol: The Landscape. The Watercolours of Samuel Jackson.* Bristol, 1983.
Greenacre, Francis, *Francis Danby, 1793–1861.* Bristol and London, 1988.
Greeves, Ivan S., *London Docks 1800–1980, a Civil Engineering History.* London, 1980.
Grego, Joseph, *Rowlandson the Caricaturist,* 2 vols. London, 1880.
Greville, Charles C. F., *A Journal of the Reigns of King George IV and King William IV,* ed. Henry Reeve, 3 vols. London, 1874.
Griffin, Josiah, *History of the Surrey Commercial Docks.* London, 1877.
Griffith Dawson, Frank, *The First Latin American Debt Crisis.* New Haven and London, 1990.
Grigson, Geoffrey and Buchanan, Handasyde, *Thornton's Temple of Flora.* London, 1956.
Grigson, Geoffrey, *Samuel Palmer: The Visionary Years.* London, 1947.
Grimwade, Arthur G., *London Goldsmiths 1697–1837; Their Marks and Lives from the Original Registers at Goldsmiths' Hall and other Sources.* London, 1990.
Grote, Harriet, *The Personal Life of George Grote.* London, 1873.
Grundy, Reginald C., *James Ward R.A.: His Life and Works with a Catalogue of his Engravings and Pictures.* London, 1909.
Gunnis, Rupert, *Dictionary of British Sculptors 1660–1851.* London, 1953.
Guthrie, Tyrone, *A Life in the Theatre.* London, 1960.

Hackett, James H., *King Richard III, Edmund Kean's Performance, as recorded by James H. Hackett,* ed. Alan S. Downer. London, 1959.
Hackwood, F.W., *The Life and Times of William Hone.* London, 1912.
Hadfield, Charles and Skempton, A. W., *William Jessop, Engineer.* Newton Abbot, 1979.
Halevy, Elie, *The Growth of Philosophic Radicalism.* London, 1972.
Halfpenny, Pat, *English Earthenware Figures 1740–1840.* Woodbridge, 1991.
Hall, Peter, G., „The East London Footwear Industry: an Industrial Quarter in Decline", *East London Papers,* vol.5, 1962.
Hall, Peter, G., *The Industries of London since 1861.* London, 1962.
Halls, Zillah, *Coronation Costume and Accessories 1685–1953.* London, 1973.
Hambly, M., *Drawing Instruments 1580–1980.* London, 1988.
Hamlyn, Robin, *The Vernon Collection.* London, forthcoming 1993.
Hardie, Martin, *Water-Colour Painting in England,* 3 vols. London, 1966–68.
Harley, J. B., *Christopher Greenwood, Country Mapmaker and His Worcestershire Map of 1822.* Worcester, 1962.
Harris, John, de Bellaigue, Geoffrey and Millar, Oliver, *Buckingham Palace.* London, 1968.
Harrison, J. F. C., *The Second Coming. Popular Millenarianism 1780–1850.* London, 1979.
Harrison, Michael, *London beneath the Pavement.* London, new edn., 1971.
Harte, Negley Boyd, „The Growth and Decay of a Hosiery Firm in the Nineteenth Century", *Textile History,* vol. 8, 1977.
Harte, Negley and North, John, *The World of University College London, 1828–1978.* Portsmouth, 1978; *1828–1990* revised edn., 1991.
Hartman, G. H., *Wordsworth's Poetry, 1787–1814.* New Haven and London, 1964.
Hartmann, J.B., Canova, *Thorvaldsen and Gibson, English Miscellany.* London, 1955.
Harwood, Elain, and Saint, Andrew, *Exploring England's Heritage: London.* London, 1991.
Haskell, Francis and Penny, Nicholas, *Taste and the Antique.* New Haven and London, 1981.
Haslem, John, *The Old Derby China Factory: The Workmen and Their Productions.* London, 1876.
Hatfield, C. and Skempton, A. W., *William Jessop, Engineer.* London, 1979.
Haydon, Benjamin Robert, *Explanation of the Picture of the Mock Election, which Took Place at the King's Bench Prison, July 1827.* London, 1828.
Haydon, Benjamin Robert, *Autobiography and Memoirs,* ed. Tom Taylor, 3 vols. London; ed. A. Huxley, 1926.
Haydon, Benjamin Robert, *Autobiography,* ed. Edmund Blunden. Oxford, 1927.
Haydon, Benjamin Robert, *The Diary of Benjamin Robert Haydon,* ed. William Bissell Pope, 5 vols. Cambridge, Massachusetts, 1960–63.
Haydon, Benjamin Robert, *Neglected Genius, The Diaries of Benjamin Haydon 1808–1846,* ed. John Joliffe. London, 1990.
Hayes, John, *A Catalogue of Watercolour Drawings by Thomas Rowlandson in the London Museum.* London, 1960.
Hayes, John, *Catalogue of Oil Paintings in the London Museum.* London. 1970.
Hayes, John, *Rowlandson: Watercolours and Drawings.* London, 1972.
Hays, J. N., „Science and Brougham's Society", *Annals of Science,* vol. 20, 1964.
Hays. J. N., „The London Lecturing Empire, 1800–50", in Ian Inkster and Jack Morrell eds., *Metropolis and Province: Science in British Culture 1750–1850.* London, 1983.
Hayward, Helena and Kirkham Pat, *William and John Linnell, Eighteenth Century London Furniture Makers.* London, 1980.
Hazlitt, William „On My First Acquaintance with the Poets", *The Liberal,* 1823.
Hazlitt, William, *Selected Writings,* ed. and introd. Ronald Blythe. London, 1970.
Hazlitt, William, *The Spirit of the Age.* London 1825.
Heim, Carol, E., and Mirowski, Philip, „Interest Rates and Crowding Out during Britain's Industrial Revolution", *Journal of Economic History,* Vol.47, 1987.

Heine, Heinrich, *Englische Fragmente* (1828), in: Briegleb, Klaus (Hg.), Sämtliche Schriften, zweiter Band, München 1969, S. 531–605, 902–914.
Heleniac, Kathryn Moore, *William Mulready*. New Haven and London, 1980.
Henry Maudslay 1771–1831 and Maudslay, Sons & Field, a commemorative brochure. London, 1949.
Herrmann, Luke, *Turner Prints: the Engraved Work of J. M. W. Turner*. Oxford, 1990.
Hibbert, Christopher., *George IV 1762–1811*. London, 1972.
Hibbert, Christopher, *George IV 1811–1830*. London, 1973.
Hichberger, Joany, „Captain Jones of the Royal Academy", *Turner Studies*, vol.3, no.1, 1983.
Hichberger, Joany, *Images of the Army: the Military in British Art 1815–1914*. London, 1988.
Hidy, Ralph, W., *The House of Baring in American Trade and Finance: English Merchant Bankers at Work, 1763–1861*. Cambridge, Massachusetts, 1949.
Hildyard, R. J. C., *Browne Muggs: English Brown Stoneware*. London, 1985.
Hill, Alan G., *The Letters of William and Dorothy Wordsworth, vol.3: The Later Years, Part 1, 1821–1828*. Oxford, 1978.
Hill, Draper, *Fashionable Contrasts: Caricatures of James Gillray*. Oxford, 1966.
Hilton, Boyd, *Corn, Cash and Commerce: The Economic Policies of the Tory Governments, 1815–30*. Oxford, 1977.
Hilts, Victor, „Alliis exterendum, or, the Origins of the Statistical Society of London", *Isis*, vol. 69, 1978.
Himmelheber, Georg, *Biedermeier Furniture*. London, 1974.
Hirsch, Erhard, „Erdmannsdorffs Kultur- und Kunstpädagogisches Wirken", in *Friedrich Erdmannsdorff 1736–1800 zum 250 Gerburstag*. Wörlitz, 1986.
Hoare, Prince, *Extracts from a Correspondence with the Academies at Vienna and St. Petersburg*. London, 1802.
Hoare, Prince, *Academic Correspondence, 1803, Containing Extracts, No. 2, from a Correspondence with the Academies of Vienna and St. Petersburg*. London, 1804.
Hoare, Prince, *An Inquiry into the Requisite Cultivation and Present State of the Arts of Design in England*. London, 1806.
Hoare, Prince, *Academic Annals of Painting, Sculpture and Architecture*. London, 1809.
Hoare, Prince, *Epochs of the Arts, Including Hints on the Use and Progress of Painting and Sculpture in Great Britain*. London, 1813.
Hobhouse, Hermione, *Thomas Cubitt*. London, 1971.
Hobhouse, Hermione, *A History of Regent Street*. London, 1975.
Hobson, Robert Lockhart, *British Museum Department of British and Mediaeval Antiquities. Catalogue of the Collection of English Pottery*. London, 1903.
Höhne, Horst (Hg.), *Ein Ding von Schönheit ist ein Glück auf immer, Gedichte der englischen und schottischen Romantik*, Wiesbaden 1980.
Hoffmann, Friedrich Gottlob, *Neues Verzeichnis und Muster-Charte des Meubles-Magazin*. Leipzig, 1981.
Holcomb, Adele M., *John Sell Cotman*. London, 1978.
Holcomb, Adele, „‚Indistinctness is my Fault'. A Letter about J. M. W. Turner from C. R. Leslie to James Lenox", *Burlington Magazine*, vol.114, 1972.
Hole, Robert, *Pulpits, Politics and Public order in England 1760–1832*. Cambridge, 1989.
Holland, Henry, *Lectures on Paintings*. London, 1848.
Hollis, Patricia, *The Pauper Press: A Study in Working-class Relations of the 1830s*. Oxford, 1970.
Holmes, Martin, *Stage Costume*. London, 1965.
Holtzapffel, C., *Turning and Mechanical Manipulation*, vol. 2. London, 1846.
Hone, J. Ann, *For the Cause of Truth: Radicalism in London 1796–1821*. Oxford, 1982.
Honey, W. B., *Old English Porcelain*. London, 1948.
Honour, Hugh, *Cabinet Makers and Furniture Designers*. London, 1969.
Hope, Thomas, *Household Furniture and Interior Decoration Executed from Designs by Thomas Hope*. London, 1807.
Hope, Thomas, *An Historical Essay on Architecture*. London, 1835.
Hoppit, Julian, „Attitudes to Credit in Britain, 1680–1790", *Historical Journal*, vol. 33, 1990.
Horne, Jonathan, *A Collection of Early English Pottery, Part 6*. London, 1986.
Horne, Jonathan, *A Collection of Early English Pottery, Part 7*. London, 1987.
Horsefield, J. Keith, „The Bankers and the Bullionists in 1819", *Journal of Political Economy*, vol. 57, 1949.
Hoskin, Michael, „Astronomers at War: South v. Sheepshanks", *Journal for the History of Astronomy*, vol. 20, 1989.
Houfe, Simon, „To Market, To Market", *Country Life*, vol. 184, no. 47, 1990.
House, Madeline, and Storey, Graham, *The Letters of Charles Dickens*, vol. 1. Oxford, 1965.
Howard, Seymour, „Winckelmann's Daemon: the Scholar as Critic, Chronicler and Historian", *Antiquity Restored, Essays on the Afterlife of the Antique*. Vienna, 1990.
Howarth, David, *Lord Arundel and his Circle*. London, 1986.
Howell, Margaret J., *Byron Tonight*. Windlesham, 1982.
Howgego, James Laurence, *Printed Maps of London, c. 1553–1850*. Folkestone, 1978.
Howse, Humphrey D., „The Royal Astronomical Society Instrument Collection, 1827–1985", *Quarterly Journal of the Royal Astronomical Society*, vol. 27, 1986.
Hubbard, Geoffrey, *Cooke and Wheatstone and the Invention of the Electric Telegraph*. London, 1965.
Hubbard, Hesketh, *An Outline History of the Royal Society of British Artists: Part I, 1823–1840, The Foundation and Early Years*. London, 1937.
Hudson, Pat, *The Genesis of Industrial Capital: A Study of the West Riding Textile Industry, c. 1750–1850*. Cambridge, 1986.
Huish, R., *Life of Henry Hunt Esq*. London, 1835–36.
Hulton, Paul and Smith, Lawrence, *Flowers in Art from East and West*. London, 1979.
Hunt, Leslie B., „The Mystery of the Galvanic Goblet", *Burlington Magazine*, vol. 126, no. 975, 1984.
Hunting, Penelope, *Cutlers Gardens*. London, 1984.
Hussey, Christopher, *The Picturesque. Studies in a Point of View*. London, 1927.
Hutchison, Sidney, *The History of the Royal Academy*. London, 1968.
Hyde, Ralph, „Wellington's Downfall and the Reformist Donkey", *British History Illustrated*, 1976.
Hyde, Ralph, *The Rhinebeck Panorama of London*. London, 1981.
Hyde, Ralph, *The Regent's Park Colosseum*. London, 1982.
Hyde, Ralph, „Robert Havell Junior, Artist and Aquatinter", in Robin Myers and Michael Harris eds., *Maps and Prints: Aspects of the Print Trade*, Oxford, 1984.
Hyde, Ralph, and van der Merwe, Pieter, „The Queen's Bazaar", *Theatrephile*, vol. 2, no. 8, 1987.
Hyde, Ralph, *Panoramania! The Art and Entertainment of the „All-Embracing View"*. London, 1988.
Hyman, Anthony, *Charles Babbage: Pioneer of the Computer*. Oxford, 1982.

Ilchester, Earl of, *Chronicles of Holland House 1820–1900*. London, 1937.
Inkster, Ian, „Science and Society in the Metropolis", *Annals of Science*, vol. 34, 1977.
Irwin, David, *English Neo-Classical Art*. London 1966.

Jackson, Gordon, *The History and Archaeology of Ports*. Tadworth, 1983.
Jackson, Peter, *George Scharf's London. Sketches and Watercolours of a Changing City, 1820–50*. London, 1987.
Jackson, Robert V., „Growth and Deceleration in English Agriculture, 1660–1790", *Economic History Review*, 2nd ser. vol.38, 1985.
Jagger, Cedric, *Royal Clocks: The British Monarchy and its Timekeepers 1300–1900*. London, 1983.
James Ward, exhibition catalogue. Arts Council of Great Britain, 1960.
James, Philip, *Early Keyboard Instruments from their Beginnings to the year 1820*. London, 1930.
James, T. G. H., *The British Museum and Ancient Egypt*. London, 1981.
James. J. G., „Ralph Dodd, the Very Ingenious Schemer", *Transactions of the Newcomen Society* , vol. 47, 1974–76.
Jenkins, Ian, „James Stephanoff and the British Museum", *Apollo*, vol. 121, no. 277, March, 1985.
Jenkins, Ian, „Adam Buck and the Vogue for Greek Vases", *Burlington Magazine*, vol. 130, no. 1023, 1988.
Jenkins, Ian, „Acquisition and Supply of Casts of the Parthenon sculptures by the British Museum, 1835–1939", *Annual of the British School of Archaeology at Athens*, vol. 85, 1990.
Jenkins, Ian, *Archaeologists and Aesthetes: The Sculpture Collections of the British Museum in the Nineteenth Century*. London, 1992.
Jervis, Simon, „Holland and Sons and the Furnishing of the Athenaeum", *Furniture History*, vol. 6, 1970.
Jervis, Simon, „The Pryor's Bank Fulham. Residence of Thomas Baylis Esquire F.S.A. An Illustration of the Preservation of Ancient Works by their Application to Modern Purposes", *Furniture History*, vol.10, 1974.
Jervis, Simon, *The Penguin Dictionary of Design and Designers*. London, 1984.
Jervis, Simon, „Introduction: Europe, America and England", *Art and Design in Europe and America 1800–1900*. London, 1987.
Johnson, Richard, „Educating the Educators: Experts and the State 1833–39", in A. P. Donajgrodzki ed., *Social Control in Nineteenth Century Britain*. London, 1977.
Johnson, Samuel, *Lives of the Poets*. London, 1779–81.
Jokelson, Paul, Sulphides. *The Art of Cameo Incrustation*. New York, 1968.
Jones, Alfred E., *The Gold and Silver of Windsor Castle*. London, 1911.
Journal der Moden, 1786; Journal des Luxus und der Moden, 1787–1812; Journal für Literatur, Luxus und Mode, 1814–1827. Weimar, 1886–90; Leipzig, 1791–1827.
Jucker, H. *Das Bildnis im Blätterkelch*. Basel, 1961.

Kaellgren, Peter, „Lady Conyngham's silver gilt in the Royal Ontario Museum", *Burlington Magazine*, vol. 134, no. 1071, 1992.
Kaiser, Paul, *Das Haus am Baumgarten*, vol. 1. Weimar, 1980.
Kauffmann, C.M., *John Varley 1778–1842*. London, 1984.
Keats, John, *Gedichte und Briefe*, aus dem Englischen übertragen und herrausgegeben von H. W. Häusermann, Zürich 1950.
Keats, John, *Gedichte / zweisprachig*, übertragen von Heinz Piontek, München 1984.
Keats, John, *Richtmaß des Schönen, Briefe*, aus dem Englischen übersetzt von Christa Schuenke, hrsg. von Horst Höhne, Leipzig 1985.
Kellet, John R., „The Breakdown of Guild and Corporation Control over the Handicraft and Retail Trade in London", *Economic History Review*, 2nd ser. vol.10, 1957–58.
Kelly, Alison, *The Story of Wedgwood*. London, 1962 edn.
Kenworthy-Brown, John, „The Third Earl of Egremont and Neo-Classical Sculpture", *Apollo*, vol. 105, no. 183, 1977.
Keynes, Geoffrey, *A Bibliography of William Blake*. London, 1921.
Keynes, Geoffrey ed., *The Complete Writings of William Blake*. Oxford, 1957, 1966, and new edn., 1977.
King, Charles R., „Site of the First Passenger Steam Railway in the World", *The Locomotive*, 14 June 1930.
King, Henry C. and Millburn, John, *Geared to the Stars: the Evolution of Planetariums, Orreries and Astronomical Clocks*. Bristol, 1978.
King, Henry C., *The History of the Telescope*. New York, 1979.
Kirk, *Outlines from the Figures and Compositions upon the Greek, Roman and Etruscan vases of the Late Sir William Hamilton; with engraved border?*
Kitson, Sydney D., *The Life of John Sell Cotman*. London, 1937.
Knight's Cyclopaedia of London, 1851. London, 1851.
Knight, Richard Payne, *An Analytic Inquiry into the Principles of Taste*. London, 1805.
[Knight, Richard Payne], „The Works of James Barry Esq., Historical Painter", *Edinburgh Review*, vol. 16, 1810.
Kratz, Annette-Isabell, *Altonaer Möbel des Rokoko und Klassizismus*. Hamburg, 1988.

Lacqueur, Thomas W., 'The Queen Caroline Affair: Politics as Art in the Reign of George IV', *Journal of Modern History*, vol. 54, 1982.
Lamb, Charles, *Selected Prose*, ed. Adam Phillips. London, 1985.
Lambourne, Lionel and Hamilton, Jean, *British Watercolours*. London, 1980.
Lampe, David, *The Tunnel: The Story of the World's First Tunnel under a Navigable River*. London, 1963.
Landers, John, „Mortality and Metropolis: the Case of London 1675–1825", *Population Studies*, vol. 41, 1987.
Landseer, John, ed., *Review of Publications of Art*. London, 1808.
Langley Moore, Doris, *Guidebook to the Museum of Costume*. Bath, 1965.
Langley Moore, Doris, „Byronic Dress". *Costume*, No. 5, 1971.
Larrabee, Stephen, *English Bards and Grecian Marbles*. New York, 1943.
Lavessière, Sylvain and Michel, Régis, *Géricault*. Paris, 1991.
Law, A.D., *St. Mary's Infant School*. London, 1978.
Lawrence, Christopher, „The Power and the Glory: Humphry Davy and Romanticism", in Andrew Cunningham and Nicholas Jardine eds., *Romanticism and the Sciences*. Cambridge, 1990.
Lawrence, Jon, *From Counting-House to Office: The Transformation of London's Central Financial District, 1693–1871*. Unpublished study for the Centre for Metropolitan History, University of London, 1991.
Lee, Charles E., „Early Railways in Surrey", *Transactions of the Newcomen Society*, vol. 21, 1940–41.
Lee, Charles E., „Early Railways in Surrey", *The Railway Gazette*, 1944.
Lee, Charles E., *St. Pancras Church and Parish*. London, 1955.
Lee, Charles E, *The Horse Bus as a Vehicle*. London, 1962.
Lee, Charles E., „A Family of Architects: The Inwoods of St. Pancras", *Camden History Review*, vol.4, 1976.
Lees-Milne, James, *William Beckford*. Tisbury, 1986.
LeFanu, William, *A Catalogue of the Portraits and other Paintings, Drawings and Sculpture in the Royal College of Surgeons of England*. London, 1960.
Leighton-Boyce, J. A. S. L., *Smiths and Bankers, 1658–1958*. London, 1958.
Lemmerich, Jost, *Michael Faraday 1791–1867; Erforcher der Elektrizität. Munich*, 1991.
Lennie, C., *Landseer, Victorian Paragon*. London, 1976.
Leslie, C. R., *Autobiographical Recollections*, edited with a prefatory essay on Leslie as an artist, and selections from his correspondence by Tom Taylor, 1860, 2 vols; reissued with a new introduction by Robin Hamlyn. Wakefield, 1978.
Leslie, C. R., *Memoirs of the Life of John Constable*, ed. Jonathan Mayne, 1951.
Letters from Albion to a Friend on the Continent, written in the years 1810, 1811, 1812, and 1813. London, 1814.
Levy, Martin, „George Bullock's Partnership with Charles Fraser, 1813–1818, and the Stock-in-Trade Sale, 1819", *Furniture History*, vol. 25, 1989.
Levy, Martin, „Napoleon's Fauteuil de Malade. A New Identification", *Apollo*, vol. 133, no. 351, 1991.
Levy, Michael, *Sir Thomas Lawrence*. London, 1979.
Lievre, Audrey le, „Herbstrewer to the King". *Country Life*, 12 February 1987.
Lillywhite, Bryant, *London Coffee Houses*. London, 1963.
Liscombe, R. W., „The Commencement of Real Art", *Apollo*, vol. 103, 1976.
Liscombe, R. W., *William Wilkins, 1778–1839*. Cambridge, 1980.
„List of Pictures and Patrons 1808–27". William Collins MS notebook, Victoria and Albert Museum. London, 1848.
Lister Raymond ed., *The Letters of Samuel Palmer*, 2 vols. Oxford, 1974.
Lister, Raymond, *The Paintings of Samuel Palmer*. Cambridge, 1985.
Lister, Raymond, *Catalogue Raisonné of the Works of Samuel Palmer*. Cambridge, 1988.
Lister, Raymond, *British Romantic Painting*. Cambridge, 1989.
Lockhart, J. G., *Memoirs of the Life of Sir Walter Scott, Bart.*, 7 vols. Edinburgh and London, 1837–38.
London's Roll of Fame, 1757–1884. London, 1884.
Longo Auricchio, Francesca, „Lesperienza Napoletanas de Davy". *Proceedings of the XIX International Congress of Papyrology*. Cairo, 1989, forthcoming.
Loudon, J. C., *The Suburban Gardener and Villa Companion*. London, 1838.
Lubbock, Basil, *Old East Indiamen. The Blackwall Frigates*. London, 1922.

Lukacher, Brian, „John Soane and his Draughtsman Joseph Michael Gandy", *Daedalus*, September 1987.
Lukacher, Brian, „Phantasmogoria and Emanations: Lighting Effects in the Architectural Fantasies of Joseph Michael Gandy", *A.A. Files*, vol.4, 1983.
Lyles, Anne and Perkins, Diane, *Colour into Line: Turner and the Art of Engraving*. London, 1989.
Lyson, Daniel, *The Environs of London*, 2nd edn., vol. 1. London, 1811.
Lytton, Edward Bulwer, *England and the English*. London, 1833

MacDougall, Philip, *Royal Dockyards*. London, 1982.
Mace, Rodney, *Trafalgar Square*. London, 1976.
Mackay, David, *In the Wake of Cook: Exploration, Science and Empire, 1780–1801*. London, 1985.
Mackintosh, R. J. *Memoirs of the Life of Sir James Mackintosh*, 2 vols. London, 1835.
Macleod, Roy, „Whigs and Savants: Reflections on the Reform Movement in the Royal Society, 1830–48", in Ian Inkster and Jack Morrell, eds., *Metropolis and Province: Science in British Culture 1780–1850*. London, 1983.
Macmillan, Duncan, „Blake's Exhibition and ‚Catalogue' Reconsidered", *Blake Newsletter*, vol.5, 1971–72.
Maddison, John, „Architectural Drawings at Blickling Hall", *Architectural History*, vol. 34, 1991.
Madsen, Stephen Tsudi, *The Works of Alexis de Chateauneuf in London and Oslo*. Oslo, 1965.
Main, J. M., „Radical Westminster, 1805–1820", *Historical Studies (Australia and New Zealand)*, vol. 12, 1966.
Malcolmson, Robert, W., *Popular Recreations in English Society, 1700–1850*. Cambridge, 1973.
Malden, John, *John Henning, 1771–1851 ,... a very ingenious Modeller'*. Paisley, 1977.
Malins, Edward, *Samuel Palmer's Italian Honeymoon*. London, 1968.
Mallet, J. V. G., „Recent Accessions in the Victoria and Albert Museum's Department of Ceramics and Glass", *Burlington Magazine*, vol. 129, no. 1010, 1987.
Mander, Raymond and Mitchenson, Joe, *The Artist and the Theatre*. London, 1955.
Mander, Raymond and Mitchenson, Joe, *Catalogue of the Paintings in the Maugham Collection*, 1980.
Mansbridge, Michael, *John Nash. A Complete Catalogue*. Oxford, 1991.
Mansfield, Alan. *Ceremonial Costume*. London, 1980.
Manson, J., *Sir Edwin Landseer*. London, 1902.
Marchand, Leslie A., ed., *Byron's Letters and Journals*, vols. 3, 4, 5. London, 1973, 1975, 1978.
Märker, Peter, *Daniel Chodowiecki Bürgerliches Leben im 18. Jahrhundert*. Frankfurt on Main, 1978.
Marks, Richard and Payne, Ann, *British Heraldry*. London, 1978.
Marmoy, C. F. A., „The ‚Auto-Icon' of Jeremy Bentham at University College London", *Medical History*, vol. 2, no. 2, 1958.
Marshall, John, *A Biographical Dictionary of Railway Engineers*. Newton Abbot, 1978.
Martin, Frederick, *The History of Lloyd's and of Marine Insurance in Great Britain*. London, 1876.
Mathias, Peter and O'Brien, Patrick K., „Taxation in Britain and France, 1715–1810: A Comparison of the Social and Economic Incidence of Taxes Collected for the Central Governments", *Journal of European Economic History*, vol. 5, 1976.
Matschoss, C., *Geschischte der Dampfmaschine*. Berlin, 1901 und Hildesheim, 1978.
Matthew, William, M., *The House of Gibbs and the Peruvian Guano Monopoly*. Woodbridge, 1981.
Matthews, Thomas, *John Gibson*. London, 1911.
May, John and Jennifer, *Commemorative Pottery 1780–1900*. London, 1972.
Mayer, Luigi, *Views in the Ottoman Empire chiefly in Caramania, a Part of Asia Minor Hitherto Unexplored*. London, 1801–04.
McCalman, Iain, „Ultra-Radicalism and Convivial Debating-Clubs in London, 1795–1838", *English Historical Review*, vol.102, 1987.
McCalman, Iain, *Radical Underworld*. Cambridge, 1988.
McCann, Philip and Young, Francis A., *Samuel Wilderspin and the Infant School Movement*. London, 1982.
McHardy, George, *Catalogue of the Drawings Collection of the Royal Institute of British Architects Office of J. B. Papworth*. London, 1977.
McIlwaine, Ia Cecilia, „British Interest in the Herculaneum Papyri, 1800–1820", *Proceedings of the XVIII International Congress of Papyrology*, vol. 1. Athens, 1986.
McIlwaine, Ia Cecilia, „Davy in Naples: the British Viewpoint", *Proceedings of the XIX International Congress of Papyrology*. Cairo, 1989, forthcoming.
McIlwaine, Ia Cecilia, *Herculaneum: a Guide to Printed Sources*. Naples, 1988.
McKendrick, Neil, Brewer, John and Plumb, John, *The Birth of a Consumer Society: The Commercialization of Eighteenth-century England*. London, 1982.
McNeil, Ian, *Joseph Bramah. A Century of Invention 1749–1851*. Newton Abbot, 1968.
Mellor, Anne, ‚*Frankenstein*: a Feminist Critique of Science', in George Levine ed., *One Culture: Essays in Science and Literature*. Wisconsin, 1987.
Mende, Fritz (Hg.), *Heine Chronik, Daten zu Leben und Werk*, München/ Wien 1975.
Mercer, Vaudrey, *Arnold and Son*. London, 1972.
Metken, Günter. „Les Ruines Anticipées", in Anne and Patrick Poirier eds., *Domus Aurea. Fascination des Ruines*. Paris, 1978.
Michaelis, Adolph, *Ancient Marbles in Great Britain*. Cambridge, 1882.
Miles, Dudley, *Francis Place 1771–1854*. Brighton, 1988.
Millar, Oliver, *The Later Georgian Pictures in the Collection of Her Majesty the Queen*, 2 vols. London, 1969.
Millar, Oliver, *The Queen's Pictures*. London, 1977.
Millensen, Susan Feinberg, *Sir John Soane's Museum*. Ann Arbor, Michigan, 1987.
Miller, David Philip, „Between Hostile Camps: Sir Humphry Davy's Presidency of the Royal Society of London, 1820–1827", *British Journal for the History of Science*, vol. 16, 1983.
Miller, David Philip, „Sir Joseph Banks: an Historiographical Perspective", *History of Science*, vol. 19, 1981.
Miller, Naomi C. „Major John Cartwright and the Founding of the Hampden Club", *Historical Journal*, vol. 17, 1974.
Miller, Naomi C., „John Cartwright and Radical Parliamentary Reform, 1806–1819", *English Historical Review*, vol. 83, 1968.
Milton, John, *Das verlorene Paradies, Das wiedergewonnene Paradies*, in der Übertragung von Bernhard Schuhmann, München 1966.
Minihan, Janet, *The Nationalization of Culture: The Development of State Subsidies to the Arts in Great Britain*. London, 1977.
Miracco, Franco, ed., *Venezia nell'Età di Canova 1780–1830*. Venice, 1978.
Modert, Jo, *Jane Austen's Manuscript Letters in Facsimile*. Carbondale and Edwardsville, 1990.
Momigliano, Arnaldo, *George Grote and the Study of Greek History, An Inaugural Lecture Delivered at University College*. London, 1952.
Montefiore, Joshua, *A Commercial Dictionary: Containing the Present State of Mercantile Law, Practice and Custom*. London, 1803.
Moore, Thomas, *Letters and Journals of Lord Byron, with Notices of his Life*, 2 vols. London, 1830 and 1888 edn.
Morley, John, „King George IV and the Building of the Royal Pavilion", *The Royal Pavilion Brighton*, 1989 edn.
Morrell, Jack and Thackray, Arnold, *Gentlemen of Science: the Early Years of the British Association for the Advancement of Science*. Oxford, 1981.
Morrell, Jack, „Individualism and the Structure of British Science in 1830", *Historical Studies in the Physical Sciences*, vol. 3, 1971.
Morrell, Jack, „London Institutions and Lyell's Career, 1820–1841", *British Journal for the History of Science*, vol. 9, 1976.
Morris, Susan, *Thomas Girtin 1775–1802*. New Haven, 1986.
Morriss, Roger, *The Royal Dockyards during the Revolutionary and Napoleonic Wars*. London, 1983.
Mortimer, F.C. Martin, „ ‚Quaker' Pegg's First Period?", *Connoisseur*, vol. 200, no. 803, 1979.
Morus, Iwan Rhys, „Telegraphy and the Technology of Display", *History of Technology*, vol. 13, 1991.
Morus, Iwan Rhys, „Different Experimental Lives: Michael Faraday and William Sturgeon", *History of Science*, 1992, forthcoming.
Mosley, James, ed., *Horace Hart, Charles Earl Stanhope and the Oxford University Press; reprinted from Collectanea, vol. 3, 1896 of the Oxford Historical Society*. London, 1966.
Motif, no. 1. London, 1958.
Mudge Jnr., Thomas, *A Description with Plates, of the Time-keeper Invented by the late Mr Thomas Mudge, to which is Prefixed a Narrative, by Thomas Mudge, His Son*. London, 1799.
Murdoch, John, and Twitchett, John, *Painters and the Derby China Works*. London, 1987.
Murdoch, Tessa ed., *The Quiet Conquest: The Huguenots 1685–1985*. London, 1985.
Murdoch, Tessa ed., *Treasures & Trinkets: Jewellery in London from pre-Roman times to the 1930s*. London, 1991.
Murray, Christopher, „Robert William Elliston's Production of Faust", *Theatre Research*, vol.11, 1971.
Musgrave, Clifford, *Regency Furniture 1800–1830*. London, 1961, new edn., 1970.
Myers, Harry, *William Henry Pyne and his Microcosm*. Unpublished MS, 1990.

Nalbach, Daniel, *The King's Theatre 1704–1867*. London, 1972.
Nares, Gordon, „The Athenaeum", *Country Life*, vol.109, no.2829, 1951.
Nash, J. K. T. N., „The Foundations of London Bridge", *Canadian Geotechnical Journal*, vol. 18, 1981.
National Art-Collections Review. London, 1990.
Nayler, Sir George, *The Coronation of His Most Sacred Majesty King George IV*. London, 1837.
Neal, Larry, *The Rise of Financial Capitalism: International Capital Markets in the Age of Reason*. Cambridge, 1990.
Nelson, *John, History, Topography, and Antiquities of the Parish of St. Mary Islington*. London, 1811, 3rd. edn., 1829.
New, Chester W., *The Life of Henry Brougham to 1830*. Oxford, 1961.
Newcastle upon Tyne, British Water-Colours in the Laing Art Gallery. Newcastle upon Tyne, 1976.
Newcastle upon Tyne, Laing Art Gallery, Illustrated Catalogue of the Permanent Collection of Water Colour Drawings. Newcastle upon Tyne, 1939.
Newell, Christopher, *Victorian Watercolours*. Oxford, 1987.
Nichols, J., *Literary Anecdotes of the Eighteenth Century*. London, 1812–15.
Noble, Thomas, *The Professional Practice of Architects*. London, 1836.
Noon, Patrick, *Richard Parkes Bonington: „On the Pleasure of Painting"*. New Haven and London, 1991.
Norst, Marlene F., *Ferdinand Bauer: the Australian Natural History Drawings*. London, 1989.
North, A. R. E., *European Swords*. London, 1982.
Norton, Peter, *State Barges*. London, 1972.
Nygren, Edward J., *James Ward's Gorsdale Scar, An Essay in the Sublime*. London, 1982.

O'Brien, Patrick K., „Agriculture and the Industrial Revolution", *Economic History Review*, 2nd ser. vol. 30, 1977.
O'Brien, Patrick K., „The Political Economy of British Taxation, 1660–1815", Economic History Review, 2nd ser. vol. 41, 1985.
O'Brien, Patrick K., „Agriculture and the Home Market for English Industry, 1660–1820", *English Historical Review*, vol. 100, 1985.
Oechslin, Werner. „Die Bank of England – und ihre Darstellung als Ruine," *Archithese*, vol. 2, no.81, 1981.
Ogden Jnr., Warren Greene, *Notes on the History and Provenance of Holtzappfel Lathes; With Numerous Corrections and Additions to the Transcript of the Holtzapffel Register of Lathes*. North Andover, Massachusetts, 1987.
Ollier, Charles, *Literary Pocket Book*. London, 1823.
Olney, C., *Benjamin Robert Haydon, Historical Painter*. Athens, Georgia, 1952.
Olsen, Donald J., *Town Planning in London: The Eighteenth and Nineteenth Centuries*. New Haven and London, 1964.
Olsen, Donald J., *The City as a Work of Art: London, Paris, Vienna*. New Haven and London, 1986.
Oman, Charles, „The Plate at the Wellington Museum", *Apollo*, vol. 98, no. 139 new ser., 1973.
Oppé, A.P. *English Drawings, Stuart and Georgian Periods, in the Collection of His Majesty the King at Windsor Castle*. London, 1950.
Oppé, A.P., *Thomas Rowlandson: His Drawings and Water-Colours*. London, 1923.
Ormond, Richard, „Daniel Maclise", *Burlington Magazine*, vol. 110, no. 789, 1968.
Ormond, Richard, *Early Victorian Portraits*, 2 vols. London, 1973.
Ost, Hans, *Falsche Frauen*. Cologne, 1984.
Owen Pughe, W. and Williams, E., *Myvyrian Archaeology*, 3 vols. London, 1801–07.
Owen, David, *The Government of Victorian London 1888–1889. The Metropolitan Board of Works, the Vestries and the City Corporation*. London, 1982.
Owen, Felicity and David Blayney Brown, *Collector of Genius: A Life of Sir George Beaumont*. New Haven and London, 1988.

Paley, Morton D., *William Blake*. Oxford, 1978.
Palmer, Sarah, *Politics, Shipping and the Repeal of the Navigation Laws*. Manchester, 1990.
Papworth, Wyatt, *J. B. Papworth*. London, 1879.
Parkinson, Ronald, *Victoria and Albert Museum: Catalogue of British Oil Paintings 1820–1860*. London, 1990.
Parliamentary Debates: Cobbett and Hansard, 1803 onwards; 3rd ser., 1835.
Parliamentary Papers, (House of Commons) 1812–31.
Parliamentary Papers: Reports of the Commissioners of H.M. Woods, Forests and Land Revenues, nos.1–17, 1787–93.
Parliamentary Papers: Triennial Reports of the Surveyor-General of Land Revenues. Nos. 1–4, 1797, 1802, 1806, 1809.
Parliamentary Papers: Report of the Commissioners of H.M. Woods, Forests and Land Revenues, nos. 1–120, 1812–1942.
Parliamentary Papers: Report of the Commissioners of Inquiry into the Office of Works, vol.5, 1812–13.
Parliamentary Papers: Report from the Select Committee of the House of Commons on the Earl of Elgin's Collection of Sculptured Marbles etc. London, 1816.
Parliamentary Papers: Report from the Select Committee of the House of Commons on the Office of Works, vol. 4, 1828.
Parliamentary Papers: Report from the Selection Committee of the House of Commons on Crown Leases, vol.3, 1829.
Parliamentary Papers: Second Report of the Select Committee of the House of Commons on Windsor Castle and Buckingham Palace. London, 1831.
Parliamentary Papers: Report from the Select Committee of the House of Commons on Arts and Manufactures. London, 1836.
Parris, Leslie and Fleming-Williams, Ian, *Constable*. London, 1991.
Parssinen, T. M., 'The Revolutionary Party in London, 1816–20', *Bulletin of the Institute of Historical Research*, vol. 45, 1972.
Passavant, M. J. D., *Tour of a German Artist in England*, vol.1. London, 1836.
Paston, George, *At John Murray's, 1843–1892, Records of a Literary Circle*. London, 1932.
Patten, L. Robert, *Charles Dickens and his Publishers*. Oxford, 1978.
Paulson, Ronald, *Rowlandson: a New Interpretation*. London, 1972.
Pecchio, Count, *Semi-Serious Observations of an Italian Exile during his Residence in England*. London, 1833.
Pellatt, Apsley, *Ornamenting Glass, Patent Specification No. 4424*. London, 1819.
Pellatt, Apsley, *Memoir on the Origin, Progress and Improvement of Glass Manufactures*. London, 1821.
Pelzet, Michael and Wackernagel, Rudolf, *Bayerische Krönungswagen*. Munich, 1967.
Pendred, Loughnan St. L., „The Mystery of Trevithick's London Locomotives", *Transactions of the Newcomen Society*, vol. 1, 1920–21.
Penzer, N. M., „Galvanic Goblet: Paul Storr". *Connoisseur*, vol. 133, no. 537, 1954.
Pevsner, Nikolaus, *A History of Building Types*. Princeton, 1976.
Pevsner, Nikolaus, *Academies of Art Past and Present*. Cambridge, 1940.
Phipps-Jackson, M., „Two famous Chargers ‚Marengo' and ‚Copenhagen', *Magazine of Art*, "vol. 16, 1893.
Picciotto, James, *Sketches of Anglo-Jewish History*. London, 1875.

Pirzio Biroli Stefanelli, Lucia, „I Modelli in Cera di Benedetto Pistrucci", *Bollettino di Numismatica, Monographia,* 2 vols. Rome, 1989.
Pocock, John G.A., *Virtue, Commerce and History: Essays on Political Thought and History, Chiefly in the Eighteenth Century.* Cambridge, 1985.
Pocok, Tom, *Horatio Nelson.* London, 1987.
Podro, Michael, *The Critical Historians of Art.* New Haven and London, 1982.
Pointon, Marcia, „Painters and Pugilism in Early Nineteenth-Century England", *Gazette des Beaux Arts,* 5ième période, vol. 92, 1978.
Pointon, Marcia, *William Dyce 1806–1864: a Critical Biography.* Oxford, 1979.
Pointon, Marcia, *Mulready.* London, 1986.
Pollard, Sidney, „The decline of shipbuilding on the Thames", *Economic History Review,* 2nd ser. vol. 3, 1950–51.
Port, Michael, *Six Hundred New Churches.* London 1961.
Port, Michael, „The Office of Works and Building Contracts in Early Nineteenth-Century England", *Economic History Review,* vol. 20, 1967.
Port, Michael ed., *The Houses of Parliament.* New Haven and London, 1976.
Postle, Martin, „The Artist's Model: from Reynolds to Etty", in I. Bignamini and M. Postle eds., *The Artist's Model: its Role in British Art from Lely to Etty.* Nottingham and London, 1991.
Potts, Alex, „Die Skulturenaufstellung in der Glyptothek", in K. Vierneisel and G. Leinz eds., *Glyptothek Munchen, 1830–1980.* Munich, 1980.
Potts, Alex, *Sir Francis Chantrey, 1781–1841.* London, 1980.
Powell, Cecilia, *Turner in the South: Rome, Naples, Florence.* New Haven and London, 1987.
Pressly, William L., *The Life and Art of James Barry.* New Haven and London 1981.
Pressnell, Leslie S., *Country Banking in the Industrial Revolution.* Oxford, 1956.
Preston, J.M., *Industrial Medway: An Historical Survey.* Rochester, 1977.
Price, George, *Treatise on Fire and Thief-Proof Depositories, and Locks and Keys.* London 1856.
Price, Sir Uvedale, *Three Essays on the Picturesque,* 2 vols. London, 1810.
Prochaska, Alice, „The Practice of Radicalism: Educational Reform in Westminster", in John Stevenson ed., *London in the Age of Reform.* Oxford, 1977.
Properz, *Gedichte,* lateinisch und deutsch von Rudolf Helm, Berlin (DDR), [2]1978.
Prothero, Iorwerth J., *Artisans and Politics in Early Nineteenth-Century. London: John Gast and His Times.* Folkestone, 1979.
Prothero, Iorwerth, *Artisans and Politics and the Destitute.* London, 1987.
[Pückler Muskau, H. L. H. V.], *Tour in Germany, Holland and England, in the years 1826, 1827 & 1828,* translated by Sarah Austin, vols. 3, and 4. London, 1832.
Pückler Muskau, H. L. H. V., *Tour of England, Ireland and France.* Zurich, 1940.
Pückler Muskau, H. L. H. V., *A Regency Visitor: the English Tour of Prince. Describe in his Letters, 1826–1828,* ed. E. M. Butler. London, 1957.
Pückler Muskau, H. L. H. V., *A Regency Visitor: the English Tour of Prince. Describe in his Letters, 1826–1828,* ed. E. M. Butler. London, 1957.
Pückler Muskau, Hermann Fürst von, *Briefe eines Verstorbenen,* vollständige Ausgabe, neu herrausgegeben von Heinz Ohff, Berlin 1966.
Pudney, John, *London's Docks.* London, 1975.
Pugh, Ralph B. *The Crown Estate.* London, 1960.
Pugin, Augustus Welby Northmore, *Contrasts.* London, 1836.
Purcell, Edmund Sheridan, *Life of Cardinal Manning, Archbishop of Westminster, vol. 1, Manning as an Anglican.* London, 1986.

Quarterly Review, vol.72, 1843, „Theodore Hook".
Quennell, Peter, *The Private Letters of Princess Lieven to Prince Meternich, 1820–1826.* London, 1937.

Rackham, Bernard, *Catalogue of the Glaisher Collection of Pottery and Porcelain in the Fitzwilliam Museum, Cambridge.* Cambridge, 1935.
Radcliffe, Anthony, „Acquisitions of Sculpture by the Royal Academy", *Apollo,* vol. 89, no. 83 new ser., 1969.
Rajnai, Miklos ed., *John Sell Cotman.* London, 1982.
Randall, Anthony and Good, Richard, *Catalogue of Watches in the British Museum,* vol. 6. London, 1990.
Raumer, Frederick von, *England in 1835,* translated by Sarah Austin, vols. 1 and 2. London, 1836.
Raumer, Friedrich von, *England*, Leipzig 1842.
Reader, W.J., *Macadam.* London, 1980.
Records of Fashion. London, 1808.
Reed, Isaac, *Diaries 1762–1804.* University of California publications, vol. 10, 1946.
Reese, M. M., *Master of Horse.* London, 1976.
Reid, George William, *A Descriptive Catalogue of the Works of George Cruikshank.* London, 1871.
Reid, John C., *Bucks and Bruisers: Pierce Egan and Regency England.* London, 1971.
Reilly, Robin and Savage, George, *The Dictionary of Wedgwood.* Woodbridge, 1980
Reilly, Robin, *Wedgwood.* London, 1989.
Rennie, Sir John, *Autobiography.* London, 1875.
Repertory of Arts, *Some Account of the Archway or Tunnel Intended to be Made under the River Thames.* London 1805.
Repertory of Arts, *An Account of the Progress and Present State of the Works Undertaken with a View of Forming a Tunnel under the Thames.* London, 1809.
Repository of Arts, Literature, Commerce, Manufactures, Fashions and Politics, 40 vols. London, 1809–28.
Repton, Humphry, *Fragments on the Theory and Practice of Landscape Gardening.* London, 1816
Review of Publications of Art, ed. John Landseer, one vol. only. London, 1808.
Reynolds, Graham, *The Later Paintings and Drawings of John Constable,* 2 vols. New Haven and London, 1984.
Reynolds, Graham, *Victorian Paintings.* London, 1966.
Reynolds, Joshua, *Discourses on Art,* ed. R. R. Wark. San Marino, California, 1959.
Reynolds, Sir Joshua, *Works,* ed. Edmond Malone. London 1801.
Rhodes, Michael, „The Roman Coinage from London Bridge and the Development of the City and Southwark", *Brittania,* vol. 22, 1991.
Rhodes, Michael, unpublished PhD thesis MSS, *Some Aspects of the Contribution to British Archaeology of Charles Roach Smith (1806–90),* University of London, 1992–93.
Rhyne, Charles, „Changes in the Appearance of Paintings by John Constable", *Appearance, Opinion, Change: Evaluating the Look of Paintings.* United Kingdom Institute for Conservation, 1990.
Ribeiro, Aileen, *Dress and Morality,* London, 1986.
Ribeiro, Aileen, *Fashion in the French Revolution.* London, 1988.
Rice, Dennis G., *The Illustrated Guide to Rockingham Pottery and Porcelain.* London, 1971.
Richardson, Joanna, *The Disastrous Marriage.* London, 1960.
Richardson, Margaret ed., *Catalogue of the Drawings Collection of the Royal Institute of British Architects,* vols.C-F, S. London, 1972, 1976.
Richardson, Margaret, „Soane's Use of Drawings", *Apollo,* vol.131, no. 338, 1990.
Richardson, Ruth and Hurwitz, Brian, „Jeremy Bentham's Self Image: an Exemplary Bequest for Dissection", *British Medical Journal,* 18 July 1987.
Richardson, Ruth, *Death, Dissection and the Destitute.* London, 1987.
Rickwood, Edgell, *Radical Squibs and Loyal Ripostes.* Bath, 1971.
Riemann, Gottfried, *Karl Friedrich Schinkel, Reisen nach England, Schottland und Paris im Jahre 1826.* Berlin, 1986.
Roberts, William, *Memoirs of Mrs. Hannah More,* vol. 1. London, 2nd edn., 1834.
Robertson, David, *Sir Charles Eastlake and the Victorian Art World.* Princeton, 1978.
Robinson, Henry Crabb, *MS Diary.* London, Dr. Williams's Library.
Robinson, Henry Crabb, *Blake, Coleridge, Wordsworth, Lamb &c.,* ed. Edith J. Morley. Manchester, 1932.
Robinson, Henry Crabb, *The London Theatre 1811–1866,* ed. Eluned Brown. London, 1966.
Robinson, Henry Crabb, *Diary, An Abridgement,* ed. Derek Hudson. Oxford, 1967.
Robinson, J. M., „Sir Frederick Trench and London Improvements", *History Today,* May 1977.
Robinson, Ralph M., *Coutts': the History of a Banking House.* London, 1929.
Roe, F., „Nelson's Sword of Honour at the Guildhall", *Connoisseur,* 1928.
Roget, J. L., *A History of the „Old Water-Colour" Society,* 2 vols. London, 1891.
Rolt, L. T. C., *Thomas Telford.* London, 1958.
Rose, Dennis, *Life, Times and Recorded Works of Robert Dighton and Three of his Artist Sons.* Privately published, 1981.
Rosenfeld, Sybil, „The Grieve Family" in *Anatomy of an Illusion, Lectures of the 4th International Congress on Theatre Research.* Amsterdam, 1965.
Rosenfeld, Sybil, *A Short History of Scene Design in Great Britain.* Oxford, 1973.
Rosenfeld, Sybil, *Georgian Scene Painters and Scene Painting.* Cambridge, 1981.
Rosenthal, Michael, *Constable: The Painter and his Landscape.* New Haven and London, 1983
Rosenthal. Michael, *Constable.* London, 1987.
Rossetti, William Michael, „Annotated Catalogue" of Blake's works in Alexander Gilchrist, *Life of William Blake,* 2 vols. London, 1880.
Rothenburg, Jacob, *„Descensus ad Terram": The Acquisition and Reception of the Elgin Marbles.* New York and London, 1977.
Rougemont, Herbert de, *A History of Lloyd's Patriotic Fund from its Foundation in 1803.* London, 1914.
Roundell, James, *Thomas Shotter Boys, 1803–1874.* London, 1974.
Rowe, D. J., „The Failure of London Chartism", *Historical Journal,* vol. 11, 1968.
Rowe, D. J. ed., *London Radicalism 1800–1843.* London, 1970.
Rowe, D. J., „London Radicalism in the Era of the Great Reform Bill', in John Stevenson ed., *London Radicalism 1800–1843."* London, 1970.
Royal Academy, Lawrence Papers, MS letters, Addresses to the the Royal Academy and miscellaneous papers of Sir Thomas Lawrence, 9 vols. London, Royal Academy of Arts, LAW/1–9.
Royal Academy, Vol. of Press Cuttings and Letters, mostly relating to 1803 disputes. London, Royal Academy of Arts, RAA F3.
Royal Plate from Buckingham Palace and Windsor Castle. London, 1954.
Rubinstein, William D., *Men of Property: The Very Wealthy in Britain since the Industrial Revolution.* London, 1981.
Ruch, John E., 'Regency Coade: A Study of the Coade Record Books 1813–21,, *Architectural History,* vol. 11, 1968.
Ruddock, Ted, *Arched Bridges and their Builders 1735–1835.* Cambridge, 1979.
Rudé, George, *Hanoverian London 1714–1808.* London, 1971.
Rudwick, Martin, *The Great Devonian Controversy: The Shaping of Scientific Knowledge among Gentlemanly Specialists.* Chicago, 1985.
Rush, Richard, *A Residence at the Court of London.* London, 1833.
Ruskin, John, *Praeterita,* 3 vols. Orpington, 1885.
Ruskin, John, *Modern Painters,* vol. I. London, 1888.
Ruskin, John, *The Works of John Ruskin,* eds. E.T. Cooke and Alexander Wedderburn, 39 vols., London, 1902–1914.
Russell, Lord John, ed., *Memoirs of Thomas Moore,* 8 vols. London, 1853–56.
Rutherford, A. ed., 'The Impact of Byron's Writings: an Evidential Approach', *Byron: Augustan and Romantic.* London, 1990.
Ryan, W. F., „John Russell, R. A., and Early Lunar Mapping", *Smithsonian Journal of History,* vol. 1, 1966.

Saint, Andrew, *The Image of the Architect.* New Haven and London, 1983.
Sandner, Oscar ed., *Angelika Kauffman und ihre Zeitgenossen.* Bregenz, 1968.
Sandon, Henry, *Flight & Barr Worcester Porcelain.* Woodbridge, 1978.
Sandon, John, „Thomas Baxter", *Northern Ceramic Society Newsletter,* no. 66, June 1987.
Sandon, John, „Nelson's China", *Antique Dealer and Collector's Guide,* March 1989.
Sandon, John, „The Regency Decorators of Worcester". *International Ceramics Fair and Seminar.* London, 1991.
Santanello, A.E. introd., *The Boydell Shakespeare Prints.* New York, 1968.
Sargent, Edward, „The Planning and Early Buildings of the West India Docks", *Mariner's Mirror,* vol. 77, no. 2, 1991.
Saunders, Ann, *Regent's Park.* Newton Abbot, 1969.
Savigny, H. John, *A Collection of Engravings Representing the Most Modern and Approved Instruments Used in the Practice of Surgery.* London, 1798.
Scharf, George, *A Descriptive and Historical Catalogue of the Collection of Pictures at Eaton Hall.* London, 1878.
Schoeser, Mary, *Printed Handkerchiefs.* London, 1988.
Schumann-Bacia, Eva-Maria, *Die Bank von England und ihr Architekt John Soane.* Zurich, 1989.
Schumann-Bacia, Eva-Maria, *John Soane und die Bank of England. 1788 bis 1833.* Hildesheim, 1990.
Schwarz, Leonard D., „Income Distribution and Social Structure in London in the Late Eighteenth Century", *Economic History Review,* vol. 32, 2nd ser., 1979.
Schwarz, Leonard D., „Social Class and Social Geography: the Middle Classes in London at the End of the Eighteenth Century", *Social History,* vol. 7, 1982.
Schwarz, Leonard D., „The Standard of Living in the Long-run: London, 1700–1860", *Economic History Review,* 2nd ser. vol. 38, 1985.
Schweber, Silvan, „Scientists as Intellectuals: the Early Victorians", in James Paradis and Thomas Postlewait eds., *Victorian Science and Victorian Values: Literary Perspectives.* New Brunswick, 1985.
Schweizer, Paul, „John Constable, Rainbow Science, and English Color Theory", *Art Bulletin,* vol. 64, no. 3, 1982.
Scrase, David, *Drawings and Watercolours by Peter de Wint.* Cambridge, 1979.
Seaborne, Malcolm, *The English School, 1370–1870.* London, 1971.
Seaby, H. A and P. J. *Coins of England and the United Kingdom, Standard Catalogue of British Coins,* vol. I. London, 1991 edn.
Searle, Mark, *Turnpikes and Toll-Bars.* London, 1930.
Second, James Andrew, „King of Siluria: Roderick Murchison and the Imperial Theme in Nineteenth-century British Geology", *Victorian Studies,* vol. 25, 1982.
Second, James Andrew, „The Geological Survey of Great Britain as a Research School, 1839–1855", *History of Science,* vol 24, 1986.
Sekora, John, *Luxury: The Concept in Western Thought, Eden to Smollett.* Baltimore, 1977.
Shakespeare, William, *Sämtliche Werke,* Vollständige Ausgabe nach der Schlegel-Tieck-Gesamtausgabe von 1843/44, München 1964.
Shanes, Eric, „Turner's ‚Unknown' London Series". *Turner Studies,* vol.1, no.2, 1981.
Shanes, Eric, „Picture Notes", *Turner Studies,* vol. 3, no. 2, 1984.
Shanes, Eric, *Turner's England.* London, 1990.
Shapin, Steven and Barnes, Barry, „Science, Nature and Control: Interpreting Mechanics" Institutes', *Social Studies of Science,* vol. 7, 1977.
Shaw, Henry, *Specimens of Ancient Furniture... with descriptions by Sir Samuel Rush Meyrick.* London, 1836.
Shee, Martin Archer, *A Letter to the President and Directors of the British Institution.* London, 1809.
Shee, Martin Archer, *Rhymes on Art.* London, 1805.
Shelley, P. B., „On the Devil and Devils" 1819–20, in D. L. Clark ed., *Shelley's Prose.* Durham, North Carolina, 1972.
Shelley, Percy Bysshe, *Shelley's ausgewählte Dichtungen,* aus dem Englischen von Adolf Strodtmann, Leipzig o. J.
Shelley, Percy Bysshe, *Gedichte,* herrausgegeben von Alexander von Bernus, Heidelberg 1958.
Shelley, Percy Bysshe, *Ausgewählte Werke, Dichtung und Prosa,* herrausgegeben von Horst Höhne, Leipzig1985.
Sheppard, F. H. W., *Local Government in St. Marylebone 1688–1835.* London 1958.
Sheppard, Francis, *London, 1808–1870: The Infernal Wen.* London, 1971.

Sheppard, Francis, Belcher, Victor, and Cotterell, Philip, „The Middlesex and Yorkshire Deeds Registries and the Study of Building Fluctuations", *London Journal*, vol. 5, no. 2, 1979.
Sheraton, Thomas, *The Cabinet Dictionary*, 2 vols. London, 1803.
Shirley, Andrew, *Bonington*. London, 1940.
Shirley, Andrew, *The Published Mezzotints of David Lucas after John Constable R.A.: A Catalogue and Historical Account*. Oxford, 1930.
Sichel, W., ed., *Glenbervie Journals*. London, 1910.
Siegfried, Robert, „Davy's ‚Intellectual Delight' and his Lectures at the Royal Institution", in Sophie Forgan ed., *Science and the Sons of Genius: Studies on Humphry Davy*. London, 1980.
Simond, Louis, *Journal of a Tour and Residence in Great Britain during the years 1810 and 1811*. London, 1817.
Sitwell, Sacheverell and Blunt, Wilfrid, *Great Flower Books 1700–1900*. London, 1956.
Skempton, A. W., „Samuel Wyatt and the Albion Mill", *Architectural History*, vol. 14, 1971.
Skempton, A. W., „Engineering in the Port of London, 1798–1808", *Transactions of the Newcomen Society*, vol. 50, 1978–79.
Skempton, A. W.„„Engineering in the Port of London, 1808–1834", *Transactions of the Newcomen Society*, vol. 53, 1981–82.
Sloan, Kim, *Alexander and John Robert Cozens, The Poetry of Landscape*. New Haven and London, 1986.
Smart, Alastair, and Brooks, Artfield, *Constable and his Country*. London, 1976.
Smiles, Samuel, *Lives of the Engineers*, 3 vols. London, 1861–62.
Smiles, Samuel, *A Publisher and His Friends, Memoir and Correspondence of the Late John Murray*. London, 1891.
Smith, Arthur, „Lord Elgin and his Collection", *Journal of Hellenic Studies*, vol. 36, 1916.
Smith, Arthur, „The Gurney Steam Carriage", *Journal of the Society of Model and Experimental Engineers*, vol. 3 , no. 3, 1959.
Smith, Charles Roach, „On Some Roman Bronzes discovered in the bed of the Thames," *Archaeologia*, vol. 28, 1840.
Smith, Charles Roach, *Illustrations of Roman London*. Privately printed, 1859.
Smith, Clifford, *Buckingham Palace*. London, 1931.
Smith, George, *A Collection of Designs for Household Furniture and Interior Decoration*. London, 1808.
Smith, Hammond, *Peter De Wint*. London, 1982.
Smout, T. Christopher, *A History of the Scottish People, 1560–1830*. London, 1969.
Snodin, Michael, and Baker, M., „William Beckford's Silver", *Burlington Magazine*, 1980.
Snodin, Michael, „Charles and Edward Crace and Rococo Coach Painting", *The Craces, Royal Decorators 1768–1899*. Brighton, 1990.
Soane, Sir John, *Designs for Public and Private Buildings*. London, 1828.
Soane, John, *Description of the House and Museum*. London, 1835.
Solly, N. Neil, *Memoir of the Life of David Cox, Member of the Society Painters in Watercolours, with Selections from his Correspondence, and Some Accounts of his Works*, 1873, reprinted London 1973.
Souden, David, *Wimpole Hall*. London, 1991.
Southall, Humphrey, „The Origins of the Depressed Areas: Unemployment, Growth and Regional Economic Structure in Britain before 1914", *Economic History Review*, 2nd ser. vol. 41, 1988.
Southey, Robert, *Letters from England*. London, 1807, ed. Jack Simmons. London, 1951.
Southwick, Leslie, „The City of London Presentation Awards",*Antique Dealer & Collector's Guide*, January 1983.
Southwick, Leslie, „Patriotic Fund Swords", *Journal of the Arms and Armour Society*, vol. 12, 1987–88.
Southwick, Leslie, „The Silver Vases Awarded by the Patriotic Fund", *Silver Society Journal*, vol.1, 1990.
Spater, George, *William Cobbett: The Poor Man's Friend*, 2 vols. Cambridge, 1982.
Speler, Ralf Torsten, „Erdmannsdorff, Palladio und England", *Friedrich Erdmannsdorff 1736–1800 zum 250 Geburtstag*. Wörlitz, 1986.
Spencer, Herbert, *London's Canal*. London, 1961.
Spencer, Terence, *Fair Greece Sad Relic: Literary Philhellenism from Shakespeare to Byron*. Bath, 1974.
Sperling, Norman, „The Mystery of Urania's Mirror", *Sky and Telescope*, vol. 61, 1981.
Splendid Views, Portfolio of Reproductions of Benjamin Read Topographical Fashion Plates, with notes by Anne Buck, Ralph Hyde and Ann Saunders. London, 1984.
St. Clair, William, *That Greece Might Still Be Free: The Philhellenes in the War of Independence*. London, 1972.
St. Clair, William, *Lord Elgin and the Marbles*. London, 1967 and 2nd edn. Oxford, 1983.
St. Clair, William, „The Impact of Byron's Writings: an Evidential Approach" in A. Rutherford ed., *Byron: Augustan and Romantic*. London, 1990.
St. Quintin, A. N., *Patriotic Fund at Lloyd's*. London, 1923.
Stafford, Robert, *Scientist of Empire: Sir Roderick Murchison, Scientific Exploration and Victorian Imperialism*. Cambridge, 1989.
Stamp, Gavin, *The Great Perpectivists*. London, 1982.
Stamp, Gavin, „Hungerford Market", *A. A. Files*, vol. 11, 1986.
Stanton, Phoebe, *Pugin*. London, 1971.
Stearn, T. William, *The Australian Flower Paintings of Ferdinand Bauer*. London, 1976.
Stedman Jones, Gareth, *Outcast London: A Study in the Relationship between Classes in Victorian Society*. Oxford, 1971.
Steele, H. Rooksby and F. R. Yerbury, *The Old Bank of England, London*. London, 1930.
Stern, Walter M., „The First London Dock Boom and the Growth of the West India Docks", *Economica*, vol. 19, 1952.
Stern, Walter M., „The Isle of Dogs Canal. A Study in Early Public Investment", *Economic History Review*, 2nd ser. vol. 4, no. 3, 1952.
Stevenson, John, „The Queen Caroline Affair", in John Stevenson ed., *London in the Age of Reform*. Oxford, 1977.
Stevenson, Sara and Bennett, Helen, *Van Dyck in Check Trousers*. Edinburgh, 1978.
Stewart, Bertram, *The Library and the Picture Collection of the Port of London Authority*. London, 1955.
Stigand, William, *The Life, Work and Opinions of Heinrich Heine*, 2 vols. London, 1875.
Stokes, M. V., „The Lowther Arcade in the Strand", *London Topographical Record*, vol. 23, 1974.
Stoneman, Richard, *A Literary Companion to Travel in Greece*. London, 1984.
Stoneman, Richard, *Land of Lost Gods: The Search for Classical Greece*. London, 1987.
Story, T. Alfred, *The Life of John Linnell*. 2 vols. London, 1892.
Stroud, Dorothy, *The Thurloe Estate, South Kensington*. London, 1959.
Stroud, Dorothy, *Capability Brown*. London, revised edn. 1975.
Stroud, Dorothy, *John Soane, Architect*. London, 1984.
Sturmer, Michael, „An Economy of Delight: Court Artisans of the Eighteenth Century", *Business History Review*, vol.53, 1979.
Summerson, John, *John Nash. Architect to George IV*. London, 1935.
Summerson, John, *Georgian London*. London, 1945 and edns. 1947, 1978, 1962, 1988.
Summerson, John, *Heavenly Mansions*. London, 1949.
Summerson, John, introduction to Terence Davies, *John Nash*. London, 1960.
Summerson, John, „The Beginning of Regent's Park", *Architectural History*, vol. 20, 1977.
Summerson, John, *The Life and Work of John Nash, Architect*. London, 1980.
Summerson, John, Watkin, David and Mellinghoff, G.-Tilman, *John Soane*. London, 1983.
Summerson, John, *Architecture in Britain, 1530–1830*. London, 1970, 3rd edn. 1983
Summerson, John, *Architecture in the Eighteenth Century*. London, 1986.
Summerson, John, „The Evolution of Soane's Bank Stock Office in the Bank of England", *The Unromantic Castle*. London, 1990.
Summerson, John, „John Nash, ‚Statement', 1829," *Architectural History*, vol. 34, 1991.
Supple, Barry, *The Royal Exchange Assurance: A History of British Insurance, 1720–1970*. Cambridge, 1970.
Survey of London, vols. 21, 29, 36, 39, 40, 42. London, 1949, 1960, 1970, 1977, 1980, 1986.
Sutton, Thomas, *The Daniells: Artists and Travellers*. London, 1954.
Swade, Doron, *Charles Babbage and his Calculating Engines*. London, 1991.
Swain, Marilyn, „Pendock Barry and his Derby Dessert Service", *Antique Collector*, vol. 55, no.9, 1984.
Sykes, Christopher Simon, *Private Palaces: Life in the Great London Houses*. London, 1985.

Tait, Hugh and Gere, Charlotte, *The Jeweller's Art, An Introduction to the Hull Grundy Gift to the British Museum*. London, 1978.
Tait, Hugh, ed., *The Art of the Jeweller, A Catalogue of the Hull Grundy Gift to the British Museum*. London, 1984.
Tallis, John, *Street Views of London*. London, 1838–40, reprinted 1969.
Tanner, L. E., *The History of the Coronation*. London, 1952.
Taylor, Basil, ed., *Painting in England 1700–1850*. London.
Taylor, Basil, *Joshua Cristall 1768–1847*. London, 1975.
Taylor, Basil, *The Old Watercolour Society and its Founder-members*. London, 1973.
Taylor, Eva Germaine Rimington, *The Mathematical Practitioners of Tudor and Stuart England*. Cambridge, 1954.
Taylor, Eva Germaine Rimington, *The Mathematical Practitioners of Hanoverian England, 1714–1840*. Cambridge, 1966.
Taylor, George Ledwell, *The Autobiography of an Octogenarian Architect*, 2 vols. London, 1870–72.
Taylor, N. *Monuments of Commerce*. London, 1968.
Tedder, Henry Richard, „Rudolph Ackermann", *Dictionary of National Biography* , vol 1. Oxford, 1885.
Telford, Thomas, *Life of Thomas Telford, Civil Engineer, Written by Himself*. London, 1838.
Teyssot, Georges. *Città e Utopia nell'Illuminismo Inglese: George Dance il giovane*. Rome, 1974.
Thackeray, W. M., *Sketches and Travels in London*. London, 1844–50; Gloucester edn., 1989.
The Cabinet or Monthly Report of Polite Literature, 1807.
The Gurney Steam Carriage', *Engineering*, 3 April 1959.
The Sun coronation supplement, 28 June 1838.
Thomas, John Meurig, *Michael Faraday and the Royal Institution (The Genius of Man and Place)*. Bristol, 1991.
Thomas, Matthews, *John Gibson*. London, 1911.
Thomas, R. H. G., *London's First Railway – The London and Greenwich*. London, 1972.
Thomas, William, *The Philosophic Radicals*. Oxford, 1979.
Thompson, E. P., *The Making of the English Working Class*. London, 1968.
Thompson, F. M. L., *Hampstead: Building a Borough 1650–1964*. London, 1974.
Thoms, W. J., *The Book of the Court*. London, 1838.
[Thomson, Richard], *Chronicles of London Bridge*. London, 1827.
Thorne, Robert, „Origins of the Skin Floor", *Architect's Journal*, vol 184, no. 30, 1986.
Thorne, Robert ed., *The Iron Revolution – Architects, Engineers and Structural Innovation 1780–1880*. London, 1990.
Thorne, Roland, *The History of Parliament, The House of Commons, 1790–1820*, vol.3 Members A-F, vol.4 Members G-P, vol.5 Members Q-Y. London, 1986.
Thornton, Peter and Fitz-Gerald, Desmond, „Abraham Roentgen – ‚Englische Kabinettmacher', *Victoria and Albert Museum Bulletin"*, vol.2, 1966.
Thornton, Peter and Watkin, David, „New Light on The Hope Mansion in Duchess Street", *Apollo*, vol.126, no. 307, 1987.
Thornton, Peter, *Authentic Decor The Domestic Interior 1620–1920*. London, 1984.
Tierney, David, „The Catholic Apostolic Church: a Study in Tory Millenarianism", *Historical Research*, vol.63, 1990.
Tindall, Gillian, *The Fields Beneath*. London, 1977.
Tischbein, J. H. W., *Recueil de Gravures d'après des Vases Antiques. Cabinet Hamilton*, 4 vols. Naples, 1791–95 and 1803 edn..
Tomlin, Maurice, *Catalogue of Adam Period Furniture, Victoria and Albert Museum*. London, 1972.
Tomlin, Maurice, *Catalogue of Adam Period Furniture*. London, 1972.
Tooley, R.V., *English Books with Colour Plates 1790 to 1860*. London, 1954 and Folkestone, 1973.
Townsend, Charles E.G, „Further Notes on Early Railways in Surrey". *Transactions of the Newcomen Society*, vol. 27, 1949–51.
Trench, Frederick William, *A Collection of Papers Relating to the Thames Quay*. London, 1827.
Trench, Frederick William, *Royal Palaces*. London, 1846.
Trench, Richard and Hillman, Ellis, *London under London*. London, 1985.
Trendall, A.D. and Cambitoglou, Alexander, *The Red-Figured Vases of Apulia*. Oxford, 1978.
Truman, Charles, *English Glassware to 1900*. London, 1984.
Turner, A. J. ed., *University College London, Past and Present 1828–1978*. London, 1978.
Turner, Eric, „Metalwork Acquisitions at the V&A 1978–88, No. XVI", *Burlington Magazine*, vol. 131, no. 1034, 1989.
Turner, Frank, *The Greek Heritage in Victorian Britain*. New Haven and London, 1981.
Twitchett, John, *Derby Porcelain*. London, 1980.
Twyman, Michael, *Lithography*. Oxford, 1970.

„University College London", *Country Life*, vol. 61, no.1587, 1927.
Unwin, George, *Samuel Oldknow and the Arkwrights: The Industrial Revolution in Marple and Stockport*. Manchester, 1924.

Van der Merwe, Pieter. *Clarkson Stanfield*. Sunderland, 1979.
Van Duin, Paul, „Two Pairs of Cabinets on Stands by Thomas Parker", *Furniture History*, vol.25, 1989.
Vaughan, William, *German Romanticism and English Art*. New Haven and London, 1979.
Vaughan, William, *Tracts on Docks and Commerce, Printed between the years 1793 & 1800, ... with an Introduction, Memoir, and Miscellaneaous Pieces*. London, 1839.
Venning, Barry, „Turner's Annotated Books: Opie's ‚Lectures on Painting'and Shee's ‚Elements of Art'", *Turner Studies*, vol. 2, nos. 1 and 2, 1982.
Verhandlungen des Vereins zur Beförderung des Gewerbfleisses in Preussen, vol. 12, 1833.
Vermeule, Cornelius, *European Art and the Classical Past*. Cambridge Massachusetts, 1964.
Vickers, Michael, „Value and Simplicity: Eighteenth-Century Taste and the Study of Greek Vases", *Past and Present*, no. 116, 1987.
Victoria and Albert Museum Catalogue of Water Colour Paintings. London, 1927.
Victoria and Albert Museum Portrait Drawings. London, 1953.

Waagen, Dr. Gustav, *Works of Art and Artists in England*, vol.2. London, 1838.
Waagen, Dr. Gustav, *Treasures of Art in Great Britain: being an account of the Chief Collections of Paintings, Drawings, Sculptures, Illuminated MSS &c &c.*, 3 vols. London, 1854.
Wagenbreth, D., and Wächtler, E., *Dampfmaschinen*. Leipzig, 1986.
Wainwright, Clive, „Some Objects from William Beckford's Collection now in the Victoria and Albert Museum", *Burlington Magazine*, vol. 113, 1971.
Wainwright, Clive, „Pugin's Early Furniture", *Connoisseur*, vol.191, 1976.
Wainwright, Clive, *The Romantic Interior: The British Collector at Home 1750–1830*. New Haven and London, 1989.
Waldron, Peter and Culme, John, „The Newborough Plate", Sotheby's London sale catalogue, 27 February 1992.
Walker Richard, *Regency Portraits*, 2 vols. London, 1985.
Walker, John, *John Constable*. London, 1979.
Walker, John, „Maria Cosway: An Undervalued Artist". *Apollo*, vol. 123, no.291, 1986.
Walker, R.J., *A Catalogue of Paintings, Drawings, Engravings and Sculpture in the Palace of Westminster, compiled during 1959–72*, 4 Vols. in typescript, 1988.
Walker, Richard, *The Savile Row Story*. London, 1988.
Walker, Stella A., *Horses of Renown*. London, 1954.
Walker, Susan, „Clytie – a False Woman", in *Proceedings of the Colloquium held at the British Museum in conjunction with the exhibition Fake? The Art of Deception*. London, 1990.
Ward, Humphry, *History of the Athenaeum 1824–1925*. London, 1926.

Wark, Robert R., *Drawings by Flaxman from the Huntington Collection.* San Marino, California, 1970.
Warner, J. G. M., *A Century of Locomotive Building by Robert Stephenson & Co. 1823–1923.* London, 1923.
Warner, Oliver, *A Portrait of Lord Nelson.* London, 1968.
Watkin, David, *The English Vision. The Picturesque in Architecture, Landscape and Garden Design.* London, 1982.
Watkin, David, *The Life and Work of C.R. Cockerell.* London, 1974.
Watkin, David, *Thomas Hope 1769–1831 and the Neo-Classical Idea.* London, 1968.
Webb, Mrs. *The Annotated Index of the Royal Academy Lectures in the V&A Sculpture Collection.*
Weber, Carl Maria von, *Ausgewählte Schriften,* herrausgegeben von W. Altmann, Regensburg 1937.
Weber, Carl Maria von, *Reise-Briefe von Carl Maria von Weber an seine Gattin Carolina.* herrausgegeben von seinem Enkel, Leipzig, 1886.
Webster, A. B., *Joshua Watson, The Story of a Layman 1771–1835.* London, 1954.
Wedmore, Frederick, *Constable: Lucas: With a Descriptive Catalogue of the Prints They did between Them.* London, 1914.
Weedon, Cyril, „Dr. Syntax in the Glasshouse", *Glass Circle News,* no. 36, July 1987.
Wees, J. Duston and Campbell, Michael, *„Darkness Visible": The Prints of John Martin.* Williamstown, Massachusetts, 1986.
Werner, Alex and Lane, Nick, *Gateway to the East.* London, 1991.
Werner, J. G. M., *A Century of Locomotive Building by Robert Stephenson and Co 1823–1923, Andrew Reid & Co.* London, 1923 ?
West, Shearer „Thomas Lawrence's ‚Half History Portraits and the Politics of Theatre'", *Art History,* vol. 14, no. 2, 1991.
Westmacott, C. M., *Minutes of Council, A. Pindaric, The British Press, reprinted in The Spirt of the Public Journals for the year 1825.* London, 1826.
Weston-Davies, W. H., „The Surgical Instrument Maker: An Historical Perspective", *Journal of the Royal Society of Medicine,* vol. 82, 1989.
Westwood, J. N., *Locomotive Designers in the Age of Steam.* London, 1977.
Whinney, Margaret and Gunnis Rupert, *The Collection of Models of Joseph Flaxman R.A. at University College London.* London, 1967.
Whinney, Margaret, *Sculpture in Britain 1530–1830.* London 1988.
White, Elizabeth, *Pictorial Dictionary of English Eighteenth Century Furniture Design.* Woodbridge, 1990.
White, H. P., *A Regional History of the Railways of Great Britain, Vol. 3 Greater London.* Newton Abbot, 2nd edn. 1971.
White, John, Jr., *Some Account of the Proposed Improvements of the Western Part of London, by the Formation of Regent's Park.* London, 1813.
Whiter, Leonard, *Spode, A History of the Family, Factory and Wares from 1733–1833.* London, 1970.
Whitley, William T., „Girtin's Panorama", *Connoisseur,* vol. 69, 1924.
Whitley, William T., *Art in England 1800–1820,* 2 vols. Cambridge, 1928.
Whitley, William T., *Art in England, 1821–1837.* Cambridge, 1930.
Whitley, William T., *Thomas Heaphy (1775–1835) First President of the Society of British Artists.* London, 1933.
Whittingham, Selby, „A Most Liberal Patron: Sir John Fleming Leicester Bart., 1st Baron de Tabley, 1762–1827", *Turner Studies,* vol. 6, no. 2, 1986.
Wickwar, W. H., *The Struggle for the Freedom of the Press 1819–32.* London, 1928.
Wiener, J. H., *Radicalism and Freethought in Nineteenth-Century Britain: The Life of Richard Carlile.* Westport, Connecticut, 1983.
Wightwick, George, „The Life of an Architect", *Bentley's Miscellany,* vol. 34, 1853.
Wilcox, Scott Barnes, *Panoramas and Related Exhibitions in London.* M. Litt thesis, University of Edinburgh, 1976.
Wilcox, Scott, *David Cox: His Development as a Painter in Watercolours.* Yale University, New Haven, dissertation, 1984.
Wildman, Stephen, *David Cox, 1783–1859.* Birmingham, 1983.
Wilkins, William, *Letter to Lord Viscount Goderich on the Patronage of the Arts by the English Government.* Privately printed, 1831.
William Turner of Oxford (1789–1862). Arts Council, 1984–85.
Williams, D. E., *Life and Correspondence of Sir Thomas Lawrence,* 2 vols. London, 1831.
Williams, L. Pearce, *Michael Faraday.* London, 1965.
Williams, S. B., *Antique Blue and White Spode.* London, 1949.
Williamson, G. Jeffrey, „Why was British Growth so Slow during the Industrial Revolution?", *Journal of Economic History,* vol.44, 1984.
Wilton, Andrew, *British Watercolours 1750 to 1850.* Oxford, 1977.
Wilton, Andrew, *Constable's „English Landscape Scenery".* London, 1979.
Wilton, Andrew, *The Life and Work of J. M. W. Turner.* Fribourg and London, 1979.
Wilton, Andrew, *Turner Watercolours in the Clore Gallery.* London, 1988.
Wilton, Andrew, „The Keepsake Convention: Jessica and some related Pictures", *Turner Studies,* vol. 9, no. 2, 1989.
Wilton, Andrew, *Painting and Poetry: Turner's Verse Book and his Work of 1804–1812.* London, 1990.
Wilton-Ely, John, „The Architectural Models of Sir John Soane: A Catalogue, *Architectural History,*" vol. 12, 1969.
Wirth, Irmgard, *Johann Wilhelm Meil.* Berlin, 1970.
Witt, John, *William Henry Hunt.* London, 1982.
Woodforde, John, *The Story of the Bicycle.* London, 1970.
Woodhouse, Christopher, *The Philhellenes.* Princeton, 1971.
Woods, R.A., *The Bank of England: An Illustrated Visit Bank of England.* London, 1975.
Wordsworth, William, *Präludium oder Das Reifen eines Dichtergeistes.* Ein autobiographischen Gedicht, ins Deutsche übertragen und herrausgegeben von Hermann Fischer, Stuttgart 1974.
Wormsbächer, Elisabeth, *Daniel Nikolaus Chodowiecki, Erklärungen und Erläuterungen zu seinen Radierungen.* Hanover, 1988.
Worsley, Giles, *Architectural Drawings of the Regency Period, 1790–1837.* London, 1991.
Worthington, J.H., „Drawings by Charles Robert Cockerell R.A.", *Royal Institute of British Architects Journal,* vol. 29, 1932.
Wright, Charles and Fayle C Ernest, *A History of Lloyd's from the Founding of Lloyd's Coffee House to the Present Day.* London, 1928.
Wright. C. and Fayle, E. E., *A History of Lloyd's from the founding of Lloyd's Coffee House to the Present Day.* London, 1928.
Wrigley, E. Anthony, „Metropolitan cities and their Hinterlands", in Erik Aerts and Peter Clark eds., *Metropolitan Cities and their Hinterlands in Early Modern Europe, Proceedings of Tenth International Economic History Congress.* Leuven, 1990.
Wrigley, E. Anthony, *Continuity, Chance and Change: The Character of the Industrial Revolution in England.* Cambridge, 1988.
Wrigley, E. Anthony, *People, Cities and Wealth: The Tranformation of Traditional Society.* Oxford, 1987.
Wyman, C., „The Early Techniques of Transfer Printing", *Transactions of the English Ceramic Circle,* vol.10 part 4.

Yorke, James, „Table of Triumph", *Country Life,* 3 November 1988.
Young, Arthur, *Annals of Agriculture,* vol. 2. London, 1784.
Young, G.M. ed., *Early Victorian England.* London, 1934 and 1951 edn.

Zeitlin, Charlotte, „Wedgwood Copies of a Vase in the Hamilton Collection", *Proceedings of the Wedgwood Society,* no. 7 1968.
Ziegler, Philip, *King William IV.* London, 1971.
Ziegler, Philip and Desmond, Sewart, *Brooks's A Social History.* London, 1991.
Ziegler, Philip, *The Sixth Great Power. Barings 1762–1929.* London, 1988.

AUSSTELLUNGEN

Arts Council of Great Britain, 1961–62. Birmingham, City Art Gallery; Sheffield, Graves Art Gallery; Bolton, Bolton Museum and Art Gallery; Swansea, Glynn Vivbian Art Gallery; Plymouth, City Art Gallery. *Diploma and other Pictures from the Collection of the Royal Academy.*
Arts Council of Great Britain, 1978. Leeds, Leeds City Art Gallery; Leicester, Leicester Museum and Art Gallery, Bristol, City of Bristol Museum and Art Gallery and London, Royal Academy of Arts, *Great Victorian Pictures,* catalogue by Rosemary Treble.
Arts Council of Great Britain, 1980–81. *British Watercolours 1760–1930 from the Birmingham Museum and Art Gallery,* catalogue by Richard Lockett.
Arts Council of Great Britain, 1982–83. London, Victoria and Albert Museum; Manchester, Whitworth Art Gallery; Bristol, City of Bristol Museum and Art Gallery, *John Sell Cotman 1782–1842,* catalogue by Miklos Rajnai
Arts Council of Great Britain, 1984–85. Woodstock, Oxfordshire County Museum; London, Bankside Gallery; Bolton, Bolton Museum and Art Gallery. *William Turner of Oxford,* catalogue by Timothy Wilcox and Christopher Titterington.

Barlaston, Staffordshire, Josiah Wedgwood and Sons and London, Wigmore Street, 1989–1990. *The Portland Vase.*
Bedford, Cecil Higgins Museum, 1961. *George Garrard.*
Berlin, Nationalgalerie, 1972. *William Turner 1775–1851.*
Birmingham, Birmingham Museums and Art Gallery, 1959. *David Cox 1783–1859,* catalogue by John Rowlands.
Birmingham, Birmingham Museums and Art Gallery, and London, Victoria and Albert Museum, 1983–84. *David Cox 1783–1859,* catalogue by Stephen Wildman, John Murdoch and Richard Lockett.
Birmingham, Birmingham Museums and Art Gallery, 1984. *J. M. W. Turner.*
Birmingham, Birmingham Museums and Art Gallery, 1987. *The Glory of Watercolour.*
Birmingham, *Birmingham Society of Artists,* 1852.
Brighton, Royal Pavilion, Art Gallery and Museums, 1951. *John Nash Exhibition.*
Brighton, Brighton Museum and Manchester, Manchester City Art Gallery, 1983. *The Inspiration of Egypt,* catalogue edited by Patrick Conner.
Bristol, Bristol Art Gallery, 1973. *The Bristol School of Artists: Francis Danby and Painting in Bristol 1810–1840,* catalogue by Francis Greenacre.
Bristol, Bristol Art Gallery and London, Tate Gallery, 1988. *Francis Danby, 1793–1861,* catalogue by Francis Greenacre.
Bristol, Bristol Cathedral, 1977. *Victorian Narrative Painting.*

Brussels, Musée Moderne, 1929. *Exposition Rétrospective de Peinture Anglaise (XVIIIe et XIXe siècles).*
Buxton, Buxton Museum and Art Gallery, 1983. *Tales Retold: Boccaccio's Decameron from the 17th Century to the 19th Century.*

Cambridge, Fitzwilliam Museum, 1970. *William Blake,* catalogue edited by David Bindman.
Cambridge, Fitzwilliam Museum, 1974. *Botanical Drawings from the Broughton Collection,* catalogue by John Raven.
Cambridge, Fitzwilliam Museum, 1979. *Drawings and Watercolours by Peter de Wint,* catalogue by David Scrase.
Cambridge, Fitzwilliam Museum and New Haven, Yale Center for British Art, 1982–83. *John Linnell, A Centennial Exhibition,* catalogue by Katharine Crouan.
Cambridge, Fitzwilliam Museum, 1984. *Samuel Palmer and 'The Ancients',* catalogue by Raymond Lister.
Cincinnati, Ohio, Taft Museum, 1986. *J. M. W. Turner: The Foundations of Genius.*
Cleveland, Ohio, Cleveland Museum of Art, 1984. *Dreadful Fire! Burning of the Houses of Parliament,* catalogue by Katherine Solender.
Cleveland, Ohio, Cleveland Museum of Art and Raleigh, North Carolina Museum of Art, 1991, *Nature into Art: English Landscape Watercolours from the British Museum.*

Derby, Royal Crown Derby Museum, 1990. *Painters and the Derby China Works.*
Detroit, Detroit Institute of Arts and Philadelphia, Philadelphia Museum of Art, 1968. *Romantic Art in Britain: Paintings and Drawings 1760–1860,* catalogue by Frederick Cummings and Allen Staley.
Dublin, *International Exhibition,* 1865.

Edinburgh, National Gallery of Scotland, 1985. *A Tribute to Wilkie,* catalogue by Lindsay Errington.
Edinburgh, Royal Scottish Museum, 1969. *Pomp: a Tribute from the City of London to the City of Edinburgh.*
Frankfurt on Main, Kunsthandwerk Museum, 1965. *Spode Copeland 1765–1965. Steingut und Porzellan.*
Glasgow, *International Exhibition,* 1888.

Hamburg, Kunsthalle, 1976. *William Turner und die Landschaft seiner Zeit.*
Hamburg, Kunsthalle, 1980. *Goya: The Age of Revolution.*

Leicester, Leicester Museums and Art Gallery, 1968. *TheVictorian Vision of Italy.*
Liverpool, *Liverpool Academy,* 1854.
London, Thomas Agnew and Sons Ltd., 1966. *Peter de Wint.*
London, Thomas Agnew and Sons Ltd., 1967. *Loan Exhibition of Paintings and Watercolours by J. M. W. Turner, R. A.*
London, Thomas Agnew and Sons Ltd., 1971. *English Pictures 1730–1870.*
London, Thomas Agnew and Sons Ltd., 1983. *110th Annual Exhibition of Watercolours and Drawings.*
London, Thomas Agnew and Sons Ltd., 1989. *Master Paintings.*
London, Arthur Ackermann and Son Ltd., 1983. *Ackermann 1783–1983: Bicentennial Exhibition.*
London, Bankside Gallery, 1991. *Visions of Venice: Watercolours and Drawings from Turner to Procktor.*
London, Barbican Art Gallery, 1984. *Capital Paintings.*
London, Barbican Art Gallery, 1984. *Getting London in Perspective,* catalogue by Gavin Stamp and Ralph Hyde.
London, Barbican Art Gallery, 1988–89. *Panoramania!,* catalogue by Ralph Hyde.
London, Bethnal Green Museum, 1899. *A Collection of Pottery and Porcelain illustrating Popular British History. Lent by Henry Willett Esq., of Brighton.*
London, British Institution, annual exhibitions of British paintings, 1805–67.
London, British Museum, 1957–58. *William Blake and his Circle.*
London, British Museum, 1985. *British Landscape Watercolours 1660–1860,* catalogue by Lindsay Stainton.
London, British Museum, 1985. *Charles Townley 1737–1805.*
London, British Museum, 1988–89. *Treasures for the Nation.*
London, British Museum, 1990. *Fake? The Art of Deception,* catalogue edited by Mark Jones.
London, 28 Broad Street, 1809–10. *William Blake Exhibition.*
London, Burlington Fine Arts Club, 1888. *Exhibition of Drawings in Water Colour and in Black and White by John Sell Cotman.*
London, P. and D. Colnaghi and Co. Ltd. and New Haven, Yale University Art Gallery, 1964–65. *English Drawings and Watercolours from the Collection of Mr. and Mrs. Paul Mellon.*

London, P. and D. Colnaghi and Co. Ltd., 1973. *A Loan Exhibition of Drawings, Watercolours, and Paintings by John Linnell and his Circle.*
London, Dulwich Picture Gallery, 1992. *Palaces of Art. Art Galleries in Britain 1790–1990*, catalogue edited by Giles Waterfield.
London, Earl's Court, 1897. *Victorian Era Exhibition.*
London, Egyptian Hall, 1822. *John Martin Exhibition.*
London, Egyptian Hall, 1828. *Benjamin Robert Haydon Exhibition.*
London, Goupil Gallery, 1922. *Loan Exhibition.*
London, *Great Exhibition*, 1851.
London, Guildhall Art Gallery, 1971. *London and the Greater Painters*, catalogue by J. L. Howgego.
London, Hayward Gallery, 1975. *The Georgian Playhouse. Actors, Artists, Audiences and Architecture 1730–1830*, catalogue by Iain Mackintosh and Geoffrey Ashton.
London, Hazlitt, Gooden and Fox, 1975. *John Martin.*
London, Heinz Gallery, Royal Institute of British Architects, 1984. *The Art of the Architect*, with catalogue by Margaret Richardson and Jill Lever.
London, Heinz Gallery, Royal Institute of British Architects, 1991. *Architectural Drawings of the Regency Period, 1790–1837*, catalogue by Giles Worsley.
London, *International Exhibition*, 1862.
London, Kenwood, Iveagh Bequest and Nottingham, University Art Gallery. 1991. *The Artist's Model*, catalogue by Ilaria Bignamini and Martin Postle.
London, M. C. C., 1987. *M. C. C. Bicentenary Exhibition.*
London, Mallett and Son Ltd. *The Jokelson Collection*, 1991–92.
London, The Museum of London, 1980. *Covent Garden.*
London, The Museum of London, 1981. *London Delineated.*
London, The Museum of London, 1984. *Paintings Politics & Porter. Samuel Whitbread II 1764–1815 and British Art*, catalogue by Stephen Deuchar.
London, The Museum of London, 1987. *Londoners*, catalogue by Celina Fox.
London, The Museum of London, 1987–89. *Whitefriars, The Unique Glasshouse.*
London, The Museum of London, 1989. *The Lord Mayor, The City and the River.*
London, The Museum of London, 1989. *This Gorgeous Mouchoir.*
London, The Museum of London, 1991. *Treasures and Trinkets*, catalogue by Tessa Murdoch.
London, National Army Museum, 1973. *London's Citizen Soldiers.*
London, National Portrait Gallery and Dublin, National Gallery of Ireland, 1972. *Daniel Maclise 1806–1870*, catalogue by Richard Ormond and John Turpin.
London, National Portrait Gallery, 1976. *Vanity Fair*, catalogue by Eileen Harris and Richard Ormond.
London, National Portrait Gallery, 1979. *Sir Thomas Lawrence 1769–1830*, catalogue by Michael Levey.
London, National Portrait Gallery, 1981. *Sir Francis Chantrey 1781–1841, Sculptor of the Great*, catalogue by Alex Potts..
London, National Portrait Gallery, 1991–92. *Michael Faraday 1791–1867.*
London, New Gallery, 1891. *Exhibition of the Royal House of Guelph.*
London, 145 Piccadilly, 1939. *Royal and Historical Treasures.*
London, Queen's Gallery, 1966–67. *Animal Painting: Van Dyke to Nolan.*
London, Queen's Gallery, 1991–92. *Carlton House. The Past Glories of George IV's Palace.*
London, Royal Academy of Arts Summer Exhibitions.
London, Royal Academy of Arts Winter Exhibitions, 1885, 1889, 1907. *The Old Masters.*
London, Royal Academy of Arts and Victoria and Albert Museum, 1972. *The Age of Neo-Classicism.*
London, Royal Academy of Arts, 1893. *Works by Old Masters including a Collection of Water Colour Drawings &c. by William Blake.*
London, Royal Academy of Arts, 1934. *Exhibition of British Art c. 1000–1860.*
London, Royal Academy of Arts, 1951–52. *The First Hundred Years of the Royal Academy.*
London, Royal Academy of Arts, 1957. *British Portraits.*
London, Royal Academy of Arts, 1961. *Sir Thomas Lawrence P. R. A.*
London, Royal Academy of Arts, 1964–65. *Painting in England 1700–1850*, catalogue by Basil Taylor.
London, Royal Academy of Arts, 1968–69. *Royal Academy of Arts Bicentenary Exhibition 1768–1968.*
London, Royal Academy of Arts, 1970. *Two Hundred Years of Spode.*
London, Royal Academy of Arts, 1974–75. *Turner 1775–1851*, catalogue by Martin Butlin, Evelyn Joll, Andrew Wilton and John Gage.
London, Royal Academy of Arts, 1979. *John Flaxman, R. A.*, catalogue edited by David Bindman.
London, Royal Academy of Arts, 1982–83. *Royal Opera House Retrospective 1732–1982*, catalogue by Geoffrey Ashton and Iain Mackintosh.
London, Science Museum, 1969. *Brunel Bicentenary Exhibition.*
London, Science Museum, 1978. *Josiah Wedgwood: The Arts and Sciences United.*
London, Science Museum, 1991. *Charles Babbage and his Calculating Engines*, catalogue by Doron Swade.
London, Science Museum, 1991–92. *Michael Faraday and the Modern World.*
London, Society of Painters in Water-Colours, annual exhibitions, 1804–
London, Somerset House, 1977. *London and the Thames: Paintings of Three Centuries*, catalogue by Harley Preston.
London, South Kensington Museum, 1864. *William Mulready.*
London, South Kensington Museum, 1866–68. *First, Second and Third Exhibitions . . . of National Portraits.*
London, Spink and Son, 1973. *The Old Watercolour Society and its Founder Members 1804–1812.*
London, Tate Gallery, 1959. *The Romantic Movement*, catalogue by Geoffrey Grigson, Michael Kitson and others.
London, Tate Gallery, 1960. *William Hogarth.*
London, Tate Gallery, 1973. *Landscape in Britain c. 1750–1850*, catalogue by Leslie Parris.
London, Tate Gallery and Royal Academy of Arts, 1974–75. *Turner 1775–1851*, catalogue by Martin Butlin, Andrew Wilton and John Gage.
London, Tate Gallery, 1976. *Constable: Paintings, Watercolours and Drawings*, catalogue by Leslie Parris, Ian Fleming-Williams and Conal Shields.
London, Tate Gallery, 1978. *William Blake*, catalogue by Martin Butlin.
London, Tate Gallery, 1981. *Augustus Wall Callcott*, catalogue by David Blayney Brown.
London, Tate Gallery, 1982. *James Ward. Gordale Scar. An Essay in the Sublime*, catalogue by Edward J. Nygren.
London, Tate Gallery, 1982. *Sir Edwin Landseer*, catalogue by Richard Ormond.
London, Tate Gallery, 1989. *Jacques-Laurent Agasse*, catalogue by Renée Loche, Colston Sanger and others.
London, Tate Gallery, 1990. *Painting and Poetry: Turner's Verse Book and His Work of 1804–12*, catalogue by Andrew Wilton.
London, Tate Gallery, 1991. *Constable*, catalogue by Leslie Parris and Ian Fleming-Williams.
London, Tate Gallery, 1991. *Turner's Rivers of Europe: The Rhine, Meuse and Mosel*, catalogue by Cecilia Powell.
London, University College London, Strang Print Room, 1985. *William Wilkins, R. A., Architect and Antiquary*, catalogue by Nicholas Dawton.
London, Victoria and Albert Museum, 1926. *Exhibition of Drawings, Etchings and Woodents by Samuel Palmer and other Disciples of William Blake.*
London, Victoria and Albert Museum, 1951. *The Artist and the Theatre.*
London, Victoria and Albert Museum, 1954. *Royal Plate from Buckingham Palace and Windsor Castle.*
London, Victoria and Albert Museum, 1967. *Great Britain – USSR: an historical Exhibition.*
London, Victoria and Albert Museum and Royal Academy of Arts, 1972. *The Age of Neo-Classicism.*
London, Victoria and Albert Museum, 1974. *Byron*, catalogue by Anthony Burton and John Murdoch.
London, Victoria and Albert Museum, 1978–79. *Samuel Palmer: A Vision Recaptured.*
London, Victoria and Albert Museum, Manchester, Whitworth Art Gallery, Bristol, City of Bristol Art Gallery, 1982–83. *John Sell Cotman 1782–1842*, catalogue edited by Miklos Rajnai.
London, Victoria and Albert Museum, 1986. *William Mulready*, catalogue by Marcia Pointon.
London, Victoria and Albert Museum, 1987. *Painters and the Derby China Works*, catalogue by John Murdoch and John Twitchett.
London, Victoria and Albert Museum, 1992. *The Art of Death: Objects from the English Death Ritual.*
London, Wedgwood House, 1984. *Wedgwood in London. 225th Anniversary Exhibition 1759–1984.*
London, Western Bazaar, Bond Street, 1830. *Benjamin Robert Haydon Exhibition.*
London, Wildenstein, 1986. *William Blake and his Contemporaries.*
Louisville, Kentucky, J. B. Speed Museum, 1990. *Circus and Sport: English Earthenware Figures 1780–1840*, catalogue by Pat Halfpenny and Stella Beddoe.

Madrid, Prado, 1988–89, *Pinctura Britanica de Hogarth a Turner.*
Manchester, *Art Treasures exhibition*, 1857.
Manchester, City Art Gallery, 1968. *Art and the Industrial Revolution*, catalogue by Arthur Elton.
Manchester, Whitworth Art Gallery, 1961. *The Norwich School: Loan Exhibition of Works by Crome and Cotman and their Followers*
Mexico City, Museo de Arte Modero, 1979. *Exposicion del gran pintor ingles William Turner: oleos y acuarelas.*
Munich, Haus der Kunst, 1979–80, *Zwei Jahrhunderte Englische Malerei.*
New Haven, Yale Center for British Art, 1977. *English Landscape 1630–1850: Drawings, Prints and Books from the Paul Mellon Collection*, catalogue by Christopher White.
New Haven, Yale Center for British Art, 1977. *The Cottage of Content; or, Toys, Games, and Amusements of Nineteenth Century England*, catalogue by John Brewer, John B. Thomas, Paula D. Matthews and Deborah S. Berman.
New Haven, Yale Center for British Art, 1980. *Painters and Engraving, The Reproductive Print from Hogarth to Wilkie*, catalogue by David Alexander and Richard T. Godfrey.
New Haven, Yale Center for British Art, 1981. *Works of Splendour and Imagination: The Exhibition Watercolour, 1770–1870*, catalogue by Jane Bayard.
New Haven, Yale Center for British Art, 1984. *Painting in Focus: John Scarlett Davies 'The Interior of the British Institution Gallery'.*
New Haven, Yale Center for British Art; Washington D. C., Library of Congress; Ottawa, National Gallery of Canada and London, Victoria and Albert Museum, 1984–85. *English Caricature 1620 to the Present*, catalogue by Richard Godrey, John Riely and Linel Lambourne.
New Haven, Yale Center for British Art and Raleigh, North Carolina Museum of Art, 1987. *Sir David Wilkie of Scotland*, catalogue by H. A. D. Miles and D. B. Brown.
New York, Frick Collection; Pittsburgh, Frick Art Museum and Baltimore, Baltimore Museum of Art, 1990. *The Art of Thomas Rowlandson*, catalogue by John Hayes.
New York, Museum of Modern Art, 1956. *Masters of British Painting 1800–1950.*
New York, Museum of Modern Art, 1966. *Turner: Imagination and Reality.*
New York, New York Public Library; Bloomington, Indiana University Art Museum and Chicago, Chicago Historical Society, 1987–88. *William Wordsworth and the Age of English Romanticism*, catalogue by Jonathan Wordsworth, Michael C. Jaye and Robert Woof.
New York, Pierpont Morgan Library and London, Royal Academy of Arts, 1972–73, *English Drawings and Watercolours 1550–1850 in the Collection of Mr. and Mrs. Paul Mellon*, catalogue by John Baskett and Dudley Snelgrove.
Newcastle upon Tyne, Laing Art Gallery, 1962. *Two Centuries of British Water Colour Painting.*
Newcastle upon Tyne, Laing Art Gallery, 1970. *John Martin 1789–1854: Artist – Reformer – Engineer.*
Norwich, *Art Circle*, 1888.
Norwich, Castle Museum, 1955. *A Selection of English Watercolours.*
Norwich, Castle Museum, 1969. *A Decade of English Naturalism 1810–20.*
Norwich, *Society of Artists*, 1807, 1808.
Nottingham, Castle Museum and Art Gallery, 1965. *R. P. Bonington.*

Osaka, Hankyu Department Store, 1991. *The Landscape of the Lakes.*
Oslo, Kunstindustrimuseet, 1966. *Spode Copeland 1765–1965. Englesk Stentoy og Porselen.*
Oxford, Examination Schools, 1906. *Loan Portraits.*

Paris, Galerie René Drouin, 1947. *William Blake (1757–1827).*
Paris, Grand Palais, 1983–84. *J. M. W. Turner.*
Paris, Grand Palais, 1991–92. *Géricault*, catalogue by Sylvain Laveissière and Régis Michel.
Paris, Louvre, 1938. *La Peinture Anglaise XVIIIe et XIXe Siècles.*
Paris, Petit Palais, 1972, *La Peinture Romantique Anglaise et les Préraphaélites.*
Pescara, Castello Gizzi, 1983. *Blake e Dante, Casa de Dante in Abruzzo.*
Philadelphia, *International Exhibition*, 1876.
Philadelphia, Philadelphia Museum of Art and Detroit, Detroit Institute of Arts, 1968. *Romantic Art in Britain. Paintings and Drawings 1760–1860*, catalogue by Frederick Cummings and Alan Staley.
Philadelphia, Philadelphia Museum of Art and London, Tate Gallery, 1981–82. *Sir Edwin Landseer*, catalogue by Richard Ormond.
Plymouth, City Art Gallery, 1965–66. *Sir Charles Lock Eastlake P. R. A. 1793–1865*, catalogue by Eugene I. Schuster and A. A. Cumming.
Port Sunlight, Lady Lever Art Gallery, 1948. *Theatrical Exhibition.*

Queensland Art Gallery, Museums and Art Galleries of the Northern Territory, Art Gallery of Western Australia, Art Gallery of New South Wales, Tasmanian Museum and Art Gallery, Cambridge, Fitzwilliam Museum, 1982–83. *Town, Country, Shore and Sea. British Watercolours from Anthony Van Dyck to Paul Nash.*

Richmond, Virginia Museum of Fine Arts, 1963. *Painting in England 1700–1850.*
Rouen, Musée des Beaux-Arts, 1981–82. *Géricault: Tout l'Oeuvre Gravé et Pièces en Rapport*, catalogue by François Bergot.

Sheffield, Graves Art Gallery, 1961. *Samuel Palmer.*
Shrewsbury, Music Hall, 1898. *Loan Exhibition of Shropshire Antiquities.*
Stoke-on-Trent, City Museum and Art Gallery, 1983. *Copeland-Spode 1733–1983. Potters to the Royal Family since 1806.*
Stoke-on-Trent, City Museum and Art Gallery, 1991. *Fantastic Figures.*
Sunderland, Northern Centre for Contemporary Art, 1988. *The Circus Comes to Town*, catalogue by George Speaight and Rosemary Hill.
Sunderland, Sunderland Museum and Art Gallery, 1979. *The Spectacular Career of Clarkson Stanfield 1793–1867: Seaman, Scene Painter, Royal Academician*, catalogue by Pieter van der Merwe and Roger Took.
Swansea, Glynn Vivian Art Gallery, 1953. *David Cox (1783–1859).*
Sydney, 1964. Victoria and Albert Museum Loan Exhibition.

The Hague, Gemeentmuseum, 1978–79. *Turner 1775–1851.*
Tokyo, National Museum of Western Art and Kyoto, National Gallery of Western Art, 1971. *English Landscape Painting.*
Tokyo, 1987. *British Caricature, Hogarth to Hockney.*
Tokyo, National Museum of Western Art, 1990. *William Blake.*
Toronto, George R. Gardiner Museum of Ceramic Art, 1988. *Painters and the Derby China Works.*
Washington D. C., International Exhibitions Foundation, 1983. *Paintings from the Royal Academy: Two Centuries of British Art.*
Washington D. C., National Gallery of Art, 1963. *Turner Watercolours from the British Museum.*
Washington D. C., National Gallery of Art, 1985. *The Treasure Houses of Britain*, catalogue edited by Gervase Jackson-Stops.

York, National Railway Museum, 1988. *Impressions of a Railway – The London and Birmingham Railway 1838–1988.*